ITALIENISCH

Wörterbuch

Italienisch-Deutsch
Deutsch-Italienisch

W0322061

compact

Bisher sind in dieser Reihe erschienen:

- ◆ Pocket Wörterbuch Italienisch
- ◆ Pocket Wörterbuch Englisch
- ◆ Pocket Wörterbuch Französisch
- ◆ Pocket Wörterbuch Spanisch
- ◆ Pocket Englisch Grammatik
- ◆ Pocket Deutsch Rechtschreibung
- ◆ Pocket Mathematik
- ◆ Pocket Chemie

Chefredaktion: Evelyn Boos
Redaktion: Paulina Palomino
Redaktionelle Mitarbeit: Barbara Holle
Produktion: Johannes Buchmann
Typografischer Entwurf: textum GmbH
Umschlaggestaltung: Inga Koch

ISBN 978-3-8174-7852-1
7278522/4

www.compactverlag.de

Inhalt

[Stichwort]

meccanismo [mekka'nizmo] *m 1.* Mechanismus *m; 2. (apparecchio)* Triebwerk *n; ~ dell'orologio* Uhrwerk *n; 3. (dell'auto) TECH* Getriebe *n*

[Lautschrift]

medaglione [meda'ʎoːne] *m 1.* Anhänger *m; 2. GAST* Medaillon *n*

[Stichwörter mit unterschiedlicher Bedeutung]

media[1] ['mɛːdia] *f* Durchschnitt *m,* Mittel *n;* ◆ *superiore alla media* überdurchschnittlich

media[2] ['mɛːdia] *m/pl* Massenmedien *n/pl*

[Wortart]

mediante [medi'ante] *prep* durch

mediatore [media'toːre] *m 1.* Unterhändler *m; 2. (intermediario)* Vermittler *m*

[Tilde ersetzt das Stichwort]

[Bedeutungshinweis]

mediazione [mediatsi'oːne] *f* Vermittlung *f; ~ di matrimoni* Heiratsvermittlung *f*

medicina [medi'tʃiːna] *f 1.* Medizin *f; ~ classica* Schulmedizin *f; ~ legale* Gerichtsmedizin *f; 2. (medicamento)* Medikament *n,* Medizin *f*

medicinale [meditʃi'naːle] *adj 1.* medizinisch; *m 2. MED* Medikament *n*

[Sachgebiet]

midollo [mi'dollo] *m 1. ANAT* Mark *n; ~ osseo* Knochenmark *n; ~ spinale* Rückenmark *n; 2. (fig)* Wesen *n*

[Stilangabe]

miele [mi'ɛːle] *m* Honig *m; ~ d'api* Bienenhonig *m*

mietere [mi'ɛːtere] *v 1.* mähen; *2. (raccogliere)* ernten

migliaio [mi'ʎaːio] *m* Tausend *n*

[Beispiele und Wendungen mit Übersetzung]

miglio ['miːʎo] *m (misura lineare)* Meile *f;* ◆ *per miglia e miglia* meilenweit

miglioramento [miʎora'mento] *m* Besserung *f*

migliorare [miʎo'raːre] *v* verbessern

[Grundwortschatz]

[Bedeutungsdifferenzierung durch Ziffern]

[Ausnahme oder Besonderheit]

[Nicht zu verwechseln mit]

migliore [mi'ʎoːre] *adj 1. (comparativo di buona)* besser; *2. (superlativo)* beste(r,s); *m/f 3.* Beste(r) *f/m*

◆ *Vinca il migliore!* Der Beste möge siegen!

! *sup auch: ottimo*

≠ *minore adj* kleiner

Bandit [ban'di:t] *m* bandito *m*
bange ['baŋə] *adj* pauroso

Bank[1] [baŋk] *f 1. (Sitzbank)* panca *f;*
2. (Schulbank) banco *m*
◆ *etw auf die lange Bank schieben (fig)* tirare qc per le lunghe
durch die Bank (fam) senza eccezione
! *Plural: Bänke*

Bank[2] [baŋk] *f FIN* banca *f*
Bankett [baŋ'kɛt] *n* banchetto *m*
Bar [ba:r] *f* bar *m,* night club *m*

Bär *m ZOOL* orso *m*
◆ *jdm einen Bären aufbinden (fig)* darla a bere a qd
Da ist der Bär los. (fam) Qui c'è aria di festa.
! *Plural: Bären*
≠ *Beeren f/pl* bacche

barfuß ['barfu:s] *adv* a piedi nudi
Bargeld ['ba:rgɛlt] *n* contanti *m/pl*
Barhocker ['ba:rhɔkər] *m* sgabello di bar *m*
Barkeeper ['ba:rki:pər] *m* barista *m*
barmherzig [barm'hɛrtsɪç] *adj* compassionevole
Baron(in) [ba'ro:n(ɪn)] *m/f* barone(ssa) *m/f*
Barrikade [bari'ka:də] *f* barricata *f*
barsch [barʃ] *adj* brusco
Bart [ba:rt] *m* barba *f;* ◆ *um des Kaisers Bart streiten* discutere sul sesso degli angeli
bärtig ['bɛ:rtɪç] *adj* barbuto
basieren [ba'zi:rən] *v ~ auf* basare su
Basis ['ba:zɪs] *f* base *f*
Basketball ['baskətbal] *m* basketball *m*
Bassin [ba'sɛ̃] *n 1.* bacino *m; 2. (Schwimmbassin)* piscina *f*
Bastard ['bastart] *m* bastardo *m*

Lemma
Trascrizione fonetica
Lemmi omografi
Limiti d'uso
Settore d'appartenenza
Ulteriori indicazioni per l'uso
Lessico di base
Diverso da
Parte del discorso
Frasi idiomatiche e modi di dire (con traduzione)
Tilde sostituisce il lemma
Significati diversi
Definizione o sinonimo

Lautschrift

Konsonanten

Ball	b	banco
dort	d	dente
fliehen, vor	f	fede
geben	g	gamba, ghiaccio
Kamm, Chor	k	carta, chiave, quando
Lob	l	lago
	ʎ	maglia
Maus	m	mano
nehmen	n	naso
	ɲ	gnomo
angeln, links	ŋ	fungo
Post	p	pane
Rand	r	ramo
besser, Ruß	s	sala
schwierig	ʃ	scendere, scialle
treten, Pfad	t	tasto
weben, Vase	v	vento, wafer
Nacht	x	
Hose	z	svuotare

Vokale

blass	a	alto, eternità
Bahn, Saal	aː	andare
egal	e	estivo
Weh, See	eː	sera
hätte, fett	ɛ	essere, cioè
Säge	ɛː	bene
Vitamin	i	infine
Liebe	iː	infine
Moral	o	volere
Boot, Ton	oː	sole
von	ɔ	lotta, ciò
	ɔː	moda
Zunge	u	dubbio, insù
Zug	uː	muro

Nasale

Orange	ɑ̃	collant

Diphthonge und Konsonantengruppen

Zug	ts	zio
	dz	zona
	tʃ	cibo, ciotola
	dʒ	gennaio, giorno

bkürzungen

lj	Adjektiv
lv	Adverb
GR	Landwirtschaft
NAT	Anatomie
RCH	Architektur
t	Artikel
RT	Kunst
STR	Astronomie
O	Biologie
OT	Botanik
HEM	Chemie
NE	Film
CO	Wirtschaft
w	etwas
	weiblich
n	umgangssprachlich
	bildlich
N	Finanzwelt
OTO	Fotografie
AST	Gastronomie
EO	Geografie
EOL	Geologie
RAMM	Grammatik
ST	Geschichte
FORM	Informatik
terj	Interjektion
terr	interrogativ
	unregelmäßig
n	jemandem
	jemanden
	jemandes
d	jemand
R	Recht

konj	Konjunktion
LING	Linguistik
LIT	Literatur
m	männlich
MATH	Mathematik
MED	Medizin
MET	Metallurgie
METEO	Meteorologie
MIL	Militär
MIN	Bergbau/Mineralogie
MUS	Musik
n	Neutrum
NAUT	Schifffahrt
num	Zahlwort
PHIL	Philosophie
PHYS	Physik
pl	Plural
POL	Politik
pref	Präfix
prep	Präposition
pron	Pronomen
PSYCH	Psychologie
qc	qualcosa
qd	qualcuno (qualcheduno)
rel	relativ
REL	Religion
SPORT	Sport
TECH	Technik
TEL	Kommunikationswesen
THEAT	Theater
v	Verb
ZOOL	Zoologie

A

a [a] *prep 1. (luogo)* an, nach, in; ~ *Roma* in Rom; ~ *casa* zu Hause; ~ *nord di* nördlich von; *al bar* an der Bar; *al centro* in der Mitte; *vicino* ~ nahe an, bei; *2. (tempo)* bei, um, am; ~ *Pasqua* an Ostern; ~ *mezzogiorno* mittags; *alle due* um zwei Uhr; *all'inizio* am Anfang; ~ *settembre* im September; ~ *metà giugno* Mitte Juni; *alla fine di ...* am Ende von ... *al più presto* so bald wie möglich; ~ *trent'anni* mit dreißig Jahren; ~ *domani* bis morgen; *3. (numero)* zu; ~ *centinaia* zu Hunderten, hundertweise; *4. (per)* je, pro; *all'ora* pro Stunde; *al pezzo* pro Stück; ~ *persona* pro Person; *al mese* pro Monat; *all'anno* pro Jahr; *5. (con)* mit; *una pizza ai funghi* eine Pizza mit Pilzen *f; 6. (modo)* zu; *7. (con l'infinito)* zu

◆ *andare a casa* nach Hause gehen/nach Hause fahren
andare a Firenze nach Florenz fahren
andare a caccia auf die Jagd gehen
andare a teatro ins Theater gehen
essere alla fine di qc am Ende von etw sein
scendere a terra an Land gehen
annoiarsi a morte sich zu Tode langweilen
A quale piano? In welchem Stock?
Abito a venti chilometri da Venezia. Ich wohne zwanzig Kilometer von Venedig entfernt.
A che ora? Um wie viel Uhr?
Guadagna dieci euro all'ora. Er verdient 10 Euro in der Stunde.
Comincio a studiare. Ich beginne zu studieren.
Ti invito ad accompagnarmi. Ich lade dich ein, mich zu begleiten.
≠ *ha 3. Person Präsens von avere* (haben)

abate [a'baːte] *m REL* Abt *m*

abbagliare [abba'ʎaːre] *v 1. (luce)* blenden; *2. (fig)* irreführen; *3. (con i fari dell'auto)* aufblenden

abbaglio [ab'baːʎo] *m* Versehen *n,* Fehler *m;* ◆ *prendere un abbaglio* sich täuschen

abbaiare [abbai'aːre] *v* bellen, kläffen

abbandonare [abbando'naːre] *v 1.* verlassen; ◆ *abbandonare un partito* aus einer Partei austreten; *2. (rinunciare)* aufgeben; *3. ECO* abwandern

abbandono [abban'doːno] *m 1. (lasciare)* Verlassen *n; 2. (rinuncia, interruzione)* Aufgeben *n; 3. (di un paese)* Abwanderung *f*

abbassare [abbas'saːre] *v 1.* herablassen; *2. (ribaltare)* herunterklappen; *3. (occhi)* niederschlagen; *4. (testa)* neigen; *5. (prezzi)* herabsetzen; *6. (voce)* leise reden; *7. (orgoglio)* erniedrigen, demütigen

abbastanza [abbas'tantsa] *adv 1.* genug, genügend; *2. (alquanto)* ziemlich ◆ *averne abbastanza* genug davon haben

abbattere [ab'battere] *v 1. (albero)* fällen; *2. (nemico)* niederschlagen; *3. (animale)* erlegen

abbattimento [abbatti'mento] *m 1.* Niederwerfen *n; 2. (fisico)* Mattigkeit *f; 3. (stato d'animo)* Niedergeschlagenheit *f*

abbazia [abba'tsiːa] *f REL* Abtei *f*

abbellimento [abbelli'mento] *m 1.* Verschönerung *f,* Verzierung *f; 2. (fig)* Schönfärberei *f*

A

abbigliamento [abbiʎa'mento] *m* Kleidung *f*
abbinamento [abbina'mento] *m* *1.* Verbindung; *2. (dei colori)* Kombination *f; 3. TECH* Kupplung *f*
abbinare [abbi'naːre] *v 1.* verbinden; *2. TECH* kuppeln
abboccare [abbok'kaːre] *v 1. ~ all'amo (pesce)* anbeißen; *2. ~ all'amo (fig)* anbeißen; *3. TECH* zusammenschließen
abbonamento [abbona'mento] *m* Abonnement *n*
abbondante [abbon'dante] *adj* reichlich
abbondanza [abbon'dantsa] *f* Fülle *f*
abbordare [abbor'daːre] *v 1. (fig) ~ qd* an jdn herantreten; *2. NAUT* entern
abbottonare [abbotto'naːre] *v* zuknöpfen
abbozzare [abbot'tsaːre] *v 1.* skizzieren; *2.* ◆ *abbozzare un sorriso (fig)* ein Lächeln andeuten
abbozzo [ab'bɔttso] *m 1.* Umriss *m; 2. ART* Skizze *f; in ~* im Entwurf
abbracciare [abbrat'tʃaːre] *v* umarmen; ◆ *abbracciare con gli occhi* überblicken; *abbracciare con lo sguardo* übersehen
abbreviare [abbrevi'aːre] *v* kürzen, verkürzen
abbreviazione [abbreviatsi'oːne] *f* Abkürzung *f,* Kürzung *f*
abbronzare [abbron'dzaːre] *v* bräunen
abbrustolire [abbrusto'liːre] *v irr* rösten; *pane abbrustolito* geröstetes Brot *n*
abdicare [abdi'kaːre] *v POL* abdanken
abete [a'beːte] *m BOT* Tanne *f; ~ rosso* Fichte *f*
abile ['aːbile] *adj 1.* tauglich; *~ negli affari* geschäftstüchtig; *~ al lavoro* erwerbsfähig; *2. (valente)* geschickt; *3. (raffinato)* raffiniert
abilità [abili'ta] *f 1.* Fähigkeit *f; 2. (bravura)* Geschicklichkeit *f*
abilitazione [abilitatsi'oːne] *f 1.* Befähigung *f; 2. (università)* Habilitation *f*
abisso [a'bisso] *m 1.* Abgrund *m; 2. (fig)* Kluft *f*
abitante [abi'tante] *m/f* Bewohner(in) *m/f,* Einwohner(in) *m/f*

> **abitare** [abi'taːre] *v 1. (persone)* wohnen, bewohnen; *2. (animali)* hausen
> ◆ *abitare a Monaco* in München wohnen

abitazione [abitatsi'oːne] *f 1.* Wohnung *f; 2. (residenza)* Wohnort *m*
abito ['aːbito] *m 1.* Kleid *n; ~ prémaman* Umstandskleid *n; ~ da festa* Festkleid *n; 2. (da uomo)* Anzug *m; ~ da sera* Abendanzug *m; 3. (vestiario)* Kleidung *f*
abituale [abitu'aːle] *adj* gewohnt
abitualmente [abitual'mente] *adv* gewöhnlich
abituare [abitu'aːre] *v* gewöhnen an
abituarsi [abitu'arsi] *v 1.* ◆ *abituarsi a qc* sich an etw gewöhnen; *2. (in un nuovo ambiente)* sich einleben
abitudine [abi'tuːdine] *f* Angewohnheit *f*
abolizione [abolitsi'oːne] *f* Aufhebung *f*
aborigeno [abo'riːdʒeno] *adj 1.* eingeboren; *m 2.* Eingeborener *m*
abortire [abor'tiːre] *v irr 1. MED* eine Fehlgeburt haben; *2.* abtreiben; *3. (fallire)* misslingen
aborto [a'bɔrto] *m 1. MED* Abort *m; 2. (provocato)* Abtreibung *f*
abrogare [abro'gaːre] *v* abschaffen
abusare [abu'zaːre] *v ~ di qc* etw missbrauchen
abusivo [abu'ziːvo] *adj 1.* unrechtmäßig, unerlaubt; *2. JUR* widerrechtlich, gesetzeswidrig; *m 3.* Unbefugter *m*

abuso [a'buːzo] *m* Missbrauch *m; ~ di autorità* Amtsmissbrauch *m; ~ di bevande alcoliche* Alkoholmissbrauch *m; ~ di dati* Datenmissbrauch *m*
accademia [akka'dɛːmia] *f* Akademie *f*
accademico [akka'dɛːmiko] *adj 1.* akademisch; *m 2.* Akademiker *m*
accadere [akka'deːre] *v irr 1.* geschehen, passieren; *2. (fig)* zustoßen
accaduto [akka'duːto] *m* Ereignis *n*
accamparsi [akkam'parsi] *v* zelten
accanirsi [akka'nirsi] *v 1.* toben, wüten; *2. ~ contro qd (fig)* in Wut geraten über jdn

> **accanto** [ak'kanto] *adv 1. (luogo)* dabei, daneben; *prep 2. ~ a* neben
> ◆ *Marco abita qui accanto.* Marco wohnt nebenan.
> ≠ *accento m* Akzent

accantonare [akkanto'naːre] *v 1.* beiseite legen; *2. FIN* zurücklegen
accappatoio [akkappa'toːio] *m* Bademantel *m*
accarezzare [akkaret'tsaːre] *v 1.* liebkosen, streicheln; *2. (punta delle dita)* kraulen
accasciarsi [akka'ʃarsi] *v 1.* niedersinken; *2. (fig)* den Mut verlieren, verzagen
accattone [akkat'toːne] *m 1.* Bettler *m; 2. (fam)* Penner *m*
accavallarsi [akkaval'larsi] *v 1.* sich aufhäufen; *2. (appuntamenti)* sich überschneiden
accecare [attʃe'kaːre] *v 1.* blenden; *2. (rendere cieco)* blind machen; *3. (fig)* verblenden
accedere [at'tʃɛːdere] *v 1. (entrare)* eintreten; *2. ~ ad un'alleanza* einem Bündnis beitreten; *3. INFORM* zugreifen
accelerare [attʃele'raːre] *v* beschleunigen
acceleratore [attʃelera'toːre] *m* Gaspedal *n*
accelerazione [attʃeleratsi'oːne] *f* Beschleunigung *f*

> **accendere** [at'tʃɛndere] *v irr 1.* anzünden; *2. (elettricità)* andrehen
> ◆ *accendere il fuoco* Feuer machen
> *Ha da accendere?* Haben Sie Feuer?
> *Si può accendere il fuoco qui?* Darf man hier Feuer machen?
> *La luce è accesa.* Das Licht ist an.

accendino [attʃen'diːno] *m* Feuerzeug *n*
accennare [attʃen'naːre] *v* andeuten
accenno [at'tʃenno] *m 1.* Andeutung *f; per accenni* andeutungsweise; *2. (fig)* Wink *m*
accensione [attʃensi'oːne] *f TECH* Zündung *f; ~ irregolare* Fehlzündung *f*
accentare [attʃen'taːre] *v 1. (pronunciare)* betonen; *2. (segno)* akzentuieren
accentazione [attʃentatsi'oːne] *f (pronuncia)* Betonung *f*
accento [at'tʃɛnto] *m 1.* Akzent *m,* Betonung *f; 2. (enfasi)* Nachdruck *m*
accentrare [attʃen'traːre] *v* zentralisieren
accentuare [attʃentu'aːre] *v* betonen
accertamento [attʃerta'mento] *m* Ermittlung *f,* Feststellung *f*
accertarsi [attʃer'tarsi] *v* sich vergewissern
acceso [at'tʃeːso] *adj 1. (ardente)* glühend; *2. (colore)* grell; *3. (fuoco)* entzündet; *4. (elettricità)* eingeschaltet
accessibile [attʃes'siːbile] *adj* zugänglich

> **accesso** [at'tʃɛsso] *m 1.* Zugang *m; ~ ad Internet* Zugang zum Internet *m;*

A

2. *(in casa)* Einfahrt *f;* 3. *~ d'ira* Wutausbruch *m;* 4. *INFORM* Zugriff *m; ~ diretto* direkter Zugriff *m*
≠ *acceso adj* glühend

accessorio [attʃes'sɔːrio] *adj* 1. zusätzlich; *spese accessorie* Nebenkosten *pl; m* 2. Zubehör *n*
accetta [at'tʃetta] *f* Axt *f*
accettabile [attʃet'taːbile] *adj* annehmbar
accettare [attʃet'taːre] *v* 1. *~ qc* etw annehmen; 2. *(situazione)* akzeptieren, hinnehmen; 3. *(assumere)* übernehmen
accettazione [attʃettatsi'oːne] *f* 1. *(di qc)* Annahme *f; ~ bagagli* Gepäckannahme *f;* 2. *FIN* Akzept *n*
acciaieria [attʃaie'riːa] *f* Stahlwerk *n*
acciaio [at'tʃaːio] *m MET* Stahl *m; ~ legato* Edelstahl *m;* ◆ *essere duro come l'acciaio* stahlhart sein
accidentale [attʃiden'taːle] *adj* zufällig
accidente [attʃi'dɛnte] *m* Unfall *m*
accingersi [at'tʃindʒersi] *v irr* sich anschicken
acciuffarsi [attʃuf'farsi] *v* sich prügeln
acciuga [at'tʃuːga] *f ZOOL* Sardelle *f*
accludere [ak'kluːdere] *v irr* anfügen
accluso [ak'kluːso] *adj* anbei
accodarsi [akko'darsi] *v* sich in der Schlange anstellen
accogliente [akko'ʎɛnte] *adj* 1. gemütlich; 2. *(persona)* gastfreundlich
accoglienza [akko'ʎɛntsa] *f* 1. Aufnahme *f;* 2. *(di un ospite)* Bewirtung *f*
accogliere [ak'kɔːʎere] *v irr* 1. aufnehmen; ◆ *accogliere con giubilo* bejubeln; 2. *(accettare)* annehmen; 3. *(ospite)* empfangen
accollarsi [akkol'larsi] *v* auf sich nehmen
accomiatarsi [akkomia'tarsi] *v* sich verabschieden
accomodante [akkomo'dante] *adj* 1. entgegenkommend; 2. *ECO* kulant
accomodare [akkomo'daːre] *v* 1. ausbessern, reparieren; 2. *(sistemare)* ordnen; 3. *(fig)* schlichten

accomodarsi [akkomo'darsi] *v* sich setzen
◆ *Si accomodi!* Machen Sie es sich bequem!

accompagnamento [akkompaɲa'mento] *m* 1. Begleitung *f,* Geleit *n;* 2. *MUS* Begleitung *f*
accompagnare [akkompa'ɲaːre] *v* begleiten
accompagnatore [akkompaɲa'toːre] *m* Begleiter *m; ~ insignificante* Anhängsel *n*
acconciare [akkon'tʃaːre] *v* frisieren
acconciatura [akkontʃa'tuːra] *f* Frisur *f*
acconsentire [akkonsen'tiːre] *v* zustimmen
accontentare [akkonten'taːre] *v* zufrieden stellen
accontentarsi [akkonten'tarsi] *v* 1. sich zufrieden geben; 2. *(fig)* sich behelfen
acconto [ak'konto] *m* Anzahlung *f*
accoppiamento [akkoppia'mento] *m* 1. Verbinden *n;* 2. *TECH* Kupplung *f*
accoppiare [akkoppi'aːre] *v* 1. *ZOOL* paaren; 2. *TECH* kuppeln
accorciamento [akkortʃa'mento] *m* Verkürzung *f*
accorciare [akkor'tʃaːre] *v* abkürzen
accorciarsi [akkor'tʃarsi] *v* eingehen
accordare [akkor'daːre] *v* 1. erteilen; 2. *(strumento)* stimmen; 3. *JUR* abfinden

accordarsi [akkor'darsi] *v* *1.* abmachen; *2. (mettersi d'accordo)* sich einigen

accordo [ak'kɔrdo] *m* *1.* Abmachung *f; essere d'~* einig sein; *2. JUR* Vereinbarung *f; 3. POL* Abkommen *n; ~ sul disarmo* Abrüstungsabkommen *n; ~ monetario* Währungsabkommen *n*
◆ *D'accordo!* Einverstanden!
≠ *accorto adj* schlau

accorgersi [ak'kɔrdʒersi] *v irr 1.* wahrnehmen; *2. (dolore)* spüren, empfinden; *3. (avvertire)* merken
accorgimento [akkordʒi'mento] *m* *1.* Einsicht *f,* Umsicht *f; 2. (misura)* Maßnahme *f; 3. (accortezza)* List *f*
accorto [ak'kɔrto] *adj 1.* schlau, umsichtig; *2. (oculato)* weit blickend
accostare [akkos'taːre] *v (porta)* anlehnen
accostarsi [akkos'tarsi] *v* sich nähern
accrescere [ak'kreʃere] *v irr* vermehren
accrescimento [akkreʃi'mento] *m* Zunahme *f*
accresciuto [akkre'ʃuːto] *adj* vermehrt
accudire [akku'diːre] *v* betreuen
accumularsi [akkumu'larsi] *v* sich ansammeln
accumulatore [akkumula'toːre] *m TECH* Akku *m*
accuratezza [akkura'tettsa] *f* Sorgfalt *f*
accusa [ak'kuːza] *f 1.* Anklage *f,* Anschuldigung *f; 2. JUR* Anklage *f*
accusare [akku'zaːre] *v 1.* anklagen, anschuldigen; *2. JUR* belasten
accusativo [akkuza'tiːvo] *m* Akkusativ *m*
accusato [akku'zaːto] *adj 1. JUR* angeklagt; *m 2. JUR* Angeklagter *m*
accusatore [akkuza'toːre] *m JUR* Ankläger *m*
acerbo [a'tʃɛrbo] *adj 1.* unreif; *2. (aspro)* herb, sauer
acero ['atʃero] *m BOT* Ahorn *m*
aceto [a'tʃeːto] *m* Essig *m*
acidità [atʃidi'ta] *f CHEM* Säure *f*
acido ['aːtʃido] *adj m 1.* sauer *m*; *2. (gusto)* Säure *f; 3. CHEM* Säure *f; ~ carbonico* Kohlensäure *f; ~ cloridrico* Salzsäure *f; ~ solforico* Schwefelsäure *f*
acino ['aːtʃino] *m* Weinbeere *f*
acme ['akme] *f* Höhepunkt *m*
acne ['akne] *f MED* Akne *f*

acqua ['akkua] *f 1.* Wasser *n; ~ benedetta* Weihwasser *n; ~ dolce* Süßwasser *n; ~ salata* Salzwasser *n; ~ minerale* Mineralwasser *n; ~ potabile* Trinkwasser *n; ~ industriale* Brauchwasser *n; ~ di scarico* Abwasser *n; ~ sorgiva* Quellwasser *n; ~ ragia* Terpentin *n; a tenuta d'~* wasserdicht; *2. acque pl GEO* Gewässer *n; acque territoriali* Hoheitsgewässer *pl; acque continentali* Binnengewässer *pl*
◆ *aver l'acqua alla gola* das Wasser bis zum Hals stehen haben

acquario [akku'aːrio] *m 1.* Aquarium *n; 2. (segno zodiacale)* Wassermann *m*
acquavite [akkua'viːte] *f* Schnaps *m*
acquazzone [akkuat'tsoːne] *m* Platzregen *m; ~ temporalesco* Gewitterschauer *m*
acqueo ['akkueo] *adj* wässrig
acquietarsi [akkuie'tarsi] *v* sich beruhigen
acquirente [akkui'rɛnte] *m/f* Käufer(in) *m/f*
acquisire [akkui'ziːre] *v irr 1.* kaufen; *2. (diritto)* erwerben, erlangen

A

acquisizione [akkuizitsi'oːne] *f* Errungenschaft *f*, Erwerbung *f*
acquistare [akkuis'taːre] *v 1.* einkaufen, kaufen; *2. (da qd)* abkaufen; *3. (in quantità)* ankaufen
acquisto [ak'kuisto] *m 1.* Einkauf *m; 2. ECO* Abnahme *f; ~ all'ingrosso* Großeinkauf *m; ~ in contanti* Barkauf *m*
acquolina [akkuo'liːna] *f* ◆ *far venire l'acquolina in bocca* den Mund wässrig machen
acquoso [akku'oːso] *adj* wässrig
acre ['akre] *adj 1.* stechend, beißend; *2. (carattere)* herb; *3. (vino)* herb
acrobata [a'krɔːbata] *m/f* Akrobat(in) *m/f*
acuire [aku'iːre] *v* verschärfen
aculeo [a'kuːleo] *m ZOOL* Stachel *m*
acume [a'kuːme] *m* Scharfsinn *m*
acustica [a'kustica] *f* Akustik *f*
acustico [a'kustico] *adj* akustisch; *a isolamento ~* schalldicht
acutezza [aku'tettsa] *f 1.* Schärfe *f; 2. (perspicacia)* Scharfblick *m*, Scharfsinn *m*
acuto [a'kuːto] *adj 1.* akut; *2. (mente)* scharfsinnig; *3. (suono)* schrill; *4. (dolore)* stechend; *5. (angolo) MATH* spitz; *6. (occhio)* scharf
adagiarsi [ada'dʒarsi] *v* sich hinlegen, es sich bequem machen
adagio [a'daːdʒo] *adv 1.* sanft, behutsam; *2. (lentamente)* langsam; *m 3. (detto)* Maxime *f*
adattabilità [adattabili'ta] *f* Anpassungsfähigkeit *f*
adattamento [adatta'mento] *m 1.* Anpassung *f; 2. (adeguamento)* Umstellung *f*
adattare [adat'taːre] *v 1.* anpassen; *2. (adeguare)* umstellen; ◆ *adattare una macchina* ein Auto umrüsten
adattarsi [adat'tarsi] *v 1.* passen, sich eignen; *2. (andar d'accordo)* zusammenpassen; *3. (conformarsi)* sich anpassen

> **adatto** [a'datto] *adj* geeignet
> ≠ *addetto adj* zugeteilt

addebitare [addebi'taːre] *v* belasten
addebito [ad'deːbito] *m 1. FIN* Belastung *f; 2. ECO* Lastschrift *f*
addensare [adden'saːre] *v* verdichten
addentrarsi [adden'trarsi] *v 1.* eindringen; *2. (avanzare)* voranschreiten
addestramento [addestra'mento] *m 1.* Schulung *f; 2. (in modo ripetitivo)* Drill *m; 3. MIL* Übung *f; 4. SPORT* Training *n*
addestrare [addes'traːre] *v 1.* einweisen; *2. (addomesticare)* dressieren
addetto [ad'detto] *adj 1.* zugeteilt; *2. (occupato)* beschäftigt; *m 3. (appartenente)* Angehöriger *m; 4. non ~* Unbefugter *m;* ◆ *vietato ai non addetti* für Unbefugte verboten
addìo [ad'diːo] *m* Abschied *m*
addirittura [addirit'tuːra] *adv 1.* direkt, geradezu; *2. (perfino)* sogar; *3. (davvero)* wirklich
additare [addi'taːre] *v 1. ~ a* hinweisen auf, zeigen auf; *2.* ◆ *additare al disprezzo generale* der allgemeinen Verachtung aussetzen
additivo [addi'tiːvo] *m* Zusatz *m*
addizionare [additsio'naːre] *v* zusammenzählen, addieren
addizione [additsi'oːne] *f* Addition *f*
addolcire [addol'tʃiːre] *v irr 1.* süßen, mildern; *2. (acqua)* enthärten
addolorarsi [addolo'rarsi] *v 1.* bedauern; *2. (deplorare)* beklagen; *3. (tormentarsi)* sich grämen

addome [ad'dɔːme] *m 1. ANAT* Unterleib *m; 2. ZOOL* Hinterleib *m*
addomesticare [addomesti'kaːre] *v* zähmen
addormentarsi [addormen'tarsi] *v* einschlafen
addossare [addos'saːre] *v 1.* anlehnen; *2. (fig)* aufladen
addossarsi [addos'sarsi] *v 1. ~ a qc* sich an etw anlehnen; *2. (fig)* auf sich nehmen
addosso [ad'dɔsso] *adv 1. aver ~* anhaben; ◆ *mettere le mani addosso a qd* jdn verprügeln; *dare addosso a qd* jdm zu Leibe rücken; *2.* ◆ *avere addosso la scalogna* Pech haben
addurre [ad'durre] *v irr 1. (prove)* beibringen; *2. ~ un pretesto* einen Vorwand vorbringen
adeguatamente [adeguata'mente] *adv 1.* passend; *2. (adatto)* angemessen; *3. (appropriato)* sachgemäß
adeguato [adegu'aːto] *adj* angemessen
adempiere [a'dempiere] *v 1.* erfüllen; *2. (sodddisfare)* nachkommen
adempimento [adempi'mento] *m* Erfüllung *f*
aderente [ade'rɛnte] *adj 1.* anliegend; *2. TECH* haftend; *m/f 3.* Anhänger(in) *m/f*
aderire [ade'riːre] *v irr 1.* kleben; *2. (assentire)* zustimmen; *3. (ad una proposta)* sich anschließen, eingehen auf; *4. (ad un'associazione)* beitreten, eintreten in
adescare [ades'kaːre] *v* anlocken
adesione [adezi'oːne] *f 1. (ad una società)* Beitritt *m; 2. (approvazione)* Zustimmung *f*
adesivo [ade'ziːvo] *adj 1.* adhäsiv, klebrig; *m 2.* Aufkleber *m; 3. (collante)* Klebstoff *m*

> **adesso** [a'dɛsso] *adv* sogleich, sofort; *per ~* vorläufig
> ◆ *Verrà qui adesso.* Er ist gleich hier.

adolescente [adole'ʃɛnte] *m/f* Heranwachsende(r) *m/f*
adoperare [adope'raːre] *v 1.* anwenden; *2. (usare)* brauchen; *3. (impiegare)* aufbieten
adoperarsi [adope'rarsi] *v* sich einsetzen
adorare [ado'raːre] *v* anbeten
adoratore [adora'toːre] *m* Verehrer *m; ~ del sole* Sonnenanbeter *m*
adornare [ador'naːre] *v* schmücken
adorno [a'dorno] *adj* geschmückt
adottare [adot'taːre] *v 1.* adoptieren; *2. (fig)* anwenden
adozione [adotsi'oːne] *f 1. (di bambini)* Adoption *f; 2. (di qc)* Verwendung *f; 3. (scelta)* Wahl *f; patria d'~* Wahlheimat *f; 4. (introduzione)* Einführung *f*
adrenalina [adrena'liːna] *f BIO* Adrenalin *n*
Adriatico [adri'aːtiko] *m mare ~* Adria *f*
adulterio [adul'tɛːrio] *m* Ehebruch *m*
adulto [a'dulto] *adj 1.* erwachsen; *m 2.* Erwachsener *m*
adunarsi [adu'narsi] *v* sich versammeln
aerazione [aeratsi'oːne] *f* Belüftung *f*

> **aereo** [a'ɛːreo] *adj 1.* luftig; *2. (dell'aria)* Luft... *posta aerea* Luftpost *f; m 3.* Flugzeug *n; ~ da caccia* Jagdflugzeug *n; ~ di linea* Verkehrsflugzeug *n*

aerodinamico [aerodi'naːmico] *adj* stromlinienförmig, windschnittig
aeroplano [aero'plaːno] *m* Flugzeug *n*
aeroporto [aero'pɔrto] *m* Flughafen *m*
afa ['aːfa] *f* Schwüle *f* ◆ *C'è afa.* Es ist schwül.

A

affabile [af'fa:bile] *adj* leutselig
affaccendato [affattʃen'da:to] *adj* *1.* rege, geschäftig; *2. (molto occupato)* mit Arbeit überhäuft
affamato [affa'ma:to] *adj 1.* hungrig; *2. (chi muore o è morto di fame)* verhungert; *3. (chi soffre la fame)* ausgehungert; *m 4. (persona affamata)* Hungerleider *m*
affannarsi [affan'narsi] *v (fig)* sich abmühen
affanno [af'fanno] *m* Kummer *m*
affare [af'fa:re] *m 1.* Angelegenheit *f,* Sache *f; 2. (increscioso, scandaloso)* Affäre *f; 3. FIN* Geschäft *n; ~ d'oro* Bombengeschäft *n; ~ speculatorio* Spekulationsgeschäft *n; 4. affari pl ECO* Geschäfte *pl; per affari* geschäftlich
affascinante [affaʃi'nante] *adj* charmant
affaticamento [affatika'mento] *m* Ermüdung *f*
affaticarsi [affati'karsi] *v* sich mühen; *~ molto* sich abrackern, sich abplagen; *~ troppo* sich übernehmen
affaticato [affati'ka:to] *adj 1.* übermüdet; *2. (per troppo lavoro)* überarbeitet

> **affatto** [af'fatto] *adv* durchaus; *niente ~* durchaus nicht, keineswegs
> ≠ *affetto m* Zuneigung

affermare [affer'ma:re] *v 1. (rispondere di sì)* bejahen; *2. (confermare)* bestätigen; *3. (sostenere)* behaupten
affermato [affer'ma:to] *adj* erfolgreich; *medico ~* gut eingeführter Arzt *m*
affermazione [affermatsi'o:ne] *f 1. (successo)* Erfolg *m; 2. (il dire di sì)* Bejahung *f; 3. (asserzione)* Behauptung *f; 4. (conferma)* Bestätigung *f*
afferrare [affer'ra:re] *v 1.* greifen; *2. (una persona)* ergreifen; *3. (fig)* erfassen
affettato [affet'ta:to] *adj 1.* affektiert, geziert; *2. (tagliato a fette)* aufgeschnitten; *m 3.* Aufschnitt *m*
affettazione [affettatsi'o:ne] *f* Geziertheit *f*

> **affetto** [af'fɛtto] *adj 1. MED* befallen; *m 2.* Zuneigung *f,* Zuwendung *f; 3. (agitazione)* Affekt *m*
> ≠ *affatto adv* durchaus

affettuoso [affettu'o:so] *adj* liebevoll
affezione [affetsi'o:ne] *f 1.* Zuneigung *f; 2. MED* Leiden *n*
affiatamento [affiata'mento] *m 1.* Einigkeit *f; 2. (intimità)* Vertrautheit *f*
affidamento [affida'mento] *m 1.* Verlass *m;* ◆ *fare affidamento su qd* sich auf jdn verlassen; *2. (garanzia)* Gewähr *f; 3. (fiducia)* Vertrauen *n*
affidare [affi'da:re] *v 1.* anvertrauen; *2. (lasciare)* überlassen; *3. (assegnare)* übertragen
affiggere [af'fiddʒere] *v irr 1.* anschlagen, befestigen; *2. (con spilli)* anheften; *3. (con colla)* ankleben
affilare [affi'la:re] *v* schleifen
affilato [affi'la:to] *adj* scharf
affinamento [affina'mento] *m 1.* Schärfung *f; 2. (dei modi, dei metalli)* Verfeinerung *f; 3. (morale)* Läuterung *f*
affinché [affiŋ'ke] *konj* damit
affine [af'fi:ne] *adj* ähnlich, analog
affinità [affini'ta] *f 1. (somiglianza)* Gleichartigkeit *f; 2. (parentela)* Verwandtschaft *f*
affiorare [affio'ra:re] *v 1.* auftauchen; *2. (comparire)* hervortreten; *3. (fig)* auftauchen
affittare [affit'ta:re] *v 1. (inquilino)* mieten, pachten; *2. (proprietario)* vermieten, verpachten

affitto [af'fitto] *m 1.* Miete *f; 2. (di proprietario)* Vermietung *f; 3. (di locale, di terreno)* Pacht *f; 4. (pagamento dell'~)* Mietzahlung *f*
◆ *prendere in affitto* mieten, pachten

affittuario [affittu'aːrio] *m 1. (di un'abitazione)* Mieter *m; 2. (di un locale, di un terreno)* Pächter *m; 3. (in subaffitto)* Untermieter *m*
affliggersi [af'fliddʒersi] *v irr* sich betrüben
affluente [afflu'ɛnte] *m* Nebenfluss *m*
afflusso [af'flusso] *m 1.* Zufluss *m; 2. (di merci)* Zufuhr *f; 3. (tubo)* Zuleitung *f*
affogare [affo'gaːre] *v 1.* ertrinken; *2. ~ qd* jdn ertränken
affollamento [affolla'mento] *m 1.* Andrang *m; 2. (il gremire)* Überfüllung *f*
affollare [affol'laːre] *v* überfüllen
affondare [affon'daːre] *v 1.* versinken, sinken; *2.* ◆ *affondare una nave* ein Schiff versenken
affondarsi [affon'darsi] *v 1. NAUT* sinken; *2. (sprofondare)* einsinken
affrancare [affraŋ'kaːre] *v* frankieren
affrancatura [affraŋka'tuːra] *f 1.* Porto *n; 2. (l'affrancare)* Freimachen *n*
affranto [af'franto] *adj 1.* niedergeschlagen; *2. (fig)* geknickt
affrettare [affret'taːre] *v* beschleunigen
affrettarsi [affret'tarsi] *v* sich beeilen
affrontare [affron'taːre] *v 1.* kühn entgegentreten; *2. (mettere mano a qc)* in Angriff nehmen; *3. (pericolo)* auf sich nehmen; *4. (problema)* anpacken; *5. (spese)* tragen; ◆ *Quali spese dovrò affrontare?* Welche Unkosten werden auf mich zukommen?
affronto [af'fronto] *m 1. (ingiuria)* Beleidigung *f; 2. (infamia)* Schande *f*
affumicare [affumi'kaːre] *v* räuchern
affusolato [affuso'laːto] *adj* schlank
afono ['aːfono] *adj* tonlos, stimmlos
afoso [a'foːso] *adj* schwül
africano [afri'kaːno] *adj 1.* afrikanisch; *m 2.* Afrikaner *m*
agenda [a'dʒɛnda] *f* Merkbuch *n; ~ delle scadenze* Terminkalender *m*
agente [a'dʒɛnte] *m/f* Agent(in) *m/f,* Makler(in) *m/f; ~ immobiliare* Immobilienmakler(in) *m/f; ~ di cambio* Börsenmakler(in) *m/f; ~ segreto/~ segreta* Geheimagent(in) *m/f*
agenzia [adʒen'tsiːa] *f* Agentur *f; ~ di viaggi* Reisebüro *n; ~ di stampa* Nachrichtenagentur *f*
agganciare [aggan'tʃaːre] *v* anhängen
aggettivo [addʒet'tiːvo] *m GRAMM* Adjektiv *n*
agghiacciante [aggiat'tʃante] *adj 1.* schrecklich; *2. (di persona)* erstarrend
aggiornamento [addʒorna'mento] *m 1.* Aufschub *m; 2. (di conoscenze)* Fortbildung *f; 3. (rinvio)* Vertagung *f*
aggiornare [addʒor'naːre] *v 1.* aktualisieren; *2. (rielaborare)* neu bearbeiten
aggirarsi [addʒi'rarsi] *v 1.* sich herumtreiben; *2. (vertere)* sich drehen um; *3. (approssimarsi)* ungefähr betragen
aggiudicare [addʒudi'kaːre] *v 1.* zuerkennen, zuteilen; *2. (asta)* zuschlagen
aggiudicazione [addʒudikatsi'oːne] *f* Vergabe *f*
aggiungere [ad'dʒundʒere] *v irr 1.* hinzufügen, anfügen; *2. (mettere in seguito)* nachtragen, zufügen; *3. (fig)* anschließen
aggiunta [ad'dʒunta] *f 1.* Zugabe *f,* Beigabe *f; 2. (supplemento)* Zuschlag *m*
aggiustamento [addʒusta'mento] *m JUR* Vergleich *m*
aggiustare [addʒus'taːre] *v 1.* justieren; *2. (riparare)* ausbessern, reparieren; *3. (controversia)* bereinigen

A

aggrapparsi [aggrap'paːrsi] *v* sich anklammern
aggravamento [aggrava'mento] *m* *1.* Erschwernis *f; 2. (della pena) JUR* Verschärfung *f; 3. (aggravio) FIN* Belastung *f; 4. (peggioramento)* Verschlimmerung *f*
aggravante [aggra'vante] *adj 1.* gravierend; *f 2. JUR* erschwerender Umstand *m*
aggravare [aggra'vaːre] *v 1.* erschweren; *2. (peggiorare)* verschlimmern
aggravio [ag'graːvio] *m (fig)* Belastung *f*
aggredire [aggre'diːre] *v irr* überfallen
aggregare [aggre'gaːre] *v* angliedern
aggregarsi [aggre'garsi] *v* sich anschließen
aggregato [aggre'gaːto] *m* Aggregat *n*
aggressione [aggressi'oːne] *f 1. MIL* Angriff *m; 2. (assalto)* Überfall *m; ~ a scopo di rapina JUR* Raubüberfall *m*
aggressivo [aggres'siːvo] *adj* aggressiv
aggressore [aggres'soːre] *m* Angreifer *m*
aggrumarsi [aggru'marsi] *v* gerinnen
agguato [aggu'aːto] *m 1.* Hinterhalt *m; 2. (fig: trappola)* Falle *f*
agiatezza [adʒa'tettsa] *f* Wohlstand *m,* Reichtum *m*
agiato [a'dʒaːto] *adj* wohlhabend
agile ['aːdʒile] *adj* behände, gewandt
agilità [adʒili'ta] *f* Gelenkigkeit *f*
agio ['aːdʒo] *m 1.* Behagen *n; 2. (ozio)* Muße *f,* Ruhe *f; 3. FIN* Agio *n*

agire [a'dʒiːre] *v irr* handeln, wirken
◆ *La medicina non ha agito.* Die Arznei hat nicht gewirkt.

agitare [adʒi'taːre] *v* schütteln
agitarsi [adʒi'tarsi] *v 1.* sich bewegen; *2. (divenire inquieto)* sich aufregen
agitato [adʒi'taːto] *adj* unruhig; *mare ~* bewegtes Meer *n*
agitatore [adʒita'toːre] *m* Agitator *m*
agitazione [adʒitatsi'oːne] *f 1.* Aufregung *f; 2. (inquietudine)* Unruhe *f*
aglio ['aʎo] *m BOT* Knoblauch *m*
agnello [a'ɲɛllo] *m ZOOL* Lamm *n*
ago ['aːgo] *m* Nadel *f; ~ per cucire* Nähnadel *f*
agonia [ago'niːa] *f* Todeskampf *m*
agosto [a'gosto] *m* August *m*
agraria [a'graːria] *f* Agrarwissenschaft
agricoltore [agrikol'taːre] *m* Landwirt *m*
agricoltura [agrikol'tuːra] *f 1.* Ackerbau *m; 2. (scienze agrarie)* Landwirtschaft *f*
agrume [a'gruːme] *m* Zitrusfrucht *f*
ah ['aː] *interj* ach, aha
ahimé [ai'me] *interj* o weh, oh
aiola [ai'ɔːla] *f* Beet *n*
airbag ['ɛəbæg] *m TECH* Airbag *m*
airbus ['ɛəbʌs] *m TECH* Airbus *m*
aitante [ai'tante] *adj 1.* kräftig, stark; *2. (gagliardo)* rüstig
aiutante [aiu'tante] *adj 1.* mithelfend; *m/f 2.* Hilfsarbeiter(in) *m/f*
aiutare [aiu'taːre] *v 1.* helfen; *2. (fig)* beistehen; *3. (coadiuvare)* nachhelfen

aiuto [ai'uːto] *m 1.* Hilfe *f; ~ ai paesi in via di sviluppo* Entwicklungshilfe *f; 2. (persona)* Aushilfe *f,* Gehilfe/Gehilfin *m/f; 3. (assistenza)* Beistand *m; 4. (mezzo d'aiuto)* Hilfsmittel *n; 5. (fig)* Schützenhilfe *f; 6. Aiuto!* Hilfe!
◆ *Mi serve aiuto.* Ich brauche Hilfe.

aizzare [ait'tsaːre] *v* hetzen
al [al] *prep* am, ans
ala ['aːla] *f* Flügel *m*

alba ['alba] *f* Morgendämmerung *f*
Albania [alba'ni:a] *f GEO* Albanien *n*
albeggiare [albed'dʒa:re] *v* dämmern
albergatore [alberga'to:re] *m 1.* Hotelier *m; 2. (oste)* Gastwirt *m*
albergo [al'bɛrgo] *m 1.* Hotel *n; 2. (più piccolo)* Gasthof *m*
albero ['albero] *m 1.* Baum *m; ~ da frutto* Obstbaum *m; ~ di Natale* Christbaum *m; ~ genealogico* Stammbaum *m; 2. TECH* Welle *f; 3. ~ della cuccagna* Klettermast *m*
albicocca [albi'kɔkka] *f BOT* Aprikose *f*
albo ['albo] *m 1.* Stammbuch *n; 2. ~ professionale* Berufsregister *n*
album [al'bum] *m* Album *n*
albume [al'bu:me] *m* Eiweiß *n*
alce ['altʃe] *m ZOOL* Elch *m*
alcolici [al'kɔ:litʃi] *m/pl* Spirituosen *pl*
alcolico [al'kɔ:liko] *adj 1.* alkoholisch; *2. (contenente alcol)* alkoholhaltig
alcolista [alko'lista] *m/f MED* Alkoholiker(in) *m/f*
alcool ['alkool] *m* Alkohol *m; senza ~* alkoholfrei; ◆ *darsi all'alcool* sich dem Trunk ergeben

> **alcuni** [al'ku:ni] *pron 1.* einige, mehrere; *adj 2.* einige
> ◆ *alcuni anni fa* vor einigen Jahren

alcuno [al'ku:no] *adj 1.* einig, etwas; *pron 2. (qualche)* eine(r,s)
aldilà [aldi'la] *m REL* Jenseits *n*
alfabetico [alfa'bɛ:tiko] *adj* alphabetisch; *in ordine ~* alphabetisch geordnet
alfabeto [alfa'bɛ:to] *m* Alphabet *n*
alga ['alga] *f BOT* Alge *f*
algebra ['aldʒebra] *f MATH* Algebra *f*
Algeria [aldʒe'ri:a] *f GEO* Algerien *n*
Algovia [al'go:via] *f GEO* Allgäu *n*
aliante [ali'ante] *m* Segelflugzeug *n*
alias ['a:lias] *adv* alias, sonst
alibi ['a:libi] *m* Alibi *n*
alice [a'li:tʃe] *f ZOOL* Sardelle *f*
alienato [alie'na:to] *adj 1. MED* geistesgestört; *m 2. MED* Geisteskranker *m*
alienazione [alienatsi'o:ne] *f PSYCH* Entfremdung *f*
alimentare [alimen'ta:re] *v 1.* ernähren; *adj 2.* Ernährungs...
alimentari [alimen'ta:ri] *m/pl 1.* Lebensmittel *pl; 2. (negozio)* Lebensmittelgeschäft *n*
alimentarsi [alimen'tarsi] *v 1.* sich nähren; *2. (rifornirsi)* sich verpflegen
alimentazione [alimentatsi'o:ne] *f 1.* Ernährung *f; 2. (cibo)* Verpflegung *f*
alimento [ali'mento] *m 1.* Lebensmittel *n; 2. alimenti integrali pl GAST* Vollwertkost *f*
alito ['a:lito] *m 1.* Atem *m; ~ cattivo/~ pesante* schlechter Atem *m; 2. (soffio)* Hauch *m; 3. (di vento)* Windhauch *m*
◆ *Non tira un alito di vento.* Es weht kein Lüftchen.
alla ['alla] *prep* a+la (siehe „a"); *~ rovescia* verkehrt, andersherum
allacciamento [allattʃa'mento] *m* Anschluss *m; ~ ad Internet* Internetanschluss *m*
allacciare [allat'tʃa:re] *v 1.* anschnallen; *2. (spago)* schnüren; *3. MED* abbinden
allagare [alla'ga:re] *v* überschwemmen, überfluten; ◆ *Ho la camera allagata.* Mein Zimmer steht unter Wasser.
allargamento [allarga'mento] *m 1.* Erweiterung *f; 2. (dilatazione)* Dehnung *f*
allargare [allar'ga:re] *v 1.* erweitern, ausweiten; *2. (dilatare)* dehnen
allargarsi [allar'ga:rsi] *v* sich ausbreiten

A

A

allarmante [allar'mante] *adj* beunruhigend
allarmare [allar'maːre] *v* alarmieren
allarme [al'larme] *m* Alarm *m; l'essere pronto all'~* Alarmbereitschaft *f; ~ antincendio* Feueralarm *m*
allattare [allat'taːre] *v* stillen
alleanza [alle'antsa] *f* Allianz *f,* Bund *m,* Bündnis *n*
allearsi [alle'arsi] *v* sich verbünden
allegare [alle'gaːre] *v* anfügen
allegato [alle'gaːto] *adj 1.* beiliegend; *m 2. (lettera)* Anlage *f*
alleggerire [alleddʒe'riːre] *v irr* entlasten
allegoria [allego'riːa] *f* Sinnbild *n*
allegria [alle'griːa] *f* Fröhlichkeit *f*
allegro [al'leːgro] *adj* froh, fröhlich
allenamento [allena'mento] *m* Training *n*
allenare [alle'naːre] *v* trainieren
allentare [allen'taːre] *v 1.* nachlassen; *2. (svitare)* lockern
allentato [allen'taːto] *adj 1.* schlaff, schlapp; *2. (vite)* locker, gelöst
allergia [aller'dʒiːa] *f MED* Allergie *f*
allergico [al'lɛrdʒiko] *adj 1. MED* allergisch; ♦ *Sono allergico al polline.* Ich bin allergisch gegen Pollen. *m 2.* Allergiker *m*
allestire [alles'tiːre] *v irr 1. (festa)* ausrichten, vorbereiten; *2.* einrichten
allettante [allet'tante] *adj* reizend
allettare [allet'taːre] *v (fig)* verlocken
allevare [alle'vaːre] *v 1. (bestiame)* züchten; *2. (bambino)* aufziehen
allietare [allie'taːre] *v* erfreuen
allievo [alli'ɛːvo] *m* Schüler *m*
allineamento [allinea'mento] *m 1.* Einreihung *f; 2. (adeguamento)* Anpassung *f*
allineare [alline'aːre] *v 1.* einreihen; *2. (porre uno dopo l'altro)* aneinander reihen
allo ['allo] *prep* a + lo (siehe „a")
allocuzione [allokutsi'oːne] *f* Ansprache *f*
alloggiare [allod'dʒaːre] *v 1.* unterbringen; *2. (abitare)* wohnen
alloggio [al'lɔddʒo] *m* Unterkunft *f*
allontanamento [allontana'mento] *m 1.* Entfernung *f,* Entfernen *n; 2. (estraniamento)* Entfremdung *f; 3. (trasferimento)* Versetzung *f*
allontanare [allonta'naːre] *v 1.* entfernen; *2. (fig)* abschieben

allora [al'loːra] *adv 1. (tempo)* damals, da; *interj 2. (ebbene)* also, nun

alloro [al'lɔːro] *m BOT* Lorbeer *m*
alluce ['allutʃe] *m ANAT* große Zehe *f*
alludere [al'luːdere] *v irr 1.* andeuten, anspielen; *2. (far riferimento)* verweisen
alluminio [allu'miːnio] *m CHEM* Aluminium *n*
allungamento [allunga'mento] *m 1.* Verlängerung *f; 2. (dilatazione)* Dehnung *f*
allungare [allunˈgaːre] *v 1.* verlängern; ♦ *allungare il passo* schneller gehen; *allungare la strada* einen Umweg machen; *2. (distendere)* ausstrecken; *3. (fis)* dehnen; *4. (liquidi)* verdünnen
allungarsi [allunˈgarsi] *v 1.* länger werden; sich strecken
allusione [alluzi'oːne] *f* Andeutung *f*
alluvione [allu'vioːne] *f* Überschwemmung *f*
almanaccare [almanak'kaːre] *v 1.* grübeln; *2. (fantasticare)* fantasieren
almeno [al'meːno] *adv* mindestens
alogeno [a'lɔːdʒeno] *m* Halogen *n*
alpe ['alpe] *f 1.* Alm *f,* Alp *f; 2. (monte)* Berg *m*
Alpi ['alpi] *f/pl GEO* Alpen *pl*
alpino [al'piːno] *adj* alpin, Berg... *guida alpina* Bergführer *m*

alquanto [alku'anto] *adv 1.* etwas; *2. (piuttosto)* ziemlich
Alsazia [al'saːtsia] *f GEO* Elsass *n*
alt [alt] *interj* halt
altalena [alta'leːna] *f* Schaukel *f*
altare [al'taːre] *m REL* Altar *m*
alterabile [alte'raːbile] *adj 1. (fig)* leicht erregbar; *2. (cibi)* verderblich
alterarsi [alte'rarsi] *v 1.* sich verändern; *2. (arrabbiarsi)* böse sein mit jdm
alterato [alte'raːto] *adj 1.* entstellt; *2. (cambiato)* verändert
alternarsi [alter'narsi] *v* abwechseln
alternativa [alterna'tiːva] *f* Alternative *f*
alternativo [alterna'tiːvo] *adj 1.* alternativ; *m 2. POL* Alternativer *m*
altezza [al'tettsa] *f 1.* Höhe *f; ~ di volo* Flughöhe *f;* ◆ *A che altezza si trova?* Wie hoch liegt das? *2. (statura)* Größe *f; 3. (re)* Hoheit *f*
altitudine [alti'tuːdine] *f* Höhe *f;* ◆ *altitudine sul livello del mare* Höhe über dem Meeresspiegel *f*

alto ['alto] *adj 1.* hoch; *2. (persona)* groß; *3. (volume)* laut; *4. (neve)* tief; *5. (stoffa)* breit
! *komp: più alto/superiore; sup: altissimo/supremo/sommo*
≠ *altro pron* andere(r,s)

altoparlante [altopar'lante] *m* Lautsprecher *m*
altopiano [altopi'aːno] *m* Hochplateau *n*
altresí [altre'si] *adv* ebenfalls
altrettanto [altret'tanto] *adv* ebenfalls
altrimenti [altri'menti] *adv* sonst

altro ['altro] *pron 1.* andere(r,s), sonstige(r,s), weitere(r,s); *se non ~* wenigstens; *senz'~* ohne weiteres; *un giorno o l'~* früher oder später; *l'~ giorno* neulich; *l'un l'~* einander; *l'uno contro l'~* gegeneinander; *l'uno dopo l'~* aufeinander; *l'uno sull'~* übereinander; *adj 2.* andere(r,s)
≠ *alto adj* hoch

altronde [al'tronde] *adv d'~* übrigens
altrove [al'troːve] *adv* woanders
altura [al'tuːra] *f* Anhöhe *f*
alunno [a'lunno] *m 1.* Schüler *m; 2. (di un collegio)* Zögling *m*
alveo ['alveo] *m* Flussbett *n*
alzare [al'tsaːre] *v 1.* heben; *2. (aumentare)* erhöhen
alzarsi [al'tsarsi] *v 1.* aufstehen; *2. (sollevarsi)* sich erheben
alzata [al'tsaːta] *f* Erhebung; *~ di spalle* Achselzucken *n*
amabile [a'maːbile] *adj* liebenswert
amaca [a'maːka] *f* Hängematte *f*
amante [a'mante] *adj 1.* liebend; *m/f 2.* Liebhaber(in) *m/f; ~ degli animali* Tierfreund *m; 3. (in una relazione extraconiugale)* Geliebte(r) *m/f*

amare [a'maːre] *v* lieben, lieb haben
◆ *Ama la solitudine.* Er liebt die Einsamkeit.

amareggiato [amared'dʒaːto] *adj* verbittert
amarezza [ama'rettsa] *f* Bitterkeit *f*
amaro [a'maːro] *adj 1. (gusto)* bitter; *2. (fig: doloroso)* bitter; *3. (acerbo)* herb
amata [a'maːta] *f 1.* Geliebte *f; 2. (innamorata)* Liebste *f*
amato [a'maːto] *adj 1.* geliebt; *m 2.* Geliebter *m; 3. (innamorato)* Liebster *m*
ambasciata [amba'ʃaːta] *f POL* Botschaft *f*

A

ambasciatore [ambaʃa'toːre] *m* Botschafter *m*
ambedue [ambe'duːe] *adj* beide
ambientale [ambien'taːle] *adj 1.* Umgebungs... *2. (ecologico)* Umwelt... *inquinamento ~* Umweltverschmutzung *f; tolleranza ~* Umweltverträglichkeit *f*

ambiente [ambi'ɛnte] *m 1.* Umgebung *f; 2. (abitazione)* Wohnung *f; temperatura ~* Zimmertemperatur *f; 3. PSYCH* Umfeld *n; protezione dell'~* Umweltschutz *m*

ambiguo [am'biːguo] *adj* zweideutig
ambito ['ambito] *m (fig)* Bereich *m*
ambizione [ambitsi'oːne] *f 1.* Ehrgeiz *m; 2. (il farsi valere)* Geltungsbedürfnis *n*
ambizioso [ambitsi'oːso] *adj* ehrgeizig
ambulante [ambu'lante] *adj 1. MED* ambulant; *2. (senza sede fissa)* wandernd
ambulanza [ambu'lantsa] *f 1.* Ambulanz *f; 2. (veicolo)* Krankenwagen *m*
ambulatorio [ambula'tɔːrio] *m* Arztpraxis *f*
ameno [a'meːno] *adj* lieblich
America [ɑ'meːrika] *f GEO* Amerika *n; ~ latina* Lateinamerika *n; ~ settentrionale* Nordamerika *n*
americano [ameri'kaːno] *adj 1.* amerikanisch; *m 2.* Amerikaner *m*
amianto [ami'anto] *m MIN* Asbest *m*
amica [a'miːka] *f* Freundin *f*
◆ *E' per me una cara amica.* Sie ist für mich eine gute Freundin.
amicizia [ami'tʃiːtsia] *f* Freundschaft *f;* ◆ *legato da stretta amicizia* eng befreundet

amico [a'miːko] *adj 1.* befreundet; *m 2.* Freund *m; ~ d'infanzia* Jugendfreund *m;* ◆ *farsi degli amici* Freunde gewinnen

amido ['aːmido] *m CHEM* Stärke *f*
ammaestrare [ammaes'traːre] *v 1.* belehren; *2. (animali)* abrichten, dressieren
ammalarsi [amma'larsi] *v* erkranken
ammalato [amma'laːto] *adj* krank
ammaliare [ammali'aːre] *v 1.* bezaubern; *2. (fig: affascinare)* berücken
ammanco [am'maŋko] *m ECO* Fehlbetrag *m*
ammaraggio [amma'raddʒo] *m* Wasserlandung *f*
ammassare [ammas'saːre] *v 1.* aufhäufen, stapeln; *2. (accumulare)* anhäufen; *3. (raccogliere in un luogo)* sammeln
ammasso [am'masso] *m 1.* Haufen *m; 2. (massa)* Menge *f*
ammazzare [ammat'tsaːre] *v 1.* töten, umbringen; *2.* ◆ *ammazzare il tempo* die Zeit totschlagen
ammazzarsi [ammat'tsarsi] *v* sich umbringen
ammenda [am'mɛnda] *f 1.* Entschädigung *f; 2. (multa)* Geldstrafe *f*
ammesso [am'messo] *adj* zulässig; ◆ *ammesso e non concesso che* angenommen, dass/gesetzt den Fall, dass

ammettere [am'mettere] *v irr 1.* eintreten lassen; *2. (fig)* zugeben; *3. (consentire)* zulassen, erlauben
! *Passato remoto: ammisi; Partizip Perfekt: ammesso*

amministrare [amminis'traːre] *v* verwalten
amministratore [amministra'toːre] *m 1.* Verwalter *m; 2. (~ delegato)* Geschäftsführer *m*
amministrazione [amministratsi'oːne] *f* Verwaltung *f; ~ autonoma* Selbst-

verwaltung *f; ~ comunale* Stadtverwaltung *f*
ammiraglio [ammi'raːʎo] *m MIL* Admiral *m*
ammirare [ammi'raːre] *v* bewundern
ammiratore [ammira'toːre] *m* Verehrer *m*
ammirazione [ammiratsi'oːne] *f* Bewunderung *f*
ammissibilità [ammissibili'ta] *f* Zulässigkeit *f*
ammissione [ammissi'oːne] *f 1.* Aufnahme *f; 2. (confessione)* Geständnis *n; 3. (concessione)* Zugeständnis *n*
ammodernamento [ammoderna'mento] *m 1.* Modernisierung *f; 2. (rinnovamento)* Erneuerung *f*
ammodo [am'mɔːdo] *adj* anständig
ammollare [ammol'laːre] *v* aufweichen
ammollirsi [ammol'lirsi] *v irr* weich werden
ammoniaca [ammoni'aːka] *f CHEM* Ammoniak *n*
ammonimento [ammoni'mento] *m 1.* Mahnung *f; 2. (insegnamento)* Belehrung *f*
ammonire [ammo'niːre] *v irr* mahnen
ammontare [ammon'taːre] *v 1. ~ a* betragen; *2. ~ a ECO* sich belaufen auf; *m 3.* Betrag *m*
ammortizzamento [ammortiddza'mento] *m 1. ECO* Abschreibung *f; 2. TECH* Dämpfung *f*
ammortizzare [ammortid'dzaːre] *v* abschreiben
ammortizzatore [amortiddza'toːre] *m TECH* Stoßdämpfer *m*
ammortizzazione [ammortiddzatsi'oːne] *f ECO* Ablösung *f*
ammucchiare [ammukki'aːre] *v 1.* anhäufen; *2. (accumulare)* häufen
ammuffire [ammuf'fiːre] *v* schimmeln
amnistia [amnis'tiːa] *f* Amnestie *f*
amo ['aːmo] *m 1.* Angelhaken *m; 2. (canna da pesca)* Fischangel *f*

amore [a'moːre] *m* Liebe *f; per ~* aus Liebe; *~ del prossimo* Nächstenliebe *f; con ~* liebevoll

amoreggiare [amored'dʒaːre] *v* flirten
amorevole [amo'reːvole] *adj* liebevoll
amorfo [a'mɔrfo] *adj* gestaltlos
ampere [ɑ̃mpɛːr] *m TECH* Ampere *n*
ampiamente [ampia'mente] *adv 1.* weit, weitläufig; *2. (pienamente)* weitgehend
ampiezza [ampi'ettsa] *f* Weite *f*
ampio ['ampio] *adj 1. (largo)* breit; *2. (esteso)* geräumig; *3. (fig)* weit reichend, umfassend; *4. (vasto)* weitläufig
ampliamento [amplia'mento] *m 1. (di un edificio)* Ausbau *m,* Erweiterung *f; 2. ~ della coscienza* Bewusstseinserweiterung *f*
ampliare [ampli'aːre] *v* erweitern
amplificatore [amplifika'toːre] *m TECH* Verstärker *m*
ampolla [am'polla] *f 1. MED* Ampulle *f; 2. (boccetta)* Fläschchen *n*
ampolloso [ampol'loːso] *adj 1.* geschwollen; *2. (ridondante)* bombastisch
amputare [ampu'taːre] *v MED* amputieren
amuleto [amu'leːto] *m* Amulett *n*
anabbagliante [anabba'ʎante] *adj faro ~ (della macchina)* Abblendlicht *n*
anabolizzante [anabolid'dzante] *m MED* Anabolikum *n*
anagrafe [a'naːgrafe] *f* Meldebehörde *f; ufficio ~* Einwohnermeldeamt *n*
analcolico [anal'kɔːliko] *adj* alkoholfrei

A

analfabetismo [analfabe'tizmo] *m* Analphabetentum *n*
analgesico [anal'dʒɛːziko] *adj MED* schmerzlindernd
analisi [a'naːlizi] *f 1.* Analyse *f; 2. MED* Untersuchung *f*
analitico [ana'liːtiko] *adj* analytisch; *spirito ~* scharfsinniger Geist *m*
analizzare [analid'dzaːre] *v* analysieren
analogia [analo'dʒiːa] *f* Analogie *f*
ananas [ana'nas] *m BOT* Ananas *f*
anarchia [anar'kiːa] *f POL* Anarchie *f*
anatomia [anato'miːa] *f* Anatomie *f*
anatra ['aːnatra] *f ZOOL* Ente *f; maschio dell'~* Enterich *m,* Erpel *m*
anca ['aŋka] *f ANAT* Hüfte *f*
anche ['aŋke] *konj 1.* auch; *~ se* selbst wenn; *2. (perfino)* sogar
ancora¹ [aŋ'koːra] *adv* noch; ◆ *ancora una volta* nochmals
ancora² ['aŋkora] *f* Anker *m*
ancorché [aŋkor'ke] *konj* obwohl
andamento [anda'mento] *m 1.* Ablauf *m; 2. (il camminare)* Gehen *n; 3. MUS* Tempo *n*

> **andare** [an'daːre] *v irr 1.* gehen; *2. (con un veicolo)* fahren; *3. (fare una gita a piedi)* wandern; *4. (fig)* passen
> ◆ *a lungo andare* auf Dauer
> *andare avanti* vorangehen
> *andare bene* gut gehen
> *andare a prendere qd* jdn abholen
> *andare a tempo* Takt halten
> *andare in automobile* Auto fahren
> *andare in bicicletta* Rad fahren

andarsene [an'darsene] *v irr* weggehen
andata [an'daːta] *f* Hinfahrt *f,* Fahrt *f; ~ e ritorno* hin und zurück
andirivieni [andiri'viɛːni] *m* Hin und Her *n*
aneddoto [a'nɛddoto] *m* Anekdote *f*

> **anello** [a'nɛllo] *m 1. (gioiello)* Ring *m; 2. ~ di tenuta (guarnizione) TECH* Manschette *f,* Dichtungsring *m*
> ≠ *agnello m* Lamm

anemia [ane'miːa] *f MED* Anämie *f*
anemico [a'nɛːmiko] *adj* blutarm
anestesia [aneste'ziːa] *f* Anästhesie *f*
anestetico [anes'tɛːtiko] *m MED* Betäubungsmittel *n*
aneto [a'nɛːto] *m BOT* Dill *m*
anfora ['anfora] *f* Amphore *f,* Krug *m*
angelo ['andʒelo] *m* Engel *m; ~ custode* Schutzengel *m*
angheria [aŋge'riːa] *f 1.* Bedrückung *f; 2. (abuso)* Missbrauch *m; 3. (vessazione)* Schinderei *f*
angolare [aŋgo'laːre] *adj 1.* winkelig; *2. (spigoloso)* kantig, eckig
angolo ['aŋgolo] *m 1.* Ecke *f,* Winkel *m; 2. MATH* Winkel *m*
angoscia [aŋ'gɔʃa] *f* Beklemmung *f,* Angst *f; ~ esistenziale* Existenzangst *f*
angoscioso [aŋgo'ʃoːso] *adj 1.* angsterfüllt; *2. (opprimente)* beklemmend
anguilla [aŋgu'iːlla] *f ZOOL* Aal *m*
anguria [aŋ'guːria] *f BOT* Wassermelone *f*
angustia [aŋ'gustia] *f 1.* Kummer *m; 2. angustie finanziarie pl* Geldnot *f*
angusto [aŋ'gusto] *adj 1.* eng; *2. (fig)* beschränkt
anice ['aːnitʃe] *m BOT* Anis *m*
anidride [ani'driːde] *f ~ carbonica* Kohlendioxyd *n*
anima ['aːnima] *f 1.* Seele *f; 2. (spirito)* Geist *m; 3. (l'interno)* Kern *m*
animale [ani'maːle] *m 1.* Tier *n; ~ carnivoro* Fleischfresser *m; ~ domestico* Haustier *n; ~ rapace* Raubtier *n; 2. (bestiame)* Vieh *n; adj 3.* tierisch

animare [ani'maːre] *v 1.* beleben, beseelen; *2. (fig)* anfeuern
animato [ani'maːto] *adj 1.* angeregt; *2. cartone ~* Zeichentrickfilm *m*
animatore [anima'toːre] *m* Animateur *m*
animo ['aːnimo] *m 1.* Seele *f; 2. (spirito)* Gemüt *n; stato d'~* Gemütsverfassung *f;* ◆ *avere l'animo di fare qc* die Absicht haben, etw zu tun; *3. (disposizione interiore)* Gesinnung *f;* ◆ *avere in animo* im Sinn haben; *4.* ◆ *farsi animo* Mut fassen
annacquare [annaku'aːre] *v* verdünnen
annaffiare [annaffi'aːre] *v 1.* sprengen, besprengen; *2. (fiori)* gießen
annata [an'naːta] *f 1.* Jahrgang *m;* ◆ *Di che annata è questo vino?* Welcher Jahrgang ist dieser Wein? *2. (raccolto)* Ernte *f*
annesso [an'nesso] *adj 1.* angeschlossen; *m 2.* ◆ *annessi e connessi* alles, was dazugehört
annettere [an'nettere] *v irr 1.* annektieren; *2. (accludere)* beifügen, beilegen
annidarsi [anni'darsi] *v 1.* sich festsetzen; *2. (fig)* sich einschleichen
annientamento [annienta'mento] *m* Vernichtung *f,* Zerstörung *f*
annientare [annien'taːre] *v 1.* vernichten; *2. (distruggere)* zunichte machen
anniversario [anniver'saːrio] *m* Jahrestag *m*

> **anno** ['anno] *m 1.* Jahr *n; ~ precedente* Vorjahr *n; di quest'~* diesjährig; *~ amministrativo ECO* Geschäftsjahr *n; ~ bisestile* Schaltjahr *n; ~ di nascita* Geburtsjahr *n; ~ scolastico* Schuljahr *n; ~ solare* Kalenderjahr *n,* Sonnenjahr *n; 2. (annata)* Jahrgang *m*
> ◆ *dieci anni fa* vor zehn Jahren

annodare [anno'daːre] *v* knoten
annodarsi [anno'darsi] *v* sich verknoten
annoiarsi [annoi'arsi] *v* sich langweilen
annotare [anno'taːre] *v 1.* notieren, vermerken; *2. (segnare)* aufzeichen
annotazione [annotatsi'oːne] *f 1.* Vermerk *m; ~ d'ufficio* Amtsvermerk *m; 2. (nota)* Aufzeichnung *f*
annuale [annu'aːle] *adj 1.* alljährlich, Jahres... *m 2.* Jahrestag *m,* Gedenktag *m*
annuario [annu'aːrio] *m 1.* Jahrbuch *n; 2. (indirizzario)* Adressenverzeichnis *n*
annuire [annu'iːre] *v irr 1.* beifällig nicken; *2. (assentire)* zustimmen
annullamento [annulla'mento] *m* Aufhebung *f*
annullare [annul'laːre] *v 1.* annullieren; *2. (disdire)* abbestellen; *3. (obliterare)* entwerten, streichen; *4. (fig)* umstoßen; *5. (rompere)* lösen; *6. (affare) ECO* auflösen; *7. (stornare) FIN* stornieren
annunciare [annun'tʃaːre] *v* anmelden; *non annunciato* unangemeldet
annunciatore [annuntʃa'toːre] *m 1.* Ansager *m; ~ televisivo* Fernsehansager *m; 2. (portavoce)* Sprecher *m*
annunciazione [annuntʃatsi'oːne] *f 1.* Ankündigung *f; 2. REL* Verkündigung *f*
annuncio [an'nuntʃo] *m 1.* Meldung *f,* Anmeldung *f; 2. (inserzione)* Annonce *f; 3. (per radio)* Ansage *f; ~ radiofonico* Radiodurchsage *f; ~ funesto* Schreckensbotschaft *f*
annunziare [annuntsi'aːre] *v* ankündigen
annuo ['annuo] *adj* jährlich, Jahres...
annusare [annu'saːre] *v* schnüffeln
annuvolamento [annuvola'mento] *m* Bewölkung *f*
ano ['aːno] *m ANAT* After *m*

A

anomalia [anoma'liːa] *f* Anomalie *f*
anomalo [a'nɔːmalo] *adj* anomal
anonimo [a'nɔːnimo] *adj* anonym
anormalità [anormali'ta] *f* Abnormität *f*
ansa ['ansa] *f* Henkel *m*
ansante [an'sante] *adv* keuchend
ansare [an'saːre] *v* keuchen
ansia ['ansia] *f* 1. Unruhe; 2. *(paura)* Furcht *f*
ansioso [ansi'oːso] *adj* 1. begierig; ♦ *essere ansioso di ...* gespannt sein auf ... 2. *(preoccupato)* ängstlich
antagonismo [antago'nizmo] *m* 1. Antagonismus *m;* 2. *(contrapposizione)* Gegnerschaft *f*
antagonista [antago'nista] *adj* 1. antagonistisch; *m/f* 2. Gegner(in) *m/f*
antartico [ant'artiko] *adj (del sud)* südlich; *polo ~* Südpol *m*
antecedente [antetʃe'dɛnte] *adj* 1. vorangehend; 2. *(anteriore)* früher
antefatto [ante'fatto] *m* Vorgeschichte *f*
antenato [ante'naːto] *m* Ahn *m,* Vorfahr *m*
antenna [an'tenna] *f* 1. *TECH* Antenne *f;* *~ televisiva* Fernsehantenne *f;* 2. *ZOOL* Fühler *m*
anteporre [ante'porre] *v irr* 1. bevorzugen; 2. *(premettere)* vorrausschicken
anteriore [ante'rioːre] *adj* 1. vorig; 2. *parte ~* Vorderseite *f*
antesignano [antesi'ɲaːno] *m* Vorkämpfer *m*
antibiotico [antibi'ɔːtiko] *m MED* Antibiotikum *n*
anticamente [antika'mente] *adv* früher
anticamera [anti'kaːmera] *f* Vorzimmer *n*
antichissimo [anti'kissimo] *adj* uralt
antichità [antiki'ta] *f* 1. *HIST* Altertum *n;* 2. *(oggetto d'antiquariato)* Antiquität *f; f/pl* 3. *(monumenti)* Altertümer *pl*
anticipare [antitʃi'paːre] *v* 1. auslegen; 2. *(un appuntamento)* vorverlegen
anticipatamente [antitʃipata'mente] *adv (tempo)* voraus
anticipato [antitʃi'paːto] *adj* im Voraus

> **anticipo** [an'tiːtʃipo] *m* 1. Vorschuss *m;* 2. *(fig)* Vorsprung *m; pagamento in ~* Vorauskasse *f*
> ♦ *essere in anticipo* zu früh kommen

antico [an'tiːko] *adj* antik, altertümlich; ♦ *all'antica* altmodisch
anticoncezionale [antikontʃetsio'naːle] *adj* 1. empfängnisverhütend; *m* 2. *MED* Verhütungsmittel *n*
anticostituzionale [antikostitutsio'naːle] *adj* verfassungswidrig
antidoto [an'tiːdoto] *m* 1. *MED* Gegenmittel *n;* 2. *(fig)* Heilmittel *n*
antifurto [anti'furto] *m* Alarmanlage *f*
antigienico [antidʒi'ɛːniko] *adj* unhygienisch, ungesund
antipasto [anti'pasto] *m GAST* Vorspeise *f*
antipatia [antipa'tiːa] *f* Antipathie *f*
antipatico [anti'paːtiko] *adj* unsympathisch
antiproiettile [antiproi'ɛttile] *adj* kugelsicher
antiquato [antiku'aːto] *adj* 1. unmodern, veraltet; 2. *(fig)* rückständig
antisdrucciolevole [antizdruttʃo'leːvole] *adj* 1. griffig; 2. *(antiscivolo)* rutschsicher, rutschfest
antitetico [anti'tɛːtiko] *adj* antithetisch
antiurto [anti'urto] *adj* 1. stoßdämpfend; 2. *(infrangibile)* bruchsicher

antro ['antro] *m* Höhle *f*
antropofago [antro'pɔːfago] *adj 1.* kannibalisch; *m 2.* Kannibale *m*
anulare [anu'laːre] *m ANAT* Ringfinger *m*
anzi ['antsi] *adv 1. (al contrario)* im Gegenteil
anzianità [antsiani'ta] *f* Alter *n; ~ di servizio* Dienstalter *n*
anziano [antsi'aːno] *adj 1. (persona)* alt, betagt; *m 2.* Alter *m; 3. anziani pl* Ältere *pl,* ältere Generation *f*
anzitutto [antsi'tutto] *adv* zuerst, vor allem
apatia [apa'tiːa] *f* Apathie *f*
apatico [a'paːtiko] *adj* apathisch
ape ['aːpe] *f ZOOL* Biene *f*
aperitivo [aperi'tiːvo] *m GAST* Aperitif *m*
apertamente [aperta'mente] *adv 1.* klar, deutlich; *2. (sinceramente)* offen, aufrichtig

> **aperto** [a'pɛrto] *adj 1.* geöffnet, offen, aufgeschlossen; *aria aperta* frische Luft *f;* ◆ *all'aria aperta* draußen; *2. (fig: irrisolto)* offen; *3. (fig: sincero)* offen

apertura [aper'tuːra] *f 1.* Öffnung *f; 2. (misura)* Spannweite *f; 3. (di un muro)* Durchbruch *m*
apice ['aːpitʃe] *m (fig)* Gipfel *m*
apicoltore [apicol'toːre] *m* Imker *m*
apicultura [apicul'tuːra] *f* Bienenzucht *f*
apoplessia [apoples'siːa] *f* Schlaganfall *m*
apostrofo [a'pɔstrofo] *m GRAMM* Apostroph *m*
appagamento [appaga'mento] *m* Befriedigung *f*
appagare [appa'gaːre] *v* erfüllen
appannare [appan'naːre] *v 1.* anlaufen lassen; *2. (con l'alito)* anhauchen; *3. (fig)* trüben, verschleiern
apparecchiare [apparekki'aːre] *v* decken
apparecchiatura [apparekkia'tuːra] *f 1. TECH* Vorrichtung *f; 2. (equipaggiamento)* Ausrüstung *f*
apparecchio [appa'rekkio] *m* Gerät *n,* Apparat *m*
apparentemente [apparente'mente] *adv* scheinbar
apparenza [appa'rɛntsa] *f 1.* Anschein *m; 2. (fig)* Schein *m*
apparire [appa'riːre] *v irr 1.* erscheinen; *2. (fantasma)* spuken
appariscente [appari'ʃɛnte] *adj* auffallend; *persona ~* auffallende Person *f*
apparizione [apparitsi'oːne] *f* Erscheinung *f*
appartamento [apparta'mento] *m* Wohnung *f; ~ ammobiliato* möblierte Wohnung *f; ~ per le vacanze* Ferienwohnung *f*
appartarsi [appar'tarsi] *v* sich zurückziehen
appartenente [apparte'nɛnte] *adj* zugehörig
appartenenza [apparte'nɛntsa] *f 1.* Zugehörigkeit *f; 2. (ad una associazione)* Mitgliedschaft *f*

> **appartenere** [apparte'neːre] *v irr* gehören
> **!** *Präsens: appartengo; Futur: apparterrò; Passato remoto: appartenni*

appassionato [appassio'naːto] *adj* leidenschaftlich
appassire [appas'siːre] *v* welken
appello [ap'pɛllo] *m 1.* Aufruf *m; ~ alla nazione* Appell an das Volk *m;* ◆ *fare appello al buon cuore degli uomini* an das Gute im Menschen appellieren; *2. JUR* Berufung *f*

A

appena [ap'peːna] *adv 1.* kaum; *2. (da poco)* eben, soeben; *~ mezzogiorno* erst Mittag; *konj 3.* sobald; *non ~* sobald
appendere [ap'pɛndere] *v irr* hängen
appendice [appen'diːtʃe] *f 1.* Anhang *m; 2. ANAT* Blinddarm *m*
appesantire [appesan'tiːre] *v irr* beschweren
appetito [appe'tiːto] *m 1.* Appetit *m; 2. (bramosia)* Begierde *f,* Lust *f* ◆ *Buon appetito!* Guten Appetit!/ Mahlzeit!
appianare [appia'naːre] *v* ebnen, planieren
appiccare [appik'kaːre] *v 1.* heften, kleben; *2. (appendere)* aufhängen
appiccicare [appittʃi'kaːre] *v 1.* aufkleben; *2. (fig: affibbiare)* geben; ◆ *appiccicare un nomignolo a qd* jdm einen Spitznamen geben
appieno [appi'ɛːno] *adv* völlig, vollkommen
appigliarsi [appi'ʎarsi] *v* sich festhalten
appiglio [ap'piːʎo] *m 1.* Haken *m; 2. (fig)* Vorwand *m,* Ausflucht *f*
appioppare [appiop'paːre] *v 1.* geben; *2. (attribuire con inganno)* zuschieben
appisolarsi [appizo'larsi] *v* einschlafen
applaudire [applau'diːre] *v* klatschen
applauso [appla'uːzo] *m* Beifall *m,* Applaus *m*
applicare [appli'kaːre] *v 1.* anwenden; *2. (colori)* auftragen; *3. MED* anlegen
applicarsi [appli'karsi] *v* sich bemühen
applicato [appli'kaːto] *adj 1.* fleißig; 2. angewandt
applicazione [applikatsi'oːne] *f 1.* Anwendung *f; 2. (l'attaccare)* Ankleben *n*
appoggiare [appod'dʒaːre] *v 1.* anlehnen; *2. (scala)* anlegen; *3. (supporto)* aufstützen
appoggiarsi [appod'dʒarsi] *v* sich anlehnen
appoggio [ap'pɔddʒo] *m 1.* Unterstützung *f,* Rückhalt *m; 2. (sostegno)* Stütze *f; punto d'~* Stützpunkt *m*
apportare [appor'taːre] *v* überbringen
appositamente [appozita'mente] *adv* eigens
apposito [ap'pɔːzito] *adj 1. (speciale)* entsprechend; *2. (destinato allo scopo)* zweckmäßig; *3. (adatto)* passend
apposta [ap'pɔsta] *adv 1.* besonders; *2. (con intenzione)* mit Absicht
appostare [appos'taːre] *v* auflauern
apprendere [ap'prɛndere] *v irr* lernen
apprendista [appren'dista] *m/f* Lehrling *m,* Auszubildende(r) *m/f*
apprensione [apprensi'oːne] *f* Besorgnis *f*
apprensivo [appren'siːvo] *adj* besorgt, ängstlich
appressarsi [aprres'sarsi] *v* sich nähern
apprestarsi [appres'tarsi] *v* sich anschicken, sich vorbereiten
appretto [ap'prɛtto] *m* Appretur *f*
apprezzamento [apprettsa'mento] *m 1. (giudizio)* Urteil *n; 2. (complimento, stima)* Achtung *f*
apprezzare [appret'tsaːre] *v 1.* würdigen; *2. (stimare)* achten; *3. (riconoscere)* anerkennen
approccio [ap'prɔttʃo] *m* Annäherungsversuch *m*
approdare [appro'daːre] *v* anlegen; ◆ *Dove approda la nave?* Wo legt das Schiff an?
approdo [ap'prɔːdo] *m 1. NAUT* Anlegeplatz *m; 2. (sbarco)* Landung *f*
approfittare [approfit'taːre] *v* ausnutzen

approfittarsi [approfit'tarsi] *v 1. ~ di qd* jdn missbrauchen; *2. ~ di qc* sich etw zunutze machen
approfondimento [approfondi'mento] *m* Vertiefung *f*
approfondire [approfon'di:re] *v irr 1.* vertiefen; *2. (rapporto)* ausbauen
approntare [appron'ta:re] *v 1.* vorbereiten; *2. (mettere a disposizione)* bereitstellen
appropriarsi [appropri'arsi] *v* sich aneignen
approssimarsi [approssi'marsi] *v* sich annähern
approssimativo [approssima'ti:vo] *adj* ungefähr, annähernd
approvare [appro'va:re] *v 1.* bejahen; *2. (accogliere)* zustimmen, annehmen
approvazione [approvatsi'o:ne] *f 1.* Zustimmung *f; 2. (plauso)* Beifall *m*
approvvigionamento [approvvidʒona'mento] *m* Versorgung *f; ~ idrico* Wasserversorgung *f*
appuntamento [appunta'mento] *m* Termin *m,* Verabredung *f; darsi ~* sich verabreden; *~ amoroso* Rendezvous *n;* ◆ *Purtroppo dobbiamo disdire l'appuntamento.* Leider müssen wir die Verabredung absagen.
appuntare [appun'ta:re] *v 1.* spitzen; *2. (fissare con spilli)* anstecken
appunto[1] [ap'punto] *adv 1.* richtig, genau
appunto[2] [ap'punto] *m 1.* Notiz; *2.* Anmerkung *f*
appurare [appu'ra:re] *v* prüfen
apribottiglie [apribot'ti:ʎe] *m* Flaschenöffner *m*
aprile [a'pri:le] *m* April *m*

aprire [a'pri:re] *v irr 1.* öffnen, aufmachen; *2. (uno studio, un negozio)* eröffnen; *3. (pratica)* anlegen; *4. (mercato)* erschließen
◆ *aprire con forza* aufbrechen
aprire in dissolvenza einblenden
aprire tagliando aufschneiden
Non riesco ad aprire ... Ich bekomme ... nicht auf.

apriscatole [apris'ka:tole] *m* Dosenöffner *m*
aquila ['a:kuila] *f ZOOL* Adler *m*
Arabia [a'ra:bia] *f ~ Saudita GEO* Saudi-Arabien *n*
arabo ['a:rabo] *adj 1.* arabisch; *m 2.* Araber *m*
arachide [a'ra:kide] *f BOT* Erdnuss *f*
aragosta [ara'gosta] *f* Languste *f*
arancia [a'rantʃa] *f BOT* Orange *f; succo d'~* Orangensaft *m*
aranciata [aran'tʃa:ta] *f* Orangenlimonade *f*
arare [a'ra:re] *v AGR* pflügen
aratro [a'ra:tro] *m AGR* Pflug *m*
arazzo [a'rattso] *m* Wandteppich *m*
arbitrario [arbi'tra:rio] *adj* willkürlich
arbitrio [ar'bi:trio] *m* Willkür *f*
arbitro ['arbitro] *m* Schiedsrichter *m*
arbusto [ar'busto] *m* Strauch *m*
arcano [ar'ka:no] *adj 1.* geheimnisvoll, mysteriös; *m 2.* Rätsel *n*
archeologia [arkeolo'dʒi:a] *f* Archäologie *f*
architetto [arki'tetto] *m* Architekt *m*
architettura [arkitet'tu:ra] *f* Architektur *f*
archivio [ar'ki:vio] *m 1.* Archiv *n; 2. ~ dati INFORM* Datei *f*
arcivescovo [artʃi'veskovo] *m* Erzbischof *m*
arco ['arco] *m ARCH* Bogen *m*
arcobaleno [arkoba'le:no] *m* Regenbogen *m*

A

ardente [ar'dɛnte] *adj* *1.* leuchtend; *2.* *(passione)* leidenschaftlich; *3.* *(giovane)* übermütig; *4.* *(fuoco)* brennend
ardentemente [ardente'mente] *adv* glühend
ardere ['ardere] *v irr* *1.* brennen; *legna da ~* Brennholz *n;* *2.* *(senza fiamma)* schwelen
ardore [ar'doːre] *m* Glut *f*
arduo ['arduo] *adj* *(difficile)* schwierig
area ['aːrea] *f* *1.* Gebiet *n;* *2.* *(superficie)* Fläche *f;* *3.* *~ fabbricabile* Bauland *n*
areare [are'aːre] *v* lüften
arena [a'reːna] *f* Arena *f*
argenteria [ardʒente'riːa] *f* Silbergeschirr *n;* *~ da tavola* Tafelsilber *n*
Argentina [ardʒen'tiːna] *f* *GEO* Argentinien *n*
argento [ar'dʒɛnto] *m* *MIN* Silber *n*
argilla [ar'dʒilla] *f* Ton *m*
arginare [ardʒi'naːre] *v* eindämmen
argine ['ardʒine] *m* *1.* Damm *m;* *2.* *(terrapieno della ferrovia)* Bahndamm *m*
argomentare [argomen'taːre] *v* *1.* schlussfolgern; *2.* *(ragionare)* argumentieren; *3.* *(provare)* nachweisen
argomento [argo'mento] *m* *1.* Argument *n;* *2.* *(soggetto)* Thema *n;* *~ di conversazione* Gesprächsstoff *m;* *~ del giorno* Tagesgespräch *n;* *3.* *~ di prova JUR* Beweisstück *n;* *4.* *(materia)* Stoff *m*
arguto [ar'guːto] *adj* *1.* witzig; *2.* *(acuto)* scharfsinnig, klug

aria ['aːria] *f* *1.* Luft *f;* *in linea d'~* in der Luftlinie; *a tenuta d'~* luftdicht; *~ fredda* Kaltluft *f;* *~ di temporale (fig)* Gewitterstimmung *f;* *~ condizionata* Klimaanlage *f;* *~ viziata* Abluft *f;* ◆ *L'aria è pesante.* Es ist schwül. *2.* *(corrente)* Luftzug *m;* *3.* *(espressione)* Ausdruck *m,* Miene *f;* *con ~ di condiscendenza* herablassend; ◆ *darsi delle arie* prahlen; *aver l'aria di ...* so aussehen, als ob ...

aridità [aridi'ta] *f* *1.* Trockenheit *f;* *2.* *(fig)* Gefühllosigkeit *f*
arido ['aːrido] *adj* *1.* *(secco)* trocken; *2.* *(sterile)* unfruchtbar; *3.* *(freddo)* kalt
ariete [ari'ɛːte] *m* *1.* *ZOOL* Widder *m;* *2.* *(nello zodiaco)* Widder *m*
aringa [a'riŋga] *f* *ZOOL* Hering *m*
arioso [ari'oːso] *adj* windig, stürmisch
aristocrazia [aristokra'tsiːa] *f* Aristokratie *f*
arma ['arma] *f* *1.* Waffe *f;* *~ da fuoco* Schusswaffe *f;* *2.* *armi atomiche pl* Atomwaffen *pl*
armadio [ar'maːdio] *m* *1.* Schrank *m;* *2.* *(guardaroba)* Kleiderschrank *m*
armare [ar'maːre] *v* bewaffnen
armata [ar'maːta] *f* *MIL* Armee *f*
armato [ar'maːto] *adj* *1.* bewaffnet; *2.* *(fig)* gerüstet, vorbereitet
armatore [arma'toːre] *m* Reeder *m*
armatura [arma'tuːra] *f* *1.* *~ del tetto* Dachstuhl *m;* *2.* *(del cavaliere)* Rüstung *f*
Armenia [ɑr'mɛːnia] *f* *GEO* Armenien *n*
armistizio [armis'tiːtsio] *m* *MIL* Waffenstillstand *m*
armonia [armo'niːa] *f* *1.* Harmonie *f;* *2.* *(fig)* Abstimmung *f*
armonizzare [armonid'dzaːre] *v* *1.* harmonieren; *2.* *MUS* harmonisieren; *3.* *(fig)* abstimmen
arnese [ar'neːse] *m* Gerät *n*
aroma [a'rɔːma] *m* *1.* Aroma *n;* *2.* *aromi pl (spezie)* Gewürze *pl*
arpa ['arpa] *f* *MUS* Harfe *f*
arrabbiarsi [arrabbi'arsi] *v* wütend werden

arrabbiato [arrabbi'aːto] *adj* böse, verärgert
arrampicarsi [arrampi'karsi] *v* klettern
arrangiamento [arrandʒa'mento] *m* *1.* Arrangement *n;* *2. (accordo)* Vereinbarung *f*
arrangiare [arran'dʒaːre] *v* zurechtmachen
arrangiarsi [arran'dʒarsi] *v* sich durchschlagen, sich behelfen
arrecare [arre'kaːre] *v* bewirken
arredamento [arreda'mento] *m* Einrichtung *f*
arredare [arre'daːre] *v* *1.* ausstatten; *2. (disporre)* gestalten
arredato [arre'daːto] *adj* möbliert
arredatore [arreda'toːre] *m* Innenarchitekt *m*
arrendersi [ar'rɛndersi] *v irr* sich ergeben
arrendevolezza [arrendevo'lettsa] *f* Nachgiebigkeit *f*
arrestare [arres'taːre] *v* *1.* verhaften; *2. (fermare)* anhalten, zum Stehen bringen
arrestarsi [arres'tarsi] *v* *1.* stecken bleiben; *2. (macchina)* stehen bleiben; *3. (ritirarsi)* sich zurückziehen; *4. (farsi indietro)* zurückweichen, Abstand nehmen
arresto [ar'rɛsto] *m* *1.* Anhalten *n;* *2. JUR* Verhaftung *f;* *3. ~ domiciliare* Hausarrest *m;* *4. (per ragioni di pubblica sicurezza)* Schutzhaft *f*
arretrare [arre'traːre] *v* zurückstellen
arretrato [arre'traːto] *adj* rückständig
arricchimento [arrikki'mento] *m* *1.* Anreicherung *f;* *2. (fig)* Bereicherung *f;* *3. impianto d'~* Aufbereitungsanlage *f*
arricchire [arrik'kiːre] *v irr* anreichern
arricciare [arrit'tʃaːre] *v* *1. (capelli)* locken; *2. (naso)* rümpfen
arringa [ar'riŋga] *f* *1.* Ansprache *f;* *2. JUR* Plädoyer *n*

> **arrivare** [arri'vaːre] *v* *1.* ankommen, eintreffen; *2. (da un viaggio)* anreisen
> ◆ *Siamo arrivati ieri.* Wir sind gestern angekommen.
> *Quando arriva il treno?* Wann kommt der Zug an?

arrivederci [arrive'dertʃi] *interj* auf Wiedersehen
arrivista [arri'vista] *m/f* Emporkömmling *m*
arrivo [ar'riːvo] *m* *1.* Ankunft *f;* *2. (con un veicolo)* Anfahrt *f;* *3. SPORT* Ziel *n;* *4. (della merce)* Zufuhr *f;* *5. (di un aeroplano)* Anflug *m*
arrogante [arro'gante] *adj* *1.* anmaßend, arrogant; *2. (insolente)* dreist
arroganza [arro'gantsa] *f* Anmaßung *f*
arrossare [arros'saːre] *v* röten
arrossire [arros'siːre] *v irr* erröten
arrostire [arros'tiːre] *v irr* *1. GAST* rösten; *2. (nel forno)* braten, anbraten; ◆ *arrostire bene* durchbraten
arrosto [ar'rɔsto] *adj* *1. (patate) GAST* geröstet; *2. (carne)* gebraten; *m* *3.* Braten *m;* *~ di agnello* Lammbraten *m;* *~ di maiale* Schweinebraten *m*
arrotino [arro'tiːno] *m* Scherenschleifer *m*
arrotolare [arroto'laːre] *v* aufwickeln
arrotondare [arroton'daːre] *v* *1.* abrunden; *2. (cifre)* aufrunden
arroventato [arroven'taːto] *adj* glühend
arruffato [arruf'faːto] *adj* *1. (capelli)* strubbelig; *2. (vestiti)* nachlässig
arrugginire [arruddʒi'niːre] *v irr* rosten
arrugginirsi [arruddʒi'nirsi] *v irr* verrosten
arsenale [arse'naːle] *m NAUT* Werft *f*

A

arsenico [ar'sɛːniko] *m CHEM* Arsen *n*
arsi ['arsi] *f MUS* Auftakt *m*
arsura [ar'suːra] *f 1.* Hitze *f; 2. (aridità)* Trockenheit *f; 3. (sete)* brennender Durst *m*
arte ['arte] *f 1.* Kunst *f; a regola d'~* trefflich; *~ applicata* angewandte Kunst *f; ~ astratta* abstrakte Kunst *f; 2. ~ del persuadere* Überredungskunst *f; 3. (abilità)* Geschicklichkeit *f; 4. arti figurative pl* bildende Künste *pl; le Belle Arti* die Schönen Künste *pl*
artefatto [arte'fatto] *adj 1. (artificioso)* künstlich; *2. (falsificato)* gefälscht
artefice [ar'teːfitʃe] *m/f* Autor(in) *m/f,* Schöpfer(in) *m/f*
arteria [ar'tɛːria] *f 1. ANAT* Arterie *f; 2. (strada importante)* Verkehrsader *f*
arteriosclerosi [arterioskle'rɔːzi] *f MED* Arterienverkalkung *f*
artico ['artiko] *adj* arktisch
articolare [artiko'laːre] *v 1.* gliedern; *2. (arti) ANAT* bewegen; *adj 3. ANAT* Glieder...
articolato [artiko'laːto] *adj 1.* gelenkig; *2.* gegliedert
articolazione [artikolatsi'oːne] *f 1. ANAT* Gelenk *n; 2. (disposizione)* Anordnung *f*
articolo [ar'tiːkolo] *m 1. (prodotto)* Artikel *m; 2. (di stampa)* Artikel *m; 3. GRAMM* Artikel *m*
artificiale [artifi'tʃaːle] *adj* künstlich
artificioso [artifi'tʃoːso] *adj 1.* unnatürlich; *2. (affettato)* gespreizt
artigianato [artidʒa'naːto] *m* Handwerk *n*
artigiano [arti'dʒaːno] *m 1.* Handwerker *m; adj 2.* handwerklich
artista [ar'tista] *m/f 1.* Künstler(in) *m/f; 2. ~ di cabaret THEAT* Kabarettist(in) *m/f*
artistico [ar'tistiko] *adj* künstlerisch, Kunst...
ascella [a'ʃɛlla] *f ANAT* Achselhöhle *f*
ascendente [aʃen'dɛnte] *adj 1.* ansteigend; *m 2.* Einfluss *m,* Macht *f*
ascensione [aʃensi'oːne] *f* Besteigung *f*
ascensore [aʃen'soːre] *m 1.* Lift *m; 2. TECH* Aufzug *m;* ◆ *L'ascensore è bloccato.* Der Aufzug steckt fest.
ascesa [a'ʃeːsa] *f* Aufstieg *m*
ascesso [a'ʃɛsso] *m MED* Abszess *m*
ascia ['aʃa] *f* Axt *f,* Beil *n*
asciugacapelli [aʃugaka'pelli] *m* Föhn *m*
asciugamano [aʃuga'maːno] *m* Handtuch *n; ~ da bagno* Badetuch *n*
asciugare [aʃu'gaːre] *v 1.* trocknen; *2. (pulire)* abwischen; *3. (prosciugarsi)* austrocknen

asciutto [a'ʃutto] *adj 1.* trocken; *2. (magro)* dürr; *3. (brusco)* brüsk
◆ *restare a bocca asciutta* zu kurz kommen

ascoltare [askol'taːre] *v 1.* hören; *2. (sentire)* anhören; *3. (a scuola)* abhören; *4. ~ qd* jdm zuhören, jdn anhören
ascoltatore [askolta'toːre] *m* Hörer *m,* Zuhörer *m*
ascolto [as'kolto] *m* Anhörung *f; dare ~ a qd* jdm Gehör schenken, jdm zuhören; *indice d'~* Einschaltquote *f*
asettico [a'sɛttiko] *adj* keimfrei
asfalto [as'falto] *m* Asphalt *m*
asfissiare [asfissi'aːre] *v 1.* ersticken; *2. (fig) ~ qd* jdn zu Tode langweilen
Asia ['ɑzia] *f GEO* Asien *n*
asiatico [azi'aːtiko] *adj 1.* asiatisch; *m 2.* Asiat *m*
asilo [a'ziːlo] *m 1. POL* Asyl *n; 2. (per bambini)* Hort *m; ~ infantile* Kindergarten

m; ~ nido Kinderkrippe *f; 3. (rifugio)* Unterschlupf *m*, Zuflucht *f*
asino ['aːsino] *m ZOOL* Esel *m*
asma ['azma] *f MED* Asthma *n; ~ bronchiale MED* Bronchialasthma *n*
asola ['aːzola] *f 1.* Knopfloch *n; 2. (di una maglietta)* Haken *m*
asparago [as'paːrago] *m BOT* Spargel *m*
aspettare [aspet'taːre] *v* erwarten
aspettativa [aspetta'tiːva] *f* Erwartung *f*

> **aspetto** [as'pɛtto] *m 1.* Aussehen *n*, Aspekt *m; 2. (fig)* Seite *f; 3. sala d'~* Wartesaal *m*
> ◆ *sotto quest'aspetto* in dieser Hinsicht
> *avere l'aspetto di* aussehen wie

aspirante [aspi'rante] *m/f* Anwärter(in) *m/f*
aspirapolvere [aspira'polvere] *m* Staubsauger *m*
aspirare [aspi'raːre] *v 1.* einatmen; *2. (polvere)* saugen; *3. TECH* ansaugen
aspirazione [aspiratsi'oːne] *f 1.* Einatmung *f; 2. (anelito)* Bemühung *f*
aspirina [aspi'riːna] *f MED* Aspirin *n*
asportare [aspor'taːre] *v 1.* wegbringen; *2. MED* operativ entfernen
aspro ['aspro] *adj 1.* herb; *2. (fig: rozzo)* rau; *3. (fig: persona)* sauer
assaggiare [assad'dʒaːre] *v* kosten
assaggio [as'saddʒo] *m* Kostprobe *f*
assalire [assa'liːre] *v irr* überfallen
assalto [as'salto] *m* Angriff *m*
assassinare [assassi'naːre] *v* ermorden
assassinio [assas'siːnio] *m* Mord *m*, Ermordung *f; ~ per rapina* Raubmord *m*
assassino [assas'siːno] *m 1.* Mörder *m; adj 2.* mörderisch

asse[1] ['asse] *f* Brett *n; ~ da stiro* Bügelbrett *n*
asse[2] ['asse] *f TECH* Achse *f; ~ X/~ Y* x-Achse/y-Achse *f*
asse[3] ['asse] *m ~ ereditario JUR* Erbschaftsmasse *f*
assecondare [assekon'daːre] *v 1.* nicht widersprechen; *2. (appoggiare)* fördern; *3. (desideri)* nachgeben
assediare [assedi'aːre] *v* bedrängen
assegnare [asse'ɲaːre] *v 1.* aufgeben; *2. (destinare)* bestimmen, zuweisen

> **assegno** [as'sɛːɲo] *m* Scheck *m*
> ◆ *Accetta un assegno?* Nehmen Sie Schecks?

assemblea [assem'blɛːa] *f* Versammlung *f; ~ generale* Hauptversammlung *f; ~ plenaria POL* Vollversammlung *f; ~ dei cittadini* Bürgerversammlung *f*
assembrarsi [assem'brarsi] *v* sich ansammeln, sich zusammenfinden
assennato [assen'naːto] *adj 1. (saggio)* weise, klug; *2. (giudizioso)* verständig; *3. (prudente)* umsichtig
assenso [as'sɛnso] *m* Zustimmung *f*
assente [as'sɛnte] *adj 1.* abwesend; *2. (assorto)* gedankenverloren, geistesabwesend; *m/f 3.* Abwesende(r) *m/f*
assenza [as'sɛnza] *f 1.* Abwesenheit *f; 2. (mancanza)* Knappheit *f*
asserire [asse'riːre] *v irr* beteuern
asserzione [assertsi'oːne] *f* Behauptung *f*
assestare [asses'taːre] *v* regeln
assestarsi [asses'tarsi] *v 1.* sich ablagern; *2. POL* sich konsolidieren
assetato [asse'taːto] *adj 1.* durstig; *2. (fig)* versessen auf, begierig nach
assicurare [assiku'raːre] *v 1.* versichern; *2. (mettere al sicuro)* sicher stellen

A

assicurarsi [assiku'rarsi] *v 1.* sich vergewissern; *2. (stipulare una polizza)* sich versichern
assicurazione [assikuratsi'oːne] *f* Versicherung *f*
assiderarsi [asside'rarsi] *v 1.* erstarren; *2. (gelare)* erfrieren
assiduità [assidui'ta] *f* Standhaftigkeit *f*
assieme [assi'ɛːme] *adv 1.* zusammen; *2. (l'uno coll'altro)* gemeinsam; *3. (nello stesso tempo)* gleichzeitig
assimilare [assimi'laːre] *v 1.* angleichen; *2. (fig)* verarbeiten
assimilazione [assimilatsi'oːne] *f* Angleichung *f*
assistente [assis'tɛnte] *m/f* Assistent(in) *m/f; ~ di laboratorio* Laborant(in) *m/f*
assistenza [assis'tɛntsa] *f 1.* Beihilfe *f; ~ meccanica* Pannenhilfe *f; ~ sanitaria* Krankenpflege *f; ~ al parto* Geburtshilfe *f; ~ sociale* Sozialhilfe *f; ~ tecnica* Service *m; 2. (il badare, l'occuparsi)* Betreuung *f; 3. (cura)* Versorgung *f*
assistere [as'sistere] *v irr 1.* beistehen; *2. (curare)* versorgen; *3. (partecipare)* teilnehmen; ◆ *assistere a un concerto* ein Konzert besuchen
asso ['asso] *m 1. (carta da gioco)* Ass *n; 2. SPORT* Ass *n,* Meister *m*
associarsi [asso'tʃarsi] *v 1. ~ a qd* sich jdm anschließen; *2. (unirsi)* sich zusammenschließen
associazione [assotʃatsi'oːne] *f 1.* Verein *m; ~ segreta* Geheimbund *m; ~ studentesca* Burschenschaft *f; 2. ~ di idee* Gedankenverknüpfung *f*
assoggettare [assoddʒet'taːre] *v* unterwerfen
assoggettarsi [assoddʒet'tarsi] *v 1.* sich beugen; *2. (farsi docile)* nachgeben
assolutamente [assoluta'mente] *adv 1.* unbedingt; *2. ~ certo* todsicher
assoluto [asso'luːto] *adj 1.* unbedingt, absolut; *2. (esclusivo)* alleinig
assoluzione [assolutsi'oːne] *f 1. JUR* Freispruch *m; 2. REL* Absolution *f*
assolvere [as'sɔlvere] *v irr 1. REL* Absolution erteilen; *2. JUR* freisprechen; *3. (un dovere)* erfüllen
assomigliarsi [assomi'ʎarsi] *v* sich ähneln
assorbente [assor'bɛnte] *1. adj* aufsaugend; *m 2.* Binde *f; 3. ~ igienico* Damenbinde *f*
assorbimento [assorbi'mento] *m* Verbrauch *m*
assorbire [assor'biːre] *v irr* aufsaugen
assordante [assor'dante] *adj* ohrenbetäubend
assortimento [assorti'mento] *m* Auswahl *f*
assorto [as'sɔrto] *adj* unaufmerksam; *~ nei pensieri* gedankenversunken
assuefarsi [assue'farsi] *v irr ~ a* sich gewöhnen an
assuefazione [assuefatsi'oːne] *f 1.* Gewohnheit *f; 2. (l'assuefarsi)* Gewöhnung *f; 3. (alla droga)* Sucht *f*
assumere [as'suːmere] *v irr 1. (manodopera)* einstellen; *2. (un posto)* übernehmen; *3. (fig: acquistare)* erwerben
assumersi [as'sumersi] *v irr* übernehmen; ◆ *assumersi la responsabilità di qc* die Verantwortung für etw übernehmen
assunzione [assuntsi'oːne] *f 1. (di manodopera)* Einstellung *f; 2. (di un posto)* Übernahme *f; ~ del potere* Machtübernahme *f; 3. ~ di prove JUR* Beweisaufnahme *f; 4. Assunzione REL* Mariä Himmelfahrt *f*
assurdo [as'surdo] *adj* absurd

asta ['asta] *f* 1. Stange *f;* 2. *(vendita)* Auktion *f;* öffentliche Versteigerung *f*
astemio [as'tɛːmio] *adj* 1. nüchtern; *m* 2. enthaltsam lebender Mensch *m*
astenersi [aste'nersi] *v irr* sich enthalten
astensione [astensi'oːne] *f* Enthaltung *f*
asterisco [aste'risko] *m* Sternchen *n*
astice ['astitʃe] *m ZOOL* Hummer *m*
astinenza [asti'nɛntsa] *f* 1. Abstinenz *f;* 2. *MED* Entzug *m*
astio ['astio] *m* 1. *(odio)* Hass *m;* 2. *(rancore)* Groll *m*
astratto [as'tratto] *adj* abstrakt
astro ['astro] *m* Stern *m,* Gestirn *n*
astrologia [astrolo'dʒiːa] *f* Astrologie *f*
astronauta [astro'naːuta] *m/f* Astronaut(in) *m/f,* Raumfahrer(in) *m/f*
astronave [astro'naːve] *f* Weltraumschiff *n*
astronomia [astrono'miːa] *f* Astronomie *f*
astronomico [astro'nɔːmiko] *adj* astronomisch
astuccio [as'tuttʃo] *m* 1. *(custodia)* Etui *n,* Hülle *f;* 2. *(contenitore)* Behälter *m*
astutamente [astuta'mente] *adv* listig
astuto [as'tuːto] *adj* listig, schlau
astuzia [as'tuːtsia] *f* List *f*
ateneo [ate'nɛːo] *m* 1. Universität *f;* 2. *(accademia)* Akademie *f*
ateo ['aːteo] *adj* 1. atheistisch, ungläubig; *m* 2. Atheist *m,* Ungläubiger *m*
atlante [at'lante] *m* Atlas *m*
Atlantico [at'lantiko] *m* Atlantik *m*
atleta [at'lɛːta] *m/f* 1. Athlet(in) *m/f;* 2. *(lottatore/lottatrice)* Kämpfer(in) *m/f*
atletica [at'lɛːtika] *f* ~ *leggera* Leichtathletik *f*
atmosfera [atmos'fɛːra] *f* 1. *(fig)* Atmosphäre *f;* 2. *PHYS* Atmosphäre *f*
atomico [a'tɔːmiko] *adj* atomar, Atom...
atomo ['aːtomo] *m PHYS* Atom *n*
atrio ['aːtrio] *m* Vorhalle *f;* ~ *della stazione* Bahnhofshalle *f*
atroce [a'troːtʃe] *adj* furchtbar
atrocità [atrotʃi'ta] *f* Gräueltat *f*
attaccabrighe [attakka'briːge] *m* Stänkerer *m,* Streithammel *m (fam)*
attaccamento [attakka'mento] *m* Anhänglichkeit *f*
attaccante [attak'kante] *m SPORT* Stürmer *m*
attaccapanni [attakka'panni] *m* Kleiderständer *m*
attaccare [attak'kaːre] *v* 1. ankleben; 2. *(danneggiare)* angreifen; 3. *(fig)* anbändeln; 4. *(fissare)* heften; 5. *(cucendo)* annähen; 6. *(con violenza)* überfallen
attacco [at'takko] *m* 1. Angriff *m;* 2. *MED* Anfall *m;* 3. *(impugnare) JUR* Anfechtung *f;* 4. ~ *principale TECH* Hauptanschluss *m;* ~ *aereo* Luftangriff *m*
attardarsi [attar'darsi] *v* sich verspäten
attecchire [attek'kiːre] *v irr* Wurzeln schlagen
atteggiamento [atteddʒa'mento] *m* 1. Verhalten *n;* 2. *(fig)* Haltung *f*
attendere [at'tɛndere] *v irr* 1. abwarten, erwarten; 2. *(provvedere a)* beschaffen
attendibile [atten'diːbile] *adj* überzeugend, zuverlässig
attenersi [atte'nersi] *v irr* ~ *a* sich halten an
attentato [atten'taːto] *m POL* Anschlag *m*
attento [at'tɛnto] *adj* achtsam; ◆ *stare attento a qc* auf etw Acht geben
attenuante [attenu'ante] *adj* 1. entlastend; *f* 2. *attenuanti pl* mildernde Umstände *pl*
attenuare [attenu'aːre] *v* mildern

attenuazione [attenuatsi'oːne] *f* *1.* Dämpfung *f;* *2. (riduzione)* Verringerung *f;* *3. (alleviamento)* Linderung *f*

> **attenzione** [attentsi'oːne] *f* *1.* Achtsamkeit *f,* Achtung *f;* *2. (prudenza)* Aufmerksamkeit *f;* *interj* *3. Attenzione!* Achtung!/Vorsicht!
> ◆ *fare attenzione a* beachten
> *prestare attenzione* Acht geben

atterraggio [atter'raddʒo] *m* Landung *f;* ~ *di fortuna* Notlandung *f*
atterrare [atter'raːre] *v* landen
attesa [at'teːsa] *f* Erwartung *f*
attestare [attes'taːre] *v* bescheinigen
attestato [attes'taːto] *m* Zeugnis *n*
attestazione [attestatsi'oːne] *f* Bescheinigung *f*
attiguamente [attigua'mente] *adv* anschließend
attiguo [at'tiːguo] *adj* *1.* anliegend, angrenzend; *2. (spazio)* anschließend
attillato [attil'laːto] *adj* eng anliegend
attimo ['attimo] *m* Augenblick *m*
attinenza [atti'nɛntsa] *f* Verbindung *f,* Bezug *m*
attingere [at'tindʒere] *v irr* *1. (alla fonte)* schöpfen; *2. (fig)* herausfinden; ◆ *attingere informazioni* Informationen einholen
attirare [atti'raːre] *v* *1. (fig)* anziehen, locken; *2. (attrarre col sorriso)* anlachen
attitudine [atti'tuːdine] *f* *1.* Haltung *f;* *2. (predisposizione)* Begabung *f*
attivamente [attiva'mente] *adv* geschäftig
attivare [atti'vaːre] *v* aktivieren

> **attività** [attivi'ta] *f* *1.* Tätigkeit *f;* ~ *nel tempo libero* Freizeitbeschäftigung *f;* *2.* ~ *stagionale* Saisongeschäft *n;* *3. (azione)* Aktion *f;* *4. ECO* Aktiva *pl*
> ◆ *entrare in attività* tätig werden

attivo [at'tiːvo] *adj* *1.* aktiv, tätig; *persona attiva* Erwerbstätige(r) *m/f;* *2. (operoso)* rührig, betriebsam
atto ['atto] *adj* *1.* tauglich, geeignet; *dichiarare* ~ für tauglich erklären; *m* *2.* Tat *f;* *all'~ pratico* praktisch; *presa d'~* Kenntnisnahme *f;* ~ *eroico* Heldentat *f;* ~ *amministrativo* Staatsakt *m;* ◆ *mettere in atto* durchführen; *3. JUR* Urkunde *f;* ~ *di nascita* Geburtsurkunde *f;* ~ *di accusa* Anklageschrift *f;* *4. THEAT* Akt *m;* *5. (gesto)* Gebärde *f*
attorcigliare [attortʃi'ʎaːre] *v* *1.* wickeln; *2. (piante)* umranken
attorcigliarsi [attortʃi'ʎarsi] *v* *1. (serpente, rami, vie)* sich winden; *2. (fili)* sich verheddern
attore [at'toːre] *m* *1.* Schauspieler *m;* *2. CINE* Darsteller *m;* *3. JUR* Kläger *m*
attorno [at'torno] *adv* herum; *andare* ~ herumgehen; ◆ *levarsi qd d'attorno* jdn loswerden
attraente [attra'ɛnte] *adj* anziehend
attrarre [at'trarre] *v irr* *1.* verführen; *2. (allettare)* anlocken
attrattiva [attrat'tiːva] *f* *1.* Anziehungskraft *f;* *2. (fascino)* Reiz *m;* *3. (curiosità)* Sehenswürdigkeit *f,* Anreiz *m*
attraversamento [attraversa'mento] *m* *1.* Durchkreuzen *n,* Durchquerung *f;* *2. (passaggio)* Übergang *m*
attraversare [attraver'saːre] *v* überqueren
attraverso [attra'vɛrso] *prep* *1.* durch; *adv* *2.* quer; ◆ *attraverso i campi* querfeldein
attrazione [attratsi'oːne] *f* Attraktion *f*
attrezzare [attret'tsaːre] *v* ausrüsten
attrezzo [at'trettso] *m* Gerät *n*
attribuire [attribu'iːre] *v* *1.* zuschreiben; *2. (assegnare)* zuerkennen, zuteilen; *3. (porre a carico)* zur Last legen

attributo [attri'buːto] *m 1.* Beschaffenheit *f; 2. (particolarità)* Besonderheit *f; 3. (caratteristica)* Kennzeichen *n; 4. GRAMM* Attribut *n*
attribuzione [attributsi'oːne] *f* Zuordnung *f*
attrice [at'triːtʃe] *f* Schauspielerin *f*
attrito [at'triːto] *m* Reibung *f*
attuale [attu'aːle] *adj 1.* augenblicklich; *2. (moderno)* aktuell, zeitgemäß
attualità [attuali'ta] *f* Aktualität *f*
attualizzare [attualid'dzaːre] *v* aktualisieren
attualmente [attual'mente] *adv* derzeit
attuare [attu'aːre] *v* verwirklichen
attuazione [attuatsi'oːne] *f 1.* Durchführung *f,* Realisierung *f; 2. (svolgimento)* Abwicklung *f*
attutire [attu'tiːre] *v irr 1. (urto, dolore)* stillen, lindern; *2. (suono)* dämpfen
audace [au'daːtʃe] *adj 1.* gewagt, kühn; *2. (temerario)* tollkühn, verwegen
audiovisivo [audiovi'ziːvo] *adj* audiovisuell
auditorio [audi'tɔːrio] *m 1. (detto di persone)* Zuhörer *pl; 2. (detto di edificio)* Auditorium *n; 3. (per concerti)* Konzertsaal *m; 4. (sala universitaria)* Hörsaal *m*
augurare [augu'raːre] *v* wünschen
augurarsi [augu'rarsi] *v* sich wünschen

> **augurio** [au'guːrio] *m* Glückwunsch *m,* Gratulation *f* ◆ *fare gli auguri* Glück wünschen; *essere di cattivo augurio* Unheil bringen, *Affettuosi auguri!* Herzlichen Glückwunsch!

aula ['aːula] *f 1.* Saal *m; 2. (di università)* Hörsaal *m; 3. ~ magna* Aula *f; 4. ~ plenaria POL* Plenarsaal *m; 5. (scolastica)* Schulzimmer *n,* Klassenzimmer *n*
aumentare [aumen'taːre] *v 1.* sich vermehren; *2. (accrescere)* zunehmen; *3. (far salire)* anheben
aumento [au'mento] *m 1.* Anstieg *m; 2. ~ del traffico* Verkehrsaufkommen *n; 3. ECO* Aufschlag *m; ~ dei prezzi* Preisanstieg *m*
aureo ['aːureo] *adj* golden, Gold...
aureola [au'rɛːola] *f 1.* Aureole *f; 2. REL* Heiligenschein *m,* Nimbus *m*
aurora [au'rɔːra] *f 1.* Morgenröte *f; 2. LIT* Aurora *f*
ausilio [au'ziːlio] *m 1.* Hilfe *f; 2. (sussidio)* Hilfsmittel *n*
auspicabile [auspi'kaːbile] *adj* wünschenswert
auspicio [aus'piːtʃo] *m* Vorzeichen *n*
Australia [ɑus'traːlia] *f GEO* Australien *n*
australiano [australi'aːno] *adj 1.* australisch; *m 2.* Australier *m*
Austria ['ɑːustria] *f GEO* Österreich *n*
austriaco [aus'triːako] *m 1.* Österreicher *m; adj 2.* österreichisch
autenticità [autentitʃi'ta] *f 1.* Glaubhaftigkeit *f; 2. (fig: genuinità)* Echtheit *f,* Authentizität *f*
autentico [au'tɛntiko] *adj 1.* authentisch; *2. (fig)* waschecht
autista [au'tista] *m/f* Chauffeur *m*
auto ['aːuto] *f* Auto *n*
autoadesivo [autoade'ziːvo] *adj 1.* selbstklebend; *m 2.* Aufkleber *m*
autoambulanza [autoambu'lantsa] *f* Krankenwagen *m,* Rettungswagen *m*
autobus ['aːutobus] *m* Bus *m*
autocarro [auto'karro] *m* Lastwagen *m,* Lastkraftwagen *m*
autocrazia [autokra'tsiːa] *f POL* Alleinherrschaft *f*
autodromo [au'tɔːdromo] *m* Rennstrecke *f,* Autorennbahn *f*

A

autogeno [au'tɔːdʒeno] *adj* autogen
autogol [auto'gɔl] *m* Eigentor *n*
autografo [au'tɔːgrafo] *m* Autogramm *n*
autogrill [auto'grill] *m* Rasthaus *n*
automatico [auto'maːtiko] *adj 1.* automatisch; *2. (inconscio)* unabsichtlich, unbewusst; *3. TECH* mechanisch
automatismo [automa'tizmo] *m* Automatik *f*
automazione [automatsi'oːne] *f* Automation *f*
automezzo [auto'mɛddzo] *m* Kraftfahrzeug *n*
automobile [auto'mɔːbile] *f* Auto *n*, Wagen *m*; *~ da noleggio* Leihwagen *m*, Mietwagen *m*
automobilista [automobi'lista] *m/f* Autofahrer(in) *m/f*; *~ che guida contromano* Geisterfahrer(in) *m/f*
autonomamente [autonoma'mente] *adv* eigenständig
autonomia [autono'miːa] *f* Selbstständigkeit *f*
autonomo [au'tɔːnomo] *adj* selbstständig
autopsia [auto'psiːa] *f* Autopsie *f*
autore [au'toːre] *m* Autor *m*
autorevole [auto'reːvole] *adj 1. (influente)* mächtig; *2. (stimato)* angesehen
autorità [autori'ta] *f 1.* Behörde *f*; *~ competente* zuständige Behörde *f*; *~ giudiziaria* Justizbehörde *f*; *~ di controllo* Kontrollbehörde *f*; *2. (potere)* Autorität *f*; *3. ~ di comando* Befehlsgewalt *f*
autoritario [autori'taːrio] *adj* autoritär, herrisch
autorizzare [autorid'dzaːre] *v 1.* genehmigen; *2. (dare il diritto)* berechtigen, ermächtigen; *3. JUR* bevollmächtigen
autorizzato [autorid'dzaːto] *adj* befugt, berechtigt; *persona non autorizzata* Unbefugte(r) *m/f*; *~ a firmare* unterschriftsberechtigt; *~ a ricevere* empfangsberechtigt; ◆ *Sono autorizzato.* Ich habe eine Vollmacht.
autorizzazione [autoriddzatsi'oːne] *f 1.* Genehmigung *f*; *2. (facoltà o licenza)* Berechtigung *f*, Ermächtigung *f*; *3. JUR* Bevollmächtigung *f*
autoscuola [autosku'ɔːla] *f* Fahrschule *f*
autostoppista [autostop'pista] *m/f* Anhalter(in) *m/f*, Tramper(in) *m/f*
autostrada [auto'straːda] *f* Autobahn *f*
autotreno [auto'trɛːno] *m* Laster *m*
autoveicolo [autove'iːkolo] *m* Kraftwagen *m*
autovettura [autovet'tuːra] *f* Personenkraftwagen *m*
autrice [au'triːtʃe] *f* Autorin *f*
autunnale [autun'naːle] *adj* herbstlich

> **autunno** [au'tunno] *m* Herbst *m*
> ◆ *In autunno gli uccelli emigrano verso sud.* Im Herbst ziehen die Vögel nach Süden.

avanguardia [avaŋgu'ardia] *f* Avantgarde *f*; *essere all'~* Bahnbrecher sein
avanti [a'vanti] *interj 1.* herein, los; *farsi ~* vortreten; *prep 2. (tempo)* vor; *adv 3. (luogo)* voraus, heran; *4. (allontanamento)* vorwärts
avanzamento [avantsa'mento] *m* Aufstieg *m*
avanzare [avan'tsaːre] *v 1. (restare)* übrig bleiben; *2. (progredire)* fortschreiten, vorankommen; *3. (venire avanti)* vortreten
avanzata [avan'tsaːta] *f* Vordringen *n*
avanzo [a'vantso] *m* Überbleibsel *n*, Rest *m*
avaria [ava'riːa] *f (guasto)* Schaden *m*
avariato [avari'aːto] *adj* beschädigt, defekt; *cibo ~* verdorbene Speise *f*

avarizia [ava'riːtsia] *f* Geiz *m*
avaro [a'vaːro] *adj 1.* geizig; *2. (fam)* knauserig
avena [a'veːna] *f BOT* Hafer *m*

avere [a'veːre] *v irr 1.* haben; *m 2.* Besitz *m; 3. averi pl* Hab und Gut *n*
◆ *aver freddo* frieren
aver bisogno di qc etw brauchen

aviazione [aviatsi'oːne] *f* Flugwesen *n,* Luftfahrt *f*
avidità [avidi'ta] *f 1.* Gier *f,* Habgier *f; 2. ~ di dominio* Herrschsucht *f; 3. (di cibo)* Verfressenheit *f,* Fressgier *f*
avido ['aːvido] *adj* gierig, habgierig; *~ di denaro* geldgierig
avo ['aːvo] *m* Ahn *m,* Vorfahr *m*
avorio [a'voːrio] *m* Elfenbein *n*
avvantaggiare [avvantaddʒi'aːre] *v 1. (far avanzare) ~ qd* jdm den Weg ebnen; *2. (favorire)* begünstigen, fördern
avvantaggiarsi [avvantaddʒi'arsi] *v 1.* bevorzugt werden; *2. (trarre vantaggio)* auf den eigenen Vorteil bedacht sein
avveduto [avve'duːto] *adj 1.* klug; *2. (accorto)* umsichtig
avvelenamento [avvelena'mento] *m* Vergiftung *f; ~ da gas* Gasvergiftung *f*
avvelenare [avvene'laːre] *v* vergiften
avvenimento [avveni'mento] *m 1.* Ereignis *n,* Begebenheit *f; 2. (processo)* Vorgang *m; 3. (fig)* Einschnitt *m*
avvenire [avve'niːre] *v irr 1.* geschehen, ereignen; *m 2.* Zukunft *f;* ◆ *in avvenire* zukünftig
avventato [avven'taːto] *adj* unüberlegt
avvento [av'vɛnto] *m 1. REL* Advent *m,* Adventszeit *f; 2. ~ al potere* Machtwechsel *m; 3. ~ al trono* Thronbesteigung *f; 4. (arrivo)* Ankunft *f*
avventura [avven'tuːra] *f* Abenteuer *n* ◆ *andare in cerca di avventure* auf Abenteuer ausgehen
avventurarsi [avventu'raːrsi] *v* sich trauen
avventuriero [avventu'riero] *m* Abenteurer *m*
avverarsi [avve'rarsi] *v* eintreffen
avverbio [av'vɛrbio] *m* Adverb *n*
avversario [avver'saːrio] *m 1.* Gegner *m; adj 2.* gegnerisch
avversione [avversi'oːne] *f* Abneigung *f*
avversità [avversi'ta] *f* Widrigkeit *f*
avverso [av'vɛrso] *adj 1.* Gegen... *parte avversa* Gegenseite *f,* gegnerische Partei *f; sorte avversa* widrige Umstände *pl,* Schicksalsschlag *m; adj 2. (contrario)* abgeneigt; *m 3.* Gegenwind *m*
avvertenza [avver'tɛntsa] *f 1. (informazione)* Benachrichtigung *f; 2. (richiamo)* Hinweis *m,* Bemerkung *f*
avvertimento [avverti'mento] *m* Warnung *f*
avvertire [avver'tiːre] *v 1.* benachrichtigen; *2. (sentire)* fühlen
avvezzo [av'vettso] *adj* gewöhnt
avviamento [avvia'mento] *m 1.* Anbahnung *f; 2. (del motore)* Anlassen *n; 3. (messa in moto)* Starten *n*
avviare [avvi'aːre] *v 1.* leiten, führen; *2. ~ qc di nuovo* etw einführen; *3. (motore)* anlassen; *4. (automobile)* anspringen; *5. TECH* anfahren; *6. (fig)* einfädeln
avviarsi [avvi'arsi] *v* sich aufmachen
avvicinamento [avvitʃina'mento] *m* Annäherung *f*
avvicinarsi [avvitʃi'narsi] *v 1.* sich nähern; *2. (accostarsi)* sich annähern
avvilirsi [avvi'lirsi] *v irr* den Mut verlieren
avvincente [avvin'tʃɛnte] *adj* fesselnd

A

avvinto [av'vinto] *adj* *1.* angebunden; *2. (fig)* verzaubert
avvio [av'viːo] *m* Start *m*; ◆ *prendere l'avvio* Anlauf nehmen
avvisare [avvi'zaːre] *v* verständigen

avviso [av'viːzo] *m* *1.* Aushang *m*; *2. (avvertimento)* Warnung *f*; *3. JUR* Bescheid *m*; *4. (annuncio)* Nachricht *f*; *5. (opinione)* Meinung *f*
◆ *essere dell' avviso* der Meinung sein
≠ *affisso m* Plakat

avvistare [avvis'taːre] *v* erblicken
avvitare [avvi'taːre] *v* schrauben
avvizzire [avvit'tsiːre] *v irr* welken
avvocatessa [avvoka'tessa] *f* Anwältin *f*
avvocato [avvo'kaːto] *m* Anwalt *m*
avvolgere [av'vɔldʒere] *v* *1.* einwickeln; *2. (fasciare)* umwickeln
avvolgibile [avvol'dʒiːbile] *m* Rollladen *m*
avvolgimento [avvoldʒi'mento] *m* Umwicklung *f*
azalea [adza'leːa] *f BOT* Azalee *f*
azienda [adzi'ɛnda] *f* *1.* Betrieb *m*; *~ artigiana* Handwerksbetrieb *m*; *2. (ditta)* Firma *f*, Unternehmen *n*
aziendale [adzien'daːle] *adj* betrieblich
azionamento [atsiona'mento] *m TECH* Antrieb *m*
azionare [atsio'naːre] *v* *1.* treiben; *2. (mettere in moto)* auslösen; *3. TECH* betätigen
azionario [atsio'naːrio] *m* Aktionär *m*
azione [atsi'oːne] *f* *1. (atto)* Tat *f*, Akt *m*; *2. (effetto)* Wirkung *f*; *3. FIN* Aktie *f*; *~ ordinaria* Stammaktie *f*; *4. ~ di rastrellamento* Säuberungsaktion *f*; ◆ *uoma' d' ~* Mann der Tat; ◆ *entrare in ~* in Aktion treten; ◆ *passare all' ~* zur Tat schreiten
azionista [atsio'nista] *m/f* Aktionär(in) *m/f*
azoto [a'dzoːto] *m CHEM* Stickstoff *m*
azzardare [addzar'daːre] *v* riskieren
azzardo [ad'dzardo] *m gioco d'~* Glücksspiel *n*
azzeccare [attsek'kaːre] *v* *1. (colpire)* treffen; *2. (indovinare giusto)* erraten
azzerare [addze'raːre] *v* auf null stellen
Azzorre [ad'dzɔrre] *f/pl* Azoren *pl*
azzurro [ad'dzurro] *adj* blau; *~ chiaro* hellblau

B

babbeo [bab'bɛːo] *adj 1.* dumm; *2. (inesperto)* unerfahren; *m 3.* Narr *m*
babbo ['babbo] *m (fam)* Papa *m,* Vati *m; ~ Natale* Weihnachtsmann *m*
babysitter [beɪbɪ'sɪter] *m/f* Babysitter(in) *m/f;* ◆ *Abbiamo bisogno di un babysitter.* Wir brauchen einen Babysitter.
bacca ['bakka] *f BOT* Beere *f*
baccano [bak'kaːno] *m* Lärm *m*
bacchetta [bak'ketta] *f* Stock *m*
baciare [ba'tʃaːre] *v* küssen
bacillo [ba'tʃillo] *m BIO* Bazillus *m*
bacinella [batʃi'nɛlla] *f 1.* Waschbecken *n; 2. (catinella)* Schüssel *f*
bacino [ba'tʃiːno] *m 1.* Bassin *n; 2. ANAT* Becken *n*

bacio ['baːtʃo] *m* Kuss *m*
◆ *dare il bacio di Giuda a qd* jdm den Judaskuss geben/jdn verraten

badare [ba'daːre] *v* aufpassen; ◆ *badare ai fatti propri* sich um seine eigenen Probleme kümmern; *non badare a spese* keine Kosten scheuen; *Non ci badare!* Sorge dich nicht darum!
baffi ['baffi] *m/pl* Schnurrbart *m*
bagagliaio [baga'ʎaːio] *1.* (della macchina) Kofferraum *m; 2.* Gepäckwagen *m,* Gepäckwaggon *m*
bagaglio [ba'gaʎo] *m* Gepäck *n; ~ a mano* Handgepäck *n*
bagnare [ba'ɲaːre] *v 1. (spruzzare)* befeuchten; *2. (annaffiare)* gießen
bagnarsi [ba'ɲarsi] *v 1.* nass werden; *2. (fare il bagno)* baden

bagno ['baːɲo] *m 1.* Bad *n; ~ di schiuma* Schaumbad *n; 2. (camera)* Badezimmer *n*
◆ *fare il bagno* baden
Vorrei fare un bagno. Ich möchte ein Bad nehmen.

baia ['baːia] *f GEO* Bucht *f*
baita ['baːita] *f* Hütte *f*
balbettare [balbet'taːre] *v 1.* stottern; *2. (bambino)* lallen
Balcani [bal'kaːni] *m/pl GEO* Balkan *m*
balcone [bal'koːne] *m* Balkon *m*
balena [ba'leːna] *f ZOOL* Wal *m*
balia ['baːlia] *f* Amme *f*
balía [ba'liːa] *f* Gewalt *f,* Macht *f; essere in ~ di qd* jdm ausgeliefert sein
balla ['balla] *f 1.* Ballen *m; ~ di fieno* Strohballen *m; 2. balle pl (fig)* Flausen *pl;* ◆ *Non raccontare balle!* Erzähle keine Lügen!
ballare [bal'laːre] *v 1.* tanzen; *2. (vestito troppo largo adosso)* schlottern
◆ *Desidera ballare?* Möchten Sie tanzen?
ballerina [balle'riːna] *f 1.* Tänzerin *f; 2. ZOOL* Bachstelze *f*
balletto [bal'letto] *m THEAT* Ballett *n*
ballo ['ballo] *m 1. (danza)* Tanz *m; 2. (festa)* Ball*;* ◆ *Dove ha luogo il ballo?* Wo findet der Ball statt?
balneare [balne'aːre] *adj* Bade... *luogo ~* Badeort *m*
balsamo ['balsamo] *m* Balsam *m*
baltico ['baltiko] *adj* baltisch
balzo ['baltso] *m 1. (salto)* Sprung *m; 2. (di un animale)* Satz *m*
bambina [bam'biːna] *f* Mädchen *n*
bambino [bam'biːno] *m 1.* Kind *n; ~ abbandonato* Heimkind *n; ~ prodigio* Wunderkind *n; 2. (ragazzo, figlio)* Junge *m*
bambola ['bambola] *f* Puppe *f*

B

bambù [bam'bu] *m BOT* Bambus *m*
banale [ba'naːle] *adj* banal, simpel
banana [ba'naːna] *f BOT* Banane *f*

banca ['baŋka] *f FIN* Bank *f;* ◆ *Dove si trova la banca più vicina?* Wo ist die nächste Bank?

banchetto [baŋ'ketto] *m* Bankett *n*
banchiere [baŋki'ɛre] *m FIN* Bankier *m*
banchina [baŋ'kiːna] *f 1. (di una strada)* Seitenstreifen *m; 2. (di una stazione)* Bahnsteig *m; 3. NAUT* Kai *m*
banco ['baŋko] *m 1. ~ di scuola* Bank *f; ~ di sabbia* Sandbank *f; 2. GEOL* Riff *n; 3. (bar)* Theke *f; 4. (fig) sotto ~* heimlich; *5. ~ di vendita* Ladentisch *m*
banconota [baŋko'nɔːta] *f FIN* Banknote *f*
banda ['banda] *f* Bande *f,* Meute *f*

bandiera [bandi'ɛːra] *f NAUT* Fahne *f,* Flagge *f*
◆ *battere bandiera* die Flagge hissen

bandire [ban'diːre] *v irr 1. (dal paese) POL* verweisen; *2. (un concorso)* ausschreiben
bandito [ban'diːto] *m* Bandit *m*
bando ['bando] *m 1. (di concorso)* Ausschreibung *f; 2. (esilio)* Exil *n*
bar [bar] *m* Bar *f*
bara ['baːra] *f* Bahre *f,* Sarg *m*
barare [ba'raːre] *v 1.* mogeln; *2.* betrügen
barattolo [ba'rattolo] *m 1.* Büchse *f; 2. ~ di latta* Blechdose *f*
barba ['barba] *f* Bart *m; farsi la ~* sich rasieren; ◆ *Mi fa la barba, per favore?* Schneiden Sie mir den Bart, bitte?
barbiere [barbi'ɛre] *m* Friseur *m*
barbone [bar'boːne] *m 1. (fig)* Penner *m,* Landstreicher *m; 2. (cane) ZOOL* Pudel *m*

barca ['barka] *f 1.* Boot *n,* Kahn *m; ~ a remi* Ruderboot *n; ~ a vela* Segelboot *n; 2. (fig)* Geschäft *n*
◆ *mandare avanti la barca* das Geschäft über Wasser halten
! *Plural: barche*

barcollare [barkol'laːre] *v 1.* taumeln; *2. (essere indeciso)* schwanken
barella [ba'rɛlla] *f* Tragbahre *f*
barile [ba'riːle] *m* Tonne *f,* Fass *n*
barista [ba'rista] *m/f* Barkeeper *m*
barlume [bar'luːme] *m 1.* Schimmer *m; 2. (fig)* Anflug *m*
baro ['baːro] *m* Falschspieler *m*
barocco [ba'rɔkko] *adj 1.* barock; *m 2. ART* Barock *m/n*
barometro [ba'rɔːmetro] *m TECH* Barometer *m*
barone(ssa) [ba'roːne/baro'nessa] *m/f* Baron(in) *m/f*
barra ['barra] *f 1.* Balken *m; 2. (s~)* Stange *f*
barriera [barri'ɛːra] *f* Barriere *f*
barzelletta [badze'letta] *f* Witz *m*
basare [ba'zaːre] *v 1. ~ su* basieren auf; *2. (fondare su) ~ su* gründen auf
basco ['basko] *adj 1.* baskisch; *m; 2.* Baske *m; 3. (berretto)* Baskenmütze *f*
base ['baːze] *f 1.* Basis *f,* Grundlage *f;* ◆ *in base a ...* auf Grund von ... *2. (fig)* Fundament *n;* ◆ *ciò che sta alla ~* was zugrunde liegt; *3. CHEM* Base *f; 4. FIN* Basis *f; ~ imponibile* Bemessungsgrundlage *f; ~ monetaria* Geldbasis *f*
basilare [bazi'laːre] *adj 1.* grundlegend, Grund... *2. (principale)* hauptsächlich; *problema ~* Hauptproblem *n*
basketball ['bɑːsketbɔːl] *m* Basketball *m*

basso ['basso] *adj 1.* nieder, niedrig; *2. Paesi Bassi GEO* Niederlande *pl; 3. (fondo)* tief; *4. (poco profondo)* flach; *acqua bassa* flaches Gewässer *n; bassa marea* Ebbe *f; 5. (statura)* klein; *6. (fig)* gering; *7. (voce)* leise
◆ *cadere in basso* sich in die Tiefe stürzen

bastardo [bas'tardo] *adj 1.* unehelich; *m 2. BIO* Bastard *m; cane ~* Promenadenmischung *f; 3. (incrocio) BIO* Kreuzung *f*
bastare [bas'ta:re] *v* genügen, reichen; ◆ *Basta, grazie!* Danke, es reicht!
bastonare [basto'na:re] *v* verprügeln
bastone [bas'to:ne] *m 1.* Stock *m,* Stab *m; 2. (carte da gioco)* Eichel *f*
battaglia [bat'ta:ʎa] *f 1.* Kampf *m; 2. (pezzo forte) cavallo di ~* Paradestück *n*
battello [bat'tɛllo] *m* Kahn *m; ~ pneumatico* Schlauchboot *n*

battere ['battere] *v 1. (cuore)* klopfen, schlagen; *2. (bussare)* pochen, anklopfen; *3. (fig: vincere)* schlagen; *4. (orologio)* schlagen; *5. (picchiare)* schlagen; *6. (record)* einstellen; *7. (tennis) SPORT* aufschlagen; *8. non ~ ciglio* ruhig bleiben; *9. ~ qc a macchina* etw tippen, etw abtippen
◆ *battersela* sich davonmachen
batter sempre sullo stesso tasto (fig) immer auf dem gleichen Thema herumreiten
Batti e ribatti finalmente ho capito. (fam) Durch ständiges Wiederholen habe ich es begriffen.

batteria [batte'ri:a] *f 1. TECH* Batterie *f; 2. MUS Schlagzeug n*
batterio [bat'tɛ:rio] *m* Bakterium *n*
batterista [batte'rista] *m/f MUS* Schlagzeuger(in) *m/f*
battezzare [batted'dza:re] *v REL* taufen
battibecco [batti'bekko] *m* Streit *m*
batticuore [batti'kuɔ:re] *m* Herzklopfen *n*
battito ['battito] *m 1.* Schlag *m; 2. (il picchiare)* Klopfen *n; 3. ~ cardiaco MED* Herzschlag *m*
battuta [bat'tu:ta] *f 1.* Schlag *m; 2. MUS* Takt *m; 3. (di un record)* Einstellung *f; 4. (della macchina da scrivere)* Anschlag *m; 5. (barzelletta)* Gag *m; 6. SPORT* Aufschlag *m*
baule [ba'u:le] *m* Koffer *m*
bava ['ba:va] *f 1.* Speichel *m;* ◆ *avere la bava alla bocca (fig)* Schaum vor dem Mund haben; *2. (negli animali)* Schaum *m*
bavarese [bava're:se] *adj 1.* bayerisch; *m/f 2.* Bayer(in) *m/f*
Baviera [bavi'ɛ:ra] *f GEO* Bayern *n*
bearsi [be'arsi] *v ~ di qc* sich über etw freuen
beato [be'a:to] *adj* glücklich, selig
beccare [bek'ka:re] *v* hacken, picken
becco ['bekko] *m* Schnabel *m*
beffare [bef'fa:re] *v ~ qd* jdn verspotten
beige [bɛ:ʒ] *adj* beige, sandfarben
bel *(vedi „bello")*
belare [be'la:re] *v 1. (pecora)* meckern, blöken; *2. (fig)* jammern, wimmern
belga ['bɛlga] *m/f 1.* Belgier(in) *m/f; adj 2.* belgisch
Belgio ['bɛldʒo] *m GEO* Belgien *n*
bella ['bɛlla] *f 1.* Schöne *f; 2.* ◆ *copiare in bella* ins Reine schreiben
bellezza [bel'lettsa] *f* Schönheit *f*
bellico ['bɛlliko] *adj* Kriegs... *preda bellica* Kriegsbeute *f*
bellicoso [belli'ko:so] *adj 1.* angriffslustig; *2. (guerresco)* kriegerisch

B

bellimbusto [bellim'busto] *m* *1.* Snob *m; 2. (fam)* feiner Pinkel *m*

> **bello** ['bɛllo] *adj* schön
> ◆ *nel bel mezzo* genau in der Mitte
> *essere bello come il sole* bildhübsch sein

belva ['belva] *f* *1.* wildes Tier *n; 2. (fig)* Tier im Menschen *n*
benché [beŋ'ke] *konj* obwohl, obgleich
benda ['bɛnda] *f* *1.* Binde *f;* ◆ *Avete bende autoadesive?* Haben Sie selbstklebende Binden? *2. MED* Verband *m*

> **bene** ['bɛːne] *adv 1.* schön, gut; *2. per ~* anständig; *3. (pensare)* reiflich; *4. (persona) per ~* unbescholten; *m 5.* Wohl *n; per il tuo ~* für dein Wohl; *~ comune* Gemeinwohl *n; a fin di ~* mit bester Absicht; *6. ECO* Gut *n,* Güter *pl; ~ culturale* Kulturgut *n*
> ◆ *stare bene a qd* jdm gut stehen
> *voler bene a qd* jdn gerne haben
> *Non mi sento bene.* Ich fühle mich nicht wohl.
> *Va bene così.* Es stimmt so.
> *Pensaci bene!* Überlege es dir gut!
> **!** *komp: meglio; sup: benissimo*

benedire [bene'diːre] *v irr* segnen; ◆ *Va' a farti benedire!* Scher dich zum Teufel!
benedizione [beneditsi'oːne] *f REL* Segen *m*
beneducato [benedu'kaːto] *adj* wohlerzogen
beneficenza [benefi'tʃɛntsa] *f 1.* Wohltätigkeit *f; 2. (sollievo)* Trost *m*
beneficio [benɛ'fiːtʃo] *m 1.* Vorteil *m; 2. (opera di bene)* Wohltat *f*
benefico [benɛ'fiːko] *adj* wohl tuend
benessere [be'nɛssere] *m 1.* Wohlbefinden *n; 2. (agiatezza)* Wohlstand *m*

benestante [benes'tante] *adj* wohlhabend
benestare [benes'taːre] *m* Erlaubnis *f*
benigno [be'niːɲo] *adj MED* gutartig
bensì [ben'si] *konj* wohl aber, hingegen
benvenuto [benve'nuːto] *adj 1.* willkommen; *m 2.* Willkommensgruß *m; interj 3.* willkommen
benvolere [benvo'leːre] *v irr 1.* ◆ *farsi benvolere da qd* sich bei jdm einschmeicheln; *2.* ◆ *prendere a benvolere qd* jdn lieb gewinnen

> **benzina** [ben'dziːna] *f* Benzin *n; ~ senza piombo* bleifreies Benzin *n*
> ◆ *fare benzina* tanken
> *fare il pieno di benzina* voll tanken

benzinaio [bendzi'naːio] *m (fam)* Tankwart *m*
beone [be'oːne] *m* Säufer *m*

> **bere** ['beːre] *v irr 1.* trinken; *2. (fam)* bechern; *3. (animale)* saufen
> ◆ *pagare da bere* eine Runde spendieren
> *bere tutto* austrinken

bernoccolo [ber'nɔkkolo] *m 1. (fig)* Begabung *f,* Talent *n;* ◆ *avere il bernoccolo per qc* Talent zu etw haben; *2. MED* Beule *f*
berretto [ber'retto] *m* Mütze *f,* Kappe *f*
bersagliare [bersa'ʎaːre] *v 1.* hetzen; *2. (tormentare)* quälen; *3. MIL* beschießen
bersaglio [ber'saːʎo] *m* Zielscheibe *f*
bestemmia [bes'temmia] *f* Fluch *m*
bestemmiare [bestemmi'aːre] *v 1.* lästern, fluchen; *2. REL* lästern
bestia ['bestia] *f 1.* Tier *n,* Vieh *n; ~ da soma* Lasttier *n; ~ da sella* Reittier *n; ~ feroce* Raubtier *n; 2. (fig)* Biest *n*

B

bestiame [besti'aːme] *m* Vieh *n*
betulla [be'tulla] *f* *BOT* Birke *f*
bevanda [be'vanda] *f* Getränk *n*; ~ *alcoolica* alkoholhaltiges Getränk *n*; ◆ *Ha una lista delle bevande?* Haben Sie eine Getränkekarte?
bevitore [bevi'toːre] *m* Säufer *m*
biancheria [biaŋke'riːa] *f* Wäsche *f*; ~ *intima* Unterwäsche *f*
bianco [bi'aŋko] *adj 1. (colore)* weiß; ~ *come la neve* schneeweiß; *2. (senza scrittura)* leer, unbeschrieben; *m 3.* Weiß *n*; *il ~ dell'occhio* das Weiße des Auges *n*; ~ *dell'uovo* Eiweiß *n*; *pasta in ~* Nudeln ohne alles *pl*; ◆ *mangiare in bianco* ungewürzt essen; *andare in bianco* versagen
biasimo [bi'aːzimo] *m* Tadel *m*
Bibbia ['bibbia] *f* *REL* Bibel *f*
bibliografia [bibliogra'fiːa] *f* Bibliografie *f*
biblioteca [biblio'tɛːka] *f 1.* Bibliothek *f*; *2. (mobile)* Bücherregal *n*
bicarbonato [bikarbo'naːto] *m* *CHEM* Natron *n*
bicchiere [bikki'ɛːre] *m* Glas *n*; *un ~ di vino rosso* ein Glas Rotwein *n*; ~ *di carta* Pappbecher *m*

> **bicicletta** [bitʃi'kletta] *f* Fahrrad *n*, Rad *n*; ~ *da corsa* Rennrad *n*
> ◆ *Ci si può andare in bicicletta?* Kann man mit dem Fahrrad hinfahren?
> *Vorrei noleggiare una bicicletta.* Ich möchte ein Fahrrad mieten.

bidone [bi'doːne] *m 1.* Kanister *m*; ~ *di benzina* Benzinkanister *m*; *2. (delle immondizie)* Mülltonne *f*; *3. (fam)* Schwindel *f*
bietola [bi'ɛːtola] *f 1. BOT* Mangold *m*; *2. (da foraggio)* Futterrübe *f*
biforcazione [biforkatsi'oːne] *f* Gabelung *f*
bigliettaio [biʎet'taːio] *m* Kontrolleur *m*, Schaffner *m*
biglietteria [biʎette'riːa] *f 1.* Fahrkartenschalter *m*; *2. (di teatro, di cinema)* Kasse *f*

> **biglietto** [bi'ʎetto] *m 1.* Fahrkarte *f*, Fahrschein *m*; ~ *ferroviario* Bahnfahrkarte *f*; ~ *di andata e ritorno* Hin- und Rückfahrkarte *f*; ~ *aereo* Flugticket *n*; ~ *di supplemento* Zuschlagkarte *f*; ~ *giornaliero* Tageskarte *f*; ~ *gratuito* Freikarte *f*; ~ *d'ingresso* Eintrittskarte *f*; *2. (foglietto)* Zettel *m*; *3. ~ da visita* Visitenkarte *f*; *4. ~ di lotteria* Los *n*; *5. (piccola lettera)* Briefchen *n*; *6. ~ di banca* Papiergeld *n*
> ◆ *Un biglietto per Roma, per favore.* Eine Fahrkarte nach Rom, bitte.
> *Vorrei un biglietto di sola andata.* Ich möchte eine einfache Fahrkarte lösen.

bikini [bi'kiːni] *m* Bikini *m*
bilancia [bi'lantʃa] *f* Waage *f*
bilanciarsi [bilan'tʃarsi] *v 1.* sich ausgleichen; *2. (equivalere)* gleichbedeutend sein
bilancio [bi'lantʃo] *m 1.* Etat *m*; ~ *pubblico* Staatshaushalt *m*, öffentlicher Haushalt *m*; *2. FIN* Bilanz *f*; ~ *finale* Endabrechnung *f*; *3. (fig)* Bilanz *f*
bilaterale [bilate'raːle] *adj 1.* zweiseitig; *2. POL* bilateral
bile ['biːle] *f* *ANAT* Galle *f*
biliardo [bili'ardo] *m* Billard *n*
bilingue [bi'liŋgue] *adj* zweisprachig
bimbo ['bimbo] *m 1.* Kind *n*; *2. (ragazzo)* Junge *m*
bimestrale [bimes'traːle] *adj* alle zwei Monate; *m 2.* Zweimonatszeitschrift *f*
binario [bi'naːrio] *m 1.* Gleis *n*; *a un ~* eingleisig; ~ *morto* Abstellgleis *m*; ◆ *Su quale binario arriva il treno da Mo-*

naco? Auf welchem Gleis kommt der Zug aus München an?

B

binocolo [bi'nɔːkolo] *m* Fernglas *n*
biochimica [bio'kiːmika] *f* Biochemie *f*
biografia [biogra'fiːa] *f* Biografie *f*
biologia [biolo'dʒiːa] *f* Biologie *f*
biologo [bi'ɔːlogo] *m* Biologe *m*
biondo [bi'ondo] *adj* blond; ~ *cenere* aschblond
biossido [bi'ɔssido] *m* ~ *di carbonio CHEM* Kohlendioxyd *n*
birillo [bi'rillo] *m* Kegel *m;* ◆ *Dove posso giocare a birilli qui?* Wo kann ich hier kegeln?
biro ['biːro] *f* Kugelschreiber *m*

> **birra** ['birra] *f GAST* Bier *n;* ~ *analcolica* alkoholfreies Bier *n;* ~ *chiara* helles Bier *n;* ~ *scura* dunkles Bier *n;* ~ *alla spina* Fassbier *n*
> ◆ *Avete birra tedesca?* Haben Sie deutsches Bier?
> *A tutta birra!* Mit Vollgas!

birreria [birre'riːa] *f 1. (fabbrica)* Brauerei *f; 2. (locale)* Bierstube *f*
bis [bis] *m (spettacolo)* Zugabe *f*
bisbigliare [bizbi'ʎaːre] *v* flüstern
biscia ['biʃa] *f ZOOL* Natter *f*
biscotto [bis'kotto] *m* Gebäck *n*
bisestile [bizes'tiːle] *adj* Schalt... *anno* ~ Schaltjahr *n*
bisognare [bizo'ɲaːre] *v 1.* brauchen; *2. (esser necessario)* nötig sein; *3. (dovere)* müssen; ◆ *Non bisogna scusarsi.* Man muss sich nicht entschuldigen.

> **bisogno** [bi'zoːɲo] *m 1.* Bedürfnis *n,* Bedarf *m; in caso di* ~ im Notfall, notfalls; *2. (forte stimolo)* Verlangen *n; 3. (povertà)* Not *f*
> ◆ *aver bisogno* bedürfen
> *aver bisogno di* benötigen
> *Ho bisogno di dirti qc.* Ich muss dir etwas sagen.
> *Il bisogno aguzza l'ingegno.* Not macht erfinderisch.
> *Il bisogno non ha legge.* Not kennt kein Gebot.

bisognoso [bizo'ɲoːso] *adj 1.* bedürftig; ~ *d'affetto* liebebedürftig; *2. (indigente)* Not leidend
bistecca [bis'tekka] *f GAST* Beefsteak *n;* ◆ *Vorrei la mia bistecca al sangue.* Ich möchte mein Steak blutig.
bisticcio [bis'tittʃo] *m 1.* Streit *m; 2. (fig)* Wortgefecht *n; 3. (gioco di parole)* Wortspiel *n*
bivio ['biːvio] *m* Gabelung *f*
bizzarro [bid'dzarro] *adj 1.* seltsam; *2. (stravagante)* extravagant, ausgefallen
bloccare [blok'kaːre] *v 1.* blockieren; *2. TECH* klemmen; *3. (proibire)* sperren
blocco ['blɔkko] *m 1.* Block *m; 2. (edificio)* Block *m; 3. (carta)* Block *m;* ~ *di carta da lettera* Briefblock *m; 4. (barricata)* Blockade *f*
blu [blu] *adj 1.* blau; *m 2.* Blau *n*
blusa ['bluːza] *f* Bluse *f*
boa[1] ['bɔːa] *f NAUT* Boje *f*
boa[2] ['bɔːa] *m ZOOL* Boa *f*
boato [bo'aːto] *m 1. (frastuono)* Getöse *n; 2. (temporale)* Donnern *n,* Rollen *n*
bobina [bo'biːna] *f TECH* Spule *f*

> **bocca** ['bokka] *f 1.* Mund *m; 2. (di animale)* Maul *n; 3. (fucile)* Mündung *f*
> ◆ *lasciare la bocca cattiva* einen üblen Geschmack im Mund zurücklassen
> *essere sulla bocca di tutti (fig)* in aller Munde sein
> *In bocca al lupo!* Toi, toi, toi!
> *Acqua in bocca!* Kein Wort davon!
> **!** *Plural: bocche*

boccale [bok'kaːle] *m 1.* Krug *m; 2. (coppa)* Pokal *m*
boccetta [bot'tʃetta] *f* kleine Flasche *f*
bocciolo [bot'tʃɔːlo] *m BOT* Knospe *f*
boccone [bok'koːne] *m* Bissen *m,* Brocken *m;* ◆ *mangiare un boccone (fam)* eine Kleinigkeit essen; *lavorare per un boccone di pane (fig)* für'n Appel und'n Ei arbeiten
bocconi [bok'koːni] *adv* bäuchlings
boia ['bɔːia] *m* Henker *m*
boicottare [boikot'taːre] *v* boykottieren
boiler ['bɔıler] *m TECH* Warmwasserbereiter *m*
bolide ['bɔːlide] *m 1. ASTR* Meteor *m; 2. (auto da corsa)* Rennwagen *m*
Bolivia [bo'liːvia] *f GEO* Bolivien *n*
bolla ['bolla] *f 1.* Blase *f; 2. ~ doganale di esportazione ECO* Ausfuhrbescheinigung *f*
bollare [bol'laːre] *v 1.* stempeln; *2. (fig)* abstempeln
bollente [bol'lɛnte] *adj* kochend
bolletta [bol'letta] *f 1. ECO* Beleg *m,* Schein *m; ~ di ordinazione* Bestellschein *m; 2.* ◆ *essere in bolletta (fig)* pleite sein
bollettino [bollet'tiːno] *m 1.* Bulletin *n; 2. ~ meteorologico METEO* Wetterbericht *m; 3. ~ ufficiale* Amtsblatt *n*
bollire [bol'liːre] *v* kochen, sieden
bomba ['bomba] *f MIL* Bombe *f; ~ atomica* Atombombe *f*
bombardamento [bombarda'mento] *m* Bombardierung *f; ~ aereo* Luftangriff *m*
bombetta [bom'betta] *f (cappello)* Melone *f*
bombola ['bombola] *f ~ di gas* Gasflasche *f*
bonificare [bonifi'kaːre] *v 1.* gutschreiben, vergüten; *2. (terreni, paludi)* entwässern; *3. BIO* veredeln; *4. (risanare)* sanieren
bontà [bon'ta] *f* Güte *f*
boom [buːm] *m ECO* Boom *m*
borbottare [borbot'taːre] *v 1.* maulen, murren; *2. (brontolare)* knurren
borchia ['bɔrkia] *f TECH* Beschlag *m*
bordello [bor'dɛllo] *m 1.* Bordell *n,* Freudenhaus *n; 2. (fracasso)* Lärm *m*
bordo ['bordo] *m 1.* Rand *m; 2. (di una nave) NAUT* Bord *m; a ~* an Bord
borghese [bor'geːze] *adj 1.* bürgerlich, zivil; *2. (della piccola borghesia)* kleinbürgerlich; *m/f 3.* Bürgerliche(r) *m/f*
borghesia [borge'ziːa] *f* Bürgertum *n,* Bourgeoisie *f*
borgo ['borgo] *m 1.* Vorstadt *f; 2. (periferia)* Peripherie *f*

> **borsa** ['borsa] *f 1.* Handtasche *f; ~ della spesa* Einkaufstasche *f; 2. ~ dell'acqua calda* Wärmflasche *f; 3. FIN* Börse *f*

borsaiolo [borsai'ɔːlo] *m* Taschendieb *m*
borsellino [borsel'liːno] *m* Geldbeutel *m*
borsetta [bor'setta] *f* Handtasche *f*
boscaiolo [boskai'ɔːlo] *m 1.* Holzhacker *m; 2. (guardaboschi)* Waldhüter *m*
bosco ['bɔsko] *m* Wald *m; ~ di conifere* Nadelwald *m*
◆ *essere uccel di bosco (fig)* über alle Berge sein
essere da bosco e da riviera sich überall zu Hause fühlen **!**
Plural: boschi
bossolo ['bɔssolo] *m 1. (proiettile)* Hülse *f; 2. (scatola)* Sammelbüchse *f*
botanica [bo'taːnika] *f* Botanik *f*

botola ['bɔːtola] *f* *1.* Falltür *f;* *2. (tombino)* Gullydeckel *m*
botta ['bɔtta] *f* Schlag *m,* Fass *n*
botte ['botte] *f* Tonne *f,* Fass *n*
bottega [bot'teːga] *f* *1.* Laden *m,* Geschäft *n;* *2. (d'artista)* Atelier *n,* Werkstatt *f*
bottiglia [bot'tiːʎa] *f* Flasche *f*
bottino [bot'tiːno] *m* Beute *f*
bottone [bot'toːne] *m* Knopf *m,* Druckknopf *m*
bovino [bo'viːno] *adj* *1.* Rind... *carne bovina* Rindfleisch *n;* *m* *2.* Rind *n*
boxare [bok'saːre] *v* *SPORT* boxen
boy scout ['bɔɪskaʊt] *m* Pfadfinder *m*
braccare [brak'kaːre] *v* *~ qd* hinter jdm her sein
bracciale [brat'tʃaːle] *m* Armband *n*
bracciante [brat'tʃante] *m* Tagelöhner *m*

> **braccio** ['brattʃo] *m* *ANAT* Arm *m*
> ◆ *a braccia aperte* mit offenen Armen
> *Mi fa male il braccio.* Mein Arm tut weh.
> *Mi cascano le braccia. (fig)* Mir rutscht das Herz in die Hose.
> **!** *Plural: braccia f/pl; bracci m/pl (fig)*

bracciolo [brat'tʃoːlo] *m* Armlehne *f*
bracconiere [brakkoni'ɛːre] *m* Wilderer *m*
brace ['braːtʃe] *f* Glut *f*
brado ['braːdo] *adj* ungebändigt, wild
bramare [bra'maːre] *v* begehren
branchia ['braŋkia] *f* *ZOOL* Kieme *f*
branco ['braŋko] *m* *1.* Schar *f,* Rudel *n;* *2. ZOOL* Schwarm *m,* Rudel *n*
brancolare [braŋko'laːre] *v* tappen; ◆ *brancolare nel buio* im Dunkeln tappen
brandello [bran'dɛllo] *m* Fetzen *m;* *a brandelli* zerfetzt
brandy ['brændɪ] *m* Weinbrand *m*
brano ['braːno] *m* *1.* Stück *n;* *2. (tratto da un testo) LIT* Exzerpt *n,* Auszug *m*
Brasile [bra'ziːle] *m* *GEO* Brasilien *n*
brasiliano [brazili'aːno] *m* *1.* Brasilianer *m;* *adj* *2.* brasilianisch

> **bravo** ['braːvo] *adj* *1.* tüchtig; *2. (retto)* brav; *3. (buono)* gut; *interj* *4.* bravo
> ≠ *breve adj* kurz

bravura [bra'vuːra] *f* Tüchtigkeit *f*
bretella [bre'tɛlla] *f* Träger *m*

> **breve** ['brɛːve] *adj* *1.* kurz; *2. (poco esteso)* klein; *3. (tempo)* kurz, flüchtig; *a ~ tempo* kurzzeitig; *fra ~* in Kürze, bald
> ≠ *bravo adj* tüchtig

brevetto [bre'vetto] *m* *1.* Patent *n;* *2. (da pilota)* Pilotenschein *m*
brezza ['breddza] *f* Brise *f,* Lüftchen *n*
bricchetto [brik'ketto] *m* Kännchen *n;* ◆ *Un bricchetto di tè, per favore!* Ein Kännchen Tee, bitte!
bricco ['brikko] *m* Kanne *f,* Kännchen *n*
briccone [brik'koːne] *m* Gauner *m*
briciola ['briːtʃola] *f* Krümel *m*
brigante [bri'gante] *m* Räuber *m*
brigata [bri'gaːta] *f* *allegra ~* gesellige Runde *f*
briglia ['briːʎa] *f* Zügel *m*
brillante [bril'lante] *adj* *1.* brillant, glänzend; *2. (fig)* blendend; *m* *3. MIN* Brillant *m*
brillantina [brillan'tiːna] *f* Pomade *f*
brillare [bril'laːre] *v* leuchten, glänzen
brillo ['brillo] *adj* angeheitert, benebelt
brina ['briːna] *f* Raureif *m*
brindare [brin'daːre] *v* anstoßen, prosten
brindisi ['brindizi] *m* Toast *m*
brio ['briːo] *m* *1.* Schwung *m;* *2. con ~ MUS* lebhaft
brioso [bri'oːso] *adj* *1.* geistvoll; *2. (allegro)* lebhaft; *3. MUS* schwungvoll
britanna [bri'tanna] *f* Britin *f*

britannico [bri'tanniko] *adj* britisch
britanno [bri'tanno] *m* Brite *m*
brivido ['briːvido] *m 1.* Schauder *m,* Schüttelfrost *m; 2. (paura)* Schauder *m*
brizzolato [brittso'laːto] *adj* grau meliert
brocca ['brɔkka] *f* Krug *m*
broccolo ['brɔkkolo] *m BOT* Brokkoli *m*
brodo ['brɔːdo] *m GAST* Brühe *f,* Boullion *f;* ◆ *lasciar cuocere nel proprio brodo (fig)* jdn im eigenen Saft schmoren lassen; *Tutto fa brodo. (fam)* Kleinvieh gibt auch Mist.
bronchite [broŋ'kiːte] *f MED* Bronchitis *f*
bronco ['broŋko] *m ANAT* Bronchie *f*
brontolare [bronto'laːre] *v 1.* brummen; *2. (fig: stomaco)* knurren
brontolio [bronto'liːo] *m* Gebrumme *n*
bronzo ['brondzo] *m 1. MET* Bronze *f; 2. faccia di ~ (fig)* schamloser Mensch *m*
brucare [bru'kaːre] *v* abweiden
bruciacchiare [brutʃakki'aːre] *v* anbrennen; ◆ *Il mangiare è bruciacchiato.* Das Essen ist angebrannt.
bruciare [bru'tʃaːre] *v 1.* brennen, verbrennen; *2. (ferita)* brennen
bruciarsi [bru'tʃarsi] *v* sich verbrennen
bruciatura [brutʃa'tuːra] *f* Verbrennung *f*
bruciore [bru'tʃoːre] *m ~ di stomaco MED* Sodbrennen *n*
bruco ['bruːko] *m ZOOL* Raupe *f*
brughiera [brugi'ɛːra] *f* Heide *f*
brullo ['brullo] *adj* kahl
bruno ['bruːno] *adj* braun
brusco ['brusko] *adj* barsch, brüsk
brusio [bru'ziːo] *m* Gemurmel *n*
brutale [bru'taːle] *adj 1.* brutal, gewalttätig; *2. (fig)* roh
brutalità [brutali'ta] *f* Brutalität *f*
bruto ['bruːto] *m* Unmensch *m*
bruttezza [brut'tettsa] *f 1.* Hässlichkeit *f; 2. (fig)* Geschmacklosigkeit *f*

> **brutto** ['brutto] *adj 1.* hässlich; *2. (fig)* mies, geschmacklos; *3. (sgradevole)* widerwärtig; *4. (cattivo)* schlimm ◆ *farla brutta a qd* jdm übel mitspielen

Bruxelles [bry'sɛl] *f GEO* Brüssel *n*
bubbone [bub'boːne] *m 1. MED* Geschwür *n; 2. (persona)* aufdringlicher Mensch *m; 3. (fig)* lästige Angelegenheit *f*
buca ['buːka] *f 1.* Graben *m; 2. (buco)* Loch *n; 3. ~ delle lettere* Briefkasten *m*
bucaneve [buka'neːve] *m* Schneeglöckchen *n*
bucare [bu'kaːre] *v 1.* lochen; *2. (fig)* löchern; *3. (ruota)* eine Reifenpanne haben
bucato [bu'kaːto] *m* Wäsche *f*
buccia ['buttʃa] *f* Schale *f,* Haut *f*
buco ['buːko] *m* Loch *n; ~ della chiave* Schlüsselloch *n*
budello [bu'dɛllo] *m 1. ANAT* Darm *m; 2. budella f/pl* Eingeweide *pl*
budget ['bʌdʒet] *m ECO* Budget *n*
budino [bu'diːno] *m GAST* Pudding *m*
bue ['buːe] *m ZOOL* Ochse *m*
bufalo ['buːfalo] *m ZOOL* Büffel *m*
buffet [by'fe] *m* Büfett *n*
buffo ['buffo] *adj 1.* komisch, lächerlich, witzig; *2. opera buffa MUS* komische Oper *f*
buffone [buf'foːne] *m* Narr *m,* Spaßvogel *m*

> **bugia** [bu'dʒiːa] *f* Lüge *f,* Schwindel *m; ~ necessaria* Notlüge *f*
> ≠ *buccia f* Schale

B

bugiardo [bu'dʒardo] *m* Lügner *m*
buio ['buːio] *adj* dunkel, finster; ◆ *Quando si fa buio?* Wann wird es dunkel?
bulbo ['bulbo] *m BOT* Knolle *f*
Bulgaria [bulga'riːa] *f GEO* Bulgarien *n*
bullone [bul'loːne] *m TECH* Bolzen *m*
buon *(vedi „buono")*
buongusto [buon'gusto] *m 1.* Geschmack *m; 2. (senso di delicatezza)* Feingefühl *n*

buono [bu'ɔːno] *adj 1.* gut; *un buon vino* ein guter Wein *m; 2. (bravo)* brav, gutartig; *3. (favorevole)* günstig; *4. (idoneo)* tauglich; *5. (a buon mercato)* billig; *6. di buon'ora* früh, frühzeitig; *m 7.* Gutes *n*
◆ *essere buono a nulla* zu nichts nutzen
far passare per buono für gut ausgeben
essere un poco di buono ein Tunichtgut sein
tenersi buono qd sich jdn warm halten
Non è buono. Das schmeckt nicht.
È molto buono. Es schmeckt sehr gut.
Buona fortuna! Viel Glück!
! *komp: migliore; sup: ottimo*

buonumore [buonu'moːre] *m* gute Laune *f; essere di ~* gut gelaunt sein
burattino [burat'tiːno] *m teatro di burattini* Marionettentheater *n*
burbero ['burbero] *adj* griesgrämig
burla ['burla] *f* Posse *f*
burlone [bur'loːne] *m* Spaßvogel *m*, Schelm *m*
burocrazia [burokra'tsiːa] *f* Bürokratie *f*
burrasca [bur'raska] *f 1. (tempesta)* Sturm *m*, Unwetter *n; 2. (fig)* Streit *m*
burrascoso [burras'koːso] *adj 1.* stürmisch; *2. (tempestoso, temporalesco)* gewittrig
burro ['burro] *m GAST* Butter *f*
burrone [bur'roːne] *m* Abgrund *m*
buscarsi [bus'karsi] *v* sich zuziehen
bussare [bus'saːre] *v* anklopfen; ◆ *Hanno bussato?* Hat es geklopft?
bussola ['bussola] *f* Kompass *m*

busta ['busta] *f 1.* Tüte *f*, Tragtüte *f; 2. (cartella per documenti)* Mappe *f; 3. ~ da lettera* Briefumschlag *m*, Kuvert *n; ~ a finestrella* Fensterbriefumschlag *m; 4. (astuccio)* Hülle *f*, Etui *n*

bustarella [busta'rɛlla] *f* Schmiergeld *n*
busto ['busto] *m 1.* Büste *f; 2. (corsetto)* Korsett *n*

buttare [but'taːre] *v 1.* werfen, wegwerfen; *2. BOT* keimen, austreiben; *3. ~ giù* verschlingen; *4. ~ fuori* hinauswerfen
◆ *Gli affari buttano bene. (fam)* Die Geschäfte laufen gut.

buttarsi [but'tarsi] *v 1.* sich fallen lassen; *2. (fig)* sich widmen, sich hingeben; ◆ *buttarsi giù* die Flinte ins Korn werfen

C

cabina [ka'biːna] *f* Kabine *f*, Kajüte *f*; *~ di prova* Ankleidekabine *f*; *~ telefonica* Telefonzelle *f*
cablare [ka'blaːre] *v* verkabeln
cacao [ka'kaːo] *m* Kakao *m*
caccia ['kattʃa] *f* Jagd *f*; ◆ *dar la caccia a qd* hinter jdm her sein
cacciare [kat'tʃaːre] *v 1.* jagen; *2. (s~)* verjagen
cacciata [kat'tʃaːta] *f POL* Vertreibung *f*
cacciatore [kattʃa'toːre] *m 1.* Jäger *m; 2. ~ d'eredità* Erbschleicher *m*
cacciavite [kattʃa'viːte] *m TECH* Schraubenzieher *m*
cachi ['kaːki] *m 1. BOT* Kakibaum *m*; *f 2. BOT* Kakifrucht *f*; *adj 3. (colore)* kakifarben
cadavere [ka'daːvere] *m 1.* Leiche *f*, Leichnam *m; 2. (di animali)* Kadaver *m*
cadente [ka'dɛnte] *adj 1.* baufällig; *casa ~* verfallenes Haus *n; 2. stella ~* Sternschnuppe *f*

> **cadere** [ka'deːre] *v irr 1.* einstürzen; *2. (cascare)* fallen; *3. (fig)* entfallen; *4. (fulmine)* einschlagen; *5. (impero)* untergehen; *6. ~ giù* abstürzen; *7. (capelli)* ausfallen; *8. ~ in prescrizione JUR* verjähren
> ◆ *cadere a terra* auf den Boden fallen
> *lasciar cadere la cosa* ein Thema fallen lassen
> *cader male (fam)* ungünstig fallen
> *cadere in miseria* in Elend fallen

cadmio ['kadmio] *m* Kadmium *n*
caduta [ka'duːta] *f 1.* Absturz *m; 2. ~ di un aereo* Flugzeugabsturz *m; 3. ~ massi* Steinschlag *m; 4. (di capelli)* Ausfall *m; 5. (per terra)* Fall *m; 6. (crollo)* Zusammenbruch *m; 7. (tensione)* Abfall *m; 8. ~ di temperatura* Temperatursturz *m*
caffè [kaf'fɛ] *m 1.* Café *n; 2. (da bere) GAST* Kaffee *m; ~ solubile* Instantkaffee *m; ~ freddo con gelato* Eiskaffee *m*
caffeina [kaf'feːina] *f* Koffein *n*
caffettiera [kaffetti'ɛːra] *f* Kaffeekanne *f*
cagionare [kadʒo'naːre] *v* verursachen
calamaro [kala'maːro] *m ZOOL* kleiner Tintenfisch *m*
calamita [kala'miːta] *f 1.* Magnet *m; 2. (fig: attrazione)* Verlockung *f*, Anreiz *m*
calamità [kalami'ta] *f* Unglück *n*
calare [ka'laːre] *v 1.* niederlassen; ◆ *calare la pasta (fam)* Nudeln in das kochende Wasser schütten; *2. (prezzi)* sinken; *m 3. il calar del sole* Sonnenuntergang *m*
calca ['kalka] *f* Andrang *m*
calcagno [kal'kaɲo] *m 1. ANAT* Ferse *f*; ◆ *essere alle calcagna di qd* jdm auf den Fersen sein; *2. (tacco)* Absatz *m*
calcare [kal'kaːre] *v 1.* betonen; *2. (disegno)* abpausen; *3. (pressare)* drücken
calce ['kaltʃe] *f CHEM* Kalk *m*
calcestruzzo [kaltʃes'truttso] *m* Beton *m*
calciatore [kaltʃa'toːre] *m* Fußballspieler *m*
calcio ['kaltʃo] *m 1.* Fußtritt *m; dare un calci* treten; *2. CHEM* Kalzium *n; 3. (gioco) SPORT* Fußball *m; partita di ~* Fußballspiel *n; ~ di rigore* Elfmeter *m*
calcolabile [kalko'laːbile] *adj* berechenbar

C

calcolare [kalko'la:re] *v 1.* berechnen, rechnen; *2. ECO* kalkulieren; *3. ~ con le frazioni MATH* bruchrechnen
calcolatore [kalkola'to:re] *m 1.* Rechner *m; ~ tascabile* Taschenrechner *m; adj 2.* berechnend
calcolo ['kalkolo] *m 1.* Berechnung *f,* Kalkulation *f; ~ mentale* Kopfrechnen *n; ~ dei costi ECO* Kostenrechnung *f;* ◆ *sbagliare il calcolo* sich verrechnen; *fare i calcoli* berechnen; *2. ~ approssimativo* Schätzung *f; 3.* ◆ *fare bene i propri calcoli (fig)* alle Möglichkeiten in Erwägung ziehen

> **caldo** ['kaldo] *adj 1.* heiß, warm; *m 2.* Hitze *f*
> ◆ *Ho caldo.* Mir ist heiß.
> *Fa caldo.* Es ist heiß. ≠ kalt *adj freddo*

calendario [kalen'da:rio] *m 1.* Kalender *m; 2. ~ da muro* Wandkalender *m; 3. ~ dell'avvento* Adventskalender *m*
calibro ['ka:libro] *m* Kaliber *n*
calice ['ka:litʃe] *m 1.* Becher *m; 2. BOT* Kelch *m*
calma ['kalma] *f 1.* Ruhe *f,* Gemütsruhe *f; con ~* gemächlich, seelenruhig; *2. (quiete)* Stille *f; 3. (di vento)* Windstille *f*
calmante [kal'mante] *adj 1.* beruhigend; *m 2.* Beruhigungsmittel *n*
calmare [kal'ma:re] *v 1.* beruhigen; *2. (fig)* glätten
calmarsi [kal'marsi] *v 1.* sich beruhigen; *2. (fig)* abebben; *3. (persona)* sich fassen; ◆ *Si calmi!* Beruhigen Sie sich!
calmo ['kalmo] *adj 1.* ruhig; *2. (persona)* gelassen, gemächlich
calo ['ka:lo] *m 1.* Schwund *m; 2. ~ dei prezzi* Preisrückgang *m*
calore [ka'lo:re] *m 1.* Wärme *f; 2. ~ da scarico* Abwärme *f*
caloria [kalo'ri:a] *f* Kalorie *f; povero di calorie* kalorienarm
calorifero [kalo'ri:fero] *adj 1.* Wärme... *m 2.* Heizkörper *m*
caloroso [kalo'ro:so] *adj 1.* heiß, erwärmend; *2. (calmo)* warm
calpestare [kalpes'ta:re] *v* treten
calunnia [ka'lunnia] *f* Verleumdung *f*
calunniare [kalunni'a:re] *v* verleumden
calvo ['kalvo] *adj* glatzköpfig
calza ['kaltsa] *f* Strumpf *m; calze di lana* Wollstrümpfe *pl; calze di seta* Seidenstrümpfe *pl*
calzamaglia [kaltsa'ma:ʎa] *f* Strumpfhose *f*
calzolaio [kaltso'la:io] *m* Schuster *m*
calzoncini [kaltson'tʃi:ni] *m/pl 1.* kurze Hose *f; ~ da bagno* Badehose *f; 2. (pantaloni da sport)* Sporthose *f*
calzoni [kal'tso:ni] *m/pl* Hose *f*
cambiale [kambi'a:le] *m ECO* Wechsel *m; ~ tratta* Tratte *f,* gezogener Wechsel *m; ~ in bianco* Blankowechsel *m; ~ a vista* Sichtwechsel *m*
cambiamento [kambia'mento] *m 1.* Veränderung *f,* Wechsel *m; 2. (fig)* Umschwung *m; 3. ~ d'idea* Sinnesänderung *f; 4. ~ d'opinione* Gesinnungswechsel *m*

> **cambiare** [kambi'a:re] *v 1.* ändern; *2. (modificare)* verändern; *3. (sostituire)* tauschen; *4. (prenotazione)* umbuchen; *5. (treno)* umsteigen; *6. (scambiare)* wechseln
> ◆ *cambiare idea* umdenken/seine Meinung ändern
> *cambiare il nome di qc* etw umbenennen
> *cambiare tono* einen anderen Ton anschlagen
> *cambiare posto* sich umsetzen
> *cambiare posto a qc* etw umstellen

cambiare aria verschwinden/lüften
cambiare mestiere umsatteln
cambiare vestito sich umziehen
cambiare qc in qc etw in etw wechseln
Dove posso cambiare soldi? Wo kann ich Geld wechseln?

cambiarsi [kambi'arsi] *v* sich umziehen
cambio ['kambio] *m 1.* Tausch *m,* Umtausch *m; ~ dell'olio* Ölwechsel *m; 2. (di posto)* Ablösung *f; ~ di turno* Schichtwechsel *m*
camera ['ka:mera] *f 1.* Zimmer *n,* Kammer *f; ~ d'albergo* Hotelzimmer *n; ~ da letto* Schlafzimmer *n; ~ matrimoniale* Doppelzimmer *n; ~ da pranzo* Esszimmer *n; ~ oscura* Dunkelkammer *f; ~ degli ospiti* Gästezimmer *n; 2. POL* Kammer *f; ~ dei deputati* Abgeordnetenhaus *n; 3. ~ di commercio e d'industria ECO* Industrie- und Handelskammer *f*
camerata [kame'ra:ta] *m/f* Kamerad(in) *m/f*
cameriera [kameri'ɛ:ra] *f* Haushälterin *f,* Zimmermädchen *n*
cameriere [kameri'ɛ:re] *m 1.* Kellner *m,* Ober *m; 2. ~ del piano* Etagenkellner *m;* ◆ *Cameriere, per favore!* Herr Ober, bitte!
camice ['ka:mitʃe] *m* Kittel *m*
camicetta [kami'tʃetta] *f* Bluse *f*
camicia [ka'mi:tʃa] *f* Hemd *n*
camino [ka'mi:no] *m* Kamin *m*
camioncino [kamion'tʃi:no] *m* Lieferwagen *m*
camionista [kamio'nista] *m* Lastwagenfahrer *m*
cammello [kam'mɛllo] *m* Kamel *n*
camminare [kammi'na:re] *v 1.* laufen; *2. (fare un'escursione)* wandern; *3. (fig)* wandeln
camminata [kammi'na:ta] *f 1.* Spaziergang *m; 2. (gita a piedi)* Wanderung *f*
cammino [kam'mi:no] *m 1.* Marsch *m; 2. (escursione)* Wanderung *f; 3. (percorso)* Weg *m*
camomilla [kamo'milla] *f BOT* Kamille *f*
camoscio [ka'mɔ:ʃo] *m 1.* Wildleder *n; 2. ZOOL* Gämse *f*
campagna [kam'paɲa] *f 1.* Land *n; casa di ~* Landhaus *n; 2. (propaganda)* Kampagne *f; ~ elettorale* Wahlkampagne *f; ~ pubblicitaria* Werbekampagne *f*
campana [kam'pa:na] *f* Glocke *f*
campanello [kampa'nɛllo] *m 1.* Klingel *f; 2. ~ della porta* Türglocke *f*
campanile [kampa'ni:le] *m* Glockenturm *m*
campare [kam'pa:re] *v* leben; ◆ *campare alla giornata* von der Hand in den Mund leben
campeggiare [kamped'dʒa:re] *v* zelten
campeggio [kam'peddʒo] *m* Zeltplatz *m*
camper ['kamper] *m* Wohnmobil *n*
camping ['kæmpɪŋ] *m 1.* Camping *n; 2. (campeggio)* Campingplatz *m*
campionamento [kampiona'mento] *m* Stichprobenentnahme *f*
campionario [kampio'na:rio] *m 1.* Muster *n; adj 2.* Muster... *collezione campionaria* Musterkollektion *f*
campione [kampi'o:ne] *m 1.* Stichprobe *f; 2. (prova)* Muster *n,* Probe *f; 3.* Meister *m*

campo ['kampo] *m 1. AGR* Acker *m,* Feld *n; ~ di grano* Getreidefeld *n; 2. (da gioco)* Platz *m; ~ di atterraggio* Landeplatz *m; ~ sportivo* Sportplatz *m; 3. (settore)* Bereich *m; ~ d'attività* Tätigkeitsbereich *m; ~ nuovo (fig)* Neuland *n; 4.*

C

PHYS Feld *n; ~ magnetico* Magnetfeld *n; 5. ~ profughi* Flüchtlingslager *n*
◆ *scendere in campo* zu Felde ziehen
≠ *cambio m* Tausch

camposanto [kampo'santo] *m* Friedhof *m*
camuffare [kamuf'faːre] *v* verkleiden
Canada ['kaːnada/kana'da] *m GEO* Kanada *n*
canadese [kana'deːse] *adj 1.* kanadisch; *m/f 2.* Kanadier(in) *m/f*
canale [ka'naːle] *m* Kanal *m; ~ della Manica GEO* Ärmelkanal *m*
canapa ['kaːnapa] *f BOT* Hanf *m*
canarino [kana'riːno] *m* Kanarienvogel *m*
cancellare [kantʃel'laːre] *v 1.* streichen; *2. INFORM* löschen
cancelleria [kantʃelle'riːa] *f 1.* Kanzlei *f; 2. (cancelliere) POL* Kanzleramt *n; 3. articoli per ~* Schreibwaren *pl*
cancelliere [kantʃelli'ɛːre] *m* Kanzler *m*
cancello [kan'tʃɛllo] *m* Gittertor *n*
cancerogeno [kantʃe'rɔːdʒeno] *adj MED* Krebs erregend
cancro ['kaŋkro] *m 1. MED* Krebs *m; ~ mammario* Brustkrebs *m; 2. (segno zodiacale)* Krebs *m*
candela [kan'deːla] *f* Kerze *f*
candidato [kandi'daːto] *m* Bewerber *m,* Kandidat *m*
candido ['kandido] *adj 1.* treuherzig; *2. (bianco)* schneeweiß; *3. (puro)* rein
candito [kan'diːto] *adj* kandiert

cane ['kaːne] *m ZOOL* Hund *m; ~ guida* Blindenhund *m*
◆ *menare il can per l'aia (fig)* etw auf die lange Bank schieben
≠ *carne f* Fleisch

canguro [kaŋ'guːro] *m* Känguru *n*
canile [ka'niːle] *m 1.* Hundezwinger *m; 2. (cuccia)* Hundehütte *f*
canna ['kanna] *f 1.* Lauf *m; 2. ~ da pesca* Angelrute *f; 3. ~ da zucchero* Zuckerrohr *n*
cannella [kan'nɛlla] *f GAST* Zimt *m*
cannocchiale [kannokki'aːle] *m* Fernglas *n*
cannuccia [kan'nuttʃa] *f* Strohhalm *m,* Trinkhalm *m*
canoa [ka'nɔːa] *f 1.* Paddelboot *n; 2. (barca degli Indiani d'America)* Kanu *n*
canone ['kaːnone] *m 1.* Abgabe *f; 2. ~ d'affitto* Miete *f; 3. MUS* Kanon *m*
canottaggio [kanot'taddʒo] *m SPORT* Rudern *n; fare del ~* rudern
canottiera [kanotti'ɛːra] *f* Unterhemd *n*
canotto [ka'nɔtto] *m* Schlauchboot *n*
cantante [kan'tante] *m/f* Sänger(in) *m/f; ~ lirico* Opernsänger *m*
cantare [kan'taːre] *v* singen; ◆ *cantarla chiara* es klipp und klar sagen; *far cantare qd* jdn zum Reden bringen; *Canta che ti passa! (fig)* Nimm es nicht so schwer!
cantautore [kantau'toːre] *m* Liedermacher *m*
cantiere [kanti'ɛːre] *m 1.* Dock *n; ~ navale* Schiffswerft *f; 2. (di edificio, di strada)* Baustelle *f*
cantina [kan'tiːna] *f 1.* Keller *m; 2. (di azienda vinicola)* Kellerei *f*
canto¹ ['kanto] *m 1.* Gesang *m,* Singen *n; 2. (composizione)* Lied *n; ~ religioso* Kirchenlied *n; ~ di natale* Weihnachtslied *n*
canto² ['kanto] *m 1.* Kante *f; 2. (parte)* Seite *f;* ◆ *mettere da canto* auf die Seite legen
cantone [kan'toːne] *m GEO* Kanton *m*

canuto [ka'nuːto] *adj* grauhaarig
canzonare [kantso'naːre] *v (fig)* foppen
canzone [kan'tsoːne] *f* Lied *n; ~ popolare* Volkslied *n;* ◆ *suonare una canzone* ein Lied spielen
canzonetta [kantso'netta] *f MUS* Schlager *m*
caos ['kaːos] *m* Chaos *n*
caotico [ka'ɔːtiko] *adj* chaotisch
capace [ka'paːtʃe] *adj 1.* fähig, tauglich; *~ di lavorare* erwerbsfähig; *2. (ampio)* von großem Umfang
capacità [kapatʃi'ta] *f 1.* Fähigkeit *f; 2. ~ di acquisto ECO* Kaufkraft *f; 3. ~ di agire* Handlungsfähigkeit *f; ~ giuridica* Rechtsfähigkeit *f*
capanna [ka'panna] *f* Hütte *f*
caparbietà [kaparbie'ta] *f* Eigensinn *m,* Sturheit *f*
caparra [ka'parra] *f* Anzahlung *f*
capeggiare [kaped'dʒaːre] *v* anführen
capello [ka'pello] *m* Haar *n;* ◆ *averne fin sopra i capelli (fig)* es satt haben; *tirare qd per i capelli* jdn zwingen; *non torcere un capello a qd* jdm kein Haar krümmen
capezzolo [ka'pettsolo] *m ANAT* Brustwarze *f*
capienza [ka'piɛntsa] *f* Aufnahmefähigkeit *f*

capire [ka'piːre] *v irr* verstehen
◆ *Si capisce!* Selbstverständlich!

capitale [kapi'taːle] *adj 1.* Kapital..., Haupt... *pena ~* Todesstrafe *f; peccato ~* Todsünde *f; cosa ~* Kernpunkt *m,* Wesentliches *n; f 2.* Hauptstadt *f; m 3. FIN* Kapital *n; ~ proprio* Eigenkapital *n; ~ sociale* Stammkapital *n; ~ d'investimento* Anlagekapital *n; ~ azionario* Aktienkapital *n*
capitalismo [kapita'lizmo] *m* Kapitalismus *m*
capitano [kapi'taːno] *m* Kapitän *m*
capitare [kapi'taːre] *v 1.* geraten; ◆ *capitare tra le mani di qd* in jds Händen fallen; *~ dentro* hineingeraten; *2. (succedere)* widerfahren, geschehen; *3. (arrivare per caso)* zufällig kommen
capitolo [ka'piːtolo] *m* Kapitel *n*

capo ['kaːpo] *m 1.* Haupt *n; 2. (dirigente, guida)* Chef(in) *m/f,* Führer(in) *m/f; 3. (di un popolo)* Anführer(in) *m/f; ~ dello stato* Staatsoberhaupt *n; 4. (di una tribù)* Häuptling *m; 5. GEO* Kap *n; 6. (inizio)* Anfang *m; 7. (punto) JUR* Punkt *m; ~ d'accusa* Anklagepunkt *m*
◆ *da capo* von vorn
da capo a fondo von Anfang bis Ende
andare a capo eine neue Zeile anfangen
non avere né capo né coda (fig) weder Hand noch Fuß haben
venire a capo di qc einer Sache auf den Grund kommen
non venire a capo di nulla zu keinem Schluss kommen
fare capo a qd (fam) sich an jdn wenden
mettere capo a partito Vernunft annehmen
per sommi capi in großen Zügen

capodanno [kapo'danno] *m* Neujahr *n*
capogiro [kapo'dʒiːro] *m MED* Schwindel *m*
capolavoro [kapola'voːro] *m* Meisterwerk *n*
capolinea [kapo'liːnea] *m* Endstation *f;* ◆ *Qual'è il capolinea?* Wie heißt die Endstation?
capoluogo [kapo'luɔːgo] *m* Hauptstadt *f; ~ di provincia* Provinzhauptstadt *f*

C

C

capoverso [kapo'vɛrso] *m* Absatz *m*
capovolgere [kapo'vɔldʒere] *v irr 1.* umdrehen; *2. (fig)* umkehren
capovolgersi [kapo'voldʒersi] *v* kentern
cappella [kap'pɛlla] *f REL* Kapelle *f*
cappellano [kappel'laːno] *m REL* Kaplan *m*
cappello [kap'pɛllo] *m* Hut *m; ~ a cilindro* Zylinder *m; ~ di paglia* Strohhut *m; ~ a cencio* Schlapphut *m*
cappero ['kappero] *m BOT* Kaper *f*
cappio ['kappio] *m 1.* Schlaufe *f; 2. (fiocco)* Schleife *f,* Schlinge *f*
cappotto [kap'pɔtto] *m* Mantel *m*
cappuccio [kap'puttʃo] *m 1.* Kapuze *f; 2. (penna)* Kappe *f*
capra ['kaːpra] *f ZOOL* Ziege *f*
capriccio [ka'prittʃo] *m* Flausen *pl;* ◆ *fare secondo capriccio* nach eigenem Gutdünken handeln
capricorno [kapri'cɔrno] *m ZOOL* Steinbock *m*
capriolo [kapri'ɔːlo] *m ZOOL* Reh *n*
capro ['kaːpro] *m 1.* Ziegenbock *m,* Bock *m; 2. ~ espiatorio* Sündenbock *m*
captare [kap'taːre] *v 1. (onde, raggi)* auffangen; *2. (intercettare)* abfangen
caraffa [ka'raffa] *f* Karaffe *f*
caramella [kara'mɛlla] *f* Bonbon *n*
carato [ka'raːto] *m* Karat *n*
carattere [ka'rattere] *m 1.* Charakter *m,* Merkmal *n;* ◆ *Non è nel suo carattere.* Es ist nicht seine Art. *2. (di scrittura)* Buchstabe *m*
caratteristica [karatte'ristika] *f 1.* Merkmal *n; 2. (proprietà)* Eigenschaft *f*
caratteristico [karatte'ristiko] *adj* bezeichnend, charakteristisch
caratterizzare [karatterid'dzaːre] *v* charakterisieren, kennzeichen
caravan ['kaːravan] *m* Wohnwagen *m*
carbone [kar'boːne] *m 1.* Kohle *f; 2. ~ di legna* Holzkohle *f*
carburante [karbu'rante] *m* Kraftstoff *m*
carburatore [karbura'toːre] *m* Vergaser *m*
carcassa [kar'kassa] *f (di animali)* Rumpf *m*
carcerato [kartʃe'raːto] *m* Gefangener *m*
carcere ['kartʃere] *m* Kerker *m*
carciofo [kar'tʃɔːfo] *m BOT* Artischocke *f*
cardinale [kardi'naːle] *adj 1.* wesentlich; *2. (principale)* Kardinal... *punti cardinali* Himmelsrichtungen *pl; numero ~* Kardinalzahl *f; m 3. REL* Kardinal *m*
cardine ['kardine] *m 1.* Türangel *f; 2. (fig)* Voraussetzung *f,* Ausgangspunkt *m*
cardiologia [kardiolo'dʒiːa] *f* Kardiologie *f*
cardiotonico [kardio'tɔːniko] *adj 1.* herzstärkend; *m 2.* Herzmittel *n*
carenza [ka'rɛntsa] *f 1.* Mangel *m; 2. ~ vitaminica* Vitaminmangel *m*
carestia [kares'tiːa] *f* Hungersnot *f*
carezza [ka'rettsa] *f* Liebkosung *f*
carezzare [karet'tsaːre] *v 1.* streicheln; *2. ~ qd (lusingare)* jdm schöntun
carica ['kaːrika] *f 1.* Amt *n,* Würde *f; 2. (in elettricità)* Ladung *f; 3. MIL* Attacke *f*
caricamento [karika'mento] *m 1.* Belastung *f; 2. (di merci)* Verladung *f*
caricare [kari'kaːre] *v 1.* aufladen; *2. (fig)* aufbürden, belasten; *3. (armi da fuoco)* laden; *4. (orologio)* aufziehen
caricatura [karika'tuːra] *f* Karikatur *f*
carico ['kaːriko] *adj 1.* beladen; *2. (fig) essere ~* geladen sein; *m 3.* Fracht *f; 4. (imposta)* Steuer *f; 5. (peso)* Last *f;* ◆ *a carico di qd* auf jds Kosten; *avere a carico qd* für jdn sorgen

carie ['ka:rie] *f MED* Karies *f*
carino [ka'ri:no] *adj* hübsch, niedlich
carità [kari'ta] *f* Nächstenliebe *f;* ◆ *chiedere la carità* betteln; *fare la carità* freigebig sein
caritatevole [karita'te:vole] *adj (pietoso)* gutherzig, gütig; *persona ~* Wohltäter *m; 2. (benefico)* gemeinnützig
carnagione [karna'dʒo:ne] *f* Teint *m; ~ delicata* sensible Haut *f*

> **carne** ['karne] *f* Fleisch *n; ~ tritata* Hackfleisch *n*
> ◆ *non essere né carne né pesce (fig)* weder Fisch noch Fleisch sein
> *mettere troppa carne al fuoco* zu viel auf einmal unternehmen
> *È lui in carne ed ossa.* Er ist es leibhaftig.
> ≠ *cane m* Hund

carnefice [kar'ne:fitʃe] *m* Henker *m*
carnevale [karne'va:le] *m* Fasching *m,* Karneval *m*
caro ['ka:ro] *adj 1.* lieb, wert; *2. (prezzo)* kostspielig, teuer; *m 3.* Lieber *m*
carosello [karo'zɛllo] *m* Karussell *n*
carota [ka'rɔ:ta] *f BOT* Karotte *f*
carpa ['karpa] *f ZOOL* Karpfen *m*
carpentiere [karpenti'ɛ:re] *m* Zimmermann *m*
carreggiata [karred'dʒa:ta] *f* Fahrbahn *f*
carrello [kar'rɛllo] *m 1.* Karren *m,* Wagen *m; ~ a forca* Gabelstapler *m; 2. (portabagagli)* Kofferkuli *m*
carriera [karri'ɛ:ra] *f* Karriere *f*
carriola [karri'ɔ:la] *f* Schubkarre *f*
carro ['karro] *m 1.* Waggon *m; 2. (vettura)* Wagen *m; ~ a rastrelliera* Leiterwagen *m; ~ funebre* Leichenwagen *m*
carrozza [kar'rɔttsa] *f 1.* Kutsche *f; 2. (vagone)* Waggon *m; ~ ristorante* Speisewagen *m; ~ diretta* Kurswagen *m*
carrozzeria [karrottse'ri:a] *f* Karosserie *f*
carrozzina [karrot'tsi:na] *f* Kinderwagen *m*

> **carta** ['karta] *f 1.* Papier *n; ~ carbone* Kohlepapier *n; ~ continua* Endlospapier *n; ~ igienica* Toilettenpapier *n; ~ da imballaggio* Packpapier *n; ~ da lettere* Briefpapier *n; ~ da parati* Tapete *f; 2. (al ristorante)* Speisekarte *f; ~ del giorno* Tageskarte *f; ~ da gioco* Spielkarte *f; ~ di credito* Kreditkarte *f; ~ geografica* Landkarte *f; ~ d'identità* Personalausweis *m; ~ d'imbarco* Bordkarte *f; ~ stradale* Straßenkarte *f;* ◆ *mangiare alla carta* nach der Speisekarte essen; *Gioca a carte?* Spielen Sie Karten?

cartamoneta [kartamo'ne:ta] *f* Papiergeld *n*
cartella [kar'tɛlla] *f 1.* Hefter *m; 2. (custodia)* Mappe *f; 3. (per la scuola)* Schulranzen *m,* Schultasche *f; 4. ~ clinica MED* Krankenbericht *m*
cartellino [kartel'li:no] *m* Etikett *n*
cartello [kar'tɛllo] *m 1.* Schild *n; ~ stradale* Verkehrsschild *n; 2. (insegna)* Firmenschild *n; 3. ECO* Kartell *n*
cartina [kar'ti:na] *f 1.* Landkarte *f; 2. (di una città)* Stadtplan *m*
cartolina [karto'li:na] *f* Ansichtskarte *f,* Karte *f; ~ postale* Postkarte *f*
cartone [kar'to:ne] *m 1.* Karton *m,* Pappe *f; 2. ~ ondulato* Wellpappe *f*
cartuccia [kar'tuttʃa] *f 1.* Patrone *f; 2. (dell'inchiostro)* Patrone *f; 3. ~ a salve* Platzpatrone *f*

C

casa ['ka:sa] *f* *1.* Haus *n*, Heim *n*; *senza ~* obdachlos; *~ paterna* Elternhaus *n*; *~ editrice* Verlag *m*; *~ per le vacanze* Ferienhaus *n*; *2. (pareti domestiche)* Heim *n*, Zuhause *n*; *a ~* zu Hause, nach Hause
◆ *abitare a casa del diavolo* am Ende der Welt wohnen
≠ *causa f* Ursache

casalinga [kasa'liŋga] *f* Hausfrau *f*
cascare [kas'ka:re] *v* fallen
cascata [kas'ka:ta] *f* Wasserfall *m*
casco ['kasko] *m* *1.* Helm *m*; *2. (dei motociclisti)* Sturzhelm *m*; *3. (per asciugare i capelli)* Trockenhaube *f*; *4. ~ di banane BOT* Bananenstaude *f*
caseario [kaze'a:rio] *adj prodotti casearii* Milch- und Molkereipodukte *pl*
caseggiato [kased'dʒa:to] *m* *1.* Wohnblock *m*; *2. (zona residenziale)* Wohnviertel *n*
caseificio [kazei'fi:tʃo] *m* Käserei *f*
casella [ka'sɛlla] *f* *1.* Fach *n*; *~ postale* Postfach *n*; *2. (campo)* Feld *n*; *3. (di una rubrica)* Kategorie *f*
casino [ka'si:no] *m* *1.* Lärm *m*; *2. (caos)* Wirrwarr *m*; *3. (volgare)* Bordell *n*
casinò [kazi'no] *m* Spielkasino *n*
caso ['ka:zo] *m* *1.* Fall *m*, Vorfall *m*; *nel migliore dei casi* bestenfalls; *nel peggiore dei casi* schlimmstenfalls; *a ~* aufs Geratewohl; *~ eccezionale* Ausnahmefall *m*; *~ limite* Grenzfall *m*; *in ogni ~* jedenfalls, sowieso; *in nessun ~* keinesfalls, auf keinen Fall; *~ mai* wenn; *2. (circostanza fortuita)* Zufall *m*; *per ~* *zufällig*; *3. (fato)* Los *n*, Vorsehung *f*; *4. (fatto precedente)* Vorfall *m*
cassa ['kassa] *f* *1.* Kasse *f*; *~ di risparmio* Sparkasse *f*; *~ del teatro* Theaterkasse *f*; *~ malattia* Krankenkasse *f*; *2. (contenitore)* Kiste *f*; *3. ~ da morto* Sarg *m*
cassaforte [kassa'forte] *f* Safe *m*
cassetta [kas'setta] *f* *1.* Kassette *f*; *2. (cassa)* Kasten *m*; *~ portautensili* Werkzeugkasten *m*; *~ di pronto soccorso* Verbandskasten *m*; *~ postale* Briefkasten *m*; *3. ~ di sicurezza* Schließfach *n* ◆ *Me lo chiuda dentro alla cassetta, per favore.* Schließen Sie das bitte in den Safe ein. *Dov'è il deposito bagagli a cassette?* Wo sind die Schließfächer?
cassetto [kas'setto] *m* *1.* Schublade *f*; *2. ~ segreto* Geheimfach *n*
cassettone [kasset'to:ne] *m* Kommode *f*
cassiere [kassi'ɛ:re] *m* Kassierer *m*
cassone [kas'so:ne] *m* Truhe *f*
castagna [kas'ta:ɲa] *f BOT* Esskastanie *f*
castano [kas'ta:no] *adj* kastanienbraun
castello [kas'tɛllo] *m* *1.* Schloss *n*; *2. (maniero)* Burg *f*; *~ feudale* Ritterburg *f*
castigare [kasti'ga:re] *v* *1.* bestrafen; *2. (corporalmente)* züchtigen
castrare [kas'tra:re] *v MED* kastrieren
casuale [kasu'a:le] *adj* zufällig
cataclisma [kata'klizma] *m* *1.* Sintflut *f*; *2. (inondazione)* Überschwemmung *f*; *3. (catastrofe)* Katastrophe *f*
catalogo [ka'ta:logo] *m* Katalog *m*, Verzeichnis *n*; *~ dell'esposizione* Austellungskatalog *m*
cataratta [kata'ratta] *f* *1.* Schleuse *f*; *2. (cascata)* Wasserfall *m*; *3. MED* Star *m*
catarro [ka'tarro] *m MED* Katarr *m*; *~ bronchiale* Bronchialkatarr *m*
catasta [ka'tasta] *f* Stapel *m*
catasto [ka'tasto] *m* Grundbuchregister *n*

catastrofe [ka'tastrofe] *f* Katastrophe *f*
catechismo [kate'kizmo] *m REL* Katechismus *m*
categoria [katego'riːa] *f* Klasse *f; di seconda ~* zweitrangig; *di prima ~* erstrangig; *~ di stipendio* Gehaltsgruppe *f*
catena [ka'teːna] *f 1.* Kette *f; 2. catene da neve pl* Schneeketten *pl*
catenaccio [kate'nattʃo] *m* Riegel *m*
catetere [kate'tɛːre] *m* Katheter *m*
catinella [kati'nɛlla] *f* ◆ *Piove a catinelle.* Es gießt in Strömen.
catino [ka'tiːno] *m* Schüssel *f*
catrame [ka'traːme] *m* Teer *m*
cattedra ['kattedra] *f* Lehrstuhl *m; ~ universitaria* Professur *f*
cattedrale [katte'draːle] *f* Kathedrale *f*
cattiveria [katti'vɛːria] *f* Bosheit *f*
cattivo [kat'tiːvo] *adj 1.* böse, gemein; *2. (maligno)* bösartig, boshaft; *3. (iniquo)* unrecht
cattolicesimo [kattoli'tʃeːzimo] *m REL* Katholizismus
cattolico [kat'tɔːliko] *m 1. REL* Katholik *m; adj 2. REL* katholisch; *~ romano* römisch-katholisch
cattura [kat'tuːra] *f* Verhaftung *f*
catturare [kattu'raːre] *v* fangen

causa ['kaːuza] *f 1.* Ursache *f; a ~ di* infolge, wegen, durch; *per ~ tua* deinetwegen; *~ di morte* Todesursache *f; 2. JUR* Sache *f; 3. (motivo)* Grund *m*
◆ *fare causa a qd* gegen jdn prozessieren ≠ *casa f* Haus

causare [kau'zaːre] *v 1.* verursachen; *2. (danni)* anrichten, bereiten; *3. (fig)* auslösen; *4. (fig: creare)* stiften; *5. (avere colpa)* verschulden, zufügen
cautela [kau'tɛːla] *f* Vorsicht *f*
cauto ['kaːuto] *adj* behutsam
cauzione [kautsi'oːne] *f* Pfand *n;* ◆ *Bisogna depositare una cauzione?* Muss man eine Kaution hinterlegen?
cava ['kaːva] *f* Bruch *m,* Grube *f; ~ di pietra* Steinbruch *m*
cavalcare [kaval'kaːre] *v* reiten
cavaliere [kava'liɛːre] *m 1.* Kavalier *m; 2. (chi va a cavallo)* Reiter *m; 3. HIST* Ritter *m; da ~* ritterlich; *4. (fig) ~ d'industria* Hochstapler *m*
cavalletto [kaval'letto] *m 1. SPORT* Bock *m; 2. (da pittore)* Staffelei *f*
cavallo [ka'vallo] *m 1. ZOOL* Pferd *n; ~ bianco* Schimmel *m; ~ baio* Brauner *m; ~ da corsa* Rennpferd *n; ~ a dondolo* Schaukelpferd *n;* ◆ *uscire a cavallo* ausreiten; *andare a cavallo* reiten; *2. ~ vapore TECH* Pferdestärke *f; 3. (fig) ~ di battaglia* Bravurstück *n*
cavalluccio [kaval'luttʃo] *m* Pferdchen *n; ~ marino ZOOL* Seepferdchen *n*
cavare [ka'vaːre] *v* herausnehmen
cavatappi [kava'tappi] *m* Korkenzieher *m*
caverna [ka'vɛrna] *f* Höhle *f*
cavia ['kaːvia] *f 1.* Versuchstier *n; 2. (fig)* Versuchsobjekt *n*
caviale [kavi'aːle] *m GAST* Kaviar *m*
cavità [kavi'ta] *f 1.* Hohlraum *m; 2. ~ orale ANAT* Rachen *m*
cavo ['kaːvo] *adj 1.* hohl; *m 2.* Seil *n; ~ da rimorchio* Abschleppseil *n; 3. TECH* Kabel *n; ~ d'accensione* Zündkabel *n*
cavoletto [kavo'letto] *m* Rosenkohl *m*
cavolfiore [kavolfi'oːre] *m* Blumenkohl *m*
cavolo ['kaːvolo] *m* Kohl *m; ~ rapa* Kohlrabi *m;* ◆ *(fam) Non capisci un cavolo.* Du verstehst überhaupt nichts. *(fam) Col cavolo!* Ich denke nicht daran!
cazzotto [kat'tsɔtto] *m* Fausthieb *m;* ◆ *fare a cazzotti* sich verprügeln

C

C

cece ['tʃeːtʃe] *m BOT* Kichererbse *f*
cecità [tʃetʃi'ta] *f* Blindheit *f*
Cecoslovacchia [tʃekoslo'vakkia] *f HIST* Tschechoslowakei *f*
cedere ['tʃɛːdere] *v irr 1.* nachgeben; *2. (fam)* schlappmachen; *3. (far posto, arrendersi)* weichen; *4. (fig)* nachgeben
cedibile [tʃe'diːbile] *adj* übertragbar
ceffone [tʃef'foːne] *m* Ohrfeige *f;* ◆ *dare un ceffone a qd* jdm eine Ohrfeige geben
celare [tʃe'laːre] *v 1.* verhüllen; *2. (tenere segreto)* verheimlichen
celarsi [tʃe'larsi] *v* sich verbergen
celebrare [tʃele'braːre] *v 1.* feiern, festlich begehen; *2. REL* abhalten
celebre ['tʃɛːlebre] *adj* berühmt
celebrità [tʃelebri'ta] *f* Berühmtheit *f*
celere ['tʃɛːlere] *adj 1.* schnell, geschwind; *2. treno ~* Schnellzug *m; f 3. (polizia)* Überfallkommando *n*
celerità [tʃeleri'ta] *f 1.* Geschwindigkeit *f; 2. (velocità)* Schnelligkeit *f*
celeste [tʃe'lɛste] *adj* hellblau
celibato [tʃeli'baːto] *m REL* Zölibat *n*
celibe ['tʃɛːlibe] *adj 1.* ledig; *m 2.* Junggeselle *m,* Lediger *m*
cella ['tʃɛlla] *f* Zelle *f; ~ di carcere* Gefängniszelle *f*
cellula ['tʃɛllula] *f BIO* Zelle *f*
cellulare [tʃellu'laːre] *adj 1.* Zellen... *m 2.* Gefängniswagen *m; 3. (telefono ~)* Handy *n*
cellulosa [tʃellu'loːsa] *f* Zellstoff *m*
cemento [tʃe'mento] *m* Zement *m*

> **cena** ['tʃeːna] *f 1.* Abendessen *n; 2. REL* Abendmahl *n*
> ◆ *Quando è ora di cena?* Wann gibt es Abendessen?

cenare [tʃe'naːre] *v* zu Abend essen
cencio ['tʃentʃo] *m* Lappen *m; ~ per spolverare* Staublappen *m*
cenere ['tʃeːnere] *f* Asche *f*
cenno ['tʃenno] *m* Wink *m;* ◆ *fare cenno* nicken
censimento [tʃensi'mento] *m* Zählung *f*
censura [tʃen'suːra] *f POL* Zensur *f*
censurare [tʃensu'raːre] *v POL* zensieren
centenario [tʃente'naːrio] *adj 1.* hundertjährig; *m 2.* Jahrhundertfeier *f*
centesimo [tʃen'tɛːzimo] *adj* hundertste(r,s)
centimetro [tʃen'tiːmetro] *m* Zentimeter *m*
cento ['tʃɛnto] *num* einhundert, hundert; *al ~ per ~* hundertprozentig
centrale [tʃen'traːle] *adj 1.* zentral, Mittel... *f 2.* Zentrale *f; ~ dei dati INFORM* Datenzentrale *f*
centralino [tʃentra'liːno] *m* Vermittlung *f*
centrare [tʃen'traːre] *v 1.* zentrieren; *2. (cogliere)* treffen; *3. (fig)* genau das Richtige sagen, ins Schwarze treffen
centrifugare [tʃentrifu'gaːre] *v* schleudern
centro ['tʃɛntro] *m 1.* Zentrum *n; ~ di gravità* Schwerpunkt *m; 2. (di una città)* Innenstadt *f; al ~* zentral; *3. (istituto)* Institut *n; ~ di ricerche* Forschungszentrum *n; ~ stampa* Pressezentrum *n; 4. SPORT* Treffer *m; ~ casuale* Zufallstreffer *m*
centrocittà [tʃentrotʃit'ta] *m* Stadtmitte *f*
cera ['tʃeːra] *f 1. (delle api)* Wachs *n; 2. (per pavimenti)* Bohnerwachs *n; dare la ~* wachsen
ceramica [tʃe'raːmika] *f* Keramik *f*

cercare [tʃer'kaːre] *v 1.* suchen; *2. ~ qd* nach jdm verlangen; *3. (nel libro)* nachschlagen; *4. (scegliere)* heraussuchen
◆ *cercare qc nel vocabolario* etw im Wörterbuch nachschlagen

cerchia ['tʃerkia] *f* Runde *f*
cerchio ['tʃerkio] *m* Kreis *m*
cereale [tʃere'aːle] *adj 1. BOT* Getreide... *m 2.* Getreide *n*
cerimonia [tʃeri'moːnia] *f* Zeremonie *f,* Akt *m; ~ nuziale* Hochzeitsfeier *f*
cerniera [tʃerni'ɛːra] *f 1. TECH* Scharnier *n; 2. (chiusura lampo)* Reißverschluss *m*
certamente [tʃerta'mente] *adv* gewiss, wohl
certezza [tʃer'tettsa] *f* Gewissheit *f*
certificare [tʃertifi'kaːre] *v* bescheinigen
certificato [tʃertifi'kaːto] *m* Zeugnis *n; ~ finale* Abschlusszeugnis *n; ~ di matrimonio* Heiratsurkunde *f; ~ di residenza* Wohnsitzbescheinigung *f; ~ di battesimo* Taufschein *m; ~ di debito* Schuldschein *m; ~ di vaccinazione* Impfschein *m; ~ di malattia* Krankenschein *m*
certo ['tʃɛrto] *adj 1.* gewiss, bestimmt; ◆ *avere per certo qc* etw mit Sicherheit wissen; *2. Certo!* Aber sicher doch!
cervello [tʃer'vɛllo] *m 1. ANAT* Gehirn *n; 2. (giudizio)* Verstand *m*
cervice [tʃer'viːtʃe] *f ANAT* Nacken *m; di dura ~* beharrlich, hartnäckig
cervo ['tʃɛrvo] *m ZOOL* Hirsch *m*
cesello [tʃe'zɛllo] *m* Meißel *m*
cesio ['tʃɛːzio] *m CHEM* Cäsium *n*
cespuglio [tʃes'puʎo] *m* Busch *m*
cessare [tʃes'saːre] *v* aufhören
cessazione [tʃessatsi'oːne] *f* Beendigung *f*
cessione [tʃessi'oːne] *f* Übertragung *f*
cesta ['tʃesta] *f* Korb *m*
cestino [tʃes'tiːno] *m* Körbchen *n*
cesto ['tʃɛsto] *m* Korb *m*
cetaceo [tʃe'taːtʃeo] *m ZOOL* Walfisch *m*
cetriolo [tʃetri'ɔːlo] *m BOT* Gurke *f; ~ sott'aceto* Essiggurke *f,* Gewürzgurke *f*
champagne [ʃam'paɲ] *m GAST* Champagner *m*
chance [ʃans] *f* Chance *f*
charme [ʃaʀm] *m* Anmut *f*

che [ke] *konj 1.* dass; *2. (affinchè)* damit; *di modo ~* damit; *3. (comparativo)* als; *pron 4. (rel)* der, die, das; die *(pl)*; den, die, das, die *(pl)*; was; *5. (interr)* was; *6. (indefinito)* etwas; *adj 7. (interr)* welche(r,s); *8. (esclamativo)* was für ein(e)
◆ *Che cosa?* Was?
Che ne dici? Was meinst du?
Che intenzioni hai? Was beabsichtigst du?

chemioterapia [kemiotera'piːa] *f MED* Chemotherapie *f*

chi [ki] *pron 1. (interj)* wer, wen; *a ~* wem; *di ~* von wem, wessen; *con ~* mit wem; *2. (rel)* der-/die-/dasjenige, welche(r,s); den-/die-/dasjenige, welche(n,s)
◆ *Si salvi chi può!* Rette sich, wer kann!

chiacchierone [kiakkie'roːne] *adj 1.* geschwätzig; *m 2.* Schwätzer *m*
chiamare [kia'maːre] *v 1.* rufen; ◆ *andare a chiamare qd* jdn holen; *chiamare con un cenno* winken; *chiamare in giudizio JUR* vorladen; *2. (col nome)* nennen, aufrufen; *3. JUR* hinzuziehen

C

C

chiamarsi [kia'marsi] *v* heißen, nennen; ◆ *Come si chiama?* Wie heißen Sie? *Mi chiamo ...* Ich heiße ... *Come si chiama questo?* Wie nennt man das?
chiamata [kia'maːta] *f 1.* Anruf *m,* Aufruf *m; 2. (invito)* Ruf *m; ~ d'emergenza* Notruf *m; ~ urbana* Ortsgespräch *n*
chiara ['kiaːra] *f GAST* Eiweiß *n*
chiarezza [kia'rettsa] *f 1.* Deutlichkeit *f,* Eindeutigkeit *f; 2. (di luce)* Helligkeit *f; 3. (di pensiero)* Klarheit *f*
chiarimento [kiari'mento] *m 1.* Klärung *f; 2. (spiegazione)* Erklärung *f*
chiarire [kia'riːre] *v* aufklären, klären
chiarirsi [kia'rirsi] *v 1.* sich aufhellen; *2. ~ di qc* sich über etw klar werden
chiaro ['kiaːro] *adj 1.* deutlich; *poco ~* unklar; ◆ *Tutto chiaro?* Ist alles in Ordnung? *2. (evidente)* klar; *3. (luce)* hell; *m 4. ~ di luna* Mondschein *m*
chiarore [kia'roːre] *m* Schimmer *m*
chiasso ['kiasso] *m 1.* Krach *m,* Lärm *m;* ◆ *fare chiasso* randalieren; *2. (clamore)* Aufsehen *n*

> **chiave** ['kiaːve] *f 1.* Schlüssel *m; ~ falsa* Nachschlüssel *m; ~ della porta* Türschlüssel *m; 2. MUS* Notenschlüssel *m; 3. (fig)* Schlüssel *m*
> ◆ *chiudere a chiave* absperren/zusperren
> *tenere qc sotto chiave* etw unter Verschluss halten

chiavetta [kia'vetta] *f* Schlüsselchen *n; ~ d'accensione* Zündschlüssel *m*
chiavistello [kiavis'tɛllo] *m* Türriegel *m*
chiazza ['kiattsa] *f* Fleck *m; ~ di sangue* Blutfleck *m*
chic [ʃik] *adj* schick, flott
chicca ['kikka] *f* Bonbon *n*
chicchessia [kikkes'siːa] *pron* wer auch immer
chicco ['kikko] *m 1.* Korn *n; ~ di grano* Getreidekorn *n; 2. ~ d'uva* Traube *f; 3. ~ di caffè* Kaffeebohne *f*

> **chiedere** [ki'ɛːdere] *v irr 1.* fragen; *2.* bitten um; *3. (domandare, ri~)* fordern
> ◆ *chiedere informazioni* sich erkundigen
> *chiedere scusa* um Entschuldigung bitten
> ≠ *chiudere v irr* einschließen

chiesa ['kiɛːza] *f* Kirche *f*
chilogrammo [kilo'grammo] *m* Kilogramm *n*
chilometro [ki'lɔːmetro] *m* Kilometer *m*
chilowatt ['kiːlowatt] *m* Kilowatt *n*
chimica ['kiːmika] *f* Chemie *f*
chimico ['kiːmiko] *adj 1.* chemisch; *m 2.* Chemiker *m*
chinarsi [ki'narsi] *v* sich bücken
chiocciola [ki'ɔttʃola] *f 1. ZOOL* Schnecke *f; 2. scala a ~* Wendeltreppe *f*
chiodo ['kiɔːdo] *m TECH* Nagel *m*
chioma ['kiɔːma] *f 1. BOT* Baumkrone *f; 2. BIO* Kopfhaar *n*
chiosco ['kiɔsko] *m* Kiosk *m,* Laube *f*
chiostro ['kiɔstro] *m 1. ARCH* Kreuzgang *m; 2. (convento)* Kloster *n*
chip [tʃɪp] *m INFORM* Chip *m*
chirurgia [kirur'dʒiːa] *f* Chirurgie *f*
chirurgo [ki'rurgo] *m* Chirurg *m*
chissà [kis'sa] *adv* wer weiß, eventuell
chitarra [ki'tarra] *f MUS* Gitarre *f*

> **chiudere** ['kiuːdere] *v irr 1. (a chiave)* einschließen, zuschließen; *2. (rac~)* einschließen; *3. (negozio)* schließen; *4. (rubinetto)* zudrehen

◆ *chiudere a catenaccio* verriegeln
Mi sono chiuso fuori dalla mia camera. Ich habe mich aus meinem Zimmer ausgeschlossen.
Quando chiude? Wann schließen Sie?
≠ *chiedere v irr* fragen

chiunque [ki'uŋkue] *pron 1.* wer auch immer; *2. (ognuno)* jeder; ◆ *Lo può fare chiunque.* Jeder ist dazu in der Lage.
chiusa ['kiuːsa] *f 1.* Schlussformel *f; 2. (diga)* Schleuse *f; 3. (argine)* Damm *m*
chiuso ['kiuːso] *adj 1.* geschlossen, abgesperrt; *tenere ~* zuhalten; *2. cielo ~* bedeckter Himmel *m; 3. (fig)* unzugänglich; *uomo ~* undurchschaubarer Mensch *m*
chiusura [kiu'suːra] *f 1. (il chiudere)* Abschließen *n; ~ a catenaccio* Verriegelung *f; 2. (il bloccare)* Schließung *f; ~ centralizzata* Zentralverriegelung *f; 3. ~ lampo* Reißverschluss *m*
choc [ʃɔk] *m* Schock *m*
ci [tʃi] *adv 1.* daran, hier; *pron 2.* uns
ciabatta [tʃa'batta] *f* Hausschuh *m*
cialda ['tʃalda] *f GAST* Waffel *f*
ciambella [tʃam'bɛlla] *f 1. (dolce) GAST* Kringel *m; 2. (salata) GAST* Brezel *f; 3. (per nuotare) SPORT* Schwimmreifen *m*
ciancia ['tʃantʃa] *f 1.* Gerede *n; 2. (nonsenso)* Unsinn *m*
ciao ['tʃaːo] *interj 1.* tschüss, ade; *2. (incontrandosi)* grüß Gott, hallo
ciarpame [tʃar'paːme] *m (fig)* Kram *m,* Gerümpel *n*
ciascuno [tʃas'kuːno] *adj/pron 1. (soggetto)* jede(r,s); *2. (oggetto diretto)* jede(n,s); *3. (oggetto indiretto)* jeder, jedem; ◆ *A ciascuno il suo.* Jedem das Seine.
cibare [tʃi'baːre] *v 1.* nähren, ernähren; *2. (animali)* füttern
cibernetico [tʃiber'nɛːtiko] *adj* kybernetisch; *era cibernetica* Cyber-Ära *f*
cibo ['tʃiːbo] *m 1.* Speise *f,* Essen *n; ora del ~* Essenszeit *f; ~ preferito* Lieblingsspeise *f; 2. (nutrimento)* Nahrung *f; 3. (delle bestie)* Futter *n*
cicala [tʃi'kaːla] *f 1. Zikade f; 2. (fig)* Schwafler *m*
cicca ['tʃikka] *f* Zigarettenstummel *m;* ◆ *non valere una cicca* keinen Pfifferling wert sein
ciclismo [tʃi'klizmo] *m* Radsport *m*
ciclista [tʃi'klista] *m/f* Radfahrer(in) *m/f*
ciclo ['tʃiːklo] *m* Zyklus *m*
cicogna [tʃi'koːɲa] *f ZOOL* Storch *m*
cieco ['tʃɛːko] *adj 1.* blind; *m 2.* Blinder *m*
cielo ['tʃɛːlo] *m* Himmel *m,* Firmament *n*

◆ *essere al settimo cielo* im siebten Himmel sein
≠ *gelo m* Frost

cifra ['tʃiːfra] *f 1.* Ziffer *f; di più cifre* mehrstellig; *2. (di un annuncio)* Chiffre *f; 3. (somma)* Summe *f; 4. (l'ammontare)* Betrag *m; ~ d'affari ECO* Umsatz *m*
cifrare [tʃi'fraːre] *v* verschlüsseln
ciglio ['tʃiʎo] *m 1.* Wimper *f; 2. (della strada)* Bordstein *m; 3. (orlo)* Kante *f*
cigno ['tʃiɲo] *m ZOOL* Schwan *m*
Cile ['tʃiːle] *m GEO* Chile *n*
ciliegia [tʃili'ɛːdʒa] *f BOT* Kirsche *f*
cilindro [tʃi'lindro] *m 1. (cappello)* Zylinder *m; 2. TECH* Zylinder *m*
cima ['tʃiːma] *f 1.* Gipfel *m,* Spitze *f; 2. (vetta)* Bergspitze *f; 3. da ~ a fondo* von oben bis unten
cimentarsi [tʃimen'tarsi] *v* sich versuchen
cimice ['tʃiːmitʃe] *f ZOOL* Wanze *f*
ciminiera [tʃimini'ɛːra] *f* Kamin *m*

C

cimitero [tʃimi'tɛːro] *m* Friedhof *m*
Cina ['tʃiːna] *f GEO* China *n*
cinema ['tʃiːnema] *m CINE* Kino *n*
cinepresa [tʃine'preːsa] *f* Filmkamera *f*
cinese [tʃi'neːse] *adj 1.* chinesich; *m/f 2.* Chinese/Chinesin *m/f*
cingere ['tʃindʒere] *v irr 1.* einfassen; *2. (con le braccia)* umarmen
cinghia ['tʃiŋgia] *f* Gurt *m,* Riemen *m*
cinghiale [tʃiŋ'giaːle] *m ZOOL* Wildschwein *n*
cinguettare [tʃiŋguet'taːre] *v* zwitschern
cinico ['tʃiːniko] *adj* zynisch
cinquanta [tʃiŋ'kuanta] *num* fünfzig
cinquantesimo [tʃiŋkuan'tɛːzimo] *adj* fünfzigste(r,s)
cinque ['tʃiŋkue] *num* fünf
cintura [tʃin'tuːra] *f* Gürtel *m*
cinturino [tʃintu'riːno] *m* Band *n; ~ dell'orologio* Uhrarmband *n*
ciò [tʃɔ] *pron 1.* dies, das; *da ~* daraus; *a ~* herzu; *oltre a ~* außerdem, darüber hinaus; *~ nonostante* nichtsdestotrotz; *2. ~ che* was
cioccolata [tʃokko'laːta] *f* Schokolade *f; una ~ calda* eine heiße Schokolade *f*
cioccolatino [tʃokkola'tiːno] *m* Praline *f*
cioè [tʃo'ɛ] das heißt, und zwar
ciondolo ['tʃondolo] *m* Schmuckanhänger *m*
ciotola ['tʃɔːtola] *f* Schüssel *f*
ciottolo ['tʃɔttolo] *m* Kieselstein *m*
cipolla [tʃi'polla] *f* Zwiebel *m*
cipria ['tʃiːpria] *f* Puder *m*
circa ['tʃirka] *adv 1.* etwa, ungefähr; *adj 2.* rund; *prep 3.* in Bezug auf
circo ['tʃirko] *m* Zirkus *m*
circolare [tʃirko'laːre] *v 1.* kursieren, umgehen; *2. (mezzi di trasporto)* fahren; *f 3.* Rundschreiben *n; 4. (linea del tram)* Ringbahn *f; adj 5.* kreisförmig, rund
circolazione [tʃirkolatsi'oːne] *f 1.* Verkehr *m; ~ rotatoria* Kreisverkehr *m; norme di ~* Verkehrsregeln *pl; 2. (rotazione)* Umlauf *m;* ◆ *mettere in circolazione* in Umlauf bringen; *togliere dalla circolazione* aus dem Verkehr ziehen; *3. ECO* Zirkulation *f; ~ delle merci* Warenverkehr *m; 4. MED* Kreislauf *m*
circolo ['tʃirkolo] *m 1.* Kreis *m; ~ polare GEO* Polarkreis *m; 2. (di società)* Runde *f,* Zirkel *m; ~ sportivo* Sportverein *m; 3. (sede di un club)* Klubhaus *n*
circondare [tʃirkon'daːre] *v* umgeben
circonferenza [tʃirkonfe'rɛntsa] *f* Ausmaß *n,* Umfang *m*
circoscrizione [tʃirkoskritsi'oːne] *f 1.* Bezirk *m; 2. (delimitazione)* Umschreibung *f*
circostanza [tʃirkos'tantsa] *f 1.* Fall *m,* Umstand *m; ~ concomitante* Begleitumstand *m*
circuito [tʃir'kuːito] *m 1.* Umfang *m; 2. (rete)* Netz *n; 3. SPORT* Rennbahn *f; 4. ~ elettrico* Stromkreis *m; corto ~* Kurzschluss *m; 5. ~ economico* Wirtschaftskreislauf *m*
cisterna [tʃis'tɛrna] *f* Zisterne *f*
cisti ['tʃisti] *f MED* Zyste *f*
citare [tʃi'taːre] *v 1.* anführen, zitieren; *2. (in giudizio) JUR* laden
citazione [tʃitatsi'oːne] *f 1.* Zitat *n; 2. JUR* Ladung *f*
citofono [tʃi'tɔːfono] *m* Sprechanlage *f*

città [tʃit'ta] *f* Stadt *f; ~ portuale* Hafenstadt *f; ~ satellite* Trabantenstadt *f*
◆ *Roma, città eterna* Rom, die ewige Stadt
! *Plural: città*

cittadinanza [tʃittadiˈnantsa] *f* Staatsangehörigkeit *f; dare la ~* einbürgern
cittadino [tʃittaˈdiːno] *adj 1.* städtisch; *m 2.* Bürger *m,* Staatsbürger *m; ~ onorario* Ehrenbürger *m;* ◆ *Cittadini!* Liebe Mitbürger! *3. (di nazionalità)* Staatsangehöriger *m*
ciuffo [ˈtʃuffo] *m 1. (di capelli)* Haarbüschel *n; 2. BOT* Grasbüschel *n*
civettare [tʃivetˈtaːre] *v* kokettieren
civico [ˈtʃiːviko] *adj* bürgerlich, Bürger... *palazzo ~* Rathaus *n; museo ~* Stadtmuseum *n; senso ~* Gemeinsinn *m*
civile [tʃiˈviːle] *adj 1.* zivil, zivilisiert; *2. (civico)* bürgerlich; *codice ~* bürgerliches Gesetzbuch *n; guerra ~* Bürgerkrieg *m; 3. (educato)* diszipliniert
civilizzazione [tʃiviliddzatsiˈoːne] *f 1.* Zivilisation *f; 2. (garbo)* gute Manieren *pl*
civiltà [tʃivilˈta] *f* Zivilisation *f*
clacson [ˈklakson] *m* Hupe *f*
clan [klan] *m* Clan *m*
clandestino [klandesˈtiːno] *adj* heimlich, Geheim... *passeggero ~* blinder Passagier *m*
classe [ˈklasse] *f 1.* Klasse *f; di prima ~* erstklassig; *~ d'età* Altersklasse *f; ~ turistica* Touristenklasse *f; 2. (nella società)* Klasse *f; 3. (a scuola)* Klasse *f*
classicismo [klassiˈtʃizmo] *m 1.* Klassizismus *m; 2. (età classica)* Klassik *f*
classico [ˈklassiko] *adj 1.* klassisch; *m 2. (persona, opera)* Klassiker *m*
clausola [ˈklaːuzola] *f JUR* Klausel *f*
clausura [klauˈzuːra] *f REL* Klausur *f*
clemente [kleˈmɛnte] *adj 1. (mite)* sanft; *2. (indulgente)* geduldig
clero [ˈklɛːro] *m REL* Klerus *m*
clessidra [klesˈsiːdra] *f* Sanduhr *f*
cliché [kliˈʃe] *m* Klischee *n*
cliente [kliˈɛnte] *m/f* Kunde/Kundin *m/f; ~ abituale* Stammkunde/Stammkundin *m/f; ~ bancario* Bankkunde *m*
clientela [klienˈtɛːla] *f* Kundschaft *f; ~ di passaggio ECO* Laufkundschaft *f*
clima [ˈkliːma] *m* Klima *n*
climatico [kliˈmaːtiko] *adj* klimatisch
clinica [ˈkliːnika] *f* Klinik *f; ~ universitaria* Universitätsklinik *f; ~ neurologica* Nervenheilanstalt *f*
cloro [ˈklɔːro] *m CHEM* Chlor *n*
clou [klu] *m* Clou *m,* Höhepunkt *m*
clown [klaʊn] *m* Clown *m*
club [klub] *m* Klub *m*
coabitante [koabiˈtante] *m/f* Mitbewohner(in) *m/f*
coabitazione [koabitatsiˈoːne] *f 1. (l'abitare insieme a qd)* Zusammenwohnen *n; 2. (l'abitazione in comune a qd)* Wohngemeinschaft *f*
cocaina [kokaˈiːna] *f* Kokain *n*
cocchiere [kokkiˈɛːre] *m* Kutscher *m*
coccige [ˈkɔttʃidʒe] *m ANAT* Steißbein *n*
coccinella [kottʃiˈnɛlla] *f* Marienkäfer *m*
coccio [ˈkɔttʃo] *m* Scherbe *f*
cocciuto [kotˈtʃuːto] *adj* starrköpfig
coccodrillo [kokkoˈdrillo] *m* Krokodil *n*
coccola [ˈkɔkkola] *f BOT* Beere *f*
coccolare [kokkoˈlaːre] *v* verhätscheln
cocente [koˈtʃɛnte] *adj 1.* brühheiß; *2. (fig)* brennend; *3. (fig: caustico)* ätzend
cocktail [ˈkɔkteɪl] *m* Cocktail *m*
cocomero [koˈkoːmero] *m BOT* Wassermelone *f*

coda [ˈkoːda] *f 1.* Schwanz *m; 2. (fila)* Schlange *f*
◆ *fare la coda* Schlange stehen

C

codardo [ko'dardo] *adj 1.* feige; *m 2.* Feigling *m*
codesto [ko'desto] *adj/pron* dieser
codice ['kɔːditʃe] *m 1. INFORM* Code *m; 2. JUR* Gesetzbuch *n; ~ civile* Bürgerliches Gesetzbuch *n; ~ di avviamento postale* Postleitzahl *f*
coercizione [koertʃitsi'oːne] *m* Zwang *m*
coetaneo [koe'taːneo] *adj 1.* gleichen Alters, im gleichen Alter; *m 2.* Gleichaltriger *m*
cofanetto [kofa'netto] *m 1.* Kassette *f,* Schatulle *f; 2. (scatola)* Kästchen *n*
cofano ['kɔːfano] *m* Motorhaube *f*
cogliere ['kɔːʎere] *v irr 1.* abpflücken; *2.* ◆ *cogliere di sorpresa (fig)* überrumpeln; *3. (afferrare)* verstehen
cognato [ko'ɲaːto] *m* Schwager *m*
cognizione [koɲitsi'oːne] *f* Erkenntnis *f; ~ preliminare* Vorkenntnisse *pl*
cognome [ko'ɲoːme] *m* Nachname *m*
coincidenza [kointʃi'dɛntsa] *f 1.* Anschluss *m; ~ dei treni* Zuganschluss *m; ~ di aereo* Anschlussflug *m; 2. (evento simultaneo)* Zusammenfall *m; 3. (caso)* Zufall *m*
coincidere [koin'tʃiːdere] *v irr* zusammenfallen
coinvolgere [koin'vɔldʒere] *v irr* hineinziehen
coito ['kɔːito] *m* Beischlaf *m*
colare [ko'laːre] *v 1. (liquidi)* seihen; *2. (solidi)* sieben; *3. (metalli)* gießen; *4. ~ a picco* versenken, versinken
colazione [kolatsi'oːne] *f* Frühstück *n; fare ~* frühstücken; ◆ *C'è un buffet per la prima colazione?* Gibt es ein Frühstücksbuffet?
coleottero [kole'ɔttero] *m* Käfer *m*
colera [ko'lɛːra] *m MED* Cholera *f*
colesterolo [koleste'rɔːlo] *m* Cholesterin *n*
colica ['kɔːlika] *f MED* Kolik *f*
colino [ko'liːno] *m* Sieb *n*
colla ['kɔlla] *f* Klebstoff *m,* Leim *m*
collaborare [kollabo'raːre] *v* mitarbeiten
collaborazione [kollaboratsi'oːne] *f* Mitarbeit *f*
collana [kol'laːna] *f* Halskette *f*
collant [kɔ'lɑ̃] *m/pl* Strumpfhose *f*
collante [kol'lante] *m* Klebstoff *m*
collare [kol'laːre] *m* Halsband *n*
collasso [kol'lasso] *m MED* Kollaps *m*
collaterale [kollate'raːle] *adj* Neben... *effetti collaterali* Nebenwirkungen *pl*
collaudatore [kollauda'toːre] *m 1.* Kontrolleur *m; 2. (aereo)* Testpilot *m*
colle ['kɔlle] *m* Anhöhe *f,* Hügel *m*
collega [kol'lɛːga] *m/f 1.* Kollege/Kollegin *m/f; 2. (studente universitario)* Kommilitone/Kommilitonin *m/f*
collegamento [kollega'mento] *m 1.* Anschluss *m; ~ alla rete* Netzanschluss *m; 2. (comunicazione)* Verbindung *f; ~ aereo* Flugverbindung *f; ~ via satellite* Satellitenübertragung *f;* ◆ *C'è un collegamento diretto?* Gibt es eine direkte Verbindung?
collegare [kolle'gaːre] *v 1.* verbinden; *2. TECH* anschließen; *~ a terra* erden
collegarsi [kolle'garsi] *v* sich in Verbindung setzen
collegio [kol'lɛːdʒo] *m 1.* Internat *n; 2. (persone con lo stesso titolo)* Kollegium *n,* Körperschaft *f; 3. ~ elettorale POL* Wahlkreis *m*
collera ['kɔllera] *f* Zorn *m*
collerico [kol'lɛːriko] *m 1.* Choleriker *m; adj 2.* cholerisch, jähzornig
colletta [kol'lɛtta] *f REL* Kollekte *f*

collettività [kolletivi'ta] *f* Gemeinschaft *f; ~ religiosa* religiöse Gemeinschaft *f*
collettivo [kollet'tiːvo] *adj 1.* kollektiv; *m 2.* Kollektiv *n*
colletto [kol'letto] *m* Kragen *m*
collezionare [kolletsio'naːre] *v* sammeln
collezione [kolletsi'oːne] *f* Sammlung *f; ~ di monete* Münzsammlung *f*
collezionista [kolletsio'nista] *m/f* Sammler(in) *m/f*
collina [kol'liːna] *f* Hügel *m*
collisione [kollizi'oːne] *f 1.* Zusammenstoß *m; ~ frontale* Frontalzusammenstoß *m; 2. (contrasto)* Widerstreit *m*
collo ['kɔllo] *m 1. ANAT* Hals *m; a rotta di ~ (fig)* halsbrecherisch; *~ della bottiglia* Flaschenhals *m;* ◆ *E' indebitato fino al collo.* Er steckt bis über die Ohren in Schulden. *2. (della giacca)* Kragen *m; ~ alto* Rollkragen *m*
collocamento [kolloka'mento] *m 1. ufficio di ~* Arbeitsamt *n; 2. (di ospiti)* Beherbergung *f; 3. (investimento) FIN* Geldanlage *f,* Investition *f*
collocare [kollo'kaːre] *v 1.* platzieren, setzen; *2. (mano d'opera)* eine Stelle verschaffen; *3. (degli impiegati)* anstellen; *4. ~ a riposo* pensionieren
colloquio [kol'lɔːkuio] *m* Gespräch *f,* Unterredung *f*
colmo ['kolmo] *adj 1.* voll, randvoll; *m 2.* Gipfel *m,* Spitze *f*
colomba [ko'lomba] *f ZOOL* Taube *f*
colonia [ko'lɔːnia] *f* Siedlung *f*
colonialismo [kolonia'lizmo] *m POL* Kolonialismus *m*
colonizzazione [koloniddzatsi'oːne] *f* Besiedlung *f*
colonna [ko'lonna] *f 1.* Säule *f; ~ delle affissioni* Litfaßsäule *f; ~ vertebrale ANAT* Wirbelsäule *f; 2. (di giornale)* Kolumne *f,* Spalte *f; ~ dei pettegolezzi* Klatschspalte *f; 3. MIL* Kolonne *f*
colono [ko'lɔːno] *m 1.* Pächter *m; 2. (contadino)* Landwirt *m,* Bauer *m*
colorante [kolo'rante] *m* Farbstoff *m*
colorare [kolo'raːre] *v 1.* färben; *2. (tingere)* tönen; *3. (cartolina)* kolorieren
colorato [kolo'raːto] *adj* bunt

C

> **colore** [ko'loːre] *m* Farbe *f; dai colori vivaci* farbenfreudig; *di altro ~* andersfarbig; *di ~ naturale* naturfarben
> ◆ *Ce l'ha anche in altri colori?* Haben Sie das auch in anderen Farben?

coloro [ko'loːro] *pron* diejenigen
colossale [kolos'saːle] *adj* kolossal
colosso [ko'lɔsso] *m* Riese *m*
colpa ['kolpa] *f 1.* Schuld *f;* ◆ *dare la colpa a qd* jdm die Schuld geben; *2. JUR* Fahrlässigkeit *f; 3. REL* Sünde *f*
colpevole [kol'peːvole] *adj 1.* schuldig; *m/f 2.* Täter(in) *m/f*
colpire [kol'piːre] *v 1.* treffen; *2. (fig)* peitschen; *3. (battere)* schlagen
colpito ['kolpito] *adj 1.* betroffen; *m 2.* Leidtragender *m*

> **colpo** ['kolpo] *m 1.* Schlag *m; di ~* kurzerhand, schlagartig; *~ di calore* Hitzschlag *m; ~ apoplettico MED* Schlaganfall *m; 2. (tiro)* Streich *m; ~ di mano* Handstreich *m; ~ di telefono* Telefonanruf *m; 3. (urto)* Stoß *m; 4. ~ di sole MED* Sonnenstich *m; 5. ~ di fortuna* Glücksfall *m; 6. ~ di vento* Windböe *f; 7. ~ di stato POL* Staatsstreich *m; ~ di stato militare* Militärputsch *m; 8. ~ andato a segno* Treffer *m; 9. bel ~ d'occhio* Augenweide *f*
> ◆ *Dammi un colpo di telefono!* Ruf mich an!
> ≠ *colpa f* Schuld

C

colposo [kol'poːso] *adj JUR* fahrlässig
coltello [kol'tɛllo] *m* Messer *n;* ~ *a serramanico* Klappmesser *n*
coltivare [kolti'vaːre] *v 1. (prodotti)* anbauen; *2. (campo)* bestellen, bewirtschaften; *3. (piante ornamentali)* züchten
coltivatore [koltiva'toːre] *m 1.* Landwirt *m; 2. (di piante ornamentali)* Züchter *m*
coltivazione [koltivatsi'oːne] *f 1.* Anbau *m,* Anpflanzung *f; 2. (di piante ornamentali)* Zucht *f; 3. BIO* Kultur *f*
colto ['kolto] *adj 1.* gebildet; *2. (raffinato)* kultiviert
coltura [kol'tuːra] *f BIO* Kultur *f*
colui [ko'luːi] *pron* derjenige
comandamento [komanda'mento] *m REL* Gebot *n*
comandante [koman'dante] *m* Kapitän *m*
comandare [koman'daːre] *v 1. (un gruppo)* anführen; *2. (una macchina)* steuern, bedienen; *3. INFORM* steuern
comando [ko'mando] *m 1.* Befehl *m,* Kommando *n; 2. (regolazione)* Steuerung *f; 3. TECH* Bedienung *f*
combattente [kombat'tɛnte] *m/f* Kämpfer(in) *m/f*
combattere [kom'battere] *v 1.* kämpfen, bekämpfen; *2.* ~ *di scherma SPORT* fechten
combattimento [kombatti'mento] *m* Kampf *m*
combattuto [kombat'tuːto] *adj 1.* gequält, geplagt; *2. (ostacolato)* schwierig; *3. (esitante)* zögerlich; *4. (dibattuto)* umstritten
combinare [kombi'naːre] *v 1.* kombinieren, zusammenstellen; *2. (fig)* anrichten, anstellen; *3.* ~ *qc* etw anstellen
combinarsi [kombi'narsi] *v* zusammenpassen
combinazione [kombinatsi'oːne] *f 1.* Zusammensetzung *f; 2. (di vestiti)* Kombination *f; 3. (fig: caso)* Zufall *m*
combustibile [kombus'tiːbile] *adj 1.* brennbar; *m 2.* Brennstoff *m*
combustione [kombusti'oːne] *f TECH* Verbrennung *f*

come ['koːme] *adv 1.* wie, wodurch; *2. (paragone)* wie; ~ *d'accordo* wie vereinbart; *3. (in funzione di)* als; *giocare* ~ *portiere* als Torwart spielen; *konj 4. (interrogativo)* wie, in welcher Weise; *5.* ~ *se* wie wenn, als ob; *6. (appena)* als; *interj 7.* wie
◆ *Come stai?* Wie geht es dir?
Come mai? Warum?/Wieso?

comicità [komitʃi'ta] *f* Komik *f;* ~ *della situazione* Situationskomik *f*
comico ['kɔːmiko] *adj 1.* komisch; *m 2. (comicità)* Komik *f; 3. (persona)* Komiker *m*
comics ['komɪks] *m/pl* Comics *pl*

cominciare [komin'tʃaːre] *v 1.* beginnen, anfangen; *2.* ~ *a tagliare* anschneiden; *3. (fig)* anbrechen
◆ *cominciare a fare qc* anfangen, etw zu tun
La lezione comincia alle otto. Der Unterricht beginnt um acht Uhr.

comitato [komi'taːto] *m* Beirat *m*
comitiva [komi'tiːva] *f* Gesellschaft *f*
comizio [ko'miːtsio] *m 1.* Versammlung *f;* ◆ *fare un comizio* eine Rede halten; *2.* ~ *di protesta* Protestkundgebung *f*
comma ['kɔmma] *m 1.* Abschnitt *m; 2. JUR* Paragraph *m*
commedia [kom'mɛːdia] *f 1. THEAT* Komödie *f; 2. (fig)* Theater *n;* ◆ *fare una commedia* Theater spielen

commediante [kommedi'ante] *m/f* Komödiant(in) *m/f*
commemorazione [kommemoratsi'oːne] *f* Gedächtnisfeier *f*
commentare [kommen'taːre] *v* kommentieren
commentatore [kommenta'toːre] *m* Kommentator *m*
commento [kom'mento] *m 1.* Kommentar *m; 2. (in un giornale)* Glosse *f*
commerciale [kommer'tʃaːle] *adj* kaufmännisch; *direttore ~* Geschäftsführer *m; impresa ~* Handelsunternehmen *n*
commerciante [kommer'tʃante] *m/f* Händler(in) *m/f,* Kaufmann/Kauffrau *m/f; ~ all'ingrosso* Großhandelsunternehmer(in) *m/f; ~ al minuto* Einzelhändler(in) *m/f*
commercio [kom'mɛrtʃo] *m 1. ECO* Gewerbe *n,* Handel *m; ~ estero* Außenhandel *m; 2. ~ d'esportazione ECO* Exportwirtschaft *f*
commessa [kom'messa] *f 1. ECO* Bestellung *f,* Auftrag *f; 2. (venditrice)* Verkäuferin *f*
commesso [kom'messo] *m 1.* Verkäufer *m; 2. (impiegato)* Angestellter *m; ~ viaggiatore* Handelsvertreter *m; 3. (apprendista)* Lehrling *m*
commestibile [kommes'tiːbile] *adj* essbar
commettere [kom'mettere] *v irr 1.* begehen; ◆ *commettere un delitto* ein Verbrechen begehen; *2. ~ adulterio (fig)* fremdgehen
commiserare [kommize'raːre] *v* bemitleiden
commissariato [kommissari'aːto] *m* Polizeirevier *n*
commissario [kommis'saːrio] *m 1.* Kommissar *m; 2. POL* Ausschussmitglied *n*
commissionare [kommissio'naːre] *v* bestellen
commissione [kommissi'oːne] *f 1.* Ausschuss *m; ~ esaminatrice* Prüfungsausschuss *m; ~ parlamentare* Parlamentsausschuss *m; 2. ~ interna* Betriebsrat *m; 3. (provvigione)* Provision *f*
committente [kommit'tɛnte] *m/f 1. ECO* Auftraggeber(in) *m/f; m 2. ~ della costruzione* Bauherr *m*
commosso [kom'mɔsso] *adj* gerührt
commovente [kommo'vɛnte] *adj 1.* rührend; *2. (fig)* ergreifend
commozione [kommotsi'oːne] *f 1.* Rührung *f; 2. ~ cerebrale MED* Gehirnerschütterung *f*
commuovere [kommu'ɔːvere] *v (fig)* berühren
commutare [kommu'taːre] *v TECH* umschalten
comò [ko'mo] *m* Kommode *f*
comodino [komo'diːno] *m* Nachttisch *m*
comodità [komodi'ta] *f* Bequemlichkeit *f*
comodo ['koːmodo] *adj 1.* bequem; ◆ *fare comodo a qd* jdm gelegen kommen; *m 2.* Komfort *m*

compagnia [kompa'ɲiːa] *f 1.* Gesellschaft *f,* Umgang *m; 2. (di attori) THEAT* Truppe *f; ~ ambulante* Wanderbühne *f; 3. ~ aerea* Fluggesellschaft *f; 4. ~ armatoriale* Reederei *f; 5. MIL* Kompanie *f*
◆ *Mi vuole fare compagnia?* Wollen Sie mir Gesellschaft leisten?

compagno [kom'paːɲo] *m 1. POL* Genosse *m; 2. (fig)* Kumpel *m; 3. ~ di sventura* Leidensgefährte *m; 4. (marito)* Ehepartner *m*

C

companatico [kompaˈnaːtiko] *m* Brotaufstrich *m,* Belag *m*
comparabile [kompaˈraːbile] *adj* vergleichbar
comparazione [komparatsiˈoːne] *f* *1.* Vergleich *m; 2. GRAMM* Steigerung *f*
comparire [kompaˈriːre] *v irr 1.* vorkommen; *2. (nei libri)* erscheinen, herauskommen; *3. (fare una buona figura)* eine blendende Figur machen
comparsa [komˈparsa] *f 1.* Erscheinen *n,* Auftreten *n, 2.* Statist/in *m/f*
compartecipazione [kompartetʃipatsiˈoːne] *f* Teilnahme *f,* Beteiligung *f*
compartimento [kompartiˈmento] *m* Abteil *n; ~ del treno* Zugabteil *n*
compassione [kompassiˈoːne] *f* Bedauern *n*
compassionevole [kompassioˈneːvole] *adj 1.* bedauernswert, bemitleidenswert; *2. (che prova compassione)* mitleidig, barmherzig
compasso [komˈpasso] *m 1.* Zirkel *m; 2. (bussola magnetica)* Kompass *m*
compatibile [kompaˈtiːbile] *adj 1.* vereinbar; *2. INFORM* kompatibel; *3.* bemitleidenswert
compatibilità [kompatibiliˈta] *f* Kompatibilität *f,* Vereinbarkeit *f*
compatire [kompaˈtiːre] *v* bedauern
compatriota [kompatriˈɔːta] *m/f* Landsmann/Landsmännin *m/f*
compattezza [kompatˈtettsa] *f* Dichte *f,* Kompaktheit *f*
compatto [komˈpatto] *adj* dicht, fest
compendio [komˈpɛndio] *m 1.* Zusammenfassung *f; 2. (manuale)* Handbuch *n*
compensare [kompenˈsaːre] *v 1.* kompensieren; *2. (fig)* wettmachen; *3. (con un'elargizione)* honorieren, belohnen
compensarsi [kompenˈsarsi] *v* sich ausgleichen
compensazione [kompensatsiˈoːne] *f 1.* Ausgleich *m; 2. ECO* Abrechnung *f*
compenso [komˈpɛnso] *m* Entgelt *n*
compera [ˈkompera] *f* Einkauf *m*
competente [kompeˈtɛnte] *adj 1.* zuständig; ◆ *Chi ne è competente?* Wer ist dafür zuständig? *2. (specializzato)* einschlägig, sachkundig; *m/f 3.* Kenner(in) *m/f,* Sachverständige(r) *m/f*
competere [komˈpɛːtere] *v* wetteifern
competitivo [kompetiˈtiːvo] *adj* wettbewerbsfähig
competizione [kompetitsiˈoːne] *f 1.* Wettkampf *m; 2. (gara)* Wettstreit *m*
compiacenza [kompiaˈtʃɛntsa] *f 1.* Höflichkeit *f; 2. (benevolenza)* Wohlgefallen *n; 3. (condiscendenza)* Nachsicht *f*
compiacersi [kompiaˈtʃersi] *v* sich freuen
compiacimento [kompiatʃiˈmento] *m* Wohlgefallen *n,* Genugtuung *f*
compiangere [kompiˈandʒere] *v* klagen, bemitleiden
compianto [kompiˈanto] *adj 1.* beklagt; *2. (defunto)* tot; *m 3. (rincrescimento)* Bedauern *n*
compiere [ˈkompiere] *v irr 1.* ausarbeiten; *2. (terminare)* bewältigen; *3. (attuare)* verwirklichen
compiersi [ˈkompiersi] *v irr* sich verwirklichen
compilare [kompiˈlaːre] *v 1. (libro)* verfassen; *2. (comporre)* zusammenstellen; *3. (redigere)* redigieren; *4. ~ un modulo* ein Formular ausfüllen
compito [ˈkompito] *m 1. (lavoro)* Aufgabe *f,* Pensum *n; compiti per casa* Hausaufgaben *pl; ~ in classe* Schulaufgabe *f; 2. (dovere)* Pflicht *f,* Verpflichtung *f*

compleanno [komple'anno] *m* Geburtstag *m*
◆ *Il mio compleanno è il ...* Mein Geburtstag ist am ...

complementare [komplemen'taːre] *adj* vervollständigend, Ergänzungs...

complemento [komple'mento] *m* 1. Ergänzung *f;* 2. *GRAMM* Objekt *n*

complessivamente [komplessiva'mente] *adv* insgesamt, zusammen

complesso [kom'plɛsso] *adj* 1. schwierig; 2. *(multiforme)* vielfältig; *m* 3. Komplex *m;* 4. *ECO* Konzern *m;* 5. *PSYCH* Komplex *m;* 6. *(insieme)* Ganzheit *f;* ~ *residenziale* Wohnanlage *f*

completamente [kompleta'mente] *adv* vollständig, völlig

completamento [kompleta'mento] *m* 1. Ergänzung *f;* 2. *(il portare al termine)* Abschluss *m*

completare [komple'taːre] *v* ergänzen

completezza [komplet'tettsa] *f* Vollständigkeit *f*

completo [kom'plɛːto] *adj* 1. restlos, völlig; *completamente automatico* vollautomatisch; 2. *(senza lacune)* lückenlos, vollzählig; *al ~* vollzählig; 3. *(albergo)* voll belegt; 4. *(valore)* vollwertig; *m* 5. *(vestito)* Anzug *m*

complicato [kompli'kaːto] *adj* kompliziert

complicazione [komplikatsi'oːne] *f* Komplikation *f*

complimentarsi [komplimen'tarsi] *v ~ con qd per qc* jdm zu etw gratulieren

complimento [kompli'mento] *m* 1. Kompliment *n;* 2. *complimenti pl (cerimonie)* Umstände *pl;* 3. *complimenti pl (congratulazioni)* Glückwünsche *pl*
◆ *Non faccia complimenti!* Machen Sie sich bloß keine Umstände!
Complimenti! Ich gratuliere!
≠ *complemento m* Ergänzung

complotto [kom'plɔtto] *m* Verschwörung *f*

componente [kompo'nɛnte] *m/f* 1. Mitglied *n;* 2. Bestandteil *m*

componimento [komponi'mento] *m* Aufsatz *m*

comporre [kom'porre] *v irr* 1. *(testo)* setzen, dichten; 2. *(litigio)* schlichten; 3. *(poesia)* dichten; 4. *(un numero)* wählen; 5. *(formare)* zusammenstellen

comporsi [kom'porsi] *v ~ di qc* aus etw bestehen

comportamento [komporta'mento] *m* 1. Betragen *n,* Verhalten *n;* 2. *~ alla guida* Fahrverhalten *n;* 3. *~ dell'automobile* Fahrverhalten *n*

comportarsi [kompor'tarsi] *v* 1. sich benehmen; 2. *(fig)* gegenüberstehen; 3. *~ male* sich danebenbenehmen

composizione [kompozitsi'oːne] *f* 1. Zusammensetzung *f;* 2. *(nella stampa)* Satz *m*

composta [kom'pɔsta] *f GAST* Kompott *n*

composto [kom'pɔsto] 1. *(costitutio)* zusammengesetzt; ◆ *essere composto da* bestehen aus; 2. anständig; *m (mescolanza)* Gemisch *n*

comprare [kom'praːre] *v* kaufen
◆ *Dove si possono comprare generi alimentari qui?* Wo kann man hier Lebensmittel kaufen?
Vado a comprare il pane. Ich gehe Brot kaufen.

compratore [kompra'toːre] *m* Käufer *m*

C

C

compratrice [kompra'triːtʃe] *f* Käuferin *f*
comprendere [kom'prɛndere] *v 1.* begreifen; *2. (contenere)* umfassen; *3. (includere)* einschließen; *4. (udire)* hören
comprensibile [kompren'siːbile] *adj 1.* begreiflich, einleuchtend; *2.* ◆ *comprensibile a tutti* allgemein verständlich
comprensione [komprensi'oːne] *f* Verständnis *n; con ~* verständnisvoll
comprensivo [kompren'siːvo] *adj 1.* einsichtig, verständnisvoll; *2. ~ di* einschließlich
compressa [kom'prɛssa] *f 1. MED* Kompresse *f; 2. (pastiglia) MED* Tablette *f; ~ vitaminica* Vitamintablette *f*
compressore [kompres'soːre] *m* Kompressor *m*
comprimere [kom'priːmere] *v irr 1.* zusammendrücken; *2. TECH* verdichten
compromesso [kompro'messo] *m 1.* Kompromiss *m; adj 2.* bloßgestellt
compromettere [kompro'mettere] *v irr 1.* kompromittieren; *2. (mettere in pericolo)* in Gefahr bringen
compromettersi [kompro'mettersi] *v irr* sich kompromittieren
comprovare [kompro'vaːre] *v 1.* nachweisen; *2. (confermare)* bestätigen
computer [kəm'pjuːter] *m INFORM* Computer *m*
computerizzato [komputerid'dzaːto] *adj INFORM* computergesteuert
comunanza [komu'nantsa] *f* Gemeinsamkeit *f*
comune [ko'muːne] *adj 1.* gemein, gemeinsam; *in ~* gemeinsam; *luogo ~* Gemeinplatz *m; appartamento in ~* Wohngemeinschaft *f; 2. (normale)* gewöhnlich, alltäglich; *m 3. POL* Gemeinde *f; 4. (municipio)* Rathaus *n*
comunicare [komuni'kaːre] *v 1.* mitteilen; *2. (rendere pubblico)* veröffentlichen
comunicativo [komunika'tiːvo] *adj* kontaktfreudig, mitteilsam
comunicato [komuni'kaːto] *m* Bekanntmachung *f*
comunicazione [komunikatsi'oːne] *f 1.* Meldung *f; 2. (rivelazione)* Eröffnung *f; 3. ~ radiofonica* Radiodurchsage *f*
comunione [komuni'oːne] *f 1.* Gemeinsamkeit *f; 2. REL* Kommunion *f; prima ~* Erstkommunion *f; 3. ~ dei beni JUR* Gütergemeinschaft *f*
comunismo [komu'nizmo] *m POL* Kommunismus *m*
comunista [komu'nista] *adj 1. POL* kommunistisch; *m/f 2. POL* Kommunist(in) *m/f*
comunità [komuni'ta] *f 1.* Gemeinde *f,* Gemeinschaft *f; 2. ~ lavorativa* Arbeitsgemeinschaft *f; 3. ~ religiosa REL* Glaubensgemeinschaft *f; 4. ~ economica ECO* Wirtschaftsgemeinschaft *f; Comunità Economica Europea* Europäische Wirtschaftsgemeinschaft *f*
comunque [ko'muŋkue] *adv* wie auch immer

> **con** [kon] *prep 1.* mit; *~ che cosa* womit; *~ cui* womit; *~ il quale* womit; *~ questo* damit, hiermit; *2. (presso)* bei; *3. (per mezzo di)* durch; *4. (insieme a qd)* nebst
> ◆ *con le brutte (fam)* mit Gewalt

conato [ko'naːto] *m 1.* Versuch *m; 2. ~ di vomito* Brechreiz *m*
conca ['koŋka] *f* Mulde *f*
concedere [kon'tʃɛːdere] *v irr 1.* bewilligen; *2. (ammettere)* zugeben
concedersi [kon'tʃɛːdersi] *v irr ~ qc* sich etw leisten, sich etw gönnen

concentrarsi [kontʃen'trarsi] *v* sich konzentrieren
concentrazione [kontʃentratsi'oːne] *f* Konzentration *f*, Sammlung *f*
concepibile [kontʃe'piːbile] *adj (immaginabile)* denkbar, vorstellbar
concepimento [kontʃepi'mento] *m BIO* Empfängnis *f*
concepire [kontʃe'piːre] *v irr 1.* konzipieren; *2. BIO* empfangen; *3. (ideare)* ausmalen
concernere [kon'tʃɛrnere] *v* betreffen
concertato [kontʃer'taːto] *adj POL* konzertiert
concerto [kon'tʃɛrto] *m 1.* Konzert *n; 2. ~ da camera* Kammerkonzert *n; 3. ~ per pianoforte* Klavierkonzert *n; 4. (fig: d'accordo) di ~* einheitlich
concessione [kontʃessi'oːne] *f* Bewilligung *f; ~ di credito* Kreditvergabe *f*
concetto [kon'tʃɛtto] *m 1.* Begriff *m; ~ superiore* Oberbegriff *m; ~ secondario* Unterbegriff *m; 2. (idea)* Vorstellung *f; 3. (progamma)* Konzept *n*
concezione [kontʃetsi'oːne] *f 1.* Idee *f; ~ del mondo* Weltanschauung *f; 2. BIO* Empfängnis *f*
conchiglia [koŋ'kiːʎa] *f* Muschel *f*
conciare [kon'tʃaːre] *v 1.* gerben; *2.* ◆ *conciare qd per le feste (fig)* jdn schwer verletzen
conciliare [kontʃili'aːre] *v* versöhnen
concilio [kon'tʃiːlio] *m REL* Konzil *n*
concimare [kontʃi'maːre] *v AGR* düngen
concime [kon'tʃiːme] *m AGR* Dünger *m; ~ naturale* Naturdünger *m*
concisamente [kontʃiza'mente] *adv* prägnant
conciso [kon'tʃiːzo] *adj 1.* bündig, straff; *2. (fig)* knapp
concittadino [kontʃitta'diːno] *m* Mitbürger *m*
concludere [koŋ'kluːdere] *v irr 1. (contratto)* abschließen; *2. (conseguenza)* schlussfolgern; *3. (affari)* abschließen
conclusione [koŋklusi'oːne] *f 1.* Schlussfolgerung *f; falsa ~* Trugschluss *m; 2. ECO* Abschluss *m; 3. ~ di un affare ECO* Geschäftsabschluss *m*
conclusivo [koŋklu'siːvo] *adj* End..., Abschluss...
concordare [koŋkor'daːre] *v 1.* übereinstimmen; *2. (appuntamento)* verabreden; *3. (trattare)* aushandeln
concorrente [koŋkor'rɛnte] *m/f 1.* Konkurrent(in) *m/f; 2. SPORT* Wettkämpfer(in) *m/f; 3. (ad un posto)* Kandidat(in) *m/f*
concorrenza [koŋkor'rɛntsa] *f* Konkurrenz *f; ~ sleale* unlauterer Wettbewerb *m*
concorrenziale [koŋkorrentsi'aːle] *adj* konkurrenzfähig, wettbewerbsfähig
concorrere [koŋ'korrere] *v irr 1.* konkurrieren; *2. (ad un impiego)* sich bewerben; *3. (partecipare)* sich beteiligen; *4. (contribuire)* zugeben, beisteuern
concorso [koŋ'korso] *m 1.* Wettbewerb *m; ~ a premi* Preisausschreiben *n; ~ indetto per un posto* Stellenausschreibung *f; 2. SPORT* Wettkampf *m*
concreto [koŋ'krɛːto] *adj* konkret
condanna [kon'danna] *f 1.* Verurteilung *f; 2. (pena)* Bestrafung *f; 3. ~ precedente JUR* Vorstrafe *f*
condannare [kondan'naːre] *v 1.* verurteilen; *2. JUR* verurteilen
condannato [kondan'naːto] *m* Verurteilter *m*
condensa [kon'dɛnsa] *f* Kondenswasser *n*
condensazione [kondensatsi'oːne] *f* Kondensation *f*

C

condimento [kondi'mento] *m 1.* Würze *f; 2. (per l'insalata)* Dressing *n*
condire [kon'di:re] *v* würzen
condiscendente [kondiʃen'dɛnte] *adj* nachgiebig, fügsam
condividere [kondi'vi:dere] *1.* teilen; *2. (opinione)* übereinstimmen
condizionale [konditsio'na:le] *f 1. JUR* Bewährungsfrist *f; 2. (sospensione della pena) JUR* Strafaufschub *m; m 3. GRAMM* Konditional *m*
condizionato [konditsio'na:to] *adj 1.* abhängig; *~ dagli anni* altersbedingt; *~ dal lavoro* berufsbedingt; *2. impianto ad aria condizionata TECH* Klimaanlage *f*
condizione [konditsi'o:ne] *f 1.* Bedingung *f; 2. (stato)* Zustand *m; ~ permanente* Dauerzustand *m; 3. (situazione)* Lage *f; 4. (di salute)* Verfassung *f; 5. condizioni pl* Bedingungen *pl,* Verhältnisse *pl; ~ di visibilità* Sichtverhältnisse *pl; ~ di vita* Lebensbedingungen *pl; ~ di pagamento* Zahlungsbedingungen *pl*
condoglianza [kondo'ʎantsa] *f* Beileidsbezeigung *f; fare le condoglianze* kondolieren
condolersi [kondo'lersi] *v irr ~ con qd* jdm kondolieren
condono [kon'do:no] *m* Erlass *m; ~ della pena* Straferlass *m*
condotta [kon'dotta] *f 1. (comportamento)* Benehmen *n; 2. (guida)* Führung *f*
conducente [kondu'tʃɛnte] *m/f* Fahrer(in) *m/f*

condurre [kon'durre] *v irr 1.* führen; *2. (guidare)* durchführen; *3. (dirigere)* leiten; *4. (una macchina)* fahren
◆ *Questa strada conduce a casa mia.* Diese Straße führt zu meinem Haus. *Questo ti condurrà alla rovina.* Das wird dich in den Ruin führen.

conduttore [kondut'to:re] *m 1.* Führer *m; 2. (dirigente)* Leiter *m; 3. PHYS* Leiter *m; adj 4.* Leit... *motivo ~* Leitmotiv *n; tema ~* Leitgedanke *m*
conduttura [kondut'tu:ra] *f 1.* Rohrleitung *f; 2. ~ dell'acqua* Wasserleitung *f*
confabulare [konfabu'la:re] *v* tuscheln, flüstern
confarsi [kon'farsi] *v irr 1.* geeignet sein; *2. (giovare)* bekömmlich sein
conferenza [konfe'rɛntsa] *f 1.* Konferenz *f; 2. ~ stampa* Pressekonferenz *f; 3. ~ della pace POL* Friedenskonferenz *f*
conferimento [konferi'mento] *m 1. (di un premio)* Verleihung *f; 2. ECO* Zuweisung *f*
conferire [konfe'ri:re] *v irr* verleihen
conferma [kon'ferma] *f* Bestätigung *f; ~ d'ordine ECO* Auftragsbestätigung *f*
confermare [konfer'ma:re] *v* bestätigen
confessare [konfes'sa:re] *v 1.* gestehen; *2. REL* beichten; *3. (professare)* sich bekennen
confessionale [konfessio'na:le] *adj 1.* konfessionell; *m 2. REL* Beichtstuhl *m*
confessione [konfessi'o:ne] *f 1. REL* Konfession *f,* Bekenntnis *n; 2. (dei peccati) REL* Beichte *f; 3. JUR* Geständnis *n*
confesso [kon'fɛsso] *adj JUR* geständig; *reo ~* geständiger Täter *m*
confessore [konfes'so:re] *m* Beichtvater *m*
confezionamento [konfetsiona'mento] *m* Verpackung *f*
confezionare [konfetsio'na:re] *v 1.* verpacken; *2. (vestiti)* nähen, anfertigen
confezione [konfetsi'o:ne] *f 1.* Konfektion *f; ~ da uomo* Herrenkonfektion *f; 2. (scatola)* Packung *f; ~ sotto vuoto* Vakuumverpackung *f*

confidare [konfi'da:re] *v 1.* anvertrauen; *2. ~ in qc* sich auf etw verlassen
confidarsi [konfi'darsi] *v ~ con qd* sich jdm anvertrauen
confidente [konfi'dɛnte] *adj 1.* vertrauensvoll; *m 2.* Vertrauensperson *f*
confidenza [konfi'dɛntsa] *f 1. (fiducia)* Vertrauen *n; 2. (familiarità)* Vertraulichkeit *f*
confidenziale [konfidentsi'a:le] *adj* vertraulich
confinare [konfi'na:re] *v 1.* angrenzen, grenzen; *2. (esiliare)* verbannen
confine [kon'fi:ne] *m* Grenze *f; ~ di stato* Landesgrenze *f;* ◆ *Quanto ci si mette fino al confine?* Wie weit ist es bis zur Grenze?
confisca [kon'fiska] *f* Beschlagnahme *f*
confiscare [konfis'ka:re] *v* beschlagnahmen
conflitto [kon'flitto] *m 1.* Konflikt *m,* Zwiespalt *m; ~ di coscienza* Gewissenskonflikt *m; 2. (guerra)* Krieg *m*
confondere [kon'fondere] *v irr 1.* verwechseln; *2. (fig)* durcheinander werfen; *3. (turbare)* verwirren
conforme [kon'forme] *adj* konform; *~ alle disposizioni* vorschriftsmäßig; *~ alla legge* gesetzmäßig; *~ ai piani* planmäßig; *~ al senso* sinngemäß
conformemente [konforme'mente] *adv* dementsprechend
conformismo [konfor'mizmo] *m* Konformismus *m*
confortare [konfor'ta:re] *v* trösten
confortevole [konfor'te:vole] *adj 1.* komfortabel, bequem; *2. (casa)* wohnlich
confrontare [konfron'ta:re] *v 1.* vergleichen; *2. (comparare)* konfrontieren

confronto [kon'fronto] *m* Gegenüberstellung *f,* Konfrontation *f; in ~ a ...* im Vergleich zu ... *senza ~* einzigartig ◆ *fare un confronto* einen Vergleich ziehen; *reggere al confronto* dem Vergleich standhalten

confusione [konfuzi'o:ne] *f 1.* Verwirrung *f; 2. (scambio)* Verwechslung *f; 3. (fig)* Durcheinander *n*
confuso [kon'fu:zo] *adj* durcheinander, konfus
confutare [konfu'ta:re] *v* widerlegen
confutarsi [konfu'tarsi] *v* sich widersprechen
confutazione [konfutatsi'o:ne] *f* Entkräftung *f*
congedare [kondʒe'da:re] *v 1.* verabschieden; *2. (dimettersi)* sich trennen; *3. MIL* entlassen
congedarsi [kondʒe'darsi] *v* sich verabschieden
congedo [kon'dʒɛ:do] *m 1.* Verabschiedung *f; prendere ~* sich verabschieden; *2. MIL* Entlassung *f*
congegno [kon'dʒe:ɲo] *m* Apparat *m*
congelare [kondʒe'la:re] *v 1. (cibi)* einfrieren; ◆ *congelare un progetto (fig)* ein Projekt einfrieren; *2. (trattamento) ECO* einfrieren
congelarsi [kondʒe'larsi] *v 1.* frieren; *2. (lago)* zufrieren; *3. (gelare)* erfrieren
congelatore [kondʒelato:re] *m 1.* Kühlfach *n; 2. (apparecchio)* Kühltruhe *f,* Gefriertruhe *f*
congenito [kon'dʒɛ:nito] *adj* erblich
congestionato [kondʒestio'na:to] *adj 1. (strada)* verstopft; *2. MED* blutüberfüllt
congestione [kondʒesti'o:ne] *f 1. (nel traffico)* Verkehrsstau *m; 2. MED* Blutandrang

C

congetturare [kondʒettu'ra:re] *v* annehmen
congiungere [kon'dʒundʒere] *v irr* *1.* verbinden; *2. (mani)* falten
C **congiuntivite** [kondʒunti'vi:te] *f* *MED* Bindehautentzündung *f*
congiuntivo [kondʒun'ti:vo] *m* Konjunktiv *m*
congiunto [kon'dʒunto] *m* Verwandter *m*
congiuntura [kondʒun'tu:ra] *f* *1. ECO* Konjunktur *f*; *2. (punto di congiunzione)* Verbindung *f*
congiunzione [kondʒuntsi'o:ne] *f* *1.* Verbindung *f*; *2. GRAMM* Konjunktion *f*
congiura [kon'dʒu:ra] *f* Verschwörung *f*
congiurare [kondʒu'ra:re] *v* sich verschwören

> **congratularsi** [koŋgratu'larsi] *v* gratulieren, beglückwünschen
> ◆ *Mi congratulo con Lei.* Ich gratuliere Ihnen. **!** *Konjugation mit essere: mi sono congratulato*

congratulazione [koŋgratulatsi'o:ne] *f* Gratulation *f*
congresso [koŋ'grεsso] *m* *1.* Kongress *m*, Tagung *f*; *2. ~ del partito POL* Parteitag *m*
congruente [koŋgru'εnte] *adj* *1.* deckungsgleich; *2. (coerente)* planmäßig
congruo ['kɔŋgruo] *adj* *1.* einschlägig; *2. (adeguato)* angemessen, passend
conguaglio [koŋgu'a:ʎo] *m* Ausgleich *m*; *~ salariale* Lohnausgleich *m*
coniare [koni'a:re] *v* *1.* ausprägen; *2. (moneta)* prägen, schlagen; *3. (fig)* prägen
conico ['kɔ:niko] *adj* kegelförmig
coniglio [ko'ni:ʎo] *m* Kaninchen *n*
coniugale [koniu'ga:le] *adj* ehelich, Ehe... *felicità ~* Eheglück *n*
coniugare [koniu'ga:re] *v* konjugieren
coniugarsi [koniu'garsi] *v* sich verheiraten
coniugato [koniu'ga:to] *adj* *1. (sposato)* verheiratet; *2. GRAMM* konjugiert
coniuge ['kɔ:niudʒe] *m/f* *1.* Gatte/ Gattin *m/f*; *2. coniugi pl (coppia)* Ehepaar *n*
connazionale [konnatsio'na:le] *m/f* Landsmann/Landsmännin *m/f*
connessione [konnessi'o:ne] *f* Verbindung *f*
connettere [kon'nεttere] *v irr* aneinanderfügen
connettersi [kon'nεttersi] *v irr INFORM ~ a Internet* sich in das Internet einwählen
cono ['kɔ:no] *m* *1. (del gelato)* Eistüte *f*; *2. MATH* Kegel *m*
conoscente [kono'ʃεnte] *m/f* Bekannte(r) *m/f*
conoscenza [kono'ʃεntsa] *f* *1.* Kenntnis *f*; *conoscenze linguistiche* Sprachkenntnisse *pl*; *2. (di una persona)* Bekanntschaft *f*; *fare ~* kennen lernen; *3. (coscienza)* Bewusstsein *n*; ◆ *perdere conoscenza* das Bewusstsein verlieren

> **conoscere** [ko'noʃere] *v irr* *1.* kennen; *2. (sapere)* können
> ◆ *Non conosco questa città.* Ich kenne mich in dieser Stadt nicht aus.
> *conoscere qc per filo e per segno (fam)* etw in- und auswendig kennen

conoscitore [konoʃi'to:re] *m* Kenner *m*, Fachmann *m*
conosciuto [kono'ʃu:to] *adj* bekannt; *~ in tutto il mondo* weltberühmt
conquista [koŋku'ista] *f* *1.* Eroberung *f*; *2. MIL* Einnahme *f*
conquistare [koŋkuis'ta:re] *v* *1.* erobern; *2. MIL* einnehmen

conquistatore [koŋkuista'toːre] *m* Eroberer *m*
consacrare [konsa'kraːre] *v REL* weihen
consacrazione [konsakratsi'oːne] *f 1. REL* Weihe *f; 2. (dedica)* Widmung *f*
consapevole [konsa'peːvole] *adj* bewusst
consapevolezza [konsapevo'lettsa] *f* Bewusstsein *n*
conscio ['kɔnʃo] *adj* bewusst; *~ del proprio dovere* pflichtbewusst
consecutivo [konseku'tiːvo] *adj 1.* folgend; *2. GRAMM* konsekutiv
consegna [kon'seːɲa] *f 1.* Abgabe *f,* Ablieferung *f; termine di ~* Liefertermin *m;* ◆ *prendere qc in consegna* etw in Empfang nehmen; *2. (della posta)* Zustellung *f; 3. (del bagaglio)* Gepäckausgabe *f*
consegnare [konse'ɲaːre] *v 1.* überbringen, überreichen; *2. (fornire)* abliefern, zustellen; *3. ~ qc* etw übergeben; *4. JUR* ausliefern
conseguente [konsegu'ɛnte] *adj* konsequent
conseguenza [konsegu'ɛntsa] *f* Folge *f; per/di ~* folglich
conseguire [konsegu'iːre] *v 1.* bekommen; *2. ~ la laurea* promovieren
consenso [kon'sɛnso] *m 1.* Einverständnis *n; 2. (permesso)* Erlaubnis *f*
consentire [konsen'tiːre] *v 1.* einwilligen; *2. (essere d'accordo)* zustimmen
conserva [kon'sɛrva] *f* Konserve *f*
conservante [konser'vante] *m* Konservierungsstoff *m*
conservare [konser'vaːre] *v 1.* aufheben; *2. (alimenti)* konservieren; *3. (documenti)* verwahren
conservatore [konserva'toːre] *adj 1.* konservativ; *m 2.* Konservativer *m*
conservatorio [konserva'tɔːrio] *m* Musikhochschule *f*
conservazione [konservatsi'oːne] *f 1.* Erhaltung *f; 2. (dei cibi)* Haltbarkeit *f; 3. (dei documenti)* Verwahrung *f*
considerare [konside'raːre] *v 1. (fig)* bedenken; *2. (ritenere)* betrachten; *3. (tener presente)* berücksichtigen
considerarsi [konside'rarsi] *v 1.* sich schätzen; *2. (reputarsi)* sich halten für
considerazione [konsideratsi'oːne] *f 1.* Anbetracht *m,* Erwägung *f;* ◆ *prendere in considerazione* in Erwägung ziehen; *2. (stima)* Geltung *f; 3. (fig)* Betrachtung *f*

> **consigliare** [konsi'ʎaːre] *v* raten, empfehlen, beraten
> ◆ *Che cosa mi può consigliare?* Was können Sie mir empfehlen?

consigliarsi [konsi'ʎarsi] *v 1.* sich beraten; *2. (chiedere consiglio)* sich Rat holen
consigliere [konsi'ʎɛːre] *m/f 1. (titolo)* Rat/Rätin *m/f; 2. (persona)* Berater(in) *m/f,* Ratgeber(in) *m/f; 3. (d'amministrazione)* Verwaltungsangestellte(r) *m/f*
consiglio [kon'siːʎo] *m 1.* Rat *m,* Ratschlag *m; ~ segreto* Geheimtipp *m;* ◆ *dare un consiglio* beraten; *2. (collegio)* Rat *m; ~ di amministrazione* Verwaltungsrat *m; ~ comunale* Gemeinderat *m; ~ direttivo* Vorstand *m; ~ d'Europa* Europarat *m; ~ di vigilanza* Aufsichtsrat *m; 3. (fig)* Lehre *f*
consistente [konsis'tɛnte] *adj* stark
consistenza [konsis'tɛntsa] *f 1. (durata)* Dauer *f; 2. (densità)* Dichte *f; 3. ~ di cassa FIN* Kassenbestand *m*
consolare [konso'laːre] *v 1.* trösten; *adj 2.* konsularisch

C

C

consolato [konso'laːto] *m POL* Konsulat *n; ~ generale* Generalkonsulat *n*
consolazione [konsolatsi'oːne] *f 1.* Trost *m; premio di ~* Trostpreis *m; 2. (sollievo)* Erleichterung *f*
console ['konsole] *m/f* Konsul(in) *m/f*
consolidamento [konsolida'mento] *m ECO* Konsolidierung *f*
consolidare [konsoli'daːre] *v 1.* bekräftigen, stärken; *2. (fig)* untermauern
consolidarsi [konsoli'darsi] *v* sich festigen
consonante [konso'nante] *m* Konsonant *m*
consorte [kon'sɔrte] *m/f* Gemahl(in) *m/f*
consorzio [kon'sɔrtsio] *m* Verband *m*
constare [kons'taːre] *v 1.* feststehen; *2. ~ di* bestehen aus
constatare [kons'taːre] *v* feststellen
constatazione [konstatatsi'oːne] *f* Beobachtung *f,* Feststellung *f*
consueto [konsu'ɛːto] *adj* gebräuchlich
consuetudine [konsue'tuːdine] *f 1.* Gewohnheit *f; 2. (usanza)* Sitte *f*
consultare [konsul'taːre] *v* konsultieren, um Rat fragen; ◆ *Possiamo consultare un esperto?* Können wir einen Experten hinzuziehen? *consultare un dizionario* in einem Lexikon nachschlagen
consumare [konsu'maːre] *v 1.* verbrauchen; *2. (mangiare)* verzehren
consumatore [konsuma'toːre] *m* Benutzer *m,* Verbraucher *m; ~ finale* Endverbraucher *m; difesa dei consumatori* Verbraucherschutz *m*
consumo [kon'suːmo] *m* Verbrauch *m; ~ di corrente* Stromverbrauch *m; ~ di energia* Energieverbrauch *m*
contabile [kon'taːbile] *adj 1.* zählbar; *2. ECO* Buchführungs... *m/f 3. ECO* Buchhalter(in) *m/f*
contabilità [kontabili'ta] *f* Buchhaltung *f*
contachilometri [kontaki'lɔːmetri] *m* Kilometerzähler *m*
contadino [konta'diːno] *m* Bauer *m*
contagiare [konta'dʒaːre] *v MED* anstecken
contagioso [konta'dʒoːso] *adj MED* ansteckend
container [kən'teiner] *m* Container *m,* Behälter *m*
contaminante [kontami'nante] *m 1.* Schadstoff *m; adj 2.* umweltfeindlich
contaminare [kontami'naːre] *v* verseuchen
contaminazione [kontaminatsi'oːne] *f* Kontamination *f,* Verseuchung *f*
contante [kon'tante] *adj 1.* bar; *non in contanti* bargeldlos; *in contanti* bar; *m 2.* Barschaft *f*

contare [kon'taːre] *v 1.* rechnen, zählen; *2. ~ su* rechnen mit, sich verlassen auf; *~ su qd* auf jdn zählen; *3. (fig: avere importanza)* zählen, ins Gewicht fallen; *4. (fig: avere intenzione)* beabsichtigen
◆ *sbagliarsi nel contare* sich verzählen
senza contare che abgesehen davon, dass
una persona che conta eine einflussreiche Person *f*
Lui non conta nulla. Er hat gar nichts zu sagen.

contatore [konta'toːre] *m TECH* Zähler *m; ~ di corrente* Stromzähler *m*
contatto [kon'tatto] *m 1. (fig)* Anschluss *m; 2. (collegamento, relazione)* Kontakt *m; ~ difettoso* Wackelkontakt *m; ~ stretto* Tuchfühlung *f*
conte(ssa) ['konte/kon'tessa] *m/f* Graf/Gräfin *m/f*

conteggiare [konted'dʒaːre] *v* rechnen
contegno [kon'teːɲo] *m* Haltung *f*
contemplare [kontem'plaːre] *v* *1.* betrachten; *2. (ammirare)* bestaunen
contemporaneo [kontempo'raːneo] *adj 1.* gleichzeitig; *2. (del presente)* zeitgenössisch; *m 3. POL* Zeitgenosse *m*
contenente [konte'nɛnte] *adj* enthaltend; *~ cloro* chlorhaltig
contenere [konte'neːre] *v irr 1.* enthalten, fassen; *2. (fig)* bergen, beinhalten
contenersi [konte'nersi] *v irr* sich zurückhalten, sich beherrschen
contenitore [konteni'toːre] *m* Container *m; ~ di vetro usato* Altglascontainer *m*
contentarsi [konteni'tarsi] *v* sich abfinden, sich begnügen; *~ di* sich zufrieden geben mit
contentezza [konten'tettsa] *f* Zufriedenheit *f*
contento [kon'tɛnto] *adj 1.* heiter; *2. (soddisfatto)* zufrieden
contenuto [konte'nuːto] *adj 1.* einschließlich; *2. (riservato)* zurückhaltend; *3. m* Inhalt *m; privo di ~* inhaltslos
contestare [kontes'taːre] *v 1.* abstreiten, bestreiten; *2. (mettere in dubbio)* anzweifeln; *3. (negare il diritto)* streitig machen; *4. (reclamare)* kritisieren
contestazione [kontestatsi'oːne] *f* *JUR* Anfechtung *f*
contesto [kon'tɛsto] *m* Kontext *m*
continentale [kontinen'taːle] *adj* kontinental; *acqua ~* Binnengewässer *n*
continente [konti'nɛnte] *m* Erdteil *m*
contingente [kontin'dʒɛnte] *adj 1.* unwesentlich; *2. (casuale)* durch Zufall, nebenbei; *m 3.* Beitrag *m,* Teil *m*
continuamente [kontinua'mente] *adv 1.* ständig, dauernd; *2. (ininterrottamente)* kontinuierlich
continuare [kontinu'aːre] *v 1.* fortsetzen, weitergehen; *2. CHEM* nachwirken; *3. (proseguire)* weiterführen
continuato [kontinu'aːto] *adj* durchgehend
continuazione [kontinuatsi'oːne] *f* Fortsetzung *f*
continuità [kontinui'ta] *f* Fortdauer *f*
continuo [kon'tiːnuo] *adj 1.* ständig; *2. (ininterrotto)* fortlaufend

> **conto** ['konto] *m 1. FIN* Konto *n; ~ bancario* Bankkonto *n; ~ vincolato* Sperrkonto *n; 2. (somma da pagare, fattura)* Rechnung *f; ~ aperto* offene Rechnung *f; ~ spese* Spesenrechnung *f; 3. per ~ mio* von meiner Seite aus, meinerseits; *4. (conteggio generale)* Abrechnung *f; 5. a conti fatti* insgesamt; *6. (fig)* Rechenschaft *f*
>
> ◆ *Il conto per favore!* Die Rechnung, bitte! *rendersi conto di qc* etw begreifen
>
> ≠ *contro adv* dagegen

contorcere [kon'tɔrtʃere] *v irr 1. (viso)* verzerren; *2. (fatti)* verdrehen
contorcersi [kon'tɔrtʃersi] *v irr 1.* sich winden; *2. (faccia)* sich verzerren
contornare [kontor'naːre] *v* umgeben
contorno [kon'torno] *m 1. GAST* Beilage *f; 2. (profilo)* Kontur *f,* Umriss *m*
contrabbandare [kontrabban'daːre] *v* schmuggeln
contraccambiare [kontrakkambi'aːre] *v 1.* sich revanchieren; *2. (ricambiare)* vergelten; *3. (saluti, auguri)* antworten, entgegnen; ◆ *Grazie, contraccambio!* Danke, gleichfalls!
contraccolpo [kontra'kolpo] *m* Rückstoß *m*
contraddirsi [kontrad'dirsi] *v irr* sich widersprechen

C

C

contraddistinguersi [kontraddis'tiŋguersi] *v irr* sich unterscheiden
contradditorio [kontradit'tɔːrio] *adj 1.* widersprüchlich; *m 2.* Streitgespräch *n*
contraddizione [kontradditsi'oːne] *f* Gegensätzlichkeit *f*, Widerspruch *m*
contraente [kontra'ɛnte] *m/f JUR* Kontrahent(in) *m/f*
contraffare [kontraf'faːre] *v irr* verfälschen
contraffarsi [kontraf'farsi] *v irr* sich verkleiden
contrappeso [kontrap'peːso] *m* Gegengewicht *n*
contrapporre [kontrap'porre] *v* sich entgegensetzen
contrariamente [kontraria'mente] *adv 1.* umgekehrt; *2. (in modo contrastante)* gegensätzlich, zuwider; *~ a* im Gegensatz zu
contrario [kon'traːrio] *m 1.* Gegenteil *n*, Gegensatz *m; al ~* dagegen, hingegen; *adj 2. (avverso)* abgeneigt; *3. (opposto)* umgekehrt, gegensätzlich; *4. (contrapposto)* konträr; *~ alla legge* rechtswidrig; *la parte contraria* Gegenpartei *f;* ◆ *Al contrario!* Im Gegenteil!
contrarre [kon'trarre] *v irr 1.* zusammenziehen; *2.* ◆ *contrarre una malattia* sich eine Krankheit holen
contrassegnare [kontrasse'ɲaːre] *v 1.* markieren; *2. ECO* auszeichnen
contrassegno [kontras'seːɲo] *m* Merkmal *n*
contrastante [kontras'tante] *adj* gegensätzlich
contrastare [kontras'taːre] *v 1.* widersprechen; *2. (resistere)* ankämpfen gegen; *3. (ostacolare)* behindern
contrastato [kontras'taːto] *adj 1. (ostacolato)* umkämpft; *2. (fotografia)* kontrastreich
contrasto [kon'trasto] *m* Kontrast *m*, Gegensatz *m; ~ di opinioni* Meinungsverschiedenheit *f*
contrattempo [kontrat'tɛmpo] *m* Zwischenfall *m*
contratto [kon'tratto] *m ECO* Vertrag *m; ~ d'affitto* Mietvertrag *m; ~ di base* Rahmenvertrag *m; ~ di compravendita* Kaufvertrag *m; ~ tariffario* Tarifvertrag *m; per ~* vertraglich; *~ a termine* Zeitvertrag *m*
contravvenzione [kontravventsi'oːne] *f 1.* Bestrafung *f; 2. (trasgressione)* Vergehen *n*
contribuente [kontribu'ɛnte] *m/f* Steuerzahler(in) *m/f*
contribuire [kontribu'iːre] *v irr* beitragen
contributo [kontri'buːto] *m 1.* Beitrag *m*, Beteiligung *f; contributi sociali* Sozialabgaben *pl; ~ straordinario* Sonderabgaben *pl;* ◆ *dare un contributo a* bezuschussen; *2. (per le spese di spedizione)* Schutzgebühr *f; 3. JUR* Beihilfe *f*
contrito [kon'triːto] *adj 1.* zerknirscht; *2. (pentito)* reuig, zerknirscht

> **contro** ['kontro] *adv 1.* dagegen; *~ la legge* rechtswidrig; *~ le norme* ordnungswidrig; *prep 2.* gegen, wider; *m 3.* Kontra *n*
> ◆ *Contro che cosa?* Wogegen?
> *andare contro corrente* gegen den Strom schwimmen
> *i pro e i contro* das Pro und das Kontra
> ≠ *conto m* Konto

controbattere [kontro'battere] *v 1.* kontern; *2. (replicare)* zurückgeben
controbilanciare [kontrobilan'tʃaːre] *v 1.* ausgleichen; *2. (fig)* aufholen
controfigura [kontrofi'guːra] *f* Double *n*
controfirmare [kontrofir'maːre] *v* gegenzeichnen

controindicazione [kontroindikatsi'oːne] *f MED* Gegenanzeige *f*
controllare [kontrol'laːre] *v 1.* überprüfen; *2. (il conto)* nachrechnen
controllo [kon'trɔllo] *m 1.* Kontrolle *f; ~ degli armamenti* Rüstungskontrolle *f; ~ alla frontiera* Grenzkontrolle *f; ~ delle nascite* Geburtenkontrolle *f; ~ dei passaporti* Passkontrolle *f; 2. (autocontrollo)* Fassung *f*
controllore [kontrol'laːre] *m* Kontrolleur *m; ~ di volo* Fluglotse *m*
controluce [kontro'luːtʃe] *m 1.* Gegenlicht *n; adv 2.* gegen das Licht
contromisura [kontromi'suːra] *f* Gegenmaßnahme *f*
controproducente [kontroprodu'tʃɛnte] *adj 1.* Gegen..., gegenwirkend; *2. (inopportuno)* störend
controprova [kontro'prɔːva] *f 1. JUR* Gegenbeweis *m; 2. MATH* Gegenprobe *f*
controsenso [kontro'sɛnso] *m* Gegensinn *m*
controspionaggio [kontrospio'naddʒo] *m MIL* Spionageabwehr *f*
controvalore [kontrova'loːre] *m* Gegenwert *m*
controversia [kontro'vɛrsia] *f* Kontroverse *f,* Streit *m; ~ giudiziaria* Rechtsstreit *m*
controvoglia [kontro'vɔːʎa] *adv* widerwillig, notgedrungen
conturbante [kontur'bante] *adv* aufregend
contusione [kontuzi'oːne] *f 1. MED* Prellung *f; 2. (dovuta a schiacciamento) MED* Quetschung *f*
convalescente [konvale'ʃɛnte] *m/f* Genesende(r) *m/f*
convalescenza [konvale'ʃɛntsa] *f* Genesung *f*
convegno [kon'veːɲo] *m* Treffen *n; ~ amoroso* Schäferstündchen *n*
conveniente [konveni'ɛnte] *adj 1.* angebracht; *2. (a basso prezzo)* preiswert; *3. (vantaggioso)* vorteilhaft
convenienza [konveni'ɛntsa] *f 1.* Angemessenheit *f; 2. (vantaggio)* Vorzug *m*
convenire [konve'niːre] *v irr 1.* sich rentieren; *2. (concordare)* übereinstimmen
convento [kon'vɛnto] *m REL* Kloster *n*
convenzionale [konventsio'naːle] *adj* konventionell
convenzione [konventsi'oːne] *f 1. (consuetudine)* Konvention *f; 2. (accordo) POL* Konvention *f; ~ per il disarmo* Abrüstungsabkommen *n*
convergenza [konver'dʒɛntsa] *f* Konvergenz *f,* Einigkeit *f;* ◆ *convergenza verso la moneta unica* Zustimmung zur Währungsunion *f*
conversare [konver'saːre] *v* sich unterhalten
conversazione [konversatsi'oːne] *f* Gespräch *n; ~ telefonica* Telefongespräch *n*
conversione [konversi'oːne] *f 1.* Umwandlung *f; 2. FIN* Umrechnung *f; 3. REL* Bekehrung *f; 4. ECO* Umschuldung *f*
convertire [konver'tiːre] *v 1.* konvertieren; *2. (altre persone) REL* bekehren; *3. (trasformare)* umwandeln; *4. MATH* umrechnen
convertirsi [konver'tirsi] *v 1. REL* sich bekehren; *2. (mutarsi)* sich umwandeln
convincente [konvin'tʃɛnte] *adj 1.* überzeugend; *2. (fig)* schlagkräftig

convincere [kon'vintʃere] *v irr 1.* überzeugen; *2. (persuadere)* überreden; *3. (fig)* bekehren
! *Passato remoto: convinsi; Partizip Perfekt: convinto*

C

convinzione [konvintsi'o:ne] *f* Überzeugung *f*
convivenza [konvi'vɛntsa] *f* Zusammenleben *n*
convivere [kon'vi:vere] *v irr* zusammenleben
convocare [konvo'ka:re] *v* einberufen
convocazione [konvokatsi'o:ne] *f* Einberufung *f*, Zusammenkunft *f*
convoglio [kon'vɔ:ʎo] *m 1.* Eisenbahnzug *m; 2. (di veicoli)* Konvoi *m*
convulsione [konvulsi'o:ne] *f MED* Krampf *m*, Konvulsion *f*
cooperare [koope'ra:re] *v 1.* mitwirken; *2. (contribuire)* beisteuern
cooperativa [koopera'ti:va] *f ECO* Genossenschaft *f*
cooperativo [koopera'ti:vo] *adj* kooperativ
cooperazione [kooperatsi'o:ne] *f* Kooperation *f*, Mitwirkung *f*
coordinamento [koordina'mento] *m* Zuordnung *f*, Koordination *f*
coordinare [koordi'na:re] *v* koordinieren
coperchio [ko'pɛrkio] *m* Deckel *m;* ◆ *Il coperchio non chiude.* Der Deckel schließt nicht.
coperta [ko'pɛrta] *f 1. (della nave)* Deck *n; 2. (del letto)* Bettdecke *f;* ◆ *Posso avere ancora una coperta?* Kann ich noch eine Decke haben?
copertina [koper'ti:na] *f 1.* Umschlag *m; 2. (del libro)* Bucheinband *m; articolo di ~* Titelstory *f*
coperto [ko'pɛrto] *m 1. GAST* Gedeck *n;* ◆ *Ci può portare un altro coperto?* Können Sie uns noch ein Gedeck bringen? *Coperto compreso?* Ist das Gedeck inklusive? *adj 2.* bedeckt; *3. (nascosto)* verdeckt; *4. (velato)* verschleiert; *5. (garantito)* gesichert
copertone [koper'to:ne] *m* Reifen *m*
copertura [koper'tu:ra] *f 1.* Verkleidung *f; 2. ECO* Deckung *f*
copia ['kɔ:pia] *f 1.* Kopie *f; ~ a mano* Zweitschrift *f; ~ dattiloscritta* Durchschlag *m; 2. (di uno scritto)* Abschrift *f; 3. (esemplare)* Exemplar *n; 4. (di giornale)* Nummer *f; 5. (riproduzione)* Abbild *n; 6. (di una pratica)* Duplikat *n; ~ pirata* Raubkopie *f*
copiare [kopi'a:re] *v 1.* kopieren; *2. (trascrivere)* abschreiben; *~ a macchina* abtippen; *3. (riprodurre)* nachbilden; *4. (dal compagno di scuola)* abschreiben
copiatura [kopia'tu:ra] *f 1.* Nachahmung *f; 2. (trascrizione)* Abschrift *f*
copilota [kopi'lɔ:ta] *m* Kopilot *m*
coppa ['kɔppa] *f (calice)* Becher *m; ~ di gelato* Eisbecher *m*
coppia ['kɔppia] *f 1.* Paar *n; a ~* paarweise; *~ d'innamorati* Liebespaar *n; ~ di sposi* Brautpaar *n; 2. (fig)* Gespann *n*
coprire [ko'pri:re] *v irr 1.* bedecken, zudecken; *2. (rivestire)* behängen, verhängen; *3. (fig)* decken; *4. (nascondere)* kaschieren; *5. (piante)* überwuchern
coprirsi [ko'prirsi] *v irr 1.* sich zudecken, sich bedecken; *2. (con abiti pesanti)* sich warm anziehen; *3.* ◆ *coprirsi di gloria (fig)* sich mit Ruhm bedecken; *coprirsi di ridicolo* sich lächerlich machen
copularsi [kopu'larsi] *v* sich paaren

> **coraggio** [ko'raddʒo] *m* Mut *m; ~ civile* Zivilcourage *f*
> ◆ *avere il coraggio* den Mut haben

coraggiosamente [koraddʒosa'mente] *adv* mutig
coraggioso [korad'dʒo:so] *adj 1.* tapfer, beherzt; *m 2.* Tapferer *m*
corda ['kɔrda] *f 1.* Schnur *f; 2. (guinzaglio)* Leine *f; 3. (fune)* Strick *m;*

~ per saltare Springseil *n; 4. TECH* Strang *m*
cordiale [kordi'aːle] *adj 1.* herzlich, warmherzig; *2. (risata)* herzhaft
cordialmente [kordial'mente] *adv* herzlich
cordoglio [kor'dɔːʎo] *m 1. (lutto)* Trauer *f; 2. (dolore)* Betrübnis *f,* Schmerz *m; 3. (condoglianze)* Beileidsbekundung *f*
cordone [kor'doːne] *m 1.* Schnur *f; 2. MED ~ ombelicale* Nabelschnur *f*
coriandolo [kori'andolo] *m 1. BOT* Koriander *m; 2. (di carta)* Konfetti *n*
coricarsi [kori'karsi] *v 1.* sich hinlegen; *2. (andare a letto)* ins Bett gehen; *3. (sole)* untergehen
cornetto [kor'netto] *m* Hörnchen *n*
cornice [kor'niːtʃe] *f* Rahmen *m*
corno ['kɔrno] *m 1.* Horn *n; 2. MUS* Horn *n*
coro ['kɔːro] *m* Chor *m; ~ di chiesa* Kirchenchor *m*
corona [ko'roːna] *f 1.* Krone *f; 2. (ghirlanda)* Kranz *m*
coronamento [korona'mento] *m 1.* Krönung *f; 2. (finimento)* Vollendung *f*
coronare [koro'naːre] *v* krönen
corpo ['kɔrpo] *m 1.* Körper *m; 2. (di persona)* Leib *m; 3. (fig)* Profil *n*
corporatura [korpora'tuːra] *f* Körperbau *m*
corporazione [korporatsi'oːne] *f 1.* Körperschaft *f; 2. (associazione)* Gilde *f; ~ artigiana* Handwerkerinnung *f*
corporeo [kor'pɔːreo] *adj* körperlich
corpulento [korpu'lɛnto] *adj* beleibt
Corpus ['ɪɔrpus] *m ~ Domini REL* Fronleichnam *m*
corredo [kor'rɛːdo] *m* Aussteuer *f*
correggere [kor'rɛddʒere] *v irr* korrigieren
corrente [kor'rɛnte] *adj 1.* durchgängig; *il ~ mese* der laufende Monat *m; 2. (usuale)* landläufig; *3. (presente)* zeitgenössisch; *4. (che scorre)* fließend; *f 5. (acqua)* Strömung *f; 6. ~ elettrica* elektrischer Strom *m; ~ alternata* Wechselstrom *m; ~ ad alta tensione* Starkstrom *m; mancanza di ~* Stromausfall *m*
correntezza [korren'tettsa] *f* Kulanz *f*

> **correre** ['korrere] *v irr 1.* eilen, laufen; *2. lasciar ~ qc* etw bleiben lassen
> ◆ *correre dietro* hinterherlaufen
> *correre via* fortlaufen/weglaufen
> *Corre voce che ...* Es geht das Gerücht um, dass ...

corresponsabile [korrespon'saːbile] *adj 1.* mitschuldig, mitverantwortlich; *m/f 2.* Mitverantwortliche(r) *m/f*
correttamente [korretta'mente] *adv 1.* fair; *2. (senza errori)* korrekt, fehlerfrei
correzione [korretsi'oːne] *f* Korrektur *f*
corrida [kor'riːda] *f* Stierkampf *m*
corridoio [korri'doːio] *m 1.* Flur *m,* Korridor *m; 2. (di casa)* Gang *m*
corridore [korri'doːre] *m 1.* Läufer *m; 2. (con un veicolo)* Rennfahrer *m*
corriere [korri'ɛːre] *m* Kurier *m,* Eilbote *m*
corrispondente [korrispon'dɛnte] *adj 1.* dementsprechend, entsprechend; *m/f 2.* Korrespondent(in) *m/f*
corrispondenza [korrispon'dɛntsa] *f 1.* Briefwechsel *m; ~ commerciale* Handelskorrespondenz *f; 2. (uguaglianza)* Übereinstimmung *f*
corrispondere [korris'pondere] *v irr 1.* entsprechen; *2. (lettera)* korrespondieren
corrompere [kor'rompere] *v irr 1.* bestechen; *2. (fig: influire negativamente)* verderben

C

C

corrosione [korrozi'oːne] *f CHEM* Korrosion *f*
corrotto [kor'rotto] *adj 1.* korrupt; *2. (fig)* verdorben; *3. (fig: cibi)* verdorben; *4. (depravato)* ungenießbar
corruzione [korrutsi'oːne] *f* Bestechung *f*
corsa ['korsa] *f 1.* Laufen *n,* Rennen *n; di ~* schleunigst; *2. (di persona)* Lauf *m; ~ ad ostacoli* Hürdenlauf *m; ~ di staffetta* Staffellauf *m; 3. SPORT* Rennen *n; ~ automobilistica* Autorennen *n; ~ di cavalli* Pferderennen *n; ~ al trotto* Trabrennen *n; 4. TECH* Hub *m; 5. ~ agli armamenti MIL* Wettrüsten *n*
corsia [kor'siːa] *f 1.* Fahrspur *f; a una ~* einspurig; *~ d'emergenza* Standspur *f; 2. (del traffico)* Durchfahrtsstraße *f; 3. (corridoio)* Flur *m*
corso ['korso] *m 1.* Kurs *m; ~ di danza* Tanzkurs *m; ~ di nuoto* Schwimmkurs *m; ~ per corrispondenza* Fernkurs *m; ~ serale* Abendkurs *m; 2. (decorso)* Verlauf *m,* Lauf *m; ~ del fiume* Flussverlauf *m; 3. ~ mascherato* Karnevalszug *m; 4. FIN* Kurs *m; ~ azionario* Aktienkurs *m; ~ d'acquisto* Ankaufskurs *m; ~ di borsa* Börsenkurs *m*
corte ['korte] *f 1. JUR* Gericht *n; ~ costituzionale* Verfassungsgericht *n; ~ di giustizia* Gerichtshof *m; 2. ~ del re* Königshof *m*
corteccia [kor'tettʃa] *f* Rinde *f*
corteggiare [korted'dʒaːre] *v* umschwärmen
corteggiatore [korteddʒa'toːre] *m* Verehrer *m*
corteo [kor'tɛːo] *m* Umzug *m; ~ carnevalesco* Karnevalsumzug *m*
cortese [kor'teːze] *adj* höflich
cortesia [korte'ziːa] *f* Höflichkeit *f; per ~* bitte
cortile [kortiːle] *m* Hof *m*
cortisone [korti'zoːne] *m* Kortison *n*
corto ['korto] *adj 1.* kurz; ◆ *tener corto* sparen; *tagliar corto* kurz angebunden sein; *2. (poco intelligente)* dümmlich, beschränkt; *m 3. ~ circuito TECH* Kurzschluss *m*
corvo ['kɔrvo] *m ZOOL* Rabe *m*

cosa ['kɔːsa] *f* Ding *n,* Sache *f; a che ~* wozu, wonach, woran; *da che ~* woraus; *~ ovvia* Selbstverständlichkeit *f; ~ principale* Hauptsache *f; ~ secondaria* Nebensache *f*
◆ *Che cosa?* Was?
Da cosa nasce cosa. Es ergibt sich von selbst.
per prima cosa zuerst/als Erstes

coscia ['kɔːʃa] *f 1. GAST* Keule *f; 2. ANAT* Oberschenkel *m*
cosciente [ko'ʃɛnte] *adj* bewusst
coscienza [ko'ʃɛntsa] *f 1.* Gewissen *n; 2. (consapevolezza)* Bewusstsein *f; ~ di sé* Selbstbewusstsein *n*
coscienzioso [koʃentsi'oːso] *adj* gewissenhaft

così [ko'si] *adv 1.* so, derart; *~ ~* so la la; *non ~ tanto* nicht so viel; *2. (tale)* solch ein; *konj 3.* also; *4. (perciò)* so
◆ *Basta così.* Das reicht.

cosicché [kosik'ke] *konj* sodass
cosiddetto [kosi'detto] *adj* sogenannt
cosmesi [koz'mɛːsi] *f* Kosmetik *f*
cosmico ['kɔzmiko] *adj* kosmisch
cosmo ['kɔzmo] *m* All *n,* Kosmos *m*
cosmopolita [kozmopo'liːta] *m/f 1.* Kosmopolit(in) *m/f, adj 2.* kosmopolitisch
cospargere [kos'pardʒere] *v irr 1. (fiori)* ausstreuen; *2. (liquidi)* befeuchten, benetzen; *~ di* besprengen mit

cospicuo [kos'piːkuo] *adj* ansehnlich
cospirare [kospi'raːre] *v* sich verschwören
cospirazione [kospiratsi'oːne] *f* *1.* Verrat *m;* *2. (congiura)* Komplott *m,* Verschwörung *f*
costa ['kɔsta] *f GEO* Küste *f*
costante [kos'tante] *adj 1.* konstant; *2. (ininterrotto)* ständig, stetig; *f 3.* Konstante *f*
costanza [kos'tantsa] *f* Beständigkeit *f,* Beharrlichkeit *f*

> **costare** [kos'taːre] *v (prezzo)* kosten
> ◆ *Quanto costa questo?* Wie viel kostet das?
> *Costi quel che costi.* Koste es was es wolle.
> *Ti costerà caro!* Das wird dich teuer zu stehen kommen!

costatare [kosta'taːre] *v* feststellen
costellazione [kostellatsi'oːne] *f* Sternbild *n*
costernazione [kosternatsi'oːne] *f* Bestürzung *f*
costiero [kosti'ɛːro] *adj* Küsten...
costituire [kostitu'iːre] *v irr 1.* gründen; *2. (formare)* formen, bilden
costituirsi [kostitu'irsi] *v irr 1.* sich bilden, sich konstituieren; ◆ *costituirsi in nazione* sich zu einer Nation zusammenschließen; *2. (alla polizia)* sich der Polizei stellen
costituzione [kostitutsi'oːne] *f POL* Verfassung *f*

> **costo** ['kɔsto] *m* Preis *m,* Kosten *pl;* *~ della vita* Lebenshaltungskosten *pl;* *costi d'acquisto* Anschaffungskosten *pl*
> ◆ *ad ogni costo* um jeden Preis
> *a nessun costo* um keinen Preis
> ≠ *costa f* Küste

costola ['kɔstola] *f 1. GAST* Rippe *f;* *2. ANAT* Rippe *f*
costoletta [kosto'letta] *f 1. GAST* Kotelett *n;* *2. (costata) GAST* Rippe *f*
costringere [kos'trindʒere] *v* zwingen
costrizione [kostritsi'oːne] *f* Zwang *m;* *~ di tasto* Tastenzwang *m*
costruire [kostru'iːre] *v irr 1.* bauen; *2. (fig)* konstruieren
costruttore [kostrut'toːre] *adj 1.* Bau... *m 2. (chi costruisce)* Erbauer *m,* Bauträger *m;* *3. (architetto)* Architekt *m*
costruzione [kostrutsi'oːne] *f* Konstruktion *f;* *nuova ~* Neubau *m;* *costruzioni aeronautiche* Flugzeugbau *m;* *~ navale* Schiffbau *m*
costui [kos'tui] *pron* der dort
costume [kos'tuːme] *m 1.* Kostüm *n,* Tracht *f;* *~ da bagno* Badeanzug *m;* *~ di carnevale* Faschingskostüm *n;* *2. (uso)* Sitte *f;* *buon ~* Sittlichkeit *f*
cotenna [ko'tenna] *f (libro)* Schwarte *f*
cotoletta [koto'letta] *f GAST* Schnitzel *n;* *~ alla milanese* Wiener Schnitzel *n*
cotone [ko'toːne] *m 1. BOT* Baumwolle *f;* ◆ *È puro cotone questo?* Ist das reine Baumwolle? *2. (bambagia)* Watte *f*
cotto ['kɔtto] *adj GAST* gar, gekocht
cottura [kot'tuːra] *f 1. ~ al forno GAST* Backen *n;* *2. ~ in graticola* Rösten *n*
covare [ko'vaːre] *v 1.* ausbrüten, brüten; *2. (fig)* hegen
covo ['koːvo] *m 1. (animali feroci)* Tierhöhle *f;* *2. (di ladri)* Räuberhöhle *f;* *3. (di una volpe)* Fuchsbau *m,* Bau *m*
cozza ['kɔttsa] *f ZOOL* Miesmuschel *f*
crampo ['krampo] *m MED* Krampf *m;* *~ al polpaccio* Wadenkrampf *m*
cranio ['kraːnio] *m ANAT* Schädel *m*
cratere [kra'tɛːre] *m* Krater *m;* *~ di bombe* Bombenkrater *m*
crauti ['kraːuti] *m/pl GAST* Kraut *n*

C

cravatta [kra'vatta] *f* Krawatte *f*
creare [kre'aːre] *v* *1.* erschaffen; *2.* *(suscitare)* auslösen, erregen
crearsi [kre'arsi] *v* sich verschaffen
C **creatività** [kreativi'ta] *f* Kreativität *f*
creativo [krea'tiːvo] *adj* kreativ
creato [kre'aːto] *adj* *1.* kreiert; *m* *2.* Schöpfung *f*, Universum *n*
creatore [krea'toːre] *m* Schöpfer *m*; *~ di moda* Modeschöpfer *m*
creatura [krea'tuːra] *f* Lebewesen *n*
creazione [kreatsi'oːne] *f* Schöpfung *f*
credente [kre'dɛnte] *adj* *1.* *REL* gläubig; *m/f* *2.* *REL* Gläubige(r) *m/f*
credenza[1] [kre'dɛntsa] *f* *REL* Glaube *m*
credenza[2] [kre'dɛntsa] *f* Küchenschrank *m*, Anrichte *f*

> **credere** ['kreːdere] *v* glauben
> ◆ *credere in Dio* an Gott glauben
> *credere alle proprie forze* an die eigenen Kräfte glauben
> ≠ *crescere v irr* aufwachsen

credibile [kre'diːbile] *adj* glaubwürdig
credito ['kreːdito] *m* *1.* Ruf *m*; *2.* *(fede)* Glaube *m*; ◆ *dare credito alle maldicenze* Verleumdungen glauben; *3.* *(prestito)* *ECO* Kredit *m*; *4.* *(avere)* *ECO* Haben *n*; ◆ *mettere in credito* gutschreiben
creditore [kredi'toːre] *m* *ECO* Gläubiger *m*
credo ['krɛːdo] *m* *REL* Glaubensbekenntnis *n*
credulone [kredu'loːne] *adj* leichtgläubig
crema ['krɛːma] *f* *1.* Creme *f*; *2.* *(pomata)* Creme *f*; *~ da barba* Rasiercreme *f*; *~ solare* Sonnencreme *f*
cremazione [krematsi'oːne] *f* Feuerbestattung *f*, Einäscherung *f*
crepa ['krɛːpa] *f* *(fessura)* Riss *m*, Sprung *m*; *pieno di crepe* rissig
crepaccio [kre'pattʃo] *m* Aufbruch *m*, Riss *m*, Spalte *f*
crepare [kre'paːre] *v* verenden; ◆ *crepare dalle risate* sich totlachen
crepuscolo [kre'puskolo] *m* Dämmerung *f*
crescente [kre'ʃɛnte] *adj* steigend

> **crescere** ['kreːʃere] *v irr* *1.* aufwachsen, heranwachsen; *2.* *(aumentare)* wachsen, zunehmen; *3.* *(suono)* anschwellen
> ≠ *credere v* glauben

crescita ['kreːʃita] *f* Wachstum *n*
cresima ['krɛːzima] *f* *1.* *(cattolica)* *REL* Firmung *f*; *2.* *(evangelica)* Konfirmation *f*
crespo ['krespo] *adj* *1.* kraus; *2.* *(pelle)* runzlig; *m* *3.* Krepp *m*
cresta ['kresta] *f* *1.* Grat *m*, Bergkamm *m*; *2.* *(di uccello, di gallo)* *ZOOL* Kamm *m*
creta ['kreːta] *f* *(argilla)* Ton *m*
cretino [kre'tiːno] *adj* *1.* geistesgestört; *m* *2.* *(fig)* Trottel *m*
cricco ['krikko] *m* Wagenheber *m*
criceto [kri'tʃeːto] *m* Hamster *m*
criminale [krimi'naːle] *adj* *1.* kriminell, verbrecherisch; *m/f* *2.* Verbrecher(in) *m/f*, Gewaltverbrecher(in) *m/f*
criminalità [kriminali'ta] *f* Kriminalität *f*
crimine ['kriːmine] *m* Verbrechen *n*
crisi ['kriːzi] *f* Krise *f*; *~ economica* Wirtschaftskrise *f*; *~ governativa* Regierungskrise *f*; *~ d'identità* Identitätskrise *f*
cristallo [kris'tallo] *m* Kristall *n*
cristianesimo [kristia'neːzimo] *m* *REL* Christentum *n*
cristianità [kristiani'ta] *f* *REL* Christenheit *f*

cristiano [kristi'aːno] *adj 1. REL* christlich; *m 2. REL* Christ *m*
Cristo ['kristo] *m REL* Christus *m*
criterio [kri'tɛːrio] *m 1.* Kriterium *n; 2. (senno)* Vernunft *f; 3. (elemento di giudizio)* Maßstab *m,* Kriterium *n*
critica ['kriːtika] *f* Kritik *f*
criticare [kriti'kaːre] *v 1.* kritisieren; *2. (brontolare)* nörgeln
critico ['kriːtiko] *adj 1. (difficile)* kritisch, schwer; *m 2.* Kritiker *m*
croccante [krok'kante] *adj 1.* knusprig; *m 2. GAST* Krokant *m*
croce ['kroːtʃe] *f* Kreuz *n; ~ uncinata* Hakenkreuz *n*
crocevia [krotʃe'viːa] *m* Kreuzung *f*
crociata [kro'tʃaːta] *f* Kreuzzug *m*
crociera [kro'tʃɛːra] *f* Kreuzfahrt *f*
crocifissione [krotʃifissi'oːne] *f REL* Kreuzigung *f*
crocifisso [krotʃi'fisso] *m REL* Kruzifix *n*
crogiolarsi [krodʒo'laːrsi] *v 1.* sich räkeln, sich aalen; *2. (abbandonarsi a qc con molto piacere)* schwelgen; *3. (deliziarsi)* sich weiden
crogiolo [kro'dʒɔːlo] *m* Schmelztiegel *m*
crollare [krol'laːre] *v 1.* einstürzen; *2. (soffitto)* einbrechen; *3. (edificio)* zusammenfallen; *4. (marcio)* zerfallen; *5. (fig: addosso)* hereinbrechen; *6. (fig: non farcela più)* schlappmachen
crollo ['krɔllo] *m 1.* Einbruch *m; 2. (rovina)* Ruin *m; 3. MED* Zusammenbruch *m; 4. ~ in borsa FIN* Börsenkrach *m*
cromo ['krɔːmo] *m CHEM* Chrom *m*
cromosoma [kromo'sɔːma] *m BIO* Chromosom *n*
cronaca ['krɔːnaka] *f* Chronik *f,* Reportage *f; ~ locale* Lokalnachrichten *pl*
cronico ['krɔːniko] *adj* chronisch
cronista [kro'nista] *m/f* Reporter(in) *m/f*
cronologia [kronolo'dʒiːa] *f* Chronologie *f*
cronometro [kro'nɔːmetro] *m* Stoppuhr *f*

C

crosta ['krɔsta] *f 1.* Kruste *f; ~ del pane* Brotkruste *f; 2. GAST* Rinde *f; 3. MED* Schorf *m*
crostino [kros'tiːno] *m GAST* Toast *m*
cruciverba [krutʃi'vɛrba] *m* Kreuzworträtsel *n; ~ sillabico* Silbenrätsel *n*
crudeltà [krudel'ta] *f* Grausamkeit *f*
crudo ['kruːdo] *adj* roh, herb
cubetto [ku'betto] *m* Würfel *m; ~ di ghiaccio* Eiswürfel *m*
cubo ['kuːbo] *m MATH* Würfel *m; metro ~* Kubikmeter *m*
cuccetta [kut'tʃetta] *f 1.* Koje *f; 2. vagone a cuccette* Liegewagen *m*
cucchiaino [kukkia'iːno] *m* kleiner Löffel *m; ~ da caffè* Kaffeelöffel *m*
cucchiaio [kukki'aːio] *m* Esslöffel *m,* Löffel *m; ~ da minestra* Suppenlöffel *m*
cucciolo ['kuttʃolo] *m* Welpe *m*
cucina [ku'tʃiːna] *f 1. (camera)* Küche *f; 2. (il cucinare)* Küche *f; ~ casalinga* Hausmannskost *f; 3. (apparecchio)* Herd *m; ~ a gas* Gasherd *m*

> **cucinare** [kutʃi'naːre] *v (preparare)* kochen
> ◆ *Mi hanno cucinato ben bene! (fam)* Die haben mich ganz schön zugerichtet!

cucire [ku'tʃiːre] *v 1.* nähen; *2. (imbastire)* heften; *3. (rammendare)* stopfen
cucito [ku'tʃiːto] *adj 1.* genäht; *m 2.* Näharbeit *f*
cucitura [kutʃi'tuːra] *f* Naht *f*
cuculo ['kuːkulo/ku'kuːlo] *m ZOOL* Kuckuck *m*
cuffia ['kuffia] *f 1.* Haube *f; 2. (apparecchio)* Kopfhörer *m*

C

cugina [ku'dʒiːna] *f* Kusine *f*, Base *f*
cugino [ku'dʒiːno] *m* Cousin *m*
cui ['kui] *pron* dem, der, denen; den, die, das, die *pl;* dessen, deren; *da* ~ woraus; *per* ~ weswegen
culinario [kuli'naːrio] *adj* kulinarisch, Küchen... *arte culinaria* Kochkunst *f*
culla ['kulla] *f* Wiege *f*
cullare [kul'laːre] *v* wiegen
culmine ['kulmine] *m 1.* Höhepunkt *m; 2. (fig)* Spitze *f*
culto ['kulto] *m* Kult *m*
cultura [kul'tuːra] *f* Kultur *f*
culturale [kultu'raːle] *adj* kulturell, Kultur... *addetto* ~ Kulturattaché *m*
cumino [ku'miːno] *m BOT* Kümmel *m*
cumulo ['kuːmulo] *m 1.* Stapel *m*, Haufen *m; 2. ~ di stipendi* Doppelverdienst *m*
cuneo ['kuːneo] *m* Keil *m*
cunetta [ku'netta] *f* Gosse *f*
cuoca [ku'ɔːca] *f* Köchin *f*
cuocere [ku'ɔːtʃere] *v irr 1.* kochen; *2. (infornare)* backen; *3. (stufare) GAST* dünsten; *~ a vapore* dämpfen
cuoco [ku'ɔːko] *m* Koch *m*
cuoio [ku'ɔːio] *m 1.* Leder *n; ~ artificiale* Kunstleder *n; vero ~* echtes Leder *n; 2. (pelle degli animali)* Haut *f*

cuore [ku'ɔːre] *m 1.* Herz *n; 2. (centro)* Kern *m*, Zentrum *n*
◆ *avere una spina nel cuore* etw auf dem Herzen haben
rodersi il cuore vor Wut platzen
avere il cuore sulle labbra sein Herz auf der Zunge tragen
≠ *coro m* Chor

cupo ['kuːpo] *adj 1.* dunkel; *2. (in viso)* finster; *3. (suono)* dumpf
cura ['kuːra] *f 1.* Pflege *f; 2. (assistenza)* Betreuung *f; 3. (previdenza)* Vorsorge *f; 4. (accuratezza)* Sorgfalt *f; 5. MED* Behandlung *f; ~ dei raggi* Bestrahlung *f; 6. MED* Kur *f*
curare [ku'raːre] *v 1.* pflegen; *2. MED* behandeln; *~ con i raggi* bestrahlen
curarsi [ku'rarsi] *v 1.* sich pflegen; *2. ~ di qc* sich um etw kümmern
curato [ku'raːto] *adj 1. (persona)* gepflegt; *m 2. REL* Pfarrer *m*
curia ['kuːria] *f* Kurie *f*
curiosità [kuriosi'ta] *f 1.* Neugier *f; 2. (cosa degna di essere vista)* Sehenswürdigkeiten *pl*
curioso [kuri'oːso] *adj 1.* neugierig; *2. (strano)* komisch; *m 3.* Schaulustiger *m*
curriculum [kur'riːkulum] *m ~ vitae* Lebenslauf *m*
curva ['kurva] *f* Kurve *f; pieno di curve* kurvenreich
curvare [kur'vaːre] *v 1.* krümmen, biegen; *2. (svoltare)* abbiegen
curvo ['kurvo] *adj 1. (storto)* gekrümmt; *2. (curvato)* geschwungen; *3.* altersschwach
cuscinetto [kuʃi'netto] *m TECH* Lager *n; ~ a sfere* Kugellager *n*
cuscino [ku'ʃiːno] *m 1.* Kissen *n; 2. (di una poltrona)* Polster *n*
custode [kus'tɔːde] *m 1. (sorvegliante)* Kontrolleur *m; 2. (guardiano)* Wärter *m; 3. (di un carcere)* Gefängniswärter *m; 4. (portinaio)* Türsteher *m*, Hausmeister *m; 5. angelo ~* Schutzengel *m*
custodia [kus'tɔːdia] *f 1.* Etui *n; ~ del violino* Geigenkasten *m; 2. (protezione, cura)* Gewahrsam *m*, Obhut *f; ~ preventiva* Untersuchungshaft *f*
custodire [kusto'diːre] *v irr 1.* behüten; ◆ *Il parcheggio è custodito?* Ist der Parkplatz bewacht? *2. (conservare)* aufbewahren; *3. (sorvegliare)* überwachen
cute ['kuːte] *f ANAT* Haut *f*

D

da [da] *prep 1. (luogo)* ab, aus, von, bei, zu; ~ *Firenze* ab Florenz; ~ *qualche parte* irgendwo; ~ *capo* noch einmal, von vorn; ~ *capo a fondo* von oben bis unten; *2. (tempo)* her, seit, von; ~ *allora* seitdem; ~ *domani* ab morgen; *~ll'una* ab ein Uhr; *~lle ... alle* von ... bis ... *3. (Cagente)* von, durch; *4. (causale)* vor; ~ *sé* freiwillig; *konj 5.* zu
◆ *da accreditare* nur zur Verrechnung
Vengo dalla Germania. Ich komme aus Deutschland.
Come arrivo da qui a Monaco? Wie komme ich von hier aus nach München?
Da dove viene? Woher kommen Sie?

dabbene [dabˈbɛːne] *adj 1.* gut; *2. (onesto)* rechtschaffen; *3. dabben uomo* Dummkopf *m*
daccapo [dakˈkaːpo] *adv* von vorne
dacché [dakˈke] *konj* seitdem, da
dado [ˈdaːdo] *m 1.* Würfel *m;* ◆ *giocare a dadi* Würfel spielen; *2. TECH* Mutter *f*
dai [dai] *interj* na, auf
daltonico [dalˈtɔːniko] *adj* farbenblind
dama [ˈdaːma] *f 1.* Dame *f; 2. (gioco)* Damespiel *n*
danaroso [danaˈroːso] *adj* reich, wohlhabend
danese [daˈneːse] *adj 1.* dänisch; *m/f 2.* Däne/Dänin *m/f*
Danimarca [daniˈmarka] *f GEO* Dänemark *n*
dannare [danˈnaːre] *v* verdammen
dannarsi [danˈnarsi] *v 1.* sich verdammen, sich verfluchen; *2. (logorarsi per il troppo lavoro)* sich abarbeiten; ◆ *dannarsi l'anima* sich zu Tode quälen
danneggiare [dannedˈdʒaːre] *v 1.* schaden; *2. (nuocere)* beeinträchtigen, lädieren; *3. (fare danno)* beschädigen
danno [ˈdanno] *m 1.* Beschädigung *f,* Schaden *m;* ~ *totale* Totalschaden *m;* ◆ *provocare danni/recare danni* Schaden zufügen; *risarcire il danno* für den Schaden aufkommen; *2. (il nuocere)* Beeinträchtigung *f*
dannoso [danˈnoːso] *adj* schädlich
Danubio [daˈnuːbio] *m GEO* Donau *f*
danza [ˈdantsa] *f* Tanz *m*
danzare [danˈtsaːre] *v* tanzen
dappertutto [dapperˈtutto] *adv* überall
dappoco [dapˈpɔːko] *adj* unnütz
dapprima [dapˈpriːma] *adv* zuerst

dare [ˈdaːre] *v irr 1.* geben, reichen; *2. (porgere)* hergeben; *3. (impartire, concedere)* erteilen; *4. (consegnare)* übergeben; *5. (spalmare)* auftragen; *6.* ~ *il cambio a qd* jdn ablösen; *7.* ~ *una voce (fig)* rufen; *m 8. ECO* Soll *n*
◆ *dare a un altro* weitergeben
dare ad intendere zu verstehen geben
dare del tu/dare del lei duzen/siezen
dare fuoco Feuer legen

darsi [ˈdarsi] *v 1.* sich widmen, sich hingeben; ◆ *darsi a fare qc* etw zu tun beginnen; *2.* ◆ *darsi da fare* sich Mühe geben; *darsi per vinto* sich für besiegt erklären; *darsi pensiero* sich Sorgen machen; *darsi il vanto* sich rühmen; *darsi* *delle arie* sich aufspielen; 3. *(occasione)* sich ereignen, sich ergeben; 4. ◆ *può darsi* es kann sein; 5. ◆ *darsi all'ippica (fig)* umsatteln

D

> **data** [ˈdaːta] *f* Datum *n,* Termin *m; in tale ~* zu diesem Zeitpunkt; *la ~ di oggi* das heutige Datum; *~ di conservazione* Haltbarkeitsdatum *n; ~ di nascita* Geburtsdatum *n; ~ di rappresentazione* Vorstellungstermin *m*
> ≠ *dato m* Angabe

datare [daˈtaːre] *v* datieren
dativo [daˈtiːvo] *m* Dativ *m*
dato [ˈdaːto] *adj 1.* gegeben; ◆ *dato che* angenommen, dass; *m 2.* Angabe *f; ~ di fatto* Tatsache *f; 3. dati pl* Daten *pl; dati di riferimento* Eckdaten *pl*
datore [daˈtoːre] *m* Spender *m; ~ di lavoro* Arbeitgeber *m*
dattero [ˈdattero] *m BOT* Dattel *f*
davanti [daˈvanti] *adv 1. (luogo)* voraus; *2. (moto)* vorbei, vorüber; *3. (all'inizio, in testa)* vorn; *lì ~* da vorn; ◆ *sedersi davanti* sich nach vorne setzen; *prep 4. ~ a* vor, gegenüber; *~ a che cosa* wovor; *~ a cui* wovor; *adj 5. (tavola, sedile)* Vorder... *le gambe ~* die Vorderbeine *pl*
davanzale [davanˈtsaːle] *m* Fensterbank *f*
davvero [davˈveːro] *adv 1. wirklich, tatsächlich; interj 2. ah, ~* ach so, wirklich; ◆ *Ma davvero!* Wirklich!
daziere [datsiˈɛːre] *m* Zollbeamter *m*
dazio [ˈdaːtsio] *m 1. (tassa)* Zoll *m; ~ d'importazione* Einfuhrzoll *m*; *esente da ~* zollfrei; *2. (guardia daziaria)* Zollbehörde *f; ufficio del ~* Zollamt *n*
dea [ˈdɛːa] *f* Göttin *f*
debellare [debelˈlaːre] *v 1. (una malattia, il nemico)* besiegen, überwinden; 2. *(annientare combattendo)* bekämpfen
debito [ˈdeːbito] *m 1. ECO* Schuld *f; debiti* Schulden *pl;* ◆ *avere un ~ con qd* jdm etwas schulden; *2. (conto) ECO* Soll *n*; *adj 3.* gebührend; *4. (oppurtuno)* passend
debitore [debiˈtoːre] *m ECO* Schuldner *m*
debole [ˈdeːbole] *adj 1.* schwach, matt; *~ d' udito* schwerhörig; *punto ~* Schwachstelle *f;* ◆ *sentirsi debole* sich schwach fühlen; *2. (instabile)* haltlos; *3. (gracile)* schwächlich; *m 4.* Schwächling *m*
debolezza [deboˈlettsa] *f* Schwäche *f; ~ immunitaria* Immunschwäche *f*
decadenza [dekaˈdɛntsa] *f 1.* Dekadenz *f; 2. (di un termine)* Verfall *m*
decadere [dekaˈdeːre] *v irr 1. (fig)* fallen; *2. (di civiltà, di salute)* verfallen
decaduto [dekaˈduːto] *adj 1.* heruntergekommen, verfallen; *2. termine ~* verfallener Termin *m*
decantare [dekanˈtaːre] *v* preisen
deceduto [detʃeˈduːto] *adj 1.* verstorben; *m 2.* Tote(r) *m/f*
decennio [deˈtʃɛnnio] *m* Jahrzehnt *n*
decente [deˈtʃɛnte] *adj* anständig
decesso [deˈtʃɛsso] *m 1.* Ableben *n,* Tod *m; 2. decessi pl* Todesfälle *pl*
decidere [deˈtʃiːdere] *v irr* entscheiden, beschließen

> **decidersi** [deˈtʃidersi] *v irr* sich entschließen, sich entscheiden
> ◆ *Non mi posso decidere.* Ich kann mich nicht entscheiden.

decifrare [detʃiˈfraːre] *v* entziffern
decimale [detʃiˈmaːle] *adj MATH* dezimal; *numero ~* Dezimalzahl *f*
decimare [detʃiˈmaːre] *v* dezimieren
decimo [ˈdɛːtʃimo] *adj* zehnte(r,s)
decina [deˈtʃiːna] *f* etwa zehn

decisamente [detʃiza'mente] *adv* entschieden, entschlossen
decisione [detʃizi'o:ne] *f* 1. Entscheidung *f*; ~ *sbagliata* Fehlentscheidung *f*; ~ *di maggioranza* Mehrheitsbeschluss *m*; ◆ *prendere una decisione* eine Entscheidung treffen; 2. *(risolutezza)* Entschluss *m*, Entschiedenheit *f*; *con* ~ zielbewusst; 3. *(conclusione)* Beschluss *m*
decisivo [detʃi'zi:vo] *adj* ausschlaggebend, entscheidend
deciso [de'tʃi:zo] *adj* bestimmt, entschieden
declinare [dekli'na:re] *v* 1. *(fig)* ablehnen; 2. *(impero)* untergehen, sinken; 3. *GRAMM* deklinieren
declinazione [deklinatsi'o:ne] *f* Deklination *f*
declino [de'kli:no] *m* 1. *(perdita)* Verfall *m*; 2. *(fig)* Abstieg *m*
declivio [de'kli:vio] *m* (Berg)Hang *m*
decollare [dekol'la:re] *v (aereo)* abfliegen, abheben; ◆ *Quando decolla l'aereo per Monaco?* Wann startet die Maschine nach München?
decollo [de'kɔllo] *m* Abflug *m*
decolorare [dekolo'ra:re] *v* entfärben
decomporre [dekom'porre] *v irr* auseinander nehmen, zerlegen
decorare [deko'ra:re] *v* dekorieren
decoratore [dekora'to:re] *m* Dekorateur *m*
decorazione [dekoratsi'o:ne] *f* 1. Dekoration *f*, Dekor *m/n*; 2. *(onore)* Orden *m*; 3. *(ornamento)* Verzierung *f*
decoro [de'kɔ:ro] *m* Anstand *m*
decoroso [deko'ro:so] *adj* ehrenhaft, anständig
decorrenza [dekor'rɛntsa] *f* Laufzeit *f*; ◆ *con decorrenza dal tre aprile* ab dem dritten April; *con decorrenza immediata* ab sofort
decorso [de'korso] *m* Ablauf *m*; ~ *di una malattia* Krankheitsverlauf *m*
decrepito [de'krɛ:pito] *adj* 1. altersschwach; 2. *(persona)* gebrechlich
decretare [dekre'ta:re] *v* verordnen
decreto [de'kre:to] *m* 1. Verordnung *f*; 2. *JUR* Dekret *n*; ~ *bilaterale* Doppelbeschluss *m*; ~ *giudiziario* Gerichtsbeschluss *m*
dedalo ['dɛ:dalo] *m* Labyrinth *n*, Irrgarten *m*; ~ *di strade* Straßengewirr *n*
dedica ['dɛ:dika] *f* Widmung *f*
dedicare [dedi'ka:re] *v* widmen
dedotto [de'dotto] *adj* abzüglich
deducibile [dedu'tʃi:bile] *adj* 1. folgerbar, ableitbar; 2. *(desumibile)* abziehbar; 3. *(dal reddito tassabile) FIN* steuerlich absetzbar
dedurre [de'durre] *v irr* 1. folgern, Schlüsse ziehen; 2. *(fig)* ableiten
deficiente [defi'tʃɛnte] *adj* mangelhaft
deficienza [defi'tʃɛntsa] *f* 1. Schwachsinn *m*; 2. *(inadeguatezza)* Unzulänglichkeit *f*
deficit ['dɛ:fitʃit] *m* 1. Defizit *n*; 2. *ECO* Fehlbetrag *m*
definire [defi'ni:re] *v* bestimmen
definitivo [defini'ti:vo] *adj* entgültig
definizione [definitsi'o:ne] *f* Definition *f*; *di alta* ~ hochauflösend
defluire [deflu'i:re] *v* abfließen
deflusso [de'flusso] *m* 1. Ablauf *m*; 2. *ECO* Abfluss *m*
deformazione [deformatsi'o:ne] *f* 1. Deformation *f*; 2. *MED* Verkrüppelung *f*
deforme [de'forme] *adj* 1. missgebildet; 2. *MED* verkrüppelt
defunto [de'funto] *adj* 1. tot, verstorben; *m* 2. Verstorbener *m*; *giorno dei defunti* Allerseelen *n*

D

D

degenerare [dedʒene'raːre] *v* ausarten, degenerieren
degenerazione [dedʒeneratsi'oːne] *f* Degeneration *f*, Entartung *f*
degente [de'dʒɛnte] *adj 1.* bettlägerig; *m/f 2. MED* Patient(in) *m/f*
degnare [de'ɲaːre] *v* würdigen
degno ['deːɲo] *adj* würdig, wert; *~ di approvazione* anerkennenswert; *~ di fede* glaubhaft; *~ di nota* bemerkenswert
degradamento [degrada'mento] *m* Abstufung *f*
degradante [degra'dante] *adj* entwürdigend, erniedrigend
degradare [degra'daːre] *v* abstufen
degustare [degus'taːre] *v 1.* kosten, probieren; *2. (assaggiare)* abschmecken
delega ['dɛːlega] *f 1.* Vollmacht *f; 2. (atto del delegare)* Delegierung *f*
delegare [dele'gaːre] *v* delegieren
delegato [dele'gaːto] *m 1. JUR* Bevollmächtigter *m; 2. POL* Delegierter *m*
delegazione [delegatsi'oːne] *f 1.* Delegation *f; 2. (di un ordine)* Übertragung *f*
deleterio [dele'tɛːrio] *adj* zerstörerisch
delfino¹ [del'fiːno] *m ZOOL* Delfin *m*
delfino² [del'fiːno] *m (successore)* Nachfolger *m*
delibera [de'liːbera] *f* Beschluss *m*
deliberare [delibe'raːre] *v* beschließen; ◆ *atto a deliberare* beschlussfähig
delicato [deli'kaːto] *adj 1.* delikat, fein; *2. (schizzinoso)* heikel, zimperlich
delimitazione [delimitatsi'oːne] *f* Abgrenzung *f*
delineare [deline'aːre] *v* beschreiben
delinquente [deliŋku'ɛnte] *m* Missetäter *m; ~ passionale* Triebtäter *m*
delinquenza [deliŋku'ɛntsa] *f* Kriminalität *f; ~ minorile* Jugendkriminalität *f*
delirare [deli'raːre] *v* im Wahn reden
delirio [de'liːrio] *m* Delirium *n*

> **delitto** [de'litto] *m* Verbrechen *n*, Straftat *f; ~ capitale* Kapitalverbrechen *n; ~ sessuale* Sexualverbrechen *n*
> ≠ *diletto m* Freude

delizioso [delitsi'oːso] *adj* angenehm, schön
delucidazione [delutʃidatsi'oːne] *f* Erklärung *f*, Begründung *f*
deludere [de'luːdere] *v irr 1.* enttäuschen; *2. (sgomentare)* vereiteln
delusione [deluzi'oːne] *f* Enttäuschung *f*
deluso [de'luːzo] *adj* enttäuscht
demanio [de'maːnio] *m* Domäne *f*
demente [de'mɛnte] *adj* wahnsinnig, blödsinnig
democratico [demo'kraːtiko] *adj 1. POL* demokratisch; *m 2. POL* Demokrat *m*
democrazia [demokra'tsiːa] *f POL* Demokratie *f; ~ di base* Basisdemokratie *f*
demografia [demogra'fiːa] *f* Demografie *f*
demografico [demo'graːfiko] *adj* demografisch; *aumento ~* Bevölkerungszuwachs *m*
demolire [demo'liːre] *v irr 1.* abreißen, demolieren; *2. (rottame)* verschrotten
demolizione [demolitsi'oːne] *f* Abbruch *m*
demone ['dɛːmone] *m* Dämon *m*
demonio [de'mɔːnio] *m 1.* Teufel *m*, Dämon *m; 2. (persona abbietta)* Schuft *m*
denaro [de'naːro] *m* Geld *n; ~ contante* Bargeld *n; ~ sborsato* Auslage *f; ~ per le piccole spese* Taschengeld *n*
denominarsi [denomi'narsi] *v* sich nennen, heißen
denominatore [denomina'toːre] *m 1. MATH* Nenner *m*; 2. Namengeber *m*

densità [densiˈta] *f* Dichte *f*; *~ della popolazione* Bevölkerungsdichte *f*
denso [ˈdɛnso] *adj 1. (liquido)* dick, dickflüssig; *2. (fitto, spesso)* dick, dicht; *densamente popolato* dicht bevölkert
dentatura [dentaˈtuːra] *f ANAT* Gebiss *n*
dente [ˈdɛnte] *m ANAT* Zahn *m*; *~ del giudizio* Weisheitszahn *m*; *~ incisivo* Schneidezahn *m*
dentellato [dentelˈlaːto] *adj* gezackt
dentiera [dentiˈɛːra] *f* künstliches Gebiss *n*, Zahnprothese *f*
dentifricio [dentiˈfriːtʃo] *m* Zahnpasta *f*, Zahncreme *f*
dentista [denˈtista] *m/f* Zahnarzt/ Zahnärztin *m/f*

> **dentro** [ˈdentro] *adv 1.* drinnen; *2. (moto)* hinein; *prep 3.* innerhalb, binnen
> ◆ *Vorremmo restare seduti dentro.* Wir möchten drinnen sitzen bleiben.
> ≠ *dietro adv* hinten

denudare [denuˈdaːre] *v* entblößen, ausziehen; ◆ *denudare la spada* das Schwert ziehen
denuncia [deˈnuntʃa] *f 1. JUR* Anzeige *f*, Strafanzeige *f*; *~ di morte* Todesanzeige *f*; *~ di nascita* Geburtsanzeige *f*; *2. (accusa) JUR* Anklage *f*; *3. (di residenza)* Anmeldung *f*; *4. (notifica)* Anzeige *f*
denunciare [denunˈtʃaːre] *v 1.* anzeigen; *2. (accusare) JUR* anklagen; *3. (notificare)* anmelden
denutrizione [denutritsiˈoːne] *f* Unterernährung *f*
deperire [depeˈriːre] *v irr* verderben
deplorabile [deploˈraːbile] *adj 1.* bedauernswert; *2. (degno di biasimo)* tadelnswert
deplorare [deploˈraːre] *v* bedauern
deporre [deˈporre] *v irr 1.* abstellen, absetzen; *2. (ghirlanda)* niederlegen; *3. (pratica)* ablegen; *4. (fig: carica)* niederlegen; *5. JUR* aussagen; ◆ *deporre a discarico di qd* jdn entlasten
deportare [deporˈtaːre] *v* deportieren, verschicken
depositare [depoziˈtaːre] *v* deponieren, hinterlegen
depositario [depoziˈtaːrio] *m* Verwahrer *m*
depositarsi [depoziˈtarsi] *v* sich absetzen
deposito [deˈpɔːzito] *m 1.* Ablage *f*, Depot *n*; *~ di filtrazione* Klärschlamm *m*; *~ delle immondizie* Mülldeponie *f*; *~ bagagli* Gepäckaufbewahrung *f*; *2. (di merce) ECO* Warenlager *n*; *~ a risparmio* Spareinlage *f*; *3. MED* Ablagerung *f*
depravazione [depravatsiˈoːne] *f* Verkommenheit *f*
deprecare [depreˈkaːre] *v* verwerfen
depredare [depreˈdaːre] *v* plündern
depressione [depressiˈoːne] *f 1.* Depression *f*; *2. MED* Depression *f*, Schwermut *m*; *3. TECH* Unterdruck *m*
depresso [deˈprɛsso] *adj* deprimiert
deprimente [depriˈmɛnte] *adj* deprimierend
deputato [depuˈtaːto] *m POL* Abgeordneter *m*
derelitto [dereˈlitto] *adj 1.* verlassen; *m 2.* Waise *f*
deridere [deˈriːdere] *v irr* auslachen
derisione [derisiˈoːne] *f* Hohn *m*
derivare [deriˈvaːre] *v* abstammen
derivato [deriˈvaːto] *adj 1.* abgeleitet; *m 2.* Nebenerzeugnis *n*, Nebenprodukt *n*
deroga [ˈdɛːroga] *f* Aufhebung *f*, Widerruf *m*; ◆ *in deroga a ...* unter Widerruf von ...
derubare [deruˈbaːre] *v* berauben

descrivere [des'kriːvere] *v* beschreiben
descrizione [deskritsi'oːne] *f* Beschreibung *f*, Darstellung *f*
deserto [de'zɛrto] *m 1.* Wüste *f*, Wildnis *f*; *adj 2.* wüst, unbewohnt ◆ *predicare al deserto (fig)* in den Wind reden
desiderare [deside'raːre] *v* wünschen, erwünschen
desiderio [desi'dɛːrio] *m* Wunsch *m*, Begierde *f*; *~ d'avventura* Abenteuerlust *f*; *~ ardente* sehnlicher Wunsch *m*
desideroso [deside'roːso] *adj* begierig, verlangend; *~ di sapere* wissbegierig
designare [desi'ɲaːre] *v* bezeichnen
designazione [desiɲatsi'oːne] *f 1.* Berufung *f*, Bestimmung *f*; *2. ECO* Designation *f*
dessert [de'sɛːrt] *m 1.* Dessert *n*; *2. GAST* Nachspeise *f*
destare [des'taːre] *v* wecken
destinare [desti'naːre] *v* bestimmen
destinatario [destina'taːrio] *m 1.* Empfänger *m*; *2. (ricevente)* Adressat *m*
destinazione [destinatsi'oːne] *f* Ziel *n*; *luogo di ~* Bestimmungsort *m*
destino [des'tiːno] *m* Schicksal *n*
destituire [destitu'iːre] *v irr* entheben
desto ['desto] *adj* wach, munter
destra ['dɛstra] *f* Rechte *f*; *a ~* rechts
destrezza [des'trettsa] *f* Geschick *n*; *~ di mano* Fingerfertigkeit *f*
destro ['dɛstro] *adj* rechte(r,s)
detective [detek'tiːve] *m* Detektiv *m*
detector [de'tɛktor] *m* Detektor *m*
detenere [dete'neːre] *v irr* innehaben
detentore [deten'toːre] *m* Inhaber *m*
detenuto [dete'nuːto] *m* Strafgefangener *m*
detenzione [detentsi'oːne] *f JUR* Haft *f*; *2. ~ illegale JUR* illegaler Besitz *m*; *~ permanente* Dauerbesitz *m*
determinante [determi'nante] *adj* maßgebend, entscheidend
determinare [determi'naːre] *v* bestimmen
detersivo [deter'siːvo] *m* Reinigungsmittel *n*, Spülmittel *n*
detestare [detes'taːre] *v 1.* verachten; *2. (evitare)* meiden
detrarre [de'trarre] *v irr 1.* abziehen, abrechnen; *2. ECO* absetzen; *3. (sconto) ECO* abziehen
detrazione [detratsi'oːne] *f 1.* Abrechnung *f*, Abzug *m*; *2. (nel bilancio) ECO* Abbuchung *f*; *3. (defalco) ECO* Absetzung *f*
dettagliato [detta'ʎaːto] *adj* ausführlich, detailliert
dettaglio [det'taːʎo] *m* Detail *n*
dettare [det'taːre] *v* diktieren
dettato [det'taːto] *m* Diktat *n*
detto ['detto] *adj 1.* gesagt, oben genannt; *m 2.* Sprichwort *n*, Redewendung *f*
devastare [devas'taːre] *v* verwüsten, verheeren
devastazione [devastatsi'oːne] *f* Verwüstung *f*, Verheerung *f*
deviare [devi'aːre] *v 1.* ablenken; *2. (cambiare direzione)* abweichen; *3. (acqua)* ableiten
deviazione [deviatsi'oːne] *f 1.* Umleitung *f*; *2. (cambiamento di direzione)* Abweichung *f*
devoto [de'vɔːto] *adj* andächtig
devozione [devotsi'oːne] *f 1.* Andacht *f*; *2. (dedizione)* Ergebenheit *f*, Hingabe *f*
di [di] *prep 1. (spezificatione)* von; *2. (fatto di)* aus; *3. (comparazione)* als;

4. (luogo) von; *5. (tempo)* an, bei, über; ~ *mattina* morgens; *6. (causale)* vor; *7. (con l'infinito)* zu

diabetico [dia'bɛːtiko] *m MED* Diabetiker *m*

diabolico [dia'bɔːliko] *adj* teuflisch

diagnosi [di'aːɲozi] *f MED* Befund *m*

diagnosticare [diaɲosti'kaːre] *v* diagnostizieren

diagonale [diago'naːle] *adj 1.* diagonal; *f 2.* Diagonale *f*

diagramma [dia'gramma] *m* Diagramm *n*

dialisi [di'aːlizi] *f MED* Dialyse *f*

dialogo [di'aːlogo] *m* Dialog *m*

diametro [di'aːmetro] *m* Durchmesser *m*

diario [di'aːrio] *m* Tagebuch *n*

diarrea [diar'rɛːa] *f MED* Durchfall *m;* ◆ *Ha qc contro la diarrea?* Haben Sie etw gegen Durchfall?

diavolo [di'aːvolo] *m* Teufel *m*

dibattere [di'battere] *v* diskutieren

dibattimento [dibatti'mento] *m 1.* Diskussion *f; 2. JUR* Verhandlung *f*

dibattito [di'battito] *m 1.* Aussprache *f,* Diskussion *f; 2. JUR* Verhandlung *f; 3. POL* Debatte *f*

dicembre [di'tʃɛmbre] *m* Dezember *m*

diceria [ditʃe'riːa] *f 1.* Gerücht *n; 2. dicerie pl* Gerede *n*

dichiarare [dikia'raːre] *v 1. (manifestare)* behaupten; *2.* verzollen; ◆ *Non ho niente da dichiarare.* Ich habe nichts zu verzollen.

dichiararsi [dikia'rarsi] *v 1.* sich erklären; ◆ *dichiararsi colpevole* sich für schuldig erklären; *2. (il proprio amore)* seine Liebe offenbaren

dichiarazione [dikiaratsi'oːne] *f* Äußerung *f; ~ d'amore* Liebeserklärung *f; ~ doganale* Zollerklärung *f*

diciannove [ditʃan'nɔːve] *num* neunzehn

diciassette [ditʃas'sɛtte] *num* siebzehn

diciotto [di'tʃɔtto] *num* achtzehn

didascalia [didaska'liːa] *f 1. CINE* Untertitel *m; 2. (testo esplicativo)* Begleittext *m*

D

didattico [di'dattiko] *adj* didaktisch, lehrhaft; *materiale ~* Lehrmaterial *n*

dieci [di'ɛːtʃi] *num* zehn

dieta[1] [di'ɛːta] *f* Diät *f;* ◆ *Devo stare a dieta.* Ich muss Diät halten.

dieta[2] [di'ɛːta] *f POL* Versammlung *f; ~ federale* Bundestag *m*

> **dietro** [di'ɛːtro] *adv 1.* hinten; *là ~* da hinten; *prep 2.* hinter; *m 3.* Rückseite *f; 4. ANAT* Hinterteil *n*
> ≠ *dentro adv* drinnen

difatti [di'fatti] *konj* in der Tat

difendere [di'fɛndere] *v irr 1.* verteidigen; *2. (sostenere)* vertreten; *3. (proteggere)* wahren

difensiva [difen'siːva] *f* Defensive *f*

difensore [difen'soːre] *m* Verteidiger *m*

difesa [di'fɛːsa] *f 1.* Verteidigung *f; legittima ~* Notwehr *f; ~ antiaerea* Flugabwehr *f; 2. (nello sport) SPORT* Abwehr *f,* Deckung *f; 3. (tutela)* Schutz *m*

difetto [di'fɛtto] *m 1.* Fehler *m; ~ di pronuncia* Sprachfehler *m; 2. (imperfezione)* Mangel *m,* Makel *m*

difettoso [difet'toːso] *adj 1.* fehlerhaft, mangelhalft; *2. (guasto)* defekt

differente [diffe'rɛnte] *adj* verschieden, unterschiedlich

differenza [diffe'rɛntsa] *f 1.* Unterschied *m; ~ d'età* Altersunterschied *m; 2. MATH* Differenz *f; 3. (divergenza)* Abweichung *f*

difficile [dif'fiːtʃile] *adj 1.* schwierig, schwer; *2. (lunatico)* launisch, heikel; *3. (schizzinoso)* wählerisch
◆ *rendere difficile* schwer machen

D

difficoltà [difficol'ta] *f* Schwierigkeit *f*
diffida [dif'fiːda] *f* Warnung *f*
diffidare [diffi'daːre] *v 1.* misstrauen; *2. (ammonire)* warnen
diffidenza [diffi'dɛntsa] *f* Misstrauen *n; con ~* misstrauisch
diffusione [diffuzi'oːne] *f 1.* Verbreitung *f; ~ per radio* Radioübertragung *f; 2. PHYS* Diffusion *f*
diffuso [dif'fuːzo] *adj* verbreitet; *molto ~* weit verbreitet
diga ['diːga] *f* Deich *m; ~ di sbarramento* Staudamm *m*
digerente [didʒe'rɛnte] *adj* Verdauungs... *apparato ~* Verdauungsorgane *pl*
digeribile [didʒe'riːbile] *adj 1.* verdaulich; *2. (tollerabile)* verträglich
digerire [didʒe'riːre] *v 1.* verdauen; *2. (fig)* verarbeiten
digestione [didʒesti'oːne] *f* Verdauung *f*
digiunare [didʒu'naːre] *v* fasten
digiuno [di'dʒuːno] *adj 1.* nüchtern; *m 2.* Fasten *n*
dignità [diɲi'ta] *f* Würde *f; ~ umana* Menschenwürde *f*
dignitoso [diɲi'toːso] *adj 1.* würdig; *2. (stimato)* angesehen
dilagare [dila'gaːre] *v 1.* übertreten; *2. (pestilenza, panico)* um sich greifen, grassieren; *3. (acqua)* sich ausbreiten, überfluten
dilaniare [dilani'aːre] *v 1. (animali)* in Stücke reißen; *2. (fig: tormentare)* quälen
dilapidare [dilapi'daːre] *v 1.* verschwenden; *2. (patrimonio)* durchbringen
dilatabile [dila'taːbile] *adj* dehnbar
dilatazione [dilatatsi'oːne] *f* Ausdehnung *f; ~ vascolare* Gefäßerweiterung *f*
dilemma [di'lɛmma] *m* Dilemma *n*
dilettante [dilet'tante] *m* Dilettant *m*
diletto [di'lɛtto] *adj 1.* teuer, geschätzt; *m 2.* Freude *f*
diligente [dili'dʒɛnte] *adj* fleißig
diligenza [dili'dʒɛntsa] *f 1.* Fleiß *m; 2. (scrupolosità)* Sorgfalt *f*
diluire [dilu'iːre] *v 1.* verdünnen; *2. (allungare)* verlängern
dilungare [diluŋ'gaːre] *v 1.* verlängern; *2. (differire)* aufschieben
dilungarsi [diluŋ'garsi] *v* lange verweilen
diluvio [di'luːvio] *m* strömender Regen *m; ~ universale* Sintflut *f*
dimenarsi [dime'narsi] *v 1.* zappeln, hin und her bewegen; *2. (nel letto)* sich herumwälzen
dimensione [dimensi'oːne] *f 1.* Maß *n; 2. MATH* Dimension *f*
dimenticanza [dimenti'kantsa] *f 1.* Vergessenheit *f*, Vergessen *n; 2. (omissione)* Versäumnis *n*

dimenticare [dimenti'kaːre] *v* vergessen
◆ *bere per dimenticare (fam)* seine Sorgen in Alkohol ertränken

dimenticarsi [dimenti'karsi] *v* vergessen; *~ di qc* sich an etw nicht mehr erinnern
dimettere [di'mettere] *v 1.* entlassen; *2. (destituire)* absetzen
diminuire [diminu'iːre] *v 1. (ridurre)* vermindern; *2. (vento)* abflauen; *3. (rumore)* abklingen; *4. (prezzo)* sinken; *5. (sminuire)* schmälern; *6. (fig)* schrumpfen
diminutivo [diminu'tiːvo] *m GRAMM* Diminutiv *m*

diminuzione [diminutsi'oːne] *f* 1. Verminderung *f;* 2. *(riduzione)* Rückgang *f;* ~ *della popolazione* Bevölkerungsrückgang *m;* 3. ~ *di peso* Gewichtsabnahme *f*
dimissione [dimissi'oːne] *f* 1. Rücktritt *m;* 2. *(di un malato)* Entlassung *f;* 3. *(licenziamento dal lavoro)* Kündigung *f*
dimora [di'mɔːra] *f* 1. Aufenthalt *m;* 2. *(residenza)* Wohnort *m*

> **dimostrare** [dimos'traːre] *v* 1. beweisen, zeigen; 2. *POL* demonstrieren
> ◆ *dimostrare un teorema* einen Lehrsatz beweisen

dimostrarsi [dimos'trarsi] *v* 1. sich bewähren; 2. *(rivelarsi)* sich zeigen
dimostrazione [dimostratsi'oːne] *f* 1. Äußerung *f;* 2. Beweis *m;* 3. *POL* Demonstration *f*
dinamica [di'naːmika] *f* Dynamik *f*
dinamico [di'naːmiko] *adj* dynamisch
dinamite [dina'miːte] *f* Dynamit *n*
dinanzi [di'nantsi] *adv* 1. vorn; *prep* 2. *(di fronte a)* gegenüber; 3. ~ *a* gegenüber von; 4. *(davanti a)* vor; *adj* 5. gegenüber liegend; 6. vorige(s)
dinastia [dinas'tiːa] *f* Dynastie *f*
dintorni [din'torni] *m/pl* Umgebung *f*
Dio ['diːo] *m REL* Gott *m*
diocesi [di'ɔːtʃezi] *f REL* Diözese *f*
diossina [dios'siːna] *f* Dioxin *n*
dipartimento [diparti'mento] *m* 1. Bezirk *m;* 2. *(reparto)* Abteilung *f*
dipendente [dipen'dɛnte] *adj* 1. abhängig; *m/f* 2. Angestellte(r) *m/f*
dipendenza [dipen'dɛntsa] *f* Abhängigkeit *f*
dipendere [di'pɛndere] *v irr* abhängen; ◆ *Dipende dal caso.* Das kommt darauf an.
dipingere [di'pindʒere] *v irr* malen, anmalen
dipinto [di'pinto] *m* Gemälde *n;* ~ *a olio* Ölgemälde *n*
diploma [di'plɔːma] *m* 1. *(di scuola)* Zeugnis *n;* ~ *di maturità* Abiturzeugnis *n;* 2. *(grado accademico)* Diplom *n*
diplomatico [diplo'maːtiko] *adj* 1. diplomatisch; *m* 2. *POL* Diplomat *m*
diplomazia [diploma'tsiːa] *f POL* Diplomatie *f*
diramazione [diramatsi'oːne] *f* Abzweigung *f,* Verästelung *f*

> **dire** ['diːre] *v irr* sagen, hervorbringen; *vale a* ~ nämlich; *modo di* ~ Redewendung *f*
> ◆ *dire delle bugie* lügen
> *per così dire* sozusagen
> *dire il contrario* bestreiten
> *Come si dice questo in italiano?* Wie heißt das auf Italienisch?

direttamente [diretta'mente] *adv* direkt, geradewegs
direttiva [diret'tiːva] *f* 1. Direktive *f;* 2. *(norma)* Richtlinie *f*
diretto [di'rɛtto] *adj* 1. direkt, unmittelbar; *m* 2. *(treno)* Eilzug *m*
direttore [diret'toːre] *m* 1. Direktor *m;* ~ *di banca* Bankdirektor *m;* 2. *THEAT* Intendant *m;* ~ *artistico* Dramaturg *m;* 3. *MUS* Dirigent *m*
direttrice [diret'triːtʃe] *f* 1. Direktorin *f;* 2. *THEAT* Intendantin *f;* 3. *MUS* Dirigentin *f*
direzione [diretsi'oːne] *f* 1. Leitung *f;* ~ *dell'azienda* Betriebsführung *f;* 2. *(gestione)* Geschäftsleitung *f;* 3. *(di strada)* Richtung *f;* ~ *di marcia* Fahrtrichtung *f*
dirigente [diri'dʒɛnte] *adj* 1. leitend; *m/f* 2. *(capo)* Führungskraft *f,* Leiter(in) *m/f*
dirigere [di'riːdʒere] *v irr* 1. *(guidare)* lenken; 2. *(essere a capo)* leiten

D

D

dirimpetto [dirim'pɛtto] *prep 1.* gegenüber; *adj 2.* gegenüberliegend

diritto [di'ritto] *m 1.* Recht *n; ~ d'asilo* Asylrecht *n; ~ civile* Zivilrecht *n,* bürgerliches Recht *n; ~ internazionale* Völkerrecht *n; ~ di opzione* Aktienbezugsrecht *n; ~ penale* Strafrecht *n; diritti dell'uomo* Menschenrechte *pl; ~ di voto* Wahlrecht *n; 2. (avere ~)* Anrecht *n,* Anspruch *m; 3. (studio universitario)* Jura *pl; 4. (tasse)* Gebühr *f; 5. (lato anteriore)* Vorderseite *f; adj 6.* gerade; *adv 7.* geradeaus
◆ *far valere un diritto* einen Anspruch geltend machen
andare diritto per la propria strada ein Ziel ohne Umschweife verfolgen
a buon diritto zu Recht/mit Recht
≠ *diretto adj* direkt

disabitato [dizabi'ta:to] *adj 1. (casa)* unbewohnt, leer; *2. (paese)* entvölkert

disaccordo [dizak'kɔrdo] *m 1.* Missklang *m; 2. (discordanza)* Uneinigkeit *f*

disadatto [diza'datto] *adj* ungeeignet

disagio [diz'a:dʒo] *m 1.* Elend *n,* Unbehagen *n; 2. (malessere)* Unwohlsein *n; 3. (scomodità)* Unbequemlichkeit *f*

disapprovare [dizappro'va:re] *v* missbilligen

disarmonia [dizarmo'ni:a] *f* Disharmonie *f*

disastro [di'zastro] *m* Unglück *m,* Katastrophe *f; ~ ferroviario* Zugunglück *n*

disattento [dizat'tɛnto] *adj 1.* unaufmerksam; *2. (indifferente)* achtlos

disattenzione [dizattentsi'o:ne] *f* Achtlosigkeit *f,* Unachtsamkeit *f*

disavventura [dizavven'tu:ra] *f* Missgeschick *n,* Unglück *n*

disbrigo [diz'bri:go] *m 1.* Erledigung *f; 2. (di un compito)* Erledigung *f; ~ delle formalità doganali* Zollabfertigung *f*

discarica [dis'ka:rika] *f* Deponie *f*

discarico [dis'ka:riko] *m 1.* Entladung *f; 2. (fig: discolpa)* Entlastung *f; a ~* entlastend

discendente [diʃen'dɛnte] *adj 1.* abstammend; *m/f 2.* Nachkomme *m*

discendenza [diʃen'dɛntsa] *f* Abstammung *f,* Herkunft *f*

discendere [di'ʃendere] *v irr* abstammen, hinuntergehen

discesa [di'ʃe:sa] *f 1.* Abstieg *m; 2. (uscita)* Ausstieg *m; 3. (nello sci) SPORT* Abfahrt *f; ~ libera* Abfahrtslauf *m; 4. (invasione)* Einfall *m; 5. (pendenza)* Abhang *m*

dischetto [dis'ketto] *m* Diskette *f*

disciplina [diʃi'pli:na] *f 1.* Disziplin *f,* Zucht *f; 2. (materia scolastica)* Unterrichtsfach *n*

disco ['disko] *m 1.* Scheibe *f; ~ del freno* Bremsscheibe *f; 2. MUS* Schallplatte *f; 3. SPORT* Diskus *m; 4. ~ rigido INFORM* Festplatte *f*
! *Plural: dischi*

disconoscere [disko'noʃere] *v irr 1.* aberkennen; *2. (misconoscere)* verkennen

discordia [dis'kɔrdia] *f 1.* Uneinigkeit *f; 2. (discrepanza)* Unstimmigkeit *f,* Zwietracht *f*

discorrere [dis'korrere] *v irr* sich unterhalten, reden

discorso [dis'korso] *m 1.* Rede *f; 2. (allocuzione)* Ansprache *f*

discredito [dis'kre:dito] *m* Verruf *m*

discrepanza [diskre'pantsa] *f* Diskrepanz *f,* Unstimmigkeit *f*

discreto [dis'kre:to] *adj 1.* diskret; *2. (passabile)* leidlich, mäßig; *3. (non im-*

portuno) unaufdringlich; *4. (riservato)* verschwiegen, unaufdringlich
discrezione [diskretsi'o:ne] *f 1.* Diskretion *f,* Ermessen *n; 2. (rivervatezza)* Verschwiegenheit *f*
discriminazione [diskriminatsi'o:ne] *f* Diskriminierung *f; ~ razziale* Rassendiskriminierung *f*
discussione [diskussi'o:ne] *f 1.* Diskussion *f; 2. (scambio d'idee)* Auseinandersetzung *f; 3. (dibattito)* Debatte *f; 4. (consulenza)* Beratung *f; 5. (considerazione)* Erörterung *f*

discutere [dis'ku:tere] *v irr 1.* debattieren, diskutieren; *2. ~ su (consigliare)* beraten über
◆ *discutere un problema* ein Problem erörtern

discutibile [disku'ti:bile] *adj* dikutabel, strittig; ◆ *E' discutibile se ...* Es ist fraglich, ob ...
disdegno [diz'de:ɲo] *m* Geringschätzung *f,* Verachtung *f*
disdetta [diz'detta] *f 1.* Abbestellung *f,* Kündigung *f; termine di ~* Kündigungsfrist *f; 2. (sventura)* Unglück *n*
disdire [diz'di:re] *v irr 1. (contratto)* kündigen, rückgängig machen; *2. (annullare)* abmelden, absagen; *3. (un ordine, un giornale)* abbestellen
disegnare [dise'ɲa:re] *v 1.* zeichnen, abbilden; *2. (fig)* zeichnen
disegno [di'se:ɲo] *m 1.* Zeichnung *f,* Abbildung *f; disegni animati* Zeichentrickfilm *m; 2. (progetto)* Idee *f*
diseredare [dizere'da:re] *v* enterben
diserzione [dizertsi'o:ne] *f MIL* Fahnenflucht *f*
disfacimento [disfatʃi'mento] *m* Zersetzung *f,* Auflösung *f*
disfare [dis'fa:re] *v irr 1. (pacchetto)* auspacken; *2. (vestito)* auftrennen; *3. (macchina)* auseinander nehmen
disfarsi [dis'farsi] *v irr 1.* zergehen; *2. (zucchero)* sich auflösen, sich lösen; *3. (nodo)* aufgehen; *4. (burro)* zerfließen; *5. (ghiaccio)* schmelzen; *6.* ◆ *disfarsi di qc* sich einer Sache entledigen; *disfarsi di qd* jdn loswerden
disfatta [dis'fatta] *f 1.* Niederlage *f; 2. (sterminio)* Vernichtung *f*
disgelare [dizdʒe'la:re] *v* abtauen, auftauen
disgelo [diz'dʒɛ:lo] *m* Tauwetter *n*
disgrazia [diz'gra:tsia] *f 1.* Unglück *n; 2. REL* Ungnade *f;* ◆ *cadere in disgrazia* in Ungnade fallen
disgraziato [dizgratsi'a:to] *adj 1.* unglücklich, unzufrieden; *m 2.* Pechvogel *m*
disgustare [dizgus'ta:re] *v* anwidern
disgustoso [dizgus'to:so] *adj* widerlich, unappetitlich
disilludere [dizil'lu:dere] *v irr 1.* enttäuschen; *2. (disingannare)* ernüchtern
disimpegnarsi [dizimpe'ɲarsi] *v ~ da* sich lossagen von, sich befreien von; *~ bene* seine Sache gut machen
disinfezione [dizinfetsi'o:ne] *f MED* Desinfektion *f*
disinganno [diziŋ'ganno] *m 1.* Ernüchterung *f; 2. (delusione)* Enttäuschung *f*
disinnestare [dizinnes'ta:re] *v* ausschalten, abschalten
disinserire [dizinse'ri:re] *v irr* abschalten
disintegrare [dizinte'gra:re] *v* zersetzen, spalten
disintegrazione [dizintegratsi'o:ne] *f* Zersetzung *f,* Spaltung *f*
disinteressato [dizinteres'sa:to] *adj 1.* selbstlos, uneigennützig; *2. (apatico)* uninteressiert, gleichgültig

D

D

disinteresse [dizinte'rɛsse] *m 1.* Desinteresse *n; 2. (altruismo)* Selbstlosigkeit *f*
disinvolto [dizin'vɔlto] *adj 1.* unbefangen; *2. (fig)* ungezwungen
disinvoltura [dizinvol'tu:ra] *f* Unbefangenheit *f; con ~* unbefangen, formlos *(fam)*, ungezwungen
disoccupato [dizokku'pa:to] *adj 1.* arbeitslos, erwerbslos; *m 2.* Arbeitsloser *m*
disoccupazione [dizokkupatsi'o:ne] *f* Arbeitslosigkeit *f; ~ camuffata* versteckte Arbeitslosigkeit *f*
disonesto [dizo'nɛsto] *adj* unehrlich
disonorare [dizono'ra:re] *v* entehren
disopra [di'so:pra] *adv 1.* oben; *dal ~* von oben; *2. (superiormente)* über; *adj 3.* obere(r,s); *m 4.* Oberseite *f*
disordinatamente [dizordinata'mente] *adv* planlos, unregelmäßig
disordinato [dizordi'na:to] *adj* durcheinander, unordentlich
disordine [di'zordine] *m 1.* Durcheinander *n,* Unordnung *f; 2. (disturbo)* Unruhe *f*
disotto [di'sotto] *adv 1.* unten; *2. (inferiormente)* unter; *al ~* unterhalb; *adj 3.* untere(r,s); *m 4.* Unterseite *f*
disparato [dispa'ra:to] *adj* unterschiedlich
dispari ['dispari] *adj* ungerade
disparte [dis'parte] *adv in ~* abseits
dispendio [dis'pɛndio] *m* Aufwand *m*
dispensa [dis'pɛnsa] *f 1.* Verteilung *f; 2. (armadio) GAST* Speisekammer *f,* Vorratskammer *f*
dispensare [dispen'sa:re] *v 1.* erlassen, lossprechen; *2. (distribuire)* verteilen
disperare [dispe'ra:re] *v* verzweifeln
disperazione [disperatsi'o:ne] *f* Verzweiflung *f*
disperdere [dis'pɛrdere] *v irr* zerstreuen
dispersione [dispersi'o:ne] *f 1.* Zerstreuung *f; 2. PHYS* Streuung *f; 3. (perdita)* Verlust *m*
disperso [dis'pɛrso] *adj 1.* zerstreut; *2. (introvabile)* verschollen, vermisst; *m 3.* Vermisster *m*
dispetto [dis'pɛtto] *m 1.* Schikane *f,* Bosheit *f; 2. (tiro da birbone)* Lausbubenstreich *m;* ◆ *fare un dispetto* einen Streich spielen; *3. (offesa)* Kränkung *f; 4. a ~ di* trotz

dispiacere [dispia'tʃe:re] *v irr 1.* missfallen; *m 2.* Bedauern *n; dispiaceri amorosi* Liebeskummer *m*
◆ *Mi dispiace!* Es tut mir leid!

display [dɪs'plei] *m TECH* Display *n*
disponibile [dispo'ni:bile] *adj 1.* lieferbar; *2. (di cui si può disporre)* verfügbar, zugänglich
disponibilità [disponibili'ta] *f* Bereitschaft *f,* Verfügbarkeit *f*
disporre [dis'porre] *v irr 1.* anordnen, verfügen; *~ di qc* über etw verfügen; *2. (riordinare)* gliedern; *3. FIN* disponieren
dispositivo [dispozi'ti:vo] *m TECH* Vorrichtung *f; ~ antifurto* Diebstahlsicherung *f; ~ di sicurezza* Sicherheitsvorrichtung *f*
disposizione [dispozitsi'o:ne] *f 1. (predisposizione)* Anfälligkeit *f,* Veranlagung *f; a ~* zugänglich; *2. (comando)* Anweisung *f; 3. (ordine)* Arrangement *n,* Veranlassung *f; 4. (norma)* Bestimmung *f; 5. JUR* Verfügung *f; 6. (struttura)* Gliederung *f; 7.* ◆ *avere a disposizione* zur Verfügung haben; *mettersi a disposizione* sich zur Verfügung stellen
disposto [dis'posto] *adj 1.* angeordnet, geordnet; *2. (umore)* aufgelegt, geneigt; *3. (pronto)* bereit; *ben ~* gerne bereit; *4. (sistemato)* geregelt, geordnet

disprezzare [dispret'tsaːre] *v* verachten
disprezzo [dis'prɛttso] *m* Geringschätzung *f,* Missachtung *f; con ~* verächtlich
dissapore [dissa'poːre] *m* Streit *m,* Meinungsverschiedenheit *f*
disseminare [dissemi'naːre] *v* verstreuen, zerstreuen
disseminazione [disseminatsi'oːne] *f* Aussaat *f,* Saat *f*
dissennato [dissen'naːto] *adj* unüberlegt, unsinnig
dissenso [dis'sɛnso] *m 1.* Meinungsverschiedenheit *f; 2. (contrasto)* Widerspruch *m*
disseppellire [disseppel'liːre] *v* ausgraben, freilegen
disserrare [disser'raːre] *v* aufschließen, aufsperren
dissimulare [dissimu'laːre] *v* verhehlen
dissipare [dissi'paːre] *v 1.* verschwenden; *2. (dubbio)* beseitigen
dissipatore [disspa'toːre] *m* Verschwender *m*
dissipazione [disspatsi'oːne] *f* Verschwendung *f*
dissociare [disso'tʃaːre] *v* trennen, lösen
dissoluto [disso'luːto] *adj 1.* liederlich, ausschweifend; *m 2.* liederlicher Mensch *m*
dissolvere [dis'sɔolvere] *v irr 1.* auflösen, zersetzen; *2. (separare)* trennen, teilen
dissolversi [di'sɔlversi] *v irr* sich auflösen; ◆ *dissolversi nel nulla* sich in Luft auflösen
dissonanza [disso'nantsa] *f* Missklang *m,* Unstimmigkeit *f*
dissuadere [dissua'deːre] *v irr JUR* abraten
dissuasione [dissuazi'oːne] *f POL* Abschreckung *f*
distaccato [distak'kaːto] *adj* distanziert
distacco [dis'takko] *m 1.* Trennung *f,* Entfernung *f; 2.* ◆ *trattare qd con distacco* jdn kühl behandeln
distante [dis'tante] *adj* abgelegen, entfernt
distanza [dis'tantsa] *f 1.* Abstand *m; ~ minima* Mindestabstand *m; 2. (lontananza)* Entfernung *f,* Distanz *f; 3. MATH* Strecke *f*
distanziarsi [distantsi'arsi] *v* sich distanzieren; ◆ *distanziarsi da qd* jdn hinter sich lassen
distendere [dis'tɛndere] *v irr 1. (estendere)* ausbreiten; *2. (gambe)* ausstrecken; *3. (rilassare)* entspannen
distensione [distensi'oːne] *f 1.* Ausdehnung *f; 2. POL* Entspannung *f*
distesa [dis'teːsa] *f 1.* Fläche *f; 2. (superficie)* Oberfläche *f*
distillare [distil'laːre] *v CHEM* destillieren, brennen
distinguere [dis'tiŋguere] *v irr 1.* unterscheiden; *2. (vedere distintamente)* deutlich sehen
distintamente [distinta'mente] *adv 1.* getrennt; *2. (lettera)* hochachtungsvoll
distinto [dis'tinto] *adj* vornehm, verschieden
distinzione [distintsi'oːne] *f 1.* Auszeichnung *f; 2. (il distinguere)* Unterscheidung *f*
distogliere [dis'tɔːʎere] *v irr* ablenken; ◆ *distogliere qd da qc* jdn von etw abbringen
distorcere [dis'tɔrtʃere] *v irr (fig)* verdrehen
distorsione [distorsi'oːne] *f MED* Verrenkung *f,* Verstauchung *f,* Verzerrung *f*

D

D

distrarre [dis'trarre] *v irr (fig)* zerstreuen
distrattamente [distratta'mente] *adv* geistesabwesend
distrazione [distratsi'oːne] *f* Abwechslung *f*, Zerstreuung *f*
distretto [dis'tretto] *v (terreno)* Revier *n*, Bezirk *m*; *~ di polizia* Polizeirevier *n*
distribuire [distribu'iːre] *v 1.* verteilen, austeilen; *2. ECO* ausschütten
distributore [distribu'toːre] *m (di giornali)* Verteiler *m*; *~ automatico di banconote* Geldautomat *m*; *~ di benzina* Tankstelle *f*; *~ a gettone* Münzautomat *m*
distribuzione [distributsi'oːne] *f 1.* Verteilung *f*; *2. ECO* Ausschüttung *f*; *~ dei dividendi* Dividendenausschüttung *f*; *~ dei redditi* Einkommensverteilung *f*; *3. (vendita) ECO* Vertrieb *m*
distruggere [dis'truddʒere] *v irr 1.* vernichten; *2. (annientare)* vertilgen; *3. (specie)* ausrotten
distruggersi [dis'truddʒersi] *v irr (fig)* sich verzehren; *~ di dolore* sich vor Gram verzehren
distruttivo [distrut'tiːvo] *adj* destruktiv, vernichtend
distruzione [distrutsi'oːne] *f* Vernichtung *f*, Zerstörung *f*
disturbare [distur'baːre] *v* stören
disturbarsi [distur'barsi] *v* sich Umstände machen, sich bemühen
disturbatore [disturba'toːre] *m* Störenfried *m*
disturbo [dis'turbo] *m* Störung *f*; ◆ *dare disturbo* stören
disubbidienza [dizubbidi'ɛntsa] *f* Ungehorsam *m*
disuguaglianza [dizugua'ʎantsa] *f* Ungleichheit *f*, Verschiedenheit *f*
disumano [dizu'maːno] *adj 1.* unmenschlich; *2. (bestiale)* bestialisch, tierisch
disunione [dizuni'oːne] *f* Zerrissenheit *f*, Zerwürfnis *n*
disunire [dizu'niːre] *v irr* trennen, entzweien
disuso [di'zuːzo] *m cadere in ~* außer Gebrauch kommen
dito ['diːto] *m 1. (della mano) ANAT* Finger *m*; *2. (del piede) ANAT* Zeh *m*, Zehe *f*
ditta ['ditta] *f ECO* Firma *f*
dittatore [ditta'toːre] *m* Diktator *m*
dittatura [ditta'tuːra] *f POL* Diktatur *f*; *~ militare* Militärdiktatur *f*
diurno [di'urno] *adj* Tages..., täglich; *albergo ~* Tageshotel *n*; *lavoro ~* Tagesarbeit *f*
divagare [diva'gaːre] *v (fig)* abschweifen
divano [di'vaːno] *m* Sofa *n*, Liege *f*
divario [di'vaːrio] *m (differenza)* Unterschied *m*
divenire [dive'niːre] *v irr* werden

diventare [diven'taːre] *v* werden
◆ *Mi farai diventar matto!* Du machst mich noch verrückt!

diverbio [di'vɛrbio] *m* Wortstreit *m*
divergenza [diver'dʒɛntsa] *f* Meinungsverschiedenheit *f*
divergere [di'vɛrdʒere] *v 1.* abweichen; *2. essere diverso* verschieden sein
diversità [diversi'ta] *f* Verschiedenheit *f*
diversivo [diver'siːvo] *m* Ablenkung *f*, Abwechslung *f*
diverso [di'vɛrso] *adj* unterschiedlich, anderweitig
divertente [diver'tɛnte] *adj* unterhaltend, amüsant; ◆ *Questo è divertente.* Das macht Spaß.

divertimento [diverti'mento] *m 1.* Unterhaltung *f,* Vergnügen *n; per ~* spaßeshalber; ◆ *Buon divertimento!* Viel Spaß! *2. (svago)* Amüsement *n*
divertire [diver'tiːre] *v* belustigen
divertito [diver'tiːto] *adj* vergnügt
dividendo [divi'dɛndo] *m ECO* Dividende *f*
dividere [di'viːdere] *v irr 1.* teilen, aufteilen; *2. (separare)* trennen; *3. (reparto)* abteilen
dividersi [di'viːdersi] *v irr (persone)* sich trennen

> **divieto** [divi'ɛːto] *m 1.* Verbot *n,* Sperre *f; ~ di fumare* Rauchverbot *n; ~ d'importazione* Einfuhrverbot *n; ~ di parcheggio* Parkverbot *n; 2. (embargo) POL* Sperre *f*

divisa [di'viːza] *f 1.* Uniform *f; 2. (motto)* Devise *f,* Leitspruch *m; 3. FIN* Devisen *pl*
divisibile [divi'ziːbile] *adj* teilbar
divisione [divizi'oːne] *f 1.* Aufteilung *f,* Trennung *f; ~ dei poteri* Gewaltenteilung *f; 2. (disunione)* Zerrissenheit *f; 3. MATH* Division *f; 4. (fig)* Spaltung *f; 5. (suddivisione)* Einteilung *f*
diviso [di'viːzo] *adj* getrennt, geteilt
divisore [divi'zoːre] *adv 1.* teilend; *m 2. MATH* Teiler *m*
divo ['diːvo] *m* Star *m,* Größe *f; ~ del teatro* Bühnenstar *m*
divorziare [divortsi'aːre] *v* scheiden
divorzio [di'vɔrtsio] *m* Scheidung *f*
divulgare [divul'gaːre] *v* verbreiten
divulgativo [divulga'tiːvo] *adj* allgemein verständlich
dizionario [ditsio'naːrio] *m* Wörterbuch *n*
dizione [ditsi'oːne] *f 1.* Ausdrucksweise *f; 2. (arte del parlare)* Redekunst *f*
doccia ['dottʃa] *f* Dusche *f,* Brause *f;* ◆ *fare la doccia* duschen, sich duschen
docile ['dɔːtʃile] *adj* gefügig
documentare [dokumen'taːre] *v 1.* dokumentieren; *2. JUR* belegen
documentario [dokumen'taːrio] *adj 1.* dokumentarisch, urkundlich; *m 2. CINE* Dokumentarfilm *m*
documento [doku'mento] *m 1. (tessera)* Ausweis *m; 2. (attestato)* Dokument *n,* Unterlage *f; con documenti* urkundlich; *3. (atto)* Urkunde *f*
dodici ['doːditʃi] *num* zwölf
dogana [do'gaːna] *f* Zollbehörde *m*
doganale [doga'naːle] *adj* Zoll... *tariffa ~* Zolltarif *m,* Zollgebühr *f*
dogma ['dɔgma] *m* Dogma *n*

> **dolce** ['doltʃe] *adj 1. (sapore)* süß; *2. (carattere)* freundlich, liebenswürdig; *m 3. GAST* Süßspeise *f*
> ◆ *Ha un carattere dolce.* Er hat einen sanftmütigen Charakter.
> *preferire il dolce al salato* lieber Süßes als Salziges essen

dolcezza [dol'tʃettsa] *f* Milde *f*
dolcificante [doltʃifi'kante] *m* Süßstoff *m*
dolere [do'leːre] *v irr* schmerzen
Dolomiti [dolo'miːti] *f/pl GEO* Dolomiten *pl*

> **dolore** [do'loːre] *m 1.* Schmerz *m,* Beschwerden *pl; dolori di stomaco* Magenschmerzen *pl; 2. (afflizione)* Kummer *m,* Schmerz *m*
> ◆ *Ho dolori muscolari.* Ich habe Muskelkater.

doloroso [dolo'roːso] *adj* schmerzhaft
doloso [do'loːso] *adj JUR* böswillig

D

domanda [do'manda] *f* *1.* Frage *f;* *fare una ~* eine Frage stellen; *2. (richiesta)* Antrag *m,* Gesuch *m;* *~ d'ammissione* Aufnahmeantrag *m;* ; *3. ECON* Nachfrage *f;* *4. (desiderio)* Anliegen *n;* *5. (ordinazione)* Anforderung *f*

domandare [doman'daːre] *v* *1.* fragen, anfragen; *2. (pretendere)* verlangen

domani [do'maːni] *adv* morgen

domattina [domat'tiːna] *adv* morgen früh, morgen Vormittag

domenica [do'meːnika] *f* Sonntag *m;* *di ~* sonntags

domestica [do'mɛstika] *f* Haushälterin *f*

domestico [do'mɛstiko] *adj* *1.* häuslich, Haus... *animale ~* Haustier *m;* *m* *2.* Diener *m*

domiciliarsi [domitʃili'arsi] *v* sich niederlassen

domiciliato [domitʃili'aːto] *adj* wohnhaft

domicilio [domi'tʃiːlio] *m* Wohnort *m*

dominante [domi'nante] *adj* leitend, dominant

dominare [domi'naːre] *v* *1. (pre~)* beherrschen, dominieren; *2. (fig)* zügeln, dominieren

dominarsi [domi'narsi] *v* sich beherrschen

dominio [do'miːnio] *m* *1. POL* Herrschaft *f;* *2. ~ pubblico* Gemeingut *n;* *3. riservato ~* Eigentumsvorbehalt *m*

donare [do'naːre] *v* *1.* verschenken, geben; *2. (sangue)* Spenden; *3. (elargire)* stiften; *4. REL* opfern

donatore [dona'toːre] *m* Spender *m;* *~ d'organo* Organspender *m*

donazione [donatsi'oːne] *f* *1.* Zuwendung *f,* Spende *f;* *2. JUR* Schenkung *f*

donna ['dɔnna] *f* Frau *f;* *~ d'affari* Geschäftsfrau *f*

dono ['doːno] *m* Geschenk *n,* Gabe *f*

doping ['doʊpɪŋ] *m* *SPORT* Doping *n*

dopo ['doːpo] *adv* *1.* dann, darauf; *2. (quindi)* später, nachher, daraufhin; *prep* *3.* nach; *~ di che* wonach; *~ di ciò* hierauf; *konj* *4.* nachdem, als; *adj* *5.* folgend ≠ *doppio adj* doppelt

dopodomani [dopodo'maːni] *adv* übermorgen

dopoguerra [dopogu'ɛrra] *m* Nachkriegszeit *f*

doppiare [doppi'aːre] *v* *1. SPORT* überrunden; *2. CINE* synchronisieren

doppiezza [doppi'ettsa] *f* Falschheit *f,* Doppelzüngigkeit *f*

doppio ['doppio] *adj* *1.* doppelt, zweifach; *razione doppia/in quantità doppia* doppelt so viel; *gioco ~* Doppelspiel *n;* *m* *2.* Doppeltes *n;* *3. (nel tennis) SPORT* Doppel *n*

doppione [doppi'oːne] *m* Duplikat *n*

dorato [do'raːto] *adj* vergoldet

dormicchiare [dormikki'aːre] *v* schlummern

dormire [dor'miːre] *v* schlafen; *~ abbastanza* ausschlafen

dorso ['dɔrso] *m* *ANAT* Rücken *m;* *~ della mano* Handrücken *m*

dosaggio [do'zaddʒo] *m* Dosierung *f*

dosare [do'zaːre] *v* dosieren

dose ['dɔːze] *f* Dosis *f;* ◆ *In che dose?* In welcher Dosierung?

dotare [do'taːre] *v* *1.* dotieren; *2. (equipaggiare)* ausrüsten

dotato [do'taːto] *adj* begabt

dotazione [dotatsi'oːne] *f* *1.* Ausrüstung *f;* *2. ECO* Dotierung *f*

dote [ˈdɔːte] *f* *1.* Mitgift *f,* Brautgabe *f;* *2. (virtù)* Tugend *f*
dottore(ssa) [dotˈtoːre/dottoˈressa] *m/f* Doktor(in) *m/f,* Arzt/Ärztin *m/f*
dottrina [dotˈtriːna] *f* *1.* Lehre *f;* *2. (istruzione)* Bildung *f*
dove [ˈdoːve] *adv* *1.* wo; *2. (verso)* wohin; *3. da ~* woher

dovere [doˈveːre] *v irr* *1.* sollen; *2. (costrizione, necessità)* müssen; *3. (essere riconoscente)* verdanken; *4. ~ qc a qd* jdm etw schulden; *m* *5.* Pflicht *f*
◆ *Veramente dovrebbe essere già qui.* Er sollte eigentlich schon hier sein.

doveroso [doveˈroːso] *adj* gehörig, gebührend
dovunque [doˈvuŋkue] *adv* überall
dozzina [dodˈdziːna] *f* Dutzend *n*
dozzinale [doddziˈnaːle] *adj* gewöhnlich, alltäglich
dramma [ˈdramma] *m* *1.* Schauspiel *n;* *2. (fig: turbamento)* Theater *n*
drammatico [dramˈmaːtiko] *adj* dramatisch
drappo [ˈdrappo] *m* Tuch *n; ~ di lino* Leinentuch *n; ~ di seta* Seidentuch *n*
drastico [ˈdrastiko] *adj* drastisch
dritto [ˈdritto] *adj* *1.* aufrecht, gerade; *m* *2.* Vorderseite *f*
droga [ˈdrɔːga] *f* *1.* Droge *f,* Rauschgift *n;* *2. (spezia)* Gewürz *n*
drogato [droˈgaːto] *adj* *1.* drogensüchtig; *m* *2.* Drogensüchtiger *m,* Drogenabhängiger *m*
dromedario [dromeˈdaːrio] *m ZOOL* Dromedar *n*
dubbio [ˈdubbio] *adj* *1.* zweifelhaft, fraglich; *2. (sospetto, equivoco)* fragwürdig, bedenklich; *m* *3.* Zweifel *m,* Ungewissheit *f; in caso di ~* im Zweifelsfalle
dubitare [dubiˈtaːre] *v* zweifeln
duca [ˈduːka] *m* Herzog *m*
duchessa [duˈkessa] *f* Herzogin *f*
due [ˈduːe] *num* zwei
duetto [duˈetto] *m MUS* Duett *n*
duna [ˈduːna] *f* Düne *f*
dunque [ˈduŋkue] *konj* *1.* also, folglich; *2. (esclamazione)* doch; *3. (esortazione)* nun; *m* *4.* Schluss *m*
duomo [duˈɔːmo] *m* Dom *m,* Münster *m*
duplicato [dupliˈkaːto] *adj* *1.* verdoppelt; *m* *2.* Duplikat *n,* Zweitschrift *f*
duplice [ˈduːplitʃe] *adj* zweifach
durante [duˈrante] *prep* bei, während
durare [duˈraːre] *v* dauern, andauern;
◆ *Quanto dura ancora?* Wie lange dauert es noch?
durata [duˈraːta] *f* *1.* Dauer *f,* Andauer *f;* *2. (riferita al tempo)* Länge *f;* *3. (di una macchina, di un motore)* Lebensdauer *f*
duraturo [duraˈtuːro] *adj* dauerhaft
durevole [duˈreːvole] *adj* beständig, dauernd
durezza [duˈrettsa] *f* Härte *f*

duro [ˈduːro] *adj* *1.* fest, hart; *2. (tenace)* zäh; *3. ~ d'orecchio* schwerhörig; *4. (fig)* dickköpfig, starrsinnig; *5. (fig: aspro, forte)* bitter; *6. (rigido)* streng
◆ *avere la testa dura* starrköpfig sein
essere duro di comprendonio schwer von Begriff sein
tener duro durchhalten
essere duri unnachgiebig sein
È duro da credere. Es ist kaum zu glauben.
La carne è dura. Das Fleisch ist zäh.

D

E

E

> **e** [e] *konj* und
> ≠ *è 3. Person Präsens von essere* (er, sie, es) ist

ebbene [eb'bɛːne] *konj* nun, na gut; ◆ *Ebbene?* Also?
ebbrezza [eb'brettsa] *f 1.* Rausch *m; 2. (dei sensi)* Sinnestaumel *m*
ebollizione [ebollitsi'ːone] *m* Sieden *n,* Kochen *n; punto di ~* Siedepunkt *m*
ebraismo [ebra'izmo] *m REL* Judentum *n*
ebreo [e'brɛːo] *m 1.* Jude *m; adj 2.* jüdisch, hebräisch
eccedenza [ettʃe'dɛntsa] *f* Überschuss *m,* Übermaß *n*
eccedente [ettʃe'dɛnte] *adj* überschüssig
eccellente [ettʃel'lɛnte] *adj 1.* ausgezeichnet; *2. (fam: grandioso)* prima; *3. (eccelso)* vorzüglich
eccellenza [ettʃel'lɛntsa] *f 1.* Vortrefflichkeit *f; 2. (titolo)* Exellenz *f; Vostra ~* Eure Exzellenz *f*
eccellere [et'tʃɛllere] *v irr* sich auszeichnen, sich hervortun
eccentrico [et'tʃɛntriko] *adj* exzentrisch
eccessivamente [ettʃessiva'mente] *adv* übermäßig
eccessivo [ettʃes'siːvo] *adj 1.* maßlos; *2. (esagerato)* übermäßig
eccesso [et'tʃɛsso] *m* Exzess *m*
eccetera [et'tʃɛːtera] *adv* und so weiter
eccetto [et'tʃɛtto] *prep* außer, ausgenommen; ◆ *C'erano tutti eccetto lui.* Außer ihm waren alle da. *eccetto me* außer mir
eccezionale [ettʃetsio'naːle] *adj* außergewöhnlich, ungewöhnlich
eccezione [ettʃetsi'oːne] *f* Ausnahme *f; ad ~ di* ausgenommen
eccitante [ettʃi'tante] *adj* aufregend
eccitare [ettʃi'taːre] *v* aufregen
eccitazione [ettʃitatsi'oːne] *f* Aufregung *f*
ecclesiastico [ekklezi'astiko] *adj REL* kirchlich

> **ecco** ['ɛkko] *adv 1.* hier (ist); *2. ~ perché* deswegen, aufgrund dessen
> ◆ *Ecco!* Da haben wir's!

eclatante [ekla'tante] *adj* eklatant, auffällig, aufsehenerregend
eclissi [e'klissi] *f* Finsternis *f; helv* Mondfinsternis *f; ~ solare* Sonnenfinsternis *f*
eco ['ɛːko] *m* Echo *n*
ecologia [ekolo'dʒiːa] *f* Ökologie *f*
ecologico [eko'lɔːdʒiko] *adj* ökologisch, umweltfreundlich
ecologista [ekolo'dʒista] *m/f 1.* Umweltschützer(in) *m/f; adj 2. movimento ~* Umweltschutzbewegung *f*
economia [ekono'miːa] *f 1.* Ökonomie *f,* Wirtschaftlichkeit *f; 2. ECO* Wirtschaft *f; ~ aziendale* Betriebswirtschaft *f*
economico [eko'nɔːmiko] *adj 1.* ökonomisch, wirtschaftlich; *2. (conveniente)* preiswert, wirtschaftlich
economizzare [ekonomid'dzaːre] *v* sparen
economo [e'kɔːnomo] *adj* sparsam
ecosistema [ekosis'tɛːma] *m* Ökosystem *n*
edera ['ɛːdera] *f BOT* Efeu *m*

edibile [eˈdiːbile] *adj* essbar, genießbar
edicola [eˈdiːkola] *m* Zeitungskiosk *m*
edificante [edifiˈkante] *adj* erbaulich
edificare [edifiˈkaːre] *v* bauen, erbauen, errichten
edificio [ediˈfiːtʃo] *m* Gebäude *n*
edile [eˈdiːle] *adj* Bau... *impresa ~* Bauunternehmen *n*
edilizia [ediˈliːtsia] *f* Bauwesen *n*
editore [ediˈtoːre] *m* Herausgeber *m*
editoria [editoˈriːa] *f* Verlagswesen *n*
editoriale [editoriˈaːle] *adj 1.* Verlags..., Verleger... *m 2.* Leitartikel *m*
editrice [ediˈtriːtʃe] *f 1.* Verlegerin *f; 2. casa ~* Verlag *m*
edizione [editsiˈoːne] *f 1.* Ausgabe *f; ~ straordinaria* Sonderausgabe *f; 2. (di un libro)* Auflage *f; nuova ~* Neuausgabe *f*
educare [eduˈkaːre] *v* erziehen
educato [eduˈkaːto] *adj* wohlerzogen, gesittet, artig, höflich
educatore [edukaˈtoːre] *m* Erzieher *m; ~ unico* Alleinerzieher *m*
educatrice [edukaˈtriːtʃe] *f* Erzieherin *f*
educazione [edukatsiˈoːne] *f 1.* Erziehung *f; ~ sessuale* Sexualaufklärung *f; ~ fisica* Turnen *n; 2. (formazione)* Ausbildung *f; 3. (comportamento disciplinato)* Disziplin *f,* Benehmen *n*
effervescente [effervеˈʃente] *adj 1. acqua ~* Sprudelwasser *n; 2. (impetuoso)* hitzig, aufbrausend
effettivamente [effettivaˈmente] *adv* wirklich, tatsächlich
effettivo [effetˈtiːvo] *adj* tatsächlich
effetto [efˈfɛtto] *m 1.* Wirkung *f,* Effekt *m; di grande ~* effektvoll; *fare ~* wirken; *~ serra* Treibhauseffekt *m; ~ collaterale* Nebenwirkung *f;* ◆ *avere effetto* wirksam sein; *non avere effetto* ohne Wirkung bleiben; *2. FIN* Wertpapier *n; effetti bancari* Effekten *pl*
effettuare [effettuˈaːre] *v* vollziehen, ausführen
efficace [effiˈkaːtʃe] *adj* wirksam
efficiente [effiˈtʃɛnte] *adj* leistungsfähig, tatkräftig
efficienza [effiˈtʃɛntsa] *f* Leistungsfähigkeit *f*
Egeo [eˈdʒɛːo] *m GEO* Ägäis *f*
Egitto [eˈdʒitto] *m GEO* Ägypten *n*
egli [ˈeːʎi] *pron (di persona)* er
egocentrico [egoˈtʃɛntriko] *adj* egozentrisch
egoismo [egoˈizmo] *m* Selbstsucht *f*
egoista [egoˈista] *adj 1.* selbstsüchtig, egoistisch; *m/f 2.* Egoist(in) *m/f*
egoistico [egoˈistiko] *adj* egoistisch, selbstsüchtig
egregio [eˈgreːdʒo] *adj 1.* vortrefflich, ausgezeichnet, vorzüglich; *2. (nella lettera)* sehr verehrt, sehr geehrt
eguaglianza [egualiˈantsa] *f* Gleichheit *f; (di dizitti)* Gleichberechtigung *f*
egualmente [egualˈmente] *adv* ebenso
elaborare [elaboˈraːre] *v 1.* bearbeiten; *2. (dati) INFORM* verarbeiten
elaborazione [elaboratsiˈoːne] *f INFORM* Verarbeitung *f; ~ dati* Datenverarbeitung *f; ~ del testo* Textverarbeitung *f*
elasticità [elastitʃiˈta] *f 1.* Elastizität *f; 2. (fig)* Gelenkigkeit *f*
elastico [eˈlastiko] *adj 1.* elastisch, dehnbar; *calza ~* Gummistrumpf *m; 2. TECH* dehnbar; *m 3.* Gummiband *n*
Elba [ˈɛlba] *f GEO* Elbe *f*
elefante [eleˈfante] *m ZOOL* Elefant *m*
elegante [eleˈgante] *adj* elegant
eleganza [eleˈgantsa] *f* Eleganz *f*
eleggere [eˈlɛddʒere] *v irr* wählen

E

elementare [elemen'ta:re] *adj* elementar; *scuola ~* Grundschule *f*
elemento [ele'mento] *m 1.* Element *n,* Grundstoff *m; 2. (di una catena)* Glied *n,* Teil *m; 3. elementi fondamentali pl* Grundlagen *pl*
elemosina [ele'mɔ:zina] *f* Almosen *n,* Spende *f*
elemosinare [elemozi'na:re] *v* betteln
elencare [eleŋ'ka:re] *v* auflisten
elenco [e'lɛŋko] *m* Liste *f,* Verzeichnis *n; ~ telefonico* Telefonbuch *n*
elettivo [elet'ti:vo] *adj* Wahl...
elettorale [eletto'ra:le] *adj* Wahl..., Wähler... *collegio ~* Wahlbezirk *m*
elettorato [eletto'ra:to] *m* Wahlrecht *n*
elettore [elet'to:re] *m POL* Wähler *m*
elettricista [elettri'tʃista] *m/f* Elektriker(in) *m/f*
elettricità [elettritʃi'ta] *f* Elektrizität *f*
elettrico [e'lɛttriko] *adj 1.* elektrisch; *2. (elettrostatico)* spannungsgeladen
elettrizzante [elettrid'dzante] *adj (fig)* elektrisierend, aufrüttelnd, erregend
elettrodo [e'lɛttrodo] *m PHYS* Elektrode *f*
elettrone [elet'tro:ne] *m PHYS* Elektron *n*
elettronica [elet'trɔ:nika] *f* Elektronik *f*
elettrotecnico [elettro'tɛkniko] *m* Elektrotechniker *m*
elevazione [elevatsi'o:ne] *f 1. (di una montagna)* Erhebung *f; 2. (dello spirito)* Erhabenheit *f*
elezione [eletsi'o:ne] *f POL* Wahl *f*
elica ['ɛ:lika] *f 1.* Propeller *m; 2. (di una nave)* Schraube *f*
elicottero [eli'kɔttero] *m* Hubschrauber *m*
eliminare [elimi'na:re] *v 1.* ausrangieren; *2. (fig: ammazzare)* beseitigen
eliminazione [eliminatsi'o:ne] *f* Beseitigung *f; ~ dei rifiuti* Abfallbeseitigung *f*
ella ['ella] *pron* sie
! *direktes Objekt: la; indirektes Objekt: le/a lei*
elogio [e'lɔ:dʒo] *m* Lob *n*
eloquenza [eloku'ɛntsa] *f* Eloquenz *f,* Beredsamkeit *f,* Redegewandtheit *f*
eludere [e'lu:dere] *v irr 1.* umgehen, vermeiden; *2. (schivare)* entgehen
elvetico [el've:tiko] *adj 1.* schweizerisch, eidgenössisch; *m 2.* Schweizer *m*
E-mail ['i:meil] *m INFORM* E-Mail *f; ~ adressario* E-Mail-Adressbücher *pl*
emanare [ema'na:re] *v 1.* erlassen; *2. (diffondere)* ausstrahlen
emanazione [emanatsi'o:ne] *f 1.* Erlass *m; 2. (diffusione)* Ausstrahlung *f*
emancipazione [emantʃipatsi'o:ne] *f* Gleichstellung *f,* Emanzipation *f*
embargo [em'bargo] *m* Embargo *n*
emblema [em'blɛ:ma] *m* Wahrzeichen *n*
embrione [embri'o:ne] *m BIO* Embryo *m*
emendamento [emenda'mento] *m 1.* Richtigstellung *f; 2. POL* Abänderung *f*
emergenza [emer'dʒɛntsa] *f* Notfall *m; caso di ~* Ernstfall *m*
emergere [e'mɛrdʒere] *v irr 1.* auftauchen; *2. (distinguersi)* sich auszeichnen
emettere [e'mettere] *v* ausstoßen
emicrania [emi'kra:nia] *f MED* Migräne *f*
emigrante [emi'grante] *m/f 1.* Auswanderer/Auswanderin *m/f; 2. (fuoriuscito/fuoriuscita)* Emigrant(in) *m/f*
emigrare [emi'gra:re] *v* auswandern
emigrazione [emigratsi'o:ne] *f* Emigration *f,* Auswanderung *f*

eminente [emi'nɛnte] *adj* herausragend, hervorragend
emisfero [emis'fɛːro] *m* Halbkugel *f*
emissione [emissi'oːne] *f* 1. *ECO* Emission *f*; ~ *d'azioni* Aktienausgabe *f*; 2. *PHYS* Emission *f*
emofiliaco [emofi'liːako] *m* Bluter *m*
emorragia [emorra'dʒiːa] *f MED* Blutung *f*; ~ *cerebrale* Gehirnblutung *f*
emotività [emotivi'ta] *f* Emotionalität *f*, Gefühlstiefe *f*
emotivo [emo'tiːvo] *adv* gefühlsmäßig, emotional
emozionabile [emotsio'naːbile] *adj* erregbar, reizbar
emozionante [emotsio'nante] *adj* spannend, spannungsgeladen
emozionarsi [emotsio'narsi] *v* sich erregen, in Aufregung geraten
emozione [emotsi'oːne] *f* Gefühl *n*; Affekt *m*
empio ['empio] *adj* 1. gottlos; 2. *(infame)* ruchlos
emulo ['ɛːmulo] *m* 1. Rivale *m*, Nebenbuhler *m*; 2. *(imitatore)* Nachahmer *m*; 3. *(avversario)* Gegner *m*
enciclopedia [entʃiklope'diːa] *f* Enzyklopädie *f*, Lexikon *n*

> **energia** [ener'dʒiːa] *f* 1. *PHYS* Energie *f*; ~ *atomica* Atomenergie *f*; ~ *nucleare* Kernkraft *f*; 2. *(vigore)* Tatkraft *f*; 3. *(fig)* Schwung *m*

energico [e'nɛrdʒiko] *adj* energisch
enfiarsi [enfi'arsi] *v* 1. anschwellen, sich aufblasen; 2. *(fig)* sich aufblasen
enigma [e'niːgma] *m* Rätsel *n*
enigmatico [enig'maːtiko] *adj* rätselhaft
enorme [e'norme] *adj* riesig, enorm
enormità [enormi'ta] *f* Ungeheuerlichkeit *f*
ente ['ɛnte] *m* 1. Körperschaft *f*, Institut *n*; 2. ~ *per il turismo* Fremdenverkehrsbüro *n*; 3. *(l'essere)* Wesen *n*
entità [enti'ta] *f* 1. Bedeutung *f*; 2. *(consistenza)* Umfang *m*; 3. *(ente)* Wesen *n*
entrambi [en'trambi] *pron* 1. beide; *adj* 2. beide

> **entrare** [en'traːre] *v* 1. eintreten, einsteigen; ~ *in* betreten; 2. ~ *in vigore* in Kraft treten; 3. *(in un paese straniero)* einreisen
> ◆ *entrare in scena* auftreten
> *fare entrare* einlassen/hereinlassen
> *entrare in macchina* ins Auto einsteigen

entrata [en'traːta] *f* 1. Eintritt *m*; ~ *in carica* Amtseintritt *m*; ~ *in scena* Auftritt *m*; ~ *in vigore* In-Kraft-Treten *n*; ◆ *Quanto costa l'entrata?* Wie viel kostet der Eintritt? 2. *(accesso)* Einfahrt *f*, Zugang *m*; 3. *(di una casa)* Diele *f*; 4. *(in un paese)* Einreise *f*
entro ['entro] *prep* innerhalb, binnen
entusiasmare [entuziaz'maːre] *v* begeistern
entusiasmo [entuzi'azmo] *m* Begeisterung *f*
enumerare [enume'raːre] *v* aufzählen
enunciato [enun'tʃaːto] *m* Darlegung *f*, Verkündigung *f*
epidemia [epide'miːa] *f MED* Epidemie *f*
epilessia [epiles'siːa] *f MED* Epilepsie *f*
epilogo [e'piːlogo] *m* Nachwort *n*
episodio [epi'zɔːdio] *m* Episode *f*
epoca ['ɛːpoka] *f* Epoche *f*, Zeitalter *n*
eppure [ep'puːre] *konj* trotzdem

E

epurazione [epuratsi'oːne] *f* *1.* Reinigung *f;* *2. POL* Säuberung *f*
equazione [ekuatsi'oːne] *f* *MATH* Gleichung *f*
equestre [e'kuεstre] *adj* Reiter..., Ritter... *statua* ~ Reiterstatue *f*
equilibrare [ekuili'braːre] *v* *1.* ins Gleichgewicht bringen; *2. (fig)* ausgleichen; *3. TECH* auswuchten
equilibrarsi [ekuili'brarsi] *v* *1.* ins Gleichgewicht kommen; *2. (fig)* sich gegenseitig aufwiegen, sich ausgleichen
equilibrio [ekui'liːbrio] *m* *1.* Gleichgewicht *n;* *2. (fig)* Ausgleich *m*
equino [e'kuiːno] *adj* Pferde... *carne equina* Pferdefleisch *n*
equipaggiamento [ekuipaddʒa'mento] *m* Ausrüstung *f,* Ausstattung *f*
equipaggio [ekui'paddʒo] *m* Mannschaft *f*
equiparato [ekuipa'raːto] *adj* gleichgestellt
equitazione [ekuitatsi'oːne] *f* Reitsport *m;* *scuola d'~* Reitschule *f*
equivalente [ekuiva'lεnte] *adj* *1.* gleichwertig; *m* *2.* Äquivalent *n*
equivalersi [ekuiva'lersi] *v* den gleichen Wert haben
equivoco [e'kuiːvoko] *adj* *1.* missverständlich, doppeldeutig; *2. (malfamato)* anrüchig; *m* *3.* Missverständnis *n*
era ['εːra] *f* Zeitalter *n*
erba ['εrba] *f* *1.* Gras *n;* *~ cipollina* Schnittlauch *m;* ◆ *Che erba aromatica è?* Was ist das für ein Kraut? *2. MED* Kraut *n*
erbaccia [er'battʃa] *f* Unkraut *n;* ◆ *L'erbaccia non muore mai.* Unkraut verdirbt nicht.
erbivoro [er'biːvoro] *adj* Pflanzen fressend
erede [e'rεːde] *m/f* Erbe/Erbin *m/f*
eredità [eredi'ta] *f* Erbschaft *f;* ◆ *lasciare in eredità* vererben
ereditare [erede'taːre] *v* erben
ereditarietà [ereditarie'ta] *f* *BIO* Vererbung *f*
ereditario [eredi'taːrio] *adj* *1.* Erb... *principe ~* Erbprinz *m;* *2. BIO* vererblich
eremita [ere'miːta] *f* Eremit *m*
eresia [ere'ziːa] *f* *1. REL* Ketzerei *f;* *2. (stupidaggine)* Unsinn *m,* Quatsch *m*
eretico [e'rεːtiko] *adj* *1. REL* ketzerisch; *m* *2. REL* Ketzer *m*
erezione [eretsi'oːne] *f* *1.* Errichtung *f;* *2. BIO* Erektion *f*
ergersi ['εrdʒersi] *v irr* ragen, sich erheben; *~ a* sich aufspielen, angeben
erigere [e'riːdʒere] *v irr* errichten
ermetico [er'mεːtiko] *adj* dicht; ◆ *rendere ermetico* abdichten
eroe [e'rɔːe] *m* Held *m*
eroicamente [eroika'mente] *adv* heldenhaft
eroico [e'rɔːiko] *adj* heldenhaft
eroina [ero'iːna] *f* *CHEM* Heroin *n*
erotico [e'rɔːtiko] *adj* erotisch
erotismo [ero'tizmo] *m* Erotik *f*
errare [er'raːre] *v* irren, umherirren
errato [er'raːto] *adj* falsch, irrtümlich

> **errore** [er'roːre] *m* Fehler *m,* Irrtum *m;* *per ~* versehentlich; *~ di calcolo* Rechenfehler *m*
> ◆ *Sei in errore.* Du irrst dich.
> ≠ *eroe m* Held

erto ['erto] *adj* *1.* steil; *2. (burrone)* jäh
erudito [eru'diːto] *adj* *1.* gelehrt; *m* *2.* Gelehrter *m*
eruttare [erut'taːre] *v* *1.* ausstoßen; *2. (vulcano) GEO* speien
eruzione [erutsi'oːne] *f* *1.* Ausbruch *m;* *~ vulcanica* Vulkanausbruch *m;* *2. MED* Ausschlag *m*

esagerare [ezadʒeˈraːre] *v* übertreiben
esagerazione [ezadʒeratsiˈoːne] *f* Übertreibung *f*
esagonale [ezagoˈnaːle] *adj* sechseckig
esalare [ezaˈlaːre] *v* ausströmen
esaltare [ezalˈtaːre] *v* verherrlichen
esaltarsi [ezalˈtarsi] *v 1.* ausgelassen sein, exaltiert sein; *2.* ◆ *esaltarsi per qc* sich für etw begeistern
esaltazione [ezaltatsiˈoːne] *f* Verherrlichung *f*, Begeisterung *f*
esame [eˈzaːme] *m 1.* Prüfung *f*, Examen *n*; *~ d'ammissione* Aufnahmeprüfung *f*; *~ finale* Abschlussprüfung *f*; *2. (ricerca)* Erforschung *f*, Untersuchung *f*
esaminando [ezamiˈnando] *m* Prüfling *m*
esaminare [ezamiˈnaːre] *v 1.* prüfen, überprüfen; *2. (ricerca)* erforschen
esaminatore [ezaminaˈtoːre] *m 1.* Prüfer *m*; *adj 2.* Prüfungs...
esasperazione [ezasperatsiˈoːne] *f* Verbitterung *f*, Verzweiflung *f*
esattamente [ezattaˈmente] *adv* genau, exakt
esattezza [ezaˈtettsa] *f* Exaktheit *f*
esatto [eˈzatto] *adj* genau, exakt; ◆ *Il conto non è esatto.* Die Rechnung stimmt nicht.
esaurire [ezauˈriːre] *v irr* aufbrauchen, erschöpfen
esaurito [ezauˈriːto] *adj 1.* ausverkauft, vergriffen; *2. (persona)* erschöpft
esausto [eˈzaːusto] *adj* erschöpft
esautorazione [ezautoratsiˈoːne] *f* *POL* Entmachtung *f*
esca [ˈeska] *f 1.* Köder *m*; *2. (miccia)* Lunte *f*, Zunder *m*
escavatrice [escavaˈtriːtʃe] *f* *TECH* Bagger *m*
eschimese [eskiˈmeːse] *m* Eskimo *m*
esclamazione [esklamatsiˈoːne] *f* Ausruf *m*

> **escludere** [esˈkluːdere] *v irr* ausschließen
> ◆ *escludere qd da una riunione* jdn von einer Versammlung ausschließen
> ! *Passato remoto: esclusi; Partizip Perfekt: escluso*

esclusione [eskluziˈoːne] *f* Ausschluss *m*; *ad ~ di* mit Ausnahme von
esclusiva [eskluˈziːva] *f* Alleinvertrieb *m*
esclusivo [eskluˈziːvo] *adj* exklusiv
escogitare [eskodʒiˈtaːre] *v* ausdenken
escoriazione [eskoratsiˈoːne] *f* *MED* Abschürfung *f*
escremento [eskreˈmento] *m* Ausscheidung *f*, Exkrement *n*
escursione [eskursiˈoːne] *f* Ausflug *m*, Exkursion *f*
esecutivo [ezekuˈtiːvo] *adj 1.* ausführend; *organo ~* ausführendes Organ *n*; *m 2. POL* Exekutive *f*
esecuzione [ezekutsiˈoːne] *f 1.* Ausführung *f*, Durchführung *f*; *mancata ~* Nichterfüllung *f*; *2. THEAT* Darbietung *f*; *3. ECO* Abwicklung *f*
eseguire [ezeˈguiːre] *v 1.* ausführen, durchführen; *2. JUR* vollstrecken
esempio [eˈzɛmpio] *m* Beispiel *n*, Leitbild *n*; *per ~* beispielsweise
esemplare [ezemˈplaːre] *m 1.* Exemplar *n*; *adj 2.* exemplarisch, mustergültig
esentare [ezenˈtaːre] *v* entheben
esente [eˈzɛnte] *adj* frei, befreit; ◆ *esente da dazio* zollfrei
esenzione [ezentsiˈoːne] *f* Erlass *m*
esercente [ezerˈtʃɛnte] *m/f* *ECO* Gewerbetreibende(r) *m/f*

E

esercitare [ezertʃiˈtaːre] *v 1.* ausüben, üben; *2. (imparare con l'esercizio)* einüben; *3. ECO* betreiben; *4. (fig)* treiben
esercito [eˈzɛrtʃito] *m MIL* Armee *f; ~ della salvezza* Heilsarmee *f*
esercizio [ezerˈtʃiːtsio] *m 1. (esercitazione, compito)* Übung *f; ~ obbligatorio* Pflichtübung *f; 2. ECO* Betrieb *m*
esibire [eziˈbiːre] *v irr* vorzeigen
esibizionista [ezibitsioˈnista] *m* Exhibitionist *m*
esigente [eziˈdʒɛnte] *adj* anspruchsvoll
esigenza [eziˈdʒɛntsa] *f* Erfordernis *n*
esigere [eˈziːdʒere] *v irr* verlangen
esiguo [eˈziːguo] *adj* knapp
esiliare [eziliˈaːre] *v* ausweisen
esiliato [eziliˈaːto] *adj 1.* verbannt; *m 2.* Verbannter *m*
esilio [eˈziːlio] *m* Verbannung *f,* Exil *n*
esistente [ezisˈtɛnte] *adj* vorhanden
esistenza [ezisˈtɛntsa] *f* Existenz *f*

esistere [eˈzistere] *v irr* existieren, bestehen
◆ *Non esistono prove del suo atto.* Es gibt keine Beweise für seine Tat.

esitare [eˈzitaːre] *v* zaudern, zögern
esito [ˈɛːzito] *m 1. (risultato)* Ergebnis *n,* Resultat *n; 2. (successo)* Erfolg *m*
esodo [ˈɛːzodo] *m* Flucht *f*
esonerare [ezoneˈraːre] *v 1.* erlassen; *2. ECO* befreien
esonero [eˈzɔːnero] *m* Befreiung *f*
esordiente [ezordiˈɛnte] *adj 1.* angehend; *m/f 2.* Anfänger(in) *m*
esordio [eˈzɔrdio] *m* Debüt *n*
esortazione [ezortatsiˈoːne] *f* Mahnung *f,* Ermahnung *f*
esoterismo [ezoteˈrizmo] *m* Esoterik *f*
esotico [eˈzɔːtiko] *adj* exotisch
espansione [espansiˈoːne] *f* Expansion *f,* Ausdehnung *f*
espatrio [esˈpaːtrio] *m 1.* Emigration *f; 2. (passaggio di un confine)* Grenzübertritt *m*
espellere [esˈpɛllere] *v irr 1.* ausweisen; *2. MED* ausscheiden
esperienza [esperiˈɛntsa] *f 1.* Erfahrung *f,* Praxis *f; 2. (avvenimento vissuto intensamente)* Erlebnis *n*
esperimento [esperiˈmento] *m* Versuch *m,* Experiment *n*
esperto [esˈpɛrto] *adj 1.* erfahren, kundig; *m 2.* Experte *m,* Fachmann *m*
espiazione [espiatsiˈoːne] *f* Sühne *f*
espirare [espiˈraːre] *v* ausatmen
esplicito [esˈpliːtʃito] *adj* klar
esplodere [esˈplɔːdere] *v irr* explodieren
esplorare [esploˈraːre] *v* erforschen
esploratore [esploraˈtoːre] *m* Forscher *m,* Wissenschaftler *m*
esplorazione [esploratsiˈoːne] *f* Erforschung *f,* Erkundung *f*
esplosione [esploziˈoːne] *f* Explosion *f,* Sprengung *f*
esplosivo [esploˈziːvo] *adj 1. (cosa)* brisant, explosiv; *2. (irruento)* explosiv; *m 3.* Sprengstoff *m*
esporre [esˈporre] *v irr 1.* ausstellen; *2. (esplicare)* darlegen; *3. (abbandonare)* preisgeben; *4. (merce)* auslegen
esportare [esporˈtaːre] *v* exportieren
esportazione [esportatsiˈoːne] *f ECO* Export *m*
esposizione [espozitsiˈoːne] *f 1. (di merce)* Ausstellung *f; 2. (presentazione)* Darlegung *f,* Darbietung *f*
espressione [espressiˈoːne] *f 1. (a parole)* Ausdruck *m; privo di ~* ausdruckslos; *2. (del viso)* Ausdruck *m*

espressività [espressivi'ta] *f* Ausdruckskraft *f*, Expressivität *f*
espressivo [espres'siːvo] *adj* ausdrucksvoll
espresso [es'prɛsso] *adj 1.* ausdrücklich; *m 2.* Eilbrief *m*, Eilsendung *f*; *3. GAST* Espresso *m*
esprimere [es'priːmere] *v irr 1.* vorbringen; *2. (fig)* ausdrücken
esprimersi [es'primersi] *v irr* sich äußern
esproprio [es'prɔːprio] *m 1.* Enteignung *f*; *2. (statalizzazione)* Verstaatlichung *f*
espulsione [espulsi'oːne] *f 1.* Ausweisung *f*; *2. POL* Abschiebung *f*; *3. (fam)* Rausschmiss *m*
essa ['essa] *pron 1.* sie; *2. esse pl* sie
essenza [es'sɛntsa] *f 1.* Substanz *f*; *2. (carattere)* Wesen *n*
essenziale [essentsi'aːle] *adj 1.* wesentlich, essenziell; *m 2.* Hauptsache *f*
esserci ['ɛssertʃi] *v irr* vorhanden sein; ◆ *Non c'è di che!* Keine Ursache!

essere ['ɛssere] *v irr 1.* sein; *m 2. (vivente)* Wesen *n*; *3. PHIL* Sein *n*
◆ *Così sia!* So sei es!/Amen!
Se fossi lui ... An seiner Stelle ...
Sarà ... Mag sein ...
Come se nulla fosse. Wie wenn nichts wäre.

essiccare [essik'kaːre] *v* austrocknen
esso ['esso] *pron* es
est [ɛst] *m 1.* Osten *m*; *2. POL* Osten *m*
estasi [ɛs'taːsi] *f* Ekstase *f*
estate [es'taːte] *f* Sommer *m*
estendere [es'tɛndere] *v irr* erweitern
estendersi [es'tɛndersi] *v irr* sich erstrecken
estensibile [esten'siːbile] *adj* dehnbar, ausdehnbar
estensione [estensi'oːne] *f* Ausdehnung *f*, Erweiterung *f*
esteriore [esteri'oːre] *adj 1.* äußere(r,s), äußerlich; *m 2.* Äußere *n*
esterno [es'tɛrno] *m 1.* Äußere *n*; *adj 2.* extern; *3. (esteriore)* äußerlich
estero ['ɛstero] *m 1.* Ausland *n*; *adj 2.* ausländisch, fremd
esteso [es'teːso] *adj* weit reichend
estetica [es'tɛːtika] *f* Ästhetik *f*
estetico [es'tɛːtiko] *adj* ästhetisch
estetista [este'tista] *m/f* Kosmetiker(in) *m/f*
estinguere [es'tiŋguere] *v irr 1.* auslöschen, vernichten; *2. ECO* tilgen
estintore [estin'toːre] *m* Feuerlöscher *m*, Löschgerät *n*
estinzione [estintsi'oːne] *f 1. ECO* Tilgung *f*; *2. (spegnimento)* Löschen *n*; *3. BIO* Aussterben *n*
estirpare [estir'paːre] *v 1.* ausrotten; *2. (erbacce)* jäten
estivo [es'tiːvo] *adj* sommerlich
estorsione [estorsi'oːne] *f* Erpressung *f*, Nötigung *f*
estradizione [estraditsi'oːne] *f* Auslieferung *f*
estraneo [es'traːneo] *adj 1.* fremd, Fremd... *corpo ~* Fremdkörper *m*; *m 2.* Außenstehender *m*, Fremder *m*
estrarre [es'trarre] *v irr* herausziehen, ausziehen; *~ a sorte* verlosen
estratto [es'tratto] *m 1.* Extrakt *m*; *2. FIN* Auszug *m*; *~ conto* Kontoauszug *m*
estrazione [estratsi'oːne] *f 1. (a lotto)* Ziehung *f*; *~ a sorte* Verlosung *f*; *2. MIN* Förderung *f*, Abbau *m*
estremismo [estre'mizmo] *m POL* Extremismus *m*

estremista [estre'mista] *adj 1.* extremistisch; *m/f 2.* Extremist(in) *m/f,* Radikale(r) *m/f*
estremo [es'trɛːmo] *adj* extrem
estro ['ɛstro] *m 1.* Inspiration *f; 2. (entusiasmo)* Enthusiasmus *m*
estromissione [estromiss'oːne] *f* Entlassung *f,* Ausschluss *m*
esuberanza [ezube'rantsa] *f 1.* Überschwang *m; con ~* überschwänglich; *2. (sovrabbondanza)* Überfluss *m,* Überschwang *m*
esultare [ezul'taːre] *v* jubeln

> **età** [e'ta] *f 1.* Alter *n; ~ minima* Mindestalter *n; maggiore ~* Volljährigkeit *f; 2. (era)* Zeitalter *n; 3. ~ della pubertà* Pubertät *f; 4. ~ dello sviluppo* Entwicklungsjahre *pl*
> **!** *Plural: età*

etere ['ɛːtere] *m* Äther *m*
eternità [eterni'ta] *f* Ewigkeit *f*
eterno [e'tɛrno] *adj 1.* ewig, zeitlos; *2. (immortale)* unsterblich
eterogeneo [etero'dʒɛːneo] *adj* heterogen, andersartig
etica ['ɛːtika] *f* Ethik *f*
etichetta [eti'ketta] *f 1.* Aufkleber *m,* Etikett *n; ~ col prezzo* Preisschild *n; 2. (norme convenzionali di comportamento)* Etikette *f; senza ~* zwanglos
etico ['ɛːtiko] *adj* ethisch
Etiopia [eti'ɔːpia] *f GEO* Äthiopien *n*
etnico ['ɛtniko] *adj* ethnisch
etnologia [etnolo'dʒiːa] *f* Ethnologie *f,* Völkerkunde *f*
ettaro ['ɛttaro] *m* Hektar *n*
eufemismo [eufe'mizmo] *m* Beschönigung *f*
euforia [eufo'riːa] *f* Euphorie *f*
euro [e'uːro] *m FIN* Euro *m*
Europa [eu'rɔːpa] *f GEO* Europa *n*
europeo [euro'pɛːo] *adj 1.* europäisch; *m 2.* Europäer *m*
evacuare [evaku'aːre] *v* evakuieren
evacuazione [evakuatsi'oːne] *f 1.* Evakuierung *f,* Räumung *f; 2. MED* Darmentleerung *f*
evadere [e'vaːdere] *v irr* entfliehen
evangelico [evan'dʒɛːliko] *adj REL* evangelisch
evaporare [evapo'raːre] *v* verdampfen, verdunsten
evasione [evazi'oːne] *f* Ausbruch *m,* Flucht *f; ~ fiscale* Steuerhinterziehung *f*
evaso [e'vaːzo] *adj 1.* ausgebrochen; *2. JUR* erledigt; *m 3.* Ausbrecher *m*
evento [e'vɛnto] *m* Ereignis *n*
eventuale [eventu'aːle] *adj* eventuell
evidente [evi'dɛnte] *adj* offensichtlich, augenfällig
evidenza [evi'dɛntsa] *f* Augenscheinlichkeit *f;* ◆ *mettere in evidenza* hervorheben
evitare [evi'taːre] *v* vermeiden
evoluto [evo'luːto] *adj* entwickelt
evolversi [e'vɔlversi] *v irr* sich entwickeln
ex [eks] *adj* ehemalig
extra ['ɛkstra] *adj* extra
extracomunitario [ekstrakomuni'taːrio] *m* EU-Ausländer *m*
extraconiugale [ekstrakoniu'gaːle] *adj* außerehelich
extraterrestre [ekstrater'reːstre] *adj 1.* außerirdisch; *m/f 2.* außerirdisches Wesen *n*

F

fa [fa] *adv* vor
◆ *tempo fa* in der Vergangenheit

fabbisogno [fabbiˈzoːɲo] *m* Bedarf *m*, Bedürfnis *n*
fabbrica [ˈfabbrika] *f* Fabrik *f*, Werk *n*; ~ *di automobili* Autowerk *n*
fabbricante [fabbriˈkante] *m/f* Hersteller(in) *m/f*; ~ *di birra* Bierbrauer(in) *m/f*
fabbricare [fabbriˈkaːre] *v* herstellen
fabbricato [fabbriˈkaːto] *adj* 1. hergestellt; *m* 2. Gebäude *n*, Bauwerk *n*
fabbro [ˈfabbro] *m* Schmied *m*
faccenda [fatˈtʃɛnda] *f* Affäre *f*
facchino [fakˈkiːno] *m* Träger *m*, Gepäckträger *m*
faccia [ˈfattʃa] *f* Gesicht *n*
facciata [fatˈtʃaːta] *f* 1. Fassade *f*, Vorderfront *f*; 2. *(in tipografia)* Seite *f*

facile [ˈfaːtʃile] *adj* 1. leicht; ~ *da usare* benutzerfreundlich; 2. *donna* ~ Prostituierte *f*; 3. *(fig)* glatt
◆ *E' facile che ...* Es ist schon denkbar, dass ...

facilità [fatʃiliˈta] *f* Leichtigkeit *f*
facilmente [fatʃilˈmente] *adv* leicht
facoltà [fakolˈta] *f* 1. Fakultät *f*; 2. *(talento)* Fähigkeit *f*; 3. *(possibilità)* Möglichkeit *f*; 4. *(potere)* Vermögen *n*
facoltativamente [fakoltativaˈmente] *adv* beliebig
facoltoso [fakolˈtoːso] *adj* 1. *(benestante)* reich, begütert; *m* 2. vermögender Mensch *m*
fagiolino [fadʒoˈliːno] *m BOT* Gartenbohne *f*
fagotto [faˈgɔtto] *m* 1. *MUS* Fagott *n*; 2. *(fardello)* Packen *m*; 3. *(persona)* Fettwanst *m*
falce [ˈfaltʃe] *f* 1. *AGR* Sense *f*; 2. *(~ piccola)* Sichel *f*
falda [ˈfalda] *f* 1. *(strato)* Belag *m*, Lage *f*; 2. *(cappello)* Krempe *f*
falegname [faleˈɲaːme] *m* Schreiner *m*, Tischler *m*
falla [ˈfalla] *f (buco, vuoto)* Lücke *f*
fallimento [falliˈmento] *m* 1. Scheitern *n*; 2. *ECO* Bankrott *m*; 3. *JUR* Konkurs *m*
fallire [falˈliːre] *v irr* 1. missglücken, misslingen; 2. *(naufragare)* versagen, scheitern; 3. *(progetti)* zerschlagen
falsare [falˈsaːre] *v (fig)* verdrehen
falsificare [falsifiˈkaːre] *v* fälschen
falsità [falsiˈta] *f* Unaufrichtigkeit *f*
falso [ˈfalso] *adj* 1. falsch, unecht; 2. *(persona)* falsch, unaufrichtig
fama [ˈfaːma] *f* 1. Gerücht *n*; 2. *(celebrità)* Berühmtheit *f*, Ruhm *m*; *di ~ mondiale* weltbekannt

fame [ˈfaːme] *f* Hunger *m*
◆ *fame da lupo* Heißhunger *m*, Bärenhunger *m*
morire di fame vor Hunger sterben
avere fame di denaro geldgierig sein

famelico [faˈmɛːliko] *adj* 1. ausgehungert; 2. *(avido)* gierig

famiglia [faˈmiːʎa] *f* 1. Familie *f*; *capo di* ~ Familienoberhaupt *n*; 2. *(parenti)* Verwandte *pl*; 3. *BIO* Art *f*, Geschlecht *n*
◆ *lavare i panni sporchi in famiglia* die schmutzige Wäsche zu Hause waschen

familiare [famili'aːre] *m/f* 1. Angehörige(r) *m/f; adj* 2. vertraut
familiarità [familiari'ta] *f* Vertrautheit *f*
famoso [fa'moːso] *adj* berühmt
fanale [fa'naːle] *m* Licht *n*, Lampe *f*; ~ *di coda* Schlusslicht *n*, Rücklicht *n*
fanatico [fana'tiːko] *adj* 1. fanatisch; *m* 2. Fanatiker *m*

F

fanciullezza [fantʃu'lettsa] *f* Kindheit *f*
fango ['faŋgo] *m* 1. Schlamm *m*; 2. *(mota)* Kot *m*
fangoso [faŋ'goːso] *adj* schlammig
fantascienza [fanta'ʃɛntsa] *f* Science-Fiction *f*

> **fantasia** [fanta'ziːa] *f* Fantasie *f*; *privo di ~* fantasielos; *ricco di ~* fantasievoll
> ◆ *perdersi in fantasie* sich in Träumereien verlieren

fantasioso [fantazi'oːso] *adj* 1. einfallsreich; 2. *(bizzarro)* komisch
fantasma [fan'tazma] *m* Gespenst *n*
fanteria [fan'teːria] *f* Fußtruppe *f*
fantoccio [fan'tɔttʃo] *m* Marionette *f*

> **fare** ['faːre] *v irr* 1. machen, tun; *~ qc a qd* jdm etw ausrichten; 2. *(farcela)* schaffen; 3. *(indurre, spingere)* lassen; 4. *(operare)* wirken
> ◆ *fare il biglietto* die Fahrkarte abstempeln
> *fare la spesa* einkaufen gehen
> *fare una visita* besuchen
> *Come faccio ad arrivare a ...?* Wie komme ich nach ...?
> *Non fa niente.* Das macht nichts.
> *Come si fa questo?* Wie macht man das?
> *fare attenzione* achten/aufpassen
> *fare esercizio* üben
> *fare a meno di qc* ohne etw auskommen
> *far presto* sich beeilen
> *fare tardi* zu spät kommen
> *fare vedere* herzeigen
> *far fare qc a qd* jdn etw tun lassen
> *Ce la fai?* Schaffst du es?

farfalla [far'falla] *f ZOOL* Schmetterling *m*
farina [fa'riːna] *f GAST* Mehl *n*
farmacia [farma'tʃiːa] *f* 1. *(negozio)* Apotheke *f*; 2. *(scienza)* Pharmazie *f*
farmacista [farma'tʃista] *m/f* Apotheker(in) *m/f*
farmaco ['farmako] *m* Arznei *f*
faro ['faːro] *m* 1. Leuchtturm *m*; 2. *(dell'auto)* Scheinwerfer *m*; *~ abbagliante* Fernlicht *n*
fascia ['faʃa] *f* 1. Band *n*; 2. *MED* Binde *f*; *~ elastica* elastische Binde *f*; *~ di garza* Mullbinde *f*
fasciare [fa'ʃaːre] *v MED* verbinden
fasciatura [faʃa'tuːra] *f MED* Verband *m*
fascinazione [faʃinatsi'oːne] *f* Faszination *f*
fascino ['faʃino] *m* 1. Reiz *m*; 2. *(fig)* Zauber *m*
fascio ['faʃo] *m* Bündel *n*; *~ di nervi* Nervenbündel *n*
fascismo [fa'ʃizmo] *m POL* Faschismus *m*
fascista [fa'ʃista] *adj* 1. *POL* faschistisch; *m/f* 2. *POL* Faschist(in) *m/f*
fase ['faːze] *f* Phase *f*, Stufe *f*; *~ iniziale* Anfangsstadium *n*, Anfangsphase *f*
fastidio [fas'tiːdio] *m* Belästigung *f*
fastidioso [fastidi'oːso] *adj* lästig
fasto ['fasto] *m* Prunk *m*

fastoso [fas'to:so] *adj* prunkvoll
fata ['fa:ta] *f* Fee *f*
fatale [fa'ta:le] *adj 1.* verhängnisvoll; *2. (del destino)* schicksalhaft
fatalità [fatali'ta] *f 1.* Los *n; 2. (disgrazia)* Unglück *n*
fatica [fa'ti:ka] *f* Mühe *f; con ~* mühsam
faticare [fati'ka:re] *v* schuften
faticoso [fati'ko:so] *adj* anstrengend
fato ['fa:to] *m* Schicksal *n*

fatto ['fatto] *m 1.* Ereignis *n; 2. (stato di cose)* Tatsache *f,* Sachverhalt *m*
◆ *Fatto sta che ...* Es steht fest, dass ...

fattore [fat'to:re] *m* Faktor *m; ~ di protezione antisolare* Lichtschutzfaktor *m; ~ Rhesus* Rhesusfaktor *m*
fattura [fat'tu:ra] *f 1.* Herstellung *f; 2. (conto) ECO* Rechnung *f; 3. (ricevuta) ECO* Quittung *f*
fatturato [fattu'ra:to] *m* Umsatz *m*
fauna [fa:una] *f* Fauna *f,* Tierwelt *f*
favilla [fa'villa] *f* Funke *m*
favola ['fa:vola] *f 1.* Märchen *n; 2. (fiaba)* Fabel *f*
favoloso [favo'lo:so] *adj* fabelhaft
favore [fa'vo:re] *m 1.* Begünstigung *f; a ~ di* zugunsten von; *2. (benvolenza, plauso)* Gunst *f; 3. (piacere)* Gefallen *m; fare un ~ a qd* jdm einen Gefallen tun ◆ *Per favore!* Bitte!
favoreggiare [favored'dʒa:re] *v* fördern
favorevole [favo're:vole] *adj* günstig
favorire [favo'ri:re] *v* begünstigen, fördern; ◆ *Favorisca i documenti!* Ihre Papiere, bitte!
favorito [favo'ri:to] *m* Favorit *m,* Liebling *m; non ~* Außenseiter *m*
fazzoletto [fattso'letto] *m* Taschentuch *n,* Tuch *n; ~ da testa* Kopftuch *n*
febbraio [feb'bra:io] *m* Februar *m*
febbre ['fɛbbre] *f* Fieber *n; ~ da fieno* Heuschnupfen *m*
febbrile [feb'bri:le] *adj* erregt
feccia ['fɛttʃa] *f (fig)* Abschaum *m*
feci ['fɛ:tʃi] *f/pl* Kot *m*
fecondare [fekon'da:re] *v BIO* befruchten
fecondazione [fekondatsi'o:ne] *f BIO* Befruchtung *f*
fede ['fe:de] *f 1.* Vertrauen *n,* Zutrauen *n; in buona ~* gutgläubig; *2. mala ~/buona ~* schlechtes Gewissen/gutes Gewissen *n; 3. REL* Glaube *m; 4. POL* Denkweise *f; 5. (anello nuziale)* Ehering *m,* Trauring *m*
fedele [fe'de:le] *adj 1.* treu; *m/f 2.* Gläubige(r) *f/m*
fedeltà [fedel'ta] *f* Treue *f*
federale [fede'ra:le] *adj* föderativ, Bundes...
federazione [federatsi'o:ne] *f POL* Föderation *f*
fegato ['fe:gato] *m ANAT* Leber *f*
felice [fe'li:tʃe] *adj 1.* glücklich, glückselig; *2. (contento)* froh, freudig

felicità [felitʃi'ta] *f 1.* Glück *n; 2. (beatitudine)* Seligkeit *f*
◆ *Ti auguro ogni felicità.* Ich wünsche dir alles Glück.

felicitarsi [felitʃi'tarsi] *v* beglückwünschen, gratulieren
felino [fe'li:no] *adj* Katzen...
femmina ['femmina] *f* Frau *f,* Weib *n*
femminile [femmi'ni:le] *adj* weiblich
femminista [femmi'nista] *f* Feministin *f*
femore ['fɛ:more] *m ANAT* Oberschenkel *m*
fendere ['fɛndere] *v irr* aufspalten
fenomeno [fe'nɔ:meno] *m* Phänomen *n,* Erscheinung *f*

F

feriale [feri'aːle] *adj* Werktags... *giorno ~* Werktag *m*
ferie ['fɛːrie] *f/pl* Urlaub *m;* Ferien *pl* *andare in ~* in Urlaub gehen
ferire [fe'riːre] *v* verletzen, verwunden
ferita [fe'riːta] *f* Verletzung *f,* Wunde *f;* *~ d'arma da fuoco* Schussverletzung *f*
ferito [fe'riːto] *adj 1.* verletzt; ◆ *gravemente ferito* schwer verletzt; *m 2.* Verletzter *m*

F

fermaglio [fer'maːʎo] *m 1.* Brosche *f;* *2. (fibbia)* Spange *f,* Schließe *f; 3. (da ufficio)* Büroklammer *f,* Heftklammer *f*

fermare [fer'maːre] *v 1.* halten; *2. (trattenere)* anhalten, stoppen; *3. (porta)* aufhalten; *4. (motore)* aussetzen; *5. (arrestare)* festnehmen ◆ *Per quanto tempo si ferma il treno?* Wie lange hat der Zug Aufenthalt?

fermarsi [fer'marsi] *v 1.* (an)halten; *2.* stehen bleiben; sich aufhalten
fermata [fer'maːta] *f* Haltestelle *f,* Station *f; ~ dell'autobus* Bushaltestelle *f*
fermentare [fermen'taːre] *v* gären
fermo ['fermo] *adj 1.* stillstehend; *stare ~* stehen bleiben; *2. (saldo)* fest; *3. (fig)* standhaft; *interj 4.* halt, stehen bleiben; *m 5.* Haltevorrichtung *f; 6. (dalla polizia)* Verhaftung *f*
feroce [fe'roːtʃe] *adj* wild
ferro ['fɛrro] *m* Eisen *n; di ~* aus Eisen, eisern; *di ~ (fig)* eisern; *~ da stiro* Bügeleisen *n*
ferrovia [ferro'viːa] *f* Eisenbahn *f; ~ di montagna* Bergbahn *f*
ferroviario [ferrovi'aːrio] *adj* Eisenbahn... *orario ~* Fahrplan *m*
fertile ['fɛrtile] *adj* fruchtbar
fertilità [fertili'ta] *f* Fruchtbarkeit *f*
fervente [fer'vɛnte] *adj 1.* begeistert; *2. (zelante)* beflissen
fervido ['fɛrvido] *adj* sengend
fervore [fer'voːre] *m* Inbrunst *f,* Glut *f*
fesso ['fesso] *adj 1.* dumm, idiotisch; *m 2.* Idiot *m*
fessura [fes'suːra] *f 1.* Schlitz *m,* Spalt *m; 2. (fig)* Sprung *m*

festa ['fɛsta] *f* Fest *n,* Feier *f; ~ di famiglia* Familienfeier *f; ~ nazionale* Nationalfeiertag *m; ~ popolare* Volksfest *n* ◆ *parare a festa* feierlich schmücken

festeggiare [fested'dʒaːre] *v* feiern
festival ['fɛstival] *m* Festival *n*
festività [festivi'ta] *f 1.* Feier *f,* Fest *n; 2. (giorno festivo)* Feiertag *m*
festivo [fes'tiːvo] *adj* feierlich
feto ['fɛːto] *m BIO* Fötus *m*
fetta ['fetta] *f* Scheibe *f; ~ di pane* Brotscheibe *f; ~ biscottata* Zwieback *m*
fiaba [fi'aːba] *f* Fabel *f,* Märchen *n*
fiabesco [fia'besko] *adj* märchenhaft, fabelhaft; *mondo ~* Märchenland *n*
fiacca [fi'akka] *f* Erschöpfung *f*
fiacco [fi'akko] *adj 1.* abgeschlagen, erschöpft; *2. ECO* flau
fiaccola [fi'akkola] *f* Fackel *f*
fiamma [fi'amma] *f 1.* Flamme *f; 2. (fig)* Schwarm *m*
fiammeggiare [fiammed'dʒaːre] *v 1.* lodern; *2. GAST* flambieren
fiammifero [fiam'miːfero] *m* Streichholz *n*
fiancata [fiaŋ'kaːta] *f 1.* Seitenwand *f; 2. (fig)* Seitenhieb *m*
fianco [fi'aŋko] *m 1.* Seite *f; ~ a ~* Seite an Seite; *2. ANAT* Hüfte *f*
fiato [fi'aːto] *m* Atem *m*
fibbia ['fibbia] *f* Spange *f,* Schnalle *f*
fibra ['fiːbra] *f* Faser *f*
ficcanaso [fikka'naːso] *m 1.* Spion *m; 2. (fam: persona curiosa)* Schnüffler *m*
ficcarsi [fik'karsi] *v 1.* hineindrängen; *2. (fam: andare a finire)* stecken

fico [ˈfiːko] *m BOT* Feige *f*
fidanzamento [fidantsaˈmento] *m* Verlobung *f*
fidanzarsi [fidanˈtsarsi] *v* sich verloben
fidanzato [fidanˈtsaːto] *m* Verlobter *m*, Bräutigam *m*
fidarsi [fiˈdarsi] *v* vertrauen, trauen
fidatezza [fidaˈtettsa] *f* Verlässlichkeit *f*
fidato [fiˈdaːto] *adj* zuverlässig
fido [ˈfiːdo] *m 1.* Vertrauter *m; 2. ECO* Anleihe *f; adj 3.* treu, ergeben
fiducia [fiˈduːtʃa] *f* Vertrauen *n; aver ~* vertrauen
fiduciario [fiduˈtʃaːrio] *adj 1.* vertraulich; *2. JUR* Treuhand...
fiducioso [fiduˈtʃoːso] *adj* vertrauensvoll
fieno [fiˈɛːno] *m BOT* Heu *n*
fiera¹ [fiˈɛːra] *f* Messe *f*
fiera² [fiˈɛːra] *f ZOOL* Raubtier *n*
fiero [fiˈɛːro] *adj* stolz, hochmütig
fifone [fiˈfoːne] *m* Angsthase *m*
figlia [ˈfiːʎa] *f* Tochter *f*, Kind *n*
figlio [ˈfiːʎo] *m* Sohn *m*, Kind *n; con molti figli* kinderreich; *~ adottivo* Adoptivkind *n; ~ della fortuna* Glückskind *n*
figura [fiˈguːra] *f 1.* Figur *f*, Gestalt *f; 2. (corpo)* Wuchs *m*, Statur *f*
figurarsi [figuˈrarsi] *v 1. (fig)* sich vorstellen; *2. (fam)* sich einbilden
figurato [figuˈraːto] *adj* abgebildet

> **fila** [ˈfiːla] *f 1.* Reihe *f; ~ indiana* Gänsemarsch *m; 2. (Coda)* Schlange *f; fare la ~* Schlange stehen
> ≠ *figlia f* Tochter

filare [fiˈlaːre] *v 1.* spinnen; *2. (correre)* sich fortbewegen, abhauen *(fam)*
filetto [fiˈletto] *m GAST* Filet *n*
filiale [filiˈaːle] *adj 1.* kindlich, Kindes... *amor ~* Kindesliebe *f; f 2.* Niederlassung *f*, Zweigstelle *f*
film [film] *m CINE* Film *m; ~ d'animazione* Trickfilm *m;* ◆ *Quale film è in programma in questo momento?* Welcher Film läuft gerade?
filo [ˈfiːlo] *m 1.* Faden *m*, Zwirn *m; ~ a piombo* Lot *n; ~ spinato* Stacheldraht *m;* ◆ *camminare sul filo del rasoio* eine Gratwanderung machen; *2. BOT* Halm *m*
filologo [fiˈlɔːlogo] *m* Philologe *m*
filosofia [filozoˈfiːa] *m* Philosophie *f*
filosofo [fiˈlɔːzofo] *m* Philosoph *m*
filtrare [filˈtraːre] *v* filtern, klären
filtro [ˈfiltro] *m 1.* Filter *m; 2. (colino)* Sieb *n*
finale [fiˈnaːle] *adj 1.* zusammenfassend, Schluss... *m 2. (fine)* Finale *n*, Schluss *m; f 3. SPORT* Endspiel *n*
finalità [finaliˈta] *f* Zweck *m*
finalmente [finalˈmente] *adv* endlich
finanza [fiˈnantsa] *f 1. FIN* Finanzamt *n; 2. finanze pl (statali)* Finanzen *pl*
finanziario [finantsiˈaːrio] *adj* finanziell, Finanz...
finanziere [finantsiˈɛːre] *m 1.* Geldgeber *m; 2. (doganiere)* Grenzposten *m*, Zöllner *m*
finché [fiŋˈke] *konj* bis, solange
fine¹ [ˈfiːne] *adj* fein, zartgliedrig

> **fine²** [ˈfiːne] *f 1.* Ende *n*, Schluss *m; ~ del mondo* Weltuntergang *m; ~ della vita* Lebensende *n; ~ settimana* Wochendende *n; alla ~* am Schluss; *2. (conclusione)* Abschluss *m; 3. (termine)* Ausgang *m*, Schluss *m; m 4. (scopo)* Zweck *m; al ~ di* zwecks, damit; *~ a se stesso* Selbstzweck *m; a tal ~* deshalb
> ≠ *fino adj* dünn

finestra [fiˈnɛstra] *f* Fenster *n; ~ a ribalta* Kippfenster *n*
finezza [fiˈnettsa] *f 1.* Feinheit *f; 2. (fig)* Delikatesse *f*

F

fingere [ˈfindʒere] *v irr 1. (simulare)* fingieren; *2. (fig)* sich verstellen

finire [fiˈniːre] *v irr 1. (smettere)* aufhören; *2. (terminare)* beenden, enden; *3. (provviste)* ausgehen; *4. (fig)* hingelangen
◆ *È già finito?* Ist es schon vorbei?

finlandese [finlanˈdeːse] *m/f* Finne/Finnin *m/f*

F

Finlandia [finˈlandia] *f* Finnland *n*
finnico [ˈfinniko] *adj* finnisch
fino¹ [ˈfiːno] *adj* dünn, fein
fino² [ˈfiːno] *prep 1. ~ a (tempo, luogo)* bis ◆ *fino a domani* bis morgen; *fino ad ora* bis jetzt; *adv 2. (persino)* sogar
finocchio [fiˈnɔkkio] *m* Fenchel *m*
finora [fiˈnoːra] *adv* bisher, bislang
fintantoché [fintantoˈke] *konj* bis, solange
finto [ˈfinto] *adj (falso)* falsch
finzione [fintsiˈoːne] *f* Vortäuschung *f*
fioccare [fiokˈkaːre] *v 1.* schneien; *2. (fig)* herbeiströmen
fiocco [fiˈɔkko] *m 1.* Flocke *f; ~ di neve* Schneeflocke *f; 2. (nastro)* Schleife *f;* ◆ *Coi fiocchi!* Hervorragend!
fioraio [fioˈraːio] *m* Blumenhändler *m*

fiore [fiˈoːre] *m* Blume *f,* Blüte *f; mazzo di fiori* Blumenstrauß *m; il fior ~* das Beste vom Besten
◆ *È un fior di ragazza.* Sie ist ein bildhübsches Mädchen.

fiorire [fioˈriːre] *v* blühen, florieren
fiorista [fioˈrista] *m/f* Florist(in) *m/f*
fiorito [fioˈriːto] *adj* blühend, in Blüte
Firenze [fiˈrɛntse] *f GEO* Florenz *n*
firma [ˈfirma] *f* Unterschrift *f*
firmare [firˈmaːre] *v 1.* unterschreiben, zeichnen; *2. ECO* unterzeichnen
fisarmonica [fizarˈmɔːnika] *f MUS* Ziehharmonika *f*
fiscale [fisˈkaːle] *adj* steuerlich
fischiare [fiskiˈaːre] *v 1.* pfeifen; *2. (sibilare)* zischen; *3. SPORT* anpfeifen; *~ la fine* abpfeifen
fischio [ˈfiskio] *m 1. (fischietto)* Pfeife *f; 2. (il fischiare)* Pfiff *m*
fisco [ˈfisko] *m* Fiskus *m*
fisica [ˈfiːzika] *f* Physik *f; ~ nucleare* Kernphysik *f*
fisico [ˈfiːziko] *adj 1.* körperlich, physisch; *costituzione fisica* Statur *f,* Körperform *f; 2. PHYS* physikalisch; *m 3.* Körper *m; 4. (studioso di fisica)* Physiker *m*
fisiologia [fizioloˈdʒiːa] *f* Physiologie *f*
fissare [fisˈsaːre] *v 1.* befestigen; *2. (stabilire)* festsetzen; *3. (scopo)* abstecken; *4. (appuntare)* anheften; *5. (fermare)* fixieren; *6. (con lo sguardo)* fixieren, starren
fissazione [fissatsiˈoːne] *f 1.* Bestimmung *f,* Festlegung *f; 2. (fissaggio)* Befestigung *f; 3. (fig)* Spleen *m*
fissione [fissiˈoːne] *f PHYS* Spaltung *f; ~ nucleare* Kernspaltung *f*
fisso [ˈfisso] *adj 1. (fermo)* fest, fest stehend; *2. (permanente)* ständig; *adv 3. (fissamente)* stur, starr; *m 4.* Fixum *n*
fitta [ˈfitta] *f* Stich *m*
fittizio [fitˈtiːtsio] *adj* erfunden, fiktiv
fitto¹ [ˈfitto] *adj 1.* dicht gedrängt, brechend voll; *2. (impermeabile, compatto)* undurchlässig; *buio ~* stockfinster
fitto² [ˈfitto] *m* Miete *f*
fiume [fiˈuːme] *m GEO* Fluss *m*
fiutare [fiuˈtaːre] *v 1.* wittern; *2. (annusare)* beriechen, beschnuppern; *3. (sospettare)* annehmen
fiuto [fiˈuːto] *m 1.* Spürsinn *m; 2. ZOOL* Schnuppern *n; 3. (fig)* Ahnung *f,* Nase *f*
flauto [ˈflaːuto] *m MUS* Flöte *f; ~ traverso* Querflöte *f*
flessibile [flesˈsiːbile] *adj 1.* flexibel; *2. (fig)* beweglich

flessibilità [flessibili'ta] *f* Flexibilität *f*
flirtare [flir'ta:re] *v* flirten
flora ['flɔ:ra] *f BOT* Pflanzenwelt *f*
floscio ['flɔ:ʃo] *adj 1.* schlaff, kraftlos; *2. (fiore)* welk
flotta ['flɔtta] *f* Flotte *f*
fluente [flu'ɛnte] *adj* fließend
fluido ['flu:ido] *adj* flüssig
fluire [flu'i:re] *v* strömen
flusso ['flusso] *m (corrente)* Strom *m*
flutto ['flutto] *m* Woge *f*, Welle *f*
fluttuare [fluttu'a:re] *v 1.* fluktuieren; *2. (fig)* wanken
foca ['fɔ:ka] *f ZOOL* Robbe *f*
foce ['fo:tʃe] *f ~ del fiume* Flussmündung *f*
focolaio [foko'la:io] *m* Herd *m; ~ di crisi* Krisenherd *m*
fodero ['fɔ:dero] *m 1.* Etui *n; 2. (del coltello)* Scheide *f*

> **foglia** ['fɔ:ʎa] *f BOT* Blatt *n*
> ◆ *mangiare la foglia* schnell von Begriff sein
> *non muovere foglia* keinen Finger krumm machen
> ≠ *follia f* Wahnsinn

fogliame [fo'ʎa:me] *m* Laub *n*
foglio ['fɔ:ʎo] *m 1. (carta)* Blatt *n*, Bogen *m; ~ di carta* Blatt Papier *n; 2. (in tipografia)* Bogen *m; 3. (di metallo, di plastica)* Folie *f; 4. (certificato)* Schein *m*
folata [fo'la:ta] *f* Bö *f*, Windstoß *m*
folclore [folk'lo:re] *m* Folklore *f*
folgorare [folgo'ra:re] *v* blitzen
folla ['folla] *f* Menschenmenge *f*
folle ['fɔlle] *adj* verrückt, närrisch
follemente [folle'mente] *adv* wahnsinnig
follia [fol'li:a] *f* Wahnsinn *m*, Torheit *f*
folto ['folto] *adj 1. BOT* dicht; *m 2. BOT* Dickicht *n*
fon [fɔ:n] *m* Föhn *m*
fondamentale [fondamen'ta:le] *adj* wesentlich, fundamental
fondamento [fonda'mento] *m* Basis *f*, Grundlage *f*
fondare [fon'da:re] *v 1.* gründen, errichten; *2. (fig)* aufbauen
fondato [fon'da:to] *adj* gegründet
fondatore [fonda'to:re] *m* Gründer *m*
fondazione [fondatsi'o:ne] *f 1.* Begründung *f; 2. (di un edificio)* Fundament *n; 3. JUR* Stiftung *f*
fondere ['fondere] *v irr 1.* schmelzen; *2. TECH* gießen
fondiario [fondi'a:rio] *adj* Boden... *imposta fondiaria* Grundsteuer *f*
fondina [fon'di:na] *f 1.* tiefer Teller *m; 2. (pistola)* Revolvertasche *f*, Colt *m*
fondo ['fondo] *adj 1.* tief; *m 2. (s~)* Fond *m; 3. (terreno)* Grundstück *n; 4. (di un recipiente, di un pozzo)* Untergrund *m*, Grund *m;* ◆ *a fondo* gründlich; *5. ~ cassa ECO* Bestand *m; 6. articolo di ~ LIT* Leitartikel *m; 7. (di caffè)* Kaffeesatz *m; 8. fondi pl (di denaro)* Mittel *pl*
fonduta [fon'du:ta] *f GAST* Fondue *n*
fonetica [fo'nɛ:tika] *f* Phonetik *f*
fontana [fon'ta:na] *f* Brunnen *m*
fonte ['fonte] *f 1.* Quelle *f; ~ battesimale* Taufbecken *n; 2. (fig)* Quelle *f*
foraggio [fo'raddʒo] *m* Futter *n*
forare [fo'ra:re] *v 1. (biglietto)* knipsen, lochen; *2. (fogli)* lochen
foratura [fora'tu:ra] *f* Reifenpanne *f*
forbici ['fɔrbitʃi] *f/pl* Schere *f*
forchetta [for'ketta] *f* Gabel *f*
foresta [fo'rɛsta] *f BOT* Wald *m*, Forst *m; ~ vergine* Urwald *m*
forestiero [foresti'ɛ:ro] *adj 1.* ortsfremd; *m 2.* Fremder *m*
forfora ['forfora] *f* Schuppen *f/pl*

F

forma [ˈforma] *f 1.* Form *f; 2. (struttura)* Gebilde *n,* Gestaltung *f; 3. (condizione)* Kondition *f; 4. (maschera)* Schablone *f; 5. (fig: contorno)* Profil *n*
formabile [forˈmaːbile] *adj* formbar
formaggio [forˈmaddʒo] *m GAST* Käse *m; ~ di pecora* Schafskäse *m*
formale [forˈmaːle] *adj 1.* formal; *2. (esplicito)* formell; *3. (esteriore, ufficiale)* förmlich
formalità [formaliˈta] *f 1.* Formalität *f; 2. (comportamento convenzionale)* Förmlichkeit *f*
formare [forˈmaːre] *v 1.* bilden, formen; *2. (fig: persona)* heranbilden
formarsi [forˈmarsi] *v 1.* entstehen; *2. (costituirsi)* sich bilden; *3. (venire in rilievo)* sich herauskristallisieren
formato [forˈmaːto] *adj 1.* geformt; *m 2. (misura)* Format *n; ~ in verticale* Hochformat *n; ~ trasversale* Querformat *n*
formattare [formatˈtaːre] *v INFORM* formatieren
formazione [formatsiˈoːne] *f* Bildung *f*
formica [forˈmiːka] *f ZOOL* Ameise *f*
formidabile [formiˈdaːbile] *adj 1.* großartig; *2. (fortissimo)* stark
formula [ˈfɔrmula] *f* Formel *f*
formulare [formuˈlaːre] *v* formulieren
formulario [formuˈlaːrio] *m* Vordruck *m,* Formular *n*
formulazione [formulatsiˈoːne] *f* Formulierung *f*
fornaio [forˈnaːio] *m* Bäcker *m*
fornire [forˈniːre] *v 1.* liefern, übergeben; *2. (dotare)* ausstatten, ausrüsten
fornitore [forniˈtoːre] *m* Lieferant *m*
fornitura [forniˈtuːra] *f* Lieferung *f; ~ supplementare* Nachlieferung *f*
forno [ˈforno] *m* Ofen *m,* Backofen *m; ~ a microonde* Mikrowellenherd *m*
foro [ˈfoːro] *m 1.* Loch *n; 2. JUR* Gerichtshof *m*

forse [ˈforse] *adv* vielleicht
◆ *Forse vincerà l'anno prossimo.* Vielleicht wird er nächstes Jahr gewinnen.

forte [ˈfɔrte] *adj 1.* stark, kräftig; *2. (suono)* laut; *3. (gusto)* herzhaft; *4. (fig)* grell, hochgradig
fortezza [forˈtettsa] *f 1. MIL* Festung *f*; 2. Stärke *f*
fortificare [fortifiˈkaːre] *v* festigen
fortuito [forˈtuːito] *adj* zufällig
fortuna [forˈtuːna] *f 1.* Glück *n; questione di ~* Glückssache *f; 2. (destino)* Schicksal *n*
fortunato [fortuˈnaːto] *adj* glücklich

forza [ˈfɔrtsa] *f 1.* Kraft *f; ~ motrice* Triebkraft *f; ~ del vento* Windstärke *f; prova di ~* Kraftprobe *f,* Machtprobe *f; ~ d'attrazione* Anziehungskraft *f; ~ decisionale* Entschlusskraft *f; 2. (robustezza)* Stärke *f; ~ di carattere* Charakterstärke *f; 3. PHYS* Kraft *f; ~ di spinta* Schubkraft *f; ~ nucleare* Kernkraft *f; ~ centrifuga* Fliehkraft *f; ~ di gravità* Schwerkraft *f; 4. MIL forze armate pl* Streitkräfte *f/pl*
≠ *forca f* Galgen

forzare [forˈtsaːre] *v 1.* drücken; *2. (scassinare)* sprengen
forzato [forˈtsaːta] *adj* unfreiwillig, gezwungen; *lavori forzati* Zwangsarbeit *f*
forziere [fortsiˈɛːre] *m* Tresor *m*
forzoso [forˈtsoːso] *adj* zwangsläufig, Zwangs...
fosfato [fosˈfaːto] *f* Phosphat *n*
fossa [ˈfɔssa] *f 1.* Grube *f; 2. (tomba)* Grab *n*
fossato [fosˈsaːto] *m* Graben

fossile [ˈfɔssile] *adj 1.* fossil, versteinert; *m 2.* Fossil *n*
fosso [ˈfɔsso] *m* Graben *m*
foto [ˈfɔːto] *f* Foto *n,* Lichtbild *n*
fotocopia [fotoˈkɔːpia] *f* Fotokopie *f*
fotografare [fotograˈfaːre] *v* fotografieren, knipsen
fotografia [fotograˈfiːa] *f* Foto *n; ~ instantanea* Schnappschuss *m*
fotografo [foˈtɔːgrafo] *m* Fotograf *m*

> **fra** [fra] *prep 1.* zwischen, unter; *2. (tempo)* in, binnen
> ◆ *parlare fra sé* Selbstgespräche führen

fracasso [fraˈkasso] *m* Lärm *m*
fradicio [ˈfraːditʃo] *adj 1.* klamm, feucht; ◆ *bagnato fradicio* völlig durchnässt; *2. ubriaco ~* stockbetrunken
fragile [ˈfraːdʒile] *adj 1.* zerbrechlich; *2. (materiale)* brüchig, spröde
fragola [ˈfraːgola] *f BOT* Erdbeere *f*
fragrante [fraˈgrante] *adj* duftend, wohlriechend
fragranza [fraˈgrantsa] *f* Duft *m*
fraintendere [frainˈtɛndere] *v* missverstehen
frammento [framˈmento] *m* Fragment *n*
frana [ˈfraːna] *f* Erdrutsch *m*
francamente [frankaˈmente] *adv* freimütig, offen
francese [franˈtʃeːze] *adj 1.* französisch; *m/f 2. (persona)* Franzose/Französin *m/f; m 3. (lingua)* Französisch *n*
franchezza [franˈkettsa] *f* Aufrichtigkeit *f,* Offenherzigkeit *f*
Francia [ˈfrantʃa] *f* Frankreich *n*
franco¹ [ˈfranko] *adj* freimütig, offen
franco² [ˈfranko] *m 1. ~ francese FIN* Franc *m; 2. ~ svizzero FIN* Schweizer Franken *m*
francobollo [frankoˈbollo] *m* Briefmarke *f*
frantumare [frantuˈmaːre] *v (vetro)* zertrümmern, zerstückeln
frantume [franˈtuːme] *m* Splitter *m;* ◆ *andare in frantumi* zersplittern
frase [ˈfraːze] *f 1.* Satz *m; 2. (locuzione)* Redensart *f*
frate [ˈfraːte] *m* Mönch *m*
fratellastro [fratelˈlastro] *m* Stiefbruder *m*
fratello [fraˈtɛllo] *m* Bruder *m; fratelli e sorelle* Geschwister *pl*
frattaglie [fratˈtaːʎe] *f/pl* Innereien *pl*
frattanto [fratˈtanto] *adv (tempo)* inzwischen, unterdessen
frattempo [fratˈtɛmpo] *m* Zwischenzeit *f; nel ~* inzwischen
frattura [fratˈtuːra] *f 1.* Bruch *m; 2. MED* Knochenbruch *m; ~ della gamba* Beinbruch *m*
fratturare [frattuˈraːre] *v (osso) MED* brechen
fraudolento [fraudoˈlɛnto] *adj* unehrlich, betrügerisch
frazione [fratsiˈoːne] *f 1.* Bruchteil *m; 2. MATH* Bruch *m; ~ decimale* Dezimalbruch *m; 3. POL* Fraktion *f*
freccia [ˈfrettʃa] *f* Pfeil *m*
freddamente [freddaˈmente] *adv* kaltblütig
freddezza [fredˈdettsa] *f (fig)* Kälte *f*

> **freddo** [ˈfreddo] *adj 1.* kalt, frostig; *2. (senza amore)* lieblos; *3. (fig)* kaltschnäuzig, eiskalt; *m 4.* Kälte *f*
> ◆ *Ho freddo.* Mir ist kalt./Ich friere.
> *Fa freddo.* Es ist kalt.
> *morire di freddo* erfrieren

freezer [ˈfriːzer] *m* Kühltruhe *f*
fregare [freˈgaːre] *v 1.* reiben; *2. (fam: imbrogliare)* einen Betrug begehen; *~ qd* jdn hintergehen, jdn betrügen

F

fremere [ˈfrɛːmere] *v* *1. (vento)* stürmen, brausen; *2. (fig)* beben
frenare [freˈnaːre] *v* *1.* bremsen; *2. (fig)* zügeln, hemmen
frenetico [freˈnɛːtiko] *adj* verrückt
freno [ˈfreːno] *m* *TECH* Bremse *f*; *~ a disco* Scheibenbremse *f*; *~ di emergenza* Notbremse *f*; *~ a mano* Handbremse *f*
F
frequentare [frekuenˈtaːre] *v* *1. (scuola)* besuchen; *(persone)* verkehren mit
frequentato [frekuenˈtaːto] *adj* viel besucht; *luogo ~* stark besuchter Ort *m*
frequente [frekuˈɛnte] *adj* häufig
frequenza [frekuˈɛntsa] *f* *1.* Häufigkeit *f*; *2. (a scuola, all'università)* Besuch *m*; *3. TECH* Frequenz *f*
freschezza [fresˈkettsa] *f* Frische *f*
fresco [ˈfresko] *adj* frisch, kühl; ◆ *tenere qc in fresco* etw kühl lagern

> **fretta** [ˈfretta] *f* Eile *f*, Hast *f*; *in ~* eiligst, hastig
> ◆ *Ho molto fretta.* Ich habe es sehr eilig.

frettoloso [frettoˈloːso] *adj* eilig
friggere [ˈfriddʒere] *v irr* frittieren
frigido [ˈfriːdʒido] *adj* *1. LIT* kalt; *2. MED* frigid
frigorifero [frigoˈriːfero] *m* Kühlschrank *m*
frittata [fritˈtaːta] *f* *GAST* Omelett *n*
frittura [fritˈtuːra] *f* *1.* Backen *n*; Braten *n*; *2.* gebackene Speise *f*
frivolezza [frivoˈlettsa] *f* *1.* Frivolität *f*; *2. (leggerezza)* Leichtsinn *m*
frivolo [ˈfriːvolo] *adj (fig)* eitel
frizione [fritsiˈoːne] *f* Reibung *f*; *2. TECH* (auto) Kupplung *f*
frontale [fronˈtaːle] *adj* *1. ANAT* Stirn...; *osso ~* Stirnbein *n*; *2. (attacco)* frontal
fronte [ˈfronte] *m* *1. (parte anteriore)* Front *f*; ◆ *di fronte a* gegenüber; *di fronte* gegenüberliegend; *f* *2. ANAT* Stirn *f*
frontiera [frontiˈɛːra] *f* Grenze *f*
frugale [fruˈgaːle] *adj* karg, bescheiden
frugare [fruˈgaːre] *v* wühlen, kramen
frullato [frulˈlaːto] *m* *GAST* Mixgetränk *n*; *~ di latte* Milchshake *m*
frullino [frulˈliːno] *m* Quirl *m*
frumento [fruˈmento] *m* Weizen *m*, Korn *m*
fruscio [fruˈʃiːo] *m* Rauschen *n*
frusta [ˈfrusta] *f* *1.* Peitsche *f*; *2. GAST* Schneebesen *m*
frustare [frusˈtaːre] *v* peitschen
frutta [ˈfrutta] *f* Obst *n*; *~ con nocciolo* Kernobst *n*; *~ secca* Trockenobst *n*
fruttare [frutˈtaːre] *v* *ECO* abwerfen
frutteto [frutˈteːto] *m* Obstgarten *m*
fruttiera [fruttiˈɛːra] *f* Obstschale *f*

> **frutto** [ˈfrutto] *m* Frucht *f*; *frutti di mare* Meeresfrüchte *pl*
> **!** *Plural: frutti* (Früchte)/*frutta* (Obst)

fruttosio [frutˈtɔːzio] *m* *CHEM* Fruchtzucker *m*
fu [fu] *adj* verstorben
fucilata [futʃiˈlaːta] *f* Schuss *m*
fucile [fuˈtʃiːle] *m* Gewehr *n*; *~ da caccia* Jagdgewehr *n*
fuga [ˈfuːga] *f* Flucht *f*; *~ del conducente* Fahrerflucht *f*
fugace [fuˈgaːtʃe] *adj* vergänglich
fuggire [fudˈdʒiːre] *v* fliehen, flüchten
fuggitivo [fuddʒiˈtiːvo] *adj* *1.* ausgebrochen, flüchtig; *m* *2.* Flüchtling *m*
fulgore [fulˈgoːre] *m* Glanz *m*
fuliggine [fuˈliddʒine] *f* Ruß *m*
fulminarsi [fulmiˈnarsi] *v* *(fusibile)* durchbrennen
fulmine [ˈfulmine] *m* Blitz *m*
fulmineo [fulˈmiːneo] *adj* blitzschnell
fumare [fuˈmaːre] *v* *1.* rauchen
fumatore [fumaˈtoːre] *m* Raucher *m*; *non ~* Nichtraucher *m*

fumetto [fuˈmetto] *m 1.* Bildstreifen *m,* Comic *m; 2. fumetti pl* Comics *pl*

fumo [ˈfuːmo] *m 1.* Rauch *m,* Qualm *m; venditore di ~* Aufschneider *m; 2. (foschia)* Dunstschleier *m; 3. (il fumare)* Rauchen *n*
◆ *andare in fumo* in Rauch aufgehen

fune [ˈfuːne] *f 1.* Seil *n,* Strick *m; ~ da rimorchio* Schleppseil *n,* Schlepptau *n; tiro alla ~* Tauziehen *n; 2. (corda)* Strang *m*
funebre [ˈfuːnebre] *adj 1. (di lutto)* Trauer... *partecipazione ~* Todesanzeige *f; pompe funebri* Trauerfeier *f; 2.* bedrückt, betrübt
funerale [funeˈraːle] *m* Beerdigung *f*
funesto [fuˈnɛsto] *adj* unheilvoll
fungere [ˈfundʒere] *v irr ~ da* auftreten als, fungieren als
fungo [ˈfuŋgo] *m BOT* Pilz *m; ~ prataiolo* Champignon *m*
funzionamento [funtsionaˈmento] *m 1.* Arbeitsweise *f,* Gang *m; 2. TECH* Funktionsweise *f*
funzionare [funtsionaːre] *v* funktionieren
funzionario [funtsioˈnaːrio] *m* Beamter *m*
funzione [funtsiˈoːne] *f 1.* Funktion *f; in ~* in Betrieb; *2. (ufficio, carica)* Amt *n;* ◆ *facente funzione* stellvertretend; *3. (impresa)* Unternehmen *n; 4. ~ religiosa REL* Gottesdienst *m*

fuoco [fuˈɔːko] *m 1.* Feuer *n; fuochi artificiali* Feuerwerk *n; 2. PHYS* Brennpunkt *m*
◆ *mettere a fuoco* scharf einstellen
Al fuoco! Es brennt!
! *Plural: fuochi*

fuori [fuˈɔːri] *adv 1.* außen; *tenere ~* heraushalten; *al di ~ di* außerhalb; ◆ *Vorremmo sedere fuori.* Wir möchten draußen sitzen. *prep 2.* außerhalb; außer; *~ dubbio* zweifelsfrei; *~ gioco* abseits

fuoriuscire [fouriuˈʃiːre] *v (liquido)* entweichen, austreten
furbizia [furˈbiːtsia] *f* Schlauheit *f*
furbo [ˈfurbo] *adj* schlau, pfiffig
furente [fuˈrɛnte] *adj* wütend
furfante [furˈfante] *m* Schuft *m*
furgone [furˈgoːne] *m* Lieferwagen *m*
furia [ˈfuːria] *f* Wut *f*
furibondo [furiˈbondo] *adj* wütend
furioso [furiˈoːso] *adj* rasend
furore [fuˈroːre] *m* Wut *f*
furtivo [furˈtiːvo] *adj* verstohlen
furto [ˈfurto] *m* Diebstahl *m; ~ con scasso* Einbruchsdiebstahl *m;* ◆ *commettere un furto* einen Einbruch begehen
fuscello [fuˈʃɛllo] *m 1.* Halm *m; 2. (persona)* dürrer Mensch *m*
fusione [fuziˈoːne] *f 1. TECH* Fusion *f; punto di ~* Schmelzpunkt *m; 2. ECO* Verflechtung *f,* Zusammenschluss *m; 3. (fig: armonia)* Einklang *m*
fusto [ˈfusto] *m 1.* Fass *n; 2. TECH* Gestell *n; 3. BOT* Stamm *m; 4. (fig)* toller Kerl *m*
futilità [futiliˈta] *f* Geringfügigkeit *f*
futuristico [futuˈristiko] *adj* futuristisch

futuro [fuˈtuːro] *m 1.* Zukunft *f; nel ~* künftig; *2. GRAMM* Futur *n; adj 3.* zukünftig, künftig
◆ *prevedere il futuro* die Zukunft voraussehen

F

G/H

gabbia [ˈgabbia] *f* 1. Käfig *m*; 2. *~ toracica ANAT* Brustkorb *m*
gabbiano [gabbiˈaːno] *m* Möwe *f*
gabinetto [gabiˈnetto] *m* 1. Klosett *n*, Toilette *f*; *~ delle donne* Damentoilette *f*; ◆ *Dove sono i gabinetti?* Wo sind die Toiletten? 2. *POL* Kabinett *n*; *seduta del ~* Kabinettssitzung *f*
gaio [ˈgaːio] *adj* heiter, fröhlich
galante [gaˈlante] *adj* galant, höflich
galantuomo [galantuˈɔːmo] *m* Ehrenmann *m*; *fior di ~* vollendeter Gentleman *m*
galera [gaˈlɛːra] *f* Knast *m*
galleggiare [galledˈdʒaːre] *v* an der Wasseroberfläche treiben; ◆ *galleggiare sull'acqua (fig)* sich über Wasser halten
galleria [galleˈriːa] *f* 1. Tunnel *m*; 2. *(passaggio)* Galerie *f*; 3. *(arte)* Galerie *f*
galletto [galˈletto] *m GAST* Hähnchen *n*
gallina [galˈliːna] *f ZOOL* Henne *f*
gallinaccio [galliˈnattʃo] *m BOT* Pfifferling *m*
gallo [ˈgallo] *m ZOOL* Hahn *m*
galoppo [gaˈlɔppo] *m* Galopp *m*

> **gamba** [ˈgamba] *f* Bein *n*; *a gambe larghe* breitbeinig
> ◆ *essere in gamba* auf den Beinen sein
> *prendere qc sotto gamba (fig)* etw auf die leichte Schulter nehmen

gamberetto [gambeˈretto] *m ZOOL* Garnele *f*
gambero [ˈgambero] *m* 1. Garnele *f*; 2. *(gamberone)* Riesengarnele *f*
gambo [ˈgambo] *m* Stiel *m*
gamma [ˈgamma] *f* 1. *(varietà)* Aufeinanderfolge *f*; 2. *(di colori)* Farbskala *f*; 3. *MUS* Tonleiter *f*
gancio [ˈgantʃo] *m* Haken *m*
gara [ˈgaːra] *f* 1. Wettbewerb *m*; 2. *SPORT* Wettkampf *m*; *~ automobilistica* Autorennen *n*; 3. *(competizione)* Wettstreit *m*; 4. *(partita) SPORT* Spiel *n*
garage [gaˈraːʒ] *m* Garage *f*; *~ sotterraneo* Tiefgarage *f*; ◆ *E' ancora libero un garage?* Ist noch eine Garage frei?
garantire [garanˈtiːre] *v irr* gewährleisten
garanzia [garanˈtsiːa] *f* 1. Garantie *f*, Gewähr *f*; *~ bancaria* Bankgarantie *f*; ◆ *Per quanto tempo ha la garanzia?* Wie lange gibt es Garantie darauf? 2. *FIN* Bürgschaft *f*; 3. *JUR* Haftung *f*
garofano [gaˈrɔːfano] *m BOT* Nelke *f*
garzone [garˈdzoːne] *m* 1. Jüngling *m*, Bursche *m*; 2. *(fattorino)* Laufbursche *m*; 3. *(aiutante in cucina)* Küchenjunge *m*
gas [gas] *m* Gas *n*; *~ esilarante* Lachgas *n*; *~ lacrimogeno* Tränengas *n*; *~ liquido* Flüssiggas *n*; *~ naturale* Erdgas *n*
gasolio [gaˈzɔːlio] *m* Dieselöl *n*
gassato [gasˈsaːto] *adj* gashaltig, mit Kohlensäure versetzt; *acqua minerale gassata f* Mineralwasser mit Kohlensäure *n*
gassosa [gasˈsɔːsa] *f* Limonade *f*
gastronomia [gastronoˈmiːa] *f* Gastronomie *f*
gatta [ˈgatta] *f ZOOL* Katze *f*
gatto [ˈgatto] *m ZOOL* Kater *m*, Katze *f*
gattopardo [gattoˈpardo] *m ZOOL* Leopard *m*, Gepard *m*
gaudente [gauˈdɛnte] *m* Genießer *m*
gaudio [ˈgaːudio] *m* Freude *f*

gelare [dʒeˈlaːre] *v* frieren
gelateria [dʒelateˈriːa] *f* Eisdiele *f*
gelatina [dʒelaˈtiːna] *f* *GAST* Gelee *n*

> **gelato** [dʒeˈlaːto] *adj* *1.* eiskalt; *m 2. GAST* Speiseeis *n; una pallina di ~* eine Kugel Eis *f*
> ≠ *celato Partizip Perfekt von celare* (verhüllen)

gelido [ˈdʒɛːlido] *adj* eisig, kühl
gelo [ˈdʒɛːlo] *m* Frost *m*
gelosia¹ [dʒeloˈsiːa] *f* Eifersucht *f*
gelosia² [dʒeloˈsiːa] *f* Jalousie *f*
geloso [dʒeˈloːso] *adj* eifersüchtig; ◆ *essere geloso di qd* auf jdn eifersüchtig sein
gemello [dʒeˈmɛllo] *adj* *1.* Zwillings..., Doppel... *m 2.* Zwilling *m; 3. gemelli pl* Manschettenknöpfe *m/pl*
gemere [ˈdʒɛːmere] *v* stöhnen
gemma [ˈdʒɛmma] *f* *BOT* Knospe *f*
gene [ˈdʒɛːne] *m* *BIO* Gen *n*
generale [dʒeneˈraːle] *adj* *1.* allgemein, generell; *m 2. MIL* General *m*
generalità [dʒeneraliˈta] *f* *1.* Allgemeinheit *f; f/pl 2. (di una persona)* Personalien *pl*
generalizzare [dʒeneralidˈdzaːre] *v* verallgemeinern
generare [dʒeneˈraːre] *v* zeugen
generazione [dʒeneratsiˈoːne] *f* *1.* Generation *f*, Nachwuchs *m; 2. (procreazione)* Erzeugung *f*
genere [ˈdʒɛːnere] *m* Gattung *f; dello stesso ~* einerlei
generico [dʒeˈnɛːriko] *adj* *1.* allgemein; *2. (vago)* vage
genero [ˈdʒɛːnero] *m* Schwiegersohn *m*
generosità [dʒenerosiˈta] *f* Großzügigkeit *f*, Freigebigkeit *f*
generoso [dʒeneˈroːso] *adj* großzügig
genesi [ˈdʒɛːnezi] *f* *1.* Entstehung *f; 2. REL* Schöpfungsgeschichte *f*
genetico [dʒeˈnɛːtiko] *adj* genetisch
gengiva [dʒenˈdʒiːva] *f* *ANAT* Zahnfleisch *n*
geniale [dʒeniˈaːle] *adj* genial
genio [ˈdʒɛːnio] *m* Genie *n*
genitali [dʒeniˈtaːli] *m/pl* *ANAT* Genitalien *pl*
genitori [dʒeniˈtoːri] *m/pl* Eltern *pl*
gennaio [dʒenˈnaːio] *m* Januar *m*
gente [ˈdʒɛnte] *f* Leute *pl*

> **gentile** [dʒenˈtiːle] *adj* *1.* freundlich, liebenswürdig; *2. (nobile)* edel, vornehm; *sesso ~* zartes Geschlecht *n; 3. (affabile)* verträglich
> ◆ *E' molto gentile da parte sua.* Das ist sehr freundlich von Ihnen.

gentilezza [dʒentiˈlettsa] *f* *1.* Freundlichkeit *f; 2. (piacere)* Gefallen *m*, Gefälligkeit *f;* ◆ *Per gentilezza!* Bitte! *3. (affabilità)* Verträglichkeit *f*
genuinità [dʒenuiniˈta] *f* Echtheit *f*
genuino [dʒenuˈiːno] *adj* natürlich
genziana [dʒentsiˈaːna] *f* Enzian *m*
geografia [dʒeograˈfiːa] *f* Geografie *f*
geologia [dʒeoloˈdʒiːa] *f* Geologie *f*
geometria [dʒeomeˈtriːa] *f* Geometrie *f*
gerarchia [dʒerarˈkiːa] *f* Hierarchie *f*
gerarchico [dʒeˈrarkiko] *adj* hierarchisch; *ordine ~* Rangordnung *f*
gergo [ˈdʒɛrgo] *m* *1.* Jargon *m; 2. (fam)* Kauderwelsch *n*
Germania [dʒerˈmaːnia] *f* *GEO* Deutschland *n*
germe [ˈdʒɛrme] *m* *1.* Keim *m; 2. (fig)* Keimzelle *f*
germinare [dʒermiˈnaːre] *v* keimen, sprießen
germogliare [dʒermoˈʎaːre] *v* *1. (fiori)* sprießen, sprossen; *2. (fig)* keimen

G H

gesso [ˈdʒɛsso] *m* *1.* Gips *m; copia in ~* Gipsabguss *m; 2. (gessetto)* Kreide *f*
gestante [dʒesˈtante] *f* Schwangere *f*
gestazione [dʒestatsiˈoːne] *f 1.* Schwangerschaft *f; 2. (fig)* Vorbereitung *f*
gestione [dʒestiˈoːne] *f* Führung *f; ~ d'affari* Geschäftsleitung *f*
gestire [dʒesˈtiːre] *v irr* führen, leiten, verwalten
gesto [ˈdʒɛsto] *m* Gebärde *f,* Geste *f*
gestore [dʒesˈtoːre] *m* Geschäftsführer *m,* Leiter *m,* Verwalter *m*

gettare [dʒetˈtaːre] *v 1.* werfen; *2. (introdurre, imbucare)* einwerfen
◆ *gettare fuori* hinauswerfen
gettare giù hinunterwerfen
gettare via wegwerfen
gettare all'aria durcheinander werfen

gettata [dʒetˈtaːta] *f 1.* Schuss *m,* Wurf *m; 2. MIL* Reichweite *f*
gettito [ˈdʒɛttito] *m ECO* Aufkommen *n; ~ fiscale* Steueraufkommen *n*
getto [ˈdʒɛtto] *m 1.* Wurf *m,* Werfen *n; 2. (d'acqua)* Wasserstrahl *m*
gettone [dʒetˈtoːne] *m 1.* Münze *f; 2. (per giochi)* Spielmarke *f*
ghiacciaio [giatˈtʃaːio] *m GEO* Gletscher *m*
ghiacciarsi [giatˈtʃarsi] *v* zufrieren
ghiacciato [giatˈtʃaːto] *adj* eisgekühlt
ghiaccio [giˈattʃo] *m* Eis *n;* ◆ *E' freddo come il ghiaccio.* Es ist eiskalt.
ghiaia [giˈaːia] *f* Kies *m*
ghiandola [giˈandola] *f ANAT* Drüse *f; ~ linfatica* Lymphdrüse *f*
ghirigoro [giriˈgɔːro] *m* Schnörkel *m*
ghirlanda [girˈlanda] *f* Girlande *f*
ghiro [ˈgiːro] *m ZOOL* Siebenschläfer *m;* ◆ *dormire come un ghiro* wie ein Murmeltier schlafen
ghisa [ˈgiːza] *f* Gusseisen *n*
già [dʒa] *adv 1.* bereits, schon; ◆ *Già pronto?* Schon fertig? *2. (certamente)* sicher; *3. (un tempo)* einstmals, einst
giacca [ˈdʒakka] *f* Jacke *f,* Jackett *n*
giacché [dʒakˈke] *konj 1.* weil, da, da ja; *2. (poichè)* weil nun einmal
giacchetta [dʒaˈketta] *f* Jacke *f; ~ di maglia* Strickjacke *f*
giacenza [dʒaˈtʃɛntsa] *f 1.* Lagerbestand *m; 2. (periodo)* Lagerzeit *f*
giacere [dʒaˈtʃeːre] *v irr* liegen
giaciglio [dʒaˈtʃiːʎo] *m (letto)* Lager *n*
giallo [ˈdʒallo] *adj 1.* gelb; *farina gialla* Maismehl *n; febbre gialla* Gelbfieber *n; m 2.* Gelb *n; 3.* Krimi *m; film ~* Kriminalfilm *m*
Giappone [dʒapˈpoːne] *m* Japan *n*
giapponese [dʒappoˈneːse] *m/f 1.* Japaner(in) *m/f; adj 2.* japanisch
giardinaggio [dʒardiˈnaddʒo] *m* Gartenbau *m,* Gärtnerei *f*
giardiniere [dʒardiniˈɛːre] *m* Gärtner *m,* Gartenmeister *m*
giardino [dʒarˈdiːno] *m* Garten *m; ~ zoologico* Tiergarten *m,* Zoo *m*
gigante [dʒiˈgante] *adj 1.* Riesen..., riesig; *m 2.* Riese *m*
gigantesco [dʒiganˈtesko] *adj* riesengroß
gilè [dʒiˈle] *m* Weste *f*
ginecologo [dʒineˈkɔːlogo] *m* Frauenarzt *m*
ginepro [dʒiˈneːpro] *m* Wacholder *m*
ginnasio [dʒinˈnaːzio] *m* Gymnasium *n,* Oberschule *f*
ginnastica [dʒinˈnastika] *f SPORT* Gymnastik *f,* Turnen *n; fare ~* turnen; *~ medica* Krankengymnastik *f*
ginocchio [dʒiˈnɔkkio] *m ANAT* Knie *n; ~ valgo* X-Bein *n;* ◆ *stare in ginocchio*

knien; *mettere in ginocchio* auf die Knie zwingen
giocare [dʒo'kaːre] *v* *1.* spielen; *2. SPORT* spielen; ~ *a Golf* Golf spielen
giocarsi [dʒo'karsi] *v* ◆ *giocarsi la carriera* die Karriere aufs Spiel setzen; *giocarsi dei soldi* um Geld spielen
giocatore [dʒoka'toːre] *m* Spieler *m*
giocattolo [dʒo'kattolo] *m* Spielzeug *n,* Spielwaren *pl*

gioco ['dʒɔːko] *m* Spiel *n;* ~ *d'abilità* Geschicklichkeitsspiel *n;* ~ *d'azzardo* Glücksspiel *n*
! *Plural: giochi*

giocoliere [dʒokoli'ɛːre] *m* Jongleur *m*
giocoso [dʒo'koːso] *adj* verspielt
gioia [dʒɔːia] *f* Freude *f; con grande* ~ hocherfreut; ~ *di vivere* Lebensfreude *f*
gioielleria [dʒoielle'riːa] *f* Juweliergeschäft *n*
gioielliere [dʒoielli'ɛːre] *m* Juwelier *m,* Schmuckhändler *m*
gioiello [dʒoi'ɛllo] *m* Juwel *n,* Schmuckstück *n; gioielli d'oro* Goldschmuck *m*
gioiosamente [dʒoiosa'mente] *adv* freudig
gioioso [dʒoi'oːso] *adj* freudig
Giordania [dʒor'daːnia] *f GEO* Jordanien *n*
giornale [dʒor'naːle] *m* Zeitung *f,* Tageszeitung *f;* ~ *radio* Radionachrichten *pl*
giornaliero [dʒornali'ɛːro] *adj* täglich, Tages...
giornalismo [dʒorna'lizmo] *m* Journalismus *n*
giornalista [dʒorna'lista] *m/f* Journalist(in) *m/f*
giornalmente [dʒornal'mente] *adv* täglich
giornata [dʒor'naːta] *f* Tag *m;* ◆ *a metà giornata* halbtags

giorno ['dʒorno] *m* Tag *m; lo spuntare del* ~ der Tagesanbruch *m; per giorni interi* tagelang; *da parecchi giorni* tagelang; *di* ~ tagsüber; *al* ~ *d'oggi* heutzutage; ~ *feriale* Werktag *m;* ~ *festivo* Feiertag *m;* ~ *di riposo* Ruhetag *m;* ~ *di Natale* Weihnachtstag *m*
◆ *Che giorno è oggi?* Welches Datum haben wir heute?
Buon giorno! Guten Morgen!/Guten Tag!

giostra ['dʒɔstra] *f* Karussell *n*
giovane ['dʒoːvane] *adj* *1.* jung; *m/f* *2.* Jugendliche(r) *m/f; m* *3. (ragazzo)* Jüngling *m*
giovedì [dʒove'di] *m* Donnerstag *m; al ~/il* ~ donnerstags
gioventù [dʒoven'tu] *f* Jugend *f*
gioviale [dʒovi'aːle] *adj* jovial, heiter
giovinezza [dʒovi'nettsa] *f* Jugend *f*
giradischi [dʒira'diski] *m* Plattenspieler *m*
giramento [dʒira'mento] *m* Drehen *n,* Wenden *n;* ~ *di capo* Schwindel *m*
giramondo [dʒira'mondo] *m* Weltenbummler *m*
girare [dʒi'raːre] *v* *1.* drehen, umdrehen; ◆ *girare a vuoto* ziellos umherirren; *girare la macchina* das Auto wenden; *girare il rubinetto* den Wasserhahn aufdrehen; *girare un film* einen Film drehen; *2. (voltare)* umdrehen, wenden; *3. (svoltare)* biegen; ◆ *girare a destra* nach rechts abbiegen; *4.* ~ *intorno a qc* um etw herumgehen; *5. (in giro)* herumgehen; ◆ *girare per la città* in der Stadt bummeln; *6. (in tondo)* kreisen; *7. (ruotare) TECH* rotieren; ◆ *girare a vuoto* leer laufen; *8. (trasferire)* übertragen
girarsi [dʒi'rarsi] *v* sich umdrehen
girasole [dʒira'soːle] *m BOT* Sonnenblume *f*

giretto [dʒiˈretto] *m* Bummel *m; andare a fare un ~* einen Bummel machen

girevole [dʒiˈreːvole] *adj* drehbar

> **giro** [ˈdʒiːro] *m 1.* Rundfahrt *f; ~ turistico* Rundreise *f; 2. FIN* Umlauf *m; ~ di capitali* Kapitalumlauf *m; ~ d'affari* Umsatz *m; 3. (fase di una scelta)* Durchgang *m,* Runde *f; 4. SPORT* Runde *f; ~ d'onore* Ehrenrunde *f; 5. TECH* Drehung *f,* Umdrehung *f; numero di giri* Drehzahl *f; 6. ECO* Giro *n*
> ◆ *condurre in giro* herumführen
> *essere in giro* unterwegs sein
> *prendere in giro qd (fig)* sich über jdn lustig machen

gironzolare [dʒirondzoˈlaːre] *v 1.* bummeln; *2. (andare in giro)* umherschlendern

gita [ˈdʒiːta] *f* Ausflug *m,* Tour *f; ~ aziendale* Betriebsausflug *m*

giù [dʒu] *adv* herab, herunter; *più ~* weiter unten; *mandar ~* hinunterschlucken; ◆ *essere giù* deprimiert sein; *buttarsi giù* sich gehen lassen; *su per giù* mehr oder weniger

giubba [ˈdʒubba] *f 1.* Jacke *f; 2. (gilé)* Weste *f*

giubileo [dʒubiˈlɛːo] *m* Jubiläum *n*

giubilo [ˈdʒuːbilo] *m* Jubel *m*

giubotto [dʒuˈbɔtto] *m* Sportjacke *f*

giudaismo [dʒudaˈizmo] *m REL* Judentum *n*

giudicare [dʒudiˈkaːre] *v 1.* beurteilen, urteilen; *2. JUR* urteilen

giudice [ˈdʒuːditʃe] *m/f JUR* Richter(in) *m/f*

giudizio [dʒuˈdiːtsio] *m 1.* Urteil *n; 2. (valutazione)* Beurteilung *f; 3. (capacità di giudicare)* Urteilsvermögen *n*

giugno [ˈdʒuːɲo] *m* Juni *m*

giungere [ˈdʒundʒere] *v irr 1.* eintreffen; *2. (unire)* vereinigen; *3.* ◆ *giungere le mani* die Hände falten

giungla [ˈdʒuŋgla] *f* Dschungel *m*

giunta [ˈdʒunta] *f 1. POL* Ausschuss *m; 2. (ag~)* Zugabe *f; per ~* überdies; *3. (orlo)* Ansatz *m*

giunto [ˈdʒunto] *m TECH* Gelenk *n*

giuntura [dʒunˈtuːra] *f* Gelenk *n*

giuramento [dʒuraˈmento] *m 1.* Schwur *m,* Eid *m; ~ falso* Meineid *m; 2. (far prestare ~)* Vereidigung *f*

giurare [dʒuˈraːre] *v JUR* beschwören

giurato [dʒuˈraːto] *adj 1. JUR* vereidigt; *m 2.* Geschworener *m*

giuridico [dʒuˈriːdiko] *adj* juristisch

giurisdizione [dʒurisditsiˈoːne] *f 1. JUR* Gerichtsbarkeit *f; 2. (amministrazione della giustizia) JUR* Rechtsprechung *f*

giurisprudenza [dʒurispruˈdɛntsa] *f* Rechtsprechung *f,* Jura *pl*

giurista [dʒuˈrista] *m/f* Jurist(in) *m/f*

giustezza [dʒusˈtettsa] *f* Richtigkeit *f,* Korrektheit *f*

giustificare [dʒustifiˈkaːre] *v* rechtfertigen

giustificato [dʒustifiˈkaːto] *adj 1.* berechtigt; *2. (giusto)* gerechtfertigt

giustificazione [dʒustifikatsiˈoːne] *f 1.* Rechtfertigung *f; 2. (in contabilità)* Beleg *m*

giustizia [dʒusˈtiːtsia] *f 1.* Gerechtigkeit *f; senso della ~* Gerechtigkeitssinn *m; 2. (autorità giudiziaria)* Justiz *f; ministro della ~* Justizminister *m*

> **giusto** [ˈdʒusto] *adj 1.* gerecht, recht; *2. (preciso)* korrekt, richtig
> ◆ *È più che giusto.* Es ist mehr als recht.
> ≠ *gusto m* Geschmack

glaciale [glaˈtʃaːle] *adj* Eis..., eisig

glassa [ˈglassa] *f* Glasur *f*
globale [gloˈbaːle] *adj* global, gesamt
globalizzazione [globaliddzatsiˈoːne] *f* Globalisierung *f; ~ del sapere* Globalisierung des Wissens *f*
globo [ˈglɔːbo] *m 1.* Globus *m; 2. (sfera)* Kugel *f*
globulo [ˈglɔːbulo] *m* Blutkörperchen *n*
gloria [ˈglɔːria] *f* Ruhm *m*
glorificare [glorifiˈkaːre] *v* rühmen
glossa [ˈglɔssa] *f 1.* Glosse *f; 2. (nota marginale)* Randbemerkung *f*
glossario [glosˈsaːrio] *m* Glossar *n*
gnocco [ɲɔkko] *m GAST* Kloß *m*
gnomo [ɲɔːmo] *m* Zwerg *m*
goal [goːl] *m SPORT* Tor *n*
gobba [ˈgɔbba] *f* Buckel *m*
gobbo [ˈgɔbbo] *adj 1.* buckelig; *m 2.* Buckliger *m*
goccia [ˈgottʃa] *f* Tropfen *m*
gocciolare [gottʃoˈlaːre] *v* tropfen
godere [goˈdeːre] *v irr* genießen; *~ di qc* etw genießen; ◆ *godere di buona fama* hohes Ansehen genießen
godimento [godiˈmento] *m* Genuss *m,* Genießen *n*
goffo [ˈgɔffo] *adj 1. (fig)* plump; *2. (maldestro)* tollpatschig
gola [ˈgoːla] *f 1. ANAT* Hals *m,* Kehle *f; a ~ spiegata* lauthals; *mal di ~* Halsschmerzen *pl;* ◆ *fare gola* reizen; *2. GEO* Klamm *f*
golf[1] [gɔlf] *m* Wolljacke *f*
golf[2] [gɔlf] *m SPORT* Golf *n*
golfista [golˈfista] *m/f* Golfspieler(in) *m/f,* Golfer(in) *m/f*
golfo [ˈgolfo] *m GEO* Golf *m*
goloso [goˈloːso] *adj* gefräßig
gomito [ˈgoːmito] *m* Ellbogen *m*
gomitolo [goˈmiːtolo] *m* Knäuel *n*
gomma [ˈgomma] *f* Gummi *m; ~ da masticare GAST* Kaugummi *m*
gondola [ˈgondola] *f* Gondel *f*
gonfiare [gonfiˈaːre] *v 1.* aufblasen; *2. MED* anschwellen
gonfiarsi [gonfiˈarsi] *v* anschwellen
gonfio [ˈgonfio] *adj* geschwollen
gonfiore [gonfiˈoːre] *m* Schwellung *f*
gonna [ˈgɔnna] *f* Rock *m*
gonzo [ˈgondzo] *adj 1.* einfältig, leichtgläubig; *m 2.* Dummkopf *m*
gorgogliare [gorgoˈʎaːre] *v* brodeln
gotta [ˈgotta] *f MED* Gicht *f*
governante [goverˈnante] *f* Erzieherin *f*
governare [goverˈnaːre] *v 1. (fig)* verwalten; *2. (guidare)* steuern, lenken; *3. POL* regieren
governo [goˈvɛrno] *m 1. POL* Regierung *f; ~ di coalizione POL* Koalitionsregierung *f; 2. (della casa)* Haushalt *m*
gracidare [gratʃiˈdaːre] *v* quaken
gracile [ˈgraːtʃile] *adj* schmächtig, zart
gradatamente [gradataˈmente] *adv* nach und nach, schrittweise
gradevole [graˈdeːvole] *adj* gefällig
gradino [graˈdiːno] *m 1.* Treppenstufe *f; 2. (pianerottolo)* Treppenabsatz *m*
gradito [graˈdiːto] *adj* willkommen, angenehm, erwünscht
grado [ˈgraːdo] *m 1.* Stufe *f;* ◆ *di alto grado* hochgradig; *2. (di misura)* Grad *m; ~ centigrado PHYS* Celsiusgrad *m; ~ di latitudine GEOL* Breitengrad *m;* ◆ *dieci gradi sotto zero* minus zehn Grad
graduale [graduˈaːle] *adj 1.* allmählich; *2. (passo dopo passo)* stufenweise
graduatamente [graduataˈmente] *adv* abgestuft
graduatoria [graduaˈtɔːria] *f 1.* Rangfolge *f; 2. (elenco)* Rangliste *f*
graduazione [graduatsiˈoːne] *f 1.* Abstufung *f; 2. (divisione in gradi)* Graduierung *f*

G H

graffiare [graffi'aːre] *v* kratzen, ritzen
graffiti [graf'fiːti] *m/pl* Graffiti *pl*
grafia [gra'fiːa] *f* Schrift *f*
grafica ['graːfika] *f* Grafik *f*
grafico ['graːfiko] *adj 1.* grafisch; *m 2.* Diagramm *n; 3.* Grafiker *m*
gramigna [gra'miːɲa] *f* Unkraut *n*
grammatica [gram'maːtika] *f* Grammatik *f*
grammaticale [grammati'kaːle] *adj* grammatisch, grammatikalisch
grammo ['grammo] *m* Gramm *n*
gran [gran] *adj (vedi „grande")*
granaio [gra'naːio] *m* Kornkammer *f*
Gran Bretagna [gran bre'taːɲa] *f GEO* Großbritannien *n*
granchio ['graŋkio] *m 1. ZOOL* Krebs *m; 2. (fig)* Fehler *m,* Irrtum *m*

> **grande** ['grande] *adj 1.* groß, großartig; *un gran baccano* ein großer Lärm *m; 2. (area)* großflächig; *3. (fig: potente)* mächtig; *4. (ampio)* weit gehend
> **!** *komp: maggiore; sup: massimo*

grandezza [gran'dettsa] *f* Größe *f*
grandinare [grandi'naːre] *v* hageln
grandine ['grandine] *f* Hagel *m*
grandioso [grandi'oːso] *adj* großartig
grano ['graːno] *m 1.* Korn *n;* ◆ *a grani* körnig; *2. BOT* Weizen *m*
granturco [gran'tuːrko] *m BOT* Mais *m*
grappa ['grappa] *f GAST* Grappa *m,* Schnaps *m*
grappolo ['grappolo] *m BOT* Traube *f*
grasso ['grasso] *adj 1. (persona)* dick, fett; *m 2.* Fett *n; povero di grassi* fettarm; *~ vegetale* Pflanzenfett *n*
grata ['graːta] *f* Gitter *n*
graticola [gra'tiːkola] *f* Bratrost *m*
gratinare [grati'naːre] *v* gratinieren, überbacken
gratis ['graːtis] *adj 1.* gratis, kostenlos; *adv 2.* umsonst
gratitudine [grati'tuːdine] *f* Dankbarkeit *f*
grato ['graːto] *adj* dankbar,
grattacapo [gratta'kaːpo] *f (preoccupazione)* Sorge *f,* Kummer *m*
grattacielo [gratta'tʃɛːlo] *m* Hochhaus *n,* Wolkenkratzer *m*
grattare [grat'taːre] *v* kratzen
grattugiare [grattu'dʒaːre] *v* reiben
gratuito [gra'tuːito] *adj 1.* gratis, kostenlos; *2. (privo di fondamento)* grundlos
gravame [gra'vaːme] *m FIN* Belastung *f*
gravare [gra'vaːre] *v 1.* belasten; *2. (immobile) FIN* belasten
grave ['graːve] *adj* schwer
gravidanza [gravi'dantsa] *f* Schwangerschaft *f*
gravido ['graːvido] *adj ZOOL* trächtig
gravità [gravi'ta] *f 1.* Ernst *m,* Schwere *f; 2. (di pericolo)* Gefährlichkeit *f; 3. PHYS* Schwerkraft *f*
gravoso [gra'voːso] *adj* beschwerlich
grazia ['graːtsia] *f 1.* Anmut *f,* Charme *m; 2. JUR* Begnadigung *f; 3. REL* Gnade *f*
graziare [gratsi'aːre] *v* begnadigen
grazie ['graːtsie] *interj* danke; *~ a* dank; ◆ *grazie a dio* Gott sei Dank; *rendere grazie* Dank abstatten
grazioso [gratsi'oːso] *adj 1.* anmutig, graziös; *2. (figura)* zierlich
Grecia ['grɛːtʃa] *f* Griechenland *n*
greco ['grɛːko] *adj 1.* griechisch; *m 2.* Grieche *m; 3. (lingua)* Griechisch *n*
gregge ['greddʒe] *m* Herde *f*
greggio ['greddʒo] *adj* roh
grembiule [grembi'uːle] *m* Schürze *f*
grembo ['grɛmbo] *m* Schoß *m*
gremito [gre'miːto] *adj (spazio)* voll, gefüllt; *~ di gente* voller Menschen

greppia [ˈgreppia] *f* Futterkrippe *f*
grettezza [gretˈtettsa] *f* Engherzigkeit *f*
gretto [ˈgretto] *adj* engherzig
greve [ˈgrɛːve] *adj* schwer
grezzo [ˈgreddzo] *adj 1. (non elaborato)* roh; *2. (grossolano)* derb; *3. (ruvido)* grob; *adv 4.* roh
grida [ˈgriːda] *f/pl* Geschrei *n*

gridare [griˈdaːre] *v* schreien, rufen
◆ *gridare aiuto* um Hilfe rufen
gridare a squarciagola aus vollem Halse schreien

grido [ˈgriːdo] *m* Schrei *m,* Ausruf *m*
grigio [ˈgriːdʒo] *adj 1.* grau; ◆ *dai capelli grigi* grauhaarig; *m 2.* Grau *n*
griglia [ˈgriːʎa] *f* Rost *m*
grigliare [griˈʎaːre] *v* grillen
grill [gril] *m* Grill *m*
grilletto [grilˈletto] *m* Abzug *m*
grinta [ˈgrinta] *f 1.* düstere Miene *f; 2. SPORT* Entschlossenheit *f,* Mut *m*
grinza [ˈgrintsa] *f* Falte *f,* Runzel *f*
grinzoso [grinˈtsoːso] *adj* faltig
grondaia [gronˈdaːia] *f* Dachrinne *f*
grosso [ˈgrɔsso] *adj 1.* groß, umfangreich; *2. (persona)* dick, fett; *3. (spessore)* dick; *4. (importante)* wichtig, groß
grossolano [grossoˈlaːno] *adj 1.* grob, derb; *2. (ruvido)* rau
grossomodo [grossoˈmɔːdo] *adv* ungefähr, etwa
grotta [ˈgrɔtta] *f* Grotte *f,* Höhle *f*
grottesco [grotˈtesko] *adj* grotesk
groviglio [groˈviːʎo] *m 1.* Gewirr *n,* Durcheinander *n; 2. (fig: di persone)* Knäuel *n; 3. (fig)* Verwicklung *f*
gru [gru] *f 1.* Kran *m; 2. ZOOL* Kranich *m*
gruccia [ˈgruttʃa] *f* Kleiderbügel *m*
grumo [ˈgruːmo] *m* Gerinsel *n,* Klümpchen *n; ~ di sangue* Blutgerinsel *n*
gruppo [ˈgruppo] *m 1.* Gruppe *f; 2. ECO* Konzern *m*
guadagnare [guadaˈɲaːre] *v 1. (denaro)* verdienen; *2. (fig)* profitieren
guadagno [guaˈdaːɲo] *m 1.* Einkommen *n; 2. (profitto)* Verdienst *m,* Einnahme *f; 3. (lavoro)* Erwerb *m; 4. ECO* Gewinn *m; ~ netto* Nettogewinn *m*
guai [guˈai] *interj* wehe
guaina [guaˈiːna] *f 1.* Überzug *m,* Hülle *f; 2. (di spada, di coltello)* Messerscheide *f; 3. (busto)* Mieder *n*
guaio [guˈaːio] *m 1. (fig)* Unglück *n,* Unheil *n; sequela di guai* Pechsträhne *f; 2. (disgrazia)* Unglück *n,* Unheil *n;* ◆ *Sono nei guai!* Ich bin in der Klemme!
guancia [guˈantʃa] *f 1.* Backe *f*
guanto [guˈanto] *m* Handschuh *m; guanti a manopola* Fäustlinge *pl*
guantone [guanˈtoːne] *m 1. SPORT* Boxhandschuh *m; 2. (da scherma) SPORT* Fechthandschuh *m*

guardare [guarˈdaːre] *v 1.* schauen, blicken; *2. (sorvegliare)* hüten
◆ *guardare fisso* starren
guardare dall'alto in basso herabsehen
guardare la televisione fernsehen

guardaroba [guardaˈrɔːba] *f* Garderobe *f*
guardarsi [guarˈdarsi] *v 1.* sich betrachten; *2. ~ da* sich hüten vor, sich schützen vor; *3. ~ intorno* sich umsehen
guardia [guˈardia] *f* Wache *f,* Wachmann *m; la vecchia ~* die alte Garde *f; ~ forestale* Förster *m; ~ del corpo* Leibwächter *m; ~ di finanza* Steuerpolizei *f; ~ medica* Notarzt *m,* ärztlicher Bereitschaftsdienst *m;* ◆ *fare la guardia a qd* jdn bewachen

guardiano [guardi'a:no] *m* Wärter *m*
guaribile [gua'ri:bile] *adj* heilbar
guarigione [guari'dʒo:ne] *f* Genesung *f;* ◆ *Pronta guarigione!* Gute Besserung!
guarire [gua'ri:re] *v 1.* heilen, kurieren; *2. MED* verheilen
guaritore [guari'to:re] *m* Heilpraktiker *m*
guarnizione [guarnitsi'o:ne] *f 1. TECH* Dichtung *f; 2. ~ del freno TECH* Bremsbelag *m; 3. GAST* Garnierung *f*
guastare [guas'ta:re] *v* beschädigen
guastarsi [guas'tarsi] *v 1.* verderben; *2. (marcire)* verfaulen; *3.* ◆ *Il tempo si è guastato.* Das Wetter ist schlechter geworden.
guasto [gu'asto] *adj 1.* verdorben; *2. (fam)* defekt; *m 3.* Panne *f; 4. (danno)* Defekt *m*
guerra [gu'ɛrra] *f* Krieg *m; ~ atomica* Atomkrieg *m; ~ civile* Bürgerkrieg *m*
guerriero [guerri'ɛ:ro] *adj 1.* kriegerisch; *m 2.* Krieger *m*
guida [gu'i:da] *f 1. (libro)* Reiseführer *m,* Leitfaden *m; ~ turistica* Fremdenführer *m; 2. (persona)* Reiseführer *m; 3. (visita)* Führung *f; 4. (sostegno)* Anhaltspunkt *m; 6. scuola ~* Fahrschule *f*
guidare [gui'da:re] *v (auto)* fahren, lenken; *in grado di ~* fahrtüchtig
guinzaglio [guin'tsa:ʎo] *m* Hundeleine *f*
guscio ['gu:ʃo] *m 1.* Schale *f; 2. (di una chiocciola) ZOOL* Schneckenhaus *n*
gustare [gus'ta:re] *v* genießen, kosten

gusto ['gusto] *m 1.* Geschmack *m; di buon ~* geschmackvoll; *2. (senso)* Geschmackssinn *m; 3. (piacere)* Vergnügen *n; 4. (appetito)* Appetit *m*
◆ *È questione di gusti.* Das ist Geschmackssache.
mangiare con gusto mit Appetit essen
≠ *giusto adj* gerecht

gustoso [gus'to:so] *adj* schmackhaft
hacker [æker] *m INFORM* Hacker *m*
handicap ['ændɪkap] *m* Handikap *n*
handicappato [andikap'pa:to] *adj 1.* behindert, zurückgeblieben; *m 2.* Behinderter *m,* Zurückgebliebener *m*
hangar [ɑ̃'ga:r] *m* Flugzeughalle *f*
hardware ['a:rdwer] *m INFORM* Hardware *f*
hertz [ærts] *m PHYS* Hertz *n*
hobby ['ɔbɪ] *m* Liebhaberei *f,* Hobby *n*
hockey ['ɔkei] *m* Hockey *n; ~ su ghiaccio SPORT* Eishockey *n*
home banking ['hoʊmbaeŋkiŋ] *m* Homebanking *n*
hostess ['ostes] *f* Stewardess *f*
hotel [ɔ'tɛl] *m* Hotel *n*

I/J/K

ibrido [ˈiːbrido] *adj 1.* hybrid; *m 2.* Hybridzüchtung *f*
iceberg [ˈaisbəːg] *m GEOL* Eisberg *m*

idea [iˈdɛːa] *f 1.* Idee *f*, Einfall *m*; *ricco di idee* einfallsreich; *povero di idee* fantasielos; *2. (pensiero)* Vorstellung *f*, Gedanke *m*; *3. (opinione)* Meinung *f*
◆ *far cambiare idea a qd* jdn umstimmen
dare un'idea di qc a qd jdm von etw einen Eindruck geben

ideale [ideˈaːle] *adj 1.* ideal, ideell; *2. (esemplare)* vorbildlich; *m 3.* Ideal *n*
idealistico [ideaˈlistiko] *adj* idealistisch
ideare [ideˈaːre] *v* aushecken
ideatore [ideaˈtoːre] *m* Erfinder *m*
idem [ˈiːdem] *adv* genauso, ebenso
identico [iˈdɛntiko] *adj* identisch
identificare [identifiˈkaːre] *v* identifizieren
identificarsi [identifiˈkarsi] *v ~ con qc* sich mit etw identifizieren
identificazione [identifikatsiˈoːne] *f* Identifikation *f*
identità [identiˈta] *f 1.* Identität *f*; *carta d'~* Personalausweis *m*; *crisi d'~* Identitätkrise *f*; *2. (uguaglianza)* Gleichheit *f*; *3. (congruenza)* Übereinstimmung *f*
ideologia [ideoloˈdʒiːa] *f* Ideologie *f*
ideologico [ideoˈlɔːdʒiko] *adj* ideologisch
idioma [idiˈɔːma] *m 1.* Sprache *f*; *2. (livello linguistico) LING* Sprachschicht *f*; *3. (modo di parlare)* Sprechweise *f*
idiota [idiˈɔːta] *adj 1.* idiotisch; *m 2.* Idiot *m*
idolo [ˈiːdolo] *m 1.* Idol *n*, Götze *m*; *2. REL* Abgott *m*
idoneità [idoneiˈta] *f 1.* Fähigkeit *f*, Können *n*; *2. (attitudine)* Tauglichkeit *f*
idoneo [iˈdɔːneo] *adj* tauglich, fähig; ◆ *idoneo all'insegnamento* lehrbefähigt; *idoneo al servizio militare* wehrdiensttauglich
idrante [iˈdrante] *m* Hydrant *m*
idraulica [iˈdraːulika] *f PHYS* Hydraulik *f*
idraulico [iˈdraːuliko] *adj 1. PHYS* hydraulisch; *m 2.* Klempner *m*
idrocarburo [idrokarˈbuːro] *m CHEM* Kohlenwasserstoff *m*
idrofobia [idrofoˈbiːa] *f* Tollwut *f*
idrogeno [iˈdrɔːdʒeno] *m CHEM* Wasserstoff *m*
iella [iˈɛlla] *f* Unglück *n*; ◆ *Porta iella!* Das bringt Unglück!

ieri [iˈɛːri] *adv* gestern; *l'altro ~* vorgestern; *~ sera* gestern Abend
◆ *non essere nato ieri (fig)* nicht von gestern sein

igiene [iˈdʒɛːne] *f* Hygiene *f*; *ufficio d'~* Gesundheitsamt *n*
igienico [iˈdʒɛːniko] *adj* hygienisch; *carta igienica* Toilettenpapier *n*
ignaro [iˈɲaːro] *adj* ahnungslos
ignorante [iɲoˈrante] *adj* unwissend
ignoranza [iɲoˈrantsa] *f* Unwissenheit *f*
ignorare [iɲoˈraːre] *v 1.* nicht kennen; *2. (fig)* nicht beachten
ignoto [iˈɲoːto] *adj* unbekannt
il [il] *art* der
ila [ˈiːla] *f ZOOL* Laubfrosch *m*
ilare [iˈlaːre] *adj* heiter, lustig

ilarità [ilari'ta] *f* Heiterkeit *f*
illecito [il'leːtʃito] *m 1.* Unzulässigkeit *f; adj 2.* widerrechtlich
illegale [ille'gaːle] *adj 1.* gesetzwidrig, illegal; *2. JUR* rechtswidrig
illeggibile [illed'dʒiːbile] *adj* unleserlich
illegittimo [ille'dʒittimo] *adj 1.* unrechtmäßig; *2. (non legale, ingiusto)* illegitim; *3. (figlio)* unehelich
illeso [il'leːzo] *adj* unversehrt
illimitato [illimi'taːto] *adj* unbegrenzt
illogico [il'lɔːdʒiko] *adj* unlogisch
illudersi [i'luːdersi] *v irr* sich täuschen
illuminare [illumi'naːre] *v* erleuchten
illuminarsi [illumi'narsi] *v* aufleuchten, hell werden
illuminazione [illuminatsi'oːne] *f* Beleuchtung *f*, Erleuchtung *f; ~ stradale* Straßenbeleuchtung *f*
illuminismo [illumi'nizmo] *m HIST* Aufklärung *f*
illuminista [illumi'nista] *adj 1.* aufklärerisch; *m 2.* Aufklärer *m*
illusione [illuzi'oːne] *f* Illusion *f*
illuso [il'luːzo] *adj* getäuscht
illustrare [illus'traːre] *v* illustrieren
illustrativo [illustra'tiːvo] *adj* beispielhaft, verdeutlichend
illustrazione [illustratsi'oːne] *f* Abbildung *f*, Illustration *f*
illustre [il'lustre] *adj* glanzvoll
imballaggio [imbal'laddʒo] *m* Verpackung *f*
imballare [imbal'laːre] *v* verpacken
imballo [im'ballo] *m* Verpackung *f*
imbarazzante [imbarat'tsante] *adj* peinlich; ◆ *Per me è imbarazzante.* Das ist mir peinlich.
imbarazzato [imbarat'tsaːto] *adj 1.* verlegen; *2. (fig)* betreten

imbarazzo [imba'rattso] *m 1.* Verlegenheit *f; 2. (disturbo)* Störung *f*, Hindernis *n*
◆ *mettere in imbarazzo* in Verlegenheit bringen

imbarcare [imbar'kaːre] *v* verschiffen
imbarcarsi [imbar'karsi] *v 1.* sich einschiffen; *2. (fig)* sich einlassen
imbarcazione [imbarkatsi'oːne] *f* Boot *n; ~ a remi* Ruderboot *n*
imbarco [im'barko] *m* Einschiffen *n*
imbattersi [im'battersi] *v* treffen auf, begegnen; *~ in qd* jdn treffen
imbattibile [imbat'tiːbile] *adj* unschlagbar
imbecille [imbe'tʃille] *m/f (fam)* Dummkopf *m*
imbevere [im'beːvere] *v* tränken
imbeversi [im'beːversi] *v 1.* sich voll saugen; *2. (fig)* sich aneignen
imbiancare [imbiaŋ'kaːre] *v 1.* weiß färben; *2.* erbleichen
imbiancatore [imbiaŋka'toːre] *m* Bleichmittel *n*
imbianchino [imbiaŋ'kiːno] *m* Anstreicher *m*
imboccare [imbok'kaːre] *v* füttern
imboccatura [imbokka'tuːra] *f 1.* Mündung *f; 2. NAUT* Hafeneinfahrt *f*
imbottire [imbot'tiːre] *v 1. (indumenti, mobili)* polstern; *2. (pane)* belegen
imbrattare [imbrat'taːre] *v* beschmutzen
imbrigliare [imbri'ʎaːre] *v 1. (cavalli)* zäumen; *2. (terreno)* befestigen; *3. (acqua)* eindämmen
imbrogliare [imbro'ʎaːre] *v* betrügen
imbrogliarsi [imbro'ʎarsi] *v* durcheinanderkommen
imbroglio [im'brɔːʎo] *m* Betrug *m*

imbroglione [imbroˈʎoːne] *adj 1.* betrügerisch; *m 2.* Betrüger *m,* Gauner *m*
imbucare [imbuˈkaːre] *v* einwerfen
imbuto [imˈbuːto] *m* Trichter *m*
imitare [imiˈtaːre] *v* nachahmen
imitazione [imitatsiˈoːne] *f* Imitation *f,* Nachahmung *f*
immagazzinare [immagaddziˈnaːre] *v 1.* einlagern; *2. INFORM* speichern
immaginabile [immadʒiˈnaːbile] *adj* erdenklich
immaginare [immadʒiˈnaːre] *v* sich vorstellen
immaginario [immadʒiˈnaːrio] *adj 1.* eingebildet; *2. (fittizio)* erfunden
immaginarsi [immadʒiˈnarsi] *v* sich einbilden, sich vorstellen
immaginazione [immadʒinatsiˈoːne] *f* Einbildung *f,* Einbildungskraft *f*

immagine [imˈmaːdʒine] *f 1.* Bild *n,* Ebenbild *n; ~ riflessa* Spiegelbild *n; 2. CINE* Bild *n*
◆ *farsi un'immagine di qc* sich ein Bild von etw machen

immancabile [immaŋˈkaːbile] *adj* unweigerlich, unvermeidlich
immangiabile [immanˈdʒaːbile] *adj* ungenießbar; ◆ *Il cibo è immangiabile.* Das Essen ist ungenießbar.
immatricolare [immatrikoˈlaːre] *v* zulassen
immatricolazione [immatrikolatsiˈoːne] *f 1. (all'università)* Einschreibung *f; 2. (di una macchina)* Zulassung *f*
immaturità [immaturiˈta] *f* Unreife *f*
immaturo [immaˈtuːro] *adj* unreif
immedesimarsi [immedeziˈmarsi] *v* sich hineinversetzen, sich einfühlen
immediatamente [immediataˈmente] *adv* sofort
immediato [immediˈaːto] *adj 1.* unmittelbar, prompt; *2. (diretto)* direkt
immensamente [immensaˈmente] *adv* unendlich
immensità [immensiˈta] *f 1.* Unermesslichkeit *f; 2. (moltitudine)* Menge *f,* Unmenge *f*
immenso [imˈmɛnso] *adj* immens
immergere [imˈmɛrdʒere] *v irr* tauchen
immergersi [imˈmɛrdʒersi] *v irr 1.* untertauchen; *2. (fig)* sich vertiefen; *3.* ◆ *immergersi nei pensieri* in Gedanken versinken
immersione [immersiˈoːne] *f 1.* Eintauchen *n; 2. NAUT* Untertauchen *n*
immerso [imˈmɛrso] *adj 1.* eingetaucht; *2. (fig)* versunken, versenkt
immettere [imˈmettere] *v irr 1.* einführen; *2. (dati) INFORM* eingeben
immigrante [immiˈgrante] *m/f* Einwanderer/Einwanderin *m/f*
immigrare [immiˈgraːre] *v* einwandern
immigrazione [immigratsiˈoːne] *f* Einwanderung *f*
imminente [immiˈnɛnte] *adj* bevorstehend
immischiarsi [immiskiˈarsi] *v* sich einmischen
immissione [immissiˈoːne] *f 1.* Immission *f,* Einströmen *n; 2. (di dati) INFORM* Eingabe *f*
immobile [imˈmɔːbile] *adj 1.* bewegungslos, regungslos; *m 2.* Immobilie *f*
immodesto [immoˈdɛsto] *adj* unbescheiden
immondizia [immondiˈtsiːa] *f* Unrat *m; ritiro delle immondizie* Müllabfuhr *f*
immorale [immoˈraːle] *adj* unmoralisch
immoralità [immoraliˈta] *f 1.* Unmoral *f; 2. (indecenza)* Unsittlichkeit *f*

I J K

immortale [immorˈtaːle] *adj* unsterblich
immortalità [immortaliˈta] *f* Unsterblichkeit *f*
immune [imˈmuːne] *adj 1. MED* immun; *2. (fig)* immun, gefeit
immunità [immuniˈta] *f 1. MED* Immunität *f*; *2. POL* Immunität
immutabile [immuˈtaːbile] *adj* unveränderlich, unabänderlich
impacchettare [impakketˈtaːre] *v* verpacken
impaccio [imˈpattʃo] *m 1.* Hindernis *n*; *2. (imbarazzo)* Verlegenheit *f*
impacco [imˈpakko] *m 1. MED* Packung *f*; *2. (applicazione di compresse umide) MED* Umschlag *m*
impadronirsi [impadroˈnirsi] *v* sich bemächtigen, sich aneignen
impalcatura [impalkaˈtuːra] *f* Gerüst *n*
impallidire [impalliˈdiːre] *v* bleichen
impanare [impaˈnaːre] *v* panieren
impantanarsi [impantaˈnarsi] *v 1.* im Sumpf stecken bleiben; *2. (fig)* hineingeraten

imparare [impaˈraːre] *v* lernen, erlernen
◆ *imparare a memoria* auswendig lernen

impareggiabile [imparedˈdʒaːbile] *adj* unvergleichbar, einmalig
imparentato [imparenˈtaːto] *adj* verschwägert, verwandt
impari [ˈimpari] *adj 1.* ungleich; *2. (inadeguato)* nicht gewachsen; *3. MATH (dispari)* ungerade
impartire [imparˈtiːre] *v* zuteilen
imparziale [impartsiˈaːle] *adj* unparteiisch
impassibile [impasˈsiːbile] *adj 1.* gleichgültig; *2. (insensibile)* gefühllos
impastare [impasˈtaːre] *v* kneten
impasto [imˈpasto] *m* Gemisch *n*, Mischung *f*
impaurito [impauˈriːto] *adj* verängstigt
impavido [imˈpaːvido] *adj* unerschrocken
impaziente [impatsiˈɛnte] *adj 1.* ungeduldig; *2. (fig)* kribbelig
impazienza [impatsiˈɛntsa] *f* Ungeduld *f*
impazzire [impatˈtsiːre] *v (fig)* durchdrehen, verrückt werden
impedimento [impediˈmento] *m* Hindernis *n*
impedire [impeˈdiːre] *v 1.* verhindern, abhalten; *2. (fig)* unterbinden; *3. ~ a* hindern; *~ di* abhalten von, hindern an
impedito [impeˈdiːto] *adj* behindert
impegnare [impeˈɲaːre] *v 1.* verpflichten; *2. (un orologio)* verpfänden
impegnarsi [impeˈɲarsi] *v* sich engagieren
impegnativo [impeɲaˈtiːvo] *adj* bindend
impegno [imˈpeːɲo] *m 1. (sforzo)* Anspannung *f*; *2. (impiego)* Einsatz *m*, Engagement *n*; *3. (obbligo)* Verbindlichkeit *f*; *4. (zelo)* Fleiß *m*
impellente [impelˈlɛnte] *adj* zwingend
impenetrabile [impeneˈtraːbile] *adj 1.* undurchdringlich; *2. (fig)* undurchsichtig
impenitente [impeniˈtɛnte] *adj* unverbesserlich, verstockt
impensabile [impenˈsaːbile] *adj* undenkbar
imperativo [imperaˈtiːvo] *adj 1.* befehlend, herrisch; *m 2. GRAMM* Imperativ *m*
imperatore [imperaˈtoːre] *m* Kaiser *m*, Imperator *m*
impercettibile [impertʃetˈtiːbile] *adj* unmerklich, kaum merklich

imperdonabile [imperdo'na:bile] *adj* unverzeihlich
imperfetto [imper'fɛtto] *adj 1.* unvollkommen; *m 2. GRAMM* Imperfekt *n*
imperfezione [imperfetsi'o:ne] *f* Unvollkommenheit *f*
imperiale [imperi'a:le] *adj* kaiserlich
imperialismo [imperia'lizmo] *m POL* Imperialismus *m*
impermeabile [imperme'a:bile] *adj 1.* undurchlässig; *m 2.* Regenmantel *m*
impero [im'pɛ:ro] *m* Imperium *n*
impersonale [imperso'na:le] *adj* unpersönlich
impersonare [imperso'na:re] *v 1.* verkörpern; *2. THEAT* darstellen
impertinente [imperti'nɛnte] *adj* frech, unverschämt
impertinenza [imperti'nɛntsa] *f* Frechheit *f*
imperturbabile [impertur'ba:bile] *adj* seelenruhig, gelassen
impeto ['impeto] *m 1.* Wucht *f; 2. ~ di collera* Wutausbruch *m*
impetuoso [impetu'o:so] *adj 1.* ungestüm, vehement; *2. (fig)* stürmisch; *persona impetuosa* Draufgänger *m*
impiantare [impian'ta:re] *v 1.* errichten, anlegen; *2. (un conto) FIN* eröffnen; *3. (denaro)* anlegen
impianto [impi'anto] *m TECH* Anlage *f; ~ di depurazione* Kläranlage *f; ~ elettronucleare* Atomkraftwerk *n; ~ sportivo SPORT* Sportanlage *f*
impiegare [impie'ga:re] *v 1.* anstellen, beschäftigen; *2. ~ qc* etw benutzen
impiegarsi [impie'garsi] *v* eine Arbeitsstelle übernehmen
impiegato [impie'ga:to] *adj 1.* angestellt; *m 2.* Angestellter *m; ~ di banca* Bankangestellter *m, ~ fisso* Festangestellter *m; 3. (funzionario pubblico)* Beamter *m; ~ statale* Staatsbeamter *m*
impiego [impi'ɛ:go] *m 1.* Gebrauch *m; 2. (mobilitazione)* Einsatz *m; 3. (impegno)* Engagement *n; 4. (lavoro)* Stelle *f*
impietrito [impie'tri:to] *adj (fig)* versteinert
impilare [impi'la:re] *v* stapeln
implacabile [impla'ka:bile] *adj* unerbittlich
implicare [impli'ka:re] *v 1.* implizieren; *2. (coinvolgere)* verwickeln
implicitamente [implitʃita'mente] *adv* stillschweigend, implizit
implorare [implo'ra:re] *v* anflehen
impollinare [impolli'na:re] *v BIO* bestäuben
imponente [impo'nɛnte] *adj 1.* eindrucksvoll; *2. (considerevole)* stattlich
imponibile [impo'ni:bile] *adj 1.* durchsetzbar; *2. FIN* besteuerbar
imporre [im'porre] *v irr 1.* aufdrängen, auferlegen; *2. (fig)* vorschreiben
imporsi [im'porsi] *v irr* sich durchsetzen

> **importante** [impor'tante] *adj* wichtig
> ◆ *L'importante è la salute!* Es gibt Schlimmeres!

importanza [impor'tantsa] *f 1.* Wichtigkeit *f,* Bedeutung *f; di secondaria ~* nebensächlich; *2. (fig)* Gewicht *n*
importare [impor'ta:re] *v 1.* einführen; 2. Wichtig sein; *3.* ankommen; *4.* nötig sein
importazione [importatsi'o:ne] *f 1. ECO* Import *m;* Einfuhr *f; 2. (introduzione, lancio) ECO* Einführung *f*
importo [im'pɔrto] *m* Betrag *m*
importuno [impor'tu:no] *adj 1.* aufdringlich; *m 2. (fig)* Klette *f*

I
J
K

imposizione [impositsi'oːne] *f 1.* Diktat *n,* Zwang *m; 2. (ordine)* Befehl *m*
impossibile [impos'siːbile] *adj* unmöglich
impossibilità [impossibili'ta] *f* Unmöglichkeit *f*
imposta [im'pɔsta] *f ECO* Abgabe *f; ~ comunale* Gemeindesteuer *f; ~ sul reddito* Einkommensteuer *f; ~ sul valore aggiunto* Mehrwertsteuer *f; soggetto a ~* abgabenpflichtig
impostare[1] [impos'taːre] *v* anlegen
impostare[2] [impos'taːre] *v (lettera)* einwerfen
impostazione [impostatsi'oːne] *f 1. INFORM* Eingabe *f; 2. (di una lettera)* Einwerfen *n; 3. (di un tema, di una lettera)* Aufbau *m*
impotente [impo'tɛnte] *adj 1. MED* impotent; *2. (debole, incapace)* machtlos
impotenza [impo'tɛntsa] *f 1. MED* Impotenz *f; 2. (debolezza)* Machtlosigkeit *f*
impraticabile [imprati'kaːbile] *adj 1.* unausführbar; *2. (strada)* unbefahrbar
impratichire [imprati'kiːre] *v irr* üben
imprecare [impre'kaːre] *v* schimpfen
imprecazione [imprekatsi'oːne] *f 1.* Verfluchung *f,* Verwünschung *f; 2. (ingiuria)* Schmähung *f*
imprecisione [impretʃizi'oːne] *f* Ungenauigkeit *f*
impregnare [impre'ɲaːre] *v* imprägnieren
imprenditore [imprendi'toːre] *m* Unternehmer *m*
impreparato [imprepa'raːto] *adj* unvorbereitet
impresa [im'preːsa] *f 1. ECO* Unternehmen *n; 2. (azione ardita)* Tat *f,* Unternehmung *f*
impresario [impre'saːrio] *m* Unternehmer *m*
impressionante [impressio'nante] *adj* eindrucksvoll, imposant
impressionare [impressio'naːre] *v* beeindrucken, imponieren

impressione [impressi'oːne] *f* Eindruck *m*
◆ *aver buona impressione di qd* von jdm einen guten Eindruck haben

imprestare [impres'taːre] *v* leihen
imprevedibile [impreve'diːbile] *adj 1.* unvorhersehbar; *2. (inestimabile)* unabschätzbar
imprevisto [impre'visto] *adj 1.* unvorhergesehen; *m 2.* Unvorhergesehenes *n*
imprigionare [impridʒo'naːre] *v JUR* gefangen nehmen, inhaftieren
imprimersi [im'priːmersi] *v irr* sich einprägen
improbabile [impro'baːbile] *adj* unwahrscheinlich
improduttivo [improdut'tiːvo] *adj* unproduktiv, unwirtschaftlich
impronta [im'pronta] *f* Spur *f,* Abdruck *m; ~ digitale* Fingerabdruck *m*
impronunziabile [impronuntsi'aːbile] *adj 1. (da non dirsi)* unsagbar; *2. (difficile da pronunziare)* unaussprechbar
improprio [im'prɔːprio] *adj* ungeeignet
improvvisare [improvvi'zaːre] *v* improvisieren
improvviso [improv'viːzo] *adj* abrupt; *all' ~* plötzlich
imprudente [impru'dɛnte] *adj* unvorsichtig
impudente [impu'dɛnte] *adj* unverschämt
impudenza [impu'dɛntsa] *f* Unverschämtheit *f,* Frechheit *f*
impugnare [impu'ɲaːre] *v JUR* anfechten
impugnatura [impuɲa'tuːra] *f* Griff *m*

I J K

impugnazione [impuɲatsiˈoːne] *f JUR* Anfechtung *f*
impulsivo [impulˈsiːvo] *adj* impulsiv
impulso [imˈpulso] *m 1. PHYS* Impuls *m; 2. (spinta)* Anregung *f,* Anstoß *m;* ◆ *dare impulso a* ankurbeln; *3. (stimolo)* Reiz *m,* Drang *m*
impunito [impuˈniːto] *adj* straflos
impurità [impuriˈta] *f* Unreinheit *f*
imputare [impuˈtaːre] *v 1. (fig)* zuschreiben; *2. JUR* anklagen
imputato [impuˈtaːto] *adj 1. JUR* angeklagt; *m 2. JUR* Angeklagter *m*
imputazione [imputatsiˈoːne] *f JUR* Anklage *f*

> **in** [in] *prep 1. (tempo)* in, bei, an; *~ autunno* im Herbst; *~ primavera* im Frühling; *~ quattro anni* innerhalb von vier Jahren; *2. (luogo)* in; *~ Francia* in Frankreich; *~ questa regione* in dieser Gegend; *3. (modo)* in, mit; *~ italiano* auf Italienisch; *4. (mezzo)* mit; *~ treno* mit dem Zug
> ◆ *abitare in Germania* in Deutschland leben
> *andare in Inghilterra* nach England reisen
> *vivere in campagna* auf dem Land leben

inabile [inˈaːbile] *adj* untauglich, unfähig; *~ al lavoro* arbeitsunfähig
inabitato [inabiˈtaːto] *adj* unbewohnt
inaccessibile [inattʃesˈsiːbile] *adj 1.* unerschwinglich; *2. (difficile da raggiungere)* unzugänglich
inaccettabile [inattʃetˈtaːbile] *adj* unannehmbar
inacidire [inatʃiˈdiːre] *v irr 1.* sauer machen, säuern; *2. (fig)* versauern
inadatto [inaˈdatto] *adj* ungeeignet
inadeguato [inadeguˈaːto] *adj* unzweckmäßig
inadempienza [inadempiˈɛntsa] *f* Nichterfüllung *f*
inalare [inaˈlaːre] *v MED* inhalieren
inalterabile [inalteˈraːbile] *adj* unveränderlich
inalterabilità [inalterabiliˈta] *f* Unveränderlichkeit *f*
inammissibile [inammisˈsiːbile] *adj* unzulässig
inaridire [inariˈdiːre] *v irr* austrocknen
inarrestabile [inarresˈtaːbile] *adj* unaufhaltsam
inaspettato [inaspetˈtaːto] *adj* unerwartet
inasprirsi [inasˈprirsi] *v irr (fig)* sich zuspitzen
inattaccabile [inattakˈkaːbile] *adj* unangreifbar, vollkommen
inattendibile [inattenˈdiːbile] *adj* unglaubwürdig
inattivo [inatˈtiːvo] *adv 1.* tatenlos, untätig; *adj 2. ECO* geschäftslos
inaudito [inauˈdiːto] *adj* unerhört
inaugurare [inauguˈraːre] *v* einweihen
inaugurazione [inauguratsiˈoːne] *f* Einweihung *f,* Eröffnung *f*
inavvertito [inavverˈtiːto] *adj (senza pensarci)* unüberlegt, unbedacht
incagliarsi [iŋkaˈʎarsi] *v 1. NAUT* stranden; *2. (fig)* stecken bleiben
incalcolabile [iŋkalkoˈlaːbile] *adj* unabsehbar, unberechenbar
incalzare [iŋkalˈtsaːre] *v* bedrängen
incamminarsi [iŋkammiˈnarsi] *v* aufbrechen
incantare [iŋkanˈtaːre] *v* bezaubern
incantato [iŋkanˈtaːto] *adj* entzückt
incantesimo [iŋkanˈteːzimo] *m 1.* Zauber *m; 2. (fascino)* Reiz *m*
incantevole [iŋkanˈteːvole] *adj 1.* entzückend; *2. (fig)* zauberhaft

I J K

I J K

incanto[1] [iŋˈkanto] *m (asta)* Versteigerung *f*
incanto[2] [iŋˈkanto] *m (incantesimo)* Zauberei *f*
incapace [iŋkaˈpaːtʃe] *adj 1.* unfähig, untauglich; *2.* ◆ *incapace d'intendere e di volere* unzurechnungsfähig; *m/f 3.* Versager(in) *m/f*
incapacità [iŋkapatʃiˈta] *f 1.* Unfähigkeit *f; 2. ~ d'intendere e di volere* Unzurechnungsfähigkeit *f*
incappare [iŋkapˈpaːre] *v 1. (fig: incontrare)* stoßen; *2. ~ in qc* in etw hineingeraten
incarcerare [iŋkartʃeˈraːre] *v* einsperren
incaricare [iŋkariˈkaːre] *v* beauftragen
incaricato [iŋkariˈkaːto] *m* Beauftragter *m; ~ speciale* Sonderbeauftragter *m*
incarico [iŋˈkaːriko] *m 1.* Amt *n; 2. (lavoro)* Auftrag *m; ~ permanente* Dauerauftrag *m*
incarnare [iŋkarˈnaːre] *v* verkörpern
incartamento [iŋkartaˈmento] *m 1.* Akte *f; 2. (documenti)* Papiere *pl,* Unterlagen *pl*
incartare [iŋkarˈtaːre] *v* einwickeln; ◆ *Me lo incarti, per favore!* Packen Sie es mir bitte ein!
incassare [iŋkasˈsaːre] *v FIN* kassieren
incastrare [iŋkasˈtraːre] *v* einklemmen
incatenare [iŋkateˈnaːre] *v 1. (legare con catene)* anketten; *2.* verankern
incauto [iŋˈkaːuto] *adj* unvorsichtig
incendiabile [intʃendiˈaːbile] *adj* entzündbar, verbrennbar

> **incendio** [inˈtʃɛndio] *m 1.* Brand *m; 2. ~ colposo* fahrlässige Brandstiftung *f* ◆ *causare un incendio* einen Brand verursachen

incenerimento [intʃeneriˈmento] *m* Verbrennung *f; ~ rifiuti* Müllverbrennung *f*
incenso [inˈtʃɛnso] *m* Weihrauch *m*
incentivo [intʃenˈtiːvo] *m* Ansporn *m*
incepparsi [intʃepˈparsi] *v (meccanismo)* versagen
incerare [intʃeˈraːre] *v* wachsen
incertezza [intʃerˈtettsa] *f* Unsicherheit *f*
incerto [inˈtʃɛrto] *adj* zweifelhaft
incespicare [intʃespiˈkaːre] *v 1.* straucheln; *2. (rimanere incastrato)* stecken bleiben
incessante [intʃesˈsante] *adj* unaufhörlich
incesto [inˈtʃɛsto] *m* Inzest *m*
inchiesta [iŋkiˈɛsta] *f* Umfrage *f*
inchinarsi [iŋkiˈnarsi] *v* sich verneigen
inchino [iŋˈkiːno] *m* Verbeugung *f,* Knicks *m*
inchiodare [iŋkioˈdaːre] *v* nageln
inchiostro [iŋkiˈɔstro] *m 1.* Tinte *f; 2. ~ di China* Tusche *f*
inciampare [intʃamˈpaːre] *v* stolpern

> **incidente** [intʃiˈdɛnte] *m* Unfall *m; ~ automobilistico* Autounfall *m; ~ stradale* Verkehrsunfall *m* ◆ *avere un incidente* einen Unfall haben

incidenza [intʃiˈdɛntsa] *f 1.* Einfall *m; ~ di luce* Lichteinfall *m; 2.* Auswirkungen *f/pl*
incidere [inˈtʃiːdere] *v irr 1.* beeinflussen; *2. ART* eingravieren
incinta [inˈtʃinta] *adj* schwanger
incirca [inˈtʃirka] *adv all'~* ungefähr
incisione [inˈtʃiziˈoːne] *f 1.* Einschnitt *m; 2. ART* Stich *m*
incisivo [intʃiˈziːvo] *adj 1.* schneidend; *m 2.* Schneidezahn *m*
incitare [intʃiˈtaːre] *v* anregen

inclinare [iŋkli'naːre] *v* neigen
inclinazione [iŋklinatsi'oːne] *f* 1. Schräge *f;* 2. *(fig: simpatia)* Neigung *f*
incline [iŋ'kliːne] *adj* geneigt
includere [iŋ'kluːdere] *v irr* 1. einschließen; 2. *(allegare)* beilegen
inclusione [iŋkluzi'oːne] *f* Einbeziehung *f*
incluso [iŋ'kluːzo] *adv* 1. einschließlich, inklusive; 2. *(accluso)* beiliegend
incognito [iŋ'kɔːɲito] *adj* unbekannt

incollare [iŋkol'laːre] *v* 1. kleben, zukleben; 2. *(attaccare con la colla)* zusammenkleben, leimen
◆ *incollare un francobollo* eine Briefmarke aufkleben

incolonnarsi [iŋkolon'narsi] *v* sich einreihen
incolore [iŋko'loːre] *adj* farblos
incolpare [iŋkol'paːre] *v* beschuldigen
incolto [iŋ'kolto] *adj* 1. *AGR* unbebaut; 2. *(fig)* ungebildet, unkultiviert
incolume [iŋ'kɔːlume] *adj* unversehrt
incombenza [iŋkom'bɛntsa] *f* 1. Auftrag *m;* 2. *(facoltà, potere)* Befugnis *f*
incombere [iŋ'kombere] *v* bevorstehen
incominciare [iŋkomin'tʃaːre] *v* anfangen, beginnen
incomodarsi [iŋkomo'darsi] *v* sich anstrengen, sich Mühe geben
incomodo [iŋ'kɔːmodo] *m* 1. Unannehmlichkeit *f;* 2. Störung *f*
incompatibilità [iŋkompatibili'ta] *f* Unvereinbarkeit *f*
incompetenza [iŋkompe'tɛntsa] *f* Inkompetenz *f,* Unfähigkeit *f*
incompleto [iŋkom'plɛːto] *adj* mangelhaft
incomprensibile [iŋkompren'siːbile] *adj* unbegreiflich, unverständlich
incomprensione [iŋkomprensi'oːne] *f* Verständnislosigkeit *f*
inconcepibile [iŋkontʃe'piːbile] *adj* unfassbar
inconciliabile [iŋkontʃili'aːbile] *adj* unvereinbar, unversöhnlich
inconciliabilità [iŋkontʃiliabili'ta] *f* Unvereinbarkeit *f*
incondizionato [iŋkonditsio'naːto] *adj* 1. unbedingt; 2. *(senza condizioni)* bedingungslos
inconfondibile [iŋkonfon'diːbile] *adj* unverkennbar
inconsapevole [iŋkonsa'peːvole] *adj* 1. ahnungslos; 2. *(inconscio)* unbewusst
inconscio [iŋ'kɔnʃo] *adj* 1. unbewusst, unterbewusst; *m* 2. Unbewusstes *n*
inconseguenza [iŋkonsegu'ɛntsa] *f* Inkonsequenz *f*
inconsistente [iŋkonsis'tɛnte] *adj* gegenstandslos, unhaltbar
inconsueto [iŋkonsu'ɛːto] *adj* ungewohnt
incontestabilità [iŋkontestabili'ta] *f* Unanfechtbarkeit *f*

incontrare [iŋkon'traːre] *v* 1. treffen, antreffen; ~ *qd* jdm begegnen, jdn treffen; 2. ~ *difficoltà* sich schwer tun
◆ *incontrare il favore del pubblico* den Geschmack des Publikums treffen

incontrarsi [iŋkon'trarsi] *v* sich begegnen
incontro [iŋ'kontro] *m* Zusammenkunft *f,* Treffen *n;* ~ *di pugilato* Boxkampf *m; punto di* ~ Treffpunkt *m*
inconveniente [iŋkonveni'ɛnte] 1. Nachteil *m;* 2. *(difficoltà)* Schwierigkeit *f*
incoraggiamento [iŋkoraddʒa'mento] *m (fig)* Ermutigung *f*

incoraggiare [iŋkorad'dʒaːre] *v* ermutigen
incorniciare [iŋkorni'tʃaːre] *v* einrahmen
incorniciatura [iŋkornitʃa'tuːra] *f* Umrahmung *f*
incorporare [iŋkorpo'raːre] *v* einverleiben
incorporato [iŋkorpo'raːto] *adj* eingebaut
incorreggibile [iŋkorred'dʒiːbile] *adj* unbelehrbar, unverbesserlich

> **incosciente** [iŋko'ʃɛnte] *adj* *1.* verantwortungslos; *2. (non conscio)* unbewusst
> ◆ *rimanere incosciente* bewusstlos sein

I J K

incoscienza [iŋko'ʃɛntsa] *f* Verantwortungslosigkeit *f*
incostante [iŋkos'tante] *adj (volubile)* unbeständig
incostanza [iŋkos'tantsa] *f* Unbeständigkeit *f*
incredibile [iŋkre'diːbile] *adj 1.* unglaublich; *2. (fig)* unerhört
incredulo [iŋ'krɛːdulo] *adj* ungläubig
incrementare [iŋkremen'taːre] *v 1.* erhöhen, heben; *2. (promuovere)* fördern
incremento [iŋkre'mento] *m 1.* Zunahme *f; 2. ECO* Zuwachs *m*
incriminare [iŋkrimi'naːre] *v JUR* anklagen
incrinatura [iŋkrina'tuːra] *f (fessura)* Sprung *m,* Riss *m*
incrociare [iŋkro'tʃaːre] *v 1. BIO* kreuzen; *2. (braccia, gambe)* kreuzen, verschränken; *3. NAUT* kreuzen
incrocio [iŋkroːtʃo] *m 1. (crocevia)* Kreuzung *f; 2. BIO* Kreuzung *f*
incubo ['iŋkubo] *m* Alptraum *m*
inculcare [iŋkul'kaːre] *v* einprägen
incuneato [iŋkune'aːto] *adj* eingekeilt
incurabile [iŋku'raːbile] *adj* unheilbar
incuranza [iŋku'rantsa] *f* Nachlässigkeit *f*
incuria [iŋ'kuːria] *f* Unbedachtheit *f*
incuriosirsi [iŋkurio'sirsi] *v* neugierig werden
incustodito [iŋkusto'diːto] *adj* unbewacht
indagare [inda'gaːre] *v 1.* erforschen, erkunden; *2. JUR* ermitteln
indebitamento [indebita'mento] *m ECO* Verschuldung *f; ~ eccessivo* Überschuldung *f*
indebitarsi [indebi'tarsi] *v ECO* sich verschulden
indebito [in'deːbito] *adj* ungerecht, unrechtmäßig; *appropriazione indebita* Veruntreuung *f*
indebolimento [indeboli'mento] *m* Schwächung *f,* Abschwächung *f*
indebolire [indebo'liːre] *v 1.* schwächen; *2. (togliere le forze)* entkräften
indecente [inde'tʃɛnte] *adj* unanständig
indecenza [inde'tʃɛntsa] *f* Unschicklichkeit *f*
indecisione [indetʃizi'oːne] *f* Unentschiedenheit *f,* Unschlüssigkeit *f*
indeciso [inde'tʃiːzo] *adj 1. (persona)* unentschlossen; *2. (insicuro)* unentschieden
indefinibile [indefi'niːbile] *adj 1.* undefinierbar; *2. (inesprimibile)* unausdrücklich, unsagbar
indeformabile [indefor'maːbile] *adj* formbeständig, unverformbar
indegno [in'deːɲo] *adj* unwürdig
indelicatezza [indelika'tettsa] *f 1.* Taktlosigkeit *f; 2. (indiscrezione)* Indiskretion *f*
indenne [in'denne] *adj* unbeschädigt
indennità [indenni'ta] *f 1.* Zulage *f; ~ di malattia* Krankengeld *n; ~ parlamentare* Diäten *pl; 2. ECO* Abfindung *f*

indennizzare [indennid'dzaːre] *v* *ECO* abfinden
indennizzo [inden'niddzo] *m* *1.* Entschädigung *f;* *2.* *(rimborso)* Vergütung *f*
indescrivibile [indeskri'viːbile] *adj* unbeschreiblich
indesiderato [indeside'raːto] *adj* unerwünscht
indeterminato [indetermi'naːto] *adj* unbestimmt
India ['india] *f* *GEO* Indien *n*
indiano [indi'aːno] *adj* *1.* indisch; *2.* indianisch; *m* *3.* *(dell'India)* Inder *m;* *4.* Indianer *m*
indicare [indi'kaːre] *v* *1.* angeben, deuten; *2.* *(fig)* anzeigen, hinweisen; *3.* *(accennare)* deuten; *4.* *~ a* hinweisen auf
indicato [indi'kaːto] *adj* *1.* *(consigliabile)* ratsam; *2.* *(adatto)* angebracht
indicatore [indika'toːre] *m* *1.* Anzeiger *m;* *2.* *~ stradale* Wegweiser *m*
indicazione [indikatsi'oːne] *f* *1.* Hinweis *m,* Angabe *f;* *2.* *(dato)* Angabe *f*
indice ['inditʃe] *m* *1.* Zeichen *n,* Hinweis *m;* *~ azionario* Aktienindex *m;* *2.* *(di un libro)* Inhaltsverzeichnis *n,* Index *m;* *3.* *(dito)* *ANAT* Zeigefinger *m*

> **indietro** [indi'ɛːtro] *adv* rückwärts, zurück; *all'~* rückwärts
> ◆ *essere indietro con qc* mit etwas im Rückstand sein
> *tornare indietro* umkehren

indifeso [indi'feːso] *adj* wehrlos
indifferente [indiffe'rɛnte] *adj* gleichgültig, interesselos
indifferenza [indiffe'rɛntsa] *f* Gleichgültigkeit *f*
indigeno [in'diːdʒeno] *adj* *1.* einheimisch; *m* *2.* Eingeborener *m*
indigenza [indi'dʒɛntsa] *f* Armut *f*
indigesto [indi'dʒɛsto] *adj* schwer verdaulich
indignarsi [indi'ɲarsi] *v* sich empören
indignato [indi'ɲaːto] *adj* empört
indignazione [indiɲatsi'oːne] *f* Empörung *f*
indimenticabile [indimenti'kaːbile] *adj* unvergesslich
indipendente [indipen'dɛnte] *adj* unabhängig
indipendenza [indipen'dɛntsa] *f* Selbstständigkeit *f,* Unabhängigkeit *f*
indire [in'diːre] *v* *1.* ansagen; *2.* *(fissare)* ansetzen; *3.* *(concorso)* ausschreiben
indiretto [indi'rɛtto] *adj* *1.* indirekt, mittelbar; *2.* *(mediato)* mittelbar
indirizzare [indirit'tsaːre] *v* *1.* *(lettera)* adressieren; *2.* *~ qd a qd* jdn an jdn verweisen

> **indirizzo** [indi'rittso] *m* Adresse *f*
> ◆ *Qual è l'indirizzo esatto dell'albergo?* Wie ist die genaue Adresse des Hotels?

indisciplinato [indiʃipli'naːto] *adj* disziplinlos, undiszipliniert
indiscreto [indis'kreːto] *adj* *1.* indiskret; *2.* *(invadente)* zudringlich
indiscrezione [indiskretsi'oːne] *f* Indiskretion *f*
indiscutibile [indisku'tiːbile] *adj* unanfechtbar, unbestreitbar
indispensabile [indispen'saːbile] *adj* *1.* unentbehrlich; *2.* *(necessario)* unabkömmlich; *3.* *(inevitabile)* unumgänglich
indispettire [indispet'tiːre] *v* aufbringen, ärgern
indissolubile [indisso'luːbile] *adj* unlösbar
indistruttibile [indistrut'tiːbile] *adj* unverwüstlich, unzerstörbar
indisturbato [indistur'baːto] *adj* ungestört

I J K

individuale [individu'a:le] *adj* individuell
individualismo [individua'lizmo] *m* Individualismus *m*
individualista [individua'lista] *m/f* Individualist(in) *m/f*
individuo [indi'vi:duo] *m* Individuum *n*
indivisibile [indivi'zi:bile] *adj* untrennbar, unteilbar
indizio [in'di:tsio] *m* *1.* Anzeichen *n*, Indiz *n*; *2. (prova)* Beweisgrund *m*
indole ['indole] *f* Wesen *n*, Natur *f*
indolente [indo'lɛnte] *adj* träge
indolenza [indo'lɛntsa] *f* Trägheit *f*
indolore [indo'lo:re] *adj* schmerzfrei
indomabile [indo'ma:bile] *adj* unbändig
indomani [indo'ma:ni] *m* folgender Tag *m*; ◆ *all'indomani* am folgenden Tag
Indonesia [indo'nɛ:zia] *f GEO* Indonesien *n*
indossare [indos'sa:re] *v* *1. (vestito)* anziehen; *2. (calzare)* überziehen
indosso [in'dɔsso] *adv avere* ~ anhaben
indotto [in'dɔtto] *m TECH* Anker *m*
indovina [indo'vi:na] *f* Wahrsagerin *f*
indovinare [indovi'na:re] *v (centrare)* raten, erraten; *cercare di* ~ rätseln
indovinato [indovi'na:to] *adj* gelungen
indovinello [indovi'nɛllo] *m* Rätsel *n*
indù [in'du] *m* Hindu *m*
indubbio [in'dubbio] *adj* zweifellos
indugiare [indu'dʒa:re] *v* zögern
indugio [in'du:dʒo] *m* *1.* Verzug *m*; *2. (ritardo)* Verspätung *f*; *3. (esitazione)* Zaudern *n*
indulgente [indul'dʒɛnte] *adj* *1.* nachsichtig; *2. (mite)* mild
indulgenza [indul'dʒɛntsa] *f* Nachsicht *f*
indulgere [in'duldʒere] *v irr* nachgeben
indumento [indu'mento] *m* Kleidungsstück *n*
indurimento [induri'mento] *m* Verhärtung *f*
indurire [indu'ri:re] *v irr* verhärten, härten
indurirsi [indu'rirsi] *v irr* sich verhärten
indurre [in'durre] *v irr* veranlassen

industria [in'dustrie] *f* Industrie *f*; ~ *agricola* Agrarindustrie *f*; ~ *alberghiera* Hotelgewerbe *n*; ~ *automobilistica* Automobilindustrie *f*; ~ *edilizia* Baugewerbe *n*, Bauindustrie *f*; ~ *mineraria* Bergbau *m*; ~ *pesante* Schwerindustrie *f*; ~ *siderurgica* Eisenindustrie *f*

industriale [industri'a:le] *adj* *1.* industriell; *2. ECO* gewerblich; *m* *3.* Industrieller *m*
industriarsi [industri'arsi] *v* sich bemühen, sich bestreten
industrioso [industri'o:so] *adj* betriebsam
induzione [indutsi'o:ne] *f* Induktion *f*
inedito [i'nɛ:dito] *adj* *1.* unveröffentlicht; *2. (sconosciuto)* neu
inefficace [ineffi'ka:tʃe] *adj* wirkungslos
inequivocabile [inekuivo'ka:bile] *adj* unmissverständlich
inerte [in'ɛrte] *adj* *1.* tatenlos; *2. PHYS* träge
inerzia [in'ɛrtsia] *f PHYS* Trägheit *f*
inesattezza [inezat'tettsa] *f* Ungenauigkeit *f*
inesatto [ine'zatto] *adj* ungenau
inesorabile [inezo'ra:bile] *adj* erbarmungslos, unerbittlich
inesperto [ines'pɛrto] *adj* *1.* unerfahren; *2. (persona)* ungeschickt
inetto [in'ɛtto] *adj* unfähig

inevitabile [inevi'ta:bile] *adj 1.* unvermeidlich; *2. (forzato, non volontario)* zwangsläufig
inezia [in'ɛ:tsia] *f* Lappalie *f*
infame [in'fa:me] *adj 1.* niederträchtig; *2. (empio)* verrucht
infamia [in'fa:mia] *f* Schandtat *f*
infangarsi [infaŋ'garsi] *v 1.* sich beschmutzen; *2. (intaccare la propria reputazione)* seinen Ruf verderben
infantile [infan'ti:le] *adj 1.* kindlich; *2. (puerile)* kindisch
infanzia [in'fantsia] *f* Kindheit *f*
infastidire [infasti'di:re] *v* belästigen
infastidirsi [infasti'dirsi] *v* sich ärgern
infastidito [infasti'di:to] *adj* verärgert
infatti [in'fatti] *adv* tatsächlich, wirklich; ◆ *Infatti!* Eben!
infecondo [infe'kondo] *adj* unfruchtbar
infedele [infe'de:le] *adj 1.* treulos, untreu; *2. REL* ungläubig; *m/f 3. REL* Ungläubige(r) *m/f*
infedeltà [infedel'ta] *f* Untreue *f*
infelice [infe'li:tʃe] *adj 1. (non felice)* unglücklich; *2. (mal riuscito)* missraten
inferiore [inferi'o:re] *adj 1.* niedriger, tiefer; *2. (di minor pregio)* minderwertig
inferiorità [inferiori'ta] *f 1.* Minderwertigkeit *f; complesso d'~* Minderwertigkeitskomplex *m; 2. (di qualità, di numero inferiore)* Unterlegenheit *f*
infermiera [infermi'ɛ:ra] *f 1. MED* Krankenschwester *f; 2. (assistente del medico)* Sprechstundenhilfe *f*
infermiere [infermi'ɛ:re] *m* Krankenpfleger *m,* Pfleger *m*
infermo [in'fermo] *adj 1.* krank, leidend; *m 2.* Kranker *m*
infernale [infer'na:le] *adj 1.* höllisch; *2. (terribile)* grausam, entsetzlich

> **inferno** [in'fɛrno] *m 1.* Hölle *f; 2. (fig)* Hexenkessel *m*
> ◆ *mandare qd all'inferno* jdn zum Teufel schicken
> ≠ *inverno m* Winter

infestare [infes'ta:re] *v* verheeren
infettare [infet'ta:re] *v 1.* infizieren; *2. (contaminare)* verseuchen
infezione [infetsi'o:ne] *f 1. MED* Infektion *m; 2. (contaminazione)* Verseuchung *f*
infiammare [infiam'ma:re] *v 1.* entzünden; *2. (fig)* begeistern
infiammarsi [infiam'marsi] *v 1. MED* sich entzünden; *2. ~ per (fig)* sich begeistern für; *3. ~ d'ira* vor Wut kochen
infiammazione [infiammatsi'o:ne] *f MED* Entzündung *f*
infilare [infi'la:re] *v 1. (ago)* einfädeln; *2. (chiave)* hineinstecken; *3. (vestito)* überziehen, anziehen
infiltrarsi [infil'trarsi] *v 1.* eindringen; *2. (annidarsi)* sich einnisten
infimo ['infimo] *adj 1.* unterste(r,s), niedrigste(r,s); *2. (fig)* gemein, niedrig
infine [in'fi:ne] *adv* schließlich
infinità [infini'ta] *m* Unendlichkeit *f*
infinito [infi'ni:to] *m 1.* Unendlichkeit *f; 2. GRAMM* Infinitiv *m; adj 3.* unendlich
infisso [in'fisso] *m* Einfassung *f,* Einrahmung *f; ~ di una porta* Türrahmen *m*
inflazione [inflatsi'o:ne] *f* Inflation *f*
inflessibile [infles'si:bile] *adj* unbeugsam, unerbittlich
influente [influ'ɛnte] *adj* einflussreich
influenza [influ'ɛntsa] *f 1.* Einflussnahme *f,* Beeinflussung *f; 2. MED* Grippe *f;* ◆ *Ho l'influenza.* Ich habe Grippe.
influenzare [inluen'tsa:re] *v* beeinflussen

IJK

influire [influ'iːre] *v* einwirken
influsso [in'flusso] *m* Einfluss *m*
infondato [infon'daːto] *adj (senza motivo)* haltlos, unbegründet
informale [infor'maːle] *adj 1. (non ufficiale)* inoffiziell; *2. Art* informell
informare [infor'maːre] *v 1.* benachrichtigen; *2. (dare la forma)* formen
informarsi [infor'marsi] *v 1.* sich erkundigen, sich informieren; *2. (conformarsi)* sich anpassen, sich richten
informatica [infor'maːtika] *f* Informatik *f*
informatico [infor'maːtiko] *adj 1.* Informatik ~; *m 2.* Informatiker *m*
informativo [informa'tiːvo] *adj* informativ

informazione [informatsi'oːne] *f 1.* Auskunft *f,* Information *f; fonte di informazioni* Informationsquelle *f; 2. (l'informare)* Verständigung *f* ◆ *prendere informazioni* Informationen einholen *Dove posso chiedere informazioni su ...?* Wo kann ich mich nach ... erkundigen?

informe [in'forme] *adj* formlos
infortunarsi [infortu'narsi] *v* verunglücken
infortunato [infortu'naːto] *adj 1.* verunglückt; *m 2.* Verunglückter *m*
infortunio [infor'tuːnio] *m* Unfall *m; ~ sul lavoro* Arbeitsunfall *m*
infrangere [in'frandʒere] *v irr 1. (fig: contratto)* brechen; *2. (fig: trasgedire)* überschreiten
infrangersi [in'frandʒersi] *v irr (fig)* zerbrechen
infrangibile [infran'dʒiːbile] *adj* unzerbrechlich
infranto [in'franto] *adj 1.* zerbrochen; *2. cuore ~ (fig)* gebrochenes Herz *n*
infrastruttura [infrastrut'tuːra] *f* Infrastruktur *f*
infrazione [infratsi'oːne] *f* Verstoß *m*
infuori [infu'ɔːri] *adv 1. all'~* nach außen; *2. all'~ di* außer
infuriare [infuri'aːre] *v (strepitare)* toben, rasen
infuriarsi [infuri'arsi] *v (fig: arrabbiarsi)* wütend werden
infuriato [infuri'aːto] *adj* wütend
ingaggiare [iŋgad'dʒaːre] *v 1.* engagieren, einstellen; *2. (arruolare)* anheuern
ingaggio [iŋ'gaddʒo] *m 1.* Einstellung *f; 2. (di artista, di atleta)* Engagement *n*
ingannare [iŋgan'naːre] *v* betrügen
ingannarsi [iŋgan'narsi] *v* sich täuschen
ingannevole [iŋgan'neːvole] *adj* irreführend, täuschend
inganno [iŋ'ganno] *m* Täuschung *f*
ingarbugliare [iŋgarbu'ʎaːre] *v* verwirren (fig)
ingegnere [indʒe'ɲɛːre] *m* Ingenieur *m; ~ civile* Bauingenieur *m*
ingegneria [indʒeɲe'riːa] *f* Ingenieurwesen *n*
ingegno [in'dʒeːɲo] *m 1. (intelletto)* Geist *m; 2. (talento)* Begabung *f,* Talent *n; 3. (predisposizione)* Veranlagung *f*
ingelosire [indʒelo'siːre] *v* eifersüchtig machen
ingeneroso [indʒene'roːso] *adj* engherzig, unedel
ingente [in'dʒɛnte] *adj* gewaltig
ingenuità [indʒenui'ta] *f* Naivität *f*
ingenuo [in'dʒɛːnuo] *adj* gutgläubig
Inghilterra [iŋgil'tɛrra] *f GEO* England *n*
inghiottire [iŋgiot'tiːre] *v* schlucken
ingiallire [indʒal'liːre] *v* vergilben
inginocchiarsi [indʒinokki'arsi] *v* niederknien

ingiù [inˈdʒu] *adv* nach unten; ◆ *all'ingiù* abwärts
ingiunzione [indʒuntsiˈoːne] *f* Befehl *m*
ingiuria [inˈdʒuːria] *f* *1.* Beleidigung *f*; *2. (insulto)* Beschimpfung *f*
ingiuriare [indʒuriˈaːre] *v* beleidigen
ingiustificabile [indʒustifiˈkaːbile] *adj* unentschuldbar
ingiustificato [indʒustifiˈkaːto] *adj* ungerechtfertigt
ingiustizia [indʒustiˈtsiːa] *f* Ungerechtigkeit *f*
ingiusto [inˈdʒusto] *adj* ungerecht
inglese [iŋˈgleːse] *adj* *1.* englisch; *m/f* *2.* Engländer(in) *m/f*; *m 3. (lingua)* Englisch *n*
ingoiare [iŋgoiˈaːre] *v* *1.* verschlucken; *2. (fig)* hinunterschlucken
ingombrante [iŋgomˈbrante] *adj* sperrig
ingombrare [iŋgomˈbraːre] *v* versperren
ingordigia [iŋgorˈdiːdʒa] *f* Habgier *f*
ingordo [iŋˈgordo] *adj* habgierig
ingorgo [iŋˈgorgo] *m* *1.* Stauung *f*, Verstopfung *f*; *2. (del traffico)* Stau *m*
ingranaggio [iŋgraˈnaddʒo] *m* Getriebe *n*
ingranamento [iŋgranaˈmento] *m* *TECH* Eingriff *m*
ingranare [iŋgraˈnaːre] *v* ineinandergreifen, eingreifen; ◆ *ingranare la marcia* kuppeln
ingrandimento [iŋgrandiˈmento] *m* Vergrößerung *f*
ingrandire [iŋgranˈdiːre] *v* *1.* vergrößern; *2. (edificio)* anbauen
ingrandirsi [iŋgranˈdirsi] *v* sich vergrößern
ingrassare [iŋgrasˈsaːre] *v* *1. (animali)* mästen; *2. (ungere)* schmieren; *3. (peso)* zunehmen, dick machen
ingrato [iŋˈgraːto] *adj* undankbar
ingrediente [iŋgrediˈɛnte] *m* Zutat *f*

ingresso [iŋˈgrɛsso] *m* *1. (adesione)* Eintritt *m*; *2. (entrare in)* Eintritt *m*; *~ libero* Eintritt frei; *3. (in un'abitazione)* Einzug *m*; *4. (entrata)* Zugang *m*, Eingang *m*; *~ principale* Haupteingang *m*
◆ *Dov'è l'ingresso?* Wo ist der Eingang?

inguaribile [iŋguaˈriːbile] *adj* *1.* unheilbar; *2. (fig)* unverbesserlich
inguine [ˈinguine] *f* *ANAT* Leiste *f*
iniezione [inietsiˈoːne] *f* Injektion *f*
inimicizia [inimiˈtʃiːtsia] *f* Feindschaft *f*
inimitabile [inimiˈtaːbile] *adj* unnachahmlich, einzigartig
inimmaginabile [inimmadʒiˈnaːbile] *adj* unvorstellbar
ininterrotto [ininterˈrotto] *adj* ununterbrochen, dauernd
iniquo [iˈniːkuo] *adj* *1.* ungerecht; *2. (cattivo)* bösartig
iniziale [initsiˈaːle] *adj* *1.* anfänglich; *f 2. INFORM pagina ~* Startseite; *3.* Anfangsbuchstabe *m*, Initiale *f*
iniziare [initsiˈaːre] *v* *1.* anfangen, beginnen; *2. (a qc di nuovo)* einführen; *3. (introdurre)* einleiten; *4. INFORM* starten
iniziativa [initsiaˈtiːva] *f* *1. (fig)* Antrieb *m*; *2. (progetto)* Unternehmung *f*; *3. (impulso, proposta)* Initiative *f*; *~ civica* Bürgerinitiative *f*
iniziato [initsiˈaːto] *adj* *1.* eingeweiht; *m 2.* Eingeweihter *m*, Insider *m*
iniziatore [initsiaˈtoːre] *m* Initiator *m*
iniziazione [initsiatsiˈoːne] *f* Initiation *f*, Einführung *f*

inizio [inˈiːtsio] *m* Beginn *m*, Anfang *m*; *all'~* am Anfang, zum Auftakt
◆ *dare inizio a qc* etw beginnen

I J K

I J K

innalzare [innalˈtsaːre] *v* errichten
innamorarsi [innamoˈrarsi] *v* sich verlieben
innamorato [innamoˈraːto] *adj 1.* verliebt; *m 2.* Verliebter *m; 3. (amante)* Liebhaber *m*
innanzi [inˈnantsi] *prep 1.* vor; *~ tutto* vor allem; *adv 2.* vorwärts, vorne
innato [inˈnaːto] *adj* angeboren
innaturale [innatuˈraːle] *adj* unnatürlich
innegabile [inneˈgaːbile] *adj* unbestreitbar, nicht zu leugnen
innervosire [innervoˈsiːre] *v* nervös machen
innestare [innesˈtaːre] *v 1. BOT* veredeln; *2. TECH* einschalten; *~ la frizione* kuppeln; *3. (inserire)* einstecken
innocente [innoˈtʃɛnte] *adj 1.* unschuldig; *m/f* Unschuldige(r) *f/m*
innocenza [innoˈtʃɛntsa] *f (senza colpa)* Unschuld *f*
innocuo [inˈnɔːkuo] *adj* harmlos
innovare [innoˈvaːre] *v* erneuern
innovazione [innovatsiˈoːne] *f* Neuerung *f*
innumerevole [innumeˈreːvole] *adj* unzählig
inodore [inoˈdoːre] *adj* geruchlos
inoffensivo [inoffenˈsiːvo] *adj* harmlos
inoltrare [inolˈtraːre] *v* weiterleiten; ◆ *Mi può inoltrare la posta?* Können Sie mir bitte die Post nachschicken?
inoltrarsi [inolˈtrarsi] *v* vordringen
inoltre [inˈoltre] *adv 1. (oltre a ciò)* weiter, ferner; *2. (per di più)* darüber hinaus, überdies; *3. (per giunta)* außerdem
inondare [inonˈdaːre] *v* überschwemmen
inondazione [inondatsiˈoːne] *f* Überschwemmung *f*
inoperoso [inopeˈroːso] *adj* untätig
inopportunamente [inopportunaˈmente] *adv 1.* zu ungelegener Zeit; *2. (in modo inopportuno)* auf unangebrachte Weise
inopportuno [inopporˈtuːno] *adj* unangebracht, ungelegen
inoppugnabile [inoppuˈɲaːbile] *adj* unwiderlegbar, unanfechtbar
inorridire [inorriˈdiːre] *v* entsetzen
inorridito [inorriˈdiːto] *adj* entsetzt
inosservanza [inosserˈvantsa] *f* Nichtbeachtung *f*
inosservato [inosserˈvaːto] *adj* unbeachtet
inossidabile [inossiˈdaːbile] *adj* rostfrei
inquadramento [iŋkuadraˈmento] *m 1.* Umrahmung *f; 2. (incorniciamento)* Einrahmung *f; 3. (di un problema)* Umreißen *n; 4. (schieramento) MIL* Aufstellung *f*
inquietante [iŋkuieˈtante] *adj* Besorgnis erregend, beunruhigend
inquietare *v* beunruhigen, bekümmern
inquieto [iŋkuiˈɛːto] *adj 1. (angustiato)* beunruhigt, besorgt; *2. (agitato)* unruhig
inquietudine [iŋkuieˈtuːdine] *f (ansia)* Unruhe *f,* Besorgnis *f*
inquilino [iŋkuiˈliːno] *m* Mieter *m*
inquinamento [iŋkuinaˈmento] *m 1.* Verunreinigung *f; ~ ambientale* Umweltverschmutzung *f; 2. ~ acustico* Lärmbelästigung *f*
inquinante [iŋkuiˈnante] *adj* verschmutzend
inquinare [iŋkuiˈnaːre] *v 1.* beschmutzen, verschmutzen; *2. (contaminare)* verseuchen, vergiften; *3. (fig)* verderben
inquisire [iŋkuiˈziːre] *v irr* untersuchen
inquisizione [iŋkuizitsiˈoːne] *f 1.* Untersuchung *f; 2. JUR* gerichtliche Befragung *f*

insalata [insa'la:ta] *f* Salat *m*
insanabile [insa'na:bile] *adj 1.* unheilbar; *2. (fig)* unverbesserlich
insanguinato [insaŋgui'na:to] *adj* blutig
insano [in'sa:no] *adj 1. (fig)* ungesund; *2. (pazzo)* wahnsinnig
insapore [insa'po:re] *adj* ohne Geschmack
insaziabile [insatsi'a:bile] *adj* unersättlich
inscenare [inʃe'na:re] *v 1. THEAT* inszenieren; *2. (organizzare)* veranstalten
insediamento [insedia'mento] *m 1.* Siedlung *f,* Ansiedlung *f; 2. (in una carica)* Einsetzung *f,* Amtseinsetzung *f*
insediare [insedi'a:re] *v 1.* ansiedeln; *2.* einsetzen
insegna [in'se:ɲa] *f 1.* Zeichen *n; 2. (distintivo)* Abzeichen *n; 3. (cartello stradale, targa)* Wegweiser *m,* Schild *n*
insegnamento [inseɲa'mento] *m 1.* Unterricht *m; 2. (lezione)* Belehrung *f*
insegnante [inse'ɲante] *m/f* Lehrer(in) *m/f*

insegnare [inse'ɲa:re] *v 1.* zeigen; *2. (istruire)* unterrichten, lehren
◆ *insegnare la strada a qd* jdm den Weg zeigen

inseguimento [insegui'mento] *m* Verfolgung *f*
inseguire [insegu'i:re] *v* verfolgen
insensatezza [insensa'tettsa] *f* Unbesonnenheit *f,* Torheit *f*
insensato [insen'sa:to] *adj* unbesonnen
insensibile [insen'si:bile] *adj 1.* gefühllos; *2. (resistente)* unempfindlich
inseparabile [insepa'ra:bile] *adj* unzertrennlich
inserire [inse'ri:re] *v 1.* einfügen, einstecken; *2. (fig)* einbeziehen; *3. (fig: inquadrare)* einordnen
inserirsi [inse'rirsi] *v 1.* sich einordnen; *2. (aggiungersi)* hinzukommen
inservibile [inser'vi:bile] *adj* unbrauchbar, untauglich
inserzione [insertsi'o:ne] *f 1. (in stampa)* Anzeige *f; 2. TECH* Einsatz *m*
insetticida [insetti'tʃi:da] *f* Insektenvertilgungsmittel *m*
insetto [in'sɛtto] *m* Insekt *n*
insicurezza [insiku'rettsa] *f* Unsicherheit *f*
insicuro [insi'ku:ro] *adj* unsicher; ◆ *rendere insicuro* verunsichern
insidia [in'si:dia] *f* Hinterhalt *m*
insidioso [insi'dio:so] *adj 1.* tückisch; *2. (capzioso)* verfänglich

insieme [in'siɛ:me] *adv 1.* zusammen, miteinander; *2. (in compagnia)* beisammen; *3. (tempo)* zugleich; *m 4. (contesto)* Zusammenhang *m; 5. (interezza)* Gesamtheit *f; nell'* ~ im Großen und Ganzen
◆ *tenere insieme (fig)* zusammenhalten

insignificante [insiɲifi'kante] *adj 1.* unwichtig, unbedeutend; *2. (che non dice nulla)* nichts sagend, bedeutungslos
insinuante [insinu'ante] *adj 1.* tückisch; *2. (adulatorio)* einschmeichelnd; *3. (suggestivo, carezzevole)* einschmeichelnd
insinuazione [insinuatsi'o:ne] *f 1.* Unterstellung *f; 2. (offesa)* Beleidigung *f; 3. (malignità)* Bösartigkeit *f*
insipido [in'si:pido] *adj (senza gusto)* geschmacklos, fade
insistente [insis'tɛnte] *adj 1.* eindringlich; *2. (invadente)* aufdringlich
insistere [in'sistere] *v irr* ~ *su* bestehen auf

insoddisfazione [insoddisfatsiˈoːne] *f* Unzufriedenheit *f*
insofferente [insoffeˈrɛnte] *adj* ungeduldig, unduldsam
insolente [insoˈlɛnte] *adj* anmaßend
insolenza [insoˈlɛntsa] *f* Impertinenz *f*, Unverschämtheit *f*
insolito [inˈsɔːlito] *adj* ungewöhnlich
insolubile [insoˈluːbile] *adj* unlösbar
insolvenza [insolˈvɛntsa] *f* *FIN* Zahlungsunfähigkeit *f*
insomma [inˈsomma] *adv* schließlich
insopportabile [insopporˈtaːbile] *adj* *1.* unerträglich, untragbar; *2. (persona)* unausstehlich
insperato [inspeˈraːto] *adj* unverhofft
inspiegabile [inspieˈgaːbile] *adj* unerklärlich
inspirare [inspiˈraːre] *v* einatmen
instabile [instaˈbiːle] *adj* *1.* labil; *2. (incostante)* unbeständig, unstet
installare [instalˈlaːre] *v* *1.* einbauen; *2. (carica)* einsetzen; *3. INFORM* installieren
installarsi [instalˈlarsi] *v* sich einrichten
installatore [installaˈtoːre] *m* Installateur *m*
installazione [installatsiˈoːne] *f* *1.* Einrichtung *f*; *2. INFORM* Installation *f*
instancabile [instaŋˈkaːbile] *adj* unermüdlich
instancabilità [instaŋkabiliˈta] *f* Rastlosigkeit *f*
instaurazione [instauratsiˈoːne] *f* *1.* Errichtung *f*; *2. (istituzione)* Gründung *f*
insù [inˈsu] *adv* hinauf, aufwärts; ◆ *all'insù* empor; *andare all'insù* hinaufgehen; *naso all'insù* Stupsnase *f*
insuccesso [insutˈtʃɛsso] *m* *1.* Misserfolg *m*; *2. (mancanza di buon esito)* Erfolglosigkeit *f*
insufficiente [insuffiˈtʃɛnte] *adj* *1.* ungenügend; *2. (inadeguato)* unzulänglich
insufficienza [insuffiˈtʃɛntsa] *f* Unzulänglichkeit *f*
insulso [inˈsulso] *adj* geistlos, fade
insultare [insulˈtaːre] *v* beschimpfen
insulto [inˈsulto] *m* *1.* Beschimpfung *f*; *2. (offesa)* Beleidigung *f*
insuperabile [insupeˈraːbile] *adj* unbesiegbar, unübertrefflich
intaccare [intakˈkaːre] *v* *1.* einschneiden; *2. ~ i risparmi (fig)* die Geldreserven angreifen
intagliare [intaˈʎaːre] *v* schnitzen
intangibile [intanˈdʒiːbile] *adj* unantastbar
intanto [inˈtanto] *adv* *1. (temporale)* inzwischen; *2. (invece)* dagegen; *konj* *3. ~ che* während
intasamento [intasaˈmento] *m* Verstopfung *f*
intatto [inˈtatto] *adj* *1. (intero)* unberührt; *2. (integro)* unversehrt, intakt
intavolatura [intavolaˈtuːra] *f* *MUS* Tabulatur *f*
integrale [inteˈgraːle] *adj* *1.* vollständig; *2. pane ~* Vollkornbrot; *n* *3. MATH* Integral
integrante [inteˈgrante] *adj* *1.* ergänzend; *2. (essenziale)* wesentlich
integrare [inteˈgraːre] *v* integrieren
integrazione [integratsiˈoːne] *f* *1.* Integration *f*; *2.* Vervollständigung *f*
integrità [integriˈta] *f* *1. (fig)* Lauterkeit *f*; *2. (incolumità)* Unversehrtheit *f*; *3. (totalità)* Gesamtheit *f*, Vollständigkeit *f*
intelaiatura [intelaiaˈtuːra] *f* *1. (fig)* Aufbau *m*, Struktur *f*; *2. (impalcatura)* Gerüst *n*; *3. TECH* Rahmen *m*
intelletto [intelˈlɛtto] *m* Verstand *m*

intellettuale [intellettu'aːle] *adj 1.* intellektuell; *m/f 2.* Intellektuelle(r) *f/m*
intelligente [intelli'dʒɛnte] *adj* intelligent, klug
intelligenza [intelli'dʒɛntsa] *f* Intelligenz *f,* Klugheit *f; ~ artificiale* künstliche Intelligenz *f*
intendente [inten'dɛnte] *m* Verwalter *m*

intendere [in'tɛndere] *v irr 1.* beabsichtigen; *2. (comprendere)* verstehen, begreifen
! *Passato remoto: intesi; Partizip Perfekt: inteso*

intendersi [in'tɛndersi] *v irr 1. ~ di qc* sich mit etw auskennen; *2. (accordarsi)* sich verständigen, sich einig sein; *~ con qd* sich mit jdm verstehen
intenso [in'tɛnso] *adj 1.* intensiv; *2. (forte)* stark, groß
intento [in'tɛnto] *adj 1.* bedacht; *m 2.* Zweck *m,* Absicht *f*
intenzionale [intentsio'naːle] *adj* absichtlich, vorsätzlich
intenzione [intentsi'oːne] *f* Absicht *f;* ◆ *avere l'intenzione di fare qc* die Absicht haben, etw zu tun
interattivo [interat'tiːvo] *adj* interaktiv
intercalare [interkal'kaːre] *v* einfügen, einschieben
intercessore [intertʃes'soːre] *m* Fürsprecher *m*
intercettare [intertʃet'taːre] *v 1. TEL* abhörhen, abhorchen; *2. (una lettera)* abfangen, auffangen
interdire [inter'diːre] *v 1.* verbieten; *2. ~ qd JUR* jdn entmündigen
interdizione [interditsi'oːne] *f 1.* Verbot *n; 2. JUR* Entmündigung *f; ~ legale* Entzug der bürgerlichen Rechte *m*
interessamento [interessa'mento] *m 1.* Anteilnahme *f; 2. (cura)* Fürsorge *f*

interessante [interes'sante] *adj 1.* interessant, bemerkenswert; *2. stato ~* Schwangerschaft *f*
◆ *essere in stato interessante* schwanger sein

interessare [interes'saːre] *v 1.* interessieren; *2. (riguardare)* angehen
interessarsi [interes'sarsi] *v* sich interessieren
interessato [interes'saːto] *adj 1.* interessiert; *m (persona interessata)* Interessent *m; 2. (persona partecipe)* Beteiligter *m; 3. (persona in questione)* Betreffender *m*
interesse [inte'rɛsse] *m 1.* Interesse *n; 2. (vantaggio)* Vorteil *m,* Nutzen *m; 3. interessi pl ECO* Zinsen *m*
interferire [interfe'riːre] *v irr 1. (coincidere)* sich überschneiden; *2. (fig)* sich einmischen
interiezione [interietsi'oːne] *f 1.* Ausruf *m; 2. GRAMM* Interjektion *f*
interiora [interi'oːra] *f/pl GAST* Innereien *pl*
interiore [interi'oːre] *adj 1.* innere(r,s); *2. (fig: della coscienza)* innerlich
intermediario [intermedi'aːrio] *adj 1.* vermittelnd; *m 2.* Vermittler *m*
interminabile [intermi'naːbile] *adj* unendlich, endlos
internamente [interna'mente] *adv* innen
internazionale [internatsio'naːle] *adj 1.* international; *f 2.* Internationale *f*
Internet ['intərnet] *m INFORM* Internet *n; accesso ad ~* Internetanschluss *m; connettarsi a ~* sich einwählen ins Internet
internista [inter'nista] *m/f MED* Internist(in) *m/f*

I
J
K

interno [in'tɛrno] *adj 1.* innere(r,s), Innen... *medicina interna* Innere Medizin *f; politica interna* Innenpolitik *f; 2. (intimo)* intern; *m 3.* Inneres *n; all'~* im Inner(e)n; *ministero degli interni* Innenministerium *n; Via Veneto 40, int. 2* Via Veneto 40, Innenbau Tür 2; *4. (territorio nazionale)* Inland *n*
≠ *intorno prep* um

intero [in'te:ro] *adj 1.* ganz, vollständig; *m 2.* Ganzes *n*
interpellare [interpel'la:re] *v* fragen
interpretare [interpre'ta:re] *v 1.* interpretieren, erklären; *2. (spiegare)* auslegen, deuten; *3. (fig) MUS* vortragen
interpretazione [interpretatsi'o:ne] *f 1.* Interpretation *f,* Erklärung *f; 2. (esegesi)* Deutung *f,* Auslegung *f*
interprete [in'tɛrprete] *m/f 1. CINE* Darsteller(in) *m/f; ~ principale* Hauptdarsteller(in) *m/f; 2. (traduttore orale/traduttrice orale)* Dolmetscher(in) *m/f; ~ simultaneo* Simultandolmetscher *m;* ◆ *Mi serve un interprete.* Ich brauche einen Dolmetscher. *3. (musicista)* Interpret(in) *m/f*
interpunzione [interpuntsi'o:ne] *m* Zeichensetzung *f*
interrato [inter'ra:to] *adj 1.* vergraben; *m 2. (di abitazione)* Souterrain *n*
interrogare [interro'ga:re] *v 1.* ausfragen, befragen; *2. JUR* verhören
interrogativo [interroga'ti:vo] *m 1.* Frage *f; adj 2. GRAMM* fragend, Frage... *pronome ~* Interrogativpronomen *n*
interrogazione [interrogatsi'o:ne] *f* Frage *f,* Befragung *f*
interrompere [inter'rompere] *v irr 1.* unterbrechen; *2. (parole)* dazwischenrufen; *3. (fig)* aufhören; *4. (lavoro)* aussetzen
interrompersi [inter'rompersi] *v irr* innehalten
interruttore [interrut'to:re] *m TECH* Schalter *m; ~ a leva* Hebelschalter *m*
interruzione [interrutsi'o:ne] *f* Unterbrechung *f,* Abbruch *m; ~ della gravidanza* Schwangerschaftsabbruch *m*
intersecare [interse'ka:re] *v 1.* durchschneiden; *2. (incrociare)* überkreuzen, überschneiden
intervallo [inter'vallo] *m 1.* Intervall *m; 2. (pausa)* Pause *f; 3. (tempo)* Zeitraum *m*
intervenire [interve'ni:re] *v irr 1.* eingreifen; *2. (d'autorità)* einschreiten; *3. (succedere)* dazwischenkommen; *4. (partecipare)* beteiligt sein
intervento [inter'vɛnto] *m 1.* Einschreiten *n; 2. (l'intervenire in una lite)* Dazwischentreten *n,* Intervention *f; 3. MED* Eingriff *m*
intervista [inter'vista] *f* Interview *n*
intervistare [intervis'ta:re] *v* interviewen
intesa [in'te:sa] *f 1.* Übereinstimmung *f; d'~ con* im Einvernehmen mit; *2. (accordo)* Verständigung *f; ~ tra i popoli* Völkerverständigung *f*
intessere [in'tɛssere] *v 1.* weben; *2. (ordire)* planen
intestare [intes'ta:re] *v 1. (busta)* mit Namen versehen; *2. (lettera)* mit einem Briefkopf versehen
intestatario [intesta'ta:rio] *m 1.* Absender *m; 2. (possessore)* Inhaber *m*
intestato [intes'ta:to] *adj 1.* eingetragen; *2. (indirizzato)* adressiert; *carta intestata* vorgedrucktes Briefpapier *n*
intestazione [intestatsi'o:ne] *f 1.* Briefkopf *m; 2. (di giornale)* Überschrift *f; 3. (indirizzo)* Adresse *f; 4. (registrazione)* Eintrag *m; 5. (dedica)* Widmung *f*

intestino [intesˈtiːno] *m* 1. *ANAT* Darm *m*; ~ *cieco* Blinddarm *m*; ~ *crasso* Dickdarm *m*; *adj* 2. innere(r,s); *guerra intestina* Bürgerkrieg *m*

intimare [intiˈmaːre] *v* 1. befehlen, auffordern; 2. *(esortare)* auffordern; 3. *(chiedere)* verlangen

intimità [intimiˈta] *f* Vertrautheit *f*

intimo [ˈintimo] *adj* intim, vertraulich; *amico* ~ enger Freund *m*; *biancheria intima* Unterwäsche *f*

intimorimento [intimoriˈmento] *m* Verängstigung *f*, Verschüchterung *f*

intingere [inˈtindʒere] *v irr* tunken

intitolare [intitoˈlaːre] *v* 1. *(titolo)* betiteln; 2. *(denominare)* benennen; 3. *(dedicare)* widmen; 4. *(registrare)* eintragen

intitolarsi [intitoˈlarsi] *v* sich nennen, heißen

intollerante [intolleˈrante] *adj* intolerant, unduldsam

intonaco [inˈtɔːnako] *m (malta)* Putz *m*; ~ *esterno* Außenputz *m*

intonare [intoˈnaːre] *v MUS* anstimmen, einstimmen

intoppo [inˈtɔppo] *m* Hindernis *n*

intorbidire [intorbiˈdiːre] *v (liquido)* trüben

> **intorno** [inˈtorno] *prep* 1. um, um ... herum; *adv* 2. *(locale)* umher, herum; *tutt'*~ ringsherum
> ≠ *interno adj* innere(r,s)

intossicare [intossiˈkaːre] *v* vergiften

intossicazione [intossikatsiˈoːne] *f MED* Vergiftung *f*; ~ *alimentare* Lebensmittelvergiftung *f*

intraducibile [intraduˈtʃiːbile] *adj* unübersetzbar

intralciare [intralˈtʃaːre] *v* behindern, hemmen

intralcio [inˈtraltʃo] *m* Hindernis *n*

intransigenza [intransiˈdʒɛntsa] *f* Unnachgiebigkeit *f*

intraprendente [intraprenˈdɛnte] *adj* unternehmungslustig

intraprendere [intraˈprɛndere] *v* 1. unternehmen; 2. *(viaggio)* antreten

intrattabile [intratˈtaːbile] *adj* 1. unumgänglich; 2. *(scontroso)* spröde

intrattenere [intratteˈneːre] *adj* unterhalten, aufhalten

intrattenersi [intratteˈnersi] *v* 1. sich aufhalten; 2. *(conversare)* sich unterhalten

intrattenimento [intratteniˈmento] *m (conversazione)* Unterhaltung *f*

intravedere [intraveˈdeːre] *v* 1. kaum erkennen; ~ *attraverso qc* durch etw hindurchsehen; 2. *(fig)* ~ *qc* etw ahnen

intrecciare [intretˈtʃaːre] *v* 1. einflechten; 2. *(intessere)* flechten

intreccio [inˈtrettʃo] *m* 1. Verflechtung *f*; 2. *LIT* Handlung *f*

intrepido [inˈtrɛːpido] *adj* wagemutig

intricato [intriˈkaːto] *adj* verwickelt, verworren

intrico [inˈtriːko] *m* 1. Verwicklung *f*; 2. *(groviglio)* Gewirr *n*

intridere [inˈtriːdere] *v* 1. einrühren; 2. einweichen; 3. beschmutzen

intrigo [inˈtriːgo] *m* 1. Machenschaften *pl*; 2. *(congiura)* Intrige *f*

intrinseco [inˈtrinseko] *adj* innerlich

introdurre [introˈdurre] *v irr* 1. einführen; 2. *(iniziare)* einleiten; 3. *(inserire)* einfügen; 4. *(infilare)* hineinstecken; 5. *(insegnare)* einweisen

introdursi [introˈdursi] *v irr* 1. hineingelangen; 2. *(penetrare)* eindringen

introduzione [introdutsiˈoːne] *f* 1. *(di qc di nuovo)* Einführung *f*; 2. *(avviamento)* Einleitung *f*; 3. *(installazione)* Einbau *m*; 4. *(ficcare dentro)* Einführung *f*

I J K

intromettersi [intro'mettersi] *v irr* *(intervenire)* hineinreden
intromissione [intromissi'oːne] *f* *1.* Vermittlung *f,* Intervention *f; 2. (ingerenza)* Einmischung *f*
introvabile [intro'vaːbile] *adj* unauffindbar
intuire [intu'iːre] *v* ahnen
intuizione [intuitsi'oːne] *f* Intuition *f*
inumano [inu'maːno] *adj 1.* unmenschlich; *2. (senza cuore)* herzlos
inumare [inu'maːre] *v* bestatten
inumidire [inumi'diːre] *v* befeuchten
inutile [i'nuːtile] *adj 1.* nutzlos; *2. (non necessario)* unnötig; *3. (vano)* vergeblich
inutilità [inutili'ta] *f* Nutzlosigkeit *f*
inutilizzabile [inutilid'dzaːbile] *adj* unbrauchbar
inutilmente [inutil'mente] *adv (invano)* umsonst, vergeblich
invadere [in'vaːdere] *v irr 1.* überfallen, einnehmen; *2. (acque)* überfluten
invaghirsi [inva'girsi] *v* sich verlieben
invalidità [invalidi'ta] *f 1.* Invalidität *f; 2. (non validità)* Ungültigkeit *f*
invalido [in'vaːlido] *adj 1. (non ideoneo al lavoro)* arbeitsuntauglich; *~ di guerra* kriegsversehrt; *2. JUR* nichtig; *m 3.* Invalide *m,* Körperbehinderter *m*
invano [in'vaːno] *adv* vergeblich, umsonst
invariabile [invari'aːbile] *adj* unveränderlich, unabänderlich
invasore [inva'zoːre] *m 1.* Eindringling *m; 2. (conquistatore)* Eroberer *m*
invecchiamento [invekkia'mento] *m 1.* Alterungsprozess *f; 2. (del vino)* Lagerung *f*
invecchiare [invekki'aːre] *v 1.* veralten; *2. (vino)* ablagern; *3. (far diventare vecchio)* alt machen; *4. (fig)* ergrauen
invecchiato [invekki'aːto] *adj 1.* gealtert; *2. (moda)* veraltet
invece [in'veːtʃe] *adv 1.* dagegen; *prep 2. ~ di* anstatt, statt
inventare [inven'taːre] *v* erfinden
inventario [inven'taːrio] *m 1.* Inventar *n; 2. ECO* Inventur *f,* Bestandsaufnahme *f; 3. (registro) ECO* Bestandsaufnahme *f*
inventato [inven'taːto] *adj* ausgedacht, erfunden; ◆ *inventato di sana pianta* aus der Luft gegriffen
inventiva [inven'tiːva] *f* Fantasie *f*
inventivo [inven'tiːvo] *adj* erfinderisch
inventore [inven'toːre] *m* Erfinder *m*
invenzione [inventsi'oːne] *f* Erfindung *f*
invernale [inver'naːle] *adj* winterlich

> **inverno** [in'vɛrno] *m* Winter *m*
> ◆ *nel cuore dell'inverno* mitten im Winter
> ≠ *inferno m* Hölle

inverosimile [invero'siːmile] *adj* unwahrscheinlich, zweifelhaft
inversione [inversi'oːne] *f* Umkehrung *f*
inverso [in'vɛrso] *adj 1.* umgekehrt, invers; *m 2.* Gegenteil *n*
invertire [inver'tiːre] *v* umkehren; ◆ *invertire la polarità* umpolen
invertito [inver'tiːto] *adj* verkehrt herum
investigare [investi'gaːre] *v* forschen, nachforschen
investimento [investi'mento] *m 1. FIN* Investition *f; 2. (di denaro) FIN* Geldanlage *f; ~ di capitale* Kapitalanlage *f; ~ sbagliato* Fehlinvestition *f; 3. (di un pe-*

I J K

done) Anfahren *n,* Überfahren *n; 4. (scontro)* Zusammenstoß *m*
investire [invesˈtiːre] *v 1.* investieren, hineinstecken; *2. (denaro) FIN* anlegen; *3. (ufficio)* bekleiden; *4. (qd con un veicolo)* anfahren; *5. (animale)* überfahren
investitore [investiˈtoːre] *m FIN* Anleger *m*
inviare [inviˈaːre] *v 1.* übersenden; *2. (spedire)* wegschicken; *3. (mandare)* zuschicken
inviato [inviˈaːto] *m 1.* Korrespondent *m; 2. POL* Abgesandter *m*
invidia [inˈviːdia] *f* Neid *m*
invidiare [invidiˈaːre] *v* beneiden
invidioso [invidiˈoːso] *adj* neidisch
invincibile [invinˈtʃiːbile] *adj* unbesiegbar, unüberwindbar
invio [inˈviːo] *m 1.* Sendung *f; 2. (spedizione)* Versand *m*
inviolabile [invioˈlaːbile] *adj 1.* unantastbar; *2. (invulnerabile)* unverletzlich
invischiarsi [inviskiˈarʀsi] *v 1. (fig)* auf den Leim gehen, hereinfallen; *2. (impelagarsi)* sich verstricken
invisibile [inviˈziːbile] *adj* unsichtbar
invitare [inviˈtaːre] *v 1. (ospiti)* einladen; ◆ *Posso invitarla?* Darf ich Sie einladen? *2. (chiedere cortesemente)* auffordern; ◆ *Posso invitarla a questo ballo?* Darf ich zum Tanz bitten?
invitato [inviˈtaːto] *m* Gast *m*

> **invito** [inˈviːto] *m 1.* Einladung *f; 2. (richiesta cortese)* Aufforderung *f*
> ◆ *Molte grazie per l'invito.* Vielen Dank für die Einladung.

invocare [invoˈkaːre] *v* anflehen; ◆ *invocare aiuto* um Hilfe rufen
invocazione [invokatsiˈoːne] *f 1.* Anrufung *f; 2. ~ d'aiuto* Hilferuf *m*
involgere [inˈvɔldʒere] *v 1.* einwickeln; *2. (coinvolgere)* einbeziehen
involontario [involonˈtaːrio] *adj 1.* unabsichtlich, unbeabsichtigt; *2. (senza il proprio volere)* unfreiwillig
involtino [involˈtiːno] *m GAST* Roulade *f*
involucro [inˈvɔːlukro] *m 1. (protezione)* Umschlag *m; 2. TECH* Gehäuse *n; 3. (custodia)* Hülle *f,* Umhüllung *f*
involuzione [involutsiˈoːne] *f 1. (regresso)* Rückschritt *m; 2. MED* Rückbildung *f*
invulnerabile [invulneˈraːbile] *adj* unverletzlich, unverwundbar

> **io** [ˈiːo] *pron* ich
> **!** *direktes Objekt: mi; indirektes Objekt: mi*

iodio [iˈɔːdio] *m CHEM* Jod *n*
ipersensibile [ipersenˈsiːbile] *adj* überempfindlich
ipersensibilità [ipersensibiliˈta] *f* Überempfindlichkeit *f*
ipnosi [ipˈnɔːzi] *f* Hypnose *f*
ipnotizzare [ipnotidˈdzaːre] *v* hypnotisieren
ipocrisia [ipokriˈziːa] *f* Heuchelei *f,* Scheinheiligkeit *f*
ipocrita [iˈpɔːkrita] *adj 1.* scheinheilig; *m/f 2.* Heuchler(in) *m/f*
ipoteca [ipoˈtɛːka] *f* Hypothek *f*
ipotesi [ipoˈteːsi] *f* Hypothese *f*
ipotizzare [ipotidˈdzaːre] *v* annehmen
ippodromo [ipˈpɔːdromo] *m* Pferderennbahn *f*
ippopotamo [ippoˈpɔːtamo] *m ZOOL* Nilpferd *n*
ipsilon [ˈipsilon] *m/f* Ypsilon *n*
ira [ˈiːra] *f* Zorn *m*
iracondia [iraˈkondia] *f* Jähzorn *m*

I
J
K

Iran [iˈraːn] *m GEO* Iran *m*
Iraq [iˈraːk] *m GEO* Irak *m*
irato [iˈraːto] *adj (fig: arrabbiato)* zornig
Irlanda [irˈlanda] *f GEO* Irland *n*
ironia [iroˈniːa] *f* Ironie *f*
irradiare [irradiˈaːre] *v 1. (calore)* ausstrahlen; *2. (illuminare)* bestrahlen
irradiazione [irradiatsiˈoːne] *f 1. MED* Bestrahlung *f; 2. (diffusione)* Ausstrahlung *f*
irregolare [irregoˈlaːre] *adj* unregelmäßig
irregolarità [irregolariˈta] *f* Unregelmäßigkeit *f*
irreperibile [irreperiˈbiːle] *adj* unauffindbar
irrequieto [irrekuiˈɛːto] *adj (senza pace)* rastlos, unruhig
irresistibile [irresisˈtiːbile] *adj* unwiderstehlich
irresponsabile [irresponˈsaːbile] *adj 1.* unverantwortlich; *2. (privo di responsabilità)* verantwortungslos
irrevocabile [irrevoˈkaːbile] *adj* unwiderruflich
irriconoscibile [irrikonoˈʃiːbile] *adj 1.* nicht wieder erkennbar; *2. (dopo un cambiamento)* unkenntlich
irrigare [irriˈgaːre] *v* bewässern
irrigazione [irrigatsiˈoːne] *f* Bewässerung *f*
irrigidire [irridʒiˈdiːre] *v irr* versteifen
irrilevante [irrileˈvante] *adj* belanglos
irrispettoso [irrispetˈtoːso] *adj* respektlos
irritabile [irriˈtaːbile] *adj* reizbar
irritare [irriˈtaːre] *v 1. ~ qd* jdn ärgern, jdn reizen; *2. MED* entzünden
irritarsi [irriˈtarsi] *v* sich ärgern
irritato [irriˈtaːto] *adj* gereizt
irritazione [irritatsiˈoːne] *f* Ärger *m*, Gereiztheit *f*
iscrivere [isˈkriːvere] *v* anmelden
iscriversi [isˈkriːversi] *v* sich einschreiben, sich anmelden
iscrizione [iskritsiˈoːne] *f 1.* Anmeldung *f; ~ nel registro commerciale* Eintragung im Handelsregister *f; 2. (scritta)* Aufschrift *f; 3. (epigrafe)* Inschrift *f*
Islam [izˈlaːm] *m REL* Islam *m*
islamico [izˈlaːmiko] *adj REL* islamisch
Islanda [izˈlanda] *f GEO* Island *n*
isola [ˈiːzola] *f 1.* Insel *f; ~ pedonale* Verkehrsinsel *f; 2. Isole Britanniche pl GEO* Britische Inseln *pl*
isolamento [izolaˈmento] *m 1.* Isolation *f; a ~ acustico* schalldicht; *~ termico* Wärmedämmung *f; 2. (l'essere isolato)* Isolierung *f; 3. (solitudine)* Vereinsamung *f*
isolare [izoˈlaːre] *v 1.* isolieren; *2. MED* absondern
isolato [izoˈlaːto] *adj 1.* abgesondert; *2. (singolo)* vereinzelt
ispettorato [ispettoˈraːto] *m ECO* Aufsichtsamt *n*
ispezionare [ispetsioˈnaːre] *v 1.* kontrollieren; *2. (dogana)* abfertigen
ispezione [ispetsiˈoːne] *f* Überprüfung *f*
ispirare [ispiˈraːre] *v* anregen
ispirazione [ispiratsiˈoːne] *f* Eingebung *f;* Inspiration *f*
Israele [izraˈɛːle] *m GEO* Israel *n*
issare [isˈsaːre] *v* hissen
istantaneo [istanˈtaːneo] *adj* augenblicklich
istante [isˈtante] *m* Augenblick *m*
istigare [istiˈgaːre] *v 1.* anstiften; *2. (sobillare)* aufwiegeln
istintivo [istinˈtiːvo] *adj 1.* unwillkürlich; *2. (impulsivo)* instinktiv

istinto [is'tinto] *m* Trieb *m*; ~ *d'autoconservazione* Selbsterhaltungstrieb *m*
istituto [isti'tu:to] *m* 1. Institut *n*, Anstalt *f*; ~ *di medicina tropicale* Tropeninstitut *n*; ~ *culturale* Kulturinstitut *n*; ~ *demoscopico* Meinungsforschungsinstitut *n*; ~ *finanziario* Geldinstitut *n*; ~ *superiore* Hochschule *f*; 2. *(ente)* Anstalt *f*
istituzione [istitutsi'o:ne] *f* Institution *f*, Einrichtung *f*
istruire [istru'i:re] *v irr* 1. unterweisen; 2. *(guidare)* belehren; 3. *(insegnare)* anlernen; 4. *(formare)* ausbilden
istruito [istru'i:to] *adj* gebildet
istruttivo [istrut'ti:vo] *adj* aufschlussreich, lehrreich
istruttore [istrutto:re] *m* Lehrer *m*; ~ *di guida* Fahrlehrer *m*
istruttoria [istrutto'ri:a] *f* JUR Ermittlung *f*
istruzione [istrutsi'o:ne] *f* 1. Anleitung *f*, Weisung *f*; *istruzioni per l'uso* Gebrauchsanweisung *f*; 2. *(formazione)* Ausbildung *f*
Italia [i'ta:lia] *f* GEO Italien *n*; ~ *meridionale* Süditalien *n*; ~ *settentrionale* Norditalien *n*
italiana [itali'a:na] *f* Italienerin *f*
italiano [itali'a:no] *adj* 1. italienisch; *m* 2. *(persona)* Italiener *m*; 3. *(lingua)* Italienisch *n*; ◆ *Non parlo molto bene l'italiano.* Ich spreche nicht sehr gut Italienisch.
itinerario [itine'ra:rio] *m* Route *f*, Weg *f*
ittico ['ittiko] *adj* Fisch... *mercato* ~ Fischmarkt *m*
iuta [i'u:ta] *f* BOT Jute *f*
ivi ['i:vi] *adv* dort
jazz [dʒæz] *m* MUS Jazz *m*
jockey ['dʒokei] *m* SPORT Jockei *m*
Judo ['dʒu:do] *m* SPORT Judo *n*
Jugoslavia [iugos'la:via] *f* HIST Jugoslawien *n*
jugoslavo [iugos'la:vo] *adj* HIST 1. jugoslawisch; *m* 2. Jugoslawe *m*
junior [i'u:nior] *adj* 1. Junior... *m* 2. Junior *m*
kaki ['ka:ki] *m* 1. BOT Kakibaum *m*; *f* 2. BOT Kakifrucht *f*; *adj* 3. *(colore)* kakifarben
kilogrammo [kilo'grammo] *m* Kilogramm *n*, Kilo *n*
kimono [ki'mɔ:no] *m* Kimono *m*
kitsch [kitʃ] *m* Kitsch *m*
kiwi ['ki:vi] *m* BOT Kiwi *f*
kursaal ['ku:rzaal] *m* Kursaal *m*

L

la [la] *art* die

> **là** [la] *adv 1. (stato in luogo)* dort, da; *di ~* da drüben; *2. (moto a luogo)* dorthin, dahin
> ◆ *al di là* jenseits

labbro [ˈlabbro] *m* Lippe *f*
labile [ˈlaːbile] *adj* labil
labirinto [labiˈrinto] *m 1.* Labyrinth *n; 2. (di strade)* Gewirr *n*
laboratorio [laboraˈtɔːrio] *m 1.* Labor *n; 2. (officina)* Werkstatt *f*
laborioso [laboriˈoːso] *adj 1.* fleißig; *2. (faticoso)* anstrengend, schwierig
lacca [ˈlakka] *f* Lack *m, ~ per i capelli* Haarspray *n*
laccare [lakˈkaːre] *v* lackieren
laccatura [lakkaˈtuːra] *f* Lackierung *f,* Politur *f*
lacchè [lakˈkɛ] *m 1.* Diener *m; 2. (in senso spregiativo)* Lakai *m*
laccio [ˈlattʃo] *m* Schlinge *f,* Schnur *f,* Schuhband *n*
lacerare [latʃeˈraːre] *v* zerreißen
laconicità [lakonitʃiˈta] *f* Kürze *f,* Bündigkeit *f,* Lakonismus *m*
laconico [laˈkɔːniko] *adj 1.* lakonisch; *2. (di poche parole)* wortkarg
lacrima [ˈlaːkrima] *f* Träne *f*
lacrimare [lakriˈmaːre] *v* tränen
lacrimoso [lakriˈmoːso] *adj 1.* rührselig; *2. (occhi)* verweint
lacuna [laˈkuːna] *f* Lücke *f; ~ culturale* Bildungslücke *f*
ladro [ˈlaːdro] *m* Dieb *m;* ◆ *Al ladro!* Haltet den Dieb!
laggiù [ladˈdʒu] *adv* dort unten, dort hinunter
laghetto [laˈgetto] *m* Weiher *m*
lagnarsi [laˈɲarsi] *v* jammern

> **lago** [ˈlaːgo] *m* See *m; ~ di Costanza* Bodensee *m; ~ di Garda* Gardasee *m*
> ◆ *un lago di sangue* ein Blutbad *n*
> ≠ *largo adj* breit

laico [ˈlaːiko] *adj 1. (ecclesiastico)* weltlich; *m 2. REL* Laie *m*
lama¹ [ˈlaːma] *f* Klinge *f*
lama² [ˈlaːma] *m ZOOL* Lama *n*
lambiccarsi [lambikˈkarsi] *v* ◆ *lambiccarsi il cervello* sich den Kopf zerbrechen
lamella [laˈmɛlla] *f* Lamelle *f*
lamentare [lamenˈtaːre] *v* klagen
lamentarsi [lamenˈtarsi] *v* sich beklagen
lamento [laˈmento] *m 1.* Klage *f,* Gejammer *n; 2. lamenti pl* Gejammer *n*
lametta [laˈmetta] *f* Rasierklinge *f*
lamiera [lamiˈɛːra] *f* Blech *n*
lamina [ˈlaːmina] *f* Blatt *n,* Folie *f*
lampada [ˈlampada] *f* Lampe *f; ~ da tavolo* Tischlampe *f; ~ a stelo* Stehlampe *f*
lampadina [lampaˈdiːna] *f 1.* Glühbirne *f; 2. ~ tascabile* Taschenlampe *f*
lampeggiare [lampedˈdʒaːre] *v 1.* blitzen; *2. (macchina)* blinken
lampeggiatore [lampeddʒaˈtoːre] *m (di una macchina)* Blinker *m*
lampioncino [lampionˈtʃiːno] *m* Lampion *m*
lampo [ˈlampo] *m 1.* Blitz *m; ~ di genio* Geistesblitz *m; 2. (attimo)* Moment *m,* Nu *m*
◆ *veloce come un lampo* blitzschnell
in un lampo im Nu
lampone [lamˈpoːne] *m* Himbeere *f*

lana [ˈlaːna] *f* Wolle *f; ~ d'acciaio* Stahlwolle *f; ~ di vetro* Glaswolle *f*
lancetta [lanˈtʃetta] *f* Zeiger *m; ~ dell'orologio* Uhrzeiger *m*
lancia [ˈlantʃa] *f* Lanze *f*
lanciare [lanˈtʃaːre] *v 1.* schleudern, werfen, schießen; *2. (merce)* einführen
lanciarsi [lanˈtʃarsi] *v* sich stürzen; *~ contro qd* sich auf jdn stürzen
lancio [ˈlantʃo] *m 1.* Werfen *n; 2. (salto)* Sprung *m; 3. SPORT* Wurf *m*
landa [ˈlanda] *f 1. GEO* Heide *f; 2. (pianura) GEO* Ebene *f*
laneria [laneˈriːa] *f 1.* Wollspinnerei *f; 2. (articoli di lana)* Wollwaren *pl*
languido [ˈlaŋguido] *adj 1.* schwach, matt; *2. (tenero)* schmachtend
lanterna [lanˈtɛrna] *f* Laterne *f*
lapide [ˈlaːpide] *f* Grabstein *m*
lapis [ˈlaːpis] *m* Bleistift *m*
lardo [ˈlardo] *m GAST* Speck *m*
larghezza [larˈgettsa] *f 1.* Breite *f; 2. (ampiezza)* Weite *f; 3. (generosità)* Großzügigkeit *f*

> **largo** [ˈlargo] *adj 1.* breit; *2. (ampio)* weit; *3. (spazioso)* geräumig; *4. (generoso)* großzügig
> ≠ *lago m* See

laringe [laˈrindʒe] *f* Kehlkopf *m*
lasciapassare [laʃapasˈsaːre] *m* Passierschein *m*

> **lasciare** [laˈʃaːre] *v 1.* lassen; *lasciar entrare* hereinlassen; *lasciar andare (permettere di andare)* gehen lassen; ◆ *lasciar cadere qd (fig)* jdn fallen lassen; *lasciar stare* stehen lassen; *2. (cedere)* lassen; *~ aperto* offen lassen; *~ in pace* in Ruhe lassen; *~ libero* aussparen; *3. (abbandonare)* verlassen; *4. (consegnare)* überlassen; *5. (resto)* übrig lassen

lasciarsi [laˈʃarsi] *v 1.* sich trennen, auseinander gehen; *2.* ◆ *lasciarsi andare* sich gehen lassen; *3.* ◆ *lasciarsi cogliere dal panico* in Panik geraten
lasciato [laˈʃaːto] *adj* verlassen
lassù [lasˈsu] *adv* da oben, da hinauf
lastra [ˈlastra] *f* Platte *f; ~ di marmo* Marmortafel *f; ~ di vetro* Glasscheibe *f*
lastricato [lastriˈkaːto] *adj 1.* gepflastert; *m 2.* Straßenpflaster *n*
laterale [lateˈraːle] *adj 1.* seitlich, Seiten... *porta ~* Seiteneingang *m; 2. (fig)* Neben... *strada ~* Nebenstraße *f*
latifoglia [latiˈfɔːʎa] *f BOT* Laubbaum *m*
latino [laˈtiːno] *adj 1.* lateinisch; *m 2.* Latein *n*
latitante [latiˈtante] *adj 1.* flüchtig; *m/f 2.* Flüchtige(r) *f/m*
latitanza [latiˈtantsa] *f* Flüchtigsein *n; darsi alla ~* sich verbergen
latitudine [latiˈtuːdine] *f GEO* Breite *f*
lato [ˈlaːto] *m 1.* Seite *f; da un ~* einerseits; *~ anteriore* Vorderseite *f; ~ posteriore* Rückseite *f; ~ inferiore* Unterseite *f;* ◆ *sul lato destro* auf der rechten Seite; *2. (tratto tipico)* Wesenszg *m; ~ negativo* Schattenseite *f; adj 3. (fig)* weit; ◆ *in senso lato* im weiteren Sinne
latrato [laˈtraːto] *m* Gebell *n*
latta [ˈlatta] *f 1.* Blech *n; 2. (tanica)* Kanister *m*
lattante [latˈtante] *m* Säugling *m*

> **latte** [ˈlatte] *m* Milch *f; ~ di mucca* Kuhmilch *f; ~ in polvere* Trockenmilch *f; ~ condensato* Kondensmilch *f; ~ intero* Vollmilch *f*
> ◆ *avere ancora il latte alla bocca (fig)* noch nicht trocken hinter den Ohren sein

L

latteo [ˈlatteo] *adj* milchartig, Milch... *via lattea* Milchstraße *f*
latteria [latteˈriːa] *f* *1.* Molkerei *f*; *2.* *(negozio)* Milchhandlung *f*
lattiero [lattiˈɛːro] *adj* Milch...
lattina [latˈtiːna] *f* Dose *f*
lattoniere [lat-toniˈɛːre] *m* Klempner *m*
lattosio [latˈtoːsio] *m* Milchzucker *m*, Laktose *f*
lattuga [latˈtuːga] *f* Kopfsalat *m*
laurea [ˈlaːurea] *f* *1.* Hochschulabschluss *m*; *2.* *(dottorato)* Doktortitel *m*
laurearsi [laureˈarsi] *v* *1.* einen Hochschulabschluss machen; *2.* *(conseguire il dottorato)* promovieren
laureato [laureˈaːto] *adj* graduiert, promoviert
lavabo [laˈvaːbo] *m* Waschbecken *n*
L **lavabile** [laˈvaːbile] *adj* waschbar, waschecht
lavaggio [laˈvaddʒo] *m* Waschen *n*; *~ del cervello* Gehirnwäsche *f*
lavagna [laˈvaːɲa] *f* Tafel *f*
lavanda [laˈvanda] *f* *1.* *BOT* Lavendel *m*; *2.* *MED* Spülung *f*
lavanderia [lavandeˈriːa] *f* Wäscherei *f*
lavandino [lavanˈdiːno] *m* Waschbecken *n*
lavare [laˈvaːre] *v* *1.* abwaschen; *2.* *~ qc* etw waschen; *3.* *(stoviglie)* spülen
lavarsi [laˈvarsi] *v* sich waschen
lavasecco [lavaˈsɛkko] *f* chemische Reinigung *f*
lavatrice [lavaˈtriːtʃe] *f* Waschmaschine *f*
lavorante [lavoˈrante] *m/f* Arbeiter(in) *m/f*

> **lavorare** [lavoˈraːre] *v* *1.* arbeiten; *2.* *(legno, metallo)* bearbeiten, bebauen
> ◆ *lavorare la terra* das Feld bestellen

lavorato [lavoˈraːto] *adj* *1.* bearbeitet, ausgeführt; *2.* *~ a mano* handgearbeitet
lavoratore [lavoraˈtoːre] *m* *1.* Arbeiter *m*; *~ dipendente* Arbeitnehmer *m*; *~ del porto* Hafenarbeiter *m*; *2.* *(chi esercita un mestiere)* Erwerbstätiger *m*
lavorazione [lavoratsiˈoːne] *f* *1.* Bearbeitung *f*; *~ su misura* Maßarbeit *f*; *2.* *(di legno, di metallo)* Verarbeitung *f*; *3.* *(produzione)* Herstellung *f*
lavoro [laˈvoːro] *m* *1.* Arbeit *f*; *~ a orario ridotto* Kurzarbeit *f*; *~ a tempo parziale* Teilzeitbeschäftigung *f*; *~ a domicilio* Heimarbeit *f*; *~ a turni* Schichtarbeit *f*; *~ abusivo* Schwarzarbeit *f*; *~ qualificato* Wertarbeit *f*; *~ stagionale* Saisonarbeit *f*; *~ di casa* Hausarbeit *f*; *2.* *THEAT* Stück *n*
leale [leˈaːle] *adj* *1.* aufrichtig; *2.* *(fedele ai patti)* loyal
lealtà [lealˈta] *f* Loyalität *f*
leasing [ˈliːziŋ] *m* Leasing *n*
lecca-lecca [ˈlekkaˈlekka] *m* Lutscher *m*
leccare [lekˈkaːre] *v* lecken
leccarsi [lekˈkarsi] *v* *1.* *(fauna)* sich lecken; *2.* *~ le dita (fig)* sich die Finger lecken
lecito [ˈlɛːtʃito] *adj* zulässig, erlaubt
ledere [ˈlɛːdere] *v irr* *1.* schädigen; *2.* *MED* verletzen
lega [ˈleːga] *f* Liga *f*, Bund *m*; *~ nazionale* Nationalliga *f*, Bundesliga *f*
legale [leˈgaːle] *adj* *1.* gesetzlich, legal; *2.* *(conforme alla legge)* rechtmäßig; *3.* *(giudiziario)* gerichtlich; *4.* *(del diritto)* rechtlich; *via ~* Rechtsweg *m*; *m* *5.* *JUR* Rechtsvertreter *m*
legalizzare [legalidˈdzːare] *v* legalisieren
legame [leˈgaːme] *m* *1.* *(fig)* Band *n*; *2.* *(nesso)* Zusammenhang *m*

legare [le'ga:re] *v* *1.* anbinden, binden; *2. (congiungere)* verbinden; *3. (allacciare)* zubinden; *4. (fig)* einbinden; *5. (attaccare)* knüpfen
legarsi [le'garsi] *v* *1.* sich verbinden; *2. (fig)* sich binden
legato [le'ga:to] *adj* *1.* verbunden; *2. (fig)* gebunden; *m* *3.* Vermächtnis *n*
legge ['leddʒe] *f* *1.* Gesetz *n*; *~ fondamentale* Grundgesetz *n*; *2. (diritto)* Recht *n*
leggenda [led'dʒɛnda] *f* Legende *f*
leggere ['lɛddʒere] *v irr* *1.* lesen; *2. (fig)* ablesen; *3. (ad alta voce) ~ qc a qd* jdm etw vorlesen
leggerezza [leddʒe'rettsa] *f* Leichtigkeit *f*, Unbeschwertheit *f*, Leichtsinn *m*
leggero [led'dʒɛ:ro] *adj* *1. (non pesante)* leicht; *~ come una piuma* federleicht; *2. (delicato)* sanft; *3. (superficiale)* locker; *4. (esiguo)* leicht; ◆ *avere un leggero dolore* leichte Schmerzen haben; *5. (libero da preoccupazioni)* unbeschwert
leggiadro [led'dʒa:dro] *adj* anmutig
leggibile [led'dʒi:bile] *adj* leserlich
legislativo [ledʒisla'ti:vo] *adj* gesetzgebend; *potere ~* gesetzgebende Gewalt
legislatore [ledʒisla'to:re] *m* Gesetzgeber *m*
legislazione [ledʒislatsi'o:ne] *f* *POL* Gesetzgebung *f*; *~ sociale* Sozialgesetzgebung *f*
legittimare [ledʒitti'ma:re] *v* legitimieren
legittimità [ledʒittimi'ta] *f* Legitimität *f*, Gesetzmäßigkeit *f*
legittimo [le'dʒittimo] *adj* *1. JUR* legitim; *2. legittima difesa* Notwehr *f*
legna ['le:ɲa] *f* Holz *n*; *~ da ardere* Brennholz *n*
legname [le'ɲa:me] *m* *~ da costruzione* Bauholz *n*
legno ['le:ɲo] *m* Holz *n*; *di ~* hölzern; *~ pregiato* Edelholz *n*
legume [le'gu:me] *m* *BOT* Hülsenfrucht *f*

> **lei** [lɛ:i] *pron* sie; *per ~* ihretwegen
> **!** *direktes Objekt la; indirektes Objekt: le/a lei*

Lei [lɛ:i] *pron* Sie; *per ~* Ihretwegen
lembo ['lembo] *m* Rand *m*, Saum *m*
lena ['le:na] *f* Kraft *f*; ◆ *di buona lena* tüchtig
lenire [le'ni:re] *v irr* mildern
lente ['lɛnte] *f* *1.* Linse *f*; *2. (per ingrandire)* Lupe *f*; *3. lenti pl (da occhiali)* Brillengläser *pl*; *4. lenti pl (a contatto)* Kontaktlinsen *pl*
lentezza [len'tettsa] *f* *1.* Langsamkeit *f*; *2. (pigrizia)* Trägheit *f*
lenticchia [len'tikkia] *f* *BOT* Linse *f*
lentiggine [len'tiddʒine] *f* Sommersprosse *f*
lento ['lɛnto] *adj* *1.* langsam; *2. (non saldo)* locker; *3. (fiacco)* schlaff, schlapp; *4. (pigro)* träge
lenzuolo [lentsu'ɔ:lo] *m* Bettlaken *n*; ◆ *Le lenzuola e coperte sono già usate.* Das Bettzeug ist bereits gebraucht.
leone [le'o:ne] *m* *ZOOL* Löwe *m*
leopardo [leo'pardo] *m* *ZOOL* Leopard *m*
lepre ['lɛ:pre] *m* *ZOOL* Hase *m*
lesbico ['lɛzbiko] *adj* lesbisch
lesione [lezi'o:ne] *f* *1.* Verletzung *f*; *~ personale* Körperverletzung *f*; *2. (danneggiamento)* Beschädigung *f*
lesso ['lesso] *adj* *1. GAST* gekocht; *m* *2. GAST* Suppenfleisch *n*
letale [le'ta:le] *adj* tödlich
letame [le'ta:me] *m* Mist *m*

L

lettera [ˈlɛttera] *f 1.* Brief *m,* Schreiben *n; ~ d'addio* Abschiedsbrief *m; ~ di condoglianze* Kondolenzschreiben *n; ~ di raccomandazione* Empfehlungsschreiben *n; ~ di un lettore* Leserbrief *m; ~ raccomandata* Einschreibebrief *m; per ~* schriftlich; *2. (la risposta ad un annuncio)* Zuschrift *f; 3. (dell'alfabeto)* Buchstabe *m; ~ iniziale* Anfangsbuchstabe *m; alla ~* buchstäblich

◆ *tradurre qc alla lettera* etw wörtlich übersetzen

letterale [letteˈraːle] *adj* buchstäblich, wörtlich

letterario [letteˈraːrio] *adj* literarisch

letterato [letteˈraːto] *adj 1.* gebildet; *m 2.* gebildeter Mensch *m,* Gelehrter *m*

letteratura [letteraˈtuːra] *f* Literatur *f; ~ dozzinale* Trivialliteratur *f*

letto [ˈlɛtto] *m 1.* Bett *n; ~ a due piazze* Doppelbett *n; ~ di morte* Totenbett *n; ~ di piume* Daunenbett *n; ~ matrimoniale* Ehebett *n; ~ singolo* Einzelbett *n; letti separati* getrennte Betten *pl; 2. (di fiume)* Bett *n; 3. ~ ungueale ANAT* Nagelbett *n*

◆ *andare a letto con le galline (fig)* mit den Hühnern ins Bett gehen

lettore [letˈtoːre] *m 1.* Leser *m; 2. (di università)* Lektor *m; 3. ~ CD* CD-Spieler *m*

lettura [letˈtuːra] *f 1.* (Vor)Lesen *n; 2. (libro da leggere)* Lektüre *f; 3. POL* Lesung *f*

leva [ˈlɛːva] *f 1. TECH* Hebel *m; ~ del cambio* Knüppel *m; 2. MIL* Einberufung *f*

levare [leˈvaːre] *v 1.* aufheben; *2. (togliere)* abziehen; *~ con violenza* herausbrechen; *~ via* wegnehmen; *3. ~ di mezzo* beseitigen; *4. (abolire)* abschaffen

levarsi [leˈvarsi] *v 1.* aufstehen, sich erheben; ◆ *levarsi dai piedi* abwimmeln; *2. (alzarsi)* aufkommen; *3.* ◆ *levarsi i vestiti* sich ausziehen; *4. (sole)* aufgehen

levata [leˈvaːta] *f 1.* Aufstehen *n; 2. (del sole)* Sonnenaufgang *m*

levatrice [levaˈtriːtʃe] *f* Hebamme *f*

lezione [letsiˈoːne] *f 1.* Unterricht *m; 2. (avviso)* Lehre *f; 3. (capitolo)* Lektion *f*

lezioso [letsiˈoːso] *adj* affektiert

lì [li] *adv 1. (stato)* dort, da; *2. (moto)* dahin, dorthin; ◆ *lì dietro* dahinter; *lì per lì* im ersten Moment; *e giù di lì* und so weiter; *essere lì lì per fare qc* im Begriff sein, etw zu tun

Libano [ˈliːbano] *m GEO* Libanon *m*

liberale [libeˈraːle] *adj 1.* liberal; *2. (generoso)* großzügig; *3. (di mente ~)* tolerant

liberare [libeˈraːre] *v 1.* befreien; *2. (lasciar libero)* loslassen; *3. (salvare)* erlösen; *4. (dispensare)* entbinden; *5. SPORT* abspielen

liberarsi [libeˈrarsi] *v 1.* sich befreien, sich frei machen; *2. (fig)* ablegen

liberazione [liberatsiˈoːne] *f 1.* Befreiung *f; 2. (da malattie)* Erlösung *f; 3. (rilascio)* Freigabe *f*

libero [ˈliːbero] *adj 1. (non occupato)* frei; *2. (vacante)* unbesetzt; *3. (gratis)* frei, kostenlos; *ingresso ~* freier Eintritt *m; 4. (vuoto)* leer; *5. (indipendente)* unabhängig; *~ professionista* Freiberufler *m; commercio ~* Freihandel *m*

◆ *C'è ancora un posto libero?* Ist hier noch ein Platz frei?

≠ *libro m* Buch

libertà [liberˈta] *f 1.* Freiheit *f; ~ di decidere* Entscheidungsfreiheit *f; ~ di movimento* Bewegungsfreiheit *f,* Ellbogenfreiheit *f; ~ di stampa* Pressefreiheit *f; 2. (liberalità)* Freizügigkeit *f; 3. (indipendenza)* Unabhängigkeit *f*

libertino [liber'ti:no] *m adj 1.* ausschweifend; *2.* Wüstling *m; 3. (libero pensatore) HIST* Freigeist *m*

Libia ['li:bia] *f GEO* Libyen *n*

libraio [li'bra:io] *m* Buchhändler *m*

libreria [libre'ri:a] *f 1.* Buchhandlung *f; 2. (mobile per libri)* Bücherschrank *m*

libretto [li'bretto] *m 1. ~ degli assegni FIN* Scheckbuch *n; ~ di risparmio* Sparbuch *n; 2. ~ di circolazione* Kraftfahrzeugschein *m; 3. MUS* Operntextbuch *n*

> **libro** [li':bro] *m* Buch *n; ~ di canzoni* Liederbuch *n; ~ genealogico* Stammbuch *n; ~ tascabile* Taschenbuch *n; ~ di saggistica* Sachbuch *n; ~ giallo* Kriminalroman *m*
>
> ◆ *parlare come un libro stampato (fam)* reden wie ein Buch
>
> ≠ *libero adj* frei

licenza [li'tʃɛntsa] *f* Lizenz *f; ~ d'importazione* Einfuhrgenehmigung *f; ~ di esercizio* Gewerbeschein *m*

licenziamento [litʃentsia'mento] *m 1.* Kündigung *f; 2. (di un operaio)* Entlassung *f; ~ in massa* Massenentlassung *f*

licenziare [litʃentsi'a:re] *v* kündigen

liceo [li'tʃɛ:o] *m* Gymnasium *n*

lido ['li:do] *m* Strand *m*

lieto [li'ɛ:to] *adj 1.* erfreut; ◆ *Lieto di conoscerla.* Es freut mich, Sie kennen zu lernen. *2. (contento)* heiter, froh; *un evento ~* ein freudiges Ereignis *n*

lievitare [lievi'ta:re] *v 1. (pasta) GAST* aufgehen; *2. ECO* ansteigen

lievito [li'ɛ:vito] *m* Hefe *f; ~ in polvere* Backpulver *n*

Liguria [li'gu:ria] *f GEO* Ligurien *n*

lilla ['lilla] *adj 1.* lila; *m 2.* Flieder *m*

lima ['li:ma] *f* Feile *f*

limare [li'ma:re] *v* feilen

limitare [limi'ta:re] *v 1.* begrenzen; *2. (restringere)* beschränken, einschränken

limitarsi [limi'tarsi] *v 1. (fam)* kurz treten; *2. ~ a* sich beschränken auf

limitato [limi'ta:to] *adj 1.* beschränkt; *~ nel tempo* befristet; *2. (ottuso)* borniert; *3. (gretto)* kleinlich

limitazione [limitatsi'o:ne] *f 1.* Begrenzung *f,* Beschränkung *f; ~ di vendita ECO* Absatzbeschränkung *f; ~ degli armamenti POL* Rüstungsbeschränkung *f; 2. (delle esportazioni) ECO* Ausfuhrbeschränkung *f*

limite ['li:mite] *m 1.* Grenze *f; ~ delle nevi perenni* Schneegrenze *f; ~ d'età* Altersgrenze *f; 2. (fig)* Grenze *f; ~ d'inibizione* Hemmschwelle *f; 3. limiti pl (di validità)* Geltungsbereich *m*

limitrofo [li'mi:trofo] *adj* benachbart

limonata [limo'na:ta] *f* Zitronenlimonade *f*

limone [li'mo:ne] *m* Zitrone *f*

limpidezza [limpi'dettsa] *f* Klarheit *f*

limpido ['limpido] *adj 1.* klar; *2. (suono)* hell; *3. (chiaro)* rein

lince ['lintʃe] *f ZOOL* Luchs *m*

linea ['li:nea] *f 1.* Linie *f; seconda ~* Nebenanschluss *m; ~ elettrica* elektrische Leitung *f; ~ d'aria* Luftlinie *f;* ◆ *Quale linea va a ...?* Welche Linie fährt nach ...? *2. (tratto)* Strich *m; 3. ~ retta MATH* Gerade *f; 4. (riga)* Zeile *f; 5. ~ telefonica* Telefonleitung *f*

lineamenti [linea'menti] *m/pl ~ del volto* Gesichtszüge *pl*

lineetta [line'etta] *f 1.* Bindestrich *m; 2. ~ di sospensione* Gedankenstrich *m*

lingotto [liŋ'gɔtto] *m (d'oro)* Barren *m*

L

lingua [ˈliŋgua] *f* *1.* Sprache *f*; ~ *straniera* Fremdsprache *f*; ~ *nazionale* Landessprache *f*; ~ *madre* Muttersprache *f*; *2. ANAT* Zunge *f*; *dalla ~ biforcuta* doppelzüngig; *3.* ~ *di terra GEO* Landzunge *f*

◆ *L'ho sulla punta della lingua.* Es liegt mir auf der Zunge.

linguaggio [liŋguˈaddʒo] *m* Sprache *f*; ~ *incomprensibile* Kauderwelsch *n*
linguistico [liŋguˈistiko] *adj* sprachlich, Sprach...
lino [ˈliːno] *m* Leinen *n*, Flachs *m*
liquidare [likuiˈdaːre] *v* *1. (fig)* liquidieren, kalt stellen; *2. (sistemare)* erledigen; *3. (conto) ECO* ausgleichen; *4. (azienda) ECO* liquidieren; *5. (merce)* ausverkaufen
liquidazione [likuidatsiˈoːne] *f* *1. ECO* Auflösung *f*; ~ *totale* Räumungsverkauf *m*; ~ *estiva* Sommerschlussverkauf *m*; *2. (di un conto) ECO* Abrechnung *f*; *3. (somma liquidato)* Abfindung *f*
liquidità [likuidiˈta] *f* *1. ECO* Liquidität *f*; *2. (denaro in contanti) ECO* Bargeld *n*; *3. (stato liquido)* Flüssigkeit *f*
liquido [ˈliːkuido] *adj* *1.* flüssig; *soldi liquidi* flüssige Mittel *pl*; *m* *2.* Flüssigkeit *f*; ~ *per freni* Bremsflüssigkeit *f*
liquirizia [likuiˈriːtsia] *f* Lakritze *f*
liquore [likuˈoːre] *m* Likör *m*
lira¹ [ˈliːra] *f* *HIST* Lira *f*; ~ *sterlina* Pfund *n*
lira² [ˈliːra] *f* *MUS* Lyra *f*
lirica [ˈliːrika] *f* *1. (poesia) LIT* Lyrik *f*; *2. MUS* Opernmusik *f*
lirico [ˈliːriko] *adj* *1. LIT* lyrisch; *2. cantante* ~ Opernsänger *m*
lisca [ˈliska] *f* ~ *di pesce* Fischgräte *f*
liscio [ˈliʃo] *adj* *1. (senza pieghe)* glatt; *2. (fig: senza problemi)* reibungslos; *3. (senza aggiunte) GAST* pur; *4.* ◆ *passarla liscia (fig)* ungestraft bleiben
lista [ˈlista] *f* *1.* Liste *f*; ~ *delle vivande* Speisekarte *f*; *2. (elenco)* Verzeichnis *n*; ~ *dei ricercati* Fahndungsbuch *n*
listino [lisˈtiːno] *m* ~ *dei prezzi ECO* Preisliste *f*; *prezzo di* ~ Katalogpreis *m*
lite [ˈliːte] *f* *1. (disputa)* Krach *m*, Streit *m*; *2. JUR* Streitsache *f*
litigare [litiˈgaːre] *v* streiten
litigio [liˈtiːdʒo] *m* *1.* Streit *m*; *2. (alterco)* Gezanke *n*, Zank *m*
litigioso [litiˈdʒoːso] *adj* streitsüchtig
litro [ˈliːtro] *m* Liter *m*

livello [liˈvɛllo] *m* *1. (altezza)* Niveau *n*; *a ~ del suolo* ebenerdig; *2. (dell'acqua)* Pegel *m*; *3. (fig)* Ebene *f*, Niveau *n*; ~ *culturale* Bildungsstand *m*

◆ *mettere tutti allo stesso livello* alle auf dieselbe Stufe stellen

livido [ˈliːvido] *adj* *1.* blau angelaufen; *2. (fig)* gehässig; *m* *3. (macchia)* blauer Fleck *m*; *4. (di una frustata)* Strieme *f*
lo [lo] *art* *1.* der; *pron* *2. (oggetto diretto)* ihn
lobo [ˈlɔːbo] *m* *1.* ~ *auricolare ANAT* Ohrläppchen *n*; *2.* ~ *oculare* Augapfel *m*
locale [loˈkaːle] *adj* *1.* örtlich, lokal; *anestesia* ~ örtliche Betäubung *f*; *ora* ~ Ortszeit *f*; *2. (di questo luogo)* hiesig; *3. (residente sul luogo)* ortsansässig; *m* *4.* Raum *m*; *5. (bar)* Lokal *n*
località [lokaliˈta] *f* *1. (villaggio)* Ortschaft *f*; *2.* ~ *balneare* Badeort *m*; *f/pl* *3. (luoghi)* Örtlichkeiten *pl*
localizzare [lokalid'dzaːre] *v* orten, den Ort bestimmen, lokalisieren
locanda [loˈkanda] *f* *1.* Herberge *f*; *2. (ristorante)* Wirtschaft *f*

L

locatario [loka'ta:rio] *m 1.* Mieter *m; 2. (di terreno)* Pächter *m*
locatore [loka'to:re] *m 1.* Vermieter *m; 2. (di terreno, di locale)* Verpächter *m*
locazione [lokatsi'o:ne] *f 1.* Pacht *f*, Miete *f; 2. (contratto)* Mietvertrag *m*
locomotiva [lokomo'ti:va] *f* Lokomotive *f*
locuzione [lokutsi'o:ne] *f* Ausdrucksweise *f*
lodare [lo'da:re] *v 1.* loben, preisen; *2. (elogiare)* anpreisen; *3. (apprezzare)* auszeichnen
lode ['lɔ:de] *f 1.* Lob *n; ~ di se stesso* Eigenlob *n; 2. (all'università)* Auszeichnung *f; con ~* cum laude
lodevole [lo'de:vole] *adj* lobenswert
loggione [lod'dʒo:ne] *m (teatro)* Galerie *f*
logico ['lɔ:dʒiko] *adj* logisch
logoramento [logora'mento] *m 1. TECH* Abnutzung *f; 2. (fig)* Zermürbung *f*
logorare [logo'ra:re] *v 1.* verschleißen, abnützen; *2. (salute)* zerstören
lombaggine [lom'baddʒine] *f* Hexenschuss *m*
Lombardia [lombar'di:a] *f GEO* Lombardei *f*
lombata [lom'ba:ta] *f GAST* Lende *f*
lombo ['lombo] *m GAST* Lende *f*
lombrico [lom'bri:ko] *m ZOOL* Regenwurm *m*
longitudine [loŋgi'tu:dine] *f GEO* Längengrad *m*
lontanamente [lontana'mente] *adv* entfernt, vage; ◆ *ricordarsi lontanamente* sich ungefähr erinnern
lontananza [lonta'nantsa] *f* Ferne *f*

lontano [lon'ta:no] *adj 1.* entfernt; *alla lontana* vage; *2. (temporale)* fern; *3. (distante)* weit, fern; *prep 4. (lungi da)* fern
◆ *tenersi lontano da qd* sich von jdm fern halten

loquace [loku'a:tʃe] *adj* gesprächig
lordo ['lordo] *adj 1.* schmutzig; *2. FIN* brutto; *peso ~* Bruttogewicht *n*

loro ['lo:ro] *pron 1. (soggetto)* sie; *per ~* ihretwegen; *2. (oggetto indiretto)* ihnen, zu ihnen; *per ~* ihretwegen
! *direktes Objekt: li/le; indirektes Objekt: gli/loro/a loro*

Loro ['lo:ro] *pron 1. (soggetto)* Sie; *2. (oggetto diretto)* Sie; *per ~* Ihretwegen; *a ~* Ihnen
loto ['loto] *m BOT* Lotos *m*, Lotosblume *f*
lotta ['lɔtta] *f 1.* Kampf *m; 2. (competizione)* Wettstreit *m; 3. SPORT* Ringkampf *m; ~ libera* Freistil *m; 4. MIL* Gefecht *n; ~ corpo a corpo* Nahkampf *m*
lottare [lot'ta:re] *v 1.* kämpfen; *2. (combattere)* ankämpfen; *3. (fig)* ringen; *4. SPORT* ringen
lotteria [lotte'ri:a] *f* Lotterie *f*
lotto ['lɔtto] *m 1. (quantità)* Posten *m; 2. (gioco)* Lotteriespiel *n*, Lotto *n*
lozione [lotsi'o:ne] *f* Gesichtswasser *n*, Haarwasser *n*
luccicare [luttʃi'ka:re] *v* leuchten
luccio ['luttʃo] *m ZOOL* Hecht *m*
lucciola ['luttʃola] *f ZOOL* Glühwürmchen *n*

luce ['lu:tʃe] *f 1.* Licht *n; ~ al neon* Neonlicht *n; ~ del giorno* Tageslicht *n; ~ abbagliante* Fernlicht *n; ~ anabbagliante* Abblendlicht *n; ~ infrarossa* Infrarotlicht *n; ~ intermittente* Blinklicht

L

n; 2. (lampada) Leuchte *f; 3. luci pl THEAT* Rampenlicht *n*
◆ *far luce* leuchten
vedere la luce das Licht der Welt erblicken

lucente [lu'tʃɛnte] *adj* leuchtend
lucertola [lu'tʃɛrtola] *f ZOOL* Eidechse *f*
lucidare [lutʃi'da:re] *v 1. (mobili)* zum Glänzen bringen; *2. (metalli)* polieren
lucido ['lu:tʃido] *adj 1. (lucente)* blank, glänzend; *2. (fig: intelligente)* hell; *m 3. ~ per scarpe* Schuhcreme *f*
lucro ['lu:kro] *m* Nutzen *m,* Gewinn *m*
luglio ['lu:ʎo] *m* Juli *m*
lugubre ['lu:gubre] *adj 1.* traurig; *2. (fig)* finster, düster

L

lui ['lui] *pron 1. (oggetto diretto)* ihn; *per ~* seinetwegen; *a ~* ihm; *2. (oggetto indiretto)* ihm; *per ~* seinetwegen
! *direktes Objekt: lo; indirektes Objekt: gli/a lui*

lumaca [lu'ma:ka] *f ZOOL* Schnecke *f*
lume ['lu:me] *m 1.* Licht *n; 2. (lampada)* Leuchter *m; 3. (scintillio)* Schimmer *m; 4. ~ della ragione* Vernunft *f*
luminosità [luminosi'ta] *f* Helligkeit *f,* Klarheit *f*
luminoso [lumi'no:so] *adj* hell
luna ['lu:na] *f 1.* Mond *m; ~ piena* Vollmond *m; 2. (umore)* Laune *f; 3. ~ di miele* Flitterwochen *pl*
lunare [lu'na:re] *adj* Mond... *eclissi ~* Mondfinsternis *f*
lunatico [lu'na:tiko] *adj* launenhaft
lunedì [lune'di] *m* Montag *m; ~ di Pasqua* Ostermontag *m; il ~* montags
lunghezza [luŋ'gettsa] *f 1.* Länge *f; 2. (estensione)* Weite *f*
lungimiranza [lundʒimi'rantsa] *m* Weitblick *m*
lungo ['luŋgo] *adj 1. (locale)* lang; *2. (temporale)* lang; *a ~* lange; *3. (distante)* weit; *4. (di lunga lena)* langwierig; *5. (caffè)* dünn; *prep 6.* entlang, längs

luogo ['luɔ:go] *m 1.* Ort *m,* Stelle *f; ~ d'arrivo* Ankunftsort *m; ~ del reato* Tatort *m; ~ di cura* Kurort *m; in un altro ~* woanders; *2. (fam: posto)* Fleck *m; 3. (località)* Stätte *f; 4. (scena)* Schauplatz *m; 5. ~ comune* Gemeinplatz *m; 6. in primo ~* erstens, in erster Linie
◆ *avere luogo* stattfinden
non avere luogo ausfallen
essere fuori luogo unangebracht sein

lupo ['lu:po] *m* Wolf *m; fame da ~* Wolfshunger *m; ~ mannaro* Werwolf *m*
luppolo ['luppolo] *m BOT* Hopfen *m*
lusingare [luziŋ'ga:re] *v* schmeicheln
lusinghiero [luziŋ'giɛ:ro] *adj 1.* schmeichelhaft; *2. (soddisfacente)* befriedigend
lusso ['lusso] *m 1.* Luxus *m,* Pracht *f; 2. (fasto)* Pracht *f*
lussuoso [lussu'o:so] *adj* luxuriös
lussuria [lus'su:ria] *f* Unzucht *f*
lustro ['lustro] *adj* blitzblank
lutto ['lutto] *m* Trauer *f; caso di ~* Trauerfall *m; ~ nazionale* Staatstrauer *f;*
◆ *portare il lutto* Trauer tragen

M

ma [ma] *konj 1.* aber; *2. (solo dopo una negazione)* sondern; *3. (anzi)* sogar
macabro [ˈmaːkabro] *adj* makaber
macchia [ˈmakkia] *f 1.* Fleck *m; ~ di grasso* Fettfleck *m; 2. (sgorbio)* Klecks *m; 3. (puntino)* Tupfen *m*
macchiare [makkiˈaːre] *v 1.* beflecken, Flecken machen; *2. (fam)* kleckern
macchiato [makkiˈaːto] *adj 1.* fleckig; *2. (colorato)* gefärbt
macchina [ˈmakkina] *f 1.* Maschine *f; ~ per cucire* Nähmaschine *f; 2. (auto)* Auto *n,* Wagen *m; ~ da corsa* Rennwagen *m; 3. ~ fotografica* Fotoapparat *m,* Kamera *f; ~ da presa* Filmkamera *f*
macchinario [makkiˈnaːrio] *m TECH* Maschinerie *f*
macchinista [makkiˈnista] *m 1.* Maschinist *m; 2. (di un treno)* Lokführer *m*
macedonia [matʃeˈdɔːnia] *f* Obstsalat *m*
macellaio [matʃelˈlaːio] *m* Metzger *m*
macelleria [matʃelleˈriːa] *f* Metzgerei *f*
macello [maˈtʃɛllo] *m 1.* Schlachthof *m; 2. (fam)* Katastrophe *f; 3. (fig)* Gemetzel *m*
macerare [matʃeˈraːre] *v* aufweichen
macigno [maˈtʃiːɲo] *m* Felsblock *m*
macinare [matʃiˈnaːre] *v 1.* mahlen; *2.* zerreiben; *3. (strada)* fressen
macinino [matʃiˈniːno] *m 1.* Mühle *f; ~ del pepe* Pfeffermühle *f; 2. (fam: vecchia automobile)* Klapperkiste *f*

Madonna [maˈdɔnna] *f* Madonna *f*

> **madre** [ˈmaːdre] *f* Mutter *f; ~ patria* Vaterland *n*
> ◆ *fare da madre a qd* bei jdm die Mutterstelle vertreten

madrelingua [madreˈliŋgua] *f* Muttersprache *f*
madrina [maˈdriːna] *f REL* Taufpatin *f*
maestà [maesˈta] *f* Majestät *f*
maestoso [maesˈtoːso] *adj 1.* majestätisch; *2. (valoroso)* altehrwürdig
maestra [maˈɛstra] *f 1.* Lehrerin *f; 2. ~ d'asilo* Kindergärtnerin *f*
maestro [maˈɛstro] *m 1.* Könner *m,* Meister *m; 2. (di scuola elementare)* Lehrer *m; 3. ~ del coro* Chorleiter *m*
mafia [ˈmafia] *f* Mafia *f*
maga [ˈmaːga] *f* Zauberin *f*
magari [maˈgaːri] *interj 1.* und ob; *adv 2.* sogar
magazzino [magadˈdziːno] *m 1.* Magazin *n; ~ di merci* Warenlager *n; in ~* vorrätig; *2. grande ~* Kaufhaus *n*
maggio [ˈmaddʒo] *m* Mai *m*
maggiolino [maddʒoˈliːno] *m ZOOL* Maikäfer *m*
maggiorana [maddʒoˈraːna] *f BOT* Majoran *m*

> **maggioranza** [maddʒoˈrantsa] *f* Mehrheit *f,* Überzahl *f; ~ di voti* Stimmenmehrheit *f; ~ assoluta* absolute Mehrheit *f*
> ◆ *essere in maggioranza* in der Mehrheit sein

maggiore [madˈdʒoːre] *adj 1. (più grande)* größer; *2. (età)* älter; *~ età* Volljährigkeit *f; 3. (numero)* höher; *4. (principale, superiore)* Haupt..., Ober... *forza ~* höhere Gewalt *f; f 5.* ◆ *andare*

per la maggiore große Beliebtheit genießen
maggiorenne [maddʒoˈrɛnne] *adj* volljährig; *m/f* Volljährige(r) *f/m*
magia [maˈdʒiːa] *f* Magie *f*, Zauber *m*
magico [ˈmaːdʒiko] *adj 1.* magisch; *2. (fig)* zauberhaft
magistrato [madʒisˈtraːto] *m JUR* Richter *m*
maglia [ˈmaːʎa] *f 1.* Masche *f;* ◆ *lavorare a maglia* stricken; *2. (vestiario)* Trikot *n*
maglieria [maʎeˈriːa] *f* Strickerei *f; articoli di ~* Strickwaren *pl*
maglietta [maˈʎetta] *f* Unterhemd *n*
magnetico [maˈɲɛːtiko] *adj* magnetisch
magnificenza [maɲifiˈtʃɛntsa] *f* Herrlichkeit *f*, Pracht *f*
magnifico [maˈɲiːfiko] *adj 1.* wunderbar; *2. (fam: grandioso)* toll, prächtig
M **mago** [ˈmaːgo] *m* Zauberer *m*
magro [ˈmaːgro] *adj 1.* mager; ◆ *magro come un chiodo* klapperdürr; *2. (ossuto)* hager; *3. (scarso)* karg

mai [ˈmai] *adv 1.* nie, niemals; *non ... ~* niemals, nie; *2. (talvolta)* je, jemals, irgendwann; *3. caso ~* falls
◆ *mai e poi mai* nie und nimmer
più che mai mehr denn je, erst recht
Come mai? Wieso?/Warum?

maiale [maiˈaːle] *m* Schwein *n*, Sau *f*
maionese [maioˈneːse] *f GAST* Mayonnaise *f*
mais [mais] *m BOT* Mais *m*
maiuscolo [maiˈuskolo] *adj* groß; ◆ *scrivere maiuscolo* groß schreiben
malanno [maˈlanno] *m 1.* Krankheit *f; 2. (disgrazia)* Unglück *n; 3. (malessere)* Übel *n*
malato [maˈlaːto] *adj 1.* krank; *~ di nervi* nervenkrank; *m 2.* Kranker *m*
malattia [malatˈtiːa] *f 1.* Krankheit *f*, Leiden *n; ~ infantile* Kinderkrankheit *f; ~ ereditaria* Erbkrankheit *f*

male [ˈmaːle] *adv 1. (cattivo)* schlecht; *2. (sentirsi ~)* übel, unwohl; *3. (non giusto)* unrecht; *4. (non appropriato)* unsachgemäß; *5. (fig: misero)* schäbig; *m 6. MED* Schmerz *m*, Krankheit *f; mal di denti* Zahnschmerzen *pl; mal di testa* Kopfschmerzen *pl; mal di testa (dopo una sbronza)* Kater *m; 7. (svantaggio)* Übel *n; 8. (inconveniente)* Missstand *m; 9. (malanno)* Unheil *n*
◆ *avere il mal di mare* seekrank sein
andare a male verderben
Mi fa male. Es tut mir weh.
Non c'è male! Nicht übel!
Meno male! Gott sei Dank!
! *komp: peggio; sup: malissimo*

maledire [maleˈdiːre] *v irr* verdammen
maledizione [maleditsiˈoːne] *f* Verfluchung *f*, Fluch *m*
maleducato [maleduˈkaːto] *adj 1.* unartig, ungezogen; *da ~* unartig; *m 2.* Flegel *m*, Lümmel *m*
maleficio [maleˈfiːtʃo] *m 1.* Verhexung *f; 2. (misfatto) LIT* Schandtat *f*
malessere [maˈlɛssere] *m* Unwohlsein *n*
malevolenza [malevoˈlɛntsa] *f 1.* Abneigung *f; 2. (cattiva intenzione)* böse Absicht *f*
malfattore [malfatˈtoːre] *m* Missetäter *m*
malfermo [malˈfermo] *adj* locker
malgrado [malˈgraːdo] *prep 1.* trotz, ungeachtet; *~ ciò* dessen ungeachtet; *konj 2.* auch wenn, obwohl
malignare [maliˈɲaːre] *v 1.* schlecht reden; *2. (essere maligno)* boshaft sein
malia [maˈliːa] *f* Behexung *f*

malignità [maliɲiˈta] *f* Bosheit *f*
maligno [maˈliːɲo] *adj 1. (perfido)* hinterlistig; *2. MED* bösartig
malinconia [maliŋkoˈniːa] *f* Schwermut *f*
malinteso [malinˈteːso] *m* Missverständnis *n;* ◆ *Vi è un malinteso.* Es ist ein Missverständnis.
malizia [maˈliːtsia] *f 1.* Heimtücke *f,* Tücke *f; 2. (astuzia)* List *f; 3. (scaltrezza)* Verschmitztheit *f*
malizioso [malitsiˈoːso] *adj 1. (perfido)* heimtückisch; *2. (scaltro)* verschmitzt
malleabile [malleˈaːbile] *adj 1.* geschmeidig; *2. (fig)* gefügig; *3. (capace di adattarsi)* anpassungsfähig
malleabilità [malleabiliˈta] *f 1.* Geschmeidigkeit *f; 2. TECH* Formbarkeit *f; 3. (capacità di adattamento)* Anpassungsfähigkeit *f*
malleolo [malˈlɛːolo] *m* Knöchel *m*
malmesso [malˈmesso] *adj 1.* vernachlässigt; *2. (malvestito)* schlecht gekleidet
malora [maˈloːra] *f* Verderben *n;* ◆ *andare in malora* zugrunde gehen; *mandare in malora* zugrunde richten
malore [maˈloːre] *m* Unwohlsein *n*
Malta [ˈmalta] *f GEO* Malta *m*
maltempo [malˈtɛmpo] *m* Unwetter *n*
malto [ˈmalto] *m* Malz *n*
maltrattare [maltratˈtaːre] *v* misshandeln
malvagio [malˈvaːdʒo] *adj 1.* tückisch, niederträchtig; *2. (cattivo)* böse, schlecht; *m 3.* Bösewicht *m*
malvagità [malvadʒiˈta] *f* Bosheit *f*
malvisto [malˈvisto] *adj (impopolare)* unbeliebt; *l'essere ~* Unbeliebtheit *f*
malvolere [malvoˈleːre] *v irr* übel wollen; ◆ *farsi malvolere* sich unbeliebt machen
mamma [ˈmamma] *f (fam)* Mama *f*
mammella [mamˈmɛlla] *f* Euter *n*
mammifero [mamˈmiːfero] *m ZOOL* Säugetier *n*
mammola [ˈmammola] *f BOT* Veilchen *n*
manager [ˈmanadʒer] *m* Manager *m*
mancanza [maŋˈkantsa] *f 1.* Mangel *m; ~ d'amore* Lieblosigkeit *f; ~ di tatto* Taktlosigkeit *f; 2. (fallo)* Verfehlung *f; 3. (violazione)* Verstoß *m*
mancare [maŋˈkaːre] *v 1. (cosa assente)* fehlen; *2. (persona assente)* fernbleiben; ◆ *Sono mancato all'appuntamento.* Ich habe den Termin versäumt. *3. (pagamento) FIN* ausstehen; *4. (difettare)* mangeln; *5. (fig)* sterben; *6. (violare)* verstoßen; *7.* ◆ *mancare alla parola* sein Wort nicht halten, sein Wort brechen; *8.* ◆ *sentirsi mancare* ohnmächtig werden
mancato [maŋˈkaːto] *adj* Fehl... *pagamento ~* ausstehende Zahlung *f*
manchevolezza [maŋkevoˈlettsa] *f 1.* Mangelhaftigkeit *f; 2. (insufficienza)* Unzulänglichkeit *f; 3.* Fehler *m*; *grave ~* schwer wiegender Verstoß *m*
mancia [ˈmantʃa] *f* Trinkgeld *n*
mancino [manˈtʃiːno] *m 1.* Linkshänder *m; adj 2.* listig; *tiro ~* übler Streich *m*
mandante [manˈdante] *m/f JUR* Mandant(in) *m/f*

mandare [manˈdaːre] *v 1.* schicken; *2. (trasmettere)* senden; *3. (inviare)* zuschicken; *4. (impostare)* wegschicken; *5. ~ a chiamare qd* jdn rufen lassen; *6. (ordinare) ~ a prendere* herbestellen; *7. ~ a prendere qd* jdn holen lassen; *8. (deglutire) ~ giù* hinunterschlucken; *9. ~ in licenza* beurlauben; *10. (paziente)* überweisen; *m 11. ECO* Überweisung *f*
◆ *mandare via* wegschicken

M

mandare una lettera einen Brief schicken
mandare all'aria/mandare a monte (fig) aufgeben
mandare qd all'altro mondo jdn töten

mandarino [manda'ri:no] *m* Mandarine *f*, Mandarinenbaum *m*
mandatario [manda'ta:rio] *m 1.* Bevollmächtigter *m; 2. ECO* Auftragnehmer *m*
mandato [man'da:to] *m 1. JUR* Mandat *n; 2. POL* Mandat *n; ~ diretto* Direktmandat *n; 3. ~ di cattura* Steckbrief *m; 4. ECO* Überweisung *f; ~ di pagamento* Anweisung *f; 5. (ordine)* Befehl *m; ~ di cattura/~ di arresto* Haftbefehl *m*
mandibola [man'di:bola] *f* Unterkiefer *m*
mandorla ['mandorla] *f* Mandel *f*
M **mandria** ['mandria] *f* Herde *f*
maneggiare [maned'dʒa:re] *v 1.* handhaben; *2. (manipolare)* hantieren
maneggio[1] [ma'neddʒo] *m* Handhabung *f*
maneggio[2] [ma'neddʒo] *m* Reitbahn *f*
manette [ma'nette] *f/pl* Handschellen *pl*
mangianastri [mandʒa'nastri] *m* Kassettenrekorder *m*

mangiare [man'dʒa:re] *v 1. (uomini)* essen, speisen; *2. (divorare)* vertilgen; *3. (animali)* fressen; *4. (ingoiare)* verschlucken; *m 5.* Essen *n*
◆ *dar da mangiare* zu essen geben/füttern
far da mangiare Essen machen/kochen

mangiarsi [man'dʒarsi] *v* essen; ◆ *mangiarsi le parole (fig)* die Silben verschlucken; *mangiarsi il fegato dall'ira* vor Zorn in die Luft gehen
mangime [man'dʒi:me] *m* Futter *n*
mania [ma'ni:a] *f* Manie *f*, Sucht *f*
maniaco [ma'ni:ako] *adj 1.* wahnsinnig; *2. MED* manisch; *m 3.* Wahnsinniger *m*
manica ['ma:nika] *f* Ärmel *m;* ◆ *a maniche lunghe* langärmelig
manico ['ma:niko] *m* Griff *m*, Henkel *m*, Stil *m*
manicomio [mani'kɔ:mio] *m* Irrenanstalt *f*
maniera [mani'ɛ:ra] *f 1.* Weise *f*, Art *f; 2. (modo)* Weg *m; 3. (fig)* Tour *f; 4. maniere pl* Manieren *pl*, Umgangsformen *pl*
manifattura [manifat'tu:ra] *f 1.* Herstellung *f; 2. (fabbrica)* Fabrik *f*
manifestare [manifes'ta:re] *v 1. (esprimere)* bemerken; *2. (dire)* äußern; *3. (rendere noto)* kundgeben, offenbaren
manifestazione [manifestatsi'o:ne] *f 1.* Veranstaltung *f; ~ sportiva* Sportveranstaltung *f; 2. POL* Demonstration *f*
manifesto [mani'fɛsto] *adj 1.* offenkundig; *m 2. (avviso)* Plakat *n; 3. POL* Manifest *n*
maniglia [ma'ni:ʎa] *f 1.* Griff *m; ~ della porta* Türklinke *f; 2. (ansa)* Henkel *m*
manipolare [manipo'la:re] *v 1. (materiale)* bearbeiten; *2. (persona)* manipulieren; *3. (trattare)* behandeln; *4. (vino)* panschen; *5. (manomettere)* frisieren

mano ['ma:no] *f 1. ANAT* Hand *f; a ~* von Hand; *a portata di ~* griffbereit, in Reichweite; *persona alla ~* kontaktfreudiger Mensch *m; fuori ~* abgelegen; *di prima ~* aus erster Hand; *2. ~ d'opera ECO* Arbeitskraft *f*
◆ *dare una mano* mit anfassen/helfen
avere le mani bucate verschwenderisch sein
chiedere la mano di una ragazza um die Hand eines Mädchens anhalten

manomettere [mano'mɛttere] *v irr* *1.* fälschen; *2. (violare)* anbrechen
manomissione [manomissi'o:ne] *f* *1.* Anbruch *m; 2. (alterazione)* Entstellung *f; 3. (lesione)* Verletzung
manoscritto [manos'kritto] *m 1.* Manuskript *n; adj 2.* handschriftlich
manovale [mano'va:le] *m 1. (aiutante)* Handlanger *m; 2. (operaio)* Hilfsarbeiter *m*
manovella [mano'vɛlla] *f TECH* Kurbel *f*
manovra [ma'nɔ:vra] *f 1.* Manöver *n; 2. TECH* Bedienung *f*
manovrare [mano'vra:re] *v 1.* manövrieren; *2. (macchina)* rangieren; *3. TECH* bedienen
mansione [mansi'o:ne] *f 1.* Aufgabe *f,* Obliegenheit *f; 2. (carica)* Amt *n; 3. (incarico)* Auftrag *m*
mansueto [mansu'ɛ:to] *adj* zahm
mansuetudine [mansue'tu:dine] *f* Milde *f*
mantenere [mante'ne:re] *v irr 1.* unterhalten, versorgen; *2. (conservare)* wahren; *3. (in buono stato)* warten; *4. (promessa)* halten
mantenimento [manteni'mento] *m* *1.* Unterhalt *m; 2. (sostentamento)* Versorgung *f; 3. (conservazione)* Wahrung *f*
manto ['manto] *m 1.* Mantel *m; 2. (fig)* Decke *f,* Mantel *m; ~ di neve* Schneeschicht *f; 3. ZOOL* Fell *n*
manuale [manu'a:le] *adj 1.* manuell; *m 2.* Handbuch *n; 3. (guida)* Leitfaden *m*
manutenzione [manutentsi'o:ne] *f* *1.* Erhaltung *f; 2. (cura)* Pflege *f;* ◆ *di facile manutenzione* pflegeleicht; *3. TECH* Wartung *f*
manzo ['mandzo] *m ZOOL* Rind *n*
mappa ['mappa] *f* Landkarte *f*
mappamondo [mappa'mondo] *m* Globus *m*
maratona [mara'to:na] *f SPORT* Marathonlauf *m; ~ sugli sci* Skirennen *n*
marcare [mar'ka:re] *v 1.* markieren; *2. (fig)* betonen; *3. SPORT* decken
marchese [mar'ke:ze] *m* Marquis *m*
marchio ['markio] *m 1.* Marke *f; ~ di fabbrica* Warenzeichen *n; 2. (segno)* Zeichen *n; ~ di qualità* Gütezeichen *n; 3. ~ d'infamia* Schandfleck *m*
marcia ['martʃa] *f 1.* Gang *m; ~ avanti* Vorwärtsgang *m;* ◆ *guidare a marcia indietro* rückwärts fahren; *fare marcia indietro* einen Rückzieher machen; *2. MUS* Marsch *m; 3. MIL* Marsch *m*
marciapiede [martʃapi'ɛ:de] *m 1. (della strada)* Bürgersteig *m,* Trottoir *n; 2. (della stazione)* Bahnsteig *m*
marciare [mar'tʃa:re] *v* marschieren
marcio ['martʃo] *adj 1. (guasto)* faul; ◆ *avere torto marcio* völlig Unrecht haben; *2. (legno)* morsch; *m 3.* Fäulnis *f*
marcire [mar'tʃi:re] *v* faulen
marciume [mar'tʃu:me] *m 1.* Fäulnis *f; 2. (fig: depravazione)* Verkommenheit *f*
marco ['marko] *m HIST* Mark *f; ~ tedesco* D-Mark *f*

> **mare** ['ma:re] *m* Meer *n,* See *f; ~ del Nord* Nordsee *f; ~ Mediterraneo* Mittelmeer *n; ~ Baltico* Ostsee *f; in alto ~* auf hoher See; *mal di ~* Seekrankheit *f; un ~ di ...* eine Unmenge von ...
> ◆ *mettersi in mare* in See stechen
> *gettare a mare (fig)* über Bord werfen

marea [ma'rɛ:a] *f 1.* Gezeiten *pl; alta ~* Flut *f; bassa ~* Ebbe *f;* ◆ *Quando c'è l'alta marea?* Wann ist Flut?; *2. (fig)* Masse *f; 3. ~ nera* Ölpest *f*
margarina [marga'ri:na] *f GAST* Margarine *f*
marginale [mardʒi'na:le] *adj* nebensächlich, Rand... *cosa d'importanza ~*

M

Nebensache *f; annotazione* ~ Randbemerkung *f*
margine [ˈmardʒine] *m 1.* Rand *m,* Grenze *f; 2.* ~ *di azione* Handlungsspielraum *m; 3. (sul prezzo) ECO* Spanne *f;* ~ *di guadagno* Gewinnspanne *f*
marina [maˈriːna] *f* Marine *f*
marinaio [mariˈnaːio] *m* Seemann *m*
marinaro [mariˈnaːro] *adj* See... *città marinara* Seestadt *f*
marino [maˈriːno] *adj* See.., Meeres...
marionetta [marioˈnetta] *f* Marionette *f*
maritarsi [mariˈtarsi] *v 1.* sich verheiraten; *2.* ~ *con qd* jdn heiraten

> **marito** [maˈriːto] *m* Ehemann *m,* Mann *m*
> ◆ *prendere marito* zum Mann nehmen

marittimo [maˈrittimo] *adj* maritim
marmellata [marmelˈlaːta] *f GAST* Marmelade *f;* ~ *di prugne* Pflaumenmus *n*
marmitta [marˈmitta] *f 1. TECH* Auspufftopf *m; 2. (silenziatore) TECH* Schalldämpfer *m*
marmo [ˈmarmo] *m* Marmor *m*
Marocco [maˈrɔkko] *m GEO* Marokko *n*
marrone [marˈroːne] *adj 1. (colore)* braun; *m 2. (colore)* Braun *n*; *3. GAST* Esskastanie *f*
marsupio [marˈsuːpio] *m* Beutel *m*
martedì [marteˈdi] *m* Dienstag *m; al ~/di ~* dienstags
martello [marˈtɛllo] *m* Hammer *m*
martire [ˈmartire] *m* Märtyrer *m*
martirio [marˈtiːrio] *m* Martyrium *n*
martora [ˈmartora] *f ZOOL* Marder *m*
martoriare [martoriˈaːre] *v* peinigen
marxismo [marˈksizmo] *m POL* Marxismus *m*
marxista [marˈksista] *m/f POL* Marxist(in) *m/f*
marziale [martsiˈaːle] *adj 1. MIL* martialisch; *legge* ~ Kriegsrecht *n; corte* ~ Kriegsgericht *n; 2. arte* ~ *SPORT* Kampfsportart *f*
marziano [martsiˈaːno] *adj 1.* Mars... *m 2.* Marsbewohner *m,* Marsmännchen *n*
marzo [ˈmartso] *m* März *m*
mascara [masˈkaːra] *m* Wimperntusche *f*
mascella [maˈʃɛlla] *f* Kiefer *m;* ~ *inferiore* Unterkiefer *m*
maschera [ˈmaskera] *f 1.* Maske *f;* ~ *antigas* Gasmaske *f;* ~ *di bellezza* Schönheitsmaske *f; 2. THEAT* Platzanweiser *m*
mascheramento [maskeraˈmento] *m 1. (travestimento)* Verkleidung *f; 2. (fig: occultamento)* Verdunkelung *f*
mascherare [maskeˈraːre] *v 1. (camuffare)* tarnen; *2. (fig: dissimulare)* verdunkeln; *3. (truccare)* frisieren
mascherarsi [maskeˈrarsi] *v* sich maskieren
maschile [masˈkiːle] *adj* männlich
maschio [ˈmaskio] *adj 1.* männlich; *2. figlio* ~ Junge *m,* Sohn *m; m 3. (animale)* Männchen *n*
massa [ˈmassa] *f 1.* Menge *f; 2. (grande quantità)* Masse *f; 3. PHYS* Masse *f*
massacrante [massaˈkrante] *adj* zermürbend; *lavoro* ~ Knochenarbeit *f*
massacro [masˈsaːkro] *m* Massaker *n,* Gemetzel *n*
massaggiare [massadˈdʒaːre] *v* massieren
massaggio [masˈsaddʒo] *m* Massage *f;* ~ *subacqueo* Unterwassermassage *f*
massiccio [masˈsittʃo] *adj 1. (solido)* massiv; *2. (pesante)* plump; *3. (grosso)* klobig; *4. GEOL* Massiv *n*
massima [ˈmassima] *f* Maxime *f,* Grundsatz *m;* ◆ *in linea di massima* grundsätzlich, prinzipiell

massimo [ˈmassimo] *adj 1.* maximal; *al ~* höchstens, längstens, maximal; ◆ *Questo è il massimo.* Das ist das Äußerste. *2. (altitudine)* höchste(r,s); *m 3.* Maximum *n*
mass-media [massˈmɛːdia] *m/pl* Massenmedien *pl*
masso [ˈmasso] *m* Fels *m,* Steinblock *m; caduta massi* Steinschlag *m*
mastierizzatore [masteriddzaˈtoːre] *m INFORM* CD-Brenner *m*
masticare [mastiˈkaːre] *v 1.* kauen; *2. (storpiare)* radebrechen
mastino [masˈtiːno] *m ZOOL* Dogge *f*
mastro [ˈmastro] *m* Meister *m*
masturbazione [masturbatsiˈoːne] *f* Selbstbefriedigung *f*
matematico [mateˈmaːtiko] *adj 1.* mathematisch; *m 2.* Mathematiker *m*
materasso [mateˈrasso] *m* Matratze *f*
materia [maˈtɛːria] *f 1.* Materie *f; ~ prima* Rohstoff *m; ~ plastica* Kunststoff *m; ~ sintetica* Kunststoff *m; 2. (tema)* Gegenstand *m; 3. (campo)* Fach *n; ~ obbligatoria* Pflichtfach *n; ~ secondaria* Nebenfach *n; 4. (scolastica)* Lehrfach *n*
materiale [materiˈaːle] *adj 1.* materiell; *2. (reale)* sachlich; *m 3.* Material *n; ~ da imballaggio* Verpackungsmaterial *n; ~ vecchio* Altmaterial *n*
materialismo [materiaˈlizmo] *m* Materialismus *m*
materialistico [materiaˈlistiko] *adj* materialistisch
maternità [materniˈta] *f* Mutterschaft *f*
matita [maˈtiːta] *f* Bleistift *m,* Stift *m; ~ colorata* Buntstift *m*
matrice [maˈtriːtʃe] *f* Matrize *f*
matrigna [maˈtriːɲa] *f* Stiefmutter *f*
matrimoniale [matrimoniˈaːle] *adj* ehelich, Ehe... *camera da letto ~* Doppelzimmer *n; agenzia ~* Heiratsvermittlung *f*
matrimonio [matriˈmɔːnio] *m 1.* Ehe *f; ~ fittizio* Scheinehe *f; ~ bianco* nicht vollgezogene Ehe *f; 2. (sposalizio)* Trauung *f; ~ civile* standesamtliche Trauung *f*

mattina [matˈtiːna] *f* Morgen *m,* Vormittag *m; di ~* vormittags, morgens ◆ *lavorare dalla mattina alla sera* von morgens bis abends arbeiten

mattinata [mattiˈnaːta] *f* Vormittag *m*
mattiniero [mattiniˈɛːro] *m* Frühaufsteher *m*
mattino [matˈtiːno] *m* Morgen *m;* ◆ *sul mattino* gegen Morgen
matto [ˈmatto] *adj 1.* verrückt, toll; ◆ *andare matto per qc* in etw vernarrt sein; *m 2.* Verrückter *m*
mattone [matˈtoːne] *m* Ziegel *m*
mattonella [mattoˈnɛlla] *f 1.* Kachel *f,* Fliese *f; 2. (di carbone)* Brikett *n*
maturare [matuˈraːre] *v* reifen
maturità [maturiˈta] *f 1. (fig)* Reife *f; 2. (a scuola)* Abitur *n*
maturo [maˈtuːro] *adj 1.* reif; *2. (ponderato)* reiflich; ◆ *dopo matura riflessione* nach reiflicher Überlegung
mazza [ˈmattsa] *f* Stock *m,* Stab *m; ~ da golf* Golfschläger *m*
mazzo [ˈmattso] *m 1. BOT* Strauß *m; 2. ~ di chiavi* Schlüsselbund *m*
me [me] *pron* mich, mir; *per ~* meinetwegen; *a ~* mir
meccanico [mekˈkaːniko] *adj 1.* mechanisch; *2. (automatico)* mechanisch; *m 3.* Mechaniker *m*
meccanismo [mekkaˈnizmo] *m 1.* Mechanismus *m; 2. (apparecchio)* Triebwerk *n; ~ dell'orologio* Uhrwerk *n; 3. (dell'auto) TECH* Getriebe *n*
medaglione [medaˈʎoːne] *m 1.* Anhänger *m; 2. GAST* Medaillon *n*

media¹ [ˈmɛːdia] *f* Durchschnitt *m,* Mittel *n;* ◆ *superiore alla media* überdurchschnittlich
media² [ˈmɛːdia] *m/pl* Massenmedien *n/pl*
mediante [mediˈante] *prep* durch
mediatore [mediaˈtoːre] *m 1.* Unterhändler *m; 2. (intermediario)* Vermittler *m*
mediazione [mediatsiˈoːne] *f* Vermittlung *f; ~ di matrimoni* Heiratsvermittlung *f*
medicina [mediˈtʃiːna] *f 1.* Medizin *f; ~ classica* Schulmedizin *f; ~ legale* Gerichtsmedizin *f; 2. (medicamento)* Medikament *n,* Medizin *f*
medicinale [meditʃiˈnaːle] *adj 1.* medizinisch; *m 2. MED* Medikament *n*

> **medico** [ˈmɛːdiko] *adj 1.* medizinisch; *m 2.* Arzt *m; ~ della mutua* Kassenarzt *m; ~ di casa* Hausarzt *m; ~ fiscale* Amtsarzt *m; ~ primario* Chefarzt *m; ~ specialista* Facharzt *m; ~ di turno* Notarzt *m*
> ◆ *Il tempo è un gran medico.* Die Zeit heilt alle Wunden.
> **!** *Plural: medici*

medio [ˈmɛːdio] *adj 1.* durchschnittlich, Mittel... *ceto sociale ~* Mittelstand *m; m 2. ANAT* Mittelfinger *m*
mediocre [mediˈɔːkre] *adj* mittelmäßig
medioevale [medioeˈvaːle] *adj* mittelalterlich
medioevo [medioˈɛːvo] *m HIST* Mittelalter *n*
meditare [mediˈtaːre] *v 1.* meditieren; *2. (considerare)* bedenken, überlegen
mediterraneo [mediterˈraːneo] *adj GEO* Mittelmeer..., mediterran; *mar ~* Mittelmeer *n*
medusa [meˈduːza] *adv 1. (comparativo di bene)* besser; *2. (piultosto)* eher, lieber; *ZOOL* Qualle *f*
meglio [ˈmɛːʎo] *adv 1. (comparativo)* besser; *2. (piuttosto)* eher, lieber; ◆ *È meglio di no!* Lieber nicht! *3. (in senso superlativo)* am besten; adj *4. (comparativo di buono)* besser; *5. (superlativo)* beste(r,s); *m* Bestes *n*
mela [ˈmeːla] *f* Apfel *m*
melanzana [melanˈzaːna] *f BOT* Aubergine *f*
melo [ˈmeːlo] *m BOT* Apfelbaum *m*
melone [meˈloːne] *m BOT* Melone *f*
membrana [memˈbraːna] *f* Membran *f*
membro [ˈmɛmbro] *m 1. (socio)* Mitglied *n; ~ del consiglio direttivo* Vorstandsmitglied *n; 2. ANAT* Glied *n*

> **memoria** [meˈmɔːria] *f 1.* Gedächtnis *n; a ~* auswendig; *2. (ricordo)* Erinnerung *f; 3. (capacità di ricordarsi)* Erinnerungsvermögen *n; 4. INFORM* Speicher *m*
> ◆ *perdere la memoria* das Gedächtnis verlieren

memorizzare [memoridˈdzaːre] *v* abspeichern
mendicante [mendiˈkante] *m/f* Bettler(in) *m/f*
mendicare [mendiˈkaːre] *v* betteln

> **meno** [ˈmeːno] *adv 1. (comparativo di poco)* weniger; *2. (in frasi superlative)* am wenigsten; *3. MATH/temperatura* minus; *4. (ora)* vor; *le due ~ cinque (minuti)* fünf (Minuten) vor zwei; *adj 6. weniger; prep 7.* außer; *m 8.* Geringstes *n; pl (minoranza)* Minderzahl *f*
> ◆ *in men che non si dica* im Nu
> *fare a meno di qc* auf etw verzichten
> *a meno che non ...* es sei denn, dass ...

M

menomazione [menomatsi'oːne] *f* Behinderung *f*
menopausa [meno'paːuza] *f MED* Wechseljahre *pl*
mensa ['mɛnsa] *f 1.* Kantine *f; 2. (dell'università)* Mensa *f*
mensile [men'siːle] *adj* monatlich; *m 2. (stipendio)* Monatsgehalt *n; 3. (rivista)* Monatsheft
mensola ['mensola] *f 1. (scaffale)* Bord *m; 2. (supporto)* Konsole *f*
menta ['menta] *f BOT* Pfefferminze *f*
mentalità [mentali'ta] *f* Mentalität *f*

mente ['mente] *f 1. (intelletto)* Verstand *m; 2. (memoria)* Gedächtnis *n*
◆ *avere in mente* vorhaben
cacciarsi qc dalla mente sich etw aus dem Sinn schlagen

mentire [men'tiːre] *v* lügen
mento ['mento] *m ANAT* Kinn *n*
mentre ['mentre] *konj 1.* indessen, während; *2. (finché)* solange
menzionare [mentsio'naːre] *v* erwähnen
menzogna [men'tsoːɲa] *f* Lüge *f*
meraviglia [mera'viːʎa] *f* Verwunderung *f,* Wunder *n*
meraviglioso [meravi'ʎoːso] *adj 1.* wunderbar; *2. (fig: insuperabile)* himmlisch
mercanteggiare [merkanted'dʒaːre] *v* feilschen, handeln
mercantile [merkan'tiːle] *adj* Handels..., kaufmännisch

mercato [mer'kaːto] *m 1.* Markt *m; ~ delle pulci* Flohmarkt *m; ~ nero* Schwarzmarkt *m; 2. ECO ~ delle divise* Devisenmarkt *m; ~ di sbocco* Absatzmarkt *m; ~ nazionale* Binnenmarkt *m; ~ azionario* Aktienmarkt *m*
◆ *a buon mercato* preiswert

merce ['mɛrtʃe] *f 1.* Ware *f; ~ espresso* Expressgut *n; ~ ingombrante* Sperrgut *n; 2. ECO* Fracht *f; ~ a grande velocità* Eilgut *n; ~ venduta a pezzi* Stückgut *n*
mercé [mer'tʃe] *f* Gnade *f*
◆ *essere alla mercé di qd* jdm ausgeliefert sein
mercoledì [merkole'di] *m* Mittwoch *m; il ~* mittwochs
mercurio [mer'kuːrio] *m CHEM* Quecksilber *n*
merda ['mɛrda] *f* Scheiße *f*
meridiana [meridi'aːna] *f* Sonnenuhr *f*
meridionale [meridio'naːle] *adj* südlich; Süd...
meridione [meridi'oːne] *m GEO* Süden *m; ~ d'Italia* Süditalien *n*
meringa [me'riŋga] *f* Baiser *n*
meritare [meri'taːre] *v 1.* verdienen; *2. (valere la pena)* sich lohnen
merito ['mɛːrito] *m 1.* Verdienst *n; 2. in ~ a* bezüglich; *3. per ~ di qd* dank jdm; *4. (virtù)* Vorzug *m*
merletto [mer'letto] *m (pizzo)* Spitze *f*
merlo ['mɛrlo] *m ZOOL* Amsel *f*
merluzzo [mer'luttso] *m* Kabeljau *m*
meschino [mes'kiːno] *adj 1.* engherzig; *2. (miserevole)* kläglich, armselig
mescolanza [mesko'lantsa] *f 1.* Mischung *f; 2. (miscuglio)* Gemisch *n*
mescolare [mesko'laːre] *v 1.* mischen; *2. (aggiungere)* beimischen, untermischen; *3. (mischiare)* vermengen
mescolarsi [mesko'larsi] *v* sich vermischen
mese ['meːse] *m* Monat *m; per molti mesi* monatelang
messa ['messa] *f 1. REL* Gottesdienst *m; ~ funebre* Totenmesse *f; ~ solenne* Hochamt *n; 2. ~ in servizio* Inbetriebnahme *f; 3. ~ in scena THEAT* Inszenierung *f*

M

messaggero [messad'dʒɛːro] *m 1.* Bote *m; 2. (annunziatore)* Vorbote *m*

messaggio [mes'saddʒo] *m 1.* Botschaft *f; 2. (comunicazione)* Nachricht *f*
◆ *Posso lasciare un messaggio per ...?* Kann ich eine Nachricht für ... hinterlassen?
C'è un messaggio per me? Ist eine Nachricht für mich da?

Messico ['mɛssiko] *m GEO* Mexiko *n*
mestiere [mesti'ɛːre] *m* Beruf *m,* Tätigkeit *f;* ◆ *essere del mestiere* fachkundig sein
mesto ['mɛsto] *adj* traurig
mestolo ['mestolo] *m* Schöpflöffel *m*
mestruazione [mestruatsi'oːne] *f* Menstruation *f,* Periode *f*
meta ['mɛːta] *f* Ziel *n; ~ d'escursione* Ausflugsort *m; senza ~* ziellos

M

metà [me'ta] *adj 1.* halb; *a ~ strada* halbwegs; *f 2.* Hälfte *f; 3. (temporale)* Mitte *f*
◆ *Dividiamo a metà.* Machen wir halbe-halbe.
! *Plural: metà*

metabolismo [metabo'lizmo] *m* Stoffwechsel *m*
metallico [me'talliko] *adj* metallisch
metallo [me'tallo] *m* Metall *n; ~ vecchio* Altmetall *n; ~ leggero* Leichtmetall *n; ~ nobile* Edelmetall *n*
metamorfosi [meta'mɔrfozi] *f* Metamorphose *f*
metastasi [me'tastazi] *f MED* Metastase *f*
meteora [me'tɛːora] *f* Meteor *m*
meteorologico [meteoro'lɔːdʒiko] *adj* Wetter... *bollettino ~* Wetterbericht *m; stazione meteorologica* Wetterwarte *f*
meticcio [me'tittʃo] *m* Mischling *m*
metodico [me'tɔːdiko] *adj* methodisch
metodo ['mɛːtodo] *m 1.* Methode *f; 2. (procedura)* Verfahren *n; ~ di selezione* Ausleseverfahren *n*
metro ['mɛːtro] *m 1.* Meter *m; ~ cubo* Kubikmeter *m; ~ quadrato* Quadratmeter *m; 2. (misura)* Maßstab *m; 3. (misura metrica)* Metermaß *n; ~ pieghevole* Zollstock *m; ~ a nastro* Bandmaß *m*
metropoli [me'trɔːpoli] *f* Metropole *f*
metropolitana [metropli'taːna] *f* U-Bahn *f*

mettere ['mettere] *v irr 1.* legen; *~ in catene* fesseln; *~ fuori parentesi* ausklammern; *~ in conto* anrechnen; *~ in dubbio* anzweifeln; *~ in ordine* aufräumen; *~ in onda* senden; *2. (in piedi)* stellen; *3. (porre)* setzen; *~ in comunicazione* in Verbindung setzen; *4. (infilare)* stecken
◆ *mettere in evidenza* betonen
mettere i puntini sulle i Klartext reden

mettersi ['mettersi] *v irr 1. (vestiti)* anziehen; *2. (gioielli)* sich umhängen; *3.* ◆ *mettersi comodo* sich breit machen; *mettersi d'accordo* sich einigen; *mettersi in fila* sich anstellen
mezzaluna [meddza'luːna] *f* Halbmond *m*
mezzanotte [meddza'nɔtte] *f* Mitternacht *f*
mezzo ['mɛddzo] *adj 1.* halb; ◆ *a mezza giornata* halbtags; *a mezza voce* halblaut; *m 2. (locale)* Mitte *f; nel ~ di* inmitten; *3. (aiuto)* Hilfsmittel *n; ~ di conservazione* Konservierungsmittel *n; ~ di trasporto* Transportmittel *n; ~ di pagamento* Zahlungsmittel *n; 4. ~ legale JUR* Rechtsmittel *n; 5. (fig)* Mittel *n; ~ di comunicazione* Kommunikationsmittel *n; 6. mezzi pl*

Mittel *pl; mezzi di comunicazione di massa* Massenmedien *pl; 7. mezzi pl (denaro)* Mittel *pl; privo di mezzi* mittellos
mezzogiorno [meddzo'dʒorno] *m* Mittag *m; a ~* mittags, am Mittag
mi [mi] *pron* mich, mir
miagolare [miago'laːre] *v* miauen
mica ['miːka] *adv (fam)* gar nicht; ◆ *mica male* gar nicht übel
micio ['miːtʃo] *m ZOOL* Mieze *f*
micosi [mi'kɔːzi] *f* Pilzerkrankung *f*
microcosmo [mikro'kɔzmo] *m* Mikrokosmos *m*
microfilm [mikro'film] *m* Mikrofilm *m*
microfono [mi'krɔːfono] *m* Mikrofon *n*
microscopio [mikros'kɔːpio] *m* Mikroskop *n*
midollo [mi'dollo] *m 1. ANAT* Mark *n; ~ osseo* Knochenmark *n; ~ spinale* Rückenmark *n; 2. (fig)* Wesen *n*
miele [mi'ɛːle] *m* Honig *m; ~ d'api* Bienenhonig *m*
mietere [mi'ɛːtere] *v 1.* mähen; *2. (raccogliere)* ernten
migliaio [mi'ʎaːio] *m* Tausend *n*
miglio ['miːʎo] *m (misura lineare)* Meile *f;* ◆ *per miglia e miglia* meilenweit
miglioramento [miʎora'mento] *m* Besserung *f*
migliorare [miʎo'raːre] *v* verbessern

> **migliore** [mi'ʎoːre] *adj 1. (comparativo di buona)* besser; *2. (superlativo)* beste(r,s); *m/f 3.* Beste(r) *f/m*
> ◆ *Vinca il migliore!* Der Beste möge siegen!
> **!** *sup auch: ottimo*
> ≠ *minore adj* kleiner

mignolo ['miːɲolo] *m ANAT* kleiner Finger *m*
migratore [migra'toːre] *m 1.* Wanderer *m; 2. uccello ~* Zugvogel *m*
migrazione [migratsi'oːne] *f* Wanderung *f; ~ di popoli* Völkerwanderung *f*
miliardo [mili'ardo] *m* Milliarde *f*
milionario [milio'naːrio] *m* Millionär *m*
milione [mili'oːne] *m* Million *f*
militante [mili'tante] *adj 1. MIL* militant; *2. POL* aktiv; *m/f 3.* Streiter(in) *m/f; 4. POL* Aktivist(in) *m/f*
militare [mili'taːre] *adj 1.* militärisch; *v 2.* kämpfen; *3. POL* tätig sein; *m 4. MIL* Soldat *m; 5. militari pl* Militär *n*
mille ['mille] *num* tausend, eintausend
millennio [mil'lɛnnio] *m* Jahrtausend *n*
millimetro [mil'liːmetro] *m* Millimeter *m*
mimetismo [mime'tizmo] *m* Tarnung *f*
mimetizzare [mimetid'dzaːre] *v* tarnen
mimica ['miːmika] *f* Mimik *f*
mimosa [mi'moːsa] *f* Mimose *f*
mina ['miːna] *f* Mine *f*
minaccia [mi'nattʃa] *f 1.* Bedrohung *f; 2. (messa in pericolo)* Gefährdung *f*
minacciare [minat'tʃaːre] *v* bedrohen
minatore [mina'toːre] *m* Kumpel *m*
minerale [mine'raːle] *adj 1.* Mineral... *m 2.* Mineral *n*
minestra [mi'nɛstra] *f 1. (in brodo)* Suppe *f; 2. GAST* Suppe *f; ~ di verdura* Gemüsesuppe *f*
minibus [mini'bus] *m* Kleinbus *m*
miniera [mini'ɛːra] *f 1. MIN* Mine *f,* Bergwerk *n; ~ di carbone* Kohlebergwerk *n; 2. (fig)* Goldgrube *f*
minimo ['miːnimo] *m 1.* Minimum *n; ~ di esistenza* Existenzminimum *m; ~ salariale* Tariflohn *m; adj 2.* sehr klein; *3.* kleinste(r,s); *4. (minimale)* minimal
ministero [minis'tɛːro] *m* Ministerium *n; ~ degli affari esteri* Außenministerium *n; ~ della difesa* Verteidigungsminis-

M

terium *n; ~ della giustizia* Justizministerium *n; ~ della pubblica istruzione* Kultusministerium *n*
ministro [mi'nistro] *m POL* Minister *m; primo ~* Premierminister *m*
minoranza [mino'rantsa] *f* Minderheit *f*
minorato [mino'ra:to] *adj 1.* behindert; *m 2.* Behinderter *m*

> **minore** [mi'no:re] *adj 1.* kleiner; *2. (più giovane)* jünger; *3.* kleinste(r,s); *4. MUS* Moll-; *m/f; 5.* Minderjährige(r) *f/m*
> ◆ *scegliere il male minore* das geringere Übel wählen
> **!** *sup: minimo*
> ≠ *migliore adj* besser

minorenne [mino'rɛnne] *adj 1.* minderjährig, unmündig; *m/f 2.* Minderjährige(r) *f/m*
M **minorile** [mino'ri:le] *adj* minderjährig; *delinquenza ~* Jugendkriminalität *f*
minuscolo [mi'nuskolo] *adj* winzig
minuto [mi'nu:to] *m 1.* Minute *f; per qualche ~* minutenlang; *2. commercio al ~ ECO* Einzelhandel *m; adj 3.* klein; *4. (sottile)* dünn, fein
minuzioso [minutsi'o:so] *adj 1.* peinlich; *2. (dettagliato)* eingehend
mio ['mi:o] *adj 1.* mein(e); *pron 2. il ~, la ~* meiner, meine, mein(e)s
miope ['mi:ope] *adj* kurzsichtig
mira ['mi:ra] *f 1.* Zielscheibe *f,* Ziel *n;* ◆ *prendere la mira* zielen; *2. (fig)* Ziel *n,* Zweck *m*
miracolo [mi'ra:kolo] *m* Wunder *n; ~ economico* Wirtschaftswunder *n*
miracoloso [mirako'lo:so] *adj* wunderbar
miraggio [mi'raddʒo] *m 1.* Fata Morgana *f,* Luftspiegelung *f; 2. (fig)* Täuschung *f*
mirare [mi'ra:re] *v* abzielen, zielen
mirtillo [mir'tillo] *m 1. BOT* Heidelbeere *f; 2. ~ rosso BOT* Preiselbeere *f*
miscela [mi'ʃɛ:la] *f 1.* Gemisch *n; 2.* Kraftstoffgemisch *n*
miscelatura [miʃela'tu:ra] *f (mescolanza)* Mischung *f*
mischiare [miski'a:re] *v* vermischen
miscuglio [mis'ku:ʎo] *m 1. (accozzaglia)* Allerlei *n; 2. (mistura)* Mischung *f*
miserabile [mize'ra:bile] *adj 1.* arm, elend; *2. (pietoso)* miserabel
miseria [mi'zɛ:ria] *f 1.* Elend *n; 2. (povertà)* Not *f; 3. (calamità)* Jammer *m*
misericordia [mizeri'kordia] *f* Barmherzigkeit *f*
misero ['mi:zero] *adj 1. (scarso)* dürftig; *2. (in stato ~)* erbärmlich, jämmerlich; *3. (meschino)* schäbig
missionario [missio'na:rio] *m* Missionar *m*
missione [missi'o:ne] *f 1. (compito)* Aufgabe *f; 2. (istituzione)* Mission *f*
misterioso [misteri'o:so] *adj 1.* geheimnisvoll, mysteriös; *m 2. (soppiattone)* Heimlichtuer *m*
mistero [mis'tɛ:ro] *m 1.* Mysterium *n; 2. (segreto)* Geheimnis *n*
misto ['misto] *adj 1.* gemischt; *m 2.* Mischung *f,* Gemisch *n*
misura [mi'zu:ra] *f 1. (unità di ~)* Maß *n; 2. (dimensione)* Ausmaß *n; 3. (~zione)* Abmessung *f; 4. misure di sicurezza pl* Sicherheitsmaßnahmen *pl*

> **misurare** [mizu'ra:re] *v 1.* messen, abmessen; *2. (dimensioni)* ausmessen, vermessen; *3. (stimare)* ermessen
> ◆ *misurare a occhio* mit den Augen abschätzen

misurarsi [mizu'rarsi] *v (fig) ~ con* sich messen mit

misurato [mizu'raːto] *adj* gemessen
misurazione [mizuratsi'oːne] *f* *1.* Messen *n; 2. (processo)* Abmessung *f; 3. (dimensioni)* Vermessung *f*
mite ['miːte] *adj 1.* mild; *2. (aria)* lau; *3. (carattere)* sanftmütig
mitezza [mi'tettsa] *f 1. (tempo)* Milde *f; 2. (carattere)* Sanftmut *f*
mitico ['miːtiko] *adj* mythisch
mitigare [miti'gaːre] *v 1.* abmildern; *2. (dolore)* lindern; *3. (attenuare)* dämpfen
mito ['miːto] *m* Mythos *m*
mitologia [mitolo'dʒiːa] *f* Mythologie *f*
mitra ['miːtra] *f* Mitra *f*
mitragliatrice [mitraʎa'triːtʃe] *f* Maschinengewehr *n*
mittente [mit'tɛnte] *m 1.* Absender *m; 2. (speditore)* Einsender *m*
mobile ['mɔːbile] *adj 1.* mobil, beweglich; *beni mobili* bewegliche Güter *pl; m 2.* Möbelstück *n; ~ componibili* Anbaumöbel *pl*
mobilità [mobili'ta] *f* Mobilität *f*
mobilitare [mobili'taːre] *v* mobilisieren
moda ['mɔːda] *f* Mode *f; alla ~* modisch; ◆ *non soggetto alla moda* zeitlos
modale [mo'daːle] *adj* modal; *verbo ~* Modalverb *n,* modales Zeitwort *n*
modella [mo'dɛlla] *f 1.* Model *n; 2. (indossatrice)* Mannequin *n*
modello [mo'dɛllo] *adj 1.* vorbildlich; *m 2. (esempio)* Beispiel *n,* Muster *n; 3. (ideale)* Modell *n; ~ sperimentale* Versuchsmodell *n*
moderare [mode'raːre] *v 1.* mäßigen; *2. (fig: richieste)* zurückstecken
moderarsi [mode'rarsi] *v 1.* sich mäßigen; *2. (osservare i limiti)* Maß halten
moderato [mode'raːto] *adj* mäßig
modernità *f* [moderni'ta] *f* Modernität *f*
modernizzare [modernid'dzaːre] *v* modernisieren
moderno [mo'dɛrno] *adj 1. (vestiti)* modern; *2. (conforme ai gusti)* zeitgemäß
modestia [mo'dɛstia] *f 1.* Bescheidenheit *f; 2. (mancanza di pretese)* Anspruchslosigkeit *f*
modesto [mo'dɛsto] *adj 1.* bescheiden; *2. (virtuoso)* sittsam; *3. (misero)* unansehnlich
modico ['mɔːdiko] *adj 1.* mäßig, maßvoll; *2. (prezzo)* angemessen, niedrig
modifica [mo'diːfika] *f* Änderung *f*
modo ['mɔːdo] *m 1.* Art *f,* Weise *f; ~ d'agire* Handlungsweise *f; ~ di dire* Redewendung *f; ~ di pensare* Denkart *f; nel miglior ~* bestens; *nel miglior ~ possibile* bestmöglich; *in certo qual ~* gewissermaßen; *ad ogni ~* jedenfalls; *per ~ di dire* sozusagen; *2. (fig: metodo)* Weg *m; 3. GRAMM* Modus *m; 4. (contegno)* Benehmen *n*
modulo ['mɔːdulo] *m TECH* Modul *n*
mogano ['mɔːgano] *m* Mahagoni *n*

> **moglie** ['moːʎe] *f* Ehefrau *f,* Gattin *f*
> ◆ *aver moglie e figli* Frau und Kinder haben

mola ['mɔːla] *f 1. (d'arrotino)* Schleifstein *m; 2. (di mulino)* Mühlstein *m*
molare [mo'laːre] *v 1. TECH* abschleifen; *m 2. (dente) ANAT* Backenzahn *m*
molecola [mo'lɛːkola] *f CHEM* Molekül *n*
molestare [moles'taːre] *v* belästigen
molestia [mo'lɛstia] *f* Belästigung *f*
molesto [mo'lɛsto] *adj* lästig, störend
Molise [mo'liːze] *m GEO* Molise *n*

molla [ˈmɔlla] *f* *1.* Feder *f*; *~ a spirale* Sprungfeder *f*; *2. (fig: motivo)* Auslöser *m*
mollare [molˈlaːre] *v* *1.* locker lassen, lockern; *2. (cedere)* nachgeben
molle [ˈmɔlle] *adj* weich
molletta [molˈletta] *f* *1.* Klemme *f*; *2. (per la biancheria)* Wäscheklammer *f*; *3. (per i capelli)* Haarklammer *f*
molo [ˈmɔːlo] *m* Mole *f*, Kai *m*
molteplice [molˈteːplitʃe] *adj* *1.* mehrfach, vielfach; *2. (vario)* vielfältig
molteplicità [molteplitʃiˈta] *f* Vielfalt *f*
moltiplicare [moltipliˈkaːre] *v* *1.* vervielfältigen; *2. MATH* multiplizieren
moltitudine [moltiˈtuːdine] *f* Menge *f*, Masse *f*

> **molto** [ˈmolto] *adv* *1.* sehr; *da ~* längst; *2. (assai)* höchst; *3. (particolarmente)* besonders; *adj* *4.* viel; *pron* *5.* viel
> ◆ *a dir molto* höchstens
> **!** *komp: più; sup: moltissimo*

momento [moˈmento] *m* *1.* Augenblick *m*, Moment *m*; *del ~* augenblicklich; *a momenti* manchmal; ◆ *A momenti sarei caduto.* Beinahe wäre ich hingefallen. *2. (tratto di tempo)* Weile *f*; *3. (punto)* Zeitpunkt *m*; ◆ *per il momento* vorläufig; *dal momento che* da; *sul momento* im Augenblick; *4. (circostanza)* Umstand *m*, Aspekt *m*
monaca [ˈmɔːnaka] *f* *REL* Nonne *f*
monaco [ˈmɔːnako] *m* *REL* Mönch *m*
monarca [moˈnarka] *m* Monarch *m*
monarchia [monarˈkiːa] *f* *POL* Monarchie *f*
monastero [monasˈtɛːro] *m* Kloster *n*
mondano [monˈdaːno] *adj* *1.* weltlich; *2. (di eleganza ricercata)* mondän
mondiale [mondiˈaːle] *adj* weltweit

> **mondo** [ˈmondo] *m* Welt *f*; *in tutto il ~* weltweit; *giro del ~* Weltreise *f*
> ◆ *mettere al mondo* in die Welt setzen
> *venire al mondo* auf die Welt kommen
> *Caschi il mondo. (fam)* Mag kommen, was da will.

moneta [moˈneːta] *f* *1. FIN* Münze *f*, Geldstück *n*; *~ d'argento* Silbergeld *n*; *carta ~* Papiergeld *n*; *2. (fig)* Währung *f*; *~ nazionale* Landeswährung *f*; *~ unica* Einheitswährung *f*
monetario [moneˈtaːrio] *adj* *ECO* Währungs..., Geld... *fondo ~* Geldbestand *m*, Fonds *m*
monito [ˈmɔːnito] *m* Warnung *f*
monopattino [monoˈpattino] *m* *1.* Roller *m*; *2. (Skateboard)* Skateboard *n*
monopolio [monoˈpɔːlio] *m* *1. ECO* Alleinvertrieb *m*; *2. (fig: prerogativa)* Monopol *n*; *~ del commercio estero* Außenhandelsmonopol *n*
monotono [moˈnɔːtono] *adj* eintönig, monoton
montaggio [monˈtaddʒo] *m* Montage *f*, Zusammenbau *m*
montagna [monˈtaːɲa] *f* *1. GEOL* Berg *m*; *~ di ghiaccio* Eisberg *m*; *alta ~* Hochgebirge *n*; *2. montagne pl* Gebirge *n*; *montagne russe* Achterbahn *f*
montare [monˈtaːre] *v* *1. (installare)* aufbauen; *~ con forza* aufschlagen; *2. (panna)* schlagen; *3. (salire)* aufsteigen
montarsi [monˈtarsi] *v* ◆ *montarsi la testa* sich hineinsteigern
montatura [montaˈtuːra] *f* *1.* Fassung *f*; *~ degli occhiali* Brillengestell *n*; *2. (montaggio)* Montage *f*; *3. (fig: gonfiatura)* Übertreibung *f*
monte [ˈmonte] *m* *1. GEOL* Berg *m*; *2. ~ di pietà* Pfandhaus *n*; *3.* ◆ *andare a*

M

monte nicht zustande kommen; *mandare a monte* annullieren, aufgeben
montuoso [montu'oːso] *adj* bergig
monumentale [monumen'taːle] *adj* *1.* monumental; *2.* *(enorme)* gewaltig, riesig
monumento [monu'mento] *m* Denkmal *n;* ~ *commemorativo* Gedenkstätte *f,* Mahnmal *n;* ~ *onorario* Ehrenmal *n*
moquette [mo'kɛt] *f* Teppichboden *m*
mora[1] ['mɔːra] *f* *BOT* Brombeere
mora[2] ['mɔːra] *f* *FIN* Verzug *m;* ~ *nel pagamento* Zahlungsverzug *m*
morale [mo'raːle] *adj* *1.* moralisch, sittlich; *f* *2.* Moral *f*
moralità [morali'ta] *f* Moralität *f,* Moral *f*
morbido ['mɔrbido] *adj* weich, zart
morbo ['mɔrbo] *m* Krankheit *f*
mordace [mor'daːtʃe] *adj* *1.* bissig; *2.* *(fig: ironia)* beißend; *3.* *(fig: intelletto)* messerscharf
mordere ['mɔrdere] *v irr* *1.* beißen; *2.* *(abboccare)* anbeißen; *3.* *(pungere)* stechen
moribondo [mori'bondo] *adj* *1.* sterbend; *m* *2.* Sterbender *m*

> **morire** [mo'riːre] *v irr* *1.* sterben; *2.* *(razza)* aussterben; *3.* *(piante)* eingehen; *4.* *(perire)* umkommen
> ◆ *morire di fame* verhungern
> *morire di freddo* erfrieren
> *morire di sete* verdursten
> *morire assiderato* erfrieren

mormorare [mormo'raːre] *v* *1.* murmeln; *2.* *(sussurrare)* munkeln; *3.* *(rivo)* rauschen
mormorio [mormo'riːo] *m* *1.* Gemurmel *n;* *2.* *(brusio)* Rauschen *n*
moro ['mɔːro] *adj* *1.* schwarz; *2.* dunkelhaarig, brünett; *3.* *(moresco)* maurisch *m;* *4.* Schwarzer *m;* Maure *m*
moroso[1] [mo'roːso] *adj* rückständig
moroso[2] [mo'roːso] *m* *(amante)* Liebhaber *m*
morsa ['mɔrsa] *f* Schraubstock *m*
morso ['mɔrso] *m* *1.* Biss *m;* *un* ~ *di pane* ein Bissen Brot *m;*
◆ *dare un morso* anbeißen; *2.* ~ *d'insetto* Insektenstich *m*
mortale [mor'taːle] *adj* *1.* *(che deve morire un giorno)* sterblich; *2.* *(accidente)* tödlich; *3.* *(pericoloso)* lebensgefährlich
mortalità [mortali'ta] *f* Sterblichkeit *f*
morte ['mɔrte] *f* *1.* Tod *m;* ~ *apparente* Scheintod *m;* *silenzio di* ~ Totenstille *f;* *pericolo di* ~ Todesgefahr *f;* *in caso di* ~ im Todesfall; ◆ *condannare a morte* zum Tode verurteilen; *colpire a morte* totschlagen; *pallido come la morte* totenblass; *2.* *(fine)* Ende *n*
mortificare [mortifi'kaːre] *v* *1.* *(gli instinti)* unterdrücken; *2.* *(dominare)* überwinden; *3.* *(umiliare)* demütigen
morto ['mɔrto] *adj* *1.* tot, gestorben; ◆ *stanco morto* todmüde; *2.* *(membri)* abgestorben; *m* *3.* Toter *m,* Verstorbener *m*
mosaico [mo'zaːiko] *m* Mosaik *n*
mosca ['moska] *f* *ZOOL* Fliege *f*
moscerino [moʃe'riːno] *m* *ZOOL* Mücke *f*
moschea [mos'kɛːa] *f* Moschee *f*
moscio ['moʃo] *adj* schlaff, kraftlos
moscone [mos'koːne] *m* *1.* Brummer *m;* *2.* Ruderboot *n;* *3.* *(fig)* Verehrer *m*
mossa ['mɔssa] *f* *1.* Bewegung *f;* *2.* *(impulso)* Anstoß *m;* *3.* *(gesto)* Geste *f*
mosso ['mɔsso] *adj* *1.* *(mare)* bewegt; *2.* *(indotto)* veranlasst, bewogen

M

mostra [ˈmostra] *f* *1. (esposizione)* Messe *f;* *2. ~ d'arte* Kunstausstellung *f*
mostrare [mosˈtraːre] *v* *1.* zeigen; *2. (presentare)* aufweisen; *3. (dichiarare)* beweisen; *4. (presentare)* vorführen
mostro [ˈmostro] *m* *1.* Ungeheuer *n,* Ungetüm *n;* *2. (bruto)* Unmensch *m*
mostruosità [mostruosiˈta] *f* *1.* Monstrosität *f;* *2. BIO* Missbildung *f*
motivare [motiˈvaːre] *v* *1.* motivieren; *2. (causare)* verursachen; *3. (menzionare il motivo)* den Grund nennen
motivazione [motivatsiˈoːne] *f* *1.* Begründung *f;* *2. (argomento)* Argument *n;* *3. PSYCH* Motivation *f*
motivo [moˈtiːvo] *m* *1.* Anlass *m;* *2. (causa)* Veranlassung *f;* *3. (movente)* Beweggrund *m;* *~ di divorzio* Scheidungsgrund *m*
moto¹ [ˈmɔːto] *m* *1.* Bewegung *f;* ◆ *mettere in moto* in Gang setzen; *2. (sentimento)* Regung *f;* *~ dell'animo* Gefühlsregung *f*
moto² [ˈmɔːto] *f (vedi »motocicletta«)*
motocicletta [mototʃiˈkletta] *f* Motorrad *n*
motore [moˈtoːre] *m* *TECH* Motor *m;* *~ a combustione* Verbrennungsmotor *m;* *~ a iniezione* Einspritzmotor *m*
motorino [motoˈriːno] *m* Moped *n*
motoscafo [motosˈkaːfo] *m* Motorboot *n*
motoscooter [motosˈkuːter] *m* Motorroller *m*
motrice [moˈtriːtʃe] *f* *1.* Zugmaschine *f;* *~ per semirimorchio* Sattelschlepper *m;* *adj* *2.* Motor... *forza ~* Triebkraft *f*
motto [ˈmɔtto] *m* Motto *n,* Spruch *m*
mouse [maus] *m* *INFORM* Maus *f*
movente [moˈvɛnte] *m* *1. (causa)* Motiv *n;* *f* *2. (motivo)* Ursache *f*
movimentato [movimenˈtaːto] *adj* *1.* bewegt; *2. (animato)* belebt; *3. (pieno di slancio)* schwungvoll
movimento [moviˈmento] *m* Bewegung *f;* *~ della mano* Handbewegung *f;* *~ di capitali* Kapitalverkehr *m;* *~ clandestino* Untergrundbewegung *f;* *~ femminista* Frauenbewegung *f*
mozione [motsiˈoːne] *f* *POL* Antrag *m;* ◆ *presentare una mozione di sfiducia* einen Misstrauensantrag stellen
mozzare [motˈtsaːre] *v* *1. (tagliare via)* abschneiden; *2. (mutilare)* verstümmeln; *3.* ◆ *mozzare il fiato* den Atem verschlagen
mozzo¹ [ˈmottso] *adj* *1. (accorciato)* verkürzt; *2. (mutilato)* verstümmelt
mozzo² [ˈmottso] *m* Schiffsjunge *m*
mucca [ˈmukka] *f* *ZOOL* Kuh *f*
mucchio [ˈmukkio] *m* Haufen *m*
muco [ˈmuːko] *m* Schleim *m*
muffa [ˈmuffa] *f* *BOT* Schimmel *m*
muggire [mudˈdʒiːre] *v irr* brüllen
mugnaio [muˈɲaːio] *m* Müller *m*
mulatto [muˈlatto] *m* Mulatte *m*
mulinello [muliˈnɛllo] *m* *1. (gorgo, vortice)* Wirbel *m;* *2. TECH* Winde *f*
mulino [muˈliːno] *m* Mühle *f;* *~ a vento* Windmühle *f*
mulo [ˈmuːlo] *m* *ZOOL* Maulesel *m*
multa [ˈmulta] *f* Geldstrafe *f*
multimediale [multimediˈaːle] *adj* multimedial; *mondo ~* multimediale Welt *f*
multiplo [ˈmultiplo] *adj* mehrfach
mummia [ˈmummia] *f* Mumie *f*
mungere [ˈmundʒere] *v irr* melken
municipio [muniˈtʃiːpio] *m* *1.* Rathaus *n;* *2. (comune)* Gemeinde *f*
munire [muˈniːre] *v* ausrüsten, ausstatten; ◆ *munire d'inferriata* vergittern

muovere [mu'ɔːvere] *v irr 1.* bewegen; *2. (toccare)* rühren
muoversi [mu'ɔːversi] *v irr 1.* sich bewegen; ◆ *Non si muova!* Nicht bewegen! *2. (agitarsi)* sich regen
mura ['muːra] *f/pl ~ cittadine* Stadtmauer *f*
muraglia [mu'raːʎa] *f* Mauer *f*
murale [mu'raːle] *adj* Mauer..., Wand... *pittura ~* Wandmalerei *f*
muratura [mura'tuːra] *f (costruzione)* Backstein *m; opera di ~* Mauerarbeit *f*
muro ['muːro] *m* Mauer *f,* Wand *f; ~ del suono* Schallmauer *f*
muschio ['muskio] *m 1. BOT* Moos *n; 2. (detto di profumo)* Moschus *m*
muscolatura [muskola'tuːra] *f* Muskulatur *f*
muscolo ['muskolo] *m ANAT* Muskel *m; ~ addominale* Bauchmuskel *m*
museo [mu'zɛːo] *m* Museum *n*
museruola [muzeru'ɔːla] *f* Maulkorb *m*
musica ['muːzika] *f* Musik *f; ~ da ballo* Tanzmusik *f; ~ leggera* Unterhaltungsmusik *f; ~ zigana* Zigeunermusik *f*
musicista [muzi'tʃista] *m/f* Musiker(in) *m/f*
muso ['muːzo] *m 1. (fam: di persona)* Gesicht *n; 2. (dell'animale)* Schnauze *f*
musulmano [musul'maːno] *adj 1.* moslemisch; *m 2.* Moslem *m*
muta ['muːta] *f 1. (cani) ZOOL* Meute *f; 2. (di serpenti) ZOOL* Häutung *f; 3.* Taucheranzug *m*
mutamento [muta'mento] *m* Wandel *m,* Veränderung *f*
mutande [mu'tande] *f/pl* Unterhose *f*
mutare [mu'taːre] *v 1.* verändern, ändern; *2. (scambiare)* wechseln; *3. (cambiare)* sich ändern
mutarsi [mu'tarsi] *v* sich verändern
mutazione [mutatsi'oːne] *f 1.* Änderung *f,* Veränderung *f; 2. ~ della voce* Stimmbruch *m*
mutevole [mu'teːvole] *adj 1.* veränderlich; *2. (variabile)* wechselhaft
muto ['muːto] *adj 1. (non capace di parlare)* stumm; *2. (senza parole)* wortlos; *3. (fig: stupito)* sprachlos
mutua ['muːtua] *f* Krankenversicherung *f;* ◆ *essere in mutua* krankgeschrieben sein
mutualità [mutuali'ta] *f* Gegenseitigkeit *f,* gegenseitige Hilfe *f*
mutuo ['muːtuo] *adj 1. (scambievole)* gegenseitig; *m 2. ECO* Darlehen *n; ~ edilizio* Baudarlehen *n;* ◆ *concedere un mutuo* ein Darlehen bewilligen

N

nafta [ˈnafta] *f* *1.* Dieselöl *n;* *2. CHEM* Naphta *n;* *3. (petrolio greggio)* Rohöl *n*
nano [ˈnaːno] *adj* *1.* zwergenhaft, zwergartig; *m* *2.* Zwerg *m*
narciso [narˈtʃiːzo] *m BOT* Narzisse *f*
narcosi [narˈkɔːzi] *f MED* Narkose *f*
narice [naˈriːtʃe] *f ANAT* Nasenloch *n*
narrare [narˈraːre] *v* erzählen
nasale [naˈsaːle] *adj* nasal, Nasen... *suono ~* Nasallaut *m*

nascere [ˈnaʃere] *v irr* *1.* geboren werden, zur Welt kommen; *2. (formarsi)* aufkommen; *3. (fiume)* entspringen
◆ *nascere come i funghi* wie Pilze aus dem Boden schießen

nascita [ˈnaʃita] *f* *1.* Geburt *f;* *2. (fig)* Enstehung *f*
nascondere [nasˈkondere] *v irr* *1.* verstecken; *2. (celare)* verheimlichen; *3. (sottrarre alla vista)* verbergen
nascondersi [nasˈkondersi] *v irr* sich verstecken
nascondiglio [naskonˈdiːʎo] *m* *1.* Versteck *n;* *2. (covo)* Schlupfwinkel *m;* *3. (rifugio)* Unterschlupf *m*
nascosto [nasˈkosto] *adj* *1.* verborgen; *2. (celato)* versteckt; *3. (in segreto)* heimlich; ◆ *di nascosto* klammheimlich; *4. (remoto)* entfernt, entlegen
naso [ˈnaːso] *m* *1. ANAT* Nase *f;* *2. (fig: fiuto)* Witterung *f,* Spürsinn *m*
nastro [ˈnastro] *m* Streifen *m,* Band *n;* *~ magnetico* Tonband *n,* Band *n*
Natale [naˈtaːle] *m REL* Weihnachten *n;* *vigilia di ~* Heiliger Abend *m;* *babbo ~* Nikolaus *m,* Weihnachtsmann *m;* ◆ *Buon Natale!* Frohe Weihnachten!
natalità [nataliˈta] *f* *1.* Geburten *pl;* *2. (tasso)* Geburtenzahl *f*
natica [ˈnaːtika] *f* *1. ANAT* Hinterbacke *f;* *2. (sedere)* Hinterteil *n*

natura [naˈtuːra] *f* *1.* Natur *f;* *2. (carattere)* Wesen *n;* *3. (qualità)* Beschaffenheit *f*
◆ *pagare in natura* in Naturalien zahlen

naturale [natuˈraːle] *adj* *1.* natürlich; *2. (che s'intende da sè)* selbstverständlich; *3. (della natura)* naturgemäß; *4. (puro)* naturrein
naufragare [naufraˈgaːre] *v* *1. Schiffbruch erleiden;* *2. (fig)* scheitern
naufragio [nauˈfraːdʒo] *m* Schiffbruch *m*
nausea [ˈnaːuzea] *f* *1.* Übelkeit *f;* *2. (conato di vomito)* Brechreiz *m*
navale [naˈvaːle] *adj NAUT* Schiffs..., Marine...
nave [ˈnaːve] *f* Schiff *n;* *~ da carico* Frachter *m;* *~ passeggeri* Passagierschiff *n*
navigabile [naviˈgaːbile] *adj* *1.* schiffbar; *2. (atto alla navigazione)* seetüchtig
navigazione [navigatsiˈoːne] *f NAUT* Navigation *f,* Schifffahrt *f*
nazionale [natsioˈnaːle] *adj* *1.* national, National... *2. (interno)* inländisch
nazionalità [natsionaliˈta] *f* Nationalität *f,* Staatsangehörigkeit *f*
nazionalsocialismo [natsionalsotʃaˈlizmo] *m POL* Nationalsozialismus *m*
nazione [natsiˈoːne] *f* *1.* Nation *f;* *2. Nazioni Unite pl* Vereinte Nationen *pl*
nazista [naˈtsista] *m/f POL* Nationalsozialist(in) *m/f,* Nazi *m*

ne [ne] *adv (parte di qc)* davon
né [ne] *konj ~ ... ~* weder ... noch
neanche [neˈaŋke] *adv 1.* nicht einmal; *konj 2.* auch nicht

nebbia [ˈnebbia] *f* Nebel *m*
≠ *neve f* Schnee

nebuloso [nebuˈloːso] *adj* nebelig
necessario [netʃesˈsaːrio] *adj 1.* erforderlich, nötig; *m 2.* Nötiges *n*
necessità [netʃessiˈta] *f* Notwendigkeit *f*
negare [neˈgaːre] *v 1. (dire di no)* verneinen; *2. (contestare)* leugnen, ableugnen; *3. (condannare alla perdita di) JUR* absprechen
negarsi [neˈgarsi] *v 1. (rinunciare a qc)* sich etw versagen; *2.* ◆ *negarsi al telefono* sich am Telefon verleugnen lassen
negativo [negaˈtiːvo] *adj 1.* negativ; *2. (rifiuto)* abschlägig; *3. PHYS* negativ
negazione [negatsiˈoːne] *f* Verneinung *f*
negligente [negliˈdʒɛnte] *adj* nachlässig
negoziante [negotsiˈante] *m/f 1.* Kaufmann/Kauffrau *m/f; 2. (bottegaio/bottegaia) ECO* Ladenbesitzer(in) *m/f*
negoziare [negotsiˈaːre] *v 1.* handeln; *2. (trattare) POL* verhandeln; *3. (effetti) ECO* übertragen

negozio [neˈgɔːtsio] *m* Geschäft *n;*
~ di alimentari Lebensmittelgeschäft *n;*
~ di calzature Schuhgeschäft *n*

negro [ˈneːgro] *adj* schwarz; *m* Schwarzer *m*
nel [nel] *prep 1. (= in + il)* in; *~l'appartamento* in der Wohnung; *~la scuola* in der Schule; *~ corso della settimana* im Lauf der Woche; ◆ *versare nel bicchiere* ins Glas gießen

nemico [neˈmiːko] *adj 1.* feindlich; *2. (ostile)* feindselig; *m 3.* Feind *m*
◆ *passare al nemico* zum Feind überlaufen
! *Plural: nemici*

nemmeno [nemˈmeno] *adv 1.* nicht einmal; *konj 2.* auch nicht
neo [ˈnɛːo] *m 1.* Muttermal *n;* Schönheitsfleck *m; 2. (fig)* Schönheitsfehler
neonato [neoˈnaːto] *adj 1.* neugeboren; *m 2.* Baby *n,* Neugeborenes *n*
nero [ˈneːro] *adj 1.* schwarz; ◆ *nero come un corvo* rabenschwarz; *m 2. (colore)* Schwarz *n*
nervo [ˈnɛrvo] *m ANAT* Nerv *m;* ◆ *dare ai nervi* auf die Nerven gehen
nervoso [nerˈvoːso] *adj 1.* nervös; *stato ~* Nervosität *f; 2. malattia nervosa PSYCH* Nervenkrankheit *f*
nessuno [nesˈsuːno] *adj 1.* kein; *da nessuna parte* nirgends; ◆ *Non ho nessuno.* Ich habe keinen. *pron 2.* keiner, jemand
nettezza [netˈtettsa] *f 1.* Sauberkeit *f; 2. ~ urbana* öffentliche, städtische Müllabfuhr *f; 3. (chiarezza)* Klarheit *f*
netto [ˈnetto] *adj 1.* klar, glatt; *2. ECO* Netto; ◆ *al netto di* abzüglich; *3. (pulito)* sauber
neutro [ˈnɛːutro] *adj 1.* neutral; *2. POL* parteilos; *3. GRAMM* sächlich
neve [ˈneːve] *f* Schnee *m; ~ farinosa* Pulverschnee *m; coperto di ~* schneebedeckt ◆ *sciogliersi come la neve al sole* sich in Luft auflösen
nevicare [neviˈkaːre] *v* schneien
nevoso [neˈvoːso] *adj* Schnee...
nevralgia [nevralˈdʒiːa] *f MED* Neuralgie *f*
nicchia [ˈnikkia] *f* Nische *f*
nidificare [nidifiˈkaːre] *v* nisten
nido [ˈniːdo] *m* Nest *n*

N

niente [ni'ɛnte] *pron 1.* nichts; *per ~* umsonst; *~ meno che* sogar; *m 2.* Nichts *n; adv 3.* nichts, keineswegs; *adj 4. (fam)* kein; ◆ *non metterci niente (fam)* keine Mühe haben; *Sono cose da niente.* Es ist nicht der Rede wert.

nipote [ni'po:te] *m/f 1. (di zio, di zia)* Neffe/Nichte *m/f; 2. (di nonno, di nonna)* Enkel(in) *m/f*

nitidezza [niti'dettsa] *f 1.* Klarheit *f; 2. FOTO* Schärfe *f*

nitrire [ni'tri:re] *v* wiehern

no [nɔ] *adv* nein; ◆ *dire di no* nein sagen

nobile ['nɔ:bile] *adj 1.* adlig; *2. (animo)* edel, nobel; *m/f 3.* Adlige(r) *f/m*

nobiltà [nobil'ta] *f* Adel *m*

nocciola [not'tʃɔ:la] *f* Haselnuss *f*

nocciolina [nottʃo'li:na] *f* Erdnuss *f*

nocciolo ['nɔttʃolo] *m* Kern *m*

noce ['no:tʃe] *f 1. BOT* Nuss *f; ~ di cocco* Kokosnuss *f; 2. (frutto)* Walnuss *f*

N

nocepesca [no:tʃe'peska] *f* Nektarine *f*

nocivo [no'tʃi:vo] *adj* schädlich

nodo ['nɔ:do] *m 1.* Knoten *m; 2. (nel traffico)* Knotenpunkt *m; 3. (gonfiatura) MED* Knoten *m; 4. NAUT* Seemeile *f*

noi [noi] *pron 1. (soggetto)* wir; *a ~* uns; *2. (oggetto indiretto) a ~* uns; *3. (oggetto diretto)* uns

! *direktes Objekt: ci; indirektes Objekt: ci/a noi*

noia ['nɔ:ia] *f* Langeweile *f;* ◆ *dare noia* lästig sein

noioso [noi'o:so] *adj 1.* langweilig, fade; *2. (fam: monotono)* lahm

noleggiare [noled'dʒa:re] *v 1.* mieten; *2. (aereo)* chartern; *3. (dare a nolo)* verleihen; *4. (locazione)* vermieten

nolo ['nɔ:lo] *m* Miete *f;* ◆ *dare a nolo* vermieten; *prendere a nolo* mieten

nomade ['nɔ:made] *adj 1.* nomadisch; *m/f 2.* Nomade/Nomadin *m/f*

nome ['no:me] *m* Name *m; ~ d'arte* Künstlername *m; ~ della ditta* Firmenname *m; ~ di battesimo* Vorname *m; ~ usuale* Rufname *m; di ~* namens
◆ *farsi un nome* sich einen Namen machen

nominale [nomi'na:le] *adj* namentlich, nominell; *valore ~* Nennwert *m*

nominare [nomi'na:re] *v 1.* nennen; *2. (a un ufficio)* ernennen, bestellen

nominativo [nomina'ti:vo] *m* Nominativ *m*

non [non] *adv* nicht; *~ appena* sobald; *~ affatto* gar nicht

nonna ['nɔnna] *f* Großmutter *f,* Oma *f*

nonno ['nɔnno] *m 1.* Großvater *m,* Opa *m; 2. nonni pl* Großeltern *pl*

nono ['nɔ:no] *adj* neunte(r,s)

nonostante [nonos'tante] *prep 1.* trotz; *konj 2.* obwohl

nord [nɔrd] *m* Norden *m; a ~* nördlich

norma ['nɔrma] *f 1.* Vorschrift *f,* Norm *f; ~ di circolazione stradale* Verkehrsregel *f; 2. (fig: misura)* Maßstab *m*

normale [nor'ma:le] *adj* normal

nostalgia [nostal'dʒi:a] *f 1.* Heimweh *n;* ◆ *Soffro di nostalgia.* Ich habe Heimweh. *2. (desiderio ardente)* Sehnsucht *f;* ◆ *avere nostalgia* sich sehnen

nostro ['nɔstro] *adj 1.* unser; *pron 2. il ~/la nostra* unsere(r,s)

nota ['nɔ:ta] *f 1. (annotazione)* Anmerkung *f,* Notiz *f; ~ marginale* Randbemerkung *f; 2. (contrassegno)* Kennzeichen *n; 3. MUS* Note *f;* ◆ *trovar la nota giusta* den richtigen Ton treffen

notaio [no'ta:io] *m JUR* Notar *m*

notare [no'ta:re] *v 1. (percepire)* merken; ◆ *senza farsi notare* unauffällig; 2.

(osservare) bemerken; 3. *(annotare)* aufzeichnen; 4. *(registrare)* eintragen
notarile [nota'riːle] *adj JUR* notariell
notazione [notatsi'oːne] *f* 1. Notierung *f;* 2. *(annotazione)* Anmerkung *f;* 3. *MUS* Notenschrift *f*
notevole [no'teːvole] *adj* 1. bemerkenswert; 2. *(considerevole)* ziemlich, beträchtlich; 3. *(appariscente)* markant
notifica [no'tiːfika] *f JUR* Bescheid *m*

notizia [no'tiːtsia] *f* 1. Nachricht *f; lieta ~* Freudensbotschaft *f;* 2. *(informazione)* Bescheid *m;* 3. *(di giornale)* Notiz *f; falsa ~* Ente *f;* 4. *notizie pl* Nachrichten *pl*

notiziario [notitsi'aːrio] *m* 1. Chronik *f;* 2. *~ locale* Lokalnachrichten *pl; ~ televisivo* Fernsehnachrichten *pl*
noto ['nɔːto] *adj* namhaft; *~ in tutto il mondo* weltbekannt; *ben ~* altbekannt; ◆ *rendere noto* bekannt geben
notorietà [notorie'ta] *f* 1. Bekanntheit *f;* 2. *(evidenza)* Offenkundigkeit *f;* 3. *(celebrità)* Berühmtheit *f*

notte ['nɔtte] *f* Nacht *f; di ~* nachts
◆ *Buona notte!* Gute Nacht!

novanta [no'vanta] *num* neunzig
nove ['nɔːve] *num* neun
novecento [nove'tʃɛnto] *num* 1. neunhundert; *m* 2. *(20. secolo)* 20. Jahrhundert *n*
novella [no'vɛlla] *f LIT* Novelle *f*
novembre [no'vɛmbre] *m* November *m*
novità [novi'ta] *f* Neuheit *f,* Neuigkeit *f*
nozze ['nɔttse] *f/pl* Hochzeit *f; ~ d'argento* Silberhochzeit *f*
nubile ['nuːbile] *adj (donna)* ledig
nuca ['nuːka] *f ANAT* Genick *n,* Nacken *m*
nucleare [nukle'aːre] *adj* nuklear
nucleo ['nuːkleo] *m* Kern *m*
nudità [nudi'ta] *f* Nacktheit *f,* Blöße *f*
nudo ['nuːdo] *adj* 1. nackt, bloß; ◆ *nudo come un verme* splitternackt; 2. *(vuoto)* kahl; *m* 3. *ART* Akt *m*
nulla ['nulla] *pron* 1. nichts, etwas; *adv* 2. *non fa ~* es macht nichts; *m* 3. Nichts *n;* ◆ *Non se ne fa nulla.* Daraus wird nichts.
numeratore [numera'toːre] *m MATH* Zähler *m*

numero ['nuːmero] *m* 1. Anzahl *f; ~ imprecisato* Dunkelziffer *f;* 2. *(cifra)* Nummer *f,* Zahl *f; ~ di conto* Kontonummer *f; ~ guida bancario* Bankleitzahl *f; ~ telefonico* Telefonnummer *f;* ◆ *Ha sbagliato numero.* Sie sind falsch verbunden. 3. *(taglia)* Nummer *f; ~ di scarpe* Schuhgröße *f*

numeroso [nume'roːso] *adj* 1. zahlreich; 2. *(considerevole)* stattlich
nuocere [nu'ɔːtʃere] *v irr* 1. benachteiligen; 2. *(danneggiare)* schädigen
nuora [nu'ɔːra] *f* Schwiegertochter *f*
nuotare [nuo'taːre] *v* schwimmen
nuotatore [nuota'toːre] *m* Schwimmer *m*
nuoto [nu'ɔːto] *m* Schwimmen *n*

nuovo [nu'ɔːvo] *adj* 1. neu; *di ~* wieder; *~ fiammante* nagelneu; 2. *(ripetuto)* nochmalig
◆ *rimettere a nuovo* wieder in Schuss bringen *(fam)*

nutrimento [nutri'mento] *m* 1. *(il nutrire)* Ernährung *f;* 2. *(cibo)* Nahrung *f*
nutrire [nu'triːre] *v irr* nähren
nutrizione [nutritsi'oːne] *f* Ernährung *f*
nuvola ['nuːvola] *f* Wolke *f*
◆ *cascare dalle nuvole (fig)* aus allen Wolken fallen

N

O

o [o] *konj* oder; ~ ... ~ entweder ... oder
◆ *adesso o mai più* jetzt oder nie
o sì o no entweder ja oder nein
≠ *ho 1. Person Singular von avere* (ich habe)

oasi [ˈɔːazi] *f* Oase *f*
obbligare [obbliˈgaːre] *v 1.* zwingen, nötigen; *2. (impegnare)* verpflichten
obbligarsi [obbliˈgarsi] *v ~ di qc* zu etw verpflichten
obbligatamente [obbligataˈmente] *adv* gezwungenermaßen
obbligato [obbliˈgaːto] *adj 1.* verpflichtet; ◆ *essere obbligato* müssen, gezwungen sein; *essere obbligato a qd* jdm zu Dank verpflichtet sein; *2. ~ a rivalsa JUR* regresspflichtig
obbligazione [obbligatsiˈoːne] *f 1.* Verpflichtung *f,* Obligation *f; 2. ECO* Schuldverschreibung *f*
obbligo [ˈɔbbligo] *m 1.* Pflicht *f,* Verpflichtung *f; ~ di denuncia* Anmeldepflicht *f; ~ scolastico* Schulpflicht; ◆ *con l'obbligo* unter der Bedingung; *È d'obbligo?* Ist das Pflicht? *2. (dovere)* Bindung *f; 3. (costrizione)* Zwang *m*
obeso [oˈbɛːzo] *adj 1.* dick, korpulent; *2. MED* fettsüchtig
obiettare [obietˈtaːre] *v* einwenden
obiettività [obiettiviˈta] *f* Objektivität *f*
obiettivo [obietˈtiːvo] *adj 1.* objektiv; *2. (non di parte)* unvoreingenommen; *3. (realistico)* nüchtern; *m 4. (fig)* Ziel *n,* Zweck *m; 5. FOTO* Objektiv *n*
obiettore [obietˈtoːre] *m 1.* Widersprecher; *2. ~ di coscienza* Kriegsdienstverweigerer aus Gewissensgründen *m*
obiezione [obietsiˈoːne] *f 1.* Einspruch *m,* Einwand *m; 2. ~ di coscienza* Wehrdienstverweigerung *f*
oblio [obˈliːo] *m* Vergessenheit *f;* ◆ *cadere nell'oblio* in Vergessenheit geraten
obliquo [obˈliːkuo] *adj* schräg
obliterare [obliteˈraːre] *v* entwerten
oblungo [oˈbluŋgo] *adj* länglich
obolo [ˈɔːbolo] *m 1.* Obulus *m; 2. (offerta)* Spende *f*
obsoleto [obsoˈlɛːto] *adj* obsolet
occasionale [okkazioˈnaːle] *adj* gelegentlich
occasione [okkaziˈoːne] *f* Gelegenheit *f,* Anlass *m;* ◆ *altra occasione* andermal; *in occasione di* anlässlich
occhiali [okkiˈaːli] *m/pl* Brille *f; ~ da neve* Schneebrille *f; ~ da sole* Sonnenbrille *f*
occhiata [okkiˈaːta] *f (guardare)* Blick *m;* ◆ *dare un'occhiata a qc* einen Blick auf etw werfen
occhiello [okkiˈɛllo] *m* Knopfloch *n*

occhio [ˈɔkkio] *m 1.* Auge *n; ~ d'aquila* Adlerauge *n; dagli occhi azzurri* blauäugig; *~ esperto* Kennerblick *m; ad ~ nudo* mit bloßem Auge; *2. BOT* Knospe *f; interj 3. Occhio!* Aufgepasst!
◆ *in un batter d'occhio* im Handumdrehen
a occhio e croce ungefähr
dare nell'occhio auffallen
avere l'occhio lungo per qc den Blick für etw haben
chiudere un occhio ein Auge zudrücken
estendersi a perdita d'occhio sich ausdehnen, soweit das Auge reicht
! *Plural: occhi*

occidentale [ottʃiden'taːle] *adj* westlich
occidente [ottʃi'dɛnte] *m 1.* Westen *m; 2. (mondo occidentale)* Abendland *n*
occipite [ot'tʃiːpite] *m ANAT* Hinterkopf *m*
occorrente [okkor'rɛnte] *adj 1.* notwendig; *m 2.* Nötiges *n; ~ per cucire* Nähzeug *n;* ◆ *il minimo occorrente* gerade das Nötigste; *3. (il necessario)* Notwendiges *n*
occorrenza [okkor'rɛntsa] *f* Bedarf *m,* Bedürfnis *n; all' ~* bei Bedarf
occorrere [ok'korrere] *v irr 1.* nötig sein; ◆ *occorre che...* es ist nötig, dass ... *2. (avere bisogno)* brauchen; ◆ *mi occorre...* ich brauche...
occulto [ok'kulto] *adj 1.* geheim; *2. (nascosto, latente)* verborgen, latent; *3. scienze occulte* Okkultismus *m*
occupare [okku'paːre] *v 1.* besetzen; *2. (appartamento)* beziehen; *3. (spazio)* einnehmen; *4. ~ qd* jdn beschäftigen
occuparsi [okku'parsi] *v 1.* sich beschäftigen; *2. (mantenere)* sorgen für; *3. (un problema)* sich befassen mit
occupazione [okkupatsi'oːne] *f 1.* Besetzung *f; ~ di case* Hausbesetzung *f; 2. (impiego, attività)* Beschäftigung *f; ~ secondaria* Nebenbeschäftigung *f*
oceano [o'tʃɛːano] *m* Ozean *m*
oculare [oku'laːre] *adj* Augen... *testimone ~* Augenzeuge *m*
oculista [oku'lista] *m/f* Augenarzt/Augenärztin *m/f*
odiare [odi'aːre] *v* hassen
odierno [odi'ɛrno] *adj 1.* heutig; *2. (attuale)* aktuell, gegenwärtig
odio ['ɔːdio] *m* Hass *m; ~ di razza* Rassenhass *m; pieno d'~* hasserfüllt
odissea [odis'sɛːa] *f* Odyssee *f*
odontotecnico [odonto'tɛkniko] *m MED* Zahntechniker *m*
odorare [odo'raːre] *v 1.* riechen; *2. ~ qc* an etw riechen; *3. (fiori)* duften
odorato [odo'raːto] *m 1.* Geruchssinn *m; 2. (fiuto)* Witterung *f*
odore [o'doːre] *m 1.* Geruch *m; buon ~* Wohlgeruch *m,* Duft *m;* ◆ *avere odore* riechen; *aver cattivo odore* stinken; *2. odori pl GAST* Gewürzkräuter *n/pl*
offendere [of'fɛndere] *v irr 1.* beleidigen, kränken; *2. (fig: urtare)* verletzen
offendersi [of'fɛndersi] *v irr ~ di qc* wegen etw beleidigt sein
offensiva [offen'siːva] *f* Offensive *f*
offensivo [offen'siːvo] *adj 1.* offensiv; *2. (insultante)* ausfallend, beleidigend; *3. (lesivo)* verletzend
offerente [offe'rɛnte] *m/f* Spender(in) *m/f*
offerta [of'fɛrta] *f 1.* Angebot *n; ~ d'impiego* Stellenangebot *n; ~ speciale* Sonderangebot *n; 2. (carità)* Spende *f*
offesa [of'feːsa] *f 1.* Beleidigung *f; 2. (fig: umiliazione)* Verletzung *f*
officina [offi'tʃiːna] *f* Werkstatt *f; ~ del fabbro* Schlosserei *f*
offrire [of'friːre] *v irr 1.* anbieten; ◆ *offrire in giro* herumreichen; *offrire più di* überbieten; *2. (pagare)* spendieren; ◆ *Offro un bicchiere.* Ich gebe einen aus. *3. (donare)* spenden; *4. (lavoro)* ausschreiben; *5. (rappresentazione)* darbieten
offrirsi [of'frirsi] *v irr* ◆ *offrirsi a fare qc* sich anbieten, etw zu tun
offuscamento [offuska'mento] *m* Verdunkelung *f,* Verfinsterung *f*
offuscare [offus'kaːre] *v 1.* verdunkeln; *2. (fig: atmosfera)* trüben
oggettività [oddʒettivi'ta] *f* Sachlichkeit *f*
oggettivo [oddʒet'tiːvo] *adj* sachlich
oggetto [od'dʒɛtto] *m 1.* Gegenstand *m; ~ d'uso comune* Gebrauchsgegen-

O

stand *m; ~ del contratto* Vertragsgegenstand *m; 2. (cosa)* Objekt *n; 3. (testata della lettera)* Betreff *m; 4. oggetti di cancelleria pl* Bürobedarf *m; 5. oggetti smarriti pl* Fundsachen *pl*

oggi [ˈɔddʒi] *adv* heute; *~ a mezzogiorno* heute Mittag
◆ *oggi stesso* heute noch
oggi come oggi heutzutage

ogni [oːɲi] *adj* jede(r,s); *~ anno* jährlich; *~ ora* stündlich; *~ sei mesi* halbjährlich
Ognissanti [oɲisˈsanti] *m/pl REL* Allerheiligen *n*
ognuno [oˈɲuːno] *pron* jeder
oh [ɔː] *interj* oh, ach
Olanda [oˈlanda] *f GEO* Holland *n*
olandese [olanˈdeːse] *adj 1.* holländisch, niederländisch; *m/f 2.* Holländer(in) *m/f,* Niederländer(in) *m/f; 3. (lingua)* Holländisch *n*
oleandro [oleˈandro] *m* Oleander *m*
oleodotto [oleoˈdotto] *m* Ölleitung *f*
O **olezzare** [oletˈtsaːre] *v* duften, gut riechen, wohl riechen
oleoso [oleˈoːso] *adj* ölhaltig
olfatto [olˈfatto] *m* Geruchssinn *m*
oliare [oliˈaːre] *v* ölen
olimpiade [olimˈpiːade] *f SPORT* Olympiade *f*
olimpico [oˈlimpiko] *adj* olympisch; *stadio ~* Olympiastadion *n*
olimpionico [olimpiˈɔːniko] *adj SPORT* olympisch

olio [ˈɔːlio] *m 1.* Öl *n; ~ d'oliva* Olivenöl *n; ~ vegetale* Pflanzenöl *n; ~ di pesce* Tran *m; ~ solare* Sonnenöl *n; 2. (combustibile)* Heizöl *n,* Öl *n; 3. ~ santo REL* Letzte Ölung *f*
◆ *gettare olio sul fuoco (fig)* Öl ins Feuer gießen

oliva [oˈliːva] *f BOT* Olive *f*
olivo [oˈliːvo] *m BOT* Olivenbaum *m*
oltraggio [olˈtraddʒo] *m 1.* Beleidigung *f; 2. (violenza)* Schändung *f*
oltraggioso [oltradˈdʒoːso] *adj* ehrenrührig
oltre [ˈoltre] *prep 1. (dall'altra parte di)* jenseits; *2. (più di)* über; *3. (in aggiunta a)* außer; *adv 4. (luogo)* weiter; *5. (tempo)* länger
oltreché [oltreˈke] *konj* außerdem
oltremare [oltreˈmaːre] *m* Übersee *f*
oltremodo [oltreˈmɔːdo] *adv (molto)* besonders, überaus
oltrepassare [oltrepasˈsaːre] *v* überschreiten
omaggio [oˈmaddʒo] *m 1.* Ehrung *f;* ◆ *rendere omaggio* huldigen; *I miei omaggi!* Meine Empfehlungen! *2. (presente)* Geschenk *n*
omaro [ˈɔːmaro] *m ZOOL* Hummer *m*
ombelico [ombeˈliːko] *m* Nabel *m*
ombra [ˈombra] *f 1.* Schatten *m; 2. (piccola quantità)* Hauch *m*
ombreggiare [ombredˈdʒaːre] *v* Schatten werfen
ombrello [omˈbrɛllo] *m* Regenschirm *m,* Schirm *m*
ombrellone [ombrelˈloːne] *m* Sonnenschirm *m*
ombretto [omˈbretto] *m* Lidschatten *m*
ombroso [omˈbroːso] *adj 1. (luogo)* schattig, sonnenlos; *2. (persona)* reizbar; *3. (sospettoso)* misstrauisch
omelette [ɔmˈlɛt] *f GAST* Omelett *n*
omeopatia [omeopaˈtiːa] *f MED* Homöopathie *f*
omero [ˈɔːmero] *m 1. ANAT* Schulter *f*
omertà [omerˈta] *f* Gesetz des Schweigens *n*
omettere [oˈmettere] *v* weglassen

omicida [omiˈtʃiːda] *adj 1.* Mörder..., mörderisch; *m 2.* Mörder *m*
omicidio [omiˈtʃiːdio] *m* Mord *m; ~ volontario* Totschlag *m; ~ premeditato* vorsätzlicher Mord *m*
omissione [omissiˈoːne] *f* Versäumnis *n*
omogeneità [omodʒeneiˈta] *f* Gleichartigkeit *f*
omonimo [oˈmɔːnimo] *adj 1.* gleichnamig, homonym; *m 2.* Namensvetter *m*
omosessuale [omosessuˈaːle] *adj 1.* homosexuell; *m/f 2.* Homosexuelle(r) *f/m,* Schwuler *m*
omosessualità [omosessualiˈta] *f* Homosexualität *f*

onda [ˈonda] *f 1. (d'acqua)* Welle *f,* Woge *f; ~ di marea* Flutwelle *f; 2. PHYS* Welle *m; ~ di pressione* Druckwelle *f; ~ sonora* Schallwelle *f*
◆ *mandare in onda* senden

ondata [onˈdaːta] *f (fig)* Woge *f; ~ di caldo* Hitzewelle *f ~* schwanken
ondeggiare [ondedˈdʒaːre] *v* wallen
ondulare [onduˈlaːre] *v* wellen, wogen
ondulatorio [ondulaˈtɔːrio] *adj* wellenförmig
onere [ˈɔːnere] *m 1.* Last *f; ~ della prova* Beweislast *f; 2. oneri pl* Lasten *pl; oneri fiscali* Steuerbelastung *f*
oneroso [oneˈroːso] *adj* drückend
onestà [onesˈta] *f* Ehrlichkeit *f*
onesto [oˈnɛsto] *adj 1. (probo)* ehrlich, ehrenhaft; *2. (candido)* bieder
onnipresenza [onnipreˈzɛntsa] *f* Allgegenwart *f*
onniscienza [onniˈʃɛntsa] *f* Allwissenheit *f*
onnivoro [onˈniːvoro] *adj 1.* alles fressend; *m 2.* Allesfresser *m*
onomastico [onoˈmastiko] *m* Namenstag *m*
onorare [onoˈraːre] *v 1.* ehren; *2. (lodare)* honorieren
onorario [onoˈraːrio] *m 1.* Honorar *n; adj 2. (gratuito)* ehrenamtlich; *cittadino ~* Ehrenbürger *m*
onore [oˈnoːre] *m 1.* Ehre *f; questione d'~* Ehrensache *f; 2. (onoranze)* Ehrung *f*
onorevole [onoˈreːvole] *adj 1.* ehrenvoll; *2. POL* Abgeordneter *m*
onorifico [onoˈriːfiko] *adj 1.* ehrenamtlich; *a titolo ~* ehrenamtlich; *carica onorifica* Ehrenamt *n; 2. (che dà onore)* ehrend, Ehren... *titolo ~* Ehrentitel *m*
onta [ˈonta] *f* Schande *f*
opaco [oˈpaːko] *adj* trüb, matt
opera [ˈɔːpera] *f 1.* Werk *n; ~ di bene* Ehrentat *f; ~ di consultazione* Nachschlagewerk *n; ~ pia* Wohlfahrtsstiftung *f,* Stift *n; 2. ~ d'arte* Kunstwerk *n*
operaio [opeˈraːio] *adj 1.* Arbeiter... *classe operaia* Arbeiterklasse *f m 2.* Arbeiter *m; ~ specializzato* Facharbeiter *m*
operare [opeˈraːre] *v 1.* wirken; *2. (agire)* handeln; *3. MED* operieren
operato [opeˈraːto] *m 1.* Werk *n; 2. (modo d'agire)* Handlungsweise *f; 3. (azione)* Tat *f; 4. MED* Operierter *m*
operatore [operaˈtoːre] *m 1.* Operateur *m; ~ dello sviluppo* Entwicklungshelfer *m; ~ cinematografico* Kameramann *m; 2. (chirurgo)* Operateur *m*
operatorio [operaˈtɔːrio] *adj* Operations... *sala operatoria* Operationssaal *m*
operazione [operatsiˈoːne] *f 1.* Operation *f; ~ in valuta* Devisengeschäft *n*
opinione [opiniˈoːne] *f 1.* Ansicht *f,* Meinung *f; 2. (punto di vista)* Auffassung *f; 3. (parere)* Einstellung *f*
opporre [opˈporre] *v irr 1.* ◆ *opporre resistenza* Widerstand leisten; *2.* ◆ *op-*

O

porre un'opinione eine Meinung entgegenhalten

opporsi [op'porsi] *v irr 1.* sich widersetzen; *2. (contraddire)* widersprechen

opportunismo [opportu'nizmo] *m* Opportunismus *m*

opportunista [opportu'nista] *m/f* Opportunist(in) *m/f*

opportunità [opportuni'ta] *f 1.* Gelegenheit *f*; *2. (possibilità)* Möglichkeit *f*

opportuno [oppor'tu:no] *adj 1.* opportun, angebracht; *2. (appropriato)* zweckmäßig, opportun

opposizione [oppozitsi'o:ne] *f 1.* Opposition *f*; *2. (resistenza)* Widerstand *m*; *3. JUR* Einspruch *m*, Widerspruch *m*

opposto [op'posto] *adj 1.* entgegengesetzt; *2. (contrario)* entgegengesetzt; *3. (polo) GEO* gegenüberliegend; *m 4.* Gegenteil *n*

oppressione [oppressi'o:ne] *f 1. (soppressione)* Unterdrückung *f*; *2. (fig: pressione)* Druck *m*; *3. (fig: peso)* Belastung *f*; *4. (angoscia)* Beklemmung *f*

O

oppresso [op'prɛsso] *adj 1.* bedrückt; *2. (sottomesso)* unterdrückt; *3. (sopraffatto)* überwältigt; *m 4.* Unterdrückter *m*

opprimente [oppri'mente] *adj* beklemmend

opprimere [op'pri:mere] *v irr 1.* unterdrücken; *2. (deprimere)* bedrücken

oppure [op'pu:re] *adv* oder, oder auch

opuscolo [o'puskolo] *m* Broschüre *f*; *~ pubblicitario* Werbeprospekt *m*

opzione [optsi'o:ne] *f* Option *f*

ora ['o:ra] *f 1. (tempo)* Zeit *f*, Uhrzeit *f*; *~ d'arrivo* Ankunftszeit *f*; *~ della partenza* Abfahrtszeit *f*; *~ di punta del traffico* Hauptverkehrszeit *f*; *~ legale* Sommerzeit *f*; *~ locale* Ortszeit *f*; *2. (60 minuti)* Stunde *f*; *all'~* stündlich; *~ degli spiriti* Geisterstunde *f*; *~ di guida* Fahrstunde *f*; *~ straordinaria* Überstunde *f*; *quarto d'~* Viertelstunde *f*; *adv 3. (adesso)* jetzt, nun; *per ~* vorerst; *4. (attualmente)* derzeit

◆ *per ore e ore* stundenlang

di buon'ora zeitig, früh

Che ore sono? Wie spät ist es?

orafo ['ɔ:rafo] *m* Goldschmied *m*

orale [o'ra:le] *adj 1.* mündlich; *2. (della bocca) MED* oral

orario [o'ra:rio] *adj 1. (ad ogni ora)* stündlich; Stunden-; *disco ~* Parkscheibe *f*; *m 2.* Zeit *f*, Zeitplan *m*; *~ delle visite* Besuchszeit *f*; *~ di apertura* Öffnungszeiten *pl*; *~ di chiusura* Sperrstunde; *3. ~ di lavoro* Arbeitszeit *f*; *~ flessibile* gleitende Arbeitszeit *f*; *4. (treno)* Fahrplan *m*; *~ dell'aereo* Flugplan *m*; ◆ *arrivare in orario* pünktlich eintreffen/pünktlich sein; *Ha un orario ferroviario?* Haben Sie einen Bahnplan? *5. (scolastico)* Stundenplan *m*

oratore [ora'to:re] *m* Redner *m*

orbita ['ɔrbita] *f ASTR* Umlaufbahn *f*

orchestra [or'kɛstra] *f MUS* Orchester *n*; *~ filarmonica* Philharmoniker *pl*; *~ sinfonica* Sinfonieorchester *n*

orda ['ɔrda] *f* Bande *f*, Horde *f*

ordinale [ordi'na:le] *adj 1.* Ordnungs... *m 2.* Ordnungszahl *f*

ordinamento [ordina'mento] *m 1.* Ordnung *f*; *2. (sistema)* System *n*; *3. (struttura)* Struktur *f*

ordinanza [ordi'nantsa] *f* Verordnung *f*

ordinare [ordi'na:re] *v 1. (commettere)* bestellen; *2. (mettere in ordine)* ordnen, anordnen; *3. (comandare)* verfügen, anordnen; *4. (prescrivere)* vorschreiben

ordinario [ordiˈnaːrio] *adj 1. (poco fine)* gewöhnlich; *2. (persona)* ordinär

ordinato [ordiˈnaːto] *adj* ordentlich

ordinazione [ordinatsiˈoːne] *f* Bestellung *f; ~ sacerdotale* Priesterweihe *f*

ordine [ˈordine] *m 1.* Ordnung *f; ~ del giorno* Tagesordnung *f; ~ di grandezza* Größenordnung *f; 2. (successione)* Reihenfolge *f; 3. (commissione)* Bestellung *f; 4. (comando)* Anordnung *f; 5. (parola energica)* Machtwort *n; 6. ~ al merito* Verdienstorden *m; 7. MED* Verordnung *f; 8. parola d' ~* Kennwort *n*

◆ *mettere in ordine* in Ordnung bringen

orecchino [orekˈkiːno] *m* Ohrring *m*

orecchio [oˈrekkio] *m* Ohr *n;* ◆ *prestare orecchio a qd* jdm Gehör schenken; *avere molto orecchio* ein gutes musikalisches Gehör haben

orecchioni [orrekkiˈoːni] *m/pl MED* Mumps *m*

orefice [oˈreːfitʃe] *m* Goldschmied *m*

oreficeria [orefitʃeˈriːa] *f 1. ART* Goldschmiedekunst *f; 2. (negozio)* Juweliergeschäft *n*

orfano [ˈɔrfano] *m* Waise *f; ~ di un genitore* Halbwaise *f*

orfanotrofio [orfanoˈtrɔːfio] *m* Waisenhaus *n*

organico [orˈgaːniko] *adj 1. BIO* organisch; *m 2.* Belegschaft *f*

organismo [orgaˈnizmo] *m* Organismus *m*

organizzare [organidˈdzaːre] *v* organisieren

organizzatore [organiddzaˈtoːre] *adj 1.* organisatorisch, Organisations... *m 2.* Organisator *m,* Veranstalter *m*

organizzazione [organiddzatsiˈoːne] *f* Organisation *f,* Veranstaltung *f*

organo [ˈɔrgano] *m 1. ANAT* Organ *n; ~ di respirazione* Atemorgan *n; 2. MUS* Orgel *f*

orgasmo [orˈgazmo] *m* Orgasmus *m*

orgia [ˈɔrdʒa] *f* Orgie *f*

orgoglio [orˈgoːʎo] *m* Stolz *m*

orgoglioso [orgoˈʎoːso] *adj* stolz

orientale [orienˈtaːle] *adj 1.* östlich, Ost... *2. (del mondo orientale)* orientalisch; *m/f 3.* Orientale/Orientalin *m/f*

orientamento [orientaˈmento] *m* Orientierung *f*

orientare [orienˈtaːre] *v 1.* orientieren; *2. (dirigere)* lenken

oriente [oriˈɛnte] *m GEO* Osten *m*

Oriente [oriˈɛnte] *m (levante) GEO* Morgenland *n,* Orient *m; Medio ~* Mittlerer Osten *m; Estremo ~* Ferner Osten *m*

originale [oridʒiˈnaːle] *adj 1. (idea)* originell; *2. (autentico)* original; *m 3.* Original *n; 4. (tipo stravagante)* Sonderling *m,* Kauz *m*

originalità [oridʒinaliˈta] *f 1.* Echtheit *f; 2. (provenienza)* Ursprünglichkeit *f*

originare [oridʒiˈnaːre] *v 1.* erzeugen; *2. (provenire)* herstammen; *3. (causare)* verursachen

originario [oridʒiˈnaːrio] *adj* ursprünglich; ◆ *essere originario di* stammen aus

origine [oˈriːdʒine] *f 1.* Abstammung *f; di ~ tedesca* deutschstämmig; *2. (inizio)* Nullpunkt *m; 3. (fig: sorgente)* Ursprung *m*

◆ *risalire alle origini* auf den Ursprung zurückgehen

essere di dubbia origine zweifelhaften Ursprungs sein

orizzontale [oriddzonˈtaːle] *adj* waagerecht
orizzonte [oridˈdzonte] *m* Horizont *m;* ◆ *fare un giro d'orizzonte (fig)* sich einen Überblick verschaffen
orlo [ˈorlo] *m 1.* Rand *m,* Kante *f; 2. (di vestito)* Saum *m*
orma [ˈorma] *f 1. (traccia)* Spur *f; 2. (del piede)* Tritt *m,* Fußspur *f*
ormai [orˈmaːi] *adv* nunmehr, jetzt
ormone [orˈmoːne] *m* Hormon *n*
ornamento [ornaˈmento] *m 1.* Ornament *n; 2. (decorazione)* Schmuck *m,* Zierde *f*
ornare [orˈnaːre] *v 1.* schmücken, verzieren; *2. (imbellire)* verschönern
ornarsi [orˈnarsi] *v* sich zieren
ornitologo [orniˈtɔːlogo] *m* Ornithologe *m*

oro [ˈɔːro] *m* Gold *n; come l'~* goldig; *d'~* golden, aus Gold
◆ *a peso d'oro* unbezahlbar/sehr teuer
Non è tutt'oro quel che riluce. Es ist nicht alles Gold, was glänzt.
≠ *ora f* Zeit

orologio [oroˈlɔːdʒo] *m* Uhr *f; ~ a pendolo* Standuhr *f; ~ al quarzo* Quarzuhr *f; ~ da polso* Armbanduhr *f*
oroscopo [oˈrɔskopo] *m* Horoskop *n*
orrendo [orˈrɛndo] *adj 1.* schauderhaft, grässlich; *2. (storia)* schaurig
orribile [orˈriːbile] *adj* grauenhaft
orripilante [orripiˈlante] *adj* haarsträubend
orrore [orˈroːre] *m 1.* Grauen *n,* Entsetzen *n; con ~* ensetzt; *2. (abominio)* Gräuel *m; 3. (disgusto)* Abscheu *m/f*
orsacchiotto [orsakkiˈɔtto] *m 1.* junger Bär *m; 2. (di stoffa)* Teddybär *m*
orso [ˈorso] *m ZOOL* Bär *m*
ortaggio [orˈtaddʒo] *m* Gemüse *n*
ortica [orˈtiːka] *f BOT* Brennnessel *f*
orto [ˈɔrto] *m* Gemüsegarten *m; 2. (frutteto)* Obstgarten *m*
ortodosso [ortoˈdɔsso] *adj 1.* linientreu; *2. (fede)* orthodox
ortofrutticolo [ortofrutˈtiːkolo] *adj BOT* Obst- und Gemüse... *mercato ~* Obst- und Gemüsemarkt *m*
ortografia [ortograˈfiːa] *f* Orthografie *f,* Rechtschreibung *f*
ortopedico [ortoˈpɛːdiko] *m MED* Orthopäde *m*
orzo [ˈɔrdzo] *m BOT* Gerste *f*
osare [oˈzaːre] *v* wagen
oscenità [oʃeniˈta] *f* Obszönität *f*
osceno [oˈʃɛːno] *adj* obszön
oscillare [oʃilˈlaːre] *v 1.* schwanken; *2. (modo di camminare)* wanken
oscillazione [oʃillatsiˈoːne] *f 1. (divergenza)* Schwankung *f; 2. (vibrazione)* Schwingung *f*
oscurare [oskuˈraːre] *v (camera)* verdunkeln
oscurità [oskuriˈta] *f 1.* Finsternis *f; 2. (questione aperta)* Unklarheit *f*
oscuro [osˈkuːro] *adj 1.* dunkel; *camera oscura* Dunkelkammer *f; 2. (misterioso)* obskur, schleierhaft; *3. (non chiarito)* ungeklärt
ospedale [ospeˈdaːle] *m* Krankenhaus *n,* Hospital *n; ~ militare* Lazarett *n*
ospitale [ospiˈtaːle] *adj* gastfreundlich, gastlich
ospitalità [ospitaliˈta] *f* Gastfreundschaft *f*
ospitare [ospiˈtaːre] *v 1.* bewirten; *2. (dare da mangiare)* bewirten; *3. (alloggiare)* beherbergen
ospite [ˈɔspite] *m/f 1. (visitatore/visitatrice)* Besucher(in) *m/f; 2. (cliente)* Gast *m; ~ d'onore* Ehrengast *m; 3. (persona che ospita)* Gastgeber(in) *m/f*

ossequente [osseku'ɛnte] *adj* ergeben; unterwürfig
ossequiare [ossekui'aːre] *v* *1. (con visita)* seine Aufwartung machen; *2. (solennemente)* huldigen
osservanza [osser'vantsa] *f* Einhaltung *f*

> **osservare** [osser'vaːre] *v* *1.* beobachten; *2. (guardare)* anschauen; *3. (personaggio)* observieren; *4. (accorgersi)* bemerken; *5. (rispettare)* befolgen
> ◆ *osservare una dieta* Diät halten/eine Diät machen

osservatorio [osserva'tɔːrio] *m* Beobachtungsstation *f*; *~ astronomico* Sternwarte *f*
osservazione [osservatsi'oːne] *f* *1.* Beobachtung *f*, Betrachtung *f*; *2. (obiezione)* Einwand *m*
ossessione [ossessi'oːne] *f* Besessenheit *f*
ossessivo [osses'siːvo] *adj* zwanghaft
ossesso [os'sɛsso] *adj* *1. ~ da* besessen von; *m* *2.* Besessener *m*
ossia [os'siːa] *konj* oder
ossidare [ossi'daːre] *v* oxidieren
ossido ['ɔssido] *m* *~ di carbonio CHEM* Kohlenmonoxyd *n*
ossidrico [os'siːdriko] *adj* Sauerstoff...
ossigenare [ossidʒe'naːre] *v* bleichen
ossigeno [os'siːdʒeno] *m* *1. CHEM* Sauerstoff *m*; *2. (aria)* Luft *f*
osso ['ɔsso] *m* *1. ANAT* Knochen *m*, Bein *n*; *~ sacro* Kreuzbein *n*; *2.* ◆ *rompersi l'osso (fam)* sich das Genick brechen; *3. (nocciolo)* Stein *m*, Kern *m*
ossobuco [osso'buːko] *m* *GAST* Beinscheibe *f*
ossuto [os'suːto] *adj* starkknochig
ostacolare [ostako'laːre] *v* behindern
ostacolo [os'taːkolo] *m* *1.* Hürde *f*, Hindernis *n*; *corsa ad ostacoli* Hinderníslauf *m*, Hürdenlauf *m*; *2. (impedimento)* Behinderung *f*, Hindernis *n*
ostaggio [os'taddʒo] *m* Geisel *f*; *presa in ~* Geiselnahme *f*
oste(ssa) ['ɔste/os'tessa] *m/f* *(di un ristorante)* Wirt(in) *m/f*, Gastwirt(in) *m/f*
osteggiare [osted'dʒaːre] *v* bekämpfen
ostello [os'tɛllo] *m* *~ della gioventù* Jugendherberge *f*
osteria [oste'riːa] *f* *1.* Wirtshaus *n*; *2. (bettola)* Kneipe *f*
ostetrica [os'tɛːtrika] *f* Hebamme *f*
ostetricia [oste'triːtʃa] *f* *MED* Geburtshilfe *f*
ostia ['ɔstia] *f* *REL* Hostie *f*
ostile [os'tile] *adj* feindselig
ostilità [ostili'ta] *f* *1.* Feindseligkeit *f*; *2. (animosità)* Anfeindung *f*
ostinato [osti'naːto] *adj* *1. (capriccioso)* eigenwillig; *2. (persistente)* hartnäckig; *3. (testardo)* störrisch, halsstarrig
ostinazione [ostinatsi'oːne] *f* *1. (caparbietà)* Trotz *m*; *2. (persistenza)* Hartnäckigkeit *f*
ostrica ['ɔstrika] *f* *ZOOL* Auster *f*
ostruire [ostru'iːre] *v irr* verstopfen
ostruzione [ostrutsi'oːne] *f* *1.* Sperre *f*; *2. MED* Verstopfung *f*
otite [o'tiːte] *f* *MED* Ohrenentzündung *f*; *media* Mittelohrentzündung *f*
ottagonale [ottago'naːle] *adj* achteckig
ottanta [ot'tanta] *num* achtzig
ottantesimo [ottan'tɛːzimo] *adj* achtzigste(r,s)
ottavo [ot'taːvo] *adj* *1.* achte(r,s); *m* *2.* Achtel *n*

O

ottenere [otteˈneːre] *v irr 1. (ricevere)* erlangen, erhalten; *~ con la forza* erzwingen; *2. (raggiungere)* erreichen; *3. (fig: vittoria)* davontragen
◆ *Präsens: ottengo; Futur: otterrò; Passato remoto: ottenni*

ottica [ˈɔttika] *f* Optik *f*
ottico [ˈɔttiko] *adj 1.* optisch; *m 2.* Optiker *m*
ottimale [ottiˈmaːle] *adj* optimal
ottimismo [ottiˈmizmo] *m* Optimismus *m*
ottimista [ottiˈmista] *adj 1.* optimistisch; *m/f 2.* Optimist(in) *m/f*
ottimistico [ottiˈmistiko] *adj* optimistisch
ottimo [ˈɔttimo] *adj* ausgezeichnet
otto [ˈɔtto] *num 1.* acht; *m 2.* Acht *f; 3. ~ volante* Achterbahn *f*
ottobre [otˈtoːbre] *m* Oktober *m*
ottocento [ottoˈtʃɛnto] *num 1.* achthundert; *m 2.* 19. Jahrhundert *n*
O **ottomila** [ottoˈmiːla] *num* achttausend
ottone [otˈtoːne] *m* Messing *n*
otturare [ottuˈraːre] *v 1.* verstopfen; *2. (dente)* plombieren
otturazione [otturatsiˈoːne] *f 1.* Verstopfung *f; 2. (dente)* Füllung *f*
ottusità [ottuziˈta] *f* Stumpfsinn *m*
ovale [oˈvaːle] *adj* eiförmig, oval
ovatta [oˈvatta] *f* Watte *f; bastoncino d'~* Wattestäbchen *n*
ovest [ˈɔːvest] *m* Westen *m; a ~* westlich
oviforme [oviˈforme] *adj* eiförmig
ovile [oˈviːle] *m 1. ZOOL* Schafstall *m; 2. (fig)* Heim *n*
ovino [oˈviːno] *adj 1. ZOOL* Schafs... *m 2. ovini pl* Schafsherde *f*
ovolo [ˈɔːvolo] *m ~ malefico* Fliegenpilz *m*
ovulo [ˈɔːvulo] *m BIO* Eizelle *f*
ovunque [oˈvuŋkue] *adv* wo auch immer, überall
ovvero [ovˈveːro] *konj 1.* oder; *2. (cioè)* das heißt
ovvio [ˈɔvvio] *adj 1.* offensichtlich; *2. (naturale)* nahe liegend
oziare [otsiˈaːre] *v* faulenzen
ozio [ˈɔːtsio] *m (agio)* Muße *f,* Müßiggang *m*
ozioso [otsiˈoːso] *adj 1.* müßig; *2. (superfluo)* überflüssig; *3. (inerte)* untätig; *m 4.* Müßiggänger *m*
ozono [oˈdʒɔːno] *m CHEM* Ozon *n; buco nell'~* Ozonloch *n*
ozonosfera [odʒonosˈfɛːra] *f* Ozonschicht *f*

P/Q

pacca [ˈpakka] *f* Schlag *m*
pacchetto [pakˈketto] *m 1.* Päckchen *n; 2. (scatola)* Packung *f; ~ di sigarette* Zigarettenpackung *f*
pacco [ˈpakko] *m* Paket *n*

pace [ˈpaːtʃe] *f 1.* Frieden *m; 2. (tranquillità)* Ruhe *f*, Stille *f*
◆ *far pace* sich versöhnen
lasciare qd in pace jdn in Ruhe lassen

pacemaker [ˈpeismeiker] *m MED* Herzschrittmacher *m*
pacifico [paˈtʃiːfiko] *adj 1.* friedlich; *2. (flemmatico)* behäbig; *3. (tranquillo)* ruhig, still
pacifismo [patʃiˈfizmo] *m 1. (idea)* Pazifismus *m; 2. (movimento)* Friedensbewegung *f*
padella [paˈdɛlla] *f* Pfanne *f*
padiglione [padiˈʎoːne] *m (grande tenda)* Pavillon *m; ~ da giardino* Gartenhaus *n; ~ auricolare* Ohrmuschel *f*

padre [ˈpaːdre] *m 1.* Vater *m; 2. REL* Pater *m*
◆ *da parte di padre* väterlicherseits
essere più di un padre per qd für jdn mehr als ein Vater sein

padrenostro [padreˈnɔstro] *m* Vaterunser *n*
padrino [paˈdriːno] *m* Pate *m; ~ di battesimo* Taufpate *m*
padrone [paˈdroːne] *m* Eigentümer *m; ~ di casa* Hausherr *m;* ◆ *essere padrone di fare qc* frei sein, etw zu tun

paesaggio [paeˈzaddʒo] *m* Landschaft *f*
paesano [paeˈzaːno] *adj 1.* ländlich, dörflich *m 2.* Dorfbewohner *m*, Landmann *m*

paese [paˈeːze] *m 1. (villaggio)* Dorf *n*, Ort *m; 2. (stato)* Land *n; ~ d'origine* Ursprungsland *n; ~ di provenienza* Herkunftsland *n; ~ in via di sviluppo* Entwicklungsland *n; ~ membro* Mitgliedsland *n; ~ emergente* Schwellenland *n; ~ produttore* Erzeugerland *n*
◆ *Come arrivo in paese?* Wie komme ich ins Dorf?

paga [ˈpaːga] *f* Lohn *m; ~ minima* Mindestlohn *m; ~ oraria* Stundenlohn *m*
pagabile [paˈgaːbile] *adj* zahlbar
pagamento [pagaˈmento] *m 1.* Zahlung *f; ~ degli alimenti* Unterhaltszahlung *f; ~ degli interessi* Verzinsung *f; ~ in contanti* Barzahlung *f; ~ anticipato* Vorauszahlung *f; 2. (compenso)* Bezahlung *f; 3. (rate) ECO* Abzahlung *f; 4. (esborso)* Auszahlung *f*
pagano [paˈgaːno] *adj 1.* heidnisch; *m 2.* Heide *m*

pagare [paˈgaːre] *v 1.* bezahlen, zahlen, blechen *(fam)*; *ben pagato* gut bezahlt; *2. (stipendio, premio)* auszahlen; *3. (versare)* einzahlen; *4. (remunerare)* honorieren
◆ *pagare a rate* abbezahlen
pagare in acconto anzahlen
pagare l'interesse su Zinsen zahlen für
pagare le imposte Steuern zahlen/versteuern

pagella [paˈdʒɛlla] *f* Zeugnis *n; ~ scolastica* Schulzeugnis *n*
paggio [ˈpaddʒo] *m* Page *m*

P Q

pagina [ˈpaːdʒina] *f 1. (di un libro)* Seite *f; prima ~* Titelseite *f; 2. INFORM ~ iniziale* Startseite *f; ~ web* Webseite *f*
paglia [ˈpaːʎa] *f* Stroh *n*
pagliaccio [paˈʎattʃo] *m* Clown *m*
pagnotta [paˈɲɔtta] *f* Brotlaib *m*
paio [ˈpaːio] *m 1. un ~ di volte* ein paar Mal; *2. (di scarpe)* Paar *n*
Pakistan [ˈpaːkistan] *m* Pakistan *n*
pala [ˈpaːla] *f* Schaufel *f,* Schippe *f*
palato [paˈlaːto] *m ANAT* Gaumen *m*
palazzo [paˈlattso] *m 1. ARCH* Palast *m; 2. (condominio)* Wohnhaus *n*
palcoscenico [palkoˈʃɛːniko] *m* Bühne *f; ~ ad elevatore* Hebebühne *f*
Palestina [palesˈtiːna] *f* Palästina *n*
palestra [paˈlɛstra] *f* Turnhalle *f*
paletta [paˈletta] *f 1.* Kehrschaufel *f; 2. (assortimento)* Palette *f*
paletto [paˈletto] *m 1.* Pflock *m; 2. (chiavistello)* Riegel *m*
palla [ˈpalla] *f* Ball *m; ~ a mano* Handball *m; ~ di neve* Schneeball *m*
pallido [ˈpallido] *adj* blass, bleich; ◆ *pallido come un cencio* leichenblass; *pallido di terrore* schreckensbleich
palloncino [pallonˈtʃiːno] *m* Luftballon *m*
pallone [palˈloːne] *m 1. (dell'aviazione)* Ballon *m; 2. (gioco)* Fußball *m; ~ da calcio* Fußball *m;* ◆ *giocare al pallone* Ball spielen
pallore [palˈloːre] *m* Blässe *f*
pallottola [palˈlɔttola] *f* Kugel *f*
palma¹ [ˈpalma] *f BOT* Palme *f*
palma² [ˈpalma] *f ~ della mano ANAT* Handfläche *f; ~ del piede* Fußsohle *f*
palmipede [palˈmiːpede] *m* Schwimmvogel *m*
palo [ˈpaːlo] *m 1.* Pfahl *m,* Pfosten *m; 2. (del telefono)* Telefonmast *m*
palpare [palˈpaːre] *v* tasten, abtasten
palpebra [ˈpalpebra] *f* Augenlid *n*
palude [paˈluːde] *f* Moor *n,* Ried *n*
paludoso [paluˈdoːso] *adj* sumpfig
panca [ˈpaka] *f (per sedersi)* Bank *f*
pancetta [panˈtʃetta] *f GAST* Bauchspeck *m*
pancia [ˈpantʃa] *f ANAT* Bauch *m*
panciotto [panˈtʃɔtto] *m* Weste *f*
panciuto [panˈtʃuːto] *adj* bauchig

> **pane** [ˈpaːne] *m* Brot *n; ~ bianco* Weißbrot *n; ~ croccante* Knäckebrot *n; ~ di segala* Roggenbrot *n; ~ integrale* Vollkornbrot *n; ~ nero* Schwarzbrot *n*
> ◆ *dire pane al pane* Klartext reden

panetteria [panetteˈriːa] *f* Bäckerei *f*
panettiere [panettiˈɛːre] *m* Bäcker *m*
pangrattato [pagratˈtaːto] *m* Paniermehl *n*
panico [ˈpaːniko] *m* Panik *f;* ◆ *come in preda al panico* panikartig
panino [paˈniːno] *m* Brötchen *n,* Semmel *f; ~ integrale* Vollkornbrötchen *n*
panna [ˈpanna] *f GAST* Rahm *m; ~ montata* Schlagsahne *f*
panne [ˈpanne] *f* Panne *f;* ◆ *Ho la macchina in panne.* Ich habe eine Panne.
panno [ˈpanno] *m 1. (canovaccio)* Tuch *n; 2. panni pl* Wäsche *f;* ◆ *essere nei panni di qd* an jds Stelle sein
pannocchia [panˈnɔkkia] *f* Kolben *m; ~ di granturco* Maiskolben *m*
pannolino [pannoˈliːno] *m* Windel *f*
panorama [panoˈraːma] *m 1.* Ausblick *m; 2. (veduta)* Überblick *m*
pantaloncini [pantalonˈtʃiːni] *m/pl ~ corti* Shorts *pl*
pantaloni [pantaˈloːni] *m/pl* Hose *f*
pantera [panˈtɛːra] *f ZOOL* Panter *m*
pantofola [panˈtɔːfola] *f* Pantoffel *m*
papa [ˈpaːpa] *m REL* Papst *m*

papà [pa'pa] *m* Papa *m*
papale [pa'paːle] *adj REL* päpstlich
papavero [pa'paːvero] *m* Mohn *m*
papera ['paːpera] *f 1. ZOOL* Gans *f; 2. (errore, sbaglio)* Irrtum *m*
papero ['paːpero] *m ZOOL* Gänserich *m*
pappa ['pappa] *f* Brei *m; ~ d'avena* Haferbrei *m*
pappagallo [pappa'gallo] *m ZOOL* Papagei *m*
paprica ['paːprika] *f GAST* Paprika *f*
parabola [pa'raːbola] *f 1.* Parabel *f; 2. (fig) LIT* Gleichnis *n*
parabrezza [para'breddza] *f (della macchina)* Windschutzscheibe *f*
paracadute [paraka'duːte] *m* Fallschirm *m*
paradiso [para'diːzo] *m* Paradies *n*
paradossale [parados'saːle] *adj* paradox
parafango [para'fango] *m 1.* Kotflügel *m; 2. (della moto)* Schutzblech *n*
parafulmine [para'fulmine] *m* Blitzableiter *m*
paraggi [pa'raddʒi] *m/pl* Gegend *f;* ◆ *nei paraggi di ...* in der Gegend von ...
paragonabile [parago'naːbile] *adj* vergleichbar
paragonare [parago'naːre] *v 1.* vergleichen; *2. (raffrontare)* gegenüberstellen
paragone [para'goːne] *m 1.* Vergleich *m; 2. (raffronto)* Gegenüberstellung *f; 3. (immagine)* Gleichnis *n*
paragrafo [pa'raːgrafo] *m 1.* Abschnitt *m; 2. (di una legge) JUR* Paragraph *m*
paralisi [pa'raːlizi] *f MED* Lähmung *f*
paralizzare [paralid'dzaːre] *v* lähmen, paralysieren
parallela [paral'lɛːla] *f* Parallele *f*
parallelo [paral'lɛːlo] *adj 1.* parallel; *m 2.* Parallele *f;* ◆ *fare un parallelo (fig)* eine Parallele ziehen
paralume [para'luːme] *m* Lampenschirm *m*
parametro [pa'raːmetro] *m* Parameter *m*
parapetto [para'pɛtto] *m 1. (della scala)* Brüstung *f; 2. (della nave)* Reling *f*
parasole [para'soːle] *m* Sonnenschirm *m*
parassita [paras'siːta] *m 1.* Parasit *m; m/f 2. (fam)* Schmarotzer(in) *m/f*
parata [pa'raːta] *f* Parade *f*
paraurti [para'urti] *m 1. (dell'auto)* Stoßstange *f; 2. (fig)* Prellbock *m*
parcella [par'tʃɛlla] *f 1.* Parzelle *f; 2. (onorario)* Rechnung *f*
parcheggiare [parked'dʒaːre] *v* parken
parcheggio [par'keddʒo] *m* Parkplatz *m; ~ a più piani* Parkhaus *n*
parchimetro [par'kiːmetro] *m* Parkuhr *f*
parco ['parko] *adj 1. (sobrio)* sparsam, genügsam; *2. ~ di parole* wortkarg; *m 3.* Park *m,* Anlage *f; ~ dei divertimenti* Rummel *m,* Vergnügungspark *m; ~ nazionale* Nationalpark *m*
pardon ['paːrdn] *interj Pardon!* Verzeihung!

> **parecchio** [pa'rekkio] *adj 1.* ziemlich viel; *pron 2.* ziemlich viel; *adv 3.* ziemlich
> ◆ *Abbiamo speso parecchio.* Wir haben ziemlich viel ausgegeben.

pareggiare [pared'dʒaːre] *v 1.* gleichmachen; *2. SPORT* ausgleichen
parente [pa'rɛnte] *adj 1.* verwandt; *m/f 2.* Verwandte(r) *f/m*

P Q

parentela [paren'tɛːla] *f* Verwandtschaft *f*
parentesi [pa'rɛntezi] *f (segno)* Klammer *f; fra ~* in Klammern
parere [pa'reːre] *v irr 1. (apparire)* erscheinen; *m 2. (opinione)* Meinung *f,* Ansicht *f; a mio ~* meiner Meinung nach
parete [pa'reːte] *f* Wand *f*
pari ['paːri] *adj 1. (eguale)* ebenbürtig, gleichrangig; *2. SPORT* unentschieden
parità [pari'ta] *f* Gleichheit *f; ~ di diritti* Gleichberechtigung *f*
parlamentare [parlamen'taːre] *adj 1. POL* parlamentarisch; *m/f 2. POL* Parlamentarier(in) *m/f*
parlamento [parla'mento] *m POL* Parlament *n; Parlamento europeo* Europaparlament *n*

parlare [par'laːre] *v 1.* reden, sprechen; *2. (discutere) ~ di* besprechen
◆ *parlare al muro (fig)* gegen eine Wand reden
far parlare di sé von sich reden machen

parlata [par'laːta] *f* Sprechweise *f*
parmigiano [parmi'dʒaːno] *m GAST* Parmesankäse *m*
parola [pa'rɔːla] *f 1.* Wort *n; ~ d'onore* Ehrenwort *n; ~ d'ordine* Kennwort *n; ~ definitiva* Machtwort *n; 2. (motto)* Parole *f; 3. (vocabolo) GRAMM* Vokabel *f; 4. parole (in)crociate pl* Kreuzworträtsel *n; 5. parole di conforto pl* Zuspruch *m*
parolaccia [paro'lattʃa] *f* Schimpfwort *n*
parroco ['parroko] *m REL* Pfarrer *m*
parrucca [par'rukka] *f* Perücke *f*
parrucchiera [parrukki'ɛːra] *f* Friseurin *f*
parrucchiere [parrukki'ɛːre] *m* Friseur *m*
parsimonioso [parsimoni'oːso] *adj* sparsam

parte ['parte] *f 1.* Teil *m; la maggior ~* die meisten; *~ del corpo* Körperteil *n; ~ di ricambio* Ersatzteil *n; da quella ~* daher; *da questa ~* diesseits; *~ contraente* Vetragspartner *m; da ~ di* seitens; *presa di ~* Parteinahme *f; 2. (lato)* Seite *f; ~ anteriore* Vorderseite *f; ~ davanti* Vordergrund *m; ~ interna* Innenseite *f; ~ posteriore* Rückseite *f; d'altra ~* andererseits; *da nessuna ~* nirgends, nirgendwo; *a ~ di* abgesehen von; *3. (porzione)* Anteil *m; ~ del leone* Löwenanteil *m; 4. (luogo)* Gegend *f; 5. THEAT* Rolle *f*
◆ *Questo costa a parte?* Kostet das extra?

partecipante [partetʃi'pante] *m/f 1.* Teilnehmer(in) *m/f,* Beteiligte(r) *f/m; 2. ~ al contratto* Vertragspartner(in) *m/f; 3. SPORT* Wettkämpfer(in) *m/f*
partecipare [partetʃi'paːre] *v* teilnehmen; ◆ *partecipare alla decisione di qc* etw mitbestimmen
partecipazione [partetʃipatsi'oːne] *f 1.* Anzeige *f; ~ di matrimonio* Heiratsanzeige *f; 2. (il partecipare)* Beteiligung *f,* Teilnahme *f; ~ agli utili* Gewinnbeteiligung *f; ~ alla votazione* Wahlbeteiligung *f; 3. (interesse)* Anteilnahme *f*
partenza [par'tɛntsa] *f 1.* Abfahrt *f,* Abreise *f; punto di ~* Ansatzpunkt *m; 2. (a piedi)* Abmarsch *m; 3. (mettersi in marcia)* Aufbruch *m; falsa ~* Fehlstart *m*
particella [parti'tʃɛlla] *f 1.* Teilchen *n; 2. GRAMM* Partikel *f*
participio [parti'tʃiːpio] *m* Partizip *n*
particolare [partiko'laːre] *adj 1.* besondere(r,s); *2. (strano)* eigenartig, eigentümlich; *m 3. (dettaglio)* Einzelheit *f;*

P Q

4. *(cosa specifica)* Besonderheit *f; in ~* besonders

particolarità [partikolari'ta] *f 1.* Eigenheit *f,* Besonderheit *f; 2. (stranezza)* Eigentümlichkeit *f*

partigiano [parti'dʒaːno] *m POL* Partisan *m*

partire [par'tiːre] *v 1.* abfahren, abreisen; *2. (andare in viaggio)* verreisen
◆ *Quando e dove parte l'autobus per il centro?* Wann und wo fährt der Bus in die City ab?
Quando partiamo? Wann fahren wir ab?

partita [par'tiːta] *f 1. (gioco)* Partie *f; 2. (quantità)* Satz *m; 3. ~ di merce ECO* Warenposten *m*

partito [par'tiːto] *m 1. POL* Partei *f; ~ di una coalizione* Koalitionspartner *m; 2.* Partie *f;* ◆ *per partito preso* voreingenommen

partner ['paːrtner] *m/f 1.* Partner(in) *m/f; 2. (nel matrimonio)* Ehepartner(in) *m/f*

parto ['parto] *m MED* Entbindung *f; ~ con feto morto* Totgeburt *f; ~ prematuro* Frühgeburt *f*

partorire [parto'riːre] *v irr* gebären

parziale [partsi'aːle] *adj 1.* Teil...; *2. (non obiettivo)* parteiisch

parzialmente [partsial'mente] *adv* teilweise

pascolare [pasko'laːre] *v* grasen

pascolo ['paskolo] *m* Weide *f; ~ alpino* Alm *f*

Pasqua ['paskua] *f REL* Ostern *n*

pasquetta [pasku'etta] *f REL* Ostermontag *m*

passaggio [pas'saddʒo] *m 1. (passo)* Durchgang *m; 2. (traversata)* Durchfahrt *f; ~ dal confine* Ausreise *f,* Grenzübertritt *m;* ◆ *dare un passaggio a qd* jdn mitnehmen; *Cerco un passaggio fino a ...* Ich suche eine Mitfahrgelegenheit bis ... *3. (tragitto)* Überfahrt *f*

passante [pas'sante] *m/f* Passant(in) *m/f*

passaporto [passa'porto] *m* Reisepass *m*

passare [pas'saːre] *v 1. (attraversare)* passieren, vorbeigehen, vorübergehen; *2. (tempo)* vergehen; *3. (vacanze)* verbringen; *4. (fig: omettere)* überspringen
◆ *passare all'altra sponda* übersetzen
passare di qua herübersteigen
passare davanti vorbeigehen
passare attraverso durchfahren/durchgehen
passare il tempo die Zeit verbringen
passarne delle brutte (fam) sich in einer schlechten Lage befinden
Il tempo passa rapidamente. Die Zeit verfliegt.

passatempo [passa'tɛmpo] *m 1.* Spielerei *f; 2. (divertimento)* Zeitvertreib *m*

passato [pas'saːto] *m 1.* Vergangenheit *f; 2. GAST* Mus *n,* Püree *n; adj 3.* vergangen, vorig; *4.* der Vergangenheit; *participio ~* Partizip *n* Perfekt

passeggero [passed'dʒɛːro] *adj 1.* vorübergehend; *m 2.* Fahrgast *m,* Passagier *m; ~ d'aereo* Fluggast *m; ~ clandestino* blinder Passagier *m*

passeggiare [passed'dʒaːre] *v* spazieren gehen

passeggiata [passed'dʒaːta] *f* Spaziergang *m,* Bummel *m*

passero ['passero] *m ZOOL* Spatz *m*

passione [passi'oːne] *f 1.* Leidenschaft *f; 2. (inclinazione)* Hobby *n; 3. (fig)* Schwarm *m*

passività [passivi'ta] *f* Passivität *f*

passivo [pas'siːvo] *adj 1.* passiv *m 2. GRAMM* Passiv *n; 3. ECO* Passiva *pl;* ◆ *essere in passivo* im Verlust sein
passo ['passo] *m 1.* Tritt *m,* Schritt *m; ~ falso* Fehltritt *m; 2. ~ carrabile* Ausfahrt *f; 3. (modo di camminare)* Schritt *m; ~ di lumaca* Schneckentempo *n; ~ falso* Fehltritt *m; 4. (di montagna) GEO* Pass *m; 5. (di libro)* Stelle *f*

> **pasta** ['pasta] *f 1.* Paste *f; 2. GAST* Nudeln *pl,* Teigwaren *pl; 3. (impasto)* Teig *m; ~ sfoglia* Blätterteig *m; ~ frolla* Mürbteig *m; ~ lievitata* Hefeteig *m; 4. paste pl (dolci)* Backwaren *pl*
> ≠ *pasto m* Mahlzeit

pastasciutta [pasta'ʃutta] *f GAST* Nudelgericht *n*
pastello [pas'tɛllo] *adj 1. ART* pastell; *m 2. ART* Pastell *n*
pasticca [pas'tikka] *f* Tablette *f; ~ di sonnifero* Schlaftablette *f*
pasticceria [pastittʃe'riːa] *f* Konditorei *f*
pasticcino [pastit'tʃiːno] *m* Plätzchen *n*
pasticcio [pas'tittʃo] *m 1. GAST* Pastete *f; ~ di fegato d'oca* Gänseleberpastete *f; ~ di maccheroni* Makkaronigericht *n; 2. (fig)* Zwickmühle *f;* ◆ *essere in un pasticcio* in der Klemme sitzen; *cacciarsi nei pasticci* in Teufels Küche kommen
pastiglia [pas'tiːʎa] *f MED* Tablette *f*
pasto ['pasto] *m* Mahlzeit *f,* Mahl *n*
pastore [pas'toːre] *m 1.* Hirt *m; 2. REL* Pastor *m*
pastoso [pas'toːso] *adj 1.* teigig; *2. (morbido)* weich
patata [pa'taːta] *f BOT* Kartoffel *f; patate arrostite* Bratkartoffeln *pl; patate fritte* Pommes frites *pl*

patente [pa'tɛnte] *f ~ di guida* Führerschein *m; sospensione della ~* Führerscheinentzug *m*
paternità [paterni'ta] *f* Vaterschaft *f*
paterno [pa'tɛrno] *adj* väterlich; ◆ *da parte paterna* väterlicherseits
patetico [pa'tɛːtiko] *adj* pathetisch
patina ['paːtina] *f 1. MED* Belag *m; 2. TECH* Edelrost *m*
patire [pa'tiːre] *v irr* leiden; ◆ *patire la fame* hungern
patologia [patolo'dʒiːa] *f MED* Pathologie *f*
patria ['paːtria] *f* Heimat *f*
patrigno [pa'triːɲo] *m* Stiefvater *m*
patrimoniale [patrimoni'aːle] *adj* Vermögens... *beni patrimoniali* Sachanlagen *pl*
patrimonio [patri'mɔːnio] *m 1. (proprietà)* Vermögen *n; ~ in contanti* Barvermögen *n; beni patrimoniali* Sachanlagen *f/pl; 2. ~ ereditario BIO* Erbgut *n*
patriottico [patri'ɔttiko] *adj* patriotisch
patriottismo [patriot'tizmo] *m* Patriotismus *m*
patronato [patro'naːto] *m* Patronat *n*
patrono [pa'trɔːno] *m 1.* Patron *m,* Schirmherr *m; 2. REL* Schutzpatron *m*
patteggiare [patted'dʒaːre] *v 1.* verhandeln; *2. (accordarsi)* übereinkommen
pattinaggio [patti'naddʒo] *m ~ su ghiaccio SPORT* Schlittschuhlaufen *n; ~ a rotelle* Rollschuhlaufen *n*
pattinatore [pattina'toːre] *m 1. (a rotelle)* Rollschuh m; *pattini in linea* Inline-Skater *m/pl; 2. (sul ghiaccio)* Schlittschuh *m*
pattino ['pattino] *m 1. (a rotelle)* Rollschuh m; *pattini in linea* Inline-Skater *m/pl; 2. (sul ghiaccio)* Schlittschuh *m*
patto ['patto] *m* Pakt *m,* Vertrag *m; a ~ che* unter der Bedingung, dass; ◆ *stare ai patti* sein Wort halten

P Q

pattuglia [patˈtuːʎa] *f (della polizia)* Streife *f; ~ di ricerca* Suchtrupp *m*
pattumiera [pattumiˈɛːra] *f* Mülleimer *m*

> **paura** [paˈuːra] *f 1.* Angst *f,* Furcht *f; pieno di ~* angsterfüllt; *2. (timore angoscioso)* Ängstlichkeit *f*
> ◆ *aver paura* Angst haben
> *aver paura di qc* etw fürchten
> *Niente paura!* Keine Angst!

pauroso [pauˈroːso] *adj 1.* ängstlich, furchtsam; *2. (esitante)* zaghaft; *3. (che fa paura)* gruselig
pausa [ˈpaːuza] *f 1.* Pause *f; ~ di riflessione* Denkpause *f; 2. (riposo)* Rast *f*
pavimento [paviˈmento] *m* Fußboden *m; ~ di cemento* Estrich *m; ~ di parquet* Parkett *n*
pavone [paˈvoːne] *m ZOOL* Pfau *m*
paziente [patsiˈɛnte] *adj 1.* geduldig; *m/f 2.* Patient(in) *m/f; m ~ mutuato* Kassenpatient *m*
pazienza [patsiˈɛntsa] *f* Geduld *f; ~ di un santo* Engelsgeduld *f;* ◆ *Pazienza!* Da kann man nichts machen!
pazzia [patˈtsiːa] *f* Wahnsinn *m*

> **pazzo** [ˈpattso] *adj 1.* verrückt, irre; *2. (incredibile)* toll; *m 3. (folle)* Narr *m; 4. (alienato) MED* Irrer *m*
> ◆ *come un pazzo* wie ein Irrer

peccare [pekˈkaːre] *v* sündigen
peccato [pekˈkaːto] *m* Sünde *f* ◆ *Che peccato!* Wie schade!
peccatore [pekkaˈtoːre] *m* Sünder *m*
pece [ˈpeːtʃe] *f* Pech *n*
pecora [ˈpɛːkora] *f ZOOL* Schaf *n*
pecorino [pekoˈriːno] *m GAST* Schafskäse *m*
pecuniario [pekuniˈaːrio] *adj* Geld... *pena pecuniaria* Geldstrafe *f*
pedaggio [peˈdaddʒo] *m* Mautgebühr *f;* ◆ *Quanto costa il pedaggio?* Wie hoch ist die Autobahngebühr?
pedagogia [pedagoˈdʒiːa] *f* Pädagogik *f*
pedagogico [pedaˈgɔːdʒiko] *adj* Erziehungs...
pedale [peˈdaːle] *m* Pedal *n; ~ del freno* Bremspedal *n*
pedalò [pedaˈlo] *m* Tretboot *n*
pedante [peˈdante] *adj* pedantisch
pediatra [pediˈaːtra] *m/f* Kinderarzt/Kinderärztin *m/f*
pedonale [pedoˈnaːle] *adj* Fußgänger... *passaggio ~* Fußgängerübergang *m*
pedone [peˈdoːne] *m* Fußgänger *m*

> **peggio** [ˈpɛddʒo] *adv 1. (comparativo di male)* schlechter, schlimmer; *adj 2. (comparativo di cattivo: peggiore)* schlechter; *m 3.* Schlimmstes *n*
> ◆ *avere la peggio* den Kürzeren ziehen
> *Il peggio non muore mai.* Unkraut verdirbt nicht.
> **!** *sup: pessimo*

peggioramento [peddʒoraˈmento] *m* Verschlechterung *f,* Verschlimmerung *f*
peggiorare [peddʒoˈraːre] *v 1.* verschlechtern; *2. ~ qc* etw verschlimmern; *3. (malattia)* sich verschlimmern
peggiore [pedˈdʒoːre] *adj 1. (comparativo di cattivo)* schlechter; *2. (superlativo) il/la ~* der/die/das schlechteste
pegno [ˈpeːɲo] *m* Pfand *n;* ◆ *dare in pegno* verpfänden
pelare [peˈlaːre] *v 1.* enthaaren, scheren; *2. (sbucciare)* schälen
pellegrino [pelleˈgriːno] *m* Pilger *m*
pellicano [pelliˈkaːno] *m ZOOL* Pelikan *m*
pelliccia [pelˈlittʃa] *f 1. (pelo)* Pelz *m; ~ d'agnello* Lammfell *n; 2. (man-*

P Q

tello) Pelzmantel *m; ~ di visone* Nerzmantel *m*
pellicciaio [pellitˈtʃaːio] *m 1.* Kürschner *m; 2. (venditore)* Pelzverkäufer *m*
pellicola [pelˈliːkola] *f 1. (membrana) ANAT* Häutchen *n; 2. CINE* Film *m; ~ a passo ridotto* Schmalfilm *m*
pelo [ˈpeːlo] *m 1.* Haar *n;* ◆ *per un pelo* um ein Haar/um Haaresbreite; *2. (pelliccia)* Pelz *m,* Fell *n; ~ di cammello* Kamelhaar *n; contro ~* gegen den Strich
peluche [pəˈlyʃ] *f* Plüsch *m*
pena [ˈpeːna] *f 1. JUR* Strafe *f; ~ detentiva* Freiheitsstrafe *f; 2. (tormento)* Plage *f; 3. (angustia)* Bedrängnis *f; 4. (preoccupazione)* Sorge *f;* ◆ *a mala pena* mit knapper Not
penale [peˈnaːle] *adj JUR* Straf...
penalità [penaliˈta] *f JUR* Strafe *f*
pendente [penˈdɛnte] *adj 1.* hängend, schwebend; *2. JUR* anhängig
pendenza [penˈdɛntsa] *f* Gefälle *n*
pendere [ˈpɛndere] *v 1. ~ giù* hängen; *2. (fig: volare)* schweben
pendio [penˈdiːo] *m 1. (declivio)* Hang *m; 2. (strada)* Böschung *f*
pendolo [ˈpɛndolo] *m* Pendel *n*
pene [ˈpɛːne] *m ANAT* Penis *m*
penetrabile [peneˈtraːbile] *adj* durchlässig
penetrare [peneˈtraːre] *v 1.* durchdringen; *2. (spingersi dentro)* eindringen
penisola [peˈniːsola] *f* Halbinsel *f*
penitenza [peniˈtɛntsa] *f* Buße *f*

> **penna** [ˈpenna] *f 1. (per scrivere)* Schreibfeder *f; ~ a sfera* Kugelschreiber *m; amico di ~* Brieffreund *m; ~ stilografica* Füller *m; 2. ZOOL* Feder *f*
> ≠ *pena f* Strafe

pennarello [pennaˈrɛllo] *m* Filzstift *m*
pennello [penˈnɛllo] *m* Pinsel *m*
penoso [peˈnoːso] *adj* peinlich

> **pensare** [penˈsaːre] *v 1.* denken, nachdenken; *2. (ritenere)* meinen
> ◆ *pensare male di qd* schlecht von jdm denken

pensiero [pensiˈɛːro] *m 1.* Gedanke *m; ~ segreto* Hintergedanke *m; 2. (pensare)* Denken *n; 3. (modo di pensare)* Denkart *f; 4. (preoccupazione)* Sorge *f*
pensionato [pensioˈnaːto] *m 1.* Rentner *m; 2. ~ per anziani (edificio)* Altersheim *n*
pensione [pensiˈoːne] *f 1.* Pension *f; 2. (somma di denaro)* Pension *f,* Rente *f; ~ per la vecchiaia* Altersrente *f; ~ vedovile* Witwenrente *f; 3. (albergo)* Pension *f; 4. ~ completa* Vollpension *f; mezza ~* Halbpension *f; 5. ~ per animali* Tierheim *n*
pensoso [penˈsoːso] *adj* nachdenklich
pentagono [penˈtaːgono] *m* Fünfeck *n,* Pentagon *n*
Pentecoste [penteˈkɔste] *f REL* Pfingsten *n*
pentirsi [penˈtirsi] *v ~ di qc* etw bereuen
pentola [ˈpentola] *f* Kochtopf *m; ~ a pressione* Dampfkochtopf *m*
penuria [peˈnuːria] *f* Mangel *m*
pepare [peˈpaːre] *v GAST* pfeffern
pepe [ˈpeːpe] *m GAST* Pfeffer *m*
peperoncino [peperonˈtʃiːno] *m 1. BOT* Pfefferschote *f; 2. GAST* Chilipfeffer *m*
peperone [pepeˈroːne] *m* Paprika *f*

> **per** [per] *prep 1. (scopo)* für; *2. (causale)* vor, wegen; *3. (limitazione)* wegen; *~ caso* zufällig; *4. (luogo)* durch, nach; *5. (tempo)* während; *~ anni* jahre-

P
Q

lang; *6. (mezzo)* mit; *~ posta* mit der Post; *7. (distributivo)* je, pro; *~ giorno/~ notte* pro Tag/pro Nacht; *8. (indicazione numerica) due ~ due* zwei mal zwei; *il due ~ cento* zwei Prozent; *konj 9. (finale)* um ... zu, zu; *10. (causale)* weil; *11. (concessiva)* so
◆ *Sono qui per affari.* Ich bin geschäftlich hier.

pera [ˈpeːra] *f BOT* Birne *f*
percento [perˈtʃɛnto] *m* Prozent *n*
percentuale [pertʃentuˈaːle] *adj 1.* prozentual; *f 2.* Prozentsatz *m*
percepire [pertʃeˈpiːre] *v irr 1. (notare)* wahrnehmen; *2. (udire)* vernehmen; *3. (salario)* beziehen
percezione [pertʃetsiˈoːne] *f (osservazione)* Wahrnehmung *f*
perché [perˈke] *konj 1.* da, weil; *2. (finale)* damit; *3. (consecutiva)* als dass; *adv 4.* warum, wieso, weshalb
perciò [perˈtʃo] *konj* deshalb, daher, darum
percorso [perˈkorso] *m 1.* Strecke *f*, Weg *m; ~ in cresta (fig)* Gratwanderung *f; ~ vita* Trimm-dich-Pfad *m; 2. (itinerario)* Route *f*
percossa [perˈkɔssa] *f* Schlag *m*
percuotere [perkuˈɔːtere] *v irr* schlagen
perdente [perˈdɛnte] *m/f* Verlierer(in) *m/f*

perdere [ˈpɛrdere] *v irr 1. (oggetto)* verlieren; *2. (occasione)* versäumen
◆ *perdere la testa (fig)* den Kopf verlieren

perdersi [ˈpɛrdersi] *v irr 1.* sich verirren, sich verlaufen; *2. (in macchina)* sich verfahren; *3. (andare smarrito)* verloren gehen; *4. (svanire)* sich verlieren
perdita [ˈpɛrdita] *f 1.* Verlust *m; ~ della memoria* Gedächtnisschwund *m; ~ di tempo* Zeitverschwendung *f;* ◆ *subire una perdita* einen Verlust erleiden; *2. (deficit)* Defizit *n; 3. (scapito)* Einbuße *f; 4. (in nave)* Leck *n; 5. ECO* Ausfall *m; ~ del profitto* Verdienstausfall *m; 6.* ◆ *a perdita d'occhio* soweit das Auge reicht
perdizione [perditsiˈoːne] *f* Ruin *m;* ◆ *darsi alla perdizione* sich den Lastern hingeben
perdonare [perdoˈnaːre] *v 1.* verzeihen; *2. (avere indulgenza)* nachsehen
perdono [perˈdoːno] *m* Verzeihung *f*
perdurare [perduˈraːre] *v 1.* dauern; *2. (perseverare)* überdauern; *3. (ostinarsi)* beharren; *4. (continuare)* andauern
peregrino [pereˈgriːno] *adj 1.* ungewöhnlich; *2. (strano)* seltsam
perenne [peˈrɛnne] *adj 1. (eterno)* ewig, ohne Ende; *2. (continuo)* dauernd
perfetto [perˈfɛtto] *adj 1.* vollkommen, perfekt; *2. (eccellente)* vortrefflich
perfezionamento [perfetsionaˈmento] *m 1.* Vervollkommnung *f; 2. (dell'istruzione)* Weiterbildung *f; corso di ~* Fortbildungskurs *m*
perfezionare [perfetsioˈnaːre] *v* vervollkommnen, verbessern
perfezione [perfetsiˈoːne] *f* Perfektion *f*, Vollkommenheit *f*
perfidia [perˈfiːdia] *f* Heimtücke *f*
perfido [ˈpɛrfido] *adj* böswillig
perfino [perˈfiːno] *adv* sogar
perforatrice [perforaˈtriːtʃe] *f 1.* Locher *m; 2. TECH* Bohrmaschine *f*
perforazione [perforatsiˈoːne] *f TECH* Bohrung *f*
pergamena [pergaˈmɛːna] *f* Pergament *n*
pergola [ˈpɛrgola] *f* Laube *f*

P Q

pericolo [pe'riːkolo] *m 1.* Gefahr *f; ~ di caduta* Absturzgefahr *f; ~ di collusione* Verdunkelungsgefahr *f; ~ di contagio* Ansteckungsgefahr *f; ~ di valanghe* Lawinengefahr *f; ~ di vita* Lebensgefahr *f; 2. (frangente)* Not *f; ~ sul mare* Seenot *f*
◆ *correre il pericolo* Gefahr laufen
trovarsi in pericolo sich in Gefahr befinden

pericoloso [periko'loːso] *adj 1.* gefährlich; ◆ *È troppo pericoloso.* Das ist zu gefährlich. *2. (spericolato)* halsbrecherisch
periferia [perife'riːa] *f 1.* Peripherie *f; 2. (sobborgo)* Vorstadt *f*
periferico [peri'fɛːriko] *adj 1.* Rand... *2. (marginale)* peripher, nebensächlich
perimetro [pe'riːmetro] *m* Umfang *m*
periodico [peri'ɔːdiko] *adj 1.* periodisch; *m 2.* Zeitschrift *f*
periodo [pe'riːodo] *m 1.* Spanne *f,* Zeitraum *m; ~ d'incubazione* Inkubationszeit *f; ~ delle ferie* Urlaubszeit *f; ~ di garanzia* Gewährleistungsfrist *f; ~ di prova* Probezeit *f; ~ di tirocinio* Lehrzeit *f; 2. (spazio di tempo)* Abschnitt *m; 3. GRAMM* Satz *m; 4. (capoverso)* Absatz *m*
perire [pe'riːre] *v irr 1. (morire)* sterben; *2. (in una disgrazia)* umkommen
perito [pe'riːto] *m 1.* Sachverständiger *m; 2. (esperto)* Gutachter *m*
perizia [pe'riːtsia] *f 1. (abilità)* Geschicktheit *f; 2. (giudizio)* Gutachten *n*
perla ['pɛrla] *f* Perle *f*
perlustrazione [perlustratsi'oːne] *f 1.* Streife *f; 2. MIL* Erkundung *f*
permaloso [perma'loːso] *adj 1.* nachtragend; *2. (suscettibile)* reizbar
permanente [perma'nɛnte] *adj 1.* ständig; *2. (perdurante)* permanent; *3. (impiego)* unkündbar; *f 4.* Dauerwelle *f*
permanenza [perma'nɛntsa] *f 1. (soggiorno)* Aufenthalt *m; 2. (continuazione)* Fortdauer *f; in ~* ununterbrochen
permanere [perma'neːre] *v* verweilen
permeabile [perme'aːbile] *adj* durchlässig

permesso [per'messo] *adj 1.* zulässig; *~ ai giovani* jugendfrei; *m 2.* Erlaubnis *f,* Genehmigung *f; ~ d'espatrio* Ausreisegenehmigung *f; ~ di soggiorno* Aufenthaltsgenehmigung *f; 3. (ammissione)* Zulassung *f*
◆ *Con permesso!* Gestatten Sie!
Mi serve un permesso per ciò? Brauche ich eine Genehmigung dafür?

permettere [per'mettere] *v 1.* erlauben, gestatten; ◆ *Permette?* Gestatten Sie? *Questo non me lo posso permettere.* Das kann ich mir nicht leisten. *2. (approvare)* lassen, zulassen
perno ['pɛrno] *m* Angel *f*
pernottare [pernot'taːre] *v* übernachten
pero ['peːro] *m BOT* Birnbaum *m*
però [pe'rɔ] *konj* jedoch
perpetuare [perpetu'aːre] *v (propagare)* fortpflanzen
perpetuo [per'pɛːtuo] *adj* ewig
perplessità [perplessi'ta] *f* Unsicherheit *f,* Ratlosigkeit *f*
perplesso [per'plɛsso] *adj 1. (costernato)* perplex; *2. (disorientato)* ratlos
perquisizione [perkuizitsi'oːne] *f* Durchsuchung *f*
persecuzione [persekutsi'oːne] *f* Verfolgung *f; ~ degli ebrei* Judenverfolgung *f*
perseguire [persegu'iːre] *v 1.* verfolgen; *2. (fig: un fine)* anstreben
perseguitare [persegui'taːre] *v* verfolgen

perseverante [perseveˈrante] *adj 1.* ausdauernd; *2. (tenace)* beharrlich
perseverare [perseveˈraːre] *v* ausharren
Persia [ˈpɛrsia] *f GEO* Persien *n*
persiana [persiˈaːna] *f* Fensterladen *m; ~ avvolgibile* Rollladen *m*
persiano [persiˈaːno] *m 1. (persona)* Perser *m; 2. (tappeto)* Perserteppich *m; 3. (gatto)* Perserkatze *f*
persino [perˈsiːno] *adv* sogar
persistere [perˈsistere] *v irr 1.* verharren, andauern; *2. (insistere) ~ su* beharren auf

persona [perˈsoːna] *f 1. (essere umano)* Mensch *m,* Person *f; 2. (corpo)* Körper *m; di ~* persönlich
◆ *E' lui in persona.* Er ist es höchstpersönlich.

personaggio [persoˈnaddʒo] *m* Person *f; ~ principale* Hauptperson *f*
personale [persoˈnaːle] *m 1.* Personal *n; 2. (aspetto fisico)* Erscheinung *f; adj 3.* persönlich
personalità [personaliˈta] *f* Persönlichkeit *f*
personificare [personifiˈkaːre] *v* verkörpern
perspicace [perspiˈkaːtʃe] *adj 1.* scharfsinnig; *2. (fig: vigilante)* hellhörig
persuadere [persuaˈdeːre] *v irr 1.* überreden; *2. (convincere)* überzeugen
persuasione [persuaˈzioːne] *f 1.* Überredung *f; 2. (convinzione)* Überzeugung *f*
pertanto [perˈtanto] *konj* deswegen
pertinente [pertiˈnɛnte] *adj 1.* zugehörig; *2. (spettante)* zukommend
pertosse [perˈtosse] *f MED* Keuchhusten *m*
perturbazione [perturbatsiˈoːne] *f* Störung *f*
pervadere [perˈvaːdere] *v 1.* erfüllen; *2. (compenetrare)* durchdringen
pervenire [perveˈniːre] *v irr* gelangen, ankommen
pervertire [perverˈtiːre] *v irr* verderben
pesa [ˈpeːsa] *f* Waage *f*
pesante [peˈsante] *adj 1. (opprimente)* schwer, drückend; *2. (fig: noioso)* unerträglich; *3. (goffo)* schwerfällig
pesantezza [pesanˈtettsa] *f 1. MED* Druck *m; 2. (stile)* Schwerfälligkeit *f*
pesare [peˈsaːre] *v 1.* wiegen; *2. (essere di molestia)* schwer wiegen; *3. (fig)* abwägen
pesca¹ [ˈpeska] *f* Fischfang *m; ~ d'alto mare* Hochseefischerei *f*
pesca² [ˈpɛska] *f BOT* Pfirsich *m*
pescare [pesˈkaːre] *v 1.* fischen; ◆ *pescare con l'amo* angeln; *È permesso pescare qui?* Darf man hier angeln? *2. (fig: trovare)* auffischen
pescatore [peskaˈtoːre] *m 1.* Fischer *m; 2. (con la canna)* Angler *m*
pesce [ˈpeʃe] *m 1. ZOOL* Fisch *m; ~ fritto* Bratfisch *m; ~ persico* Barsch *m; ~ spada* Schwertfisch *m;* ◆ *Questo pesce ha molte spine?* Hat dieser Fisch viele Gräten? *Chi dorme non piglia pesci.* Morgenstund hat Gold im Mund. *2. ~ d'aprile* Aprilscherz *m*
pescecane [peʃeˈkaːne] *m* Hai *m*
pescheria [peskeˈriːa] *f* Fischgeschäft *n*

peso [ˈpeːso] *m 1.* Gewicht *n; ~ del corpo* Körpergewicht *n; ~ lordo* Bruttogewicht *n; ~ netto* Nettogewicht *n; ~ massimo* Maximalgewicht *n; ~ piuma* Federgewicht *n; a ~* nach Gewicht; *2. (fig)* Last *f; 3. (fig: gravame)* Belastung *f*
◆ *Mi sono tolto un peso dallo stomaco.* Mir ist ein Stein vom Herzen gefallen.
≠ *pesa f Waage*

P Q

pessimismo [pessi'mizmo] *m* Pessimismus *m*
pestare [pes'ta:re] *v* *1.* zertreten; *2. (riempire di botte)* verprügeln, verhauen; *3. (fig)* ◆ *pestare i piedi* bocken
peste ['pɛste] *f* *MED* Pest *f*
pestilenza [pesti'lɛntsa] *f* *1. (fig)* Unheil *n*; *2. MED* Seuche *f*
pesto ['pesto] *adj* *1.* geschlagen; *2.* ◆ *buio pesto* stockfinster; *m 3. GAST* Pesto *n*
petardo [pe'tardo] *m* Knallkörper *m*
petizione [petitsi'o:ne] *f* *POL* Petition *f*
petroliera [petroli'ɛ:ra] *f* Öltanker *m*
petrolifero [petro'li:fero] *adj (di petrolio)* Erdöl... *pozzo ~* Bohrturm *m*; *piattaforma petrolifera* Bohrinsel *f*
petrolio [pe'trɔ:lio] *m* *1. (olio minerale)* Erdöl *n*; *2. (nafta)* Petroleum *n*
pettegolo [pet'te:golo] *adj* *1.* schwatzhaft; *m 2.* Klatschmaul *n*
pettinare [petti'na:re] *v* kämmen
pettinatura [pettina'tu:ra] *f* Frisur *f*; ◆ *Vorrei una nuova pettinatura.* Ich möchte eine neue Frisur.
pettine ['pɛttine] *m* Haarkamm *m*
petto ['pɛtto] *m* *1. ANAT* Brust *f*; *giro di ~* Oberweite *f*; *2. (delle donne) ANAT* Busen *m*; *3. doppio ~ (di vestito, di giacca)* Zweireiher *m*; *4.* ◆ *prendere di petto (fig)* entschlossen anpacken
pezzente [pet'tsɛnte] *m/f* Bettler(in) *m/f*; ◆ *Sei vestito come un pezzente.* Du bist wie ein Bettler angezogen.

pezzo ['pɛttso] *m* *1.* Stück *n*; *~ da lavoro* Werkstück *n*; *~ di ricambio* Ersatzteil *n*; *2. (di pane)* Brocken *m*; *3. (di tempo)* Weile *f*
◆ *Ti aspetto da un pezzo.* Ich warte schon lange auf dich.
≠ *prezzo m* Preis

piacente [pia'tʃɛnte] *adj* *1.* reizend; *2. (gradevole)* gefällig; *3. (attraente)* attraktiv

piacere [pia'tʃe:re] *m* *1. (favore)* Gefallen *m*; *per ~* bitte; *a ~* nach Belieben; *2. (cortesia)* Gefälligkeit *f*; *v irr 3. (amare)* mögen; *4. (gradire)* gefallen, zusagen; *non ~* missfallen; *5. (avere un buon sapore)* gut schmecken
◆ *Piacere!* Sehr erfreut!
Il piacere è tutto mio. Ganz meinerseits.
A me non piace la carne. Ich mag kein Fleisch.
Non mi piace questo. Das gefällt mir nicht.

piacevole [pia'tʃe:vole] *adj* *1. (interessante)* ansprechend; *2. (confortevole)* wohlig, angenehm
piacimento [piatʃi'mento] *m* Belieben *n*; ◆ *a piacimento* nach Belieben
piaga [pi'a:ga] *f* *1. (ferita)* Wunde *f*; *2. (nella Bibbia)* Plage *f*
pianeta [pia'ne:ta] *m* Planet *m*

piangere [pi'andʒere] *v irr* *1.* weinen, heulen *(fam)*; *2. (deplorare)* beweinen; *3. (singhiozzare)* schluchzen
◆ *piangere sul latte versato* vergebliche Tränen vergießen

pianificare [pianifi'ka:re] *v* planen
pianificazione [pianifikatsi'o:ne] *f* Planung *f*; *~ della famiglia* Familienplanung *f*
piano¹ [pi'a:no] *adv* *1.* leise; *2. (lentamente)* langsam
piano² [pi'a:no] *adj* *1.* eben, flach *m 2.* Fläche *f*; *2. (di edificio)* Etage *f*, Stock *m*; *3. CINE primo ~* Nahaufnahme *f*
piano³ [pi'a:no] *m* Projekt *n*, Plan *m*; *~ di battaglia* Schlachtplan *m*

pianoforte [piano'fɔrte] *m* Klavier *n*
pianoterra [piano'tɛrra] *m* Erdgeschoss *n*
pianta ['pianta] *f 1. BOT* Pflanze *f*, Gewächs *n; ~ medicinale* Arzneipflanze *f; ~ rampicante* Kletterpflanze *f; 2. (del piede) ANAT* Sohle *f; 3. (mappa)* Plan *m; ~ della città* Stadtplan *m*
piantare [pian'taːre] *v 1.* pflanzen, anpflanzen; *2. (chiodo)* einschlagen; *3.* ◆ *piantare in asso (fig)* hängen lassen; *4. (cessare)* aufhören; ◆ *Piantala!* Hör auf damit!
piantarsi [pian'tarsi] *v* sich hinpflanzen *(fam)*, sich hinstellen
pianterreno [pianter'reːno] *m* Erdgeschoss *n*, Parterre *n; a ~* im Erdgeschoss
pianto ['pianto] *m 1.* Weinen *n*, Tränen *pl; 2.* ◆ *essere un pianto (fig)* eine Katastrophe sein
piantonare [pianto'naːre] *v* bewachen
piantone [pian'toːne] *m MIL* Wache *f*
pianura [pia'nuːra] *f 1. GEOL* Flachland *n; 2. (terreno piano)* Ebene *f*
piastra ['piastra] *f* Platte *f*
piastrella [pias'trɛlla] *f* Fliese *f*
piastrina [pias'triːna] *f 1. TECH* Platine *f; 2. ~ di riconoscimento* Erkennungsmarke *f; 3. MED* Blutblättchen *n*
piattaforma [piatta'forma] *f* Plattform *f; ~ galleggiante* Bohrinsel *f; ~ girevole* Drehscheibe *f*
piattino [piat'tiːno] *m 1.* Untertasse *f; 2. (da dessert)* Teller *m*
piatto ['piatto] *adj 1.* platt; *2. (fig: conversazione)* seicht; *3. (piano)* flach, eben; *4. (liscio)* glatt; *m 5. (stoviglie)* Teller *m; ~ fondo* Suppenteller *m; ~ piano* flacher Teller *m; 6. (portata)* Gang *m; 7. (vassoio)* Platte *f; 8. piatti pl MUS* Becken *n/pl*

piazza ['piattsa] *f 1.* Platz *m; ~ del mercato* Marktplatz *m; 2. ECO* Markt *m; su questa ~* auf diesem Markt
◆ *scendere in piazza (fig)* auf die Straße gehen
far piazza pulita reinen Tisch machen

piazzare ['piattsaːre] *v 1. (collocare)* unterbringen; *2. ECO* absetzen
piccante [pik'kante] *adj* scharf
picchetto [pik'ketto] *m ~ armato MIL* Bereitschaft *f*, Bereitschaftspolizei *f*
picchiare [pikki'aːre] *v 1.* schlagen; *2. (bussare)* klopfen
picchiarsi [pikki'arsi] *v* sich prügeln
picchio ['pikkio] *m ZOOL* Specht *m; ~ rosso* Buntspecht *m*
piccino [pit'tʃiːno] *adj 1.* klein; *2. (meschino, gretto)* kleinlich; *m 3.* kleiner Junge *m*, Kleiner *m*
piccione [pit'tʃoːne] *m ZOOL* Taube *f; ~ viaggiatore* Brieftaube *f;* ◆ *prendere due piccioni con una fava (fig)* zwei Fliegen mit einer Klappe schlagen
picco ['pikko] *m* ◆ *andare a picco* untergehen; *mandare a picco* versenken
piccolezza [pikko'lettsa] *f* Kleinigkeit *f*

piccolo ['pikkolo] *adj 1.* klein; *2. (gretto)* kleinlich; *3. (corto)* kurz; *4. (giovane)* jung; *m 5.* Kleiner *m; 6. ZOOL* Junges *n; 7. ~ borghese (fig)* Spießbürger *m*
◆ *essere piccolo di mente* engstirnig sein

piccone [pik'koːne] *m* Spitzhacke *f*
pidocchio [pi'dɔkkio] *m ZOOL* Laus *f*
pidocchioso [pidokki'oːso] *adj 1.* verlaust; *2. (avaro)* geizig; *3. (meschino)* kleinlich

piè [pi'ɛ] *m nota a ~ di pagina* Fußnote *f*

piede [pi'ɛːde] *m 1. ANAT* Fuß *m; ~ piatto* Plattfuß *m; a piedi nudi* barfuß; *2. (misura)* Fuß *m*
◆ *andare a piedi* zu Fuß gehen
fare una gita a piedi wandern
essere fra i piedi di qd (fig) jdm im Weg herumstehen

piega [pi'ɛːga] *f 1.* Falte *f; ~ dei calzoni* Bügelfalte *f; 2. (carta)* Knick *m; 3.* ◆ *prendere una buona piega (fig)* eine gute Wendung nehmen

piegamento [piega'mento] *m* Biegung *f; piegamenti delle ginocchia* Kniebeugen *pl*

piegare [pie'gaːre] *v 1.* falten; *2. (curvare)* verbiegen; *3. (inclinare)* biegen, beugen; *4. (biancheria)* zusammenlegen; *5. (carta)* umknicken; *6. (fig)* beugen

piegarsi [pie'garsi] *v 1.* sich verbiegen, sich biegen; *2. (fig)* sich fügen

pieghevole [pie'geːvole] *adv* Klapp...

Piemonte [pie'monte] *m* Piemont *n*

piena [pi'ɛːna] *f* Hochwasser *n; il fiume in ~* der Hochwasser führende Fluss *m*

pienezza [pie'nettsa] *f 1.* Fülle *f; 2. (della vegetazione) BOT* Blüte *f*

pieno [pi'ɛːno] *adj 1.* voll, überfüllt; *mezzo ~* halb voll; *~ zeppo* voll gepfropft; *in ~ notte* mitten in der Nacht; *in ~ giorno* bei helllichtem Tage; *in ~* völlig; *m 2.* voller Teil *m; 3. (colmo)* Höhepunkt *m;* ◆ *fare il ~* voll tanken

pietà [pie'ta] *f 1.* Erbarmen *n; 2. REL* Pietät *f*

pietanza [pie'tantsa] *f GAST* Gericht *n; ~ già pronta* Fertiggericht *n*

pietoso [pie'toːso] *adj 1.* pietätvoll, mitleidig; *2. (miserevole)* kläglich

pietra ['piɛːtra] *f* Stein *m; ~ da pavimentazione* Pflasterstein *m; ~ miliare* Meilenstein *m; ~ preziosa* Edelstein *m*
◆ *porre la prima pietra* den Grundstein legen

pietrificato [pietrifi'kaːto] *adj* versteinert

pietroso [pie'troːso] *adj* steinig

pigiama [pi'dʒaːma] *m* Schlafanzug *m*

pigiare [pi'dʒaːre] *v 1. (uva)* keltern; *2. (calcare, spingere)* drängen

pigione [pi'dʒoːne] *f* Miete *f*

pigliare [pi'ʎaːre] *v 1.* einnehmen; ◆ *pigliarsela (fam)* sich aufregen; *2. (afferrare)* ergreifen, fassen

pigliarsi [pi'ʎarsi] *v* ◆ *pigliarsi cura di qd* sich um jdn kümmern

pigna ['piːɲa] *f BOT* Tannenzapfen *m*

pignolo [pi'ɲɔːlo] *adj* pedantisch

pignorare [piɲo'raːre] *v JUR* pfänden

pigrizia [pi'griːtsia] *f 1. (neghittosità)* Faulheit *f; 2. (comodità)* Bequemlichkeit *f*

pigro ['piːgro] *adj 1.* bequem, träge; *~ di mente* denkfaul; *m 2.* Faulenzer *m*

pila ['piːla] *f 1. TECH* Batterie *f; ~ tascabile* Taschenlampe *f; 2. (pilastro)* Pfeiler *m; 3. (colonna)* Säule *f; 4. ~ di libri* Bücherstoß *m,* Stoß Bücher *m*

pillola ['pillola] *f* Pille *f; ~ anticoncezionale* Antibabypille *f*

pilone [pi'loːne] *m* Pfeiler *m*

pilota [pi'lɔːta] *m/f 1.* Pilot(in) *m/f; ~ collaudatore* Testpilot *m; 2. NAUT* Lotse/Lotsin *m/f*

pilotare [pilo'taːre] *v 1.* steuern; *2. (guidare, dirigere)* lotsen

ping-pong [piŋg'pɔŋg] *m SPORT* Tischtennis *n*

pingue ['piŋgue] *adj 1.* feist, fett; *2. (ricco)* reich

pinna [ˈpinna] *f ZOOL 1.* Flosse *f; 2.* Schwimmflosse *f*
pino [ˈpiːno] *m BOT* Kiefer *f,* Pinie *f*
pinolo [piˈnɔːlo] *m BOT* Pinienkern *m*
pinza [ˈpintsa] *f* Zange *f*
pinzetta [pinˈtsetta] *f* Pinzette *f*
pio [ˈpiːo] *adj REL* fromm
pioggia [ˈpiɔddʒa] *f* Regen *m*
piombare [piomˈbaːre] *v 1.* plombieren; *2. ~ addosso a qd* auf jdn stürzen
piombatura [piombaˈtuːra] *f MED* Plombe *f,* Zahnfüllung *f;* ◆ *Mi è cascata fuori una piombatura.* Mir ist eine Füllung herausgefallen.
piombo [ˈpiombo] *m* Blei *n; con ~* bleihaltig; *senza ~* bleifrei
pioniere [pioniˈɛːre] *m 1.* Vorkämpfer *m; 2. MIL* Pionier *m,* Vorkämpfer *m*
pioppo [piˈɔppo] *m BOT* Pappel *f*

piovere [piˈɔːvere] *v irr* regnen
◆ *Piove a catinelle.* Es gießt in Strömen.

pipa [ˈpiːpa] *f* Pfeife *f*
pipistrello [pipisˈtrɛllo] *m ZOOL* Fledermaus *f*
piramide [piˈraːmide] *f* Pyramide *f*
pirata [piˈraːta] *m* Pirat *m*
piroscafo [piˈrɔskafo] *m* Dampfer *m*
piscina [piˈʃiːna] *f* Schwimmbad *n; ~ all'aperto* Freibad *n; ~ coperta* Hallenbad *n*
pisello [piˈsɛllo] *m* Erbse *f*
pista [ˈpista] *f 1.* Piste *f; 2. (nel traffico)* Bahn *f; ~ di prova* Teststrecke *f; ~ ciclabile* Fahrradweg *m; 3. (per auto)* Rennbahn *f; 4. (per l'aereoplano)* Rollfeld *n; ~ di atterraggio* Landebahn *f; ~ di decollo* Startbahn *f*
pistacchio [pisˈtakkio] *m* Pistazie *f*
pistola [pisˈtɔːla] *f* Pistole *f*
pittore [pitˈtoːre] *m (d'arte)* Maler *m*
pittoresco [pittoˈresko] *adj* malerisch
pittura [pitˈtuːra] *f* Malerei *f; ~ a olio* Ölmalerei *f; ~ murale* Wandmalerei *f; ~ sul soffitto* Deckengemälde *n*
pitturare [pittuˈraːre] *v 1.* malen; *2. (ornare con pitture)* bemalen; *3. (una sala)* ausmalen

più [piˈu] *adv 1.* mehr; *per lo ~* meistens, zumeist; *un po' di ~* etw mehr; *~ nulla* nichts mehr; *non ~* nicht mehr; 2. *MATH* plus; *m 3. (temperatura)* plus; *adj 4.* mehr; *m 5. ECO* Plus *n; 6. il ~* das Meiste *n; i ~* die Meisten *pl; il ~ delle volte* meistens
◆ *Si affretti più che può.* Gehen Sie so schnell Sie können.

piuma [piˈuːma] *f 1. ZOOL* Feder *f; 2. (a letto)* Feder *f; 3. (piumino)* Daune *f*
piumino [piuˈmiːno] *m 1.* Federbett *n; 2. (fiocco per incipriarsi)* Puderquaste *f*
piuttosto [piutˈtɔsto] *adv 1.* lieber, eher; *2. (alquanto)* ziemlich; *3. (invece)* anstatt
pizzicare [pittsiˈkaːre] *v* kneifen
pizzico [ˈpittsiko] *m 1.* Kniff *m; 2. (misura)* Messerspitze *f,* Prise *f*
pizzo [ˈpittso] *m 1. (barba)* Spitzbart *m; 2. (merletto)* Spitze *f*
placare [plaˈkaːre] *v* besänftigen
placido [ˈplaːtʃido] *adj* ruhig, gelassen
plagiare [plaˈdʒaːre] *v 1. LIT* abschreiben; *2. (assoggettare)* hörig machen
planetario [planeˈtaːrio] *adj 1.* planetarisch, Planeten... *sistema ~* Planetensystem *n; m 2.* Planetarium *n*
plasma [ˈplazma] *m BIO* Plasma *n*
plasmare [plazˈmaːre] *v 1.* gestalten; *2. (dar forma)* formen
plastica [ˈplastika] *f 1.* Plastik *n; 2. ART* Plastik *f*

P
C

plastico [ˈplastiko] *adj 1.* plastisch; *2. (in plastica)* Kunststoff... *m; 3. ART* Modell *n*
platino [ˈplaːtino] *m CHEM* Platin *n*
plausibile [plauˈziːbile] *adj* plausibel
plebe [ˈplɛːbe] *f* Pöbel *m*
plebeo [pleˈbɛːo] *adj* plebejisch
plenario [pleˈnaːrio] *adj* vollzählig
plenum [ˈpleːnum] *m* Plenum *n*
plico [ˈpliːko] *m (pacchetto)* Päckchen *n*
plurale [pluˈraːle] *m* Mehrzahl *f*
pluralità [pluraliˈta] *f* Vielzahl *f*
pluriennale [plurienˈnaːle] *adj* mehrjährig
pneumatico [pneuˈmaːtiko] *adj 1.* Luft...; *battello ~* Schlauchboot *n; m 2. (d'auto)* Reifen *m; ~ di scorta* Ersatzreifen *m; ~ invernale* Winterreifen *m; ~ sgonfio* Plattfuß *m*

poco [ˈpɔːko] *adj 1.* wenig, gering; *adv 2.* wenig, geringfügig; *3. ~ fa* vorhin; *fra ~* bald, in Kürze; *pron 4.* wenig
◆ *Solo un poco per me.* Nur ganz wenig für mich.
A fra poco! Bis bald!
Si è arrabbiato per così poco. Er hat sich wegen einer Kleinigkeit geärgert.
! *komp: meno; sup: pochissimo*

podere [poˈdeːre] *m 1.* Anwesen *n; ~ coltivato a vite* Weingut *n; 2. poderi pl (tenuta)* Güter *pl*
poderoso [podeˈroːso] *adj (forte)* mächtig
podio [ˈpɔːdio] *m* Podest *n,* Podium *n*
poesia [poeˈziːa] *f 1.* Dichtung *f; 2. (componimento poetico)* Gedicht *n*
poeta [poˈɛːta] *m* Dichter *m,* Poet *m*
poggiare [podˈdʒaːre] *v 1.* ruhen; *2. (accostare)* anlehnen, lehnen; *3. (appoggiare)* stützen
poggio [ˈpɔddʒo] *m GEO* Hügel *m*
poggiolo [podˈdʒɔːlo] *m* Balkon *m*

poi [pɔi] *adv 1. (tempo)* danach; *dalle cinque in ~* ab fünf Uhr; *prima o ~* früher oder später; *2. (dopo)* dann; *d'ora in ~* von jetzt an; *3. (inoltre)* außerdem
◆ *E poi?* Und dann?

poiché [poiˈke] *konj* da, denn, weil
polacco [poˈlakko] *adj* polnisch
polare [poˈlaːre] *adj* Polar... ◆ *Fa un freddo polare.* Es herrschte eine Eiseskälte.
polemica [poˈlɛːmika] *f* Polemik *f*
polenta [poˈlɛnta] *f* Maisbrei *m*
policlinico [poliˈkliːniko] *m* Poliklinik *f*
poliglotta [poliˈglɔtta] *adj* mehrsprachig
poligono [poˈliːgono] *m 1. MATH* Vieleck *n; 2. MIL* Schießplatz *m*
polipo [ˈpɔːlipo] *m* Polyp *m*
polire [poˈliːre] *v* polieren
politica [poˈliːtika] *f POL* Politik *f; ~ agraria* Agrarpolitik *f; ~ economica* Wirtschaftspolitik *f; ~ comunale* Kommunalpolitik *f; ~ di vendita* Handelspolitik *f; ~ estera* Außenpolitik *f*
politico [poˈliːtiko] *adj 1.* politisch; *2. economia politica* Volkswirtschaft *f; m 3.* Politiker *m*
polivalente [polivaˈlɛnte] *adj* mehrwertig
polizia [poliˈtsiːa] *f* Polizei *f; ~ giudiziaria* Kriminalpolizei *f; ~ stradale* Verkehrspolizei *f*
poliziesco [politsiˈesko] *adj* polizeilich *romanzo ~* Kriminalroman *m*
poliziotto [politsiˈɔtto] *m* Polizist *m*
polizza [ˈpɔːlittsa] *f* Police *f; ~ assicurativa* Versicherungspolice *f*
pollaio [polˈlaːio] *m* Hühnerstall *m*
pollame [polˈlaːme] *m* Geflügel *n*
pollice [ˈpɔllitʃe] *m ANAT* Daumen *m*

P Q

pollo [ˈpollo] *m 1. ZOOL* Huhn *n; 2. GAST* Hähnchen *n; ~ arrosto* Brathuhn *n; 3. (fig)* Trottel *m,* Dummkopf *m*
◆ *Conosco i miei polli. (fig)* Ich kenne meine Pappenheimer.

polmone [polˈmoːne] *m* Lunge *f*
polo¹ [ˈpɔːlo] *m* Pol *m; ~ negativo* Minuspol *m; ~ positivo* Pluspol *m; ~ Nord* Nordpol *m; ~ Sud* Südpol *m*
polo² [ˈpɔːlo] *m SPORT* Polo *n*
Polonia [poˈloːnia] *f GEO* Polen *n*
polpa [ˈpolpa] *f BOT* Fruchtfleisch *n*
polpaccio [polˈpattʃo] *m* Wade *f*
polpetta [polˈpetta] *f* Frikadelle *f*
polpettone [polpetˈtoːne] *m 1. GAST* Hackbraten *m; 2. (fig)* dicker Schinken *m*
polpo [ˈpolpo] *m ZOOL* Krake *f*
polso [ˈpolso] *m 1. ANAT* Handgelenk *n; 2. MED* Puls *m; 3. (fig)* Energie *f*
poltiglia [polˈtiːʎa] *f* Brei *m*
poltrona [polˈtroːna] *f 1.* Sessel *m; 2. THEAT* Parkettsitz *m*
poltrone [polˈtroːne] *m* Faulenzer *m*
polvere [ˈpolvere] *f 1.* Pulver *n,* Staub *m; ~ da sparo* Schießpulver *n; ~ tarmicida* Mottenpulver *n; pieno di ~* staubig; *2. caffè in ~* gemahlener Kaffee *m,* Pulverkaffee *m; 3.* ◆ *alzare la polvere (fig)* Aufsehen erregen, Staub aufwirbeln
pomata [poˈmaːta] *f MED* Salbe *f*
pomeridiano [pomeridiˈaːno] *adj* nachmittäglich, Nachmittags...
pomeriggio [pomeˈriddʒo] *m* Nachmittag *m; di ~* nachmittags
pomo [ˈpoːmo] *m 1. BOT* Apfel *m; 2. ~ d'Adamo ANAT* Adamsapfel *m*
pomodoro [pomoˈdɔːro] *m BOT* Tomate *f*
pompa¹ [ˈpompa] *f* Pracht *f,* Prunk *m; impresa di pompe funebri* Bestattungsinstitut *n*
pompa² [ˈpompa] *f TECH* Pumpe *f; ~ pneumatica* Luftpumpe *f*
pompare [pomˈpaːre] *v* pumpen, aufpumpen
pompelmo [pomˈpɛlmo] *m BOT* Grapefruit *f*
pompiere [pompiˈɛːre] *m 1.* Feuerwehrmann *m; 2. pompieri pl* Feuerwehr *f*
pomposo [pomˈpoːso] *adj* pompös
ponderare [pondeˈraːre] *v* abwägen
ponderazione [ponderatsiˈoːne] *f 1.* Abwägung *f; 2. (prudenza)* Vorsicht *f*
ponente [poˈnɛnte] *m GEO* Westen *m; a ~* westlich

ponte [ˈponte] *m* Brücke *f,* Deck *n; ~ superiore* Verdeck *n*
◆ *bruciare i ponti (fig)* alle Brücken abbrechen

pontefice [ponˈteːfitʃe] *m* Papst *m*
poplite [ˈpɔplite] *m ANAT* Kniekehle *f*
popò [poˈpɔ] *m (fam) ANAT* Po *m*
popolare [popoˈlaːre] *adj 1.* populär; *v 2. (abitare)* bewohnen, besiedeln
popolaresco [popolaˈrɛsko] *adj* volkstümlich
popolarità [popolariˈta] *f* Beliebtheit *f*
popolazione [popolatsiˈoːne] *f* Bevölkerung *f,* Einwohnerschaft *f; ~ rurale* Landbevölkerung *f*
popolo [ˈpɔːpolo] *m* Volk *n*
poppa [ˈpoppa] *f 1. ANAT* Brust *f; 2. (della nave) NAUT* Heck *n*
poppante [popˈpante] *m* Säugling *m*
porcellana [portʃelˈlaːna] *f* Porzellan *n*
porcellino [portʃelˈliːno] *m* Ferkel *n*
porco [ˈpɔrko] *m 1. ZOOL* Schwein *n; 2. (fig)* Sau *f;* ◆ *Porca miseria!* Verdammt noch mal!

P Q

porgere [ˈpɔrdʒere] *v irr 1. (dare)* reichen; *2. (fig)* entgegenhalten
pornografia [pornograˈfiːa] *f* Pornografie *f*
poro [ˈpɔːro] *m ANAT* Pore *f*
porre [ˈporre] *v irr 1.* legen; *2. (in piedi)* stellen; *3. (mettere in cima a qc)* aufsetzen; *4. ~ lì* hinlegen
porro [ˈpɔrro] *m 1. BOT* Lauch *m; 2. MED* Warze *f*
porsi [ˈporsi] *v* sich setzen, sich legen

porta [ˈpɔrta] *f 1.* Tür *f,* Tor *n; ~ girevole* Drehtür *f; 2. SPORT* Tor *n*
◆ *mettere alla porta* vor die Tür setzen
≠ *porto m* Hafen

portabagagli [portabaˈgaːʎi] *m 1.* Kofferraum *m; 2. (sul tetto dell'auto)* Dachständer *m,* Dachträger *m; 3. (persona)* Gepäckträger *m; 4. (nei mezzi di trasporto)* Gepäcknetz *n*
portacenere [portaˈtʃeːnere] *m* Aschenbecher *m*
portachiavi [portakiˈaːvi] *m* Schlüsselring *m*
portafoglio [portaˈfɔːʎo] *m 1.* Brieftasche *f; 2. ~ titoli* Effektenbestand *m*
portafortuna [portaforˈtuːna] *m* Glücksbringer *m*
portalampada [portaˈlampada] *m* Fassung *f*
portale [porˈtaːle] *m 1.* Portal *n; 2. INFORM ~ Internet* Internetportal *n*
portalettere [portaˈlɛttere] *m* Briefträger *m*
portamento [portaˈmento] *m (del corpo)* Haltung *f*
portamonete [portamoˈneːte] *m* Geldbeutel *m*
portantina [portanˈtiːna] *f* Tragbahre *f*

portare [porˈtaːre] *v 1.* bringen; *2. (qc a qd)* mitbringen; *3. (addosso)* tragen; *4. ~ via* davontragen, wegtragen; *5. ~ dietro* hinterhertragen; *6. (notizia)* überbringen; *7. (saluti)* ausrichten; *8. (materiale)* herbeischaffen; *~ su* heraufholen; *9. (guidare)* lotsen; *10. (imputato)* vorführen; *11. ~ fuori* ausführen
◆ *portare a casa* heimbringen
portare alla luce aufdecken
portare avanti weiterführen

portarsi [porˈtarsi] *v 1.* sich begeben; *2. (comportarsi)* sich verhalten
portata [porˈtaːta] *f 1.* Belastbarkeit *f; 2. TECH* Fördermenge *f; 3. (fig)* Tragweite *f,* Belastbarkeit *f;* ◆ *a portata di mano* in Reichweite; *4. ~ del trasmettitore* Sendebereich *m; 5. GAST* Gang *m*
portatile [porˈtaːtile] *adj* tragbar
portatore [portaˈtoːre] *m (persona)* Träger *m,* Überbringer *m*
portauovo [portauˈɔːvo] *m* Eierbecher *m*
portavivande [portaviˈvande] *m* Servierwagen *m*
portavoce [portaˈvoːtʃe] *m* Sprecher *m,* Wortführer *m*
portiere [portiˈɛːre] *m 1.* Hausmeister *m,* Pförtner *m; ~ di notte* Nachtportier *m; 2. SPORT* Torwart *m*
portinaio [portiˈnaːio] *m* Pförtner *m*

porto[1] [ˈpɔrto] *m* Hafen *m; ~ interno* Binnenhafen *m*
◆ *condurre in porto (fig)* erfolgreich abschließen
≠ *porta f* Tür

porto[2] [ˈpɔrto] *m 1. ~ d'armi* Waffenschein *m; 2. ECO* Porto *n*
porto[3] [ˈpɔrto] *m GAST* Portwein *m*
Portogallo [portoˈgallo] *m GEO* Portugal *n*

P Q

portoghese [porto'geːse] *adj 1.* portugiesisch; *m/f 2.* Portugiese/Portugiesin *m/f; m (lingua)* Portugiesisch *n*
portone [porto:ne] *m* Tor *n*
porzione [portsi'oːne] *f* Portion *f*
posa ['pɔːsa] *f 1.* Pose *f,* Positur *f; 2. (quiete)* Pause *f; senza ~* pausenlos; *3. (foto)* Aufnahme *f*
posare [po'saːre] *v 1.* ablegen; *2. (pittura) ART* Modell stellen; *3. (fig)* posieren
posarsi [po'sarsi] *v* sich legen
posate [po'saːte] *f/pl* Besteck *n*
posato [po'saːto] *adj 1.* bedachtsam; *2. (tranquillo)* gesetzt
positiva [pozi'tiːva] *f FOTO* Positiv *n*
positivo [pozi'tiːvo] *adj* positiv
posizione [pozitsi'oːne] *f 1.* Lage *f,* Stellung *f; ~ chiave* Schlüsselposition *f; ~ eretta* Stand *m; presa di ~* Stellungnahme *f; 2. (luogo)* Standort *m*
possedere [posse'deːre] *v irr* besitzen
possedimento [possedi'mento] *m 1.* Besitz *m; 2. (podere)* Gut *n; 3. (colonia)* Kolonie *f*
possessivo [posses'siːvo] *adj 1.* Besitz ergreifend; *2. GRAMM* Possessiv...
possesso [pos'sɛsso] *m* Besitz *m*
possessore [posses'soːre] *m* Besitzer *m*

possibile [pos'siːbile] *adj* möglich
◆ *rendere possibile* ermöglichen

possibilità [possibili'ta] *f* Möglichkeit *f; ~ di avanzamento* Aufstiegsmöglichkeit *f; ~ di sopravvivenza* Überlebenschance *f;* ◆ *Questa è l'unica possibilità?* Ist das die einzige Möglichkeit?
posta ['pɔsta] *f 1.* Post *f; ~ aerea* Luftpost *f; 2. (in gioco)* Einsatz *m*
postale [pos'taːle] *adj* Post... *cartolina ~* Postkarte *f; ufficio ~* Postamt *n*
posteggiare [posted'dʒaːre] *v 1. (macchina)* parken, abstellen; *2. (ciclomotori)* abstellen, unterstellen
posteri ['pɔsteri] *m/pl* Nachkommen *pl*
posteriore [posteri'oːre] *adj 1.* hintere(r,s); *2. (tempo)* nachträglich
postilla [pos'tilla] *f 1.* Glosse *f; 2. (nota marginale)* Randbemerkung *f*
postino [pos'tiːno] *m* Postbote *m*

posto ['posto] *m 1.* Ort *m,* Platz *m; ~ di caricamento* Verladeplatz *m; ~ di riferimento* Anlaufstelle *f; 2. (di lavoro)* Posten *m,* Stelle *f; ~ di lavoro* Arbeitsstelle *f; ~ di apprendista* Lehrstelle *f; 3. (spazio)* Raum *m; 4. (sede)* Sitz *m; ~ a sedere* Sitzplatz *m*
◆ *Un posto accanto al finestrino, per favore!* Einen Fensterplatz, bitte!
≠ *posta f* Post

potabile [po'taːbile] *adj* trinkbar
potassio [po'tassio] *m* Kalium *n*
potente [po'tɛnte] *adj 1.* mächtig, gewaltig; *m/f 2.* Machthaber(in) *m/f*
potenza [po'tɛntsa] *f 1.* Potenz *f; 2. (stato)* Macht *f; ~ coloniale* Kolonialmacht *f; ~ mondiale* Weltmacht *f; ~ protettrice* Schutzmacht *f; 3. TECH* Leistung *f*
potenziale [potentsi'aːle] *adj 1.* potenziell; *m 2.* Potenzial *n*

potere [po'teːre] *v irr 1.* dürfen, können; *m 2. (autorità)* Macht *f,* Gewalt *f; ~ governativo* Regierungsgewalt *f; ~ statale* Staatsgewalt *f; ~ esecutivo* Exekutive *f; ~ legislativo* Legislative *f; 3. ~ d'acquisto ECO* Kaufkraft *f; 4. (capacità)* Fähigkeit *f*
◆ *può darsi* es kann sein
non poterne più di qc etw satt haben
avere qd in proprio potere jdn in seiner Gewalt haben

P Q

povero [ˈpɔːvero] *adj* arm, armselig
povertà [poverˈta] *f* Armut *f*, Not *f*
pozza [ˈpottsa] *f* Pfütze *f*, Lache *f*
pozzanghera [potˈtsaŋgera] *f* Pfütze *f*, Lache *f*
pozzo [ˈpottso] *m* Schacht *m*, Brunnen *m*; ~ *nero* Sickergrube *f*
prammatica [pramˈmaːtika] *f* 1. Pragmatik *f*; 2. *(usanza)* Brauch *m*; ◆ *È prammatica di ...* Es ist Brauch ... 3. *(procedura)* Vorgehensweise *f*
prammatico [pramˈmaːtiko] *adj* pragmatisch
pranzare [pranˈdzaːre] *v* zu Mittag essen
pranzo [ˈprandzo] *m* Mittagessen *n*, Mahl *n*; ~ *luculliano* Schlemmermahl *n*; *dopo* ~ nachmittags, am Nachmittag
prassi [ˈprassi] *f* Praxis *f*
prateria [prateˈriːa] *f* *GEO* Prärie *f*
pratica [ˈpraːtika] *f* 1. Praxis *f*; 2. *(routine)* Routine *f*; 3. *(atto)* Vorgang *m*; 4. *(esercizio)* Übung *f*; 5. *(esperienza)* Erfahrung *f*
praticabile [pratiˈkaːbile] *adj* 1. gängig, praktikabel, ausführbar; 2. *(strada)* befahrbar
praticare [pratiˈkaːre] *v* 1. praktizieren; 2. *(fig)* betreiben
pratico [ˈpraːtiko] *adj* 1. praktisch; 2. *(che non richiede particolari cure)* pflegeleicht; 3. *(essere ~)* bewandert
prato [ˈpraːto] *m* *BOT* Wiese *f*, Rasen *m*
precarietà [prekarieˈta] *f* Ungewissheit *f*, Unsicherheit *f*
precario [preˈkaːrio] *adj* ungewiss
precauzione [prekautsiˈoːne] *f* Vorsorge *f*, Behutsamkeit *f*; *per* ~ vorsorglich
precedente [pretʃeˈdɛnte] *adj* 1. vorhergehend, vorig; *m* 2. Präzedenzfall *m*; ◆ *senza precedenti* beispiellos

precedenza [pretʃeˈdɛntsa] *f* 1. Vorzug *m*, Vorrang *m*; 2. *(in auto)* Vorfahrt *f* ◆ *avere la precedenza* den Vorrang haben

precedere [preˈtʃɛːdere] *v* vorangehen
precetto [preˈtʃɛtto] *m* 1. Vorschrift *f*; 2. *(comandamento)* Gebot *n*; 3. *(ordine)* Befehl *m*; 4. *(insegnamento)* Lehre *f*
precipitare [pretʃipiˈtaːre] *v* 1. hinabstürzen; 2. *CHEM* abscheiden
precipitarsi [pretʃipiˈtarsi] *v* *(gettarsi)* sich stürzen
precipitazione [pretʃipitatsiˈoːne] *f* 1. Überstürzung *f*; 2. *(fretta)* Eile *f*; 3. ~ *atmosferica METEO* Niederschlag *m*
precipitoso [pretʃipiˈtoːso] *adj* 1. unüberlegt; 2. *(affrettato)* eilig
precipuo [preˈtʃiːpuo] *adj* hauptsächlich
precisamente [pretʃizaˈmente] *interj* 1. genau; *adv* 2. präzise, fein
precisazione [pretʃizatsiˈoːne] *f* 1. Klärung *f*; 2. *(rettifica)* Berichtigung *f*
preciso [preˈtʃiːzo] *adj* 1. genau, penibel; 2. *(di strumenti)* fein, präzise
precoce [preˈkɔːtʃe] *adj* 1. frühzeitig; 2. *(fig)* frühreif
preconcetto [prekonˈtʃɛtto] *adj* 1. vorgefasst; *m* 2. Vorurteil *n*
preda [ˈprɛːda] *f* Beute *f*
predestinare [predestiˈnaːre] *v* vorherbestimmen
predica [ˈprɛːdika] *f* Predigt *f*
predicare [prediˈkaːre] *v* predigen
predicato [prediˈkaːto] *m* ~ *verbale GRAMM* Prädikat *n*
prediletto [prediˈlɛtto] *adj* 1. bevorzugt, Lieblings... *m* 2. Liebling *m*
predilezione [prediletsiˈoːne] *f* Vorliebe *f*

prediligere [prediˈliːdʒere] *v irr (fig)* vorziehen
predire [preˈdiːre] *v irr* vorhersagen
predisporre [predisˈporre] *v irr 1. (preparare)* vorbereiten; *2. (disporre)* stimmen, empfänglich machen
predisposizione [predispozitsiˈoːne] *f* Veranlagung *f*
predizione [preditsiˈoːne] *f* Vorhersage *f*
predominio [predoˈmiːnio] *m* Vorherrschaft *f*
predone [preˈdoːne] *m* Dieb *m*
prefazione [prefatsiˈoːne] *f* Vorwort *n*, Einleitung *f*
preferenza [prefeˈrɛntsa] *f* Vorliebe *f*, Vorzug *m*
preferire [prefeˈriːre] *v irr* bevorzugen
prefiggersi [preˈfiddʒersi] *v irr ~ qc* sich etw vornehmen
prefisso [preˈfisso] *m* Vorwahl *f*; ◆ *Qual'è il prefisso di ...?* Wie ist die Vorwahl von ...?

pregare [preˈgaːre] *v 1.* bitten; *2. REL* beten ◆ *farsi pregare* sich bitten lassen

preghiera [pregiˈɛːra] *f 1.* Bitte *f*, Anliegen *n*; *2. REL* Gebet *n*
pregiato [preˈdʒaːto] *adj* wertvoll
pregio [ˈprɛːdʒo] *m* Vorzug *m*; ◆ *di gran pregio* hochwertig
pregiudicare [predʒudiˈkaːre] *v 1.* vorgreifen; *2. (danneggiare)* schädigen
pregiudicato [predʒudiˈkaːto] *adj 1.* vorbestraft; *m 2. JUR* Vorbestrafter *m*
pregiudiziale [predʒuditsiˈaːle] *adj 1. JUR* präjudizial; *2. (dannoso)* schädlich; *f 3. JUR* Vorfrage *f*
pregiudizio [predʒuˈdiːtsio] *m 1.* Vorurteil *n*; *2. pregiudizi pl (prevenzione)* Voreingenommenheit *f*
pregnante [preˈɲante] *adj* prägnant
pregno [ˈpreːɲo] *adj 1.* schwanger; *2. (animali)* trächtig
prego [ˈprɛːgo] *adv* bitte
preistoria [preisˈtɔːria] *f* Vorgeschichte *f*
prelevamento [prelevaˈmento] *m 1.* Entnahme *f*; *2. (di denaro) ECO* Abhebung *f*
prelevare [preleˈvaːre] *v 1.* entnehmen; *2. ECO* abheben
prelevazione [prelevatsiˈoːne] *f* Entnahme *f*
prelibato [preliˈbaːto] *adj* köstlich
prelievo [preliˈɛːvo] *m MED* Entnahme *f*; *~ di sangue* Blutentnahme *f*
preliminare [prelimiˈnaːre] *adj 1.* einleitend; *m 2.* Vorverhandlung *f*, Vorbereitung *f*
preludio [preˈluːdio] *m 1. MUS* Präludium *n*; *2. (fig)* Einleitung *f*
prematuro [premaˈtuːro] *adj* verfrüht
premeditazione [premeditatsiˈoːne] *f 1.* Vorsatz *m*; *2. (intenzione)* Absicht *f*

premere [ˈprɛːmere] *v 1.* drücken; *2. (fig: stare a cuore)* bedrücken; *3. (urgere)* drängen ◆ *premere giù* herunterdrücken

premessa [preˈmessa] *f 1.* Voraussetzung *f*; *2. (prefazione)* Vorwort *n*
premettere [preˈmettere] *v irr 1.* vorausschicken; *2. (presupporre)* voraussetzen
premiare [premiˈaːre] *v (dare un premio)* prämieren, auszeichnen
premiato [premiˈaːto] *adj 1.* preisgekrönt; *m 2.* Preisträger *m*
preminente [premiˈnɛnte] *adj 1. (princiale)* Haupt... *2. (che eccelle)* herausragend

P Q

premio [ˈprɛːmio] *m 1.* Preis *m,* Prämie *f; ~ letterario* Literaturpreis *m; ~ Nobel* Nobelpreis *m; 2. FIN* Bonus *m; 3. ~ d'assicurazione* Versicherungsprämie *f; 4. (ricompensa)* Belohnung *f*

premura [preˈmuːra] *f 1.* Eile *f; 2. (sollecitudine)* Bereitwilligkeit *f; con ~* zuvorkommend; *3. (attenzione)* Aufmerksamkeit *f; 4. (zelo)* Eifer *m,* Bemühung *f; 5. premure pl* Sorge *f*

premuroso [premuˈroːso] *adj 1.* zuvorkommend; *2. (servizievole)* dienstbeflissen, fürsorglich

prendere [ˈprɛndere] *v irr 1.* fangen; *2. (posto)* einnehmen; *3. (direzione)* einschlagen; *4. (venire a ~)* abholen
◆ *prendere alla leggera* leicht nehmen
prendere con sé mitnehmen
prendere fuori herausnehmen
Vorrei andare a prendere il mio cappotto. Ich möchte meinen Mantel abholen.
Io vengo a prenderti. Ich hole dich ab.

prenotare [prenoˈtaːre] *v 1.* vorbestellen, vormerken; ◆ *Vorrei prenotare un volo per ...* Ich möchte einen Flug nach ... buchen. *Mi prenoti, per piacere.* Merken Sie mich bitte vor. *2. (corso)* belegen

prenotazione [prenotatsiˈoːne] *f (ordinazione)* Buchung *f,* Vorbestellung *f;* ◆ *disdire la prenotazione* die Buchung stornieren; *cambiare la prenotazione* umbuchen

preoccupare [preokkuˈpaːre] *v 1.* bekümmern; *2. (inquietare)* beunruhigen

preoccuparsi [preokkuˈparsi] *v* sich Sorgen machen
◆ *Non si preoccupi!* Keine Sorge!

preoccupazione [preokkupatsiˈoːne] *f* Sorge *f; pieno di preoccupazioni* sorgenvoll

preparare [prepaˈraːre] *v 1.* vorbereiten; *2. (approntare)* bereiten; *3. (mangiare)* anrichten

prepararsi [prepaˈrarsi] *v* sich vorbereiten

preparazione [preparatsiˈoːne] *f* Vorbereitung *f,* Vorrichtung *f*

preponderante [preponde'rante] *adj* vorwiegend

preposizione [prepozitsiˈoːne] *f* Präposition *f*

prepotente [prepoˈtɛnte] *adj 1.* arrogant, eingebildet; *2. (soverchiatore)* mächtig; *3. (dispotico)* herrisch

prepotenza [prepoˈtɛntsa] *f 1.* Arroganz *f,* Einbildung *f; 2. (forza)* Gewalt *f*

prerogativa [prerogaˈtiːva] *f* Vorrecht *n*

presa [ˈpreːsa] *f 1. TECH* Steckdose *f; 2. (manico)* Griff *m; 3. (pizzico)* Prise *f; 4. (il prendere)* Nehmen *n; 5. ~ in considerazione* Rücksichtnahme *f*

presagio [preˈzaːdʒo] *m 1.* Omen *n; 2. (sintomo)* Anzeichen *n,* Symptom *n; 3. (previsione)* Vorhersage *f*

presagire [prezaˈdʒiːre] *v* ahnen

presbite [ˈprɛzbite] *adj* weitsichtig

prescrivere [presˈkriːvere] *v irr 1. MED* verordnen, verschreiben; *2. (fig)* vorschreiben; *3. JUR* verjähren lassen

prescrizione [preskritsiˈoːne] *f 1.* Vorschrift *f; 2. JUR* Verjährung *f; 3. MED* Verordnung *f*

presentare [prezenˈtaːre] *v 1.* vorzeigen; *2. (domanda)* einreichen; *3. (candidato)* aufstellen; *4. (persona)* vorstellen; ◆ *Posso presentarle ...?* Darf ich ... vorstellen?

PQ

presentarsi [prezenˈtarsi] *v 1.* sich vorstellen; *2. (in scena)* auftreten; *3.* ◆ *presentarsi candidato* kandidieren; *4. (lavoro)* anfallen

presentatore [prezentaˈtoːre] *m (in radio, in TV)* Ansager *m,* Sprecher *m*

presentazione [prezentatsiˈoːne] *f 1.* Vorstellung *f; 2. (in un giornale)* Aufmachung *f; 3. (a teatro)* Auftritt *m; 4. (dimostrazione)* Vorführung *f; 5. (del conto)* Vorlage *f; 6. (di candidati)* Aufstellung *f; 7. (di testimoni)* Vorführung *f*

presente [preˈzɛnte] *adj 1.* anwesend, vorhanden; *2. (tempo)* gegenwärtig; *3. far ~ qc a qd* jdn auf etw hinweisen; *m 4. GRAMM* Gegenwart *f,* Präsens *n*
◆ *tener presente* im Gedächtnis behalten

presentimento [presentiˈmento] *m* Ahnung *f*

presenza [preˈzɛntsa] *f 1.* Vorkommen *n; 2. (l'essere presente)* Anwesenheit *f,* Dasein *n; ~ di spirito* Geistesgegenwart *f;* ◆ *fare atto di presenza* sich zeigen, sich sehen lassen; *aver una certa presenza* ein besonderes Aussehen haben; *3. (esistenza)* Vorhandensein *n*

presepio [preˈzɛːpio] *m REL* Krippe *f*

preservare [preserˈvaːre] *v 1.* wahren; *2. (custodire)* erhalten

preservativo [preservaˈtiːvo] *m 1.* Kondom *n,* Präservativ *n; 2. MED* Verhütungsmittel *n*

presidente(ssa) [presiˈdɛnte/presidenˈtessa] *m/f 1.* Präsident(in) *m/f; 2. (chi presiede)* Vorsitzende(r) *m/f*

presidenza [presiˈdɛntsa] *f* Vorsitz *m*

pressappoco [pressapˈpɔːko] *adv* beinahe

pressare [presˈsaːre] *v* drücken

pressione [pressiˈoːne] *f 1.* Druck *m; ~ dell'aria* Luftdruck *m; 2. TECH* Druck *m; alta ~* Hochdruck *m; pentola a ~* Schnellkochtopf *m*

presso [ˈprɛsso] *prep 1.* neben; *2. (luogo)* bei; *adv 3.* in der Nähe ◆ *da presso* von nahem; *m 4. pressi pl* Umgebung; ◆ *essere nei pressi* in der Umgebung sein

pressoché [pressoˈke] *adv* fast

prestanza [presˈtantsa] *f* Stattlichkeit

prestare [presˈtaːre] *v 1.* verleihen; *2. (dare in prestito)* borgen, leihen
◆ *farsi prestare* sich ausleihen

prestarsi [presˈtarsi] *v 1. (essere idoneo)* sich eignen; *2. (concedersi)* sich hergeben; *3. (essere disponibile)* verfügbar sein

prestazione [prestatsiˈoːne] *f 1.* Leistung *f; ~ individuale* Alleingang *m; 2. ECO* Leistung *f; ~ di servizio* Dienstleistung *f*

prestigio [presˈtiːdʒo] *m* Prestige *n*

prestito [ˈprɛstito] *m 1.* Verleih *m;* ◆ *prendere in prestito* borgen, leihen; *ottenere in prestito (fam)* geliehen bekommen; *2. ECO* Anleihe *f; 3. ~ bancario FIN* Bankdarlehen *n; 4. (somma di denaro) ECO* Darlehen *n*

presto [ˈprɛsto] *adv 1.* bald; *al più ~* schleunigst, schnellstens; ◆ *A presto!* Bis bald! ◆ *fare presto* sich beeilen, sich sputen; *2. (di buon'ora)* früh

presumere [preˈzuːmere] *v irr* vermuten

presunto [preˈzunto] *adj 1.* angeblich; *2. (supposto)* vermutlich

presuntuoso [prezuntuˈoːso] *adj 1.* anmaßend; *2. (altezzoso)* überheblich

P Q

presunzione [prezuntsi'o:ne] *f* *1.* Anmaßung *f*, Überheblichkeit *f*; *con ~* überheblich; *2. JUR* Vermutung *f*
presupporre [presup'porre] *v* voraussetzen
presupposto [presup'posto] *adj* *1.* angenommen; *m 2.* Voraussetzung *f*
prete ['prɛ:te] *m REL* Priester *m*

> **pretendere** [pre'tɛndere] *v irr* *1.* verlangen; *2. (reclamare)* beanspruchen; *3. (sostenere)* behaupten, sich einbilden
> **!** *Passato remoto: pretesi; Partizip Perfekt: preteso*

pretenzioso [pretentsi'o:so] *adj* *1. (arrogante)* anmaßend, eingebildet; *2. (con molte pretese)* anspruchsvoll
pretesa [pre'te:sa] *f (esigenza)* Anforderung *f*, Anspruch *m*
pretesto [pre'tɛsto] *m* Vorwand *m*
pretore [pre'to:re] *m* Amtsrichter *m*
prevalente [preva'lɛnte] *adj* überwiegend
prevalenza [preva'lɛntsa] *f* *1.* Vorwiegendes *n*; *in ~* überwiegend; *2. (preponderanza)* Überlegenheit *f*
prevalere [preva'le:re] *v irr ~ su* überwiegen
prevedere [preve'de:re] *v* *1.* voraussehen; *2. (progettare)* vorsehen; ◆ *La legge prevede che ...* Das Gesetz sieht vor, dass ... *Il viaggio prevede la visita della città.* Die Reise sieht die Besichtigung der Stadt vor.
prevedibile [preve'di:bile] *adj* *1.* vorhersehbar; *2. (pronosticare)* absehbar
prevendita [preven'di:ta] *f* Vorverkauf *m*
prevenire [preve'ni:re] *v* *1.* abwenden, verhüten; *2. (tempo)* vorwegnehmen
preventivo [preven'ti:vo] *adj* *1.* vorbeugend; ◆ *carcere preventivo* Untersuchungshaft *f*; *m 2.* Kostenvoranschlag *m*; *3. ECO* Überschlag *m*

P Q

prevenuto [preve'nu:to] *adj* voreingenommen
prevenzione [preventsi'o:ne] *f* *1.* Verhütung *f*; *~ del cancro* Krebsvorsorge *f*; *2. (impedimento)* Abwehr *f*; *3. (pregiudizi)* Voreingenommenheit *f*
previdenza [previ'dɛntsa] *f* Vorsorge *f*; *~ sociale* Sozialhilfe *f*
previsione [previzi'o:ne] *f* *1.* Vorhersage *f*; *2. (annuncio)* Vorschau *f*
prezioso [pretsi'o:so] *adj* kostbar; *pietra preziosa* Edelstein *m*
prezzemolo [pret'tse:molo] *m* Petersilie *f*

> **prezzo** ['prɛttso] *m (valore)* Preis *m*; *a basso ~* billig; *~ d'acquisto* Kaufpreis *m*; *~ fisso* Festpreis *m*; *~ imposto* Richtpreis *m*; *~ lordo* Buttopreis *m*; *~ netto* Nettopreis *m*
> ◆ *pagare qc a caro prezzo* etw teuer bezahlen
> *non avere prezzo* mit Geld nicht zu bezahlen sein
> ≠ *pezzo m* Stück

prigione [pri'dʒo:ne] *f* *1.* Gefängnis *n*; *2. JUR* Strafanstalt *f*
prigioniero [pridʒoni'ɛ:ro] *adj* *1.* gefangen; *m 2.* Gefangener *m*; ◆ *fare prigioniero* gefangen nehmen

> **prima** ['pri:ma] *adv* *1.* erst, zuerst; *2. (tempo)* eher, früher; *~ o poi* irgendwann; *quanto ~* so bald wie möglich, möglichst bald; *konj* *3. ~ che* bevor, ehe; *prep* *4. ~ di* vor; *f* *5. THEAT* Premiere *f*; *~ edizione* Erstauflage *f*; *6. (della macchina) TECH* erster Gang *m*
> ◆ *Vorremmo partire un giorno prima.* Wir möchten einen Tag früher abreisen. *È possibile prima?* Geht es früher?
> ≠ *primo adj* erste(r,s)

primario [pri'maːrio] *adj 1.* primär; *2. (principale)* hauptsächlich; *m 3. (medico) MED* Chefarzt *m*
primavera [prima'vɛːra] *f* Frühling *m*
primitivo [primi'tiːvo] *adj 1.* primitiv, urwüchsig; *2. (tempo)* anfänglich
primo ['priːmo] *adj 1.* erste(r,s); ◆ *in primo piano* im Vordergrund; *per prima cosa* zuerst; *di primo pomeriggio* am frühen Nachmittag; *2. materia prima* Rohmaterial *n; adv 3.* erstens, zuerst; *4. (primo giorno) oggi è il ~* heute ist der Erste; *ai primi di marzo* Anfang März; *5. GAST* erster Gang *m*
primogenito [promi'dʒɛːnito] *m* Erstgeborener *m*
principale [printʃi'paːle] *adj 1.* hauptsächlich, hauptamtlich; *2. (il più importante)* Haupt... *m 3.* Chef *m*
principato [printʃi'paːto] *m* Fürstentum *n*
principe(ssa) ['printʃipe/printʃi'pessa] *m/f* Fürst(in) *m/f,* Prinz(essin) *m/f; ~ ereditario* Kronprinz *m*
principiante [printʃipi'ante] *m/f* Anfänger(in) *m/f;* ◆ *Sono una principiante.* Ich bin Anfängerin.
principio [prin'tʃiːpio] *m 1.* Anfang *m,* Anbeginn *m; 2. (regola)* Grundsatz *m,* Prinzip *n; per ~* prinzipiell; *di ~* grundsätzlich, prinzipiell
priorità [priori'ta] *f* Priorität *f*
prioritario [priori'taːrio] *adj* vorrangig
privare [pri'vaːre] *v 1. ~ di* vorenthalten; *2. (sottrarre)* entziehen; *3. (diritti) JUR* aberkennen
privatizzazione [privatiddzatsi'oːne] *f ECO* Privatisierung *f*
privato [pri'vaːto] *adj 1.* privat; *scuola privata* Privatschule *f; m 2.* Privatperson *f; 3.* Privatleben *n*
privazione [privatsi'oːne] *f 1.* Entbehrung *f; 2. JUR* Aberkennung *f*
privilegio [privi'lɛːdʒo] *m* Vorrecht *n*
privo ['priːvo] *adj 1.* beraubt; *2. (senza)* ohne, ...los; *~ della patria* heimatlos
pro [prɔ] *prep 1. ~ forma* der Form halber, pro forma; *m 2. (vantaggio)* Für *n,* Vorteil *m; Ma a che pro?* ◆ *valutare i pro e i contro* die Vor- und Nachteile gegeneinander abwägen
probabile [pro'baːbile] *adj* wahrscheinlich
probabilità [probabili'ta] *f* Wahrscheinlichkeit *f; con tutta ~* höchstwahrscheinlich
problema [pro'blɛːma] *m 1.* Problem *n; ~ di coscienza* Gewissensfrage *f; 2. (enigma)* Rätsel *n; 3. MATH* Aufgabe *f*
proboscide [pro'bɔʃʃide] *f* Rüssel *m*
procace [pro'kaːtʃe] *adj 1.* frech, unverschämt; *2. (provocante)* provozierend
procedere [pro'tʃɛːdere] *v 1.* verfahren, vorgehen; *2. (svilupparsi)* verlaufen; *3. (continuare)* fortfahren; *4. ~ contro qd JUR* gegen jdn vorgehen
procedimento [protʃedi'mento] *m 1. (azione)* Verfahren *n,* Verfahrensweise *f; 2. (processo)* Prozess *m; 3. JUR* Verfahren *n; 4. (lo svolgersi)* Entwicklung *f*
procedura [protʃe'duːra] *f 1.* Prozedur *f; 2. JUR* Verfahren *n; codice di ~* Prozessordnung *f*
processare [protʃes'saːre] *v JUR* prozessieren

processo [pro'tʃɛsso] *m 1.* Verfahren *n; 2. JUR* Prozess *m; ~ penale* Strafprozess *m; 3. (sviluppo)* Entwicklung *f*
◆ *istruire un processo* einen Prozess anstrengen

P Q

proclamazione [proklamatsi'oːne] *f* Erklärung *f*, Verkündigung *f*
procura [pro'kuːra] *f* *1.* Vollmacht *f*; *~ generale* Generalvollmacht *f*; *~ in bianco* Blankovollmacht *f*; *2. JUR* Prokura *f*
procurare [proku'raːre] *v* *1.* beschaffen, besorgen; *2. (un impiego)* vermitteln
procurarsi [proku'rarsi] *v* sich verschaffen, sich zulegen
procuratore [prokura'toːre] *m* *1.* Generalbevollmächtigter *m*; *2. JUR* Staatsanwalt *m*; *3. ECO* Prokurist *m*
prodezza [pro'dettsa] *f* *1.* Tapferkeit *f*, Mut *m*; *2. (ironicamente)* Heldentat *f*
prodigarsi [prodi'garsi] *v* *1.* sich verwenden; ◆ *prodigarsi per qd* sich für jdn einsetzen; *2. (impegnarsi a dismisura)* sich abmühen
prodotto [pro'dotto] *m* Erzeugnis *n*, Produkt *n*; *~ agricolo* Agrarerzeugnis *n*; *~ nazionale lordo* Bruttosozialprodukt *n*

produrre [pro'durre] *v irr* *1.* erzeugen, herstellen; *2. (cereali)* hervorbringen; *3. (causare)* bewirken; *4. (rendere)* ergeben
◆ *produrre gravi danni* schwere Schäden verursachen
! *Präsens: produco; Passato remoto: produssi; Partizip Perfekt: prodotto*

produttività [produttivi'ta] *f* *ECO* Ertragfähigkeit, Produktivität *f*
produttivo [produt'tiːvo] *adj* *1.* produktiv; *2. (che dà un buon reddito)* ertragreich
produttore [produt'toːre] *m* Hersteller *m*
produzione [produtsi'oːne] *f* *1.* Herstellung *f*; *2. JUR* Vorlegung *f*
profanare [profa'naːre] *v* *REL* entweihen
profano [pro'faːno] *adj* *1.* weltlich; *da ~* laienhaft; *m* *2.* Laie *m*
professare [profes'saːre] *v* bekennen
professarsi [profes'sarsi] *v* sich bekennen
professionale [professio'naːle] *adj* professionell
professione [professi'oːne] *f* Beruf *m*; *come ~ principale* hauptberuflich
professorato [professo'raːto] *m* Professur *f*
professore(essa) [profes'soːre/professo'ressa] *m/f* *1. (di scuola)* Lehrer(in) *m/f*; *2. (di università)* Professor(in) *m/f*
profeta [pro'fɛːta] *m* *REL* Prophet *m*
profetizzare [profetid'dzaːre] *v* wahrsagen
profilarsi [profi'larsi] *v* sich profilieren
profilato [profi'laːto] *m* *TECH* Profil *n*
profilo [pro'fiːlo] *m* *1.* Kontur *f*; *2. (disegno)* Profil *n*; *3. (veduta di fianco)* Seitenansicht *f*
profittare [profit'taːre] *v* *~ di* profitieren von, Nutzen ziehen aus
profitto [pro'fitto] *m* Gewinn *m*
profondere [pro'fondere] *v irr* *1.* verschwenden; *2.* reichlich spenden
profondersi [pro'fondersi] *v* sich ergehen
profondità [profondi'ta] *f* Tiefe *f*

profondo [pro'fondo] *adj* *1.* tief; *poco ~* seicht; *2. (pensieri)* tief schürfend
◆ *nutrire profondo amore per qd* für jdn tiefe Liebe empfinden

profugo ['prɔːfugo] *m* Flüchtling *m*
profumare [profu'maːre] *v* *1.* parfümieren; *2. (emanare profumo)* duften
profumatamente [profumata'mente] *adv* teuer

profumato [profu'maːto] *adj* duftend, parfümiert
profumeria [profume'riːa] *f* Parfümerie *f*
profumo [pro'fuːmo] *m 1.* Parfüm *n; 2. (buon odore)* Duft *m,* Hauch *m*
progenitore [prodʒeni'toːre] *m* Ahn *m,* Vorfahr *m*
progettare [prodʒet'taːre] *v* entwerfen
progetto [pro'dʒɛtto] *m 1.* Plan *m;* ◆ *aver in progetto* planen, vorhaben; *2. TECH* Projekt *n; ~ pilota* Pilotprojekt *n; 3. POL* Vorlage *f; ~ di legge* Gesetzesentwurf *m; 4. (idea)* Vorhaben *n,* Idee *f*
prognosticare [proɲosti'kaːre] *v* prognostizieren, im Voraus erkennen
programma [pro'gramma] *m* Programm *n*
programmare [program'maːre] *v* programmieren
programmazione [programmatsi'oːne] *f* Programmierung *f*
progredire [progre'diːre] *v* vorwärts kommen
progressivamente [progressiva'mente] *adv* stufenweise
progressivo [progres'siːvo] *adj 1.* fortschrittlich, progressiv; *2. (con incremento)* fortschreitend, zunehmend
progresso [pro'grɛsso] *m* Fortschritt *m*
proibire [proi'biːre] *v irr* verbieten
proibitivo [proibi'tiːvo] *adj 1. prezzo ~* Wucherpreis *m; 2. tempo ~* Hundewetter *n*
proibizione [proibitsi'oːne] *f* Verbot *n,* Untersagung *f*
proiettare [proiet'taːre] *v 1.* vorführen; *2.* werfen; *~ un'ombra* einen Schatten werfen
proiettile [proi'ɛttile] *m* Geschoss *n*
proiettore [proiet'toːre] *m CINE* Projektor *m*
proiezione [proietsi'oːne] *f 1.* Projektion *f; 2. FILM* Vorführung *f*
prole ['prɔːle] *f* Kinder *pl,* Nachwuchs *m; con numerosa ~* kinderreich
prolificare [prolifi'kaːre] *v 1.* zeugen; *2. (moltiplicarsi)* sich vermehren
prolifico [pro'liːfiko] *adj 1. (fertile)* fruchtbar; *2. (con molti figli)* kinderreich
prolisso [pro'lisso] *adj* langatmig
prolunga [pro'luŋga] *f TECH* Verlängerungskabel *n*
prolungamento [proluŋga'mento] *m* Ausdehnung *f,* Verlängerung *f*
prolungare [proluŋ'gaːre] *v (tempo)* verlängern, ausdehnen
prolungarsi [proluŋ'garsi] *v* sich in die Länge ziehen
promemoria [prome'mɔːria] *m 1. POL* Denkschrift *f; 2. (ciò che è d'aiuto alla memoria)* Gedächtnisstütze *f*
promessa [pro'messa] *f* Versprechen *n,* Zusage *f*
promesso [pro'messo] *adj 1.* versprochen; *2. (fidanzamento)* verlobt

> **promettere** [pro'mettere] *v irr* versprechen, zusagen
> ◆ *promettere mari e monti a qd* jdm das Blaue vom Himmel versprechen
> *non promettere nulla di buono* nichts Gutes versprechen
> **!** *Passato remoto: promisi; Partizip Perfekt: promesso*

prominente [promi'nɛnte] *adj 1.* hervorstehend; *2. (eminente)* prominent
promozione [promotsi'oːne] *f 1.* Förderung *f; 2. ECO* Werbung *f; 3. (a lavoro)* Beförderung *f; 4. (a scuola)* Versetzung *f*
promulgare [promul'gaːre] *v 1. (sostenere)* verkünden; *2. (render noto*

P Q

pubblicamente) veröffentlichen; *3. (leggi) JUR* erlassen
promuovere [promuˈɔːvere] *v irr 1. (sostenere)* fördern; *2. (nel lavoro) ECO* befördern; *3. (a scuola)* versetzen
pronipote [proniˈpoːte] *m/f* Urenkel(in) *m/f*
pronome [proˈnoːme] *m GRAMM* Pronomen *n*
pronostico [proˈnɔstiko] *m* Vorhersage *f*
prontamente [prontaˈmente] *adv* prompt
prontezza [pronˈtettsa] *f 1.* Schlagfertigkeit *f; ~ nel soccorrere* Hilfsbereitschaft *f; 2. (di risposta)* Schlagfertigkeit *f; ~ di spirito* Geistesgegenwart *f*
pronto [ˈpronto] *adj 1.* fertig, bereit; *interj 2. (al telefono)* hallo
prontuario [prontuˈaːrio] *m* Handbuch *n*
pronuncia [proˈnuntʃa] *f* Aussprache *f*
pronunciare [pronunˈtʃaːre] *v 1. LING* aussprechen; *2. JUR* fällen
propagandare [propaganˈdaːre] *v ~ qc* für etw werben
propagare [propaˈgaːre] *v* verbreiten
propagazione [propagatsiˈoːne] *f* Verbreitung *f*
propedeutico [propeˈdɛːutiko] *adj* einführend; *corso ~* Einführungskurs *m*
propendere [proˈpɛndere] *v irr* neigen
propizio [proˈpiːtsio] *adj* gelegen
proponimento [proponiˈmento] *m* Vorsatz *m*
proporre [prˈporre] *v irr* vorschlagen
proporsi [proˈporsi] *v irr ~ qc* sich etw vornehmen, etw planen
proporzionale [proportsioˈnaːle] *adj* proportional
proporzione [proportsiˈoːne] *f 1.* Proportion *f,* Verhältnis *n; 2. (misura)* Maß *n,* Ausmaß *n*
proposito [proˈpɔːzito] *m 1.* Vorhaben *n; 2.* ◆ *a proposito* übrigens
proposizione [propozitsiˈoːne] *f GRAMM* Satz *m*
proposta [proˈposta] *f* Vorschlag *m; ~ di matrimonio* Heiratsantrag *m*
propriamente [propriaˈmente] *adv* eigentlich
proprietà [proprieˈta] *f 1.* Eigentum *m; ~ demaniale* Staatseigentum *n; ~ privata* Privateigentum *n; ~ terriera* Grundbesitz *m; 2. (possedimento)* Gut *n; ~ letteraria* Copyright *n; 3. (caratteristica)* Eigenschaft *f,* Besonderheit *f*
proprietario [proprieˈtaːrio] *m* Eigentümer *m; ~ di autovetture* Fahrzeughalter *m; ~ terriero* Landbesitzer *m*

proprio [ˈprɔːprio] *adj 1. (specifico, caratteristico)* besondere(r,s), charakteristisch; *2. (personale)* eigen, eigentlich; *3. nome ~* Eigenname *m; senso ~* eigentlicher Sinn *m; amor ~* Eigenliebe *f; adv 4.* eben, ausgerechnet; *5. ~ così* geradeso; *6. ~ per questo* deshalb
◆ *Proprio adesso!* Jetzt gerade!
Non lo sapevo proprio. Das habe ich wirklich nicht gewusst.

propugnare [propuˈɲaːre] *v* verfechten
propulsione [propulsiˈoːne] *f* Antrieb *m*
prora [ˈprɔːra] *f NAUT* Bug *m*
proroga [ˈprɔːroga] *f* Aufschub *m*
prorogare [proroˈgaːre] *v* verlängern
prosaico [proˈzaːiko] *adj 1.* prosaisch; *2. (ordinario)* alltäglich, nüchtern
prosciogliere [proˈʃɔːʎere] *v 1.* entbinden; *2. (da un'accusa) JUR* lossprechen
prosciutto [proˈʃutto] *m* Schinken *m*
proseguire [proseˈguiːre] *v 1.* weitergehen; ◆ *proseguire il viaggio* weiterrei-

sen; 2. *(continuare)* fortsetzen; ◆ *Prosegui così!* Mach so weiter!

prosperare [prospeˈraːre] *v* 1. wachsen, florieren

prosperità [prosperiˈta] *f* 1. Wohlstand *m;* 2. *(fig: il fiorire)* Blühen *n,* Gedeihen *n*

prospero [ˈprɔspero] *adj* 1. *(fiorente)* blühend; 2. *(ricco)* reich

prospettare [prospetˈtaːre] *v* darstellen, in Aussicht stellen

prospettiva [prospetˈtiːva] *f* 1. Perspektive *f;* 2. *(fig)* Aussicht *f,* Chance *f;* 3. *prospettive pl* Aussicht *f*

prospetto [prosˈpɛtto] *m* 1. Anblick *m;* ~ *totale* Gesamtansicht *f;* 2. *(foglio informativo)* Prospekt *m;* 3. *(tabella)* Tabelle *f,* Überblick *m*

prossimamente [prossimaˈmente] *adv* demnächst

prossimità [prossimiˈta] *f* Nähe *f*

prossimo [ˈprɔssimo] *adj* 1. nächste(r,s); *i passato* ~ Perfekt *n;* 2. Nächste(r), Mitmensch *m*
◆ *sacrificarsi per il prossimo* sich für seinen Nächsten opfern

prostituirsi [prostituˈirsi] *v* sich prostituieren

prostituta [prostiˈtuːta] *f* Prostituierte *f*

prostrarsi [prosˈtrarsi] *v* 1. sich niederwerfen, zu Boden fallen; 2. *(umiliarsi)* sich demütigen

prostrazione [prostratsiˈoːne] *f* Niedergeschlagenheit *f;* ~ *fisica* Erschöpfung *f*

proteggere [proˈtɛddʒere] *v irr* 1. beschützen, schützen; 2. *(fig)* abschirmen

proteina [proteˈiːna] *f* *BIO* Eiweiß *n*

protesi [ˈprɔːtezi] *f* *MED* Prothese *f;* ~ *dentaria* Zahnersatz *m*

protesta [proˈtɛsta] *f* Protest *m*

protestante [protesˈtante] *adj* 1. *REL* protestantisch; *m/f* 2. *REL* Protestant(in) *m/f*

protestare [protesˈtaːre] *v* protestieren

protetto [proˈtɛtto] *adj* 1. geschützt; *m* 2. Schützling *m*

protettore [protetˈtoːre] *m* 1. Beschützer *m;* 2. *POL* Schirmherr *m;* 3. *(di prostitute)* Zuhälter *m;* 4. *REL* Patron *m; adj* 5. schützend, Protektions...

protezione [protetsiˈoːne] *f* 1. Schutz *m,* Sicherheit *f; privo di* ~ schutzlos; ~ *della specie* Artenschutz *m;* 2. *(fig)* Abschirmung *f;* 3. *ECO* Sicherheit *f;* 4. ~ *dell'ambiente* Umweltschutz *m*

protocollare [protokolˈlaːre] *v* protokollieren

protocollo [protoˈkɔllo] *m* Protokoll *n;* ◆ *mettere a protocollo* zu Protokoll nehmen

protrarsi [proˈtrarsi] *v* sich hinziehen

protuberanza [protubeˈrantsa] *f* 1. Ausbuchtung *f;* 2. *(escrescenza)* Höcker *m;* 3. *(gobba)* Buckel *m*

prova [ˈprɔːva] *f* 1. Beweis *m,* Nachweis *m;* 2. *(di vestiti)* Anprobe *f;* 3. *(di nuove soluzioni)* Erprobung *f;* 4. *(esperimento)* Probe *f,* Test *m;* ~ *attitudinale* Eignungsprüfung *f;* ~ *generale* Generalprobe *f;* 5. *(in statistica)* Stichprobe *f;* 6. *JUR* Beweismittel *n*

provare [proˈvaːre] *v* 1. beweisen, prüfen; 2. *(un nuovo medicinale)* ausprobieren, probieren; 3. *(un metodo)* erproben; 4. *(vestiti)* anprobieren; 5. *(dimostrare)* nachweisen; 6. *THEAT* proben; 7. *(sentire)* spüren; 8. *(cibo)* probieren, kosten
◆ *provare la colpevolezza di* überführen
provare la propria identità sich ausweisen

P Q

provato [pro'vaːto] *adj* bewährt
provenienza [proveni'ɛntsa] *f* Herkunft *f*
proverbio [pro'vɛrbio] *m* Sprichwort *n;* ◆ *Come dice il proverbio ...* Wie das Sprichwort sagt ...
provincia [pro'vintʃa] *f* Provinz *f*
provinciale [provin'tʃaːle] *adj* provinziell, Provinz...
provocare [provo'kaːre] *v 1.* herausfordern; *2. (produrre)* erzeugen
provocazione [provokatsi'oːne] *f* Herausforderung *f,* Provokation *f*
provvedere [provve'deːre] *v irr 1. ~ a* sorgen für; *2. (procurare)* besorgen
provvedimento [provvedi'mento] *m* Maßnahme *f*
provvidenza [provvi'dɛntsa] *f 1.* Vorsorge *f; 2. (fortuna)* Glück *n*
provvidenziale [provvidentsi'aːle] *adj (tempestivo)* gelegen
provvido ['prɔvvido] *adj* vorsorgend
provvigione [provvi'dʒoːne] *f FIN* Provision *f; ~ d'aquisto* Abschlussprovision *f*
provvisorio [provvi'zɔːrio] *adj* vorläufig
provvista [prov'vista] *f 1.* Vorrat *m; 2. provviste pl* Proviant *m*
prudente [prdu'dɛnte] *adj* vorsichtig
prudenza [pru'dɛntsa] *f* Vorsicht *f;* ◆ *per prudenza* vorsichtshalber
prudere ['pruːdere] *v* jucken, prickeln
prugna ['pruːɲa] *f BOT* Pflaume *f*
psicanalisi [psika'naːlizi] *f* Psychoanalyse *f*
psiche ['psiːke] *f* Psyche *f*
psichiatra [psiki'aːtra] *m/f* Psychiater(in) *m/f*
psichico ['psiːkiko] *adj* psychisch
psicologia [psikolo'dʒiːa] *f* Psychologie *f*
psicologo [psi'kɔːlogo] *m* Psychologe *m*
psicosi [pso'kɔːzi] *f MED* Psychose *f*
psicoterapeuta [psikotera'pɛːuta] *m/f* Psychotherapeut(in) *m/f*
puah [pu'a] *interj* pfui
pubblicare [pubbli'kaːre] *v 1.* veröffentlichen; *2. (libro)* herausbringen
pubblicazione [pubblikatsi'oːne] *f* Publikation *f; ~ della sentenza* Urteilsverkündung *f*
pubblicista [pubbli'tʃista] *m/f* Publizist(in) *m/f*
pubblicità [pubblitʃi'ta] *f 1.* Reklame *f; ~ occulta* Schleichwerbung *f; ~ televisiva* Fernsehwerbung *f; piccola ~* Kleinanzeigen *pl;* ◆ *fare pubblicità* werben; *2. (opinione pubblica)* Öffentlichkeit *f*

pubblico ['pubbliko] *adj 1.* öffentlich; *~ ministero* Staatsanwalt *m; m 2.* Publikum *n; 3. (opinione pubblica)* Öffentlichkeit *f*
◆ *rendere pubblico* bekannt geben

pubertà [puber'ta] *f* Pubertät *f*
pudico [pu'diːko] *adj 1. (vergognoso)* verschämt; *2. (riservato)* zurückhaltend
pudore [pu'doːre] *m* Scham *f*
puerile [pue'riːle] *adj* kindisch, albern
pugile ['puːdʒile] *m SPORT* Boxer *m*
Puglia ['puːʎa] *f GEO* Apulien *n*
pugnalare [puɲa'laːre] *v* erstechen
pugnale [pu'ɲaːle] *m* Dolch *m*
pugno ['puːɲo] *m 1.* Faust *f;* ◆ *di proprio pugno* eigenhändig; *2. (colpo dato con la mano chiusa)* Faustschlag *m*
pulce ['pultʃe] *f ZOOL* Floh *m; mercato delle pulci* Flohmarkt *m*
pulcino [pul'tʃiːno] *m ZOOL* Küken *n*
puledro [pu'leːdro] *m ZOOL* Fohlen *n*

P Q

pulire [pu'liːre] *v 1.* putzen, reinigen; *2. (levare lo sporco sfregando)* abwischen
◆ *pulire la lavagna* die Tafel wischen

pulito [pu'liːto] *adj* rein, sauber
pulitura [puli'tuːra] *f* Reinigung *f; ~ a secco* chemische Reinigung *f*
pulizia [puli'tsiːa] *f* Sauberkeit *f; ~ superficiale* Katzenwäsche *f; la pulizia delle strade* Straßenreinigung *f*
pullulare [pullu'laːre] *v* wimmeln
pulpito ['pulpito] *m REL* Kanzel *f*
pulsante [pul'sante] *m TECH* Druckknopf *m*
pulsare [pul'saːre] *v* pulsieren
pulsazione [pulsatsi'oːne] *f* Herzschlag *m*
pungente [pun'dʒɛnte] *adj 1. (odore)* beißend; *2. (freddo)* klirrend; *3. (riccio)* stachelig; *4. (fig)* messerscharf
pungere [pun'dʒente] *v irr* stechen
pungiglione [pundʒi'ʎoːne] *m ZOOL* Stachel *m*
punire [pu'niːre] *v* strafen, bestrafen
punizione [punitsi'oːne] *f* Bestrafung *f*
punta ['punta] *f 1.* Spitze *f,* Zacke *f; ~ del coltello* Messerspitze *f; in ~ di piedi* auf Zehenspitzen; *2. (fig)* Höhepunkt *m*
puntare [pun'taːre] *v 1.* stützen; *2. (dirigere)* richten, ziehen; *3. ~ verso* ansteuern; *4. (al gioco)* setzen
puntata [pun'taːta] *f 1. (al gioco)* Einsatz *m; 2. (di una serie)* Folge *f; film a puntate* Serie *f; 3. (ferita con oggetto a punta)* Stich *m; 4. (capatina)* Abstecher *m*
punteggiatura [punteddʒa'tuːra] *f GRAMM* Zeichensetzung *f*
puntellare [puntel'laːre] *v* stützen

punto ['punto] *m 1.* Punkt *m; a questo ~* dazu; *due punti* Doppelpunkt *m; ~ e virgola* Strichpunkt *m; ~ esclamativo* Ausrufezeichen *n; ~ interrogativo* Fragezeichen *n; ~ d'incontro* Treffpunkt *m; 2. (luogo)* Stelle *f; 3. (cucitura)* Stich *m; 4. ASTR ~ cardinale* Himmelsrichtung *f; 5. (fig)* Schlussstrich *m*
◆ *a buon punto* ziemlich weit
fare il punto zusammenfassen
venire al punto zur Sache kommen
≠ *punta f* Spitze

puntuale [puntu'aːle] *adj* pünktlich
puntualità [puntuali'ta] *f* Pünktlichkeit *f*
puntura [pun'tuːra] *f 1. (di vespa)* Stich *m; ~ di zanzara* Mückenstich *m; 2. MED* Injektion *f*
pupilla [pu'pilla] *f ANAT* Pupille *f*
pupillo [pu'pillo] *m 1.* Pflegekind *n; 2. JUR* Mündel *n*
purché [pur'ke] *konj* wenn nur
pure ['puːre] *adv 1.* auch; *2. (tuttavia)* dennoch, doch; *3. (ugualmente)* ebenfalls
purè [pu'rɛ] *m GAST* Püree *n*
purezza [pu'rettsa] *f* Reinheit *f*
purgare [pur'gaːre] *v 1. MED* abführen *2. (pulire)* reinigen, säubern;
purificato [purifi'kaːto] *adj 1.* gereinigt; *2. (fig)* geläutert
puro ['puːro] *adj 1.* rein, echt; *2. (non alterato)* unverfälscht, pur
purtroppo [pur'trɔppo] *adv* leider
pus [pus] *m MED* Eiter *m*
putativo [puta'tiːvo] *adj JUR* vermeintlich; *padre ~* Pflegevater *m*
putiferio [puti'fɛːrio] *m* Eklat *m*
putrefarsi [putre'farsi] *v* vermodern
putrido ['puːtrido] *adj* verwest
puttana [put'taːna] *f* Hure *f*

ppuzza [ˈputtsa] *f* Gestank *m;* ◆ *Qui c'è puzza di bruciato.* Hier ist etw faul.
puzzare [putˈtsaːre] *v* stinken
qua [kua] *adv (luogo)* da, her, hierher; ~ *dentro* darin
quaderno [kuaˈdɛrno] *m* Heft *n*
quadrangolare [kuadraŋgoˈlaːre] *adj* viereckig
quadrante [kuaˈdrante] *m* Zifferblatt *n*
quadrato [kuaˈdraːto] *adj 1.* quadratisch; *m 2.* Quadrat *n*
quadretto [kuaˈdretto] *m 1.* Kästchen *n;* ◆ *a quadretti* kariert; *2.* kleines Bild *n*
quadriga [kuaˈdriːga] *f* Viergespann *n*
quadrivio [kuaˈdriːvio] *m* Kreuzung *f*, Straßenkreuzung *f*, Kreuzweg *m*
quadro [ˈkuaːdro] *m 1.* Bild *n;* ~ *elettrico* Schalttafel *f;* ~ *portapparecchi* Armaturenbrett *n; 2. MATH* Quadrat *n; 3. (fig)* Rahmen *m; 4.* ~ *del colesterolo MED* Cholesterinspiegel *m*
qualche [ˈkualke] *adj 1. (alcuni)* einige; ~ *volta* manchmal; *2. (uno)* (irgend)ein(e); *3. (un certo)* ein(e) gewisse(r,s)
qualcosa [kualˈkɔːsa] *pron* etwas
qualcuno [kualˈkuːno] *pron 1. (alcuni)* einige; *2. (uno)* (irgend)jemand *(persona)*; (irgend)eine(r,s) *(cosa)*
quale [ˈkuaːle] *adj 1. (interrogativo)* welche(r,s); *2. (esclamativo)* welch ein(e); *pron 3. (interrogativo)* welche(r,s); *4. (relativo)* der, die, das, welche(r,s); *adv 5. (in qualità di)* als
qualifica [kuaˈliːfika] *f* Qualifikation *f*
qualificare [kualifiˈkaːre] *v* bezeichnen, kennzeichnen, qualifizieren
qualificarsi [kualifiˈkarsi] *v* sich qualifizieren
qualificato [kualifi'kaːto] *adj* tauglich, befähigt, geeignet, fähig
qualità [kualiˈta] *f 1.* Eigenschaft *f; 2. (pregio, merito)* Qualität *f; 3. ECO* Güte *f*
qualora [kua'loːra] *konj* wenn, falls
qualsiasi [kualˈsiːasi] *adj* jede(r,s), jede(r,s) beliebige(r,s); *in ~ momento* jederzeit
qualunque [kuaˈluŋkue] *adj 1.* jede(r,s); *2. (posposto)* irgendein(e); *(relativo)* welche(r,s) auch immer ◆ *l' uomo qualunque* der kleine Mann *m*

> **quando** [ˈkuando] *adv 1.* wann, wenn; ◆ *Da quando abiti in Italia?* Seit wann wohnst du in Italien? *konj 2.* als, wenn; *3. (mentre)* während
> ≠ *quanto adv* wie viel

quantità [kuantiˈta] *f 1.* Menge *f*, Quantität *f; 2. PHYS* Quantum *n*
quantitativo [kuantitaˈtiːvo] *adj* mengenmäßig, quantitativ

> **quanto** [ˈkuanto] *adv 1.* wie viel/lange/weit; *2. (nella misura che)* so viel... wie; *3. (come)* wie; *tanto ... ~ ...* genauso ... wie ...; *adj 4.* wie viel; *5. (esclamativo)* so viel; *6. (nella quantità che)* so viel ... wie; *pron 7.* wie viel(e); *8. (relativo)* was; *(con il plurale)* (alle) die
> ◆ *Quanto costa?* Wie viel kostet das?
> ≠ *quando adv* wann

quaranta [kuaˈranta] *num* vierzig
quarantena [kuaranˈtɛːna] *f* Quarantäne *f*
quaresima [kuaˈreːzima] *f REL* Fastenzeit *f*
quartiere [kuartiˈɛːre] *m* Viertel *n*, Stadtteil *m; ~ povero* Elendsviertel *n ~ residenziale* Wohnviertel *n*
quarto [ˈkuarto] *adj 1.* vierte(r,s); *m 2.* Viertel *n; un ~ di pollo* ein Viertel Huhn *n; un ~ di litro* ein Viertelliter *m;* ◆

P Q

passare un brutto quarto d'ora (fig) ein paar schlimme Augenblicke durchmachen
quasi ['kua:si] *adv* beinahe, fast
quattordici [kuat'torditʃi] *num* vierzehn
quattrino [kuat'tri:no] *m 1.* kleinstes Geldstück *n;* ◆ *non avere il becco di un quattrino* keinen roten Heller besitzen; *2. quattrini pl* Geld *n*
quattro ['kuattro] *num* vier

quello ['kuello] *adj 1.* jener, der (dort); *2. (tale)* derartig; *pron 3.* jener, der (dort); *4. (colui che)* derjenige; *5. (quella cosa)* das
◆ *E' sempre quello. (fam)* Er ist immer noch der Alte.

quesito [kue'zi:to] *m* Frage *f*
questionario [kuestio'na:rio] *m* Fragebogen *m*
questione [kuesti'o:ne] *f* Frage *f; ~ controversa* Streitfrage *f*

questo ['kuesto] *adj 1.* diese, der; *2. (tale)* solch; *per ~ motivo* dadurch, *pron 3.* dieser, der; *4. (questa cosa)* das, dies; *per ~* dafür, daher, dazu; *di ~* davon

◆ *Questa macchina è nuova.* Dieses Auto ist neu.
Vorrei questo qui. Ich möchte das da.

questura [kues'tu:ra] *f* Polizeipräsidium *n*
qui [kui] *adv (luogo)* da, hier, hierher; *di ~* hiesig; ◆ *È già stato qui una volta?* Waren Sie schon einmal hier?
quiete [kui'ɛ:te] *f* Stille *f*
quieto [kui'ɛ:to] *adj* still, ruhig
quindi ['kuindi] *konj* somit
quindici ['kuinditʃi] *num* fünfzehn
quinto [ku'into] *adj 1.* fünfte(r,s); *m 2.* Fünftel *n*
quisquilia [kuisku'i:lia] *f* Kleinigkeit *f,* Lappalie *f*
quota ['kuo:ta] *f 1.* Quote *f; ~ di rincaro* Teuerungsrate *f; ~ di volo* Flughöhe *f; 2. (contributo)* Beitrag *m*
quotare [kuo'ta:re] *v FIN* notieren
quotazione [kuotatsi'o:ne] *f FIN* Kurs *m; ~ delle azioni* Aktiennotierung *f*
quotidiano [kuotidi'a:no] *adj 1.* täglich; *m 2.* Tageszeitung *f*
quoziente [kuotsi'ɛnte] *m MATH* Quotient *m; ~ d'intelligenza* Intelligenzquotient *m*

R

rabbia [ˈrabbia] *f 1.* Zorn *m; con ~* zornig; *2. MED* Tollwut *f*
◆ *essere divorato dalla rabbia* sich vor Wut verzehren

rabbioso [rabbiˈoːso] *adj* zornig
rabbrividire [rabbriviˈdiːre] *v* schaudern
rabbuiarsi [rabbuiˈarsi] *v* sich verfinstern
raccapezzarsi [rakkapetˈtsarsi] *v* sich zurechtfinden
raccapricciante [rakkapritˈtʃante] *adj* schlimm, entsetzlich
raccapriccio [rakkaˈprittʃo] *m* Entsetzen *n*
raccattare [rakkatˈtaːre] *v* auflesen
racchiudere [rakkiˈuːdere] *v (fig)* bergen
racchiudersi [rakkiˈuːdersi] *v* ◆ *racchiudersi in se stesso* in sich gekehrt sein
raccogliere [rakˈkɔːʎere] *v irr 1.* pflücken, ernten; *2. (da terra)* aufheben; *3. (collezionare, radunare)* sammeln
raccogliersi [rakˈkɔːʎersi] *v irr 1.* sich sammeln; *2. (mentalmente)* sich sammeln
raccoglimento [rakkoʎiˈmento] *m* Andacht *f*
raccoglitore [rakkoʎiˈtoːre] *m* Ordner *m*
raccolta [rakˈkɔlta] *f 1.* Sammlung *f; 2. (dei frutti della terra)* Ernte *f; ~ dell'uva* Weinlese *f*
raccolto [rakˈkɔlto] *adj 1.* andächtig; *2. (riunito)* versammelt; *m 3.* Ernte *f*
raccomandabile [rakkomanˈdaːbile] *adj* empfehlenswert
raccomandare [rakkomanˈdaːre] *v 1.* empfehlen; *2. (affidare)* anvertrauen
raccomandarsi [rakkomanˈdarsi] *v 1.* sich empfehlen; *2. ~ a qd* sich jdm anvertrauen; *3. (fare affidamento)* sich verlassen; ◆ *Mi raccomando, non dimenticarti di fare la spesa.* Ich verlasse mich darauf, dass du einkaufen gehst.

raccontare [rakkonˈtaːre] *v* erzählen
◆ *raccontare fandonie (fig)* aufschneiden
raccontare con parole proprie mit eigenen Worten nacherzählen

racconto [rakˈkonto] *m* Erzählung *f; ~ poliziesco* Detektivgeschichte *f*
raccordo [rakˈkɔrdo] *m 1.* Anschluss *m,* Verbindung *f; 2. ~ stradale* Zubringerstraße *f,* Verbindungsstraße *f*
racimolare [ratʃimoˈlaːre] *v* auflesen
rada [ˈraːda] *f 1. GEO* Meeresbucht *f; 2. NAUT* Reede *f*
radar [ˈraːdar] *m PHYS* Radar *m*
raddolcire [raddolˈtʃiːre] *v 1.* versüßen; *2. (fig)* lindern, abmildern
raddoppiare [raddoppiˈaːre] *v* verdoppeln
raddrizzare [raddritˈtsaːre] *v 1.* aufrichten; *2. (riparare)* ausbessern; *3. (fig: rettificare)* richtig stellen
radente [raˈdɛnte] *adj* rasant; *volo ~* Tiefflug *m*
radere [ˈraːdere] *v irr 1.* rasieren; *2. (tagliare)* abschneiden; *3.* ◆ *radere al suolo* kahl schlagen; *4. (rasentare)* streifen
radersi [ˈraːdersi] *v irr* sich rasieren
radiatore [radiaˈtoːre] *m 1.* Heizkörper *m; 2. (dell'auto) TECH* Kühler *m*

radiazione [radiatsi'oːne] *f* Strahlung *f*
radicale [radi'kaːle] *adj* radikal
radicalismo [radika'lizmo] *m* Radikalismus *m*
radice [ra'diːtʃe] *f* *1. BOT* Wurzel *f; 2. (fig)* Ursprung *m,* Ausgangspunkt *m*
radio[1] ['raːdio] *f* *1.* Radio *n,* Rundfunk *m; ~ della polizia* Polizeifunk *m; ~ di bordo* Bordfunk *m; 2. (apparecchio)* Radiogerät *n*
radio[2] ['raːdio] *f ANAT* Speiche *f*
radioattività [radioattivi'ta] *f PHYS* Radioaktivität *f*
radiocomandare [radiokoman'daːre] *v TECH* fernsteuern
radiografia [radiogra'fiːa] *f* Röntgenbild *n*
radiomessaggio [radiomes'saddʒo] *m* Funkspruch *m*
radioricevitore [radioritʃevi'toːre] *m TECH* Rundfunkempfänger *m*
radioso [radi'oːso] *adj* strahlend
radioterapia [radiotera'piːa] *f MED* Strahlenbehandlung *f*
rado ['raːdo] *adj* licht; *di ~* selten
radunare [radu'naːre] *v* versammeln
raduno [ra'duːno] *m* Versammlung *f*
radura [ra'duːra] *f* Lichtung *f*
rafano ['raːfano] *m BOT* Rettich *m*
raffica ['raffika] *f* *1. ~ di vento* Bö *f,* Windstoß *m; 2. ~ di neve* Schneebö *f*
raffigurare [raffigu'raːre] *v* darstellen
raffinare [raffi'naːre] *v* raffinieren
raffinarsi [raffi'narsi] *v* sich verfeinern
raffinatezza [raffina'tettsa] *f* Raffinesse *f*
raffinato [raffi'naːto] *adj 1.* vornehm; *2. (fine)* raffiniert, verfeinert; *3. (scaltrito)* durchtrieben
rafforzamento [raffortsa'mento] *m* Verstärkung *f*
rafforzare [raffor'tsaːre] *v 1. (fig)* verstärken; *2. (dubbi, opinioni)* bestärken
raffreddamento [raffredda'mento] *m* Kühlung *f,* Abkühlung *f*
raffreddare [raffred'daːre] *v* abkühlen
raffreddarsi [raffred'darsi] *v 1. MED* sich erkälten; *2. (diventare freddo)* abkühlen
raffreddato [raffred'daːto] *adj 1. MED* erkältet, verkühlt; ◆ *Sono raffreddato.* Ich bin erkältet. *2. ~ ad aria TECH* luftgekühlt

> **raffreddore** [raffred'doːre] *m* Erkältung *f; ~ da fieno* Heuschnupfen *m*
> ◆ *prendersi un bel raffreddore* sich eine schöne Erkältung zuziehen

rafia ['raːfia] *f* Bast *m*
raganella [raga'nɛlla] *f ZOOL* Laubfrosch *m*
ragazza [ra'gattsa] *f* *1.* Mädchen *n; 2. (fidanzata)* Freundin *f*
ragazzo [ra'gattso] *m* *1.* Knabe *m,* Junge *m; 2. (fidanzato)* Freund *m*
raggiante [rad'dʒante] *adj 1.* strahlend; *2. (fig: persona)* glückstrahlend
raggio ['raddʒo] *m 1.* Strahl *m; ~ di luce* Lichtstrahl *m; ~ laser* Laserstrahl *m; 2. MATH* Radius *m*
raggirare [raddʒi'raːre] *v* hintergehen

> **raggiungere** [rad'dʒundʒere] *v irr* erreichen, erzielen
> ◆ *Come posso raggiungerla?* Wie kann ich Sie erreichen?
> **!** *Passato remoto: raggiunsi; Partizip Perfekt: raggiunto*

raggiungibile [raddʒun'dʒiːbile] *adj* erreichbar
raggiungimento [raddʒundʒi'mento] *m 1.* Einholen *n; 2. (realizzazione)* Verwirklichung *f*

R

raggrinzire [raggrin'tsiːre] *v* runzeln
raggrumarsi [raggru'marsi] *v* gerinnen
raggruppare [raggrup'paːre] *v* gruppieren
raggrupparsi [raggrup'parsi] *v* sich versammeln
ragguaglio [raggu'aːʎo] *m 1.* Auskunft *f; 2. (raffronto)* Vergleich *m*
ragguardevole [ragguar'deːvole] *adj 1.* angesehen; *2. (notevole)* ansehnlich
ragionare [radʒo'naːre] *v* denken

ragione [ra'dʒoːne] *f 1.* Grund *m,* Ursache *f; per quale ~* weshalb; *senza ~* grundlos; *2. (ratio)* Vernunft *f,* Verstand *m; 3. (diritto)* Recht *n; a maggior ~* umso mehr; *4. ragion d'essere* Existenzberechtigung *f*
◆ *farsi una ragione di qualcosa* sich mit etwas abfinden
≠ *razione f* Ration

ragioneria [radʒone'riːa] *f FIN* Rechnungswesen *n*
ragionevole [radʒo'neːvole] *adj* vernünftig, zumutbar
ragioniere [radʒoni'ɛːre] *m* Buchhalter *m*
R **ragnatela** [raɲa'teːla] *f ZOOL* Spinnennetz *n*
ragno ['raːɲo] *m ZOOL* Spinne *f*
rallegrare [ralle'graːre] *v* erfreuen
rallegrarsi [ralle'grarsi] *v* sich freuen

rallentare [rallen'taːre] *v* verlangsamen, vermindern
◆ *Rallentare!* Langsamer fahren!

ramanzina [raman'dziːna] *f* Moralpredigt *f*
rame ['raːme] *m CHEM* Kupfer *n*
ramificazione [ramifikatsi'oːne] *f* Abzweigung *f,* Verzweigung *f*
rammaricarsi [rammari'karsi] *v 1. ~ di qc* etw bedauern; *2. (essere afflitto)* betrübt sein, bekümmert sein
rammendare [rammen'daːre] *v* stopfen
rammentare [rammen'taːre] *v* erinnern an
ramo ['raːmo] *m 1. BOT* Zweig *m,* Ast *m; 2. (fig)* Zweig *m; ~ commerciale* Geschäftszweig *m; 3. (campo)* Sparte *f; 4. (di fiume)* Flussarm *m*
rampa ['rampa] *f 1.* Auffahrt *f; 2. (caricare)* Rampe *f*
rampicante [rampi'kante] *adj 1.* kletternd; *m 2. BOT* Kletterpflanze *f*
rana ['raːna] *f ZOOL* Frosch *m; nuoto a ~* Brustschwimmen *n*
rancore [raŋ'koːre] *m* Groll *m*
randagio [ran'daːdʒo] *adj* umherirrend
randello [ran'dɛllo] *m* Prügel *m*
rango ['raŋgo] *m* Rang *m,* Stand *m*
rannicchiarsi [rannikki'arsi] *v* sich niederkauern; *stare rannicchiato* zusammengekauert sitzen; ◆ *rannicchiarsi in un cantuccio* sich in einen Winkel verkriechen
rannuvolarsi [rannuvo'larsi] *v 1.* sich bewölken; *2. (fig)* sich verfinstern
rapa ['raːpa] *f BOT* Rübe *f*
rapace [ra'paːtʃe] *adj* raffgierig; *uccello ~* Raubvogel *m*
rapacità [rapatʃi'ta] *f* Raffsucht *f*
rapido ['raːpido] *adj 1.* rasch, zügig; *m 2.* Schnellzug *m,* D-Zug *m*
rapimento [rapi'mento] *m* Entführung *f*
rapina [ra'piːna] *f* Diebstahl *m,* Raubüberfall *m*
rapinare [rapi'naːre] *v* rauben
rapinatore [rapina'toːre] *m* Räuber *m*
rapire [ra'piːre] *v* rauben, entführen

rapitore [rapi'to:re] *m* Entführer *m*, Kidnapper *m*

rapporto [rap'pɔrto] *m* *1.* Beziehung *f*, Verbindung *f*, Verhältnis *n*; *rapporti sessuali* Geschlechtsverkehr *m*; *2. (d'ufficio)* Referat *n*; *~ sulla situazione* Lagebericht *m*; *~ di gestione* Geschäftsbericht *m*
◆ *essere in buoni rapporti con qd* mit jdm gute Beziehungen unterhalten

rappresaglia [rappre'sa:ʎa] *f* Vergeltungsmaßnahme *f*
rappresentante [rapprezen'tante] *m/f* Vertreter(in) *m/f*; *~ di commercio* Handelsvertreter(in) *m/f*
rappresentanza [rapprezen'tantsa] *f* Vertretung *f*; *~ di genitori* Elternbeirat *m*; *~ generale* Generalvertretung *f*
rappresentare [rapprezen'ta:re] *v* *1.* vertreten; *2. (fig)* darstellen; *3. THEAT* aufführen
rappresentazione [rapprezentatsi'o:ne] *f* *1.* Darstellung *f*; *2. THEAT* Vorstellung *f*; *~ serale* Abendvorstellung *f*
rarità [rari'ta] *f* Seltenheit *f*, Rarität *f*
raro ['ra:ro] *adj* selten
rasare [ra'sa:re] *v* rasieren
rasatura [rasa'tu:ra] *f* Rasur *f*
raschiare [raski'a:re] *v* kratzen
rasentare [razen'ta:re] *v* *1.* streifen; *2. (fig)* angrenzen
raso ['ra:so] *adj* *1.* rasiert; *2. (pieno fino all'orlo)* randvoll, gestrichen voll; *m* *3.* Satin *m*
rasoio [ra'so:io] *m* Rasiermesser *n*
raspa ['raspa] *f* Raspel *f*
rassegna [ras'se:ɲa] *f* *1.* Bericht *m*; *2. (di giornali)* Rundschau *f*; *3. (sfilata)* Parade *f*; *~ di moda* Modenschau *f*
rassegnare [rasse'ɲa:re] *v* *1.* zurücktreten; *2. (un incarico)* niederlegen; ◆ *rassegnare le proprie dimissioni* seinen Rücktritt einreichen
rassegnarsi [rasse'ɲarsi] *v* resignieren
rasserenare [rassere'na:re] *v* erheitern
rassicurante [rassiku'rante] *adj* Vertrauen erweckend, glaubwürdig
rassicurare [rassiku'ra:re] *v* *1.* trösten; *2. (assicurare)* versichern
rassicurarsi [rassiku'rarsi] *v* sich vergewissern, sich beruhigen
rassomigliare [rassomi'ʎa:re] *v* gleichen
rassomigliarsi [rassomi'ʎarsi] *v* sich gleichen, sich ähneln
rastrello [ras'trɛllo] *m* Rechen *m*
rata ['ra:ta] *f* *ECO* Rate *f*
ratifica [ra'ti:fika] *f* *1.* Ratifizierung *f*; *2. (approvazione)* Genehmigung *f*
ratificare [ratifi'ka:re] *v* ratifizieren
ratto ['ratto] *m* *ZOOL* Ratte *f*
rattoppare [rattop'pa:re] *v* flicken
rattristare [rattris'ta:re] *v* betrüben
rauco [ra:uko] *adj* rau
ravanello [rava'nɛllo] *m* *BOT* Radieschen *n*
ravvicinamento [ravvitʃina'mento] *m* *1.* Annäherung *f*; *2. (fig)* Versöhnung *f*
ravvicinare [ravvitʃi'na:re] *v* näher bringen
ravvicinarsi [ravvitʃi'narsi] *v* *1.* sich nähern; *2. (fig)* sich annähern
ravvivare [ravvi'va:re] *v* wieder beleben
razionale [ratsio'na:le] *adj* *1.* rationell; *2. (relativo alla ragione)* rational
razionalizzare [ratsionalid'dza:re] *v* rationalisieren
razionare [ratsio'na:re] *v* rationieren
razione [ratsi'o:ne] *f* Ration *f*

R

razza[1] [ˈrattsa] *f 1.* Rasse *f; di ~* rassig; *di ~ pura* reinrassig; *2. (sorta)* Sorte *f*
razza[2] [ˈraddza] *f (pesce)* Rochen *m*
razzia [ratˈtsiːa] *f 1.* Plünderung *f; 2. (fig)* Razzia *f,* Streifzug *m*
razziale [rattsiˈaːle] *adj* rassisch
razziare [rattsiˈaːre] *v* ausplündern
razzismo [ratˈtsizmo] *m* Rassismus *m,* Rassenhass *m*
razzista [ratˈtsista] *m/f* Rassist(in) *m/f*
razzo [ˈraddzo] *m* Rakete *f*
re [re] *m* König
reagire [reaˈdʒiːre] *v irr* reagieren
reale [reˈaːle] *adj 1.* wirklich, real; *2. POL* königlich; *3. MATH* reel
realismo [reaˈlizmo] *m* Realismus *m*
realistico [reaˈlistiko] *adj* realistisch
realizzare [realidˈdzaːre] *v 1.* verwirklichen, realisieren; *2. (capire)* begreifen; *3. ECO* erzielen
realizzazione [realiddzatsiˈoːne] *f 1.* Verwirklichung *f; 2. (fig)* Herstellung *f,* Zustandekommen *n*

realtà [realˈta] *f* Wirklichkeit *f,* Realität *f*
◆ *diventare realtà* in Erfüllung gehen

reato [reˈaːto] *m JUR* Tat *f,* Delikt *n*
R **reattore** [reatˈtoːre] *m 1.* Reaktor *m; ~ di ricerche* Forschungsreaktor *m; ~ nucleare* Kernreaktor *m; 2. TECH* Düsenflugzeug *n*
reazionario [reatsioˈnaːrio] *adj 1. POL* reaktionär; *m 2.* Reaktionär *m*
reazione [reatsiˈoːne] *f* Reaktion *f; ~ a catena* Kettenreaktion *f*
recapitare [rekapiˈtaːre] *v* austragen
recapito [reˈkaːpito] *m 1.* Adresse *f; 2. (domicilio)* Wohnort *m*
recarsi [reˈkarsi] *v* sich begeben
recedere [reˈtʃɛːdere] *v 1.* nachgeben, weichen; *2. (fig)* zurücktreten
recensione [retʃensiˈoːne] *f* Literaturkritik *f,* Rezension *f*

recente [reˈtʃɛnte] *adj* jüngst, neu; *le più recenti notizie* die allerneuesten Meldungen *pl*
◆ *Di recente ho visto tua sorella.* Neulich habe ich deine Schwester gesehen.
≠ *recinto m* Zaun

recentemente [retʃenteˈmente] *adv* neulich
recessione [retʃessiˈoːne] *f 1. ECO* Rezession *f; 2. (riduzione)* Schrumpfung *f*
recezione [retʃetsiˈoːne] *f* Aufnahme *f; 2. JUR* Übernahme *f*
recingere [reˈtʃindʒere] *v irr* umzäunen
recintare [retʃinˈtaːre] *v* umzäunen
recinto [reˈtʃinto] *m* Zaun *m; ~ delle grida* Börsenparkett *n*
recinzione [retʃintsiˈoːne] *f* Zaun *m*
recipiente [retʃipiˈɛnte] *m* Gefäß *n*
reciprocità [retʃiprotʃiˈta] *f* Gegenseitigkeit *f*
reciproco [reˈtʃiːproko] *adj* gegenseitig
recita [ˈrɛːtʃita] *f 1.* Vortrag *m; 2. THEAT* Vorstellung *f*
recitare [retʃiˈtaːre] *v* vortragen
reclamare [reklaˈmaːre] *v* reklamieren
reclame [reˈklam] *f* Reklame *f; ~ luminosa* Leuchtreklame *f*
reclamo [reˈklaːmo] *m* Reklamation *f*
reclutare [rekluˈtaːre] *v* werben
record [ˈrɛːkord] *m* Rekord *m,* Spitzenleistung *f; ~ mondiale* Weltrekord *m*
recriminare [rekrimiˈnaːre] *v 1.* beschuldigen; *2. (lamentarsi)* sich beschweren
recriminazione [rekriminatsiˈoːne] *f 1.* Anschuldigung *f; 2. (reclamo, lagnanza)* Beanstandung *f*

recuperare [rekupeˈraːre] *v 1.* nachholen; *2. (riaquistare)* wiedererlangen; *3. (salvare)* bergen; *4. SPORT* aufholen
redarguire [redarguˈiːre] *v irr ~ qd* jdn zurechtweisen
redattore [redatˈtoːre] *m* Redakteur *m; ~ capo* Chefredakteur *m*
redazione [redatsiˈoːne] *f 1.* Verfassung *f; 2.* Redigierung *f; 3. (ufficio)* Redaktion *f*
redditizio [reddiˈtiːtsio] *adj* rentabel
reddito [ˈrɛddito] *m 1.* Einkommen *n*, Bezüge *pl; ~ nazionale* Volkseinkommen *n; ~ di capitale* Kapitalertrag *m; ~ lordo* Bruttoeinkommen *n; ~ medio* Durchschnittsertrag *m; ~ netto* Nettoeinkommen *n; 2. (pensione)* Rente *f*
redentore [redenˈtoːre] *m* Erlöser *m*
redenzione [redentsiˈoːne] *f* Erlösung *f*
redigere [reˈdiːdʒere] *v irr 1.* aufsetzen; *2. (in una redazione)* redigieren
redini [ˈrɛːdini] *f/pl* Zügel *pl*
reduce [ˈreːdutʃe] *adj 1.* zurückgekehrt, heimgekehrt; *m 2.* Heimkehrer *m; ~ di guerra* Kriegsheimkehrer *m*
referenza [refeˈrɛntsa] *f 1.* Referenz *f; 2. (lettera)* Empfehlungsschreiben *n*
referto [reˈfɛrto] *m ~ medico* Befund *m*
refettorio [refetˈtɔːrio] *m* Speisesaal *m*, Refektorium *n*
refrattario [refratˈtaːrio] *adj 1.* aufsässig; *2. (materiale)* feuerfest
refrigerio [refriˈdʒɛːrio] *m 1.* Kühlung *f; 2. (conforto)* Tröstung *f*
refurtiva [refurˈtiːva] *f* Diebesbeute *f*
regalare [regaˈlaːre] *v* schenken
regale [reˈgaːle] *adj* königlich

> **regalo** [reˈgaːlo] *m* Geschenk *n*
> ◆ *fare un regalo a qd* jdm ein Geschenk machen
> ≠ *regola f* Regel

regata [reˈgaːta] *f SPORT* Regatta *f*
reggente [redˈdʒɛnte] *adj 1.* stellvertretend; *2. (regnante)* herrschend; *m/f 3.* Regent(in) *m/f*
reggere [ˈreddʒere] *v irr 1.* aushalten; *2. (sostenere)* halten; *3. GRAMM* regieren
reggersi [ˈreddʒersi] *v irr* festhalten
reggiseno [reddʒiˈseːno] *m* Büstenhalter *m*
regia [reˈdʒiːa] *f THEAT/CINE* Regie *f*
regime [reˈdʒiːme] *m 1. POL* Regime *n; 2. MED* Diät *f; 3. TECH* Drehzahl *f*
regina [reˈdʒiːna] *f* Königin *f*
regio [ˈrɛːdʒo] *adj* königlich
regionale [redʒoˈnaːle] *adj* regional, Gebiets...
regione [reˈdʒoːne] *f 1.* Region *f; ~ selvaggia* Wildnis *f; 2. (zona)* Zone *f*
regista [reˈdʒista] *m/f* Regisseur(in) *m/f*
registrare [redʒisˈtraːre] *v 1.* buchen, eintragen; *2. (musica)* aufzeichnen
registratore [redʒistraˈtoːre] *m ~ a nastro* Tonbandgerät *n*
registrazione [redʒistratsiˈoːne] *f 1.* Eintrag *m; 2. (di musica)* Aufzeichnung *f; ~ di prova* Probeaufnahme *f; 3. ECO* Buchung *f*
registro [reˈdʒistro] *m 1.* Register *n; ~ di commercio* Handelsregister *n; 2. ~ di voce MUS* Stimmlage *f*
regnare [reˈɲaːre] *v* regieren
regno [ˈreːɲo] *m* Königreich *n*

> **regola** [ˈrɛːgola] *f 1.* Regel *f*, Leitlinie *f; in ~* in Ordnung; *a ~ d'arte* sachgerecht; *2. (misura)* Maß *n*
> ◆ *osservare le regole* sich an die Regeln halten
> *avere le carte in regola per fare qc (fig)* die Fähigkeiten haben, um etw zu tun
> ≠ *regalo m* Geschenk

R

regolabile [rego'laːbile] *adj* einstellbar
regolamento [regola'mento] *m* 1. Regeln *pl;* 2. POL Satzung *f;* 3. *(disposizione)* POL Verordnung *f;* 4. *~ di casa* Hausordnung *f*
regolare [rego'laːre] *v* 1. TECH bedienen; 2. ECO begleichen; *adj* 3. ordnungsgemäß; 4. *(costante)* regelmäßig
regolarità [regolari'ta] *f* Regelmäßigkeit *f*
regolarsi [rego'larsi] *v* 1. sich mäßigen; ♦ *regolarsi nelle spese* sparen; 2. *(comportarsi)* sich verhalten; ♦ *regolarsi secondo qc* sich nach etw richten
regolato [rego'laːto] *adj* 1. ordentlich; 2. *(senza eccessi)* mit Maß
regolazione [regolatsi'oːne] *f* Einstellung *f,* Regulierung *f*
regolo ['rɛːgolo] *m* 1. Leiste *f;* 2. *(righello)* Lineal *n*
regredire [regre'diːre] *v irr* 1. zurückbilden; 2. *(non mantenere il passo)* zurückbleiben
regresso [re'grɛsso] *m* 1. Abschwung *m;* 2. JUR Regress *m;* 3. *(diminuzione)* Rückgang *m*
reintegrare [reinte'graːre] *v* wiederherstellen, wieder gutmachen
relativamente [relativa'mente] *adv* relativ
relativo [rela'tiːvo] *adj* dazugehörig, relativ
relazione [relatsi'oːne] *f* 1. Beziehung *f;* ~ *bancaria* Bankverbindung *f;* 2. *(~ scritta)* Bericht *m,* Berichterstattung *f;* 3. *(~ orale)* Referat *n;* 4. *pubbliche relazioni pl* Öffentlichkeitsarbeit *f*
relegare [rele'gaːre] *v* 1. verbannen; 2. *(scostare)* wegschieben

R

religione [reli'dʒoːne] *f* Religion *f*
religiosità [relidʒosi'ta] *f* Gläubigkeit *f*
religioso [reli'dʒoːso] *adj* 1. religiös, geistlich; *m* 2. REL Geistlicher *m*
relitto [re'litto] *m* Wrack *n*
remare [re'maːre] *v* SPORT rudern
remissivo [remis'siːvo] *adj* nachgiebig
remo ['rɛːmo] *m* SPORT Ruder *n,* Riemen *m*
remora ['rɛːmora] *f* 1. Rückhalt *m;* 2. *(indugio)* Zögern *n;* 3. *(fig)* Bremse *f*
remoto [re'mɔːto] *adj* 1. weit entfernt, abgelegen; 2. *(di una volta)* ehemalig; 3. *passato ~* GRAMM vollendete Vergangenheit *f*
renale [re'naːle] *adj* MED Nieren... *calcolo ~* Nierenstein *m*

rendere ['rɛndere] *v irr* 1. bringen; 2. *(produrre)* leisten; 3. *(restituire)* zurückgeben; 4. *(contraccambiare)* vergelten, entgegenbringen
♦ *rendere testimonianza* bezeugen/Zeugnis ablegen
rendere omaggio Ehre erweisen
rendere infelice unglücklich machen

rendersi ['rɛndersi] *v irr* werden, sich machen; ♦ *rendersi conto di qc* sich etw bewusst machen
rendimento [rendi'mento] *m* 1. ECO Ausbeute *f;* 2. *(fig)* Leistung *f,* Leistungsfähigkeit *f;* ~ *massimo* Spitzenleistung *f*
rendita ['rɛndita] *f* 1. ECO Ertrag *m;* 2. *(di un investimento)* ECO Rendite *f;* 3. *(pensione)* ECO Rente *f;* 4. *(fig)* Gewinn *m*
rene ['rɛːne] *m* ANAT Niere *f*
renna ['rɛnna] *f* ZOOL Rentier *n*
Reno ['rɛːno] *m* GEO Rhein *m*
reparto [re'parto] *m* Abteilung *f*

repentaglio [repen'taːʎo] *m 1.* Risiko *n; 2.* ◆ *mettere qd a repentaglio* jdn einer Gefahr aussetzen
repentino [repen'tiːno] *adj* unvermittelt
reperire [repe'riːre] *v irr* auffinden
reperto [re'pɛrto] *m 1. MED* Diagnose *f,* Befund *m; 2. JUR* Beweismaterial *n*
repertorio [reper'tɔːrio] *m* Spielplan *m,* Repertoire *n*
replica ['rɛːplika] *f 1.* Gegendarstellung *f; 2. (ripetizione)* Wiederholung *f; 3. ~ d'arte ART* Replik *f,* Nachbildung *f*
replicare [repli'kaːre] *v 1.* entgegnen, erwidern; *2. (ripetere)* wiederholen; *3. (imitare)* imitieren
reporter [rəpoː'ter] *m* Reporter *m*
repressione [repressi'oːne] *f 1.* Unterdrückung *f; 2. (fig)* Verdrängung *f*
represso [re'prɛsso] *adj* verhalten, gehemmt
reprimere [re'priːmere] *v irr 1.* unterdrücken; *2. (fig)* verdrängen
repubblica [re'pubblika] *f* Republik *f; ~ federale* Bundesrepublik *f*
repubblicano [repubbli'kaːno] *adj 1. POL* republikanisch; *m 2. POL* Republikaner *m*
reputare [repu'taːre] *v* meinen
reputarsi [repu'tarsi] *v* sich halten für
reputazione [reputatsi'oːne] *f* Leumund *m,* Ruf *m*
requisito [rekui'ziːto] *adj 1. JUR* beschlagnahmt; *m 2.* Notwendigkeit *f,* erforderliche Eigenschaft *f*
resa ['reːsa] *f 1.* Leistung *f; ~ dei conti* Abrechnung *f,* Rechenschaftsbericht *m; 2. FIN* Profit *m; 3. (restituzione)* Rückgabe *f; 4. MIL* Übergabe *f*
residente [resi'dɛnte] *adj 1. ~ nel luogo* ortsansässig, wohnhaft; *m/f 2.* Gebietsansässige(r) *f/m,* Anwohner(in) *m/f*

residenza [resi'dɛntsa] *f* Wohnsitz *m,* Sitz *m*
◆ *Ho residenza in Germania.* Ich habe meinen Wohnsitz in Deutschland.
≠ *resistenza f* Widerstand

residuo [re'siːduo] *adj 1.* übrig; *m 2.* Residuum *n; 3. CHEM* Rückstand *m; 4. FIN* Reserve *f; 5. residui pl* Abfallprodukt *n*
resina ['rɛːzina] *f* Harz *m*
resistente [resis'tɛnte] *adj 1.* beständig; *~ al fuoco* feuerfest; *2. MED/PHYS* resistent
resistenza [resis'tɛntsa] *f 1.* Widerstand *m; privo di ~* widerstandslos; *2. TECH* Widerstand *m; 3. (capacità di resistere)* Beständigkeit *f,* Widerstandskraft *f*
resistere [re'sistere] *v irr 1.* durchhalten; *2. (opporre resistenza)* widerstehen; *3. (fig)* überstehen
respingere [re'spindʒere] *v irr 1.* abstoßen, abweisen; *2. (rifiutare)* ablehnen; *3. (fig: desiderio)* abschlagen

respirare [respi'raːre] *v* atmen, hauchen
◆ *respirare a fatica* schwer atmen

respirazione [respiratsi'oːne] *f* Atem *m,* Atmung *f;* ◆ *praticare la respirazione artificiale su qd* jdn beatmen
respiro [res'piːro] *m 1.* Atem *m; 2. (riposo)* Ruhe *f*
responsabile [respon'saːbile] *adj 1.* verantwortlich, federführend; *2. (conscio della propria responsabilità)* verantwortungsbewusst; *3. JUR* haftbar, *m/f 4.* Verantwortliche(r) *f/m*
responsabilità [responsabili'ta] *f 1.* Verantwortung *f; con ~* verantwortungsvoll; *~ civile* Haftpflicht *f;* ◆ *La rendo re-*

sponsabile per ciò. Ich mache Sie dafür verantwortlich. 2. *JUR* Haftpflicht *f*
responso [res'pɔnso] *m* 1. Antwort *f;* 2. *JUR* Urteilsspruch *m*
ressa ['rɛssa] *f* 1. Gedränge *n;* 2. *(affollamento)* Andrang *m*
restante [res'tante] *adj* restlich

restare [res'taːre] *v* 1. bleiben; 2. *~ via* wegbleiben; 3. *(avanzare)* übrig bleiben
◆ *Restò a bocca aperta.* Ihm blieb der Mund offen stehen.

restaurare [restau'raːre] *v* restaurieren
restaurazione [restauratsi'oːne] *f* 1. *ART* Renovierung *f;* 2. *POL* Restauration *f*
restauro [res'taːuro] *m* Restaurierung *f,* Sanierung *f*
restio [res'tiːo] *adj* widerwillig
restituire [restitu'iːre] *v* 1. zurückgeben; 2. *(spedire indietro)* ausliefern
restituzione [restitutsi'oːne] *f* Rückgabe *f,* Rückerstattung *f*

resto ['rɛsto] *m* 1. Rest *m,* Rückstand *m;* 2. *FIN* Restbetrag *m*
◆ *del resto* übrigens
dare il resto das Restgeld herausgeben

restringere [res'trindʒere] *v irr* verengen
restringimento [restrindʒi'mento] *m* Verengung *f*
restrizione [restritsi'oːne] *f ECO* Einschränkung *f,* Beschränkung *f*
resurrezione [resurretsi'oːne] *f REL* Auferstehung *f*
retata [re'taːta] *f* 1. *(pesca)* Fischfang *m;* 2. *(della polizia)* Razzia *f*
rete ['reːte] *f* 1. Netz *n; ~ ferroviaria* Eisenbahnnetz *n; ~ metallica* Drahtnetz *m; ~ stradale* Straßennetz *n;* 2. *SPORT* Tor *n*
reticolato [retiko'laːto] *adj* 1. netzartig; *m* 2. Drahtgeflecht *n*
retribuire [retribu'iːre] *v irr* vergüten
retribuzione [retributsi'oːne] *f ECO* Entsoldung *f,* Besoldung *f; ~ lorda* Bruttolohn *m; retribuzioni in natura* Sachbezüge *pl*
retro ['rɛːtro] *m* Rückseite *f*
retroattivo [retroat'tiːvo] *adj* rückwirkend
retrocedere [retro'tʃɛːdere] *v* 1. zurückgehen; 2. *(destituire)* absetzen; 3. *MIL* degradieren; 4. *SPORT* absteigen
retrocessione [retrotʃessi'oːne] *f* Abstieg *m,* Zurückweichung *f*
retrogrado [re'trɔːgrado] *adj* 1. rückläufig; 2. *(idee)* rückständig
retromarcia [retro'martʃa] *f* Rückwärtsgang *m*
retroscena [retro'ʃɛːna] *m (fig)* Hintergrund *m*
retrospettivo [retrospet'tiːvo] *adj* rückblickend, retrospektiv; *sguardo ~* Retrospektive *f,* Rückblick *m*
retta ['rɛtta] *f MATH* Linie *f;* ◆ *dare retta a qd* jdm Gehör schenken
rettangolare [rettaŋgo'laːre] *adj* rechteckig
rettangolo [ret'taŋgolo] *adj* 1. rechtwinklig; *m* 2. Rechteck *n*
rettifica [ret'tiːfika] *f* Korrektur *f*
rettificare [rettifi'kaːre] *v* 1. berichtigen; 2. *TECH* schleifen
rettifilo [retti'fiːlo] *m* 1. Gerade *f;* 2. *(strada)* gerade Strecke *f*
rettile ['rɛttile] *m ZOOL* Reptil *n*
rettilineo [retti'liːneo] *adj* 1. geradlinig; *m* 2. gerade Strecke *f*
retto ['rɛtto] *adj* 1. gerade; 2. *(angolo)* recht; 3. *(fig)* rechtschaffen, ehrlich

rettore [ret'to:re] *m* Rektor *m*
reumatismo [reuma'tizmo] *m* *MED* Rheuma *n*
revisionare [revizio'na:re] *v* überprüfen, überholen
revisione [revizi'o:ne] *f* Revision *f*, Prüfung *f*; ~ *contabile* Buchprüfung *f*; ~ *del bilancio* Abschlussprüfung *f*
revisore [revi'zo:re] *m* Prüfer *m*; ~ *dei conti* Rechnungsprüfer *m*
revoca ['rɛ:voka] *f* *1.* Absage *f*; *2.* *JUR* Widerruf *m*
revocabile [revoka:bile] *adj* widerrufbar
revocare [revo'ka:re] *v* widerrufen
riabilitazione [riabilitatsi'o:ne] *f* *1.* *MED* Rehabilitation *f*; *2.* *JUR* Rehabilitierung *f*
riaffermarsi [riaffer'marsi] *v* sich erneut bestätigen, sich bewähren
rialzare [rial'tsa:re] *v* erhöhen
rialzo [ri'a:ltso] *m* Erhöhung *f*
rianimare [riani'ma:re] *v* wieder beleben
rianimarsi [riani'marsi] *v* aufleben
rianimazione [rianimatsi'o:ne] *f* *1.* *MED* Wiederbelebung *f*; *2.* *(ripresa di animazione)* Aufleben *n*
riarso [ri'arso] *adj* *1.* vertrocknet; *2.* *(bruciato dal sole)* sonnenverbrannt
riassetto [rias'sɛtto] *m* *1.* Neuordnung *f*; *2.* *(ripristino dell'ordine)* Wiederherrichtung *f*

> **riassumere** [rias'su:mere] *v irr* *1.* zusammenfassen; *2.* *(impiego)* *wieder einstellen*
>
> ◆ *riassumere un racconto* eine Erzählung zusammenfassen
>
> **!** *Passato remoto: riassunsi; Partizip Perfekt: riassunto*

riassunto [rias'sunto] *m* *1.* Zusammenfassung *f*; *adj* *2.* zusammengefasst, resümiert; *3.* *(assunto di nuovo: impiego)* wieder eingestellt
riavere [ria've:re] *v* *1.* wiederhaben; *2.* *(denaro)* zurückbekommen
ribadire [riba'di:re] *v irr* bestätigen
ribalta [ri'balta] *f* *1.* *(sistema di chiusura)* Klappe *f*; *2.* *THEAT* Rampe *f*; *luci della* ~ Rampenlicht *n*
ribaltarsi [ribal'tarsi] *v* umkippen
ribasso [ri'basso] *m* *1.* Nachlass *m*, Abschlag *m*; *2.* *ECO* Rabatt *m*
ribellarsi [ribel'larsi] *v* sich auflehnen
ribelle [ri'bɛlle] *adj* *1.* aufständisch, rebellisch; *m/f* *2.* Rebell(in) *m/f*
ribellione [ribelli'o:ne] *f* Aufstand *m*
ribes ['ri:bes] *m* *BOT* Johannisbeere *f*; ~ *spinoso* *BOT* Stachelbeere *f*
ribollire [ribol'li:re] *v* kochen
ribrezzo [ri'breddzo] *m* Abscheu *m*
ricaduta [rika'du:ta] *f* Rückfall *m*
ricamare [rika'ma:re] *v* sticken
ricambio [ri'kambio] *m* *1.* Ersatz *m*, Austausch *m*; *pezzo di* ~ Ersatzteil *n*; *2.* *BIO* Stoffwechsel *m*
ricamo [ri'ka:mo] *m* *1.* Stickerei *f*; *2.* *(ornamento)* Verzierung *f*, Dekoration *f*
ricaricare [rikari'ka:re] *v* aufladen
ricattare [rikat'ta:re] *v* erpressen
ricatto [ri'katto] *m* Erpressung *f*
ricavare [rika'va:re] *v* *1.* gewinnen; *2.* *(profitto)* verdienen; *3.* *(dedurre)* ableiten; *4.* *MIN* fördern
ricavato [rika'va:to] *m* *ECO* Erlös *m*
ricavo [ri'ka:vo] *m* Ertrag *m*
ricchezza [ri'kettsa] *f* Reichtum *m*; ~ *nazionale* Volksvermögen *n*
riccio[1] ['rittʃo] *adj* lockig
riccio[2] ['rittʃo] *m* *1.* *ZOOL* Igel *m*; ~ *di mare* Seeigel *m*; *2.* *BOT* Kastanienschale *f*
ricciolo ['rittʃolo] *m* Locke *f*

R

ricco [ˈrikko] *adj 1.* reich, vermögend; *nuovo ~* neureich; *2. (fig)* fürstlich; *3. (in abbondanza)* reichlich, vermögend
ricerca [riˈtʃerka] *f 1.* Nachforschung *f,* Suche *f; 2. (scienza)* Forschung *f; ~ nucleare,* Kernforschung *f*
ricercare [ritʃerˈkaːre] *v* forschen
ricercato [ritʃerˈkaːto] *adj 1.* gesucht; *2. (apprezzato)* begehrt
ricetta [riˈtʃɛtta] *f 1. MED* Rezept *n; 2. GAST* Rezept *n*
ricettario [ritʃetˈtaːrio] *m* Kochbuch *n,* Rezeptsammlung *f*
ricevente [ritʃeˈvɛnte] *adj 1. TECH* empfangend; *apparecchio ~* Empfangsgerät *n; m/f 2.* Empfänger(in) *m/f*

> **ricevere** [riˈtʃeːvere] *v 1.* empfangen, erhalten; *2. TEL* empfangen; *3. (fig)* genießen
> ◆ *ricevere a braccia aperte* mit offenen Armen empfangen

ricevimento [ritʃeviˈmento] *m* Empfang *m*
ricevitore [ritʃeviˈtoːre] *m 1.* Telefonhörer *m; 2. PHYS* Empfänger *m*
ricevuta [ritʃeˈvuːta] *f* Quittung *f;* ◆ *Posso avere una ricevuta?* Kann ich eine Quittung haben?
ricezione [ritʃetsiˈoːne] *f 1.* Rezeption *f; 2. TEL* Empfang *m*
richiamare [rikiaˈmaːre] *v 1.* zurückrufen; ◆ *richiamare alla mente* vergegenwärtigen; *2. INFORM* aufrufen; *3. MIL* einberufen
richiamo [rikiˈaːmo] *m 1.* Ruf *m; 2. (ordino di ritornare)* Zurückberufung *f; 3. (rimprovero)* Tadel *m; 4. (alletamento)* Lockung *f*
richiedere [rikiˈɛːdere] *v irr 1.* fragen, erfragen; *2. (pretendere)* anfordern; *3. (necessitare)* erfordern
richiesta [rikiˈɛsta] *f 1.* Frage *f; 2. (esigenza)* Forderung *f; ~ di dimissioni* Abschiedsgesuch *n; 3. ECO* Nachfrage *f*
ricollegarsi [rikolleˈgarsi] *v (fig)* in Zusammenhang stehen
ricompensa [rikomˈpɛnsa] *f* Belohnung *f*
ricompensare [rikompenˈsaːre] *v* belohnen
riconciliazione [rikontʃiliatsiˈoːne] *f* Versöhnung *f*
ricondurre [rikonˈdurre] *v irr* zurückführen
riconoscente [rikonoˈʃɛnte] *adj* dankbar

> **riconoscere** [rikoˈnoʃere] *v irr 1.* wieder erkennen; *2. (individuare)* erkennen; *3. (legittimare)* anerkennen; *4. (ammettere)* bekennen, zugeben
> ◆ *riconoscere i propri errori* seine eigenen Fehler erkennen
> *riconoscere qd colpevole* jdn für schuldig erklären
> **!** *Passato remoto: riconobbi*

riconoscimento [rikonoʃiˈmento] *m 1.* Anerkennung *f; 2. (di persone o cose già note)* Wiedererkennung *f; documento di ~* Personalausweis *m; 3. (ammissione)* Eingeständnis *n*
ricopiare [rikopiˈaːre] *v 1.* neu schreiben; *2. (in bella)* ins Reine schreiben; *3. (riprodurre, fotocopiare)* kopieren
ricoprire [rikoˈpriːre] *v 1.* zudecken, beziehen; ◆ *ricoprire di gelatina* glasieren; *2. (posto)* bekleiden
ricordare [rikorˈdaːre] *v ~ qc* an etw erinnern
ricordarsi [rikorˈdarsi] *v 1.* sich erinnern; *2. ~ qc* sich etw merken

ricordo [ri'kɔrdo] *m 1.* Erinnerung *f,* Andenken *n; ~ d'infanzia* Kindheitserinnerung *f; 2. (fig)* Nachgeschmack *m*
ricorrere [ri'korrere] *v irr 1.* zurückgehen; *2. (far ricorso)* zurückgreifen; ◆ *ricorrere in Appello* Berufung einlegen; *3. (giorno festivo)* fallen auf; *4. (rivolgersi)* sich wenden
ricorso [ri'korso] *m 1.* Inanspruchnahme *f; 2. JUR* Berufung *f*
ricostituente [rikostitu'ɛnte] *adj 1.* stärkend; *m 2.* Stärkungsmittel *n*
ricostruire [rikostru'iːre] *v irr 1.* wieder aufbauen; *2. (fig)* rekonstruieren
ricostruzione [rikostrutsi'oːne] *f* Wiederaufbau *m,* Umbau *m*
ricoverare [rikove'raːre] *v* einliefern
ricovero [ri'koːvero] *m 1.* Pflegeheim *n; 2. (in ospedale)* Einlieferung *f*
ricreazione [rikreatsi'oːne] *f* Erholung *f*
ridacchiare [ridakki'aːre] *v* kichern
ridare [ri'daːre] *v irr* zurückgeben
ridente [ri'dɛnte] *adj* froh

> **ridere** ['riːdere] *v irr* lachen
> ◆ *ridere sotto i baffi* sich ins Fäustchen lachen
> *Fa ridere i polli!* Da lachen ja die Hühner!

ridicolo [ri'diːkolo] *adj* lächerlich; ◆ *cadere nel ridicolo (fam)* zum Gelächter werden
ridire [ri'diːre] *v irr* einwenden
ridotto [ri'dotto] *adj 1.* reduziert; *2. mal ~* verkommen; *m 3. THEAT* Foyer *n*
ridurre [ri'durre] *v irr 1.* beschränken, einschränken; *2. (diminuire)* vermindern
riduzione [ridutsi'oːne] *f 1.* Verminderung *f,* Abnahme *f; ~ d'imposta* Steuerermäßigung *f;* ◆ *C'è una riduzione per studenti?* Gibt es eine Ermäßigung für Studenten? *2. ECO* Rabatt *m*
riecheggiare [rieked'dʒaːre] *v* widerhallen
rielaborare [rielabo'raːre] *v* umschreiben
riempimento [riempi'mento] *m* Füllung *f*
riempire [riem'piːre] *v* füllen
riempitura [riempi'tuːra] *f GAST* Füllung *f*
rientrare [rien'traːre] *v 1.* erneut eintreffen; *~ a casa* nach Hause zurückkehren; *2. (essere compreso)* inbegriffen sein
rifare [ri'faːre] *v irr 1. (fare di nuovo)* wiederholen; *2. (modificare)* überarbeiten, umarbeiten; *3. (il letto)* machen; *4. (compensare)* entschädigen
riferimento [riferi'mento] *m* Bezugnahme *f; con ~ a* bezüglich
riferire [rife'riːre] *v* berichten
riferirsi [rife'rirsi] *v ~ a qc* sich auf etw beziehen
rifinitura [rifini'tuːra] *f* Feinarbeit *f*

> **rifiutare** [rifiu'taːre] *v 1.* ablehnen; *2. (negare)* verneinen, verweigern; *3. (ricusare)* zurückweisen
> ◆ *rifiutare la deposizione* die Aussage verweigern

rifiutarsi [rifiu'tarsi] *v* sich weigern
rifiuto [rifi'uːto] *m 1.* Ablehnung *f; 2. (ricusa)* Ablehnung *f; 3. (disdetta)* Absage *f; 4. rifiuti m/pl* Abfall *m,* Müll *m*
riflessione [riflessi'oːne] *f* Überlegung *f*
riflesso [ri'flɛsso] *adj 1.* spiegelbildlich; *m 2.* Reflex *m,* Spiegelung *f*
riflettere [ri'flɛttere] *v irr 1.* überlegen; *2. (fig)* widerspiegeln
riflusso [ri'flusso] *m* Ebbe *f*
riforma [ri'forma] *f 1. POL* Reform *f; ~ monetaria* Währungsreform *f; 2. REL* Reformation *f*

R

riformare [rifor'ma:re] *v 1.* reformieren; *2. (formare di nuovo)* neu gestalten
rifornimento [riforni'mento] *m* Versorgung *f,* Nachschub *m*
rifugiato [rifu'dʒa:to] *m* Flüchtling *m; ~ politico* politischer Flüchtling *m*
rifugio [ri'fu:dʒo] *m* Zuflucht *f; ~ alpino* Berghütte *f*
riga ['ri:ga] *f 1.* Zeile *f; ~ principale* Schlagzeile *f; 2. (striscia)* Streifen *m; a righe* gestreift; *3. (regolo)* Lineal *n; 4. (tra i capelli)* Scheitel *m*
rigenerare [ridʒene'ra:re] *v 1.* erneuern; *2. PHYS* wieder aufbereiten
rigettare [ridʒet'ta:re] *v 1.* zurückwerfen; *2. (rifiutare)* verwerfen
rigetto [ri'dʒɛtto] *m* Ablehnung *f*
righello [ri'gɛllo] *m* Lineal *n*
rigidezza [ridʒi'dettsa] *f 1.* Härte *f; 2. (di un corpo)* Starre *f*
rigido ['ri:dʒido] *adj 1. (corpo)* starr, steif; *2. (rigoroso)* streng; *3. disco ~ INFORM* Festplatte *f*
rigo ['ri:go] *m 1. (linea)* Linie *f; 2. (di scrittura)* Zeile *f*
rigonfiamento [rigonfia'mento] *m* Quellung *f*
rigore [ri'go:re] *m 1.* Härte *f,* Strenge *f;* ◆ *a rigore* genau genommen; *2. SPORT* Elfmeterschuss *m*
rigoroso [rigo'ro:so] *adj* streng
riguardante [riguar'dante] *prep* bezüglich; *~ ciò* diesbezüglich

riguardare [riguar'da:re] *v 1.* angehen, anbelangen; *2. (rivedere)* erneut durchsehen; *3. (considerare)* betrachten
◆ *per quanto mi riguarda* was mich angeht/was mich betrifft
riguardare come un amico als Freund betrachten

riguardarsi [riguar'darsi] *v 1.* sich schonen, sich erholen; *2. (stare attento, guardarsi)* sich in Acht nehmen
riguardo [rigu'ardo] *m 1.* Rücksicht *f; con ~* rücksichtsvoll; *senza ~* rücksichtslos; *senza riguardi* schonungslos; *2. (relazione)* Bezug *m; ~ a* bezüglich
rilasciare [rila'ʃa:re] *v* entlassen
rilassante [rilas'sante] *adj* entspannend
rilassarsi [rilas'sarsi] *v* sich entspannen, ausspannen
rilegare [rile'ga:re] *v (libro)* einbinden
rilegatura [rilega'tu:ra] *f* Einband *m*
rilevamento [rileva'mento] *m* Erfassung *f; ~ dati* Datenerfassung *f*
rilevante [rile'vante] *adj* erheblich
rilevanza [rile'vantsa] *f* Bedeutsamkeit *f*
rilevare [rile'va:re] *v 1.* erfassen; *2. (mettere in evidenza)* hervorheben; *3. (negozio)* übernehmen
rilievo [rili'ɛ:vo] *m 1.* Betonung *f,* Hervorhebung *f;* ◆ *dare rilievo* hervorheben; *2. GEO* Erhebung *f; 3. ART* Relief *n*
riluttante [rilut'tante] *adj* widerwillig
rima ['ri:ma] *f LIT* Reim *m*
rimandare [riman'da:re] *v 1.* verweisen; *2. (rinviare)* verschieben
rimando [ri'mando] *m* Verweis *m*
rimanente [rima'nɛnte] *adj 1.* übrig; *m 2.* Rest *m*
rimanere [rima'nɛ:re] *v irr 1.* bleiben, übrig bleiben; *2. (trattenersi)* verweilen
rimasuglio [rima'su:ʎo] *m* Rest *m*
rimbalzare [rimbal'tsa:re] *v 1.* aufprallen; *2. SPORT* abschlagen
rimbalzo [rim'baltso] *m 1.* Aufprall *m,* Rückschlag *m; 2. SPORT* Abschlag *m*
rimbombare [rimbom'ba:re] *v* dröhnen
rimborsare [rimbor'sa:re] *v 1. FIN* zurückzahlen, wieder gutmachen; *2. (risarcire) FIN* vergüten, zurückzahlen

R

rimborso [rim'borso] *m 1. FIN* Rückzahlung *f,* Rückvergütung *f; 2. (risarcimento)* Wiedergutmachung *f; 3. (spedizione in contrassegno)* Nachnahme *f*
rimediare [rimedi'a:re] *v* wieder gutmachen
rimedio [ri'mɛ:dio] *m 1. MED* Mittel *n,* Heilmittel *n,* Arznei *f; ~ universale* Allheilmittel *n; 2. (fig)* Mittel *n*
rimessa [ri'messa] *f 1.* Garage *f; 2. SPORT* Einwurf *m*
rimetterci [ri'mettertʃi] *v irr 1.* einbüßen, verlieren; *2. (fig)* draufzahlen

rimettere [ri'mettere] *v irr 1.* übermitteln; *2. (fig)* anvertrauen; *3. FIN* anweisen; *4. (vomitare)* sich übergeben
◆ *rimettere piede* Fuß fassen
! *Passato remoto: rimisi; Partizip Perfekt: rimesso*

rimettersi [ri'mettersi] *v irr 1.* sich erholen; *2. (accingersi di nuovo)* sich wieder anschicken
rimmel ['rimmel] *m* Wimperntusche *f*
rimorchiare [rimorki'a:re] *v 1.* abschleppen; ◆ *Potrebbe rimorchiare la mia macchina?* Können Sie mein Auto abschleppen? *2. (fig)* mitziehen, ins Schlepptau nehmen; *3. (fam)* aufreißen
rimorchio [ri'mɔrkio] *m* Anhänger *m;* ◆ *prendere a rimorchio* abschleppen
rimorso [ri'mɔrso] *m 1.* Reue *f; 2. rimorsi di coscienza pl* Gewissensbisse *pl*
rimozione [rimotsi'o:ne] *f* Beseitigung *f*
rimpiangere [rimpi'andʒere] *v irr* bedauern
rimpianto [rimpi'anto] *adj 1.* beweint; *m 2.* Bedauern *n*
rimproverare [rimprove'ra:re] *v 1.* vorwerfen, rügen; *2. (sgridare)* schelten
rimprovero [rim'prɔ:vero] *m* Rüge *f,* Verweis *m;* ◆ *con aria di rimprovero* vorwurfsvoll
rimunerare [rimune'ra:re] *v* belohnen
rimunerazione [rimuneratsi'o:ne] *f* Entlohnung *f,* Belohnung *f*
rimuovere [rimu'o:vere] *v 1.* abnehmen, beseitigen; *2. (spostare)* fortbewegen; *3. (fig: ostacolo)* ausräumen
rinascimento [rinaʃi'mento] *m 1.* Wiedergeburt *f; 2. HIST* Renaissance *f*
rincaro [riŋ'ka:ro] *m* Verteuerung *f*
rinchiudere [riŋki'u:dere] *v* einsperren
rinchiudersi [riŋki'u:dersi] *v* sich einsperren; ◆ *Si è rinchiuso in camera.* Er hat sich im Zimmer eingeschlossen.
rincorrere [riŋ'korrere] *v irr* verfolgen
rinfacciare [rinfat'tʃa:re] *v* vorhalten
rinforzamento [rinfortsa'mento] *m* Stärkung *f,* Festigung *f*
rinforzare [rinfor'tsa:re] *v* verstärken
rinforzo [rin'fɔrtso] *m* Verstärkung *f*
rinfrescante [rinfres'kante] *adj* erfrischend
rinfrescare [rinfres'ka:re] *v* auffrischen
rinfrescarsi [rinfres'karsi] *v 1.* sich erfrischen; ◆ *Vorrei rinfrescarmi.* Ich möchte mich frisch machen. *2. (tempo)* kühl werden
rinfresco [rin'fresko] *m (ricevimento)* Empfang *m*
ringhiare [riŋgi'a:re] *v (cane)* knurren
ringhiera [riŋgi'ɛ:ra] *f* Geländer *n; ~ delle scale* Treppengeländer *n*

ringraziare [rigratsi'a:re] *v* danken, bedanken
◆ *Sia ringraziato Dio!* Gott sei Dank!

rinnegare [rinne'ga:re] *v* verleugnen

R

rinnovamento [rinnova'mento] *m* Erneuerung *f*
rinnovare [rinno'vaːre] *v* renovieren
rinnovazione [rinnovatsi'oːne] *f* Erneuerung *f*, Renovierung *f*
rinnovo [rin'nɔːvo] *m* Erneuerung *f*
rinomato [rino'maːto] *adj* renommiert
rintanarsi [rinta'narsi] *v* sich verkriechen, sich verstecken
rintocco [rin'tokko] *m* Glockenschlag *m*, Schlag *m*
rintracciare [rintrat'tʃaːre] *v* 1. finden; 2. *(scoprire)* ermitteln
rinuncia [ri'nuntʃa] *f* Verzicht *m*
rinunciare [rinun'tʃaːre] *v* 1. verzichten, aufgeben; 2. *~ a qc* auf etw verzichten, etw fallen lassen
rinvenire [rinve'niːre] *v* 1. wieder finden; 2. *(riprendere i sensi)* wieder zu sich kommen
rinviare [rinvi'aːre] *v* 1. zurückschicken; 2. *(differire)* verschieben, aufschieben; 3. *(in un testo)* verweisen
rinvio [rin'viːo] *m* 1. Verweis *m*; 2. *(differimento)* Aufschub *m*; 3. *(della posta)* Nachsendung *f*
riottenere [riotte'neːre] *v irr* zurückerhalten

R

ripagare [ripa'gaːre] *v irr* 1. zurückzahlen; 2. *(contraccambiare)* vergelten
riparare [ripa'raːre] *v* 1. reparieren; 2. *(danno, torto)* wieder gutmachen; 3. *(difendere)* beschützen
riparazione [riparatsi'oːne] *f* 1. Reparatur *f*; 2. *(risarcimento)* Wiedergutmachung *f*, Entschädigung *f*
riparo [ri'paːro] *m* 1. Schutz *m*, Beschirmung *f*; 2. *(rimedio)* Abhilfe *f*
ripartizione [ripartitsi'oːne] *f* Teilung *f*
ripassare [ripas'saːre] *v* 1. durchschauen; 2. *(passare di nuovo)* wieder vorbeigehen
ripensare [ripen'saːre] *v* 1. überdenken; 2. *(cambiare idea)* zu einer anderen Meinung gelangen; ◆ *Avevo deciso di andarmene ma ci ripensai.* Ich hatte beschlossen wegzugehen, aber dann habe ich es mir anders überlegt.
ripercorrere [riper'korrere] *v* wieder begehen, wieder befahren
ripercussione [riperkussi'oːne] *f* Nachwirkung *f*
ripetere [ri'pɛːtere] *v* wiederholen
ripido ['riːpido] *adj* steil, abschüssig
ripiegare [ripie'gaːre] *v* zusammenlegen
ripiego [ripi'ɛːgo] *m* Behelf *m*
ripieno [ripi'ɛːno] *adj* 1. voll, gefüllt; *m* 2. Füllung *f*
riportare [ripor'taːre] *v* 1. zurückbringen, zurückfahren; 2. *(fig)* davontragen, erleiden; 3. *(conto)* *ECO* übertragen; 4. *(riferire)* wiedergeben
riporto [ri'pɔrto] *m* 1. Übertragung *f*; 2. *ECO* Übertrag *m*; 3. *(conto)* *ECO* Umbuchung *f*
riposante [ripo'sante] *adj* erholsam

> **riposare** [ripo'saːre] *v* ausruhen, ruhen
> ◆ *riposare sugli allori* sich auf seinen Lorbeeren ausruhen

riposo [ri'pɔːso] *m* 1. Ruhe *f*; *~ serale* Feierabend *m*; *giorno di ~* Ruhetag *m*; 2. *(condizione di chi non lavora più)* Ruhestand *m*
ripostiglio [ripos'tiːʎo] *m* Rumpelkammer *f*
riprendere [ri'prɛndere] *v irr* 1. zurücknehmen, aufnehmen; 2. *CINE* drehen; 3. *(proseguire)* fortsetzen
ripresa [ri'preːsa] *f* 1. Wiederaufnahme *f*; 2. *SPORT* zweite Halbzeit *f*; 3. *CINE* Aufnahme *f*

riprodurre [ripro'durre] *v irr* reproduzieren; ◆ *riprodurre a stampa* abdrucken
riproduzione [riprodutsi'oːne] *f 1.* Nachbildung *f; 2. (copia)* Abdruck *m; 3. BIO* Fortpflanzung *f*
riprova [ri'prɔːva] *f* Bestätigung *f*
riprovare [ripro'vaːre] *v* wieder versuchen
ripudiare [ripudi'aːre] *v 1.* verleugnen; *2. ~ qd* jdn verstoßen
ripugnante [ripu'ɲante] *adj* widerlich
riqualificare [rikualifi'kaːre] *v* umschulen
risacca [ri'sakka] *f* Brandung *f*
risalire [risa'liːre] *v* zurückgehen
risaltare [risal'taːre] *v 1.* absetzen, sich absetzen; *2. (sporgere da una superficie)* hervorspringen; *3. (fig)* abstechen
risalto [ri'salto] *m* Auszeichnung *f,* Hervorhebung *f;* ◆ *dar risalto* betonen, hervorheben
risarcimento [risartʃi'mento] *m* Entschädigung *f; ~ dei danni* Schadenersatz *m; ~ dei danni morali* Schmerzensgeld *n*
risarcire [risar'tʃiːre] *v irr* wieder gutmachen
risata [ri'saːta] *f* Gelächter *n*
riscaldamento [riscalda'mento] *m* Heizung *f; ~ a gas* Gasheizung *f; ~ centrale* Zentralheizung *f*
riscaldare [riskal'daːre] *v 1.* heizen, wärmen; 2. (fig) erhitzen
riscattare [riskat'taːre] *v 1.* loskaufen; *2. ECO (rendita)* einlösen; *3. (compensare)* ausgleichen
riscatto [ris'katto] *m 1.* Loskauf *m,* Freikauf *m; 2. (prezzo)* Lösegeld *n*
rischiare [riski'aːre] *v* riskieren, wagen

rischio ['riskio] *m* Risiko *n,* Wagnis *n; ~ di cambio* Wechselkursrisiko *n*
◆ *correre un rischio* ein Risiko eingehen

rischioso [riski'oːso] *adj* riskant
riscossione [riskossi'oːne] *f 1.* Einnahme *f; 2. (tasse) ECO* Einzug *m; ~ fiscale* Steuererhebung *f; 3. (stipendio)* Auszahlung *f;* Beziehung *f*
riscrivere [ris'kriːvere] *v 1.* umschreiben; *2. (rispondere scrivendo)* zurückschreiben
riscuotere [risku'ɔːtere] *v 1.* schütteln; *2. (tasse) ECO* erheben
risentimento [risenti'mento] *m* Ressentiment *n*
risentire [risen'tiːre] *v 1.* wieder fühlen; *2. (sentire di nuovo)* wieder hören; *3. (essere toccato)* sich getroffen fühlen
riserva [ri'sɛrva] *f 1.* Vorbehalt *m; con ~ di* vorbehaltlich; ◆ *con le riserve d'uso* mit dem üblichen Vorbehalt; *senza riserve* ohne Vorbehalte; *2. (capitale) FIN* Reserve *f; 3. ~ di caccia* Jagdrevier *n,* Gehege *n; 4. (scorta)* Vorrat *m;* ◆ *tenere in riserva* bereithalten, zurückhalten
riservare [riser'vaːre] *v* reservieren
riservarsi [riser'varsi] *v* vorbehalten
riservatezza [riserva'tettsa] *f 1.* Verschwiegenheit *f; 2. (riserbo)* Reserviertheit *f*
riservato [riser'vaːto] *adj 1.* zurückhaltend, verschlossen; *2. (confidenziale)* vertraulich
riso¹ ['riːso] *m* Lachen *n*
riso² ['riːso] *m BOT* Reis *m*
risolutivo [risolu'tiːvo] *adj 1.* auflösend; *2. (conclusivo)* entscheidend
risoluto [riso'luːto] *adj* resolut
risoluzione [risolutsi'oːne] *f 1. (chiarimento)* Lösung *f,* Auflösung *f; 2. (decisione)* Entschluss *m,* Beschluss *m*
risolvere [ri'sɔlvere] *v irr 1. (chiarire)* lösen, auflösen; *2. (decifrare)* enträtseln; *3. (definire)* entscheiden

risonanza [riso'nantsa] *f* Resonanz *f*, Widerhall *m*
risonare [riso'naːre] *v 1.* hallen, klingen; *2. (echeggiare)* widerhallen
risorsa [ri'sorsa] *f 1.* Quelle *f; 2. risorse finanziarie f/pl* Geldmittel *pl*
risparmiare [risparmi'aːre] *v 1.* sparen, einsparen; *2. (mettere da parte)* zurücklegen; *3. (fig)* sich ersparen
risparmiarsi [risparmi'arsi] *v* sich ersparen
risparmio [ris'parmio] *m 1.* Ersparnis *f; 2. cassa di ~* Sparkasse *f*
rispecchiare [rispekki'aːre] *v* widerspiegeln
rispettabile [rispet'taːbile] *adj 1.* achtbar; *2. (persona)* ehrenwert
rispettare [rispet'taːre] *v 1.* achten, respektieren; *2. (regole)* befolgen
rispettivamente [rispettiva'mente] *adv* je, beziehungsweise
rispetto [ris'pεtto] *m 1.* Achtung *f*, Respekt *m; 2. (timore reverenziale)* Ehrfurcht *f; 3. (riguardo)* Rücksicht *f; prep 4. ~ a (relazione)* hinsichtlich
rispettoso [rispet'toːso] *adj* respektvoll
rispondere [ris'pondere] *v irr 1.* antworten; *2. ~ di* verantworten

risposta [ris'posta] *f* Antwort *f*
◆ *Sto aspettando una risposta.* Ich warte auf eine Antwort.

ristabilire [ristabi'liːre] *v* wiederherstellen
ristagnare [rista'ɲaːre] *v 1. ECO* abflauen; *2. (non avere sviluppo) ECO* stagnieren
ristagno [ris'taːɲo] *m 1.* Stau *m; 2. ECO* Flaute *f*
ristorante [risto'rante] *m* Restaurant *n*
ristoro [ris'tɔːro] *m 1.* Erfrischung *f; 2. (fig)* Stärkung *f*
risucchio [ri'sukkio] *m* Wirbel *m*
risultare [risul'taːre] *v* sich ergeben; ◆ *Mi risulta che ...* Mir ist bekannt, dass ...
risultato [risul'taːto] *m* Ergebnis *n*, Resultat *n; ~ finale* Endergebnis *n*
risvegliare [rizve'ʎaːre] *v 1.* aufwecken; *2. (fig)* hervorrufen
risvegliarsi [rizve'ʎarsi] *v 1.* aufwachen; *2. (fig)* erwachen
ritagliare [rita'ʎaːre] *v* ausschneiden
ritaglio [ri'taːʎo] *m* Ausschnitt *m; ~ di carta* Papierschnitzel *n*
ritardare [ritar'daːre] *v 1.* sich verspäten, Verspätung haben; *2. (orologio)* nachgehen; *3. (far tardare)* verzögern

ritardo [ri'tardo] *m* Verspätung *f*
◆ *essere in ritardo* Verspätung haben/zu spät kommen
essere in ritardo coi pagamenti mit seinen Zahlungen im Rückstand sein

ritenere [rite'neːre] *v irr 1.* zurückhalten, (ein)behalten; *2. (considerare)* erachten; *3. (credere)* glauben
ritenuta [rite'nuːta] *f* Abzug *m*
ritirare [riti'raːre] *v* zurücknehmen
ritirarsi [riti'rarsi] *v 1.* sich zurückziehen, weichen; *2. (fig)* ausschalten
ritirata [riti'raːta] *f* Rückzug *m*
ritirato [riti'raːto] *adj* zurückgezogen
ritiro [ri'tiːro] *m 1.* Rücknahme *f*, Einbehalten *n; 2. (da scuola)* Abgang *m*
ritmico ['ritmiko] *adj* rhythmisch
ritmo ['ritmo] *m* Rhythmus *m*
rito ['riːto] *m* Ritus *m*

R

ritornare [ritorˈnaːre] *v 1.* wiederkommen; *2. (tornare indietro)* zurückkommen
◆ *Quando ritorniamo?* Wann sind wir zurück?

ritornello [ritorˈnɛllo] *m 1.* Refrain *m; 2. (fig)* Ohrwurm *m*
ritorno [riˈtɔrno] *m 1.* Rückkehr *f; 2. (con un veicolo)* Rückfahrt *f;* ◆ *andata e ritorno* hin und zurück
ritrarre [riˈtrarre] *v 1. ART* abbilden, darstellen; *2. (descrivere)* beschreiben; *3. (trarre indietro)* zurückziehen
ritrattare [ritratˈtaːre] *v* widerrufen
ritratto [riˈtratto] *m 1. ART* Abbild *n,* Portrait *n; 2. (descrizione)* Schilderung *f*
ritroso [riˈtroːso] *adj 1.* spröde, widerspenstig; *2. a ~* zurück
ritrovare [ritroˈvaːre] *v* wieder finden
rituale [rituˈaːle] *m* Ritual *n*
riunificazione [riunifikatsiˈoːne] *f POL* Wiedervereinigung *f*
riunione [riuniˈoːne] *f* Versammlung *f,* Sitzung *f; ~ di famiglia* Familienzusammenführung *f*
riunire [riuˈniːre] *v* vereinigen

riuscire [riuˈʃiːre] *v irr 1.* gelingen; *2. (mettere in atto)* bewerkstelligen
◆ *riuscire gradito* gefallen/gut ankommen
riuscire nella carriera Erfolg im Berufsleben haben
! *Präsens: riesco, riesci, riesce, riusciamo, riuscite, riescono*

riuscito [riuˈʃiːto] *adj* gelungen
riva [ˈriːva] *f* Ufer *n; ~ del fiume* Flussufer *n*
rivale [riˈvaːle] *m/f* Rivale/Rivalin *m/f*
rivalità [rivaliˈta] *f* Rivalität *f*
rivalutare [rivaluˈtaːre] *v 1.* neu bewerten; *2. FIN* aufwerten
rivedere [riveˈdeːre] *v irr 1.* wieder sehen; *2. (riguardare)* durchsehen; *3. (rettificare)* richtig stellen
rivedersi [riveˈdersi] *v irr* sich wieder sehen; ◆ *Quando ci rivediamo?* Wann sehen wir uns wieder?
rivelazione [rivelatsiˈoːne] *f* Enthüllung *f*
rivendicare [rivendiˈkaːre] *v* zurückverlangen
riverenza [riveˈrɛntsa] *f* Verneigung *f*
rivestimento [rivestiˈmento] *m 1.* Bezug *m,* Überzug *m; 2. TECH* Mantel *m*
rivestire [rivesˈtiːre] *v 1.* verkleiden, überziehen; ◆ *rivestire di legno* täfeln; *2. TECH* beschichten
rivincita [riˈvintʃita] *f* Revanche *f*
rivista [riˈvista] *f 1.* Zeitschrift *f,* Illustrierte *f; 2. (revisione)* Durchsicht *f; 3. MIL* Musterung *f; 4. THEAT* Revue *f*
rivolgere [riˈvɔldʒere] *v irr 1.* richten; ◆ *rivolgere la parola a qd* das Wort an jdm richten; *rivolgere lo sguardo verso qc* den Blick auf etw richten; *2. (distogliere)* abwenden; *3. (capovolgere)* umdrehen
rivolgersi [riˈvɔldʒersi] *v irr 1. ~ a* sich wenden an; *2. (fig)* herantreten
rivolgimento [rivoldʒiˈmento] *m 1.* Umsturz *m; 2. (fig)* Umbruch *m*
rivolta [riˈvɔlta] *f POL* Aufruhr *m*
rivoltarsi [rivolˈtarsi] *v. 1. (rigirarsi)* sich umwälzen; *2. (ribellarsi)* sich erheben
rivoltella [rivolˈtɛlla] *f* Revolver *m*
rivoluzione [rivolutsiˈoːne] *f* Revolution *f*

roba [ˈrɔːba] *f* Zeug *n,* Sachen *pl*
◆ *Roba da matti! (fam)* Das ist verrückt!

robaccia [roˈbattʃa] *f* Schund *m*

R

robivecchi [robi'vɛkki] *m* Altwarenhändler *m*
robot [ro'bɔːt] *m TECH* Roboter *m*
robusto [ro'busto] *adj* handfest
rocca ['rɔkka] *f 1. (roccia)* Fels *m; 2. (fortezza)* Festung *f*
rocchetto [rok'ketto] *m* Spule *f*
roccia ['rɔttʃa] *f* Felsen *m,* Gestein *n*
roccioso [rot'tʃoːso] *adj* Felsen...
rodere ['roːdere] *v irr* abnagen
roditore [rodi'toːre] *m* Nagetier *n*
rogna ['roːɲa] *f MED* Krätze *f;* ♦ *cercare rogna con qd* Streit mit jdm suchen
romanico [ro'maːniko] *adj* romanisch
romano [ro'maːno] *adj 1.* römisch; *m 2.* Römer *m*
romanticismo [romanti'tʃizmo] *m* Romantik *f*
romantico [ro'mantiko] *adj 1.* romantisch; *m 2.* Romantiker *m*
romanza [ro'mandza] *f* Romanze *f*
romanzo [ro'mandzo] *m* Roman *m*
rompere ['rompere] *v irr 1.* brechen; *2. (vetri)* einwerfen, einschlagen; *3. (in due o più parti)* auseinander brechen
rompersi ['rompersi] *v irr* zerbrechen
rompicapo [rompi'kaːpo] *m 1.* Kopfzerbrechen *n,* Sorge *f; 2. (indovinello)* Rätsel *n*
rondine ['rɔndine] *f ZOOL* Schwalbe *f*
ronzare [ron'dzaːre] *v* brummen, summen
rosa ['rɔːza] *adj 1.* rosa, *m (colore)* Rosa *n; f 2. BOT* Rose *f*
rosario [ro'zaːrio] *m REL* Rosenkranz *m;* ♦ *recitare il rosario* den Rosenkranz beten
roseo ['rɔːzeo] *adj* rosig
roseto [ro'zeːto] *m* Rosengarten *m*
rosmarino [rozma'riːno] *m BOT* Rosmarin *m*
rosolare [rozo'laːre] *v* anbraten
rospo ['rɔspo] *m ZOOL* Kröte *f;* ♦ *ingoiare il rospo (fig)* die bittere Pille schlucken; *Butta fuori il rospo!* Heraus mit der Sprache!
rossetto [ros'setto] *m* Lippenstift *m*
rosso ['rosso] *adj 1.* rot; *abete ~* Fichte *f; m 2.* Rot *n; ~ d'uovo* Eidotter *m*
rossore [ros'soːre] *m* Röte *f*
rosticceria [rostittʃe'riːa] *f* Schnellrestaurant *n*
rotaia [ro'taːia] *f* Schiene *f,* Gleis *n*
rotare [ro'taːre] *v 1.* kreisen, rotieren; *2. TECH* rotieren
rotazione [rotatsi'oːne] *f 1.* Drehung *f; 2. TECH* Rotation *f; 3. (ciclo)* Kreislauf *m; 4. ~ terrestre* Erdumdrehung *f*
rotella [ro'tɛlla] *f* Rädchen *n*
rotolare [roto'laːre] *v* rollen, wälzen
rotolo ['rɔːtolo] *m* Rolle *f;* ♦ *andare a rotoli* kaputtgehen, immer schlechter gehen
rotondo [ro'tondo] *adj* rund, rundlich
rotta ['rotta] *f 1.* Kurs *m; 2. (fig)* Brauch *m; 3. (d'un argine)* Durchbruch *m*
rottame [rot'taːme] *m* Fragment *n*

> **rotto** ['rotto] *adj 1.* kaputt, entzwei; *2. (ossa)* gebrochen
> ♦ *sentirsi tutto rotto* sich wie gerädert fühlen

rottura [rot'tuːra] *f 1.* Bruch *m; ~ dell'asse* Achsenbruch *m; 2. (fig)* Abbruch *m*
rotula ['rɔːtula] *f ANAT* Kniescheibe *f*
roulotte [ru'lɔt] *f* Wohnwagen *m*
routine [ru'tin] *f* Routine *f*
rovesciamento [roveʃa'mento] *m 1. POL* Umsturz *m; 2. (capovolgimento)* Umkehrung *f*
rovesciare [rove'ʃaːre] *v 1.* vergießen, ausschütten; *2. (persone, oggetti)* umstoßen

R

rovesciato [roveˈʃaːto] *adj* seitenverkehrt
rovescio [roˈvɛʃo] *adj 1.* verkehrt; *a ~* verkehrt, umgekehrt; *m 2. (fig)* Schattenseite *f*, Kehrseite *f*
rovina [roˈviːna] *f 1.* Ruine *f*; *2. (sfacelo)* Ruin *m*; *3. (di edificio)* Verfall *m*
rovinare [roviˈnaːre] *v 1.* ruinieren; *2. (crollare)* einstürzen; *3. (fig)* verkorksen
rovinarsi [roviˈnarsi] *v 1.* kaputtgehen; *2. (fig)* sich ruinieren
rovistare [rovisˈtaːre] *v* wühlen
rozzo [ˈroddzo] *adj* plump, grob
rubacuori [rubacuˈɔːri] *m* Herzensbrecher *m*
rubare [ruˈbaːre] *v 1.* stehlen, einbrechen; *2. (fam)* klauen
rubinetto [rubiˈnetto] *m* Hahn *m*; *~ del gas* Gashahn *m*; *~ dell'acqua* Wasserhahn *m*
rubrica [ruˈbriːka] *f* Rubrik *f*, Sparte *f*
rude [ˈruːde] *adj* rau
rudere [ˈruːdere] *m* Ruine *f*
ruga [ˈruːga] *f (della pelle)* Falte *f*, Runzel *f*; *pieno di rughe* runzelig
ruggine [ˈruddʒine] *f CHEM* Rost *m*
ruggito [rudˈdʒiːto] *m* Gebrüll *n*
rugiada [ruˈdʒaːda] *f* Tau *m*
rugoso [ruˈgoːso] *adj* faltig
rullino [rulˈliːno] *m* Film *m*
rullo [ˈrullo] *m* Rolle *f*, Walze *f*; *~ a vapore* Dampfwalze *f*
rumeno [ruˈmɛːno] *adj* rumänisch
ruminare [rumiˈnaːre] *v 1.* wiederkäuen; *2. (fig)* nachsinnen

> **rumore** [ruˈmoːre] *m 1.* Geräusch *n*, Lärm *m*; *protezione dai rumori* Lärmschutz *m*; *2. (suono)* Laut *m*; *3. (fig)* Aufsehen *n*
> ◆ *fare rumore* rumoren
> *fare molto rumore* sehr laut sein

rumoreggiare [rumoredˈdʒaːre] *v* tosen, rumoren
ruolo [ruˈɔːlo] *m 1.* Rolle *f*; ◆ *essere di ruolo* eine feste Anstellung haben; *2. THEAT* Rolle *f*
ruota [ruˈɔːta] *f* Rad *n*; *~ dell'arcolaio* Spinnrad *n*; *~ dentata* Zahnrad *n*
ruotare [ruoˈtaːre] *v (fig)* rotieren
rupe [ˈruːpe] *f* Fels *m*, Felsen *m*
rurale [ruˈraːle] *adj 1.* ländlich; *2. (contadinesco)* bäuerlich; *casa ~* Bauernhaus *n*
ruscello [ruˈʃɛllo] *m* Bach *m*
russare [rusˈsaːre] *v* schnarchen
Russia [ˈrussia] *f GEO* Russland *n*
russo [ˈrusso] *adj 1.* russisch; *m 2.* Russe *m*
rustico [ˈrustiko] *adj* bäuerlich, rustikal
ruttare [rutˈtaːre] *v* aufstoßen, rülpsen
ruvido [ˈruːvido] *adj* rau
ruzzolare [ruttsoˈlaːre] *v* purzeln
ruzzolata [ruttsoˈlaːta] *f 1.* Sturz *m*; *2. (capitombolo)* Purzelbaum *m*

S

sabato [ˈsaːbato] *m* Samstag *m,* Sonnabend *m; di ~* samstags, sonnabends

> **sabbia** [ˈsabbia] *f* Sand *m*
> ◆ *costruire sulla sabbia (fig)* auf Sand bauen

sabotaggio [saboˈtaddʒo] *m* Sabotage *f*
sacca [ˈsakka] *f* Sack *m*
saccente [satˈtʃɛnte] *adj 1.* naseweis; *2. (impertinente)* vorwitzig
sacchetto [sakˈketto] *m* Tüte *f,* Beutel *m; ~ di plastica* Plastiktüte *f*
sacco [ˈsakko] *m* Sack *m,* Tasche *f; ~ a pelo* Schlafsack *m; un ~ di* eine Menge *f;* ◆ *(s)vuotare il sacco* auspacken, sein Gewissen erleichtern; *cogliere qd con le mani nel sacco* jdn auf frischer Tat ertappen
sacerdote [satʃerˈdɔːte] *m* Priester *m*
sacramento [sakraˈmento] *m REL* Sakrament *n*
sacrestia [sakresˈtiːa] *f REL* Sakristei *f*
sacrificare [sakrifiˈkaːre] *v* opfern
sacrificio [sakriˈfiːtʃo] *m* Opfer *n*
sadismo [saˈdizmo] *m* Sadismus *m*
saetta [saˈetta] *f 1. (freccia)* Pfeil *m; 2. (fulmine)* Blitz *m*
saga [ˈsaːga] *f* Sage *f*
saggezza [sadˈdʒettsa] *f* Weisheit *f*
saggio [ˈsaddʒo] *adj 1.* weise; *m 2. LIT* Essay *n; 3. (uomo con esperienza)* Weise *m; 4. (esame)* Probe *f; in ~* probeweise
sagittario [sadʒitˈtaːrio] *m* Schütze *m*
sagoma [ˈsaːgoma] *f 1.* Profil *n,* Form *f; 2. (stampo)* Schablone *f; 3. (fig)* Type *f*
saio [ˈsaːio] *m REL* Kutte *f*
sala [ˈsaːla] *f* Saal *m,* Halle *f; ~ parto* Kreißsaal *m; ~ da pranzo* Speisesaal *m; ~ da ballo* Tanzlokal *n; ~ congressi* Kongresshalle *f*
salame [saˈlaːme] *m 1.* Salami *f; affettato di ~* Wurstaufschnitt *m; 2. (fig)* Tölpel *m;* ◆ *legato come un salame* an Händen und Füßen gefesselt
salare [saˈlaːre] *v* salzen
salario [saˈlaːrio] *m* Lohn *m; ~ a cottimo* Stücklohn *m*
salato [saˈlaːto] *adj* salzig; *un conto ~* eine gesalzene Rechnung *f; acqua salata* Salzwasser *n; troppo ~* versalzen
saldamente [saldaˈmente] *adv (fig)* eisern
saldare [salˈdaːre] *v 1. TECH* löten; *2. (metalli)* schweißen; *3. ECO* abbezahlen
saldarsi [salˈdarsi] *v* sich verbinden
saldo [ˈsaldo] *adj 1.* fest *m 2.* Restbetrag *m; 3. ECO* Saldo *m; 4. (svendita)* Restposten *m; saldi m/pl* Schlussverkauf *m*

> **sale** [ˈsaːle] *m* Salz *n; ~ da cucina* Kochsalz *m; sali da bagno* Badesalz *m*
> ◆ *avere sale in zucca (fig)* Köpfchen haben
> *rimanere di sale* zur Salzsäule erstarren
> ≠ *sala f* Saal

salice [ˈsaːlitʃe] *m BOT* Weide *f*
saliente [saliˈɛnte] *adj 1.* vorragend; *2. (ripido)* steil; *3. (fig)* bedeutsam; *punto ~* springender Punkt *m,* Kernpunkt *m*
saliera [saliˈɛːra] *f* Salzstreuer *m*

> **salire** [saˈliːre] *v irr 1.* steigen, einsteigen; *2. (fig: sorgere)* heraufkommen
> ◆ *salire al trono* den Thron besteigen

salita [sa'li:ta] *f 1.* Einstieg *m; 2. (di montagna)* Aufstieg *m; 3. (percorso ascendente)* Steigung *f; in ~* bergauf
saliva [sa'li:va] *f* Speichel *m*
salma ['salma] *f* Leiche *f*
salmo ['salmo] *m REL* Psalm *m*
salmone [sal'mo:ne] *m* Lachs *m*
salmonella [salmo'nɛlla] *f BIO* Salmonelle *f*
salone [sa'lo:ne] *m* Salon *m*
salotto [sa'lɔtto] *m* Wohnzimmer *n*
salsa ['salsa] *f* Soße *f; ~ di pomodoro* Tomatensoße *f; ~ per l'insalata* Salatsoße *f*
salsiccia [sal'sittʃa] *f GAST* Wurst *f*
saltare [sal'ta:re] *v 1.* springen, hüpfen; *~ addosso* anspringen; *~ sopra* überspringen; *saltar giù* abspringen; *2. (pagina)* überschlagen; *3. (fig)* auffliegen
saltellare [saltel'la:re] *v* hüpfen
salto ['salto] *m* Sprung *m,* Absprung *m; a salti* sprunghaft; ◆ *Faccio un salto da te.* Ich komme kurz vorbei.
saltuario [saltu'a:rio] *adj* gelegentlich
salumi [sa'lu:mi] *m/pl GAST* Wurstwaren *pl*
salutare [salu'ta:re] *v 1.* begrüßen, grüßen; *adj 2.* gesund, heilsam

salute [sa'lu:te] *f* Gesundheit *f*
◆ *scoppiare di salute* vor Gesundheit strotzen
Salute! Zum Wohl!/Gesundheit!

saluto [sa'lu:to] *m* Gruß *m;* ◆ *Tanti saluti a ...* Viele Grüße an ... ◆ *distinti saluti* mit freundlichen Grüßen
salva ['salva] *f 1. MIL* Ehrensalve *f;* ◆ *sparare a salve* Salven abgeben; *2. ~ di fischi* Pfeifkonzert *n*
salvagente [salva'dʒɛnte] *m 1.* Rettungsring *m,* Schwimmring *m; 2. (marciapiede sopraelevato)* Verkehrsinsel *f*
salvaguardare [salvaguar'da:re] *v* bewahren
salvare [sal'va:re] *v* retten; ◆ *salvare le apparenze* den Schein waren
salvarsi [sal'varsi] *v (fig)* davonkommen
salvataggio [salva'taddʒo] *m* Rettung *f,* Bergung *f; telo di ~* Sprungtuch *n*
salvatore [salva'to:re] *m 1.* Retter *m; 2. Salvatore REL* Erlöser *m*
salve ['salve] *interj* grüß dich
salvezza [sal'vettsa] *f 1.* Heil *n; ~ dell'anima* Seelenheil *n; 2. (salvataggio)* Rettung *f; 3. REL* Erlösung *f*
salvia ['salvia] *f BOT* Salbei *m*
salvietta [salvi'etta] *f* Serviette *f*
salvo ['salvo] *adj 1.* heil; *2. (al sicuro)* geborgen; *prep 3. ECO* ◆ *salvo errori ed omissioni* unter Vorbehalt; *4. (eccetto)* außer; *konj 5.* es sei denn
sambuco [sam'bu:ko] *m* Holunder *m*
san *(vedi „santo")*
sanare [sa'na:re] *v 1.* ausheilen; *2. (edificio)* sanieren
sancire [san'tʃi:re] *v 1.* determinieren; *2. (firmare)* unterzeichnen, gegenzeichnen; *3. (sanzionare)* gutheißen
sandalo ['sandalo] *m* Sandale *f*
sangue ['saŋgue] *m* Blut *n; a ~ freddo* kaltblütig; *prova del ~* Blutprobe *f; trasfusione di ~* Bluttransfusion *f;* ◆ *Mi esce spesso sangue dal naso.* Ich habe häufig Nasenbluten.
sanguinare [saŋgui'na:re] *v* bluten
sanità [sani'ta] *f 1.* Gesundheit *f; 2. (organismo)* Gesundheitswesen *n*
sano ['sa:no] *adj* gesund; ◆ *sano e salvo* unverletzt
santo ['santo] *adj 1. REL* heilig; *San Biagio* heiliger Blasius *m; m 2. REL* Heiliger *m*
santuario [santu'a:rio] *m 1. REL* Wallfahrtskirche *f; 2. (fig)* Heiligtum *n*

sanzionare [santsio'naːre] *v 1.* gutheißen; *2. (sottoscrivere)* unterzeichnen; *3. (confermare)* bescheinigen

sapere [sa'peːre] *v irr 1.* wissen; *2. (essere capace)* können; *3. (conoscere)* beherrschen; *4. (gusto)* schmecken; *m 5.* Wissen *n*
◆ *sapere molte lingue* viele Sprachen beherrschen
Non si sa mai. Man kann nie wissen.
sapere di schmecken nach

sapiente [sapi'ɛnte] *adj 1.* weise; *2. (dotto)* gelehrt; *m/f 3.* Weise(r) *f/m*
sapienza [sapi'ɛntsa] *f 1.* Weisheit *f,* Klugheit *f; 2. (conoscenze)* Kenntnisse *pl; 3. (cultura generale)* Allgemeinbildung *f*
sapone [sa'poːne] *m* Seife *f*
sapore [sa'poːre] *m* Geschmack *m*
saporito [sapo'riːto] *adj 1.* würzig, wohlschmeckend; *2. (fig)* tief
saracinesca [saratʃi'neska] *f* Rollladen *m*
sarcofago [sar'kɔːfago] *m* Steinsarg *m,* Sarkophag *m*
Sardegna [sar'deːɲa] *f* Sardinien *n*
sardina [sar'diːna] *f ZOOL* Sardine *f; ~ sott'olio* Ölsardine *f*
sartoria [sarto'riːa] *f* Schneiderei *f*

S

sasso ['sasso] *m* Stein *m*
◆ *duro come un sasso* steinhart

sassofono [sas'sɔːfono] *m MUS* Saxophon *n*
sassone ['sassone] *m/f* Sachse/Sächsin *m/f*
sassoso [sas'soːso] *adj* steinig
satellite [sa'tɛllite] *m* Satellit *m*
satira ['saːtira] *f LIT* Satire *f*
saturare [satu'raːre] *v CHEM* sättigen
saturo ['saːturo] *adj 1. CHEM* gesättigt; *non ~* ungesättigt; *2. ECO* gesättigt

sauna ['saːuna] *f* Sauna *f*
savio ['saːvio] *adj 1.* weise; *m 2.* Weiser *m*
saziare [satsi'aːre] *v* sättigen
sazietà [satsie'ta] *f* Sättigung *f; a ~* genug, im Überfluss
sazio ['saːtsio] *adj* satt, gesättigt
sbadato [zba'daːto] *adj 1.* achtlos, schusselig; *2. (distratto)* zerstreut
sbadigliare [zbadi'ʎaːre] *v* gähnen
sbafo ['zbaːfo] *m* Schmarotzertum *n;* ◆ *a sbafo* kostenlos, umsonst

sbagliare [zba'ʎaːre] *v* einen Fehler machen
◆ *sbagliare il conto* sich verrechnen; ◆ *sbagliare numero (di telefono)* sich verwählen

sbagliarsi [zba'ʎarsi] *v* sich irren
sbagliato [zba'ʎaːto] *adj* falsch
sbaglio ['zbaːʎo] *m* Irrtum *m,* Versehen *n;* ◆ *per sbaglio* versehentlich, unbeabsichtigt
sbalordimento [zbalordi'mento] *m* Fassungslosigkeit *f,* Verblüffung *f*
sbalzare [zbal'tsaːre] *v 1.* hämmern; *2. (scagliare con violenza)* wegschleudern
sbalzo ['zbaltso] *m* Ruck *m,* Stoß *m*
sbandamento [zbanda'mento] *m 1.* Schleudern *n; 2. (fig: morale)* Verfehlung *f*
sbandare [zban'daːre] *v 1.* schleudern; *2. (fig)* eine Verfehlung begehen
sbaragliare [zbara'ʎaːre] *v 1.* zersprengen; *2. (mettere in fuga)* in die Flucht schlagen
sbarazzarsi [zbarat'tsarsi] *v ~ di qd* sich jds entledigen, jdn loswerden
sbarazzino [zbarat'tsiːno] *adj 1.* keck; *m 2.* Lausbub *m*
sbarbarsi [zbar'barsi] *v* sich rasieren
sbarbatello [zbarba'tɛllo] *m 1.* Anfänger *m; 2. (fam)* Grünschnabel *m*

sbarcare [zbarˈkaːre] *v* *1.* landen; *2.* *(merci)* ausladen
sbarco [ˈzbarko] *m* *1.* *NAUT* Landung *f;* *2.* *(di merci)* Löschung *f*
sbarra [ˈzbarra] *f* *1.* Schranke *f;* *2.* *(spranga)* Stange *f,* Balken *m*
sbarramento [zbarraˈmento] *m* *1.* Sperrung *f;* *2.* *(chiusura)* Schranke *f*
sbarrare [zbarˈraːre] *v* *1.* sperren, absperren; 2. (conto) *ECO* sperren
sbattere [ˈzbattere] *v* schlagen
sbattuto [zbatˈtuːto] *adj* *1.* geschlagen; *2.* *(depresso)* deprimiert; *3.* *(esaurito)* ausgelaugt
sberla [ˈzbɛrla] *f* Ohrfeige *f*
sbiancare [zbɪaŋˈkaːre] *v* bleichen
sbieco [zbiˈɛːko] *adj* schief
sbloccare [zblokˈkaːre] *v* freigeben
sboccare [zbokˈkaːre] *v* *1.* abgießen; *2.* *(fiume)* münden
sbocciare [zbotˈtʃaːre] *v* aufblühen
sbocco [ˈzbokko] *m* *1.* *GEO* Einfluss *m;* *2.* *(uscita)* Ausgang *m*
sbornia [ˈzbɔrnia] *f* Rausch *m*
sbottonare [zbottoˈnaːre] *v* aufknöpfen
sbriciolare [zbritʃoˈlaːre] *v* bröckeln
sbrigare [zbriˈgaːre] *v* *1.* bearbeiten, erledigen; *2.* *(fig)* absolvieren

> **sbrigarsi** [zbriˈgarsi] *v* sich beeilen
> ◆ *sbrigarsela con qc* mit etw fertig werden

sbrigativo [zbrigaˈtiːvo] *adj* *1.* schnell; *2.* *(superficiale)* oberflächlich; *3.* *(fig: breve)* kurz
sbrinare [zbriˈnaːre] *v* abtauen
sbronzo [ˈzbrontso] *adj* angetrunken
sbucciare [zbutˈtʃaːre] *v* schälen
scabroso [skaˈbroːso] *adj* *1.* holperig; *2.* *(fig)* heikel
scacchiera [skakkiˈɛːra] *f* Schachbrett *n*
scacciare [skatˈtʃaːre] *v* *1.* fortjagen, verjagen; *2.* *(cacciare)* vertreiben
scacco [ˈskakko] *m* *1.* Schach *n;* *~ matto* schachmatt; *2.* *(pedina)* Schachfigur *f;* *3.* *(sconfitta)* Niederlage *f;* *4.* *scacchi pl* Schach *n;* ◆ *a scacchi* im Schachbrettmuster
scadenza [skaˈdɛntsa] *f* *1.* Verfall *m,* Fristablauf *m;* *a ~* befristet; *a lunga ~* langfristig; *2.* *ECO* Fälligkeit *f;* *~ del credito* Kreditfrist *f;* *data di ~* Verfallsdatum *n*
scadere [skaˈdeːre] *v irr* *1.* *(prezzo)* verfallen, sinken; *2.* *ECO* ablaufen
scaffale [skafˈfaːle] *m* Regal *n;* *~ per libri* Bücherregal *n*
scaglia [ˈskaːʎa] *f* *1.* Splitter *m;* *2.* *ZOOL* Schuppe *f*
scagliare [skaˈʎaːre] *v* schleudern

> **scala** [ˈskaːla] *f* *1.* Treppe *f,* Leiter *f;* *~ a chiocciola* Wendeltreppe *f;* *~ d'emergenza* Feuerleiter *f;* *~ mobile* Rolltreppe *f;* *2.* *(in disegno)* Maßstab *m,* Skala *f*
> ◆ *disporre a scala* der Größe nach ordnen

scalare [skaˈlaːre] *v* *1.* besteigen; *2.* *(detrarre)* abziehen; *3.* *(graduare)* abstufen
scalatore [skalaˈtoːre] *m* Bergsteiger *m,* Wanderer *m*
scaldabagno [skaldaˈbaːɲo] *m* *TECH* Boiler *m*
scaldare [skalˈdaːre] *v* wärmen
scalfittura [skalfitˈtuːra] *f* Schramme *f*
scalo [ˈskaːlo] *m* *1.* *~ intermedio* Zwischenlandung *f;* *2.* *~ merci* Güterbahnhof *m*
scalogna [skaˈloːɲa] *f* Missgeschick *n,* Pech *n;* ◆ *Che scalogna!* So ein Pech!
scaloppina [skalopˈpiːna] *f* Schnitzel *n*
scalpello [skalˈpɛllo] *m* *1.* Meißel *m;* *2.* *MED* Skalpell *n*

scalpore [skal'poːre] *m* Eklat *m*
scaltro ['skaltro] *adj* verschmitzt
scalzare [skal'tsaːre] *v* 1. *(fig)* untergraben; 2. *(scarpe e calze)* ausziehen
scalzo ['skaltso] *adj* barfuß
scambiare [skambi'aːre] *v* verwechseln; ◆ *scambiare qualche parola con qd* einige Worte mit jdm wechseln

scambio ['skambio] *m* 1. Austausch *m*, Wechsel *m*; *~ d'idee* Gedankenaustausch *m*, Meinungsaustausch *m*; *~ di esperienze* Erfahrungsaustausch *m*; 2. *(di merce, di valuta)* Umtausch *m*; 3. *(errore)* Verwechslung *f*
◆ *per scambio* aus Versehen
! *Plural: scambi*

scampare [skam'paːre] *v* retten
scampo¹ ['skampo] *m* Ausweg *m*; ◆ *Non c'è via di scampo.* Es nützt nichts.
scampo² ['skampo] *m* *ZOOL* Riesengarnele *f*
scandalo ['skandalo] *m* 1. Skandal *m*; ◆ *soffocare uno scandalo* einen Skandal vertuschen; 2. *(turbamento)* Anstoß *m*
scanner ['skɛnə] *m* *INFORM* Scanner *m*
scansare [skan'saːre] *m* ausweichen
scantinato [skanti'naːto] *m* Untergeschoss *n*
scapaccione [skapat'tʃoːne] *m* Ohrfeige *f*
scapolo ['skaːpolo] *adj* 1. unverheiratet; *m* 2. Junggeselle *m*
scappare [skap'paːre] *v* 1. entkommen, davonlaufen; 2. *(fig)* durchbrennen
scappata [skap'paːta] *f* 1. Abstecher *m*; 2. *(fam)* Seitensprung *m*
scappatella [skappa'tɛlla] *f* 1. Eskapade *f*; 2. *(fig)* Seitensprung *m*; ◆ *fare una scappatella* fremdgehen
scappatoia [skappa'toːia] *f* 1. Ausweg *m*; 2. *(pretesto)* Ausflüchte *pl*
scarica ['skaːrika] *f* 1. Schuss *m*; 2. *(di sentimenti)* Ausbruch *m*; 3. *MIL* Salve *f*; 4. *PHYS (elettricità)* Entladung *f*
scaricare [skari'kaːre] *v* 1. abladen, ausladen; 2. *(vapore)* ablassen
scarico ['skaːriko] *m*; 1. Ausladen *n*; 2. *(rifiuti)* Müllhalde *f*; 3. *(motore)* Auspuff *m*; 4. *(acqua)* Abfluss *m*; *adj* 5. leer, ungeladen
scarlattina [skarlat'tiːna] *f* *MED* Scharlach *m*
scarno ['skarno] *adj* 1. *(macilento)* ausgezehrt; 2. *(fig)* schmucklos

scarpa ['skarpa] *f* Schuh *m*; *~ da ginnastica* Turnschuh *m*
◆ *fare le scarpe a qd (fig)* jdm übel mitspielen

scarpone [skar'poːne] *m* 1. *SPORT* Bergschuh *m*; 2. *~ da sci* Skischuh *m*
scarsità [skarsi'ta] *f* Knappheit *f*
scarso ['skarso] *adj* mager, knapp
scartare [skar'taːre] *v* 1. *(spacchettare)* auspacken 2. *(mettere da parte)* weglegen; 3. *(deviare)* abweichen
scarto ['skarto] *m* 1. Ausschuss *m*, Abfall *m*; 2. *(differenza)* Spanne *f*; 3. *scarti pl* Ramsch *m*
scassinare [skassi'naːre] *v* knacken; ◆ *La mia macchina è stata scassinata.* Mein Auto ist aufgebrochen worden.
scasso ['skasso] *m* Einbruch *m*
scatenare [skate'naːre] *v* entfesseln, loslassen

scatola ['skaːtola] *f* 1. Schachtel *f*; *~ di cartone* Karton *m*; 2. *(barattolo)* Dose *f*; *~ di conserva* Konservendose *f*; *~ di latta* Blechdose *f*; 3. *~ cranica*

ANAT Schädel *m*
◆ *rompere le scatole a qd (fig)* jdm auf den Wecker fallen

scatolame [skato'laːme] *m* Konserven *f/pl*
scattare [skat'taːre] *v 1. FOTO* knipsen; *2. (molla)* springen
scatto ['skatto] *m 1.* Gebühreneinheit *f; 2. (chiusura/apertura a molla)* Zu-/Aufschnappen *n; 3. FOTO* Auslöser *m; 4. (di collera)* Wutanfall *m*
scaturire [skatu'riːre] *v irr 1.* hervorquellen; *2. (fig)* entspringen
scavalcare [skaval'kaːre] *v 1.* überklettern; *2. (superare)* überholen; *~ qd* jdn auslassen
scavare [ska'vaːre] *v 1.* graben, wühlen; *2. (sterrare)* ausheben, ausschachten

scegliere [ʃɛːʎere] *v irr* (aus)wählen
◆ *C'è poco da scegliere.* Uns bleibt keine Wahl.
scegliere il male minore das geringere Übel wählen

scellerato [ʃelle'raːto] *adj 1.* verrucht; *m 2.* Schuft *m,* Gauner *m*
scelta ['ʃelta] *f 1.* Wahl *f,* Auswahl *f; a ~* wahlweise; *2. (fig)* Entscheidung *f*
scemenze [ʃe'mɛntse] *f/pl* Dummheiten *pl,* Quatsch *m*
scena ['ʃɛːna] *f 1. THEAT* Bühne *f,* Schauplatz *f; messa in ~* Inszenierung *f;* ◆ *andare in scena* auf die Bühne gebracht werden; *~ politica (fig)* politisches Leben *n; 2. (lite)* Szene *f*
scenario [ʃe'naːrio] *m 1.* Szenerie *f; 2. THEAT* Bühnenbild *n*

scendere ['ʃendere] *v irr 1.* hinuntergehen; *2. (alloggio)* absteigen; *3. (da un veicolo)* aussteigen; *4. (calare)* sinken
◆ *scendere dall'autobus* aus dem Bus aussteigen

sceneggiatura [ʃeneddʒa'tuːra] *f* Drehbuch *n*
scetticismo [ʃetti'tʃizmo] *m* Skepsis *f*
scettro ['ʃɛttro] *m 1.* Szepter *n; 2. (influenza)* Einfluss *m; ~ grafica INFORM* Grafikkarte *f*
scheda ['skɛːda] *f* Karteikarte *f; ~ elettorale* Stimmzettel *m; ~ grafica INFORM* Grafikkarte *f*
scheggia ['skeddʒa] *f* Splitter *m*
scheggiare [sked'dʒaːre] *v* splittern
scheletro ['skɛːletro] *m* Gerippe *n*
scherma ['skerma] *f SPORT* Fechten *n;* ◆ *tirare di scherma* fechten
schermo ['skermo] *m 1.* Blende *f,* Schutz *m; ~ di proiezione* Leinwand *f; 2. INFORM* Bildschirm *m*
schernire [sker'niːre] *v* spotten
scherno ['skerno] *m* Gespött *n*
scherzare [sker'tsaːre] *v* scherzen
scherzo ['skertso] *m 1.* Scherz *m,* Spaß *m; 2. (burla)* Posse *f,* Ulk *m*
schiacciante [skiat'tʃante] *adj 1. (fig)* umwerfend; *2. (ultrapotente)* übermächtig
schiacciare [skiat'tʃaːre] *v 1.* zerdrücken, erdrücken; *2. (fig)* verdrängen

schiaffo [ski'affo] *m* Ohrfeige *f*
≠ *schifo m* Ekel

schiamazzo [skia'mattso] *m 1.* Geschrei *n; 2. schiamazzi pl (disturbo)* Ruhestörung *f*
schiantarsi [skian'tarsi] *v 1.* bersten; *2. (macchina) ~ contro* prallen auf
schiarire [skia'riːre] *v* aufhellen
schiarirsi [skia'rirsi] *v* ◆ *schiarirsi la voce* sich räuspern
schiavitù [skiavi'tu] *f* Sklaverei *f*

S

schiavo [skiˈaːvo] *m* Sklave *m*
schiena [skiˈɛːna] *f ANAT* Rücken *m*
schienale [skieˈnaːle] *m* Rückenlehne *f*
schiera [skiˈɛːra] *f* Schwarm *m; a ~* scharenweise
schieramento [skieraˈmento] *m 1.* Aufstellung *f; 2. POL* Fraktion *f*
schierare [skieˈraːre] *v* aufstellen
schietto [skiˈɛtto] *adj* rein, echt
schifo [ˈskiːfo] *m* Ekel *m*
schifoso [skiˈfoːso] *adj* ekelerregend
schioccare [skiokˈkaːre] *v* knallen; ♦ *schioccare le labbra* schmatzen
schiuma [skiˈuːma] *f* Schaum *m; ~ ba barba* Rasierschaum *m*
schiumare [skiuˈmaːre] *v* schäumen
schivo [ˈskiːvo] *adj* menschenscheu
schizofrenia [skidzofreˈniːa] *f MED* Schizophrenie *f*
schizzare [skitˈtsaːre] *v 1. (liquido)* spritzen; *2. ART* entwerfen, skizzieren; *3. (saltare)* springen, abspringen
schizzinoso [skittsiˈnoːso] *adj* wählerisch
schizzo [ˈskittso] *m 1.* Spritzer *m; 2. (abbozzo)* Skizze *f*
sci [ʃi] *m* Ski *m; ~ acquatico* Wasserski *m; ~ da fondo* Skilanglauf *m*
scia [ˈʃiːa] *f* Spur *f*
sciacquare [ʃakˈkuaːre] *v* abspülen
sciacquarsi [ʃakˈkuarsi] *v* ♦ *sciacquarsi la bocca* sich den Mund ausspülen
sciagura [ʃaˈguːra] *f* Unglück *n*
scialbo [ˈʃalbo] *adj 1.* blässlich, blass; *2. (incolorato)* farblos; *3. (fig)* seicht
scialle [ˈʃalle] *m* Schal *m*
scialuppa [ʃaˈluppa] *f ~ di salvataggio* Rettungsboot *n*
sciame [ˈʃaːme] *m ZOOL* Schwarm *m; ~ d'api* Bienenschwarm *m*
sciare [ʃiˈaːre] *v SPORT* Ski fahren

> **scienza** [ˈʃɛntsa] *f* Wissen *n,* Wissenschaft *f; scienze umanistiche* Geisteswissenschaften *pl; scienze naturali* Naturwissenschaften *pl*
> ♦ *secondo scienza e coscienza* nach bestem Wissen und Gewissen

scimmia [ˈʃimmia] *f ZOOL* Affe *m*
scimunito [ʃimuˈniːto] *adj 1.* lächerlich; *2. (fam)* dämlich; *m 3.* Dummkopf *m*
scindere [ˈʃindere] *v irr (fig)* spalten
scintilla [ʃinˈtilla] *f* Funke *m*
scintillare [ʃintilˈlaːre] *v* funkeln
scintillio [ʃintilˈliːo] *m* Geflimmer *n*
sciocchezza [ʃokˈkettsa] *f 1.* Albernheit *f; 2. sciocchezze pl* Dummheiten *pl;* ♦ *fare sciocchezze* herumalbern
sciocco [ˈʃɔkko] *adj* dumm, affig
sciogliere [ˈʃɔːʎere] *v irr 1.* lösen, auflösen; *2. (filo)* losbinden
sciogliersi [ˈʃɔːʎersi] *v irr 1.* zergehen, zerrinnen; *2. (sale)* sich auflösen; *3. (pregiudizio)* sich befreien
scioltezza [ʃolˈtettsa] *f 1.* Wendigkeit *f; 2. (agilità)* Gewandtheit *f; 3. (destrezza)* Kunstfertigkeit *f*
sciolto [ˈʃɔlto] *adj 1.* lose; *2. (fig)* gewandt
scioperare [ʃopeˈraːre] *v* streiken
sciopero [ˈʃɔːpero] *m* Streik *m,* Ausstand *m; ~ della fame* Hungerstreik *m; ~ generale* Generalstreik *m*
sciroppo [ʃiˈrɔppo] *m 1. GAST* Sirup *m; 2. ~ per la tosse MED* Hustensaft *m*
scissione [ʃissiˈoːne] *f* Spaltung *f*
sciupare [ʃuˈpaːre] *v 1.* abnutzen; *2. (danneggiare)* schädigen
sciupio [ʃuˈpiːo] *m 1.* Verschleiß *m; 2. (spreco)* Vergeudung *f*
scivolare [ʃivoˈlaːre] *v 1.* rutschen, ausrutschen; *2. (scorrere su qc di liscio)* gleiten; *che scivola* gleitend

S

scivoloso [ʃivoˈloːso] *adj* rutschig
scocciatura [skottʃaˈtuːra] *f 1.* Unannehmlichkeit *f; 2. (fastidio)* Verdruss *m*
scodella [skoˈdɛlla] *f* Schale *f*
scogliera [skoˈʎɛːra] *f GEO* Riff *n*
scoglio [ˈskɔːʎo] *m GEO* Klippe *f*
scolare [skoˈlaːre] *v 1.* seihen; *2. (cose non liquide)* sieben; *3. (colare giù)* auslaufen
scolaro [skoˈlaːro] *m* Schüler *m*
scollatura [skollaˈtuːra] *f* Ausschnitt *m,* Dekolleté *n*
scolorire [skoloˈriːre] *v* abfärben
scolpire [skolˈpiːre] *v 1. (marmo)* meißeln; *2. (legno)* schnitzen
scommessa [skomˈmessa] *f* Wette *f;* ◆ *fare una scommessa* eine Wette abschließen
scommettere [skomˈmettere] *v* wetten, tippen
scomodo [ˈskɔːmodo] *adj* unbequem, unbehaglich
scomparire [skompaˈriːre] *v irr* verschwinden
scomparso [skomˈparso] *adj 1.* verschollen; *m 2.* Toter *m*
scompartimento [skompartiˈmento] *m* Abteil *n; ~ ferroviario* Zugabteil *n*
scomparto [skomˈparto] *m* Fach *n*
scompiglio [skomˈpiːʎo] *m* Verwirrung *f*
scomporre [skomˈporre] *v irr 1.* zerlegen; *2. (fig:turbare)* verwirren; *3. CHEM* abbauen
scomposizione [skompozitsiˈoːne] *f* Zerlegung *f*
sconcertante [skontʃerˈtante] *adj* beunruhigend
sconcio [ˈskontʃo] *adj 1.* anstößig; *2. (osceno)* obszön; *3. (schifoso)* eklig
sconfinato [skonfiˈnaːto] *adj* grenzenlos
sconfitta [skonˈfitta] *f 1.* Niederlage *f; 2. (fig)* Schlappe *f*
sconfortante [skonforˈtante] *adj* bedrückend
sconforto [skonˈfɔrto] *m* Trostlosigkeit *f*
scongelare [skondʒeˈlaːre] *v* auftauen
sconnesso [skonˈnɛsso] *adj* zerlegt, nicht zusammenhängend
sconosciuto [skonoˈʃuːto] *adj 1.* fremd; *m 2.* Unbekannter *m*
sconsacrare [skonsaˈkraːre] *v* entweihen
sconsiderato [skonsideˈraːto] *adj* unbedacht
sconsigliare [skonsiˈʎaːre] *v* abraten
sconsolato [skonsoˈlaːto] *adj* trostlos
scontare [skonˈtaːre] *v 1.* büßen, verbüßen; *2. ECO* diskontieren
scontento [skonˈtɛnto] *adj 1.* unzufrieden; *m 2.* Unzufriedener *m*

> **sconto** [ˈskonto] *m 1. ECO* Rabatt *m; tasso di ~* Diskontsatz *m; 2. (su pronta cassa) ECO* Skonto *n*
> ◆ *Quanto sconto fa?* Wie viel Rabatt gibt es?

scontrarsi [skonˈtrarsi] *v 1.* zusammenstoßen, aneinandergeraten; *2. (imbattersi)* treffen
scontrino [skonˈtriːno] *m* Bon *m,* Bescheinigung *f; ~ di cassa* Kassenzettel *m*
scontro [ˈskontro] *m 1.* Zusammenstoß *m; 2. MIL* Gefecht *n*
sconveniente [skonveniˈɛnte] *adj* unanständig
sconvolgere [skonˈvoldʒere] *v irr* revolutionieren, umwälzen
sconvolto [skonˈvɔlto] *adj* verstört
scoperta [skoˈpɛrta] *f* Entdeckung *f*
scoperto [skoˈpɛrto] *adj 1.* unbedeckt; *2. ECO (Conto)* ungedeckt; *3. (aperto)* offen; *4. (nudo)* nackt

scopo [ˈskɔːpo] *m* Zweck *m*, Bestimmung *f*; *a questo* ~ dazu; *allo* ~ *di* zwecks
◆ *raggiungere lo scopo* das Ziel erreichen

scoppiare [skoppiˈaːre] *v* *1.* platzen, explodieren; *2.* *(fig)* ausbrechen; ◆ *scoppiare a ridere* in Lachen ausbrechen
scoppio [ˈskɔppio] *m* *1.* Ausbruch *m*; ~ *di un tubo* Rohrbruch *m*; *2.* *(detonazione)* Knall *m*; *3.* *(explosione)* Explosion *f*
scoprire [skoˈpriːre] *v irr* *1.* entdecken; *2.* *(rendere visibile)* enthüllen; *3.* *(conto)* *ECO* überziehen
scoprirsi [skoˈprirsi] *v irr* *1.* sich abdecken; ◆ *scoprirsi il capo* den Hut abnehmen; *2.* *(rivelarsi)* sich verraten
scopritore [skopriˈtoːre] *m* Entdecker *m*
scoraggiare [skoradˈdʒaːre] *v* entmutigen
scoraggiarsi [skoradˈdʒarsi] *v* verzagen
scorbutico [skorˈbuːtiko] *adj* störrisch
scorciatoia [skortʃaˈtoːia] *f* Abkürzung *f*; ◆ *Esiste una scorciatoia per andare al mare?* Gibt es eine Abkürzung zum Meer?
S **scorcio** [ˈskortʃo] *m* Verkürzung *f*; ◆ *in questo scorcio di tempo* in diesem Zeitraum
scordare [skorˈdaːre] *v* *1.* *(dimenticare)* vergessen; *2.* *MUS* verstimmen
scordarsi [skorˈdarsi] *v* ~ *di qd* jdn vergessen
scorgere [ˈskɔrdʒere] *v irr* sehen
scoria [ˈskɔːria] *f* Schlacke *f*
scorpione [skorpiˈoːne] *m* *ZOOL* Skorpion *m*
scorrazzare [skorratˈtsaːre] *v* *1.* herumstreunen; *2.* *(saccheggiare)* plündern
scorrere [ˈskorrere] *v irr* *1.* fließen, laufen; *2.* *(colare)* rinnen, rieseln; ◆ *scorrere via* zerrinnen; *3.* *(fluire)* strömen
scorretto [skorˈrɛtto] *adj* *1.* falsch, fehlerhaft; *2.* *(sleale, indiscreto)* unfair
scorrevole [skorˈreːvole] *adj* *1.* *(fluido)* flüssig; *2.* *(stile)* flüssig; *3.* *(rapido)* zügig
scorsa [ˈskorsa] *f* *(occhiata)* Blick *m*; ◆ *dare una scorsa* überfliegen

scorso [ˈskorso] *adj* vorig
◆ *L'anno scorso non sono stato in vacanze.* Letztes Jahr war ich nicht im Urlaub.
≠ *scorcio m* Verkürzung

scorta [ˈskɔrta] *f* *1.* *(riserva)* Vorrat *m*; *2.* *ruota di* ~ *TECH* Reserverad *n*; *3.* *MIL* Eskorte *f*; *4.* *scorte pl ECO* Bestand *m*; ~ *di magazzino* Lagerbestand *m*
scortesia [skorteˈziːa] *f* Unhöflichkeit *f*
scorza [ˈskɔrdza] *f* Rinde *f*, Schale *f*
scossa [ˈskɔssa] *f* Stoß *m*, Schlag *m*; ~ *elettrica* Schlag *m*; ~ *morale (fig)* Erschütterung *f*; ◆ *a scosse* ruckweise, stoßweise
scosso [ˈskɔsso] *adj* *1.* geschüttelt; *2.* *(fig: agitato)* erschüttert
scottare [skotˈtaːre] *v* *1.* brennen, verbrennen; *2.* *(fig)* enttäuschen
scottatura [skottaˈtuːra] *f* *MED* Verbrennung *f*; ~ *solare* Sonnenbrand *m*
scovare [skoˈvaːre] *v* stoßen auf
Scozia [ˈskɔːtsia] *f* *GEO* Schottland *n*
scozzese [skotˈtseːse] *adj* *1.* schottisch; *m/f* *2.* Schotte/Schottin *m/f*
screditare [skrediˈtaːre] *v* diskreditieren
screditarsi [skrediˈtarsi] *v* in Verruf geraten, nicht mehr kreditwürdig sein
scremare [skreˈmaːre] *v* entrahmen

screpolatura [skrepola'tu:ra] *f* Riss *m,* Spalt *m*
screziato [skretsi'a:to] *adj* gefleckt, gesprenkelt
screzio ['skrɛ:tsio] *m* Streit *m*
scricchiolare [skrikkio'la:re] *v* knacken
scritta ['skritta] *f 1. (iscrizione)* Inschrift *f; 2. (insegna)* Aufschrift *f*
scritto ['skritto] *adj 1.* schriftlich; *~ a mano* handschriftlich; *m 2.* Schreiben *n*
scrittoio [srit'to:io] *m* Schreibtisch *m*
scrittore [skrit'to:re] *m* Schriftsteller *m,* Autor *m*
scrittura [skrit'tu:ra] *f 1.* Schrift *f; 2. (scritto)* Schreiben *n; 3. (carattere)* Schriftart *f; ~ Braille* Blindenschrift *f*
scritturare [skrittu'ra:re] *v* anstellen, engagieren
scrivania [skriva'ni:a] *f* Schreibtisch *m,* Sekretär *m*

scrivere ['skri:vere] *v irr 1.* schreiben, aufschreiben; *m irr 2.* Niederschrift *f*
◆ *scrivere sopra* überschreiben
scrivere musica komponieren
scrivere poesie dichten
Me lo scrive, per piacere? Schreiben Sie mir das bitte auf?
Come si scrive questo? Wie schreibt man das?

scroccare [skrok'ka:re] *v* schnorren
scrofa ['skrɔ:fa] *f ZOOL* Sau *f*
scrollare [skrol'la:re] *v* schütteln; *~ le spalle* mit den Achseln zucken
scroscio ['skrɔ:ʃo] *m 1. ~ di pioggia* Regenguss *m,* Schauer *m; 2. ~ di risa* schallendes Gelächter *n*
scrupolo ['skru:polo] *m* Skrupel *m*
scrupoloso [skrupo'lo:so] *adj 1. (accurato)* gewissenhaft, sorgfältig; *2. (pieno di scrupoli)* voller Skrupel, voll Bedenken
scrutatore [skruta'to:re] *adj 1.* prüfend; *m 2. POL* Wahlhelfer *m,* Wahlprüfer *m*
scuderia [skude'ri:a] *f* Stall *m*
scudo ['sku:do] *m* Schild *n*
scultore [skul'to:re] *m* Bildhauer *m*
scuola [sku'ɔ:la] *f* Schule *f; ~ a tempo pieno* Ganztagsschule *f; ~ di lingue* Sprachenschule *f; ~ di sci* Skischule *f; ~ elementare* Grundschule *f; ~ guida* Fahrschule *f; ~ professionale* Berufsschule *f; ~ serale* Abendschule *f*
scuotere [sku'ɔ:tere] *v irr 1.* schütteln; *2. (fig)* ergreifen
scuro ['sku:ro] *adj* dunkel, düster
scurrile [skur'ri:le] *adj 1. (buffonesco)* närrisch, skurril; *2. (triviale)* trivial

scusa ['sku:za] *interj 1.* Verzeihung, verzeih; *f 2. (perdono)* Entschuldigung *f,* Abbitte *f; 3. (pretesto)* Vorwand *m*
◆ *Ha sempre una scusa pronta.* Er hat immer eine Ausrede parat.

scusare [sku'za:re] *v ~ qc* etw entschuldigen
scusarsi [sku'zarsi] *v* sich entschuldigen
scusi ['sku:zi] *interj* verzeihen Sie
sdegno ['zde:ɲo] *m* Empörung *f*
sdoganare [zdoga'na:re] *v* verzollen
sdolcinato [zdoltʃi'na:to] *adj 1.* süßlich; *2. (fig)* künstlich, geziert
sdoppiamento [zdoppia'mento] *m* Aufteilung *f*
sdraiarsi [zdrai'arsi] *v* sich hinlegen
sdraio ['zdra:io] *f* Liegestuhl *m*
sdrucciolevole [zdruttʃo'le:vole] *adj 1.* rutschig; *2. (scivoloso)* glitschig
se [se] *konj* wenn, falls, ob

S

sé [se] *pron* sich
sebbene [seb'bɛːne] *konj* obwohl
secca ['sekka] *f* 1. Dürre *f;* 2. *(d' acqua)* Untiefe *f;* 3. *(sabbia)* Sandbank *f*
seccare [sek'kaːre] *v* 1. trocknen, austrocknen; 2. *(infastidire)* belästigen
seccarsi [sek'karsi] *v* 1. trocknen; 2. *(fig)* sich ärgern
seccato [sek'kaːto] *adj* verdrießlich
seccatura [sekka'tuːra] *f* Schererei *f*
secchio ['sekkio] *m* Eimer *m,* Kübel *m;* ◆ *a secchi (fig)* eimerweise
secco ['sekko] *adj* 1. dürr, trocken; *capelli secchi* trockene Haare *pl; vino ~* trockener Wein *m;* 2. *(aspro)* herb
secolare [seko'laːre] *adj* 1. hundertjährig, jahrhundertealt; 2. *(profano)* profan
secolo ['sɛːkolo] *m* Jahrhundert *n*
secondario [secon'daːrio] *adj* sekundär
secondo[1] [se'kondo] *prep* gemäß, nach
secondo[2] [se'kondo] *adj* 1. zweite(r,s); ◆ *di seconda mano* aus zweiter Hand; *m* 2. Sekunde *f;* 3. *GAST* zweiter Gang *m*
secrezione [sekretsi'oːne] *f MED* Ausfluss *m*
sedano ['seːdano] *m BOT* Sellerie *m*
sedativo [seda'tiːvo] *adj* 1. lindernd, beruhigend; *m* 2. *MED* Beruhigungsmittel *n*
sede ['seːde] *f* 1. Sitz *m;* 2. *ECO* Sitz *m; ~ del governo* Regierungssitz *m; ~ della presidenza* Präsidium *n*
sedentario [seden'taːrio] *adj* 1. *(lavoro)* im Sitzen, Sitz …; 2. *(persona)* wenig Bewegung machend; 3. *(non nomade)* sesshaft

sedere [se'deːre] *v irr* 1. sitzen; *m* 2. *ANAT* Po *m,* Hintern *m*
◆ *dare da sedere* einen Platz anbieten

sedersi [se'dersi] *v irr* sich hinsetzen
sedia ['sɛːdia] *f* Stuhl *m; ~ a dondolo* Schaukelstuhl *m; ~ a rotelle* Rollstuhl *m; ~ a sdraio* Liegestuhl *m*
sedici ['seːditʃi] *num* sechzehn
sedile [se'diːle] *m* Sitz *n*
sedimento [sedi'mento] *m GEOL* Ablagerung *f*
seducente [sedu'tʃɛnte] *adj* verführerisch
sedurre [se'durre] *v irr* verführen
seduta [se'duːta] *f* Sitzung *f; ~ di gabinetto* Kabinettssitzung *f;* ◆ *tenere una seduta* tagen
seduzione [sedutsi'oːne] *f* Verführung *f*
sega ['seːga] *f TECH* Säge *f; ~ circolare* Kreissäge *f; ~ da traforo* Laubsäge *f*
segale ['seːgale] *f BOT* Roggen *m*
segare [se'gaːre] *v* sägen
segatura [sega'tuːra] *f* Sägemehl *n*
seggio ['sɛddʒo] *m* 1. *(autorità)* Stuhl *m;* 2. *~ elettorale POL* Wahllokal *n*
segheria [sege'riːa] *f* Sägewerk *n*
segmento [seg'mento] *m* Segment *n*
segnalare [seɲa'laːre] *v* 1. hinweisen auf; 2. *(comunicare)* signalisieren
segnale [se'ɲaːle] *m* Signal *n; ~ acustico* akustisches Signal *n; ~ di allarme* Alarmsignal *n; ~ di pericolo* Warnsignal *n; ~ luminoso* Leuchtsignal *n; ~ stradale* Verkehrszeichen *n*
segnalibro [seɲa'liːbro] *m* Lesezeichen *n*
segnare [se'ɲaːre] *v* 1. bezeichnen; 2. *(indicare)* zeigen; 3. *SPORT* Tor schießen
segnatura [seɲa'tuːra] *f* Bezeichnung *f*

segno ['seːɲo] *m* 1. Merkmal *n,* Zeichen *n;* 2. *(cenno)* Wink *m,* Zeichen *n;* 3. *MATH* Vorzeichen *n;* 4. *(bersaglio)* Ziel *n*

◆ *cogliere nel segno* ins Schwarze treffen

segregarsi [segre'garsi] *v* sich absondern
segretamente [segreta'mente] *adv* heimlich
segretaria [segre'taːria] *f* Sekretärin *f; prima ~* Chefsekretärin *f*
segreteria [segrete'riːa] *f 1.* Kanzlei *f; 2. ~ telefonica* Anrufbeantworter *m; 3. (segretariato)* Sekretariat *n*
segreto [se'greːto] *adj 1.* geheim, heimlich; *m 2.* Geheimnis *n; ~ aziendale* Betriebsgeheimnis *n; ~ epistolare* Briefgeheimnis *n; ~ bancario* Bankgeheimnis *n; 3. (obbligo)* Pflicht *f; ~ professionale* Schweigepflicht *f*
seguace [segu'aːtʃe] *m/f* Anhänger(in) *m/f*
seguente [segu'ɛnte] *adj* folgende(r,s)

seguire [segu'iːre] *v 1.* folgen; *2. (attenersi)* befolgen; *3. (risultare)* erfolgen; *4. (dare ascolto)* beherzigen
◆ *seguire con gli occhi* nachblicken
Mi segua! Folgen Sie mir!

seguito ['seːguito] *m 1.* Fortsetzung *f*, Folge *f; di ~* pausenlos; *in ~ a* gemäß, angesichts, infolge; *2. (fig)* Nachspiel *n*
sei ['sɛːi] *num* sechs
selciato [sel'tʃaːto] *m* Pflaster *n*
selezione [seletsi'oːne] *f* Auswahl *f*
sella ['sɛlla] *f* Sattel *m*
sellare [sel'laːre] *v* satteln
selva ['selva] *f 1. BOT* Wald *m; 2. ~ Nera GEO* Schwarzwald *m; 3. (moltitudine)* Fülle *f*
selvaggio [sel'vaddʒo] *adj 1.* wild; *m 2.* Wilder *m*
selvatico [sel'vaːtiko] *adj* wild
semaforo [se'maːforo] *m* Ampel *f*
sembrare [sem'braːre] *v 1.* aussehen; *2. (parere)* scheinen
seme ['seːme] *m 1. (fig)* Keim *m; 2. BIO* Samen *m; 3. (carta da gioco)* Farbe *f*
semente [se'mente] *m* Saatgut *n*
semestrale [semes'traːle] *adj* halbjährlich
semestre [se'mɛstre] *m* Semester *n*
semifinale [semifi'naːle] *f SPORT* Halbfinale *n*
semina ['seːmina] *f* Saat *f*
seminare [semi'naːre] *v* säen
seminario [semi'naːrio] *m* Seminar *n*
seminterrato [seminter'raːto] *m* Kellergeschoss *n*
seminudo [semi'nuːdo] *adj* halb nackt
semolino [semo'liːno] *m* Grieß *m*
semplice ['semplitʃe] *adj 1.* einfach, schlicht; *2. (ingenuo)* einfältig
semplicione [sempli'tʃoːne] *m* Einfaltspinsel *m*
semplicità [semplitʃi'ta] *f (modestia)* Einfachheit *f*, Schlichtheit *f*
semplificare [semplifi'kaːre] *v* vereinfachen

sempre ['sɛmpre] *adv* immer, stets
◆ *una volta per sempre* ein für alle Mal ◆ *sempre che* wenn (nur)

senape ['sɛːnape] *f* Senf *m*
senato [se'naːto] *m POL* Senat *m*
senatore [sena'toːre] *m* Senator *m*
senile [se'niːle] *adj* senil, greisenhaft
senno ['senno] *m* Vernunft *f*
seno ['seːno] *m 1. ANAT* Busen *m*, Schoß *m; 2. (di mare)* Bucht *f; 3. MATH* Sinus *m*
senonché [senoŋ'ke] *konj* allerdings

sensato [sen'sa:to] *adj* sinnvoll
sensazione [sensatsi'o:ne] *f 1.* Gefühl *n,* Empfindung *f; ~ d'angoscia* Angstgefühl *n; 2. (stupore)* Aufsehen *n,* Sensation *f*
sensibile [sen'si:bile] *adj 1.* empfindlich, sensibel; *~ al dolore* schmerzempfindlich; *2. (fig)* weich; *3. (avvertibile)* spürbar
sensibilità [sensibili'ta] *f 1.* Sensibilität *f; 2. (senso)* Gefühl *n,* Sinn *m; ~ linguistica* Sprachgefühl *n*
sensitivo [sensi'ti:vo] *adj 1. m* empfindsam, empfindlich, Empfindungs...; *2.* Medium *n*

senso ['sɛnso] *m 1.* Sinn *m,* Gespür *n; ~ d'orientamento* Orientierungssinn *m; ~ di colpa* Schuldgefühl *n; ~ di felicità* Glücksgefühl *n; privo di sensi* bewusstlos; *2. (significato)* Sinn *m; privo di ~* sinnlos; *3. (direzione)*Fahrt(richtung) *f; strada a ~ unico* Einbahnstraße *f*
◆ *a doppio senso* doppeldeutig, zweideutig
perdere i sensi ohnmächtig werden
≠ *senza prep* ohne

sensore [sen'so:re] *m TECH* Sensor *m*
sensorio [sen'sɔ:rio] *adj* Sinnes...
sensuale [sensu'a:le] *adj* sinnlich
sensualità [sensuali'ta] *f* Sinnlichkeit *f*
sentenza [sen'tɛntsa] *f JUR* Spruch *m; ~ arbitrale* Schiedsspruch *m*
sentiero [senti'ɛ:ro] *m* Pfad *m; ~ di campagna* Feldweg *m*
sentimentale [sentimen'ta:le] *adj 1.* sentimental; *m 2.* Gefühlsmensch *m*
sentimentalità [sentimentali'ta] *f* Sentimentalität *f*
sentimento [senti'mento] *m* Gefühl *n,* Gemüt *n; pieno di ~* gefühlvoll

sentire [sen'ti:re] *v 1. (udito)* hören; *2. (tatto)* fühlen; *3. (odorato)* riechen; *4. (gusto)* schmecken; *5. (pre~)* vorhersehen; *6. (avere notizia)* erfahren
◆ *sentire la mancanza di qd* jdn vermissen

sentirsi [sen'tirsi] *v* sich fühlen
sentore [sen'to:re] *m 1.* Indiz *n; 2. (intuizione)* Witterung *f*
senza ['sɛntsa] *prep 1.* ohne; *~ di me* ohne mich; *senz'altro* sicher, bestimmt; *~ impegno* frei bleibend; *konj 2.* ohne zu; *~ che* ohne dass
separare [sepa'ra:re] *v 1.* trennen; *2. (distinguere)* unterscheiden
separatamente [separata'mente] *adv* auseinander; ◆ *Vorremmo pagare separatamente.* Wir wollen getrennt zahlen.
separazione [separatsi'o:ne] *f 1.* Trennung *f,* Ablösung *f; ~ dei beni* Gütertrennung *f; 2. POL* Abspaltung *f*
sepolcro [se'polkro] *m* Gruft *f*
sepoltura [sepol'tu:ra] *f* Begräbnis *n*
seppellire [seppel'li:re] *v irr* begraben
seppia ['seppia] *f ZOOL* Tintenfisch *m*
seppure [sep'pu:re] *konj 1.* auch wenn; *2. (benché)* obwohl
sequenza [se'kuɛntsa] *f* Folge *f*
sequestrare [sekues'tra:re] *v 1.* sicherstellen; *2. (rapire)* entführen
sequestro [se'kuɛstro] *m 1. JUR* Zwangsvollstreckung *f; 2. ~ di persona* Entführung *f*

sera ['se:ra] *f* Abend *m; di ~* abends; *questa ~* heute Abend; *domani ~* morgen Abend; *verso ~* gegen Abend
◆ *Scende la sera.* Der Abend bricht an.
Buona sera! Guten Abend!
Rosso di sera bel tempo si spera. Abendrot, Gutwetterbot'.

serale [se'raːle] *adj* abendlich
serata [se'raːta] *f* Abend *m;* ◆ *per serate intere* abendelang
serbare [ser'baːre] *v 1.* wahren; *2. (fig)* bewahren; ◆ *serbare rancore* nachtragen
serbatoio [serba'tɔːio] *m* Tank *m*
sereno [se'reːno] *adj 1. (tempo)* klar; *2. (soleggiato)* heiter
serie ['sɛːrie] *f 1.* Reihe *f,* Kette *f; 2. ECO* Serie *f; di ~/in ~* serienmäßig; *3. SPORT* Liga *f*
serietà [serie'ta] *f* Ernst *m*
serio ['sɛːrio] *adj 1. (importante)* ernst, ernstlich; *molto ~* todernst; *2. (grave)* ernst
serpente [ser'pɛnte] *m ZOOL* Schlange *f; ~ a sonagli* Klapperschlange *f*
serra ['sɛrra] *f* Gewächshaus *n,* Treibhaus *n; effetto ~* Treibhauseffekt *m*
serrare [ser'raːre] *v 1.* zuschließen, abdrehen; *2. (vite)* nachziehen, anziehen
serratura [serra'tuːra] *f* Schloss *n; ~ della porta* Türschloss *n*
serva ['sɛrva] *f* Magd *f*

> **servire** [ser'viːre] *v 1.* dienen; *2. (mangiare)* servieren; *3. (essere utile)* nützen; *4. ~ qd* jdn bedienen
> ◆ *Ti serve la bicicletta?* Brauchst du das Fahrrad?

servirsi [ser'virsi] *v 1.* sich bedienen; ◆ *Si serve dei libri.* Er benützt die Bücher. *2. (sfruttare) ~ di qd* jdn ausnutzen
servitore [servi'toːre] *m* Diener *m*
servitù [servi'tu] *f 1.* Knechtschaft *f; 2. (domestici)* Personal *n,* Dienerschaft *f*
servizio [ser'viːtsio] *m 1.* Dienst *m; di ~* diensthabend; *fuori ~* außer Betrieb; *~ civile* Zivildienst *m; ~ di soccorso alpino* Bergwacht *f; ~ militare* Wehrdienst *m; ~ segreto* Geheimdienst *m; ~ d'emergenza* Notdienst *m;* ◆ *prendere servizio* den Dienst antreten; *2. ECO* Dienstleistung *f; 3. (di cibi e bevande)* Bewirtung *f,* Service *m; ~ in camera* Zimmerservice *m;* ◆ *compreso il servizio* Bedienung inbegriffen; *4. (in un ristorante o bar)* Bedienung *f; ~ clienti* Kundendienst *m; ~ d'assistenza* Kundenberatung *f; ~ stampa* Bericht *m; ~ bancario postale* Postbank *f*
servo ['sɛrvo] *m* Knecht *m*
sessanta [ses'santa] *num* sechzig
sessantesimo [sessan'tɛːzimo] *adj* sechzigste(r,s)
sessione [sessi'oːne] *f* Sitzung *f;* ◆ *essere in sessione* eine Sitzung abhalten
sesso ['sɛsso] *m 1.* Geschlecht *n; 2. (attività sessuale)* Sex *m*
sessuale [sessu'aːle] *adj* sexuell
sessualità [sessuali'ta] *f* Sexualität *f*
sesto ['sɛsto] *adj* sechste(r,s)
seta ['seːta] *f* Seide *f*
setaccio [se'tattʃo] *m* Sieb *n*

> **sete** ['seːte] *m* Durst *m*
> ◆ *morire di sete* verdursten
> *avere sete di potere* machthungrig sein
> ≠ *sette num* sieben

setola ['seːtola] *f* Borste *f*
setta ['sɛtta] *f REL* Sekte *f*
settanta [set'tanta] *num* siebzig
sette ['sɛtte] *num* sieben
settembre [set'tɛmbre] *m* September *m*
settentrionale [settentrio'naːle] *adj* nördlich, Nord...
settimana [setti'maːna] *f* Woche *f; ~ santa* Karwoche *f; per settimane* wochenlang; *fine ~* Wochenende *n*
settimanale [settima'naːle] *adj 1.* wöchentlich; *m 2.* Wochenblatt *n*
settimo ['sɛttimo] *adj* siebte(r,s)
settore [set'toːre] *m 1.* Abschnitt *m,* Bereich *m; 2. TECH* Fachbereich *m*

S

severo [se'vɛːro] *adj* hart, streng
sezionare [setsio'naːre] *v 1. MED* sezieren; *2. (scomporre)* zerlegen
sezione [setsi'oːne] *f 1.* Schnitt *m; 2. (di piano trasversale)* Querschnitt *m; 3. (reparto)* Abteilung *f*
sfacciataggine [sfattʃa'taddʒine] *f* Unverfrorenheit *f,* Unverschämtheit *f*
sfacciato [sfat'tʃaːto] *adj 1.* unverschämt; *m 2.* Frechdachs *m*
sfacelo [sfa'tʃɛːlo] *m* Verfall *m*
sfamare [sfa'maːre] *v* den Hunger stillen
sfarzo ['sfartso] *m* Prunk *m*
sfarzoso [sfar'tsoːso] *adj* prunkvoll
sfasato [sfa'zaːto] *adj (fig)* ungeordnet
sfasciarsi [sfa'ʃarsi] *v 1. (fasce)* aufgehen; *2. (rompersi)* kaputtgehen
sfatto ['sfatto] *adj 1. (stanco)* erschöpft; *2. (non fatto)* unerledigt
sfavore [sfa'voːre] *m* Ungunst *f,* Nachteil *m*
sfavorevole [sfavo'reːvole] *adj* ungünstig
sfera ['sfɛːra] *f 1.* Sphäre *f; ~ d'attività* Tätigkeitsbereich *m; ~ d'azione* Wirkungsbereich *m; ~ intima* Intimspähre *f; ~ terrestre* Erdkugel *f; 2. MATH* Kugel *f*
S **sferza** ['sfɛrtsa] *f* Peitsche *f*
sfibrare [sfi'braːre] *v* schwächen

> **sfida** ['sfiːda] *f* Herausforderung *f*
> ◆ *lanciare la sfida a qd* jdn herausfordern

sfidante [sfi'dante] *m* Herausforderer *m*
sfidare [sfi'daːre] *v* herausfordern
sfiducia [sfi'duːtʃa] *f* Argwohn *m; voto di ~* Misstrauensvotum *n*
sfiduciarsi [sfidu'tʃarsi] *v* den Mut verlieren
sfigurare [sfigu'raːre] *v 1.* verunstalten, verschandeln; *2. (fare una figuraccia)* sich bloßstellen
sfilza ['sfiltsa] *f* große Menge *f*
sfinito [sfi'niːto] *adj* erschöpft
sfiorare [sfio'raːre] *v* streifen
sfiorire [sfio'riːre] *v* verblühen
sfitto ['sfitto] *adj* nicht vermietet
sfocato [sfo'kaːto] *adj 1.* verschwommen, undeutlich; *2. (foto)* unscharf
sfociare [sfo'tʃaːre] *v* münden
sfogarsi [sfo'garsi] *v* sich abreagieren
sfoglia [sfɔ'ːʎa] *f pasta ~ GAST* Blätterteig *m*
sfogliare [sfo'ʎaːre] *v 1.* blättern; *2. (in modo frettoloso)* wälzen
sfogo ['sfoːgo] *m 1. (scarico)* Abzug *m; 2. ECO* Absatz *m; 3. (fig)* Ausbruch *m*
sfondo ['sfondo] *m 1.* Hintergrund *m,* Kulisse *f; 2. THEAT* Kulisse *f*
sformato [sfor'maːto] *adj 1.* verformt; *2. (deformato)* verunstaltet; *m 3. GAST* Auflauf *m*
sfornare [sfor'naːre] *v 1.* aus dem Backofen nehmen; *2. (fig)* in Massen produzieren

> **sfortuna** [sfor'tuːna] *f* Unglück *n*
> ◆ *La sfortuna lo perseguita.* Das Unglück verfolgt ihn.

sfortunato [sfortu'naːto] *adj* unglücklich
sforzare [sfor'tsaːre] *v 1.* übermäßig beanspruchen; *2. (porta)* aufbrechen; *3. (persona)* zwingen
sforzarsi [sfor'tsarsi] *v* sich bemühen
sforzo ['sfɔrtso] *m* Bemühung *f*
sfracellarsi [sfratʃel'larsi] *v* zerschellen
sfrecciare [sfret'tʃaːre] *v* rasen
sfregamento [sfrega'mento] *m* Reibung *f*

sfregare [sfre'gaːre] *v* reiben
sfregio ['sfreːdʒo] *m* *1. (persona)* Schmiss *m; 2. (graffiatura)* Schramme *f; 3. (insulto)* Beleidigung *f*
sfrenato [sfre'naːto] *adj* hemmungslos
sfrontatezza [sfronta'tettsa] *f* Unverschämtheit *f*
sfruttamento [sfrutta'mento] *m* *1.* Ausbeutung *f,* Ausnutzung *f; 2. (utilizzazione)* Erschließung *f*
sfruttare [sfrut'taːre] *v* *1.* ausbeuten; *2. (fig)* auspressen; *3. (rendere utilizzabile)* erschließen
sfruttatore [sfrutta'toːre] *adj* *1.* ausbeuterisch; *m 2.* Ausbeuter *m*
sfuggire [sfud'dʒiːre] *v* *1.* entfliehen; *2. (fig)* entfallen; *3. (passare inavvertito)* entgehen; ◆ *Questo film mi è sfuggito.* Dieser Film ist mir entgangen. *4. (parola)* herausrutschen
sfumare [sfu'maːre] *v* *1. (rabbia)* vergehen; *2. (progetto)* sich zerschlagen
sfumato [sfu'maːto] *adj* verschwommen
sfuriata [sfuri'aːta] *f* Donnerwetter *n*
sgabello [zga'bɛllo] *m* Hocker *m*
sgambetto [zgam'betto] ◆ *fare lo sgambetto a qd* jdm ein Bein stellen
sganciare [zgan'tʃaːre] *v* abhaken, loslösen; *~ qc* etw abhängen
sganciarsi [zgan'tʃarsi] *v (fig)* sich absetzen
sgarbato [zgar'baːto] *adj* unhöflich
sgelo ['zdʒɛːlo] *m* *1.* Abtauen *n; 2. (tempo)* Tauwetter *n*
sghembo ['zgembo] *adj* schief
sgomb(e)rare [zgombe'raːre] *v* *1.* ausräumen; *2. (sloggiare)* ausziehen; *3. (andarsene)* abziehen
sgombero ['zgombero] *adj* *1. (libero)* frei; *2. (sgomberato)* freigeräumt; *m 3. (trasloco)* Umzug *m*
sgombro ['zgombro] *m* Makrele *f*
sgomento [zgo'mento] *adj* *1.* bestürzt, betroffen *m 2.* Bestürzung *f;*
sgonfiare [zgonfi'aːre] *v* *1.* abschwellen; *2. (pallone)* die Luft auslassen
sgonfiarsi [zgonfi'arsi] *v* *1.* abschwellen; *2. (pallone)* die Luft verlieren
sgorbio ['zgɔrbio] *m* Geschmier *n*
sgorgare [zgor'gaːre] *v* sprudeln
sgradevole [zgra'deːvole] *adj* unangenehm
sgranocchiare [zgranokki'aːre] *v* knabbern
sgravio ['zgraːvio] *m ~ fiscale* Steuererlass *m*
sgraziato [zgratsi'aːto] *adj* ungeschickt, plump
sgridare [zgri'daːre] *v* schimpfen
sgridata [zgri'daːta] *f (fig)* Anpfiff *m*
sgualcire [zgual'tʃiːre] *v* verknittern
sgualdrina [zgual'driːna] *f* Nutte *f*
sguardo [zgu'ardo] *m* Blick *m; al primo ~* auf den ersten Blick; ◆ *sollevare lo sguardo* aufblicken
sguazzare [zguat'tsaːre] *v* plantschen
sgusciare [zgu'ʃaːre] *v* *1.* schälen, öffnen; *2. (uscire dall'uovo)* schlüpfen
shampoo ['ʃampo] *m* Shampoo *n*
si [si] *pron 1. (riflessivo)* sich; *2. (reciproco)* sich, einander; *3. (impersonale)* man

> **sì** [si] *adv* *1.* ja; *2. (dopo domanda negativa)* doch
> ◆ *Sì, grazie!* Ja, bitte!

sia ['siːa] *konj ~...~.../...che ...* sowohl ... als auch ...; ◆ *sia questo che quello* ob dieser oder jener
sibilare [sibi'laːre] *v* zischen
sibilo ['siːbilo] *m* *1. (fischio)* Pfiff *m; 2. (rumore)* Pfeifen *n*

S

sicché [sik'ke] *konj 1.* folglich, also; *2. (così che)* so dass
siccità [sittʃi'ta] *f* Dürre *f*
Sicilia [si'tʃiːlia] *f GEO* Sizilien *n*
sicura [si'kuːra] *f* Sicherung *f;* ◆ *mettere la sicura* sichern
sicurezza [siku'rettsa] *f 1.* Sicherheit *f; 2. (fusibile) TECH* Sicherung *f; 3. (salvaguardia)* Sicherung *f; cassetta di ~* Safe *m; 4. uscita di ~* Notausgang *m*

> **sicuro** [si'kuːro] *adj 1.* sicher, zuverlässig; *~ di sé* selbstsicher; *adv 2.* gewiss, sicher; *m 3.* Sicherheit *f;*
> ◆ *andare sul ~* auf Nummer Sicher gehen; *al ~* in Sicherheit
> ◆ *essere sicuro del fatto proprio* sich seiner Sache sicher sein

sidro ['siːdro] *m (di mele)* Apfelwein *m*
siepe [si'ɛːpe] *f* Busch *m*
siero [si'ɛːro] *m BIO* Serum *n*
sieropositivo [siɛːropozi'tiːvo] *adj* HIV-positiv
siesta [si'ɛsta] *f* Mittagsruhe *f*
sigaretta [siga'retta] *f* Zigarette *f; ~ leggera* milde Zigarette *f; ~ forte* starke Zigarette *f*
sigaro ['siːgaro] *m* Zigarre *f*
sigillo [si'dʒillo] *m* Siegel *n*
S **sigla** ['siːʎa] *f 1.* Aktenzeichen *n,* Diktatzeichen *n; ~ editoriale* Impressum *n; 2. ~ musicale MUS* Erkennungsmelodie *f*

> **significare** [siɲifi'kaːre] *v 1.* bedeuten; *2. (fig)* darstellen
> ◆ *Che significa?* Was heißt das?

significativo [siɲifika'tiːvo] *adj* bedeutsam, wichtig, viel sagend
significato [siɲifi'kaːto] *m* Bedeutung *f*
signora [si'ɲoːra] *f 1.* Dame *f; 2. (titolo)* Frau *f*
signore [si'ɲoːre] *m* Herr *m*
signoria [siɲo'riːa] *m* Herrschaft *f*
signorina [siɲo'riːna] *f* Fräulein *n*
silenzio [si'lɛntsio] *m 1.* Ruhe *f,* Stille *f; 2. (il tacere)* Schweigen *n*
silenzioso [silentsi'oːso] *adj* leise
silicio [si'liːtʃo] *m CHEM* Silizium *n*
sillaba ['sillaba] *f* Silbe *f*
sillabare [silla'baːre] *v* buchstabieren
silo ['siːlo] *m AGR* Silo *n*
simbolo ['simbolo] *m* Sinnbild *n,* Symbol *n*
simile ['siːmile] *adj 1.* dergleichen, ähnlich; *2. (di tale specie)* derartig, so; *m/f 3.* Nächste(r) *f/m*
similitudine [simili'tuːdine] *f* Ähnlichkeit *f,* Gleichartigkeit *f*
simmetria [simme'triːa] *f* Symmetrie *f*
simmetrico [sim'mɛːtriko] *adj* symmetrisch
simpatia [simpa'tiːa] *f 1.* Mitgefühl *n; 2. (inclinazione)* Sympathie *f*
simpatico [sim'paːtiko] *adj* sympathisch
simulare [simu'laːre] *v* vortäuschen
simulazione [simulatsi'oːne] *f* Simulation *f*
simultaneo [simul'taːneo] *adj* simultan, gleichzeitig
sinagoga [sina'gɔːga] *f 1.* Synagoge *f; 2. (giudaismo)* Judentum *n*
sincerarsi [sintʃe'rarsi] *v* sich überzeugen, sich vergewissern
sincerità [sintʃeri'ta] *f 1.* Aufrichtigkeit *f; 2. (schiettezza)* Offenherzigkeit *f*

> **sincero** [sin'tʃɛːro] *adj* aufrichtig
> ◆ *provare un affetto sincero per qd* aufrichtige Zuneigung für jdn empfinden

sindacale [sinda'ka:le] *adj* gewerkschaftlich, Gewerkschafts…
sindacalista [sindaka'lista] *m/f* Gewerkschaftler(in) *m/f*
sindacato [sinda'ka:to] *m* Gewerkschaft *f*
sindaco ['sindako] *m* Bürgermeister(in) *m/f*
singhiozzare [siŋgiot'tsa:re] *v* schluchzen
singhiozzo [siŋgi'ottso] *m 1.* Schluckauf *m; 2. (il piangere singhiozzando)* Schluchzen *n*
singolare [siŋgo'la:re] *m 1. (singolo) SPORT* Einzel *n; 2. GRAMM* Singular *m; adj 3.* einzigartig; *4. (strano)* seltsam
singolarità [siŋgolari'ta] *f* Sonderbarkeit *f*, Einzigartigkeit *f*
singolo ['siŋgolo] *adj 1. (uno)* einzeln; *m 2.* Einzelner *m*
sinistra [si'nistra] *f 1.* linke Seite *f*, linke Hand *f; a ~* links; *2. POL* Linke *f*
sinistro [si'nistro] *adj 1.* link; *2. (malvagio)* boshaft; *m 3. (disgrazia)* Unglück *n; 4. (incidente)* Unfall *m; luogo del ~* Unfallstelle *f*
sinonimo [si'no:nimo] *adj 1.* gleichbedeutend; *m 2.* Synonym *n*
sintesi ['sintezi] *f* Zusammenfassung *f*, Synthese *f*
sintetico [sin'tɛ:tiko] *adj 1.* synthetisch; *2. (riassuntivo)* zusammenfassend
sintomo ['sintomo] *m* Symptom *n*
sipario [si'pa:rio] *m* Vorhang *m*
sirena [si'rɛ:na] *f* Sirene *f*
siringa [si'riŋga] *f MED* Spritze *f*
sismico ['sizmiko] *adj* seismisch
sistema [sis'tɛ:ma] *m* System *n*, Ordnung *f; ~ operativo* Betriebssystem *n; ~ di allarme* Alarmanlage *f; ~ elettorale maggioritario* Mehrheitswahlrecht *n; ~ immunitario* Immunsystem *n; ~ monetario* Währungssystem *n; ~ nervoso* Nervensystem *n; ~ copernicano* kopernikanisches System *n; Sistema Monetario Europeo (SME)* Europäisches Währungssystem (EWS) *n*
sistemare [siste'ma:re] *v 1.* ordnen; *2. (in uno spazio piuttosto stretto)* verstauen; *3. (regolare)* regeln
sistemarsi [siste'marsi] *v* sich etablieren
sistemazione [sistematsi'o:ne] *f 1.* Ordnung *f; 2. (regolazione)* Regelung *f*
sistole ['sistole] *f MED* Herzschlag *m*
sito ['si:to] *m 1.* Ort *m; 2. INFORM* Internetadresse *f; ~ web* Webseite *f*
situare [situ'a:re] *v* platzieren

situazione [situatsi'o:ne] *f* Lage *f*, Situation *f; ~ di emergenza* Notlage *f*
◆ *trovarsi in una situazione difficile* sich in einer schwierigen Lage befinden

slalom ['zla:lom] *m SPORT* Slalom *m*
slanciato [zlan'tʃa:to] *adj* schlank
slancio ['zlantʃo] *m 1.* Schwung *m; pieno di ~* schwungvoll; *2. ECO* Aufschwung *m; 3. (rincorsa)* Anlauf *m*
slavo ['zla:vo] *adj 1.* slawisch; *m 2.* Slawe *m*
sleale [zle'a:le] *adj* unehrlich
slegare [zle'ga:re] *v* losbinden
slitta ['zlitta] *f* Schlitten *m*
slittamento [zlitta'mento] *m 1.* Schleudern *n; 2. ECO* Absinken *n; 3. (fig: rinvio)* Verschiebung
slittare [zlit'ta:re] *v 1.* rodeln; *2. (scivolare)* rutschen; *3. (auto)* schleudern; *4. (fig: scadenza)* sich verschieben
slogarsi [zlo'garsi] *v ~ qc MED* sich etw ausrenken
slogatura [zloga'tu:ra] *f MED* Verrenkung *f*

S

sloggiare [zlod'dʒaːre] *v* ausziehen
smagliante [zma'ʎante] *adj* blendend
smagliatura [zmaʎa'tuːra] *f 1.* Laufmasche *f; 2. MED* Dehnungsstreifen *m*
smaltare [zmal'taːre] *v irr 1.* emaillieren; *2.* ◆ *smaltare a vetro TECH* glasieren
smaltire [zmal'tiːre] *v irr 1. (cibi)* verdauen; *2. (vendere)* absetzen; ◆ *smaltire e trattare* entsorgen
smalto ['zmalto] *m 1.* Email *n,* Lack *m; ~ per unghie* Nagellack *m; ~ vitreo* Glasur *f; 2. MED* Zahnschmelz *m*
smania ['zmaːnia] *f 1. MED* Sucht *f; 2. (forte desiderio)* Verlangen *n*
smarrimento [zmarri'mento] *m 1.* Verlust *m; 2. (confusione)* Verwirrung *f*
smarrire [zmar'riːre] *v irr 1.* verlieren; *2. (perdere)* verlegen
smarrirsi [zmar'rirsi] *v irr* sich verirren
smembrare [zmem'braːre] *v* zergliedern, zerstückeln
smemorato [zmemo'raːto] *adj* vergesslich
smentire [zmen'tiːre] *v 1.* widerrufen; *2. (correggere)* berichtigen
smentita [zmen'tiːta] *f 1.* Dementi *n,* Widerruf *m; 2. (correzione)* Berichtigung *f*
smeraldo [zme'raldo] *m* Smaragd *m*
smerciare [zmer'tʃaːre] *v* vertreiben
smercio ['zmɛrtʃo] *m ECO* Absatz *m; ristagno dello ~* Absatzflaute *f,* Absatzkrise *f; di facile ~* absatzfähig

smettere ['zmettere] *v irr* aufhören
◆ *smettere gli studi* das Studium abbrechen
smettere un abito ein Kleid ausrangieren
! *Passato remoto: smisi; Partizip Perfekt: smesso*

sminuire [zminu'iːre] *v irr 1.* herabsetzen; *2. (fig)* schmälern
sminuzzare [zminut'tsaːre] *v* zerkleinern
smistamento [zmista'mento] *m* Sortierung *f*
smistare [zmis'taːre] *v* sortieren, rangieren
smisurato [zmizu'raːto] *adj 1.* maßlos; *2. (fig)* grenzenlos
smobilitazione [zmobilitatsi'oːne] *f 1. MIL* Abrüstung *f; 2. (fig)* Abbau *m*
smoking ['zmɔkɪŋ] *m* Smoking *m*
smontaggio [zmon'taddʒo] *m 1.* Abbau *m; 2. (fig)* Demontage *f*
smontare [zmon'taːre] *v 1.* abbauen, abmontieren; *2. (rimuovere)* ausbauen; *3. (scomporre)* zerlegen; *4. (fig)* entmutigen
smorfia ['zmɔrfia] *m* Grimasse *f*
smorzare [zmor'tsaːre] *v 1.* dämpfen; *2. (spegnere)* löschen
smunto ['zmunto] *adj* ausgemergelt
smuovere [zmu'ɔːvere] *v 1.* aufwühlen; *2. (mettere in movimento)* in Bewegung setzen
snaturato [znatu'raːto] *adj 1.* entartet; *2. (deturpato)* verunstaltet
snellire [znel'liːre] *v* vereinfachen
snello ['znɛllo] *adj* schlank; ◆ *snello come un giunco* gertenschlank
snervante [zner'vante] *adj* nervenaufreibend
snidare [zni'daːre] *v (fig)* ausheben
snodato [zno'daːto] *adj* beweglich
soave [so'aːve] *adj 1. (piacevole)* angenehm; *2. (mite)* sanft
sobborgo [sob'borgo] *m* Vorort *m*
sobrietà [sobrie'ta] *f 1. (moderatezza)* Mäßigung *f; 2. (semplicità)* Schlichtheit *f*
sobrio ['sɔːbrio] *adj 1.* nüchtern; *2. (moderato)* mäßig; *3. (semplice)* einfach

soccorso [sok'korso] *m 1.* Hilfe *f*, Bergung *f*; *~ stradale* Abschleppdienst *m*; *~ alpino* Bergrettungsdienst *m*; *2. pronto ~* erste Hilfe *f*; *stazione di ~* Unfallstation *f*; *~ d'urgenza* Nothilfe *f* ◆ *venire in soccorso* zu Hilfe eilen

socialdemocrazia [sotʃaldemokra'tsiːa] *f POL* Sozialdemokratie *f*
sociale [so'tʃaːle] *adj 1.* sozial; *2. (mondano, di società)* gesellschaftlich
socialismo [sotʃa'lizmo] *m* Sozialismus *m*
socialista [sotʃa'lista] *m/f POL* Sozialist(in) *m/f*
società [sotʃe'ta] *f 1.* Gesellschaft *f*; *~ di consumi* Konsumgesellschaft *f*; *~ del benessere* Wohlstandsgesellschaft *f*; *2. (associazione)* Verein *m*; *3. ECO* Gesellschaft *f*; *~ affiliata* Tochtergesellschaft *f*; *~ per azioni* Aktiengesellschaft *f*
socievole [so'tʃeːvole] *adj* gesellig
socio ['sɔːtʃo] *m 1.* Partner *m*; *2. ECO* Gesellschafter *m*, Teilhaber *m*; *3. (membro)* Mitglied *n*
sociologia [sotʃolo'dʒiːa] *f* Soziologie *f*
sociologo [so'tʃɔːlogo] *m* Soziologe *m*
soddisfacente [soddisfa'tʃɛnte] *adj* befriedigend
soddisfare [soddis'faːre] *v irr* befriedigen, zufriedenstellen

soddisfazione [soddisfatsi'oːne] *f 1.* Zufriedenheit *f*; *2. (gioia)* Genugtuung *f*; *3. (compiacenza)* Wohlgefallen *n* ◆ *chiedere soddisfazione* Genugtuung fordern

sodio ['sɔːdio] *m CHEM* Natrium *n*
sodo ['sɔːdo] *adj* hart, fest
sofferenza [soffe'rɛntsa] *f 1.* Leiden *n*; *2. (dolore)* Schmerz *m*
soffiare [soffi'aːre] *v 1.* blasen; *2. (fam: togliere)* klauen, stehlen
soffiarsi [soffi'arsi] *v* ◆ *soffiarsi il naso* sich schnäuzen
soffio ['soffio] *m 1.* Hauch *m*; *2. (respiro)* Atem *m*
soffitta [sof'fitta] *f* Dachboden *m*
soffitto [sof'fitto] *m* Decke *f*
soffocare [soffo'kaːre] *v* ersticken
soffrire [sof'friːre] *v irr 1.* leiden; *2. (sopportare)* erdulden
sofisticato [sofisti'kaːto] *adj 1.* verfälscht; *2. (vino)* gepanscht; *3. (manierato)* gekünstelt
software ['sɔftwer] *m INFORM* Software *f*; *~ aggiuntivo* zusätzliche Software *f*
soggettivo [soddʒet'tiːvo] *adj* subjektiv
soggetto [sod'dʒɛtto] *m 1. GRAMM* Subjekt *n*; *2. (tema)* Thema *n*, Gegenstand *m*; *adj 3. (sottomesso)* unterworfen

soggiorno [sod'dʒorno] *m 1.* Aufenthalt *m*, Verbleib *m*; *permesso di ~* Aufenthaltserlaubnis *f*; *2. (camera)* Wohnzimmer *n*
◆ *Vorrei interrompere il mio soggiorno.* Ich möchte meinen Aufenthalt abbrechen.

soglia ['sɔːʎa] *f* Schwelle *f*
sogliola ['sɔːʎola] *f GAST* Seezunge *f*
sognare [so'ɲaːre] *v* träumen
sognatore [soɲa'toːre] *m* Träumer *m*
sogno ['soːɲo] *m* Traum *m*; ◆ *da sogno (fig)* traumhaft
solaio [so'laːio] *m (soffitta)* Speicher *m*
solamente [sola'mente] *adv* allein
solare [so'laːre] *adj* Sonnen…
solario [so'laːrio] *m* Solarium *n*
solcare [sol'kaːre] *v 1.* durchpflügen; *2. (nave)* durchfahren

S

solco [ˈsolko] *m* Furche *f*, Rille *f*
soldo [ˈsɔldo] *m 1. (denaro)* Geld *n; 2. MIL* Besoldung *f*

> **sole** [ˈsoːle] *m* Sonne *f; al ~* in der Sonne
> ◆ *prendere il sole* sich sonnen
> ≠ *solo adj* allein

solenne [soˈlɛnne] *adj* feierlich
solerte [soˈlɛrte] *adj* strebsam, emsig
solidale [soliˈdaːle] *adj* solidarisch
solidarietà [solidarieˈta] *f* Solidarität *f*
solidità [solidiˈta] *f* Festigkeit *f*
solido [ˈsɔːlido] *adj 1.* fest, dauerhaft, solide; *m 2.* Festkörper *m*
solista [soˈlista] *m/f* Solist(in) *m/f*
solitario [soliˈtaːrio] *adj 1.* einsam, öde; *2. (solo)* einzeln; *m 3. (gioco)* Patience *f; 4. (brillante…)* (brillante) Solitär *m*
solito [ˈsɔːlito] *adj* gewöhnlich, üblich; ◆ *di solito* gewöhnlich, meistens; *come al solito* wie immer
solitudine [soliˈtuːdine] *f* Einsamkeit *f*
sollecitare [solletʃiˈtaːre] *v* drängen, mahnen
sollecitazione [solletʃitatsiˈoːne] *f 1.* Anregung *f; 2. TECH* Beanspruchung *f*
S **sollecito** [solˈleːtʃito] *adj 1. (pronto)* sofortig, baldig; *2. (premuroso)* sorgfältig; *m 3. ECO* Mahnung *f*
sollecitudine [solletʃiˈtuːdine] *f 1. (premura)* Bemühung *f*, Sorge *f; 2. (sveltezza)* Gewandtheit *f*
solletico [solˈleːtiko] *m* Kitzeln *n;* Reiz *m*
sollevare [solleˈvaːre] *v 1.* heben, anheben; *2. (responsabilità)* entheben; *3. (una questione)* in den Raum stellen
sollievo [solliˈɛːvo] *m 1.* Erleichterung *f; 2. (conforto)* Tröstung *f*

> **solo** [ˈsoːlo] *adj 1.* allein, einzeln; *da ~* allein; *2. (solitario)* allein stehend; *adv 3. (soltanto)* bloß, nur; *konj 4.* nur
> ◆ *solo soletto* mutterseelenallein
> ≠ *sole m* Sonne

solstizio [solsˈtiːtsio] *m* Sonnwende *f*
solubile [soˈluːbile] *adj* löslich
soluzione [solutsiˈoːne] *f 1.* Lösung *f; 2. (di un enigma)* Auflösung *f*
solvibilità [solvibiliˈta] *f ECO* Solvenz *f*
somaro [soˈmaːro] *m ZOOL* Esel *m*
somiglianza [somiˈʎantsa] *f* Ähnlichkeit *f*
somigliarsi [somiˈʎarsi] *v* sich ähneln, sich ähnlich sehen; ◆ *I clienti si somigliano.* Die Kunden ähneln sich.
somma [ˈsomma] *f 1.* Summe *f*, Betrag *m; ~ di acconto* Abschlagsumme *f; ~ di danaro* Geldbetrag *m; 2. (risultato)* Ergebnis *n; 3. (quintessenza)* Inbegriff *m; 4. somme pl* Fazit *n*
sommare [somˈmaːre] *v 1.* zusammenzählen; ◆ *tutto sommato* alles in allem; *2. (aggiungere)* dazuzählen
sommario [somˈmaːrio] *adj 1.* summarisch; *processo ~* Schnellverfahren *n; m 2.* Inhaltsangabe
sommergere [somˈmɛrdʒere] *v irr 1.* überschwemmen; *2. (far affondare)* versenken
sommità [sommiˈta] *f* Gipfel *m*
sommo [ˈsommo] *adj (il più alto)* höchste(r,s), größte(r,s); ◆ *per sommi capi* zusammengefasst, knapp
sommozzatore [sommottsaˈtoːre] *m* Taucher *m*
sonaglio [soˈnaːʎo] *m* Schelle *f*
sonda [ˈsonda] *f TECH* Sonde *f*
sondaggio [sonˈaddʒo] *m 1.* Stichprobe *f; 2. ~ dell'opinione pubblica* Mei-

nungsumfrage *f; 3. (esame)* Untersuchung *f*
sondare [son'daːre] *v 1.* sondieren; *2. (fig: persona)* aushorchen
sonnambulo [son'nambulo] *adj essere ~* schlafwandeln
sonnellino [sonnel'liːno] *m (fig)* Nickerchen *n,* Schläfchen *n*
sonnifero [son'niːfero] *m* Schlafmittel *n; pastiglia di ~* Schlaftablette *f;* ◆ *Prendere un sonnifero.* Eine Schlaftablette einnehmen.

sonno ['sonno] *m* Schlaf *m; pieno di ~* schlaftrunken ◆ *aver sonno* müde sein ≠ *sogno m* Traum

sonnolento [sonno'lɛnto] *adj* schlaftrunken
sonoro [so'nɔːro] *adj 1.* klangvoll, melodisch; *2. (fonetica)* stimmhaft; *colonna sonora* Tonstreifen *m*
sontuoso [sontu'oːso] *adj* prachtvoll
soppiatto [soppi'atto] *adv di ~* heimlich, insgeheim
sopportabile [soppor'taːbile] *adj 1.* erträglich; *2. (fig)* tragbar
sopportare [soppor'taːre] *v 1.* aushalten, ertragen, verkraften; *2. (tollerare)* hinnehmen
soppressione [soppressi'oːne] *f 1.* Abschaffung *f; 2. (uccidere)* Tötung *f*
sopprimere [sop'priːmere] *v irr 1.* abschaffen, aufheben; *2. (interdire)* verbieten; *3. (uccidere)* töten
sopra ['soːpra] *prep 1.* über; *al di ~* darüber; *al di ~ di* oberhalb; *~ zero* plus; *2. (con contatto)* auf; *adv 3.* oben, über
sopracciglio [soprat'tʃiːʎo] *m* Augenbraue *f*
sopraffare [sopraf'faːre] *v* überwältigen
sopraggiungere [soprad'dʒundʒere] *v 1. (all'improvviso)* aufkreuzen; *2. (aggiungersi)* dazutreten
soprammobile [sopram'mɔːbile] *m* Nippesfigur *f*
soprannome [sopran'noːme] *m* Spitzname *m*
soprano [so'praːno] *m MUS* Sopran *m*
soprassalto [sopras'salto] *m* plötzlicher Anfall *m;* ◆ *di soprassalto* plötzlich
soprattassa [sopra'tassa] *f* Nachgebühr *f*

soprattutto [soprat'tutto] *adv* besonders, vor allem ◆ *M'interessa soprattutto la matematica.* Mich interessiert vor allem die Mathematik.

sopravanzo [sopra'vantso] *m 1.* Überzahl *f; 2. ECO* Überschuss *m*
sopravvalutare [sopravvalu'taːre] *v* überbewerten, überschätzen
sopravvenire [sopravve'niːre] *v irr 1.* dazukommen; *2. (fig)* hereinbrechen
sopravvento [soprav'vɛnto] *m 1.* Überlegenheit *f; 2. (fig)* Oberwasser *n*
sopravvissuto [sopravvis'suːto] *m* Überlebender *m*
sopravvivere [soprav'viːvere] *v* überleben
sopruso [so'pruːzo] *m* Missbrauch *m*
soqquadro [sokku'aːdro] *m 1. (disordine)* Unordnung *f; 2. (confusione)* Verwirrung *f*
sorbire [sor'biːre] *v irr* schlürfen
sorbirsi [sor'biːrsi] *v irr* erdulden müssen
sorcio ['sortʃo] *m ZOOL* Maus *f*
sordido ['sɔrdido] *adj (fig)* schmierig
sordina [sor'diːna] *f 1. MUS* Sordine *f; 2.* ◆ *in sordina (fig)* heimlich

S

sordità [sordi'ta] *f MED* Taubheit *f*
sordo ['sordo] *adj 1.* taub; ◆ *cantare ai sordi (fig)* tauben Ohren predigen; *2. MED* gehörlos; *3. (cupo)* gedämpft; *4. (consonante)* stimmlos
sordomuto [sordo'mu:to] *adj* taubstumm
sorella [so'rɛlla] *f* Schwester *f*
sorellastra [sorel'lastra] *f* Stiefschwester *f*, Halbschwester *f*
sorgente [sor'dʒɛnte] *f* Quelle *f*

sorgere ['sordʒere] *v irr 1.* aufgehen; *2. (egersi)* sich erheben; *3. (nascere)* entstehen; *m 4. ~ del sole* Sonnenaufgang *m*
◆ *far sorgere dubbi* Zweifel erwecken

sormontare [sormon'ta:re] *v* überwinden
sorpassare [sorpas'sa:re] *v* überholen
sorpasso [sor'passo] *m* Überholung *f*, Überholmanöver *n; divieto di ~* Überholverbot *n; al momento del ~* beim Überholen
sorprendente [sorpren'dɛnte] *adj 1.* erstaunlich, überraschend; *2. (che suscita stupore)* verwunderlich
sorprendere [sor'prɛndere] *v irr 1.* überraschen, erwischen; *2. (stupire)* in Erstaunen versetzen
S
sorpresa [sor'pre:sa] *f 1.* Überraschung *f; 2. (il sorprendere qd impreparato)* Überrumpelung *f*
sorpreso [sor'pre:so] *adj* überrascht
sorreggere [sor'rɛddʒere] *v irr* stützen
sorridere [sor'ri:dere] *v* lächeln
sorriso [sor'ri:so] *m* Lächeln *n*
sorso ['sorso] *m* Schluck *m;* ◆ *a sorsi* Schluck für Schluck
sorta ['sɔrta] *f* Sorte *f; di ogni ~* jeder Art

sorte ['sɔrte] *f* Geschick *n;* ◆ *nella buona e nella mala sorte* in guten und in schlechten Zeiten; *Per buona sorte!* Zum Glück!
sorteggiare [sorted'dʒa:re] *v* verlosen
sorvegliante [sorve'ʎante] *m/f* Aufseher(in) *m/f*
sorveglianza [sorve'ʎantsa] *f* Aufsicht *f*
sorvegliare [sorve'ʎa:re] *v* beaufsichtigen, überwachen
sorvolare [sorvo'la:re] *v* überfliegen
sosia ['sɔ:zia] *m* Doppelgänger(in) *m/f*
sospendere [sos'pɛndere] *v irr 1.* aufhängen; *2. (pagamenti)* einstellen; *3. JUR* aussetzen; *4. (funzionario)* suspendieren
sospensione [sospensi'o:ne] *f 1.* Einstellung *f; 2. TECH* Aufhängung *f; ~ elastica* Federung *f; 3. (funzionario, alunno)* Suspendierung *f*
sospeso [sos'pe:so] *adj 1. (pendente)* hängend; *2. (pagamenti)* eingestellt; *3. ~ dal servizio* vom Dienst befreit; *~ dalla scuola* vom Unterricht ausgeschlossen

sospettare [sospet'ta:re] *v* verdächtigen
◆ *sospettare qd di tradimento* jdn des Verrats verdächtigen

sospetto [sos'pɛtto] *adj 1.* verdächtig; *2. (poco rassicurante)* unheimlich; *m 3.* Verdacht *m*, Argwohn *m*
sospirare [sospi'ra:re] *v* seufzen
sospiro [sos'pi:ro] *m* Seufzer *m*
sosta ['sɔsta] *f 1. (fermata)* Halt *m; 2. (della macchina)* Parken *n; divieto di ~* Parkverbot *n; 3. (del treno)* Fahrtunterbrechung *f; 4. (pausa)* Pause *f*
sostantivo [sostan'ti:vo] *m* Substantiv *n*

sostanza [sosˈtantsa] *f 1.* Stoff *m*, Substanz *f; ~ inquinante* Schadstoff *m; 2. (carattere)* Wesen *n; 3. (nutrimento)* Nährwert *m*
sostanziale [sostantsiˈaːle] *adj* bedeutsam, wesentlich
sostare [sosˈtaːre] *v 1.* halten; *2. (per riposare)* ruhen, ausruhen; *3. (restare)* verweilen
sostegno [sosˈteːɲo] *m 1.* Stütze *f; 2. (promozione)* Förderung *f; 3. (fig)* Unterstützung *f*
sostenere [sosteˈneːre] *v irr 1.* stützen; *2. (sopportare)* tragen; *3. (fig)* unterstützen
sostenibile [sosteˈniːbile] *adj* vertretbar
sostenitore [sosteniˈtoːre] *m* Verfechter *m*
sostituire [sostituˈiːre] *v irr 1.* ersetzen, vertreten; *2. (servizio)* ablösen
sostituto [sostiˈtuːto] *adj 1.* stellvertretend; *m 2. (surrogato)* Ersatz *m; 3. (rappresentante)* Vertreter *m*
sostituzione [sostitutsiˈoːne] *f 1.* Ersatz *m; 2. (rappresentanza)* Vertretung *f*, Repräsentanz *f*
sottana [sotˈtaːna] *f* Unterrock *m*
sotterraneo [sotterˈraːneo] *adj 1.* unterirdisch; *m 2.* Keller *m*
sottigliezza [sottiˈʎettsa] *f 1.* Dünne *f; 2. (finezza)* Feinheit *f*
sottile [sotˈtiːle] *adj 1.* dünn; *2. (fig)* fadenscheinig; *3. (cavilloso)* spitzfindig
sottintendere [sottinˈtɛndere] *v irr 1.* nicht erwähnen; *2. (implicare)* einbeziehen

sotto [ˈsotto] *adv 1. (luogo)* darunter, unten; *al di ~* unter; *2. (fig)* dahinter, hinter; *prep 3. (luogo)* unter; *al di ~ di* unterhalb von; *~ voce* leise; *~ i 40* unter 40; *~ giuramento* eidlich; *4. (meno di)* unter; *5. (dietro)* hinter
◆ *sotto chiave* hinter Schloss und Riegel
C'è qc sotto. Da steckt etw dahinter.

sottobanco [sottoˈbaŋko] *adv* heimlich
sottobosco [sottoˈbosko] *m* Unterholz *n*
sottoccupazione [sottokkupatsiˈoːne] *f ECO* Unterbeschäftigung *f*
sottofondo [sottoˈfondo] *m 1.* Hintergrund *m; 2. ~ stradale* Straßenunterbau *m*
sottolineare [sottolineˈaːre] *v 1.* unterstreichen; *2. (a voce)* unterstreichen
sottomesso [sottoˈmesso] *adj* unterwürfig
sottomettere [sottoˈmettere] *v irr 1.* unterwerfen; *2. (sottoporre)* vorlegen
sottopassaggio [sottopasˈsaddʒo] *m* Unterführung *f*
sottoporre [sottoˈporre] *v irr 1.* unterbreiten; *2. (fig)* herantragen
sottoscritto [sottoˈskritto] *adj 1.* unterzeichnet, unterschrieben; *m 2. (firmatario)* Unterzeichneter *m*
sottoscrivere [sottoˈskriːvere] *v irr* unterzeichnen, zeichnen
sottoscrizione [sottoskritsiˈoːne] *f (pubblicazione)* Subskription *f*
sottosegretario [sottosegreˈtaːrio] *m ~ di stato* Staatssekretär *m*
sottosopra [sottoˈsoːpra] *adv* drunter und drüber; ◆ *essere sottosopra* durcheinander sein; *mettere sottosopra* auf den Kopf stellen
sottospecie [sottoˈspɛːtʃe] *f* Unterart *f*

S

sottosuolo [sottosu'ɔːlo] *m* Untergrund *m; le ricchezze del ~* Bodenschätze *pl*
sottosviluppato [sottozvilup'paːto] *adj* unterentwickelt
sottotetto [sotto'tetto] *m* Dachboden *m*
sottotitolo [sotto'tiːtolo] *m* Untertitel *m*
sottovalutare [sottovalu'taːre] *v* unterbewerten, unterschätzen
sottrarre [sot'trarre] *v irr 1.* entwenden; *2. MATH* abziehen
sottrazione [sottratsi'oːne] *f 1. MATH* Abzug *m; 2. (denaro)* Unterschlagung *f*
souvenir [suve'nir] *m* Andenken *n*
sovente [so'vɛnte] *adv* oft
sovietico [so'viɛːtiko] *adj HIST* sowjetisch
sovrabbondanza [sovrabbon'dantsa] *f* Überfluss *m*
sovraccaricare [sovrakkari'kaːre] *v* überladen
sovraccarico [sovrak'kaːriko] *m* Überlastung *f*
sovraffollato [sovraffol'laːto] *adj* überlaufen, überfüllt
sovranità [sovrani'ta] *f POL* Souveränität *f; ~ territoriale* Gebietshoheit *f*
sovrano [so'vraːno] *adj 1.* selbstherrlich, souverän; *m 2.* Herrscher *m*
sovrappeso [sovra'peːso] *m* Übergewicht *n*
sovrappiù [sovrappi'u] *m* Plus *n*
sovrappopolazione [sovrappopolatsi'oːne] *f* Überbevölkerung *f*
sovrapporre [sovrap'porre] *v irr* übereinander legen
sovrapposizione [sovrappositsi'oːne] *f* Überlagerung *f*
sovrapprezzo [sovrap'prɛttso] *m* Aufpreis *m*
sovrumano [sovru'maːno] *adj* übermenschlich
sovvenzione [sovventsi'oːne] *f 1.* Zuschuss *m; 2. JUR* Beihilfe *f; 3. ECO* Subvention *f*
sovversivo [sovver'siːvo] *m* Aufständischer *m*
spaccare [spak'kaːre] *v 1.* hacken; *2. (scindere)* spalten; *3. (rompere)* zerschlagen
spaccata [spak'kaːta] *f* Spagat *m*
spaccato [spak'kaːto] *adj 1.* gesprungen; *m 2. ARCH* Aufriss *m,* Querschnitt *m*
spaccatura [spakka'tuːra] *f 1.* Riss *m; 2. (fenditura)* Spalte *f; 3. (fig)* Spaltung *f*
spacciatore [spattʃa'toːre] *m ~ di droga* Drogenhändler *m*
spaccio ['spattʃo] *m 1.* Vertrieb *m; 2. ~ di droga* Drogenhandel *m*
spaccone [spak'koːne] *m (fig)* Angeber *m*
spada ['spaːda] *f* Schwert *n*
◆ *incrociare le spade* die Klingen kreuzen
spaesato [spae'zaːto] *adj 1.* desorientiert; *2. (fig)* verwirrt; ◆ *essere spaesato* durcheinander sein
Spagna ['spaːɲa] *f GEO* Spanien *n*
spagnolo [spa'ɲɔːlo] *adj 1.* spanisch; *m 2. (persona)* Spanier *m; 3. (lingua)* Spanisch *n*
spago ['spaːgo] *m 1.* Schnur *f; 2. (cordoncino)* Bindfaden *m*
spalancare [spalaŋ'kaːre] *v* aufreißen
spalare [spa'laːre] *v* schippen
spalla ['spalla] *f 1.* Schulter *f; 2.* ◆ *dietro le spalle (fig)* hinter dem Rücken
spalliera [spalli'ɛːra] *f 1.* Rückenlehne *f; 2. SPORT* Sprossenwand *f*
spallina [spal'liːna] *f 1.* Träger *m; 2. (imbottitura)* Schulterpolster *n*
spalmare [spal'maːre] *v* streichen

spanciarsi [span'tʃarsi] *v* ◆ *spanciarsi dalle risate* sich totlachen
spandere ['spandere] *v irr 1. (liquidi)* vergießen; *2. (dicerie)* verbreiten
sparare [spa'raːre] *v 1.* schießen; *2. (far fuoco)* abfeuern, abschießen
sparatoria [spara'tɔːria] *f* Schießerei *f,* Schusswechsel *m*
sparecchiare [sparekki'aːre] *v* abdecken
spargere ['spardʒere] *v irr 1.* streuen, verstreuen; *2. (liquido)* vergießen, verschütten; *3. (notizie)* übermitteln
spargimento [spardʒi'mento] *m* Streuung *f; ~ di sangue* Blutvergießen *n*
sparire [spa'riːre] *v irr* verschwinden; ◆ *E' sparito.* Es ist weg.
sparlare [spar'laːre] *v* klatschen
sparo ['spaːro] *m* Abschuss *m*
sparpagliare [sparpa'ʎaːre] *v* zerstreuen
spartano [spar'taːno] *adj* spartanisch
spartire [spar'tiːre] *v 1. (dividere)* verteilen; *2. (settori)* abteilen
spartito [spar'tiːto] *m MUS* Partitur *f*
spartitraffico [sparti'traffiko] *m* Verkehrsinsel *f*
spartizione [spartitsi'oːne] *f 1.* Aufteilung *f; 2. (distribuzione)* Verteilung *f*
spasimante [spazi'mante] *m/f* Verehrer(in) *m/f,* Bewunderer(in) *m/f*
spasmo ['spazmo] *m MED* Krampf *m*

> **spasso** ['spasso] *m* Spaß *m*
> ◆ *andare a spasso* spazieren gehen
> *essere a spasso (fig)* arbeitslos sein

spassoso [spas'soːso] *adj* lustig
spavaldo [spa'valdo] *adj* kühn
spaventare [spaven'taːre] *v ~ qd* jdn erschrecken
spavento [spa'vɛnto] *m* Schreck *m,* Schrecken *m*
spaventoso [spaven'toːso] *adj* erschreckend
spaziale [spatsi'aːle] *adj* räumlich, (Welt)raum...
spazialità [spatsiali'ta] *f* Räumlichkeit *f*
spazio ['spaːtsio] *m 1. (ambiente libero)* Platz *m,* Raum *m; ~ interlineare* Zeilenabstand *m; ~ di frenata* Bremsweg *m; 2. (universo)* Weltraum *m; 3. (periodo di tempo)* Zeitraum *m*
spazioso [spatsi'oːso] *adj* weitläufig, geräumig
spazzare [spat'tsaːre] *v* kehren
spazzatura [spattsa'tuːra] *f* Müll *m; bidone della ~* Mülleimer *m*
spazzino [spat'tsiːno] *m* Straßenkehrer *m*
spazzola ['spattsola] *f* Bürste *f; ~ per i capelli* Haarbürste *f*
spazzolare [spattso'laːre] *v* bürsten
spazzolino [spattso'liːno] *m ~ da denti* Zahnbürste *f*
specchiarsi [spekki'arsi] *v* sich spiegeln
specchietto [spekki'etto] *m 1. ~ retrovisore (dell'auto)* Rückspiegel *m; 2. (del libro)* Tabelle *f*
specchio ['spɛkkio] *m* Spiegel *m*
speciale [spe'tʃaːle] *adj* besondere(r,s)
specialista [spetʃa'lista] *m/f* Spezialist(in) *m/f; medico ~* Facharzt *m*

> **specialità** [spetʃali'ta] *f* Besonderheit *f*
> ◆ *E' una specialità di questa regione?* Ist das eine Spezialität aus dieser Gegend?

specializzazione [spetʃaliddzatsi'oːne] *f* Spezialisierung *f*

S

specie [ˈspɛːtʃe] *f* *1.* Sorte *f;* *2. ZOOL* Art *f;* *3. (sorta, tipo)* Art *f*
specificare [spetʃifiˈkaːre] *v* spezifizieren
specifico [speˈtʃiːfiko] *adj* *1.* spezifisch; *2. (proprio)* eigenartig
speculare [spekuˈlaːre] *v* *1.* sich überlegen; *2. FIN* spekulieren; *adj* Spiegel...
speculazione [spekulatsiˈoːne] *f* Spekulation *f;* *~ in cambi* Devisenspekulation *f*

spedire [speˈdiːre] *v irr* *1. (lettera)* senden; ◆ *Lo spedisca a questo indirizzo.* Schicken Sie es an diese Adresse. *2. (inviare)* einsenden; *3. (merce)* befördern

spedito [speˈdiːto] *adj* schnell
spedizione [speditsiˈoːne] *f* *1.* Sendung *f,* Absendung *f;* *2. (viaggio)* Expedition *f;* *3. (di merce)* Beförderung *f*

spegnere [ˈspɛːɲere] *v irr* *1.* ausschalten; *2. ~ soffiando* auspusten; *3. (fig)* auslöschen
◆ *spegnere la luce* das Licht ausmachen

spegnersi [ˈspɛːɲersi] *v irr* *1. ~ lentamente* verglühen; *2. (morire)* sterben
spegnimento [speɲiˈmento] *m* *1.* Löschen *n;* *2. (il chiudere)* Abschalten *n;* *3. (morte)* Sterben *n*
spendere [ˈspɛndere] *v irr* *1.* ausgeben; *2. (fig)* aufwenden; *3. (fig: impiegare)* benutzen, gebrauchen
spennare [spenˈnaːre] *v* *1.* rupfen; *2. (fig)* ausnehmen
spensieratezza [spensieraˈtettsa] *f* *1.* Sorglosigkeit *f;* *2. (leggerezza)* Leichtfertigkeit *f*
spensierato [spensieˈraːto] *adj* sorglos, sorgenfrei, unbeschwert

speranza [speˈrantsa] *f* Hoffnung *f;* *pieno di ~* hoffnungsvoll; *senza ~* aussichtslos, hoffnungslos, ausweglos
sperare [speˈraːre] *v* hoffen, erhoffen
spergiuro [sperˈdʒuːro] *m JUR* Meineid *m*
spericolato [sperikoˈlaːto] *adj* *1.* waghalsig; *m* *2.* Leichtsinniger *m*
sperimentare [sperimenˈtaːre] *v* experimentieren, ausprobieren
sperperare [sperpeˈraːre] *v* *1.* verschwenden; *2. (fig)* verplempern
sperpero [ˈspɛrpero] *m* Verschwendung *f*

spesa [ˈspeːsa] *f* *1. (costi) ECO* Aufwand *m;* *2. spese pl* Ausgaben *pl,* Kosten *pl;* *~ pubblica* Staatsausgaben *pl;* *spese di assistenza* Behandlungskosten *pl;* *spese di costruzione* Baukosten *pl;* *3. (acquisto)* Einkauf *m*
◆ *far la spesa* einkaufen/einkaufen gehen

spesso [ˈspesso] *adj* *1.* dick; *2. (denso)* dicht; *adv* *3.* häufig
spessore [spesˈsoːre] *m* Stärke *f*
spettacolo [spetˈtaːkolo] *m* *1. THEAT* Vorstellung *f;* *~ di gala* Galavorstellung *f;* *2. (vista)* Anblick *m*
spettatore [spettaˈtoːre] *m* Zuschauer *m*
spettrale [spetˈtraːle] *adj* *1.* gespenstisch; *2. PHYS* Spektral...
spettro [ˈspɛttro] *m* *1. PHYS* Spektrum *n;* *2. (fantasma)* Gespenst *n,* Geist *m*
spezie [ˈspɛːtsie] *f/pl* Gewürze *pl*
spezzare [spetˈtsaːre] *v* *1.* zerbrechen, zerreißen; *2. (far saltare)* sprengen; *3. (rompere parzialmente)* anbrechen, knicken
spezzato [spetˈtsaːto] *adj* geknickt
spia [ˈspiːa] *f* *1.* Spion *m,* Spitzel *m;* *2. TECH* Warnleuchte *f*

S

spiacere [spia'tʃeːre] *v irr* Leid tun
spiacevole [spia'tʃeːvole] *adj* unangenehm

> **spiaggia** ['spiaddʒa] *f* Strand *m*
> ◆ *essere all'ultima spiaggia (fig)* mit seinem Latein am Ende sein
> **!** *Plural: spiagge*

spianare [spia'naːre] *v* ebnen
spianata [spia'naːta] *f* freier Platz *m*
spiare [spi'aːre] *v 1.* nachspionieren, spionieren; *2. (fig)* schnüffeln
spiccare [spik'kaːre] *v (fig)* hervorstechen
spiccato [spik'kaːto] *adj* ausgeprägt
spicchio ['spikkio] *m* Scheibe *f; ~ d'aglio* Knoblauchzehe *f*
spicciarsi [spit'tʃarsi] *v* sich beeilen
spicciativo [spittʃa'tiːvo] *adj 1.* eilig; *2. (energico)* energisch
spiccioli ['spittʃoli] *m/pl* Kleingeld *n*
spiedo ['spiɛːdo] *m* Bratspieß *m*
spiegabile [spie'gaːbile] *adj* erklärbar
spiegamento [spiega'mento] *m MIL* Entfaltung *f,* Aufgebot *n*
spiegare [spie'gaːre] *v 1.* erklären; *2. (chiarire)* klarmachen; *3. (vele)* ausbreiten
spiegarsi [spie'garsi] *v* sich erklären
spiegazione [spiegatsi'oːne] *f 1.* Erklärung *f; 2. (chiarimento)* Aufklärung *f*
spietato [spie'taːto] *adj* erbarmungslos
spiffero ['spiffero] *m* Luftzug *m*
spigliato [spi'ʎaːto] *adj* zwanglos, unbefangen
spigolo ['spiːgolo] *m* Kante *f,* Grat *m*
spilla ['spilla] *f* Brosche *f; ~ di sicurezza* Sicherheitsnadel *f*
spillare [spil'laːre] *v 1. (botti)* anzapfen; *2. (fam: danaro)* abnehmen
spilorcio [spi'lortʃo] *adj 1.* geizig, knickerig; *m 2. (fig)* Pfennigfuchser *m*
spina ['spiːna] *f 1. BOT* Dorn *m,* Stachel *m; uva ~* Stachelbeere *f; 2. ZOOL* Stachel *m; ~ di pesce* Fischgräte *f,* Gräte *f; 3. TECH* Stecker *m; ~ doppia* Doppelstecker *m; 4. ~ dorsale ANAT* Wirbelsäule *f; 5. birra alla ~* Bier vom Fass *n*
spinacio [spi'naːtʃo] *m BOT* Spinat *m*
spinale [spi'naːle] *adj ANAT* Rücken... *midollo ~* Rückenmark *n*
spingere ['spindʒere] *v irr 1.* schieben, rücken; *2. (fig: incalzare)* drängen; *3. (tra la folla)* drängeln
spinoso [spi'noːso] *adj* dornig
spinta ['spinta] *f 1.* Schub *m; ~ aerostatica* Auftrieb *m;* ◆ *dare una spinta* anstoßen; *Mi può dare una spinta?* Können Sie mir Starthilfe geben? *2. (fig)* Anstoß *m,* Ansporn *m*
spinto ['spinto] *adj 1.* angetrieben; ◆ *essere spinto da qd* von jdm getrieben sein; *2. (rischioso)* riskant; *3. (famiscabroso)* anstößig
spionaggio [spio'naddʒo] *m* Spionage *f*
spiovere [spi'ɔːvere] *v* aufhören zu regnen
spiraglio [spi'raːʎo] *m* Spalte *f; uno ~ di luce* Lichtschein *m*
spirale [spi'raːle] *f* Spirale *f; a ~* spiralförmig
spirare [spi'raːre] *v (fig)* sterben

> **spirito** ['spiːrito] *m 1.* Geist *m,* Sinn *m; ~ d'avventura* Abenteuerlust *f; ~ d'osservazione* Beobachtungsgabe *f; con presenza di ~* geistesgegenwärtig; *2. (anima)* Seele *f; 3. (umorismo)* Witz *m; pieno di ~* humorvoll; *privo di ~* humorlos; *4. CHEM* Spiritus *m*
> ◆ *esalare l'ultimo spirito* den Geist aufgeben

spiritoso [spiri'toːso] *adj* witzig
spirituale [spiritu'aːle] *adj* geistig

S

spizzicare [spittsiˈkaːre] *v* naschen
splendere [ˈsplɛndere] *v* scheinen
splendido [ˈsplɛndido] *adj* glänzend
splendore [splenˈdoːre] *m* *1. (fig)* Pracht *f; 2. (fulgore)* Glanz *m*
spogliare [spoˈʎaːre] *v 1.* ausziehen; *2. (derubare)* ausrauben, berauben
spogliarsi [spoˈʎarsi] *v 1. (svestirsi)* sich freimachen, sich ausziehen; *2. (privarsi)* sich entäußern
spogliatoio [spoʎaˈtoːio] *m* Umkleidekabine *f*
spoglio [ˈspɔːʎo] *adj 1. (senza foglie)* kahl; *2. (nudo)* nackt, entblößt
spolverare [spolveˈraːre] *v* abstauben
sponda [ˈsponda] *f 1.* Ufer *n; 2. (orlo)* Rand *m; ~ del letto* Bettrand *m*
spontaneità [spontaneiˈta] *f* Spontaneität *f*
spontaneo [sponˈtaːneo] *adj* spontan
sporcare [sporˈkaːre] *v* beschmutzen
sporcizia [sporˈtʃitsia] *f* Schmutz *m*, Dreck *m*
sporco [ˈspɔrko] *adj* schmutzig
sporgente [sporˈdʒɛnte] *adj* abstehend
sporgenza [sporˈdʒɛntsa] *f* Vorsprung *m*
sporgere [ˈspɔrdʒere] *v irr 1.* vorstehen, erheben; *2. (denuncia) JUR* erheben; *3. ~ querela JUR* klagen
sporgersi [ˈspɔrdʒersi] *v irr* sich herausbeugen; ◆ *sporgersi in avanti* sich vorbeugen
sport [spɔrt] *m* Sport *m; ~ di competizione* Leistungssport *m*
sportello [sporˈtɛllo] *m 1. (auto)* Tür *f; 2. (in banca)* Schalter *m; ~ automatico* Geldautomat *m*
sportivo [sporˈtiːvo] *m 1.* Sportler *m; adj 2.* sportlich, Sport...
sposa [ˈspɔːza] *f* Braut *f*
sposalizio [spozaˈliːtsio] *m* Hochzeit *f*, Hochzeitsfeier *f*

> **sposare** [spoˈzaːre] *v 1.* heiraten; *2. (sacerdote)* trauen
> ◆ *sposare l'utile al dilettevole* das Angenehme mit dem Nützlichen verbinden

sposarsi [spoˈzarsi] *v* heiraten
sposato [spoˈzaːto] *adj* verheiratet
sposo [ˈspɔːzo] *m* Bräutigam *m*
spossatezza [spossaˈtettsa] *f* Übermüdung *f*
spostabile [sposˈtaːbile] *adj* verstellbar
spostamento [spostaˈmento] *m 1.* Verlegung *f; 2. (rimozione)* Verlagerung *f*
spostare [sposˈtaːre] *v 1.* verlegen; *2. (rimuovere)* verschieben; *3. (cambiare posizione)* verstellen
spostato [sposˈtaːto] *adj* verrückt
spranga [ˈspraŋga] *f* Stange *f*
sprangare [spraŋˈgaːre] *v* verriegeln
sprecare [spreˈkaːre] *v* vergeuden

> **sprecarsi** [spreˈkarsi] *v* sich übernehmen
> ◆ *Non ti sprecare!* Überanstrenge dich bloß nicht!

spreco [ˈsprɛːko] *m* Vergeudung *f*
spregevole [spreˈdʒeːvole] *adj 1.* verächtlich; *2. (vile)* gemein, verworfen
spregiativo [spredʒaˈtiːvo] *adj* abschätzig, verächtlich
spremere [ˈsprɛːmere] *v* auspressen
spremuta [spreˈmuːta] *f ~ di frutta GAST* Fruchtsaft *m*
sprigionare [spridʒoˈnaːre] *v 1.* freilassen; *2. (emettere)* ausströmen
sprigionarsi [spridʒoˈnarsi] *v* ausströmen
sprizzo [ˈsprittso] *m* Spritzer *m*

sprofondare [sprofonˈdaːre] *v* *1.* einsinken; *2.* *(nave)* sinken; *3.* *(casa)* einstürzen; *4.* *(fig)* versinken
sprofondarsi [sprofonˈdarsi] *v* *1.* einsinken; *2.* *(fig)* sich versenken
spronare [sproˈna.re] *v* *(fig)* anfachen
sprone [ˈsproːne] *m* *1.* Sporn *m;* *2.* *(fig)* Antrieb *m*
sproposito [sproˈpɔːzito] *m* *1.* Irrtum *m;* *2.* *(sciocchezza)* Blödheit *f;* *3.* *(esagerazione)* Übertreibung *f,* Unangemessenheit *f;* *a ~* unangebracht; ◆ *parlare a sproposito* drauflosreden
spruzzare [sprutˈtsaːre] *v* spritzen
spudoratezza [spudoraˈtettsa] *f* Frechheit *f*
spudorato [spudoˈraːto] *adj* *1.* frech, unverschämt; *2.* *(svergognato)* schamlos
spugna [ˈspuːɲa] *f* Schwamm *m;* ◆ *bere come una spugna* wie ein Loch saufen; *dare un colpo di spugna (fig)* für immer vergessen
spumante [spuˈmante] *m* Sekt *m*
spumeggiante [spumedˈdʒante] *adj* *1.* schäumend; *2.* *(fig)* lebhaft
spuntare [spunˈtaːre] *v* *1.* *(apparire)* erscheinen; *2.* ◆ *spuntare fuori* herausschauen; *3.* *(sole)* herausschauen; ◆ *allo spuntare del sole* bei Sonnenaufgang; *4.* ◆ *spuntarla (fam)* sich durchsetzen
spuntino [spunˈtiːno] *m* Imbiss *m*
spunto [ˈspunto] *m* Anstoß *m*
sputare [spuˈtaːre] *v* spucken
sputo [ˈspuːto] *m* Spucke *f*
squadra [skuˈaːdra] *f* *1.* *(gruppo)* Equipe *f;* *~ mobile* Überfallkommando *n;* *2.* *(ginnastica)* Riege *f;* *3.* *MATH* Geodreieck *n;* *4.* *SPORT* Mannschaft *f;* *~ nazionale* Nationalmannschaft *f*
squallido [skuˈallido] *adj* *1.* *(desolante)* trist, trostlos; *2.* *(deserto)* verlassen; *3.* *(misero)* erbärmlich, elend
squalo [ˈskuaːlo] *m* *ZOOL* Haifisch *m*
squama [ˈskuaːma] *f* Schuppe *f*
squarciare [skuarˈtʃaːre] *v* zerreißen
squartare [skuarˈtaːre] *v* ausschlachten
squattrinato [skuattriˈnaːto] *adj* *1.* mittellos; *m* *2.* *(persona)* armer Teufel *m*
squilibrato [skuiliˈbraːto] *m* *MED* Geisteskranker *m*
squilibrio [skuiˈlibrio] *m* *1.* Unausgeglichenheit *f;* *2.* *MED* Verwirrung *f;* *3.* *TECH* Unwucht *f*
squillante [skuilˈlante] *adj* gellend, schrill
squisito [skuiˈziːto] *adj* köstlich
sradicare [zradiˈkaːre] *v* *1.* *BOT* entwurzeln; *2.* *(fig)* entwurzeln, ausrotten
sregolatezza [zregolaˈtettsa] *f* *1.* Verdorbenheit *f;* *2.* *(eccesso)* Exzess *m*
stabile [ˈstaːbile] *adj* *1.* *(fisso)* ständig; *2.* *(robusto)* stabil; *m* *3.* Gebäude *n*
stabilimento [stabiliˈmento] *m* *1.* Fabrik *f,* Werk *n;* *2.* *ECO* Betrieb *m;* *3.* *(impianto)* Anlage *f,* Anstalt *f;* *~ balneare* Badeanstalt *f;* *~ di pena* Strafanstalt *f*
stabilire [stabiˈliːre] *v* *1.* bestimmen; *2.* *(fissare)* fixieren
stabilirsi [stabiˈlirsi] *v* sich etablieren
stabilità [stabiliˈta] *f* Stabilität *f*
staccare [stakˈkaːre] *v* *1.* *(liberare)* trennen, lösen; *2.* *(separare)* trennen; *3.* *(togliere via)* ablösen
staccarsi [stakˈkarsi] *v* *1.* *(saltar via)* abspringen; *2.* *(separarsi)* sich trennen; *3.* *(fig)* sich abnabeln
staccionata [stattʃoˈnaːta] *f* Bretterzaun *m*
stadio [ˈstaːdio] *m* *1.* *(fase)* Stufe *f,* Stadium *n;* *2.* *SPORT* Stadion *n*
staffa [ˈstaffa] *f* Steigbügel *m;* *pedere le ~ (fig)* aus der Fassung geraten

S

stagionato [stadʒoˈnaːto] *adj 1. (frutta)* reif; *2. (vino)* abgelagert; *legno ~* trockenes Holz *n*

> **stagione** [staˈdʒoːne] *f* Jahreszeit *f,* Saison *f; alta ~* Hochsaison *f,* Hauptsaison *f; bassa ~* Vorsaison *f,* Nachsaison *f; ~ balneare* Badesaison *f*
> ≠ *stazione f* Bahnhof

stagno [ˈstaːɲo] *m 1.* Teich *m,* Weiher *m; 2. CHEM* Zinn *n; adj 3. CHEM* wasserdicht
stalla [ˈstalla] *f* Stall *m*
stallone [stalˈloːne] *m ZOOL* Hengst *m*
stamattina [stamatˈtiːna] *adv* heute früh
stampa [ˈstampa] *f 1.* Buchdruck *m; 2. (giornalismo)* Presse *f; addetto al servizio ~* Pressesprecher *m; ~ finanziaria* Finanzpresse *f; 3. (riproduzione)* Reproduktion *f*
stampante [stamˈpante] *f* Drucker *m; ~ ad aghi* Nadeldrucker *m*
stampare [stamˈpaːre] *v* ausdrucken
stampato [stamˈpaːto] *m 1.* Drucksache *f; 2. (opuscolo)* Broschüre *f*
stampella [stamˈpɛlla] *f 1.* Kleiderbügel *m; 2. MED* Krücke *f*
stampo [ˈstampo] *m 1. (forma)* Form *f; 2. (fig)* Wesen *n,* Schlag *m*
stancare [staŋˈkaːre] *v* ermüden
stancarsi [staŋˈkarsi] *v* ermüden, müde werden
stanchezza [stanˈkettsa] *f* Müdigkeit *f,* Erschöpfung *f*
stanco [ˈstaŋko] *adj 1.* müde; *~ morto* todmüde; *2. (stufo)* überdrüssig
stanga [ˈstaŋga] *f* Stange *f*
stanotte [staˈnɔtte] *adv* heute Nacht
stantuffo [stanˈtuffo] *m* Kolben *m*
stanza [ˈstantsa] *f* Zimmer *n; ~ da bagno* Badezimmer *n;* ◆ *essere di stanza* stationiert sein

stappare [stapˈpaːre] *v* entkorken

> **stare** [ˈstaːre] *v irr 1.* stehen; *2. (rimanere)* bleiben; *3. (abitare)* wohnen; *4. (confarsi)* passen; *5. (starci)* hineinpassen, Platz haben
> ◆ *stare attento* Acht geben
> *stare per fare qc* im Begriff sein, etw zu tun
> *Come sta/stai?* Wie geht es Ihnen/dir?
> *Sto bene.* Mir geht es gut.
> *Ciao, stammi bene!* Ciao, mach's gut!

starnutire [starnuˈtiːre] *v* niesen
stasera [staˈseːra] *adv* heute Abend
statale [staˈtaːle] *adj 1. POL* staatlich; *m/f 2.* Staatsbeamter/Staatsbeamtin *m/f*
statistico [staˈtistiko] *adj* statistisch

> **stato** [ˈstaːto] *m 1. POL* Staat *m; ~ confinante* Nachbarstaat *m; Stati Uniti* Vereinigte Staaten *pl; 2. (condizione)* Zustand *m,* Verfassung *f; ~ di emergenza* Notstand *m; ~ di fatto* Tatbestand *m; ~ mentale* Geisteszustand *m; 3. (situazione)* Stand *m; ~ civile* Familienstand *m*

statua [ˈstaːtua] *f* Standbild *n*
statura [staˈtuːra] *f 1.* Körpergröße *f,* Statur *f; 2. (fig)* Format *n*
statuto [staˈtuːto] *m* Statut *n*
stazionario [statsioˈnaːrio] *adj 1.* stationär; *2. (immutato)* unverändert

> **stazione** [statsiˈoːne] *f* Bahnhof *m,* Station *f; ~ autoservizi* Busbahnhof *m; ~ centrale* Hauptbahnhof *m; ~ climatica* Luftkurort *m; ~ intermedia* Zwischenstation *f*
> ◆ *essere di stazione* Halt machen/Aufenthalt haben
> ≠ *stagione f* Jahreszeit

stazza [ˈstattsa] *f* Tonnengehalt *m*

S

stecca [ˈstekka] *f 1.* Stab *m,* Stange *f; ~ di sigarette* Zigarettenstange *f; 2. ~ da biliardo* Billardstock *m; 3. MED* Schiene *f*
stecchito [stekˈkiːto] *adj 1. (secco)* ausgedörrt; *2. (morto)* starr
stella [ˈstella] *f 1.* Stern *m; ~ cadente* Sternschnuppe *f; 2. (astro) ASTR* Gestirn *n; 3. ~ del cinema CINE* Filmstar *m*
stellare [stelˈlaːre] *adj* Sternen...
stelo [ˈstɛːlo] *m* Stiel *m,* Stängel *m*
stemma [ˈstɛmma] *m* Wappen *n*
stendere [ˈstɛndere] *v irr 1.* strecken; *2. (distendere)* dehnen; *3. ~ qc* etw ausbreiten; *4. (biancheria)* aufhängen
stendersi [ˈstɛndersi] *v irr* sich ausstrecken
stentare [stenˈtaːre] *v* ◆ *stentare a fare qc* Mühe haben, etw zu tun
stentato [stenˈtaːto] *adj* holperig
stento [ˈstɛnto] *m* Not *f,* Bedrängnis *n*
steppa [ˈsteppa] *f GEO* Steppe *f*
sterco [ˈstɛrko] *m* Mist *m*
sterile [ˈstɛːrile] *adj 1.* unfruchtbar; *2. MED* steril
sterilizzare [sterilidˈdzaːre] *v* sterilisieren
sterminare [stermiˈnaːre] *v* ausrotten
sterminio [sterˈmiːnio] *m* Zerstörung *f,* Vernichtung *f*
sterno [ˈstɛrno] *m ANAT* Brustbein *n*
sterzare [sterˈtsaːre] *v* umlenken
sterzo [ˈstɛrtso] *m TECH* Lenkung *f*

> **stesso** [ˈstesso] *adj 1. lo ~* der-/dasselbe; *la stessa* dieselbe; *2. (in persona)* selbst; *3. (persino)* selbst; *4. (proprio)* genau; *oggi ~* heute noch; *pron 5. lo ~* der-/dasselbe; *la stessa* dieselbe; *adv 6. (ugualmente) lo ~* sowieso, trotzdem
> ◆ *Per me fa proprio lo stesso.* Das ist mir ganz egal.
>
> *Lo stesso ancora una volta!* Das Gleiche noch mal!

stesura [steˈsuːra] *f 1.* Aufsetzen *n; 2. (redazione)* Fassung
stile [ˈstiːle] *m* Stil *m; ~ architettonico* Baustil *m*
stilla [ˈstilla] *f* Tropfen *m*
stima [ˈstiːma] *f* Achtung *f,* Hochachtung *f; con la più profonda ~* hochachtungsvoll
stimare [stiˈmaːre] *v 1.* schätzen, abschätzen; *2. (avere grande considerazione)* achten, hoch schätzen
stimolante [stimoˈlante] *adj 1.* anregend; *m 2.* Aufputschmittel *n*
stimolare [stimoˈlaːre] *v* reizen
stimolo [ˈstiːmolo] *m* Reiz *m*
stinco [ˈstiŋko] *m ANAT* Schienbein *n*
stipendio [stiˈpɛndio] *m* Gehalt *n*
stipite [ˈstiːpite] *m 1.* Pfosten *m; 2. (dell'albero)* Stamm *m*
stipo [ˈstiːpo] *m* Schrein *m*
stipulazione [stipulatsiˈoːne] *f JUR* Abschluss *m*
stiramento [stiraˈmento] *m MED* Zerrung *f*
stirare [stiˈraːre] *v* bügeln
stirarsi [stiˈrarsi] *v* sich strecken
stirpe [ˈstirpe] *f* Geschlecht *n; ~ nobile* Adelsgeschlecht *n*
stiva [ˈstiːva] *f NAUT* Laderaum *m*
stivale [stiˈvaːle] *m* Stiefel *m; ~ di gomma* Gummistiefel *m*
stivare [stiˈvaːre] *v* verstauen
stoccaggio [stokˈkaddʒo] *m* Lagerung *f; ~ finale* Endlagerung *f*
stoccata [stokˈkaːta] *f 1.* Degenstoß *m; 2. (fig)* Seitenhieb *m*
stolto [ˈstolto] *m* Tor *m,* Dummkopf *m*
stomaco [ˈstɔːmako] *m 1. ANAT* Magen *m; 2. (fam: coraggio)* Mut *m*

S

storcere [ˈstɔrtʃere] *v irr 1. MED* umknicken, verstauchen; *2. (bocca)* den Mund verziehen
storcersi [ˈstɔrtʃersi] *v irr* ◆ *storcersi un piede* sich den Fuß verstauchen
stordire [storˈdiːre] *v irr* betäuben

storia [ˈstɔːria] *f 1.* Geschichte *f; ~ contemporanea* Zeitgeschichte *f; ~ dell'arte* Kunstgeschichte *f; 2. (racconto, novella) LIT* Erzählung *f,* Geschichte *f*
◆ *passare alla storia* in die Geschichte eingehen

storico [ˈstɔːriko] *adj 1.* geschichtlich, historisch; *m 2.* Historiker *m*
storiografia [storiograˈfiːa] *f* Geschichtsschreibung *f*
stormo [ˈstormo] *m 1. ZOOL* Schwarm *m; 2. MIL* Geschwader *n*
stornare [storˈnaːre] *v* stornieren
storno¹ [ˈstorno] *m ZOOL* Star *m*
storno² [ˈstorno] *m ECO* Storno *m*
storpio [ˈstɔrpio] *adj 1. MED* verkrüppelt; *m 2.* Krüppel *m*
storta [ˈstɔrta] *f 1.* Krümmung *f; 2. MED* Verstauchung *f*
storto [ˈstɔrto] *adj* krumm, schief; ◆ *andare storto* schief gehen
stoviglie [stoˈviːʎe] *f/pl* Geschirr *n*
strabico [ˈstraːbiko] *adj* schielend
strabismo [straˈbizmo] *m* Schielen *n; ~ di Venere* Silberblick *m*
stracciare [stratˈtʃaːre] *v* zerreißen
straccio [ˈstrattʃo] *m* Lappen *m*
straccione [stratˈtʃoːne] *m 1.* Bettler *m; 2. (miserabile)* Elender *m*
stracotto [straˈkɔtto] *adj 1.* verkocht; *2. GAST* Schmorbraten *m*

strada [ˈstraːda] *f* Straße *f,* Weg *m; a metà ~* halbwegs; *falsa ~ (fig)* Abweg *m; ~ a senso unico* Einbahnstraße *f; ~ principale* Hauptstraße *f; ~ statale* Staatsstraße *f*
◆ *farsi strada* sich behaupten
cambiare strada einen anderen Weg einschlagen
Ho sbagliato strada. Ich habe mich verfahren.

stradale [straˈdaːle] *adj* Straßen..., Verkehrs... *codice ~* Straßenverkehrsgesetz *n; incidente ~* Verkehrsunfall *m*
strage [ˈstraːdʒe] *f* Blutbad *n,* Gemetzel *n*
stralunato [straluˈnaːto] *adj* verdreht
stramazzare [stramatˈtsaːre] *v* zusammenfallen
strambo [ˈstrambo] *adj 1. (strano)* seltsam; *2. (bizzarro)* sonderbar
stranamente [stranaˈmente] *adv* sonderbar
stranezza [straˈnettsa] *f* Seltsamkeit *f*
strangolare [straŋgoˈlaːre] *v* würgen
straniero [straniˈɛːro] *adj 1.* ausländisch, fremd; *m 2.* Ausländer *m*
strano [ˈstraːno] *adj 1.* eigenartig, komisch; *2. (bizzarro)* absonderlich, kurios
straordinario [straordiˈnaːrio] *adj* außergewöhnlich, außerordentlich
strapazzare [strapatˈtsaːre] *v* strapazieren, überanstrengen
strapazzarsi [strapatˈtsarsi] *v* sich plagen
strapieno [straˈpiɛːno] *adj* übervoll
strappare [strapˈpaːre] *v* reißen, zerreißen
strappo [ˈstrappo] *m 1.* Riss *m;* ◆ *a strappi* ruckartig; *2. MED* Zerrung *f*
straricco [straˈrikko] *adj* steinreich
strascico [ˈstraːʃiko] *m 1.* Nachspiel *n; 2. (coda)* Schleppe *f*
stratagemma [strataˈdʒɛmma] *m* List *f*
strategia [strateˈdʒiːa] *f* Strategie *f*

S

strato [ˈstraːto] *m 1.* Lage *f,* Belag *m; 2. (sedimentazione)* Ablagerung *f; 3. (classe)* Schicht *f; ~ sociale* Gesellschaftsschicht *f*
stravagante [stravaˈgante] *adj* extravagant
stravolgere [straˈvɔldʒere] *v 1.* aufwühlen; *2. (occhi)* verdrehen; *3. (mente)* irritieren
strazio [ˈstraːtsio] *m 1.* Quälerei *f; 2. (dolore)* Schmerz *m*
strega [ˈstreːga] *f* Hexe *f*
stregare [streˈgaːre] *v* verzaubern
strepitare [strepiˈtaːre] *v 1.* klappern; *2.* schreien
strepitoso [strepiˈtoːso] *adj 1.* lärmend; *2. (grandioso)* großartig, grandios
stretta [ˈstretta] *f* Druck *m; ~ di mano* Händeschütteln *n; 2. (oppressione)* Beklemmung *f; (situazione critica)* Klemme *f*
strettezza [stretˈtettsa] *f 1.* Enge *f; 2. (povertà)* Kärglichkeit *f*

> **stretto** [ˈstretto] *adj 1.* eng, knapp; *2. (rigoroso)* streng, rigoros; *3. (intimo)* nah, intim; *m 4.* Meerenge *f*
> ◆ *Il vestito mi è troppo stretto.* Das Kleid ist mir zu eng.

strettoia [stretˈtoːia] *f* Engpass *m*
striatura [striaˈtuːra] *f* Streifen *pl*
stridere [ˈstriːdere] *v 1. (suono)* kreischen; *2. (colori)* grell sein; *3. (fiamma)* knistern
stridulo [ˈstriːdulo] *adj* grell, schrill
strigliata [striˈʎaːta] *f 1.* Striegeln *n; 2. (fig)* Tadel *m*
strillare [strilˈlaːre] *v* schreien
strillone [strilˈloːne] *m* Schreihals *m; ~ di giornali* Zeitungsverkäufer *m*
stringa [ˈstriŋga] *f* Schuhband *n*
stringere [ˈstrindʒere] *v irr 1. (abbracciare)* drücken; *2. (vestito)* einengen; *3. (fig: relazione)* knüpfen; ◆ *stringere amicizia con* sich anfreunden mit
striscia [ˈstriːʃa] *f 1. (nastro)* Streifen *m; 2. (linea)* Streifen *m; ~ di terra* Land *n,* Landstrich *m*
strisciare [striˈʃaːre] *v 1.* krabbeln, kriechen; *2. (stiarare)* streifen
striscione [striˈʃoːne] *m 1.* Spruchband *n; 2. (manifesto)* Plakat *n; 3. (nastro di arrivo/ nastro di partenza)* Zielband/ Startband *n*
stritolare [stritoˈlaːre] *v 1.* zerdrücken, zerquetschen; *2. (fig: annientare)* vernichten
strizzare [stritˈtsaːre] *v 1. (spremere)* auspressen; *2. (panni)* auswringen; *3.* ◆ *strizzare l'occhio a qd* jdm zuzwinkern
strofa [ˈstrɔːfa] *f* Strophe *f*
strofinare [strofiˈnaːre] *v* abreiben
stroncare [stroŋˈkaːre] *v 1. (fig: dubbio)* niederschlagen; *2. (troncare)* abreißen, abbrechen; *3. (sopprimere)* unterdrücken
struggersi [ˈstruddʒersi] *v irr (fig)* sich verzehren
strumento [struˈmento] *m 1.* Instrument *n; ~ a fiato* Blasinstrument *n; ~ musicale* Musikinstrument *n; 2. (mezzo)* Mittel *n; 3. TECH* Instrument *n; ~ di misurazione* Messinstrument *n*
struttura [strutˈtuːra] *f 1.* Aufbau *m,* Gefüge *n; 2. (composizione)* Gliederung *f,* Struktur *f; 3. (fig)* Gerüst *n*
struzzo [ˈstruttso] *m ZOOL* Strauß *m*
stuccare [stukˈkaːre] *v* stuckieren
stucco [ˈstukko] *adv m; 1. (materiale)* Stuck *m; 2. (mastice)* Kitt *m; 3. rimanere di stucco* wie vom Donner gerührt sein
studente(ssa) [stuˈdɛnte/studenˈtessa] *m/f* Student(in) *m/f*
studentesco [studenˈtesko] *adj* Studenten...

S

studiare [studi'a:re] *v 1.* studieren; *2. (imparare)* lernen; *3. (fam: sgobbare)* büffeln, pauken; *4. (fig)* beobachten; *5. ~ a fondo* nachgehen; *6. (esaminare)* untersuchen
◆ *studiare qc a memoria* etw auswendig lernen

studio ['stu:dio] *m 1.* Lernen *n; borsa di ~* Stipendium *n; 2. (all'università)* Studium *n; 3. (opera)* Studie *f; 4. (ufficio)* Arbeitszimmer *n; ~ legale* Kanzlei *f; 5. (ambulatorio)* Arztpraxis *f*
studioso [studi'o:so] *adj 1.* fleißig; *2. (scienziato)* Wissenschaftler *m*
stufa ['stu:fa] *f* Ofen *m*
stufare [stu'fa:re] *v 1. GAST* dämpfen; *2. (fig: stancare)* langweilen
stufo ['stu:fo] *adj* überdrüssig; ◆ *essere stufo di qc* etw satt haben; *Sono stufo di questo lavoro.* Ich habe diese Arbeit satt.
stupefacente [stupefa'tʃɛnte] *adj 1.* erstaunlich; *m 2. (droga)* Rauschgift *n*
stupefatto [stupe'fatto] *adj* überrascht
stupendo [stu'pɛndo] *adj* wundervoll, toll
stupidaggine [stupi'daddʒine] *f* Dummheit *f*
stupido ['stu:pido] *adj 1.* doof, dumm; *m 2.* Dummkopf *m*
stupire [stu'pi:re] *v irr* erstaunen
stupirsi [stu'pirsi] *v irr* staunen, sich wundern; *~ di qc* von etw überrascht sein
stupore [stu'po:re] *m* Staunen *n*
stupro ['stu:pro] *m* Vergewaltigung *f*
sturare [stu'ra:re] *v 1. (bottiglia)* entkorken; *2. (barile)* anstechen
stuzzicadenti [stuttsika'dɛnti] *m* Zahnstocher *m*
stuzzicare [stuttsi'ka:re] *v* reizen

su [su] *prep 1. (luogo)* auf, über, in; *2. (argomento)* über; *3. (circa)* an, um; *4. (modo) ~ misura* nach Maß; *adv 5.* oben, nach oben; ◆ *su per giù* ungefähr; *interj 6.* los

sua *(vedi „suo")*
subacqueo [su'bakkueo] *m* Taucher *m; equipaggiamento da ~* Taucherausrüstung *f*
subbuglio [sub'bu:ʎo] *m 1.* Chaos *n,* Durcheinander *n; 2. (tumulto)* Aufruhr *m*
subdolo ['subdolo] *adj* hinterhältig
subire [su'bi:re] *v* erdulden, erleiden
subito ['su:bito] *adv* sofort
sublime [su'bli:me] *adj* erhaben
subordinare [subordi'na:re] *v* unterordnen
suburbano [subur'ba:no] *adj* Vorstadt...
succedere [sut'tʃɛ:dere] *v irr 1.* vorkommen; *2. (in serie)* folgen
successione [suttʃessi'o:ne] *f 1.* Folge *f; 2. JUR* Sukzession *f,* Erbfolge *f*
successivo [suttʃes'si:vo] *adj* folgend

successo [sut'tʃɛsso] *m* Erfolg *m; uomo di ~* erfolgreicher Mann *m*
◆ *Il pezzo ottenne successo.* Das Stück hatte Erfolg.

successore [suttʃes'so:re] *m* Nachfolger *m*
succhiare [sukki'a:re] *v* lutschen, saugen
succo ['sukko] *m 1.* Saft *m; 2. (senso)* Sinn *m,* Bedeutung *f*
succoso [suk'ko:so] *adj 1.* saftig; *2. (fig)* gehaltvoll, inhaltsreich
succursale [sukkur'sa:le] *f* Zweigstelle *f*

S

sud [sud] *m* Süden *m; a ~* südlich; *del ~* südlich
Sudamerica [suda'mɛːrika] *m GEO* Südamerika *n*
sudare [su'daːre] *v* schwitzen
suddetto [sud'detto] *adj* oben genannt
suddito ['suddito] *adj 1.* untertänig; *m 2.* Untertan *m,* Staatsangehöriger *f*
suddividere [suddivi'deːre] *v* unterteilen
sudicio ['suːditʃo] *adj 1.* schmutzig, dreckig; *m 2.* Schmutz *m*
sudore [su'doːre] *m* Schweiß *m*
sufficiente [suffi'tʃɛnte] *adj* ausreichend
suffragio [suf'fraːdʒo] *m POL* Wahlrecht *n*
suggellare [suddʒel'laːre] *v 1.* versiegeln; *2. (fig)* bestätigen
suggerimento [suddʒeri'mento] *m* Rat *m,* Empfehlung *f*
suggerire [suddʒe'riːre] *v 1.* einsagen, vorsagen; *2. (consigliare)* raten
suggeritore [suddʒeri'toːre] *m 1.* Souffleur *m; 2. (consigliere)* Ratgeber *m*
suggestione [suddʒesti'oːne] *f* Suggestion *f,* Beeinflussung *f*
sughero ['suːgero] *m BOT* Kork *m*
sugo ['suːgo] *m* Saft *m,* Soße *f*
sugoso [su'goːso] *adj* saftig
suicida [sui'tʃiːda] *adj 1.* selbstmörderisch; *m/f 2.* Selbstmörder(in) *m/f*
suicidarsi [suitʃi'darsi] *v* sich umbringen
suicidio [sui'tʃiːdio] *m* Selbstmord *m*
sunto ['sunto] *m 1.* Zusammenfassung *f,* Resümee *n; 2. (estratto)* Extrakt *m*
suo ['suːo] *adj 1. (di lui)* sein/*(di lei)* ihr; ◆ *da parte sua* seinerseits/ihrerseits; *pron 2. il ~ la sua* seiner, seine, seines/ihrer, ihre, ihres; *m/pl 3. (parenti) i suoi* die Sein(ig)en/die Ihr(ig)en
Suo ['suːo] *(forma di cortesia di „suo") adj 1.* Ihr; *pron 2. il Suo, la Sua* Ihrer, Ihre, Ihres; *da parte Sua* Ihrerseits
suocera [su'ɔːtʃera] *f* Schwiegermutter *f*
suocero [su'ɔːtʃero] *m 1.* Schwiegervater *m; 2. suoceri pl* Schwiegereltern *pl*
suola [su'ɔːla] *f* Sohle *f*

> **suonare** [suo'naːre] *v 1. MUS* spielen; *2. (disco)* abspielen; *3. (emettere un suono)* läuten
> ◆ *suonare il violino* geigen/Geige spielen *suonare il clacson* hupen

suono [su'ɔːno] *m 1.* Klang *m; 2. (tono)* Laut *m; 3. PHYS* Schall *m*
suora [su'ɔːra] *f REL* Nonne *f*
superamento [supera'mento] *m 1.* Überwindung *f; 2. (fig)* Überbrückung *f*
superare [supe'raːre] *v 1.* überragen; *2. (auto)* überholen; *3. (esame)* bestehen; *4. (lavoro)* überbieten, überflügeln; *5. (difficoltà)* überwinden; *6. (velocità)* überschreiten
superato [supe'raːto] *adj* überholt
superbia [su'pɛrbia] *f* Hochmut *m*
superbo [su'pɛrbo] *adj 1.* hochmütig, überheblich; *2. (magnifico)* herrlich
superficiale [superfi'tʃaːle] *adj 1.* oberflächlich; *2. (sfuggevole, rapido)* flüchtig; ◆ *dare un'occhiata superficiale a qc* einen flüchtigen Blick auf etw werfen
superficie [super'fiːtʃe] *f* Fläche *f*
superfluo [su'pɛrfluo] *adj 1.* überflüssig; *m 2.* Überflüssiges *n*

> **superiore** [superi'oːre] *adj 1.* großzügig; *2. (di numero, di forza)* überlegen; *3. (di importanza)* überragend, höher; *4. (nella funzione)* übergeordnet; *m 5.* Chef *m*

S

◆ *superiore a la media* überdurchschnittlich

superiorità [superioriˈta] *f* Überlegenheit *f*
superlativo [superlaˈtiːvo] *m* Superlativ *m*
supermercato [supermerˈkaːto] *m* Supermarkt *m*
superstite [suˈpɛrstite] *adj 1.* überlebend; *m/f 2.* Überlebende(r) *f/m; 3. (chi sopravvive ad altri)* Hinterbliebene(r) *f/m*
superstizioso [superstitsiˈoːso] *adj REL* abergläubisch
supino [suˈpiːno] *adj 1.* auf dem Rücken; *2. (fig)* ergeben
supplementare [supplemenˈtaːre] *adj* zusätzlich, ergänzend
supplemento [suppleˈmento] *m 1.* Zuschlag *m; con ~* zuschlagpflichtig; *2. (di una retribuzione)* Zulage *f; 3. (di un giornale)* Beilage *f*
supplenza [supˈplɛntsa] *f* Vertretung *f*
supplica [ˈsupplika] *f* Gesuch *n,* Bitte *f*
supplicare [suppliˈkaːre] *v* flehen
supplire [supˈpliːre] *v irr* vertreten; *per ~* aushilfsweise
supplizio [supˈpliːtsio] *m (tortura)* Folter *f,* Qual *f*
S
supporre [supˈporre] *v irr* schätzen, vermuten
supporto [supˈpɔrto] *m 1.* Stütze *f,* Ständer *m; 2. TECH* Träger *m*
supposizione [suppozitsiˈoːne] *f* Vermutung *f,* Schätzung *f*
supposta [supˈposta] *f MED* Zäpfchen *n*
supposto [supˈposto] *adj* angeblich
supremo [suˈprɛːmo] *adj* oberste(r,s), höchste(r,s)
surf [səːrf] *m SPORT* Surfing *n;* ◆ *fare il surf/praticare il surf* surfen
surgelato [surdʒeˈlaːto] *adj 1.* tiefgekühlt; *m 2. surgelati pl* Tiefkühlkost *f*
surrealismo [surreaˈlizmo] *m* Surrealismus *m*
surrogato [surroˈgaːto] *m* Ersatz *m*
suscitare [suʃiˈtaːre] *v (fig)* hervorrufen
susina [suˈsiːna] *f BOT* Pflaume *f*
sussidiario [sussiˈdiaːrio] *adj* Hilfs...
sussidio [susˈsiːdio] *m 1.* Beihilfe *f,* Zuwendung *f; 2. (denaro)* Unterstützung *f*
sussistenza [sussisˈtɛntsa] *f 1.* Auskommen *n; 2. (esistenza)* Bestehen *n; 3. (mantenimento)* Unterhalt *m*
sussistere [susˈsistere] *v* bestehen
sussurrare [sussurˈraːre] *v* wispern
suturare [sutuˈraːre] *v MED* nähen
svagato [zvaˈgaːto] *adj* fahrig
svago [ˈzvaːgo] *m* Abwechslung *f*
svalutante [zvaluˈtante] *adj* abwertend
svalutare [zvaluˈtaːre] *v 1.* abwerten; *2. (denaro) ECO* entwerten, abwerten
svanire [zvaˈniːre] *v 1.* verfliegen; *2. (sentimenti)* vergehen
svantaggio [zvanˈtaddʒo] *m* Nachteil *m*
svaporare [zvapoˈraːre] *v* dampfen
svariato [zvariˈaːto] *adj* unterschiedlich
svastica [ˈzvastika] *f* Hakenkreuz *n*
svedese [zveˈdeːse] *adj 1.* schwedisch; *m/f 2.* Schwede/Schwedin *m/f*
sveglia [ˈzveːʎa] *f* Wecker *m*
svegliare [zveˈʎaːre] *v 1.* wecken, aufwecken; *2. (destare)* ermuntern
svegliarsi [zveˈʎarsi] *v* aufwachen
sveglio [ˈzveːʎo] *adj 1.* munter, wach; *2. (fig)* wendig, aufgeweckt
svelare [zveˈlaːre] *v (fig)* enthüllen
sveltezza [zvelˈtettsa] *f* Schnelligkeit *f*
sveltire [zvelˈtiːre] *v* beschleunigen
svelto [ˈzvɛlto] *adj* flink, flott

svendere [ˈzvendere] *v* ausverkaufen, verramschen
svendita [ˈzvendita] *f* *1.* Ausverkauf *m;* *2. ECO* Schlussverkauf *m*
svenimento [zveniˈmento] *m* Ohnmacht *f*
sventare [zvenˈtaːre] *v* *1.* vereiteln; *2. (fig)* torpedieren
sventato [zvenˈtaːto] *adj* unbedacht
sventolare [zventoˈlaːre] *v* *1.* schwenken; *2. (muoversi al vento)* flattern
sventura [zvenˈtuːra] *f* Unheil *n,* Unglück *n*
sventurato [zventuˈraːto] *adj* *1.* unglücklich; *m* *2.* Unglücklicher *m*
svenuto [zveˈnuːto] *adj* ohnmächtig
svergognato [zvergoˈɲaːto] *ad* *1.* frech, schamlos; *m* *2.* Schamloser *m*
svestire [zvesˈtiːre] *v* ausziehen
svestirsi [zvesˈtirsi] *v* sich ausziehen
Svezia [ˈzvɛːtsia] *f* *GEO* Schweden *n*
sviare [zviˈaːre] *v* ablenken
sviarsi [zviˈarsi] *v* *1.* vom Weg abkommen; *2. (fig: traviarsi)* auf Abwege geraten
svignare [zviˈɲare] *v* sich davonmachen; ◆ *svignarsela (fam)* sich verziehen

sviluppare [zvilupˈpaːre] *v* *1.* entwickeln; *2. (fig)* entwickeln, entfalten
◆ *Mi può sviluppare questa pellicola?* Können Sie diesen Film entwickeln?

svilupparsi [zvilupˈparsi] *v* sich entwickeln
sviluppo [zviˈluppo] *m* *1.* Entwicklung *f;* *2. (corso, svolgimento)* Verlauf *m*
svincolare [zviŋkolaːre] *v* freimachen; verzollen
svincolarsi [zviŋkoˈlarsi] *v* sich entfesseln
svincolo [ˈzviŋkolo] *m* Zubringerstraße *f*
sviscerato [zviʃeˈraːto] *adj* leidenschaftlich
svista [ˈzvista] *f* Flüchtigkeitsfehler *m,* Versehen *n;* ◆ *per svista* aus Versehen
svitare [zviˈtaːre] *v* *TECH* abschrauben
svizzera [ˈzvittsera] *f* Schweizerin *f*
Svizzera [ˈzvittsera] *f* Schweiz *f*
svizzero [ˈzvittsero] *adj* *1.* schweizerisch; *m* *2.* Schweizer *m*
svogliatezza [zvoʎaˈtettsa] *f* Widerwille *m*
svogliato [zvoˈʎaːto] *adj* lustlos
svolgere [ˈzvɔldʒere] *v irr* *1.* abwickeln; *2. (disfare)* auswickeln; *3. (praticare)* ausüben
svolgersi [ˈzvɔldʒersi] *v irr* verlaufen
svolgimento [zvoldʒiˈmento] *m* *1. (sviluppo)* Entwicklung *f;* *2. (trattazione)* Erörterung *f;* *3. (esecuzione)* Durchführung *f*
svolta [ˈzvɔlta] *f* Knick *m,* Wende *f*
svoltare [zvolˈtaːre] *v* abbiegen
svuotare [zvuoˈtaːre] *v* *1.* leeren; ◆ *svuotare il sacco* sein Gewissen erleichtern; *2. (derubare)* ausnehmen

S

T

tabaccheria [tabakkeˈriːa] *f* Tabakwarenladen *m*
tabacco [taˈbakko] *m 1.* Tabak *m; 2. tabacchi pl* Tabakwaren *pl*
tabellare [tabelˈlaːre] *adj* tabellarisch
tabù [taˈbu] *m* Tabu *n*
tacchino [takˈkiːno] *m ZOOL* Truthahn *m*
tacco [ˈtakko] *m* Absatz *m;* ◆ *Mi servono nuovi tacchi.* Ich brauche neue Absätze.
taccuino [takkuˈiːno] *m* Notizbuch *n*
tacere [taˈtʃeːre] *v irr 1.* schweigen; *2. (nascondere)* verschweigen
tacito [ˈtaːtʃito] *adj* stillschweigend
taciturno [tatʃiˈturno] *adj* schweigsam
tafano [taˈfaːno] *m ZOOL* Bremse *f*
taglia [ˈtaːʎa] *f 1.* Größe *f;* ◆ *Che taglia è questa?* Welche Größe ist das? *Questa taglia non è giusta.* Das ist die falsche Größe.; *2.* Kopfgeld *n*
tagliando [taˈʎando] *m* Coupon *m*

> **tagliare** [taˈʎaːre] *v 1.* schneiden; *2. (recidere)* abschneiden
> ◆ *tagliare corto (fig)* beenden

tagliente [taˈʎɛnte] *adj* scharf
tagliere [taˈʎɛːre] *m* Holzbrett *n*
taglio [ˈtaːʎo] *m* Schnitt *m; ~ cesareo* Kaiserschnitt *m; arma da ~* Stichwaffe *f*
Tailandia [taiˈlandia] *f* Thailand *n*
tailleur [taˈjøʀ] *m* Kostüm *n*
tale [ˈtaːle] *adj 1.* solch, diese(r,s); *2. (un certo)* gewisse(r,s); *3. ~ quale* genauso wie; *pron 4. un ~* einer; *quel ~* jener

talento [taˈlɛnto] *m 1.* Begabung *f,* Talent *n; ~ linguistico* Sprachbegabung *f;* ◆ *avere talento* talentiert sein; *2. (disposizione)* Veranlagung *f*
talloncino [tallonˈtʃiːno] *m 1.* Gutschein *m; 2. (ricevuta)* Quittung *f*
tallone [talˈloːne] *m ANAT* Ferse *f; ~ d'Achille* Achillesferse *f*
talmente [talˈmente] *adv* dergestalt
talora [taˈloːra] *adv* manchmal
talvolta [talˈvɔlta] *adv* mitunter
tamburo [tamˈbuːro] *m* Trommel *f*
tamponare [tampoˈnaːre] *v 1.* anfahren; ◆ *Ha tamponato la mia macchina.* Sie haben mein Auto angefahren.; *2. MED* tamponieren
tampone [tamˈpoːne] *m* Tampon *m*
tana [ˈtaːna] *f ZOOL* Bau *m*
tangibile [tanˈdʒiːbile] *adj 1.* greifbar; *2. (fig)* anschaulich, konkret
tanica [ˈtaːnika] *f* Kanister *m*

> **tanto** [ˈtanto] *adv 1.* sehr, viel; *2. (~ che/~ da)* so; *3. ~ quanto* so viel wie; *~ ...quanto ...* genauso ...wie ...; *4. (tempo) da ~* seit langem; *ogni ~* ab und zu; *adj 5.* viel, (so) viel; *tante cose* allerhand, vielerlei; *pron 6.* viel
> ◆ *tanto più che* zumal

tappa [ˈtappa] *f* Etappe *f;* ◆ *a tappe* etappenweise; *bruciare le tappe (fam)* aufs Ziel zusteuern
tappare [tapˈpaːre] *v* verstopfen
tappeto [tapˈpeːto] *m* Teppich *m*
tappo [ˈtappo] *m* Korken *m,* Stöpsel *m*
tardare [tarˈdaːre] *v* sich verspäten

> **tardi** [ˈtardi] *adv* spät
> ◆ *al più tardi* längstens, spätestens

tardivo [tarˈdiːvo] *adj* verspätet
tardo [ˈtardo] *adj 1.* spät; *2. (lento) LIT* langsam; *3. (di mente)* begriffsstutzig

T

targa [ˈtarga] *f* *1.* Kennzeichen *n; 2. (insegna)* Schild *n,* Gedenktafel *f*
targhetta [tarˈgetta] *f* Schild *n*
tariffa [taˈriffa] *f* Tarif *m; ~ daziaria* Zolltarif *m; ~ generale* Manteltarif *m*
tarlo [ˈtarlo] *m ZOOL* Holzwurm
tarma [ˈtarma] *f ZOOL* Motte *f*
tartaro [ˈtartaro] *m ~ dentario* Zahnstein *m*
tartaruga [tartaˈruːga] *f ZOOL* Schildkröte *f*
tartufo [tarˈtuːfo] *m BOT* Trüffel *m*
tasca [ˈtaska] *f* Tasche *f*
tascabile [tasˈkaːbile] *adj* Taschen... *lampadina ~* Taschenlampe *f*

> **tassa** [ˈtassa] *f* Gebühr *f,* Steuer *f; ~ di circolazione* Kraftfahrzeugsteuer *f; ~ di soggiorno* Kurtaxe *f; esente da tasse* gebührenfrei
> ◆ *pagare le tasse* Steuern zahlen
> *evadere le tasse* Steuern hinterziehen
> ≠ *tazza f* Tasse

tassametro [tasˈsaːmetro] *m* Taxameter *m*
tassare [tasˈsaːre] *v* besteuern
tassazione [tassatsiˈoːne] *f* Besteuerung *f*
tassello [tasˈsɛllo] *m TECH* Dübel *m*
tassì [tasˈsi] *m* Taxi *n*
tassista [tasˈsista] *m/f* Taxifahrer(in) *m/f*
tasso¹ [ˈtasso] *m* Quote *f,* Rate *f; ~ d'inflazione* Inflationsrate *f; ~ di crescita* Wachstumsrate *f; ~ di natalità* Geburtenrate *f; ~ d'interesse* Zinssatz *m*
tasso² [ˈtasso] *m BOT* Eibe *f*
tasso³ [ˈtasso] *m ZOOL* Dachs *m*
tastare [tasˈtaːre] *v* *1.* tasten; *2. (palpare) MED* abtasten, betasten
tastiera [tastiˈɛːra] *f* Tastatur *f*
tasto [ˈtasto] *m* Taste *f*
tattica [ˈtattika] *f* Taktik *f*
tatto [ˈtatto] *m* *1.* Takt *m; con ~* taktvoll; *pieno di ~* taktvoll; *2. (senso)* Gefühl *n; senso del ~* Taktgefühl *n*
tatuare [tatuˈaːre] *v* tätowieren
taverna [taˈvɛrna] *f* Wirtshaus *n*

> **tavola** [ˈtaːvola] *f* *1.* Brett *n,* Latte *f; 2. (tavolo)* Tisch *m; a ~* bei Tisch; *~ fredda* kaltes Buffet *n; ~ rotonda* Konferenztisch *m,* Podiumsdiskussion *f; 3. ~ calda GAST* Cafeteria *f,* Imbissstube *f*
> ◆ *mettere le carte in tavola* die Karten auf den Tisch legen

tavoliere [tavoliˈɛːre] *m* *1.* Schachbrett *n; 2. GEO* Ebene *f*
tavolo [ˈtaːvolo] *m* Tisch *m*
tazza [ˈtattsa] *f* Tasse *f*
te [te] *pron* dich, dir; *per ~* deinetwegen; *a ~* dir
tè [tɛ] *m* Tee *m*
teatro [teˈaːtro] *m* Theater *n*
tecnica [ˈtɛknika] *f* Technik *f*
tecnico [ˈtɛkniko] *adj* *1.* technisch; *m* *2.* Teckniker *m,* Fachmann *m*
tecnologia [teknoloˈdʒiːa] *f* Technologie *f*
tedesco [teˈdesko] *adj* *1.* deutsch; *m* *2. (persona)* Deutscher *m; 3. (lingua)* Deutsch *n*
tedioso [tediˈoːso] *adj* *1.* uninteressant; *2. (noioso)* langweilig
tegame [teˈgaːme] *m* Bratpfanne *f*
teiera [teiˈɛːra] *f* Teekanne *f*
tela [ˈteːla] *f* *1. ART* Leinwand *f; 2. (dipinto)* Gemälde *n*
telaio [teˈlaːio] *m* *1.* Rahmen *m; 2. (intelaiatura, armatura)* Gestell *n; 3. (dell'auto)* Fahrgestell *n*
telecomando [telekoˈmando] *m* Fernbedienung *f*

T

telefax [teleˈfaks] *m* Telefax *n;* ♦ *inviare un telefax* faxen
telefonare [telefoˈnaːre] *v* anrufen
telefonata [telefoˈnaːta] *f* Telefonanruf *m;* ~ *urbana* Ortsgespräch *n;* ~ *interurbana* Ferngespräch *n;* ♦ *Vorrei fare una telefonata interurbana.* Ich möchte ein Ferngespräch führen.
telefono [teˈlɛːfono] *m* Telefon *n;* ~ *a scheda* Kartentelefon *n;* ~ *cellulare* Handy *n,* Mobiltelefon *n*
telegiornale [teledʒorˈnaːle] *m* Nachrichtensendung *f*
telescopio [telesˈkɔːpio] *m* Teleskop *n,* Fernrohr *n*
telespettatore [telespettaˈtoːre] *m* Fernsehzuschauer *m*
televisione [televiˈzioːne] *f* Fernsehen *n;* ~ *via cavo* Kabelfernsehen *n*
televisore [televiˈzoːre] *m* Fernsehgerät *n;* ~ *a colori* Farbfernseher *m*
telone [teˈloːne] *m* Plane *f*
tema [ˈtɛːma] *m 1.* Thema *n,* Gegenstand *m; 2. (composizione)* Aufsatz *m*
tematica [teˈmaːtika] *f* Thematik *f*
temere [teˈmeːre] *v* befürchten
temperamatite [temperamaˈtiːte] *m* Spitzer *m*
temperamento [temperaˈmento] *m* Temperament *n; ricco di* ~ temperamentvoll
T
temperanza [tempeˈrantsa] *f 1.* Fassung *f; 2. (equilibrio)* Ausgeglichenheit *f*
temperare [tempeˈraːre] *v 1. (moderare)* mäßigen, mildern; *2. (matita)* spitzen
temperato [tempeˈraːto] *adj 1.* gehärtet; *2. (matita)* spitz; *3. (clima)* gemäßigt
temperatura [temperaˈtuːra] *f* Temperatur *f*
tempesta [temˈpɛsta] *f* Sturm *m*
tempestoso [tempesˈtoːso] *adj* stürmisch
tempio [ˈtɛmpio] *m ARCH* Tempel *m*

tempo [ˈtɛmpo] *m 1.* Zeit *f; nello stesso* ~ zugleich; *per altrettanto* ~ ebensolang; *per* ~ beizeiten; *allo stesso* ~ *gleichzeitig; 2. (condizioni atmosferiche)* Wetter *n; 3. (velocità, ritmo)* Tempo *n; 4. MUS* Takt *m; 5. SPORT* Halbzeit *f*
♦ *guadagnare tempo* Zeit gewinnen
Fa bel tempo. Es ist schönes Wetter.

temporale[1] [tempoˈraːle] *adj* zeitlich
temporale[2] [tempoˈraːle] *m* Gewitter *n;* ♦ *Si prepara un temporale.* Ein Gewitter zieht auf.
temporaneo [tempoˈraːneo] *adj 1.* vorübergehend; *2. (provvisorio)* vorläufig
tenace [teˈnaːtʃe] *adj 1.* zäh; *2. (risoluto)* zielstrebig
tenaglia [teˈnaːʎa] *f TECH* Zange *f*
tenda [ˈtɛnda] *f 1.* Vorhang *m; 2. (da camping)* Zelt *n*
tendenza [tenˈdɛntsa] *f 1.* Tendenz *f;* ~ *al ribasso* Abwärtsentwicklung *f; 2. (fig)* Hang *m*
tendere [ˈtɛndere] *v irr 1.* strecken; *2. (porgere)* hinhalten; ♦ *tendere la mano a qd* jdm die Hand reichen; *3. (tirare, mettere in tenzione)* spannen; ♦ *tendere su* bespannen; *4. (essere incline)* tendieren; *5. (mirare a)* zielen
tendina [tenˈdiːna] *f* Gardine *f*
tendine [ˈtɛndine] *m ANAT* Sehne *f*

tenere [teˈneːre] *v irr 1.* halten, behalten; *2. (prendere)* nehmen
♦ *tenere a bada* hinhalten
tenere conto di qc etw berücksichtigen
tenere qd in nessun conto von jdm nichts halten

tenerezza [teneˈrettsa] *f* Zärtlichkeit *f,* Zartheit *f*

tenero [ˈtɛːnero] *adj 1.* zart; ◆ *La carne è tenera.* Das Fleisch ist zart. *2. (fig: sensibile)* zärtlich; *3. (fig)* weich
tenore [teˈnoːre] *m 1.* Tenor *m; 2. (modo)* Art *f; 3. (di un discorso)* Inhalt *m*
tensione [tensiˈoːne] *f 1.* Dehnung *f; 2. (fig)* Spannung *f; ~ nervosa* Gereiztheit *f; 3. TECH* Spannung *f; ~ di rete* Netzspannung *f*
tentacolo [tenˈtaːkolo] *m ZOOL* Fangarm *m*
tentare [tenˈtaːre] *v* versuchen
tentativo [tentaˈtiːvo] *m* Versuch *m*
tentazione [tentatsiˈoːne] *f* Versuchung *f*
tenue [ˈtɛːnue] *adj 1.* dünn, schwach; *2. intestino ~ MED* Dünndarm *m*
tenuta [teˈnuːta] *f 1.* Dienstkleidung *f; 2. (impermeabilità)* Undurchlässigkeit *f; 3. ~ di cassa FIN* Kassenhaltung *f*
teologia [teoloˈdʒiːa] *f* Theologie *f*
teoria [teoˈriːa] *f* Theorie *f*
teppista [tepˈpista] *m* Rabauke *m*
terapeuta [teraˈpɛːuta] *m/f* Therapeut(in) *m/f*
terapia [teraˈpiːa] *f* Therapie *f*
tergo [ˈtɛrgo] *m* Kehrseite *f,* Rückseite *f;* ◆ *Vedi a tergo!* Bitte wenden!
termale [terˈmaːle] *adj* Thermal...
terminare [termiˈnaːre] *v 1.* beenden, vollenden; *2. (fig)* auslaufen
termine [ˈtɛrmine] *m 1.* Beendigung *f;* ◆ *volgere a termine* auf das Ende zugehen; *2. (di scadenza)* Termin *m; ~ di consegna* Liefertermin *m; ~ di denuncia* Anmeldefrist *f; ~ di disdetta* Kündigungsfrist *f; 3. (espressione)* Ausdruck *m; ~ generico* Oberbegriff *m; ~ tecnico* Fachausdruck *m*
terminologia [terminoloˈdʒiːa] *f* Terminologie *f*
termometro [terˈmɔːmetro] *m* Thermometer *n*
termos [ˈtɛrmos] *m* Thermosflasche *f*
termosifone [termosiˈfoːne] *m* Heizkörper *m*

> **terra** [ˈtɛrra] *f 1.* Erde *f; 2. (terreno)* Land *n; 3. (pavimento)* Boden *m; 4. (suolo)* Erdboden *m; 5. (paese)* Land *n; ~ d'origine* Herkunftsland *n*
> ◆ *La gomma è a terra.* Der Reifen ist platt.

terrazza [terˈrattsa] *f* Terrasse *f; ~ sul tetto* Dachterrasse *f*
terremoto [terreˈmɔːto] *m* Erdbeben *n*
terreno [terˈreːno] *adj 1.* irdisch; *m 2.* Boden *m,* Grund *m; 3. (area)* Gelände *n; 4. (podere)* Grundstück *n;*
terribile [terˈriːbile] *adj 1.* schrecklich; *2. (fig)* heillos; *3. (fam: pazzesco)* wahnsinnig
territorio [terriˈtɔːrio] *m* Gebiet *n*
terrore [terˈroːre] *m 1.* Terror *m; 2. (grande spavento)* Entsetzen *n*
terrorismo [terroˈrizmo] *m* Terrorismus *m*
terzo [ˈtɛrtso] *adj 1.* dritte(r,s); *m 2.* Drittel *n; 3. ~ incomodo (fig)* Anstandswauwau *m*
tesa [ˈteːsa] *f 1. (del cappello)* Krempe *f; 2. (del berretto)* Schirm *m*
teschio [ˈtɛskio] *m* Totenkopf *m*
tesi [ˈtɛːzi] *m* These *f; ~ di laurea* Magisterarbeit *f,* Doktorarbeit *f*
teso [ˈteːso] *adj* gespannt, angespannt
tesoro [teˈzɔːro] *m 1.* Schatz *m; 2. (persona amata, persona cara)* Liebling *m*
tessera [ˈtɛssera] *f 1.* Ausweis *m,* Karte *f; ~ di studente* Schülerausweis *m; ~ annuale* Jahresabonnement *n; 2. (di mosaico)* Mosaikstein *m*
tessere [ˈtɛssere] *v 1.* weben; *2. (istigare)* anstacheln, schmieden

tessile [ˈtɛssile] *adj 1.* Gewebe... *prodotti tessili* Textilien *pl; fibra ~* Textilfaser *f; m 2. tessili pl* Textilien *pl*
tessitura [tessiˈtuːra] *f* Weberei *f*
tessuto [tesˈsuːto] *adj 1.* gewebt; *m 2. (stoffa)* Gewebe *n,* Stoff *m; 3. BIO* Gewebe *n; ~ connettivo* Bindegewebe *n; 4. tessuti pl* Textilien *pl*

testa [ˈtɛsta] *f* Kopf *m; ~ in giù* kopfüber
◆ *essere in testa* führend sein
cacciarsi qc in testa sich etw in den Kopf setzen
lavorare di testa geistige Arbeit leisten

testamento [testaˈmento] *m* Testament *n*
testardo [tesˈtardo] *adj 1.* stur, trotzig; *m 2.* Dickkopf *m,* Trotzkopf *m*
testicoli [tesˈtiːkoli] *m/pl ANAT* Hoden *pl*
testimone [testiˈmɔːne] *m/f* Zeuge/Zeugin *m/f; ~ a discarico* Entlastungszeuge *m; ~ oculare* Augenzeuge *m*
testimonianza [testimoniˈantsa] *f 1.* Zeugnis *n; 2. JUR* Zeugenaussage *f*
testimoniare [testimoniˈaːre] *v* bezeugen
testo [ˈtɛsto] *m* Text *m,* Wortlaut *m*
tetano [ˈtɛːtano] *m MED* Tetanus *m*
tetro [ˈteːtro] *adj* düster

T

tetto [ˈtetto] *m* Dach *n; ~ scorrevole* Schiebedach *n; senza ~* obdachlos
◆ *non avere un tetto (fig)* kein Dach über dem Kopf haben

ti [ti] *pron 1.* dich; *2. (a te)* dir
tibia [ˈtiːbia] *f ANAT* Schienbein *n*
tic [tik] *m* Tick *m,* Zucken im Gesicht *n*
tiepido [tiˈɛːpido] *adj* lauwarm, lau
tifo [ˈtiːfo] *m 1. MED* Typhus *m; 2. SPORT* Begeisterung *f*
tifoso [tiˈfoːso] *adj 1.* sportbegeistert; *m 2.* Fan *m*
tiglio [ˈtiːʎo] *m BOT* Linde *f*
tigre [ˈtiːgre] *f ZOOL* Tiger *m*
timbrare [timˈbraːre] *v* stempeln
timbro [ˈtimbro] *1. (marchio, bollo)* Stempel *m; ~ postale* Poststempel *m; 2. MUS timbre n; ~ di voce* Klangfarbe *f*
timidezza [timiˈdettsa] *f* Scheu *f*
timido [ˈtiːmido] *adj* scheu, schüchtern
timone [tiˈmoːne] *m 1. (dell'imbarcazione)* Ruder *n; 2. (della carrozza)* Deichsel *f*
timore [tiˈmoːre] *m* Befürchtung *f*
timpano [ˈtimpano] *m 1. MUS* Pauke *f; 2. ANAT* Trommelfell *n*
tingere [ˈtindʒere] *v irr (colorare)* tönen
tinta [ˈtinta] *f* Farbe *f,* Malerfarbe *f*
tintinnare [tintinˈnaːre] *v* klirren
tintoria [tintoˈriːa] *f* Reinigung *f*
tintura [tinˈtuːra] *f 1.* Tönung *f,* Färbung *f; 2. MED* Tinktur *f; ~ di iodio* Jodtinktur *f*
tipico [ˈtiːpiko] *adj* typisch
tipo [ˈtiːpo] *m 1.* Art *f; 2. (persona)* Typ *m; ~ solitario* Einzelgänger *m*
tipografia [tipograˈfiːa] *f* Druckerei *f*
tipografo [tiˈpɔːgrafo] *m* Setzer *m*
tipologia [tipoloˈdʒiːa] *f* Typologie *f*
tip-tap [tipˈtap] *m* Stepptanz *m*
tirannico [tiˈranniko] *adj* tyrannisch
tiranno [tiˈranno] *m* Tyrann *m*
tirante [tiˈrante] *m ARCH* Hauptanker *m*

tirare [tiˈraːre] *v 1.* ziehen; *2. (lanciare)* werfen; *3. (sparare)* schießen; *4. (vento)* wehen; *5. (abito)* eng sitzen
◆ *tirare qc per le lunghe* etw hinauszögern
◆ *tirare a sorte* hinauszögern

tirarsi [ti'rarsi] *v* ◆ *tirarsi indietro* sich weigern; *tirarsi su* neuen Mut schöpfen
tiro ['tiːro] *m 1.* Schuss *m; ~ al piattello* Tontaubenschießen *n; ~ con l'arco* Bogenschießen *n; 2. (lancio)* Wurf *m*
tirocinio [tiro'tʃiːnio] *m* Praktikum *n*
tisana [ti'zaːna] *f GAST* Kräutertee *m*
titolare [tito'laːre] *m/f* Inhaber(in) *m/f; ~ di una carica* Amtsinhaber(in) *m/f*
titolo ['tiːtolo] *m 1.* Titel *m; 2. (del libro)* Titel *m,* Überschrift *f; 3. FIN* Wertpapier *n; titoli di Stato* Staatsanleihen *pl; 4. (di studio)* Grad *n*
titubare [titu'baːre] *v* zaudern
toccare [tok'kaːre] *v 1.* berühren; *2. (fig)* rühren; *3. (turno)* ◆ *Tocca a me.* Ich komme dran./Ich bin an der Reihe.
tocco ['tokko] *m 1.* Berührung *f; 2. (di campane)* Glockenschlag *m; adj 3.* leicht bekloppt
toga ['tɔːga] *f* Robe *f*

togliere ['tɔːʎere] *v irr 1.* entfernen, räumen; *2. (sgombrare)* räumen; *3. (levare)* wegnehmen; *4. (vestito)* ablegen ◆ *togliere la parola a qd* jdm das Wort entziehen

togliersi ['tɔːʎersi] *v irr* ◆ *togliersi di torno (fig)* abhauen
toilette [twa'lɛt] *f* Toilette *f*
tolleranza [tolle'rantsa] *f* Toleranz *f; casa di ~* Bordell *n*
tollerare [tolle'raːre] *v* tolerieren
tomba ['tomba] *f* Grab *n; ~ di famiglia* Familiengruft *f*
tonalità [tonali'ta] *f 1. MUS* Tonart *f; 2. ~ dei colori* Farbtöne *pl; ~ di colore dei capelli* Haartönung *f*
tonico ['tɔːniko] *adj 1.* kräftigend; *2. LING* betont; *3. MUS accenton* Hauptton *m; 4.* Gesichtswasser *n; 5.* Kräftigungsmittel *n*
tonificare [tonifi'kaːre] *v* stärken
tonnellata [tonnel'laːta] *f* Tonne *f*
tonno ['tonno] *m ZOOL* Thunfisch *m*
tono ['tɔːno] *m 1. (maniere)* Ton *m,* Tonfall *m; 2. MUS* Ton *m; ~ di voce* Stimmlage *f; 3. (di colore)* Farbton *m*
tonsilla [ton'silla] *f ANAT* Mandel *f*
tonto ['tonto] *adj 1.* dumm, einfältig; *m 2.* Tollpatsch *m*
topo ['tɔːpo] *m ZOOL* Maus *f; ~ campagnolo* Feldmaus *f*
toppa ['tɔppa] *f 1. (della serratura)* Türschloss *n; 2. (di stoffa)* Fleck *m*
torace [to'raːtʃe] *m* Brustkorb *m*
torbido ['torbido] *adj* trüb
torcere ['tɔrtʃere] *v irr* abdrehen, verdrehen; ◆ *torcere i panni bagnati* die nassen Kleider auswringen
torchiare [torki'aːre] *v 1.* pressen, *(vino)* keltern; *2. (fig: interrogare insistentemente)* ausquetschen
torcia ['tɔrtʃa] *f* Fackel *f*
tordo ['tɔrdo] *m ZOOL* Drossel *f*
tormentarsi [tormen'tarsi] *v* sich quälen
tormento [tor'mento] *m* Qual *f,* Kummer *m*
tornante [tor'nante] *m* Kurve *f; strada a tornanti* kurvige Straße *f*
tornare [tor'naːre] *v 1.* wiederkommen, zurückgehen; *2. (diventare di nuovo)* wieder ... werden; ◆ *tornare di moda* wieder in Mode kommen; *3. (conto)* stimmen
torneo [tor'nɛːo] *m SPORT* Turnier *n*
toro ['tɔːro] *m ZOOL* Stier *m*
torre ['torre] *f* Turm *m*
torrefazione [torrefatsi'oːne] *f (caffè)* Rösterei *f*
torrente [tor'rɛnte] *m 1.* Wildbach *m; 2. (fig)* Strom *m*
torsione [torsi'oːne] *f* Drehung *f*

torso [ˈtorso] *m ANAT* Oberkörper *m*
torta [ˈtorta] *f GAST* Torte *f*
torto [ˈtɔrto] *m* Unrecht *n*
tortura [torˈtuːra] *f* Folter *f*, Tortur *f*
torturare [tortuˈraːre] *v* quälen
tosse [ˈtosse] *f MED* Husten *m*
tossicomane [tossiˈkɔːmane] *adj 1. MED* süchtig *m/f*; 2. Drogensüchtige(r) *f/m*
tossina [tosˈsiːna] *f* Gift *n*
tossire [tosˈsiːre] *v* husten
tostapane [tostaˈpaːne] *m* Toaster *m*
totale [toˈtaːle] *adj 1.* gesamt *m*; *(somma)* (Gesamt)Summe *f*; *in ~* insgesamt
tovaglia [toˈvaːʎa] *f* Decke *f*, Tischdecke *f*
tovagliolo [tovaˈʎɔːlo] *m* Serviette *f*
tozzo [ˈtɔttso] *adj* plump, untersetzt

> **tra** [tra] *prep 1.* zwischen, unter; *2. (tempo) in traccia*
> ◆ *tra due settimane* heute in zwei Wochen
> *tra due giorni* in zwei Tagen

traboccare [trabokˈkaːre] *v 1. (recipiente)* überlaufen; 2. *(fiume)* übertreten
traccia [ˈtrattʃa] *f 1. (pista)* Spur *f*; *~ della frenata* Bremsspur *f*; 2. *(selvaggina)* Fährte
tracciare [tratˈtʃaːre] *v* markieren, zeichnen
tracollo [traˈkɔllo] *m 1.* Zusammenbruch *m*; 2. *(fig: caduta)* Sinken *n*; *~ dei prezzi* Preisverfall *m*
tradimento [tradiˈmento] *m* Verrat *m*; *alto ~* Landesverrat *m*, Hochverrat *m*
tradire [traˈdiːre] *v* verraten
traditore [tradiˈtoːre] *adj 1.* verräterisch; *m 2.* Verräter *m*
tradizionale [traditsioˈnaːle] *adj 1.* traditionell; 2. *(relativo agli usi e costumi)* herkömmlich, althergebracht
tradizione [traditsiˈoːne] *f* Tradition *f*, Überlieferung *f*

> **tradurre** [traˈdurre] *v irr 1.* übersetzen; *2. (oralmente)* dolmetschen; *3. (prigione)* einliefern
> ◆ *tradurre qc in parole povere* etw vereinfacht wiedergeben
> **!** *Präsens: traduco; Passato remoto: tradussi; Partizip Perfekt: tradotto*

traduttore [tradutˈtoːre] *m* Übersetzer *m*
traduzione [tradutsiˈoːne] *f* Übersetzung *f*
trafficante [traffiˈkante] *m/f* Händler(in) *m/f*; *~ di stupefacenti* Rauschgifthändler *m*; *~ di schiavi* Sklavenhändler *m*
traffico [ˈtraffiko] *m* Verkehr *m*; *~ di punta* Stoßverkehr *m*; *~ di stupefacenti* Rauschgifthandel *m*
tragedia [traˈdʒɛːdia] *f* Tragödie *f*
traghetto [traˈgetto] *m* Fähre *f*
tragico [ˈtraːdʒiko] *adj 1.* tragisch; *m 2.* Tragik *f*
tragitto [traˈdʒitto] *m* Weg *m*
traguardo [traˈguardo] *m* Ziel *n*
trainare [traiˈnaːre] *v* schleppen
tralasciare [tralaˈʃaːre] *v 1.* auslassen, weglassen; 2. *(omettere)* unterlassen
tram [tram] *m* Straßenbahn *f*
trama [ˈtraːma] *f 1. LIT* Handlung *f*; 2. *(tessitura)* Einschlag *m*
tramandare [tramanˈdaːre] *v* überliefern
tramare [traˈmaːre] *v* intrigieren; ◆ *tramare un complotto* einen Komplott schmieden
tramite [ˈtraːmite] *m 1.* Vermittlung *f*; *per ~ di* durch; *prep 2.* durch
tramontare [tramonˈtaːre] *v* untergehen
tramonto [traˈmonto] *m* Untergang *m*; *~ del sole* Sonnenuntergang

T

trampolino [trampo'liːno] *m 1.* Sprungbrett *n; 2. (per lo sci)* Sprungschanze *f*
trancia ['trantʃa] *f GAST* Scheibe *f*
tranello [tra'nɛllo] *m* Falle *f*
tranne ['tranne] *prep 1.* außer; *2. (a prescindere da)* abgesehen von; *3. (eccetto)* ausgenommen
tranquillità [traŋkuilli'ta] *f* Ruhe *f*
tranquillo [traŋku'illo] *adj* ruhig
transazione [transatsi'oːne] *f* Transaktion *f,* Ausgleich *m*
transitabile [transi'taːbile] *adj* befahrbar; ◆ *La strada è transitabile?* Ist die Straße passierbar?
transito ['transito] *m 1.* Durchreise *f,* Transit *m; 2. ECO* Durchfuhr *f*
transizione [transitsi'oːne] *f* Übergang *m*
trapanare [trapa'naːre] *v* bohren
trapano ['traːpano] *m TECH* Bohrer *m*
trapassare [trapas'saːre] *v (trafiggere)* durchbohren; *(fig: oltrepassare)* überschreiten
trapiantare [trapian'taːre] *v 1.* verpflanzen; *2. MED* transplantieren
trapianto [trapi'anto] *m MED* Transplantation *f; ~ cardiaco* Herztransplantation *f*

trappola ['trappola] *f* Falle *f*
◆ *cadere in trappola* in die Falle gehen

trarre ['trarre] *v irr 1.* ziehen; *2. (derivare)* entnehmen; *3. (vantaggio)* gewinnen
trasbordo [traz'bordo] *m* Umladen *n,* Umschlag *m*
trascinare [traʃi'naːre] *v 1.* schleifen, schleppen; *2. (fig)* hineinziehen
trascorrere [tras'korrere] *v irr 1.* verbringen; *m 2.* vergehen; *m 3.* ◆ *con il ~ del tempo* im Laufe der Zeit
trascrivere [tra'skriːvere] *v irr* kopieren
trascrizione [traskritsi'oːne] *f 1.* Kopie *f; 2. LING* Transkription *f; 3. JUR* Überschreibung *f*
trascurare [trasku'raːre] *v* vernachlässigen
trascuratezza [trakura'tettsa] *f* Fahrlässigkeit *f,* Nachlässigkeit *f*
trascurato [trasku'raːto] *adj* fahrlässig
trasferimento [trasferi'mento] *m 1.* Umzug *m; 2. (in ospedale)* Verlegung *f; 3. (trasporto)* Überführung *f*
trasferire [trasfe'riːre] *v irr 1.* verlegen; *2. (proprietà)* übereignen; *3. (posto)* versetzen; *4. (documenti) ECO* übertragen; *5. (denaro) ECO* überweisen; *6.* ◆ *trasferire dati su dischetto INFORM* Daten auf Diskette ziehen
trasferirsi [trasfe'rirsi] *v irr (traslocare)* umziehen; *(emigrare)* übersiedeln
trasformare [trasfor'maːre] *v 1.* verwandeln, umwandeln; *2. INFORM* konvertieren
trasformarsi [trasfor'marsi] *v* sich verwandeln
trasformazione [trasformatsi'oːne] *f 1.* Verwandlung *f; 2. (cambiamento)* Veränderung *f; ~ completa* Umgestaltung *f*
trasgredire [trazgre'diːre] *v irr (fig)* überschreiten
trasgressione [trazgressi'oːne] *f 1.* Übertretung *f; 2. JUR* Vergehen *n*
traslocare [trazlo'kaːre] *v* umziehen
trasloco [traz'lɔːko] *m* Umzug *m*
trasmettere [traz'mettere] *v irr 1.* übersenden; *2. TEL* ausstrahlen, senden
trasmissione [trazmissi'oːne] *f* Sendung *f,* Übertragung *f; ~ dei dati* Datenübertragung *f*
trasparente [traspa'rɛnte] *adj* durchsichtig, transparent
trasparenza [traspa'rɛntsa] *f* Transparenz *f*

trasportabile [traspor'taːbile] *adj* transportfähig
trasporto [tras'pɔrto] *m* Transport *m*, Abtransport *m*; *mezzo di ~ pubblico* öffentliches Verkehrsmittel *n*
trastullarsi [trastul'larsi] *v* sich unterhalten, trödeln
trasversale [trazver'saːle] *adj* quer; *strada ~* Querstraße *f*; *formato ~* Querformat *n*
tratta ['tratta] *f ECO* Tratte *f*
trattamento [tratta'mento] *m 1.* Behandlung *f*; *2. (di un ospite)* Bewirtung *f*
trattare [trat'taːre] *v 1.* behandeln; *2. (negoziare)* verhandeln
trattativa [tratta'tiːva] *f* Verhandlung *f*
trattato [trat'taːto] *m 1.* Abhandlung *f*; *2. POL* Vertrag *m*; *3. (patto)* Abkommen *n*; *4. (manuale)* Handbuch *n*

> **trattenere** [tratte'neːre] *v irr 1.* einbehalten; *2. ~ qd* jdn aufhalten
> ◆ *trattenere il pianto* die Tränen unterdrücken
> **!** *Präsens: trattengo; Futur: tratterrò; Passato remoto: trattenni*

trattenersi [tratte'nersi] *v irr 1.* verweilen; *2. (controllarsi)* sich beherrschen
trattino [trat'tiːno] *m* Bindestrich *m*
tratto ['tratto] *m 1.* Strich *m*; *2. (di qualità)* Zug *m*; *3. (di scrittura)* Zug *m*; *4. (parte)* Stück *n*; *5. (capitolo)* Abschnitt *m*
trattore [trat'toːre] *m AGR* Traktor *m*
trattoria [tratto'riːa] *f* Gasthaus *n*
trauma ['traːuma] *m MED* Trauma *n*
travaglio [tra'vaːʎo] *m* Qual *f*
trave ['traːve] *f* Träger *m*, Balken *m*
traversa [tra'vɛrsa] *f* Querstraße *f*
traversata [traver'saːta] *f* Überfahrt *f*, Überquerung *f*
traversia [traver'siːa] *f* Widerwärtigkeit *f*
traverso [tra'vɛrso] *adv 1.* quer; *di ~* schief; *m 2.* Quere *f*
travestire [travesti'ːre] *v* verkleiden
traviamento [travia'mento] *m* Verirrung *f*
travolgente [travol'dʒɛnte] *adj* unwiderstehlich, hinreißend
travolgere [tra'vɔldʒere] *v irr 1.* fortreißen; *2. (investire)* überfahren
trazione [tratsi'oːne] *f* Antrieb *m*; *~ posteriore* Hinterradantrieb *m*; *~ integrale* Allradantrieb *m*
tre [tre] *num* drei; *~ quarti* drei Viertel; *~ volte* dreimal
trecento [tre'tʃɛnto] *num 1.* dreihundert; *m 2. (secolo)* 14. Jahrhundert *n*
tredici ['treːditʃi] *num* dreizehn
tregua ['treːgua] *f 1.* Schonfrist *f*; *2. (armistizio)* Waffenstillstand *m*

> **tremare** [tre'maːre] *v* zittern, beben
> ◆ *tremare come una foglia* zittern wie Espenlaub

tremendo [tre'mɛndo] *adj* fürchterlich
tremito ['trɛːmito] *m* Zittern *n*
tremolare [tremo'laːre] *v 1.* flackern flimmern; *2. (tremare)* beben, zittern
tremore [tre'moːre] *m* Beben *n*
treno ['trɛːno] *m* Zug *m*; *~ diretto* Eilzug *m*; *~ merci* Güterzug *m*
trenta ['trenta] *num* dreißig
trentesimo [tren'tɛːzimo] *adj* dreißigste(r,s)
tresca ['treska] *f 1.* Intrige *f*; *2. (legame amoroso illecito)* Liebelei *f*
triangolo [tri'aŋgolo] *m* Dreieck *n*
tribolare [tribo'laːre] *v* leiden, sich plagen
tribolazione [tribolatsi'oːne] Quälerei *f*
tribù [tri'bu] *f* Stamm *m*

T

tribuna [triˈbuːna] *f* Tribüne *f*
tribunale [tribuˈnaːle] *m 1. JUR* Gericht *n; ~ amministrativo* Verwaltungsgericht *n; ~ del lavoro* Arbeitsgericht *n; 2. (palazzo di giustizia)* Justizpalast *m*
tributario [tribuˈtaːrio] *adj* Steuer... *sistema ~* Steuersystem *n*
tributo [triˈbuːto] *m 1.* Steuer *f; (fig)* Tribut *m*
tricheco [triˈkɛːko] *m* Walross *n*
triciclo [triˈtʃiːklo] *m* Dreirad *n*
tricolore [trikoˈloːre] *m* Trikolore *f*
trigemini [triˈdʒɛːmini] *m/pl* Drillinge *pl*
triglia [ˈtriːʎa] *f ZOOL* Seebarbe *f;* ◆ *fare l'occhio di triglia (fig)* schmachten
trilogia [triloˈdʒiːa] *f LIT* Trilogie *f*
trimestrale [trimesˈtraːle] *adj* vierteljährlich
trimestre [triˈmɛstre] *m* Quartal *n*
trinciare [trinˈtʃaːre] *v* tranchieren
Trinità [triniˈta] *f REL* Dreieinigkeit *f*
trionfare [trionˈfaːre] *v* triumphieren
trionfo [triˈonfo] *m* Triumph *m*
triplicare [tripliˈkaːre] *v* verdreifachen
triplice [ˈtriːplitʃe] *adj 1.* dreifach; *~ alleanza* Dreibund *m; 2. REL* dreifaltig
triplo [ˈtriːplo] *adj 1.* dreifach; *m 2.* Dreifaches *n*
trippa [ˈtrippa] *f GAST* Kutteln *pl*
triste [ˈtriste] *adj* traurig
tristezza [trisˈtettsa] *f 1.* Trauer *f,* Traurigkeit *f; 2. (malinconia)* Wehmut *f*
tritare [triˈtaːre] *v GAST* hacken
trivellare [trivelˈlaːre] *v* bohren
triviale [triviˈaːle] *adj 1.* trivial; *2. (ordinario, volgare)* ordinär
trofeo [troˈfɛːo] *m* Trophäe *f*
tromba [ˈtromba] *f 1. MUS* Trompete *f; 2. ~ delle scale* Treppenhaus *n; 3. ~ ovarica ANAT* Eileiter *m; 4. ~ d'aria* Windhose *f*
troncare [troŋˈkaːre] *v 1. (fig)* abknicken; *2. (mozzare)* abschneiden
tronco [ˈtroŋko] *adj 1.* abgebrochen; *2. GRAMM* endbetont; *m 3.* Baumstamm *m; 4. ANAT* Rumpf *m*
trono [ˈtrɔːno] *m* Thron *m*
tropico [ˈtrɔːpiko] *adj 1.* tropisch; *m 2. tropici pl GEO* Tropen *pl*
troppo [ˈtrɔppo] *adv 1.* zu viel, zu sehr; *adj 2.* zu viel; *pron 3.* zu viel; *m 4.* Zuviel *n;* ◆ *il troppo stroppia* zu viel ist ungesund
trota [ˈtrɔːta] *f* Forelle *f; ~ lessa* blaue Forelle *f; ~ fritta* gebackene Forelle *f*
trottare [trotˈtaːre] *v* trotten, traben
trotto [ˈtrɔtto] *m* Trab *m; corsa al ~* Trabrennen *n*

> **trovare** [troˈvaːre] *v 1.* finden; *2. (scoprire)* entdecken; *3. (fam: scovare)* auftreiben; *4. (sorprendere)* überraschen; *5. (fig: ritenere)* finden
> ◆ *Non trovo ...* Ich vermisse ...

trovarsi [troˈvarsi] *v* sich befinden
truccare [trukˈkaːre] *v 1.* schminken; *2. (falsificare)* fälschen
trucco [ˈtrukko] *m 1.* Schminke *f,* Make-up *n; 2. (inganno astuto)* Trick *m*
truciolo [ˈtruːtʃolo] *m* Span *m; trucioli di legno* Holzwolle *f*
truffa [ˈtruffa] *f* Schwindel *m*
truffare [trufˈfaːre] *v* anschwindeln
truppa [ˈtruppa] *f MIL* Truppe *f*

> **tu** [tu] *pron* du
> ◆ *Ci diamo del tu?* Duzen wir uns?
> **!** *direktes Objekt: ti; indirektes Objekt: ti/a te*

tua *(vedi „tuo")*
tuba [ˈtuːba] *f 1. (cappello)* Zylinder *m; 2. MUS* Tuba *f*
tubatura [tubaˈtuːra] *f* Rohrleitung *f*

T

tubo [ˈtuːbo] *m 1.* Rohr *n*, Röhre *f; ~ di scappamento* Auspuffrohr *n; 2. (tubetto)* Tube *f; 3. (flessibile)* Schlauch *m*
tuffare [tufˈfaːre] *v* tauchen
tuffarsi [tufˈfarsi] *v* sich stürzen; ◆ *tuffarsi in acqua* ins Wasser springen
tuffo [ˈtuffo] *m 1. SPORT* Kopfsprung *m; 2. (immersione)* Tauchen *n*
tulipano [tuliˈpaːno] *m BOT* Tulpe *f*
tumore [tuˈmoːre] *m* Tumor *m; ~ cerebrale* Gehirntumor *m*
tumulto [tuˈmulto] *m 1.* Tumult *m; 2. (atti di violenza)* Krawall *m*
tumultuoso [tumultuˈoːso] *adj 1.* stürmisch; *2. (impetuoso)* ungestüm
tuo [ˈtuːo] *adj 1.* dein; *pron 2.* deiner, deine, dein(e)s; ◆ *E' tuo questo libro?* Ist das dein Buch? *m/pl; 3. (parenti) i tuoi* die Deinen *pl*
tuonare [tuoˈnaːre] *v* donnern
tuorlo [tuˈɔrlo] *m* Dotter *m; ~ d'uovo* Eidotter *m*
turacciolo [tuˈrattʃolo] *m* Korken *m*
turbamento [turbaˈmento] *m 1. (disturbo),* Störung *f; 2. (agitazione)* Erregung *f; 3. (inquietudine)* Unruhe *f*
turbante [turˈbante] *m* Turban *m*
turbare [turˈbaːre] *v* stören, verwirren
turbinare [turbiˈnaːre] *v* wirbeln
turbolento [turboˈlɛnto] *adj 1.* turbulent; *2. (fig)* stürmisch
turca [ˈturka] *f* Türkin *f*
turchese [turˈkeːse] *adj f 1. (pietra)* Türkis *n; adj 2.* türkisfarben
Turchia [turˈkiːa] *f GEO* Türkei *f*
turchino [turˈkiːno] *adj* blau
turco [ˈturko] *adj 1.* türkisch; *m 2.* Türke *m*
turismo [tuˈrizmo] *m* Fremdenverkehr *m*, Tourismus *m; ~ di massa* Massentourismus *m*
turista [tuˈrista] *m/f* Tourist(in) *m/f*
turistico [tuˈristiko] *adj* touristisch
turno [ˈturno] *m 1.* Schicht *f; ~ medico* Bereitschaftsdienst *m; ~ di notte* Nachtschicht *f; di ~* amtierend, diensthabend; *2. (avvicendamento, volta)* Turnus *m; a ~* abwechselnd; ◆ *darsi il turno* sich ablösen; *essere di turno* an der Reihe sein
tuta [ˈtuːta] *f* Anzug *m*, Overall *m; ~ sportiva* Trainingsanzug *m; ~ da sci* Skianzug *m*
tutela [tuˈtɛːla] *f 1.* Schutz *m; ~ della natura* Naturschutz *m; 2. JUR* Vormundschaft *f*
tutelare [tuteˈlaːre] *v* wahren, schützen
tutelarsi [tuteˈlarsi] *v* sich schützen
tutore [tuˈtoːre] *adj 1.* erziehungsberechtigt; *m 2.* Vormund *m*, Erziehungsberechtigter *m*
tuttavia [tuttaˈviːa] *konj* dennoch, dessen ungeachtet

tutto [ˈtutto] *adj 1.* all, ganz; *pron 2.* alles; *adv 3.* ganz, durchaus; *del ~* ganz ◆ *È tutto, grazie.* Das ist genug, danke. *Quanto fa in tutto?* Wie viel macht das zusammen?

tuttora [tutˈtoːra] *adv 1.* noch immer; *2. (ancora)* noch

U

ubbidienza [ubbidi'ɛntsa] *f* Gehorsamkeit *f*
ubbidire [ubbi'diːre] *v* gehorchen
ubicazione [ubikatsi'oːne] *f* Position *f*
ubriacarsi [ubria'karsi] *v* sich betrinken
ubriaco [ubri'aːko] *adj* betrunken; ◆ *ubriaco fradicio* völlig betrunken

uccello [ut'tʃɛllo] *m ZOOL* Vogel *m; ~ canoro* Singvogel *m*
◆ *essere uccell di bosco (fig)* über alle Berge sein
≠ *ugello m* Düse

uccidere [ut'tʃiːdere] *v irr* umbringen
uccidersi [ut'tʃidersi] *v irr* sich umbringen, Selbstmord begehen
uccisore [uttʃi'zoːre] *m* Mörder *m*
udibile [u'diːbile] *adj* hörbar
udienza [udi'ɛntsa] *f* Gerichtsverhandlung *f*
udire [u'diːre] *v irr 1.* hören, vernehmen; *2. JUR udite le parti* nach Anhörung der Parteien
udito [u'diːto] *m 1.* Gehör *n; di ~ fine* hellhörig
uditore [udi'toːre] *m* Zuhörer *m*
uditorio [udi'tɔːrio] *m 1.* Publikum *n; 2. (aula)* Hörsaal *m,* Auditorium *n*
ufficiale [uffi'tʃaːle] *adj 1.* offiziell; *2. (d'ufficio)* amtlich; *m 3. MIL* Offizier *m; 4. (impiegato)* Beamter *m*
ufficiare [uffi'tʃaːre] *v* feiern

ufficio [uf'fiːtʃo] *m 1.* Büro *n,* Amt *n; ~ brevetti* Patentamt *n; ~ di collocamento* Arbeitsamt *n; ~ postale* Postamt *n; ~ delle finanze* Finanzamt *n; 2. (luogo di un'attività)* Dienststelle *f; 3. (incarico)* Auftrag *m*
◆ *per ragioni d'ufficio* dienstlich
rispettare il segreto d'ufficio das Betriebsgeheimnis wahren
dimettersi da un ufficio von einem Amt zurücktreten

ugello [u'dʒɛllo] *m TECH* Düse *f*
uguaglianza [ugua'ʎantsa] *f 1.* Gleichheit *f; 2. (parità di diritti)* Gleichberechtigung *f; 3. MATH* Gleichheit *f*

uguale [ugu'aːle] *adj* gleich
◆ *non aver l'uguale* unvergleichlich sein

ulivo [u'liːvo] *m BOT* Olivenbaum *m*
ulna ['ulna] *f ANAT* Speiche *f,* Elle *f*
ulteriore [ulteri'oːre] *adj* weiter
ultimamente [ultima'mente] *adv* letztlich
ultimare [ulti'maːre] *v 1.* abschließen, beenden; *2. (finire di fare)* fertigstellen
ultimo ['ultimo] *adj 1.* letzte(r,s), jüngste(r,s); *per ~* zuletzt; ◆ *in ultima analisi* alles in allem; *m 2.* Letzte(r) *f/m,* Schlusslicht *n* (fig)
ultrasuono [ultrasu'ɔːno] *m* Ultraschall *m*
umanista [uma'nista] *adj 1.* humanistisch; *m/f 2.* Humanist(in) *m/f*
umanità [umani'ta] *f 1.* Menschheit *f; 2. (benevolenza)* Menschlichkeit *f*
umanitario [umani'taːrio] *adj* Menschen..., humanitär
umano [u'maːno] *adj* menschlich
Umbria ['umbria] *f GEO* Umbrien *n*

U

umidità [umidi'ta] *f* Feuchtigkeit *f*, Nässe *f*; ~ *dell'aria* Luftfeuchtigkeit *f*
umido ['umido] *adj* feucht; *carne in* ~ geschmortes Fleisch *n*
umile ['umile] *adj* 1. demütig; 2. *(modesto)* bescheiden; 3. *(sottomesso)* untertänig
umiliare [umi'lia:re] *v* demütigen
umiltà [umili'ta] *f* Bescheidenheit *f*
umore [u'mo:re] *m* Laune *f*; *di buon* ~ gut gelaunt
umorismo [umo'rizmo] *m* Humor *m*; *con molto senso dell'*~ humorvoll
unanime [u'na:nime] *adj* einstimmig
uncinetto [untʃi'netto] *m* Häkelnadel *f*; ◆ *lavorare all'uncinetto* häkeln
undici ['unditʃi] *num* elf
ungere ['undʒere] *v irr* 1. schmieren, einfetten; 2. *(fig)* umschmeicheln
Ungheria [uŋge'ri:a] *f GEO* Ungarn *n*
unghia ['uŋgia] *f* Nagel *m*; ◆ *tirare fuori le unghia (fig)* die Krallen zeigen
unico ['u:niko] *adj* 1. einzig, alleinig; 2. *(che non ha uguali)* beispiellos, einmalig
unificare [unifi'ka:re] *v* 1. vereinigen; 2. *(associare)*vereinheitlichen
unificazione [unifikatsi'o:ne] *f* 1. Vereinheitlichung *f*; 2. *(unione, associazione)* Vereinigung *f*, Einigung *f*
uniforme [uni'forme] *f* 1. Uniform *f*; *adj* 2. gleichmäßig
unilaterale [unilate'ra:le] *adj* einseitig, unileteral

U

unione [uni'o:ne] *f* 1. Einigung *f*, Verbindung *f*; 2. *(associazione)* Union *f*, Vereinigung *f*; *Unione Europea* Europäische Union *f*; ~ *monetaria* Währungsunion *f*; 3. *(unità) POL* Einigung *f*
◆ *L'unione fa la forza.* Einigkeit macht stark.

unire [u'ni:re] *v* 1. vereinen; 2. *(connettere)* zusammenfügen; 3. *(congiungere)* verbinden
unirsi [u'nirsi] *v* 1. sich vereinigen; 2. ~ *a qd* sich jdm anschließen
unisono [u'ni:sono] *m* 1. Einklang *m*; *adj* 2. einstimmig, unisono
unità [uni'ta] *f* 1. Einheit *f*; ~ *di memoria* Speicherplatz *m*; 2. *(fig)* Einigkeit *f*; 3. *Unità Monetaria Europea FIN* Europäische Währungseinheit *f*
università [universi'ta] *f* Universität *f*
universitario [universi'ta:rio] *adj* 1. Universitäts... *m* 2. Student *m*
universo [uni'verso] *m* Weltall *n*, All *n*
univoco [u'ni:voko] *adj* eindeutig
uno ['u:no] *num* 1. eins; *pron* 2. eine(r,s); ~ *a* ~ eins zu eins; ~ *dopo l'altro* einer nach dem anderen; *l'~ l'altro* einander; *un'altra volta* ein anderes Mal; 3. *(uno qualunque)* irgendein; 4. *(impersonale)* man; *art* 5. ein
unto ['unto] *adj* 1. schmierig; ~ *di grasso* fettig; 2. *(sporco)* schmutzig
unzione [untsi'o:ne] *f REL* Ölung *f*

uomo [u'ɔ:mo] *m* 1. Mensch *m*; 2. *(persona di sesso maschile)* Mann *m*
◆ *essere un uomo d'onore* ein Ehrenmann sein
parlare da uomo a uomo von Mann zu Mann reden
! *Plural: uomini*

uovo ['uɔ:vo] *m* Ei *n*
urbano [ur'ba:no] *adj* städtisch
urgente [ur'dʒɛnte] *adj* dringend, eilig
urgenza [ur'dʒɛntsa] *f* Dringlichkeit *f*; *chiamata d'*~ Notruf *m*
urina [u'ri:na] *f* Urin *m*, Harn *m*
urlare [ur'la:re] *v* brüllen
urlo ['urlo] *m* 1. Schrei *m*; 2. *urla pl* Geschrei *n*

urna [ˈurna] *f* Urne *f*
urologo [uˈrɔːlogo] *m MED* Urologe *m*
urtare [urˈtaːre] *v 1.* anstoßen, anschlagen; *2. (fig)* anecken, abstoßen
urto [ˈurto] *m* Stoß *m,* Aufprall *m*
usa e getta [ˈuza e ˈdʒetta] *adj* Einweg...; *siringa ~* Einwegspritze *f*
usanza [uˈzantsa] *f 1.* Brauch *m,* Sitte *f; ~ di pagamento* Zahlungssitte *f; 2. (costume)* Brauchtum *n*

> **usare** [uˈzaːre] *v 1.* benutzen, brauchen; *2. (solere)* pflegen, gewohnt sein
> ◆ *usare la violenza* Gewalt anwenden

usato [uˈzaːto] *adj 1.* gebraucht; *m 2.* Gebrauchtes *n; mercato dell' ~* Gebrauchtwarenmarkt
uscire [uˈʃiːre] *v irr 1.* ausgehen; *2. (da un'associazione)* austreten; *3. (venire fuori da un luogo chiuso)* herauskommen; *4. (fig)* entgleisen; *5. MED* abgehen; *6. THEAT* abgehen; *7. ZOOL* schlüpfen

> **uscita** [uˈʃiːta] *f 1.* Ausgang *m,* Austritt *m; ~ di sicurezza* Notausgang *f; 2. (dell'autostrada)* Ausfahrt *f; 3. (fig)* Ausstieg *m; 4. THEAT* Abgang *m,* Abtritt *m; 5. FIN (spesa)* Ausgabe *f; 6. (idea, trovata)* Einfall *m; 7. (di cose stampate)* Veröffentlichung *f*
> ◆ *Dov'è l'uscita?* Wo ist der Ausgang?

uscito [uˈʃiːto] *adj (pubblicato)* veröffentlicht; *appena ~* soeben erschienen

usignolo [uziˈɲɔːlo] *m* Nachtigall *f*
uso [ˈuːzo] *m 1.* Gebrauch *m; istruzioni per l'~* Gebrauchsanweisung *f;* ◆ *È d'uso.* Es ist Sitte. *2. (impiego)* Anwendung *f; MED per ~ externo* zur äußeren Anwendung
usuale [uzuˈaːle] *adj 1.* üblich, landläufig; *2. (solito)* gewohnt
usufruire [uzufruˈiːre] *v* benutzen; nießnutzen
usura [uˈzuːra] *f* Wucher *m*
usurpare [uzurˈpaːre] *v 1.* usurpieren; *2. (addebitarsi illecitamente di qc)* sich widerrechtlich aneignen
utensile [utenˈsiːle] *m 1.* Werkzeug *n; 2. utensili pl* Utensilien *pl; utensili da cucina* Küchengeräte *pl*
utente [uˈtɛnte] *m/f 1.* Benutzer(in) *m/f; 2. (abbonato/abbonata)* Abonnent(in) *m/f*
utero [ˈuːtero] *m ANAT* Gebärmutter *f*

> **utile** [ˈuːtile] *adj 1.* dienlich, nützlich; *m 2.* Nutzen *m; 3. (guadagno) FIN* Gewinn *m; ~ di borsa* Kursgewinn *m; ~ lordo* Bruttogewinn *m*
> ◆ *in tempo utile* rechtzeitig

utilità [utiliˈta] *f* Nutzen *m,* Nützlichkeit *f; di pubblica ~* gemeinnützig
utilizzare [utilidˈdzaːre] *v* anwenden
utilizzazione [utiliddzatsiˈoːne] *f 1.* Verwertung *f; 2. (impiego)* Verwendung *f*
uva [ˈuːva] *f BOT* Traube *f,* Weintraube *f; ~ passa* Rosine *f*

V

vacante [va'kante] *adj* frei

vacanza [va'kantsa] *f* 1. Urlaub *m;* 2. *vacanze pl* Ferien *pl; vacanze estive* Sommerferien *pl; vacanze semestrali* Semesterferien *pl*
◆ *andare in vacanza* in Urlaub gehen

vacca ['vakka] *f* Kuh *f*
vaccinare [vattʃi'naːre] *v* impfen
vaccinazione [vattʃinatsi'oːne] *f* MED Impfung *f; ~ antitetanica* Tetanusimpfung *f*
vaccino [vat'tʃiːno] *m* Impfstoff *m*
vacillare [vatʃil'laːre] *v* 1. schwanken, taumeln; 2. *(fig)* wanken
vagare [va'gaːre] *v* umherirren
vaghezza [va'gettsa] *f* 1. Unbestimmtheit *f;* 2. *(grazia)* Lieblichkeit *f*
vagina [va'dʒiːna] *f* Vagina *f* Scheide *f*
vagliare [va'ʎaːre] *v* 1. sieben; 2. *(fig)* sichten; 3. *(ponderare)* erwägen
vago ['vaːgo] *adj* undeutlich, vage
vagone [va'goːne] *m* Waggon *m,* Wagen *m; ~ letto* Schlafwagen *m; ~ postale* Postwagen *m; ~ ristorante* Speisewagen *m*
valanga [va'laŋga] *f* Lawine *f*
valente [va'lɛnte] *adj* patent, fleißig

valere [va'leːre] *v irr* 1. gelten; 2. *~ la pena* sich lohnen; 3. *(avere valore)* wert sein
◆ *far valere* geltend machen
Non ne vale la pena. Es ist nicht der Mühe wert.
Non lo vale. Das ist es nicht wert.

valeriana [vale'riaːna] *f* MED Baldrian *m*
valico ['vaːliko] *m* GEO Pass *m; (passegio)* Übergang
validità [validi'ta] *f* Gültigkeit *f*
valido ['vaːlido] *adj* 1. gültig, geltend; ◆ *Per quanto tempo è valido?* Wie lange ist es gültig? *È ancora valido questo?* Ist das noch gültig? 2. *(fig)* handfest

valigia [va'liːdʒa] *f* Koffer *m*
◆ *Devo fare la valigia.* Ich muss meinen Koffer packen.
! *Plural: valigie/valige*

valle ['valle] *f* GEO Tal *n*
valore [va'loːre] *m* 1. Wert *m; ~ in causa* Streitwert *m; ~ indicativo* Richtwert *m; ~ nominale* Nennwert *m;* ◆ *d'alto valore* hochwertig; *di valore* wertvoll; 2. *(forza legale)* Gültigkeit *f;* 3. *(virtù)* Tapferkeit *f*
valuta [va'luːta] *f* 1. FIN Währung *f; ~ libera* freie Währung *f;* 2. *(denaro)* FIN Valuta *f; ~ estera* Devisen *pl,* Sorten *pl*
valutabile [valu'taːbile] *adj* berechenbar, schätzbar
valutare [valu'taːre] *v* 1. schätzen, bewerten; 2. *(fig: considerare)* erwägen
valutazione [valutatsi'oːne] *f* 1. Bewertung *f;* 2. FIN Wertermittlung *f*
valvola ['valvola] *f* TECH Ventil *n*
vampa [vampa] *f* 1. Flamme *f;* 2. *(fig)* Glut
vampiro [vam'piːro] *m* Vampir *m*
vanga ['vaŋga] *f* Spaten *m*
vangelo [van'dʒɛːlo] *m* Evangelium *n*
vaniglia [va'niːʎa] *f* BOT Vanille *f*
vanità [vani'ta] *f* Eitelkeit *f*
vano ['vaːno] *adj* 1. vergeblich; *m* 2. Raum *m; ~ scale* Treppenhaus *n*
vantaggio [van'taddʒo] *m* 1. Vorteil *m;* 2. *(fig)* Plus *n;* 3. *(utile)* Nutzen *m*

vantaggioso [vantad'dʒoːso] *adj* vorteilhaft
vanto ['vanto] *m 1. (gloria)* Ruhm *m; 2. (merito)* Verdienst *m*
vapore [va'poːre] *m* Dampf *m*
vaporoso [vapo'roːso] *adj 1.* dunstig; *2. (fig: vago)* hauchdünn; *3. (sfumato)* verschwommen
varcare [var'kaːre] *v* übertreten
varco ['varko] *m 1. (passaggio sopra)* Übergang *m; 2. (passaggio attraverso)* Durchgang *m; 3. (traversata)* Überfahrt *f*
variabile [va'riaːbile] *adj* veränderlich
variare [va'riaːre] *v* verändern
variazione [variatsi'oːne] *f 1.* Abwechslung *f; 2. MUS* Variation *f*
varice [va'riːtʃe] *f MED* Krampfader *f*
varicella [vari'tʃɛlla] *f MED* Windpocken *pl*
varietà [varie'ta] *f 1. (diversità)* Verschiedenheit *f,* Verschiedenartigkeit *f; 2. BOT* Sorte *f; m 3. THEAT* Varieté *n*
vario ['vaːrio] *adj 1.* abwechslungsreich; *2. (diverso)* unterschiedlich; *3. (molteplice)* vielfältig; ◆ *Il mondo è vario.* Die Welt ist bunt.
vasca ['vaska] *f* Becken *n,* Wanne *f; ~ da bagno* Badewanne *f*
vaso ['vaːzo] *m 1.* Vase *f; 2. (contenitore)* Topf *m; ~ da fiori* Blumentopf *m; 3. ANAT* Gefäß *n*
vassoio [vas'soːio] *m* Tablett *n*
vasto ['vasto] *adj 1.* groß, weit; *2. (molto ampio)* umfassend
Vaticano [vati'kaːno] *m* Vatikan *m*
vecchio ['vɛkkio] *adj* alt
vece ['veːtʃe] *f* Stellvertretung *f;* ◆ *in sua vece* an seiner Stelle; *far le veci di qd* jdn vertreten

vedere [ve'deːre] *v irr 1.* sehen; *2. (guardare)* schauen, anschauen, zusehen
◆ *far vedere* zeigen/herzeigen
vedersela brutta schlechte Aussichten haben

vedova ['veːdova] *f* Witwe *f*
vedovo ['veːdovo] *adj 1.* verwitwet; *m 2.* Witwer *m*
veduta [ve'duːta] *f* Ansicht *f,* Blick *m*
vegetale [vedʒe'taːle] *m 1. BOT* Gewächs *n; adj 2.* pflanzlich, Pflanzen...
vegetariano [vedʒetari'aːno] *adj 1.* vegetarisch; *m 2.* Vegetarier *m*
veglia ['veːʎa] *f* Wache *f; stato di ~* Wachzustand *m; ~ funebre* Totenwache *f*
vegliare [ve'ʎaːre] *v* wachen
veicolo [ve'iːkolo] *m* Fahrzeug *n*
vela ['veːla] *f 1.* Segel *n; 2. (Sport)* segeln *n*
velare [ve'laːre] *v* verhüllen
veleno [ve'leːno] *m* Gift *n; ~ per topi* Rattengift *n*
velluto [vel'luːto] *m* Samt *m*
velo ['veːlo] *m 1.* Schleier *m; 2. (tulle)* Tüll *m; 3. (strato sottile)* dünne Schicht *f*

veloce [ve'loːtʃe] *adj* schnell
◆ *avere un ingegno veloce* eine rasche Auffassungsgabe haben

velocità [velotʃi'ta] *f* Geschwindigkeit *f; ~ del suono* Schallgeschwindigkeit *f;* ◆ *a grande velocità* rasant
vena ['veːna] *f 1. ANAT* Vene *f; 2. (fig)* Ader *f;* ◆ *essere in vena* gut gelaunt sein
vendemmia [ven'demmia] *f* Weinlese *f*

vendere ['vendere] *v 1.* verkaufen; *2. (smerciare)* umsetzen; *3. ECO* vertreiben
◆ *vendere a peso d'oro* für teures Geld verkaufen

vendetta [ven'detta] *f* Rache *f*
vendicare [vendi'ka:re] *v* rächen
vendicarsi [vendi'karsi] *v* sich revanchieren; *~ su qd* sich an jdm rächen
vendita ['vendita] *f* Verkauf *m*, Absatz *m*; *~ all'asta* Versteigerung *f*; *~ esclusiva* Alleinvertrieb *m*
venditore [vendi'to:re] *m* Verkäufer *m*; *~ al minuto* Einzelhändler *m*
venerare [vene'ra:re] *v* verehren
venerdì [vener'di] *m* Freitag *m*; *di ~* freitags; *~ Santo* Karfreitag *m*
Veneto ['vɛ:neto] *m GEO* Veneto *n*

> **venire** [ve'ni:re] *v irr 1.* kommen, mitkommen; *2. ~ in mente (avere un'idea)* einfallen; *3. ~ alle mani* handgreiflich werden
> ◆ *venire alla luce* zum Vorschein kommen
> *venire dopo* nachkommen
> *venire incontro* entgegenkommen

ventaglio [ven'ta:ʎo] *m* Fächer *m*
ventesimo [ven'tɛ:zimo] *adj* zwanzigste(r,s)
venti ['venti] *num* zwanzig
ventilato [venti'la:to] *adj* zugig
vento ['vɛnto] *m* Wind *m*; ◆ *Tira molto vento.* Es ist sehr windig.
ventre ['vɛntre] *m ANAT* Bauch *m*; *basso ~* Unterleib *m*
ventricolo [ven'tri:kolo] *m ANAT* Kammer *f*
venuto [ve'nu:to] *adj 1. ben ~* willkommen; *m 2. il primo ~* der Erstbeste *m*
verace [ve'ra:tʃe] *adj* aufrichtig, echt

> **veramente** [vera'mente] *adv 1.* wirklich; *2. (per la verità)* eigentlich
> ◆ *Io, veramente, non ho voglia di ...* Ich habe eigentlich keine Lust zu ...

verbale [ver'ba:le] *adj 1.* mündlich; *2. LING* verbal; *m 3. JUR* Protokoll *n*; ◆ *stendere un verbale* ein Protokoll aufnehmen
verbalizzare [verbalid'dza:re] *v 1. JUR* beurkunden; *2. (esprimere con parole)* verbalisieren
verbo ['vɛrbo] *m 1. GRAMM* Verb *n*; *2. (parola)* Wort *n*
verde ['verde] *adj 1.* grün; *2.* ◆ *Sono al verde. (fig)* Ich bin pleite. *m 3. POL* Grüner *m*
verdetto [ver'detto] *m JUR* Urteilsspruch *m*
verdura [ver'du:ra] *f BOT* Gemüse *n*
vergine ['verdʒine] *adj 1.* unberührt, natürlich; *miele ~* reine Bienenhonig *m*; *foresta ~* Urwald *m*; *2. (verginale)* jungfräulich; *f 3.* Jungfrau *f*
verginità [verdʒini'ta] *f* Unschuld *f*
vergogna [ver'go:ɲa] *f 1.* Schande *f*; *2. (come sentimento)* Scham *f*, Schamgefühl *n*; *3. (pudore)* Schamgefühl *n*
vergognarsi [vergo'ɲarsi] *v* sich schämen
vergognoso [vergo'ɲo:so] *adj 1.* schamhaft; *2. (infame)* schändlich
verifica [ve'ri:fika] *f 1. (ispezione)* Überprüfung *f*; *2. (controllo)* Überprüfung *f*
verificare [verifi'ka:re] *v 1.* überprüfen; *2. (constatare)* feststellen
verificarsi [verifi'karsi] *v* eintreffen, sich ereignen

> **verità** [veri'ta] *f* Wahrheit *f*
> ◆ *tacere la verità* die Wahrheit verschweigen

verme ['vɛrme] *m 1.* Made *f*; *2. (baco)* Wurm *m*
vero ['ve:ro] *adj 1.* wahr, eigentlich, echt; *2. (giusto)* richtig; ◆ *a dire il vero* zwar, eigentlich; *m 3.* Wahrheit *f*
versamento [versa'mento] *m* Zahlung *f*

versare [verˈsaːre] *v 1.* eingießen, einfüllen; *2. (far fuoriuscire da un recipiente)* schütten; *3. (rovesciare)* vergießen; *FIN* einzahlen

versione [versiˈoːne] *f 1.* Version *f; 2. (traduzione)* Übersetzung *f; 3. LIT/CINE* Fassung *f*

verso¹ [ˈvɛrso] *prep 1.* gegen, gegenüber, nach; *~ sud* nach Süden; *~ l'Italia* nach Italien; *2. (temporale)* um, gegen; *3. (nei confronti)* gegenüber
◆ *verso le diciotto* gegen achtzehn Uhr
essere gentile verso gli ospiti den Gästen gegenüber freundlich sein

verso² [ˈvɛrso] *m 1. LIT* Vers *m; 2. (direzione)* Richtung *f*

vertebra [ˈvɛrtebra] *f* Wirbel *m*

verticale [vertiˈkaːle] *adj 1.* senkrecht, vertikal; *formato in ~* Hochformat *n; f 2. SPORT* Handstand *m*

vertice [ˈvɛrtitʃe] *m 1. POL* Gipfel *m; 2. (sommità)* Höhe *f; 3. (punto culminante)* Höhepunkt *m*

vertigini [verˈtiːdʒini] *m/pl MED* Schwindel *m*

vescica [veˈʃiːka] *f ANAT* Blase *f; ~ da scottatura* Brandblase *f*

vescovo [ˈveskovo] *m REL* Bischof *m*

vespa [ˈvɛspa] *f ZOOL* Wespe *f*

vestaglia [vesˈtaːʎa] *f* Morgenrock *m,* Hausmantel *m*

vestire [vesˈtiːre] *v 1.* anziehen, (an)kleiden; *2. (portare indossa)* tragen

vestirsi [vesˈtirsi] *v* sich anziehen

vestito [vesˈtiːto] *m 1.* Anzug *m,* Kleid *n; ~ da sposa* Brautkleid *n; 2. (fig)* Kluft *f; 3. vestiti pl* Kleidung *f*
◆ *cambiare vestito* sich umziehen

veterinario [veteriˈnaːrio] *m* Tierarzt *m,* Veterinär *m*

vetrina [veˈtriːna] *f 1.* Schaufenster *n; 2. (merce esposta)* Auslage *f; 3. (mobile)* Vitrine *f*

vetro [ˈveːtro] *m 1.* Glas *n; di ~* gläsern; *~ antiproiettile* Panzerglas *m; 2. (di finestra)* Scheibe *f*

vetta [ˈvetta] *f (di montagna)* Spitze *f*

vettura [vetˈtuːra] *f* Auto *n,* Wagen *m; ~ familiare* Kombiwagen *m*

vi [vi] *pron 1.* euch; *adv 2. (luogo: stato)* dort, hier; *3. (meto)* dorthin, hierher

via¹ [ˈviːa] *f 1.* Weg *m,* Straße *f; ~ di scampo* Fluchtweg *m; ~ lattea* Milchstraße *f; 2. (possibilità)* Möglichkeit *f; 3. in ~ eccezionale* ausnahmsweise; *4. per ~ di* wegen
◆ *Vorrei un biglietto aereo per New York via Londra.* Ich möchte ein Flugticket nach New York über London.

via² [ˈviːa] *adv 1.* fort, weg; *interj 2.* nun, rasch; *3. (nelle gare) pronti, ~!* fertig, los! *m; 4. (segnale di partenza)* Startsignal *n*

viaggiare [viadˈdʒaːre] *v* reisen

viaggio [viˈaddʒo] *m* Reise *f,* Fahrt *f; ~ di nozze* Hochzeitsreise *f; ~ di prova* Probefahrt *f*

viale [viˈaːle] *m* Allee *f*

vibrare [viˈbraːre] *v 1.* vibrieren; *2. (colpo)* versetzen

vicenda [viˈtʃɛnda] *f 1. (evento)* Ereignis *n; 2. (il succedersi)* Abfolge *f; 3. (alternativo) a ~* gegenseitig

viceversa [vitʃeˈvɛrsa] *adv 1.* umgekehrt; *konj 2. (fam: invece di ciè) aber,* stattdessen

vicinanza [vitʃiˈnantsa] *f 1.* Nähe *f; 2. vicinanze pl* Gegend *f,* Umgebung *f;* ◆ *nelle vicinanze di* in der Gegend von

vicinato [vitʃiˈnaːto] *m* Nachbarschaft *f*

vicino [vi'tʃi:no] *adv* 1. nah, in der Nähe, nebenan; *da ~* aus der Nähe; *adj* 2. nah; 3. *(nel tempo)* nah; 4. *(simile)* ähnlich; *m* 5. Nachbar *m*
◆ *È andato qui vicino.* Er ist nach nebenan gegangen.

video ['vi:deo] *m* Bildschirm *m*
videotelefono [videote'lɛ:fono] *m* Bildtelefon *n*
vietare [vie'ta:re] *v* untersagen
vigilante [vidʒi'lante] *adj* wachsam
vigile ['vi:dʒile] *adj* 1. wachsam; *m* 2. Polizist *m; ~ del fuoco* Feuerwehrmann *m;* ◆ *Chiami i vigili del fuoco!* Rufen Sie die Feuerwehr!
vigilia [vi'dʒi:lia] *f* Vorabend *m*
vigliacco [vi'ʎakko] *adj* 1. *(fig)* feige; *m* 2. Feigling *m,* Angsthase *m*
vigna ['vi:ɲa] *f* Weinberg *m*
vigore [vi'go:re] *m* Kraft *f*
vile ['vi:le] *adj* 1. feig; 2. *(abietto)* gemein; *m/f* 3. Feigling *m*
villaggio [vil'laddʒo] *m* 1. Dorf *n;* 2. *(località)* Ort *m,* Ortschaft *f*

vincere ['vintʃere] *v irr* 1. siegen, besiegen; 2. *(gara, premio)* gewinnen
◆ *vincere un concorso* aus einem Wettbewerb als Sieger hervorgehen

vincita ['vintʃita] *f* 1. Gewinn *m;* 2. *(biglietto, numero vincente)* Treffer *m*
vincitore [vintʃi'to:re] *adj* 1. siegreich; *m* 2. Sieger *m,* Gewinner *m*
vincolato [viŋko'la:to] *adj* 1. *ECO* gesperrt; 2. *(obbligato)* gebunden; 3. *(limitato)* eingeschränkt
vincolo ['viŋkolo] *m* 1. Bindung *f;* 2. *(obbligo)* Verpflichtung *f*
vino ['vi:no] *m GAST* Wein *m; ~ bianco* Weißwein *m; ~ rosso* Rotwein *m*
viola [vi'ɔ:la] *adj* 1. violett; *f* 2. *MUS* Bratsche *f;* 3. *BOT* Veilchen *n*
violare [vio'la:re] *v* 1. *(contratto)* brechen, verletzen; 2. *(infrangere)* verletzen; 3. *(profanare)* entweihen
violazione [violatsi'o:ne] *f* 1. Verletzung *f;* 2. *JUR* Bruch *m; ~ di domicilio* Hausfriedensbruch *m*
violentare [violen'ta:re] *v* 1. sich vergehen an; 2. *(stuprare)* vergewaltigen; 3. *(costringere)* nötigen
violento [vio'lɛnto] *adj* 1. gewaltig, gewaltsam; 2. *(manesco)* handgreiflich; *episodi violenti* Tätlichkeiten *pl;* 3. *(rumore)* lautstark
violenza [vio'lɛntsa] *f* 1. Gewalt *f,* Tätlichkeit *f;* 2. *(stupro)* Vergewaltigung *f;* 3. *(impeto)* Wucht *f*
violino [vio'li:no] *m MUS* Geige *f*
violoncello [violon'tʃɛllo] *m MUS* Cello *n*
vipera ['vi:pera] *f* Otter *f,* Viper *f*
virgola ['virgola] *f GRAMM* Komma *n*
virile [vi'ri:le] *adj* männlich, Mannes...
virtù [vir'tu] *f* Tugend *f*
virtuale [virtu'a:le] *adj* 1. virtuell; *spazi virtuali* virtuelle Räume *pl;* 2. *(potenziale, possibile)* potenziell, möglich
virus ['vi:rus] *m MED* Virus *n*
viscere ['vi:ʃere] *f ANAT* Eingeweide *n*
visibile [vi'zi:bile] *adj* 1. sichtbar; *ben ~* übersichtlich; 2. *(evidente)* ersichtlich
visibilità [vizibili'ta] *f* Sicht *f*
visione [vizi'o:ne] *f* 1. Sehen *n,* Anblick *m;* 2. *(esame)* Ansicht *f; in ~* zur Ansicht; 3. *(punto di vista)* Auffassung *f;* 4. *(apparizione)* Erscheinung *f*

visita ['vi:zita] *f* 1. *(di ospiti)* Besuch *m; ~ ufficiale* Staatsbesuch *m;* 2. *(di museo)* Besichtigung *f;* 3. *(dal medico)* Untersuchung *f; ~ di leva* Musterung *f;*

V

4. *(alla dogana)* Abfertigung *f*
◆ *Quando ci sarà la prossima visita guidata?* Wann ist die nächste Führung?

visitare [vizi'ta:re] *v* *1.* besichtigen; *2. (far visita)* besuchen; *3. MED* untersuchen
visitatore [vizita'to:re] *m* Besucher *m*
viso ['vi:zo] *m* Angesicht *n,* Gesicht *n;* ◆ *far buon viso a cattivo gioco* gute Miene zum bösen Spiel machen
visone [vi'zo:ne] *m ZOOL* Nerz *m*
vista ['vista] *f* *1.* Aussicht *f; con ~ su* mit Blick auf; *punto di ~* Standpunkt *m; ~ laterale* Seitenansicht *f; non in ~* außer Sicht; *a ~ d'occhio* zusehends; ◆ *mettersi in vista* sich hervortun; *conoscere di vista* vom Sehen kennen; *2. PHYS* Sehkraft *f,* Sichtweite *f*
visto ['visto] *adj* *1.* gesehen, angesehen; ◆ *visto che ...* in Anbetracht dessen, dass ...; *m 2.* Sichtvermerk *m; 3. (permesso)* Visum *n*
visuale [vizu'a:le] *adj* *1. campo ~* Gesichtsfeld *n; f 2.* Ausblick *m*

vita ['vi:ta] *f* *1.* Leben *n; segno di ~* Lebenszeichen *n; tenore di ~* Lebensstandard *m; 2. (del vestito)* Taille *f*
◆ *a vita* lebenslänglich
dalla vita breve kurzlebig
avere una vita di stenti (fig) ein kümmerliches Leben verbringen

vitale [vi'ta:le] *adj* *1.* lebenswichtig; *questione ~* Existenzfrage *f; 2. (pieno di vita)* vital
vitamina [vita'mi:na] *f* Vitamin *n*
vite ['vi:te] *f* *1.* Schraube *f; giro di ~* Verschärfung *f;* ◆ *La vite è lenta.* Diese Schraube ist locker. *2. BOT* Rebe *f*
vitello [vi'tɛllo] *m ZOOL* Kalb *n*
vittima ['vittima] *f* Opfer *n*
vittoria [vit'tɔ:ria] *f* Sieg *m;* ◆ *cantar vittoria su qc (fam)* über etw triumphieren
viva ['vi:va] *interj* hurra, es lebe
vivace [vi'va:tʃe] *adj* lebendig
vivacità [vivatʃi'ta] *f* Munterkeit *f*
vivente [vi'vɛnte] *adj* lebendig, lebend; *essere ~* Lebewesen *n*
vivere ['vi:vere] *v irr* *1.* leben, existieren; *2. (abitare)* wohnen
viveri ['vi:veri] *m/pl GAST* Lebensmittel *pl*
vivo ['vi:vo] *adj* *1.* lebhaft, belebt; *2. (vivente)* lebend; *rosso ~* feuerrot; ◆ *farsi vivo* von sich hören lassen
viziare [vitsi'a:re] *v* verwöhnen, verderben
vizio ['vi:tsio] *m* *1.* Laster *n,* schlechte Angewohnheit *f; 2. ~ cardiaco MED* Herzfehler *m*
vizioso [vitsi'o:so] *adj* *1.* lasterhaft, verdorben; *2. (difettoso)* mangelhaft
vocabolario [vokabo'la:rio] *m* *1.* Wörterbuch *n; 2. (lessico)* Wortschatz *m*
vocabolo [vo'ka:bolo] *m* Vokabel *f; ~ straniero* Fremdwort *n*
vocale [vo'ka:le] *adj* *1.* vokalisch; *2. corde vocali ANAT* Stimmbänder *pl; f 3. GRAMM* Vokal *m*
voce ['vo:tʃe] *f* *1.* Stimme *f; ad alta ~* lautstark; *~ bianca* Knabenstimme *f;* ◆ *avere voce in capitolo* Einfluss haben; *2. (notizia vaga)* Gerücht *n;* ◆ *Corre voce che ...* Es geht das Gerücht um, dass ... *3. (elenco)* Posten *m; 4. ECO* Artikel *m*
voga ['vo:ga] *f* *1.* Schwung *m; 2.* Mode *f* ◆ *essere in voga* modern sein
voglia ['vɔ:ʎa] *f* *1.* Lust *f; 2.* ◆ *di buona voglia* gern; *2. (brama)* Verlangen *n*

voi [voi] *pron* ihr, euch; *per ~* euretwegen
! *direktes Objekt: vi; indirektes Objekt: vi/a voi*

volante [vo'lante] *m 1.* Steuer *n; ~ di guida* Lenkrad *n; adj 2.* fliegend
volare [vo'la:re] *v 1.* fliegen; *2. (tempo)* verfliegen
volatile [vo'la:tile] *m* Geflügel *n*
volentieri [volenti'ɛ:ri] *adv* gern
volere [vo'le:re] *v irr 1.* wollen, mögen; ◆ *Vuol dire ...* Das bedeutet ... *2.* ◆ *voler bene a qd* jdn lieb haben; *Ti voglio bene.* Ich mag dich. *3. (avere bisogno)* benötigen; ◆ *Ci vuole un'ora.* Man braucht eine Stunde. *Qui ci vuole un dizionario.* Dazu braucht man ein Wörterbuch. *m 4.* Wille *m*
volgarità [volgari'ta] *f* Gewöhnlichkeit *f*
volgere ['vɔldʒere] *v irr 1.* kehren, wenden; *2. (voltare)* abbiegen; *3. (avvicinarsi)* sich nähern
volo ['vo:lo] *m* Flug *m,* Fliegen *n; ~ radente* Tiefflug *m; ~ a vela* Segelfliegen *n;* ◆ *Questo volo ha ritardo?* Hat dieser Flug Verspätung? *C'è un volo di linea per ...?* Gibt es einen Linienflug nach ...?
volontà [volon'ta] *f* Wille *m; a ~* nach Belieben
volontario [volon'ta:rio] *adj 1.* freiwillig; *m 2.* Volontär *m,* Freiwilliger *m*
volonteroso [volonte'ro:so] *adj 1.* gutwillig; *2. (attivo)* fleißig
volpe ['volpe] *f ZOOL* Fuchs *m*
volpino [vol'pi:no] *m ZOOL* Spitz *m*

volta[1] ['vɔlta] *f (tempo)* Mal *n; otto volte* achtmal; *un'altra ~* ein andermal; *questa ~* diesmal; *una ~* einmal, ehemals; *la prossima ~* das nächste Mal; *qualche ~* manchmal
◆ *per la prima volta* erstmals
per l'ennesima volta zum x-ten Mal
di volta in volta jeweils
Un'altra volta, per favore! Noch einmal, bitte!

V

volta[2] ['vɔlta] *f* Gewölbe *n,* Wendung *f*
voltare [vol'ta:re] *v 1.* drehen, umdrehen; ◆ *voltare pagina* umblättern; *voltare pagina (fig)* neu anfangen; *2. (girare)* abbiegen; ◆ *voltare a destra* nach rechts abbiegen; *Dove dobbiamo voltare?* Wo müssen wir abbiegen?
voltarsi [vol'tarsi] *v* sich umdrehen
volto ['volto] *m* Gesicht *n*
volume [vo'lu:me] *m 1.* Volumen *n; ~ d'affari* Geschäftsvolumen *n; 2. (rumore)* Lautstärke *f; 3. (libro)* Band *m*
voluminoso [volumi'no:so] *adj* umfangreich
voluttario [volut'ta:rio] *adj* Genuss...
vomitare [vomi'ta:re] *v* sich übergeben
vongola ['voŋgola] *f ZOOL* Venusmuschel *f*
voragine [vo'ra:dʒine] *f* Abgrund *m*
vortice ['vɔrtitʃe] *m* Wirbel *m*
vostro ['vɔstro] *adj 1.* euer; *pron 2.* euere(r,s); *~ pari* euresgleichen
votante [vo'tante] *m/f* Wähler (in) *m/f*
votare [vo'ta:re] *v 1. POL* wählen; *2. (dare il proprio voto)* abstimmen
votazione [votatsi'o:ne] *f 1.* Wahl *f; 2. (l'atto del votare)* Abstimmung *f*
voto ['vo:to] *m 1.* Note *f; a pieni voti* mit der besten Note; ◆ *dare un voto* benoten; *2. (valutazione)* Prädikat *n; 3. POL* Stimme *f; 4. (diritto di ~)* Wahlrecht *n*
vulnerabile [vulne'ra:bile] *adj* verletzbar
vuotare [vuo'ta:re] *v* leeren

vuoto [vu'ɔ:to] *adj 1.* leer; *assegno a ~* ungedeckter Scheck *m; 2. (fig)* hohl; *3. (senza senso)* sinnlos; *m 4.* Leergut *n; ~ a perdere* Einwegflasche *f; ~ a rendere* Pfandflasche *f; 5. (spazio non occupato)* Leere *f; 6. PHYS* Vakuum *n*
◆ *andare a vuoto* missglücken

W/X/Y/Z

wafer [ˈvaːfer] *m GAST* Waffel *f*
weekend [ˈwiːkend] *m* Wochenende *n*
western [ˈwɛstern] *m* Western *m*
wurstel [ˈvurstəl] *m* Würstchen *n*
xeno [ˈksɛːno] *m CHEM* Xenon *n*
xenofobia [ksenofoˈbiːa] *f* Ausländerfeindlichkeit *f*, Xenophobie *f*
xenofobo [kseˈnɔːfobo] *adj* ausländerfeindlich, xenophob
xilofono [ksiˈlɔːfono] *m* Xylophon *n*
yacht [jɔt] *m* Jacht *f*
yen [jɛn] *m* Yen *m*
yog(h)urt [ˈjɔːgurt] *m GAST* Joghurt *m*
ypsilon [ˈiːpsilon] *m/f* Ypsilon *n*
zabaione [dzabaiˈoːne] *m GAST* Weinschaumcreme *f*
zafferano [dzaffeˈraːno] *m BOT* Safran *m*
zaffiro [dzafˈfiːro] *m MIN* Saphir *m*
zaino [ˈdzaːino] *m* Rucksack *m*
zampa [ˈdzampa] *f ZOOL* Pfote *f*, Bein *n*
zampettare [tsampetˈtaːre] *v* zappeln
zampillo [tsamˈpillo] *m* Strahl *m*, dünner Strahl *m*
zampogna [dzamˈpoːɲa] *f 1.* Hirtenflöte *f; 2. (cornamusa)* Dudelsack *m*
zanna [ˈdzanna] *f 1. ZOOL* Hauer *m; 2. (di elefanti)* Stoßzahn *m*
zanzara [dzanˈdzaːra] *f* Mücke *f*
zappa [ˈdzappa] *f* Hacke *f*
zappare [dzapˈpaːre] *v* hacken
zapping [ˈdzappiŋ] *m* Zappen *n;* ◆ *fare zapping* zappen
zar(ina) [tsar/tsaˈriːna] *m/f* Zar(in) *m/f*
zattera [ˈdzattera] *f* Floß *n*
zavorra [dzaˈvɔrra] *f* Ballast *m*
zebra [ˈdzɛːbra] *f ZOOL* Zebra *n*
zecca¹ [ˈtsekka] *f ZOOL* Zecke *f*
zecca² [ˈdzekka] *f* Münzstätte *f;* ◆ *nuovo di zecca* nagelneu
zelante [dzeˈlante] *adj* eifrig

> **zelo** [ˈdzɛːlo] *m* Eifer *m*
> ◆ *con zelo* eifrig
> *mettere zelo nelle proprie mansioni* seine Aufgaben mit Eifer erledigen

zenzero [ˈdzɛndzero] *m* Ingwer *m*
zeppa [ˈtseppa] *f 1.* Keil *m; 2. (suola)* hohe Schuhsohle *f*
zeppo [ˈtseppo] *adj* ◆ *pieno zeppo* bis oben voll
zerbino [dzerˈbiːno] *m* Fußabtreter *m*
zero [ˈdzɛːro] *num 1.* null; *m 2.* Null *f; 3. (fig)* Nullpunkt *m*
zia [ˈtsiːa] *f* Tante *f*
zibaldone [dzibalˈdoːne] *m 1.* Mischung *f; 2. (guazzabuglio)* Sammelsurium *n*
zibellino [dzibelˈliːno] *m* Zobel *m*
zigano [tsiˈgaːno] *m* Zigeuner *m*
zigomo [ˈdziːgomo] *m* Jochbein *n*
zigzagare [dzigdzaˈgaːre] *v* im Zickzack laufen
zimbello [tsimˈbɛllo] *m 1. ZOOL* Lockvogel *m; 2. (fig)* Köder *m*
zinco [ˈtsiŋko] *m CHEM* Zink *m*
zingaro [ˈdziŋgaro] *m* Zigeuner *m*
zio [ˈtsiːo] *m* Onkel *m*
zip [dsip] *m* Reißverschluss *m*
zitella [tsiˈtɛlla] *f* Jungfer *f*
zittire [tsitˈtiːre] *v irr* zischen

> **zitto** [ˈtsitto] *adj* still
> ◆ *stare zitto* schweigen

zizzania [dzid'dza:nia] *f* *1.* Streit *m;* *2. (erba dannosa)* Unkraut *n*
zoccolo ['dzɔkkolo] *m* *1. ZOOL* Huf *m;* *2. (come calzatura)* Holzschuh *m;* *3. (di un muro, di un mobile) ARCH* Sockel *m*
zodiacale [dzodia'ka:le] *m* *segno ~* Tierkreiszeichen *n*
zolfo ['dzolfo] *m* *CHEM* Schwefel *m*
zolla ['dzɔlla] *f* Erdscholle *f*
zolletta [dzol'letta] *f* *~ di zucchero GAST* Zuckerwürfel *m*
zona ['dzɔ:na] *f* Zone *f,* Gebiet *n;* *~ d'insediamento* Siedlungsgebiet *n;* *~ di tensione* Spannungsgebiet *n;* *~ industriale* Industriegebiet *n,* Gewerbegebiet *n;* *~ mediterranea* Mittelmeerraum *m;* *~ pedonale* Fußgängerzone *f*
zoo ['dzɔ:o] *m* Zoo *m*
zoofilia [dzoofi'li:a] *f* Tierliebe *f*
zoologia [dzoolo'dʒi:a] *f* Zoologie *f*
zoologico [dzoo'lɔ:dʒiko] *adj* Tier... *giardino ~* Tierpark *m* Zoo *m*
zoom [zu:m] *m* Zoom *m*
zootecnico [dzoo'tɛkniko] *adj* *1.* Viehzucht... *m* *2.* Tierzüchter *m*
zoppicare [dzoppi'ka:re] *v* hinken
zoppo ['dzɔppo] *adj* *1. MED* lahm; *m* *2.* Lahmer *m,* Hinkender *m*
zotico ['dzɔ:tiko] *adj* *1.* flegelhaft, grob; *m* Grobian *m*
zoticone [dzoti'ko:ne] *m* *1.* Flegel *m;* *2. (fig)* Prolet *m*
zucca ['dzukka] *f* *1. BOT* Kürbis *m;* *2. (fig)* Kopf *m*
zuccherare [dzukke'ra:re] *v* zuckern
zuccheriera [dzukke'riɛ:ra] *f* Zuckerdose *f*
zuccherino [tsukke'ri:no] *adj* *1.* zuckerhaltig; *m* *2.* Süßigkeit *f*
zucchero ['dzukkero] *m* *GAST* Zucker *m;* *~ a velo* Puderzucker *m;* *~ di canna* Rohrzucker *m;* ◆ *essere uno zucchero (fam)* sehr nett sein
zucchina [dzuk'ki:na] *f* *GAST* Zucchini *pl*
zuffa ['dzuffa] *f* Rauferei *f*
zuppa ['dzuppa] *f* *GAST* Suppe *f*
zuppiera [dzuppi'ɛ:ra] *f* Suppenschüssel *f*
zuppo ['dzuppo] *adj* nass, feucht, durchnässt
zuzzurellone [dzuddzurel'lo:ne] *m* *(fam)* Kindskopf *m,* alberner Mensch *m*

A

Aal [aːl] *m ZOOL* anguilla *f*; ◆ *sich winden wie ein Aal* divincolarsi come un'anguilla

ab [ap] *prep 1. (zeitlich)* da; *2. (örtlich)* da; *3. Bestellungen ~ 20 Euro* ordinazioni a partire da 20 Euro *f/pl*
◆ *ab heute* da oggi in poi
ab und zu talvolta/di tanto in tanto
Ab durch die Mitte! (fig) Coraggio!/Dai!/Forza!
! *mit Dativ*

Abänderung [ˈapɛndəruŋ] *f* modifica *f*, modificazione *f*

abbauen [ˈapbauən] *v 1. (zerlegen)* smontare; *2. (verringern)* diminuire

abbestellen [ˈapbəʃtɛlən] *v* annullare; ◆ *einen Flug abbestellen* disdire un volo

abbiegen [ˈapbiːgən] *v irr* girare a, svoltare a; *rechts ~* girare a destra

Abbild [ˈapbɪlt] *n 1. (Darstellung)* copia *f*; *2. (Ebenbild)* ritratto *m*

abbilden [ˈapbɪldən] *v* rappresentare

Abbildung [ˈapbɪlduŋ] *f* disegno *m*

abbrechen [ˈapbrɛçən] *v irr 1.* spezzare, staccare; *2. (fig)* interrompere; ◆ *eine Reise abbrechen* interrompere un viaggio

abbrennen [ˈapbrɛnən] *v irr* bruciare

abbringen [ˈapbrɪŋən] *v irr* distogliere; *jdn von etw ~* distogliere qd da qc

abdecken [ˈapdɛkən] *v 1. (Dach)* togliere, scoprire; ◆ *das Dach abdecken* togliere il tetto; *2. (Tisch)* sparecchiare

abdrehen [ˈapdreːən] *v (zudrehen)* chiudere; ◆ *das Licht abdrehen* spegnere la luce

Abdruck [ˈapdruk] *m 1. (eines Textes)* stampa *f*; *2. (Spur)* impronta *f*; *3. (Nachbildung)* riproduzione *f*

Abend [ˈaːbənt] *m 1.* sera *f*; *2. Heiliger ~* vigilia di Natale *f*
◆ *heute Abend* questa sera
gestern Abend ieri sera
Es ist noch nicht aller Tage Abend. Non è ancora detta l'ultima parola.

Abendessen [ˈaːbəntɛsən] *n* cena *f*

Abendkleid [ˈaːbəntklaɪt] *n* abito da sera *m*

Abendkurs [ˈaːbəntkurs] *m* corso serale *m*

abendlich [ˈaːbəntlɪç] *adj* serale

Abendrot [ˈaːbəntroːt] *n* rosso di sera *m*; ◆ *Abendrot, Gutwetterbot'.* Rosso di sera, bel tempo si spera.

abends [ˈaːbənts] *adv* di sera; *um neun Uhr ~* alle nove di sera

Abenteuer [ˈaːbəntɔyər] *n* avventura *f*

abenteuerlich [ˈaːbəntɔyərlɪç] *adj* avventuroso

Abenteurer [ˈaːbəntɔyrər] *m* avventuriero *m*

aber [ˈaːbər] *konj* ma
◆ *Das ist aber nett von dir!* È veramente gentile da parte tua!
Aber sicher! Ma certo!

abfahren [ˈapfaːrən] *v irr* partire

Abfahrt [ˈapfaːrt] *f 1. (Abreise)* partenza *f*; *2. SPORT* discesa *f*

Abfall [ˈapfal] *m 1. (Müll)* rifiuti *m/pl*; *2. (Rückgang)* caduta *f*

Abfalleimer [ˈapfalaɪmər] *m* pattumiera *f*

A

abfärben [ˈapfɛrbən] *v 1.* scolorirsi, stingersi; *2. auf jdn ~ (fig)* influenzare qd
abfertigen [ˈapfɛrtɪgən] *v 1. (Kunde)* servire; *2. (am Zoll)* ispezionare; *3. (fam)* sbrigare; *jdn ~* sbrigare le pratiche di qd
Abfertigung [ˈapfɛrtɪguŋ] *f 1. (eines Kunden)* servizio *m; 2. (Zollabfertigung)* controllo doganale *m; zollamtliche ~* visita doganale *f*
abfinden [ˈapfɪndən] *v irr sich ~* rassegnarsi, contentarsi; *sich mit jdm ~* accordarsi con qd; *sich mit etw ~* contentarsi di qc
Abflug [ˈapfluːk] *m* decollo *m*
Abfluss [ˈapflus] *m 1.* scarico *m; 2. (von Geld) ECO* fuga *f*
abfüllen [ˈapfylən] *v* travasare
Abgabe [ˈapgaːbə] *f 1. (Ablieferung)* consegna *f; 2. (Steuer) ECO* imposta *f*
abgeben [ˈapgeːbən] *v irr* consegnare
abgehen [ˈapgeːən] *v irr (fam: Knopf)* staccarsi; ◆ *Ein Knopf ist abgegangen.* Si è staccato un bottone.
abgesehen [ˈapgəzeːən] *adj ~ von* a parte
abgewöhnen [ˈapgəvøːnən] *v sich etw ~* disabituarsi a qc
abgrenzen [ˈapgrɛntsən] *v* segnare i confini, delimitare
Abgrund [ˈapgrunt] *m* abisso *m;* precipizio *m; in einen ~ stürzen* cadere in un precipizio
abhaken [ˈaphaːkən] *v 1. (loslösen)* sganciare; *2. (Liste)* segnare; ◆ *einen Namen auf der Liste abhaken* depennare un nome dalla lista
abhalten [ˈaphaltən] *v irr 1.* trattenere; ◆ *eine Versammlung abhalten* tenere una riunione; *2. (hindern)* impedire, distogliere da; ◆ *von der Arbeit ~* distogliere dal lavoro
abhandeln [ˈaphandəln] *v* mercanteggiare
abhängen¹ [ˈaphɛŋən] *v irr von jdm ~* dipendere da qd
abhängen² [ˈaphɛŋən] *v 1. etw ~* sganciare qc; *2. jdn ~* distaccarsi da qd, superare qd
abhängig [ˈaphɛŋɪç] *adj* dipendente
Abhängigkeit [ˈaphɛŋɪçkaɪt] *f* dipendenza *f; ~ von* dipendenza da
abheben [ˈapheːbən] *v irr 1. (Hörer)* sollevare; *2. sich von jdm ~* distinguersi da qd; *3. (Geld) ECO* prelevare; *4. (Flugzeug)* decollare
abhetzen [ˈaphɛtsən] *v sich ~* affannarsi
Abhilfe [ˈaphɪlfə] *f* rimedio *m*

> **abholen** [ˈapho:lən] *v* andare a prendere
> ◆ *Ich hole dich ab.* Vengo a prenderti.

abhören [ˈaphøːrən] *v 1. TEL* intercettare; *2. (in der Schule)* ascoltare; ◆ *die Aufgabe abhören* ascoltare la lezione
Abitur [abiˈtuːr] *n* esame di maturità *m*
abkaufen [ˈapkaufən] *v 1.* acquistare da qd, comprare da qd; *2. (fam: glauben)* credere; ◆ *Das kaufe ich dir nicht ab!* Non mi freghi!
abkommen [ˈapkɔmən] *v irr von einem Plan ~* rinunciare ad un progetto, abbandonare un'idea; *vom Weg ~* abbandonare la retta via
Abkommen [ˈapkɔmən] *n* accordo *m*
abkühlen [ˈapkyːlən] *v* raffreddare
abkürzen [ˈapkyrtsən] *v 1. (Weg)* accorciare; *2. (Wort)* abbreviare
abladen [ˈaplaːdən] *v irr* scaricare
Ablage [ˈaplaːgə] *f* deposito *m*
Ablauf [ˈaplauf] *m 1. (Abfluss)* scolo *m; 2. (Geschehen)* svolgimento *m; 3. (Frist)* scadenza *f*
ablaufen [ˈaplaufən] *v irr 1. (abfließen)* defluire; *2. (Geschehen)* svolgersi

ablegen [ˈapleːgən] *v* 1. *(Kleidung)* togliere; ◆ *die Kleidung ablegen* togliersi i vestiti; 2. *(Karten)* posare; ◆ *die Karten ablegen* posare le carte; 3. *(Akten)* archiviare; 4. *(fig)* liberarsi
ablehnen [ˈapleːnən] *v* declinare
Ablehnung [ˈapleːnuŋ] *f* rifiuto *m*
ableiten [ˈaplaɪtən] *v* 1. *(Wasser)* deviare; 2. *(fig: folgern)* dedurre
ablenken [ˈaplɛŋkən] *v* 1. *(Arbeit)* distrarre; 2. *(Gedanken)* distogliere; 3. *(Verdacht)* sviare
abliefern [ˈapliːfərn] *v* consegnare
ablösen [ˈapløːzən] *v* 1. *(entfernen)* levare, togliere; 2. *(Dienst)* sostituire; 3. *(sich abwechseln)* alternarsi
Ablösung [ˈapløːzuŋ] *f* 1. *(Entfernung)* separazione *f;* 2. *(im Dienst)* cambio *m;* 3. *(Nachfolge)* sostituzione *f;* 4. *(Tilgung) ECO* estinzione *f*
abmachen [ˈapmaxən] *v* 1. *(entfernen)* togliere; 2. *(übereinkommen)* accordarsi
Abmachung [ˈapmaxuŋ] *f* accordo *m*
abmagern [ˈapmagərn] *v* dimagrire
abmelden [ˈapmɛldən] *v* disdire
abmessen [ˈapmɛsən] *v irr* misurare
Abmessung [ˈapmɛsuŋ] *f* 1. *(Vorgang)* misurazione *f;* 2. *(Maß)* misura *f*
abmildern [ˈapmɪldərn] *v* mitigare
abnabeln [ˈapnaːbəln] *v* 1. *MED* staccare; 2. *sich von jdm ~* staccarsi da qd
Abnahme [ˈapnaːmə] *f* 1. *(Entgegennahme)* presa in consegna *f;* 2. *(Verminderung)* riduzione *f;* 3. *TECH* collaudo *m*
abnehmen [ˈapneːmən] *v irr* 1. *(Gewicht)* dimagrire; 2. *(entfernen)* rimuovere; 3. *(entgegennehmen)* prendere in consegna; *jdm Arbeit ~* togliere del lavoro a qd
Abneigung [ˈapnaɪguŋ] *f* avversione *f*
abnutzen [ˈapnutsən] *v* consumare
abonnieren [abɔˈniːrən] *v* abbonarsi
Abordnung [ˈapɔrdnuŋ] *f* delegazione *f*
Abort [abˈɔrt] *m* 1. *(fam)* cesso *m;* 2. *MED* aborto *m*
abpacken [ˈappakən] *v* imballare
abpflücken [ˈappflykən] *v* cogliere
abputzen [ˈapputsən] *v* pulire
abquälen [ˈapkvɛːlən] *v sich ~* tormentarsi
abraten [ˈapraːtən] *v irr* sconsigliare
abräumen [ˈaprɔymən] *v* sgombrare
Abrechnung [ˈaprɛçnuŋ] *f* 1. *(Abzug)* detrazione *f;* 2. *(fig: Vergeltung)* conto *m*
Abreise [ˈapraɪzə] *f* partenza *f*
abreisen [ˈapraɪzən] *v* partire
abreißen [ˈapraɪsən] *v irr* 1. *(Gebäude)* demolire; 2. *(Papier)* stracciare
abrichten [ˈaprɪçtən] *v* ammaestrare; ◆ *einen Hund abrichten* ammaestrare un cane
abriegeln [ˈapriːgəln] *v (Gebiet)* sbarrare; ◆ *Die Polizei hat die Straße abgeriegelt.* La polizia ha sbarrato la strada.
abrunden [ˈaprundən] *v* arrotondare
abrupt [apˈrupt] *adj* improvviso
absagen [ˈapzaːgən] *v* disdire
Absatz [ˈapzats] *m* 1. capoverso *m;* 2. *(Treppenabsatz)* gradino *m;* 3. *(Schuhabsatz)* tacco *m*
absaugen [ˈapzaugən] *v irr* 1. aspirare; 2. *(Staub saugen)* passare l'aspirapolvere
abschaffen [ˈapʃafən] *v* abrogare
Abschaffung [ˈapʃafuŋ] *f* abrogazione *f*
abschalten [ˈapʃaltən] *v* 1. *(ausschalten)* spegnere, *(Computer)* disattivare; 2. *(fam)* non pensare a niente; ◆ *Er kann nie abschalten.* Non riesce a smetterla.
abschätzen [ˈapʃɛtsən] *v* stimare
Abscheu [ˈapʃɔy] *m/f* orrore *m*
abschicken [ˈapʃɪkən] *v* spedire

A

Abschied [ˈapʃiːt] *m* commiato *m* ◆ *von jdm Abschied nehmen* prendere commiato da qd

abschirmen [ˈapʃɪrmən] *v 1.* schermare; *2. (fig)* proteggere

abschlagen [ˈapʃlaːgən] *v irr 1. (abschneiden)* staccare; *2. (fig: ablehnen)* respingere

abschleppen [ˈapʃlɛpən] *v* rimorchiare

abschließen [ˈapʃliːsən] *v irr 1. (zuschließen)* chiudere; *2. (beenden)* ultimare, finire; *3. (Vertrag) JUR* stipulare; *4. (Geschäft) ECO* concludere

abschließend [ˈapʃliːsənt] *adj 1.* definitivo, conclusivo; *adv 2.* definitivamente, infine

Abschluss [ˈapʃlus] *m 1. (Beendigung)* fine *f; 2. (eines Vertrages)* conclusione *f*

Abschlussprüfung [ˈapʃluspryːfuŋ] *f (in der Schule)* esame finale *m*

abschmecken [ˈapʃmɛkən] *v* assaggiare

abschminken [ˈapʃmɪŋkən] *v* struccarsi

abschneiden [ˈapʃnaɪdən] *v irr 1.* tagliare; *2. (fam)* riuscire; ◆ *in einer Prüfung schlecht abschneiden* non superare bene un esame; *3. gut ~* ottenere un buon risultato

Abschnitt [ˈapʃnɪt] *m 1. (Kapitel)* paragrafo *m; 2. (Gebiet)* settore *m; 3. (Zeit)* periodo *m*

abschrauben [ˈapʃraubən] *v* svitare

abschrecken [ˈapʃrɛkən] *v (abhalten)* scoraggiare, intimorire

abschreckend [ˈapʃrɛkənt] *adj* ripugnante; ◆ *ein abschreckendes Beispiel* un esempio ammonitore *m*

abschreiben [ˈapʃraɪbən] *v irr 1.* copiare; *2. ECO* ammortizzare

Abschrift [ˈapʃrɪft] *f* copia *f*

abschütteln [ˈapʃytəln] *v 1.* scuotere; *2. (fam)* liberarsi; *jdn ~* liberarsi di qd

Abschwächung [ˈapʃvɛçuŋ] *f* indebolimento *m*

absehbar [ˈapzeːbaːr] *adj* prevedibile; ◆ *in absehbarer Zeit* in un prossimo futuro

absehen [ˈapzeːən] *v irr 1. (voraussehen)* prevedere; *2. (nicht beachten) abgesehen davon* a prescindere da ciò; *3. es auf etw ~* prendere di mira qc

abseits [ˈapzaɪts] *adv* in disparte

absenden [ˈapzɛndən] *v irr* spedire

Absender [ˈapzɛndər] *m* mittente *m*

absenken [ˈapzɛŋkən] *v* abbassare

absetzen [ˈapzɛtsən] *v 1. (hinstellen)* deporre, posare; *2. (eines Amtes entheben)* destituire; *3. (sich abheben)* risaltare; *4. sich ~ (fam: weggehen)* sganciarsi; *5. sich ~ CHEM* depositarsi

absichern [ˈapzɪçərn] *v 1.* rendere sicuro; *2. sich ~* proteggersi

Absicht [ˈapzɪçt] *f* intenzione *f* ◆ *keine bösen Absichten haben* non avere cattive intenzioni

absichtlich [ˈapzɪçtlɪç] *adj* intenzionale; *etw ~ machen* far qc apposta

absolut [apzoˈluːt] *adj* assoluto

Absolvent(in) [apzɔlˈvɛnt(ɪn)] *m/f 1. (eines Gymnasiums)* diplomto/diplomata *m/f; 2. (einer Universität)* laureato/laureata *m/f*

absolvieren [apzɔlˈviːrən] *v 1. (abschließen)* superare; ◆ *die Prüfung absolvieren* superare l'esame; *2. (Universität)* laurearsi

absondern [ˈapzɔndərn] *v 1. sich ~* isolarsi; *sich von jdm ~* isolarsi da qd; *2. (trennen)* separare

absperren [ˈapʃpɛrən] *v 1. (zuschließen)* chiudere; *2. (Gebiet)* sbarrare
Absperrung [ˈapʃpɛruŋ] *f* chiusura *f*
abspielen [ˈapʃpiːlən] *v 1. (Schallplatte)* suonare; *2. sich ~* svolgersi
Absprache [ˈapʃpraːxə] *f* accordo *m*
absprechen [ˈapʃprɛçən] *v irr (vereinbaren)* mettersi d'accordo
abspringen [ˈapʃprɪŋən] *v irr 1. (heruntersprinqen)* saltar giù; *2. (sich lösen)* staccarsi; ◆ *Der Knopf springt ab.* Il bottone si stacca. *3. (fig)* staccarsi; ◆ *von einem Vorhaben ~* abbandonare un'idea
abspülen [ˈapʃpyːlən] *v* sciacquare, lavare; ◆ *Geschirr ~* lavare i piatti
abstammen [ˈapʃtamən] *v 1.* discendere; *~ von* discendere da; *2. (Ursprung haben)* derivare
Abstammung [ˈapʃtamuŋ] *f 1. (Herkunft)* discendenza *f; 2. (Ursprung)* origine *f*

Abstand [ˈapʃtant] *m 1.* distanza *f;2. (fig)* distanze *f/pl*
◆ *Abstand halten* mantenere le distanze
Er war mit Abstand der Beste. Era di gran lunga il migliore.

abstatten [ˈapʃtatən] *v 1. (Besuch)* rendere; ◆ *einen Besuch abstatten* rendere una visita; *2. (Dank)* rendere grazie; ◆ *jdm seinen Dank abstatten* rendere grazie a qd
abstauben [ˈapʃtaubən] *v* spolverare, togliere la polvere
abstehend [ˈapʃteːənt] *adj* sporgente
absteigen [ˈapʃtaɪgən] *v irr 1. (hinuntersteigen)* scendere; *2. (fam: einkehren)* scendere; ◆ *in einem Hotel absteigen* alloggiare in un albergo
abstellen [ˈapʃtɛlən] *v 1. (ausschalten)* spegnere; *2. (hinstellen)* deporre; *3. (Wasser)* chiudere
Abstellkammer [ˈapʃtɛlkamər] *f* ripostiglio *m*
abstempeln [ˈapʃtɛmpəln] *v 1. (Briefmarke)* timbrare; *2. (fam) jdn ~* bollare qd; ◆ *jdn zum Feigling abstempeln* bollare qd di viltà
Abstieg [ˈapʃtiːk] *m 1. (Hinuntersteigen)* discesa *f; 2. (fig: Niedergang)* decadenza *f*
abstimmen [ˈapʃtɪmən] *v 1. (wählen)* votare; *2. (fig: anpassen)* armonizzare
Abstimmung [ˈapʃtɪmuŋ] *f 1. (Wahl)* votazione *f; 2. (fig: Anpassung)* armonia *f*
abstinent [apstiˈnent] *adj 1.* astinente; *2. (auf Alkohol verzichtend)* astemio
abstottern [ˈapʃtɔtərn] *v (fam)* pagare a rate
abstoßen [ˈapʃtoːsən] *v irr 1. (wegstoßen)* respingere; *2. (beschädigen)* rompere; *3. (verkaufen) ECO* vendere
abstrakt [apˈstrakt] *adj* astratto
abstreiten [ˈapʃtraɪtən] *v irr* contestare, negare
Abstufung [ˈapʃtuːfuŋ] *m 1. farbliche ~* sfumatura di colori *f; 2. (Staffelung)* graduazione *f*
abstumpfen [ˈapʃtumpfən] *v 1.* spuntarsi, smussarsi; *2. (fig)* rendere insensibile, ottundere
Absturz [ˈapʃturts] *m* caduta *f*
abstürzen [ˈapʃtyrtsən] *v* precipitare
absurd [apˈzurt] *adj* assurdo
abtasten [ˈaptastən] *v* tastare
abtauen [ˈaptauən] *v 1.* disgelare; *2. (Kühlschrank)* sbrinare
Abteil [apˈtaɪl] *n* scompartimento *m*
abteilen [ˈaptaɪlən] *v 1. (trennen)* separare; *2. (einteilen)* dividere
Abteilung [apˈtaɪluŋ] *f 1.* reparto *m; 2. BOT* divisione *f*
abträglich [ˈaptrɛːklɪç] *adj* pregiudizievole
abtrennen [ˈaptrɛnən] *v* separare

A

abtreten [ˈaptreːtən] *v irr 1. (überlassen)* cedere; 2. *THEAT* uscire

abtrocknen [ˈaptrɔknən] *v* asciugare ◆ *Ich trockne meine Haare ab.* Mi asciugo i capelli.

abwägen [ˈapvɛːgən] *v irr* ponderare

abwälzen [ˈapvɛːltsən] *v (fig: Schuld, Verantwortung)* scaricarsi di, allontanare; ◆ *eine Schuld von sich abwälzen* scaricarsi di una colpa

abwandeln [ˈapvandəln] *v* variare

abwandern [ˈapvandərn] *v 1.* emigrare; 2. *ECO* trasferirsi

Abwanderung [ˈapvandəruŋ] *f 1.* emigrazione *f;* 2. *ECO* trasferimento *m*

Abwandlung [ˈapvandluŋ] *f* variazione *f*

abwarten [ˈapvartən] *v* attendere ◆ *erst mal abwarten, ob ...* bisogna vedere se ...

abwärts [ˈapvɛrts] *adv* verso il basso; *die Geschäfte gehen ~* gli affari vanno male

abwaschen [ˈapvaʃən] *v irr* lavare

Abwasser [ˈapvasər] *n* acqua di scarico *f*

abwechseln [ˈapvɛksəln] *v sich ~* alternarsi

abwechselnd [ˈapvɛksəlnt] *adv* alternativamente

Abwechslung [ˈapvɛksluŋ] *f 1.* alternativa *f;* variazione *f,* varietà *f;* 2. *(Zerstreuung)* svago *m,* distrazione *f*

abwechslungsreich [ˈapvɛksluŋsraɪç] *adj* vario

abwegig [ˈapveːgɪç] *adj* errato

Abwehr [ˈapveːr] *f 1. (Widerstand)* resistenza *f,* difesa *f;* 2. *(Vorbeugung)* prevenzione *f;* ◆ *die Abwehr von Krankheiten* la prevenzione delle malattie *f*

abwehren [ˈapveːrən] *v 1. (zurückschlagen)* respingere; 2. *(fig)* scongiurare; ◆ *eine Gefahr abwehren* scongiurare un pericolo

abweichen [ˈapvaɪçən] *v irr* deviare, allontanarsi; *vom Thema ~* allontanarsi dall'argomento

Abweichung [ˈapvaɪçuŋ] *f 1.* deviazione *f;* 2. *(Unterschied)* divergenza *f*

abweisen [ˈapvaɪzən] *v irr* respingere

abwenden [ˈapvɛndən] *v 1. (verhüten)* prevenire, evitare; 2. ◆ *eine Gefahr abwenden (fig)* scongiurare un pericolo; 3. *sich ~* girarsi, volgersi; *sich von jdm ~* distogliere lo sguardo da qd

abwerfen [ˈapvɛrfən] *v irr (hinunterwerfen)* lanciare

abwerten [ˈapveːrtən] *v* svalutare

abwertend [ˈapveːrtənt] *adj* dispregiativo

Abwertung [ˈapveːrtuŋ] *f* svalutazione *f*

abwesend [ˈapveːzənt] *adj* assente

Abwesenheit [ˈapveːzənhaɪt] *f* assenza *f; durch ~ glänzen* brillare per la propria assenza

abwickeln [ˈapvɪkəln] *v (durchführen)* eseguire

abwimmeln [ˈapvɪməln] *v (fam)* togliersi di torno; ◆ *einen Besucher abwimmeln* levarsi dai piedi un visitatore

abwischen [ˈapvɪʃən] *v 1. (Staub)* levare, togliere; 2. *(Tafel)* cancellare; 3. *(trocknen)* asciugare; 4. *(sauber machen)* pulire

abzahlen [ˈaptsaːlən] *v (Raten)* pagare a rate; *etw ~* pagare qc a rate

abzeichnen [ˈaptsaɪçnən] *v 1.* riprodurre disegnando, ritrarre; 2. *(unterschreiben)* firmare; 3. *sich ~* delinearsi

abziehen [ˈaptsiːən] *v irr 1. (entfernen)* sfilare, togliere; 2. *MATH* sottrarre

Abzug [ˈaptsuːk] *f (Kopie)* copia *f*
abzüglich [ˈaptsyːklɪç] *prep 1. ECO* al netto di, detratto; *adv 2.* meno
Abzweigung [ˈaptsvaɪguŋ] *f* diramazione *f*
Achsel [ˈaksəl] *f ANAT* ascella *f*
acht [axt] *num* otto
Acht [axt] *f sich in ~ nehmen* badare a se stesso; *außer ~ lassen* non prendere in considerazione; *~ geben* prestare attenzione
achtbar [ˈaxtbaːr] *adj* rispettabile
achte(r,s) [ˈaxtə(r,s)] *adj* ottavo/ottava
achteckig [ˈaxtɛkɪç] *adj* ottagonale
Achtel [ˈaxtəl] *n* ottavo *m*
achten [ˈaxtən] *v 1. (hoch~)* stimare; *2. (be~)* rispettare; *3. ~ auf* fare attenzione a
achtfach [ˈaxtfax] *adj* ottuplo
achthundert [ˈaxthundərt] *num* ottocento
achtlos [ˈaxtloːs] *adj* sbadato, disattento
achtmal [ˈaxtmaːl] *adv* otto volte
Achtsamkeit [ˈaxtzaːmkaɪt] *f* attenzione *f*
achttausend [ˈaxttauzənt] *num* ottomila
Achtung [ˈaxtuŋ] *f 1. (Hochachtung)* stima *f; 2. (Beachtung)* attenzione *f; interj 3. (Ausruf) ~!* Attenzione!
achtzehn [ˈaxtseːn] *num* diciotto
achtzehnte(r,s) [ˈaxtseːntə(r,s)] *adj* diciottesimo/diciottesima
achtzig [ˈaxtsɪç] *num* ottanta
achtzigste(r,s) [ˈaxtsɪçstə(r,s)] *adj* ottantesimo/ottantesima
Acker [ˈakər] *m* campo *m*
Ackerbau [ˈakərbau] *m* agricoltura *f*
addieren [aˈdiːrən] *v* addizionare
Adel [ˈaːdəl] *m* nobiltà *f,* vena *f*
Ader [ˈaːdər] *f 1. ANAT* vena *f,* vaso sanguigno *m; 2. (fig)* talento *m, (Wesenszug)* vena *f; musikalische ~* vena musicale *f;* ◆ *eine Ader für etw haben* essere portato per qc
Adjektiv [ˈatjɛktiːf] *n* aggettivo *m*
Adler [ˈaːdlər] *m* aquila *f*
adlig [ˈaːdlɪç] *adj* nobile
Adlige(r) [ˈaːdlɪçə(r)] *m/f* nobile *m/f*
adoptieren [adɔpˈtiːrən] *v* adottare
Adoption [adɔpˈtsjoːn] *f* adozione *f*
Adoptiveltern [adɔpˈtiːfɛltərn] *pl* genitori adottivi *m/pl*
Adressat [adrɛˈsaːt] *m* destinatario *m*
Adresse [aˈdrɛsə] *f* indirizzo *m*
adressieren [adrɛˈsiːrən] *v* indirizzare
Advent [atˈvɛnt] *m* Avvento *m*
Adverb [atˈvɛrp] *n GRAMM* avverbio *m*
Affäre [aˈfɛːrə] *f* affare *m*

> **Affe** [ˈafə] *m ZOOL* scimmia *f*
> ◆ *seinem Affen Zucker geben (fig)* darsi delle arie

Affekt [aˈfɛkt] *m* stato di eccitazione *m*
affektiert [afɛkˈtiːrt] *adj* affettato
affig [ˈafɪç] *adj* sciocco, vanesio
Afrika [ˈafrika] *n GEO* Africa *f*
afrikanisch [afriˈkaːnɪʃ] *adj* africano
Agent [aˈgɛnt] *m* agente *m*
aggressiv [agrɛˈsiːf] *adj* aggressivo
Agrarindustrie [aˈgraːrɪndustriː] *f* industria agricola *f*
Agrarland [aˈgraːrlant] *n* paese agricolo *m*
Ägypten [ɛˈgyptən] *n GEO* Egitto *m*
aha [aˈha] *interj* ah, ecco
Ahne [ˈaːnə] *m/f* antenato/antenata *m/f,* avo/ava *m/f*
ähneln [ˈɛːnəln] *v* assomigliare
ahnen [ˈaːnən] *v 1. (voraussehen)* presentire, presagire; ◆ *Als ob er es geahnt hätte.* Come se lo fosse aspettato; *2. (befürchten)* temere; *etwas Schlimmes ~* temere il peggio

A

ähnlich [ˈɛːnlɪç] *adj* somigliante
◆ *Das sieht ihm ähnlich.* Questo gli somiglia.

Ähnlichkeit [ˈɛːnlɪçkaɪt] *f* somiglianza *f*

Ahnung [ˈaːnuŋ] *f* 1. presentimento *m*; 2. *(Befürchtung)* timore *m*
◆ *keine blasse Ahnung haben* non aver la più pallida idea

ahnungslos [ˈaːnuŋsloːs] *adj* ignaro
Ahorn [ˈaːhɔrn] *m* acero *m*
Akademie [akadeˈmiː] *f* accademia *f*
Akademiker(in) [akaˈdeːmɪkər(ɪn)] *m/f* accademico/accademica *m/f*
akademisch [akaˈdeːmɪʃ] *adj* accademico
Akkord [aˈkɔrt] *m* accordo *m*
Akkusativ [ˈakuzatiːf] *m* accusativo *m*
Akrobat(in) [akroˈbaːt(ɪn)] *m/f* acrobata *m/f*
Akt [akt] *m* 1. *(Tat)* atto *m*, azione *f*; 2. *(Zeremonie)* cerimonia *f*
Akte [ˈaktə] *f* documento *m*
Aktennotiz [ˈaktənnotiːts] *f* annotazione *f*
Aktion [akˈtsjoːn] *f* attività *f*, azione *f*
aktiv [akˈtiːf] *adj* attivo
Aktivität [aktiviˈtɛːt] *f* attività *f*
aktualisieren [aktualiˈziːrən] *v* aggiornare
Aktualität [aktualiˈtɛːt] *f* attualità *f*
aktuell [aktuˈɛl] *adj* attuale
Akustik [aˈkustɪk] *f* acustica *f*
akustisch [aˈkustɪʃ] *adj* acustico
akut [aˈkuːt] *adj* acuto
Akzent [akˈtsɛnt] *m* accento *m*
akzentuieren [aktsɛntuiˈːrən] *v* accentare
akzeptieren [aktsɛpˈtiːrən] *v* accettare

Alarm [aˈlarm] *m* allarme *m; blinder* ~ falso allarme *m*
◆ *Alarm geben* dare l'allarme

alarmieren [alarˈmiːrən] *v* allarmare
albern [ˈalbərn] *adj* sciocco *m*
Albtraum [ˈalptraum] *m* incubo *m*
Album [ˈalbum] *n* album *m*
alias [ˈaljas] *adv* altrimenti detto, alias
Alibi [ˈaːlibiː] *n* alibi *m*
Alkohol [ˈalkohoːl] *m* alcool *m*
alkoholfrei [ˈalkohoːlfraɪ] *adj* non alcoolico (alcolico), analcolico
Alkoholiker(in) [alkoˈhoːlɪkər(ɪn)] *m/f* alcolista *m/f*
alkoholisch [alkoˈhoːlɪʃ] *adj* alcoolico
All [al] *n* universo *m*, cosmo *m*
alle [ˈalə] *adj* 1. tutto; *pron* 2. tutti; ◆ *Alle sind gekommen.* Sono venuti tutti. *alle beide* tutti e due; *alle vier Jahre* ogni quattro anni
Allee [aˈleː] *f* viale *m*

allein [aˈlaɪn] *adj* solo; *~ stehend* solo
! *fam: alleine*

alleinig [aˈlaɪnɪç] *adj* unico
allerbeste(r,s) [ˈalərbɛstə] *adj* il migliore di tutti/la migliore di tutti
allerdings [alərˈdɪŋs] *adv* certo
allerhand [ˈalərˈhant] *adj* 1. *(viel)* ogni specie di, ogni sorta di; 2. *(vielerlei)* molto, tanto; 3. *(fam)* troppo
allerhöchstens [ˈalərˈhøːçstəns] *adv* tutt'al più, al massimo
allerlei [ˈalərˈlaɪ] *adj* ogni specie di

alles [ˈaləs] *pron* tutto
◆ *Das ist alles.* Questo è tutto.
alles in allem tutto sommato
vor allem soprattutto

allesamt [ˈaləsamt] *pron* tutti quanti

allgegenwärtig [alˈgeːgənvɛrtɪç] *adj* onnipresente

allgemein [algəˈmaɪn] *adj 1.* generale; *adv 2.* generalmente; *~ gültig* generalmente valido; *~ verständlich* comprensibile a tutti
! *Intonation auch:* [ˈalgəmaɪn]

Allgemeinheit [algəˈmaɪnhaɪt] *f* comunità *f; für die ~* per tutti
Allheilmittel [alˈhaɪlmɪtəl] *n* toccasana *m*
alljährlich [alˈjɛːrlɪç] *adj* annuale
Allmacht [ˈalmaxt] *f* onnipotenza *f*
allmählich [alˈmɛːlɪç] *adj* graduale; *adv* a poco a poco
allseits [ˈalzaɪts] *adv* da ogni parte
Alltag [ˈaltaːk] *m* quotidiano *m*
alltäglich [alˈtɛːklɪç] *adj* quotidiano
alltags [ˈaltaːks] *adj* quotidiano
allwissend [ˈalˈvɪsənt] *adj* onnisciente
allzu [ˈaltsu] *adv* troppo; ◆ *Du nimmst es allzu leicht.* La prendi troppo alla leggera.
Almosen [ˈalmoːzən] *n* elemosina *f;* ◆ *jdn um ein Almosen bitten* chiedere l'elemosina a qd
Alpen [ˈalpən] *pl GEO* alpi *f/pl*
Alphabet [alfaˈbeːt] *n* alfabeto *m*
alphabetisch [alfaˈbeːtɪʃ] *adj 1.* alfabetico; *adv 2. ~ geordnet* in ordine alfabetico
alpin [alˈpiːn] *adj* alpino

als [als] *konj 1. (gleichzeitig)* quando; *2. (vorzeitig)* dopo che; *3. (Eigenschaft)* in qualità di, come; *4. (beim Komparativ)* di, che
◆ *Er ist größer als du.* È più alto di te. *Er ist intelligenter, als er vorgibt.* È più intelligente di quanto sembri.

also [ˈalzo] *konj* dunque

alt [alt] *adj* vecchio; *~ aussehen* sembrare vecchio
◆ *altes Haus (fig)* vecchio mio *m*
alter Hut storia vecchia *f*
! *komp: älter; sup: am ältesten*

Altar [alˈtaːr] *m REL* altare *m*
altbekannt [ˈaltbəˈkant] *adj* ben noto
Alter [ˈaltər] *n* età *f;* ◆ *Er ist im Alter von 50 Jahren.* Ha 50 anni.
ältere(r,s) [ɛltərə(r,s)] *adj* il più anziano/la più anziana
altern [ˈaltərn] *v* invecchiare
alternativ [altərnaˈtiːf] *adj* alternativo
Altersgrenze [ˈaltərsgrɛntsə] *f* limite d'età *m*
Altersheim [ˈaltərshaɪm] *n* casa di riposo *f*
Altersrente [ˈaltərsrɛntə] *f* pensione di vecchiaia *f*
altersschwach [ˈaltərsʃvax] *adj* decrepito
Altersunterschied [ˈaltərsuntərʃiːt] *m* differenza d'età *f*
Altertum [ˈaltərtuːm] *n* antichità *f*
altertümlich [ˈaltərtymlɪç] *adj* antico
Altglas [ˈaltglaːs] *n* vetro usato *m*
altklug [ˈaltkluːk] *adj* saputello
Altmetall [ˈaltmetal] *n* metallo vecchio *m*
altmodisch [ˈaltmoːdɪʃ] *adj* antiquato, fuori moda
Altpapier [ˈaltpapiːr] *n* cartastraccia *f*
Altstadt [ˈaltʃtat] *f* centro storico *m*
Alufolie [ˈalufoːljə] *f* carta stagnola *f*
am *(= an dem) (siehe „an")*
Amateur [amaˈtøːr] *m* dilettante *m/f*
ambulant [ambuˈlant] *adj* ambulante
Ameise [ˈaːmaɪzə] *f ZOOL* formica *f*
Amen [ˈaːmən] *n* amen *m;* ◆ *zu allem ja und Amen sagen* chinare il capo/dire sempre di sì/acconsentire a tutto

A

Amerika [a'meːrika] *n GEO* America *f*
amerikanisch [ameri'kaːnɪʃ] *adj* americano
Amokläufer ['amoklɔyfər] *m* pazzo sanguinario *m*
Ampel ['ampəl] *f* semaforo *m*
Ampere [am'pɛːr] *n TECH* ampere *m*
am *(= an dem)(siehe „an“)*
Amt [amt] *n 1.* ufficio *m; 2. (Stellung)* incarico *m; 3. (Telefonamt)* linea *f*
amtierend [am'tiːrənt] *adj* in carica
amtlich ['amtlɪç] *adj* ufficiale
Amtsarzt ['amtsartst] *m* ufficiale sanitario *m*
Amtsbezirk ['amtsbətsɪrk] *m* circoscrizione *f*
Amtsinhaber(in) ['amtsɪnhaːbər(ɪn)] *m/f* titolare di una carica *m*
Amtsvermerk ['amtsfɛrmɛrk] *m* annotazione d'ufficio *f*
Amulett [amu'lɛt] *n* amuleto *m*
amüsant [amy'zant] *adj* divertente
amüsieren [amy'ziːrən] *v sich ~* divertirsi

> **an** [an] *prep 1. (örtlich)* a, su; *am Fenster sitzen* sedere alla finestra; *die Fliege ~ der Wand* la mosca sulla parete; *2. (zeitlich)* in, di; *~ einem schönen Abend* in una bella serata; *am Abend* di sera; *am ersten Oktober* il primo Ottobre *m; 3. ~ den Direktor* al direttore; *4. Er singt am schönsten.* Canta meglio di tutti.
> ◆ *von diesem Zeitpunkt an* d'ora in avanti/d'ora in poi
> *von jetzt an* d'ora in poi
> *an etw leiden* soffrire di qc
> **!** *mit Dativ/Akkusativ*

analog [ana'loːk] *adj* analogo
Analogie [analo'giː] *f* analogia *f*
Analphabet ['analfabeːt] *m* analfabeta *m/f*
Analyse [ana'lyːzə] *f* analisi *f*
Ananas ['ananas] *f* ananas *m*
anbahnen ['anbaːnən] *v* avviare, iniziare
anbändeln ['anbɛndəln] *v (fam)* attaccare; *mit jdm ~* attaccare bottone con qd
Anbau ['anbau] *m (am Gebäude)* edificio annesso *m*
anbauen ['anbauən] *v (Gebäude)* ingrandire
Anbeginn ['anbəgɪn] *m* principio *m; seit ~* fin da principio
anbei [an'baɪ] *adv* accluso, annesso
anbeißen ['anbaɪsən] *v irr 1. (beißen)* mordere, dare un morso; ◆ *den Apfel anbeißen* dare un morso alla mela; *zum Anbeißen aussehen (fig)* sembrare appetitoso; *2. (fam)* abboccare all'amo
anbelangen ['anbəlaŋən] *v* riguardare
anbeten ['anbeːtən] *v* adorare
Anbetracht ['anbətraxt] *m* considerazione *f;* ◆ *in Anbetracht seines guten Willens ...* considerata la sua buona volontà ...
anbieten ['anbiːtən] *v irr* offrire
anbinden ['anbɪndən] *v irr* legare
anblicken ['anblɪkən] *v* guardare; *etw ~* gettare uno sguardo su qc
anbrechen ['anbrɛçən] *v irr 1. (brechen)* spezzare, cominciare; *2. (fig)* mettere mano a, cominciare; ◆ *den Vorrat anbrechen* mettere mano alle provviste; *Der Tag ist angebrochen.* Il giorno è cominciato.
anbrennen ['anbrɛnən] *v irr* appiccare il fuoco; ◆ *nichts anbrennen lassen* non lasciarsi scappare nulla/non perdere un colpo
anbringen ['anbrɪŋən] *v irr 1. (befestigen)* fissare; *2. (vortragen)* presentare; *3. (fam: herbringen)* portare
Anbruch ['anbrux] *m* inizio *m*

andauern [ˈandauərn] *v* continuare
andauernd [ˈandauərnt] *adj* continuo
Andenken [ˈandɛŋkən] *n* *1. (Erinnerung)* rimembranza *f,* ricordo *m; 2. (Souvenir)* ricordo *m,* souvenir *m*

> **andere(r,s)** [ˈandərə(r,s)] *adj 1.* altro/altra; *pron 2.* altro
> ◆ *ein anderes Mal* un'altra volta *f*
> *unter anderem* tra l'altro
> *Das ist etwas anderes.* Questo è un altro paio di maniche.

andererseits [ˈandərərzaɪts] *adv* d'altra parte
andermal [ˈandərmaːl] *adv* altra volta, altra occasione; *ein ~* un'altra volta
ändern [ˈɛndərn] *v 1. etw ~* cambiare qc; *2. sich ~* cambiare; ◆ *Das Wetter wird sich ändern.* Il tempo cambierà.
andernfalls [ˈandərnfals] *adv* in caso contrario, altrimenti
anders [ˈandərs] *adj 1.* altro; *~ denkend* alternativo; *adv 2.* altrimenti
andersartig [ˈandərsaːrtɪç] *adj* di altra specie, diverso
Andersartigkeit [ˈandərsaːrtɪçkaɪt] *f* eterogeneità *f*
andersherum [ˈandərshɛrum] *adv* in senso opposto, d'altra parte
anderswo [ˈandərsvoː] *adv* altrove
anderthalb [ˈandərthalp] *num* uno e mezzo
Änderung [ˈɛndəruŋ] *f* cambiamento *m*
anderweitig [ˈandərvaɪtɪç] *adj* diverso, ulteriore
andeuten [ˈandɔytən] *v* accennare; ◆ *ein Problem andeuten* accennare ad un problema
Andeutung [ˈandɔytuŋ] *f* accenno *m*
Andrang [ˈandraŋ] *m* ressa *f,* calca *f*
andrehen [ˈandreːən] *v 1. (einschalten)* accendere; *2. (fam)* appioppare; *jdm etw ~* appioppare qc a qd
androhen [ˈandroːən] *v* minacciare
aneignen [ˈanaɪgnən] *v sich ~* appropriarsi
Aneignung [ˈanaɪgnuŋ] *f* appropriazione *f*
aneinander [anaɪˈnandər] *adv* uno accanto all'altro; ◆ *die Gedanken aneinanderfügen* connettere i pensieri; *aneinandergeraten* litigare; *aneinandergrenzend* confinante; *aneinanderreihen* mettere in fila/allineare; *aneinanderreihen (fig)* infilare
Anekdote [anɛkˈdoːtə] *f* aneddoto *m*
anekeln [ˈaneːkəln] *v* nauseare; *(fam)* fare schifo; ◆ *Diese Speise ekelt mich an.* Questo cibo mi fa schifo.
anerkannt [ˈanɛrkant] *adj* riconosciuto
anerkennen [ˈanɛrkɛnən] *v irr* riconoscere
anerkennend [ˈanɛrkɛnənt] *adj* di riconoscimento
anerkennenswert [ˈanɛrkɛnənsveːrt] *adj* degno di approvazione
Anerkennung [ˈanɛrkɛnuŋ] *f* riconoscimento *m*
anfahren [ˈanfaːrən] *v irr 1. (losfahren)* avviare; *2. (fahren gegen)* scontrarsi; *3. (fig: schimpfen)* assalire; ◆ *jdn mit Beleidigungen anfahren* assalire qd con ingiurie; *4. (Maschine) TECH* avviare
Anfahrt [ˈanfaːrt] *f 1. (Fahrt)* arrivo *m; 2. (Zufahrt)* accesso *m*
anfallen [ˈanfalən] *v irr 1. (überfallen)* aggredire; *2. (befallen)* colpire; *3. (Arbeit)* presentarsi
anfällig [ˈanfɛlɪç] *adj* incline, *(für etw)* sogetto a; ◆ *Er ist für Kopfschmerzen ~.* Va sogetto a forti mal di testa.

Anfang [ˈanfaŋ] *m* principio *m*
◆ *von Anfang an* dall'inizio
am Anfang all'inizio
Anfang November all'inizio di novembre
Das ist der Anfang vom Ende. Questo è l'inizio della fine.
! *Plural: Anfänge*

anfangen [ˈanfaŋən] *v irr* incominciare
anfassen [ˈanfasən] *v 1. (berühren)* toccare; *2. (greifen)* prendere, afferrare; *3. (fam: helfen)* dare una mano, aiutare
anfechtbar [ˈanfɛçtbaːr] *adj* contestabile
Anfechtung [ˈanfɛçtuŋ] *f 1. (Einspruch)* contestazione *f; 2. (Recht)* impugnazione *f*
Anfeindung [ˈanfaɪnduŋ] *f* ostilità *f*
anfertigen [ˈanfɛrtɪgən] *v* produrre
Anfertigung [ˈanfɛrtɪguŋ] *f* fabbricazione *f*
anfeuchten [ˈanfɔyçtən] *v* inumidire
anfeuern [ˈanfɔyərn] *v (fig)* animare, esortare
anflehen [ˈanfleːən] *v* implorare
Anflug [ˈanfluːk] *m 1. (mit dem Flugzeug)* arrivo *m; 2. (fig: Hauch)* accesso *m*
anfordern [ˈanfɔrdərn] *v* esigere
Anforderung [ˈanfɔrdəruŋ] *f 1.* pretesa *f,* richiesta *f; 2. (Bestellung)* domanda *f*
Anfrage [ˈanfraːgə] *f ECO* richiesta *f*
anfragen [ˈanfraːgən] *v* domandare
anfreunden [ˈanfrɔyndən] *v sich ~* diventare amico; *sich mit jdm ~* diventare amico di qd
anfügen [ˈanfyːgən] *v 1. (hinzufügen)* aggiungere; *2. (beilegen)* allegare
anfühlen [ˈanfyːlən] *v sich ~* toccare, sentire; ◆ *Es fühlt sich feucht an.* Si sente che è umido.
anführen [ˈanfyːrən] *v 1. (führen)* comandare; *2. (zitieren)* citare
Angabe [ˈangaːbə] *f 1.* affermazione *f,* indicazione *f; 2. (fam: Prahlerei)* presunzione *f,* vanteria *f*
angeben [ˈangeːbən] *v irr 1.* indicare; *2. (fam: prahlen)* vantarsi
Angeber(in) [ˈangeːbər(ɪn)] *m/f* presuntuoso/presuntuosa *m/f,* spaccone *m (fam)*
Angeberei [angeːbəˈraɪ] *f* presunzione *f*
angeblich [ˈangeːplɪç] *adj 1.* presunto, supposto; *adv 2.* presumibilmente; ◆ *die angeblich versprochene Hilfe* l'aiuto che presumibilmente gli è stato promesso
angeboren [ˈangəboːrən] *adj* innato

Angebot [ˈangəboːt] *n* offerta *f*
◆ *ein Angebot bekommen* ricevere un'offerta

angebracht [ˈangəbraxt] *adj* conveniente, opportuno
angebrannt [ˈangəbrant] *adj* bruciato, bruciacchiato
angehen [ˈangeːən] *v irr 1. (beginnen)* cominciare; *2. (fam: Licht)* accendere; ◆ *Die Lichter gehen an.* Le luci si accendono. *3. (betreffen)* riguardare; ◆ *Das geht dich nichts an.* Questo non ti riguarda. *4. (bitten)* pregare
angehören [ˈangəhøːrən] *v* appartenere
Angehörige(r) [ˈangəhøːrɪgə(r)] *m/f* familiare *m/f,* parente *m/f*
Angel [ˈaŋəl] *f 1. SPORT* amo *m; 2. (Türangel)* cardine *m;* ◆ *die Welt aus den Angeln heben* rovesciare il mondo; *aus den Angeln gehen* andare all'aria; *zwischen Tür und Angel* di sfuggita
Angelegenheit [ˈangəleːgənhaɪt] *f* affare *m*

A

angeln [ˈaŋəln] *v* pescare
angemessen [ˈangəmɛsən] *adj* adeguato
Angemessenheit [ˈangəmɛsənhaɪt] *f* conformità *f*

angenehm [ˈangəneːm] *adj* ameno, delizioso
◆ *ein angenehmes Leben führen* condurre una vita piacevole
das Angenehme mit dem Nützlichen verbinden unire l'utile al dilettevole

angenommen [ˈangənɔmən] *adj 1. (adoptiert)* adottato; *2. (geschätzt)* presunto
angeregt [ˈangəreːkt] *adj 1.* animato, vivace; *adv 2.* animatamente, vivacemente
angesehen [ˈangəzeːən] *adj ~ sein* essere visto, essere apprezzato
angesichts [ˈangəzɪçts] *prep 1.* al cospetto di; *2. (fig)* in considerazione di
angespannt [ˈangəʃpant] *adj* teso; *eine ~e Lage* una situazione tesa
Angestellte(r) [ˈangəʃtɛltə(r)] *m/f* impiegato/impiegata *m/f*
angetan [ˈangətan] *adj* ◆ *von jdm angetan sein* essere infatuato di qd
angewandt [ˈangəvant] *adj* applicato
angewiesen [ˈangəviːzən] *adj ~ sein* abbandonato; ◆ *auf sich selbst angewiesen sein* essere abbandonato a se stesso
angewöhnen [ˈangəvøːnən] *v 1. jdm etw ~* abituare qd a qc; *2. sich etw ~* abituarsi a qc
Angewohnheit [ˈangəvoːnhaɪt] *f* abitudine *f*
angleichen [ˈanglaɪçən] *v irr* conformare, adeguare
angliedern [ˈangliːdərn] *v* aggregare
angreifen [ˈangraɪfən] *v irr 1.* afferrare; *2. (berühren)* toccare; *3.* offendere; *4. (beschädigen)* danneggiare
angrenzen [ˈangrɛntsən] *v* confinare con; *Italien grenzt an Frankreich.* L'Italia confina con la Francia.
angrenzend [ˈangrɛntsənt] *adj* confinante
Angriff [ˈangrɪf] *m* attacco *m*

Angst [aŋst] *f* paura *f*
◆ *Er hat Angst.* Ha paura.
jdm Angst machen far paura a qd

angsterfüllt [ˈaŋstɛrfylt] *adj 1.* impaurito; *adv 2.* timorosamente
Angstgefühl [ˈaŋstgəfyːl] *n* angoscia *f*
ängstigen [ˈɛŋstɪgən] *v 1. jdn ~* spaventare qd; ◆ *jdn unnötig ängstigen* spaventare qd inutilmente; *2. sich ~* aver paura
ängstlich [ˈɛŋstlɪç] *adj* pauroso
Ängstlichkeit [ˈɛŋstlɪçkaɪt] *f* paura *f*, timore *m*
anhaben [ˈanhaːbən] *v irr* avere indosso, pigliare; ◆ *ein Kleid anhaben* avere un vestito indosso
anhalten [ˈanhaltən] *v irr 1. (stehen bleiben)* fermare; *2. (fortdauern)* continuare; *3. (zurückhalten)* fermare
Anhalter(in) [ˈanhaltər(ɪn)] *m/f* autostoppista *m/f*
Anhaltspunkt [ˈanhaltspuŋkt] *m* punto di riferimento *m*
anhand [anˈhant] *prep* in base a
Anhang [ˈanhaŋ] *m* appendice *f*
anhängen [ˈanhɛŋən] *v* appendere; *jdm etw ~* implicare qd in qc
Anhänger [ˈanhɛŋər] *m 1. (eines Wagens)* rimorchio *m; 2. (Schild)* cartellino *m; 3. (Schmuck)* medaglione *m; 4. (Befürworter)* seguace *m*
anhäufen [ˈanhɔyfən] *v* ammucchiare, accumulare
anheben [ˈanheːbən] *v irr 1. (hochheben)* sollevare; *2. (erhöhen)* aumentare
anheften [ˈanhɛftən] *v* fissare

A

anhimmeln [ˈanhɪməln] *v* adorare
Anhöhe [ˈanhøːə] *f* altura *f*
anhören [ˈanhøːrən] *v 1.* ascoltare; *2. (anmerken)* prestare orecchio, dar retta; *3. (fig) sich ~* suonare; ◆ *Es hört sich gut an.* Suona bene.
Animateur(in) [animaˈtøːr(ɪn)] *m/f* animatore/animatrice *m/f*
animieren [aniˈmiːrən] *v* animare
Anis [ˈaːnis] *n* anice *m*
Ankauf [ˈankauf] *m* acquisto *m*
ankaufen [ˈankaufən] *v* acquistare
Anker [ˈaŋkər] *m* ancora *f*
Anklage [ˈanklaːgə] *f 1. (Beschuldigung)* accusa *f,* imputazione *f; 2. JUR* accusa *f*
anklagen [ˈanklaːgən] *v 1. (beschuldigen)* accusare; *2. JUR* denunciare
Anklang [ˈanklaŋ] *m* primo accordo *m*
ankleben [ˈankleːbən] *v* attaccare, aderire; *an etw ~* attaccare a qc
Ankleidekabine [ˈanklaɪdəkabiːnə] *f* camerino *m*
ankleiden [ˈanklaɪdən] *v 1. jdn ~* vestire qd; *2. sich ~* vestirsi
anklopfen [ˈanklɔpfən] *v* battere, bussare

> **ankommen** [ˈankɔmən] *v irr 1.* arrivare; *2. (Zustimmung finden)* essere accolto; *3. ~ auf* dipendere da
> ◆ *Es kommt darauf an.* Dipende.

ankündigen [ˈankyndɪgən] *v* render noto
Ankunft [ˈankunft] *f* arrivo *m*
Anlage [ˈanlaːgə] *f 1. (Fabrikanlage)* costruzione *f,* impianto *m; 2.(Parkanlage)* parco *m; 3. (Veranlagung)* attitudine *f*
Anlass [ˈanlas] *m 1. (Gelegenheit)* occasione *f; 2. (Grund)* motivo *m,* causa *f;* ◆ *Anlass zu etw geben* dare origine a qc; *etw zum Anlass nehmen* prendere spunto da qc
anlassen [ˈanlasən] *v irr 1. (Motor)* avviare; *2. (anbehalten)* tenere addosso; *3. (eingeschaltet lassen)* tenere avviato; ◆ *den Motor anlassen* tenere avviato il motore
anlässlich [ˈanlɛsliç] *prep* in occasione di
Anlauf [ˈanlauf] *m (Beginn)* inizio *m*
anlaufen [ˈanlaufən] *v irr 1. (beginnen)* iniziare; *2. (beschlagen)* appannare; ◆ *Die Fensterscheibe läuft an.* La finestra si appanna. *3. (Maschine) TECH* avviare
anlegen [ˈanleːgən] *v 1. (Garten)* impiantare; *2. (Leiter)* appoggiare; *3. (Akte)* aprire; *eine Akte ~* aprire una pratica; *4. (Schiff)* approdare; *5. (Verband) MED* applicare
anlehnen [ˈanleːnən] *v 1. (Gegenstand)* appoggiare; *2. (Tür)* accostare; *3. sich ~* appoggiarsi
Anleihe [ˈanlaɪə] *f* prestito *m*
Anleitung [ˈanlaɪtuŋ] *f* istruzione *f*
Anliegen [ˈanliːgən] *n* preghiera *f*
anliegend [ˈanliːgənt] *adj* attiguo, adiacente
anlocken [ˈanlɔkən] *v* adescare, attirare
anlügen [ˈanlyːgən] *v irr* mentire; *jdn ~* mentire a qd
anmachen [ˈanmaxən] *v 1. (würzen)* condire; *2. (einschalten)* accendere; *3. (befestigen)* fissare; *4. (fam: ansprechen)* fare un approccio, agganciare
anmahnen [ˈanmaːnən] *v* reclamare
anmalen [ˈanmaːlən] *v* dipingere
anmaßen [ˈanmaːsən] *v sich ~* arrogarsi, usurpare; ◆ *sich ein Recht anmaßen* arrogarsi un diritto
Anmaßung [ˈanmaːsuŋ] *f* presunzione *f,* insolenza *f*
anmelden [ˈanmɛldən] *v 1.* annunciare; *2. (einschreiben)* iscrivere; *3. (amtlich) sich ~* denunciare; ◆ *sich amtlich*

anmelden denunciare la propria residenza; 4. *(einschreiben) sich* ~ iscriversi; ◆ *sich für einen Kurs anmelden* iscriversi ad un corso

Anmeldung [ˈanmɛlduŋ] *f* 1. annuncio *m;* 2. *(Einschreibung)* iscrizione *f;* 3. *amtliche* ~ denuncia *f*

anmerken [ˈanmɛrkən] *v (hinzufügen)* prendere nota; *jdm etw* ~ accorgersi di qc in qd; ◆ *sich nichts anmerken lassen* far finta di niente

Anmerkung [ˈanmɛrkuŋ] *f* annotazione *f*

annähen [ˈannɛːən] *v* attaccare cucendo

annähern [ˈannɛːərn] *v sich* ~ avvicinarsi; ◆ *sich langsam an jdm annähern* avvicinarsi lentamente a qd

annähernd [ˈannɛːərnt] *adj* approssimativo

Annahme [ˈannaːmə] *f* 1. *(Entgegennahme)* accettazione *f;* 2. *(Zustimmung)* approvazione *f;* 3. *(fig: Vermutung)* supposizione *f*

annehmbar [ˈanneːmbaːr] *adj* accettabile

annehmen [ˈanneːmən] *v irr* 1. *(entgegennehmen)* accettare; 2. *(zustimmen)* approvare; *einen Antrag* ~ accogliere una proposta; 3. *(fig: vermuten)* supporre

Annehmlichkeit [ˈanneːmlɪçkaɪt] *f* agio *m,* comodità *f*

Annonce [aˈnɔ̃ːsə] *f* inserzione *f,* annuncio *m;* ◆ *eine Annonce aufgeben* fare un'inserzione

annullieren [anuˈliːrən] *v* annullare

anomal [anoˈmaːl] *adj* anomalo

anonym [anoˈnyːm] *adj* anonimo

Anonymität [anonyːmiˈtɛːt] *f* anonimità *f*

Anorak [ˈanorak] *m* giacca a vento *f*

anordnen [ˈanɔrdnən] *v* 1. *(befehlen)* ordinare; 2. *(ordnen)* ordinare

Anordnung [ˈanɔrdnuŋ] *f* 1. *(Befehl)* ordine *m;* 2. *(Ordnung)* disposizione *f*

anorganisch [ˈanɔrganɪʃ] *adj* inorganico

anpassen [ˈanpasən] *v* 1. *sich* ~ adattarsi; ◆ *sich an eine Situation anpassen* adattarsi ad una situazione; 2. *(fig)* adattare

anpassungsfähig [ˈanpasuŋsfɛːɪç] *adj* adattabile

anpflanzen [ˈanpflantsən] *v* piantare

anpreisen [ˈanpraɪzən] *v irr* decantare, magnificare

anrechnen [ˈanrɛçnən] *v* mettere in conto

Anrede [ˈanreːdə] *f* formula introduttiva *f; (Bezeichnung)* titolo *m, (Anredeform)* il modo di rivolgersi

anregen [ˈanreːgən] *v* 1. *(veranlassen)* incitare; 2. *(vorschlagen)* proporre

anregend [ˈanreːgənt] *adj* incitante, stimolante

Anregung [ˈanreːguŋ] *f* 1. *(Veranlassung)* impulso *m;* 2. *(Vorschlag)* proposta *f*

Anreise [ˈanraɪzə] *f* viaggio di andata *m*

Anreiz [ˈanraɪts] *m* impulso *m*

anrichten [ˈanrɪçtən] *v* 1. *(Essen)* preparare, servire; 2. *(Schaden)* causare; 3. *(fam: anstellen)* combinare; ◆ *Da hast du ja was schönes angerichtet.* L'hai combinata bella.

Anruf [ˈanruːf] *m* chiamata *f*
◆ *Ich erwarte einen Anruf aus Italien.* Aspetto una telefonata dall'Italia.

Anrufbeantworter [ˈanruːfbəantvɔrtər] *m* segreteria telefonica *f*

anrufen [ˈanruːfən] *v irr* 1. *(rufen)* chiamare; 2. *(telefonieren)* telefonare; *jdn* ~ telefonare a qd

A

anrühren [ˈanryːrən] *v 1. (berühren)* toccare; *2. (fig: rühren)* toccare; *3. (vermischen)* mescolare
ans *(= an das) (siehe „an")*
ansagen [ˈanzaːgən] *v* annunciare
ansammeln [ˈanzaməln] *v sich ~* accumularsi; ◆ *Der Staub sammelt sich an.* La polvere si accumula.
Ansatz [ˈanzats] *m 1. (Anfang)* inizio *m; 2. (Ablagerung)* strato *m; 3. (Haaransatz)* radice *f; 4. (Anzeichen)* accenno *m;* ◆ *der Ansatz eines Lächelns* l'accenno di un sorriso *m; 5. (eines Problems) MATH* impostazione di un problema
anschaffen [ˈanʃafən] *v* acquistare, comandare; ◆ *ein Fernsehgerät anschaffen* aquistare un televisore; *Der stärkere schafft an.* Il più forte comanda.
anschalten [ˈanʃaltən] *v* accendere
anschauen [ˈanʃauən] *v* guardare, osservare
Anschein [ˈanʃaɪn] *m* apparenza *f*
anscheinend [ˈanʃaɪnənt] *adv* evidentemente
anschicken [ˈanʃɪkən] *v sich ~* accingersi; ◆ *Er schickt sich an zu arbeiten.* Si accinge a lavorare.
Anschlag [ˈanʃlaːk] *m 1. (Plakat)* manifesto *m; 2. (mit der Schreibmaschine)* battuta *f; 3. (Attentat) POL* attentato *m*
anschlagen [ˈanʃlaːgən] *v irr 1. (anstoßen)* urtare; *2. (befestigen)* fissare; *3. (aushängen)* affiggere; ◆ *einen Aufruf anschlagen* affiggere un proclama
anschließen [ˈanʃliːsən] *v irr 1. (verbinden)* collegare; *2. sich jdm ~* unirsi a qd, associarsi a qd; *sich einer Gesellschaft ~* unirsi a una comitiva; *3. (zustimmen)* aderire; *4. (fig: anfügen)* aggiungere
anschließend [ˈanʃliːsənt] *adj 1. (räumlich)* attiguo; *2. (zeitlich)* successivo

Anschluss [ˈanʃlus] *m 1. (fig)* contatto *m,* conoscenza *f; 2. (Verbindung)* collegamento *m; 3. (Zuganschluss)* coincidenza *f; 4. POL* annessione *f*
◆ *den Anschluss verpassen (fig)* perdere l'occasione giusta

anschneiden [ˈanʃnaɪdən] *v irr 1. (schneiden)* cominciare a tagliare; *2. (fig: Thema)* intavolare; ◆ *eine Frage anschneiden* affrontare una questione
anschrauben [ˈanʃraubən] *v* avvitare
anschreiben [ˈanʃraɪbən] *v irr 1. (schreiben)* scrivere; *2. (fam: ~ lassen)* far mettere in conto
Anschrift [ˈanʃrɪft] *f* indirizzo *m*
Anschuldigung [ˈanʃuldɪguŋ] *f* accusa *f*
ansehen [ˈanzeːən] *v irr* guardare; *jdm etw ~* leggere qc in faccia a qd
Ansehen [ˈanzeːən] *n* stima *f,* credito *m*
ansehnlich [ˈanzeːnlɪç] *adj* considerevole
Ansicht [ˈanzɪçt] *f 1. (Meinung)* opinione *f; 2. (Aussicht)* veduta *f*
Ansichtskarte [ˈanzɪçtskartə] *f* cartolina illustrata *f*
ansiedeln [ˈanziːdəln] *v 1. etw ~* insediare qc; *2. sich ~* stabilirsi; ◆ *sich in einem Stadtviertel ansiedeln* stabilirsi in un quartiere
ansonsten [anˈzɔnstən] *adv* altrimenti
Anspielung [ˈanʃpiːluŋ] *f* allusione *f*
Ansporn [ˈanʃpɔrn] *m* stimolo *m*
Ansprache [ˈanʃpraːxə] *f* discorso *m*
ansprechen [ˈanʃprɛçən] *v irr 1.* rivolgere la parola; *jdn ~* rivolgere la parola a qd; *2. (reagieren)* reagire; *3. (fig: gefallen)* essere gradito a
ansprechend [ˈanʃprɛçənt] *adj* piacevole

anspringen [ˈanʃprɪŋən] *v irr 1. (Auto)* avviare; *2. (hochspringen)* saltare addosso a

Anspruch [ˈanʃprux] *m 1.* pretesa *f; 2. JUR* diritto *m;* ◆ *auf etw Anspruch haben* aver diritto a qc; *etw in Anspruch nehmen* avvalersi di qc; *Ansprüche stellen* avanzare delle pretese

anspruchslos [ˈanʃpruxsloːs] *adj 1.* modesto; *adv 2.* semplicemente

anspruchsvoll [ˈanʃpruxsfɔl] *adj* esigente

anständig [ˈanʃtɛndɪç] *adj* decente

anstarren [ˈanʃtarən] *v* guardare fisso, fissare

> **anstatt** [anˈʃtat] *konj 1.* invece di; *prep 2.* invece di
> **!** *mit Genitiv*

anstecken [ˈanʃtɛkən] *v 1. (Brosche)* appuntare; *2. (anzünden)* accendere

Ansteckung [ˈanʃtɛkuŋ] *f MED* contagio *m*

anstehen [ˈanʃteːən] *v irr 1. (Schlange stehen)* fare la coda; ◆ *am Schalter anstehen* fare la coda allo sportello; *2. (bevorstehen)* essere imminente

anstelle [anˈʃtɛlə] *prep* invece di

anstellen [ˈanʃtɛlən] *v 1. (einschalten)* accendere; *2. (beschäftigen)* impiegare; *3. sich ~* mettersi in fila, comportarsi; ◆ *sich an der Kasse anstellen* mettersi in fila alla cassa; *sich gut anstellen* comportarsi bene; *4. (fig) etw ~* combinare qualcosa; ◆ *etw Gutes anstellen* combinare qc di buono

Anstellung [ˈanʃtɛluŋ] *f 1. (Einstellung)* assunzione *f; 2. (Stellung)* impiego *m*

Anstieg [ˈanʃtiːk] *m 1. (Steigung)* salita *f,* inclinazione *f; 2. (Erhöhung)* aumento *m*

anstiften [ˈanʃtɪftən] *v* istigare

Anstiftung [ˈanʃtɪftuŋ] *f* sobillazione *f,* istigazione *f*

Anstoß [ˈanʃtoːs] *m 1. (Anregung)* impulso *m; 2. (Skandal)* scandalo *m, 3. (Sport)* calcio d'inizio

anstoßen [ˈanʃtoːsən] *v irr 1. (stoßen)* urtare; *2. (zuprosten)* brindare; ◆ *auf die Gesundheit anstoßen* brindare alla salute; *3. (in Bewegung setzen) etw ~* dare una spinta a qc

anstreben [ˈanʃtreːbən] *v* aspirare a

anstrengen [ˈanʃtrɛŋən] *v sich ~* sforzarsi; *sich ~ um etw zu tun* sforzarsi di fare qc

anstrengend [ˈanʃtrɛŋənt] *adj* faticoso

Anstrengung [ˈanʃtrɛŋuŋ] *f* sforzo *m*

Ansturm [ˈanʃturm] *m* ressa *f,* affluenza *f,* assalto *m*

Anteil [ˈantaɪl] *m* parte *f*

Anteilnahme [ˈantaɪlnaːmə] *f* partecipazione *f*

antiautoritär [antiautoriˈtɛːr] *adj* antiautoritario

antik [anˈtiːk] *adj* antico

Antipathie [antipaˈtiː] *f* antipatia *f*

Antiquität [antikviˈtɛːt] oggetto antico *m*

Antrag [ˈantraːk] *m* domanda *f,* richiesta *f*

Antragsteller(in) [ˈantraːkʃtɛlər(ɪn)] *m/f* richiedente *m/f*

antreffen [ˈantrɛfən] *v irr* incontrare

antreten [ˈantreːtən] *v irr 1. (Stelle)* prendere servizio; *2. (Reise)* intraprendere; ◆ *eine Auslandsreise antreten* intraprendere un viaggio all'estero

Antrieb [ˈantriːp] *m (fig)* impulso *m*

Antriebskraft [ˈantriːpskraft] *f* forza motrice *f*

Antwort [ˈantvɔrt] *f* risposta *f*

A

antworten [ˈantvɔrtən] *v* rispondere ◆ *Schlag auf Schlag antworten* rispondere per le rime

anvertrauen [ˈanfɛrtrauən] *v* affidare, confidare; ◆ *eine Aufgabe anvertrauen* affidare un compito; *jdm ein Geheimnis anvertrauen* confidare un segreto a qd; *sich jdm anvertrauen* confidarsi con qd
Anwalt [ˈanvalt] *m* avvocato *m*
Anwältin [ˈanvɛltɪn] *f* avvocatessa *f*
Anwaltsbüro [ˈanvaltsbyroː] *n* studio legale *m*
anweisen [ˈanvaɪzən] *v irr* ordinare
Anweisung [ˈanvaɪzuŋ] *f* disposizione *f*
anwenden [ˈanvɛndən] *v* adoperare, utilizzare
Anwendung [ˈanvɛnduŋ] *f* applicazione *f*
Anwesen [ˈanveːzən] *n* podere *m*, tenuta *f*
Anwesenheit [ˈanveːzənhaɪt] *f* presenza *f*
anwidern [ˈanviːdərn] *v* disgustare
Anzahl [ˈantsaːl] *f* numero *m*
anzahlen [ˈantsaːlən] *v* pagare in acconto
Anzahlung [ˈantsaːluŋ] *f* acconto *m*
Anzeichen [ˈantsaɪçən] *n* indizio *m*
Anzeige [ˈantsaɪgə] *f* *1.* inserzione *f*; *2. JUR* denuncia *f*
anzeigen [ˈantsaɪgən] *v* *1.* indicare; *2. JUR* denunciare
anziehen [ˈantsiːən] *v irr* *1. (Kleidung)* indossare; *2. (fig)* attirare
Anzug [ˈantsuːk] *m* vestito *m*
anzüglich [ˈantsyːklɪç] *adj* insinuante
anzünden [ˈantsyndən] *v* accendere
anzweifeln [ˈantsvaɪfəln] *v* mettere in dubbio
apart [aˈpart] *adj* fuori dal comune, attraente; ◆ *Sie ist eine aparte Frau.* È una donna attraente.
apathisch [aˈpaːtɪʃ] *adj* apatico

Apfel [ˈapfəl] *m* mela *f*
◆ *in den sauren Apfel beißen müssen (fig)* dover inghiottire un boccone amaro
! *Plural: Äpfel*

Apfelsine [apfəlˈziːnə] *f* arancia *f*
Apostel [aˈpɔstəl] *m* apostolo *m*
Apostroph [apɔˈstroːf] *m* apostrofo *m*
Apotheke [apoˈteːkə] *f* farmacia *f*
Apotheker(in) [apoˈteːkər(ɪn)] *m/f* farmacista *m/f*
Apparat [apaˈraːt] *m* apparecchio *m*
Appetit [apeˈtiːt] *m* appetito *m*
appetitanregend [apeˈtiːtanreːgənt] *adj* appetente, appetitoso
Appetitlosigkeit [apeˈtiːtloːzɪçkaɪt] *f* inappetenza *f*
applaudieren [aplauˈdiːrən] *v* applaudire
Applaus [aˈplaus] *m* applauso *m*
Aprikose [apriˈkoːzə] *f* albicocca *f*
April [aˈprɪl] *m* aprile *m*; ◆ *in den April schicken* fare un pesce d'Aprile
Aquarium [aˈkvaːrjum] *n* acquario *m*
Äquator [ɛˈkvaːtɔr] *m* equatore *m*

Arbeit [ˈarbaɪt] *f* lavoro *m*
◆ *An die Arbeit!* A lavoro!

arbeiten [ˈarbaɪtən] *v* lavorare
Arbeiter(in) [ˈarbaɪtər(ɪn)] *m/f* lavoratore/lavoratrice *m/f*, operaio/operaia *m/f*
Arbeitgeber(in) [ˈarbaɪtgeːbər(ɪn)] *m/f* datore di lavoro/datrice di lavoro *m/f*
Arbeitnehmer(in) [ˈarbaɪtneːmər(ɪn)] *m/f* prestatore d'opera/prestatrice d'opera *m/f*

arbeitslos [ˈarbaɪtsloːs] *adj* disoccupato
Arbeitslosigkeit [ˈarbaɪtsloːzɪçkaɪt] *f* disoccupazione *f*
Arbeitsstelle [ˈarbaɪtsʃtɛlə] *f* posto di lavoro *m*
Archäologe [arçɛoˈloːgə] *m* archeologo *m*
Architekt(in) [ˈarçɪˈtɛkt(ɪn)] *m/f* architetto/architetta *m/f*
Architektur [arçɪtɛkˈtuːr] *f* architettura *f*
Archiv [arˈçiːf] *n* archivio *m*
arg [arg] *adj* grave
Ärger [ˈɛrgər] *m* collera *f*
ärgerlich [ˈɛrgərlɪç] *adj 1. (Person)* irritato; *2. (Sache)* seccante
ärgern [ˈɛrgərn] *v 1. jdn ~* irritare qualcuno; *2. sich ~* irritarsi
Ärgernis [ˈɛrgərnɪs] *n* dispiacere *m*
arglos [ˈargloːs] *adj* innocente, ingenuo
Arglosigkeit [ˈargloːzɪçkaɪt] *f* innocenza *f*, ingenuità *f*
Argument [arguˈmɛnt] *n* argomento *m*, argomentazione *f*
Argwohn [ˈarkvoːn] *m* sospetto *m*
argwöhnisch [ˈarkvøːnɪʃ] *adj* sospettoso
Arie [ˈaːrjə] *f* aria *f*
Aristokratie [arɪstokraˈtiː] *f* aristocrazia *f*
arm [arm] *adj* povero

Arm [arm] *m* braccio *m*
◆ *jdn auf den Arm nehmen (fig)* prendere in giro qd
jdm in die Arme laufen finire in braccio a qd
einen langen Arm haben avere le braccia lunghe
jdm unter die Arme greifen dare una mano a qd

Armband [ˈarmbant] *n* bracciale *m*
Armee [arˈmeː] *f MIL* esercito *m*
Ärmel [ˈɛrməl] *m* manica *f*; ◆ *etw aus dem Ärmel schütteln* tirare fuori qc dalla manica
Ärmelkanal [ˈɛrməlkanaːl] *m GEO* canale della Manica *m*
armselig [ˈarmseːlɪç] *adj* misero, meschino
Armut [ˈarmuːt] *f* povertà *f*
Aroma [aˈroːma] *n* aroma *m*
aromatisch [aroˈmaːtɪʃ] *adj 1. (Duft)* aromatico; *2. (Geschmack)* saporito
Arrangement [arɑ̃ʒˈmɑ̃ː] *n 1. (Vereinbarung)* accordo *m*; *2. MUS* arrangiamento *m*
arrangieren [arɑ̃ˈʒiːrən] *v* arrangiare, disporre
Arrest [aˈrɛst] *m* arresto *m*
arrogant [aroˈgant] *adj* arrogante
Arroganz [aroˈgants] *f* arroganza *f*
Art [aːrt] *f 1.* modo *m*; ◆ *nach Art des Hauses* alla maniera della casa; *auf diese Art und Weise* in questo modo; *2. BIO* specie *f*; *3. (Wesen)* natura *f*; ◆ *aus der Art schlagen* essere speciale
Artenschutz [ˈaːrtənʃuts] *m* protezione della specie *f*
artig [ˈartɪç] *adj* ubbidiente; ◆ *Er ist ein artiger Junge.* È un ragazzo ubbidiente.
Artikel [arˈtɪkəl] *m 1. (in der Presse)* articolo *m*; *2. GRAMM* articolo *m*
Artischocke [artiˈʃɔkə] *f* carciofo *m*
Arznei [aːrtsˈnaɪ] *f* farmaco *m*

Arzt [artst] *m* medico *m*, dottore *m*
! *Plural: Ärzte*

Ärztin [ˈɛrtstɪn] *f* dottoressa *f*, medico *m*
Arztpraxis [ˈartstpraksɪs] *f* studio medico *m*
Asche [ˈaʃə] *f* cenere *f*

A

Aschenbecher [ˈaʃənbɛçər] *m* portacenere *m*
Aschermittwoch [aʃərˈmɪtvɔx] *m* mercoledì delle Ceneri *m*
Asien [ˈaːzjən] *n GEO* Asia *f*
Aspekt [aˈspɛkt] *m* aspetto *m*
Asphalt [asˈfalt] *m* asfalto *m*
Ass [as] *n 1. (im Kartenspiel)* asso *m;* ◆ *ein Ass im Ärmel haben* avere un asso nella manica; *2. SPORT* asso *m,* campione *m*
Ast [ast] *m* ramo *m;* ◆ *sich einen Ast lachen* piegarsi in due dalle risate/ridere a crepapelle; *auf dem absteigenden Ast sein* essere in declino; *den Ast absägen, auf dem man sitzt* darsi la zappa sui piedi
Asthma [ˈastma] *n MED* asma *f*
Asyl [aˈzyːl] *n* asilo *m*
Asylant(in) [azyˈlant(ɪn)] *m/f* rifugiato politico/rifugiata politica *m/f*
Atem [ˈaːtəm] *m* respirazione *f,* respiro *m;* ◆ *einen schwachen Atem haben* avere una respirazione debole; *außer Atem* col fiato grosso; *den Atem anhalten* trattenere il respiro; *jdm den Atem verschlagen* togliere il fiato a qd
atemlos [ˈaːtəmloːs] *adj* senza fiato; *in ~er Folge* a ritmo vertiginoso
Athlet(in) [atˈleːt(ɪn)] *m/f* atleta *m/f*
Atlantik [atˈlantɪk] *m GEO* Atlantico *m*
Atlas [ˈatlas] *m* atlante *m*
atmen [ˈaːtmən] *v* respirare
Atmosphäre [atmɔsˈfɛːrə] *f* atmosfera *f*
Atmung [ˈaːtmuŋ] *f* respirazione *f*
Atom [aˈtoːm] *n* atomo *m*
atomar [atoˈmaːr] *adj* atomico
Atombombe [aˈtoːmbɔmbə] *f* bomba atomica *f*
Atomkraft [aˈtoːmkraft] *f* energia atomica *f*
Atomkrieg [aˈtoːmkriːk] *m* guerra atomica *f*
Attacke [aˈtakə] *f* attacco *m*
Attentat [atənˈtaːt] *n* attentato *m*
Attentäter(in) [atənˈtɛːtər(ɪn)] *m/f* attentatore/attentatrice *m/f*
Attest [aˈtɛst] *n* attestato *m,* certificato *m*
Attraktion [atrakˈtsjoːn] *f* attrazione *f*
attraktiv [atrakˈtiːf] *adj* attraente
auch [aux] *konj 1. (ebenfalls)* anche; *2. (selbst, sogar)* pure; *3. (überdies)* inoltre
Audienz [andˈjɛnts] *f* udienza *f*

> **auf** [auf] *prep 1. (örtlich)* su, sopra; *~ der Straße sein* essere per strada; *~ der Post* alla posta; *~ dem Fest* alla festa; *~ dem Land* in campagna; *2. (zeitlich)* per; *3. (Art und Weise)* in; *adj 4. (offen)* aperto; *5. (wach)* alzato
> ◆ *auf und ab* su e giù
> *von klein auf* fin da piccolo
> *auf jds Wunsch* a richiesta di qd
> **!** *mit Dativ/Akkusativ*

aufarbeiten [ˈaufarbaɪtən] *v 1.* sbrigare; *2. (Material)* esaurire il materiale
Aufbau [ˈaufbau] *m 1. (Anordnung)* composizione *f,* costruzione *f; 2. (Struktur)* struttura *f*
aufbauen [ˈaufbauən] *v 1. (montieren)* montare, costruire; *2. (fig)* fondare, basare; ◆ *seine Arbeit auf etw aufbauen* fondare il proprio lavoro su qc
aufbauschen [ˈaufbauʃən] *v* esagerare; ◆ *eine Nachricht aufbauschen* gonfiare una notizia
aufbegehren [ˈaufbəgeːrən] *v* protestare vivacemente
aufbereiten [ˈaufbəraɪtən] *v* preparare
aufbewahren [ˈaufbəvaːrən] *v* custodire

aufbieten [ˈaufbiːtən] *v irr* mobilitare, impiegare
aufblasen [ˈaufblaːzən] *v irr* gonfiare
aufblicken [ˈaufblɪkən] *v* sollevare lo sguardo
aufblühen [ˈaufblyːən] *v* sbocciare
aufbrechen [ˈaufbrɛçən] *v irr 1. (öffnen)* aprire con forza; *2. (fig)* sorgere
Aufbruch [ˈaufbrux] *m* partenza *f; zum ~ drängen* sollecitare la partenza
aufbürden [ˈaufbyrdən] *v* caricare
aufdecken [ˈaufdɛkən] *v 1. (bloßlegen)* portare alla luce; ◆ *die Wahrheit aufdecken* portare alla luce la verità; *2. (fig: Geheimnis)* scoprire un segreto
aufdrängen [ˈaufdrɛŋən] *v* imporre
aufdringlich [ˈaufdrɪŋlɪç] *adj* importuno
Aufdruck [ˈaufdruk] *m* iscrizione *f*
aufeinander [aufaɪnˈandər] *adv 1. (örtlich)* l'uno sull'altro; *2. (gegenseitig)* l'uno verso l'altro; *3. (zeitlich)* l'uno dopo l'altro
Aufenthalt [ˈaufɛnthalt] *m* soggiorno *m*
auferlegen [ˈaufɛrleːgən] *v* imporre
Auffahrt [ˈauffaːrt] *f 1.* rampa *f,* accesso *m; 2. (einer Autobahn)* rampa di accelerazione *f*
auffallen [ˈauffalən] *v irr* battere; ◆ *Es ist mir noch nicht aufgefallen.* Non me ne sono ancora accorto.
auffallend [ˈauffalent] *adj* vistoso
auffangen [ˈauffaŋən] *v irr 1.* acchiappare; *2. (fig)* intercettare; ◆ *einen Brief auffangen* intercettare una lettera
Auffassung [ˈauffasuŋ] *f* opinione *f;* ◆ *nach meiner Auffassung* secondo la mia opinione
auffordern [ˈauffɔrdərn] *v* invitare, intimare
aufführen [ˈauffyːrən] *v* rappresentare
Aufgabe [ˈaufgaːbə] *f 1. (Arbeit)* compito *m; 2. (Versand)* spedizione *f; 3. (Verzicht)* rinuncia *f*
Aufgang [ˈaufgaŋ] *m 1. (Treppe)* scala *f; 2. (der Sonne)* sorgere *m*
aufgeben [ˈaufgeːbən] *v irr 1. (versenden)* spedire; *2. (verzichten)* rinunciare; *3. (beauftragen)* assegnare
Aufgebot [ˈaufgəboːt] *n 1. (Anzahl)* impiego *m;* ◆ *das Aufgebot an Menschen* l'impiego di uomini *m; 2. (Eheaufgebot)* pubblicazioni di matrimonio *f/pl*

> **aufgehen** [ˈaufgeːən] *v irr 1. (Teig)* lievitare; *2. (Sonne)* sorgere; *3. (Blume)* germogliare
> ◆ *aufgehen wie eine Dampfnudel* gonfiarsi come una ciambella
> **!** *Konjugation mit sein: er ist aufgegangen*

aufgeregt [ˈaufgəreːkt] *adj* eccitato
aufgeschlossen [ˈaufgəʃlɔsən] *adj* aperto
aufgreifen [ˈaufgraɪfən] *v irr* raccogliere
aufgrund [aufˈgrunt] *prep* in base a
aufhalten [ˈaufhaltən] *v irr 1. (Tür)* fermare; *2. jdn ~* trattenere qd; ◆ *Ich will Sie nicht mehr aufhalten.* Non voglio più trattenerla. *3. sich ~* trovarsi
aufhängen [ˈaufhɛŋən] *v 1.* sospendere, appendere; *2. sich ~* impiccarsi
aufheben [ˈaufheːbən] *v irr 1. (vom Boden)* raccogliere; *2. (aufbewahren)* conservare; *3. (beenden)* finire; ◆ *die Sitzung aufheben* porre fine alla seduta
Aufhebung [ˈaufheːbuŋ] *f* abolizione *f*

A

aufheitern [ˈaufhaɪtərn] *v* allietare, rallegrare
aufhellen [ˈaufhɛlən] *v* schiarire
aufholen [ˈaufhoːlən] *v* recuperare, riguadagnare; ◆ *eine Verspätung aufholen* recuperare un ritardo
aufhören [ˈaufhøːrən] *v* finire
aufklären [ˈaufklɛːrən] *v* chiarire
Aufklärung [ˈaufklɛːruŋ] *f* spiegazione *f*
Aufkleber [ˈaufkleːbər] *m* etichetta *f*
aufkochen [ˈaufkɔxən] *v* sbollentare, bollire appena, portare ad ebollizione
Aufkommen [ˈaufkɔmən] *n (Entstehung)* sorgere *m*
aufladen [ˈaufla:dən] *v irr 1. (beladen)* caricare; *2. (Batterie) TECH* ricaricare; *3. (fig: aufbürden)* addossare; ◆ *die Schuld aufladen* addossare la colpa
Auflage [ˈaufla:gə] *f 1. (eines Buches)* edizione *f; 2. (Bedingung)* condizione *f*
auflauern [ˈauflauərn] *v* appostare
Auflauf [ˈauflauf] *m 1. (von Menschen)* affollamento *m; 2. GAST* sufflé *m*
aufleben [ˈaufleːbən] *v 1. (Person)* risorgere a nuova vita; *2. (Diskussion)* rianimarsi
auflegen [ˈaufleːgən] *v* mettere
auflehnen [ˈaufleːnən] *v sich ~* ribellarsi
auflesen [ˈaufleːzən] *v irr* raccogliere
aufleuchten [ˈauflɔyçtən] *v* illuminarsi
auflisten [ˈauflɪstən] *v* elencare
auflockern [ˈauflɔkərn] *v* dissodare; ◆ *die Erde auflockern* dissodare la terra
auflodern [ˈauflo:dərn] *v* divampare
auflösen [ˈauflø:zən] *v 1. (Rätsel)* risolvere; *2. (Pulver)* sciogliere
Auflösung [ˈauflø:zuŋ] *f 1.* scioglimento *m; 2. (eines Rätsels)* soluzione *f*
aufmachen [ˈaufmaxən] *v* aprire
aufmerksam [ˈaufmɛrkza:m] *adj* attento *m,* premuroso; ◆ *darauf aufmerksam machen, dass ...* richiamare all'attenzione che ...
Aufmerksamkeit [ˈaufmɛrkza:mkaɪt] *f 1. (Vorsicht)* attenzione *f; 2. (Geschenk)* piccolo regalo *m*
aufmuntern [ˈaufmuntərn] *v* rallegrare
Aufnahme [ˈaufna:mə] *f 1. (Empfang)* accoglienza *f; 2. (in Organisation)* ammissione *f; 3. (von Nahrung)* ingestione *f; 4. (auf Band)* registrazione *f*
aufnehmen [ˈaufne:mən] *v irr 1. (empfangen)* accogliere; *2. (beginnen)* riprendere; ◆ *eine Arbeit aufnehmen* riprendere un lavoro; *3. (fotografieren)* fotografare; *4. (fassen)* alzare; *5. es mit jdm ~* essere all'altezza di qd; *6. (auf Band)* registrare
aufopfern [ˈaufɔpfərn] *v sich für etw ~* sacrificarsi per qc
aufpassen [ˈaufpasən] *v* prestare attenzione
Aufprall [ˈaufpral] *m* rimbalzo *m*
aufprallen [ˈaufpralən] *v* rimbalzare
aufraffen [ˈaufrafən] *v sich ~* alzarsi di scatto
aufräumen [ˈaufrɔymən] *v* mettere in ordine
aufrecht [ˈaufrɛçt] *adj* dritto

> **aufregen** [ˈaufre:gən] *v 1. jdn ~* agitare qd; *2. sich ~* arrabiarsi, innervosirsi
> ◆ *sich über etw aufregen* agitarsi per qc

Aufregung [ˈaufre:guŋ] *f* eccitazione *f,* nervosismo *m*
aufreißen [ˈaufraɪsən] *v irr 1. (öffnen)* rompere; *2. (fam)* rimorchiare
aufreizend [ˈaufraɪtsənt] *adj* provocante
aufrichten [ˈaufrɪçtən] *v 1. (hochstellen)* sollevare; *2. (fig)* sollevare; *3. (trös-*

ten) consolare ◆ *jdn durch Worte aufrichten* consolare qd con delle parole
Aufrichtigkeit [ˈaufrɪçtɪçkaɪt] *f* sincerità *f*
aufrufen [ˈaufru:fən] *v irr* chiamare
aufs *(= auf das)(siehe „auf")*
Aufsatz [ˈaufzats] *m* componimento *m,* tema *m*
aufschieben [ˈaufʃi:bən] *v irr* rimandare
aufschlagen [ˈaufʃla:gən] *v irr 1. (öffnen)* aprire; ◆ *ein Buch aufschlagen* aprire un libro; *2. (montieren)* montare con forza
aufschließen [ˈaufʃli:sən] *v irr* aprire
aufschlussreich [ˈaufʃlusraɪç] *adj* istruttivo
aufschneiden [ˈaufʃnaɪdən] *v irr 1. (schneiden)* aprire tagliando; *2. (fig: angeben)* raccontare fandonie
Aufschnitt [ˈaufʃnɪt] *m* affettato *m,* taglio *m*
Aufschrei [ˈaufʃraɪ] *m* grido *m*
aufschreiben [ˈaufʃraɪbən] *v irr* scrivere
Aufschrift [ˈaufʃrɪft] *f* iscrizione *f*
Aufschub [ˈaufʃu:p] *m* proroga *f*
Aufsehen [ˈaufze:ən] *n* sensazione *f; ~ erregend* sensazionale
Aufseher(in) [ˈaufze:ər(ɪn)] *m/f* sorvegliante *m/f,* guardiano/guardiana *m/f*
aufsetzen [ˈaufzɛtsən] *v 1.* mettere, porre; *2. (Schreiben)* redigere
Aufsicht [ˈaufzɪçt] *f* sorveglianza *f*
aufspalten [ˈaufʃpaltən] *v irr* fendere
aufsperren [ˈaufʃpɛrən] *v* aprire, spalancare
aufspielen [ˈaufʃpi:lən] *v sich ~* darsi delle arie
aufstacheln [ˈaufʃtaxəln] *v* istigare, stimolare
Aufstand [ˈaufʃtant] *m* ribellione *f*

> **aufstehen** [ˈaufʃtə:n] *v irr* alzarsi
> ◆ *mit dem linken Fuß zuerst aufstehen* alzarsi con il piede sinistro
> **!** *Konjugation mit sein: ich bin aufgestanden*

aufsteigen [ˈaufʃtaɪgən] *v irr 1.* montare, salire; *2. (im Beruf)* promuovere
aufstellen [ˈaufʃtɛlən] *v 1. (montieren)* montare; *2. (Kandidaten)* presentare; *3. (Mannschaft)* mettere su; ◆ *eine Mannschaft aufstellen* mettere su una squadra
Aufstellung [ˈaufʃtɛluŋ] *f* presentazione *f*
Aufstieg [ˈaufʃti:k] *m 1.* salita *f; 2. (Entwicklung)* ascesa *f; 3. (im Beruf)* carriera *f*
aufstoßen [ˈaufʃto:sən] *v irr 1. (öffnen)* aprire; *2. (rülpsen)* ruttare
aufstützen [ˈaufʃtytsən] *v* appoggiare, sorreggere
Auftakt [ˈauftakt] *m MUS* arsi *f,* preludio *m,* inizio *m*
auftanken [ˈauftaŋkən] *v* fare il pieno alla macchina, fare benzina
auftauchen [ˈauftauxən] *v* emergere
auftauen [ˈauftauən] *v* disgelarsi sciogliersi, sgelarsi
aufteilen [ˈauftaɪlən] *v* dividere
auftischen [ˈauftɪʃən] *v 1. (bewirten)* mettere in tavola; *2. (belügen)* sciorinare bugie
Auftrag [ˈauftra:k] *m 1. (Bestellung)* ordine *m; 2. (Anweisung)* istruzione *f; 3. (Aufgabe)* incarico *m;* ◆ *im Auftrag von* per incarico di
auftragen [ˈauftra:gən] *v irr 1. (Speisen)* servire; *2. (be~)* incaricare; *3. (bestreichen)* applicare, dare

A

auftreten [ˈauftre:tən] *v irr (erscheinen)* presentarsi
Auftrieb [ˈauftri:p] *m* spinta aerostatica *f*
Auftritt [ˈauftrɪt] *m (Erscheinen)* presentazione *f*
aufwachen [ˈaufvaxən] *v* svegliarsi, destarsi
aufwachsen [ˈaufvaksən] *v irr* crescere
Aufwand [ˈaufvant] *m 1. (Einsatz)* dispendio *m; Energieaufwand* dispendio di energia *m*
aufwärmen [ˈaufvɛrmən] *v 1.* riscaldare; *2. (fig)* rivangare; ◆ *eine alte Geschichte aufwärmen* rivangare una vecchia storia
aufwärts [ˈaufvɛrts] *adv* verso l'alto
aufwecken [ˈaufvɛkən] *v* svegliare, destare
aufweichen [ˈaufvaɪçən] *v 1.* ammollare; *2. (Farben)* stemperare
aufweisen [ˈaufvaɪzən] *v irr* mostrare, presentare
aufwenden [ˈaufvɛndən] *v 1. (Zeit)* spendere, impiegare; *viel Zeit ~* spendere molto tempo; *2. (Geld)* spendere
aufwendig [ˈaufvɛndɪç] *adj* dispendioso, caro
aufwiegeln [ˈaufvi:gəln] *v* istigare
aufzählen [ˈauftsɛ:lən] *v* contare
aufzeichnen [ˈauftsaɪçnən] *v 1.* disegnare; *2. (Musik)* registrare; *3. (notieren)* annotare
Aufzeichnung [ˈauftsaɪçnuŋ] *f 1. (Zeichnung)* disegno *m; 2. (von Musik)* registrazione *f; 3. (Notiz)* annotazione *f*
aufziehen [ˈauftsi:ən] *v irr 1. (öffnen)* tirare su, sollevare; *2. (Uhr)* caricare; *3. (großziehen)* allevare, crescere; *4. jdn ~* prendere qd in giro
Aufzug [ˈauftsu:k] *m 1. (Aufmachung)* corteo *m,* sfilate *f; 2. TECH* ascensore *m*

Auge [ˈaugə] *n ANAT* occhio *m*
◆ *große Augen machen* sgranare gli occhi
Ihm gehen die Augen auf. Gli si aprono gli occhi.
jdm etw vor Augen führen porre qc sotto gli occhi di qd
ein Auge zudrücken chiudere un occhio
ins Auge gehen (fig) andare a finire male
ein Dorn im Auge sein essere una spina nel fianco
sich die Augen ausweinen piangere a calde lacrime
ein Auge auf jdn werfen mettere gli occhi addosso a qd
etw ins Auge fassen prendere in considerazione qc
ins Auge stechen dare nell'occhio
die Augen vor etw verschließen chiudere gli occhi davanti a qc
seinen Augen nicht trauen können non poter credere ai propri occhi
mit offenen Augen ins Unglück rennen cercare i mali come i medici
mit einem lachenden und einem weinenden Auge non sapere se ridere o se piangere
jdm etw aufs Auge drücken appioppare qc a qd

Augenblick [ˈaugənblɪk] *m* momento *m,* attimo *m*
Augenbraue [ˈaugənbrauə] *f ANAT* sopracciglio *m*
August [auˈgust] *m* agosto *m*
Auktion [aukˈtsjo:n] *f* asta pubblica *f*
Aula [ˈaula] *f* aula magna *f*

aus [aus] *adj 1. (beendet)* finito; *2. (~geschaltet)* spento; *prep 2. (von ... her)* da; *von Mailand ~* da Milano; *von sich ~* per conto proprio; *von mir ~* per me; *von dort ~* da lì/da quel punto; *vom Fenster ~* dalla finestra; *3. (kausal)* per; *~ diesem Grund* per questo motivo; *~ Spaß* per scherzo

◆ *aus dem Fenster sehen* guardare dalla finestra

jdn aus dem Haus werfen buttare qd fuori di casa

jdn aus Rache umbringen uccidere qd per vendetta

Es ist aus zwischen uns! È finita tra di noi!

! *mit Dativ*

Aus [aus] *n SPORT* fuori campo *m*
ausatmen [ˈausaːtmən] *v* espirare
ausbaden [ˈausbaːdən] *v etw ~* subire le conseguenze di qc
Ausbau [ˈausbau] *m 1. (eines Gebäudes)* ampliamento *m; 2. (einer Beziehung)* approfondimento *m; 3. (eines Motors)* smontaggio *m*
ausbauen [ˈausbauən] *v 1. (Gebäude)* ampliare; *2. (Beziehungen)* approfondire; *3. (Motor)* smontare
ausbilden [ˈausbɪldən] *v* istruire, formare
Ausbildung [ˈausbɪlduŋ] *f* formazione professionale *f*
Ausblick [ˈausblɪk] *m* panorama *m,* vista *f*
ausbrechen [ˈausbrɛçən] *v irr 1. (herausbrechen)* staccarsi; *2. (entfliehen)* fuggire; *3. (plötzliches Aufkommen)* scoppiare; ◆ *Ein Sturm ist ausgebrochen.* È scoppiata una tempesta.
ausbreiten [ˈausbraɪtən] *v 1. etw ~* stendere qc; *2. sich ~* allargarsi
Ausbruch [ˈausbrux] *m 1. (Flucht)* evasione *f; 2. (plötzlicher Beginn)* scoppio *m*
Ausdauer [ˈausdauər] *f* perseveranza *f*
ausdehnen [ˈausdeːnən] *v 1. (örtlich)* estendere; *2. (zeitlich)* prolungare
Ausdehnung [ˈausdeːnuŋ] *f 1. (örtlich)* distensione *f; 2. (zeitlich)* prolungamento *m*
ausdenken [ˈausdɛŋkən] *v irr sich ~* escogitare; ◆ *Ich denke mir etwas aus.* Escogito qc.
Ausdruck [ˈausdruk] *m 1. (Wort)* espressione *f; 2. (Gesichtsausdruck)* espressione del viso *f; 3. (Druck)* stampa *f*
ausdrücken [ˈausdrykən] *v 1.* spremere; *2. (fig: äußern)* esprimere
ausdrücklich [ˈausdrykl̩ɪç] *adj* esplicito
ausdrucksvoll [ˈausdruksfɔl] *adj* espressivo

auseinander [ausaɪnˈandər] *adv* separatamente; *~ brechen* rompere; *~ fallen* rompersi; *~ gehen* separarsi; *~ halten* distinguere; *~ nehmen* disfare, scomporre

◆ *sich mit einer Frage auseinandersetzen* occuparsi di una questione

Auseinandersetzung [ausaɪnˈandərzɛtsuŋ] *f* discussione *f*
Ausfahrt [ˈausfaːrt] *f 1. (einer Autobahn)* uscita *f; 2. (eines Hauses)* passo carrabile *m*
Ausfall [ˈausfal] *m 1. (Haarausfall)* caduta *f; 2. (Störung)* guasto *m; 3. ECO* scarto *m*
ausfallen [ˈausfalən] *v irr 1. (Haare)* cadere; *2. (nicht stattfinden)* non aver luogo; *3. (Maschine)* arrestarsi
ausfallend [ˈausfalənt] *adj* offensivo
ausfertigen [ˈausfɛrtɪgən] *v* redigere

A

Ausfertigung [ˈausfɛrtɪguŋ] *f* redazione *f; in dreifacher ~* in triplice copia
ausflippen [ˈausflɪpən] *v (fam)* perdere la testa
Ausflug [ˈausflu:k] *m* gita *f,* escursione *f*
ausfragen [ˈausfra:gən] *v* interrogare
ausfressen [ˈausfrɛsən] *v irr 1.* vuotare; *2. (fam)* combinare
ausführen [ˈausfy:rən] *v 1. (durchführen)* eseguire; *2. (spazieren führen)* portare fuori, condurre a passeggio; ◆ *den Hund ausführen* portare fuori il cane
ausführlich [ˈausfy:rlɪç] *adj* dettagliato
Ausführung [ˈausfy:ruŋ] *f* esecuzione *f*
ausfüllen [ˈausfylən] *v* riempire
Ausgabe [ˈausga:bə] *f 1.* distribuzione *f; f 2. (Geldausgabe)* spesa *f,* uscita *f; 3. (Gepäckausgabe)* consegna *f; 4. (Buchausgabe)* edizione *f*
Ausgang [ˈausgaŋ] *m 1.* uscita *f; 2. (Ende)* termine *m,* fine *f;* ◆ *am Ausgang des Jahrhunderts* alla fine del secolo; *3. (Ergebnis)* risultato *m*
Ausgangspunkt [ˈausgaŋspuŋkt] *m* punto di partenza *m*
ausgeben [ˈausge:bən] *v irr* distribuire, spendere
ausgebucht [ˈausgəbu:xt] *adj* essere al completo, tutto esaurito
Ausgeglichenheit [ˈausgəglɪçənhaɪt] *f* equilibrio *m*
ausgehen [ˈausge:ən] *v irr 1. (weggehen)* uscire; *2. (enden)* finire; *3. (erlöschen)* estinguersi; *4. (Vorräte)* finire
ausgelassen [ˈausgəlasən] *adj* sfrenato, molto allegro
ausgenommen [ˈausgənɔmən] *prep* ad eccezione di, eccetto
ausgeprägt [ˈausgəprɛ:kt] *adj* spiccato
ausgerechnet [ˈausgərɛçnət] *adv* proprio
ausgeschlossen [ˈausgəʃlɔsən] *adj* escluso
ausgezeichnet [ˈausgətsaɪçnət] *adj* eccellente
ausgiebig [ˈausgi:bɪç] *adj 1.* copioso; *adv 2.* abbondantemente
Ausgleich [ˈausglaɪç] *m* equilibrio *m*
ausgleichen [ˈausglaɪçən] *v irr* equilibrare, appianare
ausgraben [ˈausgra:bən] *v irr* dissotterrare, scavare

> **aushalten** [ˈaushaltən] *v irr* sopportare
> ◆ *Das kann ich nicht mehr aushalten!* Non ne posso più!

aushandeln [ˈaushandəln] *v* concordare
Aushang [ˈaushaŋ] *m* avviso *m*
ausheben [ˈaushe:bən] *v irr 1.* scavare; *2. (fig)* snidare
aushecken [ˈaushɛkən] *v* ideare, escogitare
aushelfen [ˈaushɛlfən] *v irr* aiutare
Aushilfe [ˈaushɪlfə] *f* aiuto *m,* supplenza *f*
aushorchen [ˈaushɔrçən] *v* sondare
auskennen [ˈauskɛnən] *v irr sich ~* conoscere bene, intendersi; ◆ *Ich kenne mich in der Stadt gut aus.* Conosco bene la città. *Er kennt sich mit Informatik aus.* Lui s'intende di informatica.
auskommen [ˈauskɔmən] *v irr* accordarsi; ◆ *mit wenig auskommen* cavarsela con poco; *mit jdm gut auskommen* andare d'accordo con qd; *ohne jdn auskommen* far senza qd
Auskommen [ˈauskɔmən] *n* sussistenza *f;* ◆ *sein Auskommen haben* avere quanto basta per vivere

Auskunft ['auskunft] *f 1. informazione f; 2. (Büro)* ufficio informazioni *m*
auskurieren ['auskuri:rən] *v* curare
ausladen ['ausla:dən] *v irr 1. (Gepäck)* scaricare; *2. (fig: Gäste)* disdire; ◆ *die Gäste ausladen* disdire l'invito agli ospiti
Auslage ['ausla:gə] *f 1. (im Schaufenster)* vetrina *f; 2. (von Geld)* esborso *m*
Ausland ['auslant] *n* estero *m*
Ausländer(in) ['auslɛndər(ɪn)] *m/f* straniero/straniera *m/f*
ausländisch ['auslɛndɪʃ] *adj* straniero
auslassen ['auslasən] *v irr 1.* tralasciare; *2. (Zorn)* sfogarsi
auslaufen ['auslaufən] *v irr 1. (Flüssigkeit)* scolare; *2. (fig)* terminare
ausleeren ['ausle:rən] *v* vuotare
auslegen ['ausle:gən] *v 1. (Waren)* esporre; *2. (Geld)* sborsare; *3. (deuten)* interpretare
ausleihen ['auslaɪən] *v irr 1. etw ~* prestare qc; *Geld ~* prestare denaro; *2. sich etw ~* farsi prestare qc; ◆ *sich von jdm ein Buch ausleihen* farsi prestare un libro da qd
ausliefern ['ausli:fərn] *v 1. jdm ausgeliefert sein (fig)* essere in balìa di qd; *2. sich jdm ~* costituirsi a qd; *4. (Verbrecher) JUR* estradare
auslöschen ['auslœʃən] *v* spegnere
auslösen ['auslø:zən] *v 1. (in Gang setzen)* azionare; *2. (fig: verursachen)* causare
Auslöser ['auslø:zər] *m 1. (Ursache)* causa *f; 2. FOTO* scatto *m*
ausmachen ['ausmaxən] *v 1. (übereinkommen)* pattuire; *2. (bilden)* formare, rappresentare; *3. (ausschalten)* spegnere; *4. (sich belaufen auf)* ammontare; ◆ *Die Kosten machen 50 Euro aus.* Le spese ammontano a cinquanta Euro. *5. (bedeuten)* importare, spiacere; ◆ *Das macht mir nichts aus.* Non me ne importa niente. *Würde es Ihnen etwas ausmachen?* Le spiacerebbe? *Macht es dir etwas aus, wenn ...* Ti dispiace se ... *6. (festsetzen)* stabilire
Ausmaß ['ausma:s] *n* misura *f*
ausmessen ['ausmɛsən] *v irr* misurare
Ausnahme ['ausna:mə] *f* eccezione *f*
Ausnahmezustand ['ausna:mətsuʃtant] *m* stato d'emergenza *m*
ausnahmsweise ['ausna:msvaɪzə] *adv* eccezionalmente, in via eccezionale
ausnehmen ['ausne:mən] *v irr 1. (ausschließen)* escludere; *2. jdn ~ (fig)* depredare qc
ausnützen ['ausnytsən] *v* sfruttare, approfittare
Ausnutzung ['ausnutsuŋ] *f* sfruttamento *f*
auspacken ['auspakən] *v* disfare; ◆ *die Koffer auspacken* disfare le valigie
ausplaudern ['ausplaudərn] *v* spifferare
ausplündern ['ausplyndərn] *v* saccheggiare
auspressen ['ausprɛsən] *v 1.* spremere; *2. (fig)* sfruttare
auspusten ['auspu:stən] *v* spegnere soffiando
ausradieren ['ausradi:rən] *v* cancellare
ausrangieren ['ausraŋʒi:rən] *v* eliminare
ausrasten ['ausrastən] *v (fig: Fassung verlieren)* infuriarsi
ausrauben ['ausraubən] *v* derubare
ausräumen ['ausrɔymən] *v 1. (Gegenstände)* sgomberare; *2. (fig: Zweifel)* rimuovere

A

ausrechnen [ˈausrɛçnən] *v* calcolare

Ausrede [ˈausreːdə] *f* scusa *f*, pretesto *m*
◆ *Das sind faule Ausreden.* Sono solo scuse.

ausreichen [ˈausraɪçən] *v* essere sufficiente
ausreichend [ˈausraɪçənt] *adj* sufficiente
Ausreise [ˈausraɪzə] *f* passaggio del confine *m*, espatrio *m*
Ausreißer [ˈausraɪsər] *m* fuggiasco *m*
ausrenken [ˈausrɛŋkən] *v sich etw ~* slogarsi qc; ◆ *sich einen Arm ausrenken* slogarsi un braccio
ausrichten [ˈausrɪçtən] *v 1. (aufstellen)* allineare; *2. (veranstalten)* allestire; *3. (benachrichtigen)* portare; ◆ *jdm einen schönen Gruß ausrichten* portare un caro saluto a qd
ausrotten [ˈausrɔtən] *v 1. (Pflanzen, Tiere)* estirpare, sterminare; *2. (fig)* sradicare; ◆ *eine Unsitte ausrotten* sradicare un malcostume
ausrufen [ˈausruːfən] *v irr* gridare
Ausrufungszeichen [ˈausruːfuŋstsaɪçən] *n* punto esclamativo *m*
ausruhen [ˈausruːən] *v* riposare
ausrutschen [ˈausrutʃən] *v* scivolare
Aussage [ˈauszaːgə] *f* asserzione *f*, dichiarazione *f*,
aussagen [ˈauszaːgən] *v 1.* dichiarare, asserire; *2. JUR* deporre
ausschalten [ˈausʃaltən] *v 1. (beseitigen)* eliminare; *2. (ausschließen)* escludere; *3. TECH* spegnere
Ausschank [ˈausʃank] *m GAST* spaccio *m*; ◆ *Ausschank alkoholfreier Getränke* spaccio di bevande analcoliche *m*
ausschimpfen [ˈausʃɪmpfən] *v* sgridare
ausschlachten [ˈausʃlaxtən] *v* squartare
ausschlafen [ˈausʃlaːfən] *v irr* dormire abbastanza
Ausschlag [ˈausʃlaːk] *m 1. MED* eruzione *f*; *2.* ◆ *den Ausschlag geben* dare il colpo di grazia
ausschließen [ˈausʃliːsən] *v irr 1. jdn ~* escludere qd; *jdn von etw ~* escludere qd da qc; *2. (aussperren)* chiudere fuori
ausschließlich [ˈausʃliːslɪç] *adj* esclusivo, unico
ausschmücken [ˈausʃmykən] *v* adornare
ausschneiden [ˈausʃnaɪdən] *v irr* ritagliare
Ausschnitt [ˈausʃnɪt] *m 1. (eines Kleides)* scollatura *f*; *2. (einer Zeitung)* ritaglio *m*; *3. (Detail)* dettaglio *m*
ausschöpfen [ˈausʃœpfən] *v* cavar fuori
ausschreiben [ˈausʃraɪbən] *v irr 1. (vollständig schreiben)* scrivere per intero; *2. (Stelle)* offrire
ausschütten [ˈausʃytən] *v* rovesciare
ausschweifend [ˈausʃvaɪfənt] *adj* eccessivo

aussehen [ˈauszeːən] *v irr* avere l'aspetto di, sembrare
◆ *gut aussehen* avere un bell'aspetto
Es sieht so aus, als ob daraus nichts wird. Sembra che non se ne farà niente.
Es sieht gut aus. Sembra che le cose vadano bene.
Es sieht nach Regen aus. Sembra che voglia piovere.
Das sieht nach nichts aus. Non dice nulla.

außen [ˈausən] *adv* fuori

außer [ˈausər] *prep 1. (räumlich)* all'infuori di; ~ *Atem* senza fiato; ~ *Landes* all'estero; *2. (abgesehen von)* ad eccezione di, tranne, all'infuori di; *konj 3.* ~ *wenn* a meno che; ~, *dass* salvo che

◆ *Er ist außer Haus.* È fuori.
außer sich sein essere, inoltre fuori di sé
! *mit Dativ*

außerdem [ˈausərdeːm] *adv* oltre a ciò, inoltre
äußere(r,s) [ˈɔysərə(r,s)] *adj* esteriore, esterno/esterna; *die ~ Erscheinung* l'aspetto esteriore *m; ein ~r Anstoß* un impulso esterno *m*
Äußeres [ˈɔysərəs] *n* esterno *m*
außergewöhnlich [ˈausərgəvøːnlıç] *adj* straordinario
außerhalb [ˈausərhalp] *prep 1.* al di fuori di; *adv 2.* fuori
äußerlich [ˈɔysərlıç] *adj* esteriore
äußern [ˈɔysərn] *v* manifestare
außerordentlich [ˈausərɔrdəntlıç] *adj* straordinario
aussetzen [ˈauszɛtsən] *v 1. (Tier)* abbandonare; *2. (Arbeit)* interrompere; *3. (Motor)* fermare
Aussicht [ˈauszıçt] *f 1. (Ausblick)* vista *f; 2. (fig)* prospettive *f/pl*
aussiedeln [ˈausziːdəln] *v* evacuare
aussöhnen [ˈauszøːnən] *v* conciliare
ausspielen [ˈausʃpiːlən] *v 1. (Karten)* giocare; *2. (Geldprämie)* mettere in palio; *3. jdn gegen jdn ~* servirsi di qd contro qd; ◆ *ausgespielt haben (fig)* non contare più
Aussprache [ˈausʃpraːxə] *f 1.* discussione *f; 2. LING* pronuncia *f*
aussprechen [ˈausʃprɛçən] *v irr 1. sich ~* esprimersi; *2. LING* pronunciare
ausstatten [ˈausʃtatən] *v 1. (einrichten)* arredare; *2. (versehen)* fornire, dotare, equipaggiare
Ausstattung [ˈausʃtatuŋ] *f 1.* arredamento *m; 2. (Ausrüstung)* equipaggiamento *m*
ausstechen [ˈauʃtɛçən] *v irr jdn ~ (besser sein)* surclassare qd
ausstehen [ˈausʃteːən] *v irr 1. (ertragen)* sopportare; ◆ *jdn nicht ausstehen können* non poter sopportare qd; *2. (noch fehlen)* mancare; *3. ausgestanden sein* essere superato
aussteigen [ˈausʃtaıgən] *v irr 1. (aus einem Fahrzeug)* scendere; *2. (fig)* ritirarsi
ausstellen [ˈausʃtɛlən] *v 1. (Waren)* esporre; *2. (Dokumente)* rilasciare
Ausstellung [ˈausʃtɛluŋ] *f 1.* esposizione *f; 2. (von Dokumenten)* rilascio *m*
aussterben [ˈausʃtɛrbən] *v irr* morire, estinguersi
Ausstieg [ˈausʃtiːk] *m 1.* discesa *f; 2. (fig)* uscita *f*
ausstoßen [ˈausʃtosən] *v irr 1. etw ~* gettare fuori qc; *2. jdn ~* escludere qd, espellere qd
ausstrahlen [ˈausʃtraːlən] *v 1. (übertragen)* trasmettere; *2. (Wärme)* irradiare; *3. (fig: Gelassenheit)* emanare
ausstrecken [ˈausʃtrɛkən] *v* allungare, distendere
ausströmen [ˈausʃtrøːmən] *v* scorrere
aussuchen [ˈauszuːxən] *v* scegliere
Austausch [ˈaustauʃ] *m* scambio *m*
austauschen [ˈaustauʃən] *v* scambiare
austeilen [ˈaustaılən] *v* distribuire
Auster [ˈaustər] *f ZOOL* ostrica *f*
austoben [ˈaustoːbən] *v 1. (Zorn)* sfogare; *2. sich ~* sfogarsi
austragen [ˈaustraːgən] *v irr 1. (Streit)* definire; *2. (Pakete)* recapitare; *3. SPORT* disputare

A

A

Australien [auˈstraːljən] *n GEO* Australia *f*
austreten [ˈaustreːtən] *v irr 1. (ausströmen)* straripare; *2. (aus einem Verein)* uscire
austricksen [ˈaustrɪksən] *v* ingannare
austrinken [ˈaustrɪŋkən] *v irr* bere tutto, finire di bere
Austritt [ˈaustrɪt] *m* uscita *f*
austrocknen [ˈaustrɔknən] *v* asciugare
austüfteln [ˈaustyftəln] *v* escogitare
ausüben [ˈausyːbən] *v* esercitare
Ausverkauf [ˈausfɛrkauf] *m* svendita *f*
ausverkauft [ˈausfɛrkauft] *adj* esaurito
auswachsen [ˈausvaksən] *v irr* finir di crescere; ◆ *Das ist zum Auswachsen!* C'è da perdere la pazienza!
Auswahl [ˈausvaːl] *f* selezione *f*, scelta *f*
auswählen [ˈausvɛːlən] *v* scegliere
auswandern [ˈausvandərn] *v* emigrare
auswärts [ˈausvɛrts] *adv* fuori
auswechselbar [ˈausvɛksəlbaːr] *adj* sostituibile, intercambiabile
auswechseln [ˈausvɛksəln] *v* cambiare
Ausweg [ˈausveːk] *m* via d'uscita *f*
ausweglos [ˈausveːkloːs] *adj* senza speranza
ausweichen [ˈausvaɪçən] *v irr* scansare; ◆ *einer Frage ausweichen* evitare di rispondere ad una domanda
ausweichend [ˈausvaɪçənt] *adj* evasivo
ausweinen [ˈausvaɪnən] *v sich ~* disperarsi piangendo; ◆ *sich die Augen ausweinen* piangere fino all'ultima lacrima
Ausweis [ˈausvaɪs] *m* documento *m*
ausweisen [ˈausvaɪzən] *v irr sich ~* provare la propria identità
ausweiten [ˈausvaɪtən] *v* allargare
auswendig [ˈausvɛndɪç] *adj* a memoria
auswerten [ˈausveːrtən] *v* interpretare
auswirken [ˈausvɪrkən] *v sich ~* influire; ◆ *sich günstig aufwirken auf* influire favorevolmente su
Auswirkung [ˈausvɪrkuŋ] *f* effetto *m*
auswischen [ˈausvɪʃən] *v jdm eins ~* giocare un brutto tiro a qd
auszahlen [ˈaustsaːlən] *v 1.* pagare; *2. sich ~* meritare, valere la pena; ◆ *Es zahlt sich nicht aus.* Non ne vale la pena.
Auszahlung [ˈaustsaːluŋ] *f* pagamento *m*
ausziehen [ˈaustsiːən] *v irr 1. (Kleidung)* spogliare, svestire; *2. (Wohnung wechseln)* traslocare
Auszubildende(r) [ˈaustsubɪldəndə(r)] *m/f* apprendista *m/f*
Auszug [ˈaustsuːk] *m 1. (Umzug)* trasloco *m; 2. (Zusammenfassung)* riassunto *m; 3. (Buchauszug)* estratto *m*

Auto [ˈauto] *n* automobile *f*
◆ *Auto fahren* andare in automobile

Autobahn [ˈautobaːn] *f* autostrada *f*
Autobahnraststätte [ˈautobaːnrastʃtɛtə] *f* autogrill *m*
Autodiebstahl [ˈautodiːpʃtaːl] *m* furto d'automobile *m*
Autofahrer(in) [ˈautofaːrər(ɪn)] *m/f* automobilista *m/f*
Autogramm [autoˈgram] *n* autografo *m*
Automat [autoˈmaːt] *m* distributore automatico *m*
Automechaniker [ˈautomeçaːnɪkər] *m* meccanico *m*
Autor(in) [ˈautɔr/auˈtoːrɪn] *m/f* autore/autrice *m/f*
Autoradio [ˈautoraːdjo] *n* autoradio *f*
Autoreifen [ˈautoraɪfən] *m* pneumatico *m*, ruota *f*
Autowerkstatt [ˈautovɛrkʃtat] *f* officina
Axt [akst] *f* ascia *f*

B

Baby [ˈbeːbi] *n* neonato *m*
Babysitter [ˈbeːbisɪtər] *m* baby-sitter *f*
Bach [bax] *m* ruscello *m; den ~ hinunter sein* essere all'ultima spiaggia
Backe [ˈbakə] *f* guancia *f*
backen [ˈbakən] *v irr* cuocere al forno
Bäcker(in) [ˈbɛkər(ɪn)] *m/f* fornaio/fornaia *m/f,* panettiere/panettiera *m/f*
Bäckerei [bɛkəˈraɪ] *f* panetteria *f*
Backofen [ˈbakoːfən] *m* forno *m*
Backwaren [ˈbakvaːrən] *pl* dolci *m/pl*

Bad [baːt] *n 1.* bagno *m; 2. (Raum)* bagno *m* ◆ *das Bad in der Menge nehmen* fare un bagno di folla *das Kind mit dem Bade ausschütten (fig)* buttare il bambino insieme all'acqua del bagno

Badeanzug [ˈbaːdəantsuːk] *m* costume da bagno *m*
Badehose [ˈbaːdəhoːzə] *f* calzoncini da bagno *m/pl*
Bademantel [ˈbaːdəmantəl] *m* accappatoio *m*
baden [ˈbaːdən] *v* fare il bagno
Badeort [ˈbaːdəɔrt] *m* località balneare *f*
Badewanne [ˈbaːdəvanə] *f* vasca da bagno *f*
Badezimmer [ˈbaːdətsɪmər] *n* bagno *m*
Bahn [baːn] *f 1. (Eisenbahn)* ferrovia *f,* treno *m;* ◆ *freie Bahn haben* avere via libera; *auf die schiefe Bahn kommen* prendere una cattiva strada; *aus der Bahn werfen (fig)* buttare fuori strada/far prendere una sbandata; *etw in die richtige Bahn lenken* mantenere qc sulla retta via; *2. (Straßenbahn)* tram *m; 3. (Fahrbahn)* pista *f*
Bahnhof [ˈbaːnhoːf] *m* stazione *f;* ◆ *immer nur Bahnhof verstehen* non capire mai un'acca
Bahre [ˈbaːrə] *f 1. (für Verletzte)* barella *f; 2. (für Tote)* bara *f,* feretro *m*
Bakterie [bakˈteːrjə] *f* batterio *m*

bald [balt] *adv* presto ◆ *Bis bald!* A presto!

baldmöglichst [ˈbaltmøːklɪçst] *adv* il più presto possibile
Balken [ˈbalkən] *m* trave *f*
Balkon [balˈkoːn] *m* balcone *m*
Ball¹ [bal] *m 1.* palla *f;* ◆ *am Ball bleiben (fig)* non demordere; *sich die Bälle zuwerfen* compiacersi a vicenda/prendere il pallino; *2. (Fußball)* pallone *m*
Ball² [bal] *m (Tanz)* ballo *m*
Ballett [baˈlɛt] *n THEAT* balletto *m*
Ballon [baˈlɔŋ] *m* pallone aereostatico *m*
Baltikum [ˈbaltɪkum] *n* Paesi baltici *m/pl*
baltisch [ˈbaltɪʃ] *adj* baltico
banal [baˈnaːl] *adj* banale
Banane [baˈnaːnə] *f* banana *f*
Band [bant] *n 1. (Streifen)* nastro *m;* ◆ *Bände sprechen* dire di tutto; *am laufenden Band* a nastro/di continuo; *2. (Tonband)* nastro magnetico *m; 3. (fig)* legame *m; m 4. (Buch)* volume *m*
Bande [ˈbandə] *f (Gruppe)* banda *f*

B

Bandit [banˈdiːt] *m* bandito *m*
bange [ˈbaŋə] *adj* pauroso

Bank¹ [baŋk] *f 1. (Sitzbank)* panca *f; 2. (Schulbank)* banco *m*
◆ *etw auf die lange Bank schieben (fig)* tirare qc per le lunghe
durch die Bank (fam) senza eccezione
! *Plural: Bänke*

Bank² [baŋk] *f FIN* banca *f*
Bankett [baŋˈkɛt] *n* banchetto *m*
Bar [baːr] *f* bar *m*, night club *m*

Bär *m ZOOL* orso *m*
◆ *jdm einen Bären aufbinden (fig)* darla a bere a qd
Da ist der Bär los. (fam) Qui c'è aria di festa.
! *Plural: Bären*
≠ *Beeren f/pl* bacche

barfuß [ˈbarfuːs] *adv* a piedi nudi
Bargeld [ˈbaːrgɛlt] *n* contanti *m/pl*
Barhocker [ˈbaːrhɔkər] *m* sgabello di bar *m*
Barkeeper [ˈbaːrkiːpər] *m* barista *m*
barmherzig [barmˈhɛrtsɪç] *adj* compassionevole
Baron(in) [baˈroːn(ɪn)] *m/f* barone(ssa) *m/f*
Barrikade [bariˈkaːdə] *f* barricata *f*
barsch [barʃ] *adj* brusco
Bart [baːrt] *m* barba *f;* ◆ *um des Kaisers Bart streiten* discutere sul sesso degli angeli
bärtig [ˈbɛːrtɪç] *adj* barbuto
basieren [baˈziːrən] *v ~ auf* basarsi su, fondarsi su
Basis [ˈbaːzɪs] *f* base *f*
Basketball [ˈbaskətbal] *m* basketball *m*
Bassin [baˈsɛ̃] *n 1.* bacino *m; 2. (Schwimmbassin)* piscina *f*
Bastard [ˈbastart] *m* bastardo *m*
Batterie [batəˈriː] *f TECH* batteria *f*
Bau [bau] *m 1. (Konstruktion)* costruzione *f; 2. (Tierbau) ZOOL* tana *f*
Bauch [baux] *m* pancia *f;* ◆ *eine Wut im Bauch haben* avere un diavolo per capello; *sich den Bauch voll schlagen* rimpinzarsi/riempirsi la pancia; *sich den Bauch vor Lachen halten* tenersi la pancia dal ridere; *auf den Bauch fallen* andare gambe all'aria
Bauchschmerzen [ˈbauxʃmɛrtsən] *pl* mal di pancia *m*
bauen [ˈbauən] *v* costruire
Bauer [ˈbauər] *m* contadino *m*
Bäuerin [ˈbɔyərɪn] *f* contadina *f*
Bauernhof [ˈbauərnhoːf] *m* fattoria *f*

Baum [baum] *m* albero *m*
◆ *Bäume ausreißen können (fig)* poter spostare le montagne
Das ist ja zum auf die Bäume klettern! È come scrivere sull'acqua!
! *Plural: Bäume*

Baumwolle [ˈbaumvɔlə] *f* cotone *m*
Baustelle [ˈbauʃtɛlə] *f* cantiere *m*
Bayer(in) [ˈbaɪər(ɪn)] *m/f* bavarese *m/f*
bayerisch [ˈbaɪərɪʃ] *adj* bavarese
Bayern [ˈbaɪərn] *n GEO* Baviera *f*
beabsichtigen [bəˈapzɪçtɪgən] *v* proporsi di
beachten [bəˈaxtən] *v* fare attenzione a, badare a
Beamter [bəˈamtər] *m* impiegato statale *m*
beanspruchen [bəˈanʃpruxən] *v 1.* pretendere; ◆ *Schadenersatz beanspruchen* pretendere il risarcimento dei danni; *2. jdn ~* impegnare qd
Beanstandung [bəˈanʃtandun] *f* reclamo *m*

beantragen [bəˈantra:gən] *v* richiedere
beantworten [bəˈantvɔrtən] *v* rispondere
bearbeiten [bəˈarbaɪtən] *v* 1. lavorare; 2. *INFORM* elaborare
Bearbeitung [bəˈarbaɪtuŋ] *f* 1. lavorazione *f*; 2. *INFORM* elaborazione *f*
beaufsichtigen [bəˈaufzɪçtɪgən] *v* sorvegliare
beauftragen [bəˈauftra:gən] *v* incaricare
bebauen [bəˈbauən] *v* 1. *(Häuser)* costruire case su; 2. *(Land)* coltivare
beben [ˈbe:bən] *v* tremare; ◆ *vor Angst beben* tremare dalla paura; *Die Erde bebt.* La terra trema.
Beben [ˈbe:bən] *n* terremoto *m*
Becher [ˈbɛçər] *m* calice *m*, coppa *f*, bicchiere di carta *m*
Becken [ˈbɛkən] *n* 1. *(Waschbecken)* lavandino *m*; 2. *(Schwimmbecken)* vasca *f*, piscina *f*; 3. *ANAT* bacino *m*
bedächtig [bəˈdɛçtɪç] *adj* avveduto
bedanken [bəˈdaŋkən] *v sich bei jdm für etw ~* ringraziare qd di qc
Bedarf [bəˈdarf] *m* fabbisogno *m*
bedauerlich [bəˈdauərlɪç] *adj* deplorevole
bedauern [bəˈdauərn] *v* compatire, deplorare
bedauernswert [bəˈdauərnsve:rt] *adj* compassionevole
bedecken [bəˈdɛkən] *v* coprire
bedenken [bəˈdɛŋkən] *v irr* considerare
bedenkenlos [bəˈdɛŋkənlo:s] *adj* senza esitazione
bedenklich [bəˈdɛŋklɪç] *adj* dubbio
bedeuten [bəˈdɔytən] *v* significare
Bedeutung [bəˈdɔytuŋ] *f* significato *m*

> **bedienen** [bəˈdi:nən] *v* 1. *jdn ~* servire qd; 2. *sich ~* servirsi
> ◆ *Der Wirt bedient seine Gäste.* L'oste serve i suoi clienti.
> *Bedienen Sie sich!* Si serva pure!
> *sich einer Sache bedienen* servirsi di una cosa

Bedienung [bəˈdi:nuŋ] *f* 1. servizio *m*; 2. *(Kellner)* cameriere *m*; 3. *(Verkäuferin)* commessa *f*
Bedingung [bəˈdɪŋuŋ] *f* condizione *f*
bedrohen [bəˈdro:ən] *v* minacciare
bedrohlich [bəˈdro:lɪç] *adj* minaccioso, pericoloso
bedrücken [bəˈdrykən] *v* opprimere
bedürfen [bəˈdyrfən] *v irr* aver bisogno
Bedürfnis [bəˈdyrfnɪs] *n* bisogno *m*
bedürftig [bəˈdyrftɪç] *adj* bisognoso
beeilen [bəˈaɪlən] *v sich ~* affrettarsi
beeindrucken [bəˈaɪndrukən] *v* impressionare
beeinflussen [bəˈaɪnflusən] *v* influenzare
beeinträchtigen [bəˈaɪntrɛçtɪgən] *v* danneggiare
Beeinträchtigung [bəˈaɪntrɛçtɪguŋ] *f* danno *m*
beenden [bəˈɛndən] *v* finire
beerdigen [bəˈe:rdɪgən] *v* seppellire
Beerdigung [bəˈe:rdɪguŋ] *f* funerale *m*
Beere [ˈbe:rə] *f BOT* bacca *f*
Beet [be:t] *n* aiola *f*
befangen [bəˈfaŋən] *adj JUR* prevenuto
befassen [beˈfasən] *v sich ~ mit* occuparsi di
befehlen [bəˈfe:lən] *v irr* comandare
befestigen [bəˈfɛstɪgən] *v* fissare

B

befinden [bə'fɪndən] *v irr sich ~* trovarsi; ◆ *sich in einer schwierigen Situation befinden* trovarsi in una situazione difficile
befördern [bə'fœrdərn] *v 1. (Waren) ECO* spedire; ◆ *Waren mit der Bahn befördern* spedire merci per ferrovia; *; 2. (Beruf) ECO* promuovere
Beförderung [bə'fœrdəruŋ] *f 1. ECO* spedizione *f; 2. (im Beruf)* promozione *f*
befragen [bə'fra:gən] *v* interrogare
befreien [bə'fraɪən] *v 1.* liberare; *2. ECO* esonerare
Befreiung [bə'fraɪuŋ] *f 1.* liberazione *f*
befriedigen [bə'fri:dɪgən] *v* soddisfare
Befriedigung [bə'fri:dɪguŋ] *f* soddisfacimento *m*
befristet [bə'frɪstət] *adj* a scadenza
Befugnis [bə'fu:knɪs] *f* diritto *m*
befugt [bə'fu:kt] *adj* autorizzato
befürchten [bə'fyrçtən] *v* temere
begabt [bə'ga:pt] *adj* dotato
Begabung [bə'ga:buŋ] *f* talento *m*
begegnen [bə'ge:gnən] *v 1. jdm ~* incontrare qd; *2. sich ~* incontrarsi; ◆ *Vorgestern sind wir uns begegnet.* Ci siamo incontrati l'altro ieri.
Begegnung [bə'ge:gnuŋ] *f* incontro *m*
begehen [bə'ge:ən] *v irr 1. ein Verbrechen ~* commettere un crimine; *2. ein Fest ~* celebrare una festa
begehren [bə'ge:rən] *v* chiedere
begehrt [bə'ge:rt] *adj* richiesto
begeistern [bə'gaɪstərn] *v 1.* entusiasmare; *2. sich über etw ~* entusiasmarsi per qc
begeistert [bə'gaɪstərt] *adj* entusiasta
Begeisterung [bə'gaɪstəruŋ] *f* entusiasmo *m*
Begierde [bə'gi:rdə] *f* desiderio *m*
Beginn [bə'gɪn] *m* inizio *m*
beginnen [bə'gɪnən] *v irr* cominciare
begleiten [bə'glaɪtən] *v* accompagnare
Begleitung [bə'glaɪtuŋ] *f* accompagnamento *m*
beglückwünschen [bə'glykvynʃən] *v jdn ~ zu* felicitarsi con qd per; ◆ *Ich beglückwünsche dich.* Mi felicito con te.
begnügen [bə'gny:gən] *v sich ~* contentarsi
begraben [bə'gra:bən] *v irr 1. (beerdigen)* seppellire; ◆ *etw begraben können* poter mettere una pietra sopra a qc; *2. (fig)* abbandonare
begreiflich [bə'graɪflɪç] *adj* comprensibile
begrenzen [bə'grɛntsən] *v* limitare
Begrenzung [bə'grɛntsuŋ] *f* limitazione *f*

Begriff [bə'grɪf] *m* concetto *m*
◆ *schwer von Begriff sein* essere duro di comprendonio

begründen [bə'gryndən] *v* fondare
begründet [bə'gryndət] *adj ~ sein* essere fondato; ◆ *Der Verdacht ist wohl begründet.* Il sospetto è ben fondato.
begrüßen [bə'gry:sən] *v* salutare
behalten [bə'haltən] *v irr* tenere
Behälter [bə'hɛltər] *m* recipiente *m*
behandeln [bə'handəln] *v 1.* trattare; ◆ *jdn als Freund behandeln* trattare qd come un amico; *2. MED* curare
Behandlung [bə'handluŋ] *f* trattamento *m*
behaupten [bə'hauptən] *v 1.* sostenere; *2. (Stellung)* mantenere; *3.* ◆ *sich um jeden Preis behaupten* affermarsi a tutti i costi
Behauptung [bə'hauptuŋ] *f* asserzione *f*

beheben [bəˈheːbən] *v irr* togliere
Behelf [bəˈhɛlf] *m* ripiego *m*
beherrschen [bəˈhɛrʃən] *v 1. sich ~* dominarsi; ◆ *Er kann sich nicht beherrschen.* Non riesce a dominarsi. *2. (fig: können)* conoscere perfettamente; ◆ *Er beherrscht es sehr gut.* Lo conosce a pennello. *Er beherrscht die Sprache.* Conosce la lingua.
beherzt [bəˈhɛrtst] *adj* animoso
behilflich [bəˈhɪlflɪç] *adj jdm ~ sein* essere di aiuto a qd
behindern [bəˈhɪndərn] *v* ostacolare
Behinderte(r) [bəˈhɪndərtə(r)] *m/f* handicappato/handicappata *m/f*
Behinderung [bəˈhɪndəruŋ] *f* ostacolo *m*
Behörde [bəˈhœːrdə] *f* autorità *f*
behüten [bəˈhyːtən] *v* custodire

bei [baɪ] *prep 1. (örtlich)* presso; *~m Fluss* vicino al fiume; *~ uns* da noi; *2. (zeitlich)* di, a, in; *~ Ankunft des Zuges* all' arrivo del treno; *~ Tag* di giorno; *3. (während)* durante, in; *~ der Arbeit* sul lavoro; *~m Fahren* guidando; *4. (Begleitumstand)* con; *~ aller Vorsicht* con tutte le precauzioni
◆ *etw bei sich haben* avere qc con sé
Ich war bei ihm. Ero da lui.
beim Auswählen der Artikel in sede di scelta dell' articolo
! *mit Dativ*

beibringen [ˈbaɪbrɪŋən] *v irr 1. (lehren)* insegnare; *2. (beschaffen)* procurare; ◆ *einen Beweis beibringen* addurre una prova
Beichte [ˈbaɪçtə] *v* confessione *f*
beichten [ˈbaɪçtən] *v REL* confessarsi; *etw ~* confessare qc
beide [ˈbaɪdə] *adj 1.* entrambi; *pron 2.* entrambi; ◆ *die ersten beiden* i primi due; *wir beide* noi due; *einer von beiden* uno dei due
Beifall [ˈbaɪfal] *m 1. (Applaus)* applauso *m; 2. (Billigung)* approvazione *f*
beifügen [ˈbaɪfyːgən] *v* aggiungere
Beilage [ˈbaɪlaːgə] *f 1. GAST* contorno *m; 2. (einer Zeitung)* supplemento *m*
beilegen [ˈbaɪleːgən] *v 1. (hinzufügen)* accludere; *2. (fig: schlichten)* comporre; ◆ *einen Rechtsstreit belegen* comporre una controversia giudiziaria
beiliegend [ˈbaɪliːgənt] *adj* allegato
beim *(= bei dem)(siehe „bei“)*

Bein [baɪn] *n ANAT* gamba *f*
◆ *jdm auf die Beine helfen* aiutare qd a rimettersi in sesto
von einem Bein auf das andere treten essere impazienti
mit beiden Beinen fest im Leben stehen stare con i piedi per terra
sich auf die Beine machen mettersi in cammino
sich die Beine vertreten sgranchirsi le gambe
sich die Beine nach etw ablaufen consumarsi le suole per qc
mit einem Bein im Grabe stehen (fig) avere un piede nella fossa
auf eigenen Beinen stehen camminare con le proprie gambe
die Beine unter den Arm nehmen mettere le gambe in spalla
sich die Beine in den Bauch stehen stare in piedi troppo a lungo
sich kein Bein ausreißen non ammazzarsi di lavoro
sich ein Bein für jdn ausreißen farsi in quattro per qd

beinahe [baɪˈnaːə] *adv* quasi
beiseite [baɪˈzaɪtə] *adv* da parte

B

Beispiel [ˈbaɪʃpiːl] *n* esempio *m*, modello *m*; ◆ *jdm mit gutem Beispiel vorangehen* dare il buon esempio a qd; *sich ein Beispiel an jdm nehmen* prendere l'esempio da qd; *ohne Beispiel sein* essere senza precedenti
beispielsweise [ˈbaɪʃpiːlzvaɪsə] *adv* per esempio
beißen [ˈbaɪsən] *v irr* mordere
beistehen [ˈbaɪʃteːən] *v irr* aiutare; ◆ *Gott steh mir bei!* Dio m'assista!
beisteuern [ˈbaɪʃtɔyərn] *v* contribuire con
Beitrag [ˈbaɪtraːk] *m 1.* contributo *m*; *2. (Zeitungsartikel)* articolo *m*
beitragen [ˈbaɪtraːgən] *v irr* contribuire
beitreten [ˈbaɪtreːtən] *v irr* aderire
bekämpfen [bəˈkɛmpfən] *v* combattere

bekannt [bəˈkant] *adj* conosciuto ◆ *sich mit jdm bekannt machen* conoscere qd *Sie kommt mir bekannt vor.* Mi sembra di conoscerla già. *jdn mit jdm bekannt machen* presentare qd a qd *bekannt geben* rendere noto

Bekannte(r) [bəˈkantə(r)] *m/f* conoscente *m/f*
Bekanntschaft [bəˈkantʃaft] *f* conoscenza *f*
bekennen [bəˈkɛnən] *v irr* riconoscere, ammettere
Bekenntnis [bəˈkɛntnɪs] *n* confessione *f*; ◆ *ein Bekenntnis ablegen* fare una confessione
beklagen [bəˈklaːgən] *v 1.* ◆ *einen Misserfolg beklagen* rammaricarsi di un insuccesso; *2.* ◆ *sich über das Mittagessen beklagen* lamentarsi del pranzo
Bekleidung [bəˈklaɪdʊŋ] *f* vestiti *m/pl*
bekommen [bəˈkɔmən] *v irr 1. (erhalten)* ricevere; *2. (finden)* trovare; *3. (erlangen)* conseguire; *adj 4.(bekömmlich sein)* ◆ *gut bekommen* far bene; *schlecht bekommen* far male
beladen [bəˈlaːdən] *v irr* caricare
Belag [bəˈlaːk] *m 1. (Schicht)* strato *m*; *2. (Brotbelag)* companatico *m*; *3. TECH* guarnizione *f*; *4. MED* patina *f*
belanglos [bəˈlaŋloːs] *adj* senza importanza
Belastbarkeit [bəˈlastbaːrkaɪt] *f* portata *f*
belasten [bəˈlastən] *v 1. (beanspruchen)* caricare, gravare; *2. (bedrücken)* opprimere; ◆ *Sorgen belasten ihn.* È oppresso dalle preoccupazioni. *3. JUR* accusare; *4. (Konto)* addebitare su; *5. (Haus)* gravare
belästigen [bəˈlɛstɪgən] *v* dare fastidio a, importunare
Belästigung [bəˈlɛstɪgʊŋ] *f* seccatura *f*; *sexuelle ~* molestia sessuale *f*
Belastung [bəˈlastʊŋ] *f 1.* peso *m*; *2. (Beanspruchung)* aggravio *m*; *3. (Druck)* oppressione *f*
Beleg [bəˈleːk] *m* ricevuta *f*
belegen [bəˈleːgən] *v 1. (Brot)* imbottire; *2. (Kurs)* prenotare; *3. (Platz)* occupare
beleidigen [bəˈlaɪdɪgən] *v* offendere
Beleidigung [bəˈlaɪdɪgʊŋ] *f* offesa *f*
beleuchten [bəˈlɔyçtən] *v* illuminare
Belgien [ˈbɛlgjən] *n* Belgio *m*
Belgier(in) [ˈbɛlgjər(ɪn)] *m/f* belga *m/f*
belgisch [ˈbɛlgɪʃ] *adj* belga
Belieben [bəˈliːbən] *n nach ~* a volontà *f*; ◆ *Obst nach Belieben* frutta a volontà; *nach Belieben zuckern* zuccherare a piacere

beliebig [bəˈliːbɪç] *adj* qualsiasi
beliebt [bəˈliːpt] *adj* benvoluto, amato

bellen [ˈbɛlən] *v* abbaiare
◆ *Hunde, die bellen, beißen nicht.* Can che abbaia non morde.

belohnen [bəˈloːnən] *v* ricompensare
Belohnung [bəˈloːnuŋ] *f* retribuzione *f*, ricompensa *f*
bemalen [bəˈmaːlən] *v* dipingere
bemerken [bəˈmɛrkən] *v* *1. (wahrnehmen)* osservare; *2. (äußern)* manifestare
bemerkenswert [bəˈmɛrkənsvɛːrt] *adj* notevole
Bemerkung [bəˈmɛrkuŋ] *f* *1. (Äußerung)* osservazione *f*; *2. (Anmerkung)* nota *f*, appunto *m*
bemitleiden [bəˈmɪtlaɪdən] *v* compatire
bemühen [bəˈmyːən] *v sich ~* sforzarsi; ◆ *sich um besseres bemühen* sforzarsi di dare il meglio
Bemühung [bəˈmyːuŋ] *f* fatica *f*, sforza *f*
benachrichtigen [bəˈnaːxrɪçtɪgən] *v* informare
benehmen [bəˈneːmən] *v irr sich beispielhaft ~* comportarsi in modo esemplare
Benehmen [bəˈneːmən] *n* condotta *f*
beneiden [bəˈnaɪdən] *v* invidiare
benötigen [bəˈnøːtɪgən] *v* aver bisogno di
benutzen [bəˈnutsən] *v* usare
Benutzer(in) [bəˈnutsər(ɪn)] *m/f* utente *m/f*
Benutzung [bəˈnutsuŋ] *f* uso *m*
Benzin [bɛnˈtsiːn] *n* benzina *f*
beobachten [bəˈoːbaxtən] *v* osservare
Beobachtung [bəˈoːbaxtuŋ] *f* *1.* osservazione *f*; *2. (Feststellung)* constatazione *f*
bepflanzen [bəˈpflantsən] *v* piantare

bequem [bəˈkveːm] *adj* *1. (behaglich)* comodo; *2. (träge)* pigro
◆ *Machen Sie es sich bequem!* Si metta comodo!

beraten [bəˈraːtən] *v irr* *1.* consigliare; *2. (besprechen)* discutere su; *3. sich mit jdm ~* chiedere consiglio a qd
Berater(in) [bəˈraːtər(ɪn)] *m/f* consigliere *m/f*
berauben [bəˈraubən] *v* derubare
berechenbar [bəˈrɛçənbaːr] *adj* calcolabile
berechnen [bəˈrɛçnən] *v* calcolare
Berechnung [bəˈrɛçnuŋ] *f* calcolo *m*
berechtigt [bəˈrɛçtɪçt] *adj* *1. (befugt)* autorizzato; *2. (begründet)* giustificato
Bereich [bəˈraɪç] *m* *1. (Gebiet)* campo *m*; *2. (Fachbereich)* settore *m*
bereinigen [bəˈraɪnɪgən] *v* sistemare; ◆ *eine Angelegenheit bereinigen* sistemare una faccenda
bereit [bəˈraɪt] *adj* pronto ◆ *bereit sein, etw zu tun* essere pronto a far qc; *sich bereit erklären* dichiararsi disposto; *sich bereit machen* prepararsi; *sich bereit halten* tenersi pronto
bereiten [bəˈraɪtən] *v* *1. (zubereiten)* preparare; *2. (zufügen)* causare
bereits [bəˈraɪts] *adv* già
Bereitschaft [bəˈraɪtʃaft] *f* *1.* disponibilità *f*; *2. MIL* picchetto armato *m*
bereitstellen [bəˈraɪtʃtɛlən] *v* mettere a disposizione
bereuen [bəˈrɔyən] *v* pentirsi di; ◆ *Er wird es nicht bereuen.* Non se ne pentirà.

B

Berg [bɛrk] *m* monte *m*, montagna *f*
◆ *über alle Berge sein (fig)* essere uccel di bosco
über den Berg sein aver superato il peggio
mit etw hinter dem Berg halten nascondere qc

bergab [bɛrkˈap] *adv* in giù
bergauf [bɛrkˈauf] *adv* in salita
Bergwerk [ˈbɛrkvɛrk] *n* miniera *f*
Bericht [bəˈrɪçt] *m* relazione *f*
berichten [bəˈrɪçtən] *v* riferire
berichtigen [bəˈrɪçtɪgən] *v* rettificare
berücksichtigen [bəˈrykzɪçtɪgən] *v* considerare
Beruf [bəˈruːf] *m* professione *f*
beruflich [bəˈruːflɪç] *adj* professionale; *~ stark beansprucht sein* avere una professione molto impegnativa
Berufung [bəˈruːfuŋ] *f 1.* vocazione *f; 2. (Ernennung)* nomina *f; 3. JUR* appello *m*
beruhigen [bəˈruːɪgən] *v 1. jdn ~* calmare qd; *2. sich ~* calmarsi
beruhigend [bəˈruːɪgənt] *adj* calmante
Beruhigung [bəˈruːɪguŋ] *f* tranquillità *f; zu jds Beruhigung* per tranquillità di qd
berühmt [bəˈryːmt] *adj* celebre
Berühmtheit [bəˈryːmthaɪt] *f* fama *f*
berühren [bəˈryːrən] *v 1. (anfassen)* toccare; *2. (fig: bewegen)* commuovere
beschädigen [bəˈʃɛːdɪgən] *v* danneggiare
Beschädigung [bəˈʃɛːdɪguŋ] *f* danno *m*
Beschaffenheit [bəˈʃafənhaɪt] *f* natura *f*, qualità *f*
beschäftigen [bəˈʃɛftɪgən] *v 1.* occupare; *2. sich ~* occuparsi; ◆ *Er beschäftigt sich mit Astrologie.* Si occupa di astrologia.
Beschäftigung [bəˈʃɛftɪguŋ] *f* attività *f*
Bescheid [bəˈʃaɪt] *m 1. (Auskunft)* informazione *f; 2. (Nachricht)* notizia *f*
bescheiden [bəˈʃaɪdən] *adj* modesto
beschimpfen [bəˈʃɪmpfən] *v* insultare
beschleunigen [bəˈʃlɔynɪgən] *v* accelerare
Beschleunigung [bəˈʃlɔynɪguŋ] *f* acceleramento *m*, accelerazione *f*
Beschluss [bəˈʃlus] *m* decisione *f*
beschränken [bəˈʃrɛŋkən] *v 1.* limitare, ridurre; *2. sich ~ auf* limitarsi a; ◆ *sich auf das Nötigste beschränken* limitarsi allo stretto necessario
beschreiben [bəˈʃraɪbən] *v irr* descrivere
Beschreibung [bəˈʃraɪbuŋ] *f* descrizione *f;* ◆ *Das spottet jeder Beschreibung!* Questo supera ogni descrizione!
beschuldigen [bəˈʃuldɪgən] *v* incolpare
Beschuss [bəˈʃus] *m* fuoco *m*, tiro *m;* ◆ *unter Beschuss geraten* essere nel mirino/essere sotto tiro
beschützen [bəˈʃytsən] *v* proteggere
beschweren [bəˈʃveːrən] *v sich ~* lagnarsi, lamentarsi; ◆ *sich über das schlechte Wetter beschweren* lagnarsi del maltempo
beschwören [bəˈʃvøːrən] *v irr* scongiurare; ◆ *Ich beschwöre es.* Lo scongiuro.
beseitigen [bəˈzaɪtɪgən] *v 1.* rimuovere; *2. (Zweifel)* dissipare
Beseitigung [bəˈzaɪtɪguŋ] *f* rimozione *f*
Besen [ˈbeːzən] *m* scopa *f; Wenn das wahr ist, fresse ich einen Besen!* Se è vero mi mangio il cappello!
besetzen [bəˈzɛtsən] *v* occupare

besichtigen [bə'zɪçtɪgən] *v* visitare
Besichtigung [bə'zɪçtɪguŋ] *f* visita *f*
besiegen [bə'ziːgən] *v* vincere
besinnen [bə'zɪnən] *v irr sich eines anderen ~* cambiare idea
Besitz [bə'zɪts] *m* proprietà *f*

besitzen [bə'zɪtsən] *v irr* possedere
≠ *besetzen v* occupare

Besitzer(in) [bə'zɪtsər(ɪn)] *m/f* proprietario/proprietaria *m/f*
besondere(r,s) [bə'zɔndərə(r,s)] *adj* particolare
Besonderheit [bə'zɔndərhaɪt] *f* specialità *f*
besonders [bə'zɔndərs] *adv 1. (sehr)* molto; *2. (außergewöhnlich)* particolarmente; *3. (vor allem)* soprattutto; *4. (ausdrücklich)* espressamente
besorgen [bə'zɔrgən] *v 1. (beschaffen)* procurare, comprare; *Zutaten ~* procurare gli ingredienti; *2. (ausführen)* eseguire; ◆ *einen Auftrag besorgen* eseguire una commissione; *3.* ◆ *es jdm besorgen* dare una lezione a qd
Besorgnis [bə'zɔrknɪs] *f* apprensione *f; ~ erregend* inquietante
besprechen [bə'ʃprɛçən] *v irr* parlare di
Besprechung [bə'ʃprɛçuŋ] *f* colloquio *m*
besser ['bɛsər] *adj 1.* migliore; *die ~e Hälfte* la dolce metà *f; adv 2.* meglio
Bestand [bə'ʃtant] *m 1. (Vorhandenes)* entità *f; 2. von ~ sein* essere duraturo
beständig [bə'ʃtɛndɪç] *adj 1.* durevole; *2. (widerstandsfähig)* resistente
Bestandteil [bə'ʃtanttaɪl] *m* parte *f*
bestärken [bə'ʃtɛrkən] *v* rafforzare
bestätigen [bə'ʃtɛːtɪgən] *v* confermare
Bestätigung [bə'ʃtɛːtɪguŋ] *f* conferma *f*
beste(r,s) ['bɛstə(r,s)] *adj 1.* migliore; *mein ~r Freund* il mio migliore amico *m; adv 2.* meglio; ◆ *Sie singt am besten.* Canta meglio di tutti. *jdn zum Besten halten* prendere in giro qd; *etw zum Besten geben* raccontare qc/narrare qc; *Mit ihm steht es nicht zum Besten.* A lui le cose non vanno per il meglio.
bestechen [bə'ʃtɛçən] *v irr* corrompere
Besteck [bə'ʃtɛk] *n* posate *f/pl*
bestehen [bə'ʃteːən] *v irr 1.* esistere; ◆ *Bestehen noch Zweifel?* Sussistono ancora dei dubbi? *2. ~ aus* constare di; ◆ *Die Diät besteht aus ...* La dieta consta di ... *3. auf etw ~* insistere su qc; *4. (Prüfung)* superare
bestellen [bə'ʃtɛlən] *v 1.* ordinare; ◆ *wie bestellt und nicht abgeholt* con aria smarrita; *nicht viel zu bestellen haben* non avere molto da dire; *2. (ernennen)* nominare
Bestellung [bə'ʃtɛluŋ] *f 1. (Auftrag)* ordine *f; 2. (Ernennung)* nomina *f*
bestenfalls ['bɛstən'fals] *adv 1.* nel migliore dei casi; *2. (höchstens)* tutt'al più
bestens ['bɛstəns] *adv* nel miglior modo
Besteuerung [bə'ʃtɔyəruŋ] *f* tassazione *f*
bestimmen [bə'ʃtɪmən] *v 1. (festlegen)* stabilire, determinare; *2. (definieren)* definire; *3. (zuweisen)* assegnare

bestimmt [bə'ʃtɪmt] *adj 1.* deciso; *2. (gewiss)* determinato; *adv 3.* sicuramente
◆ *Ich werde es bestimmt tun.* Lo farò certamente.

B

Bestimmung [bəˈʃtɪmuŋ] *f* *1.* fine *m;* *2. (Vorschrift)* disposizione *f;* *3. (Festlegung)* fissazione *f*
bestmöglich [ˈbɛstmøːklɪç] *adj* *1.* il migliore possibile; *adv* *2.* nel miglior modo possibile
bestrafen [bəˈʃtraːfən] *v* punire
bestreiten [bəˈʃtraɪtən] *v irr* *1.* contestare; *2. (Unterhalt)* sostenere
Besuch [bəˈzuːx] *m* *1. (von Gästen)* visita *f;* *2. (in der Schule)* frequenza *f*
besuchen [bəˈzuːxən] *v* *1. jdn ~* andare a trovare qd; *2. (besichtigen)* visitare; *3. (Schule)* frequentare
Besucher(in) [bəˈzuːxər(ɪn)] *m/f* *1. GAST* ospite *m/f;* *2. (einer Ausstellung)* visitatore/visitatrice *m/f*
betätigen [bəˈtɛːtɪgən] *v* *1. sich ~* essere attivo, occuparsi di
beteiligen [bəˈtaɪlɪgən] *v* *1. sich ~* partecipare a; ◆ *sich an einem Geschäft beteiligen* partecipare ad un affare; *2. jdn ~* interessare qd; ◆ *jdn an einem Geschäft beteiligen* interessare qd in un affare
beten [ˈbeːtən] *v REL* pregare
betonen [bəˈtoːnən] *v* *1.* accentare; *2. (hervorheben)* accentuare
Betonung [bəˈtoːnuŋ] *f* *1. (Aussprache)* accentazione *f;* *2. (Hervorhebung)* rilievo *m;* *3. (Tonfall)* accento *m*
betrachten [bəˈtraxtən] *v* *1. (anschauen)* contemplare, guardare; *2. (fig: beurteilen)* considerare
beträchtlich [bəˈtrɛçtlɪç] *adj* *1.* considerevole; *adv* *2.* considerevolmente
Betrag [bəˈtraːk] *m* importo *m*
betragen [bəˈtraːgən] *v irr* *1. (sich belaufen auf)* ammontare; *2. sich ~* comportarsi; ◆ *sich mustergültig betragen* comportarsi in modo esemplare
betreffen [bəˈtrɛfən] *v irr* concernere
betreten [bəˈtreːtən] *v irr* *1.* entrare; *adj* *2. (fig) über etw ~ sein* essere imbarazzato per qc
Betreten [bəˈtreːtən] *n* accesso *m;* *Das ~ der Baustelle ist verboten.* Vietato l'accesso ai non addetti. *Das ~ des Rasens ist verboten.* Vietato calpestare le aiuole.
betreuen [bəˈtrɔyən] *v* accudire
Betreuung [bəˈtrɔyuŋ] *f* cura *f*
Betrieb [bəˈtriːp] *m* *1. (Treiben)* attività *f;* *2. (Firma) ECO* impresa *f*
betroffen [bəˈtrɔfən] *adj* colpito
Betrug [bəˈtruːk] *m* inganno *m,* imbroglio *m*
betrügen [bəˈtryːgən] *v irr* ingannare, imbrogliare
betrunken [bəˈtruŋkən] *adj* ubriaco

Bett [bɛt] *n* *1.* letto *m;* *2. (eines Flusses)* letto *m*
◆ *das Bett machen* fare il letto

betteln [ˈbɛtəln] *v* *1. (Almosen)* mendicare; *2. (bitten)* chiedere insistentemente
Bettler(in) [ˈbɛtlər(ɪn)] *m/f* mendicante *m/f*
beugen [ˈbɔygən] *v* *1. (biegen)* piegare; *2. sich ~* piegarsi; *3. (fig: brechen)* piegare; *4. (fig: sich fügen)* piegarsi; ◆ *sich den Tatsachen beugen* piegarsi all'evidenza dei fatti
Beule [ˈbɔylə] *f* *1. MED* bernoccolo *m;* *2. TECH* rigonfiamento *m*
beunruhigen [bəˈunruːɪgən] *v* *1. jdn ~* preoccupare qd; *2. sich ~* allarmarsi
beurteilen [bəˈurtaɪlən] *v* giudicare
Beurteilung [bəˈurtaɪluŋ] *f* giudizio *m*
Beute [ˈbɔytə] *f* preda *f,* bottino *m*

Beutel [ˈbɔytəl] *m* borsa *f*
◆ *tief in den Beutel greifen müssen (fig)* doversi svenare/dover spendere molto

Bevölkerung [bəˈfœlkəruŋ] *f* popolazione *f*
bevor [bəˈfoːr] *konj* prima che
bevorstehen [bəˈfoːrʃteːən] *v irr* incombere
bevorzugen [bəˈfoːrtsuːgən] *v etw gegenüber etw anderem ~* preferire qc a qualcos'altro
bewachen [bəˈvaxən] *v* sorvegliare
bewaffnen [bəˈvafnən] *v* armare
bewahren [bəˈvaːrən] *v 1.* conservare; *2. (fig: beibehalten)* mantenere, serbare; *Stillschweigen ~* mantenere il riserbo
bewähren [bəˈvɛːrən] *v sich ~* dimostrarsi; ◆ *sich als guter Freund bewähren* dimostrarsi un buon amico
bewältigen [bəˈvɛltɪgən] *v 1. (Problem)* superare; *2. (Aufgabe)* compiere
bewegen [bəˈveːgən] *v 1.* muovere; *2. sich ~* muoversi; ◆ *sich mit Eleganz bewegen* muoversi con eleganza; *3. (fig: rühren)* commuovere; ◆ *zu Tränen bewegen* commuovere fino alle lacrime
bewegend [bəˈveːgənt] *adj (fig)* commovente
beweglich [bəˈveːklɪç] *adj 1. ECO* mobile; ◆ *bewegliche Güter* beni mobili; *2. (Person)* agile; *3. (fig: flexibel)* flessibile
bewegt [bəˈveːkt] *adj* movimentato; ◆ *ein bewegtes Leben führen* condurre una vita movimentata
Bewegung [bəˈveːguŋ] *f* movimento *m; Keine ~!* Fermi tutti!

Beweis [bəˈvaɪs] *m* prova *f*
◆ *Er hat keinen Beweis, um ihn festzunehmen.* Non ha alcuna prova per arrestarlo.

beweisen [bəˈvaɪzən] *v irr 1.* provare; *2. (fig: zeigen)* dimostrare
bewerben [bəˈvɛrbən] *v irr 1. sich ~* fare domanda; ◆ *sich um eine Stelle ~* fare domanda per un posto; *3. (Produkt)* fare pubblicità
Bewerbung [bəˈvɛrbuŋ] *f* candidatura *f*
bewerten [bəˈveːrtən] *v* valutare
bewilligen [bəˈvɪlɪgən] *v* concedere
bewirken [bəˈvɪrkən] *v* produrre, causare
bewohnen [bəˈvoːnən] *v* abitare
Bewunderung [bəˈvundəruŋ] *f* ammirazione *f*
bewusst [bəˈvust] *adj 1.* cosciente; ◆ *Das wurde mir plötzlich bewusst.* Me ne sono reso conto all'improvviso. *2. (absichtlich)* di proposito; *adv 3. (absichtlich)* intenzionalmente
Bewusstsein [bəˈvustzaɪn] *n* coscienza *f*
bezahlen [bəˈtsaːlən] *v* pagare
Bezahlung [bəˈtsaːluŋ] *f* pagamento *m*
bezaubern [bəˈtsaubərn] *v* incantare
bezeichnen [bəˈtsaɪçnən] *v* segnare
Bezeichnung [bəˈtsaɪçnuŋ] *f 1.* indicazione *f; 2. (Benennung)* denominazione *f*; *3. (Zeichen)* segno *m*
beziehen [bəˈtsiːən] *v irr 1.* ricoprire; *2. (einziehen)* andare ad abitare in; *3. (abonnieren)* abbonarsi; *4. (Gehalt)* percepire; *5. sich auf etw ~* riferirsi a qc
Beziehung [bəˈtsiːuŋ] *f* relazione *f*
beziehungsweise [bəˈtsiːuŋsvaɪzə] *konj* cioè, ovvero, per meglio dire, rispettivamente
Bezirk [bəˈtsɪrk] *m* distretto *m*
bezüglich [bəˈtsyːklɪç] *prep* riguardo a, relativo a

Bezugnahme [bəˈtsuːknaːmə] *f* riferimento *m;* ◆ *unter Bezugnahme auf* in riferimento a
bezweifeln [bəˈtsvaɪfəln] *v* mettere in dubbio; ◆ *Das bezweifle ich!* Ne dubito!
Bibel [ˈbiːbəl] *f REL* Bibbia *f*
Bibliothek [biblioˈteːk] *f* biblioteca *f*
bieder [ˈbiːdər] *adj* probo, conformista
biegen [ˈbiːgən] *v irr* piegare, girare
biegsam [ˈbiːkzaːm] *adj* pieghevole
Biene [ˈbiːnə] *f 1. ZOOL* ape *f*
Bier [biːr] *n* birra *f;* ◆ *Das ist nicht mein Bier!* Non sono fatti miei!
Biest [biːst] *n 1. (Tier)* bestia *f; 2. (Person)* carogna *f*
bieten [ˈbiːtən] *v irr* offrire
Bikini [biˈkiːni] *m* bikini *m,* due pezzi *m*
Bilanz [bɪˈlants] *f* bilancio *m*

Bild [bɪlt] *n 1.* quadro *m; 2. FOTO* fotografia *f; 3. CINE* immagine *f*
◆ *ein Bild für die Götter* una scena spassosa *f*
über etw im Bilde sein essere aggiornato su qc
sich ein Bild von jdm machen farsi un'idea di qd

bilden [ˈbɪldən] *v 1. (gestalten)* formare; *2. sich ~* formarsi
Bilderbuch [ˈbɪldərbuːx] *n* libro illustrato *m;* ◆ *wie aus dem Bilderbuch* favoloso
bildhübsch [ˈbɪlthypʃ] *adj* bellissimo
Bildschirm [ˈbɪltʃɪrm] *m* video *m*
Bildung [ˈbɪlduŋ] *f 1.* formazione *f,* educazione *f; 2.* cultura *f; 3. (Formung)* formazione *f*
Billiarde [bɪlˈjardə] *f* biliardo *m*
billig [ˈbɪlɪç] *adj 1.* conveniente, economico; *2. (fig)* ragionevole
billigen [ˈbɪlɪgən] *v* approvare; ◆ *eine Entscheidung billigen* approvare una decisione
Binde [ˈbində] *f 1. (Damenbinde)* assorbente *m; 2. MED* fascia *f*
binden [ˈbɪndən] *v irr* legare
bindend [ˈbɪndənt] *adj* impegnativo, obbligatorio
Bindestrich [ˈbɪndəʃtrɪç] *m GRAMM* trattino *m*
binnen [ˈbɪnən] *prep* entro
Biografie [biograˈfiː] *f* biografia *f*
Biologie [bioloˈgiː] *f* biologia *f*
Birke [ˈbɪrkə] *f BOT* betulla *f*
Birne [ˈbɪrnə] *f 1. (Obst)* pera *f; 2. (Glühbirne)* lampadina *f*
bis [bɪs] *prep 1.* fino a; *~ heute* fino ad oggi; *2. (örtlich)* fino a; ◆ *Bis dorthin sind es zwei km.* Fin a là sono due km. *konj 3.* fino a
Bischof [ˈbɪʃɔf] *m* vescovo *m*
bisexuell [ˈbiːzɛksuɛl] *adj* bisessuale
bisher [bɪsˈheːr] *adv* finora
bisherig [bɪsˈheːrɪç] *adj* fino ad ora
bislang [bɪsˈlaŋ] *adv* finora
Biss [bɪs] *m* morso *m*
bisschen [ˈbɪsçən] *adj 1.* poco; ◆ *ein bisschen Geduld* un poco di pazienza; *Ach du liebes bisschen!* Santo cielo! *adv 2.* un poco
Bissen [ˈbɪsən] *m* boccone *m;* ◆ *jdm keinen Bissen gönnen* invidiare qd
Bit [bit] *n INFORM* bit *m*

bitte [ˈbɪtə] *adv 1.* per favore, per piacere; *2. (Antwort auf Dank)* prego; *3. (fragend)* prego; *4. (Bejahung)* grazie
◆ *Wie bitte?* Come prego?
Möchten Sie einen Kafee? Ja, bitte. Vuole un caffè? Si, grazie.

Bitte [ˈbɪtə] *f* preghiera *f*
bitten [ˈbɪtən] *v irr* pregare
bitter [ˈbɪtər] *adj 1. (Geschmack)* amaro; *2. (fig: schmerzlich)* amaro
blamieren [blaˈmiːrən] *v 1. jdn ~* far fare una brutta figura a qd; *2. sich ~* fare una figuraccia
Blase [ˈblaːzə] *f 1. (auf der Haut, in der Luft)* bolla *f; 2. ANAT* vescica *f*
blasen [ˈblaːzən] *v irr* soffiare
blass [blas] *adj* pallido

> **Blatt** [blat] *n 1. (Papier)* foglio *m; 2. BOT* foglia *f*
> ◆ *kein Blatt vor den Mund nehmen (fig)* non avere peli sulla lingua
> *ein unbeschriebenes Blatt* un'incognita *f*
> *Das Blatt hat sich gewendet.* Il quadro è mutato.
> **!** *Plural: Blätter*

blättern [ˈblɛtərn] *v* sfogliare; ◆ *in einem Buch blättern* sfogliare un libro
blau [blau] *adj 1.* blu, azzurro; ◆ *jdm das Blaue vom Himmel versprechen* promettere mari e monti a qd; *2. (Lippen, Augen)* livido; *3. (betrunken)* ubriaco
Blech [blɛç] *n* lamiera *f,* latta *f*
Blei [blaɪ] *n* piombo *m;* ◆ *wie Blei in den Gliedern* come piombo nelle membra
Bleibe [ˈblaɪbə] *f* rifugio *m*
bleiben [ˈblaɪbən] *v irr* restare
bleich [ˈblaɪç] *adj* pallido
Bleistift [ˈblaɪʃtɪft] *m* matita *f,* lapis *m*
blenden [ˈblɛndən] *v 1. (Licht)* abbagliare; *2. (fig: täuschen)* ingannare
blendend [ˈblɛndənt] *adj 1.* abbagliante; *2. (fig: bezaubernd)* brillante; *ein ~er Redner* un brillante oratore *m*
Blick [blɪk] *m 1.* sguardo *m,* occhiata *f;* ◆ *einen Blick in etw tun* dare un'occhiata a qc; *einen bösen Blick haben* avere lo sguardo di Medusa; *einen Blick hinter die Kulissen werfen* gettare uno sguardo dietro le quinte; *einen Blick für etw haben* avere occhio per qc; *jdn keines Blickes würdigen* non degnare qd di uno sguardo; *auf den ersten Blick* a prima vista; *2. (Aussicht)* veduta *f; 3. (Augenausdruck)* occhiata *f*
blicken [ˈblɪkən] *v* guardare
blind [blɪnt] *adj* cieco
Blinde(r) [ˈblɪndə(r)] *m/f* cieco/cieca *m/f;* non vedente *m/f*
Blindheit [ˈblɪnthaɪt] *f* cecità *f*
blinken [ˈblɪŋkən] *v* luccicare
Blitz [blɪts] *m* lampo *m,* fulmine *m;* ◆ *wie ein Blitz einschlagen* abbattersi come un fulmine; *wie der Blitz* come il lampo; *wie ein Blitz aus heiterem Himmel* come un fulmine a ciel sereno
blitzen [ˈblɪtsən] *v* lampeggiare
Block [blɔk] *m 1.* blocco *m; 2. (Gebäude)* isolato *m,* blocco *m; 3. (Papier)* blocco *m*
blöd [bløːt] *adj* deficiente
Blödsinn [ˈbløːtzɪn] *m* stupidaggine *f*
blond [blɔnt] *adj* biondo; *~ gefärbt* biondo tinto; *natürliches Blond* biondo naturale
bloß [bloːs] *adj 1.* nudo; ◆ *mit bloßem Auge* ad occhio nudo; *adv 2.* solo; ◆ *Er denkt bloß an sich.* Pensa solo a sé.
blühen [ˈblyːən] *v 1. (Blume)* fiorire; *2. (fam: widerfahren)* succedere
blühend [ˈblyːənt] *adj* in fiore
Blume [ˈbluːmə] *f* fiore *m;* ◆ *durch die Blume sprechen* parlare con diplomazia
Blumenkohl [ˈbluːmənkoːl] *m* cavolfiore *m*
Blumentopf [ˈbluːməntɔpf] *m* vaso *m*
Bluse [ˈbluːzə] *f* camicetta *f*

B

Blut [bluːt] *n* sangue *m*
◆ *blaues Blut haben (fig)* avere sangue blu
Blut geleckt haben averci preso gusto
Blut und Wasser schwitzen sudar sangue
Blut sehen wollen voler vedere sangue
ins Blut gehen entrare nel sangue
Das hat er im Blut. Questo ce l'ha nel sangue.
Ruhig Blut! Calma e sangue freddo!

Blüte [ˈblyːtə] *f* fiore *m;* ◆ *in der Blüte seiner Jahre* nel fiore degli anni
bluten [ˈbluːtən] *v* sanguinare
blutig [ˈbluːtɪç] *adj* insanguinato
Bock [bɔk] *m ZOOL* montone *m;* ◆ *den Bock zum Gärtner machen* affidare la pecora al lupo; *einen Bock schießen* prendere un granchio
Boden [ˈboːdən] *m 1.* terra *f,* terreno *m; 2. (Fußboden)* pavimento *m; 3. (Grund)* terreno *m; 4. (fig)* ◆ *am Boden zerstört sein* essere a terra; *festen Boden unter den Füßen haben* avere terreno solido sotto i piedi; *den Boden unter den Füßen verlieren* sentirsi mancare il terreno sotto i piedi; *an Boden gewinnen* guadagnare terreno; *wie Pilze aus dem Boden schießen* spuntare come funghi; *vor Scham im Boden versinken* sprofondare per la vergogna
Bogen [ˈboːgən] *m 1. (Kurve)* curva *f;* ◆ *einen Bogen um etw machen* girare a largo da qc; *den Bogen heraushaben* sapere il fatto proprio; *jdn in hohem Bogen hinauswerfen* sbatter fuori qd; *2. (Waffe)* arco *m;* ◆ *den Bogen überspannen* tirare troppo la corda; *3. (Papier)* foglio *m*
böhmisch [ˈbøːmɪʃ] *adj* boemo; ◆ *Das sind für mich böhmische Dörfer. (fig)* Questo per me è arabo.

Bohne [ˈboːnə] *f 1.* fagiolo *m; 2. (Kaffeebohne)* chicco *m*
◆ *Bohnen in den Ohren haben (fig)* avere i tappi nelle orecchie
Nicht die Bohne! (fam) Un cavolo!/Un corno!

bohren [ˈboːrən] *v* trapanare
Bombe [ˈbɔmbə] *f MIL* bomba *f*
Bon [bɔ̃ŋ] *m 1.* buono *m; 2. (Kassenbon)* scontrino *m*
Bonbon [bɔ̃ˈbɔ̃] *n* caramella *f*
Boot [boːt] *n* barca *f*
Bord¹ [bɔrt] *n (Brett)* mensola *f*
Bord² [bɔrt] *m 1.* bordo *m;* ◆ *an Bord* a bordo; *Mann über Bord* uomo a mare; *etw über Bord werfen* buttare a mare qc; *2. (Rand)* bordo *m*
Börse [ˈbœrzə] *f 1. (Geldbörse)* borsellino *m; 2. FIN* borsa *f*
Borste [ˈbɔrstə] *f* setola *f*
Borte [ˈbɔrtə] *f* passamano *m*
bösartig [ˈbøːsartɪç] *adj 1.* cattivo; *2. MED* maligno
böse [ˈbøːzə] *adj 1. (verärgert)* arrabbiato; *2. (schlimm)* cattivo
boshaft [ˈboːshaft] *adj* cattivo
Bosheit [ˈboːshaɪt] *f* malignità *f*
böswillig [ˈbøːsvɪlɪç] *adj* perfido
Bote [ˈboːtə] *m* messaggero *m*
Botschaft [ˈboːtʃaft] *f 1. (Nachricht)* messaggio *m; 2. POL* ambasciata *f*
Botschafter(in) [ˈboːtʃaftər(ɪn)] *m/f POL* ambasciatore/ambasciatrice *m/f*
boxen [ˈbɔksən] *v* boxare
Branche [ˈbrɑ̃ʃə] *f* branca *f, (Wirtschaftszweig)* ramo m, settore *m*
Brand [brand] *m 1.* incendio *m; 2. (Durst)* gran sete *f*
Brandung [ˈbrandʊŋ] *f* frangente *m*
Branntwein [ˈbrantvaɪn] *m* acquavite *f*
Brasilien [braˈziːljən] *n* Brasile *m*

braten [ˈbraːtən] *v irr* *1. (im Ofen)* arrostire; *2. (in Fett)* friggere

Braten [ˈbraːtən] *m* arrosto *m*
◆ *den Braten riechen (fig)* sentire odore di bruciato

Bratkartoffeln [ˈbraːtkartɔfəln] *pl* patate arrosto *f/pl*
Bratpfanne [ˈbraːtpfanə] *f* padella *f*
Brauch [braux] *m* traditione *f*, usanza *f*; ◆ *nach altem Brauch* secondo una vecchia usanza
brauchen [ˈbrauxən] *v* *1. (nötig haben)* aver bisogno di, occorrere; *2. (müssen)* dovere; ◆ *Du brauchst es nur zu sagen.* Devi solo dirlo. *3. (benutzen)* usare, adoperare
brauen [ˈbrauən] *v* fabbricare birra
braun [braun] *adj* *1.* marrone; *2. (sonnengebräunt)* abbronzato
Braunkohle [ˈbraunkoːlə] *f* *MIN* lignite *f*
Brause [ˈbrauzə] *f* *(Getränk)* gassosa *f*
brausen [ˈbrauzən] *v* *1.* rumoreggiare; *2. (duschen)* fare la doccia; *3. (rasen)* sfrecciare, correre
Brausepulver [ˈbrauzəpulvər] *n* polverina effervescente *f*
Braut [braut] *f* sposa *f*
Bräutigam [ˈbrɔytɪgam] *m* sposo *m*
brav [braːf] *adj* buono, bravo
bravurös [bravuˈrøːs] *adj* magistrale, eccellente, da maestro
brechen [ˈbrɛçən] *v irr* *1. (abbrechen)* rompere; *2. (Knochen) MED* rompere; *3. (Widerstand)* vincere; *4. (fig: Vertrag)* infrangere; *5. (sich übergeben)* vomitare
Brei [braɪ] *m* purè *m*, pappa *f*; *um den heißen ~ herumreden* menare il can per l'aia

breit [braɪt] *adj* *1.* largo; *2. (Stoffe)* alto; *3. (ausgedehnt)* ampio, spazioso
◆ *sich breit machen* mettersi comodo

Breite [ˈbraɪtə] *f* larghezza *f*; ◆ *in die Breite gehen* allargarsi/ingrassare
Breitengrad [ˈbraɪtəngraːt] *m* grado di latitudine *m*
Bremse [ˈbrɛmzə] *f* *1. TECH* freno *m*; *2. ZOOL* tafano *m*
bremsen [ˈbrɛmzən] *v* frenare; *sich ~ können* trattenersi
brennbar [ˈbrɛnbaːr] *adj* infiammabile
brennen [ˈbrɛnən] *v irr* *1.* bruciare, ardere; *2. (Licht)* essere acceso; ◆ *Das Licht brennt.* La luce è accesa. *3. (Wunde)* bruciare; *4. (Schnaps)* distillare; *5. (CD)* masterizzare
Brett [brɛt] *n* asse *f*; ◆ *ein Brett vor dem Kopf haben (fig)* non vedere più in là del proprio naso
Brief [briːf] *m* lettera *f*; ◆ *jdm Brief und Siegel auf etw geben* metter qc per iscritto a qd; *blauer Brief* lettera di licenziamento *f*
Briefkasten [ˈbriːfkastən] *m* cassetta postale *f*, buca delle lettere *f*
Briefmarke [ˈbriːfmarkə] *f* francobollo *m*
Briefpapier [ˈbriːfpapiːr] *n* carta da lettere *f*
Briefträger(in) [ˈbriːftrɛːgər(ɪn)] *m/f* postino/postina *m/f*, portalettere *m/f*
Briefumschlag [ˈbriːfumʃlaːk] *m* busta *f*
brillant [brɪlˈjant] *adj* brillante
Brillant [brɪlˈjant] *m* brillante *m*
Brille [ˈbrɪlə] *f* occhiali *m/pl*

bringen [ˈbrɪŋən] *v irr* *1.* portare; *2. (mitnehmen)* portare via; *3. (begleiten)* accompagnare, portare; *4. (Gewinn)* rendere; *5. (veröffentlichen)* pubblicare
◆ *jdn nach Hause bringen* portare a casa qd
Sie hat es zu etwas gebracht. È riuscita a portarlo a buon fine.

B

Brise [ˈbriːzə] *f METEO* brezza *f*, venticello *m*
Brite [ˈbriːtə] *m* britanno *m*, inglese *m*
britisch [ˈbriːtɪʃ] *adj* britannico
bröckeln [ˈbrœkəln] *v* sbriciolare
Brocken [ˈbrɔkən] *m 1.* pezzo *m; 2. (fam: Bissen)* boccone *m*
Brokkoli [ˈbrɔkolɪ] *m BOT* broccolo *m*
Brombeere [ˈbrɔmbeːrə] *f* mora *f*
Brosche [ˈbrɔʃə] *f* spilla *f*, fermaglio *m*
Broschüre [brɔˈʃyːrə] *f* opuscolo *m*

Brot [broːt] *n* pane *m*
◆ *sein Brot verdienen (fig)* guadagnarsi il pane

Brötchen [ˈbrøːtçən] *n* panino *m*
Bruch [brux] *m 1.* rottura *f;* ◆ *zu Bruch gehen* andare a pezzi; *2. (von Knochen) MED* frattura *f; 3. MATH* frazione *f*
Bruchteil [ˈbruxtaɪl] *m* frazione *f*
Brücke [ˈbrykə] *f 1.* ponte *m;* ◆ *alle Brücken hinter sich abbrechen* taglire i ponti con tutti e con tutto; *2. (Teppich)* preghiera *f*
Bruder [ˈbruːdər] *m* fratello *m*
brüderlich [ˈbryːdərlɪç] *adj* fraterno
Brüderschaft [ˈbryːdərʃaft] *f mit jdm ~ trinken* brindare per darsi del tu
Brühe [ˈbryːə] *f* brodo *m*
brüllen [ˈbrylən] *v 1. (Löwe)* ruggire; *2. (Rind)* muggire; *3. (Menschen)* urlare; ◆ *zum Brüllen komisch sein* far ridere a crepapelle; *brüllen wie am Spieß* urlare come un ossesso
brummen [ˈbrumən] *v* ronzare
brummig [ˈbrumɪç] *adj* brontolone
brünett [bryˈnɛt] *adj* castano
Brunnen [ˈbrunən] *m* fontana *f*
brüsk [ˈbrysk] *adj* brusco
brüskieren [brysˈkiːrən] *v* offendere
Brust [brust] *f* petto *m;* ◆ *mit geschwellter Brust* con il petto in fuori; *einen zur Brust nehmen (trinken)* alzare il gomito
brüsten [ˈbrystən] *v sich ~* vantarsi
brutal [bruˈtaːl] *adj* brutale
brüten [ˈbryːtən] *v* covare
brutto [ˈbruto] *adj* lordo

Buch [buːx] *n* libro *m*
◆ *wie ein Buch reden* parlare come un libro stampato
wie es im Buche steht da favola
ein Buch mit sieben Siegel un libro chiuso *m*
ein offenes Buch sein (fig) essere un libro aperto
! *Plural: Bücher*

Buchbinder [ˈbuːxbɪndər] *m* rilegatore di libri *m*
buchen [ˈbuːxən] *v 1. ECO* registrare; *2. (vorbestellen)* riservare
Bücherei [byːçəˈraɪ] *f* biblioteca *f*
Buchhalter(in) [ˈbuːxhaltər(ɪn)] *m/f* contabile *m/f*, ragioniere *m*, ragioniera *f*
Buchhaltung [ˈbuːxhaltuŋ] *f* contabilità *f*
Buchhändler(in) [ˈbuːxhɛndlər(ɪn)] *m/f* libraio/libraia *m/f*
Buchhandlung [ˈbuːxhandluŋ] *f* libreria *f*
Büchse [ˈbyksə] *f* barattolo *m*
Buchstabe [ˈbuːxʃtaːbə] *m* lettera *f;* ◆ *sich auf seine vier Buchstaben setzen* mettersi a sedere
buchstabieren [buːxʃtaˈbiːrən] *v* sillabare
Bucht [buxt] *f* baia *f*
Buchung [ˈbuːxuŋ] *f* prenotazione *f*
bücken [ˈbykən] *v sich ~* chinarsi
Bude [ˈbuːdə] *f* baracca *f;* ◆ *jdm die Bude einrennen* prendere d'assalto; *eine*

sturmfreie Bude haben avere la casa libera; *die Bude auf den Kopf stellen* fare baldoria; *Mir fällt die Bude auf den Kopf.* Mi sento soffocare dai muri.

Büfett [byˈfeː] *n* buffet *m*

Bügel [ˈbyːgəl] *m* gruccia *f*

Bügeleisen [ˈbyːgəlaɪzən] *n* ferro da stiro *m*

bügeln [ˈbyːgəln] *v* stirare

Bühne [ˈbyːnə] *f* scena *f,* palcoscenico *m;* ◆ *etw glatt über die Bühne bringen* condurre in porto qc

Bummel [ˈbuməl] *m* passeggiata *f*

bummeln [ˈbuməln] *v* gironzolare

Bund [bunt] *m 1. POL* unione *f;* ◆ *den Bund fürs Leben schließen* contrarre il vincolo matrimoniale; *mit jdm im Bunde stehen* essere in relazione con qd; *2. (von Schlüsseln)* mazzo *m; 3. (Rockbund)* cintura *f*

Bündchen [ˈbyntçən] *n* fascetto *m*

Bündel [ˈbyndəl] *n* fascio *m*

Bundes... [ˈbundəs] *pref* federale

Bundesbank [ˈbundəsbaŋk] *f* banca federale *f*

Bundesland [ˈbundəslant] *n POL* stato federale *m*

Bundesrat [ˈbundəsraːt] *m* consiglio federale *m*

Bundestag [ˈbundəstaːk] *m* parlamento *m*

Bundeswehr [ˈbundəsveːr] *f* forze armate *f/pl*

bündig [ˈbyndɪç] *adj 1. (kurz)* conciso; *2. ~ abschließen* tagliare corto

bunt [bunt] *adj* colorato; ◆ *Mir wird es jetzt zu bunt!* Ora ne ho abbastanza!

Buntstift [ˈbuntʃtɪft] *m* pastello *m*

Burg [burk] *f* castello *m*

bürgen [ˈbyrgən] *v* garantire

Bürger(in) [ˈbyrgər(ɪn)] *m/f* cittadino/cittadina *m/f*

bürgerlich [ˈbyrgərlɪç] *adj 1.* borghese; *2. (gesetzlich) JUR* civile

Bürgermeister(in) [ˈbyrgərmaɪstər(ɪn)] *m/f* sindaco *m*

Bürgersteig [ˈbyrgərʃtaɪk] *m* marciapiede *m*

Büro [byˈroː] *n* ufficio *m*

Bürobedarf [byˈroːbədarf] *m* cancelleria *f*

Büroklammer [byˈroːklamər] *f* fermaglio *m*

Bürokratie [byrokraˈtiː] *f* burocrazia *f*

bürokratisch [byroˈkraːtɪʃ] *adj* burocratico

Bürste [ˈbyrstə] *f* spazzola *f*

bürsten [ˈbyrstən] *v* spazzolare

Bus [bus] *m* autobus *m*

Busch [buʃ] *m 1.* siepe *f,* cespuglio *m; 2. (Urwald)* bosco *m; 3.* ◆ *Da ist etw im Busch. (fig)* Qui c'è del marcio.

Busen [ˈbuːzən] *m ANAT* seno *m,* petto *m;* ◆ *am Busen der Natur* all'aperto

Bushaltestelle [ˈbushaltəʃtɛlə] *f* fermata dell'autobus *f*

Buße [ˈbuːsə] *f* penitenza *f*

büßen [ˈbyːsən] *v* scontare

Bußgeld [ˈbuːsgɛlt] *n* ammenda *f*

Büste [ˈbyːstə] *f* busto *m*

Büstenhalter [ˈbyːstənhaltər] *m* reggiseno *m*

Butter [ˈbutər] *f* burro *m*
◆ *sich nicht die Butter vom Brot nehmen lassen (fig)* non lasciarsi tagliar l'erba sotto i piedi
Alles in Butter. (fam) Tutto liscio come l'olio.

Butterbrot [ˈbutərbroːt] *n* pane e burro *m;* ◆ *für ein Butterbrot arbeiten (fig)* lavorare per la gloria

Butterdose [ˈbutərdoːzə] *f* burriera *f*

C

C

Café [ka'feː] *n* caffè *m*
Cafeteria [kafete'riːa] *f* bar *m,* self-service *m*
campen ['kɛmpən] *v* campeggiare
Campingplatz ['kɛmpɪŋplats] *m* camping *m*
CD-Spieler [tse'deːʃpiːlər] *m* lettore compact *m*
Celsiusgrad ['tsɛlzjusgraːt] *m* *PHYS* grado centigrado *m*
Chamäleon [ka'mɛːljon] *n ZOOL* camaleonte *m*
Champignon ['ʃampɪnjõ] *m BOT* fungo prataiolo *m*
Champion ['tʃæmpɪən] *m* *SPORT* campione *m*
Chance ['ʃɑ̃sə] *f* possibilità *f*
Chancengleichheit ['ʃɑ̃sənglaɪçhaɪt] *f* pari opportunità *f*
chaotisch [ka'oːtɪʃ] *adj* caotico
Charakter [ka'raktər] *m* carattere *m*
charakterfest [ka'raktərfɛst] *adj* di carattere fermo
charakteristisch [karaktər'ɪstɪʃ] *adj* caratteristico
Charakterzug [ka'raktərtsuːk] *m* tratti del carattere *m/pl*
charmant [ʃar'mant] *adj 1.* affascinante; *adv 2.* in maniera affascinante
Charme ['ʃarm] *m* charme *m,* fascino *m*
Chauffeur [ʃɔ'føːr] *m* autista *m*
chauvinistisch [ʃovi'nɪstɪʃ] *adj* sciovinistico
Chef(in) [ʃɛf/'ʃɛfɪn] *m/f* capo *m,* superiore *m*
Chemie [çe'miː] *f* chimica *f*
Chemikalie [çemɪ'kaːljə] *f* prodotto chimico *m*
chemisch ['çeːmɪʃ] *adj* chimico *m; ~e Reinigung* pulitura a secco *f*
Chile ['tʃiːle] *n GEO* Cile *m*
China ['çiːna] *n GEO* Cina *f*
chinesisch [çɪ'neːzɪʃ] *adj* cinese
Chip [tʃɪp] *m 1. (Kartoffelchip)* chips *f/pl,* patatine fritte *f/pl; 2. (Spielchip)* fiche *f/pl; 3. INFORM* chip *m*
Chipkarte ['tʃɪpkartə] *f INFORM* carta con microchip *f*
Chirurg(in) [çi'rurg(ɪn)] *m/f* chirurgo/chirurga *m/f*
Chor [koːr] *m* coro *m*
Choral [ko'raːl] *m MUS* corale *m*
Christ [krɪst] *m REL* cristiano *m*
Christbaum ['krɪstbaum] *m* albero di Natale *m*
christlich ['krɪstlɪç] *adj REL* cristiano
Christus ['krɪstus] *m REL* Cristo *m*
Chronik ['kroːnɪk] *f* cronaca *f*
chronisch ['kroːnɪʃ] *adj 1.* cronico; *adv 2.* in modo cronico, persistentemente
chronologisch [krono'loːgɪʃ] *adj* cronologico
Code [koːd] *m INFORM* codice *m*
Comic ['kɔmɪk] *m* fumetto *m*
Computervirus [kom'pjuːtərviːrus] *n INFORM* virus del computer *m*
Coup [kup] *m* colpo *m* ◆ *einen Coup landen* fare un colpo
Cousin(e) [ku'zɛ̃/ku'ziːnə] *m/f* cugino/cugina *m/f*
Creme ['kreːmə] *f* crema *f;* ◆ *zur Creme der Gesellschaft gehören* appartenere alla crema della società
Curry ['kœri] *m/n GAST* curry *m*
Cursor ['kœːrsər] *m INFORM* cursore *m*

D

da [daː] *adv 1. (örtlich hier)* qui, qua; *(dort)* lì, là; *Da bin ich!* Sono qua! Eccomi! *2. (zeitlich) von da an* d'allora in poi; *3. (Grund)* siccome, perché
dabei [daˈbaɪ] *adv 1. (örtlich)* accanto, vicino; *2. (zeitlich)* allo stesso tempo

> **Dach** [dax] *n* tetto *m*
> ◆ *kein Dach über dem Kopf haben* non avere un tetto sopra la testa
> *mit jdm unter einem Dach leben* vivere sotto lo stesso tetto con qd
> *eins aufs Dach bekommen (fam)* prendersi una bella lavata di capo
> *jdm aufs Dach steigen* dirne quattro a qd

Dachziegel [ˈdaxtsiːgəl] *m* tegola *f*
dadurch [daˈdurç] *adv 1. (örtlich)* per di là; [ˈdaːdurç] *2. (folglich)* perciò, per questo motivo; *3. (auf diese Weise)* in tal modo, così
dafür [daˈfyːr] *adv 1.* per questo; *2. (anstatt)* invece; *3. (als Ausgleich)* in compenso
dagegen [daˈgeːgən] *adv 1. (örtlich)* contro questo; *2. (im Vergleich)* in confronto, invece; *3. (dafür)* in cambio; *konj 4.* al contrario
daheim [daˈhaɪm] *adv* a casa
daher [daˈheːr] *adv 1. (örtlich)* da quella parte; *2. (kausal)* per questo; *konj 3.* perciò
dahin [daˈhɪn] *adv 1. (zeitlich)* fino allora; *2. (örtlich)* lì, là
dahingestellt [daˈhɪngəʃtɛlt] *adj etw ~ sein lassen* lasciar qc in sospeso
dahinter [daˈhɪntər] *adv 1. (örtlich)* lì dietro; *2. (fig)* sotto; ◆ *dahinter kommen* scoprire
damalig [ˈdaːmalɪç] *adj* di allora
damals [ˈdaːmals] *adv* allora
Dame [ˈdaːmə] *f* signora *f;* ◆ *eine Dame von Welt sein* essere una donna di mondo
Damenbinde [ˈdaːmənbɪndə] *f* assorbente igienico *m*
damit [daˈmɪt] *adv 1.* con questo; ◆ *Was ist damit?* Come va la faccenda? *Was meint er damit ?* Cosa intende dire con ciò? *Genug damit!* Basta così! *Her damit!* Dammi qui! *2. (dadurch)* per mezzo di ciò; *konj 3.* affinché
dämlich [ˈdɛːmlɪç] *adj (fam)* imbecille
Dämmerung [ˈdɛmərʊŋ] *f 1. (Abenddämmerung)* crepuscolo *m; 2. (Morgendämmerung)* alba *f*

> **Dampf** [dampf] *m* vapore *m*
> ◆ *Dampf hinter etw machen (fig)* darsi da fare per qc
> *Dampf ablassen* sbottare
> **!** *Plural: Dämpfe*

dampfen [ˈdampfən] *v* esalare vapori
dämpfen [ˈdɛmpfən] *v 1.* smorzare; *2. GAST* cuocere a vapore
Dampfer [ˈdampfər] *m* piroscafo *m;* ◆ *auf dem falschen Dampfer sein (fig)* essere sul binario sbagliato
danach [daˈnaːx] *adv 1. (zeitlich)* poi; *2. (dementsprechend)* conformemente
Däne [ˈdɛːnə] *m* danese *m*
daneben [daˈneːbən] *adv 1. (örtlich)* accanto a; *2. (fig: außerdem)* inoltre
Dänemark [ˈdɛːnəmark] *n GEO* Danimarca *f*
dank [daŋk] *prep* grazie a
dankbar [ˈdaŋkbaːr] *adj 1.* grato, riconoscente; *adv 2.* con riconoscenza

D

Dankbarkeit [ˈdaŋkbaːrkaɪt] *f* gratitudine *f*
danke [ˈdaŋkə] *interj* grazie

danken [ˈdaŋkən] *v* ringraziare
◆ *jdm für etw danken* ringraziare qd per qc
Ich weiß nicht, wie ich Ihnen danken soll. Non so proprio come ringraziarla.
! *mit Dativ*

dann [dan] *adv* dopo, poi
daran [daˈran] *adv* a riguardo, ci; ◆ *das Beste daran* la cosa migliore; *gut daran tun* fare bene a; *daran denken* pensarci; *dran glauben müssen (fam)* rimetterci la pelle; *Da ist etw dran.* C'è qc di vero.
darauf [daˈrauf] *adv 1. (örtlich)* su questo; ◆ *gut drauf sein* essere su di morale; *nichts drauf haben* non farcela più; *2. (zeitlich)* dopo; *3. (folglich)* seguente; ◆ *die Tage darauf* i giorni seguenti; *darauf folgend* successivo
daraufhin [daraufˈhɪn] *adv 1. (zeitlich)* dopo; *2. (folglich)* in conseguenza
daraus [daˈraus] *adv* da ciò; ◆ *Was ist daraus geworden?* Com'è andata a finire? *Mach dir nichts draus!* Non prendertela!
darin [daˈrɪn] *adv 1. (örtlich)* qua dentro; *2. (diesbezüglich)* in questo senso
darlegen [ˈdaːrleːgən] *v* esporre
Darm [darm] *m ANAT* intestino *m*
darstellen [ˈdaːrʃtɛlən] *v 1.* descrivere; *2. (fig: bedeuten)* significare; *3. CINE* rappresentare
darüber [darˈyːbər] *adv (örtlich)* al di sopra, sopra; ◆ *darüber hinaus* oltre a ciò; *darüber stehen (fig)* essere superiore a ciò
darum [daˈrum] *adv 1. (örtlich)* intorno; *konj 2. (kausal)* perciò
darunter [daˈruntər] *adv 1.* sotto; *drunter und drüber* su e giù; *2. (dabei)* fra questi; *3. (mengenmäßig)* al di sotto
das [das] *art 1.* il/la; *pron 2. (dem)* questo/questa, codesto/codesta, quello/quella; *3. (rel)* che
dass [das] *konj* che; *ohne ~* senza che; *anstatt ~* anziché
dasselbe [dasˈzɛlbə] *pron* lo stesso
Datei [daˈtaɪ] *f 1.* archivio dati *m; 2. INFORM* archivio dati *m,* raccolta dati *f*
Daten [ˈdaːtən] *pl* dati *m/pl*
Datenbank [ˈdaːtənbaŋk] *f* banca dati *f*
Dativ [ˈdaːtiːf] *m* dativo *m*
Dattel [ˈdatəl] *f* dattero *m*
Datum [ˈdaːtum] *n* data *f*
Dauer [ˈdauər] *f* durata *f*
dauerhaft [ˈdauərhaft] *adj 1. (anhaltend)* duraturo; *2. (widerstandsfähig)* resistente

dauern [ˈdauərn] *v* durare
◆ *Das wird drei Stunden dauern.* Ne avremo per tre ore.

dauernd [ˈdauərnt] *adj/adv 1.* di continuo; *2.* continuo *adj*
Daumen [ˈdaumən] *m ANAT* pollice *m*
davon [daˈfɔn] *adv 1. (örtlich)* di là, di lì; *2. (Teil von etw)* di questo, ne; ◆ *nicht viel davon essen* non mangiarne molto; *Was habe ich davon?* Che cosa ne ricavo? *Das kommt davon.* Ecco cosa succede.
davonkommen [daˈfɔnkɔmən] *v irr (fig)* salvarsi; ◆ *um ein Haar davonkommen* cavarsela per un pelo; *mit knapper Not ~* cavarsela per un pelo
davontragen [daˈfɔntraːgən] *v irr 1. (wegtragen)* portare via; *2. (fig: Schaden)* riportare; *3. (fig: Sieg)* riportare; ◆ *einen Sieg davontragen* riportare una vittoria

davor [da'fo:r] *adv* *1. (örtlich)* davanti; ◆ *Hüte dich davor!* Guardatene bene! *2. (zeitlich)* prima; ◆ *das Jahr davor* l'anno prima

dazu [da'tsu:] *adv* *1. (Sache)* a questo punto; *2. (Zweck)* per questo, a questo scopo; *3. (außerdem)* oltre a ciò, per giunta; ◆ *dumm und frech dazu* per giunta stupido ed impertinente

dazutun [da'tsu:tu:n] *v irr* aggiungere

dazwischen [da'tsvɪʃən] *adv* *1. (örtlich)* tra questi, in mezzo; *2. (zeitlich)* frattanto, intanto

dazwischenkommen [da'tsvɪʃənkɔmən] *v irr (fig)* esserci in mezzo

Debatte [de'batə] *f* dibattito *m*, discussione *f*

Deck [dɛk] *n* ponte *m*

> **Decke** ['dɛkə] *f* *1. (Bettdecke)* coperta *f;* *2. (Tischdecke)* tovaglia *f;* *3. (Zimmerdecke)* soffitto *m*
>
> ◆ *sich nach der Decke strecken* adattarsi
>
> *vor Freude an die Decke springen (fig)* fare salti di gioia
>
> *an die Decke gehen* inferocirsi
>
> *Mir fällt langsam die Decke auf den Kopf.* Comincio a spazientirmi.

Deckel ['dɛkəl] *m* coperchio *m;* ◆ *eins auf den Deckel bekommen* ricevere una lavata di capo

decken ['dɛkən] *v* *1. (zu~)* coprire; *2. (Tisch)* apparecchiare; *3. (fig)* coprire; ◆ *jdm den Rücken decken* coprire le spalle a qd

Deckung ['dɛkuŋ] *f* *1. SPORT* difesa *f;* *2. (fig: Schutz)* protezione *f*

definieren [defɪ'ni:rən] *v* definire

definitiv [defɪnɪ'ti:f] *adj* definitivo

dehnbar ['de:nba:r] *adj* *1.* dilatabile; *2. (fig)* elastico; ◆ *ein dehnbarer Begriff* un concetto elastico

dehnen ['de:nən] *v* *1.* stendere; *2. (verlängern)* allungare; *3. (erweitern)* allargare

Dehnung ['de:nuŋ] *f* *1. (Strecken)* tensione *f;* *2. (Verlängerung)* allungamento *m;* *3. (Erweiterung)* allargamento *m*

Deich [daɪç] *m* diga *f*

dein [daɪn] *pron* tuo

deinerseits ['daɪnərzaɪts] *adv* da parte tua

deinetwegen ['daɪnətve:gən] *adv* per te; ◆ *Das mache ich ~* Lo faccio per te.; *~ bin ich zu spät gekommen.* Per colpa tua sono arrivato tardi.

deklarieren [dekla'ri:rən] *v* dichiarare

Dekoration [dekɔra'tsjo:n] *f* decorazione *f*

dekorieren [deko'ri:rən] *v* decorare

Delikatesse [delɪka'tɛsə] *f* *1. GAST* delicatezza *f*, specialità *f*, ghiottoneria *f;* *2. (fig)* finezza *f*

dem [de:m] *art (Dativ von der, das)* al/allo

dementieren [demɛn'ti:rən] *v* smentire

dementsprechend ['de:mɛnt'ʃprɛçənt] *adj* *1.* corrispondente; *adv* *2.* corrispondentemente

demnächst ['de:mnɛ:çst] *adv* prossimamente

Demografie [demogra'fi:] *f* demografia *f*

demolieren [demo'li:rən] *v* demolire

Demonstration [demɔnstra'tsjo:n] *f* *1. (Darlegung)* dimostrazione *f;* *2. POL* manifestazione *f*

demonstrativ [demɔnstra'ti:f] *adj* dimostrativo

Demut ['de:mu:t] *f* umiltà *f*

demütigen ['de:my:tɪgən] *v* umiliare

den [de:n] *art* *1. (Akkusativ von der, das)* il/lo; *2. (Dativ Plural)* ai, agli, alle

D

denken [ˈdɛŋkən] *v irr* pensare
◆ *jdm zu denken geben* dare da pensare a qd
Wo denkst du hin? Cosa credi?
Ich denke nicht daran! Non ci penso nemmeno!

Denkmal [ˈdɛŋkmaːl] *n* monumento *m;* ◆ *sich ein Denkmal setzen* compiere un'impresa memorabile; *jdm ein Denkmal errichten* erigere un monumento a qd
denn [dɛn] *konj* perché, poiché
dennoch [ˈdɛnɔx] *konj* tuttavia
Deponie [depoˈniː] *f* discarica pubblica *f*
deponieren [depoˈniːrən] *v* depositare
Depot [deˈpoː] *n* deposito *m*
deprimierend [deprɪˈmiːrənt] *adj* deprimente
der [deːr] *art 1.* il, lo; *2. (Genitiv/Dativ von die)* della/alla; *pron 3. (dem)* questo; *4. (rel)* il quale/che
derartig [ˈdeːraːrtɪç] *adj 1.* tale; *adv 2.* talmente
dergleichen [deːrˈglaɪçən] *adj 1.* tale, simile; *pron 2.* tale, simile
derjenige [ˈdeːrjeːnɪgə] *pron* colui, quello
derselbe [deːrˈzɛlbə] *pron* lo stesso
derzeit [ˈdeːrtsaɪt] *adv* ora, attualmente
des [dɛs] *art (Genitiv von der, das)* del/dello

deshalb [ˈdɛshalp] *konj 1.* perciò; *adv 2.* proprio per questo, perciò
◆ *Deshalb bin ich zu Ihnen gekommen.* Perciò sono venuto da Lei.

dessen [ˈdɛsən] *pron (Genitiv von der, das)* di cui, del quale; ◆ *dessen ungeachtet* malgrado ciò/tuttavia
Dessert [dɛˈsɛːr] *n* dessert *m,* dolce *m*
destruktiv [destrukˈtiːf] *adj* distruttivo
deswegen [ˈdɛsveːgən] *konj* perciò
Detail [deˈtai] *n* dettaglio *m*
Detektiv [detɛkˈtiːf] *m* investigatore *m*
deuten [ˈdɔytən] *v 1. (auslegen)* interpretare; *2.* ◆ *mit dem Finger auf etw deuten* indicare qc col dito
deutlich [ˈdɔytlɪç] *adj* chiaro
deutsch [dɔytʃ] *adj* tedesco
Deutsch [dɔytʃ] *n* tedesco *m;* ◆ *auf gut Deutsch* in altre parole/ossia
Deutsche(r) [ˈdɔytʃə(r)] *m/f* tedesco/tedesca *m/f*
Deutschland [ˈdɔytʃlant] *n GEO* Germania *f*
deutschsprachig [ˈdɔytʃʃpraːxɪç] *adj* di lingua tedesca
Deutung [ˈdɔytuŋ] *f* interpretazione *f*
Devise [deˈviːzə] *f 1. (Wahlspruch)* divisa *f; 2. FIN* divisa *f*
Dezember [deˈtsɛmbər] *m* dicembre *m*
dezent [deˈtsɛnt] *adj* decente
Diagnose [diaˈgnoːzə] *f* diagnosi *f*
diagonal [diagoˈnaːl] *adj* diagonale
Dialekt [diaˈlɛkt] *m* dialetto *m*
Dialog [diaˈloːk] *m* dialogo *m*
Diät [diˈɛːt] *f 1.* dieta *f*
dich [dɪç] *pron* ti
dicht [dɪçt] *adj 1.* compatto; ◆ *dicht bevölkert* densamente popolato; *2. (undurchlässig)* ermetico
Dichte [ˈdɪçtə] *f 1.* compattezza *f; 2. (Undurchlässigkeit)* tenuta stagna *f*
dichten [ˈdɪçtən] *v (Poesie)* comporre
Dichter(in) [ˈdɪçtər(ɪn)] *m/f* poeta/poetessa *m/f*

dick [dɪk] *adj 1. (Gegenstand)* grosso; *2. (Flüssigkeit)* denso; *3. (Person)* grasso

◆ *etw dick haben* averne abbastanza di qc
mit jdm durch dick und dünn gehen attraversare l'inferno con qd

Dickkopf [ˈdɪkkɔpf] *m* testone *m*, testardo *m*
die [diː] *art 1.* la; *2. (Plural)* le, i, gli; *pron 3.* che, la quale, le quali, i quali
Dieb [diːp] *m* ladro *m*
Diebstahl [ˈdiːpʃtaːl] *m* furto *m*
dienen [ˈdiːnən] *v* servire
Diener [ˈdiːnər] *m* servitore *m*
Dienst [ˈdiːnst] *m 1.* servizio *m*; ◆ *sich in den Dienst einer Sache stellen* mettersi al servizio di una cosa; *gute Dienste leisten* rendere un buon servizio; *Dienst habend* di servizio; *2. Öffentlicher ~* servizio pubblico *m*
Dienstag [ˈdiːnstaːk] *m* martedì *m*; *am ~* martedì
dienstags [ˈdiːnstaːks] *adv* di martedì
Dienstleistung [ˈdiːnstlaɪstuŋ] *f* servizio *m*
dienstlich [ˈdiːnstlɪç] *adj 1.* d'ufficio; *adv 2.* per questioni d'ufficio
Dienstreise [ˈdiːnstraɪzə] *f* viaggio di lavoro *m*
diesbezüglich [ˈdiːsbətsyːklɪç] *adj* riguardante ciò

diese(r,s) [ˈdiːsə(r,s)] *pron* questo/questa
◆ *dieses oder jenes* questo o quello

dieselbe [diːˈzɛlbə] *pron* la stessa
diesmal [ˈdiːsmaːl] *adv* questa volta
diesseits [ˈdiːszaɪts] *adv* di qua, da questa parte
Differenz [dɪfəˈrɛnts] *f 1. (Unterschied)* differenza *f*; *2. (Streit)* dissenso *m*
diktieren [dɪkˈtiːrən] *v 1.* dettare; *2. (aufzwingen)* imporre
Dill [dɪl] *m BOT* aneto *m*
Dimension [dɪmɛnˈzjoːn] *f* dimensione *f*

Ding [dɪŋ] *n* cosa *f*
◆ *ein Ding drehen (fig)* fare un colpo
jdm ein Ding verpassen appioppare una cosa a qd/giocare un brutto tiro a qd
nicht mit rechten Dingen zugehen non essere normale
guter Dinge sein essere una buona pasta
unverrichteter Dinge con le pive nel sacco
über den Dingen stehen essere al di sopra delle cose
Aller guten Dinge sind drei. Non c'è due senza tre.

Diplom [diˈploːm] *n (Universität)* diploma di laurea *m*; *sein ~ in Wirtschaft machen* laurearsi in Economia
dir [diːr] *pron* a te, ti
direkt [diˈrɛkt] *adj 1.* diretto; *adv 2.* direttamente
Direktion [dirɛkˈtsjoːn] *f* direzione *f*
Direktor(in) [diˈrɛktɔr/dirɛkˈtoːrɪn] *m/f* direttore/direttrice *m/f*
dirigieren [diriˈgiːrən] *v* dirigere
diskret [dɪsˈkreːt] *adj* discreto
Diskretion [dɪskreˈtsjoːn] *f* discrezione *f*
diskriminieren [dɪskrɪmɪˈniːrən] *v* discriminare
Diskussion [dɪskusˈjoːn] *f* discussione *f*
diskutieren [dɪskuˈtiːrən] *v* discutere
disponieren [dɪspɔˈniːrən] *v* disporre
Disziplin [dɪstsiˈpliːn] *f* disciplina *f*
divers [diˈvɛrs] *adj* diverso

doch [dɔx] *konj 1. (aber)* però, tuttavia; *2. (trotzdem)* ciò nonostante; *adv 3.* sì, certo

D

◆ *Das ist doch schön!* Questa è veramente bella!
Kommst du nicht? Doch! Non vieni? Certo!

D

Dokument [doku'mɛnt] *n* documento *m*
Dollar ['dɔlar] *m* dollaro *m*
Dolmetscher(in) ['dɔlmɛtʃər(ɪn)] *m/f* interprete *m/f*
Dom [doːm] *m* duomo *m*
dominieren [domi'niːrən] *v* dominare
Donau ['doːnau] *f GEO* Danubio *m*
Donner ['dɔnər] *m* tuono *m;* ◆ *wie vom Donner gerührt* come folgorato
donnern ['dɔnərn] *v* tonare; ◆ *Es donnert in der Ferne.* Tuona in lontananza.
Donnerstag ['dɔnərstaːk] *m* giovedì *m*
donnerstags ['dɔnərstaːks] *adv* di giovedì, tutti i giovedi
doof [doːf] *adj (fam)* stupido
doppeldeutig ['dɔpəldɔytɪç] *adj* a doppio senso
Doppelpunkt ['dɔpəlpuŋkt] *m GRAMM* due punti *m/pl*
doppelt ['dɔpəlt] *adj* doppio; *~ sehen* vedere doppio
Dorf [dɔrf] *n* villaggio *m,* paese *m;* ◆ *auf dem Dorf wohnen* vivere in paese
Dorn [dɔrn] *m* spina *f;* ◆ *jdm ein Dorn im Auge sein* essere una spina nel fianco per qd
dort [dɔrt] *adv* là
dorthin ['dɔrthɪn] *adv* lì, là
Dose ['doːzə] *f* scatola *f;* baratollo *m*
Dosenöffner ['doːzənœfnər] *m* apriscatole *m*
dosieren [do'ziːrən] *v* dosare
Dosis ['doːzɪs] *f* dose *f;* ◆ *jdm eine Dosis verabreichen* somministrare a qd una dose
Dotter ['dɔtər] *m* tuorlo *m*
downloaden ['daunləudən] *v INFORM* scaricare
Dozent [do'tsɛnt] *m* docente *m*
Drachen ['draxən] *m* aquilone *m*
Draht [draːt] *m* filo de ferro *m;* ◆ *auf Draht sein* essere in gamba; *einen guten Draht zu jdm haben* avere buoni rapporti con qd; *jdn auf Draht bringen* mettere qd in riga
dramatisieren [dramatɪ'ziːrən] *v* drammatizzare
dran *(siehe „daran")*
Drang [draŋ] *m* impulso *m*
drängen ['drɛŋən] *v* spingere
drankommen ['drankɔmən] *v irr 1. (an der Reihe sein)* toccare a; *2. (abgefragt werden)* essere interrogato
drauf *(siehe „darauf")*
draufmachen ['draufmaxən] *v einen ~* fare una festa
draufzahlen ['drauftsaːlən] *v (fig)* rimetterci
draußen ['drausən] *adv* fuori
Dreck [drɛk] *m* sporcizia *f;* ◆ *Dreck am Stecken haben (fig)* avere la coda di paglia; *der letzte Dreck sein* essere l'ultima ruota del carro; *jdn aus dem Dreck ziehen* tirare qd fuori dai guai; *stehen vor Dreck* essere malridotto
dreckig ['drɛkɪç] *adj* sporco
drehbar ['dreːbaːr] *adj* girevole

drehen ['dreːən] *v 1.* girare; *2. (Zigarette)* rollare; *3. CINE* riprendere

drei [draɪ] *num* tre; *~ viertel* tre quarti
Dreieck ['draɪɛk] *n MATH* triangolo *m*
dreifach ['draɪfax] *adj* triplo
dreihundert ['draɪhundərt] *num* trecento
dreimal ['draɪmaːl] *adv* tre volte; *Dreimal darfst du raten.* Prova a indovinare.

dreißig [ˈdraɪsɪç] *num* trenta
dreißigste(r,s) [ˈdraɪsɪçstə(r,s)] *adj* trentesimo/trentesima
dreizehn [ˈdraɪtseːn] *num* tredici; ◆ *Jetzt schlägt's dreizehn!* Questo è troppo!/Adesso basta!
Drillinge [ˈdrɪlɪŋə] *pl* trigemini *m/pl*
dringend [ˈdrɪŋənt] *adj* urgente
Dringlichkeit [ˈdrɪŋlɪçkaɪt] *f* urgenza *f*
drinnen [ˈdrɪnən] *adv* dentro
dritte(r,s) [ˈdrɪtə(r,s)] *adj* terzo/terza
Drittel [ˈdrɪtəl] *n* terzo *m*
drittens [ˈdrɪtəns] *adv* in terzo luogo
Droge [ˈdroːgə] *f* droga *f*
Drogerie [droːgəˈriː] *f* drogheria *f*
drohen [ˈdroːən] *v* minacciare
drüben [ˈdryːbən] *adv* di là
drüber *(siehe „darüber")*
Druck [druk] *m 1.* stampa *f; 2. (fig)* oppressione *f*
drucken [ˈdrukən] *v* stampare
drücken [ˈdrykən] *v 1. (Knopf)* premere; *2. (umarmen)* stringere, abbracciare; *3. (Tür)* spingere
Drucker [ˈdrukər] *m (Gerät) INFORM* stampante *f*
Druckerei [drukəˈraɪ] *f* tipografia *f*
Druckknopf [ˈdrukknɔpf] *m 1. (am Kleid)* bottone *m; 2. TECH* pulsante *m*
Druckschrift [ˈdrukʃrɪft] *f (per Hand)* stampatello *m*
drum *(siehe „darum")*
drunter *(siehe „darunter")*
Drüse [ˈdryːzə] *f* ghiandola *f*

du [duː] *pron* tu
◆ *mit jdm auf Du und Du sein* essere a tu per tu con qd
! *Genitiv: deiner; Dativ: dir; Akkusativ: dich*

Duft [duft] *m* odore *m,* profumo *m*
duften [ˈduftən] *v* odorare
dulden [ˈduldən] *v 1. (hinnehmen)* tollerare; *2. (ertragen)* sopportare
dumm [dum] *adj* sciocco; ◆ *jdn für dumm verkaufen* prendere per scemo qd/prendere in giro qd; *jdm dumm kommen* fare lo scemo con qd; *Das ist mir zu dumm.* Adesso basta.
Dumme(r) [ˈdumə(r)] *m/f* imbecille *m;* ◆ *der Dumme sein* essere lo scemo del villaggio/essere un pollo
dumpf [dumpf] *adj* stantio, cupo
Düne [ˈdyːnə] *f* duna *f*
dunkel [ˈduŋkəl] *adj* buio, oscuro

Dunkel [ˈduŋkəl] *n* buio *m*
◆ *im Dunkeln tappen (fig)* brancolare nel buio
Licht ins Dunkel einer Affäre bringen far luce su una faccenda poco chiara
Im Dunkeln ist nicht gut munkeln. Di notte tutti i gatti sono bigi.

Dunkelheit [ˈduŋkəlhaɪt] *f* oscurità *f*
dünn [dyn] *adj 1. (Sache)* sottile; ◆ *dünn gesät sein* essere merce rara; *2. (Person)* snello; *3. (Flüssigkeit)* diluito
Dunst [dunst] *m* foschia *f;* ◆ *keinen blassen Dunst von etw haben* non avere la più pallida idea di qc

durch [durç] *prep 1. MATH* diviso; *~ drei geteilt* diviso per tre; *neun ~ drei* nove diviso tre; *2. (vollkommen) ~ und ~* completamente; *3. (örtlich)* attraverso; *hier ~* per di quà; *4. (zeitlich)* per, durante; *5. (mittels)* per, per mezzo di, mediante; *6. (kausal)* con, a causa di
◆ *Das geht mir durch und durch!* Ciò mi tocca profondamente!
durch die Straßen gehen andare per le strade
durch die ganze Welt per tutto il mondo

Hier darf man nicht durch! Qui non si passa!
bei jdm unten durch sein (fig) giocarsi la benevolenza di qd
! *mit Akkusativ*

D

durchbrennen [ˈdurçbrɛnən] *v irr 1. (Sicherung)* fulminarsi; *2. (fig: davonlaufen)* scappare
durchdrehen [ˈdurçdreːən] *v 1. (Räder)* girare a vuoto; ◆ *Die Räder drehen durch.* Le ruote girano a vuoto. *2. (fam)* impazzire; ◆ *Er ist durchgedreht.* Gli ha dato di volta il cervello.
durchdringen [durçˈdrɪŋən] *v irr* penetrare
durcheinander [durçaɪnˈandər] *adj 1. (unordentlich)* disordinato; *2. (fam: verwirrt)* confuso; *adv 3.* disordinatamente, confusamente; *~ rufen* gridare tutti insieme; *~ werfen* mettere sottosopra; *~ werfen (fig)* confondere
durchfahren [durçˈfaːrən] *v irr 1.* passare attraverso; [ˈdurçfaːrən] *2. (ohne Stopp)* passare senza fermarsi
Durchfall [ˈdurçfal] *m MED* diarrea *f*
durchfallen [ˈdurçfalən] *v irr (bei einer Prüfung)* essere bocciato
durchführen [ˈdurçfyːrən] *v 1. (leiten)* condurre; *2. (ausführen)* eseguire
Durchgang [ˈdurçgaŋ] *m* passaggio *m*
durchgehen [ˈdurçgeːən] *v irr 1. (überprüfen)* controllare; *2. (genehmigt werden)* essere accettato; ◆ *Das Gesuch wird durchgehen.* La domanda sarà accettata. *3. (fam: weglaufen)* scappare
durchgehend [ˈdurçgeːənt] *adj* continuo
durchhalten [ˈdurçhaltən] *v irr* resistere
durchlässig [ˈdurçlɛsɪç] *adj* permeabile
durchlaufen [ˈdurçlaufən] *v irr* passare correndo
Durchmesser [ˈdurçmɛsər] *m* diametro *m*
durchschauen [ˈdurçʃauən] *v 1.* guardare attraverso; [durçˈʃauən] *2. (fig)* capire, vederci chiaro; ◆ *Ich habe dich längst durchschaut.* E' da un po' che ho capito le tue intenzioni.
Durchschnitt [ˈdurçʃnɪt] *m* media *f*
durchschnittlich [ˈdurçʃnɪtlɪç] *adj* medio
durchsetzen [ˈdurçzɛtsən] *v sich ~* imporsi
durchsichtig [ˈdurçzɪçtɪç] *adj* trasparente
durchstreichen [ˈdurçʃtraɪçən] *v irr* cancellare; ◆ *Nichtzutreffendes durchstreichen!* Cancellare ciò che non interessa!
Durchwahl [ˈdurçvaːl] *f TEL* numero diretto *m*
durchweg [ˈdurçveːk] *adv* del tutto

dürfen [ˈdyrfən] *v irr* potere
◆ *Das darf doch nicht wahr sein!* Non è possibile!

dürr [dyr] *adj* secco
Durst [durst] *m* sete *f; ein über den ~ trinken* bere un bicchiere di troppo
durstig [ˈdurstɪç] *adj* assetato
Dusche [ˈduːʃə] *f* doccia *f*
düster [ˈdyːstər] *adj 1.* scuro; *adv 2.* in modo sinistro
dutzen [ˈdutsən] *v* dare del tu
Dutzend [ˈdutsənt] *n* dozzina *f*
dynamisch [dyˈnaːmɪʃ] *adj* dinamico

E

Ebbe [ˈɛbə] *f* bassa marea *f;* ◆ *Es herrscht Ebbe in meinem Geldbeutel.* Sono rimasto al verde.

eben [ˈeːbən] *adj 1.* piano; *adv 2.* appena, proprio; *3. (bestätigend)* appunto

Ebene [ˈeːbənə] *f 1. (fig)* livello *m; 2. GEOL* pianura *f;* ◆ *Die Stadt liegt in der Ebene.* La città è in pianura.
ebenfalls [ˈeːbənfals] *adv* ugualmente
ebenso [ˈeːbənzoː] *adv* egualmente, altrettanto; *~ lang* per altrettanto tempo
Eber [ˈeːbər] *m* cinghiale *m*

echt [ɛçt] *adj* vero, puro
◆ *Er ist ein echter Freund für mich.* E' un vero amico per me.

Echtheit [ˈɛçthaɪt] *f* genuinità *f*

Ecke [ˈɛkə] *f* angolo *m*
◆ *jdn um die Ecke bringen (fig)* far sparire qd
an allen Ecken und Enden dappertutto
mit jdm um fünf Ecken verwandt sein essere imparentati con qd alla lontana

eckig [ˈɛkɪç] *adj* angoloso
edel [ˈeːdəl] *adj* nobile
Effekt [eˈfɛkt] *m* effetto *m*
effektiv [efɛkˈtiːf] *adj 1.* effettivo; *adv 2.* effettivamente

egal [egaːl] *adj* uguale
◆ *Das ist mir völlig egal.* Me ne infischio altamente.

ehe [ˈeːə] *konj* prima che
Ehe [ˈeːə] *f* matrimonio *m*
Ehebruch [ˈeːəbrux] *m* adulterio *m*
Ehefrau [ˈeːəfrau] *f* moglie *f*
ehelich [ˈeːəlɪç] *adj 1.* matrimoniale; *2. JUR* legittimo; *~e Kinder* figli legittimi
ehemalig [ˈeːəmaːlɪç] *adj* ex
Ehemann [ˈeːəman] *m* marito *m*
Ehepaar [ˈeːəpaːr] *n* coppia di coniugi *f*
eher [ˈeːər] *adv 1. (früher)* prima; ◆ *Ich konnte nicht eher kommen.* Non potevo venire prima. *2. (lieber)* meglio
Ehering [ˈeːərɪŋ] *m* fede *f*
Ehre [ˈeːrə] *f* onore *m;* ◆ *etw in Ehren halten* tenere qc in grande considerazione; *sich alle Ehre machen* farsi onore; *jdm die letzte Ehre erweisen* porgere l'estremo saluto a qd; *jdn bei seiner Ehre packen* fare appello al senso dell'onore di qd
ehren [ˈeːrən] *v* onorare
ehrenamtlich [ˈeːrənamtlɪç] *adj 1.* onorifico; *ehrenamtlicher Präsident* presidente onorario; *2.* a titolo onorifico
ehrenhaft [ˈeːrənhaft] *adj* onesto; *eine ~e Tat* un'azione onesta *f*
ehrenvoll [ˈeːrənfɔl] *adj* onorevole
Ehrenwort [ˈeːrənvɔrt] *n* parola d'onore *f;* ◆ *auf mein Ehrenwort* sul mio onore
Ehrgeiz [ˈeːrgaɪts] *m* ambizione *f*
ehrgeizig [ˈeːrgaɪtsɪç] *adj* ambizioso
ehrlich [ˈeːrlɪç] *adj 1.* onesto; *adv 2.* onestamente
Ehrlichkeit [ˈeːrlɪçkaɪt] *f* onestà *f*
Ehrung [ˈeːruŋ] *f* onore *m,* omaggio *m;* ◆ *mit Ehrungen überhäufen* colmare di onori

E

Ei [aɪ] *n* uovo *m*
◆ *wie aus dem Ei gepellt* come dipinto
sich gleichen wie ein Ei dem anderen assomigliarsi come due gocce d'acqua
jdn wie ein rohes Ei behandeln trattare qd con i guanti
wie auf Eiern gehen camminare come sulle uova
nicht das Gelbe vom Ei sein (fig) non essere il massimo
! *Plural: Eier*

Eiche [ˈaɪçə] *f* quercia *f*
Eichhörnchen [ˈaɪçhœrnçən] *n* *ZOOL* scoiattolo *m*
eiern [ˈaɪərn] *v* oscillare
Eifer [ˈaɪfər] *m* zelo *m*
Eifersucht [ˈaɪfərzuxt] *f* gelosia *f*
eifersüchtig [ˈaɪfərzyçtɪç] *adj* geloso
eifrig [ˈaɪfrɪç] *adj 1.* zelante; *adv 2.* zelantemente

eigen [ˈaɪgən] *adj* proprio
◆ *auf eigene Gefahr* a proprio rischio e pericolo

eigenartig [ˈaɪgənaːrtɪç] *adj* strano; ◆ *ein eigenartiges Gefühl* una strana sensazione
Eigenheit [ˈaɪgənhaɪt] *f* particolarità *f*
Eigenname [ˈaɪgənnaːmə] *m* nome proprio *m*
Eigenschaft [ˈaɪgənʃaft] *f* qualità *f*
eigenständig [ˈaɪgənʃtɛndɪç] *adj 1.* autonomo; *adv 2.* autonomamente
eigentlich [ˈaɪgəntlɪç] *adj 1.* proprio, vero; *adv 2.* propriamente; ◆ *Was wollen Sie eigentlich?* In somma, ma che cosa vuole?
Eigentum [ˈaɪgəntuːm] *n* proprietà *f*
Eigentümer(in) [ˈaɪgəntyːmər(ɪn)] *m/f* proprietario/proprietaria *m/f*
eigenwillig [ˈaɪgənvɪlɪç] *adj* ostinato
eignen [ˈaɪgnən] *v sich ~* essere adatto/-a, *(Person)* essere idoneo/-a
Eilbote [ˈaɪlboːtə] *m* corriere espresso *m*
Eilbrief [ˈaɪlbriːf] *m* espresso *m*
Eile [ˈaɪlə] *f* fretta *f*
eilen [ˈaɪlən] *v* andare in fretta, correre
eilig [ˈaɪlɪç] *adj* frettoloso, urgente; *eine ~e Sache* una questione urgente
Eilzug [ˈaɪltsuːk] *m* treno diretto *m*

Eimer [ˈaɪmər] *m* secchio *m*
◆ *im Eimer sein (fig)* essere rovinato
! *Plural: Eimer*

ein [aɪn] *art* uno
einander [aɪnˈandər] *pron* l'un l'altro
einarbeiten [ˈaɪnarbaɪtən] *v 1. etw ~* inserire qc; *2. sich ~* far pratica
einatmen [ˈaɪnaːtmən] *v* inspirare
einbauen [ˈaɪnbauən] *v* installare
Einberufung [ˈaɪnbəruːfuŋ] *f* *MIL* chiamata alle armi
einbeziehen [ˈaɪnbətsiːən] *v irr* includere
einbiegen [ˈaɪnbiːgən] *v irr* svoltare
einbilden [ˈaɪnbɪldən] *v sich ~* immaginarsi; *sich etw ~* immaginarsi qc
Einbildung [ˈaɪnbɪlduŋ] *f* immaginazione *f*
einbinden [ˈaɪnbɪndən] *v irr 1. (Buch)* rilegare; *2. (fig)* legare
Einblick [ˈaɪnblɪk] *m* sguardo *m*
einbrechen [ˈaɪnbrɛçən] *v irr 1. (Dieb)* scassinare; *2. (durchbrechen)* sprofondare, crollare; *3. (Dämmerung)* calare
Einbrecher(in) [ˈaɪnbrɛçər(ɪn)] *m/f* scassinatore/scassinatrice *m/f*

einbringen [ˈaınbrıŋən] *v irr* 1. fruttare; 2. *(Ernte)* riporre; 3. *(Gesetz)* presentare
Einbruch [ˈaınbrux] *m* 1. scasso *m;* 2. *(Einsturz)* crollo *m;* 3. *(Beginn)* inizio *m*
eincremen [ˈaınkreːmən] *v* spalmare la crema
eindämmen [ˈaındɛmən] *v* arginare
eindeutig [ˈaındɔytıç] *adj* 1. chiaro; *adv* 2. chiaramente
Eindeutigkeit [ˈaındɔytıçkaıt] *f* chiarezza *f*
eindringen [ˈaındrıŋən] *v irr* penetrare, introdursi
Eindruck [ˈaındruk] *m* 1. impronta *f;* 2. *(fig)* impressione *f*
eindrucksvoll [ˈaındruksfɔl] *adj* 1. impressionante; *eine ~e Persönlichkeit* una personalità imponente *f; adv* 2. di grande effetto
eine(r,s) [ˈaınə(r,s)] *art* un/uno/una; ◆ *Du bist vielleicht einer!* Che tipo che sei!
eineinhalb [aınaınˈhalp] *num* uno e mezzo
einerlei [aınərˈlaı] *adj* 1. dello stesso genere; 2. *(gleichgültig)* indifferente
einerseits [ˈaınərzaıts] *adv* da un lato, da una parte

> **einfach** [ˈaınfax] *adj* 1. semplice; *adv* 2. una volta, semplicemente
> ◆ *Das ist sehr einfach.* Questo è molto facile.
> *Das ist nicht so einfach wie es aussieht.* Non è facile come sembra.

Einfahrt [ˈaınfaːrt] *f* 1. *(Ankunft)* arrivo *m;* ◆ *Vorsicht bei Einfahrt des Zuges.* Attenzione al treno in arrivo. 2. *(Zufahrt)* entrata *f,* accesso *m*
Einfall [ˈaınfal] *m* 1. *(Idee)* idea *f;* 2. *MIL* invasione *f*
einfallen [ˈaınfalən] *v irr* 1. venire in mente; 2. *MIL* invadere
einfältig [ˈaınfɛltıç] *adj* semplicìotto
Einfluss [ˈaınflus] *m* influsso *m,* influenza *f ;* ◆ *der politische Einfluss* l'influsso politico *m; Einfluss ausüben auf jdn* esercitare la propria influenza su qd
Einflussnahme [ˈaınflusnaːmə] *f* influenza *f*
einflussreich [ˈaınflusraıç] *adj* influente
einfrieren [ˈaınfriːrən] *v irr* congelare
einfügen [ˈaınfyːgən] *v* inserire
einführen [ˈaınfyːrən] *v* 1. iniziare, avviare; 2. *(hineinschieben)* introdurre
Einführung [ˈaınfyːruŋ] *f* 1. *(von etw Neuem)* introduzione *f;* ◆ *die Einführung neuer Maßnahmen* l'introduzione di nuove misure; 2. *(Hineinschieben)* introduzione *f*
einfüllen [ˈaınfylən] *v* versare

> **Eingang** [ˈaıngaŋ] *m* 1. entrata *f;* 2. *(Wareneingang) ECO* arrivo *m*
> **!** *Plural: Eingänge*

eingeben [ˈaıngeːbən] *v irr* 1. *(einreichen)* presentare; 2. *(Daten) INFORM* immettere; 3. *(Idee)* suggerire
eingebildet [ˈaıngəbıldət] *adj* 1. *(überheblich)* presuntuoso; 2. *(unwirklich)* immaginario
eingeboren [ˈaıngəboːrən] *adj* innato
eingehen [ˈaıngeːən] *v irr* 1. *(Post)* arrivare; 2. *(fam)* entrare; 3. *(auf Vorschlag)* aderire; 4. *(Verpflichtung)* contrarre; 5. *(kleiner werden)* restringersi; 6. *(sterben)* morire; ◆ *auf eine Frage ~* entrare nel merito di una questione
Eingeständnis [ˈaıngəʃtɛntnıs] *n* 1. ammissione *f;* 2. *(JUR)* confessione *f*
eingestehen [ˈaıngəʃteːən] *v irr* 1. ammettere, riconoscere; 2. *(JUR)* confessare

E

eingetragen [ˈaɪngətraːgən] *adj* registrato
eingewöhnen [ˈaɪngəvøːnən] *v sich* ~ abituarsi; ◆ *sich in eine Lebenslage eingewöhnen* abituarsi ad un sistema di vita
eingießen [ˈaɪngiːsən] *v irr* versare
E **eingleisig** [ˈaɪnglaɪzɪç] *adj 1. (Strecke)* a un binario; *2. (fig)* unilaterale
eingreifen [ˈaɪngraɪfən] *v irr* intervenire
Eingriff [ˈaɪngrɪf] *m* intervento *m*
einhalten [ˈaɪnhaltən] *v irr 1. (befolgen)* rispettare; *2. (beibehalten)* mantenere; *3. (anhalten)* fermarsi
Einhaltung [ˈaɪnhaltuŋ] *f 1. (Befolgung)* osservanza *f; 2. (Beibehaltung)* mantenimento *m*
Einheimische(r) [ˈaɪnhaɪmɪʃə(r)] *m/f* indigeno/indigena *m/f*
Einheit [ˈaɪnhaɪt] *f* unità *f*
einheitlich [ˈaɪnhaɪtlɪç] *adj* unito
einhundert [ˈaɪnhundərt] *num* cento
einig [ˈaɪnɪç] *adj* unito, d'accordo
einige [ˈaɪnɪgə] *pron* qualche
einigen [ˈaɪnɪgən] *v sich* ~ unirsi; ◆ *sich auf einen Vorschlag einigen* accordarsi su una proposta
einigermaßen [aɪnɪgərˈmaːsən] *adv* in complesso; ◆ *Mir geht es einigermaßen gut.* Nel complesso sto bene.
Einigung [ˈaɪnɪguŋ] *f* unione *f*
einkassieren [ˈaɪnkasiːrən] *v* incassare
Einkauf [ˈaɪnkauf] *m* acquisto *m*

> **einkaufen** [ˈaɪnkaufən] *v* acquistare
> **!** *Konjugation: ich kaufe ein*

einklagen [ˈaɪnklaːgən] *v* rivendicare per vie legali
Einklang [ˈaɪnklaŋ] *m 1. (fig.)* armonia *f; in ~ bringen* armonizzare; *2.* unisono *m*
Einkommen [ˈaɪnkɔmən] *n* reddito *m,* guadagno *m;* ◆ *Einkommen aus Grundbesitz* reddito da beni immobili *m; monatliches Einkommen* guadagno mensile *m*
Einkünfte [ˈaɪnkynftə] *pl* entrate *f/pl*
einladen [ˈaɪnlaːdən] *v irr 1. (Gäste)* invitare; *2. (Gepäck)* caricare
Einladung [ˈaɪnlaːduŋ] *f* invito *m*
einlassen [ˈaɪnlasən] *v irr 1. (fig)* ammettere; *2. (her~)* fare entrare; *3. sich mit jdm auf etw ~* impegolarsi con qd in qc
Einleitung [ˈaɪnlaɪtuŋ] *f 1.* prefazione *f; 2. (Einführung)* introduzione *f; 3. (Beginn)* inizio *m*
einloggen [ˈaɪnlogən] *v sich ~ INFORM* inserirsi nella rete
einlösen [ˈaɪnløːzən] *v 1. (Scheck)* incassare; *2. (Versprechen)* mantenere

> **einmal** [ˈaɪnmaːl] *adv 1.* una volta; *noch ~* ancora una volta; *nicht ~* nemmeno una volta; *auf ~* ad un tratto; *alles auf ~* tutto in una volta; *2. (irgendwann)* un giorno
> ◆ *Kommen Sie mich doch einmal besuchen!* Venga una volta a trovarmi!

einmalig [ˈaɪnmaːlɪç] *adj* unico
einmischen [ˈaɪnmɪʃən] *v sich ~* immischiarsi
Einnahme [ˈaɪnnaːmə] *f* guadagno *m*
einnehmen [ˈaɪnneːmən] *v irr 1. (besetzen)* occupare; *2. (verdienen)* guadagnare; *3. (Arznei)* prendere; ◆ *eine Arznei einnehmen* prendere una medicina; *4. (Platz)* prendere, occupare; ◆ *einen Platz an der Sonne einnehmen* prendere un posto al sole
einordnen [ˈaɪnɔrdnən] *v 1.* ordinare; *2. sich ~* inserirsi; ◆ *sich in die Gemeinschaft einordnen* inserirsi nella comunità

einpacken [ˈaɪnpakən] *v* impacchettare; ◆ *Damit kannst du einpacken.* Con ciò hai chiuso.
einprägen [ˈaɪnprɛːgən] *v sich etw ~* imprimersi qc; ◆ *sich etw ins Gedächtnis einprägen* imprimersi qc nella mente
einrahmen [ˈaɪnraːmən] *v* incorniciare
einreichen [ˈaɪnraɪçən] *v* presentare, consegnare
einrichten [ˈaɪnrɪçtən] *v* allestire
Einrichtung [ˈaɪnrɪçtuŋ] *f 1. (Ausstattung)* allestimento *m; 2. (Möbel)* arredamento *m*
eins [aɪns] *num* uno
Einsamkeit [ˈaɪnzaːmkaɪt] *f* solitudine *f*

Einsatz [ˈaɪnzats] *m 1.* puntata *f; 2. (Aufwand)* impegno *m; 3. (Anwendung)* impiego *m; 4. (Topfeinsatz)* scomparto *m* ◆ *mit vollem Einsatz arbeiten* lavorare a pieno ritmo
! *Plural: Einsätze*

einschalten [ˈaɪnʃaltən] *v 1.* inserire; *2. (Gerät)* accendere; *3. (hinzuziehen)* far intervenire; *4. sich ~* inserirsi; ◆ *sich in ein Gespräch einschalten* inserirsi in un discorso
einschätzen [ˈaɪnʃɛtsən] *v* stimare
einschlafen [ˈaɪnʃlaːfən] *v irr* addormentarsi
einschlagen [ˈaɪnʃlaːgən] *v irr 1. (Nagel)* piantare; ◆ *einen Nagel in die Wand einschlagen* piantare un chiodo nella parete; *2. (Fenster)* frantumare; ◆ *eine Scheibe einschlagen* frantumare un vetro; *3. (Richtung)* prendere; ◆ *die richtige Richtung einschlagen* prendere la direzione giusta; *4. (Blitz)* cadere; ◆ *Der Blitz hat eingeschlagen.* Il fulmine è caduto; *wie ein Blitz aus heiterem Himmel einschlagen* venire come un fulmine a ciel sereno
einschließen [ˈaɪnʃliːsən] *v irr 1.* chiudere; *2. (fig)* includere
einschließlich [ˈaɪnʃliːslɪç] *prep/adv* compreso.
Einschnitt [ˈaɪnʃnɪt] *m 1. (Schnitt)* incisione *f; 2. (fig)* avvenimento di grande importanza *m*
einschränken [ˈaɪnʃrɛŋkən] *v* limitare
einschreiben [ˈaɪnʃraɪbən] *v irr sich ~* iscriversi; ◆ *sich an der Universität einschreiben* iscriversi all'università
einsehen [ˈaɪnzeːən] *v irr 1. (Einblick nehmen)* prendere visione di; *2. (fig: verstehen)* comprendere
einseitig [ˈaɪnzaɪtɪç] *adj* unilaterale
einsetzen [ˈaɪnzɛtsən] *v 1.* introdurre; *2. (anwenden)* adoperare; *3. (Amt)* insediare; *4. (riskieren)* rischiare
Einsicht [ˈaɪnzɪçt] *f (fig)* idea *f*
einsparen [ˈaɪnʃpaːrən] *v* risparmiare
einsperren [ˈaɪnʃpɛrən] *v* rinchiudere
einspringen [ˈaɪnʃprɪŋən] *v irr für jdn ~* supplire qd
einspurig [ˈaɪnʃpuːrɪç] *adj 1.* ad una corsia; *2. (Gleis)* a un binario
einst [aɪnst] *adv 1. (Vergangenheit)* in passato; *2. (Zukunft)* in avvenire, in futuro
einsteigen [ˈaɪnʃtaɪgən] *v irr* salire
einstellbar [ˈaɪnʃtɛlbaːr] *adj* regolabile

einstellen [ˈaɪnʃtɛlən] *v 1. (Arbeitskräfte)* assumere; *2. (regulieren)* regolare; *3. (beenden)* terminare, cessare; *4. (Zahlungen)* sospendere; *5. (Rekord)* battere ◆ *einen Rekord einstellen* battere il record
! *Konjugation: ich stelle ein*
≠ *anstellen (einschalten)* accendere

Einstellung [ˈaɪnʃtɛlʊŋ] *f* *1.* atteggiamento *m;* ◆ *eine falsche Einstellung zum Leben haben* avere un atteggiamento sbagliato nei confronti della vita; *eine kritische Einstellung* uno spirito critico *m;* *2. (Gesinnung)* mentalità *f;* ◆ *eine fortschrittliche Einstellung* una mentalità progressiva *f;* *3. CINE* inquadratura *f;* *4. (von Arbeitskräften)* assunzione *f;* *5. (Beendigung)* termine *m;* *6. (von Zahlungen)* sospensione *f;* *7. (eines Rekords)* battimento *m;* *8. (Regulierung)* regolazione *f;* *9. (Denkhaltung)* opinione *f*

Einstieg [ˈaɪnʃtiːk] *m* salita *f*

einstimmig [ˈaɪnʃtɪmɪç] *adj* *1.* unanime; *adv* *2. (fig)* all'unanimità

einstufen [ˈaɪnʃtuːfən] *v* *1. (Wertung)* valutare; *2. (Klassifikation)* classificare

einstürzen [ˈaɪnʃtyrtsən] *v* cadere

einstweilig [ˈaɪnstvaɪlɪç] *adj* temporaneo

eintauschen [ˈaɪntauʃən] *v* cambiare

eintausend [ˈaɪntauzənt] *num* mille

einteilen [ˈaɪntaɪlən] *v* dividere

eintönig [ˈaɪntøːnɪç] *adj* monotono

einträchtig [ˈaɪntrɛçtɪç] *adj* *1.* concorde; *adv* *2.* concordemente

Eintrag [ˈaɪntraːk] *m* registrazione *f*

eintragen [ˈaɪntraːgən] *v irr* registrare

eintreffen [ˈaɪntrɛfən] *v irr* *1.* arrivare

eintreten [ˈaɪntreːtən] *v irr* *1. (hineingehen)* entrare; *2. (beitreten)* entrare; *3. (eintreffen)* avverarsi, aver luogo; *4. (sich einsetzen für)* prendere le parti
◆ *Eine Rezession tritt ein.* Ha luogo una recessione.
für jdn eintreten prendere le parti di qd/intercedere in favore di qd
! *Konjugation: ich trete ein*

Eintritt [ˈaɪntrɪt] *m* *1. (Beitritt)* ingresso *m;* *2. (Betreten)* entrata *f*

einverstanden [ˈaɪnfɛrʃtandən] *adj* d'accordo; ◆ *mit etw einverstanden sein* essere d'accordo su qc

Einverständnis [ˈaɪnfɛrʃtɛntnɪs] *n* consenso *m*

Einwand [ˈaɪnvant] *m* obiezione *f*

einwandern [ˈaɪnvandərn] *v* immigrare

einwandfrei [ˈaɪnvantfraɪ] *adj* senza difetti

einweihen [ˈaɪnvaɪən] *v* inaugurare

einwenden [ˈaɪnvɛndən] *v irr* obiettare, ridire; ◆ *Dagegen lässt sich nichts einwenden.* Non c'è nulla da ridire.

einwerfen [ˈaɪnvɛrfən] *v irr* *1.* rompere; *2. (Post)* imbucare; *3. (Münze)* introdurre, inserire; *4. (fig)* interloquire

einwickeln [ˈaɪnvɪkəln] *v* avvolgere; *jdn ~* abbindolare qd/turlupinare qd

einwilligen [ˈaɪnvɪlɪgən] *v* consentire

Einwohner(in) [ˈaɪnvoːnər(ɪn)] *m/f* abitante *m/f*

einzahlen [ˈaɪntsaːlən] *v* *(Bank)* versare

Einzahlung [ˈaɪntsaːlʊŋ] *f* *(Bank)* versamento *m*

Einzelgänger(in) [ˈaɪntsəlgɛŋər(ɪn)] *m/f* solitario/solitaria *m/f*

Einzelheit [ˈaɪntsəlhaɪt] *f* particolare *m*

einzeln [ˈaɪntsəln] *adj* *1.* solo; *adv* *2.* singolarmente

Einzelne(r) [ˈaɪntsəlnə(r)] *m/f* singolo *m*

Einzelzimmer [ˈaɪntsəltsɪmər] *n* camera singola *f*

einziehen [ˈaɪntsiːən] *v irr* *1.* andare ad abitare; *2. (beschlagnahmen)* confiscare; *3. (Informationen)* raccogliere; *4. (einbauen)* inserire

einzig [ˈaɪntsɪç] *adj* *1.* unico; *adv* *2.* unicamente

einzigartig [ˈaɪntsɪçartɪç] *adj 1.* straordinario; *adv 2.* straordinariamente
Einzug [ˈaɪntsuːk] *m 1. (in eine Wohnung)* ingresso *m; 2. (von Informationen)* raccolta *f; 3. (Beschlagnahme)* confisca *f; 4. (Einbau)* inserimento *m*

> **Eis** [aɪs] *n 1.* ghiaccio *m; 2. (Speiseeis) GAST* gelato *m*
> ◆ *etw auf Eis legen (fig)* congelare qc
> *das Eis brechen* rompere il ghiaccio

Eisen [ˈaɪzən] *n* ferro *m;* ◆ *zum alten Eisen gehören* essere un ferrovecchio/essere da buttare via; *mehrere Eisen im Feuer haben* avere molte freccie al proprio arco
Eisenbahn [ˈaɪzənbaːn] *f* ferrovia *f;* ◆ *Es ist höchste Eisenbahn!* È ora!
eisern [ˈaɪzərn] *adj 1.* di ferro; *2. (fig)* di ferro; *adv 3. (fig)* saldamente
eisig [ˈaɪzɪç] *adj 1. (kalt)* gelido; *2. (fig)* gelido; *ein ~er Blick* uno sguardo gelido *m*
eiskalt [ˈaɪskalt] *adj 1. (kalt)* gelato; *2. (fig)* freddo
Eiswürfel [ˈaɪsvyrfəl] *m* cubetto di ghiaccio *m*
Eiszapfen [ˈaɪstsapfən] *m* ghiacciolo *m*
eitel [ˈaɪtəl] *adj* vanitoso
Eitelkeit [ˈaɪtəlkaɪt] *f* vanità *f*
Eiter [ˈaɪtər] *m MED* pus *m*
Eiweiß [ˈaɪvaɪs] *n 1. (vom Ei)* albume *m,* chiara *f; 2. BIO* proteina *f*
Ekel [ˈeːkəl] *m* schifo *m; ~ erregend* schifoso
ekeln [ˈeːkəln] *v 1. (anekeln)* nauseare, disgustare; ◆ *Es ekelt mich an!* Mi fa schifo! *2. (sich vor etw ~)* disgustarsi, essere schifato
Ekzem [ɛkˈtseːm] *n MED* eczema *m*
elastisch [eˈlastɪʃ] *adj* elastico
Elch [ɛlç] *m ZOOL* alce *m*
Elchtest [ˈɛlçtɛst] *m* test dell'alce *f (di un auto in caso di sterzata improvvisa)*
Elefant [eleˈfant] *m* elefante *m;* ◆ *wie ein Elefant im Porzellanladen* come un elefante in un negozio di porcellane
elegant [eleˈgant] *adj* elegante
Eleganz [eleˈgants] *f* eleganza *f*
Elektriker [eˈlɛktrɪkər] *m* elettricista *m*
elektrisch [eˈlɛktrɪʃ] *adj* elettrico
Elektrizität [elɛktritsiˈtɛːt] *f* elettricità *f*
Elektronik [elɛkˈtroːnɪk] *f* elettronica *f*
elektronisch [elɛkˈtroːnɪʃ] *adj* elettronico
Element [eleˈmɛnt] *n* elemento *m;* ◆ *in seinem Element sein* trovarsi nel proprio elemento
Elend [ˈeːlɛnt] *n* miseria *f;* ◆ *wie ein Häufchen Elend sein* essere ridotto uno straccio
elf [ɛlf] *num* undici
Elfe [ˈɛlfə] *f* silfide *f*
Elfenbein [ˈɛlfənbaɪn] *n* avorio *m*
elfte(r,s) [ˈɛlftə(r,s)] *adj* undicesimo/undicesima
Elite [eˈliːtə] *f* élite *f*
Ellbogen [ˈɛlboːgən] *m ANAT* gomito *m*

> **Eltern** [ˈɛltərn] *pl* genitori *m/pl*
> ◆ *nicht von schlechten Eltern sein (fig)* non essere niente male
> **!** *Singular: Elternteil m*

Email [eˈmaːj] *n* smalto *m*
E-Mail [ˈiːmeːl] *f* e-mail *m/f,* posta elettronica *f*
emanzipieren [ɛmantsɪˈpiːrən] *v sich ~* emanciparsi
Emigrant [emiˈgrant] *m* emigrante *m*
Emission [emɪsˈjoːn] *f 1. ECO* emissione *f*

E

Empfang [ɛmˈpfaŋ] *m* *1. (Erhalt)* ricezione *f; 2. (Begrüßung)* accoglienza *f; 3. (Veranstaltung)* ricevimento *m; 4. (Rezeption)* reception *f*
empfangen [ɛmˈpfaŋən] *v irr 1.* ricevere; *2. (begrüßen)* accogliere
empfehlen [ɛmˈpfeːlən] *v irr* raccomandare; ◆ *es empfielt sich, etw zu tun* è raccomandabile fare qc
empfehlenswert [ɛmˈpfeːlənsveːrt] *adj* raccomandabile
Empfehlung [ɛmˈpfeːluŋ] *f* raccomandazione *f*
empfinden [ɛmˈpfɪndən] *v irr* sentire
empfindlich [ɛmˈpfɪntlɪç] *adj* sensibile
Empfindung [ɛmˈpfɪnduŋ] *f* sensazione *f*
empören [ɛmˈpøːrən] *v sich ~* indignarsi; *sich über etw ~* indignarsi per qc
Empörung [ɛmˈpøːruŋ] *f* indignazione *f*
emsig [ˈɛmzɪç] *adj* diligente

E

> **Ende** [ˈɛndə] *n 1. (Schluss)* conclusione *f; 2. (zeitlich)* fine *f; 3. (eines Weges)* termine *m*
> ◆ *zu Ende gehen* avvicinarsi alla fine
> *Mit ihm geht es zu Ende.* Per lui è finita.
> *am Ende sein* essere alla fine
> *kein Ende finden* non avere fine
> *das Ende vom Lied (fig)* la morale della favola *f*
> *das dicke Ende* il difficile *m*
> ≠ *Ente f* anatra

enden [ˈɛndən] *v* finire
endgültig [ˈɛntgyltɪç] *adj* definitivo; ◆ *Es ist endgültig aus.* La faccenda è chiusa una volta per tutte.
endlich [ˈɛntlɪç] *adj 1.* finito; *eine ~e Größe* una grandezza finita *f; adv 2.* finalmente
endlos [ˈɛntloːs] *adj 1.* infinito; *adv 2.* interminabilmente
Endspiel [ˈɛntʃpiːl] *n SPORT* finale *f*
Endstation [ˈɛntʃtatsjoːn] *f* capolinea *f*
Energie [enɛrˈgiː] *f* energia *f*
energisch [eˈnɛrgɪʃ] *adj* energico
eng [ɛŋ] *adj* stretto; ◆ *etw nicht so eng sehen* tollerare qc; *eng befreundet* legato da stretta amicizia
Engagement [ãngaʒˈmã] *n 1.* impegno *m; 2. (Anstellung)* scrittura *f; ~ beim Film* scrittura cinematografica *f*
engagieren [ãngaˈʒiːrən] *n 1. jdn ~* ingaggiare qd; *2. sich ~* impegnarsi; ◆ *sich ernsthaft engagieren* impegnarsi seriamente
Enge [ˈɛŋə] *f* strettezza *f;* ◆ *jdn in die Enge treiben* mettere qd alle strette
Engel [ˈɛŋəl] *m* angelo *m*
England [ˈɛŋlant] *n GEO* Inghilterra *f*
Engländer(in) [ˈɛŋlɛndər(ɪn)] *m/f* inglese *m/f*
englisch [ˈɛŋlɪʃ] *adj* inglese
Englisch [ˈɛŋlɪʃ] *n* inglese *m*
Engpass [ˈɛŋpas] *m* impasse *f*
Enkel(in) [ˈɛŋkəl(ɪn)] *m/f* nipote *m/f*
Entbehrung [ɛntˈbeːruŋ] *f* privazione *f*
entbinden [ɛntˈbɪndən] *v irr 1. (befreien)* liberare; *2. MED* far partorire
Entbindung [ɛntˈbɪnduŋ] *f 1. (Befreiung)* dispensa *f; 2. MED* parto *m*
entdecken [ɛntˈdɛkən] *v* scoprire
Entdeckung [ɛntˈdɛkuŋ] *f* scoperta *f*

> **Ente** [ˈɛntə] *f 1. ZOOL* anatra *f; eine lahme ~* una lumaca *f; 2. (fig: Zeitungsente)* falsa notizia *f,* fandonia *f*
> ≠ *Ende n* fine

entehren [ɛntˈeːrən] *v* disonorare
enteignen [ɛntˈaɪgnən] *v JUR* espropriare

enterben [ɛntˈɛrbən] *v* diseredare
entfallen [ɛntˈfalən] *v irr 1. (fallen lassen)* sfuggire di mano; *2. (ausfallen)* cadere; *3. (fig: vergessen)* sfuggire; ◆ *Sein Name ist mir entfallen.* Il suo nome mi è sfuggito.
entfernen [ɛntˈfɛrnən] *v 1. (weggehen)* allontanare; *2. (wegnehmen)* togliere
entfernt [ɛntˈfɛrnt] *adj* lontano
Entfernung [ɛntˈfɛrnuŋ] *f 1. (Distanz)* distanza *f; 2. (Wegnahme)* rimozione *f*
Entfremdung [ɛntˈfrɛmduŋ] *f* allontanamento, raffreddamento *m*
entführen [ɛntˈfyːrən] *v* rapire
Entführer(in) [ɛntˈfyːrər(ɪn)] *m/f* rapitore/rapitrice *m/f*
Entführung [ɛntˈfyːruŋ] *f 1.* rapimento *m; 2. JUR* sequestro di persona *m*
entgegen [ɛntˈgeːgən] *prep 1. (örtlich)* contro; *2. (wider)* contro
entgegengesetzt [ɛntˈgeːgəngəzɛtst] *adj 1. (örtlich)* opposto; *2. (gegensätzlich)* opposto
entgegenhalten [ɛntˈgeːgənhaltən] *v irr 1.* porgere; *2. (fig: einwenden)* obiettare
entgegenkommen [ɛntˈgeːgənkɔmən] *v irr 1.* venire incontro; *2. (fig: eingehen)* avvicinarsi
Entgegenkommen [ɛntˈgeːgənkɔmən] *n* compiacenza *f*
entgegennehmen [ɛntˈgeːgənneːmən] *v irr* ricevere
entgegnen [ɛntˈgeːgnən] *v* rispondere
entgehen [ɛntˈgeːən] *v irr* sfuggire
Entgelt [ɛntˈgɛlt] *n* compenso *m*
entgleisen [ɛntˈglaɪzən] *v (Zug)* deragliare
enthaaren [ɛntˈhaːrən] *v* depilare
enthalten [ɛntˈhaltən] *v irr 1.* contenere; *2. sich ~* rinunciare; ◆ *sich des Alkohols enthalten* astenersi dall'alcool
enthaltsam [ɛntˈhaltzaːm] *adj* morigerato
Enthaltung [ɛntˈhaltuŋ] *f* astensione *f*
entheben [ɛntˈheːbən] *v irr 1. (Verantwortung)* esentare; ◆ *der Verantwortung entheben* sollevare dalla responsabilità; *2. (eines Amtes)* destituire
enthüllen [ɛntˈhylən] *v 1.* scoprire; ◆ *ein Denkmal ~* scoprire un monumento; *2. (fig)* svelare; ◆ *die Wahrheit ~* svelare la verità
Enthüllung [ɛntˈhyluŋ] *f 1.* inaugurazione *f; 2. (fig)* rivelazione *f; ~ eines Geheimnisses* rivelazione di un segreto *f*
entkalken [ɛntˈkalkən] *v* decalcificare
entkleiden [ɛntˈklaɪdən] *v* spogliare
entkommen [ɛntˈkɔmən] *v irr* scappare
entkräften [ɛntˈkrɛftən] *v 1.* indebolire; *2. (widerlegen)* confutare
entladen [ɛntˈlaːdən] *v irr 1. (abladen)* scaricare; *2. (fig: befreien)* scaricare
entlang [ɛntˈlaŋ] *prep* lungo; ◆ *die Straße entlang* lungo la strada
entlangfahren [ɛntˈlaŋfaːrən] *v irr* percorrere

> **entlassen** [ɛntˈlasən] *v irr 1.* licenziare; *2. (Gefangene)* rilasciare; *3. (Kranke)* dimettere; *4. MIL* congedare
> **!** *Konjugation: ich entlasse, ich entließ, ich habe entlassen*

Entlassung [ɛntˈlasuŋ] *f 1. (Arbeitskräfte)* licenziamento *m; 2. (Gefangene)* rilascio *m; 3. (Kranke)* dimissione *f; 4. MIL* congedo *m*
entlasten [ɛntˈlastən] *v* alleggerire
entlohnen [ɛntˈloːnən] *v* rimunerare
Entlohnung [ɛntˈloːnuŋ] *f* rimunerazione *f*

entmutigen [ɛntˈmuːtɪɡən] *v* scoraggiare
Entnahme [ɛntˈnaːmə] *f* prelevazione *f*
entnehmen [ɛntˈneːmən] *v irr* 1. prelevare; 2. *(fig: schließen)* apprendere; ◆ *Ich entnehme Ihrem Schreiben ...* Apprendo dalla Sua lettera ...
enträtseln [ɛntˈrɛːtsəln] *v* risolvere
entrüsten [ɛntˈrystən] *v sich ~* indignarsi
Entrüstung [ɛntˈrystuŋ] *f* indignazione *f*
entschädigen [ɛntˈʃɛːdɪɡən] *v* risarcire
entscheiden [ɛntˈʃaɪdən] *v irr* decidere
entscheidend [ɛntˈʃaɪdənt] *adj* decisivo
Entscheidung [ɛntˈʃaɪduŋ] *f* decisione *f*
Entscheidungsfreiheit [ɛntˈʃaɪduŋsfraɪhaɪt] *f* libertà di decisione *f*
Entschiedenheit [ɛntˈʃiːdənhaɪt] *f* carattere deciso *m*
entschließen [ɛntˈʃliːsən] *v irr sich ~* decidersi; ◆ *Ich entschließe mich zu dieser Lösung.* Mi decido per questa soluzione.
entschlossen [ɛntˈʃlɔsən] *adj* deciso
Entschluss [ɛntˈʃlus] *m* decisione *f*
entschuldbar [ɛntˈʃultbaːr] *adj* scusabile
entschuldigen [ɛntˈʃuldɪɡən] *v* 1. *sich ~* scusarsi; ◆ *Ich entschuldige mich für die Verspätung.* Mi scuso per il ritardo. 2. *etw ~* scusare qc; ◆ *Entschuldigen Sie die Störung.* Scusi il disturbo.

Entschuldigung [ɛntˈʃuldɪɡuŋ] *f* scusa *f*
◆ *um Entschuldigung bitten* chiedere scusa

entsetzen [ɛntˈzɛtsən] *v* inorridire
entsetzt [ɛntˈzɛtst] *adj* 1. inorridito; *adv* 2. con orrore
entsinnen [ɛntˈzɪnən] *v irr sich ~* ricordarsi; ◆ *sich einer Verabredung entsinnen* ricordarsi di un appuntamento; *wenn ich mich recht entsinne* se ben ricordo
entsorgen [ɛntˈzɔrɡən] *v* smaltire
Entsorgung [ɛntˈzɔrguŋ] *f* smaltimento e trattamento rifiuti *m*
entspannen [ɛntˈʃpanən] *v sich ~* rilassarsi; ◆ *Er entspannt sich nach der Arbeit.* Si rilassa dopo il lavoro.
entspannend [ɛntˈʃpanənt] *adj* rilassante
Entspannung [ɛntˈʃpanuŋ] *f* rilassamento *m*
entsprechen [ɛntˈʃprɛçən] *v irr* corrispondere
entsprechend [ɛntˈʃprɛçənt] *adj* corrispondente
entspringen [ɛntˈʃprɪŋən] *v irr* 1. *(Fluss)* nascere; 2. *(herrühren)* provenire
entstehen [ɛntˈʃteːən] *v irr* formarsi
Entstehung [ɛntˈʃteːuŋ] *f* nascita *f*
enttäuschen [ɛntˈtɔyʃən] *v* deludere
enttäuscht [ɛntˈtɔyʃt] *adj* deluso; ◆ *Ich bin von dir enttäuscht.* Mi hai deluso.
Enttäuschung [ɛntˈtɔyʃuŋ] *f* delusione *f*
entwaffnen [ɛntˈvafnən] *v* disarmare
Entwarnung [ɛntˈvarnuŋ] *f* segnale di cessato allarme *m*
entwässern [ɛntˈvɛsərn] *v* prosciugare

entweder [ˈɛntveːdər] *konj ~ ... oder* o ... o
◆ *Entweder du oder ich!* O tu o io!

entwenden [ɛntˈvɛndən] *v* sottrarre

entwerfen [ɛntˈvɛrfən] *v irr* progettare, tracciare
entwerten [ɛntˈvɛrtən] *v 1. (Fahrkarte)* obliterare, timbrare; *2. (Geld) ECO* svalutare; *3. (fig)* screditare
entwickeln [ɛntˈvɪkəln] *v* sviluppare
Entwicklung [ɛntˈvɪkluŋ] *f* sviluppo *m*
Entwicklungsjahre [ɛntˈvɪkluŋsjaːrə] *pl* pubertà *f*
entwürdigend [ɛntˈvyrdɪgənt] *adj* umilante
Entwurf [ɛntˈvurf] *m 1. (Gestaltung)* progettazione *f; 2. (Skizze)* schizzo *m,* abbozzo *m*
entwurzeln [ɛntˈvurtsəln] *v* sradicare
entziffern [ɛntˈtsɪfərn] *v* decifrare
Entzücken [ɛntˈtsykən] *n* entusiasmo *m,* incanto *m*
entzückend [ɛntˈtsykənt] *adj* carino, grazioso
entzückt [ɛntˈtsykt] *adj* incantato
entzünden [ɛntˈtsyndən] *v* accendere
entzwei [ɛntˈtsvaɪ] *adj* rotto
entzweien [ɛntˈtsvaɪən] *v* dividere
entzweigehen [ɛntˈtsvaɪgeːən] *v irr* andare in pezzi
Enzyklopädie [ɛntsyklopɛˈdiː] *f* enciclopedia *f*
Episode [epiˈzoːdə] *f* episodio *m*
Equipe [eˈkvip] *f* squadra *f*

> **er** [eːr] *pron 1. (Person)* lui, egli; *2. (Sache)* esso
> **!** *Genitiv: seiner; Dativ: ihm; Akkusativ: ihn*

erachten [ɛrˈaxtən] *v* ritenere
erarbeiten [ɛrˈarbaɪtən] *v* elaborare
erbarmen [ɛrˈbarmən] *v sich ~* impietosirsi
Erbarmen [ɛrˈbarmən] *n* pietà *f*
erbauen [ɛrˈbauən] *v* costruire
Erbauer(in) [ɛrˈbauər(ɪn)] *m/f* costruttore/costruttrice *m/f*
Erbe [ˈɛrbə] *n 1.* eredità *f; m 2.* erede *m*
erben [ˈɛrbən] *v* ereditare
Erbfolge [ˈɛrpfɔlgə] *f* successione *f*
erbittert [ɛrˈbɪtərt] *adj* esasperato, amareggiato
erblich [ˈɛrplɪç] *adj* ereditario
erblinden [ɛrˈblɪndən] *v* diventare cieco
erbrechen [ɛrˈbrɛçən] *v irr 1.* forzare; ◆ *das Schloss erbrechen* forzare la serratura; *2. sich ~* vomitare
Erbschaft [ˈɛrpʃaft] *f* eredità *f*
Erbse [ˈɛrpsə] *f* pisello *m*
Erdbeben [ˈeːrtbeːbən] *n* terremoto *m*
Erdbeere [ˈeːrtbeːrə] *f BOT* fragola *f*
Erdboden [ˈeːrtboːdən] *m* terra *f;* ◆ *etw dem Erdboden gleichmachen* radere al suolo qc; *vom Erdboden verschwinden* scomparire dalla faccia della terra

> **Erde** [ˈeːrdə] *f* terra *f*
> ◆ *jdn unter die Erde bringen (fig)* portare qd alla tomba
> *auf der Erde bleiben* restare coi piedi per terra
> *etw aus der Erde stampfen* creare qc dal nulla

Erdgas [ˈeːrtgaːs] *n* gas naturale *m*
Erdgeschoss [ˈeːrtgəʃɔs] *n* pianterreno *m*
erdichten [ɛrˈdɪçtən] *v* escogitare
Erdkunde [ˈeːrtkundə] *f* geografia *f*
Erdöl [ˈeːrtøːl] *n* petrolio *m*
Erdreich [ˈeːrtraɪç] *n* terra *f*
erdrosseln [ɛrˈdrɔsəln] *v* strangolare
erdrücken [ɛrˈdrykən] *v* schiacciare
Erdrutsch [ˈeːrtrutʃ] *m* frana *f*
Erdteil [ˈeːrttaɪl] *n* continente *m*

erdulden [ɛrˈduldən] *v* subire
ereifern [ɛrˈaɪfərn] *v sich ~* accalorarsi
ereignen [ɛrˈaɪgnən] *v* avvenire
Ereignis [ɛrˈaɪgnɪs] *n* avvenimento *m*
Eremit [ereˈmiːt] *m* eremita *m*
erfahren [ɛrˈfaːrən] *v irr 1.* venire a sapere; ◆ *Ich habe es von ihm erfahren.* Sono venuto a saperlo da lui. *adj 2.* esperto
Erfahrung [ɛrˈfaːruŋ] *f* esperienza *f*
erfassen [ɛrˈfasən] *v 1. (greifen)* afferrare; *2. (in Statistik)* rilevare; *3. (fig: verstehen)* afferrare; ◆ *Ich habe das Konzept erfasst.* Ho afferrato il concetto.
Erfassung [ɛrˈfasuŋ] *f* rilevamento *m*

> **erfinden** [ɛrˈfɪndən] *v irr* inventare
> ◆ *Das hat er erfunden.* Questo l'ha inventato lui.

Erfinder(in) [ɛrˈfɪndər(ɪn)] *m/f* inventore/inventrice *m/f*
erfinderisch [ɛrˈfɪndərɪʃ] *adj* ingegnoso
Erfindung [ɛrˈfɪnduŋ] *f 1.* invenzione *f; 2. (Lüge)* bugia *f*
Erfolg [ɛrˈfɔlk] *m* successo *m; ~ versprechend* promettente
erfolgen [ɛrˈfɔlgən] *v* seguire
erfolglos [ɛrˈfɔlkloːs] *adj 1.* infruttuoso; *adv 2.* senza successo
Erfolglosigkeit [ɛrˈfɔlkloːzɪçkaɪt] *f* insuccesso *m*
erfolgreich [ɛrˈfɔlkraɪç] *adj* pieno di successi
erforderlich [ɛrˈfɔrdərlɪç] *adj* necessario
erfordern [ɛrˈfɔrdərn] *v* esigere
Erfordernis [ɛrˈfɔrdərnɪs] *n* esigenza *f*
erforschen [ɛrˈfɔrʃən] *v 1.* esplorare; *2. (prüfen)* esaminare
Erforschung [ɛrˈfɔrʃuŋ] *f 1.* esplorazione *f; 2. (prüfen)* esame *m*
erfreuen [ɛrˈfrɔyən] *v* rallegrare
erfreulich [ɛrˈfrɔylɪç] *adj* lieto
erfrieren [ɛrˈfriːrən] *v irr 1. (Person)* morire di freddo, morire assiderato; *2. (Pflanze)* gelare
erfrischen [ɛrˈfrɪʃən] *v sich ~* rinfrescarsi
erfrischend [ɛrˈfrɪʃənt] *adj* rinfrescante
Erfrischung [ɛrˈfrɪʃuŋ] *f* rinfresco *m*
erfüllen [ɛrˈfylən] *v 1.* appagare; *erfüllt sein* essere appagato; *2. (Pflicht)* adempiere; *3. (Wunsch)* appagare; ◆ *einen Wunsch erfüllen* appagare un desiderio
Erfüllung [ɛrˈfyluŋ] *f 1. (Befriedigung)* soddisfazione *f; ~ finden* trovare soddisfazione; *2. (Pflicht)* adempimento *m; 3. (Wunsch)* appagamento *m*
ergänzen [ɛrˈgɛntsən] *v* completare
Ergänzung [ɛrˈgɛntsuŋ] *f* completamento *m*
Ergebnis [ɛrˈgeːpnɪs] *n* risultato *m*
ergebnislos [ɛrˈgeːpnɪsloːs] *adj* senza risultato
ergiebig [ɛrˈgiːbɪç] *adj* fruttuoso
ergrauen [ɛrˈgrauən] *v* invecchiare
ergreifen [ɛrˈgraɪfən] *v irr 1.* prendere; *2. (anwenden)* prendere; *3. (festnehmen)* afferrare; *4. (fig: bewegen)* scuotere
ergreifend [ɛrˈgraɪfənt] *adj* commovente
erhalten [ɛrˈhaltən] *v irr 1. (bekommen)* ricevere; *2. (bewahren)* conservare
erhältlich [ɛrˈhɛltlɪç] *adj* disponibile; ◆ *in jedem Kaufhaus erhältlich* disponibile in tutti i grandi magazzini
Erhaltung [ɛrˈhaltuŋ] *f 1. (Erhalt)* ricevimento *m; 2. (Bewahrung)* conservazione *f; 3. (Instandhaltung)* manutenzione *f*

erhängen [ɛrˈhɛŋən] *v sich ~* impiccarsi
erheben [ɛrˈheːbən] *v irr 1. (hochheben)* sollevare; *2. sich ~* alzarsi; *3. (Steuern) ECO* riscuotere; *4. JUR eine Klage ~* sporgere denuncia, denunciare
Erhebung [ɛrˈheːbuŋ] *f 1. (Berg)* elevazione *f; 2. (Statistik)* rilevamento *m*
erheitern [ɛrˈhaɪtərn] *v* rallegrare
Erheiterung [ɛrˈhaɪtəruŋ] *f* divertimento *m*
erhitzen [ɛrˈhɪtsən] *v* riscaldare
erhoffen [ɛrˈhɔfən] *v* sperare
erhöhen [ɛrˈhøːən] *v 1.* alzare; *2. (Preise) ECO* aumentare
Erhöhung [ɛrˈhøːuŋ] *f 1.* rialzamento *m; 2. (der Preise) ECO* aumento *m*
erholen [ɛrˈhoːlən] *v sich ~* rimettersi
Erholung [ɛrˈhoːluŋ] *f* rilassamento *m*
erinnern [ɛrˈɪnərn] *v 1. jdn ~* ricordare qd; *2. sich ~* ricordarsi
Erinnerung [ɛrˈɪnəruŋ] *f* memoria *f*
erkälten [ɛrˈkɛltən] *v sich ~* raffreddarsi
Erkältung [ɛrˈkɛltuŋ] *f MED* raffreddore *m*
erkennbar [ɛrˈkɛnbaːr] *adj* riconoscibile
erkennen [ɛrˈkɛnən] *v irr* riconoscere
erkenntlich [ɛrˈkɛntlɪç] *adj* riconoscibile
Erkenntnis [ɛrˈkɛntnɪs] *f* conoscenza *f*
erklären [ɛrˈklɛːrən] *v 1. (verdeutlichen)* spiegare; *2. (verkünden)* proclamare
Erklärung [ɛrˈklɛːruŋ] *f 1. (Verdeutlichung)* spiegazione *f; 2. (Verkündung)* proclamazione *f*
erkranken [ɛrˈkraŋkən] *v* ammalarsi
erkundigen [ɛrˈkundɪgən] *v sich ~* chiedere informazioni
Erkundigung [ɛrˈkundɪguŋ] *f* informazione *f*
erlangen [ɛrˈlaŋən] *v* ottenere
Erlass [ɛrˈlas] *m 1. (Verordnung)* emanazione *f; 2. (Befreiung)* esenzione *f*
erlassen [ɛrˈlasən] *v irr 1. (Gesetz)* emanare; *2. (Strafe)* condonare; *3. (Steuer)* esentare; *4. (Verpflichtung)* esonerare, dispensare
erlauben [ɛrˈlaubən] *v* permettere; ◆ *Was erlauben Sie sich?* Come si permette?
Erlaubnis [ɛrˈlaupnɪs] *f* permesso *m*
erläutern [ɛrˈlɔytərn] *v* spiegare
Erläuterung [ɛrˈlɔytəruŋ] *f* spiegazione *f*
erleben [ɛrˈleːbən] *v* vivere, sperimentare
Erlebnis [ɛrˈleːpnɪs] *n* esperienza *f*
erledigen [ɛrˈleːdɪgən] *v* sbrigare
Erledigung [ɛrˈleːdɪguŋ] *f* disbrigo *m*
erlegen [ɛrˈleːgən] *v* abbattere, ammazzare
erleichtern [ɛrˈlaɪçtərn] *v 1.* alleggerire; *2. (fig)* sollevare, alleviare
Erleichterung [ɛrˈlaɪçtəruŋ] *f* sollievo *m*
erleiden [ɛrˈlaɪdən] *v irr* subire
erlernen [ɛrˈlɛrnən] *v* imparare
erlesen [ɛrˈleːzən] *adj* squisito
erleuchten [ɛrˈlɔyçtən] *v* illuminare
erlöschen [ɛrˈlœʃən] *v irr* spegnersi
erlösen [ɛrˈløːzən] *v* liberare, salvare
Erlösung [ɛrˈløːzuŋ] *f* liberazione *f*, redenzione *f*
ermächtigen [ɛrˈmɛçtɪgən] *v* autorizzare
Ermächtigung [ɛrˈmɛçtɪguŋ] *f* autorizzazione *f*
ermahnen [ɛrˈmaːnən] *v* esortare

ermäßigen [ɛrˈmɛːsɪgən] *v* diminuire, ribassare; ◆ *den Preis ermäßigen* ribassare il prezzo
Ermäßigung [ɛrˈmɛːsɪguŋ] *f* diminuzione *f*
ermessen [ɛrˈmɛsən] *v irr* valutare, stimare
Ermessen [ɛrˈmɛsən] *n* discrezione *f*, giudizio *m;* ◆ *nach menschlichen Ermessen* a giudizio d'uomo; *nach meinem Ermessen* a mio avvisio
ermitteln [ɛrˈmɪtəln] *v* *1. (feststellen)* accertare; *2. (ausfindig machen)* rintracciare; ◆ *nicht zu ~ sein* essere irreperibile; *3. (Polizei)* fare le indagini;
Ermittlung [ɛrˈmɪtluŋ] *f* accertamento *m*, ricerca *f*, indagine *m*
ermöglichen [ɛrˈmøːklɪçən] *v* rendere possibile
ermorden [ɛrˈmɔrdən] *v* uccidere
Ermüdung [ɛrˈmyːduŋ] *f* affaticamento *m*
ermuntern [ɛrˈmuntərn] *v* incoraggiare, esertare, stimolare
ermutigen [ɛrˈmuːtɪgən] *v* incoraggiare
ernähren [ɛrˈnɛːrən] *v* nutrire
Ernährung [ɛrˈnɛːruŋ] *f* nutrizione *f*
ernennen [ɛrˈnɛnən] *v irr* nominare
Ernennung [ɛrˈnɛnuŋ] *f* nomina *f*
Ernennungsurkunde [ɛrˈnɛnuŋsuːrkundə] *f* atto di nomina *m*
erneuern [ɛrˈnɔyərn] *v* rinnovare
Erneuerung [ɛrˈnɔyəruŋ] *f* rinnovamento *m*
erneut [ɛrˈnɔyt] *adj 1.* rinnovato; *adv 2.* di nuovo
erniedrigen [ɛrˈniːdrɪgən] *v (fig)* umilare
erniedrigend [ɛrˈniːdrɪgənt] *adj* degradante
Erniedrigung [ɛrˈniːdrɪguŋ] *f 1.* abbassamento *m; 2. (fig)* umiliazione *f*

ernst [ɛrnst] *adj 1.* serio; *adv 2.* seriamente
◆ *Nimm es nicht so ernst!* Non prenderla troppo seriamente!

Ernst [ɛrnst] *m* serietà *f;* ◆ *der Ernst des Lebens* il lato serio della vita; *mit etw Ernst machen* fare sul serio con qc
Ernstfall [ˈɛrnstfal] *m* caso di emergenza *m*
ernstlich [ˈɛrnstlɪç] *adj 1.* serio; *2. (Krankheit)* grave
Ernte [ˈɛrntə] *f 1. (Tätigkeit)* raccolta *f; 2. (Ertrag)* ricavato del raccolto *m*
ernten [ˈɛrntən] *v* raccogliere
ernüchtern [ɛrˈnyçtərn] *v 1.* far passare la sbornia; *2. (fig)* disincantare
Eroberer [ɛrˈoːbərər] *m* conquistatore *m*
erobern [ɛrˈoːbərn] *v* conquistare
Eroberung [ɛrˈoːbəruŋ] *f* conquista *f*
eröffnen [ɛrˈœfnən] *v* aprire
Eröffnung [ɛrˈœfnuŋ] *f 1.* apertura *f; 2. (Einweihung)* inaugurazione *f; 3. (Mitteilung)* comunicazione *f*
erörtern [ɛrˈœrtərn] *v* discutere
Erörterung [ɛrˈœrtəruŋ] *f* discussione *f*
Erotik [eˈroːtɪk] *f* erotismo *m*
erotisch [eˈroːtɪʃ] *adj* erotico
erpressen [ɛrˈprɛsən] *v* ricattare
Erpresser(in) [ɛrˈprɛsər(ɪn)] *m/f* ricattatore/ricattatrice *m/f*
Erpressung [ɛrˈprɛsuŋ] *f* ricatto *m*
erproben [ɛrˈproːbən] *v* provare
Erprobung [ɛrˈproːbuŋ] *f* prova *f*
erraten [ɛrˈraːtən] *v irr* indovinare
errechnen [ɛrˈrɛçnən] *v* calcolare
erregen [ɛrˈreːgən] *v 1.* suscitare; *2. (aufregen)* irritare; *3. sich ~* eccitarsi

erreichbar [ɛrˈraɪçbaːr] *adj* raggiungibile
erreichen [ɛrˈraɪçən] *v* raggiungere
errichten [ɛrˈrɪçtən] *v 1.* erigere; *2. (gründen)* fondare
Errichtung [ɛrˈrɪçtuŋ] *f 1.* erezione *f; 2. (Gründung)* fondazione *f*
Ersatz [ɛrˈzats] *m 1.* sostituzione *f; 2. (Entschädigung)* indennizzo *m*
erscheinen [ɛrˈʃaɪnən] *v irr 1.* apparire; *2. (veröffentlicht werden)* essere pubblicato; *3. (scheinen)* parere
erschießen [ɛrˈʃiːsən] *v irr* sparare
erschließen [ɛrˈʃliːsən] *v irr 1. sich ~* aprirsi a; ◆ *sich neue Horizonte erschließen* apinsia nuovi orizzonti; *2. (Baugelände)* sfruttare
Erschließung [ɛrˈʃliːsuŋ] *f* sfruttamento *m,* apertura *f*
erschöpft [ɛrˈʃœpft] *adj* sfinito
Erschöpfung [ɛrˈʃœpfuŋ] *f* esaurimento *m,* spossatezza *f*
erschrecken [ɛrˈʃrɛkən] *v* spaventare
erschreckend [ɛrˈʃrɛkənt] *adj* spaventoso
erschütternd [ɛrˈʃytərnt] *adj* impressionante
Erschütterung [ɛrˈʃytəruŋ] *f 1.* scossa *f; 2. (fig)* commozione *f*
erschweren [ɛrˈʃveːrən] *v 1.* appesantire; *2. (fig)* rendere difficoltoso
Erschwernis [ɛrˈʃveːrnɪs] *f* aggravamento *m*
erschwinglich [ɛrˈʃvɪŋlɪç] *adj* alla portata di tutti; ◆ *zu erschwinglichen Preisen* a prezzi modici
ersetzen [ɛrˈzɛtsən] *v 1. (austauschen)* sostituire; *2. (entschädigen)* risarcire
ersichtlich [ɛrˈzɪçtlɪç] *adj* visibile
ersparen [ɛrˈʃpaːrən] *v* risparmiare
Ersparnis [ɛrˈʃpaːrnɪs] *f* risparmio *m*

erst [eːrst] *adv 1. (zu~)* prima; *2. (nur)* solo; *~ morgen* solo domani
◆ *Jetzt erst recht!* A maggior ragione!

erstaunen [ɛrˈʃtaunən] *n* stupire *m*
erstaunlich [ɛrˈʃtaunlɪç] *adj* sorprendente
erste(r,s) [ˈeːrstə(r,s)] *num* primo/prima
erstens [ˈeːrstəns] *adv* prima di tutto
ersticken [ɛrˈʃtɪkən] *v* soffocare
erstklassig [ˈeːrstklasɪç] *adj 1.* di prima classe; *adv 2.* ottimamente
erstmals [ˈeːrstmaːls] *adv* per la prima volta
erstreben [ɛrˈʃtreːbən] *v* aspirare a
erstrebenswert [ɛrˈʃtreːbənsvert] *adj* desiderabile, auspicabile
Ersuchen [ɛrˈzuːxən] *n* richiesta *f*
erteilen [ɛrˈtaɪlən] *v 1. (geben)* dare; ◆ *Unterricht erteilen* dare lezione; *2. (gewähren)* accordare
ertragen [ɛrˈtraːgən] *v irr* sopportare
erträglich [ɛrˈtrɛːklɪç] *adj* sopportabile
ertragreich [ɛrˈtraːkraɪç] *adj* produttivo
ertrinken [ɛrˈtrɪŋkən] *v irr* affogare
erwachen [ɛrˈvaxən] *v* svegliarsi
Erwachsene(r) [ɛrˈvaksənə(r)] *m/f* adulto/adulta *m/f*
erwägen [ɛrˈvɛːgən] *v irr* ponderare
Erwägung [ɛrˈvɛːguŋ] *f* considerazione *f; in ~ ziehen* prendere in considerazione
erwähnen [ɛrˈvɛːnən] *v* menzionare
Erwähnung [ɛrˈvɛːnuŋ] *f* menzione *f*
erwärmen [ɛrˈvɛrmən] *v* riscaldare
erwarten [ɛrˈvaːrtən] *v* aspettare
Erwartung [ɛrˈvartuŋ] *f* attesa *f*
erwartungsvoll [ɛrˈvartuŋsfɔl] *adj* pieno di aspettative
erweitern [ɛrˈvaɪtərn] *v* allargare

Erweiterung [ɛrˈvaɪtəruŋ] *f* allargamento *m*
Erwerb [ɛrˈvɛrp] *m v 1. (Lohn)* guadagno *m; 2.* acquisizione; *der ~ von Kenntnissen* l'acquisizione di conoscenze
erwerben [ɛrˈvɛrbən] *v irr* acquistare
erwerbsfähig [ɛrˈvɛrpsfɛːɪç] *adj* abile al lavoro
erwerbslos [ɛrˈvɛrpsloːs] *adj* disoccupato
Erwerbstätige(r) [ɛrˈvɛrpʃtɛːtɪgə(r)] *m/f* persona che esercita una professione *f*
erwerbsunfähig [ɛrˈvɛrpsunfɛːɪç] *adj* inabile al lavoro
erwidern [ɛrˈviːdərn] *v 1. (antworten)* replicare; *2. (Liebe)* corrispondere; *einen Besuch ~* restituire una visita
erwischen [ɛrˈvɪʃən] *v* sorprendere; *bei der Tat ~* cogliere sul fatto
erwünschen [ɛrˈvynʃən] *v* desiderare
erwünscht [ɛrˈvynʃt] *adj* desiderato
erzählen [ɛrˈtsɛːlən] *v* raccontare
Erzählung [ɛrˈtsɛːluŋ] *f* racconto *m,* storia *f*
erzeugen [ɛrˈtsɔygən] *v 1. (herstellen)* produrre; *2. (hervorrufen)* provocare
Erzeugnis [ɛrˈtsɔyknɪs] *n* prodotto *m*
Erzfeind [ˈɛrtsfaɪnt] *m* nemico mortale *m*
erziehen [ɛrˈtsiːən] *v irr* educare
Erzieher(in) [ɛrˈtsiːər(ɪn)] *m/f* educatore/educatrice *m/f*
erzieherisch [ɛrˈtsiːərɪʃ] *adj* educativo
Erziehung [ɛrˈtsiːuŋ] *f* educazione *f*
Erziehungsberatung [ɛrˈtsiːuŋsbəraːtuŋ] *f* consulenza pedagogica *f*
erzielen [ɛrˈtsiːlən] *v* raggiungere
erzkonservativ [ˈɛrtskɔnzɛrvatiːf] *adj* conservatore convinto *m*
erzwingen [ɛrˈtsvɪŋən] *v irr* ottenere con la forza

> **es** [ɛs] *pron 1. (Person)* egli/ella, lui/lei; *2. (Sache)* esso/essa
> **!** *Genitiv: seiner; Dativ: ihm; Akkusativ: es*

Esel [ˈeːzəl] *m* asino *m*
Eskapade [ɛskaˈpaːdə] *f* scappatella *f*
Eskimo [ˈɛskimo] *m* eschimese *m*
Eskorte [ɛsˈkɔrtə] *f* scorta *f*
Esoterik [ezoˈteːrɪk] *f* esoterismo *m*
essbar [ˈɛsbaːr] *adj* commestibile
Essbesteck [ˈɛsbəʃtɛk] *n* posate *f/pl*
Essecke [ˈɛsɛkə] *f* zona pranzo *f*

> **essen** [ˈɛsən] *v irr* mangiare
> ◆ *gern und gut essen* amare la buona cucina
> *etw zu essen kaufen* comprare qc da mangiare

Essen [ˈɛsən] *n* mangiare *m*
Essgeschirr [ˈɛsgəʃɪr] *n* stoviglie *f/pl*
Essig [ˈɛsɪç] *m* aceto *m*
Esslöffel [ˈɛslœfəl] *m* cucchiaio *m*
Esstisch [ˈɛstɪʃ] *m* tavolo da pranzo *m*
Esswaren [ˈɛsvaːrən] *pl* alimentari *m/pl,* viveri *m/pl*
Esszimmer [ˈɛstsɪmər] *n* sala da pranzo *f*
etablieren [etaˈbliːrən] *v sich ~* stabilirsi
Etage [eˈtaːʒə] *f* piano *m*
Etagenheizung [eˈtaːʒənhaɪtsuŋ] *f* riscaldamento autonomo *m*
Etappe [eˈtapə] *f* tappa *f*
etappenweise [eˈtapənvaɪzə] *adj* a tappe
Etat [eˈtaː] *m* bilancio *m*
Etatkürzung [eˈtaːkyrtsuŋ] *f* riduzione del bilancio *f*
Ethik [ˈeːtɪk] *f* etica *f*
ethisch [ˈeːtɪʃ] *adj* etico
ethnisch [ˈeːtnɪʃ] *adj* etnico

Ethnologie [etnoloˈgiː] *f* etnologia *f*
Etikette [etiˈkɛtə] *f* etichetta *f*
etliche [ˈɛtlɪçə] *pron* parecchi
Etui [eˈtviː] *n* astuccio *m*
etwa [ˈɛtva] *adv* circa
etwaig [ˈɛtvaɪç] *adj* eventuale
etwas [ˈɛtvas] *pron 1.* qualcosa; *adv 2.* alquanto, un po'
euch [ɔyç] *pron 1. (direktes Objekt)* voi, vi; *2. (indirektes Objekt)* a voi, vi
euer [ˈɔyər] *pron* vostro
Eule [ˈɔylə] *f* civetta *f*
eure(r,s) [ˈɔyrə(r,s)] *pron* vostro/vostra, vostri/vostre
euresgleichen [ˈɔyrəsglaɪçən] *pron* vostro pari, vostri pari
euretwegen [ˈɔyrətveːgən] *adv* per voi, a causa vostra
Euro [ˈɔyro] *m FIN* euro *m*
Eurocheque [ˈɔyroʃɛk] *m* eurocheque *m*
Europa [ɔyˈroːpa] *n GEO* Europa *f*
Europäer(in) [ɔyroˈpɛːər(ɪn)] *m/f* europeo/europea *m/f*
europäisch [ɔyroˈpɛːɪʃ] *adj* europeo
Europarat [ɔyˈroːparaːt] *m POL* Consiglio d'Europa *m*
Eurotunnel [ˈɔyrotunəl] *m* tunnel d'Europa *m*
Evakuierung [evakuˈiːruŋ] *f* evacuazione *f*
eventuell [evɛntuˈɛl] *adj* eventuale
Evolution [evoluˈtsjoːn] *f* evoluzione *f*
ewig [ˈeːvɪç] *adj* eterno; ◆ *ewig und drei Tage* un'eternità
Ewigkeit [ˈeːvɪçkaɪt] *f* eternità *f*
exakt [ɛˈksakt] *adj* esatto
Exaktheit [ɛˈksakthaɪt] *f* esattezza *f*
Examen [ɛˈksaːmən] *f* esame *m*
Exempel [ɛˈksɛmpəl] *n* esempio *m;* ◆ *ein Exempel statuieren* servire di monito
Exemplar [ɛksɛmˈplaːr] *n* esemplare *m*
exemplarisch [ɛksɛmˈplaːrɪʃ] *adj* esemplare
Existenz [ɛksɪsˈtɛnts] *f* esistenza *f*
Existenzangst [ɛksɪsˈtɛntsaŋst] *f* angoscia esistenziale *f*
Existenzminimum [ɛksɪsˈtɛntsminimum] *n* minimo di sussistenza *m*
existieren [ɛksisˈtiːrən] *v 1. (leben)* vivere; *2. (bestehen)* esistere
exklusiv [ɛkskluˈziːf] *adj* esclusivo
Exkursion [ɛkskurˈsjoːn] *f* escursione *f*
exotisch [ɛˈksoːtɪʃ] *adj* esotico
Expansion [ɛkspanˈzjoːn] *f* espansione *f*
Expedition [ɛkspedɪˈtsjoːn] *f* spedizione *f*
Experiment [ɛksperɪˈmɛnt] *n* esperimento *m*
experimentieren [ɛkspɛrɪmɛnˈtiːrən] *v* sperimentare
Experte [ɛksˈpɛrtə] *m* esperto *m*
Expertise [ɛkspɛrˈtiːzə] *f* perizia *f*
explodieren [ɛksploˈdiːrən] *v* esplodere
Explosion [ɛksploˈzjoːn] *f* esplosione *f*
explosiv [ɛksploˈziːf] *adj* esplosivo
extern [ɛksˈtɛrn] *adj* esterno
extra [ˈɛkstra] *adv 1.* extra, apposta; *2. (getrennt)* separatamente
Extrakt [ɛksˈtrakt] *m* estratto *m*
extravagant [ɛkstravaˈgant] *adj* stravagante
extrem [ɛksˈtreːm] *adj* estremo
Extrem [ɛksˈtreːm] *n* estremo *m;* ◆ *von einem Extrem ins andere fallen* andare da un estremo all'altro
exzellent [ɛkstsɛˈlɛnt] *adj* eccellente
exzentrisch [ɛksˈtsɛntrɪʃ] *adj* eccentrico
Exzess [ɛksˈtsɛs] *m* eccesso *m*

E

F

Fabel [ˈfaːbəl] *f* favola *f*
fabelhaft [ˈfaːbəlhaft] *adj 1.* favoloso; *adv 2.* enormemente
Fabrik [faˈbriːk] *f* fabbrica *f*
Fabrikant(in) [fabriˈkant(ɪn)] *m/f* fabbricante *m/f*
Fabrikat [fabriˈkaːt] *n* prodotto *m*
Fach [fax] *n 1. (Ablagefach)* scomparto *m; 2. (Unterrichtsfach)* materia *f; 3. (Wissensgebiet)* materia *f,* disciplina *f*
Facharbeiter(in) [ˈfaxarbaɪtər(ɪn)] *m/f* operaio specializzato/operaia specializzata *m/f*
Fachausbildung [ˈfaxausbɪlduŋ] *f* specializzazione *f*
Fachbereich [ˈfaxbəraɪç] *m* settore *m*
Fachgeschäft [ˈfaxgəʃɛft] *n* negozio specializzato *m*
fachlich [ˈfaxlɪç] *adj* professionale
Fachliteratur [ˈfaxlɪtəratuːr] *f* letteratura specializzata *f*
Fachmann [ˈfaxman] *m* esperto *m*
Fachzeitschrift [ˈfaxtsaɪtʃrɪft] *f* rivista specializzata *f*
Fackel [ˈfakəl] *f* fiaccola *f*
fade [ˈfaːdə] *adj 1. (geschmacklos)* insipido; *2. (langweilig)* noioso
Faden [ˈfaːdən] *m* filo *m;* ◆ *den Faden verlieren* perdere il filo del discorso
fähig [ˈfɛːɪç] *adj* capace
Fähigkeit [ˈfɛːɪçkaɪt] *f* capacità *f*
fahl [faːl] *adj* sbiadito
Fahndung [ˈfaːnduŋ] *f* ricerca *f,* indagine *f*
Fahne [ˈfaːnə] *f* bandiera *f;* ◆ *die Fahne hochhalten* tenere alta la bandiera; *die Fahne nach dem Winde drehen* cambiare bandiera a seconda del vento che tira; *mit fliegenden Fahnen zu etw übergehen* cambiare qc a bandiere spiegate; *eine Fahne haben* puzzare di alcool
Fahrbahn [ˈfaːrbaːn] *f* carreggiata *f*
fahrbereit [ˈfaːrbəraɪt] *adj* pronto per partire
Fähre [ˈfɛːrə] *f* traghetto *m*

> **fahren** [ˈfaːrən] *v irr 1.* andare; *2. (steuern)* guidare
> ◆ *nach Italien fahren* andare in Italia
> *mit dem Auto fahren* andare in macchina
> *Der Wagen fährt 240 km in der Stunde.* L'auto fa 240 km orari.
> **!** *Konjugation mit sein: ich bin gefahren*

Fahrer(in) [ˈfaːrər(ɪn)] *m/f* conducente *m/f*
Fahrgast [ˈfaːrgast] *m* passeggero *m*
Fahrkarte [ˈfaːrkartə] *f* biglietto *m*
fahrlässig [ˈfaːrlɛsɪç] *adj* trascurato
Fahrlässigkeit [ˈfaːrlɛsɪçkaɪt] *f* trascuratezza *f*
Fahrplan [ˈfaːrplaːn] *m* orario *m*
Fahrpreis [ˈfaːrpraɪs] *m* prezzo del biglietto *m*
Fahrprüfung [ˈfaːrpryːfuŋ] *f* esame di guida *m*
Fahrrad [ˈfaːraːt] *n* bicicletta *f*
Fahrradweg [ˈfaːraːtveːk] *m* pista ciclabile *f*
Fahrschein [ˈfaːrʃaɪn] *m* biglietto *m*
Fahrschule [ˈfaːrʃuːlə] *f* scuola guida *f*
Fahrspur [ˈfaːrʃpuːr] *f* corsia *f*
Fahrstuhl [ˈfaːrʃtuːl] *m* ascensore *m*
Fahrstunde [ˈfaːrʃtundə] *f* lezione di guida *f*
Fahrt [faːrt] *f* viaggio *m*

Fährte [ˈfɛːrtə] *f* traccia *f;* ◆ *jdn auf die falsche Fährte führen* mettere qd su una falsa pista
fahrtüchtig [ˈfaːrtyçtɪç] *adj 1.* in grado di guidare; *2. (Auto)* in grado di partire
Fahrverbot [ˈfaːrfɛrboːt] *n 1.* divieto di transito *m; 2. (Führerscheinentzug)* sospensione della patente *f*
Fahrzeug [ˈfaːrtsɔyk] *n* veicolo *m*
Fahrzeugbrief [ˈfaːrtsɔykbriːf] *m* carta di proprietà *f*
Fahrzeugschein [ˈfaːrtsɔykʃaɪn] *m* libretto di circolazione *m*
fair [fɛːr] *adj* corretto
Fairness [ˈfɛːrnɛs] *f* correttezza *f*
Faktor [ˈfaktɔr] *m* fattore *m*
Fakultät [fakulˈtɛːt] *f* facoltà *f*
Fall¹ [fal] *m 1. (Sturz)* caduta *f; 2. (fig: Niedergang)* decadenza *f;* ◆ *jdn zu Fall bringen* rovinare qd
Fall² [fal] *m 1. (Umstand)* circostanza *f,* caso *m; 2. JUR* caso *m;* ◆ *Es ist ein Fall von höherer Gewalt.* È un caso di forza maggiore. *ein hoffnungsloser Fall* un caso senza speranze *m; jds Fall sein* fare al caso di qd
Falle [ˈfalə] *f* trappola *f*

> **fallen** [ˈfalən] *v irr 1. (stürzen)* cadere; *2. (fig: sinken)* decadere; *3. etw ~ lassen* lasciar cadere qc
> ◆ *einen Plan fallen lassen* abbandonare un piano
> *sich fallen lassen (fig)* lasciarsi andare/ scoraggiarsi
> *Du sollst dich nicht fallen lassen.* Non avvilirti.
> **!** *Konjugation mit sein: ich bin gefallen*
> ≠ *fällen (Baum)* abbattere

fällen [ˈfɛlən] *v 1. (Baum)* abbattere; *2. eine Entscheidung fällen* prendere una decisione
falls [fals] *konj* se
falsch [falʃ] *adj 1. (unwahr)* falso; ◆ *an den Falschen geraten* giungere a conclusioni sbagliate; *2. (fehlerhaft)* errato, sbagliato; *3. (unecht)* finto
fälschen [ˈfɛlʃən] *v* falsificare
fälschlicherweise [ˈfɛlʃlɪçərvaɪzə] *adv* in modo errato, per errore
Fälschung [ˈfɛlʃuŋ] *f* falsificazione *f*
Falte [ˈfaltə] *f 1.* piega *f; 2. (der Haut)* ruga *f*
falten [ˈfaltən] *v 1.* piegare; *2. (Hände)* congiungere; ◆ *Er faltet die Hände zum Gebet.* Egli congiunge le mani in preghiera.
familiär [familˈjɛːr] *adj* familiare

> **Familie** [faˈmiːljə] *f* famiglia *f*
> ◆ *in der Familie bleiben* restare in famiglia
> *Das kommt in den besten Familien vor.* Questo succede nelle migliori famiglie.

Familienname [faˈmiːljənnaːmə] *m* cognome *m*
Familienstand [faˈmiːljənʃtant] *m* stato civile *m*
Fan [fæn] *m* fan *m, (Sport)* tifoso *m*
Fanatiker(in) [faˈnaːtɪkər(ɪn)] *m/f* fanatico/fanatica *m/f*
fanatisch [faˈnaːtɪʃ] *adj* fanatico
fangen [ˈfaŋən] *v irr 1.* prendere; *2. (ergreifen)* acchiappare; *3. (einfangen)* catturare
Fantasie [fantaˈziː] *f* fantasia *f*
fantasieren [fantaˈziːrən] *v* fantasticare
fantasievoll [fantaˈziːvol] *adj* ricco di fantasia
fantastisch [fanˈtastɪʃ] *adj 1.* fantastico; *adv 2.* fantasticamente

Farbe [ˈfarbə] *f* 1. colore *m;* ◆ *Blut hat die Farbe rot.* Il sangue non è acqua; 2. *(Kartenspiel)* seme *m; Farbe bekennen* mettere le carte in tavola
färben [ˈfɛrbən] *v* 1. *(anmalen)* colorare; 2. *(Stoff)* tingere
farbenblind [ˈfarbənblɪnt] *adj* daltonico
farbig [ˈfarbɪç] *adj* colorato
farblos [ˈfarplo:s] *adj* 1. *(Sache)* senza colore; 2. *(Person)* insipido
Färbung [ˈfɛrbuŋ] *f* colorazione *f,* tinta *f*
Fasching [ˈfaʃɪŋ] *m* carnevale *m*
Faser [ˈfa:zər] *f* fibra *f;* ◆ *mit jeder Faser ihres Herzens* con ogni fibra del suo cuore
Fass [fas] *n* botte *f;* ◆ *ein Faß ohne Boden sein* essere un pozzo senza fondo; *Das schlägt dem Faß den Boden aus!* Questo è il colmo!
Fassade [faˈsa:də] *f* facciata *f*
fassen [ˈfasən] *v* 1. *(greifen)* afferrare; 2. *(beinhalten)* contenere; 3. *(fig) sich ~* calmarsi; ◆ *Fasse dich!* Calmati!
Fassung [ˈfasuŋ] *f* 1. *(Lampe)* portalampada *m;* 2. *(Schmuck)* montatura *f;* 3. *(Selbstbeherrschung)* controllo *m*
fassungslos [ˈfasuŋslo:s] *adj* sconcertato
Fassungslosigkeit [ˈfasuŋslo:zɪçkaɪt] *f* sbalordimento *m*
fast [fast] *adv* quasi
fasten [ˈfastən] *v* digiunare
Faszination [fastsɪnaˈtsjo:n] *f* fascino *m*
faszinierend [fastsɪˈni:rənt] *adj* affascinante
Fatalismus [fataˈlɪsmus] *m* fatalismo *m*
faul [faul] *adj* 1. *(verdorben)* marcio; 2. *(träge)* pigro; 3. *(schlecht)* fasullo; 4. *eine ~e Ausrede* una debole scusa *f*
faulen [ˈfaulən] *v* marcire
faulenzen [ˈfaulɛntsən] *v* oziare
Faulheit [ˈfaulhaɪt] *f* pigrizia *f;* ◆ *vor Faulheit stinken* essere un pelandrone
Fauna [ˈfauna] *f* fauna *f*

> **Faust** [faust] *f ANAT* pugno *m*
> ◆ *mit der Faust auf den Tisch hauen* battere il pugno sul tavolo
> *die Faust im Nacken spüren (fig)* sentirsi il nemico alle spalle
> *auf eigene Faust* a proprio rischio e pericolo
> *passen wie die Faust aufs Auge* calzare come un guanto
> **!** *Plural: Fäuste*

Favorit [favoˈri:t] *m* favorito *m*
Fax [faks] *n* fax *m,* telefax *m*
faxen [ˈfaksən] *v* inviare un telefax
Faxen [ˈfaksən] *pl (fam)* buffonate *f/pl;* ◆ *Faxen im Kopf haben* avere grilli per la testa
Fazit [ˈfa:tsɪt] *n* 1. somme *f/pl;* 2. *(Ergebnis)* risultato *m*
Februar [ˈfe:bruar] *m* febbraio *m*
fechten [ˈfɛçtən] *n irr* tirare di scherma
Feder [ˈfe:dər] *f* 1. *ZOOL* piuma *f;* ◆ *Federn lassen müssen (fig)* doverci rimettere le penne; *sich mit fremden Federn schmücken* farsi belli con le penne degli altri; 2. *(Schreibfeder)* penna *f;* 3. *(Bettfeder)* piuma *f;* ◆ *aus den Federn* dalle coltri; *in den Federn* tra le coltri; *Ab in die Federn!* E adesso a letto!
Federbett [ˈfe:dərbɛt] *n* piumino *m*
Fee [fe:] *f* fata *f*
fegen [ˈfe:gən] *v* spazzare
fehl [fe:l] *adv ~ am Platz* fuori posto
Fehlanzeige [ˈfe:lantsaɪgə] *f* rapporto negativo *m*

fehlen [ˈfeːlən] *v* mancare
◆ *Was fehlt ihr? (fig)* Cosa ha?
Das fehlt mir gerade noch! Ci mancava anche questa!
Weit gefehlt! Tutto sbagliato!

Fehler [ˈfeːlər] *m 1.* errore *m; 2. (Defekt)* difetto *m*
fehlerhaft [ˈfeːlərhaft] *adj* difettoso
fehlerlos [ˈfeːlərloːs] *adj* senza di fetti
Feier [ˈfaɪər] *f* festa *f*
Feierabend [ˈfaɪəraːbənt] *m* serata libera *f;* ◆ *Damit ist Feierabend!* Con questo basta!; *Feierabend machen* smettere di lavorare; *Feierabend!* Si chiude!
feierlich [ˈfaɪərlɪç] *adj 1.* festivo; ◆ *Das ist schon nicht mehr feierlich!* La festa è finita!/Questo è troppo! *adv 2.* a festa
feiern [ˈfaɪərn] *v* festeggiare
Feiertag [ˈfaɪərtaːk] *m* giorno festivo *m*
feig [faɪk] *adj* vile
Feige [ˈfaɪgə] *f BOT* fico *m*
Feigheit [ˈfaɪkhaɪt] *f* viltà *f*
Feigling [ˈfaɪklɪŋ] *m* vigliacco *m*
Feile [ˈfaɪlə] *f* lima *f*
feilschen [ˈfaɪlʃən] *v* tirare sul prezzo, trattare
fein [faɪn] *adj 1. (dünn)* sottile; *2. (zart)* delicato; *3. (vornehm)* fine; *4. (präzise)* preciso
Feind [faɪnt] *m* nemico *m*
feindlich [ˈfaɪntlɪç] *adj 1.* nemico; *adv 2.* da nemico
Feindschaft [ˈfaɪntʃaft] *f* inimicizia *f*
feindselig [ˈfaɪntzeːlɪç] *adj* nemico
Feinkost [ˈfaɪnkɔst] *f GAST* specialità gastronomiche *f/pl*
Feinwaschmittel [ˈfaɪnvaʃmɪtəl] *n* detersivo per tessuti delicati *m*

Feld [fɛlt] *n* campo *m*
◆ *ein weites Feld sein* essere un campo molto vasto
das Feld behaupten tenere il campo
das Feld räumen sgombrare il campo
jdm das Feld überlassen cedere il campo a qd
gegen jdn zu Felde ziehen scendere in campo contro qd

Felge [ˈfɛlgə] *f* cerchio *m*
Fell [fɛl] *n* pelo *m;* ◆ *ein dickes Fell haben* avere la pelle dura; *jdm das Fell gerben* conciare qd per le feste; *Dir juckt wohl das Fell?* Le vai proprio cercando!, Le vuoi prendere?
Fels [fɛls] *m* roccia *f,* scoglio *m;* ◆ *ein Fels in der Brandung sein* essere un punto di riferimento
Felsen [ˈfɛlzən] *m* roccia *f,* scoglio *m*
felsenfest [ˈfɛlzenfɛst] *adj 1.* incrollabile; *adv 2.* saldo come una roccia
feminin [femɪˈniːn] *adj* femminile
Feminismus [femɪˈnɪsmus] *m* femminismo *m*
Feministin [femɪˈnɪstɪn] *f* femminista *f*
Fenchel [ˈfɛnçəl] *m* finocchio *m*
Fenster [ˈfɛnstər] *n* finestra *f*
Fensterbrett [ˈfɛnstərbrɛt] *n* davanzale *m*
Fensterputzer [ˈfɛnstərputsər] *m* pulitore di vetri *m*
Fensterrahmen [ˈfɛnstərraːmən] *m* telaio della finestra *m*
Ferien [ˈfeːrjən] *pl* vacanze *f/pl*
Ferienort [ˈfeːrjənɔrt] *m* luogo di villeggiatura *m*
Ferkel [ˈfɛrkəl] *n 1. ZOOL* porcellino *m* maialino *m; 2. (unsauberer Mensch)* sporcaccione *m, (fam)* maiale *m*

F

fern [fɛrn] *adj* *1. (örtlich)* lontano; *2. (zeitlich)* lontano; *prep* 3. lontano
◆ *jdn von sich fern halten* tenersi alla larga da qd
Dieser Gedanke liegt mir völlig fern. Questa idea mi è completamente estranea.
! *prep mit Genitiv*

fernbleiben [ˈfɛrnblaɪbən] *v irr* mancare, essere assente; *unentschuldigt ~* mancare ingiustificatamente
Ferne [ˈfɛrnə] *f* lontananza *f*
ferner [ˈfɛrnər] *konj* inoltre; ◆ *unter ferner liefen* tra gli ultimi
Fernfahrer [ˈfɛrnfa:rər] *m* camionista *m*
Fernglas [ˈfɛrngla:s] *n* binocolo *m*, cannocchiale *m*
Fernkurs [ˈfɛrnkurs] *m* corso per corrispondenza *m*
Fernlicht [ˈfɛrnlɪçt] *n (Auto)* abbaglianti *m/pl*
Fernost [ˈfɛrnˈɔst] *m* Estremo Oriente *m*

fernsehen [ˈfɛrnze:ən] *v irr* guardare la televisione
! *Konjugation: ich sehe fern*

Fernsehen [ˈfɛrnze:ən] *n* televisione *f*
Fernsehgerät [ˈfɛrnze:gərɛ:t] *n* *TECH* televisore *m*
Ferse [ˈfɛrzə] *f* *ANAT* tallone *m;* ◆ *sich an jds Fersen heften* incollarsi alle calcagna di qd; *jdm auf den Fersen bleiben* stare alle calcagna di qd

fertig [ˈfɛrtɪç] *adj* *1.* finito; *2. (bereit)* pronto; *3. (fam: erschöpft)* sfinito; *4. ~ machen (beenden)* terminare; *5. ~ machen (bereitmachen)* approntare
◆ *mit jdm fertig sein (fig)* averne abbastanza di qd
jdn fertig machen sgridare qd

Fertigung [ˈfɛrtɪguŋ] *f* fabbricazione *f*
fesseln [ˈfɛsəln] *v* *1. (binden)* legare; *2. (Handschellen)* ammanettare; *3 (Kette)* incatenare; *4. (fig)* affascinare, incantare; *5. ans Bett fesseln* inchiodare
fest [fɛst] *adj* *1. (hart)* duro; *2. (stark)* forte; *3. (dicht)* compatto; *4. (gleich bleibend)* fermo
Fest [fɛst] *n* festa *f*
festhalten [ˈfɛsthaltən] *v irr* *1.* tenere fermo; *2. (merken)* tenere a mente; *3. sich ~* tenersi, reggersi
Festplatte [ˈfɛstplatə] *f* *INFORM* disco rigido *m*
festigen [ˈfɛstɪgən] *v* *1.* fortificare; *2. sich ~* consolidarsi
Festland [ˈfɛstlant] *n* terraferma *f*
festlich [ˈfɛstlɪç] *adj* festivo
festnageln [ˈfɛstna:gəln] *v* *jdn auf etw ~* inchiodare qd a qc
festnehmen [ˈfɛstne:mən] *v irr* prendere, fermare; *jdn vorläufig ~* arrestare qd
festsetzen [ˈfɛstzɛtsən] *v* stabilire
feststehen [ˈfɛstʃte:ən] *v irr* stare fermo
feststellen [ˈfɛstʃtɛlən] *v* constatare
fett [fɛt] *adj* grasso
Fett [fɛt] *n* grasso *m;* ◆ *das Fett abschöpfen* fare la parte del leone; *sein Fett abbekommen* ricevere la propria parte; *sein Fett weghaben* ricevere ciò che si merita
fettarm [ˈfɛtarm] *adj* povero di grassi; *~e Milch* latte scremato *m*
Fettnäpfchen [ˈfɛtnɛpfçən] *n* ◆ *ins Fettnäpfchen treten* fare una gaffe
feucht [fɔyçt] *adj* umido
Feuchtigkeit [ˈfɔyçtɪçkaɪt] *f* umidità *f*

Feuer [ˈfɔyər] *n* fuoco *m*
◆ *Feuer fangen (fig)* entusiasmarsi/prendere fuoco
Feuer und Flamme sein essere entusiasti
Feuer hinter etw machen accelerare qc
für jdn durchs Feuer gehen buttarsi nel fuoco per qd
mit dem Feuer spielen giocare col fuoco
≠ *Feier f* festa

feuergefährlich [ˈfɔyərgəfɛːrlɪç] *adj* infiammabile
Feuerlöscher [ˈfɔyərlœʃər] *m* estintore *m*
feuern [ˈfɔyərn] *v 1. jdm eine ~* dare una sberla a qd; *2. jdn ~* buttare fuori qd, licenziare qd
Feuerwehr [ˈfɔyərveːr] *f* pompieri *m/pl,* vigili del fuoco *m/pl*
Feuerwerk [ˈfɔyərvɛrk] *n* fuochi artificiali *m/pl,* fuochi del Bengala *m/pl*
Feuerzeug [ˈfɔyərtsɔyk] *n* accendino *m*
Fichte [ˈfɪçtə] *f* abete rosso *m*
Fieber [ˈfiːbər] *n* febbre *f*
Figur [fiˈguːr] *f 1. (Körper)* figura *f;* ◆ *eine schöne Figur haben* avere un bel corpo; *2. (Statue) ART* figura *f*
Filet [fiˈleː] *n GAST* filetto *m*
Filiale [filˈjaːlə] *f ECO* filiale *f*
Film [fɪlm] *m 1. (dünne Schicht)* pellicola *f; 2. CINE* film *f*
filmen [ˈfɪlmən] *v* filmare
Filmkamera [ˈfɪlmkamərа] *f* cinepresa *f*
Filter [ˈfɪltər] *m/n* filtro *m*
filtern [ˈfɪltərn] *v* filtrare
Filz [fɪlts] *m* feltro *m*
Filzstift [ˈfɪltsʃtɪft] *m* pennarello *m*
Finale [fiˈnaːlə] *n 1.* finale *m*
Finanzamt [fɪˈnantsamt] *n* intendenza di finanza *f*
Finanzen [fɪˈnantsən] *pl* finanze *f/pl*
finanziell [fɪnanˈtsjɛl] *adj* finanziario
finanzieren [fɪnanˈtsiːrən] *v* finanziare
Finanzierung [fɪnanˈtsiːruŋ] *f* finanziamento *m*
finden [ˈfɪndən] *v irr 1.* trovare; *2. (fig)* trovare

Finger [ˈfɪŋgər] *m ANAT* dito *m*
◆ *keinen Finger krumm machen (fig)* non muovere un dito
lange Finger machen allungare le mani
den Finger draufhaben controllare
die Finger im Spiel haben avere le mani in pasta
die Finger von jdm lassen togliere le mani da qd
sich nicht die Finger schmutzig machen non sporcarsi le mani
sich die Finger verbrennen scottarsi le dita
etw an zehn Fingern abzählen können prevedere facilmente qc
jdm auf die Finger klopfen bacchettare qd sulle dita
jdm auf die Finger schauen controllare qd
sich etw aus den Fingern saugen escogitare qc
etw mit dem kleinen Finger machen fare qc con il mignolo
mit dem Finger auf jdn zeigen segnare a dito qd
nur mit dem kleinen Finger zu winken brauchen dover solo fare un cenno
jdn zwischen die Finger bekommen acchiappare qd

Fingerabdruck [ˈfɪŋərapdruk] *m* impronta digitale *f*
Fingerhut [ˈfɪŋərhuːt] *m* ditale *m*
Fingernagel [ˈfɪŋərnaːgəl] *m ANAT* unghia *f*
fingieren [fɪŋˈgiːrən] *v* fingere

F

Fink [fɪŋk] *m* ZOOL fringuello *m*
finnisch [ˈfɪnɪʃ] *adj* finlandese
Finnland [ˈfɪnlant] *n* GEO Finlandia *f*
finster [ˈfɪnstər] *adj* 1. *(dunkel)* buio; 2. *(grimmig)* truce; 3. *(fig)* tetro
Finsternis [ˈfɪnstərnɪs] *f* oscurità *f*, tenebre *f/pl*

Firma [ˈfɪrma] *f* ECO ditta *f*
! *Plural:* Firmen

Fisch [fɪʃ] *m* ZOOL pesce *m*; ◆ *ein dicker Fisch* un pesce grosso *m*; *weder Fisch noch Fleisch sein* non essere né carne né pesce; *Das sind kleine Fische.* Questi sono pesci piccoli.
fischen [ˈfɪʃən] *v* pescare; ◆ *im Trüben fischen* pescare nel torbido
Fischer [ˈfɪʃər] *m* pescatore *m*
Fischerboot [ˈfɪʃərboːt] *n* peschereccio *m*
Fischfang [ˈfɪʃfaŋ] *m* pesca *f*
Fiskus [ˈfɪskus] *m* fisco *m*
Fitnesscenter [ˈfɪtnɛssɛntər] *n* palestra *f*
fixieren [fɪˈksiːrən] *v* 1. fissare; 2. *(festlegen)* stabilire; 3. *(anstarren)* fissare
flach [flax] *adj* 1. piano, piatto; 2. *fig* superficiale
Fläche [ˈflɛçə] *f* superficie *f*, piano *m*
Flachland [ˈflaxlant] *n* pianura *f*
Flachs [flaks] *m* BOT lino *m*
flackern [ˈflakərn] *v* guizzare
Flagge [ˈflagə] *f* bandiera *f*; ◆ *Flagge zeigen* prendere posizione; *unter falscher Flagge segeln* agire sotto mentite spoglie
Flaggschiff [ˈflagʃɪf] *n* nave ammiraglia *f*
Flamme [ˈflamə] *f* fiamma *f*; ◆ *in Flammen stehen* essere in fiamme
Flanell [flaˈnɛl] *m* flanella *f*
Flasche [ˈflaʃə] *f* 1. bottiglia *f*; ◆ *zu tief in die Flasche schauen* alzare il gomito; 2. *(fam: Trottel)* schiappa *f*, incapace *m*
Flaschenöffner [ˈflaʃənœfnər] *m* apribottiglia *m*
Flaschenpfand [ˈflaʃənpfant] *n* vuoto a rendere *m*
flatterhaft [ˈflatərhaft] *adj* volubile
flattern [ˈflatərn] *v* svolazzare, sventolare
flau [flau] *adj* 1. debole; *adv* 2. male; ◆ *Er fühlt sich flau!* Sta male!
Flausen [ˈflauzən] *pl* frottole *f/pl*; ◆ *Flausen im Kopf haben* avere grilli per la testa
Flaute [ˈflautə] *f* 1. bonaccia *f*; 2. ECO periodo di ristagno *m*
flechten [ˈflɛçtən] *v irr* intrecciare, impagliare
Fleck [flɛk] *m* 1. *(Schmutzfleck)* macchia *f*; ◆ *einen Fleck auf der weißen Weste haben* avere una macchia sulla propria reputazione; 2. *(blauer ~)* livido *m*; 3. *(Stoffstück)* pezza *f*, toppa *f*; 4. *(Ort)* luogo *m*; ◆ *am falschen Fleck* fuori luogo; *vom Fleck weg* su due piedi; *nicht vom Fleck kommen* non andare avanti
fleckig [ˈflɛkɪç] *adj* macchiato
Fledermaus [ˈfleːdərmaus] *f* pipistrello *m*
flehen [ˈfleːən] *v* supplicare

Fleisch [flaɪʃ] *n* carne *f*
◆ *sein eigen Fleisch und Blut* carne della propria carne *f*
in Fleisch und Blut übergehen entrare nel sangue
sich ins eigene Fleisch schneiden (fig) rovinarsi con le proprie mani
vom Fleisch fallen ridursi pelle e ossa

Fleiß [flaɪs] *m* diligenza *f*

fleißig [ˈflaɪsɪç] *adj* diligente
Flexibilität [flɛksibɪlɪˈtɛːt] *f* flessibilità *f*
flicken [ˈflɪkən] *v* rattoppare

> **Fliege** [ˈfliːgə] *f* *1. ZOOL* mosca *f; 2. (Bekleidungsstück)* farfalla *f*
> ◆ *zwei Fliegen mit einer Klappe schlagen (fig)* prendere due piccioni con una fava
> *eine Fliege machen (fam)* alzare i tacchi

fliegen [ˈfliːgən] *v irr* volare
fliehen [ˈfliːən] *v irr* fuggire
Fliese [ˈfliːzə] *f* piastrella *f*
Fließband [ˈfliːsbant] *n 1. (Arbeit)* catena di montaggio *f; 2. (Transport)* nastro trasportatore *m*
fließen [ˈfliːsən] *v irr* scorrere
flimmern [ˈflɪmərn] *v* tremolare
flink [flɪŋk] *adj* svelto
flirten [ˈflɪrtən] *v* amoreggiare
Flitterwochen [ˈflɪtərvɔxən] *pl* luna di miele *f*
Flocke [ˈflɔkə] *f* fiocco *m*
Floh [floː] *m ZOOL* pulce *f;* ◆ *jdm einen Floh ins Ohr setzen* convincere qd a fare qc più grande delle sue possibilità
Flohmarkt [ˈfloːmarkt] *m* mercato delle pulci *m*
Florenz [floˈrɛnts] *n GEO* Firenze *f*
florieren [floˈriːrən] *v* fiorire; ◆ *Das Geschäft floriert.* Gli affari prosperano.
Florist(in) [floˈrɪst(ɪn)] *m/f* fiorista *m/f*
Flosse [ˈflɔsə] *f ZOOL* pinna *f*
Flöte [ˈfløːtə] *f MUS* flauto *m*
flöten [ˈfløːtən] *v* suonare il flauto; *~ gehen* andare in fumo
flott [flɔt] *adj 1. (schnell)* svelto, spigliato, disinvolto; *2. (schick)* chic
Flotte [ˈflɔtə] *f* flotta *f*
Fluch [fluːx] *m* maledizione *f*
fluchen [ˈfluːxən] *v* maledire
Flucht [fluxt] *f* fuga *f;* ◆ *auf der Flucht sein* essere in fuga; *die Flucht ergreifen* prendere il volo; *jdn in die Flucht schlagen* fare prendere il volo a qd/mettere in fuga qd
fluchtartig [ˈfluxtartɪç] *adj* precipitoso
flüchten [ˈflyçtən] *v* fuggire
flüchtig [ˈflyçtɪç] *adj 1. (fliehend)* fuggente; *2. (kurz)* breve; *3. (oberflächlich)* superficiale
Flüchtling [ˈflyçtlɪŋ] *m* fuggitivo *m*
Fluchtweg [ˈfluxtveːk] *m* via di scampo *f*
Flug [fluːk] *m* volo *m;* ◆ *wie im Fluge* in un baleno
Flugblatt [ˈfluːkblat] *n* volantino *m*
Flügel [ˈflyːgəl] *m 1.* ala *f;* ◆ *die Flügel stutzen* tagliare le ali; *2. (Klavier)* pianoforte a coda *m*
Fluggesellschaft [ˈfluːkgəzɛlʃaft] *f* compagnia aerea *f*
Flughafen [ˈfluːkhaːfən] *m* aeroporto *m*
Flughöhe [ˈfluːkhøːə] *f* quota di volo *f*
Flugplan [ˈfluːkplaːn] *m* orario aereo *m*
Flugsteig [ˈfluːkʃtaɪk] *m* passerella d'imbarco *f*
Flugverbindung [ˈfluːkvɛrbɪnduŋ] *f* collegamento aereo *m*
Flugverkehr [ˈfluːkvɛrkeːr] *m* traffico aereo *m*
Flugwesen [ˈfluːkveːzən] *n* aviazione *f*
Flugzeug [ˈfluːktsɔyk] *n* aereo *m*
Flugzeugabsturz [ˈfluːktsɔykapʃturts] *m* caduta di un aereo *f*
Flugzeugbau [ˈfluːktsɔykbau] *m* costruzioni aeronautiche *m/pl*
Flugzeugträger [ˈfluːktsɔyktrɛːgər] *m* portaerei *f*

F

Flur¹ [fluːr] *m* corridoio *m; der ~ der Wohnung* il corridoio dell'appartamento *m*
Flur² [fluːr] *m* campo *m;* ◆ *über die Fluren gehen* andare per i campi; *allein auf weiter Flur* completamente solo
Fluss [flus] *m 1. GEO* fiume *m; 2. (Fließen)* flusso *m*
flüssig ['flysɪç] *adj 1. (nicht fest)* liquido; *2. (fig: fließend)* fluido

F

Flüssigkeit ['flysɪçkaɪt] *f* liquido *m*
Flussmündung ['flusmyndʊŋ] *f* foce *f*
Flussufer ['flusuːfər] *n* riva del fiume *f*
flüstern ['flystərn] *v* bisbigliare
Flut [fluːt] *f 1. (Wasserhochstand)* alta marea *f; 2. (fig: große Menge)* diluvio *m*
Flutlicht ['fluːtlɪçt] *n* luce a largo fascio luminoso *f*
Flutwelle ['fluːtvɛlə] *f* onda di marea *f*
Fohlen ['foːlən] *n* puledro *m*
Föhn [føːn] *m 1. (Fallwind)* föhn *m; 2. (Haartrockner)* asciugacapelli *m*
föhnen ['føːnən] *v* asciugare con l'asciugacapelli
Folge ['fɔlgə] *f 1. (Auswirkung)* conseguenza *f;* ◆ *zur Folge haben* avere come conseguenza; *2. (Reihenfolge)* successione *f; 3. (Fortsetzung)* puntata *f*

> **folgen** ['fɔlgən] *v 1. (hinterhergehen)* seguire; *2. (aufeinander ~)* succedere; *3. (gehorchen)* ubbidire
> ◆ *jdm auf Schritt und Tritt folgen* seguire qd di pari passo
> *Ein Unglück folgt auf das andere.* Le disgrazie non vengono mai da sole.
> *Das Kind folgt den Eltern.* Il bambino ubbidisce ai genitori.
> **!** *Konjugation zu 1. und 2. mit sein: ich bin gefolgt*
> ≠ *folgern* dedurre

folgend ['fɔlgənt] *adj* successivo
folgendermaßen ['fɔlgəndər'maːsən] *adv* così
folgern ['fɔlgərn] *v* dedurre
folglich ['fɔlklɪç] *konj* per conseguenza, quindi
folgsam ['fɔlkzaːm] *adj* ubbidiente
Folie ['foːljə] *f* foglio *m,* pellicola *f*
Folklore ['fɔlkloːrə] *f* folclore *m*
Folter ['fɔltər] *f* tortura *f*
foltern ['fɔltərn] *v* torturare
fordern ['fɔrdərn] *v* esigere
fördern ['fœrdərn] *v 1. (unterstützen)* aiutare, incoraggiare; *2. (abbauen)* estrarre; *3. (Projekte)* pomuovere, favorire, incrementare
Forderung ['fɔrdərʊŋ] *f* richiesta *f*
Förderung ['fœrdərʊŋ] *f 1.* promozione *f; 2. (Abbau)* estrazione *f*
Forelle [fo'rɛlə] *f ZOOL* trota *f*
Form [fɔrm] *f 1.* forma *f;* ◆ *zu großer Form auflaufen* raggiungere una forma migliore; *2. (Stil)* forma *f;* ◆ *neue Formen der Kunst* nuove forme artistiche *f/pl; in aller Form* in pompa magna; *3. (Gussform)* forma *f*
Formalität [fɔrmali'tɛːt] *f* formalità *f*
Format [fɔr'maːt] *n 1. (Maß)* formato *m; 2. (fig)* statura *f,* levatura *f*
formatieren [fɔrma'tiːrən] *v INFORM* formattare
Formatierung [fɔrma'tiːrʊŋ] *f INFORM* formattazione
Formation [fɔrma'tsjoːn] *f* formazione *f*
Formel ['fɔrməl] *f* formula *f*
formell [fɔr'mɛl] *adj* formale
formen ['fɔrmən] *v* formare
förmlich ['fœrmlɪç] *adj* formale
formlos ['fɔrmloːs] *adj 1.* informe; *2. (fig)* informale *adv 3. (fig)* con disinvoltura

Formular [fɔrmuˈlaːr] *n* modulo *m;* ◆ *ein Formular ausfüllen* riempire un modulo
formulieren [fɔrmuˈliːrən] *v* formulare, esprimere
forschen [ˈfɔrʃən] *v* ricercare
Forschung [ˈfɔrʃuŋ] *f* ricerca *f*
Forst [fɔrst] *m* foresta *f*
Förster [ˈfœrstər] *m* guardia forestale *f*
fort [fɔrt] *adv* via
fortbestehen [ˈfɔrtbəʃteːən] *v irr* continuare ad esistere
fortbewegen [ˈfɔrtbəveːgən] *v* rimuovere
fortbilden [ˈfɔrtbɪldən] *v sich ~* perfezionarsi; ◆ *sich in einem Fach fortbilden* perfezionarsi in una materia
Fortbildung [ˈfɔrtbɪlduŋ] *f* perfezionamento *m; berufliche ~* perfezionamento professionale *m*
Fortdauer [ˈfɔrtdauər] *f* continuità *f*
fortfahren [ˈfɔrtfaːrən] *v irr 1.* andar via; *2. (fortsetzen)* continuare
fortgehen [ˈfɔrtgeːən] *v irr* andar via
Fortgeschrittene(r) [ˈfɔrtgəʃrɪtənə(r)] *m/f* avanzato/avanzata *m/f*
fortjagen [ˈfɔrtjaːgən] *v* scacciare
fortlaufen [ˈfɔrtlaufən] *v irr* correre via
fortlaufend [ˈfɔrtlaufənt] *adj* continuo
Fortpflanzung [ˈfɔrtpflantsuŋ] *f* riproduzione *f*
fortschreiten [ˈfɔrtʃraɪtən] *v irr* avanzare
Fortschritt [ˈfɔrtʃrɪt] *m* progresso *m*
fortsetzen [ˈfɔrtzɛtsən] *v* continuare
Fortsetzung [ˈfɔrtzɛtsuŋ] *f* continuazione *f*
fortwährend [ˈfɔrtvɛːrənt] *adv* continuamente
Forum [ˈfoːrum] *n (fig)* foro *m*
fossil [fɔˈsiːl] *adj* fossile
Foto [ˈfoːto] *n* fotografia *f*
Fotoapparat [ˈfoːtoaparaːt] *m* macchina fotografica *f*
fotografieren [foːtograˈfiːrən] *v* fotografare
Fotokopie [foːtokoˈpiː] *f* fotocopia *f*
fotokopieren [foːtokoˈpiːrən] *v* fotocopiare
Frachter [ˈfraxtər] *m* nave da carico *f*

Frage [ˈfraːgə] *f 1.* domanda *f,* richiesta *f; 2. (Angelegenheit)* questione *f*
◆ *eine Frage der Zeit sein* essere una questione di tempo
außer Frage stehen essere fuori discussione
Das kommt nicht in Frage! Ciò è fuori questione!/Non se ne parla nemmeno!

fragen [ˈfraːgən] *v* domandare
Fragezeichen [ˈfraːgətsaɪçən] *n* punto interrogativo *m*
fragwürdig [ˈfraːkvyrdɪç] *adj* dubbio
Fragwürdigkeit [ˈfraːkvyrdɪçkaɪt] *f* incertezza *f*
frankieren [fraŋˈkiːrən] *v* affrancare
Frankreich [ˈfraŋkraɪç] *n* Francia *f*
Franzose [franˈtsoːzə] *m* francese *m*
Französin [franˈtsøːzɪn] *f* francese *f*
französisch [franˈtsøːzɪʃ] *adj* francese
Französisch [franˈtsøːzɪʃ] *n* francese *m*

Frau [frau] *f 1.* donna *f; 2. (Ehefrau)* moglie *f; 3. (Anrede)* Signora *f*
◆ *eine Frau von Welt sein* essere una donna di mondo
zur Frau nehmen prendere in moglie

Frauenarzt [ˈfrauənartst] *m* ginecologo *m*
Fräulein [ˈfrɔylaɪn] *n* signorina *f*

F

fraulich [ˈfraulɪç] *adj* femminile
frech [frɛç] *adj* impertinente
Frechheit [ˈfrɛçhaɪt] *f* impertinenza *f*

frei [fraɪ] *adj 1. (ungebunden)* libero; *sich ~ machen* liberarsi; *2. (nicht besetzt)* libero; *3. (kostenlos)* gratuito, libero
◆ *Es steht Ihnen frei zu ...* È libero di ... *Sind Sie heute Abend frei?* È libera stasera? *Machen Sie sich frei!* Si spogli!

F

Freibad [ˈfraɪbaːt] *n* piscina all'aperto *f*
freiberuflich [ˈfraɪbəruːflɪç] *adj* libero professionista
Freiheit [ˈfraɪhaɪt] *f* libertà *f*
freilassen [ˈfraɪlasən] *v irr* mettere in libertà
freilich [ˈfraɪlɪç] *adv 1. (einräumend)* a dire il vero; *2. (bestätigend)* certamente
freimachen [ˈfraɪmaxən] *v 1. (frankieren)* affrancare; *2. (sich entkleiden) sich ~* spogliarsi
Freitag [ˈfraɪtaːk] *m* venerdì *m*
freitags [ˈfraɪtaːks] *adv* di venerdì
freiwillig [ˈfraɪvɪlɪç] *adj* volontario
Freizeit [ˈfraɪtsaɪt] *f* tempo libero *m*
Freizügigkeit [ˈfraɪtsyːgiçkaɪt] *f* libertà *f*
fremd [frɛmt] *adj 1. (unbekannt)* sconosciuto; *2. (andern gehörig)* estraneo; *3. (ausländisch)* straniero
Fremde(r) [ˈfrɛmdə(r)] *m/f* straniero/straniera *m/f*
Fremdenführer(in) [ˈfrɛmdənfyːrər(ɪn)] *m/f* guida turistica *f*
Fremdenverkehr [ˈfrɛmdənfɛrkeːr] *m* turismo *m*
Fremdsprache [ˈfrɛmtʃpraːxə] *f* lingua straniera *f*
Fremdwort [ˈfrɛmtvɔrt] *n* vocabolo straniero *m*
fressen [ˈfrɛsən] *v irr* mangiare
Fressen [ˈfrɛsən] *n 1.* cibo *m;* ◆ *ein gefundenes Fressen* un'occasione propizia *f; 2. (Tätigkeit)* mangiare *m;* ◆ *jdn zum Fressen gern haben* volere molto bene a qd
Freude [ˈfrɔydə] *f* gioia *f*
freudig [ˈfrɔydɪç] *adj* gioioso
freudlos [ˈfrɔytloːs] *adj* infelice
freuen [ˈfrɔyən] *v sich ~* rallegrarsi; ◆ *Er freut sich über eine Nachricht.* Egli si rallegra di una notizia.

Freund(in) [frɔynt/ˈfrɔyndɪn] *m/f* amico/amica *m/f*
◆ *unter Freunden sein* essere tra amici
Sie sind nicht gerade dicke Freunde. Non sono proprio amici stretti.

freundlich [ˈfrɔyntlɪç] *adj* gentile
Freundlichkeit [ˈfrɔyntlɪçkaɪt] *f* gentilezza *f*
Freundschaft [ˈfrɔyntʃaft] *f* amicizia *f*
Frieden [ˈfriːdən] *m* pace *f;* ◆ *dem Frieden nicht trauen* non fidarsi; *jdn in Frieden lassen* lasciare in pace qd
Friedhof [ˈfriːthoːf] *m* cimitero *m*
friedlich [ˈfriːtlɪç] *adj* pacifico
frieren [ˈfriːrən] *v irr 1. (Person)* aver freddo; *2. (Wasser)* congelarsi
frisch [frɪʃ] *adj* fresco
Frische [ˈfriʃə] *f* freschezza *f;* ◆ *in alter Frische* nelle stesse condizioni
Friseur [frɪˈzøːr] *m* parrucchiere *m*
Friseuse [friˈzøːzə] *f* parrucchiera *f*
frisieren [frɪˈziːrən] *v 1.* pettinare, acconciare; *2. (fig)* mascherare
Frist [frɪst] *f* termine *m;* ◆ *wenige Tage Frist haben* avere pochi giorni di tempo
Frisur [friˈzuːr] *f* pettinatura *f*
froh [froː] *adj* allegro, contento

fröhlich [ˈfrøːlɪç] *adj* allegro
Fröhlichkeit [ˈfrøːlɪçkaɪt] *f* allegria *f*
fromm [frɔm] *adj* pio, devoto
Frömmigkeit [ˈfrœmɪçkaɪt] *f REL* devozione *f*
Front [frɔnt] *f* fronte *m*

Frosch [frɔʃ] *m ZOOL* rana *f*
◆ *einen Frosch im Hals haben (fig)* avere la voce roca
Sei kein Frosch! Non fare il guastafeste!
! *Plural: Frösche*

Frost [frɔst] *m* gelo *m*
frostig [ˈfrɔstɪç] *adj 1. (kalt)* freddo, gelido; *2. (fig)* freddo
Frottee [frɔˈteː] *n* tessuto di spugna *m*
Frucht [fruxt] *f* frutto *m*
Fruchtbarkeit [ˈfruxtbaːrkaɪt] *f* fertilità *f*
fruchtig [ˈfruxtɪç] *adj 1.* aromatico; *2. (Wein, Öl)* fruttato
früh [fryː] *adj 1.* presto; *adv 2.* presto
früher [ˈfryːər] *adj 1.* di prima; *adv 2.* prima; ◆ *Ich kam früher als sie.* Arrivai prima di lei.
Frühjahr [ˈfryːjaːr] *n* primavera *f*
frühreif [ˈfryːraɪf] *adj (fig)* precoce
Frühstück [ˈfryːʃtyk] *n* colazione *f*
frühstücken [ˈfryːʃtykən] *v* fare colazione
frühzeitig [ˈfryːtsaɪtɪç] *adj* precoce
Fuchs [fuks] *m ZOOL* volpe *f*
fühlen [ˈfyːlən] *v* sentire

führen [ˈfyːrən] *v 1.* guidare, condurre; *2. (Verhandlungen, Liste)* fare; *3. (leiten)* dirigere; *4. (in Führung liegen)* primeggiare
◆ *glücklich zu Ende führen* portare felicemente a termine
Das würde zu weit führen. Ciò potrebbe portare troppo lontano.

Führer(in) [ˈfyːrər(ɪn)] *m/f 1. (Chef(in))* capo *m/f; 2. (Fahrer(in))* autista *m/f; 3. (Fremdenführer(in))* guida *f*
Führerschein [ˈfyːrərʃaɪn] *m* patente di guida *f*
Führung [ˈfyːruŋ] *f 1. (Leitung)* direzione *f; 2. (Fremdenführung)* visita guidata *f; 3. (Benehmen)* condotta *f*
füllen [ˈfylən] *v* riempire
Füller [ˈfylər] *m* penna stilografica *f*
Füllung [ˈfyluŋ] *f 1. (das Füllen)* riempimento *m; 2. (Polsterung)* imbottitura *f; 3. (Zahnfüllung)* otturazione *f; 4. GAST* ripieno *m*
Fundament [fundaˈmɛnt] *n 1. (eines Hauses)* fondamenta *f/pl; 2. (fig: Grundlage)* base *f*
fünf [fynf] *num* cinque; ◆ *alle fünfe gerade sein lassen* non guardare troppo per il sottile; *fünf Minuten vor zwölf (fig)* l'ultima occasione
fünfte(r,s) [ˈfynftə(r,s)] *adj* quinto/quinta
fünftens [ˈfynftəns] *adv* in quinto luogo
fünfzehn [ˈfynftseːn] *num* quindici
fünfzehnte(r,s) [ˈfynftseːntə(r,s)] *adj* quindicesimo/quindicesima
fünfzig [ˈfynftsɪç] *num* cinquanta
fünfzigste(r,s) [ˈfynftsɪçstə(r,s)] *adj* cinquantesimo/cinquantesima
Funk [fuŋk] *m* radio *f;* ◆ *über Funk vermitteln* trasmettere via radio
Funke [ˈfuŋkə] *m* scintilla *f*
funkeln [ˈfuŋkəln] *v* scintillare
funken [ˈfuŋkən] *v* accendere; *Es hat gefunkt. (fig)* È scoccata la scintilla.
Funkgerät [ˈfuŋkgərɛːt] *n* apparecchio radio *m*
Funktion [fuŋkˈtsjoːn] *f* funzione *f*
funktional [fuŋktsjoˈnaːl] *adj 1.* funzionale; *adv 2.* in modo funzionale

F

funktionell [fuŋktsjoˈnɛl] *adj 1.* funzionale; *adv 2.* in modo funzionale
funktionieren [fuŋktjoˈniːrən] *v* funzionare

> **für** [fyːr] *prep* per
> ◆ *Was für ein Auto!* Che macchina!
> *das Für und Wider* il pro e il contro
> *Tag für Tag* giorno dopo giorno
> *an und für sich* di per sé/in sé
> *eine Sache für sich* una cosa a sé/una cosa in sé
> **!** *mit Akkusativ*

F

Furcht [furçt] *f* paura *f*
fürchten [ˈfyrçtən] *v* temere, aver paura di
fürchterlich [ˈfyrçtərlıç] *adj* terribile
furchtsam [ˈfurçtzaːm] *adj* pauroso
fürs *(= für das) (siehe „für")*
fürsorglich [ˈfyːrzɔrglıç] *adj* premuroso
Fürst(in) [fyrst/ˈfyrstın] *m/f* principe(ssa) *m/f*
Fürstentum [ˈfyrstəntuːm] *n* principato *m*

> **Fuß** [fuːs] *m 1. ANAT* piede *m; 2. (Zoll)* piede *m; 3. (Sockel)* piede *m*
> ◆ *Fuß fassen* prendere piede
> *auf freiem Fuß sein* essere a piede libero
> *auf großem Fuß leben* vivere alla grande
> *mit einem Fuß im Grabe stehen (fig)* avere un piede nella fossa
> *mit dem linken Fuß zuerst aufstehen* alzarsi con il piede sinistro
> *sich die Füße nach etw wund laufen* mettere le ali ai piedi per qc
> *kalte Füße bekommen* avere dei ripensamenti
> *sich die Füße vertreten* sgranchirsi le gambe
> *jdm auf die Füße treten* pestare i piedi a qd
> *sich auf eigene Füße stellen* camminare con le proprie gambe
> *etw mit Füßen treten* prendere a calci qc
> *jdm zu Füßen liegen* venerare qd
> **!** *Plural: Füße*

Fußball [ˈfuːsbal] *m 1. SPORT* calcio *m; 2. (Ball)* pallone da calcio *m*
Fußboden [ˈfuːsboːdən] *m* pavimento *m*
Fußgänger(in) [ˈfuːsgɛŋər(ın)] *m/f* pedone/pedona *m/f*
Fußweg [ˈfuːsveːk] *m* strada pedonale *f*
Futter¹ [ˈfutər] *n (Nahrung)* foraggio *m*
Futter² [ˈfutər] *n (Material)* fodera *f*
füttern [ˈfytərn] *v* imboccare, cibare

G

Gabe [ˈgaːbə] *f 1. (Geschenk)* dono *m; 2. (fig: Talent)* talento *m*
Gabel [ˈgaːbəl] *f* forchetta *f*
Gabelung [ˈgaːbəluŋ] *f* biforcazione *f*
Gage [ˈgaːʒə] *f* compenso *m*
gähnen [ˈgɛːnən] *v* sbadigliare
Galerie [galəˈriː] *f 1. (Passage)* galleria *f; 2. ART* galleria *f*
Galgen [ˈgalgən] *m* forca *f;* ◆ *jdn an den Galgen bringen* portare qd al patibolo
Galle [ˈgalə] *f ANAT* bile *f;* ◆ *Da läuft mir die Galle über.* Mi scoppia la bile.

Gang [gaŋ] *m 1. (Gehen)* andatura *f; 2. (Verlauf)* andamento *m; 3. (Flur)* corridoio *m; 4. (eines Autos)* marcia *f; 5. GAST* portata *f*
◆ *etw in Gang bringen* dar corso a qc
in Gang sein essere in movimento
in Gang kommen mettersi in movimento
etw in Gang setzen mettere in moto
seinen Gang gehen andare come al solito
im Gange sein essere in corso
einen Gang zulegen accelerare
einen Gang zurückschalten scalare una marcia
! *Plural: Gänge*

gängig [ˈgɛŋɪç] *adj* praticabile, comune; ◆ *eine gängige Redensart* modo di dire *m*
Gans [gans] *f ZOOL* oca *f;* ◆ *eine dumme Gans* un'oca *f,* una scema *f*
Gänsehaut [ˈgɛnzəhaut] *f* pelle d'oca *f;* ◆ *Ich habe eine Gänsehaut bekommen.* Mi è venuta la pelle d'oca.

ganz [gants] *adj 1.* intero, tutto; *2. (nicht kaputt)* intatto
◆ *ganz und gar nicht* niente affatto

Ganzes [ˈgantsəs] *n* intero *m;* ◆ *aufs Ganze gehen* rischiare il tutto per tutto; *ums Ganze gehen* mettere tutto in gioco
gar [gaːr] *adj 1. (gekocht)* cotto; *adv 2. ~ nicht* affatto; ◆ *Das gefällt mir gar nicht.* Questo non mi piace affatto.
Garantie [garanˈtiː] *f* garanzia *f;* ◆ *unter Garantie* sotto garanzia/sicuramente
garantieren [garanˈtiːrən] *v ~ für* garantire per
Gardasee [ˈgardazeː] *m GEO* lago di Garda *m*
Garderobe [gardəˈroːbə] *f* guardaroba *f*
Gardine [garˈdiːnə] *f* tenda *f;* ◆ *hinter schwedischen Gardinen* dietro le sbarre
gären [ˈgɛːrən] *v irr* fermentare
Garn [garn] *n* filato *m*
Garnele [garˈneːlə] *f* gambero *m*
garnieren [garˈniːrən] *v* guarnire
Garnitur [garniˈtuːr] *f 1. GAST* decorazione *f; 2. (Serie)* serie *f; 3. (Möbel)* gruppo di poltrone *m; 4. (Wäsche)* parure *f*
Garten [ˈgartən] *m* giardino *m*
Gartenbau [ˈgartənbau] *m* giardinaggio *m*
Gärtner [ˈgɛrtnər] *m* giardiniere *m*
Gärtnerei [gɛrtnəˈraɪ] *f (Betrieb)* vivaio *m*
Gärung [ˈgɛːruŋ] *f* fermentazione *f*
Gas [gaːs] *n* gas *m*
Gasflasche [ˈgaːsflaʃə] *f* bombola di gas *f*
Gaspedal [ˈgaːspedaːl] *n* il pedale dell'acceleratore *m*
Gasse [ˈgasə] *f* vicolo *m*

Gast [gast] *m* ospite *m*
! *Plural: Gäste*

Gästezimmer [ˈgɛstətsɪmər] *n* camera per gli ospiti *f*
gastfreundlich [ˈgastfrɔyntlɪç] *adj* ospitale
Gastfreundschaft [ˈgastfrɔyntʃaft] *f* ospitalità *f*
Gastgeber(in) [ˈgastgeːbər(ɪn)] *m/f* ospite *m/f*
Gasthaus [ˈgasthaus] *n* trattoria *f*
Gaststätte [ˈgastʃtɛtə] *f* ristorante *m*
G **Gastwirt** [ˈgastvɪrt] *m* oste *m*
Gatte [ˈgatə] *m* marito *m*
Gattin [ˈgatɪn] *f* moglie *f*
Gattung [ˈgatuŋ] *f* genere *m*
Gaumen [ˈgaumən] *m ANAT* palato *m;* ◆ *einen feinen Gaumen haben* avere un palato fine
Gebäck [gəˈbɛk] *n* biscotto *m*
gebären [gəˈbɛːrən] *v irr* partorire
Gebäude [gəˈbɔydə] *n* edificio *m*

geben [ˈgeːbən] *v irr 1.* dare; *2. es gibt* c'è, ci sono
◆ *viel darum geben* dare molto
Wo gibt's denn so was? Come ti salta in mente?
Das gibt es nicht! Non può essere!
es jdm geben darle a qd
auf etw nichts geben non dare valore a qc

Gebet [gəˈbeːt] *n REL* preghiera *f;* ◆ *jdn ins Gebet nehmen* fare la predica a qd
Gebiet [gəˈbiːt] *n 1.* territorio *m; 2. (fig: Sachgebiet)* campo *m*
gebildet [gəˈbɪldət] *adj* modellato; ◆ *schön gebildete Hände* mani ben modellate; *eine gebildete Person* una persona colta
Gebirge [gəˈbɪrgə] *n* montagna *f*
Gebiss [gəˈbɪs] *n 1. ANAT* dentatura *f; 2. (künstliches ~)* dentiera *f*
geboren [gəˈboːrən] *adj* nato
Geborgenheit [gəˈbɔrgənhaɪt] *f* sicurezza *f*
Gebot [gəˈboːt] *n* comando *m*
gebraten [gəˈbraːtən] *adj* arrostito
Gebrauch [gəˈbraux] *m* impiego *m*
gebrauchen [gəˈbrauxən] *v* adoperare, usare
gebraucht [gəˈbrauxt] *adj* usato
Gebrüll [gəˈbryl] *n* ruggito *m*
Gebühr [gəˈbyːr] *f* tassa *f*
gebührenfrei [gəˈbyːrənfraɪ] *adj* esente da tasse
gebührenpflichtig [gəˈbyːrənpflɪçtɪç] *adj* tassabile

Geburt [gəˈburt] *f* nascita *f*
◆ *eine schwere Geburt (fig)* un parto difficile *m*

Geburtenrate [gəˈburtənraːtə] *f* tasso di natalità *m*
gebürtig [gəˈbyrtɪç] *adj* nativo; ◆ *Er ist ein gebürtiger Italiener.* E' un oriundo italiano.
Geburtsdatum [ˈgəburtsdaːtum] *n* data di nascita *f*
Geburtsjahr [gəˈburtsjaːr] *n* anno di nascita *m*
Geburtstag [gəˈburtstaːk] *m* compleanno *m;* ◆ *Heute habe ich Geburtstag.* Oggi è il mio compleanno.
Geburtsurkunde [gəˈburtsuːrkundə] *f* atto di nascita *m*
Gebüsch [gəˈbyʃ] *n* boscaglia *f*
Gedächtnis [gəˈdɛçtnɪs] *n* memoria *f;* ◆ *ein Gedächtnis wie ein Sieb* una memoria come un colabrodo *f*
Gedächtnislücke [gəˈdɛçtnɪslykə] *f* vuoto di memoria *m*

Gedanke [gəˈdaŋkə] *m* pensiero *m*
◆ *Gedanken lesen können* poter leggere il pensiero
mit dem Gedanken spielen accarezzare l'idea

seine Gedanken beisammen haben raccogliere le idee *etw in Gedanken tun* fare qc soprappensiero ≠ *Gedenken n* ricordo

Gedankenstrich [gəˈdaŋkənʃtrɪç] *m* trattino *m*
Gedeck [gəˈdɛk] *n* coperto *m*
gedeihen [gəˈdaɪən] *v irr* attecchire
gedenken [gəˈdɛŋkən] *v irr 1. (erinnern)* ricordarsi; *2. (vorhaben)* proporsi
Gedicht [gəˈdɪçt] *n* poesia *f;* ◆ *ein Gedicht sein* essere una poesia/essere un sogno
Gedränge [gəˈdrɛŋə] *n* calca *f*
Geduld [gəˈdult] *f* pazienza *f;* ◆ *Ich habe die Geduld verloren.* Ho perso la pazienza.
geduldig [gəˈduldɪç] *adj* paziente
geeignet [gəˈaɪgnət] *adj* adatto

Gefahr [gəˈfaːr] *f* pericolo *m* ◆ *Gefahr laufen* correre un rischio *auf eigene Gefahr* a proprio rischio e pericolo

gefährden [gəˈfɛːrdən] *v* mettere in pericolo
Gefährdung [gəˈfɛːrduŋ] *f* minaccia *f*
gefährlich [gəˈfɛːrlɪç] *adj* pericoloso
gefahrlos [gəˈfaːrloːs] *adj* senza pericolo
Gefälle [gəˈfɛlə] *n* pendenza *f*
gefallen [gəˈfalən] *v irr* piacere; ◆ *sich etw gefallen lassen* sopportare qc
Gefallen [gəˈfalən] *m* piacere *m;* ◆ *Gefallen finden an* trovare diletto a
gefällig [gəˈfɛlɪç] *adj 1. (zuvorkommend)* cortese; *2. (angenehm)* piacevole
Gefälligkeit [gəˈfɛlɪçkaɪt] *f* piacere *m*
gefangen [gəˈfaŋən] *adj ~ halten* trattenere in carcere; *~ nehmen* fare prigioniero
Gefangene(r) [gəˈfaŋənə(r)] *m/f MIL* prigioniero/prigioniera *m/f*
Gefängnis [gəˈfɛŋnɪs] *n* prigione *f*
Gefängnisstrafe [gəˈfɛŋnɪsʃtraːfə] *f* pena detentiva *f*
Gefäß [gəˈfɛːs] *n 1.* recipiente *m; 2. ANAT* vaso *m*
gefeit [gəˈfaɪt] *adj* immune; ◆ *gegen Versuchungen gefeit sein* essere immune da tentazioni
Geflügel [gəˈflyːgəl] *n* pollame *m*
Geflüster [gəˈflystər] *n* bisbiglio *m*
gefragt [gəˈfraːkt] *adj* richiesto
gefrieren [gəˈfriːrən] *v irr* gelare, congelarsi
Gefüge [gəˈfyːgə] *n* struttura *f*
gefügig [gəˈfyːgɪç] *adj* docile

Gefühl [gəˈfyːl] *n 1. (körperlich)* sensibilità *f; das höchste der ~e* il massimo; *2. (seelisch)* sentimento *m; 3. (Ahnung)* sensazione *f* ◆ *mit gemischten Gefühlen* con sentimenti contrastanti *etw im Gefühl haben* avere qc nel sangue/sapere qc per istinto

gefühllos [gəˈfyːlloːs] *adj 1. (körperlich)* insensibile; *2. (seelisch)* insensibile
gefühlsmäßig [gəˈfyːlsmɛːsɪç] *adv* emotivo
gefühlvoll [gəˈfyːlfɔl] *adj* pieno di sentimento
gegebenenfalls [gəˈgeːbənənfals] *adv* in caso di
Gegebenheit [gəˈgeːbənhaɪt] *f* dato di fatto *m*

gegen [ˈgeːgən] *prep 1.* verso; *2. (örtlich)* contro; *3. (wider)* contro; *4. (im Austausch)* contro; *~ Quittung* contro ricevuta; ◆ *etw gegen jdn haben* avere qc contro qd; **!** *mit Akkusativ*

Gegend [ˈgeːgənt] *f* *1.* paesaggio *m;* *2.* *(Nähe)* vicinanze *f/pl;* ◆ *die Gegend unsicher machen* andare in giro a fare danni
gegeneinander [ˈgeːgənaɪnandər] *adv* l'uno contro l'altro
Gegengewicht [ˈgeːgəngəvɪçt] *n* contrappeso *m*
gegenläufig [ˈgeːgənlɔyfɪç] *adj* contromarcia
Gegenleistung [ˈgeːgənlaɪstuŋ] *f* contraccambio *m*

G

Gegensatz [ˈgeːgənzats] *m* contrario *m*
Gegensätzlichkeit [ˈgeːgənzɛtslɪçkaɪt] *f* contraddizione *f*
gegenseitig [ˈgeːgənzaɪtɪç] *adj* reciproco; ◆ *sich gegenseitig helfen* aiutarsi reciprocamente
Gegenseitigkeit [ˈgeːgənzaɪtɪçkaɪt] *f* reciprocità *f*
Gegenstand [ˈgeːgənʃtant] *m* *1.* oggetto *m;* *2.* *(Thema)* materia *f*
gegenstandslos [ˈgeːgənʃtantsloːs] *adj* inconsistente
Gegenteil [ˈgeːgəntaɪl] *n* contrario *m*
gegenüber [geːgənˈyːbər] *prep* *1.* *(örtlich)* di fronte; *2.* *(im Hinblick)* verso, nei riguardi di; *3.* *(Vergleich)* nei confronti di, rispetto a
gegenüberliegen [geːgənˈyːbərliːgən] *v irr* essere di fronte
gegenüberstehen [geːgənˈyːbərʃteːən] *v irr* *1.* stare dirimpetto; *2.* *(fig)* comportarsi; *3.* ◆ *einer Sache skeptisch gegenüberstehen (fig)* avere dei dubbi nei riguardi di qc
gegenüberstellen [geːgənˈyːbərʃtɛlən] *v* *1.* paragonare; *2.* *(konfrontieren)* confrontare
Gegenwart [ˈgeːgənvart] *f* *2.* presenza *f*
gegenwärtig [ˈgeːgənvɛrtɪç] *adj* *1.* *(jetzig)* presente; *2.* *(anwesend)* presente
Gegenwehr [ˈgeːgənveːr] *f* difensiva *f*
Gegenwert [ˈgeːgənvɛrt] *m* controvalore *m*
gegenzeichnen [ˈgeːgəntsaɪçnən] *v* controfirmare
Gegner [ˈgeːgnər] *m* avversario *m*
gegnerisch [ˈgeːgnərɪʃ] *adj* avversario; ◆ *die gegnerische Partei* il partito avversario *m*
Gehalt [gəˈhalt] *n* *1.* *(Lohn)* stipendio *m;* *2.* *(Inhalt)* contenuto *m*
Gehaltserhöhung [gəˈhaltsɛrhøːuŋ] *f* aumento di stipendio *m*
gehaltvoll [gəˈhaltfɔl] *adj* di valore; ◆ *eine gehaltvolle Mahlzeit* un pasto sostanzioso *m*
Gehäuse [gəˈhɔyzə] *n* *1.* *(Schneckenhaus)* guscio *m;* *2.* *(Computer)* case *m*
geheim [gəˈhaɪm] *adj* segreto; ◆ *geheim halten* tener segreto
Geheimdienst [gəˈhaɪmdiːnst] *m* *POL* servizio segreto *m*
Geheimnis [gəˈhaɪmnɪs] *n* segreto *m;* *ein offenes ~* un segreto di Pulcinella *m*
geheimnisvoll [gəˈhaɪmnɪsfɔl] *adj* misterioso
Geheimtipp [gəˈhaɪmtɪp] *m* consiglio segreto *m*

gehen [ˈgeːən] *v irr* *1.* andare; *~ in* entrare; *2.* *(weg~, abfahren)* partire; *3.* *(dauern)* durare; *4.* *~ lassen (in Ruhe lassen)* lasciar stare, lasciar in pace
◆ *Wie geht's?* Come va?
Das geht nicht. Così non va.
Es geht um ... Si tratta di ...
in sich gehen tornare in sé
Das kann nicht gut gehen. La cosa non può finire bene.
sich gehen lassen lasciarsi andare
! *Konjugation mit sein: ich bin gegangen*

geheuer [gəˈhɔyər] *adj nicht ~ sein* essere sospetto

Gehilfe [gəˈhiːlfə] *m* aiuto *m*
Gehirn [gəˈhɪrn] *n ANAT* cervello *m*
Gehör [gəˈhøːr] *n* udito *m;* ◆ *Gehör finden* trovare ascolto; *jdm Gehör schenken* prestare ascolto a qd; *sich Gehör verschaffen* assicurarsi ascolto
gehorchen [gəˈhɔrçən] *v* ubbidire
gehören [gəˈhøːrən] *v* appartenere; *Das gehört sich nicht!* Questo non si fa!
gehorsam [gəˈhoːrzaːm] *adj* ubbidiente
Gehweg [ˈgeːveːk] *m* marciapiede *m*
Geier [ˈgaɪər] *m ZOOL* avvoltoio *m;* ◆ *Weiß der Geier!* Sa il diavolo!
Geige [ˈgaɪgə] *f MUS* violino *m;* ◆ *die erste Geige spielen (fig)* essere il numero uno/avere il ruolo principale; *nach jds Geige tanzen* lasciarsi condizionare da, seguire i comandi di; *Der Himmel hängt ihm voller Geigen.* Vede tutto rose e fiori.
Geist [gaɪst] *m 1. (Seele)* anima *f; 2. (Verstand)* ingegno *m; 3. (Gespenst)* spirito *m;* ◆ *von allen guten Geistern verlassen sein* essere confuso; *4.* ◆ *seinen Geist aufgeben* rendere l'anima a Dio
Geisterfahrer(in) [ˈgaɪstərfaːrər(ɪn)] *m/f* automobilista che marcia contromano *m/f*
geistesabwesend [ˈgaɪstəsapveːzənt] *adj 1.* assente; *adv 2.* distrattamente
Geisteswissenschaften [ˈgaɪstəsvɪsənʃaftən] *f/pl* scienze umanistiche *f/pl*
Geisteszustand [ˈgaɪstəstsuːʃtant] *m* stato mentale *m*
geistig [ˈgaɪstɪç] *adv ~ arbeiten* lavorare intellettualmente
geistreich [ˈgaɪstraɪç] *adj* pieno di spirito
Geiz [gaɪts] *m* avarizia *f*
geizig [ˈgaɪtsɪç] *adj* avaro
Geizkragen [ˈgaɪtskraːgən] *m* spilorcio *m*
geknickt [gəˈknɪkt] *adj 1. (abgebrochen)* spezzato; *2. (fig)* affranto
Gel [geːl] *n* gel *m*
Gelächter [gəˈlɛçtər] *n* risata *f*
geladen [gəˈlaːdən] *adj 1.* caricato; *2. (fig) ~ sein* essere carico; ◆ *mit Energie geladen sein* essere carico di energia; *auf jdn geladen sein (fig)* essere arrabbiato con qd
Gelände [gəˈlɛndə] *n* terreno *m*
Geländer [gəˈlɛndər] *n* ringhiera *f*
gelangen [gəˈlaŋən] *v* arrivare
gelangweilt [gəˈlaŋvaɪlt] *adj* annoiato
gelassen [gəˈlasən] *adj* calmo
Gelassenheit [gəˈlasənhaɪt] *f* calma *f*
geläufig [gəˈlɔyfɪç] *adj* comune
gelaunt [gəˈlaunt] *adj* disposto; ◆ *schlecht gelaunt sein* essere di cattivo umore; *gut gelaunt sein* essere di buon umore
gelb [gɛlp] *adj* giallo

Geld [gɛlt] *n* denaro *m*
◆ *Geld wie Heu haben* avere denaro a palate
das Geld unter die Leute bringen sperperare il denaro
etw zu Geld machen trasformare qc in denaro
ins Geld gehen diventare una spesa
nicht mit Geld zu bezahlen sein essere impagabile
in Geld schwimmen (fig) nuotare nel denaro
sich für Geld sehen lassen können poter far pagare per farsi guardare
Ihm rinnt das Geld durch die Finger. Ha le mani bucate.
Geld stinkt nicht. Il denaro non puzza.

Geldautomat [ˈgɛltautomaːt] *m* sportello automatico *m*

Geldbetrag [ˈgɛltbətraːk] *m* somma di danaro *m*
geldgierig [ˈgɛltgiːrɪç] *adj* avido di denaro
Geldschein [ˈgɛltʃaɪn] *m* banconota *f*
Geldstrafe [ˈgɛltʃtraːfə] *f* ammenda *f*
Geldstück [ˈgɛltʃtyk] *n* moneta *f*
Geldwäsche [ˈgɛltvɛʃə] *f* riciclaggio di denaro *m*
Geldwechsel [ˈgɛltvɛksəl] *m* *ECO* cambio *m*

G

gelegen [gəˈleːgən] *adj 1. (liegend)* situato; *2. ~ kommen (fig)* essere opportuno
Gelegenheit [gəˈleːgənhaɪt] *f* occasione *f;* ◆ *die Gelegenheit beim Schopfe packen* prendere l'occasione al volo
gelegentlich [gəˈleːgəntlɪç] *adj* occasionale
Gelehrte(r) [gəˈleːrtə(r)] *m/f* studioso/studiosa *m/f,* scienziato/scienziata *m/f*
Gelenk [gəˈlɛŋk] *n 1. TECH* giunto *m; 2. ANAT* articolazione *f*
Geliebte(r) [gəˈliːptə(r)] *m/f* amante *m/f*
geliefert [gəˈliːfərt] *adj ~ sein* essere rovinato
gelingen [gəˈlɪŋən] *v irr* riuscire; ◆ *Das Werk wird gelingen.* L'opera riuscirà.
gellend [ˈgɛlənt] *adj 1.* squillante; *adv 2.* in modo stridulo
gelockt [gəˈlɔkt] *adj (Haare)* ricciuto
gelten [ˈgɛltən] *v irr* valere; *~ als* passare per
geltend [ˈgɛltənt] *adj* valido
Geltung [ˈgɛltuŋ] *f 1.* validità *f; 2. (Ansehen)* considerazione *f;* ◆ *jdm Geltung verschaffen* far rispettare qd; *etw zur Geltung bringen* mettere qc nella giusta luce; *zur Geltung kommen* essere nella giusta luce
gelungen [gəˈluŋən] *adj 1.* riuscito; *adv 2.* bene
Gemahl(in) [gəˈmaːl(ɪn)] *m/f* consorte *m/f*
Gemälde [gəˈmɛːldə] *n* dipinto *m*
gemäß [gəˈmɛːs] *prep* secondo
gemäßigt [gəˈmɛːsɪçt] *adj* moderato
gemein [gəˈmaɪn] *adj 1.* comune; *2. (böse)* cattivo
Gemeinde [gəˈmaɪndə] *f 1. (Gemeinschaft)* comunità *f; 2. POL* comune *m*
Gemeinheit [gəˈmaɪnhaɪt] *f* cattiveria *f*
gemeinsam [gəˈmaɪnzaːm] *adj 1.* comune; *adv 2.* in comune
Gemeinsamkeit [gəˈmaɪnzaːmkaɪt] *f* comunanza *f*
Gemeinschaft [gəˈmaɪnʃaft] *f* comunità *f*
Gemeinwohl [gəˈmaɪnvoːl] *n* bene comune *m*
Gemisch [gəˈmɪʃ] *n* miscela *f*
gemischt [gəˈmɪʃt] *adj 1.* mescolato; *2. (fig)* misto; *mit ~en Gefühlen* con sentimenti contrastanti
Gemüse [gəˈmyːzə] *n* verdura *f*
Gemüsegarten [gəˈmyːzəgartən] *m* orto *m*
gemustert [gəˈmustərt] *adj* disegnato
Gemüt [gəˈmyːt] *n* sentimento *m,* animo *m;* ◆ *sich etw zu Gemüte führen* prendersi a cuore qc; *ein sonniges Gemüt haben* essere un'anima solare; *aufs Gemüt schlagen* colpire nell'animo
gemütlich [gəˈmyːtlɪç] *adj 1. (Person)* calmo; *2. (Sache)* accogliente; *adv 3.* confortevolmente
Gemütlichkeit [gəˈmyːtlɪçkaɪt] *f* comodità *f*
Gen [geːn] *n BIO* gene *m*

genau [gəˈnau] *adj 1.* esatto; *adv 2.* precisamente; *interj 3.* precisamente ◆ *genau genommen* nel senso stretto della parola

Genauigkeit [gəˈnauɪçkaɪt] *f* esattezza *f,* precisione *f*

genauso [gəˈnauzoː] *adv* altrettanto
genehmigen [gɔˈneːmɪgɔn] *v 1.* autorizzare; *2. (Gesetz)* approvare; *3. sich einen ~* concedersene uno
Genehmigung [gəˈneːmɪguŋ] *f* autorizzazione *f*
Generation [genəraˈtsjoːn] *f* generazione *f*
Genesung [gəˈneːzuŋ] *f* guarigione *f*
Genforschung [ˈgeːnfɔrʃuŋ] *f* ricerca genetica *f*
genial [genˈjaːl] *adj* geniale
Genick [gəˈnɪk] *n ANAT* nuca *f;* ◆ *das Genick brechen* rompere l'osso del collo
Genie [ʒeˈniː] *n* genio *m*
genieren [ʒeˈniːrən] *v sich ~* vergognarsi; essere imbarazzato
genießen [gəˈniːsən] *v irr etw ~* gustare qc, godere
Genießer [gəˈniːsər] *m* gaudente *m*
Genitalien [geniˈtaːljən] *pl ANAT* genitali *m/pl*
Genmanipulation [ˈgeːnmanipulatsjoːn] *f BIO* manipolazione genetica *f*
Genossenschaft [gəˈnɔsənʃaft] *f* cooperativa *f*
Gentechnologie [ˈgɛntɛçnologiː] *f* tecnologia genetica *f*
genug [gəˈnuːk] *adv* abbastanza
genügen [gəˈnyːgən] *v* bastare
genügsam [gəˈnyːkzaːm] *adj* sobrio
Genuss [gəˈnus] *m* godimento *m;* ◆ *in den Genuss von etw kommen* godere di qc
geöffnet [gəˈœfnət] *adj* aperto
Geografie [geograˈfiː] *f* geografia *f*
geografisch [geoˈgraːfɪʃ] *adj* geografico
Geologe [geoˈloːgə] *m* geologo *m*
Geologie [geoloˈgiː] *f* geologia *f*
Geometrie [geomeˈtriː] *f* geometria *f*
geometrisch [geoˈmeːtrɪʃ] *adj* geometrico

Gepäck [gəˈpɛk] *n* bagaglio *m*
Gepäckannahme [gəˈpɛkannaːmə] *f* accettazione bagagli *f*
Gepäckausgabe [gəˈpɛkausgaːbə] *f* consegna del bagaglio *f*
Gepäckträger [gəˈpɛktrɛːgər] *m* facchino *m*
gepflegt [gəˈpfleːkt] *adj 1.* curato; *2. (Sache)* curato; *3. (fig: Sprache)* scelto; ◆ *Er hat eine gepflegte Ausdrucksweise.* Egli ha un modo di esprimersi scelto.
Geplauder [gəˈplaudər] *n* chiacchierata *f*

> **gerade** [gəˈraːdə] *adj 1.* diritto; *~ stehen* stare dritto; *2. (Zahl)* pari; *adv 3.* precisamente
> ◆ *gerade noch zur rechten Zeit* proprio nel momento giusto
> *Warum gerade ich?* Perché proprio io?

geradeaus [gəraːdəˈaus] *adv* diritto; ◆ *immer geradeaus* sempre diritto
geradestehen [gəˈraːdəʃteːən] *v irr für etw ~* assumersi le responsabilità per qc
geradezu [gəˈraːdətsuː] *adv* addirittura
Gerät [gəˈrɛːt] *n* apparecchio *m,* attrezzo *m*
geraten [gəˈraːtən] *v irr 1. (ausfallen)* risultare; *2. (zufällig gelangen)* capitare, incappare; ◆ *in jds Hände geraten* cadere nelle mani di qd; *3. (stoßen auf) ~ an* imbattersi in; ◆ *an den Richtigen geraten* imbattersi nella persona giusta
Geratewohl [gəˈraːtəvoːl] *n aufs ~* a caso *m*
Geräusch [gəˈrɔyʃ] *n* rumore *m*
geräuschlos [gəˈrɔyʃloːs] *adj* silenzioso
geräuschvoll [gəˈrɔyʃfɔl] *adj* rumoroso

G

gerecht [gə'rɛçt] *adj* giusto
gerechtfertigt [gə'rɛçtfɛrtıçt] *adj* giustificato
Gerechtigkeit [gə'rɛçtıçkaıt] *f* giustizia *f*
Gerede [gə're:də] *n 1.* chiacchiere *f/pl; 2. (Gerücht)* dicerie *f/pl;* ◆ *jdn ins Gerede bringen* spettegolare su qd; *ins Gerede kommen* essere oggetto di pettegolezzi
G **gereizt** [gə'raıtst] *adj* irritato
Gereiztheit [gə'raıtsthaıt] *f* irritazione *f*
Gericht [gə'rıçt] *n 1. JUR* tribunale *m;* ◆ *mit jdm ins Gericht gehen* andare in causa con qd; *2. GAST* pietanza *f*
gering [gə'rıŋ] *adj 1. (wenig)* poco; *2. (niedrig)* basso; *3. (kurz)* breve; ◆ *kein Geringerer als* nientemeno che
geringfügig [gə'rıŋfy:gıç] *adj 1.* futile; *2. adv* poco
gerinnen [gə'rınən] *v irr* coagulare

> **gern** [gɛrn] *adv* volentieri
> ◆ *jdn gern haben* voler bene a qd
> *etw gern tun* fare volentieri qc
> *Der kann mich gern haben.* Può andare a quel paese.

Gerste ['gɛrstə] *f BOT* orzo *m*
Geruch [gə'rux] *m* odore *m*
geruchlos [gə'ruxlo:s] *adj* inodore
Geruchssinn [gə'ruxzın] *m* olfatto *m*
Gerücht [gə'ryçt] *n* voce *f;* ◆ *das Gerücht geht um, dass* corre voce che
gerührt [gə'ry:rt] *adj (fig)* commosso; ◆ *zu Tränen gerührt* commosso fino alle lacrime
geruhsam [gə'ru:za:m] *adj* tranquillo
Gerüst [gə'ryst] *n 1. (Baugerüst)* impalcatura *f; 2. (fig)* struttura *f*
gesamt [gə'zamt] *adj* totale
Gesang [gə'zaŋ] *m* canto *m*
gesättigt [gə'zɛtıçt] *adj ECO* saturo
Geschäft [gə'ʃɛft] *n 1. (Laden)* negozio *m; 3. ECO* affari *m/pl; in ~en* in affari
geschäftig [gə'ʃɛftıç] *adj* attivo
geschäftlich [gə'ʃɛftlıç] *adj 1.* affaristico; *adv 2.* per affari
Geschäftsführer(in) [gə'ʃɛftsfy:rər(ın)] *m/f ECO* amministratore/amministratrice *m/f*
geschehen [gə'ʃe:ən] *v irr* accadere; ◆ *Um ihn ist es geschehen.* Per lui è finita.
Geschehen [gə'ʃe:ən] *n* avvenimento *m*
gescheit [gə'ʃaıt] *adj* assennato; ◆ *Du bist wohl nicht recht gescheit!* Ti ha dato di volta il cervello!/Hai battuto la testa da piccolo!
Geschenk [gə'ʃɛŋk] *n* regalo *m,* dono *m; ein ~ des Himmmels* un dono del cielo *m*
Geschichte [gə'ʃıçtə] *f 1.* storia *f,* passato *m;* ◆ *Geschichte machen* fare epoca; *2. (Erzählung)* storia *f,* racconto *m*
geschichtlich [gə'ʃıçtlıç] *adj* storico
Geschicklichkeit [gə'ʃıklıçkaıt] *f* abilità *f*
geschickt [gə'ʃıkt] *adj* abile
geschieden [gə'ʃi:dən] *adj* divorziato
Geschirr [gə'ʃır] *n 1.* stoviglie *f/pl; 2. (Zugtiere)* finimenti *m/pl*
Geschirrspülmaschine [gə'ʃırʃpy:lmaʃi:nə] *f* lavastoviglie *f*
Geschlecht [gə'ʃlɛçt] *n 1.* sesso *m,* genere *m; 2. (Adelsgeschlecht)* stirpe nobile *f*
Geschlechtsverkehr [gə'ʃlɛçtsfɛrke:r] *m* rapporti sessuali *m/pl*
geschlossen [gə'ʃlɔsən] *adj* chiuso
Geschmack [gə'ʃmak] *m 1. (Speisen)* sapore *m; 2. (Sinn für Schönes)* gusto *m;* ◆ *Er hat einen guten Geschmack.* Ha un buon gusto. *Geschmack an etw finden* provare gusto a qc; *auf den Geschmack kommen* prenderci gusto

geschmacklos [gəˈʃmakloːs] *adj* *1. (fade)* insipido; *2. (fig: hässlich)* brutto; *3. (fig: taktlos)* senza tatto

Geschmacklosigkeit [gəˈʃmakloːzɪçkaɪt] *f* *1.* mancanza di gusto *f*; *2. (fig: Taktlosigkeit)* mancanza di tatto *f*

Geschöpf [gəˈʃœpf] *n* creatura *f*

Geschrei [gəˈʃraɪ] *n* grida *f/pl*, urli *m/pl*, rumore *m*; ◆ *Die Kinder machen ein lautes Geschrei.* I bambini levano alte grida; *ein Geschrei erheben* comiuciare a gridare

geschweige [gəˈʃvaɪgə] *konj ~ denn* e ancor meno

Geschwindigkeit [gəˈʃvɪndɪçkaɪt] *f* velocità *f*

Geschwister [gəˈʃvɪstər] *pl* fratelli e sorelle

geschwollen [gəˈʃvɔlən] *adj* gonfio

gesellig [gəˈzɛlɪç] *adj* socievole; *~es Beisammensein* incontro fra amici *m*

Gesellschaft [gəˈzɛlʃaft] *f* *1.* società *f*; *2. (Begleitung)* compagnia *f*; ◆ *jdm Gesellschaft leisten* fare compagnia a qd; *sich in guter Gesellschaft befinden* trovarsi in buona compagnia

Gesetz [gəˈzɛts] *n* legge *f*

gesetzlich [gəˈzɛtslɪç] *adj* legale

gesetzmäßig [gəˈzɛtsmɛːsɪç] *adj* conforme alla legge

Gesicht [gəˈzɪçt] *n* faccia *f*
◆ *den Tatsachen ins Gesicht sehen* guardare in faccia la realtà
jdm nicht ins Gesicht sehen können non poter guardare in faccia qd
ein langes Gesicht machen fare la faccia lunga
jdm wie aus dem Gesicht geschnitten sein assomigliare a qd come una goccia d'acqua
das Gesicht verlieren (fig) perdere la faccia
jdm ins Gesicht springen saltare agli occhi di qd
sein wahres Gesicht zeigen mostrare la propria vera faccia
im Gesicht geschrieben stehen essere scritto in faccia
jdm etw ins Gesicht sagen dire qc in faccia a qd
sein Gesicht wahren salvare la faccia

Gesichtsausdruck [gəˈzɪçtsausdruk] *m* espressione del volto *f*

Gesichtspunkt [gəˈzɪçtspuŋkt] *m* punto di vista *m*

Gesinnung [gəˈzɪnuŋ] *f* animo *m*

gespannt [gəˈʃpant] *adj* *1.* teso; *2. (fig: Beziehung)* teso; ◆ *gespannte Beziehungen* rapporti tesi *m/pl*; *3. (fig: erwartungsvoll)* ansioso; ◆ *mit gespannter Erwartung* in ansiosa attesa

Gespött [gəˈʃpœt] *n* scherno *m*; ◆ *jdm zum Gespött machen* fare di qd uno zimbello; *zum Gespött werden* rendersi ridicolo

Gespräch [gəˈʃprɛːç] *n* *1. (Unterhaltung)* conversazione *f*; *2. (Unterredung)* colloquio *m*; *3. (Dialog)* dialogo *m*
◆ *im Gespräch sein* essere in discussione
mit jdm im Gespräch bleiben mantenere i contatti con qd

Gesprächspartner [gəˈʃprɛːçspartnər] *m* interlocutore *m*

gesprungen [gəˈʃpruŋən] *adj* spaccato; ◆ *Die Mauer ist gesprungen.* Il muro è spaccato. *Das Pferd ist gesprungen.* Il cavallo è saltato.

Gespür [gəˈʃpyːr] *n* senso *m*

Gestalt [gəˈʃtalt] *f* *1. (Figur)* figura *f*; *2. (Aussehen)* aspetto *m*; *3. (fig)* forma *f*; *in ~ von* sotto forma di

G

gestalten [gəˈʃtaltən] *v* *1. (formen)* formare; *2. (verwirklichen)* realizzare; *3. (einrichten)* arredare
Gestaltung [gəˈʃtaltuŋ] *f* *1. (Formgebung)* forma *f;* *2. (Verwirklichung)* realizzazione *f;* *3. (Einrichtung)* arredamento *m*
Geständnis [gəˈʃtɛntnɪs] *n JUR* confessione *f*
Gestank [gəˈʃtaŋk] *m* puzzo *m*
gestatten [gəˈʃtatən] *v* permettere
G **Geste** [ˈgɛstə] *f* gesto *m*
gestehen [gəˈʃteːən] *v irr* confessare
Gestein [gəˈʃtaɪn] *n* roccia *f*
Gestell [gəˈʃtɛl] *n* sostegno *m*
gestern [ˈgɛstərn] *adv* ieri; ◆ *nicht von gestern sein* non essere nato ieri
gestohlen [gəˈʃtoːlən] *adj* rubato; ◆ *jdm gestohlen bleiben können* poter fare a meno di qd
Gesuch [gəˈzuːx] *n* domanda *f*

> **gesund** [gəˈzunt] *adj* *1.* sano; *~ werden* guarire; *2. (Nahrungsmittel)* salutare
> **!** *komp: gesünder; sup: am gesündesten*

Gesundheit [gəˈzunthaɪt] *f* salute *f*
Gesundheitsamt [gəˈzunthaɪtsamt] *n* ufficio d'igiene *m*
gesundstoßen [gəˈzuntʃtoːsən] *v irr sich ~* arricchirsi
Getränk [gəˈtrɛŋk] *n* bevanda *f*
Getränkeautomat [gəˈtrɛŋkəautomaːt] *m* distributore automatico di bevande *m*
Getreide [gəˈtraɪdə] *n* cereali *m/pl*
getrennt [gəˈtrɛnt] *adj* diviso
Gewächs [gəˈvɛks] *n* pianta *f*
gewachsen [gəˈvaksən] *v* *1.* cresciuto; *2. jdm ~ sein* essere all'altezza di qd; ◆ *der Situation gewachsen sein* essere all'altezza della situazione
Gewächshaus [gəˈvɛkshaus] *n* serra *f*
gewagt [gəˈvaːkt] *adj* audace
gewählt [gəˈvɛːlt] *adj* scelto
Gewähr [gəˈvɛːr] *f* garanzia *f*
gewähren [gəˈvɛːrən] *v* concedere
gewährleisten [gəˈvɛːrlaɪstən] *v* garantire
Gewahrsam [gəˈvaːrzaːm] *m* custodia *f*
Gewalt [gəˈvalt] *f* *1.* violenza *f;* ◆ *mit aller Gewalt* con tutte le proprie forze; *2. (Macht)* potere *m;* ◆ *höhere Gewalt* forza maggiore; *sich in der Gewalt haben* avere il controllo di sé
gewaltig [gəˈvaltɪç] *adj* potente
gewaltsam [gəˈvaltzaːm] *adj* violento
gewalttätig [gəˈvalttɛtɪç] *adj* brutale
gewandt [gəˈvant] *adj* abile
Gewässer [gəˈvɛsər] *n* acque *f/pl*
Gewebe [gəˈveːbə] *n* tessuto *m*
Gewehr [gəˈveːr] *n* fucile *m;* ◆ *Gewehr bei Fuß stehen* stare sul chi va là
Geweih [gəˈvaɪ] *n* corna *f/pl*
gewerblich [gəˈvɛrblɪç] *adj ECO* industriale
Gewerkschaft [gəˈvɛrkʃaft] *f* sindacato *m*
Gewerkschaftler(in) [gəˈvɛrkʃaftlər(ɪn)] *m/f* sindacalista *m/f*

> **Gewicht** [gəˈvɪçt] *n* *1.* peso *m;* *2. (fig: Wichtigkeit)* importanza *f*
> ◆ *ins Gewicht fallen* avere peso
> *auf etw Gewicht legen* dare peso a qc

Gewinde [gəˈvɪndə] *n* *1. (Flechtwerk)* intreccio *m;* *2. (Schraube)* filetto *m*
Gewinn [gəˈvɪn] *m* *1. (Spiel)* vincita *f;* *2. (fig: Nutzen)* profitto *m;* *3. ECO* guadagno *m*
gewinnen [gəˈvɪnən] *v irr* *1. (verdienen)* guadagnare; *2. (siegen)* vincere; *3. (fig: profitieren)* guadagnare
gewinnend [gəˈvɪnənt] *adj* attraente
Gewinner [gəˈvɪnər] *m* vincitore *m*
Gewinnzahl [gəˈvɪntsaːl] *f* numero vincente *m*

Gewirr [gəˈvɪr] *n* *1.* groviglio *m; 2. (Stimmengewirr)* brusio *m; 3.* labirinto *m;* ◆ *Gewirr von Straßen* labirinto di strade *m*
gewiss [gəˈvɪs] *adj* certo; *das ~e Etwas* il certo nonsoché *m*
Gewissen [gəˈvɪsən] *n* coscienza *f;* ◆ *jdm ins Gewissen reden* parlare in coscienza a qd; *ein gutes Gewissen* una coscienza pulita *f; etw auf dem Gewissen haben* avere qc sulla coscienza; *jdn auf dem Gewissen haben* avere qd sulla coscienza
gewissenlos [gəˈvɪsənloːs] *adj* privo di scrupoli
Gewissensbisse [gəˈvɪsənsbɪsə] *pl* rimorsi *m/pl*
Gewissensfrage [gəˈvɪsənsfraːgə] *f* problema di coscienza *m*
gewissermaßen [gəˈvɪsərmaːsən] *adv* in certo qual modo
Gewissheit [gəˈvɪshaɪt] *f* certezza *f*
Gewitter [gəˈvɪtər] *n* temporale *m*
Gewitterschauer [gəˈvɪtərʃauər] *m* acquazzone temporalesco *m*
Gewitterstimmung [gəˈvɪtərʃtɪmuŋ] *f* *1.* aria di temporale *f; 2. (fig)* aria di tempesta *f*

> **gewöhnen** [gəˈvøːnən] *v sich ~* abituarsi
> ◆ *Man gewöhnt sich an alles.* Ci si abitua a tutto.
> **!** *Konjugation mit haben: ich habe mich gewöhnt*

Gewohnheit [gəˈvoːnhaɪt] *f* abitudine *f*
gewöhnlich [gəˈvøːnlɪç] *adj* *1.* solito; *2. (normal)* comune; *3. (unfein)* ordinario; *adv 4. (üblicherweise)* di solito; *5. (unfein)* in modo ordinario
gewohnt [gəˈvoːnt] *adj* abituato
Gewöhnung [gəˈvøːnuŋ] *f* abitudine *f*
Gewölbe [gəˈvœlbə] *n* volta *f*
Gewürz [gəˈvyrts] *n* aromi *m/pl,* spezia *f*
gezeichnet [gəˈtsaɪçnət] *adj (fig)* segnato
Gezeiten [gəˈtsaɪtən] *pl* maree *f/pl*
gezielt [gəˈtsiːlt] *adj* *1.* programmato; *adv 2.* con un programma
geziert [gəˈtsiːrt] *adj (fig)* affettato
Giebel [ˈgiːbəl] *m* timpano *m*
Gier [giːr] *f* avidità *f*
gierig [ˈgiːrɪç] *adj* avido
gießen [ˈgiːsən] *v irr* *1. (einschenken)* versare; ◆ *in Strömen gießen* piovere a catinelle/diluviare; *2. (Blumen)* annaffiare

> **Gift** [gɪft] *n* veleno *m*
> ◆ *Gift für jdn sein* essere veleno per qd
> *Gift und Galle spucken (fig)* sputare veleno
> *Darauf kannst du Gift nehmen!* Puoi starne certo!

giftig [ˈgɪftɪç] *adj* velenoso
Giftmüll [ˈgɪftmyl] *m* rifiuti tossici *m/pl*
gigantisch [gɪˈgantɪʃ] *adj* gigantesco
Gipfel [ˈgɪpfəl] *m* *1. GEOL* cima *f; 2. POL* vertice *m; 3. (fig: Höhepunkt)* apice *m*
Gips [gɪps] *m* gesso *m*
Giraffe [giˈrafə] *f* giraffa *f*
Girlande [gɪrˈlandə] *f* *1.* festone *m; 2. (Blumen)* ghirlanda *f*
Gitarre [giˈtarə] *f* chitarra *f*
Gitter [ˈgɪtər] *n* grata *f;* ◆ *hinter Gittern sitzen* stare dietro le sbarre; *jdn hinter Gitter bringen* metter qd dietro le sbarre
Glanz [glants] *m* splendore *m;* ◆ *mit Glanz und Gloria* con tutti i crismi; *eine Prüfung mit Glanz und Gloria bestehen* superare un esame brillantemente.
glänzen [ˈglɛntsən] *v* splendere
glänzend [ˈglɛntsənt] *adj* *1.* splendido; *adv 2.* magnificamente; *Das hast du*

glänzend gemacht. Lo hai fatto magnificamente.
Glanzzeit [ˈglantstsaɪt] *f* periodo di maggior splendore *m*
Glas [glaːs] *n 1.* vetro *m; 2. (Trinkglas)* bicchiere *m;* ◆ *zu tief ins Glas schauen (fig)* alzare il gomito
Glaser [ˈglaːzər] *m* vetraio *m*
gläsern [ˈglɛːzərn] *adj* di vetro
Glasfaser [ˈglaːsfaːzər] *f* fibra di vetro *f*
glasieren [glaˈziːrən] *v 1. TECH* smaltare a vetro; *2. GAST* glassare, ricoprire con una glassa
glasig [ˈglaːzɪç] *adj* vitreo
glasklar [ˈglaːsklaːr] *adj* limpido
Glasscheibe [ˈglaːsʃaɪbə] *f* lastra di vetro *f*

glatt [glat] *adj 1. (faltenlos)* liscio; *2. (rutschig)* sdrucciolevole; *3. (fig: mühelos)* facile; *4. (fig: heuchlerisch)* viscido; *5. (fig: eindeutig)* netto
◆ *Er hat es glatt geschafft.* Ce l'ha fatta veramente.

Glätte [ˈglɛtə] *f* scivolosità *f*
Glatteis [ˈglataɪs] *n* strato di ghiaccio *m;* ◆ *jdn aufs Glatteis führen (fig)* menare qd per il naso
glätten [ˈglɛtən] *v 1.* lisciare; *2. (fig: beruhigen)* calmare
Glatze [ˈglatsə] *f* testa calva *f*
Glaube [ˈglaubə] *m* fede *f*
glauben [ˈglaubən] *v* credere, aver fede; ◆ *jdm etw glauben machen* far credere qc a qd; *Das ist doch nicht zu glauben!* Questa è roba da non credere!
glaubhaft [ˈglauphaft] *adj* attendibile, credibile
glaubwürdig [ˈglaupvyrdɪç] *adj* degno di fede
Glaubwürdigkeit [ˈglaupvyrdɪçkaɪt] *f* credibilità *f*

gleich [glaɪç] *adj 1.* uguale; *adv 2.* ugualmente, altrettanto
◆ *gleich bleibend* invariabile
gleich gesinnt che ha idee affini
aufs Gleiche hinauslaufen andare a finire allo stesso modo
Gleiches mit Gleichem vergelten rendere pan per focaccia

Gleichberechtigung [ˈglaɪçbərɛçtɪguŋ] *f* par condicio *f,* parità di diritti *f*
gleichen [ˈglaɪçən] *v irr* rassomigliare
gleichfalls [ˈglaɪçfals] *adv* altrettanto; *Danke ~!* Grazie altrettanto!
Gleichgewicht [ˈglaɪçgəvɪçt] *n* equilibrio *m;* ◆ *im Gleichgewicht* in stato di equilibrio; *aus dem Gleichgewicht bringen* squilibrare
Gleichgültigkeit [ˈglaɪçgyltɪçkaɪt] *f* indifferenza *f*
gleichmäßig [ˈglaɪçmɛːsɪç] *adj* uniforme
Gleichnis [ˈglaɪçnɪs] *n* paragone *m*
gleichrangig [ˈglaɪçraŋɪç] *adj* pari
gleichzeitig [ˈglaɪçtsaɪtɪç] *adj* contemporaneo
Gleis [glaɪs] *n* binario *m;* ◆ *jdn aus dem Gleis werfen* mandare qd fuori dai binari; *jdn aufs rechte Gleis bringen* portare qd sulla retta via
gleiten [ˈglaɪtən] *v irr* scivolare
Gleitzeit [ˈglaɪttsaɪt] *f* orario flessibile *m*
Gletscher [ˈglɛtʃər] *m* ghiacciaio *m*
Glied [gliːt] *n 1.* elemento *m; 2. (Kettenglied)* elemento *m; 3. (Körperteil)* membro *m; 4. (männliches ~)* membro *m; 5. (Mitglied)* membro *m*
gliedern [ˈgliːdərn] *v 1. (aufteilen)* articolare; *2. (anordnen)* disporre
Gliederung [ˈgliːdəruŋ] *f 1. (Aufbau)* struttura *f; 2. (Anordnung)* disposizione *f*

glimpflich [ˈglɪmpflɪç] *adj 1.* riguardoso; *adv 2.* con riguardo; ◆ *glimpflich davonkommen* cavarsela senza gravi danni
glitschig [ˈglɪtʃɪç] *adj* sdrucciolevole, scivoloso
glitzern [ˈglɪtsərn] *v* scintillare
global [gloˈbaːl] *adj* globale
Globus [ˈgloːbus] *m* globo *m*
Glocke [ˈglɔkə] *f* campana *f;* ◆ *etw an die große Glocke hängen* raccontare qc a tutti
Glockenturm [ˈglɔkənturm] *m* campanile *m*
Glossar [glɔˈsaːr] *n* glossario *m*

Glück [glyk] *n 1.* fortuna *f; 2. (~lichsein)* felicità *f*
◆ *sein Glück versuchen* tentare la propria fortuna
mehr Glück als Verstand più fortuna che intelligenza
auf gut Glück a casaccio
noch nichts von seinem Glück wissen non sapere ancora della propria fortuna
von Glück sagen können ritenersi fortunato

glücklich [ˈglyklɪç] *adj 1.* felice; *2. (Glück habend)* fortunato
glücklicherweise [glyklɪçərˈvaɪzə] *adv* fortunatamente
Glücksbringer [ˈglyksbrɪŋər] *m* portafortuna *m*
glückselig [glykˈzeːlɪç] *adj* felice
Glücksspiel [ˈglyksʃpiːl] *n* gioco d'azzardo *m*
Glückwunsch [ˈglykvunʃ] *m* augurio *m*
Glühbirne [ˈglyːbɪrnə] *f* lampadina *f*
glühen [ˈglyːən] *v 1.* essere incandescente; *2. (Zigarette)* ardere
Glut [gluːt] *f 1. (Feuer)* brace *f; 2. (Hitze)* gran caldo *m; 3. (fig)* ardore *m*
Gnade [ˈgnaːdə] *f (Nachsicht)* indulgenza *f;* ◆ *Gnade vor Recht ergehen lassen* mettere la clemenza davanti al diritto/usare clemenza
gnadenlos [ˈgnaːdənloːs] *adj* spietato
gnädig [ˈgnɛːdɪç] *adj 1.* indulgente; *adv 2. (wohl wollend)* benevolmente
Gold [gɔlt] *n* oro *m;* ◆ *Gold wert sein* valere oro
golden [ˈgɔldən] *adj* d'oro
goldig [ˈgɔldɪç] *adj 1.* dorato; *adv 2.* come l'oro
Goldmedaille [ˈgɔltmedaljə] *f* medaglia d'oro *f*
Goldschmied [ˈgɔltʃmiːt] *m* orafo *m*
Golf[1] [gɔlf] *m GEO* golfo *m*
Golf[2] [gɔlf] *n SPORT* golf *m*
Golfschläger [ˈgɔlfʃlɛːgər] *m SPORT* mazza da golf *f*
Gondel [ˈgɔndəl] *f* gondola *f*
gönnen [ˈgœnən] *v 1. sich etw ~* concedersi qc; *2. jdm etw ~* concedere qc a qd

Gott [gɔt] *m REL* Dio *m*
◆ *wie ein junger Gott* come un Dio
von allen Göttern verlassen sein essere usciti di senno
den lieben Gott einen frommen Mann sein lassen lasciare fare al buon Dio
Leider Gottes! Purtroppo!
Bei Gott! Assolutamente!
Gott bewahre! Dio ne scampi!
Gnade dir Gott! Dio abbia pietà di te!
Gott und die Welt tutti

Gottesdienst [ˈgɔtəsdiːnst] *m* messa *f*
göttlich [ˈgœtlɪç] *adj 1. REL* divino; *2. (hervorragend)* divino, squisito
gottlob [gɔtˈloːp] *interj* grazie a Dio
Grab [graːp] *n* tomba *f;* ◆ *sich sein eigenes Grab schaufeln* scavarsi la tomba con le proprie mani; *jdn ins Grab bringen* portare qd alla tomba; *etw mit ins Grab nehmen* portare qc con sé nella tomba; *sich im Grab umdrehen* rivoltarsi nella tomba

G

graben [ˈgraːbən] *v irr* scavare
Graben [ˈgraːbən] *m* fosso *m*
Grabstein [ˈgraːpʃtaɪn] *m* lapide *f*
Grad [graːt] *m* 1. grado *m;* ◆ *sich um hundertachtzig Grad drehen* girarsi di centottanta gradi; 2. *(Abstufung)* graduazione *f;* 3. *(Maßeinheit)* grado *m*
graduiert [graduˈiːrt] *adj* laureato
Graf [graːf] *m* conte *m*
Grafik [ˈgraːfik] *f* grafica *f*
G **Grafiker** [ˈgraːfikər] *m* grafico *m*
Gräfin [ˈgrɛːfɪn] *f* contessa *f*
grafisch [ˈgraːfɪʃ] *adj* grafico
Gram [graːm] *f* pena *f*
grämen [ˈgrɛːmən] *v sich ~* affliggersi
Gramm [gram] *n* grammo *m*
Grammatik [graˈmatɪk] *f* grammatica *f*
grammatisch [graˈmatɪʃ] *adj* grammaticale
Grapefruit [ˈgreɪpfruːt] *f BOT* pompelmo *m*

Gras [graːs] *n* erba *f*
◆ *ins Gras beißen (fig)* tirare le cuoia
Gras über etw wachsen lassen lasciar cadere qc nel dimenticatoio

grasen [ˈgraːzən] *v* pascolare
grassieren [graˈsiːrən] *v* infierire
grässlich [ˈgrɛslɪç] *adj* orrendo
Grat [graːt] *m* 1. *(Bergkamm)* cresta *f;* 2. *(fig)* filo del rasoio *m*
Gräte [ˈgrɛːtə] *f* lisca di pesce *f*
Gratifikation [gratɪfɪkaˈtsjoːn] *f* gratificazione *f*
gratis [ˈgraːtɪs] *adj* gratis, gratuito
Gratulation [gratulaˈtsjoːn] *f* congratulazioni *f/pl*
gratulieren [gratuˈliːrən] *v* 1. *(Geburtstag)* fare gli auguri a qd; 2. *(Leistung)* congratularsi con qd
grau [grau] *adj* grigio
Gräuel [ˈgrɔyəl] *m* orrore *m*
Gräueltat [ˈgrɔyəltaːt] *f* atrocità *f*
Grauen [ˈgrauən] *n (Angst)* orrore *m,* terrore *m,* paura *f*
grauen [ˈgrauən] *v* 1. *(Tag)* spuntare, albeggiare; 2. *(Angst haben)* aver paura
grauenhaft [ˈgrauənhaft] *adj* orribile, terribile, pauroso
grauhaarig [ˈgrauhaːrɪç] *adj* dai capelli grigi, brizzolato
grausam [ˈgrauzaːm] *adj* crudele
Grausamkeit [ˈgrauzaːmkaɪt] *f* crudeltà *f*
gravierend [graˈviːrənt] *adj* 1. *JUR* aggravante; 2. *(schwer)* grave
Gravur [graˈvuːr] *f* incisione *f*
Grazie [ˈgraːtsjə] *f* grazia *f*
graziös [graˈtsjøːs] *adj* grazioso
greifbar [ˈgraɪfbaːr] *adj (fig)* concreto
greifen [ˈgraɪfən] *v irr* afferrare; ◆ *zum Greifen nah sein* essere a portata di mano
Greis [graɪs] *m* vecchio *m*
grell [grɛl] *adj* 1. acuto, stridulo; ◆ *eine grelle Stimme* una voce stridula *f;* 2. *(fig)* forte

Grenze [ˈgrɛntsə] *f* 1. confine *m;* 2. *(fig)* limite *m*
◆ *sich in Grenzen halten* mantenersi nei limiti

grenzen [ˈgrɛntsən] *v* 1. confinare; 2. *(fig)* rasentare
grenzenlos [ˈgrɛntsənloːs] *adj* 1. sconfinato; 2. *(fig)* smisurato
Grenzfall [ˈgrɛntsfal] *m* caso limite *m*
Grenzwert [ˈgrɛntsveːrt] *m* valore limite *m*
Grieche [ˈgriːçə] *m* greco *m*
Griechenland [ˈgriːçənlant] *n GEO* Grecia *f*
Griechin [ˈgriːçɪn] *f* greca *f*
griechisch [ˈgriːçɪʃ] *adj* greco

griesgrämig [ˈgriːsgrɛːmɪç] *adj* burbero
Grieß [griːs] *m* semolino *m*
Griff [grɪf] *m 1.* manico *m;* ◆ *etw in den Griff bekommen* farci la mano; *2. (Türgriff)* maniglia *f; 3. (Zugriff)* presa *f; 4. (fig)* pugno; ◆ *etw im Griff haben* avere qc in pugno
griffbereit [ˈgrɪfbəraɪt] *adj* a portata di mano
griffig [ˈgrɪfɪç] *adj 1.* maneggevole; *2. (nicht rutschig)* antisdrucciolevole
Grill [grɪl] *m* grill *m*
grillen [ˈgrɪlən] *v* grigliare
Grimasse [grɪˈmasə] *f* smorfia *f*
grinsen [ˈgrɪnzən] *v (fam)* ghignare
Grippe [ˈgrɪpə] *f MED* influenza *f*
grob [groːp] *adj 1.* grossolano; ◆ *aus dem Gröbsten heraus sein* essere fuori dal peggio; *2. (rau)* grezzo; *3. (fig: unhöflich)* sgarbato; *4. (fig: ungefähr)* approssimativo
Groll [grɔl] *m* rancore *m*
grollen [ˈgrɔlən] *v* rimbombare

> **groß** [groːs] *adj 1.* grande; *2. (~ gewachsen)* alto; *3. (fig: älter)* maggiore; *4. (fig: ernst)* grave; *5. (fig: berühmt)* famoso
> ◆ *große Augen machen* sgranare gli occhi; *im Großen und Ganzen* nell'insieme, tutto sommato
> **!** *komp: größer; sup: am größten*

großartig [ˈgroːsaːrtɪç] *adj* grandioso
Größe [ˈgrøːsə] *f 1.* grandezza *f; 2. (Körpergröße)* altezza *f; 3. (Kleidergröße)* taglia *f; 4. (fig: Wichtigkeit)* importanza *f*
Großeltern [ˈgroːsɛltərn] *pl* nonni *m/pl*
Größenwahn [ˈgrøːsənvaːn] *m* megalomania *f*
großflächig [ˈgroːsflɛçɪç] *adj* esteso
Großmutter [ˈgroːsmutər] *f* nonna *f*
größtenteils [ˈgrøːstəntaɪls] *adv* per la maggior parte
Großvater [ˈgroːsfaːtər] *m* nonno *m*
großzügig [ˈgroːstsyːgɪç] *adj* magnanimo, generoso
grotesk [groˈtɛsk] *adj* grottesco
Grube [ˈgruːbə] *f* fossa *f*
grübeln [ˈgryːbəln] *v* lambiccarsi il cervello
grün [gryːn] *adj* verde

> **Grund** [grunt] *m 1. (Erdboden)* terreno *m; 2. (Meeresboden)* fondo marino *m; 3. (Motiv)* motivo *m; 4. (Ursache)* causa *f*
> ◆ *festen Grund unter den Füßen haben (fig)* avere basi solide
> *einer Sache auf den Grund gehen* andare fino in fondo

gründen [ˈgryndən] *v* fondare
Gründer [ˈgryndər] *m* fondatore *m*
Grundfläche [ˈgruntflɛçə] *f* base *f*
Grundlage [ˈgruntlaːgə] *f* fondamento *m*
grundlegend [ˈgruntleːgənt] *adj 1.* basilare; *adv 2.* a fondo
gründlich [ˈgryntlɪç] *adj 1.* approfondito; *adv 2.* a fondo
grundlos [ˈgruntloːs] *adj 1.* senza fondo; *adv 2. (fig)* senza ragione
Grundriss [ˈgruntrɪs] *m* abbozzo *m*
Grundsatz [ˈgruntzats] *m* principio *m*
grundsätzlich [ˈgruntzɛtslɪç] *adj 1. adj* di principio, fondamentale; *adv 2.* in linea di principio
Grundschule [ˈgruntʃuːlə] *f* scuola elementare *f*
Grundstein [ˈgruntʃtaɪn] *m* prima pietra *f;* ◆ *den Grundstein zu etw legen* mettere la base a qc
Grundstück [ˈgruntʃtyk] *n* terreno *m*
Gründung [ˈgrynduŋ] *f* fondazione *f*
Gruppe [ˈgrupə] *f* gruppo *m*
gruppieren [gruˈpiːrən] *v* raggruppare
gruselig [ˈgruːzəlɪç] *adj* pauroso, orrido, orripilante

G

Gruß [gruːs] *m* saluto *m*
◆ *mit freundlichen Grüßen* cordiali saluti *m/pl*
! *Plural: Grüße*

grüßen [ˈgryːsən] *v* salutare; *Grüß Gott!* Buongiorno!/Buonasera! *Grüß dich!* Salve!
gültig [ˈgyltɪç] *adj* valido
Gültigkeit [ˈgyltɪçkaɪt] *f* validità *f*
G **Gummi** [ˈgumi] *m 1.* gomma *f; 2. MED* preservativo *m*
Gunst [gunst] *f* favore *m, (Wohlwollen)* benevolenza *f;* ◆ *zu jds Gunsten* a favore di qd
günstig [ˈgynstɪç] *adj* favorevole
Gurke [ˈgurkə] *f BOT* cetriolo *m*
Gurt [gurt] *m 1.* cinghia *f; 2. (Sicherheitsgurt)* cintura di sicurezza *f*
Gürtel [ˈgyrtəl] *m* cintura *f;* ◆ *den Gürtel enger schnallen (fig)* tirare la cinghia
Guss [gus] *m 1. (Gießen)* getto *m; 2. (Regenguss)* acquazzone *m,* scroscio di pioggia *m; 3. (Zuckerguss)* glassa *f*
Gusseisen [ˈgusaɪzən] *n* ghisa *f*

gut [guːt] *adj 1.* buono; *adv 2.* bene
◆ *es mit etw gut sein lassen* chiudere il discorso
gut lachen haben far presto a ridere
gut daran tun fare bene a
gut und gern per lo meno
für etw gut sein andare bene per qc
sein Gutes haben avere i propri vantaggi
zu viel des Guten sein essere troppo
gut aussehend di bell'aspetto
gut gelaunt di buon umore
! *komp: besser; sup: am besten*

Gut [guːt] *n 1. (Gutshof)* podere *m; 2. (Besitz)* proprietà *f; 3. (Ware) ECO* merce *f*
Gutachten [ˈguːtaxtən] *n* perizia *f*
Gutachter [ˈguːtaxtər] *m* perito *m*
gutartig [ˈguːtaːrtɪç] *adj 1.* buono; *2. MED* benigno
gutbürgerlich [ˈguːtbyrgərlɪç] *adj* ammodo; ◆ *gutbürgerliche Küche* cucina casalinga
Gutdünken [ˈguːtdyŋkən] *n* discrezione *f,* arbitrio *m;* ◆ *nach eigenem Gutdünken handeln* agire a propria discrezione
Güte [ˈgyːtə] *f 1.* bontà *f; 2. (Qualität)* qualità *f*
Güterbahnhof [ˈgyːtərbaːnhoːf] *m* scalo merci *m*
Gütertrennung [ˈgyːtərtrɛnuŋ] *f JUR* separazione dei beni *f*
gutgläubig [ˈguːtglɔybɪç] *adj* in buona fede
Guthaben [ˈguːthaːbən] *n ECO* credito *m*
gutheißen [ˈguːthaɪsən] *v irr* approvare; ◆ *einen Plan gutheißen* approvare un piano
gutherzig [ˈguːthɛrtsɪç] *adj* di buon cuore
gutmütig [ˈguːtmyːtɪç] *adj* bonario
Gutschein [ˈguːtʃaɪn] *m* buono *m*
gutschreiben [ˈguːtʃraɪbən] *v irr* accreditare
Gutschrift [ˈguːtʃrɪft] *f* accredito *m*
Gutshof [ˈguːtshoːf] *m* podere *m*
gutwillig [ˈguːtvɪlɪç] *adj* volonteroso
Gymnasium [gymˈnaːzjum] *n* liceo *m*
Gymnastik [gymˈnastɪk] *f SPORT* ginnastica *f*
Gynäkologe [gynɛkɔˈloːgə] *m* ginecologo *m*
Gynäkologin [gynɛkɔˈloːgɪn] *f* ginecologa *f*

H

Haar [haːr] *n* capello *m*
◆ *sich die Haare raufen* strapparsi i capelli
Haare auf den Zähnen haben (fig) essere un attaccabrighe
ein Haar in der Suppe finden trovare un pelo nell'uovo
niemandem ein Haar krümmen non torcere un capello a nessuno
sich keine grauen Haare wachsen lassen non lasciarsi venire i capelli bianchi
an einem Haar hängen essere sospeso a un capello
jdm die Haare vom Kopf fressen (fam) riempirsi la pancia a spese di qd
etw an den Haaren herbeiziehen tirare qc per i capelli
sich in die Haare geraten prendersi per i capelli
sich in den Haaren liegen essere ai ferri corti
um ein Haar per un pelo
Mir stehen die Haare zu Berge. Mi si rizzano i capelli in testa.

Habe [ˈhaːbə] *f* possesso *m*

haben [ˈhaːbən] *v irr* avere
◆ *etw an sich haben* avere in sé qc di particolare
etw für sich haben avere qc di buono in sé
noch zu haben sein essere ancora libero
für etw zu haben sein essere disponibile per qc
etw gegen jdn haben aver qc contro qd
etw hinter sich haben essersi lasciato qc alle spalle
etw mit jdm haben avere una relazione con qd
etw von etw haben ottener qc da qc
wie gehabt come sempre

Haben [ˈhaːbən] *n ECO* avere *m*
habgierig [ˈhaːpgiːrɪç] *adj* avido
Hacke [ˈhakə] *f 1. (Absatz)* tacco *m; 2. (Werkzeug)* zappa *f*
hacken [ˈhakən] *v 1. (Holz)* spaccare; ◆ *Holz hacken* spaccare la legna; *2. (Erde)* zappare
Hackfleisch [ˈhakflaɪʃ] *n* carne tritata *f;* ◆ *aus jdm Hackfleisch machen* fare polpette di qd
Hafen [ˈhaːfən] *m* porto *m;* ◆ *in den Hafen der Ehe einlaufen* convolare a giuste nozze
Hafer [ˈhaːfər] *m BOT* avena *f*
Haft [haft] *f JUR* detenzione *f*
haftbar [ˈhaftbaːr] *adj 1. ~ sein* essere responsabile; *2. ~ machen* rendere responsabile, dare la responsabilità
haften [ˈhaftən] *v 1. (kleben)* rimanere attaccato; *2. (bürgen)* garantire
Haftpflicht [ˈhaftpflɪçt] *f JUR* responsabilità civile *f*
Haftung [ˈhaftuŋ] *f JUR* garanzia *f*
Hagel [ˈhaːgəl] *m* grandine *f*
hageln [ˈhaːgəln] *v* grandinare
Hahn [haːn] *m 1. ZOOL* gallo *m; 2. (Wasserhahn)* rubinetto *m*
Hähnchen [ˈhɛːnçən] *n GAST* pollo *m*
Hai [haɪ] *m* pescecane *m,* squalo *m*
häkeln [ˈhɛːkəln] *v* lavorare all'uncinetto
Haken [ˈhaːkən] *m* gancio *m,* uncino *m*
Hakenkreuz [ˈhaːkənkrɔyts] *n POL* croce uncinata *f,* svastica *f*

halb [halp] *adj 1.* mezzo, metà; *adv 2.* mezzo, a metà; *~ fertig* semifinito/semilavorato; *~ voll* mezzo pieno
◆ *eine halbe Portion sein* essere piccoletto
nichts Halbes und nichts Ganzes né pieno, né vuoto

halber [ˈhalbər] *prep* a causa; ◆ *der Einfachheit halber* per la semplicità
halbieren [halˈbiːrən] *v* dimezzare
Halbinsel [ˈhalpɪnzəl] *f* penisola *f*
H
halbjährlich [ˈhalpjɛːrlɪç] *adj 1.* semestrale; *adv 2.* ogni sei mesi
Halbkreis [ˈhalpkraɪs] *m* semicerchio *m*
Halbkugel [ˈhalpkuːgəl] *f* emisfero *m*
Halbleiter [ˈhalplaɪtər] *m TECH* semiconduttore *m*
Halbmond [ˈhalpmoːnt] *m* mezzaluna *f*
halbtags [ˈhalptaːks] *adv* a mezza giornata
Halbzeit [ˈhalptsaɪt] *f SPORT* primo/secondo tempo *m*
Hälfte [ˈhɛlftə] *f* metà *f*
Halle [ˈhalə] *f* sala *f*
hallen [ˈhalən] *v* risonare
hallo [ˈhaloː] *interj 1. (Zuruf)* ohè; *2. (am Telefon)* pronto; *3. (Begrüßung)* ciao
Halluzination [halutsɪnaˈtsjoːn] *f* allucinazione *f*
Halm [halm] *m 1. (Gras)* frilo d'erba *m; 2. (Getreide)* fuscello *m; 3. (Strohhalm)* cannuccia *f*
Halogen [haloˈgeːn] *n* alogeno *m*

Hals [hals] *m 1. ANAT* collo *m; 2. (Flaschenhals)* collo *m*
◆ *den Hals aus der Schlinge ziehen (fig)* tirare il collo fuori dal cappio
den Hals nicht voll kriegen essere insaziabile
sich jdm an den Hals werfen attaccarsi a qd
bis über den Hals in Schulden stecken essere indebitato fino al collo
jdm jdn auf den Hals schicken mettere qd alle calcagna di qd
etw in den falschen Hals bekommen prendere qc per il verso sbagliato
jdm vom Hals bleiben stare alla larga da qd
sich etw vom Hals halten tenersi alla larga da qc
jdm zum Hals heraushängen uscire dagli occhi a qd
jdm bis zum Hals stehen stare sullo stomaco
jdm den Hals umdrehen torcere il collo a qd
jdm um den Hals fallen gettarsi al collo di qd
! *Plural: Hälse*

Halsband [ˈhalsbant] *n 1. (Hundehalsband)* collare *m; 2. (Schmuck)* collana *f*
Halsschmerzen [ˈhalsʃmɛrtsən] *pl MED* mal di gola *m*
halt [halt] *interj* stop, alt
Halt [halt] *m 1. (Stütze)* sostegno *m; 2. (~en)* fermata *f;* ◆ *vor etw nicht Halt machen* non fermarsi davanti a qc
Haltbarkeit [ˈhaltbaːrkaɪt] *f* durevolezza *f*, conservazione *f*

halten [ˈhaltən] *v irr 1.* tenere; *2. (Rede)* tenere; *3. (dauern)* mantenere
◆ *eine Rede halten* tenere un discorso
jdn für jdn halten confondere qd con qd
jdn für dumm halten considerare qd uno stupido
sich vor Lachen nicht halten können non potersi trattenere dalle risate

Haltestelle [ˈhaltəʃtɛlə] *f* fermata *f*
Haltung [ˈhaltuŋ] *f* *1. (Körperhaltung)* portamento *m;* ◆ *Haltung annehmen* stare sull'attenti; *2. (Verhalten)* atteggiamento *m; 3. (Selbstbeherrschung)* contegno *m*
hämisch [ˈhɛːmɪʃ] *adj 1.* maligno; *adv 2.* malignamente
Hammel [ˈhaməl] *m* montone *m*
Hammer [ˈhamər] *m* martello *m;* ◆ *unter den Hammer kommen* essere messo all'asta
hämmern [ˈhɛmərn] *v* martellare
Hämoglobin [hɛmogloˈbiːn] *n* emoglobina *f*
Hämorriden [hɛmɔroˈiːdən] *pl* emorroidi *f/pl*
Hamster [ˈhamstər] *m* criceto *m*

Hand [hant] *f ANAT* mano *f*
◆ *zu Händen von* all'attenzione di
Hand in Hand mano nella mano
jds rechte Hand sein (fig) essere il braccio destro di qd
selbst mit Hand anlegen mettere mano a qc
seine Hand aufhalten stendere la mano
die Hand gegen jdn erheben alzare le mani su qd
Hand und Fuß haben avere solide basi
die Hand auf etw halten avere le mani su qc
die Hand für etw ins Feuer legen mettere la mano sul fuoco per qc
freie Hand haben avere carta bianca
auf der Hand liegen essere evidente
aus erster Hand di prima mano
mit der linken Hand senza impegno
sich in der Hand haben tenersi a freno
Das lässt sich nicht von der Hand weisen. Non è da escludere. È possibilissimo.
eine Hand voll una manciata *f*
! *Plural: Hände*

Handball [ˈhantbal] *m SPORT* palla a mano *f*
Handbuch [ˈhantbuːx] *n* manuale *m*
Handel [ˈhandəl] *m* commercio *m*
handeln [ˈhandəln] *v 1. (tätig sein)* agire; *2. (Handel treiben)* commerciare; *3. (feilschen)* mercanteggiare; *4. sich ~ um* trattarsi di
Handelskammer [ˈhandəlskamər] *f ECO* camera di commercio *f*
Handelspolitik [ˈhandəlspolitiːk] *f POL* politica commerciale *f*
Händeschütteln [ˈhɛndəʃytəln] *n* stretta di mano *f*
Handgepäck [ˈhantgəpɛk] *n* bagaglio a mano *m*
handgreiflich [ˈhantgraɪflɪç] *adj ~ werden* diventare violento
Handgriff [ˈhantgrɪf] *m 1. (Griff)* manico *m,* maniglia *f; 2. (kleine Mühe)* lavoretto *m*
handhaben [ˈhanthaːbən] *v* maneggiare, utilizzare
Handhabung [ˈhanthaːbuŋ] *f* maneggio *m*
Handikap [ˈhɛndɪkɛp] *n* handicap *m*
Handkuss [ˈhantkus] *m* baciamano *m*
Händler(in) [ˈhɛndlər(ɪn)] *m/f* commerciante *m/f*
handlich [ˈhantlɪç] *adj* maneggevole
Handlung [ˈhandluŋ] *f 1. (Tat)* azione *f; 2. (Laden)* negozio *m*
Handlungsspielraum [ˈhandluŋsʃpiːlraum] *m* margine di azione *m*
Handschellen [ˈhantʃɛlən] *pl* manette *f/pl*
Handschrift [ˈhantʃrɪft] *f* scrittura *f*
handschriftlich [ˈhantʃrɪftlɪç] *adj 1.* scritto a mano; *adv 2.* per iscritto
Handschuh [ˈhantʃuː] *m* guanto *m*
Handtasche [ˈhanttaʃə] *f* borsa *f*
Handtuch [ˈhanttuːx] *n* asciugamano *m*

H

Handwerk [ˈhantvɛrk] *n* artigianato *m;* ◆ *jdm ins Handwerk pfuschen* rovinare il lavoro di qd
Handwerker [ˈhantvɛrkər] *m* artigiano *m*
handwerklich [ˈhantvɛrklɪç] *adj* artigianale
Handy [ˈɥɛndiː] *n* cellulare *m,* telefonino *m*
Handzettel [ˈhanttsɛtəl] *m* volantino *m*
Hanf [hanf] *m* canapa *f*
Hang [haŋ] *m 1. (Abhang)* pendio *m; 2. (fig: Neigung)* tendenza *f*
Hängematte [ˈhɛŋəmatə] *f* amaca *f*

hängen [ˈhɛŋən] *v irr 1. (befestigt sein)* essere attaccato; *2. (herab~)* pendere; *3. (auf~)* appendere; *4. an etw ~ (fig: etw gern haben)* essere affezionato a qc
◆ *jdn hängen lassen (fig)* piantare in asso qd
mit Hängen und Würgen duramente

hantieren [hanˈtiːrən] *v* maneggiare
Happen [ˈhapən] *m* boccone *m*
Harfe [ˈharfə] *f* arpa *f*
harmlos [ˈharmloːs] *adj 1. (ungefährlich)* innocuo; *adv 2.* innocentemente
Harmlosigkeit [ˈharmloːzɪçkaɪt] *f (Ungefährlichkeit)* innocuità *f*
Harmonie [harmoˈniː] *f* armonia *f*
harmonieren [harmoˈniːrən] *v* armonizzare
harmonisch [harˈmoːnɪʃ] *adj* armonico
Harn [harn] *m* urina *f*
hart [hart] *adj 1.* duro; *2. (streng)* severo; *3. (Ei)* sodo
Härte [ˈhɛrtə] *f 1.* durezza *f; 2. (Strenge)* rigore *m*
Hartnäckigkeit [ˈhartnɛkɪçkaɪt] *f* ostinazione *f*
Harz [harts] *m* resina *f*
harzig [ˈhartsɪç] *adj* resinoso
Haschisch [ˈhaʃɪʃ] *n* hascisc *m*
Hase [ˈhaːzə] *m ZOOL* lepre *m;* ◆ *ein alter Hase sein* essere una vecchia volpe
Haselnuss [ˈhaːzəlnus] *f* nocciola *f*
Hass [has] *m* odio *m*
hassen [ˈhasən] *v* odiare
hässlich [ˈhɛslɪç] *adj* brutto
Hässlichkeit [ˈhɛslɪçkaɪt] *f* bruttezza *f*
Hast [hast] *f* fretta *f*
hastig [ˈhastɪç] *adj 1.* affrettato; *adv 2.* in fretta
hätscheln [ˈhɛtʃəln] *v* accarezzare
Haube [ˈhaubp] *f* cuffia *f;* ◆ *jdn unter die Haube bringen* portare qd all'altare
Hauch [haux] *m 1. (Atem)* fiato *m; 2. (Luft)* soffio *m; 3. (Duft)* profumo *m; 4. (geringe Menge)* ombra *f*
hauen [ˈhauən] *v irr* percuotere, picchiare; ◆ *übers Ohr hauen* imbrogliare
Haufen [ˈhaufən] *m* mucchio *m;* ◆ *jdn über den Haufen fahren* mandare qd a gamba all'aria; *etw über den Haufen werfen* mandare qc a monte
häufen [ˈhɔyfən] *v* ammucchiare
haufenweise [ˈhaufənvaɪzə] *adv* a mucchi
häufig [ˈhɔyfɪç] *adj 1.* frequente; *adv 2.* spesso
Häufigkeit [ˈhɔyfɪçkaɪt] *f* frequenza *f*
Haupt [haupt] *n* capo *m;* ◆ *das Haupt der Familie* il capofamiglia *m*
Hauptanschluss [ˈhauptanʃlus] *m 1. TEL* linea diretta *f; 2.TECH* attacco principale *m*
Hauptbahnhof [ˈhauptbaːnhoːf] *m* stazione centrale *f*
hauptberuflich [ˈhauptbəruːflɪç] *adj* di professionale principale
Hauptgericht [ˈhauptgərɪçt] *n GAST* piatto principale *m*

H

Hauptsache [ˈhauptzaxə] *f* cosa principale *f*
hauptsächlich [ˈhauptzɛçlıç] *adj* principale
Hauptsaison [ˈhauptsɛzɔ̃] *f* alta stagione *f*
Hauptschule [ˈhauptʃuːlə] *f* scuola secondaria *f*
Hauptstadt [ˈhauptʃtat] *f* capitale *f*
Hauptverkehrszeit [ˈhauptfɛrkeːrstsaıt] *f* ora di punta del traffico *f*
Hauptversammlung [ˈhauptfɛrzamluŋ] *f* assemblea generale *f*

Haus [haus] *n 1. (Gebäude)* casa *f; 2. (Zuhause)* casa; *zu ~e* a casa; *nach ~e* a casa
◆ *außer Haus sein* essere fuori casa
jdm das Haus einrennen importunare qd
jdm das Haus verbieten sbarrare la casa a qd
mit der Tür ins Haus fallen (fig) piombare in casa con tutta la porta
ins Haus stehen essere imminente
jdm ins Haus schneien piombare in casa a qd
! *Plural: Häuser*

Hausangestellte(r) [ˈhausangəʃtɛltə(r)] *m/f* domestico/domestica *m/f*
Hausarbeit [ˈhausarbaıt] *f* lavoro di casa *m*
Hausarrest [ˈhausarɛst] *m* arresto domiciliare *m*
Hausarzt [ˈhausartst] *m* medico di famiglia *m,* medico di base *m*
Hausaufgaben [ˈhausaufgaːbən] *pl* compiti a casa *m/pl*
Hausfrau [ˈhausfrau] *f* casalinga *f*
Hausfriedensbruch [ˈhausfriːdənsbrux] *m JUR* violazione di domicilio *f*
Haushalt [ˈhaushalt] *m 1.* governo della casa *m; 2. (Staatshaushalt)* bilancio *m;* ◆ *öffentlicher Haushalt* bilancio pubblico *m*
haushalten [ˈhaushaltən] *v irr 1.* governare; *2. (sparsam sein)* risparmiare
Haushaltsgerät [ˈhaushaltsgərɛːt] *n* utensile domestico *m*
Hausmeister(in) [ˈhausmaıstər(ın)] *m/f* portiere/portiera *m/f,* bidello/bidella *m/f;* ◆ *Hausmeister eines Gebäudes* portiere di un edificio *m; Hausmeister einer Schule* bidello di una scuola *m*
Hausschuh [ˈhausʃuː] *m* pantofola *f*
Haustier [ˈhaustiːr] *n* animale domestico *m*

Haut [haut] *f ANAT* pelle *f*
◆ *seine eigene Haut retten* salvare la propria pelle
nur noch Haut und Knochen sein (fig) essere pelle e ossa
sich seiner Haut wehren difendere la propria pelle
sich auf die faule Haut legen stare a poltrire
aus der Haut fahren uscire dai gangheri
nicht aus seiner Haut können non poter cambiare pelle
nicht in jds Haut stecken mögen non volere essere nei panni di qd
mit heiler Haut davon kommen cavarsela per il rotto della cuffia
mit Haut und Haaren con tutti i crismi
unter die Haut gehen toccare profondamente
! *Plural: Häute*

Hautarzt [ˈhautartst] *m MED* dermatologo *m*
Hautkrebs [ˈhautkreːps] *m MED* carcinoma epidermoide *m*
Hebamme [ˈheːbamə] *f* levatrice *f,* ostetrica *f*

H

Hebel [ˈheːbəl] *m TECH* leva *f;* ◆ *alle Hebel in Bewegung setzen* tentare tutto il possibile; *am längeren Hebel sitzen* avere il coltello dalla parte del manico
heben [ˈheːbən] *v irr 1.* sollevare; ◆ *einen heben* farsi un goccio/bere un goccetto; *2. (bergen)* recuperare; ◆ *ein gesunkenes Schiff heben* recuperare una nave affondata
hebräisch [heˈbrɛːɪʃ] *adj* ebreo
Hecht [heçt] *m* luccio *m*
Heck [hɛk] *n 1. (eines Autos)* parte posteriore *f; 2. (eines Schiffes)* poppa *f*
Hecke [ˈhɛkə] *f* covata *f,* siepe *f*
Heer [heːr] *n* esercito *m*
Hefe [ˈheːfə] *f* lievito *m*
Hefeteig [ˈheːfətaɪk] *m GAST* pasta lievitata *f*
Heft [hɛft] *n* quaderno *m*
heften [ˈhɛftən] *v 1. (befestigen)* attaccare; *2. (nähen)* cucire
heftig [ˈhɛftɪç] *adj 1.* violento; *adv 2.* violentemente
Heftklammer [ˈhɛftklamər] *f* fermaglio *m*
Heide[1] [ˈhaɪdə] *m* pagano *m*
Heide[2] [ˈhaɪdə] *f GEOL* brughiera *f*
Heidelbeere [ˈhaɪdəlbeːrə] *f BOT* mirtillo *m*
heikel [ˈhaɪkəl] *adj* delicato, scabroso; ◆ *ein heikles Thema* un argomento scabroso *m*
heil [haɪl] *adj* sano
Heil [haɪl] *n* salvezza *f*
Heiland [ˈhaɪlant] *m REL* Salvatore *m*
heilen [ˈhaɪlən] *v* guarire
Heilgymnastik [ˈhaɪlgymnastɪk] *f* ginnastica terapeutica *f,* fisioterapia *f*
heilig [ˈhaɪlɪç] *adj REL* santo; ◆ *heilig sprechen* canonizzare/santificare
Heiligabend [haɪlɪçˈaːbənt] *m REL* vigilia di Natale *f*
Heilige(r) [ˈhaɪlɪgə(r)] *m/f REL* santo/santa *m/f*
Heilkunde [ˈhaɪlkundə] *f MED* medicina *f*
Heilmittel [ˈhaɪlmɪtəl] *n 1. MED* medicina *f,* rimedio *m,* medicinale *m; 2. (fig)* medicina *f,* rimedio *m*
heilsam [ˈhaɪlzaːm] *adj* salutare
Heilsarmee [ˈhaɪlsarmeː] *f* esercito della salvezza *m*
Heilung [ˈhaɪluŋ] *f MED* cura *f*
heim [haɪm] *adv* a casa
Heim [haɪm] *n* casa *f*
Heimat [ˈhaɪmat] *f* patria *f*
heimbringen [ˈhaɪmbrɪŋən] *v irr* por-tare a casa
heimisch [ˈhaɪmɪʃ] *adj 1. (heimatlich)* del proprio paese; *2. (vertraut)* abituale
Heimkehrer [ˈhaɪmkeːrər] *m* reduce *m*
Heimkind [ˈhaɪmkɪnt] *n* bambino che vive in un collegio *m*
heimlich [ˈhaɪmlɪç] *adj* segreto
Heimlichkeit [ˈhaɪmlɪçkaɪt] *f* segretezza *f*
Heimsuchung [ˈhaɪmzuːxuŋ] *f* tribolazione *f*
Heimtücke [ˈhaɪmtykə] *f* malizia *f*
Heimweg [ˈhaɪmveːk] *m* ritorno *m*
Heimweh [ˈhaɪmveː] *n* nostalgia *f*
heimzahlen [ˈhaɪmtsaːlən] *v* rendere, ripagare; ◆ *Das werde ich ihm heimzahlen.* Gliela farò pagare.
Heirat [ˈhaɪraːt] *f* matrimonio *m*
heiraten [ˈhaɪraːtən] *v* sposare, sposarsi con qd
Heiratsantrag [ˈhaɪraːtsantraːk] *m* proposta di matrimonio *f*
Heiratsurkunde [ˈhaɪraːtsuːrkundə] *f JUR* atto di matrimonio *m*
heiser [ˈhaɪzər] *adj* rauco
Heiserkeit [ˈhaɪzərkaɪt] *f MED* raucedine *f*

heiß [haɪs] *adj 1.* bollento, molto caldo; *ein ~es Eisen (fig)* un argomento scottante *m; ~e Luft* aria calda *f; 2. (heftig)* accanito; *~ geliebt* amatissimo
◆ *Da läuft es einem heiß und kalt über den Rücken.* Ciò fa venire i brividi.

heißen [ˈhaɪsən] *v irr 1.* chiamarsi; ◆ *Ich heiße Anna.* Mi chiamo Anna. *2. (bezeichnen)* nominare; *3. das heißt* cioè
heiter [ˈhaɪtər] *adj 1. (fröhlich)* contento, gaio; *2. (sonnig)* sereno; ◆ *Das kann ja heiter werden!* Ne vedremo delle belle!
Heiterkeit [ˈhaɪtərkaɪt] *f* allegria *f*
heizen [ˈhaɪtsən] *v* riscaldare
Heizkessel [ˈhaɪtskɛsəl] *m* caldaia *f*
Heizkissen [ˈhaɪtskɪsən] *n* termoforo *m,* cuscino elettrico *m*
Heizkörper [ˈhaɪtskœrpər] *m* termosifone *m,* calorifero *m*
Heizöl [ˈhaɪtsøːl] *n* nafta *f*
Heizung [ˈhaɪtsuŋ] *f* riscaldamento *m*
Hektar [ˈhɛktar] *n* ettaro *m*
Hektik [ˈhɛktɪk] *f* agitazione *f,* fretta *f*
hektisch [ˈhɛktɪʃ] *adj 1.* febbrile; *adv 2.* febbrilmente
Held(in) [hɛlt/ˈhɛldɪn] *m/f* eroe/eroina *m/f*

helfen [ˈhɛlfən] *v irr* aiutare; *jdm ~* aiutare qd
! *mit Dativ*

Helfer(in) [ˈhɛlfər(ɪn)] *m/f* soccorritore/soccorritrice *m/f*
hell [hɛl] *adj 1. (Licht)* chiaro; *2. (Klang)* limpido; *3. (fig: aufgeweckt)* lucido
hellblau [ˈhɛlblau] *adj* celeste, azzurro chiaro
hellhörig [ˈhɛlhøːrɪç] *adj 1. (schalldurchlässig)* di udito fine; *2. (fig: wachsam)* perspicace
Helligkeit [ˈhɛlɪçkaɪt] *f* chiarezza *f*
Hellseher(in) [ˈhɛlzeːər(ɪn)] *m/f* chiaroveggente *m/f*
hellwach [ˈhɛlˈvax] *adj* sveglio
Helm [hɛlm] *m 1.* casco *m; 2. MIL* elmo *m*
Hemd [hɛmt] *n* camicia *f;* ◆ *sein letztes Hemd hergeben* dare via anche la camicia; *kein Hemd mehr auf dem Leib haben* rimanere in brache di tela/non avere più un soldo
hemmen [ˈhɛmən] *v* frenare, ostacolare
Hemmung [ˈhɛmuŋ] *f 1. PSYCH* inibizioni *f/pl; 2. (Bedenken)* scrupolo *m*
hemmungslos [ˈhɛmuŋsloːs] *adj* sfrenato
Hengst [hɛŋst] *m* stallone *m*
Henkel [ˈhɛŋkəl] *m* ansa *f,* maniglia *f*
Henker [ˈhɛŋkər] *m* carnefice *m,* boia *m*
Henne [ˈhɛnə] *f* gallina *f*

her [heːr] *adv 1. (örtlich)* qua, qui; *2. (zeitlich)* da
◆ *Zu mir her!* Vieni qui da me!
Wo hat sie das her? Da chi l'ha avuto?
hinter jdm her sein stare dietro a qd
Es ist vier Jahre her, dass ... Sono quattro anni che ...
Es ist lange her, dass ... E' da molto tempo che ...
Mit ihm ist es nicht viel her. Con lui non c'è molto da stare allegri.

herab [hɛˈrap] *adv* giù
herabsehen [hɛˈrapzeːən] *v irr (fig)* guardare dall'alto in basso
herabsetzen [hɛˈrapzɛtsən] *v 1. (vermindern)* diminuire; *2. (herabwürdigen)* screditare
heran [hɛˈran] *adv 1. (örtlich)* avanti; *2. (zeitlich)* vicino
herankommen [hɛˈrankɔmən] *v irr* avvicinarsi
heranmachen [hɛˈranmaxən] *v (fam: sich nähern)* avvicinarsi

H

herantragen [hɛˈrantraːgən] *v irr 1.* apportare; *2. (fig)* sottoporre
herantreten [hɛrˈantreːtən] *v irr (fig) an jdn ~* rivolgersi
heranwachsen [hɛˈranvaksən] *v irr* crescere
Heranwachsende(r) [hɛˈranvaksəndə(r)] *m/f* adolescente *m/f*
herauf [hɛˈrauf] *adv* su
heraufholen [hɛˈraufhoːlən] *v* portare su
heraufkommen [hɛˈraufkɔmən] *v irr* salire

H

heraus [hɛˈraus] *adv* fuori
herausbekommen [hɛˈrausbəkɔmən] *v irr 1. (Geld)* riavere; *2. (fig: herausfinden)* riuscire a indovinare, scoprire
herausbeugen [hɛˈrausbɔygən] *v sich ~* sporgersi
herausbringen [hɛˈrausbrɪŋən] *v irr 1.* portare fuori; *2. (veröffentlichen)* pubblicare; *3. (fig: herausfinden)* riuscire a indovinare; *4. (fam: entfernen)* riuscire a togliere
herausfinden [hɛˈrausfɪndən] *v irr* ritrovare, scoprire
herausfordernd [hɛˈrausfɔrdərnt] *adj* provocatorio
Herausforderung [hɛˈrausfɔrdəruŋ] *f* sfida *f,* provocazione *f*
herausgeben [hɛˈrausgeːbən] *v irr (Zeitung)* pubblicare
Herausgeber(in) [hɛˈrausgeːbər(ɪn)] *m/f* editore/editrice *m/f*
heraushalten [hɛˈraushaltən] *v irr 1.* tenere fuori; *2. sich ~* tenersi fuori; ◆ *sich aus einem Streit heraushalten* tenersi fuori da una lite
herauskommen [hɛˈrauskɔmən] *v irr 1.* venire fuori, uscire; *2. (veröffentlichen)* essere pubblicato; *3. (fig: erscheinen)* apparire; *4.* ◆ *aufs Gleiche herauskommen* essere la stessa cosa
herausnehmen [hɛˈrausneːmən] *v irr 1. (nehmen)* prendere fuori; *2. (fig) sich ~* permettersi
herausreden [hɛˈrausreːdən] *v sich ~* discolparsi con belle parole
herausreißen [hɛˈrausraɪsən] *v irr* strappare
herausstrecken [hɛˈrausʃtrɛkən] *v* stendere
heraussuchen [hɛˈrauszuːxən] *v* cercare
heraustreten [hɛˈraustreːtən] *v irr* uscire
herauswerfen [hɛˈrausvɛrfən] *v irr* gettare fuori
herb [hɛrp] *adj 1. (Geschmack)* aspro; *2. (fig)* amaro; ◆ *eine herbe Enttäuschung* un'amara delusione *f*
herbei [hɛrˈbaɪ] *adv* qui
herbeieilen [hɛrˈbaɪaɪlən] *v* accorrere
herbeischaffen [hɛrˈbaɪʃafən] *v* portare
Herberge [ˈhɛrbɛrgə] *f* locanda *f*
herbringen [ˈheːrbrɪŋən] *v irr* portare
Herbst [hɛrpst] *m* autunno *m*
herbstlich [ˈhɛrpstlɪç] *adj* autunnale
Herd [heːrt] *m (Küche)* cucina elettrica, cucina a gas *f*
Herde [ˈheːrdə] *f* mandria *f,* gregge *m; eine ~ von Pferden* una mandria di cavalli *f; eine ~ von Schafen* un gregge di pecore *m*
herein [hɛˈraɪn] *adv 1.* dentro; *interj 2.* avanti
hereinbrechen [hɛˈraɪnbrɛçən] *v irr 1.* crollare; *2. (fig)* sopravvenire
hereinfallen [hɛˈraɪnfalən] *v irr 1.* cadere dentro; *2. (fig: getäuscht werden)* farsi imbrogliare
hereinkommen [hɛˈraɪnkɔmən] *v irr* venir dentro
hereintreten [hɛˈraɪntreːtən] *v irr* andare a finire dentro; ◆ *in eine Pfütze*

hereintreten andare a finire in una pozza d'acqua

hergeben [ˈheːrgeːbən] *v irr 1.* dare; ◆ *Gib mir den Kugelschreiber her.* Dammi la penna. *2. sich ~* prestarsi

Hering [ˈheːrɪŋ] *m ZOOL* aringa *f*

herkommen [ˈheːrkɔmən] *v irr 1.* venire qui; *2. (herstammen)* provenire

herkömmlich [ˈheːrkœmlɪç] *adj* tradizionale

Herkunft [ˈheːrkunft] *f* origine *f*

Heroin [heroˈiːn] *n CHEM* eroina *f*

> **Herr** [hɛr] *m* signore *m*
> ◆ *der Herr im Haus sein* essere il padrone di casa
> *Herr der Lage sein* essere padrone della situazione

herrichten [ˈheːrrɪçtən] *v* preparare

herrlich [ˈhɛrlɪç] *adj* splendido

Herrlichkeit [ˈhɛrlɪçkaɪt] *f* magnificenza *f*

Herrschaft [ˈhɛrʃaft] *f* domino, potere, controllo *m*

herrschen [ˈhɛrʃən] *v 1. (regieren)* dominare; *2. (bestehen)* sussistere

Herrscher(in) [ˈhɛrʃər(ɪn)] *m/f* sovrano/sovrana *m/f*

herstellen [ˈherʃtɛlən] *v 1. (erzeugen)* fabbricare; *2. (fig: realisieren)* realizzare

Hersteller(in) [ˈherʃtɛlər(ɪn)] *m/f* fabbricante *m/f*, produttore/produttrice *m/f*

Herstellung [ˈherʃtɛluŋ] *f 1.* fabbricazione *f*, produzione *f*; *2. (Realisierung)* realizzazione *f*

herüber [hɛˈryːbər] *adv* di qua

herum [hɛˈrum] *adv* intorno

herumbekommen [hɛˈrumbəkɔmən] *v irr 1. jdn ~* riuscire a persuadere qd; *2. (Zeit)* passare

herumdrehen [hɛˈrumdreːən] *v* girare, voltare

herumgehen [hɛˈrumgeːən] *v irr 1. (bummeln)* andare in giro; *2. (umrunden)* girare intorno a qc

herumkommen [hɛˈrumkɔmən] *v irr 1. (reisen)* viaggiare; *2. um etw ~ (fig)* evitare qc

herumsprechen [hɛˈrumʃprɛçən] *v irr sich ~* diffondersi

herunter [hɛˈruntər] *adv* giù

herunterdrücken [hɛˈruntərdrykən] premere, abbassare

herunterfahren [hɛˈruntərfaːrən] *v INFORM* disattivare

herunterfallen [hɛˈruntərfalən] *v irr* cadere giù

heruntergekommen [hɛˈruntərgəkɔmən] *adj* malandato

herunterschlucken [hɛˈruntərʃlukən] *v* inghiottire

herunterwerfen [hɛˈruntərvɛrfən] *v irr* gettare giù

hervor [hɛrˈfoːr] *adv* fuori

hervorbringen [hɛrˈfoːrbrɪŋən] *v irr 1. (erzeugen)* produrre; *2. (sagen)* dire

hervorheben [hɛrˈfoːrheːbən] *v irr* dare rilievo a

hervorragend [hɛrˈfoːrraːgənt] *adj (fig)* eccellente, sporgente

hervorrufen [hɛrˈfoːrruːfən] *v irr (fig)* suscitare

> **Herz** [hɛrts] *n ANAT* cuore *m*
> ◆ *ein Herz und eine Seele* due cuori e un'anima
> *jdm sein Herz ausschütten (fig)* aprire il proprio cuore a qd
> *jdm das Herz brechen* spezzare il cuore a qd
> *sich ein Herz nehmen* prendere il coraggio a due mani
> *das Herz auf der Zunge tragen* metter il cuore in mano

H

jdm sein Herz schenken dare il proprio cuore a qd
jdm das Herz schwer machen mettere in croce qd
seinem Herzen Luft machen levarsi un peso dal cuore
jdm am Herzen liegen stare a cuore a qd
jdm ans Herz gewachsen sein essere molto amati da qd
etw auf dem Herzen haben avere un peso sul cuore
jdm aus dem Herzen sprechen essere della stressa idea
auf tiefstem Herzen dal profondo del cuore
jdm in sein Herz schließen avere a cuore qd
es nicht übers Herz bringen non avere il coraggio di fare qc
sich etw zu Herzen nehmen prendersi a cuore qc
leicht ums Herz werden sentirsi allargare il cuore
Das Herz ist ihm in die Hose gerutscht. È morto di paura.
Das Herz wurde ihr schwer. Si è rattristata.

herzergreifend [ˈhɛrtsɛrgraɪfənt] *adj* commovente
Herzfehler [ˈhɛrtsfeːlər] *m MED* vizio cardiaco *m*
herzhaft [ˈhɛrtshaft] *adj 1. (Geschmack)* saporito; *2. (Lachen)* ridere di cuore
Herzinfarkt [ˈhɛrtsɪnfarkt] *m MED* infarto cardiaco *m*
Herzklopfen [ˈhɛrtsklɔpfən] *n* batticuore *m*
herzlich [ˈhɛrtslɪç] *adj* cordiale; *3. (mutig)* corragioso
herzlos [ˈhɛrtsloːs] *adj* senza cuore
Herzschlag [ˈhɛrtsʃlaːk] *m 1.* pulsazione *f; 2. MED* battito cardiaco *m*
Herzschrittmacher [ˈhɛrtsʃrɪtmaxər] *m MED* pacemaker *m*
hetzen [ˈhɛtsən] *v 1. (eilen)* correre; *2. (fig)* aizzare
Heu [hɔy] *n* fieno *m*
heucheln [ˈhɔyçəln] *v* fingere
heulen [ˈhɔylən] *v 1. (fam: weinen)* piangere; ◆ *zum Heulen sein* essere da piangere; *2. (Sirene)* urlare

heute [ˈhɔytə] *adv* oggi
◆ *von heute auf morgen* dall'oggi al domani

heutzutage [ˈhɔytsutaːgə] *adv* oggigiorno
Hexe [ˈhɛksə] *f* strega *f*

hier [hiːr] *adv* qui
◆ *hier bleiben* restare qui

Hierarchie [hiːerarˈçiː] *f* gerarchia *f*
hierauf [ˈhiːrauf] *adv* dopo di ciò
hierher [ˈhiːrheːr] *adv* qua
hiermit [ˈhiːrmɪt] *adv* con questo
hiesig [ˈhiːzɪç] *adj* locale, di qui
Hilfe [ˈhɪlfə] *f 1.* aiuto *m; 2. (~leistung)* soccorso *m; erste ~* pronto soccorso *m; 3. (soziale ~)* assistenza *f*
hilflos [ˈhɪlfloːs] *adj 1. (fig)* perplesso; *2. (ohne Hilfe)* privo d'aiuto
hilfreich [ˈhɪlfraɪç] *adj (von Nutzen)* essere d'aiuto
hilfsbereit [ˈhɪlfsbəraɪt] *adj* soccorrevole
Himbeere [ˈhɪmbeːrə] *f BOT* lampone *m*

Himmel [ˈhɪməl] *m* cielo *m*
◆ *der Himmel auf Erden* il Paradiso in terra
jdm den Himmel auf Erden versprechen promettere a qd il paradiso in terra

aus heiterem Himmel di punto in bianco
im siebten Himmel sein essere al settimo cielo
zum Himmel schreien gridare vendetta
Ach du lieber Himmel! Santo Cielo!
Weiß der Himmel! Sa il cielo!
Um Himmels willen! Per l'amor del cielo!

himmlisch [ˈhɪmlɪʃ] *adj 1. REL* celeste; *2. (fig)* meraviglioso
hin [hɪn] *adv* la; ◆ *Wo geht sie hin?* Dove va? *hin und her* su e giù/via vai/andirivieni; *hin und zurück* andata e ritorno; *hin und wieder* di quando in quando; *nach langem Hin und Her* dopo una lunga indecisione
hinab [hɪnˈap] *adv* in giù
hinauf [hɪnˈauf] *adv* in su; ◆ *ein bisschen weiter hinauf* un po' più su
hinaufsteigen [hɪnˈaufʃtaɪgən] *v irr* salire
hinaus [hɪnˈaus] *adv* fuori
hinausgehen [hɪnˈausgeːən] *v irr* uscire
Hinblick [ˈhɪnblɪk] *m* ◆ *im Hinblick auf etw* con riguardo a qc
hindern [ˈhɪndərn] *v* impedire qc
Hindernis [ˈhɪndərnɪs] *n 1.* ostacolo *m; 2. (fig)* impedimento *m*
hindurch [hɪnˈdurç] *adv* attraverso
hinein [hɪnˈaɪn] *adv* dentro
hineingehen [hɪnˈaɪngeːən] *v irr* andare dentro
hineinpassen [hɪnˈaɪnpasən] *v* adattarsi
hineinstecken [hɪnˈaɪnʃtɛkən] *v 1.* infilare; *2. (fig: investieren)* investire
hineinsteigern [hɪnˈaɪnʃtaɪgərn] *v sich ~* esagerare, descrivere in modo esagerato
hineinziehen [hɪnˈaɪntsiːən] *v irr 1.* tirare dentro; *2. (fig) jdn in etw ~* trascinare qd in qc, coinvolgere qd in qc
Hinfahrt [ˈhɪnfaːrt] *f* andata *f*
hinfallen [ˈhɪnfalən] *v irr* cadere
hinfällig [ˈhɪnfɛlɪç] *adj (schwach)* debole
Hingabe [ˈhɪngaːbə] *f* dedizione *f*
hinhalten [ˈhɪnhaltən] *v irr 1.* tendere; *2. jdn ~* tenere a bada qd
hinken [ˈhɪŋkən] *v* zoppicare
hinlegen [ˈhɪnleːgən] *v 1.* mettere, posare; *etw ~* porre lì; *2. sich ~* sdraiarsi.
hinnehmen [ˈhɪnneːmən] *v irr* accettare, sopportare
hinreißend [ˈhɪnraɪsənt] *adj* entusiasmante
Hinrichtung [ˈhɪnrɪçtuŋ] *f* esecuzione capitale *f*
hinsetzen [ˈhɪnzɛtsən] *v sich ~* sedersi
hinstellen [ˈhɪnʃtɛlən] *v 1.* mettere; *2. (fig)* far passare; ◆ *jdn als dumm hinstellen* far passare qd per stupido

hinten [ˈhɪntən] *adv* dietro
◆ *Ich weiß nicht mehr, wo hinten und wo vorne ist!* Non so più da che parte girarmi!

hintenherum [ˈhɪntənhɛrum] *adv* da dietro

hinter [ˈhɪntər] *prep* dietro
◆ *etw hinter sich lassen* lasciarsi qc dietro le spalle
hinter den anderen zurückbleiben rimanere indietro rispetto agli altri
zwei km hinter München due km dietro Monaco
hinter jdm zurückstehen essere inferiore a qd
! *mit Dativ/Akkusativ*

Hinterbliebene(r) [hɪntərˈbliːbənə(r)] *m/f* superstite *m/f*
hintere(r,s) [ˈhɪntərə(r,s)] *adj* posteriore

H

hintereinander [hɪntəraɪˈnandər] *adv* uno dietro l'altro, uno dopo l'altro
Hintergedanke [ˈhɪntərgədaŋkə] *m* secondo fine *m*, pensiero segreto *m*
Hintergrund [ˈhɪntərgrunt] *m* 1. sfondo *m*; ◆ *in den Hintergrund treten* passare in secondo piano; 2. *(fig)* retroscena *m*
hinterher [ˈhɪntərheːr] *adv* 1. *(zeitlich)* dopo; [hɪntərˈheːr] 2. *(örtlich)* dietro
hinterlassen [hɪntərˈlasən] *v irr* lasciare; ◆ *Die Tante hinterlässt eine Erbschaft.* La zia lascia un'eredità.
hinterlegen [hɪntərˈleːgən] *v etw* ~ depositare
hinterlistig [ˈhɪntərlɪstɪç] *adj* perfido, astuto
Hintertür [ˈhɪntərtyːr] *f* porta di servizio *f* ◆ *sich eine Hintertür offen halten* lasciarsi una via di scampo; *durch die Hintertür* in confidenza
hinterziehen [hɪntərˈtsiːən] *v irr* evadere; *Steuern* ~ evadere il fisco
hinüber [hɪˈnyːbər] *adv* di là
hinuntergehen [hɪˈnuntərgeːən] *v irr* scendere
hinunterschlucken [hɪˈnuntərʃlukən] *v* 1. ingoiare, mandare giù; 2. *(fig)* ingoiare; ◆ *seinen Ärger hinunterschlucken* mandare giù la sua rabbia
hinunterwerfen [hɪˈnuntərvɛrfən] *v irr* gettare giù
Hinweis [ˈhɪnvaɪs] *m* indicazione *f*
hinziehen [ˈhɪntsiːən] *v irr sich* ~ protrarsi
hinzu [hɪnˈtsuː] *adv* oltre a ciò, per giunta
hinzufügen [hɪnˈtsuːfyːgən] *v* aggiungere
Hirn [hɪrn] *n ANAT* cervello *m*
Hirsch [hɪrʃ] *m ZOOL* cervo *m*
Hirse [ˈhɪrzə] *f BOT* miglio *m*
Hirtenhund [ˈhɪrtənhunt] *m* cane pastore *m*
Historiker [hɪˈstoːrɪkər] *m* storico *m*
historisch [hɪˈstoːrɪʃ] *adj* storico

Hitze [ˈhɪtsə] *f* caldo *m*
◆ *in der Hitze des Gefechts* nella confusione del momento
vor Hitze umkommen crepare dal caldo

Hitzewelle [ˈhɪtsəvɛlə] *f* 1. *METEO* ondata di caldo *f*; 2. *MED* caldana *f*
hobeln [ˈhoːbəln] *v* 1. *(Gemüse)* affettare; 2. *TECH* piallare

hoch [hoːx] *adj* 1. alto; *adv* 2. altamente; ~ *entwickelt* altamente sviluppato
◆ *Das ist mir zu hoch!* Non ci arrivo!
jdm etw hoch und heilig versprechen promettere solennemente qc a qd
! *komp: höher; sup: am höchsten*

Hochachtung [ˈhoːxaxtuŋ] *f* stima *f*
hochachtungsvoll [ˈhoːxaxtuŋsfɔl] *adv (im Brief)* con tutta stima
hochanständig [ˈhoːxanʃtɛndɪç] *adj* onestissimo
Hochdeutsch [ˈhoːxdɔytʃ] *n* tedesco puro *m*
Hochdruck [ˈhoːxdruk] *m* alta pressione *f*
Hochebene [ˈhoːxeːbənə] *f* altopiano *m*
hocherfreut [ˈhoːxɛrfrɔyt] *adj* 1. lietissimo; *adv* 2. con grande gioia
hochfahren [ˈhoːxfaːrən] *v INFORM* attivare (il sistema), arriare
Hochgebirge [ˈhoːxgəbɪrgə] *n* alta montagna *f*
hochgeschlossen [ˈhoːxgəʃlɔsən] *adj* accollato
hochgradig [ˈhoːxgraːdɪç] *adj* 1. di alto grado; 2. *(fig)* forte
Hochhaus [ˈhoːxhaus] *n* grattacielo *m*

hochleben [ˈhoːxleːbən] *v jdn ~ lassen* festeggiare qd con un brindisi
hochmütig [ˈhoːxmyːtɪç] *adj* superbo
Hochsaison [ˈhoːxzɛzɔ̃] *f* alta stagione *f*
Hochschule [ˈhoːxʃuːlə] *f* istituto superiore *m,* università *f*
Hochseefischerei [ˈhoːxzeːfɪʃəraɪ] *f* pesca d'alto mare *f*
Hochsommer [ˈhoːxzɔmər] *m* piena estate *f*
Hochspannung [ˈhoːxʃpanuŋ] *f TECH* alta tensione *f*
höchst [høːçst] *adv* molto
höchste(r,s) [ˈhøːçstə(r,s)] *adj* massimo/massima
höchstens [ˈhøːçstəns] *adv* al massimo
Höchstgeschwindigkeit [ˈhøːçstgəʃvɪndɪçkaɪt] *f* velocità massima *f*
höchstwahrscheinlich [ˈhøːçstvaːrʃaɪnlɪç] *adv* con tutta probabilità
Hochverrat [ˈhoːxfɛraːt] *m POL* alto tradimento *m*
Hochwasser [ˈhoːxvasər] *n* piena *f*
hochwertig [ˈhoːxvertɪç] *adj* di gran pregio, d'alto valore
Hochzeit [ˈhɔxtsaɪt] *f* nozze *f/pl;* ◆ *auf allen Hochzeiten tanzen (fig)* avere le mani in pasta dappertutto
Hocker [ˈhɔkər] *m* sgabello *m*
Hoden [ˈhoːdən] *pl* testicoli *m/pl*

> **Hof** [hoːf] *m 1.* cortile *m; 2. (Königshof)* corte *f; 3. (Bauernhof)* fattoria *f*
> ◆ *jdm den Hof machen* fare la corte a qd
> **!** *Plural: Höfe*

hoffen [ˈhɔfən] *v* sperare
hoffentlich [ˈhɔfəntlɪç] *adv* speriamo che
Hoffnung [ˈhɔfnuŋ] *f* speranza *f;* ◆ *guter Hoffnung sein* essere in stato interessante
hoffnungslos [ˈhɔfnuŋsloːs] *adj* senza speranza, disperato
Hoffnungslosigkeit [ˈhɔfnuŋsloːzɪçkaɪt] *f* disperazione *f*
höflich [ˈhøːflɪç] *adj 1.* cortese; *adv 2.* cortesemente
Höflichkeit [ˈhøːflɪçkaɪt] *f* cortesia *f*
Höhe [ˈhøːə] *f* altezza *f;* ◆ *auf der Höhe sein* essere in piena forma/essere al corrente; *in die Höhe gehen* andare in orbita/infuriarsi; *Das ist doch die Höhe!* Questo è il colmo!
Hoheit [ˈhoːhaɪt] *f 1. POL* sovranità *f; 2. (Anrede)* altezza *f*
Höhepunkt [ˈhøːəpuŋkt] *m* punta *f,* culmine *m*
höher [ˈhøːər] *adj 1.* più alto, superiore; *adv 2.* più in alto
hohl [hoːl] *adj 1.* cavo; *2. (fig: gehaltlos)* vuoto
Höhle [ˈhøːlə] *f* caverna *f;* ◆ *sich in die Höhle des Löwens wagen* cacciarsi nella tana del lupo
Hohlraum [ˈhoːlraum] *m* cavità *f*
Hohn [hoːn] *m* scherno *m,* derisione *f;* ◆ *der reinste Hohn* una vera beffa *f*
holen [ˈhoːlən] *v* andare a prendere, andare a chiamare; ◆ *Holen Sie den Arzt.* Vada a chiamare il medico. *Bei ihm ist nichts zu holen.* Da lui non si cava fuori niente.
Holland [ˈhɔlant] *n GEO* Olanda *f*
Holländer(in) [ˈhɔlɛndər(ɪn)] *m/f* olandese *m/f*
Hölle [ˈhœlə] *f* inferno *m;* ◆ *jdm die Hölle heiß machen* fare fuoco e fiamme con qd; *die Hölle auf Erde* l'inferno in terra *m; jdm das Leben zur Hölle machen* rendere la vita un inferno a qd; *Zur Hölle mit dir!* Va'all'inferno!
Holunder [hoˈlundər] *m* sambuco *m*

H

Holz [hɔlts] *n 1.* legno *m;* ◆ *Holz in den Wald tragen (fig)* portare vasi a Samo; *2. (Brennholz)* legna da ardere *f;* ◆ *Holz sammeln* raccogliere la legna
hölzern [ˈhœltsərn] *adj 1.* di legno; *2. (fig)* legnoso
Holzkohle [ˈhɔltskoːlə] *f* carbone di legna *m*
Homepage [ˈhəʊmpɛɪdʒ] *f INFORM* home page *f;* sito *m;* ◆ *eine Homepage einrichten* creare una home page

H

Homöopathie [homøopaˈtiː] *f MED* omeopatia *f*
Homosexualität [homozɛksualɪˈtɛːt] *f* omosessualità *f*
homosexuell [homozɛksuˈɛl] *adj* omosessuale
Honig [ˈhoːnɪç] *m* miele *m;* ◆ *jdm Honig ums Maul schmieren (fig)* leccare i piedi a qd
Honorar [honoˈraːr] *n* onorario *m*
Honoratioren [honoraˈtsjoːrən] *pl* notabili *m/pl*
honorieren [honoˈriːrən] *v 1. (bezahlen)* compensare, pagare; *2. (anerkennen)* onorare
Hopfen [ˈhɔpfən] *m BOT* luppolo *m;* ◆ *Bei ihr ist Hopfen und Malz verloren.* Con lei si perde l'olio e l'opera.
hörbar [ˈhøːrbaːr] *adj* udibile

> **hören** [ˈhøːrən] *v 1.* udire; *2. (zu~)* ascoltare
> ◆ *sich hören lassen können* lasciarsi ascoltare
> *etw von sich hören lassen* far sapere qc di sé
> *von jdm hören* avere notizie di qd
> *Du bekommst von mir etw zu hören!* Sentirai ancora parlar di me!

Hörer [ˈhøːrər] *m 1. (Person)* ascoltatore *m; 2. (Telefonhörer)* ricevitore *m*
hörig [ˈhøːrɪç] *adj* succube
Horizont [horiˈtsɔnt] *m* orizzonte *m*
horizontal [horitsɔnˈtaːl] *adj* orizzontale
Hormon [hɔrˈmoːn] *n* ormone *m*
Horn [hɔrn] *n 1. (Material)* corno *m; 2. ZOOL* corna *f/pl;* ◆ *Der Stier senkt die Hörner.* Il toro abbassa le corna. *sich die Hörner abstoßen* farsi le ossa; *jdm Hörner aufsetzen* fare le corna a qd; *3. MUS* corno *m;* ◆ *das Horn blasen* sonare il corno; *ins gleiche Horn blasen (fig)* suonare la stessa campana
Hornhaut [ˈhɔrnhaut] *f 1. (Schwiele)* callosità *f; 2. (Auge) ANAT* cornea *f*
Horoskop [horosˈkoːp] *n* oroscopo *m*
Hörsaal [ˈhøːrsaːl] *m* uditorio *m,* aula *f*
Hörspiel [ˈhøːrʃpiːl] *n* radiocommedia *f*

> **Hose** [ˈhoːzə] *f* pantaloni *m/pl*
> ◆ *die Hosen anhaben (fig)* portare i pantaloni
> *jdm die Hosen stramm ziehen* raddrizzare la schiena a qd
> *in die Hosen gehen* finire male

Hosenträger [ˈhoːzəntrɛːgər] *m* bretella *f*
Hospital [hɔspɪˈtaːl] *n* ospedale *m*
Hostie [ˈhɔstjə] *f REL* ostia *f*
Hotel [hoˈtɛl] *n* hotel *m,* albergo *m*
Hotelier [hotəlˈjeː] *m* albergatore/albergatrice *m/f*
Hub [huːp] *m 1. (Heben)* sollevamento *m; 2. TECH* corsa *f*
Hubraum [ˈhuːpraum] *m* cilindrata *f*
hübsch [hypʃ] *adj* carino; ◆ *Sie ist ein hübsches Mädchen.* E' una ragazza carina.
Hubschrauber [ˈhuːpʃraubər] *m* elicottero *m*
Hufeisen [ˈhuːfaɪzən] *n* ferro di cavallo *m*

Hüfte [ˈhyftə] *f ANAT* anca *f,* fianco *m*
Hügel [ˈhyːgəl] *m* collina *f*
Huhn [huːn] *n* pollo *m*
hügelig [ˈhyːgəlɪç] *adj* collinoso
Hühnerauge [ˈhyːnəraugə] *n MED* callo *m*
Huldigung [ˈhuldɪguŋ] *f* omaggio *m*
Hülle [ˈhylə] *f* involucro *m*
Hülse [ˈhylzə] *f 1.* astuccio *m; 2. (Patronenhülse)* bossolo *m; 3. BOT* baccello *m*
human [huˈmaːn] *adj* umano
Humanismus [humaˈnɪsmus] *m HIST* umanesimo *m*
humanistisch [humaˈnɪstɪʃ] *adj* umanista
Humanität [humanɪˈtɛːt] *f* umanità *f*
Hummel [ˈhuməl] *f ZOOL* calabrone *m*
Hummer [ˈhumər] *m ZOOL* astice *m,* gamberone *m*
Humor [huˈmoːr] *m* umorismo *m*
humorvoll [huˈmoːrfɔl] *adj* pieno di umorismo
humpeln [ˈhumpəln] *v* zoppicare

Hund [hunt] *m ZOOL* cane *m*
◆ *auf den Hund kommen (fig)* cadere in basso

hundert [ˈhundərt] *num* cento
hundertprozentig [ˈhundərtprotsɛntɪç] *adj* al cento per cento
hundertste(r,s) [ˈhundərtstə(r,s)] *adj* centesimo/centesima
Hunger [ˈhuŋər] *m* fame *f*
hungern [ˈhuŋərn] *v 1.* patire la fame; *2. (fig) ~ nach* essere assetato di; ◆ *nach Liebe hungern* essere assetato d'amore
Hungersnot [ˈhuŋərsnoːt] *f* carestia *f*
hungrig [ˈhuŋrɪç] *adj* affamato; ◆ *hungrig wie ein Wolf* affamato come un lupo
Hupe [ˈhuːpə] *f (eines Autos)* clacson *m*
hupen [ˈhuːpən] *v* suonare il clacson
hüpfen [ˈhypfən] *v* saltellare; ◆ *Das Kind hüpft auf einem Bein.* Il bambino saltella su una gamba.
Hürde [ˈhyrdə] *f* ostacolo *m*
Hure [ˈhuːrə] *f (fam)* puttana *f*
Hurrikan [ˈhœrɪkən] *m* uragano *m*
hurtig [ˈhurtɪç] *adj* svelto
huschen [ˈhuʃən] *v* guizzare
husten [ˈhuːstən] *v* tossire; ◆ *jdm etw husten* rifiutare qc a qd
Husten [ˈhuːstən] *m MED* tosse *f*

Hut [huːt] *m* cappello *m*
◆ *ein alter Hut sein (fig)* essere una storia vecchia
vor jdm den Hut ziehen togliersi il cappello davanti a qd
sich etw an den Hut stecken potersi tenere qc
mit jdm nichts am Hut haben non voler avere niente a che fare con qd
jdm eins auf den Hut geben rimproverare qd
etw unter einen Hut bringen mettere d'accordo qc
! *Plural:* Hüte

hüten [ˈhyːtən] *v* guardare, sorvegliare
Hütte [ˈhytə] *f 1.* capanna *f; 2. (Eisenhütte, Stahlhütte)* ferriera *f,* acciaiera *f*
Hydraulik [hyˈdraulɪk] *f PHYS* idraulica *f*
Hygiene [hygˈjeːnə] *f* igiene *m*
hygienisch [hygˈjeːnɪʃ] *adj* igienico
Hymne [ˈhymnə] *f* inno *m*
Hypnose [hypˈnoːzə] *f* ipnosi *f;* ◆ *jdn in Hypnose versetzen* indurre in ipnosi
hypnotisieren [hypnoːtiˈziːrən] *v* ipnotizzare
Hypothek [hypoˈteːk] *f* ipoteca *f;* ◆ *eine Hypothek aufnehmen* accendere un'ipoteca
Hypothese [hypoˈteːzə] *f* ipotesi *f*

H

I

ich [ɪç] *pron* io
! *Genitiv: meiner; Dativ: mir; Akkusativ: mich*

ideal [ide'aːl] *adj* ideale
Idealismus [idea'lɪsmus] *m* idealismo *m*
idealistisch [idea'lɪstɪʃ] *adj* idealistico
Idee [i'deː] *f* idea *f*; ◆ *nicht die leiseste Idee von etw haben* non aver la più pallida idea di qc
ideell [ide'ɛl] *adj* ideale
Identifikation [idɛntifika'tsjoːn] *f* identificazione *f*
identisch [i'dɛntɪʃ] *adj* identico
Identität [idɛnti'tɛːt] *f* identità *f*
Ideologie [ideolo'giː] *f* ideologia *f*
ideologisch [ideo'loːgɪʃ] *adj* ideologico
Idiot(in) [id'joːt(ɪn)] *m/f* idiota *m/f*
Idol [i'doːl] *n* idolo *m*
idyllisch [i'dylɪʃ] *adj* idillico
Igel ['iːgəl] *m ZOOL* riccio *m*
Ignoranz [igno'rants] *f* ignoranza *f*
ignorieren [igno'riːrən] *v* ignorare
ihm [iːm] *pron* a lui
ihn [iːn] *pron* lui, lo
ihnen ['iːnən] *pron* a loro
Ihnen ['iːnən] *pron* a Lei, a Loro

ihr [iːr] *pron 1. (Personalpronomen)* voi; *2. (Dativ, weiblich)* a lei
! *Genitiv zu 1.: euer; Dativ: euch; Akkusativ: euch*

ihr(e) [iːr/'iːrə] *pron 1. (possessiv, weiblich)* suo/sua, suoi/sue; *2. (possessiv, dritte Person)* il loro/la loro, i loro/le loro
Ihr(e) [iːr/'iːrə] *pron* Suo/Sua, Suoi/ Sue
ihrerseits ['iːrərzaɪts] *adv* da parte sua
ihretwegen ['iːrətveːgən] *adv* per lei, per loro
illegal [ɪle'gaːl] *adj 1.* illegale; *adv 2.* illegalmente
Illusion [ɪluz'joːn] *f* illusione *f*
im *(= in dem) (siehe „in")*
imaginär [imagi'nɛːr] *adj* immaginario
Imbiss ['ɪmbɪs] *m* spuntino *m*
Imitation [ɪmɪta'tsjoːn] *f* imitazione *f*
imitieren [ɪmɪ'tiːrən] *v* imitare
Imker ['ɪmkər] *m* apicoltore *m*

immer ['ɪmər] *adv* sempre; *~ noch* ancora
◆ *auf immer und ewig* per sempre
wie auch immer comunque

immerhin ['ɪmərhɪn] *adv* almeno
Immobilie [ɪmo'biːljə] *f* immobile *m*
immun [ɪ'muːn] *adj* immune
Immunität [ɪmuːni'tɛːt] *f* immunità *f*
Imperialismus [ɪmperja'lɪsmus] *m POL* imperialismo *m*
Imperium [ɪm'pɛrjum] *n* impero *m*
impfen ['ɪmpfən] *v* vaccinare
Impfstoff ['ɪmpfʃtɔf] *m* vaccino *m*
Import [ɪm'pɔrt] *m* importazione *f*
importieren [ɪmpɔr'tiːrən] *v* importare
impotent ['ɪmpotɛnt] *adj* impotente
Impotenz ['ɪmpotɛnts] *f MED* impotenza *f*
Impressum [ɪm'prɛsum] *n* sigla editoriale *f*
Impuls [ɪm'puls] *m* impulso *m*
impulsiv [ɪmpul'siːf] *adj* impulsivo
imstande [im'ʃtandə] *adj ~ sein* essere capace; ◆ *Dazu bin ich nicht imstande.* Non sono nelle condizioni di fare ciò.

in¹ [ɪn] *prep 1. (örtlich)* in; ~ *die Stadt gehen* andare in città; ~ *der Stadt sein* essere in città; *2. (zeitlich)* in; ~ *zwei Wochen (nach Ablauf von)* tra due settimane; ~ *zwei Wochen (innerhalb von)* in due settimane; **!** *mit Dativ/Akkusativ*

in² [ɪn] *adj* ~ *sein (fam)* essere in
Inanspruchnahme [ɪnˈanʃpruxnaːmə] *f* ricorso *m*
inbegriffen [ˈɪnbəgrɪfən] *adj* compreso; ◆ *Das Trinkgeld ist inbegriffen.* La mancia è compresa.
indem [ɪnˈdeːm] *konj* nel
indessen [ɪnˈdɛsən] *adv 1.* intanto; *konj 2.* mentre
Index [ˈɪndɛks] *m* indice *m*
Indianer(in) [ɪnˈdjaːnər(ɪn)] *m/f* indiano/indiana *m/f*
Indien [ˈɪndjən] *n GEO* India *f*
indirekt [ˈɪndirɛkt] *adj 1.* indiretto; *adv 2.* indirettamente
indiskret [ˈɪndɪskreːt] *adj 1.* indiscreto; *eine ~e Person* una persona indiscreta *f; adv 2.* indiscretamente
Individualismus [ɪndividuaˈlɪsmus] *m* individualismo *m*
individuell [ɪndividuˈɛl] *adj 1.* individuale; *adv 2.* individualmente
Individuum [ɪndiˈviːduum] *n* individuo *m*
Indiz [ɪnˈdiːts] *n* indizio *m*
Indonesien [ɪndɔˈneːzjən] *n GEO* Indonesia *f*
Industrie [ɪndusˈtriː] *f* industria *f*
industriell [ɪndustriˈɛl] *adj 1.* industriale; *adv 2.* industrialmente
Industrielle(r) [ɪndustriˈɛlə(r)] *m/f* industriale *m/f*
ineinander [ɪnaɪˈnandər] *adj* l'uno nell'altro; ◆ *ineinandergreifen* ingranare/intrecciarsi
Infektion [ɪnfekˈtsjoːn] *m MED* infezione *f*
infizieren [ɪnfiˈtsiːrən] *v* infettare
Inflation [ɪnflatsˈjoːn] *f* inflazione *f*
infolge [ɪnˈfɔlgə] *prep* in seguito a, a causa di
Informatik [ɪnfɔrˈmaːtɪk] *f* informatica *f*
Informatiker(in) [ɪnfɔrˈmaːtɪkər(ɪn)] *m/f* informatico/informatica *m/f*
Information [ɪnfɔrmaˈtsjoːn] *f* informazione *f*
informativ [ɪnfɔrmaˈtiːf] *adj* informativo
Infrarotlicht [ˈɪnfraˈroːtlɪçt] *n TECH* luce infrarossa *f*
Infrastruktur [ˈɪnfraʃtruktuːr] *f* infrastruttura *f*
Infusion [ɪnfusˈjoːn] *f MED* infusione *f*
Ingenieur(in) [ɪnʒɛnˈjøːr(ɪn)] *m/f* ingegnere *m/f*
Ingenieurwesen [ɪnʒənˈjøːrveːzən] *n* ingegneria *f*
Inhaber(in) [ˈɪnhaːbər(ɪn)] *m/f 1. (Eigentümer(in))* proprietario/proprietaria *m/f; 2. (Besitzer(in))* possessre/posseditrice *m/f; 3. (Amtsinhaber(in))* titolare *m/f*
inhaftieren [ɪnhafˈtiːrən] *v* arrestare
inhalieren [ɪnhaˈliːrən] *v MED* inalare
Inhalt [ˈɪnhalt] *m 1.* contenuto *m; 2. (fig)* contenuto *m*
inhaltlich [ˈɪnhaltlɪç] *adv* di contenuto
Inhaltsverzeichnis [ˈɪnhaltsfɛrtsaɪçnɪs] *n* indice *m*
Initiative [ɪnɪtsjaˈtiːvə] *f* iniziativa *f*
Initiator(in) [ɪnɪtsˈjaːtoːr(ɪn)] *m/f* iniziatore/iniziatrice *m/f*
Injektion [ɪnjɛkˈtsjoːn] *f MED* iniezione *f*
inklusive [ɪnkluˈziːvə] *prep* incluso
Inkompetenz [ɪnkɔmpəˈtɛnts] *f* incompetenza *f*

I

Inkonsequenz [ɪnkɔnzəˈkvɛnts] *f* incoerenza *f*, incongruenza *f*
Inland [ˈɪnlant] *n* territorio nazionale *m*, interno *m*
inländisch [ˈɪnlɛndɪʃ] *adj* nazionale, interno
Inlineskates [ˈɪnlaɪnʃkeɪts] *pl SPORT* pattini in linea *m/pl*
inmitten [ɪnˈmɪtən] *prep* nel mezzo di
innehaben [ˈɪnəhaːbən] *v irr* detenere, possedere; ◆ *ein Amt innehaben* occupare una carica
innehalten [ˈɪnəhaltən] *v irr* interrompersi, osservare
innen [ˈɪnən] *adv* internamente
Innenarchitekt(in) [ˈɪnənarçɪtɛkt(ɪn)] *m/f* arredatore/arredatrice *m/f*
Innenministerium [ˈɪnənmɪnɪsteːrjum] *n POL* ministero degli interni *m*
Innenseite [ˈɪnənzaɪtə] *f* parte interna *f*
Innenstadt [ˈɪnənʃtat] *f* centro città *m*
innerbetrieblich [ˈɪnərbətriːplɪç] *adj* faccenda interna (all'azienda)
innere(r,s) [ˈɪnərə(r,s)] *adj 1.* interno/interna; *2. (fig)* interiore
innerhalb [ˈɪnərhalp] *prep 1. (örtlich)* all'interno di; *2. (zeitlich)* entro
innerlich [ˈɪnərlɪç] *adj* interiore
innig [ˈɪnɪç] *adj* cordiale, intimo, fervido; *adv* cordialmente, fervidamente
Innovation [ɪnnovaˈtsjoːn] *f* innovazione *f*
innovativ [ɪnnovaˈtiːf] *adj* innovativo
inoffiziell [ɪnɔfiˈtsjɛl] *adj* non ufficiale, ufficioso
ins *(= in das) (siehe „in“)*
Insasse [ˈɪnzasə] *m 1. (einer Anstalt)* abitante *m; 2. (Fahrgast)* passeggero *m*
insbesondere [ɪnsbəˈzɔndərə] *adv* particolarmente
Inschrift [ˈɪnʃrɪft] *f* iscrizione *f*, epigrafe *f*

Insekt [ɪnˈzɛkt] *n* insetto *m*
Insektenstich [ɪnˈzɛktənʃtɪç] *m* puntura d'insetto *f*

> **Insel** [ˈɪnzəl] *f* isola *f*
> ◆ *reif für die Insel sein (fig)* avere bisogno di una vacanza

Inserat [ɪnzəˈraːt] *n* inserzione *f*
inserieren [ɪnzəˈriːrən] *v* fare un'inserzione
insgesamt [ɪnsgəˈzamt] *adv* complessivamente
insofern [ɪnzoˈfɛrn] *konj 1.* in quanto che; *adv 2.* in questo; ◆ *Insofern hat er Recht.* In questo ha ragione.
Inspektion [ɪnspɛkˈtsjoːn] *f* ispezione *f*
inspirieren [ɪnspiˈriːrən] *v* ispirare
Installateur(in) [ɪnstalaˈtøːr(ɪn)] *m/f* installatore/installatrice *m/f*
installieren [ɪnstaˈliːrən] *v* installare
Instandhaltung [ɪnˈʃtanthaltuŋ] *f* manutenzione *f*
Instanz [ɪnˈstants] *f JUR* istanza *f*
Instinkt [ɪnˈstɪŋkt] *m* istinto *m*
instinktiv [ɪnstɪŋkˈtiːf] *adj* istintivo
Institut [ɪnstiˈtuːt] *n* istituto *m*
Institution [ɪnstituˈtsjoːn] *f* istituzione *f*
Instrument [ɪnstruˈmɛnt] *n* strumento *m*
inszenieren [ɪnstseˈniːrən] *v* mettere in scena
Integration [ɪntegraˈtsjoːn] *f* integrazione *f*
integrieren [ɪnteˈgriːrən] *v* integrare
Intellekt [ɪntɛˈlɛkt] *m* intelletto *m*
intellektuell [ɪntɛlɛktuˈɛl] *adj* intellettuale
Intellektuelle(r) [ɪntɛlɛktuˈɛlə(r)] *m/f* intellettuale *m/f*
intelligent [ɪntɛliˈgɛnt] *adj* intelligente
Intelligenz [ɪntɛliˈgɛnts] *f* intelligenza *f*
Intendant [ɪntɛnˈdant] *m* direttore *m*

intensiv [ɪntɛnˈziːf] *adj* intenso
Intensivstation [ɪntɛnˈziːfʃtatsjoːn] *f MED* reparto di terapia intensiva *m*
interessant [ɪntərɛˈsant] *adj 1.* interessante; *adv 2.* in modo interessante
Interesse [ɪntəˈrɛsə] *n* interesse *m*
Interessent(in) [ɪntərɛˈsɛnt(ɪn)] *m/f* persona interessata *f*
interessieren [ɪntərɛˈsiːrən] *v* interessare
intern [ɪnˈtɛrn] *adj* interno
Internat [ɪnterˈnaːt] *n* collegio *m*
international [ɪntɛrnatsjoˈnaːl] *adj* internazionale
Internet [ˈɪntərnɛt] *n INFORM* Internet *m*, rete *f;* ◆ *einen Internetanschluss einrichten* fare il collegamento a Internet; *sich ins Internet einwählen* collegarsi on line; *etw über das Internet buchen* prenotare qc via Internet
Internetadresse [ˈɪntərnɛtadrɛsə] *f INFORM* indirizzo Internet *m*
Interpretation [ɪntɛrpretaˈtsjoːn] *f* interpretazione *f*
interpretieren [ɪntɛrprɛˈtiːrən] *v* interpretare
Intervall [ɪntɛrˈval] *m* intervallo *m*, pausa *f*
intervenieren [ɪntɛrveˈniːrən] *v* intervenire
Interview [ɪntɛrˈvjuː] *n* intervista *f*
intim [ɪnˈtiːm] *adj* intimo
Intimität [ɪntimiˈtɛːt] *f* intimità *f*
Intimsphäre [ɪnˈtiːmsfɛːrə] *f* sfera intima *f*
intolerant [ɪntɔləˈrant] *adj* intollerante
Intoleranz [ɪntoləˈrants] *f* intolleranza *f*
Intrige [ɪnˈtriːgə] *f* intrigo *m*
Invalide [ɪnvaˈliːdə] *m* invalido *m*
Invasion [ɪnvasˈjoːn] *f POL* invasione *f*
Inventar [ɪnvɛnˈtaːr] *n* inventario *m*
Inventur [ɪnvɛnˈtuːr] *f* inventario *m*
investieren [ɪnvɛˈstiːrən] *v* investire
Investition [ɪnvɛstiˈtsjoːn] *f* investimento *m*
inzwischen [ɪnˈtsvɪʃən] *adv* nel frattempo
Irak [iˈraːk] *m GEO* Iraq *m*
Iran [iˈraːn] *m GEO* Iran *m*
irdisch [ˈɪrdɪʃ] *adj* terrestre
irgend [ˈɪrgənt] *adv* in qualche modo
irgendein [ˈɪrgəntaɪn] *adj* uno qualsiasi
irgendetwas [ˈɪrgəntɛtvas] *adj* qualcosa
irgendjemand [ˈɪrgəntjeːmant] *pron* qualcuno
irgendwie [ˈɪrgəntviː] *adv* in qualche modo
irgendwo [ˈɪrgəntvoː] *adv* in qualche posto
Irland [ˈɪrlant] *n GEO* Irlanda *f*
Ironie [iroˈniː] *f* ironia *f*
irre [ˈɪrə] *adj* confuso, pazzo
Irre(r) [ˈɪrə(r)] *m/f* pazzo/pazza *m/f*
irreführen [ˈɪrəfyːrən] *v* fuorviare
irren [ˈɪrən] *v* errare
Irrsinn [ˈɪrzɪn] *m* pazzia *f*
Irrtum [ˈɪrtum] *m* errore *m*, sbaglio *m*
irrtümlich [ˈɪrtyːmlɪç] *adj* errato
ISDN [iːɛsdeːˈɛn] *n (Integrated Services Digital Network)* ISDN *m*
Islam [ɪsˈlaːm] *m REL* Islam *m*
islamisch [ɪsˈlaːmɪʃ] *adj REL* islamico
Island [ˈiːslant] *n GEO* Islanda *f*
Isolation [izolaˈtsjoːn] *f* isolamento *m*
isolieren [izoˈliːrən] *v* isolare
Isolierung [izoˈliːruŋ] *f* isolamento *m*
Israel [ˈisraeːl] *n GEO* Israele *m*
Italien [iˈtaːljən] *n GEO* Italia *f*
Italiener(in) [italˈjeːnər(ɪn)] *m/f* italiano/italiana *m/f*
italienisch [italˈjeːnɪʃ] *adj* italiano
Italienisch [italˈjeːnɪʃ] *n* italiano *m*

I

J

ja [jaː] *adv* sì
◆ *aber ja* ma sì
Es ist ja nicht so schlimm. Non è poi così grave.

Jacke [ˈjakə] *f* giacca *f;* ◆ *Jacke wie Hose sein* se non è zuppa è pan bagnato; *die Jacke voll kriegen* prenderle

J

Jagd [jaːkt] *f* caccia *f*

Jagdrevier [ˈjaːktreviːr] *n* riserva da caccia *f*

jagen [ˈjaːgən] *v* cacciare; ◆ *jdn mit etw jagen können* fare schifo a qd con qc

Jäger(in) [ˈjɛːgər(ɪn)] *m/f* cacciatore/cacciatrice *m/f*

Jägerlatein [ˈjɛːgərlataɪn] *n* spacconata da cacciatore *f*

jäh [jɛː] *adj 1. (plötzlich)* improvviso; *2. (steil)* ripido

Jahr [jaːr] *n* anno *m*
◆ *in die Jahre kommen* andare in là con gli anni
in den besten Jahren nel fiore degli anni

jahrelang [ˈjaːrəlaŋ] *adj 1.* di anni; *adv 2.* per anni; ◆ *Er war jahrelang krank.* E' stato ammalato per anni.

Jahresbeginn [ˈjaːrəsbəgɪn] *m am ~* inizio dell'anno *m*

Jahresbericht [ˈjaːrəsbərɪçt] *m ECO* relazione annuale *f,* rapporto annuale

Jahresende [ˈjaːrəsɛndə] *n* fine dell'anno *f*

Jahrestag [ˈjaːrəstaːk] *m* anniversario *m,* annuale *m*

Jahreswechsel [ˈjaːrəsvɛksəl] *m* capodanno *m;* ◆ *Glückwünsche zum Jahreswechsel!* Auguri per capodanno!

Jahreszeit [ˈjaːrəstsaɪt] *f* stagione *f*

Jahrgang [ˈjaːrgaŋ] *m* annata *f,* anno *m*

Jahrhundert [jaːrˈhundərt] *n* secolo *m*

Jahrhundertereignis [jaːrˈhundərtɛr-aɪknɪs] *n (fig)* avvenimento del secolo *m,* avvenimento eccezionale *m*

jährlich [ˈjɛːrlɪç] *adj 1.* annuo, annuale; *adv 2.* ogni anno, annualmente, all'anno

Jahrmarkt [ˈjaːrmarkt] *m* fiera annuale *f*

Jahrtausend [jaːrˈtauzənt] *n* millennio *m*

Jahrzehnt [jaːrˈtseːnt] *n* decennio *m*

Jähzorn [ˈjɛːtsɔrn] *m* iracondia *f,* irascibilità *f*

jähzornig [ˈjɛːtsɔrnɪç] *adj* iracondo

Jammer [ˈjamər] *m 1. (Klagen)* lamento *m; 2. (Elend)* miseria *f;* ◆ *ein Jammer sein* essere un peccato/essere spiacevole

jämmerlich [ˈjɛmərlɪç] *adj* misero

jammern [ˈjamərn] *v* lamentarsi

Januar [ˈjanuaːr] *m* gennaio *m*

Japan [ˈjaːpan] *n GEO* Giappone *m*

Japaner(in) [jaˈpaːnər(ɪn)] *m/f* giapponese *m/f*

Jawort [ˈjaːvɔrt] *n 1. jdm das ~ geben* dare il proprio consenso a qd; *2. jdm das ~ geben (bei der Trauung)* pronunciare il sì

je [jeː] *adv 1.* mai; ◆ *Hast du das je gehört?* L'hai mai sentito? *prep 2.* a, per; ◆ *Je Person eine Karte!* Un biglietto a persona! *konj 3. ~ ... desto ...* quanto più ... tanto più ... *4. ~ nachdem* secondo, secondo che

jede(r,s) [ˈjeːdə(r,s)] *adj 1.* ogni; *~s Mal* ogni volta; *pron 2.* ognuno
≠ *jene(r,s) pron* quel/quella/qello

jederzeit [ˈjeːdərtsaɪt] *adv* sempre

jedoch [je'dɔx] *konj* però
jemals ['je:mals] *adv* mai; ◆ *Hast du dies jemals gesehen?* Hai mai visto questo?
jemand ['je:mant] *pron* qualcuno
jene(r,s) ['je:nə(r,s)] *pron* quel/quello/quella
jenseits ['je:nzaɪts] *prep* al di là di
jetzt [jɛtst] *adv* ora
jeweils ['je:vaɪls] *adv* di volta in volta, rispettivamente
Jod [jo:t] *n CHEM* iodio *m*
Joghurt ['jo:gurt] *n GAST* joghurt *m*
Johannisbeere [jo'hanɪsbe:rə] *f* ribes *m*
Jordanien [jor'da:njən] *n GEO* Giordania *f*
Journalismus [ʒurna'lɪsmus] *n* giornalismo *m*
Journalist(in) [ʒurna'lɪst(ɪn)] *m/f* giornalista *m/f*
jubeln ['ju:bəln] *v* giubilare, esultare
Jubiläum [ju:bi'lɛ:um] *n* giubileo *m*
jucken ['jukən] *v* prudere
Jude ['ju:də] *m* ebreo *m*
Judentum ['ju:dəntu:m] *n* giudaismo *m*
Jüdin ['jy:dɪn] *f* ebrea *f*
jüdisch ['jy:dɪʃ] *adj* ebreo
Jugend ['ju:gənt] *f* gioventù *f*
Jugendherberge ['ju:gənthɛrbɛrgə] *f* ostello della gioventù *m*
jugendlich ['ju:gəntlɪç] *adj* giovanile
Jugendliche(r) ['ju:gəntlɪçə(r)] *f/m* giovane *m/f*
Jugoslawien [ju:go'sla:vjən] *n HIST* Jugoslavia *f*
Juli ['ju:li] *m* luglio *m*

> **jung** [juŋ] *adj* giovane
> ◆ *junges Gemüse (fig)* pivelli *m/pl*
> *der Jüngste Tag* il giorno del Giudizio *m*
> **!** *komp: jünger; sup: am jüngsten*

Junge ['juŋə] *m* ragazzo *m*
Junges ['juŋəs] *n ZOOL* piccolo *m*
Jungfrau ['juŋfrau] *f* vergine *f*
Junggeselle ['juŋgəzɛlə] *m* scapolo *m*; *eingefleischter ~* scapolo impenitente *m*
jüngst ['jyŋst] *adv* recentemente
jüngste(r,s) ['jyŋstə(r,s)] *adj* il più giovane/la più giovane; *das ~ Gericht* il Giudizio universale *m*
Juni ['ju:ni] *m* giugno *m*
Jura ['ju:ra] *n* diritto *m*, legge *f*
Jurist(in) [ju:'rɪst(ɪn)] *m/f* giurista *m/f*
Jury [ʒy'ri:] *f* giuria *f*
Justiz [jus'ti:ts] *f* giustizia *f*
Juwel [ju've:l] *n* gioiello *m*
Juwelier(in) [juvə'li:r(ɪn)] *m/f* gioielliere/gioielliera *m/f*

J

K

Kabel [ˈkaːbəl] *n* cavo *m*
Kabelfernsehen [ˈkaːbəlfɛrnzeːən] *n* televisione via cavo *f*
Kabine [kaˈbiːnə] *f* cabina *f*
Kabinett [kabiˈnɛt] *n POL* gabinetto *m*
Kachel [ˈkaxel] *f* piastrella *f*, maiolica *f*
Kachelofen [ˈkaxəloːfən] *m* stufa di ceramica *f*

> **Kaffee** [ˈkafeː] *m* caffè *m*
> ◆ *Das ist alles kalter Kaffee!* Questa è tutta storia vecchia!
> ≠ *Café (Kaffeehaus) n* caffè

Kaffeekanne [ˈkafekanə] *f* caffettiera *f*
Kaffeemaschine [ˈkafemaʃiːnə] *f* macchina del caffè *f*
Kaffeetasse [ˈkafetasə] *f* tazza da caffè *f*
Käfig [ˈkɛːfɪç] *m* gabbia *f*; ◆ *im goldenen Käfig sitzen* essere in una gabbia dorata
kahl [kaːl] *adj 1.* brullo; *2. (glatzköpfig)* pelato, calvo; *3. (ohne Blätter)* spoglio *m;* ◆ *Im Winter sind die Bäume kahl.* D'inverno gli alberi sono spogli.
Kahn [kaːn] *m* barca *f;* ◆ *einen im Kahn haben* essere ubriaco
Kai [kaɪ] *m* banchina *f*, molo *m*
Kaiser(in) [ˈkaɪzər(ɪn)] *m/f* imperatore/imperatrice *m/f*
Kaiserreich [ˈkaɪzərraɪç] *n* impero *m*
Kaiserschnitt [ˈkaɪzərʃnɪt] *m MED* taglio cesareo *m*
Kakao [kaˈkau] *m* cacao *m;* ◆ *jdn durch den Kakao ziehen (fig)* trascinare qd nel ridicolo
Kalb [kalp] *n ZOOL* vitello *m*
Kalender [kaˈlɛndər] *m* calendario *m;* ◆ *etw rot im Kalender anstreichen* segnare qc in rosso nel calendario
Kalenderjahr [kaˈlɛndərjaːr] *n* anno solare *m*
Kalium [ˈkaːljum] *n CHEM* potassio *m*
Kalk [kalk] *m CHEM* calce *f*
Kalkulation [kalkulaˈtsjoːn] *f* calcolo *m*
kalkulieren [kalkuˈliːrən] *v* calcolare
Kalorie [kaloˈriː] *f PHYS* caloria *f*

> **kalt** [kalt] *adj* freddo
> ◆ *Kalter Krieg* guerra fredda *f*
> ! *komp: kälter; sup: am kältesten*

kaltblütig [ˈkaltblyːtɪç] *adj 1.* di sangue freddo; *adv 2.* freddamente
Kälte [ˈkɛltə] *f 1.* freddo *m; 2. (fig)* freddezza *f*
Kalzium [ˈkaltsjum] *n CHEM* calcio *m*
Kamel [kaˈmeːl] *n* cammello *m*
Kamera [ˈkaməra] *f 1.* macchina fotografica *f; 2. (Fernsehkamera)* telecamera *f; 3. (Filmkamera)* cinepresa *f*
Kamerad [kaməˈraːt] *m* compagno *m*
kameradschaftlich [kaməˈraːtʃaftlɪç] *adj* cameratesco
Kamille [kaˈmɪlə] *f* camomilla *f*
Kamin [kaˈmiːn] *m* camino *m*
Kamm [kam] *m 1. (Haarkamm)* pettine *m;* ◆ *alles über einen Kamm scheren.* fare di tutta l'erba un fascio; *2. (Bergkamm)* cresta *f*
kämmen [ˈkɛmən] *v* pettinare
Kammer [ˈkamər] *f 1.* camera *f; 2. POL* camera *f; 3. (Herzkammer) ANAT* ventricolo *m*
Kampf [kampf] *m 1.* combattimento *m,* battaglia *f; 2. (Wettkampf)* gara *f*
kämpfen [ˈkɛmpfən] *v* combattere
Kämpfer(in) [ˈkɛmpfər(ɪn)] *m/f 1.* combattente *m/f; 2. (Wettkämpfer(in))* atleta *m/f*

kämpferisch [ˈkɛmpfərɪʃ] *adj* combattivo
Kanada [ˈkanada] *n GEO* Canadà *m*
Kanadier(in) [kaˈnaːdjər(ɪn)] *m/f* canadese *m/f*
Kanal [kaˈnaːl] *m* canale *m;* ◆ *den Kanal voll haben* averne le scatole piene
Kanalisation [kanalizaˈtsjoːn] *f* canalizzazione *f,* fognatura *f*
Kandidat(in) [kandiˈdaːt(ɪn)] *m/f* candidato/candidata *m/f;* ◆ *jdn als Kandidat aufstellen* presentare qd come candidato
kandidieren [kandiˈdiːrən] *v* candidarsi
Kaninchen [kaˈniːnçən] *n* coniglio *m*
Kanister [kaˈnɪstər] *m* bidone *m*
Kanne [ˈkanə] *f* bricco *m*
Kanone [kaˈnoːnə] *f 1. MIL* cannone *m; 2. (fig)* asso *m*
Kante [ˈkantə] *f 1.* spigolo *m;* ◆ *etw auf die hohe Kante legen (fig)* mettere qc da parte; *etw auf der hohen Kante haben* avere qc sotto il materasso/avere qc da parte; *2. (Rand)* orlo *m*
kantig [ˈkantɪç] *adj* spigoloso
Kantine [kanˈtiːnə] *f* mensa *f*
Kanu [ˈkaːnu] *n* canoa *f*
Kanzel [ˈkantsəl] *f REL* pulpito *m*
Kanzlei [kantsˈlaɪ] *f 1. POL* cancelleria *f; 2. (eines Anwalts)* ufficio *m*
Kanzler(in) [ˈkantslər(ɪn)] *m/f POL* cancelliere *m/f*
Kap [kap] *n GEO* capo *m*
Kapazität [kapatsiˈtɛːt] *f 1.* capacità *f; 2. (einer Person)* capacità *f*
Kapelle [kaˈpɛlə] *f 1. REL* cappella *f; 2. MUS* banda *f*
Kaper [ˈkaːpər] *f* cappero *m*
Kapital [kapiˈtaːl] *n* capitale *m;* ◆ *aus etw Kapital schlagen* trarre profitto da qc
Kapitalgesellschaft [kapiˈtaːlgəzɛlʃaft] *f ECO* società di capitali *f*
Kapitalismus [kapitaˈlɪsmus] *m* capitalismo *m*
Kapitalist(in) [kapitaˈlɪst(ɪn)] *m/f* capitalista *m/f*
kapitalistisch [kapitaˈlɪstɪʃ] *adj* capitalistico
Kapitän [kapiˈtɛːn] *m 1. (Schiffskapitän)* capitano *m; 2. (Flugkapitän)* comandante *m*
Kapitel [kaˈpɪtəl] *n* capitolo *m*
kapitulieren [kapituˈliːrən] *v* capitolare
Kappe [ˈkapə] *f 1. (Kopfbedeckung)* berretto *m;* ◆ *etw auf seine Kappe nehmen (fig)* assumersi la responsabilità di qc; *2. (Verschlusskappe)* coperchio *m; 3. (Haube)* cuffia *f*
kappen [ˈkapən] *v* mozzare, troncare
Kapsel [ˈkapsəl] *f* capsula *f*
kaputt [kaˈput] *adj 1. (entzwei)* rotto; *2. (fam: müde)* sfinito, esausto
kaputtlachen [kaˈputlaxən] *v (fam) sich ~* sbellicarsi dalle risa
kaputtmachen [kaˈputmaxən] *v 1. etw ~* rompere qc; ◆ *Mach die chinesische Vase nicht kaputt!* Non rompere il vaso cinese! *2. sich ~* rovinarsi; ◆ *sich durch zu viel Arbeit kaputtmachen* ammazzarsi de lavoro.
Kapuze [kaˈpuːtsə] *f* cappuccio *m*
Karaffe [kaˈrafə] *f* caraffa *f*
Karambolage [karamboˈlaːʒə] *f* carambola *f,* collisione *f*
Karat [kaˈraːt] *n* carato *m*
Karate [kaˈratə] *n SPORT* karatè *m*
Karawane [karaˈvaːnə] *f* carovana *f*
Kardinal [kardiˈnaːl] *m* cardinale *m*
Kardinalfehler [kardiˈnaːlfeːlər] *m* errore sostanziale *m*
Kardinalzahl [kardiˈnaːltsaːl] *f MATH* numero cardinale *m*

Kardiologie [kardjoloˈgiː] *f MED* cardiologia *f*
Karfreitag [kaːrˈfraɪtaːk] *m REL* venerdì santo *m*
karg [kark] *adj 1.* scarso, magro; ◆ *eine karge Mahlzeit* un pasto magro *m; 2. (wort~)* laconico, taciturno
kariert [kaˈriːrt] *adj* a quadretti
Karies [ˈkaːriɛs] *f MED* carie *f*
Karikatur [karikaˈtuːr] *f* caricatura *f*
Karikaturist(in) [karikatuˈrɪst(ɪn)] *m/f* caricaturista *m/f*
Karneval [ˈkarnəval] *m* carnevale *m*
Karosserie [karɔsəˈriː] *f* carrozzeria *f*
Karotte [kaˈrɔtə] *f BOT* carota *f*
Karpfen [ˈkarpfən] *m* carpa *f*
Karren [ˈkarən] *m* carrello *m;* ◆ *den Karren aus dem Dreck ziehen* sbrogliare la matassa; *jdm an den Karren fahren* pestare i calli a qd
Karriere [kaˈrjɛːrə] *f* carriera *f;* ◆ *Karriere machen* fare carriera

Karte [ˈkartə] *f 1. (Eintrittskarte)* biglietto *m; 2. (Ansichtskarte)* cartolina *f; 3. (Speisekarte)* menù *m; 4. (Spielkarte)* carta *f; 5. (Landkarte)* cartina *f*
◆ *Die Karte ist verfallen.* Il biglietto d'ingresso è scaduto.
schlechte Karten haben avere pessime carte
seine Karten offen auf den Tisch legen mettere le proprie carte in tavola
alles auf eine Karte setzen puntare tutto su una sola carta
jdm in die Karten schauen guardare le carte di qd
mit offenen Karten spielen giocare a carte scoperte
mit gezinkten Karten spielen giocare con carte truccate

Kartei [karˈtaɪ] *f* schedario *m*
Kartell [karˈtɛl] *n ECO* cartello *m*
Kartoffel [karˈtɔfəl] *f BOT* patata *f;* ◆ *jdn fallen lassen wie eine heiße Kartoffel* piantare in asso qd
Karton [karˈtɔŋ] *m 1. (Material)* cartone *m; 2. (Schachtel)* scatola di cartone *f*
Karussell [karuˈsɛl] *n 1.* carosello *m,* giostra *f;*
◆ *mit dem Karussell fahren* andare sulla giostra
Karwoche [ˈkaːrvɔxə] *f REL* settimana santa *f*
Käse [ˈkɛːzə] *m 1. GAST* formaggio *m; 2. (fam: Unsinn)* sciocchezze *f/pl*
Kaserne [kaˈzɛrnə] *f* caserma *f*

Kasse [ˈkasə] *f 1.* cassa *f; 2. (Krankenkasse)* cassa mutua *f; 3. (Sparkasse)* cassa di risparmio *f*
◆ *gut bei Kasse sein* stare bene a quattrini
tief in die Kasse greifen müssen doversi svenare
jdn zur Kasse bitten far passare qd alla cassa
in die Kasse greifen rubare

Kassette [kaˈsɛtə] *f* cassetta *f*
Kassettenrekorder [kaˈsɛtənrekɔrdər] *m* mangianastri *m*
kassieren [kaˈsiːrən] *v* incassare
Kassierer(in) [kaˈsiːrər(ɪn)] *m/f* cassiere/cassiera *m/f*
Kastanie [kasˈtaːnjə] *f* castagna *f*
Kasten [ˈkastən] *m* cassetta *f;* ◆ *etw auf dem Kasten haben* avere il sale nella zucca; *etw im Kasten haben CINE* avere qc su pizza
kastrieren [kasˈtriːrən] *v* castrare
Katalog [kataˈloːk] *m* catalogo *m*
Katalysator [katalyˈzaːtor] *m* catalizzatore *m*

Katarr [ka'tar] *m MED* catarro *m*
Katastrophe [kata'stro:fə] *f* catastrofe *f*
Katechismus [katɛ'çɪsmus] *m* catechismo *m*
Kategorie [katego'ri:] *f* categoria *f*
kategorisch [kate'go:rɪʃ] *adj* categorico
Kater¹ ['ka:tər] *m ZOOL* gatto *m*
Kater² ['ka:tər] *m (fam)* mal di testa dopo una sbronza *m*
Kathedrale [kate'dra:lə] *f REL* cattedrale *f*
Katheter [ka'te:tər] *m MED* catetere *m*
Katholik [kato'li:k] *m REL* cattolico *m*
katholisch [ka'to:lɪʃ] *adj* cattolico
Katholizismus [katoli'tsɪsmus] *m REL* cattolicesimo *m*

Katze ['katsə] *f ZOOL* gatto *m*
◆ *die Katze im Sack kaufen (fig)* fare un acquisto a scatola chiusa
die Katze aus dem Sack lassen sputare il rospo
mit jdm Katz und Maus spielen giocare con qd come al gatto col topo
für die Katz sein essere inutile

kauen ['kauən] *v* masticare
Kauf [kauf] *m* acquisto *m;* ◆ *etw in Kauf nehmen* mettere in conto qc

kaufen ['kaufən] *v* acquistare, comprare
◆ *sich jdn kaufen (fig)* comprarsi qd

Käufer(in) ['kɔyfər(ɪn)] *m/f* acquirente *m/f*
Kaufhaus ['kaufhaus] *n* grande magazzino *m*
käuflich ['kɔyflɪç] *adj 1.* acquistabile; *2. (fig: bestechlich)* venale, corruttibile
Kaufmann ['kaufman] *m* commerciante *m*
kaufmännisch ['kaufmɛnɪʃ] *adj* commerciale
Kaugummi ['kaugumi] *m GAST* gomma da masticare *f*
kaum [kaum] *adv 1.* appena; *konj 2.* non appena
Kaution [kau'tsjo:n] *f* cauzione *f*
Kavalier [kava'li:r] *m* cavaliere *m*
Kaviar ['ka:via:r] *m GAST* caviale *m*
Kegel ['ke:gəl] *m 1. (Spielzeug)* birillo *m; 2. MATH* cono *m*
kegeln ['ke:gəln] *v* giocare a birilli
Kehle ['ke:lə] *f* gola *f*
kehren¹ ['ke:rən] *v* spazzare; ◆ *den Fußboden kehren* spazzare il pavimento
kehren² ['ke:rən] *v 1. (wenden)* volgere; *2. in sich gekehrt* assorto in se stesso
Kehrseite ['ke:rzaɪtə] *f 1. (Rückseite)* tergo *m; 2. (fig)* rovescio *m; die ~ der Medaille* il rovescio della medaglia *m*
keifen ['kaɪfən] *v* strillare
Keil [kaɪl] *m* cuneo *m*
Keim [kaɪm] *m 1. BIO* germe *m; 2. MED* germe *m; 3. (fig)* seme *m;* ◆ *etw im Keim ersticken* soffocare qc sul nascere
keimen ['kaɪmən] *v* germinare
Keimzelle ['kaɪmtsɛlə] *f 1. BIO* cellula germinale *f; 2. (fig)* germe *m*
kein(e) [kaɪn/'kaɪnə] *adj* nessuno/nessuna; ◆ *Ich habe kein Brot mehr.* Non ho più pane.
keine(r,s) ['kaɪnə(r,s)] *pron* nessuno/nessuna
keinerlei ['kaɪnərlaɪ] *adj* di nessuna specie
keinesfalls ['kaɪnəsfals] *adv* in nessun caso
keineswegs ['kaɪnəsve:ks] *adv* assolutamente no, nel modo più assoluto
Keks [ke:ks] *m 1.* biscotto *m; 2.* ◆ *jdm auf den Keks gehen* rompere le scatole a qd
Kelch [kɛlç] *m* calice *m*

K

Kelle [ˈkɛlə] *f* 1. *(Schöpfkelle)* ramaiolo *m;* 2. *(Maurerkelle)* cazzuola *f*
Keller [ˈkɛlər] *m* cantina *f*
Kellerei [kɛləˈraɪ] *f* cantina *f*
Kellner(in) [ˈkɛlnər(ɪn)] *m/f* cameriere/cameriera *m/f*

kennen [ˈkɛnən] *v irr* conoscere; *jdn ~ lernen* conoscere qd
◆ *Da kennt er gar nichts!* Non capisce più niente!/Non guarda in faccia nessuno!

Kenner(in) [ˈkɛnər(ɪn)] *m/f* conoscitore/conoscitrice *m/f*
Kenntnis [ˈkɛntnɪs] *f* conoscenza *f;* ◆ *zur Kenntnis* per conoscenza; *etw zur Kenntnis nehmen* prender conoscenza di qc; *sich jds Kenntnis entziehen* scordarsi di qd; *jdn von etw in Kenntnis setzen* portare qd a conoscenza di qc
Kenntnisnahme [ˈkɛntnɪsnaːmə] *f* presa in atto *f*, conoscenza *f*
Kennwort [ˈkɛnvɔrt] *n* parola d'ordine *f*
Kennzeichen [ˈkɛntsaɪçən] *n* 1. *(Merkmal)* contrassegno *m;* 2. *(eines Autos)* targa *f*
kennzeichnen [ˈkɛntsaɪçnən] *v* 1. contrassegnare; 2. *(fig)* caratterizzare
Kennzeichnung [ˈkɛntsaɪçnuŋ] *f* contrassegno *m*
Kennziffer [ˈkɛntsɪfər] *f* numero di matricola *m*, cifra *f*
Keramik [keˈraːmɪk] *f* ceramica *f*
Kerbe [ˈkɛrbə] *f* intaccatura *f;* ◆ *in die gleiche Kerbe hauen* battere sullo stesso tasto
Kerker [ˈkɛrkər] *m* carcere *m*
Kerl [kɛrl] *m (fam)* tipo *m*
Kern [kɛrn] *m* 1. *(Obstkern)* nocciolo *m;* 2. *(fig: Mittelpunkt)* nucleo *m; der harte ~* lo zoccolo duro *m;* 3. *(fig: Wesentliches)* nocciolo *m*
Kernenergie [ˈkɛrnenɛrgiː] *f PHYS* energia nucleare *f*
Kernkraftwerk [ˈkɛrnkraftvɛrk] *n* centrale atomica *f*
Kerze [ˈkɛrtsə] *f* candela *f*
kess [ˈkɛs] *adj* sfacciato
Kessel [ˈkɛsəl] *m* 1. *(Kochgefäß)* paiolo *m;* 2. *(Heizkessel)* caldaia *f*

Kette [ˈkɛtə] *f* 1. catena *f;* 2. *(Halskette)* catenina *f*, collana *f;* 3. *(Serie)* serie *f*
◆ *jdn an die Kette legen* mettere qd in catene
an der Kette liegen essere in catene

Ketzer [ˈkɛtsər] *m REL* eretico *m*
ketzerisch [ˈkɛtsərɪʃ] *adj REL* eretico
keuchen [ˈkɔyçən] *v* ansimare
Keuchhusten [ˈkɔyçhuːstən] *m MED* pertosse *f*
Keule [ˈkɔylə] *f* 1. clava *f;* 2. *GAST* coscia *f*
keusch [ˈkɔyʃ] *adj* casto
Kichererbse [ˈkɪçərɛrpsə] *f* 1. *(fig)* cece *m;* 2. *BOT* cece *m*
kichern [ˈkɪçərn] *v* ridacchiare
kidnappen [ˈkɪtnɛpən] *v* rapire
Kiefer[1] [ˈkiːfər] *f BOT* pino *m*
Kiefer[2] [ˈkiːfər] *m ANAT* mascella *f*
Kieferorthopädie [ˈkiːfərɔrtopɛdiː] *f MED* ortodonzia *f*
Kies [kiːs] *m* ghiaia *f*
Kieselstein [ˈkiːzəlʃtaɪn] *m* ciottolo *m*
Kilogramm [ˈkilogram] *n* chilo *m*
Kilometer [kiloˈmeːtər] *m* chilometro *m*
Kilowatt [ˈkilovat] *n* chilowatt *m*

Kind [kɪnt] *n* bambino *m*
◆ *kein Kind von Traurigkeit sein* non essere un musone
bei jdm lieb Kind sein essere il cocco di qd

das Kind beim richtigen Namen nennen (fig) chiamare le cose con il loro nome
mit Kind und Kegel con armi e bagagli
Wir werden das Kind schon schaukeln! Sistemeremo tutto!
! *Plural: Kinder*

Kinderarzt [ˈkɪndərartst] *m* pediatra *m*
Kindergarten [ˈkɪndərgartən] *m* asilo infantile *m*
Kindergärtnerin [ˈkɪndərgɛrtnərɪn] *f* maestra d'asilo *f*
Kinderheim [ˈkɪndərhaɪm] *n (Waisenheim)* orfanotrofio *m*
Kinderhort [ˈkɪndərhɔrt] *m* doposcuola *m*
Kindermädchen [ˈkɪndərmɛːtçən] *n* bambinaia *f*
Kindheit [ˈkɪnthaɪt] *f* infanzia *f;* ◆ *von Kindheit an* fin dall'infanzia
kindisch [ˈkɪndɪʃ] *adj 1.* puerile; *adv 2.* in modo puerile, puerilmente
kindlich [ˈkɪndlɪç] *adj 1.* infantile; *adv 2.* in modo infantile
Kinn [kɪn] *n ANAT* mento *m*
Kino [ˈkiːno] *n* cinema *m*
Kiosk [ˈkiɔsk] *m* chiosco *m*
kippen [ˈkɪpən] *v* ribaltarsi
Kippfenster [ˈkɪpfɛnstər] *n* finestra ribaltabile *f,* vasistas *f*

Kirche [ˈkɪrçə] *f* chiesa *f*
◆ *die Kirche im Dorf lassen (fig)* mantenere il senso delle proporzioni
die Kirche ums Dorf tragen fare il giro di Peppe
≠ *Kirsche f* ciliegia

Kirchhof [ˈkɪrçhoːf] *m* cimitero *m*
kirchlich [ˈkɪrçlɪç] *adj* ecclesiastico
Kirchturm [ˈkɪrçturm] *m* campanile *m*

Kirsche [ˈkɪrʃə] *f BOT* ciliegia *f*
◆ *Mit ihm ist nicht gut Kirschen essen!* È difficile andare d'accordo con lui!
≠ *Kirche f* chiesa

Kissen [ˈkɪsən] *n 1.* cuscino *m; 2. (Kopfkissen)* guanciale *m*
Kissenbezug [ˈkɪsənbətsuːk] *m* federa *f*
Kiste [ˈkɪstə] *f* cassa *f*
kitschig [ˈkɪtʃɪç] *adj* di cattivo gusto
Kittchen [ˈkɪtçən] *n (fam)* gattabuia *f;* ◆ *jdn ins Kittchen bringen* mettere al fresco qd
Kittel [ˈkɪtəl] *m* camice *m*
kitten [ˈkɪtən] *v 1.* stuccare; *2. (fig)* accomodare
kitzelig [ˈkɪtsəlɪç] *adj* che soffre il solletico
kitzeln [ˈkɪtsəln] *v* solleticare
Kiwi [ˈkiːviː] *f BOT* kivi *m*
Klage [ˈklaːgə] *f 1.* lamento *m; 2. JUR* querela *f*
klagen [ˈklaːgən] *v 1.* lamentare; *2. JUR* sporgere querela
Kläger(in) [ˈklɛːgər(ɪn)] *m/f JUR* querelante *m/f*
kläglich [ˈklɛːklɪç] *adj* lamentevole
Klamm [klam] *f GEO* gola *f*
Klammer [ˈklamər] *f 1. (Büroklammer)* fermaglio *m; 2. (Heftklammer)* graffetta *f; 3. (Wäscheklammer)* molletta *f*
Klamotten [klaˈmɔtən] *pl 1.* stracci *m/pl,* cenci *m/pl; 2. (fam)* abiti *m/pl*
Klang [klaŋ] *m* suono *m*
klangvoll [ˈklaŋfɔl] *adj 1.* sonoro; *2. (fig)* famoso
Klappe [ˈklapə] *f 1.* ribalta *f; 2. (Luftklappe)* registro dell'aria *m,* valvola *f; 3. (fam)* becco *m;* ◆ *Halt die Klappe!* Chiudi il becco! *eine große Klappe haben* fare lo sbruffone; *jdm eins auf die Klappe geben* dare uno schiaffo a qd

K

klappen [ˈklapən] *v 1. (auf~)* aprire; *2. (fig: gelingen)* andare bene; ◆ *Wenn alles klappt.* Se tutto va bene.
klapperig [ˈklapərɪç] *adj 1. (Sache)* sconquassato; *2. (Person)* decrepito
klappern [ˈklapərn] *v* strepitare

klar [klaːr] *adj 1. (Flüssigkeit)* limpido; *2. (Luft)* limpido; *3. (Aussage)* chiaro
◆ *Das ist klar wie Kloßbrühe!* È chiaro come la luce del sole!
Es ist eine gute klare Luft. C'è una bell'aria limpida.
es klipp und klar sagen mettere i puntini sulle „i"
sich klar ausdrücken esprimersi chiaramente

K

klären [ˈklɛːrən] *v 1. (reinigen)* purificare; *2. (Situation)* chiarire; *Es hat sich geklärt.* Si è chiarito.
Klarheit [ˈklaːrhaɪt] *f 1. (einer Flüssigkeit)* limpidezza *f; 2. (der Luft)* limpidezza *f; 3. (des Verstandes)* chiarezza *f*
klarmachen [ˈklaːrmaxən] *v 1. (erklären)* spiegare; *2. (bereitmachen)* approntare
klarstellen [ˈklaːrʃtɛlən] *v* chiarire
Klärung [ˈklɛːruŋ] *f 1.* depurazione *f; 2. (Klarstellung)* chiarimento *m*
Klasse [ˈklasə] *f 1.* categoria *f; 2. (Schulklasse)* classe *f; 3. (soziale ~)* classe *f*
Klassik [ˈklasɪk] *f 1. (Zeitabschnitt)* periodo classico *m; 2. (Stil)* classico *m; 3. MUS* classico *m*
Klassiker [ˈklasɪkər] *m 1. (Person)* classico *m; 2. (Werk)* classico *m*
klassisch [ˈklasɪʃ] *adj* classico
Klassizismus [klasiˈtsɪsmus] *m* classicismo *m*
Klatsch [klatʃ] *m (fam)* pettegolezzi *m/pl*
klatschen [ˈklatʃən] *v 1. (Geräusch)* picchiare; ◆ *jdm eine klatschen* dare uno schiaffo a qd; *2. (Beifall ~)* applaudire, battere le mani; *3. (negativ reden)* sparlare
klauen [ˈklauən] *v (fam)* rubare
Klause [ˈklauzə] *f* eremo *m*
Klausel [ˈklauzəl] *f JUR* clausola *f*
Klausur [klauˈzuːr] *f 1. (Abgeschiedenheit)* clausura *f; 2. (Prüfung)* esame *m*
Klavier [klaˈviːr] *n MUS* pianoforte *m*
Klebeband [ˈkleːbəbant] *n* nastro adesivo *m,* scotch *m*

kleben [ˈkleːbən] *v 1. (haften)* aderire; *2. (an~)* attaccare
◆ *jdm eine kleben (fam)* dare uno schiaffo a qd

klebrig [ˈkleːbrɪç] *adj* colloso, appiccicoso
Klebstoff [ˈkleːpʃtɔf] *m* colla *f*
Klecks [klɛks] *m* macchia *f*
Klee [kleː] *m BOT* trifoglio *m;* ◆ *etw über den grünen Klee loben* portare qd alle stelle
Kleeblatt [ˈkleːblat] *n BOT* trifoglio *f*
Kleid [klaɪt] *n* vestito *m*
kleiden [ˈklaɪdən] *v 1. sich ~* vestirsi; *2. (gut aussehen)* stare bene a, donare a
Kleiderbügel [ˈklaɪdərbyːgəl] *m* gruccia *f*
Kleiderschrank [ˈklaɪdərʃraŋk] *m* guardaroba *m*
Kleidung [ˈklaɪduŋ] *f* vestiti *m/pl*

klein [klaɪn] *adj* piccolo
◆ *von klein an* fin da piccolo, fin all'in fanzia
der kleine Mann (fig) l'uomo di strada *m*

kleinbürgerlich [ˈklaɪnbyrgərlɪç] *adj* piccolo borghese, della piccola borghesia
Kleingeld [ˈklaɪngɛlt] *n* spiccioli *m/pl,* monete *f/pl;* ◆ *Ich habe kein Kleingeld zum Telefonieren.* Non ho monete per telefonare.

Kleinigkeit ['klaɪnɪçkaɪt] *f* piccolezza *f*
kleinkariert ['klaɪnkariːrt] *adj* 1. a quadretti; 2. *(fig)* meschino
kleinlich ['klaɪnlɪç] *adj* 1. *(engstirnig)* limitato; 2. *(geizig)* avaro
Kleinwagen ['klaɪnvaːgən] *m* macchina utilitaria *f*
Klemme ['klɛmə] *f* 1. molletta *f;* 2. *(fig)* guaio *m;* ◆ *in der Klemme sitzen* essere nei guai/essere nei pasticci
klemmen ['klɛmən] *v* 1. *(festsitzen)* bloccare; 2. *(einzwängen)* incastrare
Klempner ['klɛmpnər] *m* stagnaio *m*
Klerus ['kleːrus] *m REL* clero *m*
klettern ['klɛtərn] *v* arrampicarsi
Klima ['kliːma] *n* clima *m*
Klimaanlage ['kliːmaanlaːgə] *f* impianto di condizionamento dell'aria *m*
klimatisch [kli'maːtɪʃ] *adj* climatico
Klinge ['klɪŋə] *f* lama *f;* ◆ *jdn über die Klinge springen lassen* uccidere freddamente qd/far uccidere freddamente qd/annientare economicamente qd
Klingel ['klɪŋəl] *f* campanello *m;* ◆ *auf die Klingel drücken* suonare il campanello
klingeln ['klɪŋəln] *v* suonare; ◆ *Es hat an der Tür geklingelt.* Hanno suonato alla porta. *Jetzt klingelt es bei mir!* Ora ho capito!
klingen ['klɪŋən] *v irr* risonare
Klinik ['kliːnɪk] *f* clinica *f*
klinisch ['kliːnɪʃ] *adj* 1. clinico; *adv* 2. clinicamente
Klinke ['klɪŋkə] *f* maniglia *f;* ◆ *sich die Klinke in die Hand geben* andare e venire in continuazione; *Klinken putzen* andare porta a porta/bussare a tutte le porte
Klippe ['klɪpə] *f* 1. scoglio *m;* 2. *(fig)* scoglio *m*
klirrend ['klɪrənt] *adj* 1. *(Ton)* tintinnante; 2. *(Kälte)* pungente, intenso; ◆ *Es war klirrend kalt.* C'era un freddo pungente.
Klischee [klɪ'ʃeː] *n* cliché *m*
Klo [kloː] *n (fam)* gabinetto *m*
klobig ['kloːbɪç] *adj (Sache)* massiccio
klonen ['kloːnən] *v BIO* clonare
klopfen ['klɔpfən] *v* 1. bussare; 2. *(Herz)* battere; 3. *(Motor)* detonare
Klosett [klo'zɛt] *n* gabinetto *m*
Kloß [kloːs] *m* 1. *GAST* gnocco *m;* 2. *AGR* zolla *f;* ◆ *ein Kloß Erde* una zolla di terra *f; einen Kloß im Hals haben (fig)* avere un groppo in gola
Kloster ['kloːstər] *n* 1. *(Frauenkloster) REL* convento *m;* 2. *(Mönchskloster) REL* monastero *m,* convento *m*
Klotz [klɔts] *m* 1. ceppo *m;* ◆ *sich einen Klotz ans Bein binden* legarsi una palla al piede; *einen Klotz am Bein haben* avere una palla al piede; 2. *(Spielklotz)* cubetto *m*
Klub [klup] *m* club *m*
Kluft [kluft] *f* 1. *(Abgrund)* baratro *m;* 2. *(fam: Kleidung)* divisa *f;* 3. *(fig: Gegensatz)* abisso *m*

> **klug** [kluːk] *adj* intelligente, saggio
> ◆ *aus jdm nicht klug werden* non riuscire a capire qd
> **!** *komp: klüger; sup: am klügsten*

Klugheit ['kluːkhaɪt] *f* intelligenza *f*
knabbern ['knabərn] *v* sgranocchiare; ◆ *an etw zu knabbern haben (fig)* avere qc da digerire/dover penare per qc; *etw zu knabbern haben* avere qc da sgranocchiare
Knabe ['knaːbə] *m* ragazzo *m*
Knäckebrot ['knɛkəbroːt] *n GAST* cracker *m*
knacken ['knakən] *v* 1. *(knarren)* scricchiolare; 2. *(Nüsse)* schiacciare; 3. *(fam: aufbrechen)* scassinare
Knacks [knaks] *m* 1. *(Sprung)* incrinatura *f;* ◆ *Das Glas hat einen Knacks.* Il bicchiere ha un'incrinatura. 2. *(fig)* guasto *m*

K

Knall [knal] *m 1.* schianto *m,* detonazione *f; 2. (Peitschenknall)* schiocco *m;* ◆ *Knall und Fall* di punto in bianco
knallen [ˈknalən] *v* schioccare; ◆ *jdm eine knallen* dare uno schiaffo a qd
knapp [knap] *adj 1. (gering)* scarso; *2. (eng)* stretto; *3. (Zeit)* poco
Knappheit [ˈknaphaɪt] *f* scarsità *f*
knarren [ˈknarən] *v* scricchiolare
Knast [knast] *m (fam)* galera *f*
knattern [ˈknatərn] *v* scoppiettare
Knebel [ˈkneːbəl] *m* bavaglio *m*
kneifen [ˈknaɪfən] *v irr 1.* pizzicare; *2. (fam: sich drücken)* evitare
Kneifzange [ˈknaɪftsaŋə] *f* tenaglia *f*
Kneipe [ˈknaɪpə] *f* osteria *f,* birreria *f*
kneten [ˈkneːtən] *v* impastare
K
Knick [knɪk] *m 1.* svolta *f;* ◆ *einen Knick in der Optik haben* avere una rotella fuori posto; *2. (Papierknick)* piega *f*
knicken [ˈknɪkən] *v 1. (falten)* piegare; *2. (abknicken)* spezzare
Knicks [knɪks] *m* riverenza *f,* inchino *m*

Knie [kniː] *n ANAT* ginocchio *m*
◆ *weiche Knie bekommen (fig)* avere le gambe che fanno giacomo giacomo
jdn auf die Knie zwingen mettere in ginocchio qd
vor jdm auf den Knien rutschen mettersi in ginocchio davanti a qd
jdn übers Knie legen suonarle a qd
etw übers Knie brechen fare qc affrettatamente
! *Plural: Knie*

knien [ˈkniːən] *v 1.* stare in ginocchio; *2. sich ~* inginocchiarsi; ◆ *sich vor den Altar knien* inginocchiarsi davanti all'altare
Kniestrumpf [ˈkniːʃtrumpf] *m* calzettone *m*
knipsen [ˈknɪpsən] *v 1.* fotografare, scattare; *2. (Fahrkarte)* forare
knirschen [ˈknɪrʃən] *v* stridere
knistern [ˈknɪstərn] *v 1. (Papier)* scricchiolare, crepitare; *2. (Feuer)* scoppiettare; *3. (fig: Spannung)* elettrizzare; ◆ *Die Atmosphäre knistert.* L'atmosfera è elettrizzata.
knittern [ˈknɪtərn] *v* spiegazzarsi
Knoblauch [ˈknoːblaux] *m* aglio *m*
Knöchel [ˈknœçəl] *m* malleolo *m*
Knochen [ˈknɔxən] *m ANAT* osso *m;* ◆ *bis auf die Knochen* sino all'osso; *in die Knochen fahren* colpire al cuore; *jdm in den Knochen stecken* albergare nel cuore di qd
Knochenmark [ˈknɔxənmark] *n* midollo osseo *m*
Knödel [ˈknøːdəl] *m GAST* gnocco *m*
Knolle [ˈknɔlə] *f* bulbo *m*
Knopf [knɔpf] *m* bottone *m*
knöpfen [ˈknœpfən] *v* abbottonare
Knopfloch [ˈknɔpflɔx] *n* occhiello *m*
Knorpel [ˈknɔrpəl] *m* cartilagine *f*
Knospe [ˈknɔspə] *f BOT* bocciolo *m*
knoten [ˈknoːtən] *v* annodare

Knoten [ˈknoːtən] *m 1.* nodo *m; 2. MED* nodulo *m*
◆ *sich einen Knoten ins Taschentuch machen* farsi un nodo al fazzoletto
Der Knoten ist geplatzt. Il nodo è sciolto.
! *Plural: Knoten*

knüpfen [ˈknypfən] *v 1. (binden)* legare; *2. (Teppich)* intrecciare; *3. (fig: Beziehung)* stringere
Knüppel [ˈknypəl] *m 1. (Stock)* bastone *m;* ◆ *jdm einen Knüppel zwischen die Beine werfen* mettere i bastoni tra le ruote a qd; *2. (Schaltknüppel)* leva del cambio *f*
knurren [ˈknurən] *v 1.* ringhiare; *2. (fig: meckern)* brontolare; *3. (fig: Magen)* brontolare
knusprig [ˈknusprɪç] *adj* croccante

knutschen [ˈknuːtʃən] *v (fam)* sbaciucchiare
Kobold [ˈkoːbɔlt] *m* folletto *m*
Koch [kɔx] *m* cuoco *m*

kochen [ˈkɔxən] *v 1. (zubereiten)* cucinare; *2. (garen)* cuocere; *3. (sieden)* bollire
◆ *Das Blut kocht in den Adern.* Il sangue ribolle nelle vene.

Kocher [ˈkɔxər] *m* fornello *m*
Köchin [ˈkœçɪn] *f* cuoca *f*
Kochlöffel [ˈkɔxlœfəl] *m* mestolo *m*
Kochtopf [ˈkɔxtɔpf] *m* pentola *f*
Köder [ˈkøːdər] *m* esca *f*
Koffein [kɔfeˈiːn] *n* caffeina *f*

Koffer [ˈkɔfər] *m* valigia *f*
◆ *die Koffer packen* fare le valigie/fare i bagagli
! *Plural: Koffer*

Kofferraum [ˈkɔfərraum] *m (eines Autos)* portabagagli *m*
Kohl [koːl] *m BOT* cavolo *m*
Kohle [ˈkoːlə] *f* carbone *m;* ◆ *wie auf glühenden Kohlen sitzen* stare seduto sui carboni ardenti
Kohlensäure [ˈkoːlənsɔyrə] *f CHEM* acido carbonico *m*
Kohlrabi [koːlˈraːbi] *m BOT* cavolo rapa *m*
Koje [ˈkoːjə] *f* cuccetta *f*
Kokain [kokaˈiːn] *n* cocaina *f*
kokett [koˈkɛt] *adj* civettuolo
kokettieren [kokɛˈtiːrən] *v* civettare
Kokosnuss [ˈkoːkɔsnus] *f BOT* noce di cocco *f*
Kolben [ˈkɔlbən] *m 1.* stantuffo *m; 2. (eines Gewehrs)* calcio del fucile *m; 3. (Maiskolben)* pannocchia *f*
Kolik [koːˈlɪk] *f MED* colica *f*
Kollaps [kɔˈlaps] *m MED* collasso *m*
Kollege [kɔˈleːgə] *m* collega *m*
kollegial [kɔleˈgjal] *adj* collegiale
Kollekte [kɔˈlɛktə] *f REL* colletta *f*
Kollektion [kɔlɛkˈtsjoːn] *f* collezione *f*
kollektiv [kɔlɛkˈtiːf] *adj* collettivo
Kollektor [kɔˈlɛktoːr] *m TECH* collettore *m*
Kollision [kɔlizjˈoːn] *f* collisione *f*
Kolonialismus [kolonjaˈlɪsmus] *m POL* colonialismo *m*
Kolonie [koloˈniː] *f POL* colonia *f*
Kolonne [koˈlɔnə] *f in der Zeitung* colonna *f*
Koloss [koˈlɔs] *m* colosso *m*
kolossal [koloˈsaːl] *adj 1.* colossale; *adv 2. (fam)* moltissimo, enormemente
Kolumne [koˈlumnə] *f* colonna *f*
Kombination [kɔmbinaˈtsjoːn] *f 1. (Verknüpfung)* combinazione *f; 2. (Vermutung)* supposizione *f; 3. (von Kleidung)* coordinato *m*
kombinieren [kɔmbiˈniːrən] *v 1. (verknüpfen)* combinare; *2. (vermuten)* supporre; *3. (zusammenstellen)* combinare
Kombiwagen [ˈkɔmbivaːgən] *m* station wagon *f*
Komet [koˈmeːt] *m* cometa *f*
Komfort [kɔmˈfoːr] *m* comodità *f*
komfortabel [kɔmfɔrˈtaːbəl] *adj* comodo
Komik [ˈkoːmɪk] *f* comicità *f*
Komiker(in) [ˈkoːmɪkər(ɪn)] *m/f* comico/comica *m/f*
komisch [ˈkoːmɪʃ] *adj 1. (spaßig)* comico; ◆ *eine komische Lage* una situazione comica *f; 2. (eigenartig)* strano; ◆ *Ich habe ein komisches Gefühl.* Ho una strana sensazione.
Komitee [kɔmiˈteː] *n* comitato *m*
Komma [ˈkɔma] *n* virgola *f*
Kommando [kɔˈmando] *n* comando *m,* ordine *m*

K

kommen [ˈkɔmən] *v irr* venire
◆ *auf jdn nichts kommen lassen* non lasciar parlare male di qd
im Kommen sein essere in arrivo
wieder zu sich kommen tornare in sé
wenn's hoch kommt al massimo
Das kommt davon! Ecco cosa può capitare!
! *Konjugation mit sein: ich bin gekommen*

Kommentar [kɔmenˈtaːr] *m* commento *m*
kommentieren [kɔmenˈtiːrən] *v* commentare
kommerziell [kɔmɛrtsˈjɛl] *adj* commerciale
K
Kommilitone [kɔmiliˈtoːnə] *m* compagno di studi *m*, collega *m*
Kommissar(in) [kɔmɪˈsaːr(ɪn)] *m/f* commissario/commissaria *m/f*
Kommission [kɔmɪsˈjoːn] *f 1.* commissione *f; 2. (Auftrag) ECO* incarico *m*
Kommode [kɔˈmoːdə] *f* comò *m*
Kommune [kɔˈmuːnə] *f 1. (Gemeinde) POL* comune *m; 2. (Wohngemeinschaft)* comune *f*
Kommunikation [kɔmunikaˈtsjoːn] *f* comunicazione *f*
Kommunion [kɔmunˈjoːn] *f REL* comunione *f*
Kommunismus [kɔmuˈnɪsmus] *m POL* comunismo *m*
Kommunist(in) [kɔmuˈnɪst(ɪn)] *m/f POL* comunista *m/f*
kommunistisch [kɔmuˈnɪstɪʃ] *adj POL* comunista
kommunizieren [kɔmuniˈtsiːrən] *v 1.* comunicare; *2. REL* comunicarsi
Komödie [kɔˈmøːdjə] *f* commedia *f*
kompakt [kɔmˈpakt] *adj* compatto
Kompass [ˈkɔmpas] *m* bussola *f*
Kompatibilität [kɔmpatibiliˈtɛːt] *f* compatibilità *f*
kompensieren [kɔmpenˈziːrən] *v* compensare
kompetent [kɔmpəˈtɛnt] *adj* comptente
Kompetenz [kɔmpəˈtɛnts] *f* competenza *f*
komplett [kɔmˈplɛt] *adj* completo
Komplex [kɔmˈplɛks] *m 1.* complesso *m; 2. PSYCH* complesso *m*
Komplikation [kɔmplikaˈtsjoːn] *f* complicazione *f*
Kompliment [kɔmpliˈmɛnt] *n* complimento *m*
Komplize [kɔmˈpliːtsə] *m* complice *m*
kompliziert [kɔmpliˈtsiːrt] *adj* complicato
Komplott [kɔmˈplɔt] *n POL* complotto *m;* ◆ *ein Komplott schmieden* montare un complotto/ordire un complotto
Komponente [kɔmpoˈnɛntə] *f* componente *f*
Komposition [kɔmpozɪˈtsjoːn] *f 1.* composizione *f; 2. MUS* composizione *f*
Kompost [kɔmˈpɔst] *m* composto *m*
Kompott [kɔmˈpɔt] *n* composta di frutta *f*
Kompresse [kɔmˈprɛsə] *f MED* compressa *f*
Kompressor [kɔmˈprɛsɔr] *m* compressore *m*
Kompromiss [kɔmproˈmɪs] *m* compromesso *m;* ◆ *einen Kompromiss schließen* scendere a un compromesso
kompromisslos [kɔmproˈmɪsloːs] *adj* che non ammette compromessi
kompromittieren [kɔmpromɪˈtiːrən] *v* compromettere
Kondensation [kɔndɛnzaˈtsjoːn] *f* condensazione *f*
Kondensator [kɔndɛnˈzaːtor] *m TECH* condensatore *m*

Kondensmilch [kɔnˈdɛnsmɪlç] *f* *GAST* latte condensato *m*
Kondenswasser [kɔnˈdɛnsvasər] *n* condensa *f*
Kondition [kɔndiˈtsjoːn] *f* *1.* condizione *f; 2. (Leistungsfähigkeit)* forma *f*
Konditor [kɔnˈdiːtɔr] *m* pasticciere *m*
Konditorei [kɔnditoˈraɪ] *f* pasticceria *f*
kondolieren [kɔndoˈliːrən] *v* fare le condoglianze
Kondom [kɔnˈdoːm] *n* preservativo *m*
Konfekt [kɔnˈfɛkt] *n* *GAST* confetteria *f*
Konfektion [kɔnfɛkˈtsjoːn] *f* confezione *f*
Konfektionsgröße [kɔnfɛkˈtsjoːnsgrøːsə] *f* taglia *f*
Konferenz [kɔnfeˈrɛnts] *f* conferenza *f*
Konfession [kɔnfɛsˈjoːn] *f* confessione *f*
Konfirmand(in) [kɔnfɪrˈmant/kɔnfɪrˈmandɪn] *m/f* cresimando/cresimanda *m/f*
Konfirmation [kɔnfɪrmaˈtsjoːn] *f* *REL* cresima *f*
Konfitüre [kɔnfiˈtyːrə] *f* *GAST* confettura *f*
Konflikt [kɔnˈflɪkt] *m* conflitto *m*
konform [kɔnˈfɔrm] *adj* conforme
Konfrontation [kɔnfrɔntaˈtsjoːn] *f* confronto *m*
konfrontieren [kɔnfrɔnˈtiːrən] *v* confrontare
konfus [kɔnˈfuːs] *adj* confuso
Kongress [kɔnˈgrɛs] *m* congresso *m*
Kongresshalle [kɔnˈgrɛshalə] *f* sala dei congressi *f*
König(in) [ˈkøːnɪç/ˈkøːnɪgɪn] *m/f* re(gina) *m/f*
königlich [ˈkøːnɪklɪç] *adj* regale, reale
Königreich [ˈkøːnɪkraɪç] *n* regno *m*
konjugieren [kɔnjuˈgiːrən] *v* coniugare
Konjunktur [kɔnjuŋkˈtuːr] *f* congiuntura *f*
konkret [kɔnˈkreːt] *adj* concreto
Konkurrent(in) [kɔnkuˈrɛnt(ɪn)] *m/f* concorrente *m/f*
Konkurrenz [kɔnkuˈrɛnts] *f* *1. (Wettbewerb)* concorso *m; 2. ECO* concorrenza *f*
konkurrenzfähig [kɔnkuˈrɛntsfɛːɪç] *adj* concorrenziale
konkurrieren [kɔnkuˈriːrən] *v* concorrere, far concorrenza; ◆ *miteinander konkurrieren* farsi concorrenza
Konkurs [kɔnˈkurs] *m* *JUR* fallimento *m*
Konkursverfahren [kɔnˈkursfɛrfaːrən] *n* *JUR* procedimento fallimentare *m*

können [ˈkœnən] *v irr 1. (in der Lage sein)* potere, essere in grado; *2. (beherrschen, wissen)* sapere, conoscere; *3. (dürfen)* potere; *4. (die Möglichkeit haben)* avere la possibilità di
◆ *Du kannst mich mal! (fam)* Puoi scordartelo!
Kann sein (fam) può darsi *(fam)*

Können [ˈkœnən] *n* capacità *f*
Könner(in) [ˈkœnər(ɪn)] *m/f* competente *m/f*
konsequent [kɔnzeˈkvɛnt] *adj* coerente
Konsequenz [kɔnzeˈkvɛnts] *f* *1. (Folge)* conseguenza *f; 2. (Folgerichtigkeit)* logica *f; 3. (fig)* risultato *m;* ◆ *aus etw Konsequenzen ziehen* trarre le conseguenze di qc
konservativ [ˈkɔnzɛrvatiːf] *adj 1.* conservatore, tradizionalista; *adv 2.* tradizionalmente
Konserve [kɔnˈzɛrvə] *f* conserva *f*
Konservendose [kɔnˈzɛrvəndoːzə] *f* scatola di conserva *f*
konservieren [kɔnzɛrˈviːrən] *v* conservare

K

Kostüm [kɔˈstyːm] *n 1. (Kleidungsstück)* tailleur *m; 2. (Maskenkostüm)* costume *m*
Kot [koːt] *m* feci *f/pl,* escrementi *m/pl*
Kotelett [kɔtˈlɛt] *n GAST (paniert)* cotoletta *f, (mit Knochen)* costoletta *f*
Kotflügel [ˈkoːtflyːgəl] *m (eines Autos)* parafango *m*
Krabbe [ˈkrabə] *f 1. ZOOL* granchio *m; 2. ~n pl GAST* gamberetti *m/pl*
krabbeln [ˈkrabəln] *v* strisciare
Krach [krax] *m 1. (Lärm)* chiasso *m,* rumore *m; 2. (Streit)* lite *f*
krachen [ˈkraxən] *v 1. (knallen)* scoppiare; *2. (fam: streiten) sich ~* litigare
kraft [kraft] *prep* in virtù di

> **Kraft** [kraft] *f* forza *f*
> ◆ *außer Kraft* non in vigore/abrogato
> *in Kraft* in vigore
> *über jds Kraft gehen* essere superiore alle proprie forze
> *die treibende Kraft sein* essere la forza trainante
> *mit jdm seine Kräfte messen* misurare le proprie forze con qd
> *zu Kräften kommen* tornare in forze
> **!** *Plural: Kräfte*

Kraftfahrzeug [ˈkraftfaːrtsɔyk] *n* autoveicolo *m*
Kraftfahrzeugschein [ˈkraftfaːrtsɔykʃaɪn] *m* libretto di circolazione *m*
kräftig [ˈkrɛftɪç] *adj* forte
kraftlos [ˈkraftloːs] *adj* debole
Kraftstoff [ˈkraftʃtɔf] *m* carburante *m*
Kraftwerk [ˈkraftvɛrk] *n PHYS* centrale elettrica *f*
Kragen [ˈkraːgən] *m* colletto *m;* ◆ *jdn den Kragen kosten* costare la vita a qd; *jdn beim Kragen packen* prendere qd per il bavero; *jdm an den Kragen wollen* voler prendere per il collo qd; *Jetzt geht es ihm an den Kragen!* Adesso verrà per lui la resa dei conti! *Ihm ist der Kragen geplatzt.* Ha perso la pazienza.
krähen [ˈkrɛːən] *v* gracidare
Krake [ˈkraːkə] *f* polpo *m*
Kralle [ˈkralə] *f* artiglio *m;* ◆ *jdm die Krallen zeigen* mostrare gli artigli a qd
Kram [kraːm] *m* cianfrusaglie *f/pl;* ◆ *jdm nicht in den Kram passen* non andare a genio a qd
kramen [ˈkraːmən] *v* darsi da fare, frugare
Krampf [krampf] *m MED* crampo *m*
Krampfader [ˈkrampfaːdər] *f MED* vena varicosa *f*
krampfhaft [ˈkrampfhaft] *adj 1.* spasmodico, convulsivo; *adv 2.* spasmodicamente
Kran [kraːn] *m* gru *f*

> **krank** [kraŋk] *adj* ammalato
> ◆ *sich krank stellen* fingersi malato, darsi malato

Kranke(r) [ˈkraŋkə(r)] *m/f* malato/malata *m/f*
kränken [ˈkrɛŋkən] *v* offendere
Krankenhaus [ˈkraŋkənhaus] *n MED* ospedale *m*
Krankenkasse [ˈkraŋkənkasə] *f* cassa mutua *f*
Krankenpfleger [ˈkraŋkənpfleːgər] *m* infermiere *m*
Krankenschein [ˈkraŋkənʃaɪn] *m* certificato di malattia *m*
Krankenschwester [ˈkraŋkənʃvɛstər] *f* infermiera *f*
Krankenversicherung [ˈkraŋkənfɛrzɪçərʊŋ] *f* assicurazione malattie *f*
Krankenwagen [ˈkraŋkənvaːgən] *m* autoambulanza *f*
krankhaft [ˈkraŋkhaft] *adj 1. MED* patologico; *2. (fig)* morboso; *~e Eifer-*

K

sucht gelosia morbosa *f; adv 3. (fig)* morbosamente
Krankheit [ˈkraŋkhaɪt] *f* malattia *f; eine Krankheit bekommen* prendere una malattia
krankschreiben [ˈkraŋkʃraɪbən] *v irr* rilasciare un certificato di malattia; ◆ *sich krankschreiben lassen* farsi mettere in malattia
Kränkung [ˈkrɛŋkuŋ] *f* offesa *f*
Kranz [krants] *m* corona *f,* ghirlanda *f*
krass [kras] *adj* forte, estremo; *~er Gegensatz* forte contrasto *m; ~e Haltung* comportamento estremo *m*
kratzen [ˈkratsən] *v* grattare
kraulen [ˈkraulən] *v 1. (schwimmen)* fare il crawl; *2. (streicheln)* accarezzare
kraus [kraus] *adj 1. (gelockt)* crespo; *2. (fig)* intricato

> **Kraut** [kraut] *n 1.* erba *f; 2. (Kohl)* crauti *m/pl*
> ◆ *Dagegen ist kein Kraut gewachsen. (fig)* A questo non c'è rimedio.
> *wie Kraut und Rüben* tutto sottosopra
> *ins Kraut schießen* crescere a dismisura
> **!** *Plural: Kräuter*

Krawall [kraˈval] *m* tumulto *m*
Krawatte [kraˈvatə] *f* cravatta *f*
Kreation [kreaˈtsjoːn] *f* creazione *f*
kreativ [kreaˈtiːf] *adj* creativo
Kreativität [kreativiˈtɛːt] *f* creatività *f*
Kreatur [kreaˈtuːr] *f* creatura *f*
Krebs [kreːps] *m 1. MED* cancro *m; ~ erregend* cancerogeno; *2. ZOOL* granchio *m*
Kredit [kreˈdiːt] *m ECO* credito *m*
Kreditkarte [kreˈdiːtkartə] *f ECO* carta di credito *f*
Kreide [ˈkraɪdə] *f 1. (Schreibkreide)* gesso *m,* gessetto *m; 2. GEOL* creta *f; 3.* ◆ *(fig) in der Kreide stehen* essere indebitati; *in die Kreide geraten* indebitarsi

> **Kreis** [kraɪs] *m 1.* cerchio *m; 2. (Verwaltung)* distretto *m; 3. (Freundeskreis)* cerchia *f*
> ◆ *sich im Kreis bewegen* girare avuoto
> *immer weitere Kreise ziehen* allargarsi a macchia d'olio

kreisen [ˈkraɪzən] *v* rotare, girare
Kreislauf [ˈkraɪslauf] *m 1. MED* circolazione *f; 2. (fig)* giro *m*
Kreißsaal [ˈkraɪszaːl] *m* sala da parto *f*
Kreisstadt [ˈkraɪsʃtat] *f* capoluogo distrettuale *m*
krempeln [ˈkrɛmpəln] *v* rimboccare
Kresse [ˈkrɛsə] *f BOT* lepidio *m*
Kreuz [krɔyts] *n* croce *f;* ◆ *sein Kreuz auf sich nehmen* sopportare la propria croce; *drei Kreuze machen* fare il segno della croce; *aufs Kreuz fallen* rimanere di sasso; *jdn aufs Kreuz legen* cogliere qd di sorpresa; *sich etw aus dem Kreuz leiern* ottenere qc con molta fatica; *kreuz und quer* in tutti i sensi
kreuzen [ˈkrɔytsən] *v 1. (verschränken)* incrociare; *2. BIO* incrociare
Kreuzer [ˈkrɔytsər] *m* incrociatore *m*
Kreuzfahrt [ˈkrɔytsfaːrt] *f* crociera *f*
Kreuzigung [ˈkrɔytsɪguŋ] *f REL* crocifissione *f*
Kreuzung [ˈkrɔytsuŋ] *f 1. (Straßenkreuzung)* incrocio *m; 2. BIO* incrocio *m*
Kreuzweg [ˈkrɔytsveːk] *m 1. REL* via crucis *f; 2. (fig)* via crucis *f*
Kreuzworträtsel [ˈkrɔytsvɔrtrɛːtsəl] *n* parole crociate *f/pl,* cruciverba *f*
Kreuzzeichen [ˈkrɔytstsaɪçən] *n REL* segno della croce *m*
Kreuzzug [ˈkrɔytstsuːk] *m 1. HIST* crociata *f; 2. (fig)* crociata *f*
kribbelig [ˈkrɪbəlɪç] *adj* impaziente
kriechen [ˈkriːçən] *v irr* strisciare
Krieg [kriːk] *m* guerra *f*

kriegen [ˈkriːgən] *v 1. (bekommen)* ricevere; *2. (fangen)* acchiappare
kriegerisch [ˈkriːgərɪʃ] *adj* bellico
Kriegsgefangene(r) [ˈkriːksgəfaŋənə(r)] *m/f* prigioniero di guerra/prigioniera di guerra *m/f*
Kriegsgefangenschaft [ˈkriːksgəfaŋənʃaft] *f* prigionia di guerra *f*
Krimi [ˈkrɪmi] *m* giallo *m*
Kriminalität [krɪminaliˈtɛːt] *f* criminalità *f*
Kriminalpolizei [krɪmiˈnaːlpolitsaɪ] *f* polizia giudiziaria *f*
kriminell [krɪmiˈnɛl] *adj* criminale
Kriminelle(r) [krɪmiˈnɛlə(r)] *m/f* criminale *m/f*
Krippe [ˈkrɪpə] *f 1.* asilo-nido *m; 2. (Futterkrippe)* mangiatoia *f; 3. REL* presepio *m*
Krise [ˈkriːzə] *f* crisi *f*
kriseln [ˈkriːzəln] *v* essere tempo di crisi
Krisenherd [ˈkriːzənheːrt] *m* focolaio *m,* centro di crisi *m*
Krisenstab [ˈkriːzənʃtaːp] *m* comitato anticrisi *m*
Kristall [krɪsˈtal] *n 1.* cristallo *m; m 2. MIN* cristallo *m*
Kriterium [kriˈteːrjum] *n* criterio *m*
Kritik [kriˈtiːk] *f 1. (Tadel)* critica *f; 2. (Beurteilung)* critica *f*
Kritiker(in) [ˈkriːtikər(ɪn)] *m/f* critico *m/f*
kritiklos [kriˈtiːkloːs] *adj 1.* acritico; *adv 2.* in modo acritico
kritisch [ˈkriːtɪʃ] *adj* critico
kritisieren [kritiˈziːrən] *v* criticare
kritzeln [ˈkrɪtsəln] *v* scarabocchiare
Krokodil [krokoˈdiːl] *n* coccodrillo *m*
Krone [ˈkroːnə] *f* corona *f*
krönen [ˈkrøːnən] *v 1.* incoronare; *2. (fig)* coronare
Kronprinz [ˈkroːnprɪnts] *m* principe ereditario *m*
Krönung [ˈkrøːnuŋ] *f* incoronazione *f*
Krücke [ˈkrykə] *f 1.* gruccia *f,* stampella *f; 2. (Griff)* manico
Krug [kruːk] *m* brocca *f*
Krümel [ˈkryːməl] *m* briciola *f*
krümeln [ˈkryːməln] *v* sbriciolare

krumm [krum] *adj* storto
◆ *jdm etw krumm nehmen (fam)* prendersela con qd per qc

krümmen [ˈkrymən] *v* curvare
Krümmung [ˈkrymuŋ] *f 1. (Wölbung)* curvatura *f; 2. (Biegung)* curvatura *f*
Kruste [ˈkrustə] *f 1. (Rinde)* crosta *f; 2. (Schicht)* crosta *f*
Kruzifix [krutsiˈfɪks] *n REL* crocifisso *m*
Kübel [ˈkyːbəl] *m* secchio *m*
Kubikmeter [kuˈbiːkmeːtər] *m MATH* metro cubo *m*
Küche [ˈkyçə] *f 1. (Raum)* cucina *f; 2. (Kochkunst)* cucina *f*
Kuchen [ˈkuːxən] *m GAST* dolce *m*
Küchenschrank [ˈkyçənʃraŋk] *m* credenza *f*
Kuckuck [ˈkukuk] *m* cuculo *m;* ◆ *Das weiß der Kuckuck!* Lo sa il diavolo!
Kugel [ˈkuːgəl] *f 1. (Spiel)* palla *f;* ◆ *eine ruhige Kugel schieben* prendersela comoda; *2. MATH* sfera *f; 3. MIL* palla *f*
Kugelschreiber [ˈkuːgəlʃraɪbər] *m* penna a sfera *f,* biro *f*
Kuh [kuː] *f ZOOL* mucca *f*
kühl [kyːl] *adj 1. (kalt)* fresco; *2. (fig)* freddo
kühlen [ˈkyːlən] *v* raffreddare
Kühler [ˈkyːlər] *m* radiatore *m*
Kühlerhaube [ˈkyːlərhaubə] *f* cofano *m*
Kühlfach [ˈkyːlfax] *n* congelatore *m,* freezer *m*

K

Kühlschrank [ˈkyːlʃraŋk] *m* frigorifero *m*
Kühltruhe [ˈkyːltruːə] *f* congelatore *m,* freezer *m*
Kühlung [ˈkyːluŋ] *f* raffreddamento *m*
Kühlwasser [ˈkyːlvasər] *n (im Auto)* acqua di raffreddamento *f*
kühn [kyːn] *adj 1.* audace; *adv 2.* audacemente
Küken [ˈkyːkən] *n* pulcino *m*
Kulanz [kuˈlants] *f* correntezza *f*
kulinarisch [kuliˈnaːrɪʃ] *adj* culinario
Kulisse [kuˈlɪsə] *f 1. (fig)* sfondo *m; 2. THEAT* quinta *f;* ◆ *hinter den Kulissen* dietro le quinte
kullern [ˈkulərn] *v* rotolare
Kult [kult] *m* culto *m*
K
Kultfigur [ˈkultfiguːr] *f* idolo *m*
kultivieren [kultiˈviːrən] *v* coltivare
Kultur [kulˈtuːr] *f 1.* cultura *f; 2. BIO* coltura *f*
kulturell [kultuˈrɛl] *adj 1.* culturale; *adv 2.* culturalmente
Kulturgut [kulˈtuːrguːt] *n* patrimonio culturale *m*
Kultusministerium [ˈkultusmɪnɪsteːrjum] *n POL* ministero della pubblica istruzione *m*
Kümmel [ˈkyməl] *m BOT* cumino *m*
Kummer [ˈkumər] *m* dolore *m,* tormento *m*
kümmerlich [ˈkymərlɪç] *adj 1.* misero; *adv 2.* miseramente

> **kümmern** [ˈkymərn] *v sich ~ um* curarsi di
> ◆ *Kümmern Sie sich um Ihre eigenen Angelegenheiten!* Si occupi dei fatti Suoi!
> *Ich kümmere mich darum.* Me ne occupo io.
> **!** *Konjugation mit haben: ich habe mich gekümmert*

kummervoll [ˈkumərfɔl] *adj 1.* preoccupato; *adv 2.* preoccupato
Kumpel [ˈkumpəl] *m 1. (Bergmann)* minatore *m; 2. (Arbeitskollege)* compagno li lavoro *m*
Kunde [ˈkundə] *m* cliente *m*
Kundgebung [ˈkuntgeːbuŋ] *f* comizio *m,* manifestazione (politica) *f*
kündigen [ˈkyndɪgən] *v 1. (Vertrag)* disdire; ◆ *den Mietvertrag kündigen* disdire il contratto d'affitto; *2. (vom Arbeitgeber aus)* licenziare; *3. (vom Arbeitnehmer aus)* dare le dimissioni
Kündigung [ˈkyndɪguŋ] *f 1.* disdetta *f; 2. (einer Stellung)* dimissioni *f/pl*
Kundschaft [ˈkuntʃaft] *f* clientela *f*
künftig [ˈkynftɪç] *adj 1.* futuro; *adv 2.* nel futuro

> **Kunst** [kunst] *f* arte *f*
> ◆ *eine brotlose Kunst* un mestiere che non rende
> *Das ist keine Kunst!* Non è poi così difficile!
> **!** *Plural: Künste*

Kunstfaser [ˈkunstfaːzər] *f* fibra sintetica *f*
Kunstgeschichte [ˈkunstgəʃɪçtə] *f* storia dell'arte *f*
Kunstgewerbe [ˈkunstgəvɛrbə] *n* artigianato artistico *m,* arte applicata *f*
Künstler [ˈkynstlər] *m* artista *m*
künstlerisch [ˈkynstlərɪʃ] *adj 1.* artistico; *adv 2.* artisticamente
Künstlername [ˈkynstlərnaːmə] *m* nome d'arte *m*
künstlich [ˈkynstlɪç] *adj 1.* artificiale; *adv 2.* artificialmente
Kunstsammlung [ˈkunstzamluŋ] *f* collezione di oggetti d'arte *f*
Kunststoff [ˈkunstʃtɔf] *m* materia sintetica *f,* materia plastica *f*

Kunststück [ˈkunstʃtyk] *n* gioco d'abiltà *m*
Kunstwerk [ˈkunstvɛrk] *n* opera d'arte *f*
Kupfer [ˈkupfər] *n CHEM* rame *m*
Kuppel [ˈkupəl] *f* cupola *f*
kuppeln [ˈkupəln] *v 1. (Auto)* innestare la frizione; *2. (verbinden)* agganciare; *3. (fam)* accoppiare
Kupplung [ˈkupluŋ] *f (beim Auto)* frizione *f*
Kur [kuːr] *f MED* cura *f*
kurbeln [ˈkurbəln] *v* girare una manovella
Kürbis [ˈkyrbɪs] *m* zucca *f*
Kurier [kuˈriːr] *m* corriere *m*
kurieren [kuˈriːrən] *v* guarire, curare
kurios [kurˈjoːs] *adj 1.* strano; *adv 2.* stranamente
Kurs [kurs] *m 1. (Kursus)* corso *m; 2. (Richtung)* rotta *f; 3. (Aktienkurs) FIN* quotazione *f,* corso *m;* ◆ *Die Kurse sind gefallen.* Le quotazioni sono cadute.
Kürschner [ˈkyrʃnər] *m* pellicciaio *m*
kursieren [kurˈziːrən] *v* circolare
Kurswechsel [ˈkursvɛksəl] *m POL* cambiamento di rotta *m*
Kurtaxe [ˈkuːrtaksə] *f* tassa di soggiorno *f*
Kurve [ˈkurfə] *f* curva *f;* ◆ *die Kurve kratzen* svignarsela; *die Kurve kriegen* fare in tempo
kurvenreich [ˈkurfənraɪç] *adj* pieno di curve

kurz [kurts] *adj 1. (zeitlich)* breve; *2. (räumlich)* corto
◆ *kurz und bündig* chiaro e tondo
kurz und gut in breve/in altre parole
kurz und schmerzlos senza troppi complimenti, in fretta
seit kurzem da poco
vor kurzem da poco/poco tempo fa
den Kürzeren ziehen avere la peggio
etw kurz und klein schlagen ridurre in frantumi qc
zu kurz kommen rimetterci
kurzen Prozess machen andare per le corte

Kürze [ˈkyrtsə] *f 1. (zeitlich)* brevità *f; 2. (räumlich)* cortezza *f*
kürzen [ˈkyrtsən] *v 1. (kürzer machen)* accorciare; *2. (zeitlich)* abbreviare; ◆ *die Zeit kürzen* abbreviare i tempi; *3. (herabsetzen)* ridurre; *4. (Geld)* decurtare
kurzerhand [ˈkurtsərhant] *adv* di colpo, senza lasciarsi pregare
kurzfristig [ˈkurtsfrɪstɪç] *adj 1.* a breve termine; *adv 2.* rapidamente; ◆ *etw kurzfristig erledigen* sbrigare qc rapidamente
kürzlich [ˈkyrtslɪç] *adv* recentemente
kurzschließen [ˈkurtsʃliːsən] *v irr sich mit jdm ~ (fam)* mettersi in contatto con qd
Kurzschluss [ˈkurtsʃlus] *m 1. TECH* corto circuito *m; 2. (fig)* panico *m*
kurzsichtig [ˈkurtszɪçtɪç] *adj 1. MED* miope; *2. (fig)* miope
Kürzung [ˈkyrtsuŋ] *f* accorciamento *m,* abbreviazione *f*
kurzzeitig [ˈkurtstsaɪtɪç] *adj 1.* di breve tempo; *adv 2.* a breve tempo
Kusine [kuˈziːnə] *f* cugina *f*
Kuss [kus] *m* bacio *m*
Kusshand [ˈkushant] *f* baciamano *m*
küssen [ˈkysən] *v* baciare
Küste [ˈkystə] *f* costa *f*
Kutsche [ˈkutʃə] *f* carrozza *f*
Kutte [ˈkutə] *f REL* saio *m*
Kuvert [kuˈveːr] *n* busta da lettere *f*
Kybernetik [kybɛrˈneːtɪk] *f* cibernetica *f*

K

L

Labor [la'boːr] *n* laboratorio *m*
Laborant(in) [labo'rant(ɪn)] *m/f* assistente di laboratorio *m/f*
Labyrinth [laby'rɪnt] *n* labirinto *m*
Lache¹ ['laːxə] *f (Pfütze)* pozzanghera *f*
Lache² ['laxə] *f (fam: Lachen)* risata *f*
lächeln ['lɛçəln] *v* sorridere
Lächeln ['lɛçəln] *n* sorriso *m*

> **lachen** ['laxən] *v* ridere
> ◆ *nichts zu lachen haben* avere poco da ridere
> *aus vollem Halse lachen* ridere a squarciagola
> *jdm ins Gesicht lachen* ridere in faccia a qd
> *sich in Fäustchen lachen (fig)* ridere sotto i baffi

Lachen ['laxən] *n* riso *m;* ◆ *zum Lachen sein* essere da ridere; *sich vor Lachen biegen* piegarsi in due dal ridere; *Dir wird das Lachen noch vergehen!* Ti passerà la voglia di ridere!
lächerlich ['lɛçərlɪç] *adj* ridicolo; ◆ *Er macht sich lächerlich.* Si rende ridicolo.
Lachs [laks] *m ZOOL* salmone *m*
Lack [lak] *m* vernice *f*
lackieren [la'kiːrən] *v* verniciare
laden ['laːdən] *v irr 1.* caricare; ◆ *einen geladen haben (fam)* avere bevuto un bicchierino; *2. JUR* citare; ◆ *jdn vor Gericht laden* citare qd in giudizio; *3. INFORM* caricare
Laden ['laːdən] *m* negozio *m;* ◆ *den Laden schmeißen* mandare avanti la baracca; *Er kann seinen Laden dichtmachen.* Può chiudere bottega.
lädieren [lɛ'diːrən] *v* danneggiare
Ladung ['laːduŋ] *f 1.* carico *m; 2. (elektrische ~)* carica *f; 3. JUR* citazione *f*
Lage ['laːgə] *f 1. (Position)* posizione *f; 2. (Situation)* situazione *f;* ◆ *Herr der Lage sein* essere padrone della situazione; *die Lage peilen* sondare il terreno/esaminare la situazione; *nach Lage der Dinge* allo stato delle cose; *3. (Schicht)* strato *m*
Lager ['laːgər] *n 1. (Warenlager)* magazzino *m; 2. (Zeltlager)* campeggio *m; 3. MIL* accampamento *m; 4. (Schlafstätte)* letto *m, (Tier)* tana *f,* covo *m; 5. POL* partito *m; 6. (Konzentrationslager)* campo di concentramento *m; 7. TECH* cuscinetto *m; 8. GEOL* giacimento *m*
lahm [laːm] *adj 1. (gelähmt) MED* paralitico; *2. (hinkend) MED* zoppo; *3. (fam: langweilig)* noioso
lähmen ['lɛːmən] *v* paralizzare
Lähmung ['lɛːmuŋ] *f MED* paralisi *f*
Laib [laɪp] *m 1. (Brotlaib)* pagnotta *f; 2. ein ~ Käse* una forma di formaggio *f*
Laie ['laɪə] *m 1.* profano *m; 2. REL* laico *m*
laienhaft ['laɪənhaft] *adj* da profano
Laienspiel ['laɪənʃpiːl] *n THEAT* spettacolo filodrammatico *m*
Lake ['laːkə] *f GAST* salamoia *f*
Laken ['laːkən] *n* lenzuolo *m*
Lakritze [la'krɪtsə] *f* liquirizia *f*
lallen ['lalən] *v* balbettare
lamentieren [lamɛn'tiːrən] *v* lamentarsi
Lamm [lam] *n ZOOL* agnello *m*
Lampe ['lampə] *f* lampada *f*
Lampenfieber ['lampənfiːbər] *n* febbre della ribalta *f*
Lampion ['lampjɔ] *m* lampioncino *m*
lancieren [lã'siːrən] *v* lanciare; ◆ *eine Nachricht lancieren* diffondere una notizia

Kondensmilch [kɔnˈdɛnsmɪlç] *f* *GAST* latte condensato *m*
Kondenswasser [kɔnˈdɛnsvasər] *n* condensa *f*
Kondition [kɔndiˈtsjoːn] *f* *1.* condizione *f*; *2. (Leistungsfähigkeit)* forma *f*
Konditor [kɔnˈdiːtɔr] *m* pasticciere *m*
Konditorei [kɔnditoˈraɪ] *f* pasticceria *f*
kondolieren [kɔndoˈliːrən] *v* fare le condoglianze
Kondom [kɔnˈdoːm] *n* preservativo *m*
Konfekt [kɔnˈfɛkt] *n* *GAST* confetteria *f*
Konfektion [kɔnfɛkˈtsjoːn] *f* confezione *f*
Konfektionsgröße [kɔnfɛkˈtsjoːnsgrøːsə] *f* taglia *f*
Konferenz [kɔnfeˈrɛnts] *f* conferenza *f*
Konfession [kɔnfɛsˈjoːn] *f* confessione *f*
Konfirmand(in) [kɔnfɪrˈmant/kɔnfɪrˈmandɪn] *m/f* cresimando/cresimanda *m/f*
Konfirmation [kɔnfɪrmaˈtsjoːn] *f* *REL* cresima *f*
Konfitüre [kɔnfiˈtyːrə] *f* *GAST* confettura *f*
Konflikt [kɔnˈflɪkt] *m* conflitto *m*
konform [kɔnˈfɔrm] *adj* conforme
Konfrontation [kɔnfrɔntaˈtsjoːn] *f* confronto *m*
konfrontieren [kɔnfrɔnˈtiːrən] *v* confrontare
konfus [kɔnˈfuːs] *adj* confuso
Kongress [kɔnˈgrɛs] *m* congresso *m*
Kongresshalle [kɔnˈgrɛshalə] *f* sala dei congressi *f*
König(in) [ˈkøːnɪç/ˈkøːnɪgɪn] *m/f* re(gina) *m/f*
königlich [ˈkøːnɪklɪç] *adj* regale, reale
Königreich [ˈkøːnɪkraɪç] *n* regno *m*
konjugieren [kɔnjuˈgiːrən] *v* coniugare
Konjunktur [kɔnjuŋkˈtuːr] *f* congiuntura *f*
konkret [kɔnˈkreːt] *adj* concreto
Konkurrent(in) [kɔnkuˈrɛnt(ɪn)] *m/f* concorrente *m/f*
Konkurrenz [kɔnkuˈrɛnts] *f* *1. (Wettbewerb)* concorso *m*; *2. ECO* concorrenza *f*
konkurrenzfähig [kɔnkuˈrɛntsfɛːɪç] *adj* concorrenziale
konkurrieren [kɔnkuˈriːrən] *v* concorrere, far concorrenza; ◆ *miteinander konkurrieren* farsi concorrenza
Konkurs [kɔnˈkurs] *m* *JUR* fallimento *m*
Konkursverfahren [kɔnˈkursfɛrfaːrən] *n* *JUR* procedimento fallimentare *m*

können [ˈkœnən] *v irr 1. (in der Lage sein)* potere, essere in grado; *2. (beherrschen, wissen)* sapere, conoscere; *3. (dürfen)* potere; *4. (die Möglichkeit haben)* avere la possibilità di
◆ *Du kannst mich mal! (fam)* Puoi scordartelo!
Kann sein (fam) può darsi *(fam)*

Können [ˈkœnən] *n* capacità *f*
Könner(in) [ˈkœnər(ɪn)] *m/f* competente *m/f*
konsequent [kɔnzeˈkvɛnt] *adj* coerente
Konsequenz [kɔnzeˈkvɛnts] *f* *1. (Folge)* conseguenza *f*; *2. (Folgerichtigkeit)* logica *f*; *3. (fig)* risultato *m*; ◆ *aus etw Konsequenzen ziehen* trarre le conseguenze di qc
konservativ [ˈkɔnzɛrvatiːf] *adj 1.* conservatore, tradizionalista; *adv 2.* tradizionalmente
Konserve [kɔnˈzɛrvə] *f* conserva *f*
Konservendose [kɔnˈzɛrvəndoːzə] *f* scatola di conserva *f*
konservieren [kɔnzɛrˈviːrən] *v* conservare

K

Konservierungsmittel [kɔnzɛrˈviːruŋsmɪtəl] *n* conservanti *m/pl*
Konsole [kɔnˈzoːlə] *f* mensola *f*
Konsolidierung [kɔnzoliˈdiːruŋ] *f* *ECO* consolidamento *m*
konstant [kɔnsˈtant] *adj* costante
Konstellation [kɔnstɛlaˈtsjoːn] *f* *ASTR* costellazione *f*
konstruieren [kɔnstruˈiːrən] *v* costruire
Konstruktion [kɔnstrukˈtsjoːn] *f* costruzione *f*
konstruktiv [kɔnstrukˈtiːf] *adj* costruttivo
Konsul(in) [ˈkɔnzuːl(ɪn)] *m/f* *POL* console *m/f*
Konsulat [kɔnzuˈlaːt] *n* *POL* consolato *m*
konsultieren [kɔnzulˈtiːrən] *v* consultare; ◆ *den Arzt konsultieren* consultare un medico
Konsum [kɔnˈzuːm] *m* consumo *m*
Konsumgüter [kɔnˈzuːmgyːtər] *pl* beni di consumo *m/pl*
konsumieren [kɔnzuˈmiːrən] *v* consumare
Kontakt [kɔnˈtakt] *m* contatto *m*
kontaktfreudig [kɔnˈtaktfrɔydɪç] *adj* comunicativo
Kontaktlinsen [kɔnˈtaktlɪnzən] *pl* lenti a contatto *m/pl*
Kontaktperson [kɔnˈtaktpɛrzoːn] *f* tramite *f*
kontern [ˈkɔntərn] *v* controbattere; ◆ *auf eine Provokation kontern* controbattere ad una provocazione
Kontext [ˈkɔntɛkst] *m* contesto *m*
Kontinent [kɔntiˈnɛnt] *m* continente *m*
kontinental [kɔntinɛnˈtaːl] *adj* continentale
Kontingent [kɔntɪŋˈgɛnt] *n* contingente *m*

kontinuierlich [kɔntinuˈiːrlɪç] *adj* continuo
Konto [ˈkɔnto] *n* conto *m*; ◆ *auf jds Konto gehen* andare sul conto di qd
Kontoauszug [ˈkɔntoaustsuːk] *m* estratto conto *m*
Kontonummer [ˈkɔntonumər] *f* numero di conto *m*
Kontostand [ˈkɔntoʃtant] *m* situazione del conto *f*
Kontra [ˈkɔntra] *n* contro *m*
Kontrahent [kɔntraˈhɛnt] *m* *JUR* contraente *m*
konträr [kɔnˈtrɛːr] *adj* contrario
Kontrast [kɔnˈtrast] *m* contrasto *m*
kontrastreich [kɔnˈtrastraɪç] *adj* contrastato
Kontrolle [kɔnˈtrɔlə] *f* controllo *m*
Kontrolleur(in) [kɔntrɔˈløːr(ɪn)] *m/f* controllore *m*
kontrollieren [kɔntrɔˈliːrən] *v* controllare
kontrovers [kɔntroˈvɛrs] *adj* controverso
Kontroverse [kɔntroˈvɛrzə] *f* controversia *f*, disputa *f*
Kontur [kɔnˈtuːr] *f* contorno *m*, profilo *m*
Konvention [kɔnvɛnˈtsjoːn] *f* 1. *(Brauch)* convenzione *f*; ◆ *die Konvention einhalten* osservare le convenzioni; 2. *PO*[illegible] convenzione *f*
konventionell [kɔnvɛntsjoˈnɛl] *a*[illegible] convenzionale
Konversation [kɔnvɛrzaˈtsjoːn] *f* conversazione *f*
konvertieren [kɔnvɛrˈtiːrən] *v* 1. *FI*[illegible] convertire; 2. *REL* convertire; ◆ *zu*[illegible] *Christentum konvertieren* convertirsi al cristianesimo; 3. *(Daten) INFORM* convertire
Konzentrat [kɔntsɛnˈtraːt] *n* concentrato *m*

Konzentration [kɔntsɛntra'tsjoːn] *f (Zusammendrängung)* concentrazione *f*
Konzentrationslager [kɔntsɛntra'tsjoːnslaːgər] *n POL* campo di concentramento *m*
konzentrieren [kɔntsɛn'triːrən] *v 1.* concentrare; *2. sich ~* concentrarsi; ◆ *Er muss sich beim Autofahren konzentrieren.* Deve concentrarsi nella guida.
Konzept [kɔn'tsɛpt] *n* concetto *m;* ◆ *jdm nicht ins Konzept passen* non andare a genio a qd; *jdn aus dem Konzept bringen* portare fuori strada qd; *aus dem Konzept kommen* perdere il filo del discorso
Konzern [kɔn'tsɛrn] *m* gruppo *m*
Konzert [kɔn'tsɛrt] *n MUS* concerto *m*
Konzession [kɔntsɛ'sjoːn] *f 1.* concessione *f; 2. (Zugeständnis)* concessione *f*
Konzil [kɔn'tsiːl] *n REL* concilio *m*
konzipieren [kɔntsi'piːrən] *v* concepire
Kooperation [koɔpəra'tsjoːn] *f* cooperazione *f*
kooperativ [koɔpəra'tiːf] *adj* cooperativo
Koordination [koɔrdina'tsjoːn] *f* coordinazione *f*
koordinieren [koɔrdi'niːrən] *v* coordinare

Kopf [kɔpf] *m ANAT* testa *f*
◆ *den Kopf aus der Schlinge ziehen (fig)* tirarsi fuori da un inghippo
sich den Kopf einrennen rompersi la testa
seinen Kopf durchsetzen puntare i piedi
den Kopf hängen lassen scoraggiarsi
sich die Köpfe heißreden discutere animatamente
seinen Kopf hinhalten giocarsi la testa
den Kopf in den Sand stecken nascondere la testa sotto la sabbia
Kopf und Kragen riskieren rischiare la pelle
Kopf und Kragen kosten Ne va della vita; È in gioco la vita.
jdm den Kopf verdrehen far girare la testa a qd
den Kopf voll haben avere la testa come un pallone
sich einen Kopf um etw machen darsi pensiero di qc
jdm den Kopf zurechtrücken far mettere la testa a posto a qd/rimettere qd in riga
einen kühlen Kpf bewahren mantenere la calma
nicht auf den Kopf gefallen sein non essere affatto scemo
etw auf den Kopf hauen gettare qc dalla finestra
aus dem Kopf a memoria
jdm nicht aus dem Kopf gehen non uscire dalla testa a qd
sich etw aus dem Kopf schlagen togliersi qd dalla testa
jdm zu Kopf steigen dare alla testa a qd
über jds Kopf hinweg all'insaputa di qd
über den Kopf wachsen essere al di sopra delle propril capacià
von Kopf bis Fuß dalla testa ai piedi
jdn vor den Kopf stoßen offendere qd
jdm den Kopf waschen dare una lavata di testa a qd
jdm etw an den Kopf werfen buttare qc in faccia a qd
durch den Kopf gehen passare per la mente
etw im Kopf haben avere qc in mente
etw im Kopf behalten tenere a mente qc
Mir schwirrt der Kopf! Mi gira la testa!
Kopf hoch! Su con la vita!
! *Plural: Köpfe*

Kopfhörer ['kɔpfhøːrər] *m* cuffia *f*

Kopfkissen [ˈkɔpfkɪsən] *n* guanciale *m*, cuscino *m*
kopflos [ˈkɔpfloːs] *adj 1.* senza testa; *adv 2.* sbadatamente
Kopfschmerzen [ˈkɔpfʃmɛrtsən] *pl MED* mal di testa *m;* ◆ *jdm Kopfschmerzen bereiten* causare il mal di testa a qd
Kopfsprung [ˈkɔpfʃpruŋ] *m SPORT* tuffo *m*
Kopfstütze [ˈkɔpfʃtytsə] *f* poggiatesta *m*
Kopftuch [ˈkɔpftuːx] *n* foulard *m*
kopfüber [kɔpfˈyːbər] *adv* testa in giù
Kopfzerbrechen [ˈkɔpftsɛrbrɛçən] *n* rompicapo *m*
Kopie [koˈpiː] *f* copia *f*
kopieren [koˈpiːrən] *v* copiare
Kopierer [koˈpiːrər] *m* fotocopiatrice *f*
Korb [kɔrp] *m* cesto *m*, cesta *f;* ◆ *jdm einen Korb geben* dire dino a qd, rifiutare qc a qd
Kord [kɔrt] *m* velluto a coste *m*
Kordel [ˈkɔrdəl] *f* cordoncino *m*
Kork [kɔrk] *m* sughero *m*
Korken [ˈkɔrkən] *m* turacciolo *m*, tappo *m*
Korkenzieher [ˈkɔrkəntsiːər] *m* cavatappi *m*
Korn [kɔrn] *n 1. (Getreide)* grano *m; 2. (Krümchen)* grano *m*, granello *m; 3.* ◆ *jdn aufs Korn nehmen* prendere di mira qd
körnig [ˈkœrnɪç] *adj* a grani

> **Körper** [ˈkœrpər] *m ANAT* corpo *m*
> **!** *Plural: Körper*

Körperbau [ˈkœrpərbau] *m* corporatura *f*
körperlich [ˈkœrpərlɪç] *adj* fisico
Körperteil [ˈkœrpərtaɪl] *n* parte del corpo *f*, membro del corpo *m*
korrekt [kɔˈrɛkt] *adj* corretto, giusto
Korrektheit [kɔˈrɛkthaɪt] *f* correttezza *f*
Korrektur [kɔrɛkˈtuːr] *f* correzione *f*
Korrespondent(in) [kɔrɛspɔnˈdɛnt(ɪn)] *m/f* corrispondente *m/f*
Korrespondenz [kɔrɛspɔnˈdɛnts] *f* corrispondenza *f*
korrespondieren [kɔrɛspɔnˈdiːrən] *v* corrispondere
Korridor [ˈkɔridoːr] *m* corridoio *m*
korrigieren [kɔriˈgiːrən] *v* correggere
korrupt [kɔˈrupt] *adj* corrotto
Korruption [kɔrupˈtsjoːn] *f* corruzione *f*
Korsett [kɔrˈzɛt] *n* busto *m*
Kortison [ɪɔrtiˈzoːn] *n* cortisone *m*
Kosewort [ˈkoːzəvɔrt] *m* vezzeggiativo *m*
Kosmetik [kɔsˈmeːtɪk] *f* cosmetica *f*
Kosmetikerin [kɔsˈmeːtɪkərɪn] *f* estetista *f*
kosmetisch [kɔsˈmeːtɪʃ] *adj* cosmetico
Kosmopolit [kɔsmopoˈliːt] *m* cosmopolita *m*
Kosmos [ˈkɔsmɔs] *m* cosmo *m*
Kost [kɔst] *f* alimentazione *f*
kostbar [ˈkɔstbaːr] *adj* di valore
Kostbarkeit [ˈkɔstbaːrkaɪt] *f* preziosità *f*
kosten¹ [ˈkɔstən] *v 1. (Preis)* costare; ◆ *Koste es, was es wolle!* Costi quel che costi! *sich eine Sache etw kosten lassen* non badare a spese; *2. (wert sein)* aver valore
kosten² [ˈkɔstən] *v (versuchen)* assaggiare; ◆ *einen guten Wein kosten* assaggiare del buon vino
Kosten [ˈkɔstən] *pl* spese *f/pl;* ◆ *auf seine Kosten kommen* rimanere soddisfatto
kostenlos [ˈkɔstənloːs] *adj* gratuito
köstlich [ˈkœstlɪç] *adj 1. (hervorragend)* squisito; *2. (amüsant)* divertente
Kostprobe [ˈkɔstproːbə] *f* assaggio *m*
kostspielig [ˈkɔstʃpiːlɪç] *adj* caro

Land [lant] *n 1.* paese *m; 2. (Grundstück)* terreno *m; 3. (ländliche Gegend)* campagna *f*
◆ *ein Stück Land besitzen* possedere un pezzo di terra
auf dem Land leben vivere in campagna
wieder Land sehen (fig) avere una speranza, tornare a sperare
jdn an Land ziehen tirare qd dalla propia parte
Land gewinnen sparire
! *Plural: Länder*

Landebahn [ˈlandəbaːn] *f* pista di atterraggio *f*
landen [ˈlandən] *v 1.* atterrare; *2. (Schiff)* sbarcare; *3. (fam)* finire; ◆ *Wo bist du gelandet?* Dove sei andato a finire?
Länderspiel [ˈlɛndərʃpiːl] *n SPORT* partita internazionale *f*
Landesregierung [ˈlandəsrɛgiːruŋ] *f POL* governo regionale *m*
Landgericht [ˈlantgərɪçt] *n JUR* tribunale *m; Oberstes ~* Corte suprema *f*
Landkarte [ˈlantkartə] *f* carta geografica *f*
landläufig [ˈlantlɔyfɪç] *adj* corrente
ländlich [ˈlɛndlɪç] *adj* rurale
Landschaft [ˈlantʃaft] *f* paesaggio *m*
Landsmann [ˈlantsman] *m* connazionale *m;* ◆ *Er ist ein Landsmann von mir.* E' un mio connazionale.
Landstreicher [ˈlantʃtraɪçər] *m* vagabondo *m*
Landtag [ˈlantaːk] *m POL* dieta regionale *f*
Landung [ˈlanduŋ] *f 1. (eines Flugzeugs)* atterraggio *m; 2. (eines Schiffes)* sbarco *m*
Landungssteg [ˈlanduŋsʃteːk] *m* pontile *m*
Landweg [ˈlantveːk] *m* strada di campagna *f;* ◆ *auf dem Landweg* sulla strada di campagna
Landwirt [ˈlantvɪrt] *m* agricoltore *m*
Landwirtschaft [ˈlantvɪrtʃaft] *f* agricoltura *f*
landwirtschaftlich [ˈlantvɪrtʃaftlɪç] *adj* agricolo
Landzunge [ˈlanttsuŋə] *f GEO* lingua di terra *f*
lang [laŋ] *adj 1.* lungo; *2. (zeitlich)* lungo; ◆ *sein Leben lang* per tutta la vita
langärmelig [ˈlaŋɛrməlɪç] *adj* a maniche lunghe

lange [ˈlaŋə] *adv* a lungo
◆ *es nicht mehr lange machen* non farla lunga
Es ist schon lange her, dass ... E' da molto che ...
lange brauchen, um etw zu tun avere bisogno di molto tempo per fare qc

Länge [ˈlɛŋə] *f 1. (örtlich)* lunghezza *f; 2. (zeitlich)* durata *f;* ◆ *etw in die Länge ziehen* tirare qc per le lunghe
langen [ˈlaŋən] *v 1. (genügen)* bastare; ◆ *Jetzt langt es!* Adesso ne ho abbastanza! *2. (greifen)* prendere; ◆ *jdm eine langen (fam)* allungare un ceffone a qd
Längengrad [ˈlɛŋəngraːt] *m* longitudine *f*
Langeweile [ˈlaŋəvaɪlə] *f* noia *f*
langfristig [ˈlaŋfrɪstɪç] *adj* a lunga scadenza
langjährig [ˈlaŋjɛːrɪç] *adj* pluriennale
Langlebigkeit [ˈlaŋleːbɪçkaɪt] *f* longevità *f*
länglich [ˈlɛŋlɪç] *adj* allungato
längs [lɛŋs] *prep 1.* lungo; *adv 2.* per lungo, per il lungo
langsam [ˈlaŋzaːm] *adj 1.* lento; *adv 2.* lentamente
Langschläfer [ˈlaŋʃlɛːfər] *m* dormiglione *m*
Languste [laŋˈgustə] *f* aragosta *f*

L

langweilen [ˈlaŋvaɪlən] *v sich ~* annoiarsi; ◆ *Er hat sich auf dem Fest gelangweilt.* Si è annoiato alla festa.
langweilig [ˈlaŋvaɪlɪç] *adj* noioso
langwierig [ˈlaŋviːrɪç] *adj* lungo e complicato
Lanze [ˈlantsə] *f* lancia *f*
Lappalie [laˈpaːljə] *f* bagattella *f*
Lappen [ˈlapən] *m* straccio *m;* ◆ *jdm durch die Lappen gehen* sfuggire a qd
Laptop [ˈlæptop] *m INFORM* portatile *m*
Lärm [lɛrm] *m* rumore *m;* ◆ *Lärm schlagen* destare rumore/fare scalpore
lärmen [ˈlɛrmən] *v* far chiasso
Larve [ˈlarvə] *f 1. (Maske)* maschera *f; 2. ZOOL* larva *f*
Laserstrahl [ˈleɪzərʃtraːl] *m* raggio laser *m*

lassen [ˈlasən] *v irr 1.* lasciare; *2. (zu~)* permettere; *3. (über~)* lasciare; *4. (veran~)* fare; *5. (aufhören)* smettere
◆ *es nicht lassen können* avere il vizio di fare qc
Lass mich damit in Ruhe! Lasciami in pace con ciò!
Lass es sein! Smettila!
kalt lassen (fam) lasciare indifferente
Das muss man ihr lassen. Questo bisogna concederglielo.

Lässigkeit [ˈlɛsɪçkaɪt] *f 1. (Nachlässigkeit)* trascuratezza *f;* non curanza *f; 2. (Ungezwungenheit)* disinvoltura *f*
Last [ˈlast] *f* carico *m;* ◆ *jdm zur ~ fallen* essere di peso a qd; *jdm etw zur ~ legen* accusare qd di qc; *mit jdm seine liebe ~ haben* avere il proprio bel daffare con qd
lasten [ˈlastən] *v (fig) ~ auf* gravare su
Lasten [ˈlastən] *pl* carichi *m/pl,* oneri *m/pl; steuerliche ~* oneri fiscali *m/pl*
Laster[1] [ˈlastər] *n* vizio *n*
Laster[2] [ˈlastər] *m* autocarro *m*
lasterhaft [ˈlastərhaft] *adj* vizioso
lästern [ˈlɛstərn] *v 1. REL* bestemmiare; *2. (klatschen)* sparlare, dire male di qc
lästig [ˈlɛstɪç] *adj* fastidioso
Lastschrift [ˈlastʃrɪft] *f* addebito *m*
Lastwagen [ˈlastvaːgən] *m* camion *m*
Latein [laˈtaɪn] *n* latino *m;* ◆ *mit seinem Latein am Ende sein* non sapere più che cosa fare
latent [laˈtɛnt] *adj* latente
Laterne [laˈtɛrnə] *f* lanterna *f*
Latte [ˈlatə] *f* tavola *f*
Lätzchen [ˈlɛtsçən] *n* bavaglino *m*
lau [lau] *adj 1.* tiepido; *2. (mild)* mite
Laub [laup] *n* fogliame *m*
Laubbaum [ˈlaupbaum] *m* latifoglia *f*
Laube [ˈlaubə] *f* pergola *f*
Lauch [laux] *m BOT* porro *m*
lauern [ˈlauərn] *v* stare in agguato
Lauf [lauf] *m 1. (~en)* corsa *f; 2. (fig: Verlauf)* corso *m; 3. (Gewehrlauf)* canna *f*

laufen [ˈlaufən] *v irr 1. (rennen)* correre; *2. (gehen)* camminare; *3. (fließen)* scorrere
◆ *sich voll laufen lassen (fig)* bere come una spugna
! *Konjugation mit sein: ich bin gelaufen*

laufend [ˈlaufənt] *adj* che corre; ◆ *auf dem Laufenden sein* essere al corrente
Läufer [ˈlɔyfər] *m 1. SPORT* corridore *m; 2. (Teppich)* passatoia *f*
läufig [ˈlɔyfɪç] *adj ZOOL* in calore
Laufmasche [ˈlaufmaʃə] *f* smagliatura *f*
Laufpass [ˈlaufpas] *m* ◆ *den Laufpass bekommen* ricevere il benservito
Laufsteg [ˈlaufʃteːk] *m* passerella *f*
Laufwerk [ˈlaufvɛrk] *n* lettore *m*
Lauge [ˈlaugə] *f 1. (Seifenlauge)* liscivia *f; 2. CHEM* soluzione alcalina *f*
Laune [ˈlaunə] *f* umore *m,* luna *f (fam);* ◆ *Er hat schlechte Laune.* Ha la luna storta. *Laune machen* mettere di

buonumore; *jdn bei Laune halten* tenere qd di buonumore

Laus [laus] *f ZOOL* pidocchio *m;* ◆ *Ihm ist eine Laus über die Leber gelaufen.* Ha la luna di traverso./Ha le paturnie. *(fam)*

Lausbub [ˈlausbuːp] *m (fam)* birbone *m*

lauschen [ˈlauʃən] *v 1. (zuhören)* ascoltare; *2. (horchen)* origliare; ◆ *an der Tür lauschen* origliare alla porta

lauschig [ˈlauʃɪç] *adj* intimo

lausig [ˈlauzɪç] *adj 1.* pidocchioso, miserabile; *2. ~e Kälte* gran freddo

laut¹ [laut] *adj 1.* forte; *2. (geräuschvoll)* rumoroso; *adv 3.* ad alta voce; *4. (geräuschvoll)* rumorosamente

laut² [laut] *prep* secondo

Laut [laut] *m 1. (Ton)* suono *m; 2. (Geräusch)* rumore *m*

lauten [ˈlautən] *v (besagen)* dire

läuten [ˈlɔytən] *v* suonare; ◆ *Die Glocke läutet.* La campana suona. *von etw läuten hören* sentir dire di qc

lautlos [ˈlautloːs] *adj 1.* silenzioso; *adv 2.* silenziosamente

Lautsprecher [ˈlautʃprɛçər] *m* altoparlante *m*

lautstark [ˈlautʃtark] *adj 1.* alto, violento; *~er Protest* protesta violenta *f; adv 2.* ad alta voce, violentemente

Lautstärke [ˈlautʃtɛrkə] *f* volume *m*

lauwarm [ˈlauvarm] *adj* tiepido

Lawine [laˈviːnə] *f (Schnee)* slavina *f*

leben [ˈleːbən] *v* vivere; ◆ *wie er leibt und lebt* in carne ed ossa

> **Leben** [ˈleːbən] *n* vita *f*
> ◆ *etw für sein Leben gern tun* fare qc molto volentieri
> *etw ins Leben rufen* dare vita a qc/fondare qc
> *mit dem Leben davonkommen* sopravvivere
> *jdm nach dem Leben trachten* voler togliere la vita a qd
> *nie im Leben* mai e poi mai
> *sich das Leben nehmen* togliersi la vita
> *mit seinem Leben spielen* mettere in gioco la propria vita, mettere a repentaglio lavita
> *jdm das Leben schenken* dare la vita a qd
> *sein Leben lassen* perdere la vita
> *auf Leben und Tod* all'ultimo sangue
> *wie aus dem Leben gegriffen* preso dal vero
> *zeit seines Lebens* durante tutta la sua vita

lebendig [leˈbɛndɪç] *adj 1. (lebend)* vivente; *2. (lebhaft)* vivace

Lebensbedingungen [ˈleːbənsbədɪŋuŋən] *pl* condizioni di vita *f/pl*

Lebensende [ˈleːbənsɛndə] *n* fine della vita *f;* ◆ *treu bis ans Lebensende* fedele fino alla morte

lebensfremd [ˈleːbənsfrɛmt] *adj* astratto

lebensgefährlich [ˈleːbənsgəfɛːrlɪç] *adj* pericolosissimo, mortale; *~e Krankheit* malattia mortale *f*

lebenslänglich [ˈleːbənslɛŋlɪç] *adj 1.* a vita; *2. JUR* a vita

Lebenslauf [ˈleːbənslauf] *m* curriculum vitae *m*

Lebenslicht [ˈleːbənsliçt] *n* ◆ *jdm das Lebenslicht ausblasen* togliere la vita a qd; *Sein Lebenslicht erlischt.* La sua vita si sta spegnendo.

Lebensmittel [ˈleːbənsmɪtəl] *n* alimento *m*

lebensmüde [ˈleːbənsmyːdə] *adj* stanco della vita

Lebensretter(in) [ˈleːbənsrɛtər(ɪn)] *m/f; Dieser Mann ist mein Lebensretter.* Quell'uomo mi ha salvato la vita.

L

Lebensunterhalt [ˈleːbənsuntərhalt] *m* mantenimento *m*
Lebenswandel [ˈleːbənsvandəl] *m* vita *f; einwandfreier* ~ vita ineccepibile *f*
lebenswichtig [ˈleːbənsvɪçtɪç] *adj* vitale; *~es Organ* organo vitale *m*
Lebenszeichen [ˈleːbənstsaɪçən] *n* segno di vita *m*
Leber [ˈleːbər] *f ANAT* fegato *m;* ◆ *frei von der Leber weg* senza peli sulla lingua
Leberknödel [ˈleːbərknøːdəl] *m GAST* gnocchetto di fegato *m*
Lebewesen [ˈleːbəveːzən] *n* essere vivente *m*
lebhaft [ˈleːphaft] *adj 1.* vivace; *2. (rege)* vivo; *3. (begeistert)* entusiastico
leblos [ˈleːploːs] *adj* senza vita
Leck [lɛk] *n* perdita *f,* falla *f*
L **lecken¹** [ˈlɛkən] *v (sch~)* leccare
lecken² [ˈlɛkən] *v (auslaufen)* perdere
lecker [ˈlɛkər] *adj 1.* appetitoso; *adv 2. Du hast lecker gekocht.* Hai cucinato proprio bene.
Leckerbissen [ˈlɛkərbɪsən] *m* ghiottoneria *f*
Leckermaul [ˈlɛkərmaul] *n (fam)* ghiottone *m*
Leder [ˈleːdər] *n* pelle *f;* ◆ *jdm ans Leder wollen* voler afferrare qd
Lederwaren [ˈleːdərvaːrən] *pl* pelletteria *f*
ledig [ˈleːdɪç] *adj 1. (Frau)* nubile; *2. (Mann)* celibe; *3. (einer Sache ~)* libero
lediglich [ˈleːdɪglɪç] *adv* solamente

leer [leːr] *adj 1.* vuoto; *2. (frei)* libero; *3. (unbeschrieben)* bianco
◆ *leer ausgehen* uscirne a mani vuote

Leere [ˈleːrə] *f* vuoto *m*
leeren [ˈleːrən] *v* vuotare
Leerung [ˈleːruŋ] *f* svuotamento *m*
legal [leˈgaːl] *adj* legale
legalisieren [legaliˈziːrən] *v* legalizzare
Legalität [legaliˈtɛːt] *f* legalità *f*
legen [ˈleːgən] *v 1.* mettere, porre; *2. sich* ~ distendersi; ◆ *Er legte sich auf das Sofa.* Si distese sul divano.
legendär [legɛnˈdɛːr] *adj* leggendario
Legende [leˈgɛndə] *f* leggenda *f*
Legierung [leˈgiːruŋ] *f* lega *f*
Legislative [legislaˈtiːvə] *f POL* legislazione *f*
legitim [leːgiˈtiːm] *adj* legittimo
Legitimation [legitimaˈtsjoːn] *f* legittimazione *f*
Lehm [leːm] *m* argilla *f*
Lehne [ˈleːnə] *f 1. (Armlehne)* bracciolo *m; 2. (Rückenlehne)* spalliera *f,* schienale *m*
lehnen [ˈleːnən] *v 1.* appoggiare; *2. sich* ~ appoggiarsi

Lehre [ˈleːrə] *f 1.* lezione *f; 2. (Lehrsatz)* dottrina *f; 3. (Ausbildung)* apprendistato *m; 4. (fig: Ermahnung)* ammonimento *m; 5. (Maßlehre) TECH* calibro *m*
◆ *bei jdm in die Lehre gehen können* poter imparare da qd
jdm eine Lehre sein essere un monito per qd
≠ *Leere f* vuoto

lehren [ˈleːrən] *v jdn etw* ~ insegnare qc a qd
Lehrer(in) [ˈleːrər(ɪn)] *m/f 1.* insegnante *m/f; 2. (Grundschule)* maestro/maestra *m/f; 3. (höhere Schule)* professore(ssa) *m/f*
Lehrfach [ˈleːrfax] *n* materia *f*
Lehrgeld [ˈleːrgɛlt] *n* denaro *m; ~ zahlen* rimetterci
Lehrling [ˈleːrlɪŋ] *m* apprendista *m*
Lehrplan [ˈleːrplaːn] *m* piano di studi *m*
lehrreich [ˈleːrraɪç] *adj* istruttivo
Lehrstelle [ˈleːrʃtɛlə] *f* posto da apprendista *m*
Lehrstuhl [ˈleːrʃtuːl] *m* cattedra *f*

Lehrzeit [ˈleːrtsaɪt] *f* periodo di tirocinio *m*
Leib [laɪp] *m* corpo *m;* ◆ *etw zu Leibe rücken* prendersi carico di qc; *jdm wie auf den Leib zugeschnitten sein* essere tagliato su misura per qd; *etw am eigenen Leib erfahren* sperimentare qc sulla propria pelle; *mit Leib und Seele* con anima e corpo
leibhaftig [ˈlaɪphaftɪç] *adj 1.* in persona; *adv 2.* in persona
Leibwächter [ˈlaɪpvɛçtər] *m* guardia del corpo *f*
Leiche [ˈlaɪçə] *f* cadavere *m;* ◆ *Leichen im Keller haben* avere scheletri nell'armadio; *über Leichen gehen* passare sul cadavere della gente; *Nur über meine Leiche!* Solo passando sul mio cadavere!
Leichenhaus [ˈlaɪçənhaus] *f* obitorio *m*
Leichnam [ˈlaɪçnam] *m* cadavere *m*

leicht [laɪçt] *adj 1.* leggero; *2. (nicht schwierig)* facile; *3. (geringfügig)* leggero; *adv 4. (nicht schwierig)* facilmente; *5. (geringfügig)* leggermente
◆ *leicht nehmen* prendere alla leggera
leicht reden haben far presto a parlare
Das ist leicht gesagt. Si fa presto a dire.
ein Leichtes sein non costare molta fatica

Leichtathletik [ˈlaɪçtatleːtɪk] *f SPORT* atletica leggera *f*
Leichtfertigkeit [ˈlaɪçtfɛrtɪçkaɪt] *f* spensieratezza *f*
leichtgläubig [ˈlaɪçtglɔybɪç] *adj 1.* credulone; *adv 2.* ingenuamente
Leichtigkeit [ˈlaɪçtɪçkaɪt] *f 1.* leggerezza *f; 2. (Mühelosigkeit)* facilità *f*
Leichtsinn [ˈlaɪçtzɪn] *m (Unvorsichtigkeit)* leggerezza *f*
Leid [laɪt] *n 1.* pena *f; 2. ~ tun* dispiacere; *3. ~ tun (bemitleiden)* compatire
leiden [ˈlaɪdən] *v irr* soffrire
Leiden [ˈlaɪdən] *n 1. (Kummer)* dolore *m; 2. MED* malattia *f*
Leidenschaft [ˈlaɪdənʃaft] *f* passione *f*
leidenschaftlich [ˈlaɪdənʃaftlɪç] *adj 1.* appassionato; *adv 2.* appassionatamente
leider [ˈlaɪdər] *adv* purtroppo
leidlich [ˈlaɪdlɪç] *adj 1.* discreto, passabile; *adv 2.* abbastanza
Leier [ˈlaɪər] *f* lira *f;* ◆ *Es ist immer die alte Leier.* È sempre la solita storia.
Leierkasten [ˈlaɪərkastən] *m MUS* organetto *m*
leihen [ˈlaɪən] *v irr 1. (ver~)* prestare; *2. sich etw ~* prendere in prestito
Leihwagen [ˈlaɪvaːgən] *m* automobile a noleggio *f*
Leim [laɪm] *m* colla *f;* ◆ *jdm auf den Leim gehen* cadere nella trappola di qd; *aus dem Leim gehen* andare in pezzi
leimen [ˈlaɪmən] *v 1. (kleben)* incollare; *2. (fam)* ingannare
Leine [ˈlaɪnə] *f 1.* corda *f; 2. (Hundeleine)* guinzaglio *m;* ◆ *an der langen Leine* a briglia sciolta
Leinen [ˈlaɪnən] *n* lino *m*
Leinwand [ˈlaɪnvant] *f 1. ART* tela *f; 2. CINE* schermo di proiezione *m*

leise [ˈlaɪzə] *adj 1.* silenzioso; *2. (ruhig)* silenzioso; *3. (schwach)* debole
◆ *ein leises Kind* un bambino silenzioso *m*

Leiste [ˈlaɪstə] *f 1.* regolo *m; 2. ANAT* inguine *f*
leisten [ˈlaɪstən] *v 1.* rendere; *2. sich etw ~* concedersi; ◆ *sich ein bisschen Entspannung leisten* concedersi un po' di riposo
Leistenbruch [ˈlaɪstənbrux] *m MED* ernia inguinale *f*
Leistung [ˈlaɪstuŋ] *f 1. ECO* prestazione *f; 2. TECH* potenza *f*

L

Leistungsfähigkeit [ˈlaɪstuŋsfɛːɪçkaɪt] *f* efficienza *f*
Leitartikel [ˈlaɪtartɪkəl] *m* editoriale *m*
Leitbild [ˈlaɪtbɪlt] *n* esempio *m*
leiten [ˈlaɪtən] *v 1. (führen)* condurre; *2. (lenken)* guidare; *3. TECH* condurre
leitend [ˈlaɪtənt] *adj* dominante
Leiter¹ [ˈlaɪtər] *f* scala *f*
Leiter² [ˈlaɪtər] *m 1. (Vorgesetzter)* capo *m; 2. TECH* conduttore *m*
Leitfaden [ˈlaɪtfaːdən] *m* manuale *m*
Leitmotiv [ˈlaɪtmotiːf] *n 1. LIT* tema ricorrente *m; 2. MUS* motivo conduttore *m*
Leitplanke [ˈlaɪtplaŋkə] *f* guardrail *f*
Leitspruch [ˈlaɪtʃprux] *m* motto *m*
Leitung [ˈlaɪtuŋ] *f 1.* direzione *f; 2. (Rohrleitung)* conduttura *f; 3. (Kabel)* cavo *m,* linea elettrica *f;* ◆ *eine lange Leitung haben (fig)* essere duro di comprendonio
Leitwerk [ˈlaɪtvɛrk] *n TECH* impennaggio *m*
Lektion [lɛkˈtsjoːn] *f* lezione *f*
Lektor(in) [ˈlɛktor/lɛkˈtoːrɪn] *m/f* lettore/lettrice *m/f*
Lektüre [lɛkˈtyːrə] *f* lettura *f*
Lende [ˈlɛndə] *f 1. GAST* lombo *m; 2. ANAT* fianchi *m/pl*
lenken [ˈlɛŋkən] *v 1. (steuern)* guidare; *2. (leiten)* dirigere; ◆ *einen Betrieb lenken* dirigere un'azienda; *3. (Aufmerksamkeit, Blick)* volgere; ◆ *den Blick auf etw lenken* volgere lo sguardo verso qc
Lenkrad [ˈlɛŋkraːt] *n* volante *m*
Lenkstange [ˈlɛŋkʃtaŋə] *f* manubrio *m*
Lenkung [ˈlɛŋkuŋ] *f* sterzo *m*
Lerneifer [ˈlɛrnaɪfər] *m* diligenza *f*
lernen [ˈlɛrnən] *v* imparare, studiare
Lernprozess [ˈlɛrnprotsɛs] *m* processo di apprendimento *m*
lesbisch [ˈlɛsbɪʃ] *adj* lesbico
Lesebuch [ˈleːzəbuːx] *n* libro di lettura *m*

lesen [ˈleːzən] *v irr* leggere
◆ *zwischen den Zeilen lesen (fig)* leggere tra le righe

Leser(in) [ˈleːzər(ɪn)] *m/f* lettore/lettrice *m/f*
leserlich [ˈleːzərlɪç] *adj 1.* leggibile; *adv 2.* leggibilmente
Lesung [ˈleːzuŋ] *f 1.* lettura *f; 2. POL* lettura *f; 3. REL* lettura *f*
letzte(r,s) [ˈlɛtstə(r,s)] *adj 1.* ultimo/ultima; ◆ *zu guter Letzt* alla fin fine; *das Letzte sein* essere l'ultimo; *bis aufs Letzte* sino in fondo; *2. (vorig)* ultimo/ultima
letztens [ˈlɛtstəns] *adv* ultimamente
letztlich [ˈlɛtslɪç] *adv* infine
Leuchte [ˈlɔyçtə] *f 1.* luce *f; 2. (fig)* lume *m;* ◆ *keine große Leuchte sein* non essere una cima
leuchten [ˈlɔyçtən] *v* illuminare, far luce; ◆ *Die Lampe leuchtet gut.* La lampada fa una bella luce.
Leuchter [ˈlɔyçtər] *m* candeliere *m*
Leuchtturm [ˈlɔyçtturm] *m* faro *m*
leugnen [ˈlɔygnən] *v* negare
Leukämie [lɔykɛˈmiː] *f* leucemia *f*
Leumund [ˈlɔymunt] *m* reputazione *f*

Leute [ˈlɔytə] *pl* gente *f*
◆ *unter Leute kommen* andare in mezzo alla gente; *eine Nachricht unter die Leute bringen* divulgare una notizia

leutselig [ˈlɔytzeːlɪç] *adj 1.* affabile; *adv 2.* affabilmente
Lexikon [ˈlɛksɪkɔn] *n 1.* dizionario *m; 2. (Enzyklopädie)* enciclopedia *f*
Libelle [liˈbɛlə] *f ZOOL* libellula *f*
liberal [libəˈraːl] *adj 1.* liberale; *adv 2.* liberalmente
Liberalismus [libəraˈlɪsmus] *m POL* liberalismo *m*

licht [lɪçt] *adj 1. (hell)* chiaro; *2. (nicht dicht)* rado; ◆ *Seine Haare werden licht.* I suoi capelli si fanno radi.
Licht [lɪçt] *n* luce *f;* ◆ *kein großes Licht sein* non essere una cima; *sich ins rechte Licht setzen* mettersi nella giusta luce; *sein Licht unter den Scheffel stellen* mettere la fiaccola sotto il moggio; *jdn hinters Licht führen* prendersi gioco di qd; *kein gutes Licht auf jdn werfen* non gettare una buona luce su qd; *Da geht mir ein Licht auf!* Ora comincio a capire!
Lichtbild [ˈlɪçtbɪlt] *n 1. (Foto)* fotografia *f; 2. (Dia)* diapositiva *f*
Lichthupe [ˈlɪçthuːpə] *f (beim Auto)* lampeggiatore *m*
Lichtschalter [ˈlɪçtʃaltər] *m* interruttore della luce *m*
Lichtschranke [ˈlɪçtʃraŋkə] *f* cellula fotoelettrica *f*
Lichtstrahl [ˈlɪçtʃtraːl] *m* raggio di luce *m*
Lichtung [ˈlɪçtuŋ] *f 1.* radura *f; 2. (eines Ankers)* sollevamento *m*
Lid [liːt] *n ANAT* palpebra *f*
Lidschatten [ˈliːtsʃatən] *m* ombretto *m*

lieb [liːp] *adj* caro
◆ *jdm lieb und teuer sein* essere molto caro a qd
jdn lieb gewinnen affezionarsi a qd
jdn lieb haben voler bene a qd

Liebe [ˈliːbə] *f* amore *m;* ◆ *bei aller Liebe* con tutta la buona volontà; *Liebe auf den ersten Blick* amore a prima vista *f*
liebebedürftig [ˈliːbəbədyrftɪç] *adj* bisognoso d'amore
lieben [ˈliːbən] *v* amare
liebenswürdig [ˈliːbənsvyrdɪç] *adj* gentile
Liebenswürdigkeit [ˈliːbənsvyrdɪçkaɪt] *f* gentilezza *f*
lieber [ˈliːbər] *adv* piuttosto
Liebeserklärung [ˈliːbəsɛrklɛːruŋ] *f* dichiarazione d'amore *f*
Liebeskummer [ˈliːbəskumər] *m* pene d'amore *f/pl*
Liebeslied [ˈliːbəsliːt] *n* canzone d'amore *f*
liebevoll [ˈliːbəfɔl] *adj 1.* amorevole, amoroso; *adv 2.* con amore, amorevolmente
Liebhaber(in) [ˈliːphabər(ɪn)] *m/f 1.* amante *m/f; 2. (Kenner(in))* conoscitore/conoscitrice *m/f*
Liebhaberei [liːphaːbəˈraɪ] *f* passione *f*
liebkosen [ˈliːpkoːzən] *v* accarezzare
Liebkosung [ˈliːpkoːzuŋ] *f* carezza *f*
lieblich [ˈliːplɪç] *adj* grazioso
Liebling [ˈliːplɪŋ] *m 1.* tesoro *m; 2. (Anrede)* tesoro mio *m*
Lieblingsbeschäftigung [ˈliːplɪŋsbəʃɛftɪguŋ] *f* occupazione preferita *f*
lieblos [ˈliːploːs] *adj 1.* freddo; *adv 2.* senza amore, freddamente
Lieblosigkeit [ˈliːploːzɪçkaɪt] *f* mancanza d'amore *f*
Liebreiz [ˈliːpraɪts] *m* grazia *f*
Liebschaft [ˈliːpʃaft] *f* amoretto *m*
Liebste(r) [ˈliːpstə(r)] *m/f* amore *m/f*
Lied [liːt] *n* canzone *f;* ◆ *immer wieder das alte Lied anstimmen* raccontare sempre la stessa storia
liederlich [ˈliːdərlɪç] *adj 1.* trascurato; *adv 2.* disordinatamente
Liedermacher [ˈliːdərmaxər] *m* cantautore *m*
Lieferant(in) [liːfəˈrant(ɪn)] *m/f* fornitore/fornitrice *m/f*
lieferbar [ˈliːfərbaːr] *adj* disponibile
liefern [ˈliːfərn] *v* fornire; *geliefert sein* essere servito/essere rovinato
Lieferschein [ˈliːfərʃaɪn] *m ECO* bolletta di consegna *f*

L

Liefertermin [ˈliːfərtɛrmiːn] *m ECO* termine di consegna *m*
Lieferung [ˈliːfəruŋ] *f* consegna *f*
Lieferwagen [ˈliːfərvaːgən] *m* furgone *m; (kleiner ~)* furgoncino *m*
Liege [ˈliːgə] *f* divano *m*

liegen [ˈliːgən] *v irr 1.* essere sdraiato; *2. (sich befinden)* esserci; *3. richtig ~* essere nel giusto; *4. ~ lassen* dimenticare
◆ *alles stehen und liegen lassen* piantare tutto in asso
! *Konjugation mit sein: ich bin gelegen*
≠ *legen v* mettere

Liegenschaften [ˈliːgənʃaftən] *pl* patrimonio fondiario *m*, immobili *m/pl*
Liegestuhl [ˈliːgəʃtuːl] *m* sedia a sdraio *f*
L **Liegewagen** [ˈliːgəvaːgən] *m* carrozza con cuccette *f*
Lift [lɪft] *m* ascensore *f*, lift *m*
liften [ˈlɪftən] *v* fare il lifting
Liga [ˈliːga] *f* lega *f*
Likör [liˈkøːr] *m* liquore *m*
lila [ˈliːla] *adj* lilla
Lilie [ˈliːljə] *f BOT* giglio *m*
Limonade [limoˈnaːdə] *f* gassosa *f*
Linde [ˈlɪndə] *f BOT* tiglio *m*
lindern [ˈlɪndərn] *v* mitigare
Linderung [ˈlɪndəruŋ] *f* mitigazione *f*, attenuazione *f*
Lineal [lineˈaːl] *n* righello *m*, riga *f*; ◆ *ein Lineal verschluckt haben* avere ingoiato un manico di scopa
Linie [ˈliːnjə] *f 1. (Strich)* linea *f*; ◆ *auf der ganzen Linie* su tutta la linea; *2. (Zeile)* riga *f*; *3. (Reihe)* fila *f*; *4. in erster ~* in primo luogo
linientreu [ˈliːnjəntrɔy] *adj* ortodosso
linke(r,s) [ˈlɪŋkə(r,s)] *adj 1.* sinistro/sinistra; *2. POL* di sinistra; *3. (Rückseite)* alla rovescia
Linke(r) [ˈlɪŋkə(r)] *m/f* uomo di sinistra/donna di sinistra *m/f*

links [ˈlɪŋks] *adv 1.* a sinistra; *2. (Rückseite)* alla rovescia
◆ *etw mit links machen (fig)* fare qc con la mano sinistra/fare qc senza sforzo
jdn links liegen lassen metter da parte qd

Linkshänder [ˈlɪŋkshɛndər] *m* mancino *m*
Linse [ˈlɪnzə] *f 1. BOT* lenticchia *f*; *2. (Optik)* lente *f*
Lippe [ˈlɪpə] *f* labbro *m*; ◆ *eine dicke Lippe riskieren* fare il saccente/spararne di grosse; *etw nicht über die Lippen bringen* non osare dire qc; *leicht von den Lippen gehen* uscire facilmente dalla bocca
Lippenstift [ˈlɪpənʃtɪft] *m* rossetto *m*
lispeln [ˈlɪspəln] *v* bisbigliare
List [lɪst] *f* astuzia *f*, stratagemma *m*; ◆ *zu einer List greifen* ricorrere ad uno stratagemma; *mit List und Tücke* a gran fatica;
Liste [ˈlɪstə] *f* lista *f*, elenco *m*
listig [ˈlɪstɪç] *adj 1.* astuto, furbo; *adv 2.* astutamente
Liter [ˈliːtər] *m* litro *m*
Literatur [litəraˈtuːr] *f* letteratura *f*
Liturgie [liturˈgiː] *f REL* liturgia *f*
Lizenz [liˈtsɛnts] *f* licenza *f*
Lob [loːp] *n* lode *f*
loben [ˈloːbən] *v* lodare
lobenswert [ˈloːbənsvɛrt] *adj* lodevole

Loch [lɔx] *n* buco *m*, foro *m*
◆ *ein Loch bohren* fare un foro
aus dem letzten Loch pfeifen (fig) non farcela più
jdm ein Loch in den Bauch reden fare una testa così a qd
Löcher in die Luft starren guardare nel vuoto
! *Plural: Löcher*

lochen [ˈlɔxən] *v* bucare, forare
Locher [ˈlɔxər] *m* perforatrice *f*
löchern [ˈlœçərn] *v (fam)* bucare
Lochkarte [ˈlɔxkartə] *f* scheda perforata *f*
Locke [ˈlɔkə] *f* ricciolo *m*
locken1 [ˈlɔkən] *v (Haare)* arricciare
locken2 [ˈlɔkən] *v* attirare
Lockenwickler [ˈlɔkənvɪklər] *m* bigodino *m*
locker [ˈlɔkər] *adj 1. (lose)* malfermo, lento; ◆ *eine lockere Schraube* una vite lenta *f; 2. (entspannt)* rilassato, spigliato; *3. (fig: ungezwungen)* leggero
lockerlassen [ˈlɔkərlasən] *v irr nicht ~* non mollare
lockig [ˈlɔkɪç] *adj* riccio
Lockvogel [ˈlɔkfoːgəl] *m* richiamo *m*
lodern [ˈloːdərn] *v* divampare, fiammeggiare
Löffel [ˈlœfəl] *m* cucchiaio *m*
Loge [ˈloːʒə] *f THEAT* palco *m*
Logik [ˈloːgɪk] *f* logica *f*
logisch [ˈloːgɪʃ] *adj 1.* logico; *adv 2.* logicamente
Logistik [loˈgɪstɪk] *f* logistica *f*
Lohn [loːn] *m 1. (Bezahlung)* paga *f,* salario *m; 2. (Belohnung)* ricompensa *f*
lohnen [ˈloːnən] *v sich ~* valere la pena; ◆ *Es lohnt die Mühe nicht.* Non ne vale la pena.
Lohnsteuer [ˈloːnʃtɔyər] *f* tassa sul salario *f*
lokal [loˈkaːl] *adj* locale
Lokal [loˈkaːl] *n* locale *m*
Lokomotive [lokomoˈtiːvə] *f* locomotiva *f*
Lorbeer [ˈlɔrbeːr] *m BOT* alloro *m;* ◆ *Lorbeeren ernten* mietere allori; *sich auf seinen Lorbeeren ausruhen* dormire sugli allori

> **los** [loːs] *interj 1.* avanti; *adv 2. Was ist ~?* Cosa succede?
> ◆ *Was ist mit ihm los?* Che cosʼha?
> *Mit ihm ist nichts los.* Non vale niente.
> *Dort ist nicht viel los.* Là non succede molto.
> *Los!* Forza!

Los [loːs] *n 1. (Lotterielos)* biglietto della lotteria *m; 2. (Schicksal)* destino *m*
losbinden [ˈloːsbɪndən] *v irr* sciogliere
löschen [ˈlœʃən] *v 1. (Feuer)* spegnere; *2. (Licht)* spegnere; *3. (Fracht)* scaricare, sbarcare; *4. INFORM* cancellare
lose [ˈloːzə] *adj 1.* lento; *2. (unverpackt)* sciolto; *3. (fig: leichtfertig)* frivolo
Lösegeld [ˈløːzəgɛlt] *n* prezzo del riscatto *m*
lösen [ˈløːzən] *v 1. (losbinden)* staccare; *2. (beenden)* annullare; ◆ *die Verlobung lösen* annullare il fidanzamento; *3. (klären)* risolvere; *4. (zergehen lassen)* sciogliere; *5. (kaufen)* comprare
losen [ˈloːzən] *v* tirare a sorte
losfahren [ˈloːsfaːrən] *v irr* partire
loslassen [ˈloːslasən] *v irr* liberare
löslich [ˈløːslɪç] *adj* solubile
losreißen [ˈloːsraɪsən] *v irr 1.* strappare; *2. (fig) sich ~* staccarsi
lossagen [ˈloːszaːgən] *v sich ~* staccarsi
lossprechen [ˈloːsʃprɛçən] *v irr 1.* dispensare; *2. REL* assolvere
Lösung [ˈløːzuŋ] *f 1. (Ergebnis)* soluzione *f; 2. (Konflikt)* risoluzione *f; 3. (Vertrag)* annullamento *m; 4. CHEM* soluzione *f*
Lot [loːt] *n TECH* filo a piombo *m;* ◆ *etw wieder ins rechte Lot bringen* sistemare qc; *ins Lot kommen* sistemarsi, accomodarsi
löten [ˈløːtən] *v* saldare
Lötkolben [ˈløːtkɔlbən] *m* saldatoio *m*
Lotse [ˈloːtsə] *m* pilota *m*

lotsen [ˈloːtsən] *v* *1.* pilotare; *2.* *(fig)* portare
Lotterie [lɔtəˈriː] *f* lotteria *f*
Löwe [ˈløːvə] *m* *ZOOL* leone *m*
loyal [loˈjaːl] *adj* leale
Loyalität [lojaːlɪˈtɛːt] *f* lealtà *f*
Luchs [luks] *m* *ZOOL* lince *f*
Lücke [ˈlykə] *f* lacuna *f*
Lückenbüßer [ˈlykənbyːsər] *m* tappabuchi *m*
lückenhaft [ˈlykənhaft] *adj* *1.* lacunoso; *adv* *2.* lacunosamente
lückenlos [ˈlykənloːs] *adj* *1.* completo; *adv* *2.* completamente

Luft [luft] *f* aria *f*
◆ *dicke Luft* aria di tempesta *f*
die Luft rauslassen prendere fiato
jdn wie Luft behandeln ignorare qd
die Luft anhalten stare con il fiato sospeso
jdm an die frische Luft befördern buttare fuori qd
aus der Luft gegriffen sein essere inventato di sana pianta
in der Luft hängen essere sospeso a mezz'aria
in die Luft gehen saltare in aria/andare su tutte le furie
sich Luft machen sfogarsi
Da bleibt mir die Luft weg! Sono stupito!
! *Plural: Lüfte*

Luftballon [ˈluftbalɔ̃] *m* palloncino *m*
luftdicht [ˈluftdɪçt] *adj* *1.* ermetico, a tenuta d'aria; *adv* *2.* ermeticamente
lüften [ˈlyftən] *v* *1.* *(Kleider)* mettere all'aria; *2.* *(Raum)* areare; *3.* *(fig: enthüllen)* svelare
Luftfahrt [ˈluftfaːrt] *f* aviazione *f*
Luftkurort [ˈluftkuːrɔrt] *m* stazione climatica *f*
luftleer [ˈluftleːr] *adj* vuoto d'aria
Luftlinie [ˈluftliːnjə] *f* linea d'aria *f*
Luftmatratze [ˈluftmatratsə] *f* materassino *m*
Luftröhre [ˈluftrøːrə] *f* *ANAT* trachea *f*
Luftschiff [ˈluftʃɪf] *n* dirigibile *m*
Lüftung [ˈlyftuŋ] *f* areazione *f*
Luftverschmutzung [ˈluftfɛrʃmutsuŋ] *f* inquinamento atmosferico *m*
Luftzug [ˈlufttsuːk] *m* corrente d'aria *f*
Lüge [ˈlyːgə] *f* bugia *f*

lügen [ˈlyːgən] *v irr* mentire
◆ *lügen, dass sich die Balken biegen* spararle grosse
lügen wie gedruckt mentire spudoratamente

Lügner(in) [ˈlyːgnər(ɪn)] *m/f* bugiardo/bugiarda *m/f*
Lümmel [ˈlyməl] *m* villano *m*
lumpen [ˈlumpən] *v* *sich nicht ~ lassen* non badare a spese
Lumpen [ˈlumpən] *m* straccio *m*
Lunge [ˈluŋə] *f* *ANAT* polmone *m*
Lupe [ˈluːpə] *f* lente *f*; ◆ *etw mit der Lupe suchen können* poter cercare qc con il lanternino; *jdn unter die Lupe nehmen* tenere qd sotto la lente/tenere qd sotto controllo
Lust [lust] *f* *1.* gioia *f*; ◆ *nach Lust und Laune* a piacere; *2.* *(Verlangen)* voglia *f*
lüstern [ˈlystərn] *adj* avido
lustig [ˈlustɪç] *adj* *1.* *(fröhlich)* allegro; *2.* *(komisch)* strano; ◆ *sich über jdn lustig machen* prendere in giro qd
lustlos [ˈlustloːs] *adj* *1.* svogliato; *adv* *2.* svogliatamente
lutschen [ˈlutʃən] *v* succhiare
Lutscher [ˈlutʃər] *m* lecca-lecca *m*
luxuriös [luksurˈjøːs] *adj* *1.* lussuoso; *adv* *2.* lussuosamente
Luxus [ˈluksus] *m* lusso *m*
Lyrik [ˈlyːrɪk] *f* lirica *f*

M

machbar [ˈmaxbar] *adj* ciò che si può fare

> **machen** [ˈmaxən] *v* fare
> ◆ *sich wenig aus etw machen* farsene poco di qc
> *es mit jdm machen können* potersi approfittare di qd
> *Mach dir nichts daraus!* Non prendertela!
> *Ich mache mir nichts daraus.* Non mi fa né caldo né freddo.
> *Gut gemacht!* Ben fatto!
> *Das macht nichts!* Non importa.

Macht [maxt] *f 1.* potenza *f; 2. (Herrschaft)* potere *m; 3. (Einfluss)* influsso *m*
mächtig [ˈmɛçtɪç] *adj 1. (gewaltig)* potente; *2. (fig: sehr groß)* grande, enorme; *3. (einflussreich)* influente; ◆ *seiner selbst nicht mehr mächtig sein* non essere più padrone di sé
machtlos [ˈmaxtloːs] *adj* senza autorità
Mädchen [ˈmɛːtçən] *n* ragazza *f;* ◆ *Mädchen für alles sein* essere il tuttofare
Made [ˈmaːdə] *f ZOOL* verme *m;* ◆ *wie die Made im Speck leben* far vita da papi
Mafia [ˈmafia] *f* mafia *f*
Magazin [magaˈtsiːn] *n 1.* magazzino *m; 2. (einer Waffe)* caricatore *m; 3. (Zeitschrift)* rivista *f*
Magen [ˈmaːgən] *m ANAT* stomaco *m;* ◆ *jdm auf den Magen schlagen* colpire qd allo stomaco; *Das dreht mir den Magen um!* Mi si rivolta lo stomaco!
mager [ˈmaːgər] *adj 1. (dünn)* magro, secco; *2. (dürftig)* scarso
Magie [maˈgiː] *f* magia *f*
magisch [ˈmaːgɪʃ] *adj 1.* magico; *adv 2.* magicamente
Magnet [magˈneːt] *m* magnete *m*
mähen [ˈmɛːən] *v* mietere
Mahl [maːl] *n* pasto *m,* pranzo *m*
mahlen [ˈmaːlən] *v irr* macinare
Mahlzeit [ˈmaːltsaɪt] *f* pasto *m;* ◆ *Mahlzeit!* Buon appetito!
mahnen [ˈmaːnən] *v 1. (warnen)* ammonire; *2. (auffordern)* sollecitare
Mahnung [ˈmaːnuŋ] *f 1. (Warnung)* ammonimento *m,* sollecito di pagamento *m; 2. (Aufforderung)* esortazione *f*
Mai [maɪ] *m* maggio *m; im ~* in maggio
Mais [maɪs] *m BOT* mais *m*
Majestät [majɛsˈtɛːt] *f* maestà *f*
Mayonnaise [majɔˈnɛːzə] *f GAST* maionese *f*
Majoran [majoˈraːn] *m BOT* maggiorana *f*
makaber [maˈkaːbər] *adj* macabro
Makel [ˈmaːkəl] *m* difetto *m,* macchia *f*
makellos [ˈmaːkəlloːs] *adj* senza macchia; ◆ *von makellosem Weiß* di un bianco immacolato
Make-up [ˈmeɪkʌp] *n* trucco *m*
Makler [ˈmaːklər] *m* mediatore *m*
Makrele [maˈkreːlə] *f* sgombro *m*

> **mal** [maːl] *adv 1. (ein~)* una volta; *2. (früher)* una volta; *3. (in Zukunft)* una volta; *4. (multipliziert mit)* per
> ◆ *Komm mal her!* Vieni un po' qua!
> *Guck mal!* Guarda un po'!
> *Das ist nun mal so!* È così!
> *Schauen wir mal.* Vediamo un po'.
> *Warst du schon mal in Paris?* Sei mai stato a Parigi?
> ≠ *Mahl n* pasto

Mal [maːl] *n 1. (Zeichen)* segno *m; 2. (Zeitpunkt)* volta *f;* ◆ *mit einem Mal* in un

M

colpo solo; *von Mal zu Mal* di volta in volta; *ein für alle Mal* una volta per tutte

malen [ˈmaːlən] *v* dipingere

Maler [ˈmaːlər] *m 1. (Künstler)* pittore *m; 2. (Anstreicher)* imbianchino *m*

Malerei [maːləˈraɪ] *f* pittura *f*

Malz [malts] *n* malto *m*

man [man] *pron* si

manche [ˈmançə] *adj 1.* qualche; *pron 2.* qualcuno

manchmal [ˈmançmaːl] *adv* qualche volta

Mandant(in) [manˈdant(ɪn)] *m/f 1. JUR* mandante *m/f; 2. (Auftraggeber(in))* committente *m/f*

Mandarine [mandaˈriːnə] *f BOT* mandarino *m*

Mandat [manˈdaːt] *n* mandato *m*

Mandel [ˈmandəl] *f 1. BOT* mandorla *f; 2. ANAT* tonsilla *f*

M

Mangel¹ [ˈmaŋəl] *m 1. (Fehlen)* scarsità *f,* mancanza *f; 2. (Fehler)* difetto *m*

Mangel² [ˈmaŋəl] *f* mangano *m;* ◆ *jdn in die Mangel nehmen* mettere qd sotto torchio

mangelhaft [ˈmaŋəlhaft] *adj 1. (unvollständig)* incompleto, carente; *2. (fehlerhaft)* difettoso; *3. (Schulnote)* insufficiente

mangeln [ˈmaŋəln] *v (fehlen)* mancare

mangels [ˈmaŋəls] *prep* in mancanza di

Manieren [maˈniːrən] *pl* maniere *f/pl*

Manifest [manɪˈfɛst] *f* manifesto *m*

Maniküre [maniˈkyːrə] *f* manicure *m*

Mann [man] *m 1.* uomo *m; der kleine ~* l'uomo comune *m; der ~ auf der Straße* l'uomo della strada *m; ein ~ von Welt* un uomo di mondo *m; ein gemachter ~* un uomo arrivato *m; 2. (Ehemann)* marito *m* ◆ *ein toter Mann sein (fig)* essere un uomo morto

den starken Mann markieren fare il gradasso/fare il forzuto
seinen Mann stehen essere affidabile
mit Mann und Maus untergehen affondare con tutto il carico
etw an den Mann bringen smerciare qc
! *Plural: Männer*

männlich [ˈmɛnlɪç] *adj* maschile

Mannschaft [ˈmanʃaft] *f 1. SPORT* squadra *f; 2. NAUT* equipaggio *m; 3. MIL* corpo *m*

Manschette [manˈʃɛtə] *f 1. (Hemd)* polsino *m; 2. (Blumentopf)* fascia di carta *f; 3. (Dichtung)* anello di tenuta *m*

Mantel [ˈmantəl] *m 1. (Kleidung)* cappotto *m; 2. TECH* rivestimento *m*

Mappe [ˈmapə] *f 1.(Tasche)* cartella *f,* borsa *f; 2. (Sammelmappe)* raccoglitore *m*

Märchen [ˈmɛːrçən] *n* favola *f*

Marder [ˈmardər] *m ZOOL* martora *f*

Margarine [margaˈriːnə] *f* margarina *f*

Marienkäfer [maˈriːənkɛːfər] *m* coccinella *f*

Marine [maˈriːnə] *f* marina *f*

Mark¹ [mark] *f HIST (Deutsche ~)* marco *m;* ◆ *keine müde Mark* neanche l'ombra di un quattrino *m; mit jeder Mark rechnen müssen* fare i conti alla lira; *jede Mark dreimal umdrehen* risparmiare gli spiccioli

Mark² [mark] *f (Gebiet)* marca *f*

Mark³ [mark] *n 1. ANAT* midollo *m;* ◆ *durch Mark und Bein dringen* raggelare il sangue; *jdm das Mark aus den Knochen saugen* succhiare il midollo dalle ossa a qd; *2. GAST* midollo *m; 3. (Fruchtmark)* polpa *f*

markant [marˈkant] *adj* notevole

Marke [ˈmarkə] *f* marchio *m*

markieren [marˈkiːrən] *v 1.* contrassegnare; *2. (fam: vortäuschen)* fingersi

Markise [marˈkiːzə] *f* persiana *f*

Markt [markt] *m* mercato *m*
◆ *etw auf den Markt bringen* lanciare sul mercato
! *Plural:* Märkte

Marmelade [marmə'la:də] *f* marmellata *f*
Marmor ['marmor] *m* marmo *m*
Marokko [ma'rɔko] *n GEO* Marocco *m*
Mars [mars] *m ASTR* Marte *m*
Marsch [marʃ] *m 1. (Wanderung)* camminata *f; 2. MIL* marcia *f; 3. MUS* marcia *f;* ◆ *jdm den Marsch blasen* cantarne quattro a qd
marschieren [mar'ʃi:rən] *v* marciare
Märtyrer ['mɛrtyrər] *m* martire *m*
März [mɛrts] *m* marzo *m*
Marzipan ['martsipa:n] *n GAST* marzapane *m*
Masche ['maʃə] *f 1. (in der Handarbeit)* maglia *f; 2. (fig)* trucco *m*
Maschine [ma'ʃi:nə] *f* macchina *f;* ◆ *Maschine schreiben* scrivere a macchina
Maschinenbau [ma'ʃi:nənbau] *m* ingegneria meccanica *f*
Maschinengewehr [ma'ʃi:nəngəve:r] *n* mitragliatrice *f;* ◆ *wie ein Maschinengewehr reden* parlare come una macchinetta
Masern ['ma:zərn] *pl MED* morbillo *m*
Maske ['maskə] *f* maschera *f;* ◆ *die Maske fallen lassen* lasciar cadere la maschera; *jdm die Maske vom Gesicht reißen* smascherare qd
maskieren [mas'ki:rən] *v sich ~* mascherarsi

Maß [ma:s] *n 1. (~einheit)* misura *f; über alle ~en* oltremisura; *nach ~* su misura; *2. (Abmessung)* dimensione *f*
◆ *mit zweierlei Maß messen* usare due pesi e due misure
Das Maß ist voll! Hai colmato ogni misura!
Maß halten moderarsi

Massage [ma'sa:ʒə] *f* massaggio *m*
Masse ['masə] *f 1.* massa *f,* materia *f; 2. (große Menge)* massa *f; 3. PHYS* massa *f*
massenhaft ['masənhaft] *adj 1.* massiccio; *adv 2.* in massa
Massenmedien ['masənme:djən] *pl* mass-media *m/pl*
maßgebend ['ma:sge:bənt] *adj 1.* determinante; *adv 2.* in modo determinante
massieren [ma'si:rən] *v* massaggiare
mäßig ['mɛ:sɪç] *adj* moderato
mäßigen ['mɛ:sigən] *v 1.* moderare; *2. sich ~* moderarsi
maßlos ['ma:slo:s] *adj 1.* smisurato, eccessivo; *adv 2.* smodatamente
Maßnahme ['ma:sna:mə] *f* provvedimento *m*
Maßstab ['ma:sʃta:p] *m 1.* metro *m,* scala *f; 2. (fig)* norma *f*
Mast [mast] *m 1. (Schiffsmast)* albero *m; 2. (Telefonmast)* palo *m;* ◆ *einen Mast aufrichten* piantare un palo; *3. (Fahnenmast)* asta *f*
Material [mate'rja:l] *n* materiale *m*
Materie [ma'te:rjə] *f* materia *f*
materiell [mate'rjɛl] *adj* materiale
Mathematik [matema'ti:k] *f* matematica *f*
Matratze [ma'tratsə] *f* materasso *m*
Matrize [ma'tri:tsə] *f* matrice *f*
Matrose [ma'tro:zə] *m* marinaio *m*
matschig ['matʃɪç] *adj* appiccicoso

matt [mat] *adj 1.* debole; *2. (trübe)* opaco
◆ *jdn matt setzen* dare scacco matto a qd

Matte ['matə] *f* stuoia *f;* ◆ *jdn auf die Matte legen* mettere qd al tappeto; *auf der Matte stehen* stare un'altra volta qui

M

Mauer [ˈmauər] *f* muro *m;* ◆ *gegen eine Mauer reden* parlare al muro
Maul [maul] *n 1. ZOOL* muso *m; 2. (fam)* bocca *f;* ◆ *den Leuten aufs Maul schauen* osservare attentamente; *jdm das Maul stopfen* far chiudere il becco a qd, tappare la bocca a qd
Maulwurf [ˈmaulvurf] *m ZOOL* talpa *f*

> **Maus** [maus] *f 1. ZOOL* topo *m; 2. INFORM* mouse *m*
> **!** *Plural: Mäuse*

Mautgebühr [ˈmautgəbyːr] *f* pedaggio *m*
maximal [maksiˈmaːl] *adj 1.* massimo; *adv 2.* al massimo
Maximum [ˈmaksimum] *n* massimo *m*
Mechanik [meˈçaːnɪk] *f* meccanica *f*
Mechaniker(in) [meˈçaːnɪkər(ɪn)] *m/f* meccanico *m*
meckern [ˈmɛkərn] *v 1. (Tier)* belare; *2. (fig: nörgeln)* brontolare
Medaille [meˈdaljə] *f* medaglia *f*
Medaillon [medalˈjɔ̃] *n 1. (Schmuck)* medaglione *m; 2. GAST* medaglione *m*
Medien [ˈmeːdjən] *pl* media *m/pl*
Medikament [medikaˈmɛnt] *n* medicina *f*
Meditation [meditaˈtsjoːn] *f* meditazione *f*
meditieren [mediˈtiːrən] *v* meditare
Medium [ˈmeːdjum] *n 1. (Mittel)* mezzo *m; 2. (Okkultismus)* medium *m*
Medizin [mediˈtsiːn] *f* medicina *f*
medizinisch [mediˈtsiːnɪʃ] *adj 1.* medicinale; *2. (ärztlich)* medico
Meer [meːr] *n* mare *m*
Meeresfrüchte [ˈmeːrəsfryçtə] *pl GAST* frutti di mare *m/pl*
Meerrettich [ˈmeːrrɛtɪç] *m* rafano *m*
Mehl [meːl] *n* farina *f*

> **mehr** [meːr] *adv* più
> ◆ *mehr und mehr* sempre più
> *mehr oder minder* più o meno
> *nicht mehr und nicht weniger* niente di più e niente di meno
> *Ich habe es mehr als satt.* Ne ho abbastanza!
> ≠ *Meer n* mare

mehrdeutig [ˈmeːrdɔytɪç] *adj* ambiguo
mehrere [ˈmeːrərə] *pron* parecchi
mehrfach [ˈmeːrfax] *adj 1.* molteplice, multiplo; *adv 2.* ripetutamente
Mehrheit [ˈmeːrhaɪt] *f* maggioranza *f*
mehrheitlich [ˈmeːrhaɪtlɪç] *adj* maggioritario
mehrjährig [ˈmeːrjɛːrɪç] *adj* pluriennale
mehrmalig [ˈmeːrmaːlɪç] *adj* ripetuto
Mehrwertsteuer [ˈmeːrvertʃtɔyər] *f* IVA *f*
Mehrzahl [ˈmeːrtsaːl] *f 1. GRAMM* plurale *m; 2. (Mehrheit)* maggioranza *f*
meiden [ˈmaɪdən] *v irr* evitare
Meile [ˈmaɪlə] *f* miglio *m*
Meilenstein [ˈmaɪlənʃtaɪn] *m 1.* pietra miliare *f; 2.* ◆ *ein Meilenstein der Geschichte (fig)* una pietra miliare nella storia *f*
mein(e) [ˈmaɪn(ə)] *pron* mio/mia

> **meinen** [ˈmaɪnən] *v* ritenere, intendere
> ◆ *Wie meinst du das?* In che senso ?
> *Meinst du, dass ...* Credi che ...
> *ironisch gemeint* inteso in senso ironico

meinerseits [ˈmaɪnərzaɪts] *adv* da parte mia
meinetwegen [ˈmaɪnətveːgən] *adv* per me
Meinung [ˈmaɪnuŋ] *f* opinione *f;* ◆ *jdm gehörig die Meinung sagen* dirne quattro a qd
Meise [ˈmaɪzə] *f ZOOL* cinciallegra *f*

meist [maɪst] *adj 1.* la maggior parte di; *adv 2.* più di tutto
meistens [ˈmaɪstəns] *adv* per lo più
Meister [ˈmaɪstər] *m 1. (im Handwerk)* capo *m; 2. (Könner)* campione *m*
meistern [ˈmaɪstərn] *v* essere all'altezza di; ◆ *die Schwierigkeiten meistern* superare le difficoltà
Meisterschaft [ˈmaɪstərʃaft] *f* campionato *m*
Melancholie [melaŋkɔˈliː] *f* malinconia *f*
melden [ˈmɛldən] *v 1. (an~)* iscrivere; *2. (ankündigen)* annunciare; *3. (mitteilen)* informare; ◆ *nichts zu melden haben* non avere voce in capitolo; *4. sich ~* farsi sentire; ◆ *Ich werde mich melden, wenn ich zurück bin.* Mi faccio sentire quando torno. *5. sich nicht ~* non rispondere
Meldung [ˈmɛlduŋ] *f 1.* iscrizione *f; 2. (Ankündigung)* comunicazione *f,* annuncio *m; 3. (Mitteilung)* comunicazione *f; 4. (Bericht)* rapporto *m*
Melodie [mɛloˈdiː] *f* melodia *f*
Melone [meˈloːnə] *f 1. (Honigmelone)* melone *m; 2. (Wassermelone)* anguria *f*
Menge [ˈmɛŋə] *f 1. (bestimmte Anzahl)* quantità *f; 2. (große Anzahl)* moltitudine *f; 3. (Volksmenge)* massa *f,* folla *f; 4. (Steigerung)* ◆ *Ich habe jede Menge Kassetten zu Hause.* Ho un'infinità di cassette a casa.

Mensch [mɛnʃ] *m 1.* uomo *m; 2. (Person)* persona *f*
◆ *wie der erste Mensch* come un primitivo
nur noch ein halber Mensch sein sentirsi a pezzi
ein neuer Mensch werden cambiare completamente vita
von Mensch zu Mensch da uomo a uomo
Es ist kein Mensch da. Non c'è un cane.

Menschenrechte [ˈmɛnʃənrɛçtə] *pl* diritti dell'uomo *m/pl*
Menschheit [ˈmɛnʃhaɪt] *f* genere umano *m*
menschlich [ˈmɛnʃlɪç] *adj 1.* umano; *adv 2.* umanamente; ◆ *nach menschlischem Ermessen* umanamente parlando
Mentalität [mentaliˈtɛːt] *f* mentalità *f*
Menü [meˈnyː] *n 1.* menù *m; 2. INFORM* menù *m*

merken [ˈmɛrkən] *v 1. (sich etw merken)* tenere a mente, tener presente; *2. (erkennen)* riconoscere; *3. sich nichts anmerken lassen* non dare a vedere qc;
◆ *Wir merken uns die italienischen Wörter.* Ci ricordiamo i vocaboli italiani.
gar nichts merken non notare niente
Das merkt man. Si capisce.
Sie merken aber auch alles. Non le sfugge niente.
Merkst du was? Capisci?

Merkmal [ˈmɛrkmaːl] *n* segno *m,* caratteristica *f*
merkwürdig [ˈmɛrkvyrdɪç] *adj 1.* notevole; *2. (seltsam)* strano, curioso
messbar [ˈmɛsbaːr] *adj* misurabile
Messe [ˈmɛsə] *f 1. (Ausstellung)* mostra *f,* fiera *f; 2. REL* messa *f*
Messegelände [ˈmɛsəgəlɛndə] *n* area d'esposizione *f,* area della fiera *f*
messen [ˈmɛsən] *v irr 1.* misurare; *2. (fig) sich ~ mit* misurarsi con
Messer [ˈmɛsər] *n* coltello *m;* ◆ *auf des Messers Schneide stehen* stare sul filo del rasoio; *jdm ins Messer laufen* darsi la zappa sui piedi; *bis aufs Messer* al coltello; *unters Messer kommen* andare sotto i ferri
Messerspitze [ˈmɛsərʃpɪtsə] *f 1.* punta del coltello *f; 2. (Maßangabe)* punta di coltello *f,* pizzico *m;* ◆ *eine Messerspitze Salz* un pizzico di sale *m*

M

Messing [ˈmɛsɪŋ] *n* ottone *m*
Messtechnik [ˈmɛstɛçnɪk] *f* metrologia *f*
Metall [meˈtal] *n* metallo *m*
Metastase [metaˈstaːzə] *f MED* metastasi *f*
Meter [ˈmeːtər] *m* metro *m*
Metermaß [ˈmeːtərmaːs] *n* metro *m*
Methode [meˈtoːdə] *f* metodo *m*
methodisch [meˈtoːdɪʃ] *adj* metodico
Metropole [metroˈpoːlə] *f* metropoli *f*
Metzger [ˈmɛtsgər] *m* macellaio *m*
Metzgerei [mɛtsgəˈraɪ] *f* macelleria *f*
Meuterei [mɔytəˈraɪ] *f* ammutinamento *m*
meutern [ˈmɔytərn] *v 1.* ribellarsi; *2. (fig: murren)* brontolare
mexikanisch [mɛksiˈkaːnɪʃ] *adj* messicano
Mexiko [ˈmɛksikoː] *n GEO* Messico *m*
miauen [miˈauən] *v* miagolare
mich [mɪç] *pron* mi
Miene [ˈmiːnə] *f* espressione *f;* ◆ *keine Miene verziehen* non batter ciglio
mies [miːs] *adj (fam)* brutto, di scarso valore; ◆ *eine miese Laune haben* essere di umore nero; *Die Sache sieht mies aus.* La cosa si mette male.
Miesmuschel [ˈmiːsmuʃəl] *f* cozza *f*
Miete [ˈmiːtə] *f 1. (Mieten)* affitto *m; 2. (Mietzins)* canone d'affitto *m;* ◆ *die halbe Miete sein* essere a metà dell'opera
mieten [ˈmiːtən] *v* affittare
Mieter(in) [ˈmiːtər(ɪn)] *m/f* inquilino/inquilina *m/f*
Migräne [miˈgrɛːnə] *f MED* emicrania *f*
Mikrofilm [ˈmiːkrofɪlm] *m* microfilm *m*
Mikrofon [miːkroˈfoːn] *n* microfono *m*
Mikrokosmos [miːkroˈkoːsmos] *m* microcosmo *m*
Mikroskop [mikrosˈkoːp] *n* microscopio *m*

Milch [mɪlç] *f* latte *m*
◆ *Da wird bei mir aber langsam die Milch sauer. (fig)* Piano piano me ne sta passando la voglia.

mild [mɪlt] *adj 1. (Wetter)* mite; *2. (Wesen)* dolce
mildern [ˈmɪldərn] *v 1. (abschwächen)* attenuare; *2. (lindern)* lenire; ◆ *den Schmerz mildern* lenire il dolore
Milieu [mɪˈljøː] *n* ambiente *m*
Militär [miliˈtɛːr] *n* militari *m/pl*
Milliarde [milˈjardə] *f* miliardo *m*
Millimeter [miliˈmeːtər] *m* millimetro *m*
Million [milˈjoːn] *f* milione *m*
Milz [mɪlts] *f ANAT* milza *f*
Mimik [ˈmiːmɪk] *f* mimica *f*
Minderheit [ˈmɪndərhaɪt] *f* minoranza *f*
minderjährig [ˈmɪndərjɛːrɪç] *adj* minorenne
mindern [ˈmɪndərn] *v 1. (verringern)* diminuire; *2. (mildern)* attenuare
minderwertig [ˈmɪndərveːrtɪç] *adj* inferiore
mindeste(r,s) [ˈmɪndəstə] *adj* minimo/minima
mindestens [ˈmɪndəstəns] *adv* almeno, per lo meno
Mine [ˈmiːnə] *f 1. (Sprengkörper)* mina *f; 2. (Bergwerk)* miniera *f; 3. (Kugelschreiber)* mina *f*
Mineral [minəˈraːl] *n* minerale *m*
minimal [mɪniˈmaːl] *adj* minimo
Minimum [ˈmɪnimum] *n* minimo *m*
Minister [miˈnɪstər] *m POL* ministro *m*
Ministerium [minɪˈsteːrjum] *n* ministero *m*
minus [ˈmiːnus] *adv* meno
Minus [ˈmiːnus] *n ECO* ammanco *m*
Minuszeichen [ˈmiːnustsaɪçən] *n MATH* segno negativo *m*

M

Minute [mi'nu:tə] *f* minuto *m*
◆ *in wenigen Minuten* tra pochi minuti
in letzter Minute all'ultimo minuto
auf die Minute genau che spacca il minuto

minutenlang [mi'nu:tənlaŋ] *adj 1.* di alcuni minuti; *adv 2.* per qualche minuto
mir [mi:r] *pron* a me
mischen ['mɪʃən] *v* mescolare
Mischling ['mɪʃlɪŋ] *m* meticcio *m*
Mischung ['mɪʃuŋ] *f 1. (Mischen)* miscuglio *m; 2. (Gemenge)* miscelatura *f*
Misere [mi'ze:rə] *f* miseria *f*
missachten [mɪs'axtən] *v* disprezzare
Missachtung [mɪs'axtuŋ] *f* disprezzo *m*
missbilligen [mɪs'bɪlɪgən] *v* disapprovare
Missbrauch ['mɪsbraux] *m* abuso *m*
missbrauchen [mɪs'brauxən] *v* abusare di
missen ['mɪsən] *v* sentire la mancanza di
Misserfolg ['mɪsɛrfɔlk] *m* insuccesso *m*
Missfallen ['mɪsfalən] *n* disaccordo *m*
missgebildet ['mɪsgəbɪldət] *adj* deforme
Missgeburt ['mɪsgəburt] *f* aborto *m*
Missgeschick ['mɪsgəʃɪk] *n* sfortuna *f*
missglücken [mɪs'glykən] *v* fallire
Missgriff ['mɪsgrɪf] *m* passo falso *m*
Missgunst ['mɪsgunst] *f* invidia *f*
misshandeln [mɪs'handəln] *v* maltrattare
Mission [mis'jo:n] *f 1. (Auftrag)* missione *f; 2. (Einrichtung)* missione *f*
Missklang ['mɪsklaŋ] *m* disaccordo *m*
Misskredit ['mɪskredi:t] *m* discredito *m;* ◆ *in Misskredit kommen* screditarsi, venire in discredito
misslingen [mɪs'lɪŋən] *v irr* fallire
Missmut ['mɪsmu:t] *m* malumore *m*
missraten [mɪs'ra:tən] *v irr 1.* svilupparsi male; *2. (misslingen)* fallire
misstrauen [mɪs'trauən] *v* non fidarsi
Misstrauen ['mɪstrauən] *n* diffidenza *f*
misstrauisch ['mɪstrauɪʃ] *adj 1.* diffidente; *adv 2.* con diffidenza
Missverständnis ['mɪsfɛrʃtɛntnɪs] *n* malinteso *m,* equivoco *m;* ◆ *ein Missverständnis beseitigen* chiarire un equivoco
missverstehen ['mɪsfɛrʃte:ən] *v irr* fraintendere
Mist [mɪst] *m 1. (Pferdemist)* sterco *m;* ◆ *Das ist nicht auf meinem Mist gewachsen. (fig)* Questa non è farina del mio sacco. *Mist!* Merda! *2. (fig: Unsinn)* sciocchezze *f/pl,* fesserie *f/pl;* ◆ *Rede keinen Mist!* Non dire fesserie! *Mist bauen* fare pasticci

mit [mɪt] *prep* con
◆ *Ich habe das mit berücksichtigt.* Ho preso in considerazione anche questo.
! *mit Dativ*

mitarbeiten ['mɪtarbaɪtən] *v* collaborare
Mitarbeiter(in) ['mɪtarbaɪtər(ɪn)] *m/f* collaboratore/collaboratrice *m/f*
mitbringen ['mɪtbrɪŋən] *v irr* portare
Mitbürger(in) ['mɪtbyrgər(ɪn)] *m/f* concittadino/concittadina *m/f*
miteinander [mɪtaɪn'andər] *adv* insieme
Mitesser ['mɪtɛsər] *m* comedone *m*
mitfühlend ['mɪtfy:lənt] *adj 1.* compassionevole; *adv 2.* in modo compassionevole
Mitgefühl ['mɪtgəfy:l] *n* compassione *f*
Mitgift ['mɪtgɪft] *f* dote *f*
Mitglied ['mɪtgli:t] *n* membro *m*
Mitgliedschaft ['mɪtgli:tʃaft] *f* appartenenza *f*
Mithilfe ['mɪthɪlfə] *f* collaborazione *f*
mitkommen ['mɪtkɔmən] *v irr 1.* venire; *2. (fam: begreifen)* seguire

M

Mitleid [ˈmɪtlaɪt] *n* compassione *f*; ~ *erregend* che desta compassione
Mitleidenschaft [ˈmitlaɪdənʃaft] *f* ◆ *in Mitleidenschaft ziehen* coinvolgere
mitleidig [ˈmɪtlaɪdɪç] *adj 1.* compassionevole, pietoso; *adv 2.* pietosamente
mitmachen [ˈmɪtmaxən] *v 1.* partecipare a; *2. (fig: leiden)* soffrire
Mitmensch [ˈmɪtmɛnʃ] *m* prossimo *m*
mitnehmen [ˈmɪtneːmən] *v irr 1.* prendere con sé; *2. (fig: strapazieren)* rovinare, sfruttare; ◆ *Die Puppe sieht ganz mitgenommen aus.* La bambola è tutta rovinata.
mitreißend [ˈmɪtraɪsənt] *adj* travolgente
mitschuldig [ˈmɪtʃuldɪç] *adj* corresponsabile
Mitschüler(in) [ˈmɪtʃyːlər(ɪn)] *m/f* compagno di scuola/compagna di scuola *m/f*
mittag [ˈmɪtaːk] *adv heute* ~ oggi a mezzogiorno
Mittag [ˈmɪtaːk] *m* mezzogiorno *m*
Mittagessen [ˈmɪtaːkɛsən] *n* pranzo *m*
mittags [ˈmɪtaːks] *adv* a mezzogiorno

> **Mitte** [ˈmɪtə] *f 1.* mezzo *m*; *2. (zeitlich)* metà *f*; ~ *Mai* verso la metà di Maggio ◆ *die goldene Mitte wählen* scegliere il giusto mezzo
> ≠ *Mittel n* mezzo

mitteilen [ˈmɪttaɪlən] *v* comunicare
Mitteilung [ˈmɪttaɪluŋ] *f* comunicazione *f*
Mittel [ˈmɪtəl] *n 1. (Hilfsmittel)* mezzo *m*; ◆ *Mittel zum Zweck sein* essere un mezzo per raggiungere lo scopo; *Mittel und Wege suchen* cercare un modo; *2. (Heilmittel)* rimedio *m*; *3. MATH* media *f*; *im* ~ in media; ◆ *das arithmetische Mittel* la media aritmetica *f*; *pl 4. (Geld)* mezzi *m/pl*, fondi *m/pl*

Mittelalter [ˈmɪtəlaltər] *n* medioevo *m*
mittelalterlich [ˈmɪtəlaltərlɪç] *adj* medioevale
mittelbar [ˈmɪtəlbaːr] *adj* indiretto
Mitteleuropa [ˈmɪtəlɔyroːpa] *n GEO* Europa centrale *f*
mittellos [ˈmɪtəlloːs] *adj* privo di mezzi
mittelmäßig [ˈmɪtəlmɛːsɪç] *adj* mediocre
Mittelmeer [ˈmɪtəlmeːr] *n GEO* Mare Mediterraneo *m*
mittels [ˈmɪtəls] *prep* per mezzo di, con, mediante
Mittelstand [ˈmɪtəlʃtant] *m* ceto medio *m*
Mittelweg [ˈmɪtəlvɛːk] *m* via di mezzo *f*; ◆ *den Mittelweg einschlagen* prendere una via di mezzo; *der goldene Mittelweg* il giusto mezzo *m*
Mitternacht [ˈmɪtərnaxt] *f* mezzanotte *f*
mittlere(r,s) [ˈmɪtlərə(r,s)] *adj* medio/media, di mezzo
mittlerweile [ˈmɪtlərvaɪlə] *adv* intanto
Mittwoch [ˈmɪtvɔx] *m* mercoledì *m*; *am* ~ mercoledì
mittwochs [ˈmɪtvɔxs] *adv* il mercoledì
mitunter [mɪtˈuntər] *adv* talvolta
mitwirken [ˈmɪtvɪrkən] *v* cooperare
mixen [ˈmɪksən] *v* mescolare
Möbel [ˈmøːbəl] *n* mobile *m*
mobil [moˈbiːl] *adj* mobile; ~ *machen* mobilitare/mobilitarsi
Mobilfunk [moˈbiːlfuŋk] *m* telefonia mobile *f*
mobilisieren [mobiliˈziːrən] *v* mobilitare
Mobilität [mobiliˈtɛːt] *f* mobilità *f*
möblieren [møˈbliːrən] *v* arredare
möbliert [møˈbliːrt] *adj* ammobiliato
Mode [ˈmoːdə] *f* moda *f*

Modell [mo'dɛl] *n* 1. modello *m;* 2. *(Mannequin)* indossatrice *f;* 3. ◆ *Modell stehen* posare
modellieren [modɛ'liːrən] *v* modellare
Modenschau ['moːdənʃau] *f* sfilata di moda *f*
modern [mo'dɛrn] *adj* moderno
modernisieren [modɛrni'ziːrən] *v* modernizzare
Modeschmuck ['moːdəʃmuk] *m* bigiotteria *f*
modisch ['moːdɪʃ] *adj* alla moda
Modus ['moːdus] *m* modo *m*

> **mögen** ['møːgən] *v irr* 1. *(gern haben)* piacere; 2. *(wollen)* volere
> ◆ *Das mag sein.* Può essere.

möglich ['møːklɪç] *adj* possibile
Möglichkeit ['møːklɪçkaɪt] *f* possibilità *f*
möglichst ['møːklɪçst] *adv* quanto; ◆ *möglichst bald* quanto prima
Mohn [moːn] *m BOT* papavero *m*
Möhre ['møːrə] *f BOT* carota *f*
Molekül [mole'kyːl] *n* molecola *f*
Molkerei [mɔlkə'raɪ] *f* caseificio *m*
mollig ['mɔlɪç] *adj* 1. *(behaglich)* comodo; 2. *(dick)* grassottello; ◆ *Sie ist ein molliges Mädchen.* E' una ragazza grassottella.
Moment [mo'mɛnt] *m* 1. momento *m*, istante *m; n* 2. *PHYS* momento *m;* 3. *(fig: Umstand)* momento *m;* ◆ *Genau in dem Moment klingelte das Telefon.* Proprio in quel momento ha suonato il telefono.
momentan [momɛn'taːn] *adj* momentaneo
Monarch [mo'narç] *m* monarca *m*
Monarchie [monar'çiː] *f* monarchia *f*
Monat ['moːnat] *m* mese *m*
monatelang ['moːnatəlaŋ] *adj* 1. di mesi; *adv* 2. per molti mesi
monatlich ['moːnatlɪç] *adj* mensile
Mönch [mœnç] *m REL* monaco *m*

> **Mond** [moːnt] *m* luna *f*
> ◆ *jdn auf den Mond schießen (fig)* mandare qd a quel paese
> *hinter dem Mond leben* vivere nel mondo della luna
> ≠ *Mund m* bocca

mondän [mon'dɛːn] *adj* mondano
Mondfinsternis ['moːntfɪnstərnɪs] *f* eclissi lunare *f*
Mondschein ['moːntʃaɪn] *m* chiaro di luna *m*
mondsüchtig ['moːntzyçtɪç] *adj* sonnambulo
monoton [mono'toːn] *adj* monotono
Montag ['moːntaːk] *m* lunedì *m*
Montage [mɔn'taːʒə] *f* montaggio *m*
montags ['moːntaks] *adv* il lunedì
Monteur(in) [mɔn'tøːr(ɪn)] *m/f* installatore/installatrice *m/f*
montieren [mɔn'tiːrən] *v* montare
Monument [monu'mɛnt] *n* monumento *m*
Moor [moːr] *n* palude *f*
Moos [moːs] *n BOT* muschio *m*
Moped ['moːpɛt] *n* motorino *m*
Moral [mo'raːl] *f* morale *f;* ◆ *die Moral von der Geschichte* la morale della favola *f*
moralisch [mo'raːlɪʃ] *adj* morale
Morast [mo'rast] *m* palude *f*
Mord [mɔrt] *m* assassinio *m;* ◆ *Mord und Totschlag* pandemonio *m*
Mörder(in) ['mœrdər(ɪn)] *m/f* assassino/assassina *m/f*
mörderisch ['mœrdərɪʃ] *adj* 1. assassino; 2. *(fig: furchtbar)* feroce
Mordverdacht ['mɔrtfɛrdaxt] *m* sospetto d'omicidio *m;* ◆ *Er steht unter Mordverdacht.* Egli è sospettato di omicidio.
morgen ['mɔrgən] *adv* domani

M

Morgen [ˈmɔrgən] *m* mattino *m*
◆ *am Morgen* al mattino/di mattina
Guten Morgen! Buon giorno!
! *Plural: Morgen*

Morgengrauen [ˈmɔrgəngrauən] *n* alba *f*
Morgenland [ˈmɔrgənlant] *n GEO* Oriente *m*
morgens [ˈmɔrgəns] *adv* di mattina
Mosaik [mozaˈiːk] *n* mosaico *m*
Moschee [moˈʃeː] *f* moschea *f*
Moslem [ˈmɔslɛm] *m* musulmano *m*
Motiv [moˈtiːf] *n* motivo *m*
motivieren [motiˈviːrən] *v* motivare
Motor [ˈmoːtɔr] *m* motore *m*
Motorrad [ˈmoːtɔrraːt] *n* motocicletta *f*
Motorroller [ˈmoːtɔrrɔlər] *m* motoscooter *m*
Motte [ˈmɔtə] *f ZOOL* tarma *f*
Motto [ˈmɔto] *n* motto *m;* ◆ *nach dem Motto „leben und leben lassen"* secondo il detto „vivi e lascia vivere"
Möwe [ˈmøːvə] *f ZOOL* gabbiano *m*
Mücke [ˈmykə] *f ZOOL* zanzara *f;* ◆ *eine Mücke machen* sparire; *aus einer Mücke einen Elefanten machen* far di una mosca
müde [ˈmyːdə] *adj* stanco
Müdigkeit [ˈmyːdıçkaıt] *f* stanchezza *f*

Mühe [ˈmyːə] *f* fatica *f*
◆ *sich Mühe geben* darsi pena
mit Müh und Not con grande fatica
die Mühe wert sein valere la pena
Es ist nicht der Mühe wert. Il gioco non vale la candela.
Er hat sich keine große Mühe gegeben. Non si è dato molta pena.

mühelos [ˈmyːəloːs] *adj 1.* senza fatica, agevole; *adv 2.* senza fatica, facilmente
mühen [ˈmyːən] *v sich ~* affaticarsi; ◆ *Er darf sich nicht so viel mühen.* Non deve affaticarsi troppo.
mühevoll [ˈmyːəfɔl] *adj 1.* faticoso; *adv 2.* faticosamente
Mühle [ˈmyːlə] *f* mulino *m*
mühsam [ˈmyːzaːm] *adj 1.* faticoso; *adv 2.* a fatica; ◆ *sich mühsam aufrichten* rizzarsi a fatica
Müll [myl] *m* immondizia *f,* rifiuti *m/pl*
multimedial [multimedˈjal] *adj INFORM* multimediale
multiplizieren [multipliˈtsiːrən] *v MATH* moltiplicare
Mumie [ˈmuːmjə] *f* mummia *f*

Mund [munt] *m ANAT* bocca *f*
◆ *Sprich nicht mit vollem Mund!* Non parlare con la bocca piena!
sich den Mund verbrennen (fig) fare una gaffe
den Mund nicht aufbekommen non aprire bocca
den Mund voll nehmen fare lo spaccone
einen großen Mund haben avere la bocca grande
den Mund halten tenere la bocca chiusa
sich den Mund fusselig reden spolmonarsi
jdm den Mund verbieten vietare a qd di parlare
jdm den Mund wässrig machen far venire l'acquolina in bocca a qd
nicht auf den Mund gefallen sein avere sempre la risposta pronta
in aller Munde sein essere sulla bocca di tutti
jdm nach dem Mund reden appoggiare le idee di qd per trarne vantaggio
jdm über den Mund fahren troncare malamente a parola in bocca a qd
von Mund zu Mund gehen andare di bocca in bocca

> *kein Blatt vor den Mund nehmen* dire apertamente ciò che si pensa
> ≠ *Mond m* luna

münden [ˈmyndən] *v* sfociare
mündig [ˈmyndɪç] *adj* maggiorenne
mündlich [ˈmyndlɪç] *adj* verbale
Mündung [ˈmyndʊŋ] *f 1. (Flussmündung)* foce *f; 2. (Gewehrmündung)* bocca *f*
Munition [muniˈtsjoːn] *f* munizione *f*
munkeln [ˈmʊŋkəln] *v* mormorare
munter [ˈmʊntər] *adj 1.* sveglio; *adv 2.* allegramente
Münze [ˈmyntsə] *f* moneta *f*
mürbe [ˈmyrbə] *adj 1.* frollo; *2. (fig)* senza vigore
murmeln [ˈmʊrməln] *v* mormorare
murren [ˈmʊrən] *v* brontolare; ◆ *Er murrt über die viele Arbeit.* Brontola per il troppo lavoro.
mürrisch [ˈmyrɪʃ] *adj 1.* burbero; *adv 2.* burberamente; ◆ *Er macht ein mürrisches Gesicht.* Egli fa il muso.
Mus [muːs] *n* purè *m,* passato *m*
Muschel [ˈmʊʃəl] *f ZOOL* conchiglia *f*
Muse [ˈmuːzə] *f* musa *f*
Museum [muˈzeːum] *n* museo *m*
Musik [muˈziːk] *f* musica *f*
musikalisch [muziˈkaːlɪʃ] *adj* musicale
Musiker [ˈmuːzikər] *m* musicista *m*
musisch [ˈmuːzɪʃ] *adj* delle muse; ◆ *Sie ist musisch veranlagt.* Lei ha talento per l'arte.
musizieren [muziˈtsiːrən] *v* fare della musica
Muskatnuss [musˈkaːtnus] *f BOT* noce moscata *f*
Muskel [ˈmuskəl] *m* muscolo *m;* ◆ *seine Muskeln spielen lassen* mostrare i propri muscoli
Muskulatur [muskulaˈtuːr] *f* muscolatura *f*
muskulös [muskuˈløːs] *adj* muscoloso
Muße [ˈmuːsə] *f* ozio *m*

> **müssen** [ˈmysən] *v irr* dovere
> ◆ *Da muss man durch.* Bisogna farcela.

müßig [ˈmyːsɪç] *adj 1.* ozioso; *adv 2.* oziosamente; ◆ *Er steht müßig herum.* Egli se ne sta con le mani in mano.
Müßiggang [ˈmyːsɪçgaŋ] *m* ozio *m*
Muster [ˈmustər] *n 1. (Vorlage)* modello *m; 2. (Probe)* campione *m*
Mut [muːt] *m* coraggio *m;* ◆ *frohen Mutes sein* essere su di morale; *mit frohem Mut* con fiducia/con ottimismo
mutig [ˈmuːtɪç] *adj* coraggioso
mutlos [ˈmuːtloːs] *adj 1.* scoraggiato; *adv 2.* senza coraggio
mutmaßen [ˈmuːtmaːsən] *v* presumere
mutmaßlich [ˈmuːtmaːslɪç] *adj 1.* presunto; *adv 2.* presumibilmente

> **Mutter** [ˈmutər] *f 1.* madre *f; 2. TECH* dado *m*
> ◆ *wie bei Muttern* come a casa
> **!** *Plural: Mütter*

Muttermal [ˈmutərmaːl] *n* neo *m*
Muttermilch [ˈmutərmɪlç] *f* latte materno *m* ◆ *etw mit der Muttermilch einsaugen* succhiare qc con il latte materno
Mutterschaft [ˈmutərʃaft] *f* maternità *f*
Muttersprache [ˈmutərʃpraːxə] *f* madrelingua *f*
mutwillig [ˈmuːtvɪlɪç] *adj 1.* intenzionale; *adv 2.* di proposito

> **Mütze** [ˈmytsə] *f* berretto *m*
> ◆ *eine Mütze voll Schlaf bekommen* farsi una dormita

Mysterium [mysˈteːrjum] *n* mistero *m*
mystisch [ˈmystɪʃ] *adj* mistico
Mythologie [mytoloˈgiː] *f* mitologia *f*
Mythos [ˈmyːtɔs] *m* mito *m*

M

N

Nabel [ˈnaːbəl] *m* ombelico *m;* ◆ *der Nabel der Welt* l'ombelico del mondo *m*

> **nach** [naːx] *prep 1. (örtlich)* a, verso; *2. (zeitlich)* dopo; *~ der Party* dopo la festa; *3. (gemäß)* secondo
> ◆ *Wir fahren nach Köln.* Andiamo a Colonia.
> *Mir nach!* Seguitemi!
> *meiner Meinung nach* secondo me
> **!** *mit Dativ*
> ≠ *noch adv* ancora

nachahmen [ˈnaːxaːmən] *v* imitare
Nachbar(in) [ˈnaxbaːr(ɪn)] *m/f* vicino/vicina *m/f*
Nachbarschaft [ˈnaxbaːrʃaft] *f 1.* vicinato *m; 2. (Nähe)* vicinanza *f*
nachbilden [ˈnaːxbɪldən] *v* copiare
Nachbildung [ˈnaːxbɪldʊŋ] *f* imitazione *f*
nachblicken [ˈnaːxblɪkən] *v* seguire con gli occhi
nachdem [naːxˈdeːm] *konj 1.* dopo; *Er ist ins Kino gegangen, nachdem er seine Arbeit beendet hatte.* È andato al cinema dopo aver finito il lavoro. *2.* dopo che; *Ich habe es erfahren, nachdem du fort warst.* L'ho saputo dopo che eri partito. *3. (Je nachdem)* secondo, dipende da; *je nachdem wann ich fertig werde* secondo quando avrò finito
nachdenken [ˈnaːxdɛŋkən] *v irr* pensare a, pensarci
nachdenklich [ˈnaːxdɛŋklɪç] *adj* pensoso
Nachdruck [ˈnaːxdruk] *m 1.* accento *m;* ◆ *einer Sache Nachdruck verleihen* mettere l'accento su qc; *2. (Kopie)* ristampa *f*
nacheifern [ˈnaːxaɪfərn] *v* emulare
nacheinander [naːxaɪˈnandər] *adv* uno dopo l'altro
nachempfinden [ˈnaːxɛmpfɪndən] *v irr* condividere i sentimenti
nacherzählen [ˈnaːxɛrtsɛːlən] *v* riassumere
Nachfahre [ˈnaːxfaːrə] *m* discendente *m/f*
nachfahren [ˈnaːxfaːrən] *v irr* seguire
Nachfolge [ˈnaːxfɔlgə] *f* successione *f*
nachfolgen [ˈnaːxfɔlgən] *v* seguire
Nachfolger(in) [ˈnaːxfɔlgər(ɪn)] *m/f* successore/succeditrice *m/f*
nachforschen [ˈnaːxfɔrʃən] *v* ricercare
Nachfrage [ˈnaːxfraːgə] *f 1.* domanda *f; 2. (Bedarf) ECO* richiesta *f,* domanda *f*
nachfragen [ˈnaːxfraːgən] *v* informarsi
nachfühlen [ˈnaːxfyːlən] *v* condividere

> **nachgeben** [ˈnaːxgeːbən] *v irr 1.* cedere; *2. (fig)* cedere
> ◆ *Er gibt einem Impuls nach.* Egli cede a un impulso.
> **!** *Konjugation: ich gebe nach*

nachgehen [ˈnaːxgeːən] *v irr 1. (Uhr)* andare indietro, ritardare; *2. (folgen)* seguire; *3. (erforschen)* studiare a fondo
Nachgiebigkeit [ˈnaːxgiːbɪçkaɪt] *f* cedevolezza *f,* arrendevolezza *f*
nachhaltig [ˈnaːxhaltɪç] *adj 1.* persistente; *adv 2.* durevolmente
nachher [naːxˈheːr] *adv* dopo
Nachhilfe [ˈnaːxhɪlfə] *f 1.* aiuto *m; 2. (in der Schule)* ripetizioni *f/pl*
nachholen [ˈnaːxhoːlən] *v* ricuperare
Nachkomme [ˈnaːxkɔmə] *m* discendente *m*
nachkommen [ˈnaːxkɔmən] *v irr 1.* venire dopo; *2. (fig)* mantenere, adempie-

re; ◆ *Er kommt seinen Verpflichtungen nach.* Egli adempie i propri impegni.
Nachlass [ˈnaːxlas] *m 1. (Preisnachlass)* ribasso *m; 2. (Erbe)* eredità *f*
nachlassen [ˈnaːxlasən] *v irr 1. (Preis)* ribassare; *2. (lockern)* allentare; *3. (aufhören)* cessare, smettere
Nachlässigkeit [ˈnaːxlɛsɪçkaɪt] *f* trascuratezza *f*
nachlaufen [ˈnaːxlaufən] *v irr* correre dietro
nachliefern [ˈnaːxliːfərn] *v* rifornire
nachmachen [ˈnaːxmaxən] *v* copiare
Nachmittag [ˈnaːxmɪtaːk] *m* pomeriggio *m; am ~* nel pomeriggio
nachmittags [ˈnaːxmɪtaːks] *adv* di pomeriggio
Nachname [ˈnaːxnaːmə] *m* cognome *m*
nachprüfen [ˈnaːxpryːfən] *v* controllare
Nachrede [ˈnaːxreːdə] *f üble ~* maldicenza *f,* diffamazione *f;* ◆ *Er ist in üble Nachrede geraten.* Egli è stato diffamato.
Nachricht [ˈnaːxrɪçt] *f 1.* notizia *f; 2. ~en pl* notizie *f/pl*
Nachsaison [ˈnaːxzɛzɔŋ] *f* bassa stagione *f*
nachschlagen [ˈnaːxʃlaːgən] *v irr* cercare; ◆ *in einem Buch nachschlagen* cercare in un libro
Nachschub [ˈnaːxʃuːp] *m* rifornimento *m*
nachsehen [ˈnaːxzeːən] *v irr 1.* guardare dietro; *2. (kontrollieren)* controllare; *3. (fig: verzeihen)* perdonare
Nachsehen [ˈnaːxzeːən] *n* ◆ *das Nachsehen haben* restare a bocca asciutta
Nachsicht [ˈnaːxzɪçt] *f* indulgenza *f*
Nachspeise [ˈnaːxʃpaɪzə] *f GAST* dessert *m*
Nachspiel [ˈnaːxʃpiːl] *n* epilogo *m,* seguito *m;* ◆ *gerichtliches Nachspiel* strascico giudiziario *m*
nächstbeste(r,s) [ˈnɛːçstˈbɛstə(r,s)] *adj* il primo che capita/la prima che capita
nächste(r,s) [ˈnɛːçstə(r,s)] *adj* prossimo/prossima; ◆ *Der Nächste bitte!* Avanti il prossimo!
nachstellen [ˈnaːxʃtɛlən] *v 1. (regulieren)* regolare; *2. (fig) jmd ~* perseguitare
nächstens [ˈnɛːçstəns] *adv* prossimamente
nächstmöglich [ˈnɛːçstmøːklɪç] *adj* il più vicino possibile

> **Nacht** [naxt] *f* notte *f*
> ◆ *die Nacht zum Tage machen* scambiare la notte per il giorno
> *sich die Nacht um die Ohren schlagen* non chiudere occhio per tutta la notte
> *jdm schlaflose Nächte bereiten* togliere il sonno a qd
> *bei Nacht und Nebel verschwinden* dileguarsi nelle tenebre
> *über Nacht* nel giro di una notte
> **!** *Plural: Nächte*

Nachteil [ˈnaːxtaɪl] *m* svantaggio *m*
Nachtigall [ˈnaxtɪgal] *f* usignolo *m*
Nachtisch [ˈnaːxtɪʃ] *m GAST* dessert *m*
Nachtrag [ˈnaːxtraːk] *m* aggiunta *f*
nachtragen [ˈnaːxtraːgən] *v irr 1.* portare dietro; *2. (ergänzen)* aggiungere; *3. (fig)* serbare rancore
nachträglich [ˈnaːxtrɛːklɪç] *adj 1.* posteriore, successivo; *2. (fig)* permaloso; *adv 3.* in seguito
nachts [naxts] *adv* di notte
nachvollziehbar [ˈnaːxfɔltsiːbaːr] *adj* facilmente comprensibile
Nachweis [ˈnaːxvaɪs] *m* prova *f*
nachweisen [ˈnaːxvaɪzən] *v irr* provare
Nachwirkung [ˈnaːxvɪrkuŋ] *f* ripercussione *f*

Nachwort [ˈnaːxvɔrt] *n* epilogo *m*
Nachwuchs [ˈnaːxvuːks] *m* nuova generazione *f*
nachzahlen [ˈnaːxtsaːlən] *v* pagare la differenza
nachziehen [ˈnaːxtsiːən] *v irr 1.* tirarsi dietro; *2. (Schraube)* serrare; *3. (nach sich ziehen)* cagionare
Nacken [ˈnakən] *m ANAT* nuca *f;* ◆ *jdm im Nacken sitzen* stare alle costole di qd; *jdn im Nacken haben* avere qd alle costole; *jdm den Nacken stärken* incoraggiare qd; *Ihm sitzt der Schalk im Nacken.* Lui ha uno spirito burlone.
nackt [nakt] *adj* nudo
Nadel [ˈnaːdəl] *f* ago *m;* ◆ *an der Nadel hängen* essere un tossicodipendente
Nagel [ˈnaːgəl] *m 1. TECH* chiodo *m;* ◆ *den Nagel auf den Kopf treffen* cogliere nel segno; *etw an den Nagel hängen* appendere qc al chiodo; *Nägel mit Köpfen machen* fare le cose a puntino; *2. (Fingernagel) ANAT* unghia *f;* ◆ *jdm unter den Nägeln brennen* essere molto urgente
Nagellack [ˈnaːgəllak] *m* smalto per unghie *m*
nagen [ˈnaːgən] *v 1.* rosicchiare; ◆ *Der Hund nagt an einem Knochen.* Il cane rosicchia un osso. *2. (fig)* rodere, tormentare; ◆ *Der Kummer nagt an ihr.* Il cruccio la tormenta.

nah(e) [naː/ˈnaːə] *adj 1.* vicino/vicina; *adv 2.* vicino; *prep 3.* vicino a
◆ *jdm zu nahe treten* violare la privacy di qd
jdm nah sein essere vicino a qd
nahe bringen far conoscere, far capire
nahe gehen toccare da vicino
nahe legen raccomandare
nahe liegend evidente
aus nahe liegenden Gründen per ovvi motivi
! *komp: näher; sup: am nächsten*

Nähe [ˈnɛːə] *f* vicinanza *f*
nähen [ˈnɛːən] *v* cucire
nähern [ˈnɛːərn] *v sich ~* avvicinarsi
nähren [ˈnɛːrən] *v* nutrire, alimentare
Nahrung [ˈnaːruŋ] *f* alimentazione *f*
Nahrungsmittel [ˈnaːruŋsmɪtəl] *n* alimento *m*
Naht [naːt] *f* cucitura *f;* ◆ *aus allen Nähten platzen (dick werden)* ingrassare; *die Disko platzte aus allen Nähten* la discoteca era piena zeppa
naiv [naˈiːf] *adj* ingenuo
Naivität [naiviˈtɛːt] *f* ingenuità *f*
Name [ˈnaːmə] *m* nome *m;* ◆ *etw beim Namen nennen* chiamare qc con il proprio nome; *in seinem Namen* in suo nome; *sich einen Namen machen* farsi un nome; *einen guten Namen haben* avere una buona reputazione; *seinem Namen alle Ehre machen* fare onore al proprio nome
namens [ˈnaːməns] *prep* di nome
Namenstag [ˈnaːmənstaːk] *m* onomastico *m*
namentlich [ˈnaːməntlɪç] *adj 1.* nominale; *adv 2.* nominalmente
namhaft [ˈnaːmhaft] *adj* noto
nämlich [ˈnɛːmlɪç] *adv 1.* cioè, vale a dire; *konj 2.* perché, siccome
Narbe [ˈnarbə] *f* cicatrice *f*
narbig [ˈnarbɪç] *adj* zigrinato
Narkose [narˈkoːzə] *f MED* narcosi *f*
Narr [nar] *m* pazzo *m;* ◆ *jdn zum Narren halten* prendere qd per scemo; *an jdm einen Narren gefressen haben* stravedere per qd; *an etw einen Narren gefressen haben* andare pazzo
naschen [ˈnaʃən] *v* spizzicare

Nase [ˈnaːzə] *f ANAT* naso *m*
◆ *die Nase rümpfen* storcere il naso
Fass dir an deine eigene Nase! Pensa ai fatti tuoi!, Fatti gli affari tuoi!
jdm auf der Nase herumtanzen mettersi qd sotto i piedi
jdm etw auf die Nase binden spifferare qc a qd
jdm etw unter die Nase reiben sfregare qc sotto il naso a qd
überall seine Nase hineinstecken ficcare il proprio naso dappertutto
jdm etw vor der Nase wegschnappen portare via qc da sotto il naso a qd
eine feine Nase haben avere il naso fine
die Nase hoch tragen avere la puzza sotto il naso
die Nase vorn haben riportare la vittoria
sich eine goldene Nase verdienen guadagnare un sacco di quattrini
eins auf die Nase bekommen ricevere una bella lezione

Nashorn [ˈnaːshɔrn] *n* rinoceronte *m*
nass [nas] *adj* bagnato
Nässe [ˈnɛsə] *f* umidità *f*
Nation [naˈtsjoːn] *f* nazione *f*
national [natsjoˈnaːl] *adj* nazionale
Nationalismus [natsjonaˈlɪsmus] *m* nazionalismo *m*
Nationalität [natsjonaliˈtɛːt] *f* nazionalità *f*
Nationalsozialismus [natsjoˈnaːlzotsɪalɪsmus] *m POL* nazionalsocialismo *m*
Natrium [ˈnaːtrium] *n CHEM* sodio *m*
Natur [naˈtuːr] *f 1.* natura *f; 2. (Veranlagung)* indole *f;* ◆ *in der Natur von etw liegen* essere nella natura di qc
Naturalien [natuˈraːljən] *pl* prodotti naturali *m/pl*
naturgemäß [naˈtuːrgəmɛːs] *adj 1.* naturale; *adv 2.* secondo natura
natürlich [naˈtyːrlɪç] *adj 1.* naturale; *adv 2.* naturalmente
Natürlichkeit [naˈtyːrlɪçkaɪt] *f* naturalezza *f*
Naturschutzgebiet [naˈtuːrʃutsgəbiːt] *n* area naturale protetta *f*
Naturwissenschaft [naˈtuːrvɪsənʃaft] *f* scienze naturali *f/pl*
Navigation [navigaˈtsjoːn] *f* navigazione *f*
Nebel [ˈneːbəl] *m* nebbia *f*
nebelig [ˈneːbəlɪç] *adj* nebuloso

neben [ˈneːbən] *prep 1.* accanto a; *2. (außer)* oltre a
◆ *neben anderen Dingen* tra le altre cose
! *mit Dativ/Akkusativ*

nebenan [neːbənˈan] *adv* vicino
nebenberuflich [ˈneːbənbəruːflɪç] *adj 1.* secondario; *adv 2.* come secondo impiego; ◆ *Nebenberuflich besuche ich auch einen Kurs.* Oltre a lavorare frequento un corso.
nebeneinander [ˈneːbənaɪnandər] *adv* l'uno accanto all'altro, fianco a fianco
Nebenfluss [ˈneːbənflus] *m* affluente *m*
nebenher [neːbənˈheːr] *adv* accanto
Nebensache [ˈneːbənzaxə] *f* cosa secondaria *f;* ◆ *Das ist Nebensache.* Ciò ha poca importanza.
Nebenwirkung [ˈneːbənvɪrkuŋ] *f* effetto collaterale *m*
necken [ˈnɛkən] *v* punzecchiare
Neffe [ˈnɛfə] *m* nipote *m*
negativ [ˈneːgatiːf] *adj* negativo
Neger(in) [ˈneːgər(ɪn)] *m/f (abwertend)* negro/negra *m/f*
nehmen [ˈneːmən] *v irr* prendere; ◆ *etw auf sich nehmen* prendere assumersi qc, prendersi qc *einen zur Brust nehmen* bere un bicchierino

N

Neid [naɪt] *m* invidia *f*; ◆ *vor Neid platzen* scoppiare d'invidia/crepare d'invidia
neidisch ['naɪdɪʃ] *adj* invidioso
neigen ['naɪgən] *v 1.* inclinare; *2. (fig)* tendere
Neigung ['naɪguŋ] *f 1.* inclinazione *f*, pendenza *f*; *2. (fig)* tendenza *f*
nein [naɪn] *adv* no
Nektarine [nɛkta'riːnə] *f* pesca noce *f*
Nelke ['nɛlkə] *f BOT* garofano *m*

nennen ['nɛnən] *v irr 1. (be~)* nominare; *2. (heißen)* chiamare
◆ *das Kind beim Namen nennen (fig)* dire pane al pane vino al vino
die Dinge beim rechten Namen nennen dire le cose come stanno

Nenner ['nɛnər] *m MATH* denominatore *m*; *gemeinsamer ~* denominatore comune *m*; ◆ *einen gemeinsamen Nenner finden (fig)* trovare un comune denominatore
N
Nerv [nɛrf] *m ANAT* nervo *m*; ◆ *jdm auf die Nerven gehen* dare sui nervi a qd; *den Nerv haben* avere il coraggio; *Nerven wie Drahtseile haben* avere nervi d'acciaio; *die Nerven verlieren* perdere il controllo; *mit den Nerven herunter sein* essere giù di nervi
nervös [nɛr'vøːs] *adj* nervoso
Nervosität [nɛrvozi'tɛːt] *f MED* nervosismo *m*
Nerz [nɛrts] *m ZOOL* visone *m*
Nest [nɛst] *n* nido *m*; ◆ *sich ins gemachte Nest setzen* trovare la pappa pronta
nett [nɛt] *adj* gentile, carino
netto ['nɛto] *adv ECO* netto
Netz [nɛts] *n* rete *f*; ◆ *jdm ins Netz gehen* cadere nella rete di qd
Netzanschluss ['nɛtsanʃlus] *m* collegamento alla rete *m*
Netzhaut ['nɛtshaut] *f ANAT* retina *f*
Netzwerk ['nɛtsvɛrk] *n INFORM* rete *m*

neu [nɔy] *adj* nuovo
◆ *aufs Neue* di nuovo, ancora
auf ein Neues alla prossima
von neuem da capo
Was gibt es Neues? Cosa c'è di nuovo?

neuartig ['nɔyaːrtɪç] *adj* di nuovo tipo
Neuerung ['nɔyəruŋ] *f* innovazione *f*
Neugier ['nɔygiːr] *f* curiosità *f*
neugierig ['nɔygiːrɪç] *adj* curioso
Neuheit ['nɔyhaɪt] *f* novità *f*
Neuigkeit ['nɔyɪçkaɪt] *f* novità *f*; ◆ *die Neuigkeit des Tages* la novità del giorno *f*
Neujahr ['nɔyjaːr] *n* capodanno *m*
Neuland ['nɔylant] *n 1.* terra inesplorata *f*; *2. (fig)* campo nuovo *m*
neulich ['nɔyərlɪç] *adv* recentemente
neun [nɔyn] *num* nove
neunte(r,s) ['nɔyntə(r,s)] *adj* nono/nona
neunzehn ['nɔyntseːn] *num* diciannove
neunzig ['nɔyntsɪç] *num* novanta
Neureiche(r) ['nɔyraɪçə(r)] *f/m* arricchito/a *m/f*
Neurologe [nɔyro'loːgə] *m MED* neurologo *m*
Neurose [nɔy'roːzə] *f MED* nevrosi *f*
neurotisch [nɔy'roːtɪʃ] *adj* nevrotico
Neuseeland ['nɔyzeːlant] *n GEO* Nuova Zelanda *f*
neutral [nɔy'traːl] *adj 1.* neutrale; *adv 2.* in modo neutrale
Neutralität [nɔytrali'tɛːt] *f* neutralità *f*
Neutron ['nɔytrɔn] *n PHYS* neutrone *m*
Neuzeit ['nɔytsaɪt] *f* età moderna *f*
nicht [nɪçt] *adv* non
Nichte ['nɪçtə] *f* nipote *f*
Nichtigkeit ['nɪçtɪçkaɪt] *f* nullità *f*
Nichtraucher(in) ['nɪçtrauxər(ɪn)] *m/f* non fumatore/non fumatrice *m/f*

nichts [nıçts] *pron* niente
◆ *Nichts für ungut!* Non prendertela a male!
von nichts kommt nichts dal nulla non nasce nulla
nichts sagend insignificante
arbeiten für nichts und wieder nichts lavorare per la gloria
Das macht nichts. Non fa niente.

Nichts [nıçts] *n* nulla *m;* ◆ *vor dem Nichts stehen* essere sul lastrico
Nickel [ˈnıkəl] *n CHEM* nichel *m*
nicken [ˈnıkən] *v* fare cenno
Nickerchen [ˈnıkərçən] *n* pisolino *m*
nie [niː] *adv 1.* mai; ◆ *Er war noch nie hier.* Non era mai stato qui. *2. ~ und nimmer* mai e poi mai
nieder [ˈniːdər] *adj 1.* basso; *adv 2.* giù
Niedergang [ˈniːdərgaŋ] *m (fig)* decadenza *f*
niedergeschlagen [ˈniːdərgəʃlaːgən] *adj* abbattuto
Niederlage [ˈniːdərlaːgə] *f* sconfitta *f*
Niederlande [ˈniːdərlandə] *pl GEO* Paesi Bassi *m/pl*
niederlassen [ˈniːdərlasən] *v irr 1. (herunterlassen)* calare, abbassare; *2. sich ~* installarsi, aprire; ◆ *Er lässt sich als Arzt nieder.* Egli apre uno studio medico.
Niederlassung [ˈniːdərlasuŋ] *f* filiale *f*
niederlegen [ˈniːdərleːgən] *v 1. (Arbeit)* interrompere; *2. (Kranz)* deporre; *3. (fig: Amt)* dimettersi, lasciare l'incarico; ◆ *Der Präsident legt sein Amt nieder.* Il presidente lascia l'incarico.
Niederschlag [ˈniːdərʃlaːk] *m* precipitazione atmosferica *f*
niederschlagen [ˈniːdərʃlaːgən] *v irr 1. (Aufstand)* soffocare; *2. (Feind)* abbattere; *3. (Augen)* abbassare; ◆ *Sie schlug die Augen nieder.* Ella abbassò gli occhi. *4. (fig: Zweifel)* stroncare; ◆ *jeden Zweifel niederschlagen* stroncare ogni dubbio
niedlich [ˈniːtlıç] *adj* carino
niedrig [ˈniːdrıç] *adj* basso
niemals [ˈniːmaːls] *adv* mai
niemand [ˈniːmant] *pron* nessuno
Niere [ˈniːrə] *f 1. ANAT* rene *m;* ◆ *jdm an die Nieren gehen* colpire qd al cuore *2. GAST* rognone *m*
nieseln [ˈniːzəln] *v* piovigginare
niesen [ˈniːzən] *v* starnutire
Niete [ˈniːtə] *f 1. TECH* ribattino *m; 2. (Los)* biglietto non vincente *m; 3. (fig)* buono a nulla *m*
Nikolaus [ˈnıkolaus] *m* San Nicola *m*
Nikotin [nikoˈtiːn] *n* nicotina *f*
Nilpferd [ˈniːlpfeːrt] *n ZOOL* ippopotamo *m*
nippen [ˈnıpən] *v* centellinare
nirgends [ˈnırgənts] *adv* da nessuna parte; ◆ *Ich habe ihn nirgends gesehen.* Non l'ho visto da nessuna parte.
nirgendwo [ˈnırgəntvoː] *adv* da nessuna parte
Nische [ˈniːʃə] *f* nicchia *f*
Nitrat [nıˈtraːt] *n CHEM* nitrato *m*
Niveau [niˈvoː] *n* livello *m*
Nixe [ˈnıksə] *f* ninfa *f*
nobel [ˈnoːbəl] *adj* nobile
Nobelpreis [noˈbɛlpraıs] *m* premio Nobel *m*

noch [nɔx] *adv 1.* ancora; *~ nie* mai; *immer ~* ancora; *~ und ~* continuamente; *~ nicht* non ancora; *konj 2.* né
◆ *Es ist weder Fleisch noch Fisch.* Non è né carne né pesce.
Alles muss noch einmal gemacht werden. Tutto è da rifare.
≠ *nach prep* dopo

nochmals [ˈnɔxmaːls] *adv* ancora una volta

Nomade [no'ma:də] *m* nomade *m*
Nonne ['nɔnə] *f REL* suora *f*
Nordamerika [nɔrta'me:rɪka] *n GEO* America settentrionale *f*
Norden ['nɔrdən] *m* nord *m*
nördlich ['nœrtlɪç] *adj 1.* settentrionale; *adv 2.* a nord
Nordpol ['nɔrtpo:l] *m* Polo Nord *m*
Nordsee ['nɔrtze:] *f* mare del Nord *m*
Norm [nɔrm] *f* norma *f*
normal [nɔr'ma:l] *adj* normale
Norwegen ['nɔrve:gən] *n GEO* Norvegia *f*
Not [no:t] *f 1. (Armut)* povertà *f,* miseria *f; 2. (Mangel)* bisogno *m,* mancanza *f; ~ leidend* bisognoso; *3. (Gefahr)* pericolo *m; 4. (fig)* ◆ *seine liebe Not mit jdm haben* avere un bel daffare con qd; *wo Not am Mann ist* dove ce n'è bisogno; *mit knapper Not* a malapena
Notar [no'ta:r] *m JUR* notaio *m*
Notarzt ['no:tartst] *m* guardia medica *f,* medico di turno *m*
Notaufnahme ['no:taufna:mə] *f* pronto soccorso *m*
Note ['no:tə] *f 1. (Schule)* voto *m; 2. (Banknote)* banconota *f; 3. MUS* nota *f*

> **Notfall** ['no:tfal] *m* emergenza *f*
> ◆ *im Notfall* in caso d'emergenza
> **!** *Plural: Notfälle*

notieren [no'ti:rən] *v 1.* annotare; *2. FIN* quotare
nötig ['nø:tɪç] *adj* necessario; ◆ *Du hast es gerade nötig!* Senti chi parla!
Nötigung ['nø:tɪguŋ] *f* violenza *f*
Notiz [no'ti:ts] *f 1.* nota *f;* ◆ *Notiz von jdm nehmen* prendere qd in considerazione; *2. (Zeitungsnotiz)* notizia *f*
Notizbuch [no'ti:tsbu:x] *n* taccuino *m*
Notlage ['no:tla:gə] *f* situazione di emergenza *f*
Notlösung ['no:tlø:zuŋ] *f* soluzione di ripiego *f*
notorisch [no'to:rɪʃ] *adj* notorio
Notwehr ['no:tve:r] *f* legittima difesa *f;* ◆ *Er hat aus Notwehr gehandelt.* Ha agito per legittima difesa.
notwendig ['no:tvɛndɪç] *adj* necessario; ◆ *ein notwendiges Übel sein* essere un male necessario
Novelle [no'vɛlə] *f* novella *f*
November [no'vɛmbər] *m* novembre *m*
nüchtern ['nyçtərn] *adj 1.* sobrio; *2. (ohne Essen)* digiuno; *3. (sachlich)* obiettivo
Nudeln ['nu:dəln] *pl GAST* pasta *f*
null [nul] *num* zero; ◆ *gleich null sein* essere pari a zero; *in null Komma nichts* in un battere d'occhio
Nullpunkt ['nulpuŋkt] *m* punto zero *m*
numerisch [nu'me:rɪʃ] *adj* numerico

> **Nummer** ['numər] *f 1. (Zahl)* numero *m; 2. (Größe)* numero *m; 3. (Exemplar)* numero *m*
> ◆ *auf Nummer sicher gehen* andare sul sicuro
> *eine Nummer zu groß für jdn sein* essere troppo difficile per qd
> *eine Nummer abziehen* atteggiarsi

nun [nu:n] *adv 1. (jetzt)* ora; *2. (zur Fortsetzung der Rede)* poi
nur [nu:r] *adv* solo
Nuss [nus] *f BOT* noce *f;* ◆ *eine harte Nuss zu knacken haben* avere una gatta da pelare; *jdm eine harte Nuss zu knacken geben* dare del filo da torcere a qd
Nussknacker ['nusknakər] *m* schiaccianoci *m*
Nutte ['nutə] *f (fam)* puttana *f*
nutzen ['nutsən] *v* giovare, servire
nützlich ['nytslɪç] *adj* utile
Nützlichkeit ['nytslɪçkaɪt] *f* utilità *f*
Nylon ['naɪlɔn] *n* nylon *m*

O

Obst [oːpst] *n* frutta *f*
obwohl [ɔpˈvoːl] *konj* sebbene
Ochse [ˈɔksə] *m ZOOL* bue *m;* ◆ *dastehen wie der Ochs vorm Berg* non sapere dove stia di casa qc
oder [ˈoːdər] *konj* o, oppure
Ofen [ˈoːfən] *m 1.* forno *m; 2. (Heizofen)* stufa *f; ein Schuss in den Ofen* un buco nell'acqua
offen [ˈɔfən] *adj 1.* aperto; ◆ *Er hat die Tür offen gelassen.* Ha lasciato la porta aperta. *offen stehen* essere aperto; *Die Tür steht offen.* La porta è aperta. *2. (Stelle)* vacante; *3. (fig: unentschieden)* aperto; ◆ *offen lassen (fig)* lasciare aperto; *Der Termin steht noch offen.* L'appuntamento deve ancora essere fissato. *Die Rechnung ist noch offen.* Il conto non è stato pagato. *4. (fig: aufrichtig)* aperto; *5. (fig: frei)* libero; *offen stehen (fig)* essere libero; *Es steht Ihnen offen, es zu tun.* Dipende da lei se farlo o no.
offenbar [ˈɔfənbaːr] *adj* chiaro, evidente
offensichtlich [ˈɔfənzıçtlıç] *adj* evidente
öffentlich [ˈœfəntlıç] *adj 1.* pubblico; *adv 2.* in pubblico
Öffentlichkeit [ˈœfəntlıçkaıt] *f* pubblico *m*
offiziell [ɔfiˈtsjɛl] *adj* ufficiale
offline [ˈɔvlaın] *adj INFORM* fuori linea
öffnen [ˈœfnən] *v 1.* aprire; *2. sich ~* aprirsi
Öffner [ˈœfnər] *m 1. (Büchsenöffner)* apriscatole *m; 2. (Flaschenöffner)* apribottiglie *m*
Öffnung [ˈœfnuŋ] *f* apertura *f*
oft [ɔft] *adv* spesso
oftmals [ˈɔftmaːls] *adv* spesso
ohne [ˈoːnə] *prep* senza
◆ *Das ist nicht ohne.* Non è male./Non è niente male. *ohne weiteres* senz'altro
ohnmächtig [ˈoːnmɛçtıç] *adj 1. (bewusstlos)* svenuto; *2. (fig: machtlos)* impotente

Ohr [oːr] *n ANAT* orecchio *m*
◆ *jdm in den Ohren liegen* continuare a importunare qd
mit halbem Ohr zuhören ascoltare distrattamente
ein offenes Ohr haben essere pronti ad ascoltare gli altri
Ohren wie ein Luchs haben avere un ottimo udito
jdn übers Ohr hauen truffare qd
die Ohren steif halten farsi forza e coraggio, non mollare
die Ohren hängen lassen essere giù di corda
es faustdick hinter den Ohren haben essere un furbo maticolato, saperla lunga, saperne una più del diavolo
noch nicht trocken hinter den Ohren sein avere ancora il latte sulle labbra
sich etw hinter die Ohren schreiben ficcarsi bene in testa qc
jdm das Fell über die Ohr ziehen pelare qd
jdm die Ohren lang ziehen tirare le orecchie a qd
sich aufs Ohr hauen mettersi a dormire
viel um die Ohren haben avere molto da fare
jdm zu Ohren kommen venire all'orecchio di qd
Das ist nichts für fremde Ohren. Mi raccomando, acqua in bocca., Non gridarlo

ai quattro venti.
die Ohren spitzen drizzare le orecchie, tendere le orecchie

Ohrring [ˈoːrrɪŋ] *m* orecchino *m*
Ökologie [økoloˈgiː] *f* ecologia *f*
ökologisch [økoˈloːgɪʃ] *adj* ecologico
Ökonomie [økonoˈmiː] *f* economia *f*
Oktober [ɔkˈtoːbər] *m* ottobre *m*
Öl [øːl] *n 1.* olio *m; 2. (Erdöl)* petrolio *m*
Olive [oˈliːvə] *f BOT* oliva *f*
olympisch [oˈlympɪʃ] *adj* olimpico; *Olympische Spiele* Olimpiadi *f/pl*
Oma [ˈoːma] *f* nonna *f*
Omelett [ɔmˈlɛt] *n GAST* omelette *f*
Onkel [ˈɔŋkəl] *m* zio *m*
online [ˈɒnlaɪn] *adj INFORM* in linea
Opa [ˈoːpa] *m* nonno *m*
Oper [ˈoːpər] *f 1. (Gebäude)* teatro lirico *m,* opera *f; 2. (Werk)* opera *f*
Operation [operaˈtsjoːn] *f 1.* operazione *f; 2. MED* operazione *f,* intervento chirurgico *m*
operieren [opeˈriːrən] *v* operare
Opfer [ˈɔpfər] *n 1. (Verzicht)* sacrificio *m; 2. (Person)* vittima *f*
opfern [ˈɔpfərn] *v 1. (verzichten)* rinunciare a; *2. (spenden)* donare; *3. (fig) sich ~* sacrificarsi
Optik [ˈɔptɪk] *f* ottica *f*
optimal [ɔptiˈmaːl] *adj 1.* ottimale; *adv 2.* in modo ottimale
Optimismus [ɔptiˈmɪsmus] *m* ottimismo *m*
optisch [ˈɔptɪʃ] *adj* ottico
orange [oˈrɑ̃ːʒ] *adj* arancione
Orange [oˈrɑ̃ʒə] *f BOT* arancia *f*
ordentlich [ˈɔrdəntlɪç] *adj 1. (ordnungsliebend)* ordinato; *2. (aufgeräumt)* ordinato; *3. (sorgfältig)* accurato
ordnen [ˈɔrdnən] *v* ordinare
Ordnung [ˈɔrdnuŋ] *f* ordinamento *m,* ordine *m;* ◆ *zur Ordnung rufen* richiamare all'ordine
Organ [ɔrˈgaːn] *n* organo *m*
Organisation [ɔrganizaˈtsjoːn] *f* organizzazione *f*
organisieren [ɔrganiˈziːrən] *v* organizzare
Organismus [ɔrgaˈnɪsmus] *m* organismo *m*
orientieren [ɔrjɛnˈtiːrən] *v* orientare
original [origiˈnaːl] *adj* originale
Originalität [originaliˈtɛːt] *f 1.* originalità *f,* antenticità *f; 2. (Besonderheit)* originalità *f*
originell [origiˈnɛl] *adj* originale
Orkan [ɔrˈkaːn] *m* uragano *m*
Ort [ɔrt] *m 1. (Stelle)* luogo *m,* posto *m; 2. (~schaft)* paese *m,* località *f;* ◆ *sich an Ort und Stelle begeben* arrivare a destinazione *Hier ist nicht der Ort, um darüber zu sprechen.* Qui non è il luogo adatto per parlare.
Orthografie [ɔrtograˈfiː] *f GRAMM* ortografia *f*
Orthopäde [ɔrtoˈpɛːdə] *m* ortopedico *m*
örtlich [ˈøːrtlɪç] *adj* locale
Ortschaft [ˈɔrtʃaft] *f* località *f,* paese *m*
Osten [ˈɔstən] *m 1.* est *m,* oriente *m; 2. Naher ~ GEO* Vicino Oriente *m; 3. Mittlerer ~* Medio Oriente *m; 4. Ferner ~* Estremo Oriente *m*
Ostern [ˈoːstərn] *n* Pasqua *f*
Österreich [ˈøːstərraɪç] *n* Austria *f*
östlich [ˈœstlɪç] *adj* orientale
Ostsee [ˈɔstzeː] *f GEO* Mar Baltico *m*
oval [oˈvaːl] *adj* ovale
oxidieren [ɔksiˈdiːrən] *v CHEM* ossidare
Ozean [ˈoːtseaːn] *m* oceano *m*
Ozonschicht [oˈtsoːnʃɪçt] *f* ozonosfera *f*

P/Q

paar [paːr] *adj* alcuni
◆ *ein paar Mal im Jahr* un paio di volte all'anno
mit ein paar Worte in poche parole
die paar Cent, die er verdient hat i quattro soldi che ha guadagnato

Paar [paːr] *n 1. (~ Schuhe)* paio *m; 2. (Ehepaar)* coppia *f*
paaren [ˈpaːrən] *v* appaiare, accoppiare
Pacht [paxt] *f 1. (Überlassung)* affitto *m,* locazione *f; 2. (Entgelt)* affitto *m*
pachten [ˈpaxtən] *v* affittare
packen [ˈpakən] *v 1.* prendere; *2. (einpacken)* mettere; *3. (greifen)* afferrare
Packung [ˈpakuŋ] *f 1.* pacchetto *m,* confezione *f; 2. MED* impacco *m*
Pädagogik [pɛdaˈgoːgɪk] *f* pedagogia *f*
Page [ˈpaːʒə] *m* paggio *m,* valletto *m*
Paket [paˈkeːt] *n* pacco *m,* pacchetto *m*
Pakt [pakt] *m* patto *m*
Palast [paˈlast] *m* palazzo *m*
Palästina [palɛˈstiːna] *n* Palestina *f*
Palette [paˈlɛtə] *f 1. (Auswahl)* gamma *f; 2. TECH* paletta *f; 3. ART* tavolozza *f*
Palme [ˈpalmə] *f BOT* palma *f;* ◆ *auf der Palme sein* essere infuriati
Panik [ˈpaːnɪk] *f* panico *m*
Panne [ˈpanə] *f 1. (Schaden)* guasto *m; 2. (Missgeschick)* disavventura *f*
Panorama [panoˈraːma] *n* panorama *m*
Pantoffel [panˈtɔfəl] *m* pantofola *f;* ◆ *unter dem Pantoffel stehen* essere dominato dalla moglie
Panzer [ˈpantsər] *m 1.* corazza *f; 2. MIL* carro armato *m; 3. ZOOL* corazza *f*
Papa [ˈpapa] *v* papà *m,* babbo *m*
Papagei [papaˈgaɪ] *m* pappagallo *m*

Papier [paˈpiːr] *n 1.* carta *f; 2. (Dokument)* documento *m; 3. (Wertpapier) FIN* titolo *m*
◆ *nur auf dem Papier stehen (fig)* esistere solo sulla carta
etw zu Papier bringen mettere per iscritto qc

Pappe [ˈpapə] *f* cartone *m*
Pappel [ˈpapəl] *f* pioppo *m*
Paprika [ˈpaprɪka] *m 1. (Gewürz)* peperoncino rosso *m; f 2. BOT* peperone *m*
Papst [paːpst] *m REL* papa *m;* ◆ *päpstlicher als der Papst sein* essere pignolo, spaccare un capello in quattro
Parade [paˈraːdə] *f* parata *f*
Paradies [paraˈdiːs] *n* paradiso *m;* ◆ *Paradies auf Erden* Paradiso in Terra *m*
Paragraph [paraˈgraːf] *m* paragrafo *m*
parallel [paraˈleːl] *adj* parallelo
Parasit [paraˈziːt] *m* parassita *m*
parat [paˈraːt] *adj* pronto; ◆ *Du hast immer eine Antwort parat.* Hai sempre la risposta pronta.
Parfüm [parˈfyːm] *n* profumo *m*
parieren [paˈriːrən] *v 1. SPORT* parare; *2. (fam)* ubbidire
Parität [pariˈtɛːt] *f* parità *f*
Park [park] *m* parco *m*
parken [ˈparkən] *v* parcheggiare
Parkett [parˈkɛt] *n 1.* parquet *m,* pavimento di parquet *m; 2. THEAT* platea *f*
Parkplatz [ˈparkplats] *m* parcheggio *m;* ◆ *Gebührenpflichtiger Parkplatz!* Parcheggio a pagamento!
Parlament [parlaˈmɛnt] *n POL* parlamento *m*

P Q

Parmesankäse [parme'za:nkɛ:zə] *m GAST* parmigiano *m*
Parole [pa'ro:lə] *f* parola d'ordine *f*, slogan *m*
Partei [par'taɪ] *f 1. POL* partito *m; 2. JUR* parte *f*
Parteitag [par'taɪta:k] *m POL* congresso del partito *m*
Parterre [par'tɛrə] *n 1. (Erdgeschoss)* pianterreno *m; 2. THEAT* platea *f*
Partie [par'ti:] *f 1.* ◆ *eine gute Partie sein* essere un buon partito; *2. (Spiel)* partita *f; 3. (Teil)* parte *f*
Partner(in) ['partnər(ɪn)] *m/f 1. (Ehepartner(in))* partner *m/f; 2. (Geschäftspartner(in))* socio/socia *m/f*
Partnerschaft ['partnərʃaft] *f* partecipazione *f*, vita di coppia *f*
Party ['pa:rti] *f* party *m*
Pass [pas] *m 1. (Ausweis)* passaporto *m;* ◆ *einen Pass ausstellen* rilasciare un passaporto; *2. (Bergpass)* passo *m*
Passage [pa'sa:ʒə] *f 1. (Durchgang)* passaggio *m; 2. (Überfahrt)* traversata *f*
Passagier [pasa'ʒi:r] *m* passeggero *m;* ◆ *blinder Passagier* passeggero clandestino *m*
Passant(in) [pa'sant(ɪn)] *m/f* passante *m/f*
passen ['pasən] *v 1. (Kleidung)* stare bene, andare bene; *2. (angemessen sein)* essere adatto; *3. (recht sein)* andare bene; ◆ *Es passt mir nicht.* Non mi va.

passieren [pa'si:rən] *v 1.* accadere; *2. (vorbeigehen)* passare; *3. GAST* passare
◆ *Das kann jedem passieren.* Può accadere a chiunque.
Wie ist das passiert? Com'è successo?
! *Konjugation zu 1.: es ist passiert; zu 2. und 3.: ich habe passiert*

passiv ['pasi:f] *adj* passivo
Passivität [pasivi'tɛ:t] *f* passività *f*
Paste ['pastə] *f* pasta *f*
Pastete [pa'ste:tə] *f GAST* pasticcio *m*
Pastor ['pastɔr] *m REL* pastore *m*
Pate ['pa:tə] *m* padrino *m;* ◆ *bei etw Pate stehen* fare da padrino a qc
patent [pa'tɛnt] *adj* bravo, in gamba
Patent [pa'tɛnt] *n* brevetto *m*
Pater ['patər] *m REL* padre *m*
Pathologie [patolo'gi:] *f* patologia *f*
Pathos ['pa:tɔs] *n* patos *m*
Patient(in) [pa'tsjɛnt(ɪn)] *m/f* paziente *m/f*
Patin ['pa:tɪn] *f* madrina *f*
Patronat [patro'na:t] *n* patronato *m*
Patrone [pa'tro:nə] *f 1. (einer Waffe)* cartuccia *f; 2. (Tintenpatrone)* cartuccia *f*
patzig ['patsɪç] *adj 1.* borioso, impertinente; *adv 2.* sfacciatamente
Pauke ['paukə] *f MUS* timpano *m*
pauschal [pau'ʃa:l] *adj 1.* forfettario; *adv 2.* a forfait
Pauschale [pau'ʃa:lə] *f* forfait *m*
Pause ['pauzə] *f* pausa *f*
Pazifik [pa'tsifɪk] *m* Oceano Pacifico *m*

Pech [pɛç] *n 1.* pece *f; 2. (fig: Missgeschick)* sfortuna *f*
◆ *wie Pech und Schwefel* essere come pane e cacio, essere inseparabili
Pech haben avere sfortuna

Pedal [pe'da:l] *n* pedale *m*
pedantisch [pe'dantɪʃ] *adj* pedante
Pegel ['pe:gəl] *m* livello *m*
peilen ['paɪlən] *v 1.* radiogoniometrare; *2. (fig)* calcolare approssimativamente; ◆ *über den Daumen gepeilt* all'incirca
peinigen ['paɪnɪgən] *v* tormentare
peinlich ['paɪnlɪç] *adj 1. (unangenehm)* penoso; *2. (übergenau)* minuzioso
Peinlichkeit ['paɪnlɪçkaɪt] *f 1.* penosità *f; 2. (Genauigkeit)* precisione *f*

P Q

Peitsche [ˈpaɪtʃə] *f* frusta *f*
peitschen [ˈpaɪtʃən] *v 1. (schlagen)* frustare; *2. (fig)* colpire
Pelle [ˈpɛlə] *f* pelle *f,* buccia *f;* ◆ *jdm auf die Pelle rücken* stare alle costole di qd
Pelz [pɛlts] *m 1. (Fell)* pelliccia *f,* pelo *m;* ◆ *jdm auf den Pelz rücken* stare alle costole di qd; *jdm einen auf den Pelz brennen* piantare una palla in corpo a qd; *2. (~mantel)* pelliccia *f*
Pendel [ˈpɛndəl] *n* pendolo *m*
pendeln [ˈpɛndəln] *v 1. (baumeln)* pendolare, oscillare; *2. (fig)* fare la spola, pendolare; ◆ *zwischen zwei Städten pendeln* fare la spola tra due città
penetrant [pɛnəˈtrant] *adj 1. (Menschen)* invadente; *2. (Gerüche)* penetrante
Penis [ˈpeːnɪs] *m ANAT* pene *m*

> **per** [pɛr] *prep* per, con
> ◆ *per Anhalter fahren* fare l'autostop
> **!** *mit Akkusativ*

Perfektion [pɛrfɛkˈtsjoːn] *f* perfezione *f*
Pergament [pɛrgaˈmɛnt] *n* pergamena *f*
Periode [perˈjoːdə] *f 1.* periodo *m; 2. (Menstruation)* mestruazione *f*
periodisch [perˈjoːdɪʃ] *adj* periodico
Peripherie [perifeˈriː] *f* periferia *f*
Perle [ˈpɛrlə] *f* perla *f*
Perser(in) [ˈpɛrzər(ɪn)] *m/f (Person)* persiano/persiana *m/f*
Persien [ˈpɛrziən] *n GEO* Persia *f*

> **Person** [pɛrˈzoːn] *f* persona *f*
> ◆ *etw in Person sein* essere qc in persona

Personal [pɛrzoˈnaːl] *n* personale *m*
Personalausweis [pɛrzoˈnaːlausvaɪs] *m* carta d'identità *f*
Personalcomputer [pɛrzoˈnaːlkompjuːtər] *m INFORM* personal computer *m*
Personalien [pɛrzoˈnaːljən] *pl* dati anagrafici *m/pl*
persönlich [pɛrˈzøːnlɪç] *adj 1.* personale; *adv 2.* personalmente; ◆ *etw persönlich nehmen* prendere qc sul piano personale
Persönlichkeit [pɛrˈzøːnlɪçkaɪt] *f* personalità *f*
Perspektive [pɛrspɛkˈtiːvə] *f* prospettiva *f*
Perücke [pɛˈrykə] *f* parrucca *f*
pervers [pɛrˈvɛrs] *adj* perverso, pervertito
Pessimismus [pɛsiˈmɪsmus] *m* pessimismo *m*
Pest [pɛst] *f MED* peste *f;* ◆ *jdn hassen wie die Pest* odiare qd a morte
Petersilie [petərˈziːljə] *f BOT* prezzemolo *m*
Petroleum [peˈtroːleum] *n* petrolio *m*
Pfad [pfaːt] *m* sentiero *m; ein steiler ~* un sentiero ripido *m;* ◆ *auf dem Pfad der Tugend wandeln* camminare sul sentiero della virtù; *auf krummen Pfaden wandeln* seguire vie traverse
Pfadfinder(in) [ˈpfaːtfɪndər(ɪn)] *m/f* boy scout *m/f*
Pfand [pfant] *n* pegno *m,* cauzione *f;* ◆ *als Pfand meiner Treue* come pegno della mia fedeltà
pfänden [ˈpfɛndən] *v* pignorare
Pfandflasche [ˈpfantflaʃə] *f* vuoto a rendere *m*
Pfanne [ˈpfanə] *f* padella *f;* ◆ *in die Pfanne hauen* giocare un tiro mancino, pugnalare alle spalle
Pfannkuchen [ˈpfankuːxən] *m GAST* omelette *f*
Pfarrer [ˈpfarər] *m REL* parroco *m*
Pfeffer [ˈpfɛfər] *m* pepe *m;* ◆ *Pfeffer im Hintern haben* avere il pepe nel sedere

P
Q

Pfefferminze [ˈpfɛfɐmɪntsə] *f BOT* menta *f*
pfeffern [ˈpfɛfərn] *v* pepare
Pfeife [ˈpfaɪfə] *f 1. (Trillerpfeife)* fischietto *m;* ◆ *nach jds Pfeife tanzen* farsi comandare a bacchetta da qd; *2. (Tabakpfeife)* pipa *f; 3. (Versager)* schiappa *m/f;* ◆ *jdn/etw in der Pfeife rauchen können* non valere un fico secco

> **pfeifen** [ˈpfaɪfən] *v irr* fischiare
> ◆ *Ich pfeif dir was!* Ma va' a farti friggere!
> *auf etw pfeifen* fregarsene

Pfeiler [ˈpfaɪlər] *m* pilone *m*
Pfennig [ˈpfɛnɪç] *m* pfennig *m;* ◆ *keinen Pfennig wert sein* non valere un soldo; *mit jedem Pfennig rechnen müssen* contare il centesimo

> **Pferd** [pfeːrt] *n ZOOL* cavallo *m*
> ◆ *das Pferd beim Schwanz aufzäumen (fig)* mettere il carro davanti ai buoi
> *mit jdm Pferde stehlen können* potersi fidare di qd
> *das beste Pferd im Stall sein* essere il miglior cavallo della scuderia
> *die Pferde scheu machen* seminare il panico
> *aufs richtige Pferd setzen* puntare sul cavallo vincente
> *Keine zehn Pferde bringen mich hier weg!* Non mi smuovono nemmeno le cannonate!
> *Keine zehn Pferde bringen mich dahin!* Non ci vado nemmeno morto!
> *Ich denk, mich tritt ein Pferd!* Sono rimasto a bocca aperta!

Pfiff [pfɪf] *m 1. (Pfeifen)* fischio *m; 2. (fig: Schick)* eleganza *f*
Pfifferling [ˈpfɪfərlɪŋ] *m* gallinaccio *m*
Pfingsten [ˈpfɪŋstən] *n* Pentecoste *f*
Pfirsich [ˈpfɪrzɪʃ] *m BOT* pesca *f*
Pflanze [ˈpflantsə] *f* pianta *f*
pflanzen [ˈpflantsən] *v* piantare
pflanzlich [ˈpflantslɪç] *adj* vegetale
Pflaster [ˈpflastər] *n 1. (Straßenpflaster)* pavimentazione *f;* ◆ *ein teures Pflaster sein* essere un posto molto caro; *ein heißes Pflaster sein* essere terreno minato; *2. (Wundpflaster)* cerotto *m*
Pflaume [ˈpflaumə] *f* prugna *f*
Pflege [ˈpfleːgə] *f* cura *f*
Pflegeheim [ˈpfleːgəhaɪm] *n* ricovero *m*
pflegen [ˈpfleːgən] *v* curare
Pfleger [ˈpfleːgər] *m 1. JUR* curatore *m; 2. (Krankenpfleger)* infermiere *m*
Pflegeversicherung [ˈpfleːgəfɛrzɪçəruŋ] *f* assicurazione obbligatoia che copre il rischio di cure prolungate per persone non autosufficienti *f*

> **Pflicht** [pflɪçt] *f* dovere *m*
> ◆ *etw für seine Pflicht halten* sentirsi in dovere di fare qc
> *Die Pflicht ruft.* Il dovere chiama.

pflücken [ˈpflykən] *v* raccogliere
Pflug [pfluːk] *m AGR* aratro *m*
pflügen [ˈpflyːgən] *v AGR* arare
Pforte [ˈpfɔrtə] *f* porta *f*
Pförtner [ˈpfœrtnər] *m* portinaio *m*
Pfosten [ˈpfɔstən] *m* palo *m*
Pfote [ˈpfoːtə] *f* zampa *f;* ◆ *jdm eins auf die Pfoten geben* dare una bacchettata sulle dita a qd
pfui [pfui] *interj* puah, buh
Pfund [pfunt] *n 1.* libbra *f,* mezzo chilo *m; 2. (Währungseinheit)* sterlina *f*
pfuschen [ˈpfuʃən] *v* acciabattare
Pfütze [ˈpfytsə] *f* pozzanghera *f*
Phänomen [fɛnoˈmeːn] *n* fenomeno *m*
Phantom [fanˈtoːm] *n* fantasma *m*
Pharmazie [farmaˈtsiː] *f* farmacia *f*

Phase [ˈfaːzə] *f* fase *f*
Philharmonie [filharmoˈniː] *f MUS* filarmonica *f*
Philosoph(in) [filoˈzoːf(ɪn)] *m/f* filosofo/filosofa *m/f*
Philosophie [filozoˈfiː] *f* filosofia *f*
Phonetik [foˈneːtɪk] *f* fonetica *f*
Phosphat [fɔsˈfaːt] *n CHEM* fosfato *m*
Physik [fyˈzɪːk] *f* fisica *f*
Physiologie [fyːzjoloˈgiː] *f* fisiologia *f*
physisch [ˈfyːzɪʃ] *adj* fisico
Pianist(in) [piaˈnɪst(ɪn)] *m/f* pianista *m/f*
Pickel [ˈpɪkəl] *m 1. (Werkzeug)* piccone *m; 2. (Pustel)* pustola *f,* foruncoletto *m*
piepen [ˈpiːpən] *v* pigolare; ◆ *zum Piepen sein* fare morire dal ridere; *Bei dem piept's wohl!* Ma che sei matto?
Pigment [pɪgˈmɛnt] *n* pigmento *m*
pikiert [piˈkiːrt] *adj* offeso
Pilger(in) [ˈpɪlgər(ɪn)] *m/f* pellegrino/pellegrina *m/f*
Pille [ˈpɪlə] *f* pillola *f;* ◆ *eine bittere Pille für jdn sein (fig)* essere un boccone amaro per qd; *die bittere Pille schlucken* ingoiare il boccone amaro
Pilot(in) [pɪˈloːt(ɪn)] *m/f* pilota *m/f*
Pilz [pɪlts] *m BOT* fungo *m*
Pilzerkrankung [ˈpɪltsɛrkraŋkuŋ] *f* micosi *f*
Pinguin [ˈpɪŋguiːn] *m* pinguino *m*
Pinie [ˈpɪːnjə] *f BOT* pino *m*
Pinsel [ˈpɪnzəl] *m* pennello *m*
Pinzette [pɪnˈtsɛtə] *f* pinzetta *f*
Pionier [pioˈniːr] *m* pioniere *m*
Pirat [piˈraːt] *m* pirata *m*
Pistazie [pisˈtaːtsjə] *f* pistacchio *m*
Piste [ˈpɪstə] *f* pista *f*
Pistole [pɪsˈtoːlə] *f* pistola *f;* ◆ *jdm die Pistole auf die Brust setzen* puntare la pistola al petto di qd; *wie aus der Pistole geschossen* di botto
Pizza [ˈpɪtsa] *f GAST* pizza *f*
plädieren [plɛˈdiːrən] *v 1.* patrocinare; *2. ~ für* parlare in favore di
Plädoyer [plɛdoaˈjeː] *n* arringa *f*
plagen [ˈplaːgən] *v sich ~* strapazzarsi
Plakat [plaˈkaːt] *n* manifesto *m*

> **Plan** [plaːn] *m 1.* progetto *m; 2. (Karte)* piantina *f*
> ◆ *jdn auf den Plan rufen* convocare qd *nach Plan verlaufen* svolgersi secondo i piani
> ! *Plural: Pläne*

Plane [ˈplaːnə] *f* telone *m,* copertone *m*
planen [ˈplaːnən] *v* progettare
Planet [plaˈneːt] *m* pianeta *m*
planmäßig [ˈplaːnmɛːsɪç] *adj* regolare
Plantage [planˈtaːʒə] *f* piantagione *f*
plantschen [ˈplanʃən] *v* sguazzare
Planung [ˈplaːnuŋ] *f* progettazione *f*
plappern [ˈplapərn] *v* chiacchierare
Plastik [ˈplastɪk] *n 1.* plastica *f; f 2. (Kunstgegenstand)* plastico *m*
plastisch [ˈplastɪʃ] *adj 1.* plastico; *2. (fig)* in rilievo
plätschern [ˈplɛtʃərn] *v* gorgogliare
platt [plat] *adj* piatto
Platte [ˈplatə] *f 1. (aus Holz)* tavola *f; 2. (Metall)* lamiera *f; 3. (Fliese)* piastrella *f; 4. (Schallplatte)* disco *m; 5. (INFORM)* disco *m;* ◆ *eine andere Platte auflegen (fig)* cambiare disco
Plattform [ˈplatfɔrm] *f* piattaforma *f*
Plattfuß [ˈplatfuːs] *m 1. (fam: Reifenpanne)* pneumatico sgonfio *m; 2. MED* piede piatto *m*

> **Platz** [plats] *m 1. (Stelle)* posto *m; ein ~ an der Sonne* un posto al sole *m; 2. (freier Raum)* spazio *m; ~ sparend* poco ingombrante; *3. (Spielfeld)* campo *m; 4. (Marktplatz)* piazza *f*

P Q

◆ *fehl am Platz sein* essere fuori posto
jdn auf die Plätze verweisen lasciare al palo qd
jdm seinen Platz überlassen cedere il posto a qd
Nehmen Sie doch Platz! Si accomodi!
! *Plural: Plätze*

Plätzchen [ˈplɛtsçən] *n 1. (kleiner Platz)* posticino *m; 2. (Gebäck)* pasticcino *m*
platzieren [plaˈtsiːrən] *v* piazzare, *SPORT (sich platzieren)* piazzarsi
plaudern [ˈplaudərn] *v* discorrere
pleite [ˈplaɪtə] *adj* fallito; ◆ *pleite sein* essere al verde
Pleite [ˈplaɪtə] *f* bancarotta *f;* ◆ *Pleite gehen* fare fallimento
Plenum [ˈpleːnum] *n* assemblea plenaria *f*
Plombe [ˈplɔmbə] *f 1.* piombo *m;* ◆ *ein Paket mit Plomben versehen* mettere il piombo a un pacco; *2. (Zahnplombe)* otturazione *f*
plötzlich [ˈplœtslɪç] *adj* improvviso
plump [plump] *adj 1. (Hände, Körper)* tozzo, massiccio; *2. (ungeschickte Bewegung)* goffo; ◆ *Person mit plumpem Gang* una persona dall'andatura goffa; *adv 3. (ungeschickt)* goffamente
Plünderung [ˈplyndəruŋ] *f* saccheggio *m*
Plural [ˈpluːraːl] *m GRAMM* plurale *m*
Pluralismus [pluːraˈlɪsmus] *m* pluralismo *m*
plus [plus] *adv 1. (Grad)* positivo, sopra zero; ◆ *plus fünf Grad* cinque gradi sopra zero; *2. MATH* più
Plus [plus] *n 1. (Überschuss)* più *m,* sovrappiù *m; 2. (fig)* vantaggio *m*
Plüsch [plyːʃ] *m* peluche *f,* felpa *f*
Plutonium [pluˈtoːnjum] *n* plutonio *m*
pneumatisch [pnɔyˈmaːtɪʃ] *adj TECH* pneumatico

P Q

Po [poː] *m (fam) ANAT* sedere *m*
pochen [ˈpɔxən] *v 1. (klopfen)* battere, bussare; ◆ *an die Tür pochen* bussare alla porta; *2. (fig: bestehen auf)* insistere
Pocken [ˈpɔkən] *pl MED* vaiolo *m*
Poesie [poeˈziː] *f* poesia *f*
Pokal [poˈkaːl] *m* coppa *f*
pokern [ˈpoːkərn] *v* giocare a poker; *(fig)* rischiare molto
Pol [poːl] *m* polo *m;* ◆ *der ruhende Pol sein* essere il porto tranquillo
Polemik [poˈleːmɪk] *f* polemica *f*
Polen [ˈpoːlən] *n GEO* Polonia *f*
polieren [poˈliːrən] *v* levigare, lucidare; ◆ *auf Hochglanz polieren* lucidare a specchio
Politik [poliˈtiːk] *f* politica *f*
Politiker(in) [poˈliːtikər(ɪn)] *m/f* politico/politica *m/f*

Polizei [poliˈtsaɪ] *f* polizia *f*
◆ *Achtung, da kommt die Polizei!* Attenzione, polizia!
dümmer sein, als die Polizei erlaubt essere veramente stupido

Polizist(in) [poliˈtsɪst(ɪn)] *m/f* poliziotto/poliziotta *m/f*
Pollen [ˈpɔlən] *m* polline *m*
polnisch [ˈpɔlnɪʃ] *adj* polacco
polstern [ˈpɔlstərn] *v* imbottire
Polyp [poˈlyːp] *m* polipo *m*
Pomade [poˈmaːdə] *f* brillantina *f*
Pommes frites [pɔmˈfrɪt] *pl GAST* patate fritte *f/pl*
Pony [ˈpɔni] *n 1. ZOOL* pony *m; m 2. (Frisur)* frangetta *f*
Pornografie [pɔrnograˈfiː] *f* pornografia *f*
Portal [pɔrˈtaːl] *n* portale *m*
Portemonnaie [pɔrtmɔˈneː] *n* portamonete *m,* borsellino *m;* ◆ *tief ins Portemonnaie greifen müssen* doversi svenare

Portion [pɔrˈtsjoːn] *f* porzione *f*
Porto [ˈpɔrto] *n* affrancatura *f*, porto *m*
portofrei [ˈpɔrtofraɪ] *adj 1.* franco di porto; *adv 2.* franco di porto
Portrait [pɔrˈtrɛː] *n* ritratto *m*
Portugal [ˈpɔrtugal] *n* Portogallo *m*
portugiesisch [pɔrtuˈgiːzɪʃ] *adj* portoghese
Portwein [ˈpɔrtvaɪn] *m* porto *m*
Porzellan [pɔrtsəˈlaːn] *n* porcellana *f*
Posaune [pɔˈzaunə] *f* trombone *m*
Position [poziˈtsjoːn] *f* posizione *f*
positiv [ˈpozitiːf] *adj* positivo
Post [pɔst] *f* posta *f*
Postbote [ˈpɔstboːtə] *m* postino *m*
Posten [ˈpɔstən] *m 1.* posto *m;* ◆ *auf dem Posten sein* sentirsi in forma; *2. (Wachtposten)* sentinella *f;* ◆ *auf verlorenem Posten stehen* lottare per una causa persa; *3. (Warenmenge)* partita *f; 4. (Einzelziffer)* voce *f*
Postfach [ˈpɔstfax] *n* casella postale *f*
Postleitzahl [ˈpɔstlaɪttsaːl] *f* codice di avviamento postale *m*
potent [poˈtɛnt] *adj* potente
Potenz [poˈtɛnts] *f* potenza *f*
Potenzial [potɛnˈtsjaːl] *n* potenziale *m*
potenziell [potɛnˈtsjɛl] *adj* potenziale
Pracht [praxt] *f* lusso *m*, splendore *m;* ◆ *eine wahre Pracht sein* essere un'autentica meraviglia
prächtig [ˈprɛçtɪç] *adj 1.* sontuoso; *adv 2.* pomposamente
Prädikat [prɛdiˈkaːt] *n 1. (Bewertung)* voto *m; 2. GRAMM* predicato verbale *m*
prägen [ˈprɛːgən] *v* coniare
pragmatisch [prakˈmaːtɪʃ] *adj 1.* prammatico; *adv 2.* in modo prammatico
prägnant [prɛgˈnant] *adj 1.* pregnante; *adv 2.* concisamente
Prägung [ˈprɛːguŋ] *f 1. (von Münzen)* coniatura *f; 2. (fig)* creazione *f*
prähistorisch [prɛːhɪsˈtoːrɪʃ] *adj* preistorico
prahlen [ˈpraːlən] *v* vantarsi
Praktikant(in) [praktɪˈkant(ɪn)] *m/f* praticante *m/f*
Praktikum [ˈpraktɪkum] *n* tirocinio *m*
praktisch [ˈpraktɪʃ] *adj* pratico
praktizieren [praktiˈtsiːrən] *v* praticare
Praline [praˈliːnə] *f* cioccolatino *m*
Prämie [ˈprɛːmjə] *f* premio *m*
Pranke [ˈpraŋkə] *f* zampa *f*
Präparat [prɛpaˈraːt] *n* preparato *m*
präparieren [prɛpaˈriːrən] *v* preparare
Präposition [prɛpoziˈtsjoːn] *f GRAMM* preposizione *f*
Prärie [ˈprɛriː] *f* prateria *f*
präsentieren [prɛzənˈtiːrən] *v* presentare
Präsident(in) [ˈprɛzɪdɛnt(ɪn)] *m/f* presidente(ssa) *m/f*
Präsidium [prɛˈziːdjum] *n 1.* presidenza *f; 2. (Gebäude)* sede della presidenza *f*
Praxis [ˈpraksis] *f 1. (Anwendung)* prassi *f*, pratica *f; 2. (Erfahrung)* esperienza *f*, pratica *f; 3. (Arztpraxis)* ambulatorio medico *m*
präzise [prɛˈtsiːzə] *adj* preciso
Präzision [prɛtsizˈjoːn] *f* precisione *f*
predigen [ˈpreːdɪgən] *v 1. REL* predicare; *2. (fig)* predicare

> **Preis** [praɪs] *m 1. (Wertangabe)* valore *m*, prezzo *m; 2. (Auszeichnung)* premio *m*, riconoscimento *m*
> ◆ *um keinen Preis* a nessun prezzo

Preiselbeere [ˈpraɪzəlbeːrə] *f BOT* mirtillo rosso *m*
preisen [ˈpraɪzən] *v irr* lodare
preisgeben [ˈpraɪsgeːbən] *v irr 1. (aufgeben)* abbandonare; *2. (enthüllen)* rivelare; *3. (aussetzen)* esporre
preisgünstig [ˈpraɪsgynstɪç] *adj* conveniente, a buon prezzo

P
Q

Preisträger(in) [ˈpraɪstrɛːgər(ɪn)] *m/f* vincitore/vincitrice di un premio *m/f*
preiswert [ˈpraɪsveːrt] *adj* conveniente
Premiere [prəmˈjeːrə] *f* prima *f*
Premierminister [prəmˈjeːministər] *m POL* primo ministro *m*
Presse [ˈprɛsə] *f 1. (Zeitungswesen)* stampa *f; 2. TECH* pressa *f*
pressen [ˈprɛsən] *v 1.* premere, pigiare; *2. (Früchte)* spremere; *3. (zusammendrücken)* comprimere, pressare
Prestige [prɛsˈtiːʒ] *n* prestigio *m*
prickeln [ˈprɪkəln] *v 1.* pizzicare; *2. (fig)* eccitare
prickelnd [ˈprɪkəlnd] *adj; 1. (Getränke)* frizzante; *2. (fig)* stuzzicante
Priester [ˈpriːstər] *m REL* sacerdote *m;* ◆ *jdn zum Priester weihen* ordinare qc sacerdote
prima [ˈpriːma] *adj 1.* eccellente; *eine ~ Komödie* una commedia eccellente *f; adv 2.* eccellentemente
primär [priˈmɛːr] *adj* primario
primitiv [primiˈtiːf] *adj* primitivo
Prinzip [prɪnˈtsiːp] *n* principio *m*
P **Priorität** [priːɔriˈtɛːt] *f* priorità *f*
Q **Prise** [ˈpriːzə] *f* pizzico *m,* presa *f; eine ~ Salz* un pizzico di sale *m*
privat [priˈvaːt] *adj* privato
Privileg [priviˈleːk] *n* privilegio *m*

pro [proː] *prep* per, a **!** *mit Akkusativ*

Pro [proː] *n* pro *m;* ◆ *das Pro und das Kontra* i pro e i contro

Probe [ˈproːbə] *f 1. (Versuch)* prova *f; 2. (Muster)* campione *m* ◆ *jdn auf die Probe stellen* mettere alla prova qd

proben [ˈproːbən] *v* provare
probeweise [ˈproːbəvaɪzə] *adv* in prova
Probezeit [ˈproːbətsaɪt] *f* periodo di prova *m;* ◆ *die Probezeit antreten* iniziare un periodo di prova
probieren [proˈbiːrən] *v 1. (versuchen)* provare; *2. (kosten)* assaggiare
Problem [proˈbleːm] *n* problema *m*
problematisch [probleˈmaːtɪʃ] *adj* problematico
Produkt [proˈdukt] *n* prodotto *m*
Produktion [produkˈtsjoːn] *f* produzione *f*
Produktivität [produktiviˈtɛːt] *f ECO* produttività *f*
Produzent(in) [produˈtsɛnt(ɪn)] *m/f* produttore/produttrice *m/f*
produzieren [produˈtsiːrən] *v* produrre
professionell [profɛsjoˈnɛːl] *adj* professionale
Professor(in) [proˈfɛsɔr/profɛˈsoːrɪn] *m/f* professore(ssa) *m/f*
Profi [ˈproːfi] *m* professionista *m*
Profil [proˈfiːl] *n 1. (Seitenansicht)* profilo *m; 2. TECH* profilato *m; 3. (fig)* forma *f;* ◆ *Der Plan nimmt Profil an.* Il piano prende corpo.
profilieren [profiˈliːrən] *v sich ~* profilarsi
Profit [proˈfiːt] *m* profitto *m*
profitieren [profiˈtiːrən] *v* trarre vantaggio
Prognose [progˈnoːzə] *f 1. MED* prognosi *f; 2.* pronostico *m;* previsione *f*
Programm [proˈgram] *n* programma *m*
programmieren [prograˈmiːrən] *v* programmare
Programmierung [prograˈmiːruŋ] *f* programmazione *f*
Projekt [proˈjɛkt] *n* progetto *m*
Projektion [projɛkˈtsjoːn] *f* proiezione *f*
Projektor [proˈjɛktor] *m* proiettore *m*
proklamieren [proklaˈmiːrən] *v* proclamare

Prokurist(in) [proku'rɪst(ɪn)] *m/f ECO* procuratore/procuratrice *m/f*
Prolet [pro'leːt] *m (fam)* zoticone *m*
Promenade [promə'naːdə] *f* passeggiata *f*
Promille [pro'mɪlə] *n* per mille *m*
prominent [promi'nɛnt] *adj* prominente
Prominenz [promi'nɛnts] *f* notabili *m/pl*
Promotion [promo'tsjoːn] *f 1.* laurea *f; 2. (Verkaufsförderung)* promozione *f*
promovieren [promo'viːrən] *v* conseguire la laurea
prompt [prɔmt] *adj* pronto, immediato
Pronomen [pro'noːmən] *n GRAMM* pronome *m*
Propaganda [propa'ganda] *f* propaganda *f*
Prophet(in) [pro'feːt(ɪn)] *m/f REL* profeta/profetessa *m/f*
Proportion [propɔr'tsjoːn] *f* proporzione *f*
Prosa ['proːza] *f LIT* prosa *f*
Prospekt [pro'spɛkt] *m* prospetto *m*

prost [proːst] *interj* salute

Prostituierte [prostitu'iːrtə] *f* prostituta *f*
Protein [prote'iːn] *n BIO* proteina *f*
Protest [pro'tɛst] *m* protesta *f*
Protestant(in) [protɛs'tant(ɪn)] *m/f REL* protestante *m/f*
Prothese [pro'teːzə] *f MED* protesi *f*
Protokoll [proto'kɔl] *n 1.* protocollo *m; 2. JUR* verbale *m*
protokollieren [protokɔ'liːrən] *v 1.* protocollare; *2. JUR* verbalizzare
protzig ['prɔtsɪç] *adj* borioso
Proviant [prov'jant] *m* provviste *f/pl*
Provinz [pro'vɪnts] *f* provincia *f*
Provision [provi'zjoːn] *f* provvigione *f*
provozieren [provo'tsiːrən] *v* provocare, sfidare
Prozent [pro'tsɛnt] *n* percento *m*
prozentual [protsɛntu'aːl] *adj 1.* percentuale; *adv 2.* in percentuale
Prozess [pro'tsɛs] *m 1. (Vorgang)* procedimento *m; 2. JUR* processo *m;* ◆ *jdm den Prozess machen* fare il processo a qd; *kurzen Prozess mit jdm machen* non fare tante storie con qd; *kurzen Prozess machen* farla breve, tagliar corto
prozessieren [protsɛ'siːrən] *v JUR* processare
Prozession [protsɛ'sjoːn] *f* processione *f*
Prozessor [pro'tsɛsor] *m INFORM* processore *m*
prüde ['pryːdə] *adj* ritroso
prüfen ['pryːfən] *v* provare, esaminare
Prüfer(in) ['pryːfər(ɪn)] *m/f* esaminatore/esaminatrice *m/f*

Prüfung ['pryːfuŋ] *f 1.* esame *m; 2. (Kontrolle)* revisione *f* ◆ *bei einer Prüfung durchfallen* essere bocciati ad un esame

Prügel ['pryːgəl] *m 1.* bastone *m; pl 2.* bastonate *f/pl*
prügeln ['pryːgəln] *v 1. jdn ~* bastonare; *2. sich ~* picchiarsi; ◆ *Sie prügeln sich ohne Grund.* Si picchiano senza un motivo.
Prunk [pruŋk] *m* fasto *m,* pompa *f*
prunkvoll ['pruŋkfɔl] *adj 1.* fastoso, pomposo; *adv 2.* fastosamente, con sfarzo
Pseudonym [psɔydo'nyːm] *n* pseudonimo *m*
Psyche ['psyːçə] *f* psiche *f*
Psychiater(in) [psyçi'aːtər(ɪn)] *m/f* psichiatra *m/f*
psychisch ['psyːçɪʃ] *adj* psichico
Psychoanalyse [psyçoana'lyːzə] *f* psicoanalisi *f*
Psychologe [psyço'loːgə] *m* psicologo *m*
Psychologie [psyçolo'giː] *f* psicologia *f*
Pubertät [pubɛr'tɛːt] *f* pubertà *f*

P Q

Publikation [publikaˈtsjoːn] *f* pubblicazione *f*
Publikum [ˈpublɪkum] *n* pubblico *m; das breite ~* il grande pubblico *m*
publizieren [publiˈtsiːrən] *v* pubblicare
Pudding [ˈpudɪŋ] *m GAST* budino *m;* ◆ *Pudding in den Armen und Beinen haben* avere la fiacca
Pudel [ˈpuːdəl] *m ZOOL* cane barbone *m;* ◆ *wie ein begossener Pudel dastehen* rimanere come un cane bastonato
Puder [ˈpuːdər] *m* cipria *f*
Pullover [puˈloːvər] *m* pullover *m,* maglia *f*
Puls [puls] *m* polso *m;* ◆ *jdm auf den Puls fühlen* tastare il polso a qd
pulsieren [pulˈziːrən] *v* pulsare

> **Pulver** [ˈpulvər] *n* polvere *f*
> ◆ *sein Pulver verschossen haben (fig)* avere sparato tutte le proprie cartucce
> **!** *Plural: Pulver*

Pumpe [ˈpumpə] *f* pompa *f*
pumpen [ˈpumpən] *v 1.* pompare; *2. (fig: leihen)* chiedere in prestito; ◆ *von jdm Geld pumpen* chiedere in prestito denaro a qd; *3. (fig: verleihen)* prestare; ◆ *jdm Geld pumpen* prestare del denaro a qd

> **Punkt** [puŋkt] *m* punto *m*
> ◆ *der springende Punkt sein* essere il punto saliente
> *einen wunden Punkt berühren* toccare un punto dolente
> *etw auf den Punkt bringen* mettere a punto qc
> *Mach aber mal einen Punkt!* Ora basta però!
> *den toten Punkt erreicht haben* avere raggiunto un punto morto

pünktlich [ˈpyŋktlɪç] *adj* puntuale; ◆ *pünktlich wie die Maurer* spaccare il minuto
Pünktlichkeit [ˈpyŋktlɪçkaɪt] *f* puntualità *f*
Pupille [puˈpɪlə] *f ANAT* pupilla *f*
Puppe [ˈpupə] *f 1. (Spielzeug)* bambola *f;* ◆ *die Puppen tanzen lassen* fare gli stravizi, fare follie; *2. ZOOL* pupa *f; 3.* ◆ *bis in die Puppen* sino alle ore piccole
pur [puːr] *adj 1.* puro; *adv 2.* puramente
Püree [pyˈreː] *n GAST* puré *m*
Putsch [putʃ] *m POL* colpo di stato *m*
Putz [puts] *m 1. (Zier)* guarnizioni *f/pl; 2. (Mörtel)* intonaco *m;* ◆ *auf den Putz hauen* fare lo spaccone, vantarsi
putzen [ˈputsən] *v* pulire
Putzfrau [ˈputsfrau] *f* donna delle pulizie *f*
Pyjama [pyˈdʒaːma] *m* pigiama *m*
Pyramide [pyraˈmiːdə] *f* piramide *f*
Quadrant [kvaˈdrant] *m* quadrante *m*
Quadrat [kvaˈdraːt] *n* quadrato *m;* ◆ *im Quadrat springen* uscire di sé dalla rabbia
quadratisch [kvaˈdraːtɪʃ] *adj* quadrato
Quadratmeter [kvaˈdraːtmeːtər] *m* metro quadrato *m*
Quadratwurzel [kvaˈdraːtvurtsəl] *f* radice quadrata *f*

> **Qual** [kvaːl] *f* tormento *m*
> ◆ *Qual der Wahl* imbarazzo della scelta *m*

quälen [ˈkvɛːlən] *v 1.* tormentare; *2. sich ~* tormentarsi
Quälerei [kvɛləˈraɪ] *f 1.* tortura *f,* continui tormenti *m/pl; 2. (fig: mühsame Arbeit)* travaglio *m*
Quälgeist [ˈkvɛːlgaɪst] *m* seccatore *m*
Qualifikation [kvalifikaˈtsjoːn] *f* qualifica *f,* titolo *m*
qualifizieren [kvalifiˈtsiːrən] *v sich ~* qualificarsi
Qualität [kvaliˈtɛːt] *f* qualità *f*
qualitativ [kvalitaˈtiːf] *adj* essere di qualità

Qualitätsbezeichnung [kvali'tɛ:tsbətsaɪçnuŋ] *f* indicazione delle qualità *f*
Qualitätswein [kvali'tɛ:tsvaɪn] *m* vino di qualità *m*
Qualle ['kvalə] *f* *ZOOL* medusa *f*
Qualm [kvalm] *m* fumo *m*
qualvoll ['kva:lfɔl] *adj* straziante
Quantität [kvanti'tɛ:t] *f* quantità *f*
quantitativ [kvantita'ti:f] *adj* quantitativo
Quantum ['kvantum] *n* *1.* porzione *f;* *2.* quantità *f*
Quarantäne [karan'tɛ:nə] *f* *MED* quarantena *f;* ◆ *in Quarantäne sein* essere in quarantena
Quark [kvark] *m* *GAST* tipo di ricotta *m;* ◆ *Rede nicht so einen Quark!* Non dire sciocchezze!
Quartal [kvar'ta:l] *n* trimestre *m*
Quartett [kvar'tɛt] *n* *1.* *(Kartenspiel)* quartetto *m;* *2.* *MUS* quartetto *m*
Quartier [kvar'ti:r] *n* alloggio *m*
Quarz [kvarts] *m* *MIN* quarzo *m*
quasseln ['kvasəln] *v* *(fam)* chiacchierare; ◆ *dummes Zeug quasseln* dire sciocchezze
Quatsch [kvatʃ] *m* *(fam)* scemenze *f/pl;* ◆ *Rede doch keinen Quatsch!* Non dire scemenze!
quatschen ['kvatʃən] *v* chiacchierare
Quecksilber ['kvɛkzɪlbər] *n* *CHEM* mercurio *m*
Quelle ['kvɛlə] *f* *1.* fonte *f;* *2.* *(fig)* fonte *f;* ◆ *an der Quelle sitzen* avere delle conoscenze
quellen ['kvɛlən] *v irr* *1.* *(hervor~)* sgorgare; *2.* *(anschwellen)* mettere a mollo, ammollare
Quellenangabe ['kvɛlənanga:bə] *f* indicazione delle fonti *f*
Quellwasser ['kvɛlvasər] *n* acqua sorgiva *f*
quengeln ['kvɛŋəln] *v* fare i piagnistei, piagnucolare

quer [kve:r] *adv* trasversalmente, traverso; ~ *auf dem Bett* di traverso sul letto; ~ *durch den Wald* attraverso la foresta
◆ *quer schießen (fam)* intralciare i piani

Quere ['kve:rə] *f* *1.* traverso *m;* *2.* ◆ *jdm in die Quere kommen (fig)* intralciare la strada a qd
querfeldein ['kve:rfɛltaɪn] *adv* attraverso i campi
Querflöte ['kve:rflø:tə] *f* *MUS* flauto traverso *m*
Querformat ['kve:rfɔrma:t] *n* formato oblungo *m*
Querschnitt ['kve:rʃnɪt] *m* taglio trasversale *m,* sezione *f*
Querschnittslähmung ['kve:rʃnɪtslɛ:muŋ] *f* *MED* paraplegia *f*
Querstraße ['kve:rʃtra:sə] *f* traversa *f*
Querulant(in) [kveru'lant(ɪn)] *m/f* attaccabrighe *m/f*
Querverbindung ['kve:rfɛrbɪnduŋ] *f* collegamento trasversale *m*
quetschen ['kvɛtʃən] *v* schiacciare
Quetschung ['kvɛtʃuŋ] *f* *MED* contusione *f*
quicklebendig ['kvɪklebɛndɪç] *adj* vispo come un grillo
quietschen ['kvi:tʃən] *v* cigolare; ◆ *Die Tür quietscht.* La porta cigola.
quirlig ['kvɪrlɪç] *adj* inquieto
quitt [kvɪt] *adj* pari; ◆ *mit jdm quitt sein* essere pari con qd
Quitte ['kvɪtə] *f* *BOT* cotogno *m*
quittieren [kvɪ'ti:rən] *v* rilasciare una ricevuta
Quittung ['kvɪtuŋ] *f* ricevuta *f*
Quiz [kvɪs] *n* quiz *m*
Quote ['kvo:tə] *f* quota *f*

R

Rabatt [ra'bat] *m ECO* sconto *m*
Rabe ['ra:bə] *m ZOOL* corvo *m*
Rache ['raxə] *f* vendetta *f;* ◆ *an jdm Rache nehmen* vendicarsi di qd; *die Rache des kleinen Mannes* la vendetta dello sfigato; *Rache ist süß!* Dolce vendetta!
Rachen ['raxən] *m ANAT* cavità orale *f;* ◆ *jdm den Rachen stopfen (fig)* tappare la bocca a qd; *den Rachen nicht voll kriegen* essere insaziabile; *jdm das Geld in den Rachen werfen* sborsare un sacco di soldi a qd; *etw in den falschen Rachen bekommen* prender qc nel senso sbagliato
rächen ['rɛ:çən] *v* vendicare

> **Rad** [ra:t] *n 1.* ruota *f; 2. (Fahrrad)* bicicletta *f*
> ◆ *unter die Räder kommen* rovinarsi
> *Rad fahren* andare in bicicletta
> *das fünfte Rad am Wagen sein (fig)* sentirsi come la ruota di scorta
> *Der hat ein Rad ab.* Gli manca una rotella.
> **!** *Plural: Räder*
> ≠ *Rat m* consiglio

Radfahrer(in) ['ra:tfa:rər(ɪn)] *m/f* ciclista *m/f*
radieren [ra'di:rən] *v* cancellare
Radieschen [ra'di:sçən] *n BOT* ravanello *m*
radikal [radi'ka:l] *adj* radicale
Radio ['ra:djo] *n* radio *f*
Radioaktivität [ra:djoaktivi'tɛ:t] *f PHYS* radioattività *f*
Raffinerie [rafinə'ri:] *f* raffineria *f*
raffiniert [rafi'ni:rt] *adj 1. (verfeinert)* raffinato; *2. (schlau)* astuto, furbo
Rage ['ra:ʒə] *f* rabbia *f;* ◆ *in Rage sein* essere furioso
ragen ['ra:gən] *v* ergersi, innalzarsi
Rahm [ra:m] *m GAST* panna *f;* ◆ *den Rahm abschöpfen* fare la parte da leone
Rahmen ['ra:mən] *m 1. (Fensterrahmen)* telaio *m; 2. (Bilderrahmen)* cornice *f; 3. (fig)* ambito *m;* ◆ *im Rahmen des Möglichen* nell'ambito delle possibilità; *aus dem Rahmen fallen* uscire dagli schemi; *nicht in den Rahmen passen* essere fuori posto; *im Rahmen bleiben* rimanere nella norma
Rakete [ra'ke:tə] *f* razzo *m,* missile *m*
rammen ['ramən] *v* conficcare
Rampe ['rampə] *f 1. (Laderampe)* rampa *f; 2. (Bühnenrampe) THEAT* ribalta *f*
ramponieren [rampo'ni:rən] *v* guastare

> **Rand** [rant] *m 1.* bordo *m,* margine *m; 2. (der Stadt)* periferia *f; 3. (Hutrand)* tesa *f; 4. (eines Papiers)* margine *m; 5. (Schutzrand)* alone *m; 6. (Tassenrand)* orlo *m*
> ◆ *außer Rand und Band geraten* essere fuori di sé dalla gioia
> *mit etw zu Rande kommen* venire a capo di qc
> *am Rande erwähnen* menzionare marginalmente
> **!** *Plural: Ränder*

randalieren [randa'li:rən] *v* compiere atti vandalici
Rang [raŋ] *m 1. (Stand)* stato *m;* ◆ *jdm den Rang ablaufen* superare qd; *2. (Qualität)* qualità *f; 3. THEAT* galleria *f*
rangieren [raŋ'ʒi:rən] *v* smistare
Ranzen ['rantsən] *m 1.* zaino *m;* ◆ *jdm den Ranzen voll hauen* picchiare qd di santa ragione; *den Ranzen voll kriegen* venire

picchiato di santa ragione; 2. *(Bauch)* ◆ *sich den Ranzen voll schlagen* riempirsi la pancia
ranzig [ˈrantsɪç] *adj* rancido
rar [raːr] *adj* raro; ◆ *sich rar machen* lasciarsi vedere di rado rendersi prezioso/a
Rarität [rariˈtɛːt] *f* rarità *f*
rasant [raˈzant] *adj 1.* velocissimo; *adv 2.* a grande velocità, velocemente
rasch [raʃ] *adj 1.* rapido, lesto; *adv 2.* rapidamente
rascheln [ˈraʃəln] *v* frusciare
rasen [ˈraːzən] *v* sfrecciare; ◆ *vor Zorn rasen* essere furioso
Rasen [ˈraːzən] *m BOT* prato *m;* ◆ *jdn unter den Rasen bringen (fig)* portare qd alla tomba
rasend [ˈraːzənt] *adj 1.* frenetico; *2. (sehr schnell)* molto veloce; *~e Geschwindigkeit* grande velocità *f; 3. (wütend)* furioso; *4. (starke Schmerzen)* violento; *adv 5. (sehr stark)* violentemente
rasieren [raˈziːrən] *v* radere
Rasiermesser [raˈziːrmɛsər] *n* rasoio *m*
Rasierwasser [raˈziːrvasər] *n* dopobarba *m*
Raspel [ˈraspəl] *f* raspa *f*
Rasse [ˈrasə] *f* razza *f*
Rassismus [raˈsɪsmus] *m* razzismo *m*
Rassist [raˈsɪst] *m* razzista *m*
Rast [rast] *f* pausa *f,* intervallo *m;* ◆ *ohne Rast und Ruh* senza tregua
rastlos [ˈrastloːs] *adj 1. (pausenlos)* ininterrotto; *2. (ruhelos)* irrequieto; *adv 3. (pausenlos)* ininterrottamente
Rasur [raˈzuːr] *f* rasatura *f*

Rat [raːt] *m 1.* consiglio *m; 2. (Titel)* consigliere *m; 3. (Kollegium)* consiglio *m*
◆ *mit sich zu Rate gehen* riflettere tra sé e sé
jdn zu Rate ziehen chiedere consiglio a qd
jdm mit Rat und Tat zur Seite stehen stare al fianco di qd
! *Plural: Räte*
≠ *Rad n* ruota

Rate [ˈraːtə] *f ECO* rata *f;* ◆ *auf Raten kaufen* comprare a rate
raten [ˈraːtən] *v irr 1. (er~)* indovinare; *2. (empfehlen)* raccomandare; *3. (Rat geben)* dare un consiglio
Rathaus [ˈraːthaus] *n* municipio *m*
rational [ratsjoˈnaːl] *adj 1.* razionale; *adv 2.* razionalmente
rationalisieren [ratsjonaliˈziːrən] *v* razionalizzare
rationieren [ratsjoˈniːrən] *v* razionare
ratlos [ˈraːtloːs] *adj 1.* perplesso; *adv 2.* in modo perplesso
Ratschlag [ˈraːtʃlaːk] *m* consiglio *m*
Rätsel [ˈrɛːtsəl] *n* enigma *m;* ◆ *jdm ein Rätsel sein* essere un enigma per qd; *jdm ein Rätsel aufgeben* porre un problema a qd; *in Rätseln sprechen* parlare per enigmi
rätselhaft [ˈrɛːtsəlhaft] *adj* enigmatico
Ratte [ˈratə] *f ZOOL* ratto *m*
rau [rau] *adj 1.* ruvido; *2. (Hals)* rauco; *3. (grob)* grossolano, rude; *4. (fig: barsch)* aspro, brusco; *5. (Wetter)* rigido; *6. (Hände)* screpolato; *adv 7.* ruvidamente
Raub [raup] *m 1.* preda *f; 2. (Diebstahl)* rapina *f; 3. (Entführung)* rapimento *m*
rauben [ˈraubən] *v 1. (stehlen)* rapinare; *2. (entführen)* rapire
Räuber [ˈrɔybər] *m* rapinatore *m*
Raubtier [ˈrauptiːr] *n* animale rapace *m*
Raubüberfall [ˈraupyːbərfal] *m* aggressione a scopo di rapina *f*
Rauch [raux] *m* fumo *m;* ◆ *in Rauch und Flammen aufgehen* andare in fumo; *sich in Rauch auflösen* dissolversi nell'aria
rauchen [ˈrauxən] *v* fumare

Raucher(in) [ˈrauxər(ɪn)] *m/f* fumatore/fumatrice *m/f*
räuchern [ˈrɔyçərn] *v* affumicare
rauchig [ˈrauxɪç] *adj* pieno di fumo

Raum [raum] *m 1.* camera *f; 2. (Platz)* posto *m; 3. (Gebiet)* spazio *m*
◆ *im Raum stehen (fig)* essere in discussione
etw im Raum stehen lassen lasciare qc in sospeso
! *Plural: Räume*

räumen [ˈrɔymən] *v 1.* lasciare; *2. (evakuieren)* evacuare
Raumfahrer(in) [ˈraumfaːrər(ɪn)] *m/f* astronauta *m/f*
Raumfahrt [ˈraumfaːrt] *f* astronautica *f*
räumlich [ˈrɔymlɪç] *adj 1.* spaziale; *adv 2.* in quanto allo spazio
Raumschiff [ˈraumʃɪf] *n* astronave *f*
Räumung [ˈrɔymuŋ] *f 1.* abbandono *m; 2. (Evakuierung)* evacuazione *f*
Raupe [ˈraupə] *f 1. TECH* cingolo *m; 2. ZOOL* bruco *m*
Raureif [ˈrauraɪf] *m* brina *f*
Rausch [rauʃ] *m 1.* sbornia *f; 2. (Begeisterungsrausch)* ebrezza *f*
rauschen [ˈrauʃən] *v 1. (Blätter)* stormire; ◆ *Die Blätter rauschen im Wind.* Le foglie stormiscono al vento. *2. (Bach)* mormorare
Rauschgift [ˈrauʃgɪft] *n* droga *f*
räuspern [ˈrɔyspərn] *v sich ~* schiarirsi la voce
Razzia [ˈratsia] *f* retata *f*
reagieren [reaˈgiːrən] *v* reagire
Reaktion [reakˈtsjoːn] *f* reazione *f*
reaktionär [reaktsjoˈnɛːr] *adj POL* reazionario
Reaktor [reˈaktɔr] *m* reattore *m*
realisieren [realiˈziːrən] *v* realizzare
Realisierung [realiˈziːruŋ] *f* realizzazione *f*
Realismus [reaˈlɪsmus] *m* realismo *m*
Realist(in) [reaˈlɪst(ɪn)] *m/f* realista *m/f*
Realität [realiˈtɛːt] *f* realtà *f*
Rebe [ˈreːbə] *f BOT* vite *f*
rebellieren [rebɛˈliːrən] *v* ribellarsi
Rebellion [rebɛˈljoːn] *f* ribellione *f*
Rechen [ˈrɛçən] *m* rastrello *m*
Rechenschaft [ˈrɛçənʃaft] *f* resa dei conti *f;* ◆ *über etw Rechenschaft ablegen* rendere conto di qc; *jdn zur Rechenschaft ziehen* ritenere responsabile qd
recherchieren [reʃɛrˈʃiːrən] *v* ricercare

rechnen [ˈrɛçnən] *v* calcolare, contare
◆ *mit dem Schlimmsten rechnen* aspettarsi il peggio
Damit musste man rechnen. aspettarsi il peggio

Rechner [ˈrɛçnər] *m* calcolatore *m*
Rechnung [ˈrɛçnuŋ] *f 1. MATH* calcolo *m; 2. ECO* conto *m;* ◆ *die Rechnung ohne den Wirt machen (fig)* fare i conti senza l'oste; *mit jdm eine Rechnung begleichen* saldare i conti con qd; *etw auf seine Rechnung nehmen* assumersi la responsabilità di qc; *einer Sache Rechnung tragen* tenere conto di qc; *Diese Rechnung geht nicht auf!* I conti non tornano!

recht [rɛçt] *adj 1.* giusto; *adv 2. (ziemlich)* abbastanza
◆ *Das ist mir recht.* Per me va bene.
alles, was recht ist, aber ... va bene tutto, ma ...
jdm etw recht machen accontentare qd in qc
Das kommt mir gerade recht! Questo capita proprio a proposito!
Das geschieht ihm recht! Se lo merita!
Das ist nicht mehr als recht und billig. È più che giusto.

R

Recht [rɛçt] *n 1.* diritto *m,* ragione *f; mit ~* a ragione; *zu ~* a ragione; ◆ *jds gutes Recht sein* essere diritto di qd; *Recht sprechen* emettere un verdetto; *sein Recht fordern* avanzare i propri diritti; *2. ~ haben* aver ragione; *~ bekommen* ricevere la ragione; *~ behalten* aver ragione alla prova dei fatti; *jdm ~ geben* dare ragione a qd
rechte(r,s) [ˈrɛçtə(r,s)] *adj* destro/destra
rechtfertigen [ˈrɛçtfɛrtɪgən] *v* giustificare
rechtlich [ˈrɛçtlɪç] *adj JUR* giuridico
rechts [rɛçts] *adv* a destra; ◆ *weder rechts noch links schauen* guardare solo avanti
Rechtsanwalt [ˈrɛçtsanvalt] *m JUR* avvocato *m*
Rechtschreibreform [ˈrɛçtʃraɪbrefɔrm] *f* riforma sull'ortografia *f*
Rechtschreibung [ˈrɛçtʃraɪbuŋ] *f* ortografia *f*
Rechtsextremist(in) [ˈrɛçtsɛkstremɪst(ɪn)] *m/f POL* estremista di destra *m/f*
Rechtsfähigkeit [ˈrɛçtsfɛːɪçkaɪt] *f JUR* capacità giuridica *f*
rechtswidrig [ˈrɛçtsviːdrɪç] *adj 1.* contrario alla legge; *adv 2.* contro la legge
rechtwinklig [ˈrɛçtvɪŋklɪç] *adj* rettangolo
rechtzeitig [ˈrɛçttsaɪtɪç] *adj* tempestivo; *~ ankommen* arrivare in tempo
recken [ˈrɛkən] *v sich ~* stirarsi
Recycling [riˈzaɪklɪŋ] *n* riciclaggio *m*
Redakteur(in) [redakˈtøːr(ɪn)] *m/f* redattore/redattrice *m/f*
Redaktion [redakˈtsjoːn] *f* redazione *f*
Rede [ˈreːdə] *f* discorso *m;* ◆ *jdm Rede und Antwort stehen* rendere conto a qd; *jdm in die Rede fallen* interrompere qd; *jdn zur Rede stellen* esigere una spiegazione da qd; *Die Rede ist von ...* Si tratta di ... *Davon kann keine Rede sein!* Non se ne parla nemmeno!

> **reden** [ˈreːdən] *v* parlare
> ◆ *mit sich reden lassen* essere pronto ad una concessione
> *von sich reden machen* far parlar di sé
> *reden wie ein Buch* parlare continuamente
> *in den Wind reden* parlare al vento
> *Er hat gut reden.* Per lui è facile.
> *Darüber lässt sich reden.* Se ne può parlare.
> *Man redet über nichts anderes.* Non si parla d'altro.

Redewendung [ˈreːdəvɛnduŋ] *f* modo di dire *m*
redigieren [rediˈgiːrən] *v* redigere
redlich [ˈreːtlɪç] *adj 1.* onesto; *2. (viel)* grande, molto; *adv 3. (sehr)* molto, assai
Redner(in) [ˈreːdnər(ɪn)] *m/f* oratore/oratrice *m/f*
reduzieren [reduˈtsiːrən] *v* ridurre
reell [reˈɛl] *adj* corretto, reale
Referat [refeˈraːt] *n* rapporto *m*
Referendum [refeˈrɛndum] *n POL* referendum *m*
Referent(in) [refeˈrɛnt(ɪn)] *m/f 1.* incaricato/incaricata *m/f; 2. (Redner(in))* relatore/relatrice *m/f*
Referenz [refeˈrɛnts] *f* referenza *f*
reflektieren [reflɛkˈtiːrən] *v 1.* riflettere; *2. (nachdenken)* riflettere
Reflex [reˈflɛks] *m* riflesso *m*
Reform [reˈfɔrm] *f* riforma *f*
Reformhaus [reˈfɔrmhaus] *n* negozio di prodotti macrobiotici *m,* erboristeria *f*
Regal [reˈgaːl] *n* scaffale *m*
Regel [ˈreːgəl] *f 1.* regola *f;* ◆ *nach allen Regeln der Kunst* a regola d'arte; *2. (Menstruation)* mestruazione *m*
regeln [ˈreːgəln] *v* regolare
Regelung [ˈreːgəluŋ] *f* regolamentazione *f*

R

regen [ˈreːgən] *v sich ~* muoversi

Regen [ˈreːgən] *m* pioggia *f*
◆ *Es wird gleich Regen geben.* Sta per piovere.
jdn im Regen stehen lassen (fig) lasciar qd nei pasticci
vom Regen in die Traufe kommen cadere dalla padella nella brace

Regenbogen [ˈreːgənboːgən] *m* arcobaleno *m*
Regenrinne [ˈreːgənrɪnə] *f* grondaia *f*
Regenschirm [ˈreːgənʃɪrm] *m* ombrello *m*
Regie [reˈʒiː] *f CINE* regia *f*
regieren [reˈgiːrən] *v 1. (Kanzler) POL* governare; *2. (König) POL* regnare
Regierung [reˈgiːruŋ] *f* governo *m*
Regime [reˈʒiːm] *n POL* regime *m*
Region [reˈgjoːn] *f* regione *f*
regional [regjoˈnaːl] *adj* regionale
Regisseur(in) [reʒiˈsøːr(ɪn)] *m/f CINE* regista *m/f*
Register [reˈgɪstər] *n* registro *m*
registrieren [regɪsˈtriːrən] *v* registrare
regnen [ˈreːgnən] *v* piovere; ◆ *Es regnet in Strömen.* Piove a catinelle.
R **regulär** [reguˈlɛːr] *adj 1.* regolare; *adv 2.* regolarmente
regulieren [reguˈliːrən] *v* regolare
Reh [reː] *n ZOOL* capriolo *m*
rehabilitieren [rehabiliˈtiːrən] *v* riabilitare
reiben [ˈraɪbən] *v irr 1.* sfregare; *2. (zerkleinern)* grattugiare
Reibung [ˈraɪbuŋ] *f* sfregamento *m*
reich [raɪç] *adj* ricco
Reich [raɪç] *n* regno *m*, impero *m*
reichen [ˈraɪçən] *v 1.* bastare; ◆ *Mir reicht es!* Ne ho abbastanza! *2. (geben)* porgere; *3. (sich erstrecken)* estendersi

reichlich [ˈraɪçlɪç] *adj 1.* ricco; *adv 2.* riccamente
Reichtum [ˈraɪçtuːm] *m* ricchezza *f*
Reichweite [ˈraɪçvaɪtə] *f* portata *f*
reif *adj* maturo; ◆ *Er ist ein reifer Junge.* E' un ragazzo maturo. *für etw reif sein* essere maturo per qc/essere pronto per qc
Reife [ˈraɪfə] *f 1. (des Obstes)* maturazione *f; 2. (fig)* maturità *f*
Reifen [ˈraɪfən] *m* pneumatico *m*
Reifenpanne [ˈraɪfənpanə] *f* foratura *f*
Reifezeugnis [ˈraɪfətsɔyknɪs] *n* diploma di maturità *m*
reiflich [ˈraɪflɪç] *adj 1.* maturo; ◆ *nach reiflicher Überlegung* dopo matura riflessione; *adv 2.* bene, lungamente

Reihe [ˈraɪə] *f 1.* fila *f; der ~ nach* per ordine; *außer der ~* in via eccezionale; *2. (von Menschen)* fila *f*, coda *f; 3. (Serie)* serie *f*
◆ *in Reih und Glied* in fila
etw auf die Reihe bringen mettere in ordine, farcela
aus der Reihe tanzen uscire dai ranghi
an der Reihe sein essere di turno
Wer ist an der Reihe? A chi tocca?

Reihenfolge [ˈraɪənfɔlgə] *f* successione *f*
Reim [raɪm] *m LIT* rima *f;* ◆ *sich einen Reim auf etw machen (fig)* riuscire a capirci qc, vederci chiaro
rein¹ [raɪn] *adj 1.* pulito; ◆ *mit jdm ins Reine kommen* venire a un chiarimento con qd; *etw ins Reine schreiben* scrivere qc in bella copia; *2. (unverfälscht)* genuino; *3. (echt)* puro; *4. (klar)* chiaro, limpido
rein² *(= „herein", „hinein")*
Reinigung [ˈraɪnɪguŋ] *f 1. (Reinigen)* pulitura *f; 2. (Geschäft)* tintoria *f*
reinlich [ˈraɪnlɪç] *adj* pulito
Reis [raɪs] *m BOT* riso *m*

Reise [ˈraɪzə] *f* viaggio *m;* ◆ *seine letzte Reise antreten (fig)* partire per l'ultimo viaggio
Reisebüro [ˈraɪzəbyroː] *n* agenzia di viaggi *f*
Reiseführer [ˈraɪzəfyːrər] *m 1. (Buch)* guida *f; (Person)* guida turistica *f*

reisen [ˈraɪzən] *v* viaggiare
◆ *weit gereist sein* aver visto molto
! *Konjugation mit sein: ich bin gereist*
≠ *reißen v irr* strappare

Reisende(r) [ˈraɪzəndə(r)] *m/f* viaggiatore/viaggiatrice *m/f*
reißen [ˈraɪsən] *v irr 1. (zer~)* strappare; *2. (ziehen)* tirare
Reißverschluss [ˈraɪsfɛrʃlus] *m* chiusura lampo *f*
reiten [ˈraɪtən] *v irr* cavalcare
Reiter [ˈraɪtər] *m* fantino *m*
Reiz [raɪts] *m 1.* attrattiva *f; 2. (Anreiz)* stimolo *m; 3. (Anmut)* grazia *f*
reizen [ˈraɪtsən] *v 1. (irritieren)* irritare; *2. (anregen)* stimolare, incitare; *3. (herausfordern)* provocare
reizend [ˈraɪtsənt] *adj 1.* grazioso; *2. (anziehend)* attraente, affascinante; *adv 3.* graziosamente
Reklamation [reklamaˈtsjoːn] *f* reclamo *m*
Reklame [reˈklaːmə] *f* réclame *f,* pubblicità *f;* ◆ *für etw Reklame machen* fare pubblicità a qc
Rekord [reˈkɔrt] *m* record *m*
Rekrut [reˈkruːt] *m MIL* recluta *f*
Rektor(in) [ˈrɛktɔr/rɛkˈtoːrɪn] *m/f (Grundschule)* direttore/direttrice *m/f, (weiterführende Schule)* preside *m/f, (Universität)* rettore/rettrice *m/f*
relativ [relaˈtiːf] *adj 1.* relativo; *adv 2.* relativamente
Relief [rɛlˈjɛf] *n* rilievo *m*
Religion [reliˈgjoːn] *f* religione *f*
religiös [reliˈgjøːs] *adj* religioso
Renaissance [rənɛˈsɑ̃ːs] *f HIST* Rinascimento *m*
Rendezvous [rɑ̃deˈvuː] *n* appuntamento *m*
Rendite [rɛnˈdiːtə] *f ECO* rendita *f*
Rennbahn [ˈrɛnbaːn] *f 1. (Pferderennbahn)* ippodromo *m; 2. (Autorennbahn)* autodromo *m; 3. (Radrennbahn)* velodromo *m*
rennen [ˈrɛnən] *v irr* correre

Rennen [ˈrɛnən] *n* corsa *f*
◆ *das Rennen machen* andare per la maggiore
! *Plural: Rennen*

Rennfahrer(in) [ˈrɛnfaːrər(ɪn)] *m/f* corridore/corritrice *m/f*
renommiert [renɔˈmiːrt] *adj* rinomato
renovieren [renɔˈviːrən] *v* rinnovare
Rente [ˈrɛntə] *f* rendita *f,* pensione *f*
rentieren [rɛnˈtiːrən] *v sich ~* convenire
Rentner(in) [ˈrɛntnər(ɪn)] *m/f* pensionato/pensionata *m/f*
reparieren [repaˈriːrən] *v* riparare
Reporter(in) [reˈpɔrtər(ɪn)] *m/f* reporter *m/f*
repräsentieren [reprɛzɛnˈtiːrən] *v* rappresentare
Reptil [rɛpˈtiːl] *n ZOOL* rettile *m*
Republik [repuˈbliːk] *f* repubblica *f*
Reserve [reˈzɛrvə] *f 1. (Rücklage)* riserva *f; 2. (Zurückhaltung)* riserbo *m;* ◆ *jdn aus der Reserve locken* infrangere il riserbo di qd
reservieren [rezɛrˈviːrən] *v* riservare
resignieren [rezɪgˈniːrən] *v 1.* rassegnarsi; *2. (aufgeben)* rinunciare
resolut [rezoˈluːt] *adj 1.* risoluto; *adv 2.* risolutamente
Respekt [rɛˈspɛkt] *m* rispetto *m;* ◆ *jdm Respekt zollen* portare rispetto a qd

R

respektieren [rɛspɛkˈtiːrən] *v* rispettare
respektlos [rɛsˈpɛktloːs] *adj 1.* irrispettoso; *adv 2.* senza rispetto
respektvoll [rɛsˈpɛktfɔl] *adj* irrispettoso
Rest [rɛst] *m* resto *m f;* ◆ *der Rest der Welt* il resto del mondo *m*
Restaurant [rɛstoˈrɑ̃ː] *n* ristorante *m*
restaurieren [rɛstauˈriːrən] *v* restaurare
restlos [ˈrɛstloːs] *adj 1.* intero; *adv 2.* interamente; ◆ *Die Schuld ist restlos bezahlt.* Il debito è interamente pagato.
Resultat [rezulˈtaːt] *n* risultato *m*
resultieren [rezulˈtiːrən] *v* risultare

retten [ˈrɛtən] *v* salvare
◆ *noch zu retten sein* essere ancora salvabile
sich vor jdm kaum retten können essere assillato da qd

Retter [ˈrɛtər] *m* salvatore *m*
Rettich [ˈrɛtɪç] *m BOT* rafano *m*
Rettung [ˈrɛtuŋ] *f* salvataggio *m*
Reue [ˈrɔyə] *f* pentimento *m*
revanchieren [revɑ̃ˈʃiːrən] *v 1. sich ~* vendicarsi; *2. (erwidern) sich ~* contraccambiare
Revier [reˈviːr] *n 1. (Gebiet)* distretto *m; 2. (Polizeirevier)* commissariato *m*
Revolution [revɔluˈtsjoːn] *f* rivoluzione *f*
Revolver [reˈvɔlvər] *m* revolver *m*
Revue [reˈvy] *f* rivista *f;* ◆ *etw Revue passieren lassen* passare in rassegna qc
Rezept [reˈtsɛpt] *n 1. MED* ricetta *f; 2. GAST* ricetta *f*
Rhabarber [raˈbarbər] *m* rabarbaro *m*
Rhein [raɪn] *m GEO* Reno *m*
Rheuma [ˈrɔyma] *n MED* reumatismo *m*
Rhinozeros [riˈnoːtsərɔs] *n ZOOL* rinoceronte *m*
rhythmisch [ˈrytmɪʃ] *adj* ritmico
Rhythmus [ˈrytmus] *m* ritmo *m*

richten [ˈrɪçtən] *v 1. (in Ordnung bringen)* mettere a posto; *2. (her~)* preparare; *3. (urteilen)* condannare, giudicare; *4. (wenden an)* rivolgere
Richter(in) [ˈrɪçtər(ɪn)] *m/f* giudice *m/f*

richtig [ˈrɪçtɪç] *adj 1.* giusto; *~ stellen* rettificare; *2. (Partner)* adatto; *3. (Lage)* appropriato; *adv 4.* giustamente
◆ *Ist das die richtige Straße?* È questa la strada giusta?
Das war wohl richtig. Era proprio giusto.
nicht ganz richtig sein (fam) non essere del tutto a posto

Richtigkeit [ˈrɪçtɪçkaɪt] *f* esattezza *f;* ◆ *seine Richtigkeit haben* avere una propria veridicità
Richtung [ˈrɪçtuŋ] *f* direzione *f*
riechen [ˈriːçən] *v irr 1.* odorare; ◆ *jdn nicht riechen können (fig)* non poter sopportare qd; *2. (Geruch abgeben)* avere odore; *3. (stinken)* puzzare, avere cattivo odore
Riege [ˈriːgə] *f* squadra *f*
Riegel [ˈriːgəl] *m* catenaccio *m;* ◆ *den Riegel vorlegen* mettere il catenaccio; *etw einen Riegel vorschieben (fig)* mettere il catenaccio a qc; *Riegel Schokolade* barretta di cioccolata *f*
Riemen [ˈriːmən] *m* cinghia *f;* ◆ *sich am Riemen reißen* mettercela tutta
Riese [ˈriːzə] *m* gigante *m,* colosso *m*
riesig [ˈriːzɪç] *adj* enorme
Riff [rɪf] *n* scogliera *f,* barriera *f*
Rille [ˈrilə] *f* scanalatura *f,* solco *m*
Rind [ˈrint] *n ZOOL* manzo *m*
Rinde [ˈrɪndə] *f 1. (Kruste)* crosta *f; 2. BOT* corteccia *f*
Rinderwahnsinn [ˈrɪndərvaːnzɪn] *m* epidemia della mucca pazza *f*
Rindfleisch [ˈrɪntflaɪʃ] *n* carne di manzo *f*

Ring [rɪŋ] *m* *1. (Kreis)* cerchio *m; 2. (Schmuck)* anello *m; 3. (Straße)* circonvallazione *f,* ring *m; 4. SPORT* ring *m*

ringen [ˈrɪŋən] *v irr 1. SPORT* lottare; *2. (fig)* lottare, avere difficoltà
Ringfinger [ˈrɪŋfɪŋər] *m* anulare *m*
ringsherum [ˈrɪŋshɛrum] *adv* tutt'intorno
rinnen [ˈrɪnən] *v irr* scorrere
Rippe [ˈrɪpə] *f 1. ANAT* costola *f;* ◆ *sich etw aus den Rippen schneiden (fig)* trovare il denaro necessario per qc; *2. GAST* costoletta *f*
Risiko [ˈriːziko] *n* rischio *m*
riskieren [rɪsˈkiːrən] *v* rischiare
Riss [rɪs] *m* strappo *m,* crepa *f*
rissig [ˈrɪsɪç] *adj* pieno di crepe
Ritt [rɪt] *m* cavalcata *f*
Ritter [ˈrɪtər] *m* cavaliere *m*
Ritual [rituˈaːl] *n* rituale *m*
Ritze [ˈrɪtsə] *f* fessura *f*
Robbe [ˈrɔbə] *f ZOOL* foca *f*
Roboter [ˈrɔbɔtər] *m* robot *m*
Rock [rɔk] *m* gonna *f*
Roggen [ˈrɔgən] *m BOT* segale *f*
roh [roː] *adj 1.* crudo; *2. (nicht bearbeitet)* grezzo; *3. (fig)* brutale; *4. (Erdöl)* greggio; *5. (Umgangsform)* rozzo; *adv 6.* senza modi, grossolanamente, rozzamente
Rohr [roːr] *n 1.* tubo *m; 2. BOT* canna *f*
Röhre [ˈrøːrə] *f 1. (Rohr)* tubo *m;* ◆ *in die Röhre gucken* restare a mani vuote; *2. (Backröhre)* forno *m*
Rolle [ˈrɔlə] *f 1.* rotolo *m,* rullo *m; 2. THEAT* ruolo *m;* ◆ *von der Rolle sein* essere fuori squadra; *aus der Rolle fallen* comportarsi male; *sich in jds Rolle hineinversetzen* mettersi nei panni di qc
rollen [ˈrɔlən] *v* rotolare; ◆ *ins Rollen kommen* cominciare a muoversi
Roller [ˈrɔlər] *m 1.* motoscooter *m; 2. (Kinderroller)* monopattino *m*
Rollerblades [ˈrɔlarbleɪds] *pl SPORT* rollerblades *m/pl*
Rollschuh [ˈrɔlʃuː] *m SPORT* pattino a rotelle *m*
Rolltreppe [ˈrɔltrɛpə] *f* scala mobile *f*
Roman [roˈmaːn] *m* romanzo *m*
Romantik [roˈmantɪk] *f* romanticismo *m*
romantisch [roˈmantɪʃ] *adj* romantico
Romanze [roˈmantsə] *f* romanza *f*
römisch [ˈrøːmɪʃ] *adj* romano
röntgen [ˈrœntgən] *v MED* fare una radiografia
rosa [ˈroːza] *adj* rosa
Rose [ˈroːzə] *f BOT* rosa *f;* ◆ *auf Rosen gebettet sein* dormire su un letto di rose
Rosenkohl [ˈroːzənkoːl] *m BOT* cavoletto di Bruxelles *m*
Rosine [roˈziːnə] *f* uva passa *f;* ◆ *Rosinen im Kopf haben (fig)* avere grilli per la testa; *sich die größten Rosinen herauspicken* prendersi il meglio
Rosmarin [ˈroːsmariːn] *m* rosmarino *m*
Rost¹ [rɔst] *m (Bratrost)* griglia *f;* ◆ *auf dem Rost braten* arrostire ai ferri
Rost² [rɔst] *m CHEM* ruggine *f*
rösten [ˈrœstən] *v* arrostire
rostfrei [ˈrɔstfraɪ] *adj* inossidabile
rostig [ˈrɔstɪç] *adj* arrugginito

rot [roːt] *adj* rosso
◆ *der rote Faden (fig)* il filo conduttore *m*
! *komp: röter; sup: am rötesten*

Röteln [ˈrøːtəln] *f MED* rosolia *f*
rotieren [roˈtiːrən] *v 1. (fam)* rotare, ruotare; *2. TECH* rotare, girare
Rotkohl [ˈroːtkoːl] *m* cavolo rosso *m*
Rotwein [ˈroːtvaɪn] *m* vino rosso *m*
Roulade [ruˈlaːdə] *f GAST* involtino *m*

R

Route [ˈruːtə] *f* itinerario *m*, percorso *m*
Routine [ruˈtiːnə] *f* pratica *f*, routine *f*
routiniert [rutiˈniːrt] *adj* pratico
Rübe [ˈryːbə] *f* *BOT* rapa *f*; ◆ *eins auf die Rübe bekommen* prendere una botta in testa
Rubel [ˈruːbəl] *m* rublo *m*; ◆ *Der Rubel rollt.* I soldi girano.
Rubrik [ruˈbriːk] *f* rubrica *f*
Ruck [ruk] *m* scossa *f*; ◆ *sich einen Ruck geben* darsi una mossa; *in einem Ruck* in un colpo solo
rücken [ˈrykən] *v* spingere

Rücken [ˈrykən] *m* *ANAT* schiena *f*, dorso *m*
◆ *sich den Rücken frei halten* coprirsi le spalle
jdm den Rücken kehren voltare le spalle a qd
jdm den Rücken stärken (fig) fare coraggio a qd
hinter jds Rücken alle spalle di qd
! *Plural: Rücken*

Rückenmark [ˈrykənmark] *n* *ANAT* midollo spinale *m*
rückerstatten [ˈrykɛrʃtatən] *v* rimborsare
R **Rückfahrt** [ˈrykfaːrt] *f* ritorno *m*; *auf der ~* al ritorno
Rückfall [ˈrykfal] *m* ricaduta *f*
rückfällig [ˈrykfɛlɪç] *adj* recidivo
Rückgabe [ˈrykgaːbə] *f* restituzione *f*
Rückgang [ˈrykgaŋ] *m* diminuzione *f*
rückgängig [ˈrykgɛŋɪç] *adj* *~ machen* revocare
Rückhalt [ˈrykhalt] *m* appoggio *m*
Rückkehr [ˈrykkeːr] *f* ritorno *m*
rückläufig [ˈrykløyfɪç] *adj* retrogrado
Rücklicht [ˈryklɪçt] *n* luce posteriore *f*
Rücknahme [ˈryknaːmə] *f* ritiro *m*
Rucksack [ˈrukzak] *m* zaino *m*
Rücksicht [ˈrykzɪçt] *f* riguardo *m*; ◆ *es an Rücksicht fehlen lassen* mancare di riguardo; *ohne Rücksicht auf Verluste* a qualsiasi costo; *auf jdn Rücksicht nehmen* avere riguardo per qd
rücksichtsvoll [ˈrykzɪçtsfɔl] *adj* *1.* pieno di riguardo; *adv* *2.* con riguardo
Rücksprache [ˈrykʃpraːxə] *f* colloquio *m*; ◆ *Rücksprache mit jdm halten* conferire con qd
rückständig [ˈrykstɛndɪç] *adj* *1. (Zahlung)* moroso; *2. (fig: überholt)* antiquato
Rücktritt [ˈryktrɪt] *m* *1.* dimissioni *f/pl*; *2. (beim Fahrrad)* contropedale *m*
rückwärts [ˈrykvɛrts] *adv* indietro
Rückwärtsgang [ˈrykvɛrtsgaŋ] *m* *(beim Auto)* retromarcia *f*
ruckweise [ˈrukvaɪzə] *adj* a scosse
Rückzug [ˈryktsuːk] *m* ritirata *f*
Rudel [ˈruːdəl] *n* branco *m*; *ein ~ Wölfe* un branco di lupi *m*
Ruder [ˈruːdər] *n* *1.* remo *m*; *2. (Steuer)* timone *m*; ◆ *ans Ruder kommen* prendere il timone; *am Ruder sein* essere al timone
rudern [ˈruːdərn] *v* remare
Ruf [ruːf] *m* *1.* chiamata *f*; *2. (Ansehen)* reputazione *f*; *3. (Aufforderung)* ordine *m*

rufen [ˈruːfən] *v irr* chiamare
≠ *raufen* *v* azzuffarsi

Rüge [ˈryːgə] *f* biasimo *m*
rügen [ˈryːgən] *v* rimproverare

Ruhe [ˈruːə] *f* *1.* quiete *f*; *~!* Silenzio! *die ~ vor dem Sturm* la calma prima della tempesta *f*; *2. (Ausruhen)* riposo *m*; *in aller ~* in tutta calma; *3. (Stillstand)* calma *f*; *4. (Frieden)* pace *f*
◆ *die Ruhe selbst sein* essere la calma in persona
jdn aus der Ruhe bringen far perdere la calma a qd

Ruhe geben darsi pace
Lass mich in Ruhe! Lasciami in pace!
sich zur Ruhe setzen mettersi a riposo
jdn zur letzten Ruhe geleiten accompagnare qd nell'ultimo viaggio

ruhen ['ru:ən] *v 1. (aus~)* riposare; *2. (stillstehen)* stare fermo; *3. (lasten)* poggiare

Ruhestand ['ru:əʃtant] *m* pensione *f;* ◆ *in den Ruhestand treten* andare in pensione

ruhig ['ru:ɪç] *adj 1.* silenzioso, calmo; *2. (friedvoll)* pacifico

Ruhm [ru:m] *m* gloria *f*

rühmen ['ry:mən] *v* glorificare

Rührei ['ry:raɪ] *n* uovo strapazzato *m*

rühren ['ry:rən] *v 1. (bewegen)* muovere; ◆ *sich kaum rühren können* potersi muover a stento; *2. (um~)* mescolare; *3. (fig)* toccare

rührend ['ry:rənt] *adj* commovente, toccante

Rührung ['ry:ruŋ] *f* commozione *f*

Ruin [ru'i:n] *m* rovina *f,* crollo *m*

Ruine [ru'i:nə] *f* rovina *f*

ruinieren [rui'ni:rən] *v* rovinare

rülpsen ['rylpsən] *v* ruttare

Rumänien [ru'mɛ:njən] *n* Romania *f*

Rumpelkammer ['rumpəlkamər] *f* ripostiglio *m*

Rumpf [rumpf] *m 1.* fusoliera *f; 2. (Schiffsrumpf)* scafo *m; 3. ANAT* tronco *m*

rund [runt] *adj 1. (Gesicht)* pieno; *2. (Tisch)* rotondo; *3. (Zahl)* tondo; *4. (Jahr)* intero; *adv 5. (circa)* all'incirca, circa
◆ *rund um die Uhr* 24 ore su 24

Runde ['rundə] *f 1.* cerchia *f; 2. (Rundgang)* giro *m;* ◆ *Er geht eine Runde um den Block.* Egli fa un giro intorno all'isolato. *3. (fig)* ◆ *die Runde machen* fare il giro; *eine Runde schmeißen* offrire da bere a tutti; *über die Runden bringen* portare a buon fine; *über die Runden kommen* sbarcare il lunario

Rundfahrt ['runtfa:rt] *f* giro *m*

Rundfunk ['runtfuŋk] *m 1.* radiodiffusione *f; 2. (Anstalt)* radio *f;* ◆ *Er arbeitet beim Rundfunk.* Egli lavora alla radio.

rundherum ['runtherum] *adv* intorno

rundlich ['runtlɪç] *adj* tondeggiante

Rundschreiben ['runtʃraɪbən] *n* circolare *f*

runzeln ['runtsəln] *v* raggrinzire

ruppig ['rupɪç] *adj* scortese, sgarbato

Ruß [ru:s] *m* fuliggine *f*

Russe ['rusə] *m* russo *m*

Rüssel ['rysəl] *m 1. ZOOL* proboscide *f; 2. (eines Schweins)* grifo *m*

russisch ['rusɪʃ] *adj* russo

Russland ['ruslant] *n GEO* Russia *f*

Rüstung ['rystuŋ] *f 1. (Ritterrüstung)* armatura *f; 2. (Bewaffnung) MIL* armamento *m* R

Rute ['ru:tə] *f 1. (Zweig)* verga *f; 2. (Angelrute)* canna da pesca *f*

Rutschbahn ['rutʃba:n] *f* scivolo *m*

rutschen ['rutʃən] *v* scivolare, slittare

rütteln ['rytəln] *v* scuotere

S

Saal [za:l] *m* sala *f*
Saat [za:t] *f* semina *f*
Säbel ['zɛ:bəl] *m* sciabola *f*
Sabotage [zabo'ta:ʒə] *f* sabotaggio *m*
Sachbearbeiter(in) ['zaxbəarbaɪtər(ɪn)] *m/f ECO* incaricato/incaricata *m/f*
Sachbuch ['zaxbu:x] *n* manuale *m*

Sache ['zaxə] *f* *1. (Gegenstand)* cosa *f*; *2. (Angelegenheit)* affare *m*, faccenda *f*; *3. JUR* causa *f*
◆ *nicht jedermanns Sache sein* non essere cosa da tutti
sich seiner Sache sicher sein essere sicuro del fatto proprio
bei der Sache sein essere concentrati
nichts zur Sache tun non cambiare le cose
gemeinsame Sache machen fare cosa comune
Die Sache ist die ... Il fatto è che ...
Das ist eine Sache für sich. Questa è una cosa a parte.
Die Sache lässt sich gut an. L'affare comincia bene.

S

Sachgebiet ['zaxgəbi:t] *n* campo *m*
sachgemäß ['zaxgəmɛ:s] *adj 1.* conforme; *adv 2.* adeguatamente
sachkundig ['zaxkundɪç] *adj* competente
sachlich ['zaxlɪç] *adj* materiale, obiettivo; ◆ *aus sachlichen Gründen* per cause materiali
Sachverhalt ['zaxfɛrhalt] *m* fatto *m*; ◆ *Der Sachverhalt ist folgender.* Ecco come stanno le cose.
Sachverständige(r) ['zaxfɛrʃtɛndɪgə(r)] *m/f* competente *m/f*
Sack [zak] *m* sacco *m*; ◆ *jdn in den Sack stecken* mettere qd nel sacco; *etw im Sack haben* avere in tasca qc; *mit Sack und Pack* con armi e bagagli
Sadismus [za'dɪsmus] *m* sadismo *m*
säen ['zɛ:ən] *v* seminare
Safari [za'fa:ri] *f* safari *m*
Safe [seɪf] *m (Panzerschrank)* cassaforte *f*
Saft [zaft] *m 1.* succo *m*; *2. (Bratensaft)* sughetto *m*
saftig ['zaftɪç] *adj 1.* sugoso, succoso; *2. (fig)* potente; ◆ *eine saftige Ohrfeige* un solenne ceffone *m*
Sage ['za:gə] *f* leggenda *f*
Säge ['zɛ:gə] *f TECH* sega *f*
Sägemehl ['zɛ:gəme:l] *n* segatura *f*

sagen ['za:gən] *v* dire
◆ *sich nichts mehr zu sagen haben* non avere più niente da dirsi
sage und schreibe detto fatto
sich etw nicht zweimal sagen lassen non lasciarsi dire qc due volte
etw zu sagen haben avere qc da dire
sich von jdm nichts sagen lassen non lasciarsi dire niente da nessuno
Das ist nicht gesagt. Questo non è detto.
Das ist zu viel gesagt. Questo è esagerato.

sägen ['zɛ:gən] *v* segare
Sägewerk ['zɛ:gəvɛrk] *n* segheria *f*
Sahne ['za:nə] *f GAST* panna *f*
Saison [zɛ'zɔ̃] *f* stagione *f*
Saite ['zaɪtə] *f* corda *f*
Sakrament [zakra'mɛnt] *n REL* sacramento *m*; ◆ *Sakrament!* Cristo!
Sakristei [zakrɪ'staɪ] *f REL* sacrestia *f*
Salat [za'la:t] *m 1.* insalata *f*; *2.* ◆ *Da haben wir den Salat! (fam)* Che bel pasticcio!

Salbe ['zalbə] *f* pomata *f,* unguento *m*
Salbei ['zalbaɪ] *m BOT* salvia *f*
Saldo ['zaldo] *m ECO* saldo *m*
Salmonellen [zalmo'nɛlən] *pl BIO* salmonelle *f/pl*
Salon [za'lɔ̃ː] *m* salotto *m,* salone *m*
Salz [zalts] *n* sale *m;* ◆ *jdm nicht das Salz in der Suppe gönnen* non concedere a qd nemmeno il sale nella zuppa; *Salz auf jds Wunden streuen* spargere sale sulle ferite di qd
salzen ['zaltsən] *v irr* salare
salzig ['zaltsɪç] *adj* salato
Salzstreuer ['zaltsʃtrɔyər] *m* saliera *f*
Samen ['zaːmən] *m 1. (Saat)* semente *m; 2. BIO* seme *m*
Sammelband ['zaməlbant] *m* raccolta *f*
sammeln ['zaməln] *v 1.* raccogliere, radunare; *2. (als Hobby)* collezionare; *3. sich ~ (fig)* raccogliersi, concentrarsi
Sammler(in) ['zamlər(ɪn)] *m/f* collezionista *m/f*
Sammlung ['zamluŋ] *f 1.* collezione *f; 2. (fig: Konzentration)* concentrazione *f*
Samstag ['zamstaːk] *m* sabato *m*
samstags ['zamstaːks] *adv* di sabato
Samt [zamt] *m* velluto *m*
sämtlich ['zɛmtlɪç] *adj* tutto

> **Sand** [zant] *m* sabbia *f*
> ◆ *wie Sand am Meer* a non finire
> *auf Sand gebaut haben (fig)* aver costruito sulla sabbia
> *etw in den Sand setzen* buttare qc al vento
> *im Sande verlaufen* arenarsi

Sandale [zan'daːlə] *f* sandalo *m*
sandig ['zandɪç] *adj* sabbioso
Sanduhr ['zantuːr] *f* clessidra *f*
Sandwich ['zɛntvɪtʃ] *n* tramezzino *m*
sanft [zanft] *adj* leggero
Sänger(in) ['zɛŋər(ɪn)] *m/f* cantante *m/f*
sanieren [za'niːrən] *v* guarire, risanare; ◆ *ein Unternehmen sanieren* risanare un'azienda
Sanierung [za'niːruŋ] *f* risanamento *m*
Sanitäter [zani'tɛːtər] *m* infermiere *m*
Sanktion [zaŋk'tsjoːn] *f* sanzione *f*
Saphir ['zaːfir] *m* zaffiro *m*
Sardelle [zar'dɛlə] *f ZOOL* acciuga *f*
Sardine [zar'diːnə] *f ZOOL* sardina *f;* ◆ *wie Sardinen in der Büchse* pigiati come sardine
Sardinien [zar'diːnjən] *n* Sardegna *f*
sarkastisch [zar'kastɪʃ] *adj* sarcastico
Satan ['zaːtan] *m* Satana *m*
Satire [za'tiːrə] *f LIT* satira *f*

> **satt** [zat] *adj* sazio
> ◆ *es satt haben* averne abbastanza
> *alles satt haben* essere stufo di tutto
> *sich satt essen* mangiare a sazietà

Sattel ['zatəl] *m* sella *f;* ◆ *jdn aus dem Sattel heben (fig)* far sbalzare di sella qd; *fest im Sattel sitzen* sedere saldamente in sella
sättigen ['zɛtɪgən] *v 1.* saziare; *2. CHEM* saturare
Sättigung ['zɛtɪguŋ] *f 1.* sazietà *f; 2. CHEM* saturazione *f*
Satz [zats] *m 1. GRAMM* frase *f; 2. (Druck)* composizione *f; 3. (Menge)* partita *f; 4. SPORT* set *m; 5. MUS* tempo *m; 6. (Rückstand)* posa *f*
Satzung ['zatsuŋ] *f* regolamento *m*
Sau [zau] *f 1. ZOOL* scrofa *f; 2. (fam)* troia *f;* ◆ *die Sau rauslassen* fare baldoria; *jdn zur Sau machen* prendere qd a pesci in faccia, fare un cazziatone; *unter aller Sau sein* essere da cani
sauber ['zaubər] *adj* pulito; *~ machen* pulire; ◆ *Du bist nicht ganz sauber.* Non sei normale. *Sauber!* Niente male!

Saudi-Arabien [zaudia'ra:bjən] *n GEO* Arabia Saudita *f*

sauer ['zauər] *adj 1.* acido; *2. (fig: Person)* aspro
◆ *sauer sein (fig)* essere arrabbiato nero
jdm Saures geben rendere la vita impossibile a qd
≠ *sauber adj* pulito

Sauerei [zauə'raɪ] *f (fam)* porcheria *f*
Sauerstoff ['zauərʃtɔf] *m CHEM* ossigeno *m*
saufen ['zaufən] *v irr 1. (Tier)* bere; *2. (fam)* bere, trincare
Säufer(in) ['zɔyfər(ɪn)] *m/f* bevitore/bevitrice *m/f*, beone/beona *m/f*
saugen ['zaugən] *v irr 1.* succhiare; *2. (Staub ~)* passare l'aspirapolvere
Säugetier ['zɔygəti:r] *n* mammifero *m*
Säugling ['zɔyklɪŋ] *m* lattante *m*
Säule ['zɔylə] *f* colonna *f*
säumig ['zɔymɪç] *adj* ritardatario
Sauna ['zauna] *f* sauna *f*
Säure ['zɔyrə] *f 1. (Geschmack)* acido *m; 2. CHEM* acido *m*
Saxophon [zakso'fo:n] *n MUS* sassofono *m*
scannen ['skɛnən] *v INFORM* effettuare una scansione
S **Scanner** ['skɛnə] *m INFORM* scanner *m*
schäbig ['ʃɛ:bɪç] *adj 1.* misero; *2. (abgetragen)* consumato; *ein ~er Rock* una gonna logora *f; 3. (kleinlich)* gretto
Schablone [ʃa'blo:nə] *f* sagoma *f*
Schach [ʃax] *n* scacchi *m/pl*
schachmatt [ʃax'mat] *adj* ◆ *jdn schachmatt setzen* dar scacco matto a qd
Schacht [ʃaxt] *m* pozzo *m*
Schachtel ['ʃaxtəl] *f* scatola *f*

schade ['ʃa:də] *adj* peccato
◆ *Schade um die verlorene Zeit!* Peccato per il tempo perduto!
sich für nichts zu schade sein non essere sprecato per nulla
Es ist schade, dass ... Peccato che ...

Schädel ['ʃɛ:dəl] *m ANAT* cranio *m;* ◆ *sich den Schädel einrennen* rompersi la testa; *Ihm brummt der Schädel.* Gli ronza la testa.
schaden ['ʃa:dən] *v* danneggiare, nuocere; ◆ *einer Sache schaden* pregiudicare qc; *Es würde nichts schaden.* Non farebbe nulla.
Schaden ['ʃa:dən] *m* danno *m;* ◆ *zu Schaden kommen* ferirsi/rimanere ferito
schadhaft ['ʃa:thaft] *adj* danneggiato
schädigen ['ʃɛ:dɪgən] *v jdn ~* nuocere a qd
schädlich ['ʃɛ:tlɪç] *adj* nocivo
Schädling ['ʃɛ:tlɪŋ] *m* parassita *f*
Schaf [ʃa:f] *n 1. ZOOL* pecora *f; 2. (Dummkopf)* sciocco/sciocca *m/f;* ◆ *das schwarze Schaf sein* essere la pecora nera
Schäfer(in) ['ʃɛ:fər(ɪn)] *m/f* pecoraio/pecoraia *m/f*, pastore/pastora *m/f*
Schäferhund ['ʃɛ:fərhunt] *m* cane pastore *m*
schaffen[1] ['ʃafən] *v irr (schöpfen)* fare, creare; ◆ *für etw wie geschaffen sein* essere fatto apposta per qc

schaffen[2] ['ʃafən] *v 1. (zeitlich)* farcela; *2. (Prüfung)* superare
◆ *Wir haben es geschafft.* Ce l'abbiamo fatta.
sich an etw zu schaffen machen darsi da fare per qc
Damit hat er nichts zu schaffen Non ha a niente che vedere con ciò.

Schaffner ['ʃafnər] *m* controllore *m*

Schafskäse ['ʃa:fskɛ:zə] *m* pecorino *m*
Schal [ʃa:l] *m* scialle *m*
Schale ['ʃa:lə] *f* 1. scodella *f;* 2. *(von Gemüse)* buccia *f;* 3. *(Nussschale)* guscio *m;* 4. ◆ *sich in Schale werfen (fig)* mettersi in ghingheri
schälen ['ʃɛ:lən] *v* sbucciare
Schalk [ʃalk] *m* mattacchione *m*
Schall [ʃal] *m* suono *m;* ◆ *Schall und Rauch sein* essere tutto fumo e niente arrosto
Schallplatte ['ʃalplatə] *f* disco *m*
schalten ['ʃaltən] *v* 1. *(Auto)* innestare; ◆ *in den dritten Gang schalten* innestare la terza; 2. *(fam: begreifen)* capire; ◆ *Schaltest du immer so langsam?* Ci arrivi sempre così tardi? 3. *(ein~)* inserire; 4. *(aus~)* disinserire
Schalter ['ʃaltər] *m* 1. interruttore *m;* 2. *(Bankschalter)* sportello *m*
Schaltjahr ['ʃaltja:r] *n* anno bisestile *m*
Scham [ʃa:m] *f* pudore *m;* ◆ *Er wird rot vor Scham.* Egli arrossisce di vergogna.
schämen ['ʃɛ:mən] *v sich ~* vergognarsi
schamhaft ['ʃa:mhaft] *adj* 1. vergognoso, timido; *adv* 2. vergognosamente
schamlos ['ʃa:mlo:s] *adj* 1. sfacciato; *adv* 2. impudicamente, sfacciatamente
Schande ['ʃandə] *f* vergogna *f,* onta *f*
schändlich ['ʃɛndlɪç] *adj* 1. vergognoso, timido *adv* 2. vergognosamente
Schandtat ['ʃantta:t] *f* infamia *f;* ◆ *zu jeder Schandtat bereit sein* essere pronto a tutto
Schändung ['ʃɛ:nduŋ] *f* 1. profanazione *f;* 2. *(Vergewaltigung)* violenza carnale *f*
Schanze ['ʃantsə] *f SPORT* trampolino *m*
Schar [ʃa:r] *f* branco *m*
scharenweise ['ʃa:rənvaɪzə] *adv* a schiere
scharf [ʃarf] *adj* 1. *(Messer)* affilato; 2. *(Gewürz)* piccante; 3. *eine scharfe Kurve* una curva a gomito
schärfen ['ʃɛrfən] *v (Messer)* affilare
scharfsinnig ['ʃarfzɪnɪç] *adj* sagace
Scharlach ['ʃarlax] *m* scarlattina *f*
Scharlatan ['ʃarlata:n] *m* ciarlatano *m*
Scharnier [ʃar'ni:r] *n TECH* cerniera *f*

Schatten ['ʃatən] *m* ombra *f*
◆ *nicht über seinen Schatten springen können (fig)* non poter cambiare la propria natura
nur noch der Schatten seiner selbst sein essere soltanto l'ombra di se stesso
einen Schatten auf etw werfen gettare un'ombra su qc
in jds Schatten stehen vivere all'ombra di qd
sich vor seinem eigenen Schatten fürchten avere paura della propria ombra
≠ *Schaden m* danno

Schattenseite ['ʃatənzaɪtə] *f* 1. parte in ombra *f,* retro *m;* 2. *(fig)* rovescio *m;* ◆ *auf der Schattenseite des Lebens stehen* essere meno fortunati
Schattierung [ʃa'ti:ruŋ] *f* sfumatura *f*
schattig ['ʃatɪç] *adj* ombroso
Schatz [ʃats] *m* 1. *(Kostbarkeit)* tesoro *m;* 2. *(Kosewort)* tesoro *m*
schätzen ['ʃɛtsən] *v* 1. fare un calcolo approssimativo; 2. *(annehmen)* valutare, supporre; 3. *(hoch achten)* stimare
Schätzung ['ʃɛtsuŋ] *f* 1. calcolo approssimativo *m;* 2. *(Annahme)* supposizione *f*
Schau [ʃau] *f* 1. visione *f;* ◆ *eine Schau abziehen* fare una scenata; *etw zur Schau stellen* mettere in scena qc; 2. *THEAT* scena *f;* ◆ *jdm die Schau stehlen*

S

(fig) mettere in ombra; *3. (Ausstellung)* esposizione *f*
schauderhaft ['ʃaudərhaft] *adj* orrendo
schauen ['ʃauən] *v* guardare
Schauer ['ʃauər] *m 1. (Regen)* scroscio di pioggia *m; 2. (Frösteln)* brivido *m; 3. (Schreck)* brivido *m,* spavento *m*
Schaufel ['ʃaufəl] *f* pala *f*
Schaufenster ['ʃaufɛnstər] *n* vetrina *f*
schaukeln ['ʃaukəln] *v* dondolare
Schaum [ʃaum] *m* schiuma *f*
Schaumbad ['ʃaumba:t] *n* bagnoschiuma *m*
schäumen ['ʃɔymən] *v 1. (Seife)* fare schiuma; *2. (Sprudel)* spumeggiare
Schaumgummi ['ʃaumgumi] *m* gommapiuma *f*
Schaumschläger ['ʃaumʃlɛ:gər] *m 1.* frusta *f; 2.* fanfarone *m*
Schauplatz ['ʃauplats] *m* luogo *m,* scena *f;* ◆ *der Schauplatz der Handlung* il luogo d'azione *m*
schaurig ['ʃaurıç] *adj* orrendo, spaventoso
Schauspiel ['ʃauʃpi:l] *n* commedia *f*
Schauspieler(in) ['ʃauʃpi:lər(ın)] *m/f* attore/attrice *m/f*
Scheck [ʃɛk] *m* assegno *m*
scheckig ['ʃɛkıç] *adj* pezzato
Scheibe ['ʃaıbə] *f 1.* disco *m; 2. (Wurstscheibe)* fetta *f;* ◆ *sich von jdm eine Scheibe abschneiden können* poter prendere esempio da qd; *3. (Fensterscheibe)* lastra di vetro *f*
Scheibenwischer ['ʃaıbənvıʃər] *m (eines Autos)* tergicristallo *m*
Scheich [ʃaıç] *m* sceicco *m*
Scheide ['ʃaıdə] *f 1. (Messerscheide)* fodero *m,* guaina *f; 2. ANAT* vagina *f*
scheiden ['ʃaıdən] *v irr 1.* separare; *2. (Ehe)* divorziare
Scheidung ['ʃaıduŋ] *f* divorzio *m*
Schein [ʃaın] *m 1. (Licht)* luce *f; 2. (Banknote)* banconota *f; 3. (Bescheinigung)* certificato *m; 4. (fig: Anschein)* apparenza *f;* ◆ *zum Schein* in apparenza
scheinbar ['ʃaınba:r] *adj* apparente

> **scheinen** ['ʃaınən] *v irr 1. (leuchten)* splendere; *2. (fig: Anschein haben)* sembrare
> ◆ *wie es scheint* come sembra

scheinheilig ['ʃaınhaılıç] *adj* ipocrita
Scheinwerfer ['ʃaınvɛrfər] *m 1.* faro *m;* ◆ *die Scheinwerfer abblenden* mettere gli anabbaglianti; *2. CINE* proiettore *m*
Scheiße ['ʃaısə] *f (fam)* merda *f*
scheitern ['ʃaıtərn] *v (fig)* naufragare
Schelm [ʃɛlm] *m* birbante *m,* birba *f*
schelmisch ['ʃɛlmıʃ] *adj 1.* birbone, birichino; *adv 2.* maliziosamente
schelten ['ʃɛltən] *v irr* rimproverare
Schema ['ʃe:ma] *n* schema *f;* ◆ *nach Schema F* seguendo sempre il solito schema
schematisch [ʃe'ma:tıʃ] *adj* schematico
Schemel ['ʃe:məl] *m* sgabello *m*
schemenhaft ['ʃe:mənhaft] *adj* spettrale
Schenkel ['ʃɛŋkəl] *m ANAT* coscia *f*
schenken ['ʃɛŋkən] *v* regalare; ◆ *halb geschenkt sein* essere quasi regalato; *sich nichts schenken* non risparmiarsi
Scherbe ['ʃɛrbə] *f* coccio *m*
Schere ['ʃe:rə] *f* forbici *f/pl*
Schererei [ʃe:rə'raı] *f* seccatura *f,* fatica *f;* ◆ *sich unnötige Scherereien ersparen* risparmiarsi fatiche inutili

Scherz [ʃɛrts] *m* scherzo *m*
◆ *immer zu Scherzen aufgelegt sein* essere sempre pronto allo scherzo
Das ist kein Scherz. Questo non è uno scherzo.

scherzen ['ʃɛrtsən] *v* scherzare
scheu [ʃɔy] *adj* timido, timoroso
Scheu [ʃɔy] *f* timidezza *f*
scheuen ['ʃɔyən] *v* *1.* adombrarsi; ◆ *Die Pferde scheuten.* I cavalli si adombrarono. *2. (meiden)* evitare, rifuggire
scheuern ['ʃɔyərn] *v* pulire, sfregare; ◆ *jdm eine scheuern (fam)* dare uno schiaffo a qd
Scheune ['ʃɔynə] *f* granaio *m*
Scheusal ['ʃɔyza:l] *n* spauracchio *m*
scheußlich ['ʃɔyslıç] *adj 1.* orribile; *adv 2.* orribilmente
Schicht [ʃıçt] *f 1.* strato *m; 2. (Klasse)* classe sociale *f; 3. (Arbeitsschicht)* turno *m*
schick [ʃık] *adj* chic
schicken ['ʃıkən] *v* mandare
Schicksal ['ʃıkza:l] *n* destino *m;* ◆ *jdn seinem Schicksal überlassen* lasciare qd al suo destino; *Schicksal spielen* influenzare il destino
schicksalhaft ['ʃıkza:lhaft] *adj* fatale, fatidico
schieben ['ʃi:bən] *v irr* spingere
Schiebung ['ʃi:buŋ] *f* manovra *f*
Schiedsrichter(in) ['ʃi:tsrıçtər(ın)] *m/f SPORT* arbitro/arbitra *m/f*

schief [ʃi:f] *adj 1.* storto; *2. (Winkel, Turm)* obliquo
◆ *jdn schief ansehen* guardare storto qd

schielen ['ʃi:lən] *v* essere strabico
schießen ['ʃi:sən] *v irr 1.* sparare; *2. (Ball)* lanciare, tirare; *3.* ◆ *zum Schießen sein (fig)* far morire dal ridere
Schießerei [ʃi:sə'raı] *f* sparatoria *f*
Schiff [ʃıf] *n* nave *f;* ◆ *klar Schiff machen* appianare i malintesi/fare pulizia
Schiffbruch ['ʃıfbrux] *m* naufragio *m;* ◆ *Schiffbruch mit etw erleiden* fare naufragio con qc
Schifffahrt ['ʃıffa:rt] *f* navigazione *f*
Schikane [ʃi'ka:nə] *f* angheria *f,* raggiro *m;* ◆ *mit allen Schikanen* con tutti i comfort
schikanieren [ʃika'ni:rən] *v* tormentare
Schild [ʃılt] *n 1.* scudo *m;* ◆ *etw im Schilde führen* lavorare sott'acqua; *2. (Türschild)* targhetta *f; 3. (Straßenschild)* segnale stradale *m*
Schilddrüse ['ʃıltdry:zə] *f ANAT* tiroide *f*
schildern ['ʃıldərn] *v* descrivere
Schilderung ['ʃıldəruŋ] *f* descrizione *f*
Schildkröte ['ʃıltkrø:tə] *f* tartaruga *f*
schillern ['ʃılərn] *v* essere iridescente
Schimmel ['ʃıməl] *m 1. (Pferd) ZOOL* cavallo bianco *m; 2. BOT* muffa *f*
schimmeln ['ʃıməln] *v* ammuffire
schimmlig ['ʃımlıç] *adj* ammuffito

schimpfen ['ʃımpfən] *v* insultare, sgridare
◆ *auf jdn schimpfen* dare contro a qd

Schimpfwort ['ʃımpfvɔrt] *n* parolaccia *f*
Schinken ['ʃıŋkən] *m* prosciutto *m*
Schippe ['ʃıpə] *f* pala *f;* ◆ *jdn auf die Schippe nehmen* prendere in giro qd
schippen ['ʃıpən] *v* spalare
Schirm [ʃırm] *m 1.* ombrello *m; 2. (Sonnenschirm)* ombrellone *m*
Schirmherr(in) ['ʃırmhɛr(ın)] *m/f* patrocinatore/patrocinatrice *m/f*
Schirmherrschaft ['ʃırmhɛrʃaft] *f* patronato *m,* patrocinio *m*
Schizophrenie [ʃitsofre'ni:] *f MED* schizzofrenia *f*

S

Schlacht [ʃlaxt] *f* battaglia *f*
schlachten ['ʃlaxtən] *v* macellare
Schlachtfeld ['ʃlaxtfɛlt] *n* campo di battaglia *m*
Schlachthof ['ʃlaxthoːf] *m* macello *m*
Schlaf [ʃlaːf] *m* sonno *m;* ◆ *den Schlaf des Gerechten schlafen* dormire il sonno del giusto; *etw im Schlaf tun* fare qc a occhi chiusi; *jdn um den Schlaf bringen* togliere il sonno a qd
Schlafanzug ['ʃlaːfantsuːk] *m* pigiama *m*
Schläfe ['ʃlɛːfə] *f ANAT* tempia *f*
schlafen ['ʃlaːfən] *v irr* dormire
schlaff [ʃlaf] *adj* lento, allentato; ◆ *schlaffe Haut* pelle flaccida *f*
schlaflos ['ʃlaːfloːs] *adj* senza sonno; ◆ *Ich habe eine schlaflose Nacht verbracht.* Ho passato una notte in bianco.
Schlafmütze ['ʃlaːfmytsə] *f* dormiglione *m;* ◆ *eine Schlafmütze sein* essere un dormiglione
schläfrig ['ʃlɛːfrɪç] *adj* assonnato
Schlaftablette ['ʃlaːftablɛtə] *f* sonnifero *f*
schlafwandeln ['ʃlaːfvandəln] *v* essere sonnambulo
Schlag [ʃlaːk] *m 1.* colpo *m; 2. (Pochen)* battito *m; 3. elektrischer ~* scossa elettrica *f; 4. (fig: schwerer ~)* colpo *m;* ◆ *einen vernichtenden Schlag gegen jdn führen* dare un colpo mortale a qd; *jdm einen Schlag versetzen* dare un duro colpo a qd; *Schlag auf Schlag* colpo su colpo; *keinen Schlag tun* non muovere un dito; *auf einen Schlag* di colpo; *wie vom Schlag getroffen* come colpito da un fulmine
Schlaganfall ['ʃlaːkanfal] *m MED* colpo apoplettico *m*
schlagartig ['ʃlaːkartɪç] *adj 1.* fulmineo; *adv 2.* repentinamente; ◆ *Der Lärm hörte schlagartig auf.* Il rumore cessò di colpo.

schlagen ['ʃlaːgən] *v irr 1. (hauen)* picchiare, menare, colpire; *2. (Uhr)* battere; *3. (siegen)* vincere, sconfiggere; *4. (Herz)* battere; *5. (einen Pfahl in den Boden)* piantare, conficcare; *6. (fällen)* abbattere; *7. (Trommel)* suonare; *8. (Regen)* picchiare; *9. (nach jdm)* assomigliare a qd;
◆ *jdn windelweich schlagen* darle di santa ragione a qd
wie wild um sich schlagen agitarsi come un pazzo
blindlings drauflos schlagen agire alla cieca

Schlägerei [ʃlɛːgə'raɪ] *f* rissa *f*
Schlagersänger(in) ['ʃlaːgərzɛŋər(ɪn)] *m/f* cantante di musica leggera *m/f*
schlagfertig ['ʃlaːkfɛrtɪç] *adj* pronto; *eine ~ Antwort* una risposta pronta *f*
schlagkräftig ['ʃlaːkkrɛftɪç] *adj (fig)* convincente; ◆ *Es ist ein schlagkräftiges Argument.* E' un argomento convincente.
Schlagloch ['ʃlaːklɔx] *n* buca *f*
Schlagsahne ['ʃlaːkzaːnə] *f* panna montata *f*
Schlagseite ['ʃlaːkzaɪtə] *f* sbandamento *m;* ◆ *Schlagseite haben* avere una sbronza
Schlagwort ['ʃlaːkvɔrt] *n* parola d'ordine *f*
Schlagzeile ['ʃlaːktsaɪlə] *f* titolo di giornale *m;* ◆ *Schlagzeilen machen* fare notizia
Schlagzeug ['ʃlaːktsɔyk] *n* batteria *f*
Schlamassel [ʃla'masəl] *m* sfortuna *f;* ◆ *im Schlamassel sitzen* essere nei pasticci
Schlamm [ʃlam] *m* fango *m*
schlammig ['ʃlamɪç] *adj* fangoso
Schlampe ['ʃlampə] *f* donnaccia *f*

S

schlampig ['ʃlampɪç] *adj* disordinato
Schlange ['ʃlaŋə] *f* *1. ZOOL* serpente *m; 2. (Menschenschlange)* coda *f;* ◆ *Schlange stehen* stare in coda
schlängeln ['ʃlɛŋəln] *v sich ~* serpeggiare
schlank [ʃlaŋk] *adj* slanciato, snello
schlapp [ʃlap] *adj 1. (ohne Energie)* fiacco; *2. (nicht straff)* flaccido, floscio
Schlappen ['ʃlapən] *pl* pantofole *f/pl*

schlau [ʃlau] *adj* furbo
◆ *aus jdm nicht schlau werden* non riuscire a inquadrare qd
sich schlau machen informarsi

Schlauch [ʃlaux] *m* tubo flessibile *m;* ◆ *auf dem Schlauch stehen (fig)* essere duro di comprendonio
Schlaufe ['ʃlaufə] *f* cappio *m*

schlecht [ʃlɛçt] *adj 1.* cattivo; *adv 2.* male
◆ *schlecht gehen* andare male
jdn schlecht machen diffamare qd
schlecht und recht a mala pena
Ihm ist schlecht. Sta male.
Mir wird schlecht. Mi sento male.
Er staunte nicht schlecht. Rimase stupito.
Ich kann schlecht nein sagen. Non so dire di no.

Schleckerei [ʃlɛkə'raɪ] *f* leccornia *f*
Schleckermaul ['ʃlɛkərmaul] *n* goloso/golosa *m/f,* golosone/golosona *m/f*
schleichen ['ʃlaɪçən] *v irr* strisciare
Schleier ['ʃlaɪər] *m* velo *m;* ◆ *den Schleier lüften* svelare il mistero
Schleife ['ʃlaɪfə] *f 1.* cappio *m; 2. (Bandschleife)* fiocco *m*
schleifen[1] ['ʃlaɪfən] *v* trascinare
schleifen[2] ['ʃlaɪfən] *v irr 1. (schärfen)* affilare; *2. TECH* smerigliare
Schleim [ʃlaɪm] *m* muco *m*
schleimig ['ʃlaɪmɪç] *adj 1.* mucoso; *2. (fig)* viscido
schlemmen ['ʃlɛmən] *v* scialare
schlendern ['ʃlɛndərn] *v* bighellonare
schlenkern ['ʃlɛŋkərn] *v* ciondolare
schleppen ['ʃlɛpən] *v 1. (schwer tragen)* trascinare; *2. (ab~)* rimorchiare
schleppend ['ʃlɛpənt] *adj 1.* strascicato; *adv 2.* strascicatamente
Schlepptau ['ʃlɛptau] *n* cavo da rimorchio *m*
schleudern ['ʃlɔydərn] *v 1.* centrifugare; *2. (Auto)* sbandare; *3. (werfen)* scagliare
schleunigst ['ʃlɔynɪgst] *adv* al più presto
Schliche ['ʃlɪçə] *pl* trucco *m;* ◆ *jdm auf die Schliche kommen* scoprire gli intrighi di qd
schlicht [ʃlɪçt] *adj* semplice
schlichten ['ʃlɪçtən] *v 1. (Streit)* comporre; *2. (Holz)* levigare
schließen ['ʃliːsən] *v irr 1.* chiudere; *2. (Vertrag)* concludere; *3. (beenden)* terminare; *4. (folgern)* concludere
Schließfach ['ʃliːsfax] *n* cassetta di sicurezza *f,* casella postale *f*
schließlich ['ʃliːslɪç] *adv 1.* definitivamente; *2. (am Ende)* finalmente

schlimm [ʃlɪm] *adj* brutto, cattivo
◆ *Das ist nicht schlimm.* Non fa niente.
Ich finde nichts Schlimmes dabei. Io non ci trovo niente di male.

Schlinge ['ʃlɪŋə] *f* cappio *m;* ◆ *jdm die Schlinge um den Hals legen* mettere il cappio al collo di qd
Schlips [ʃlɪps] *m* cravatta *f;* ◆ *Er bindet sich den Schlips um.* Egli si mette la cravatta. *jdm auf den Schlips treten (fig)* offendere qd; *sich auf den Schlips getreten fühlen* sentirsi offeso

S

Schlitten ['ʃlɪtən] *m* slitta *f;* ◆ *mit jdm Schlitten fahren* trattare qd come una pezza da piedi
Schlittschuh ['ʃlɪtʃuː] *m* pattino *m*
Schlitz [ʃlɪts] *m 1.* fessura *f; 2. (Einwurf)* buca *f; 3. (Hosenschlitz)* patta dei calzoni *f*
Schlitzohr ['ʃlɪtsoːr] *n* furbacchione *m*
Schloss [ʃlɔs] *n 1.* serratura *f;* ◆ *hinter Schloss und Riegel* in prigione; *2. (Gebäude)* castello *m*
Schlosser ['ʃlɔsər] *m* fabbro *m*
Schlosserei [ʃlɔsə'raɪ] *f* officina del fabbro *f*
Schlot [ʃloːt] *m* camino *m*
schlottern ['ʃlɔtərn] *v* tremare
Schlucht [ʃluxt] *f* precipizio *m,* baratro *m*
schluchzen ['ʃluxtsən] *v* piangere, singhiozzare; ◆ *in Schluchzen ausbrechen* scoppiare in singhiozzi.
Schluchzer ['ʃluxtsər] *m* singhiozzo *m*
Schluck [ʃluk] *m* sorso *m*
Schluckauf ['ʃlukauf] *m* singhiozzo *m*
schlucken ['ʃlukən] *v* inghiottire
schlummern ['ʃlumərn] *v* dormicchiare
schlüpfen ['ʃlypfən] *v 1.* sgusciare; *2. ZOOL* uscire; ◆ *Das Küken schlüpft aus dem Ei.* Il pulcino esce dall'uovo.
Schlüpfer ['ʃlypfər] *m* slip *m*
Schlupfwinkel ['ʃlupfvɪŋkəl] *m* nascondiglio *m*
schlürfen ['ʃlyrfən] *v 1.* trascinare i piedi; *2. (schlabbernd trinken)* bere rumorosamente

> **Schluss** [ʃlus] *m* fine *f*
> ◆ *aus etw Schlüsse ziehen* trarre le conclusioni da qc
> **!** *Plural: Schlüsse*

Schlüssel ['ʃlysəl] *m* chiave *f*
Schlüsselbein ['ʃlysəlbaɪn] *n* clavicola *f*
Schlüsselloch ['ʃlysəllɔx] *n* serratura *f*
schlussfolgern ['ʃlusfɔlgərn] *v* concludere
Schlussfolgerung ['ʃlusfɔlgəruŋ] *f* conclusione logica *f,* deduzione *f*
Schlusslicht ['ʃluslɪçt] *n 1.* fanalino posteriore *m; 2. (fig)* fanalino di coda *m,* ultimo *m;* ◆ *Er ist das Schlusslicht der Klasse.* Egli è l'ultimo della classe.
Schlussverkauf ['ʃlusfɛrkauf] *m* svendita *f*
schmächtig ['ʃmɛçtɪç] *adj* gracile
schmackhaft ['ʃmakhaft] *adj* gustoso; ◆ *jdm etw schmackhaft machen* rendere appetibile qc a qd
schmal [ʃmaːl] *adj* stretto
schmälern ['ʃmɛːlərn] *v* ridurre
Schmalz [ʃmalts] *n GAST* strutto *m*
schmarotzen ['ʃmarɔtsən] *v (fam)* vivere scroccando
schmatzen ['ʃmatsən] *v 1. (essen)* biascicare; *2. (küssen)* schioccare le labbra
schmecken ['ʃmɛkən] *v 1. ~ nach* avere il sapore di; *2. gut ~* piacere; ◆ *Der Braten schmeckt mir gut.* L'arrosto mi piace.
schmeichelhaft ['ʃmaɪçəlhaft] *adj* lusinghiero
schmeicheln ['ʃmaɪçəln] *v* adulare
Schmeichler(in) ['ʃmaɪçlər(ɪn)] *m/f* adulatore/adulatrice *m/f*
schmelzen ['ʃmɛltsən] *v irr 1.* sciogliere; *2. (fig)* struggersi; ◆ *Er schmilzt vor Sehnsucht.* Egli si strugge di nostalgia.
Schmerz [ʃmɛrts] *m* dolore *m*
schmerzen ['ʃmɛrtsən] *v* far male
schmerzhaft ['ʃmɛrtshaft] *adj* doloroso

S

schmerzlich ['ʃmɛrtslɪç] *adj* doloroso; ◆ *ein schmerzliches Verlangen* un desiderio ardente *m*
Schmetterling ['ʃmɛtərlɪŋ] *m* farfalla *f*
Schmied [ʃmiːt] *m* fabbro *m*
schmieden ['ʃmiːdən] *v* forgiare
schmiegsam ['ʃmiːkzaːm] *adj* flessibile
schmieren ['ʃmiːrən] *v 1.* spalmare; *2. (einfetten)* oliare; *3. (fam: bestechen)* corrompere; *4. (kritzeln)* scarabocchiare; *5.* ◆ *jdm eine schmieren* ungere qd
Schmiergeld ['ʃmiːrgɛlt] *n* tangente *f*
schmierig ['ʃmiːrɪç] *adj 1. (fettig)* unto, untuoso; *2. (fig)* sordido
schminken ['ʃmɪŋkən] *v* truccare
schmökern ['ʃmøːkərn] *v* sfogliare libri
Schmuck [ʃmuk] *m* gioiello *m*
schmücken ['ʃmykən] *v* ornare
schmuggeln ['ʃmugəln] *v* contrabbandare
Schmuggler(in) ['ʃmuglər(ɪn)] *m/f* contrabbandiere/contrabbandiera *m/f*
schmunzeln ['ʃmuntsəln] *v* sorridere soddisfatto
schmusen ['ʃmuːzən] *v (fam)* pomiciare, sbaciucchiarsi
Schmutz [ʃmuts] *m* sporcizia *f*
schmutzig ['ʃmutsɪç] *adj* sporco
Schnabel ['ʃnaːbəl] *m* becco *m;* ◆ *den Schnabel halten* chiudere il becco; *reden, wie einem der Schnabel gewachsen ist* parlare senza peli sulla lingua; *sich den Schnabel verbrennen* fare una gaffe
schnappen ['ʃnapən] *v 1. (zu~, auf~)* scattare; *2. (erwischen)* acchiappare; *3. (beißen)* cercare di addentare
Schnaps [ʃnaps] *m* acquavite *f*
schnarchen ['ʃnarçən] *v* russare
Schnauze ['ʃnautsə] *f* muso *m;* ◆ *die Schnauze voll haben* averne le tasche piene; *die Schnauze halten* chiudere il becco; *eine große Schnauze haben* spararle grosse
schnäuzen ['ʃnɔytsən] *v sich ~* soffiarsi il naso
Schnauzer ['ʃnautsər] *m* baffoni *m/pl*
Schnecke ['ʃnɛkə] *f ZOOL* chiocciola *f*

> **Schnee** [ʃneː] *m* neve *f*
> ◆ *Schnee von gestern sein (fig)* essere acqua passata

schneiden ['ʃnaɪdən] *v irr 1.* tagliare; ◆ *eine Kurve schneiden* tagliare una curva; *2. jdn ~ (fig)* ignorare qd
Schneider(in) ['ʃnaɪdər(ɪn)] *m/f* sarto/sarta *m/f;* ◆ *aus dem Schneider sein* aver superato il peggio
schneien ['ʃnaɪən] *v* nevicare
schnell [ʃnɛl] *adj 1.* veloce; *adv 2.* velocemente
Schnelligkeit ['ʃnɛlɪçkaɪt] *f* velocità *f*
Schnellkochtopf ['ʃnɛlkɔxtɔpf] *m* pentola a pressione *f*
Schnellstraße ['ʃnɛlʃtraːsə] *f* superstrada *f*
Schnellzug ['ʃnɛltsuːk] *m* direttissimo *m*
schnippisch ['ʃnɪpɪʃ] *adj* sfacciato
Schnitt [ʃnɪt] *m* taglio *m*
Schnittfläche ['ʃnɪtflɛçə] *f* sezione *f*
Schnittlauch ['ʃnɪtlaux] *m* erba cipollina *f*
Schnitzel ['ʃnɪtsəl] *n 1.* ritaglio di carta *m,* pezzetto *m; 2. GAST* cotoletta *f; Wiener ~* cotoletta alla milanese *f*
schnitzen ['ʃnɪtsən] *v* intagliare
Schnorchel ['ʃnɔrçəl] *m* respiratore di superficie *m*
Schnörkel ['ʃnœrkəl] *m* ghirigoro *m*
schnüffeln ['ʃnyfəln] *v 1.* annusare; ◆ *Der Hund schnüffelte im Gebüsch.* Il cane annusava nel cespuglio. *2. (fig)* curiosare

S

Schnüffler ['ʃnyflər] *m* spia *f*
Schnuller ['ʃnulər] *m* ciucciotto *m*
Schnupfen ['ʃnupfən] *m* raffreddore *m*
schnuppern ['ʃnupərn] *v* annusare
Schnur [ʃnu:r] *f* spago *m*, corda *f*
schnüren ['ʃny:rən] *v* allacciare
Schnurrbart ['ʃnurbart] *m* baffi *m/pl*
schnurren ['ʃnurən] *v* fare le fusa
Schock [ʃɔk] *m* shock *m*, colpo *m*
schockieren [ʃɔk'i:rən] *v* scandalizzare
Schokolade [ʃoko'la:də] *f* *1. (Tafel ~)* cioccolato *m*; ◆ *Er hat eine Tafel Schokolade gegessen.* Ha mangiato una tavoletta di cioccolata. *2. (heiße ~)* cioccolata *f*; ◆ *eine Tasse heiße Schokolade* una tazza di cioccolata calda *f*
Scholle ['ʃɔlə] *f* *1. (Eisscholle)* lastrone *m*; *2. ZOOL* passera di mare *f*
schon [ʃo:n] *adv* già; ◆ *Das ist schon immer so gewesen.* È sempre stato così. *Das wird schon gut gehen.* Andrà certamene bene. *schon der Gedanke* solo al pensiero; *Schon wieder?* Ancora?

> **schön** [ʃø:n] *adj 1.* bello; *adv 2.* bene
> ◆ *schönes Wetter haben* avere bel tempo
> *Das ist ja alles schön und gut, aber ....* Va tutto bene, ma ...
> *Das ist zu schön, um wahr zu sein.* È troppo bello per essere vero.
> *eine schöne Bescherung* un bel guaio
> *Du bist mir ja ein schöner Freund!* Sei proprio un bell'amico!
> *schöne Grüße* tanti cari saluti

schonen ['ʃo:nən] *v 1. jdn ~* risparmiare qd; *2. etw ~* rispettare qc; ◆ *die Umwelt schonen* rispettare l'ambiente; *3. sich ~* riguardarsi
Schonfrist ['ʃo:nfrɪst] *f* tregua *f*
Schönheit ['ʃø:nhaɪt] *f* bellezza *f*
Schonkost ['ʃo:nkɔst] *f* dieta *f*
schonungslos ['ʃo:nuŋslo:s] *adj* irriguardoso, privo (senza) riguardi
schöpfen¹ ['ʃøpfən] *v 1. (Suppe)* attingere; *2. (Verdacht)* insospettirsi; *3. (Atem)* prendere fiato, respirare
schöpfen² ['ʃøpfən] *v irr (schaffen)* creare
Schöpfer(in) ['ʃœpfər(ɪn)] *m/f* creatore/creatrice *m/f*
schöpferisch ['ʃœpfərɪʃ] *adj* creativo
Schöpflöffel ['ʃœpflœfəl] *m* mestolo *m*
Schöpfung ['ʃœpfuŋ] *f* creazione *f*
Schornstein ['ʃɔrnʃtaɪn] *m* comignolo *m*
Schoß [ʃo:s] *m* grembo *m*; ◆ *in den Schoß fallen (fig)* piovere dal cielo; *seine Hände in den Schoß legen* stare con le mani in mano
Schotte ['ʃɔtə] *m* scozzese *m*
Schottin ['ʃɔtɪn] *f* scozzese *f*
Schottland ['ʃɔtlant] *n GEO* Scozia *f*
schräg [ʃrɛ:k] *adj 1.* obliquo; *adv 2.* di sbieco
Schräge ['ʃrɛ:gə] *f* obliquità *f*
Schramme ['ʃramə] *f* scalfittura *f*
Schrank [ʃraŋk] *m* armadio *m*
Schranke ['ʃraŋkə] *f* barriera *f*, sbarra *f*; ◆ *jdn in seine Schranken verweisen* ricordare a qd i propri limiti; *Dem sind Schranken gesetzt.* Gli sono posti dei limiti.
Schraube ['ʃraubə] *f 1.* vite *f*; *die ~ überdrehen* tirare troppo la corda; ◆ *eine Schraube ohne Ende (fig)* una cosa senza fine *f*; *Bei dir ist doch eine Schraube locker!* Ti manca una rotella! *2. (Schiffsschraube)* elica *f*
schrauben ['ʃraubən] *v* avvitare
Schraubenzieher ['ʃraubəntsi:ər] *m TECH* cacciavite *m*

S

Schraubstock ['ʃraubʃtɔk] *m TECH* morsa *f*
Schreck [ʃrɛk] *m* spavento *m;* ◆ *Ach du Schreck!* Orrore!/Accidenti!/Mamma mia!
schreckhaft ['ʃrɛkhaft] *adj* pauroso
schrecklich ['ʃrɛklɪç] *adj 1.* terribile; *adv 2.* terribilmente
Schrei [ʃraɪ] *m* grido *m;* ◆ *der letzte Schrei* l'ultimo grido *m*

> **schreiben** ['ʃraɪbən] *v irr* scrivere
> ◆ *etw in den Wind schreiben (fig)* farci una croce sopra
> ≠ *schreien v irr* gridare

Schreiben ['ʃraɪbən] *n* lettera *f*
Schreibtisch ['ʃraɪptɪʃ] *m* scrivania *f*
Schreibwaren ['ʃraɪpvaːrən] *pl* cartoleria *f,* articoli di cancelleria *m/pl*
schreien ['ʃraɪən] *v irr* gridare
Schreihals ['ʃraɪhals] *m* strillone *m*
Schreiner ['ʃraɪnər] *m* falegname *m*
Schrift [ʃrɪft] *f* scrittura *f*
schriftlich ['ʃrɪftlɪç] *adj 1.* scritto; *adv 2.* per iscritto, per lettera
Schriftsteller(in) ['ʃrɪftʃtɛlər(ɪn)] *m/f* scrittore/scrittrice *m/f*
Schriftstück ['ʃrɪftʃtyk] *n* scritto *m*
schrill [ʃrɪl] *adj 1. (Klang)* stridulo; *2. (Farbe)* stridente; ◆ *eine schrecklich schrille Stimme* una voce che rompe i timpani

> **Schritt** [ʃrɪt] *m 1. (Gangart)* passo *m; 2. (fig)* passo *m*
> ◆ *mit jdm Schritt halten* tenere il passo con qd
> *einen Schritt zu weit gehen* fare un passo di troppo
> *Schritt für Schritt* un passo dopo l'altro
> *den ersten Schritt tun* fare il primo passo
> *jdm auf Schritt und Tritt folgen* seguire qd passo passo

Schritttempo ['ʃrɪttɛmpo] *n* ritmo del passo *m;* ◆ *im Schritttempo fahren* andare a passo d'uomo
schrittweise ['ʃrɪtvaɪzə] *adv* gradualmente
schroff [ʃrɔf] *adj 1.* erto, dirupato; *2. (fig: kurz angebunden)* brusco; *adv 3.* bruscamente
schroten ['ʃroːtən] *v* macinare
schrubben ['ʃrubən] *v* strofinare
Schrulle ['ʃrulə] *f eine alte Schrulle* una vecchia stravagante *f*
schrumpfen ['ʃrumpfən] *v 1.* restringersi; *2. (fig: vermindern)* diminuire
Schub [ʃuːp] *m 1.* spinta *f; 2. (~kraft) PHYS* spostamento *m*
Schubkarre ['ʃuːpkarə] *f* carriola *f*
Schublade ['ʃuːplaːdə] *f* cassetto *m*
schüchtern ['ʃyçtərn] *adj* timido
schuften ['ʃuftən] *v* faticare, sgobbare
Schuh [ʃuː] *m* scarpa *f;* ◆ *sich die Schuhe nach etw ablaufen* consumarsi le suole per qc; *Da zieht es einem ja die Schuhe aus!* Fa cadere le braccia!
Schuhmacher(in) ['ʃuːmaxər(ɪn)] *m/f* calzolaio/calzolaia *m/f*
Schulbildung ['ʃuːlbɪlduŋ] *f* istruzione scolastica *f*
schuld [ʃult] *adj* colpevole; ◆ *an etw schuld sein* essere colpevole di qc
Schuld [ʃult] *f 1.* colpa *f; an etw Schuld haben* avere colpa di qc; *tief in jds Schuld stehen* essere molto obbligati con qd; *2. JUR* colpa *f; 3. (Geldschuld) ECO* debito *m*
schuldbewusst ['ʃultbəvust] *adj* conscio della propria colpa
schulden ['ʃuldən] *v* dovere a; *jdm etw ~* dovere qc a qd
Schuldgefühl ['ʃultgəfyːl] *n* senso di colpa *m*

S

schuldig ['ʃuldɪç] *adj 1. (Geld) ECO* debitore; *2. JUR* colpevole
schuldlos ['ʃultloːs] *adj* innocente
Schuldner(in) ['ʃultnər(ɪn)] *m/f ECO* debitore/debitrice *m/f*

> **Schule** ['ʃuːlə] *f* scuola *f*
> ◆ *die Schule schwänzen* marinare la scuola
> *aus der Schule plaudern* rivelare un segreto
> *Schule machen* fare scuola

Schüler(in) ['ʃyːlər(ɪn)] *m/f* scolaro/scolara *m/f*
Schülerausweis ['ʃyːlərausvaɪs] *m* tessera dello studente *f*
schulfrei ['ʃuːlfraɪ] *adj* di vacanza
Schulfreund(in) ['ʃuːlfrɔynt/'ʃuːlfrɔyndɪn] *m/f* compagno di scuola/compagna di scuola *m/f*
Schuljahr ['ʃuːljaːr] *n* anno scolastico *m*
schulpflichtig ['ʃuːlpflɪçtɪç] *adj* soggetto all'obbligo scolastico; *ein ~es Kind* un bambino in età scolare *m*
Schulranzen ['ʃuːlrantsən] *m* zaino *m*
schulreif ['ʃuːlraɪf] *adj* in età scolare
Schulter ['ʃultər] *f ANAT* spalla *f;* ◆ *etw auf die leichte Schulter nehmen* prendere qc alla leggera, prendere qc sotto gamba; *etw auf seine Schultern nehmen* accollarsi qc
Schulterblatt ['ʃultərblat] *n* scapola *f*
Schulung ['ʃuːluŋ] *f 1.* addestramento *m,* istruzione *f; 2.* corso di formazione *m*
Schulzeugnis ['ʃuːltsɔyknɪs] *n* pagella scolastica *f*
Schund [ʃunt] *m* robaccia *f*
Schuppe ['ʃupə] *f 1. (Haarschuppe)* forfora *f; 2. (Fischschuppe) ZOOL* scaglia *f;* ◆ *Es fiel ihm wie Schuppen von den Augen.* Gli è caduta la benda dagli occhi.
Schuppen ['ʃupən] *m* capannone *m*
Schurke ['ʃurkə] *m* farabutto *m*
Schürze ['ʃyrtsə] *f* grembiule *m*
Schuss [ʃus] *m* colpo *m,* sparo *m,* tiro *m;* ◆ *weitab vom Schuss sein* essere fuori tiro; *ein Schuss in den Ofen sein* essere un buco nell'acqua; *ein Schuss ins Schwarze* un colpo andato a segno *m; etw in Schuss bringen* mettere qc in tiro; *einen Schuss haben* essere fuori di testa
Schüssel ['ʃysəl] *f* scodella *f,* ciotola *f*
Schusslinie ['ʃusliːnjə] *f (fig)* traiettoria *f*
Schuster ['ʃuːstər] *m* calzolaio *m;* ◆ *auf Schusters Rappen* sul cavallo di San Francesco/a piedi
Schutt [ʃut] *m* macerie *f/pl*
schütteln ['ʃytəln] *v* scuotere
schütten ['ʃytən] *v* versare
Schutz [ʃuts] *m* protezione *f;* ◆ *jdn in Schutz nehmen* prendere le difese di qd
schutzbedürftig ['ʃutsbədyrftɪç] *adj* bisognoso di protezione
Schutzblech ['ʃutsblɛç] *n* parafango *m*
schützen ['ʃytsən] *v* proteggere
Schutzengel ['ʃutsɛŋəl] *m* angelo custode *m*
Schützling ['ʃytslɪŋ] *m* protetto *m*
schutzlos ['ʃutsloːs] *adj* privo di protezione
Schutzmaßnahme ['ʃutsmaːsnaːmə] *f* misura di protezione *f*
Schutzpatron ['ʃutspatroːn] *m REL* patrono *m*
schwach [ʃvax] *adj* debole
Schwäche ['ʃvɛçə] *f* debolezza *f*
schwächlich ['ʃvɛçlɪç] *adj* debole
Schwächling ['ʃvɛçlɪŋ] *m* pappamolla *m/f*
Schwachstelle ['ʃvaxʃtɛlə] *f* punto debole *m*
Schwager ['ʃvaːgər] *m* cognato *m*
Schwägerin ['ʃvɛːgərɪn] *f* cognata *f*

Schwalbe ['ʃvalbə] *f ZOOL* rondine *f;* ◆ *Eine Schwalbe macht noch keinen Sommer.* Una rondine non fa primavera.
Schwamm [ʃvam] *m* spugna *f;* ◆ *Schwamm drüber!* Mettiamoci una pietra sopra!
Schwan [ʃvaːn] *m ZOOL* cigno *m;* ◆ *Mein lieber Schwan!* Accidenti!
schwanger ['ʃvaŋər] *adj* incinta
Schwangere ['ʃvaŋərə] *f* gestante *f*
Schwangerschaft ['ʃvaŋərʃaft] *f* gravidanza *f*
schwanken ['ʃvaŋkən] *v 1.* vacillare, barcollare; *2. (abweichen)* oscillare; *3. (fig: zaudern)* essere indeciso
Schwanz [ʃvants] *m* coda *f;* ◆ *jdm auf den Schwanz treten* pestare la coda a qd; *den Schwanz einziehen* mettersi la coda tra le gambe
schwänzen ['ʃvɛntsən] *v* marinare; ◆ *die Schule schwänzen* marinare la scuola
Schwarm [ʃvarm] *m 1. (Vogelschwarm) ZOOL* stormo *m; (Bienenschwarm)* sciame *m; (Fischschwarm)* branco *m; 2. (Menschenschwarm)* schiera *f; 3. (fig)* passione *f;* ◆ *Sie ist sein alter Schwarm.* E' una sua vecchia fiamma.
schwärmen ['ʃvɛrmən] *v 1. (flattern)* svolazzare; *2. (begeistert sein)* essere entustiasta di; *3. (fam)* andare matto per; *4. (verliebt sein)* avere una cotta per
schwarz [ʃvarts] *adj* nero *m;* ◆ *schwarz wie die Nacht* nero come la notte; *schwarz auf weiß* nero su bianco; *sich schwarz ärgern* arrabbiarsi moltissimo, essere nero dalla rabbia; *ins Schwarze treffen* colpire nel segno; *Du kannst warten, bis du schwarz wirst!* Campa cavallo che l'erba cresce!
Schwarzbrot ['ʃvartsbroːt] *n* pane nero *m,* pane integrale *m*
Schwarze(r) ['ʃvartsə(r)] *m/f* nero/nera *m/f*
Schwarzfahrer(in) ['ʃvartsfaːrər(ɪn)] *m/f* viaggiatore clandestino/viaggiatrice clandestina *m/f*
schwatzen ['ʃvatsən] *v* chiacchierare
Schwätzer(in) ['ʃvɛtsər(ɪn)] *m/f* chiacchierone/chiacchierona *m/f*
schweben ['ʃveːbən] *v 1.* librarsi; *2. (fig)* pendere
Schweden ['ʃveːdən] *n GEO* Svezia *f*
schwedisch ['ʃveːdɪʃ] *adj* svedese
Schwefel ['ʃveːfəl] *m CHEM* zolfo *m*
schweigen ['ʃvaɪgən] *v irr* stare zitto, tacere; ◆ *ganz zu schweigen von* per non parlare di; *schweigen wie ein Grab* essere muto come una tomba
Schweigen ['ʃvaɪgən] *n* silenzio *m;* ◆ *jdn zum Schweigen bringen* ridurre qd al silenzio; *sich in Schweigen hüllen* chiudersi nel silenzio
schweigsam ['ʃvaɪkzaːm] *adj* taciturno
Schwein [ʃvaɪn] *n 1. ZOOL* maiale *m,* porco *m;* ◆ *kein Schwein* neanche un cane *m,* nessuno; *2. GAST* maiale *m; 3. (fig: Glück)* fortuna *f*
Schweinebraten ['ʃvaɪnəbraːtən] *m GAST* arrosto di maiale *m*
Schweinerei [ʃvaɪnə'raɪ] *f* porcheria *f*
Schweiß [ʃvaɪs] *m* sudore *m;* ◆ *im Schweiße meines Angesichts* con il sudore della mia fronte
schweißen ['ʃvaɪsən] *v TECH* saldare
Schweiz [ʃvaɪts] *f GEO* Svizzera *f*
schweizerisch ['ʃvaɪtsərɪʃ] *adj* svizzero
Schwelle ['ʃvɛlə] *f 1. (Eisenbahnschwelle)* traversina *f; 2. (Übergang)* soglia *f*
schwenken ['ʃvɛŋkən] *v* far oscillare, sventolare; ◆ *eine Fahne schwenken* sventolare una bandiera

S

schwer [ʃveːr] *adj 1.* pesante; *~ wiegend* grave; *2. (schwierig)* difficile; *~ verdaulich* indigesto; *~ erziehbar* disadattato; *3. (mühsam)* pesante, faticoso; *4. (ernst)* grave; *~ beschädigt* seriamente danneggiato; *~ krank* malato grave
◆ *sich schwer tun* complicarsi le cose
schwer von Begriff duro di comprendonio
etw schwer machen rendere difficile qc

schwerfällig [ˈʃveːrfɛlɪç] *adj* pesante
Schwerkraft [ˈʃveːrkraft] *f PHYS* forza di gravità *f*
Schwermut [ˈʃveːrmuːt] *f* malinconia *f*
Schwerpunkt [ˈʃveːrpuŋkt] *m 1.* centro di gravità *m; 2. (fig)* punto cruciale *m*
Schwert [ʃveːrt] *n* spada *f*
Schwester [ˈʃvɛstər] *f 1.* sorella *f; 2. (Krankenschwester)* infermiera *f*
Schwiegermutter [ˈʃviːgərmutər] *f* suocera *f*
Schwiegersohn [ˈʃviːgərzoːn] *m* genero *m*
Schwiegertochter [ˈʃviːgərtɔxtər] *f* nuora *f*
Schwiegervater [ˈʃviːgərfaːtər] *m* suocero *m*
schwierig [ˈʃviːrɪç] *adj* difficile
Schwierigkeit [ˈʃviːrɪçkaɪt] *f* difficoltà *f*
Schwimmbad [ˈʃvɪmbaːt] *n* piscina *f*
schwimmen [ˈʃvɪmən] *v irr* nuotare
Schwimmen [ˈʃvɪmən] *n* nuoto *m*
Schwimmer(in) [ˈʃwɪmər(ɪn)] *m/f* nuotatore/nuotatrice *m/f*
Schwindel [ˈʃvɪndəl] *m 1.* imbroglio *m; 2. MED* capogiro *m; ~ erregend* vertiginoso
schwindeln [ˈʃvɪndəln] *v* imbrogliare
Schwindler(in) [ˈʃwɪndlər(ɪn)] *m/f* imbroglione/imbrogliona *m/f*
schwindlig [ˈʃvɪndlɪç] *adj* che ha il capogiro, che soffre di vertigini
Schwingung [ˈʃvɪŋuŋ] *f* oscillazione *f*
schwitzen [ˈʃvɪtsən] *v* sudare
schwören [ˈʃvøːrən] *v irr* giurare
schwul [ʃvuːl] *adj (fam)* omosessuale
schwül [ʃvyːl] *adj* afoso
Schwung [ʃvuŋ] *m 1.* slancio *m; 2. (fig: Tatkraft)* energia *f;* ◆ *etw in Schwung bringen* dare slancio a qc; *in Schwung kommen* mettersi in movimento
schwungvoll [ˈʃvuŋfɔl] *adj 1.* pieno di slancio; *adv 2.* con molto slancio
Schwur [ʃvuːr] *m* giuramento *m*
sechs [zɛks] *num* sei
sechste(r,s) [zɛkstə(r,s)] *adj* sesto/sesta
sechzehn [ˈzɛçtseːn] *num* sedici
sechzehnte(r,s) [ˈzɛçtseːntə(r,s)] *adj* sedicesimo/sedicesima
sechzig [ˈzɛçtsɪç] *num* sessanta
sechzigste(r,s) [ˈzɛçtsɪçstə(r,s)] *adj* sessantesimo/sessantesima

See [zeː] *m 1. (Binnengewässer)* lago *m; f 2. (Meer)* mare *m*
◆ *in See stechen* salpare
zur See fahren imbarcarsi
! *Plural zu 1.: Seen*

Seehund [ˈzeːhunt] *m ZOOL* foca *f*
Seele [ˈzeːlə] *f* anima *f,* indole *f;* ◆ *Er hat eine gute Seele.* Egli ha un'indole buona. *sich die Seele aus dem Leib schreien;* sgolarsi; *jdm auf der Seele brennen* bruciare nell'anima a qd; *jdm aus der Seele sprechen* parlare al cuore di qd; *eine Seele von einem Menschen* una pasta d'uomo *f; aus tiefster Seele* dal più profondo del cuore; *mit ganzer Seele* con tutta l'anima; *eine gute Seele sein* essere un bonaccione
seelisch [ˈzeːlɪʃ] *adj* psichico

S

Seemann ['ze:man] *m* marinaio *m*
Seenot ['ze:no:t] *f* pericolo di naufragio *m;* ◆ *Schiff in Seenot!* Nave in pericolo!
Seepferdchen ['ze:pfɛrtçən] *n* ippocampo *m*
Seerose ['ze:ro:zə] *f* *BOT* ninfea *f*
Seezunge ['ze:tsuŋə] *f* sogliola *f*
Segel ['ze:gəl] *n* vela *f;* ◆ *mit vollen Segeln* a gonfie vele
segeln ['ze:gəln] *v* veleggiare
Segen ['ze:gən] *m 1. (Glück)* benedizione *f; 2. REL* benedizione *f;* ◆ *jds Segen haben* avere la benedizione di qd
Segment [zɛk'mɛnt] *n* segmento *m*
segnen ['ze:gnən] *v* benedire
sehen ['ze:ən] *v irr* vedere; ◆ *etw nicht mehr sehen können* non poter più vedere qc
Sehen ['ze:ən] *n* vista *f;* ◆ *jdn vom Sehen kennen* conoscere qd di vista
Sehkraft ['ze:kraft] *f* vista *f*
Sehne ['ze:nə] *f* *ANAT* tendine *m*
sehnen ['ze:nən] *v sich* ~ avere nostalgia; *sich nach etw* ~ aver nostalgia di qc
Sehnsucht ['ze:nzuçt] *f* nostalgia *f*
sehr [ze:r] *adv* molto
seicht [zaɪçt] *adj 1. (Untiefe)* basso; *~es Gewässer* acque basse *f/pl; 2. (fig: Unterhaltung)* scialbo
Seide ['zaɪdə] *f* seta *f*
Seife ['zaɪfə] *f* sapone *m*
Seil [zaɪl] *n* fune *f,* corda *f;* ◆ *ein Tanz auf dem Seil (fig)* una danza sulla fune *f*
Seilbahn ['zaɪlba:n] *f* funivia *f*

sein [zaɪn] *v irr* essere
◆ *Es ist an dir zu ...* Sta a te ...
wie dem auch sei succeda quel che succeda, cascasse il mondo
Es sei denn, dass ... A meno che ...
Mir ist, als ob ... Ho l'impressione che ...
Mir ist nicht danach. Non ne ho voglia.
Sei doch nicht so! Non fare così!
Es ist nichts. Non è niente.
Lass es sein! Lascia perdere!
dafür sein essere favorevole
Dagegen sein essere contrario
! *Konjugation mit sein: ich bin gewesen*

sein(e) [zaɪn/'zaɪnə] *pron* suo/sua, suoi/ sue
seinerseits ['zaɪnərzaits] *pron* da parte sua
seinetwegen [zaɪnət've:gən] *adv* per lui

seit [zaɪt] *prep 1.* da; *konj 2.* da quando
◆ *seit eh und je* da sempre
! *mit Dativ*

seitdem [zaɪt'de:m] *adv 1.* da allora; *konj 2.* da quando

Seite ['zaɪtə] *f 1.* lato *m,* parte *f; 2. (Buchseite)* pagina *f; 3. (fig)* aspetto *m*
◆ *etw auf der Seite haben* avere qc da parte
jdm nicht von der Seite weichen non allontanarsi dal fianco di qd
auf jds Seite stehen stare al fianco di qd
sich von seiner besten Seite zeigen mostrare il proprio lato migliore
jdm zur Seite stehen stare al fianco di qd
etw von der leichten Seite nehmen prendere qc dal lato umoristico
seine starke Seite il suo forte
seine schwache Seite il suo punto debole
zur Seite treten farsi da parte
von gut unterrichteter Seite da fonte ben informata
≠ *Saite f* corda

seitens ['zaɪtəns] *prep* da parte di
seitenverkehrt ['zaɪtənfɛrke:rt] *adj 1.* rovesciato; *adv 2.* a rovescio

seitlich ['zaɪtlɪç] *adj* 1. laterale; *adv* 2. lateralmente
Sekretär [zekre'tɛːr] *m* scrittoio *m*
Sekretär(in) [zekre'tɛːr(ɪn)] *m/f (Person)* segretario/segretaria *m/f*
Sekt [zɛkt] *m* spumante *m*
Sekte ['zɛktə] *f REL* setta *f*
sekundär [zekun'dɛːr] *adj* secondario
Sekunde [ze'kundə] *f* secondo *m*
selbst [zɛlpst] *pron* stesso
Selbstachtung ['zɛlpstaxtuŋ] *f* stima di sé *f*
Selbstbedienung ['zɛlpstbədiːnuŋ] *f* self-service *m*
Selbstbefriedigung ['zɛlpstbəfriːdɪguŋ] *f* masturbazione *f*
Selbstbeherrschung ['zɛlpstbəhɛrʃuŋ] *f* autocontrollo *m*
Selbstbestimmung ['zɛlpstbəʃtɪmuŋ] *f* autodeterminazione *f*
selbstbewusst ['zɛlpstbəvust] *adj* consapevole
Selbstbewusstsein ['zɛlpstbəvustzaɪn] *n* autostima *f*
selbstgefällig ['zɛlpstgəfɛlɪç] *adj* soddisfatto di sé
Selbstgespräch ['zɛlpstgəʃprɛːç] *n* soliloquio *m*
selbstklebend ['zɛlpstkleːbənt] *adj* autoadesivo
Selbstkritik ['zɛlpstkritiːk] *f* autocritica *f*
selbstlos ['zɛlpstloːs] *adj* altruista, disinteressato
Selbstmord ['zɛlpstmɔrt] *m* suicidio *m*
Selbstmörder(in) ['zɛlpstmœrdər(ɪn)] *m/f* suicida *m/f*
selbstredend ['zɛlpstreːdənt] *adj* palese
selbstständig ['zɛlpʃtɛndɪç] *adj* 1. autonomo, in proprio; *adv* 2. da solo, autonomamente
Selbstständigkeit ['zɛlpʃtɛndɪçkaɪt] *f* autonomia *f*, indipendenza *f*
Selbstsucht ['zɛlpstzuxt] *f* egoismo *m*
selbstsüchtig ['zɛlpstzyçtɪç] *adj* egoista
selbstverständlich ['zɛlpstfɛrʃtɛntlɪç] *adj* naturale
Selbstvertrauen ['zɛlpstfɛrtrauən] *n* fiducia in se stessi *f*
selig ['zeːlɪç] *adj* 1. felice, beato; 2. *REL* beato; ◆ *selig sprechen* beatificare
Seligkeit ['zeːlɪçkaɪt] *f* 1. beatitudine *f*, felicità *f*; 2. *REL* beatitudine *f*
Sellerie ['zɛləriː] *m BOT* sedano *m*

> **selten** ['zɛltən] *adj* raro
> ◆ *ausgesprochen selten* molto raro

Seltenheit ['zɛltənhaɪt] *f* rarità *f*
seltsam ['zɛltzaːm] *adj* strano
seltsamerweise [zɛltzaːmər'vaɪzə] *adv* stranamente
Semester [ze'mɛstər] *n* semestre *m*
Seminar [zemi'naːr] *n* seminario *m*
Semmel ['zɛməl] *f* panino *m*
Senat [ze'naːt] *m POL* senato *m*
Senator(in) [ze'naːtɔr/zena'toːrɪn] *m/f POL* senatore/senatrice *m/f*
senden ['zɛndən] *v irr* 1. *(Brief)* spedire, mandare; 2. *(Rundfunk)* trasmettere
Sendung ['zɛnduŋ] *f* 1. *(Versand)* spedizione *f*; 2. *(Rundfunk)* trasmissione *f*; ◆ *auf Sendung sein* essere in onda
Senf [zɛnf] *m* senape *f*; ◆ *seinen Senf dazugeben* mettere il becco dappertutto
senil [ze'niːl] *adj* senile
Senior ['zeːnjɔr] *m* senior *m*
senken ['zɛŋkən] *v* abbassare; ◆ *die Stimme senken* abbassare la voce
senkrecht ['zɛŋkrɛçt] *adj* verticale
Senkung ['zɛŋkuŋ] *f* 1. abbassamento *m*; 2. *(von Preisen) ECO* ribasso *m*
sensibel [zɛn'ziːbəl] *adj* sensibile

Sensor ['zɛnzor] *m TECH* sensore *m*
Sentimentalität [zɛntimɛntali'tɛːt] *f* sentimentalità *f*
separat [zepa'raːt] *adj* separato
Separatismus [zepara'tɪsmus] *m* separatismo *m*
September [zɛp'tɛmbər] *m* settembre *m*
Sequenz [ze'kvɛnts] *f* sequenza *f*
Serie ['zeːrjə] *f* serie *f*
serienmäßig ['zeːrjənmɛːsɪç] *adj 1.* di serie; *adv 2.* in serie
seriös [zeː'rjøːs] *adj 1.* serio; *adv 2.* seriamente
Serpentine [zɛrpən'tiːnə] *f* serpentina *f*
Serum ['zeːrum] *n* siero *m*
Server ['sɜːvə] *m INFORM* server *m*
Service[1] ['zœrvis] *m* assistenza tecnica *f*
Service[2] [zɛr'viːs] *n (Geschirr)* servizio *m*
servieren [zɛr'viːrən] *v* servire
Serviette [zɛr'vjɛtə] *f* tovagliolo *m*
Sessel ['zɛsəl] *m* poltrona *f*
Sessellift ['zɛsəllɪft] *m* seggiovia *f*
sesshaft ['zɛshaft] *adj* sedentario

> **setzen** ['zɛtsən] *v 1. sich ~* sedersi; *2. (Text)* comporre; *3. (stellen)* mettere
> ◆ *Er setzt sich auf eine Bank.* Egli si siede su una panchina.
> *Gleich setzt es was! (fam)* Guarda che te lo do!
> *Sich an die Arbeit setzen* mettersi al lavoro
> *sich zu Tisch setzen* sedersi a tavola
> **!** *Konjugation mit haben: ich habe mich gesetzt*
> ≠ *sitzen v irr* essere seduto

Seuche ['zɔyçə] *f MED* epidemia *f*
seufzen ['zɔyftsən] *v* sospirare
Seufzer ['zɔyftsər] *m* sospiro *m*
Sex [zɛks] *m* sesso *m*
Sexualität [zeksuali'tɛːt] *f* sessualità *f*
sexuell [zɛksu'ɛl] *adj* sessuale
sezieren [ze'tsiːrən] *v MED* sezionare
Shampoo [ʃam'puː] *n* shampoo *m*
Shorts [ʃɔːrts] *pl* shorts *m/pl*
Show [ʃəʊ] *f* show *m,* spettacolo *m*
sich [zɪç] *pron* sé, si; ◆ *Er denkt nur an sich.* Pensa solo a sé. *Er zieht sich an.* Si veste.
sicher ['zɪçər] *adj 1. (zweifellos)* in modo sicuro; *2. (gefahrlos)* sicuro
sichergehen ['zɪçərgeːən] *v irr* essere sicuro
Sicherheit ['zɪçərhaɪt] *f 1.* sicurezza *f; 2. (Schutz)* protezione *f;* ◆ *sich in Sicherheit wiegen* cullarsi nell'illusione; *3. ECO* sicurezza *f*
Sicherheitsgurt ['zɪçərhaɪtsgurt] *m (im Auto)* cintura di sicurezza *f*
sicherlich ['zɪçərlɪç] *adv* sicuramente
sichern ['zɪçərn] *v* assicurare, preservare
sicherstellen ['zɪçərʃtɛlən] *v 1.* assicurare, mettere al sicuro; *2. (beschlagnahmen)* sequestrare
Sicherung ['zɪçəruŋ] *f 1.* salvaguardia *f; 2. (Schmelzsicherung)* fusibile *m;* ◆ *Bei ihm ist die Sicherung durchgebrannt.* Gli sono saltati i fusibili. *3. (Vorrichtung)* dispositivo di sicurezza *m*
Sicht [zɪçt] *f 1.* vista *f,* panorama *m; 2.* ◆ *auf lange Sicht (fig)* a lunga scadenza
sichtbar ['zɪçtbaːr] *adj* visibile
Sichtverhältnisse ['zɪçtfɛrhɛltnɪsə] *pl* condizioni di visibilità *f/pl*
sickern ['zɪkərn] *v* filtrare, passare

S

sie [ziː] *pron 1. (feminin)* ella/lei (persona), essa (cosa); *2. (feminin Akkusativ)* lei, la; *3. (feminin Plural)* esse; *4. (maskulin Plural)* essi; *5. (Akkusativ Plural)* loro
! *Genitiv zu 1.: ihrer; Dativ: ihr; Akkusativ: sie*

Sie [ziː] *pron 1. (Höflichkeitsform)* Lei; *2. (Akkusativ)* La
Sieb ['ziːp] *n 1. (Mehl)* setaccio *m; 2. (Nudeln)* scolapasta *m; 3. (Flüssigkeit)* colabrodo *m; 4. (Tee)* passino *m; 5. (Mokka)* filtro *m*
sieben[1] ['ziːbən] *num* sette
sieben[2] ['ziːbən] *v* setacciare
siebte(r,s) ['ziːptə(r,s)] *adj* settimo/settima
siebzehn ['ziːptseːn] *num* diciassette
siebzig ['ziːptsɪç] *num* settanta
sieden ['ziːdən] *v irr* bollire
Siedler ['ziːdlər] *m* colonizzatore *m*
Siedlung ['ziːdluŋ] *f* agglomerato di case *m*, centro abitato *m*

Sieg [ziːk] *m* vittoria *f*
◆ *den Sieg davontragen* riportare la vittoria

S

Siegel ['ziːgəl] *n* sigillo *m*
siegen ['ziːgən] *v* vincere
Sieger(in) ['ziːgər(ɪn)] *m/f* vincitore/vincitrice *m/f*
siegreich ['ziːkraɪç] *adj* vittorioso
siezen ['ziːtsən] *v* dare del Lei
Signal [zɪg'naːl] *n* segnale *m*
signieren [zɪg'niːrən] *v* firmare
Silbe ['zɪlbə] *f* sillaba *f*
Silber ['zɪlbər] *n* argento *m*
silbern ['zɪlbərn] *adj* d'argento
Silhouette [zilu'ɛtə] *f* silhouette *f*
Silizium [zi'liːtsjum] *n* silicio *m*
Silvester [zɪl'vɛstər] *n* San Silvestro *m*
simpel ['zɪmpəl] *adj* semplice
simulieren [zimu'liːrən] *v* simulare
simultan [zimul'taːn] *adj* simultaneo
Sinfonie [zɪnfo'niː] *f MUS* sinfonia *f*
singen ['zɪŋən] *v irr* cantare
Singular ['zɪŋgulaːr] *m* singolare *m*
Singvogel ['zɪŋfoːgəl] *m* uccello canoro *m*
sinken ['zɪŋkən] *v irr 1.* calare; ◆ *Die Preise sinken.* I prezzi calano. *2. (Schiff)* affondare; ◆ *Das Schiff sinkt.* La nave affonda. *3. (fig)* decadere

Sinn [zɪn] *m 1.* senso *m; 2. (Empfänglichkeit)* senso *m*, sensibilità *f; 3. (Bedeutung)* significato *m*, senso *m*
◆ *seine fünf Sinne nicht beisammen haben* essere completamente svagato
den sechsten Sinn haben avere il sesto senso
nicht mehr Herr seiner Sinne sein non avere più il controllo di sé
jdm nicht aus dem Sinn gehen non uscire dalla mente a qd
in den Sinn kommen venire in mente
nicht im Sinne des Erfinders sein non essere nelle intenzioni originali
wie von Sinnen come un pazzo *m*
Danach steht mir nicht der Sinn. Non ne ho voglia.

Sinnbild ['zɪnbɪlt] *n* simbolo *m*
Sinnesorgan ['zɪnəsɔrgaːn] *n* organo sensoriale *m*
sinngemäß ['zɪngəmɛːs] *adj 1.* conforme al senso; *adv 2.* secondo il senso
sinnlich ['zɪnlɪç] *adj* sensuale
Sinnlichkeit ['zɪnlɪçkaɪt] *f* sensualità *f*
sinnlos ['zɪnloːs] *adj* senza senso
Sinnlosigkeit ['zɪnloːzɪçkaɪt] *f* mancanza di senso *f*, assurdità *f*

sinnvoll ['zɪnfɔl] *adj* sensato
Siphon [zi'fon] *m* sifone *m*
Sippe ['zɪpə] *f* stirpe *f,* clan *m*
Sirene [zi're:nə] *f* sirena *f*
Sirup ['zi:rup] *m* sciroppo *m*
Sitte ['zɪtə] *f* *1. (Brauch)* costume *m; 2. (Sittlichkeit)* buon costume *m*
Sittenpolizei ['zɪtənpolitsaɪ] *f* squadra del buon costume *f*
sittlich ['zɪtlɪç] *adj* morale
sittsam ['zɪtza:m] *adj* modesto
Situation [zɪtua'tsjo:n] *f* situazione *f*
situiert [zitu'i:rt] *adj* situato
Sitz [zɪts] *m 1.* posto *m; 2. (Wohnsitz)* residenza *f;* domicilio *m; 3. (Firmensitz) ECO* sede *f; 4. (POL)* seggio *m*
sitzen ['zɪtsən] *v irr* sedere; ◆ *einen sitzen haben* avere una sbornia; *sitzen bleiben* essere bocciato
Sitzstreik ['zɪtsʃtraɪk] *m* sciopero bianco *m*
Sitzung ['zɪtsuŋ] *f* seduta *f,* riunione *f;* ◆ *eine Sitzung einberufen* convocare una seduta
Sizilien [zi'tsi:ljən] *n GEO* Sicilia *f*
Skala ['ska:la] *f* scala *f*
Skalpell [skal'pɛl] *n MED* bisturi *m*
Skandal [skan'da:l] *m* scandalo *m*
skandalös [skanda'lø:s] *adj* scandaloso
Skandinavien [skandi'na:vjən] *n GEO* Scandinavia *f*
Skelett [ske'lɛt] *n ANAT* scheletro *m*
skeptisch ['skɛptɪʃ] *adj* scettico
Ski [ʃi:] *m* sci *m; ~ fahren* sciare
Skilift ['ʃi:lɪft] *m* sciovia *f,* ski-lift *m*
Skizze ['skitsə] *f* schizzo *m*
Sklave ['skla:və] *m* schiavo *m*
Sklaverei [skla:və'raɪ] *f* schiavitù *f*
Skonto ['skɔnto] *n/m ECO* sconto *m*
Skorpion [skɔr'pjo:n] *m* scorpione *m*
Skrupel ['skru:pəl] *m* scrupolo *m*
Skulptur [skulp'tu:r] *f ART* scultura *f*
skurril [sku'ri:l] *adj* stravagante, strano, bizzarro
Slalom ['sla:lɔm] *m SPORT* slalom *m*
Slowakei [slova'kai] *f GEO* Repubblica slovacca *f*
Smaragd [sma'rakt] *m* smeraldo *m*
Smog [smɔk] *m* smog *m*
Smoking ['smo:kɪŋ] *m* smoking *m*
SMS [esemes] *f* SMS *m,* messaggino *m;* ◆ *jdm eine SMS schicken* mandare un messaggino a qd
Snowboard ['snəʊbɔ:d] *n SPORT* snowboard *m*
so [zo:] *konj 1.* così; ◆ *Mir ist so, als ob ...* Mi sento come se ... *Na so was!* Ma guarda! *nicht so ganz* non proprio; *so genannt* cosiddetto; *so viel* per quanto; *so weit* fin dove; *adv 2. (betont)* tanto; *So eine Frechheit!* Che faccia tosta! *So, das ist fertig.* Ecco fatto. *So?* Ah sì? *Ach so.* Ho capito. *so wie* così come; *pron 3.* che
sobald [zo'balt] *konj* non appena
Socke ['zɔkə] *f* calzino *m;* ◆ *sich auf die Socken machen* alzare i tacchi; *von den Socken sein* essere sbalordito; *Mir qualmen schon die Socken!* Mi fumano già i piedi!
soeben [zo'e:bən] *adv* appena
Sofa ['zo:fa] *n* divano *m*
sofern [zo'fɛrn] *konj* in quanto che
sofort [zo'fɔrt] *adv* subito
Software ['sɔftve:r] *f* software *m*
Sog [zo:k] *m* risucchio *m*
sogar [zo'ga:r] *adv* perfino
Sohle ['zo:lə] *f* *1. (Schuhsohle)* suola *f;* ◆ *sich auf leisen Sohlen nähern* avanzare quatto quatto; *eine kesse Sohle aufs Parkett legen* scatenarsi sulla pista da ballo; *sich an jds Sohlen heften* attaccarsi alle calcagna di qd

Sohn [zo:n] *m* figlio *m*
! *Plural: Söhne*

solange [zo'laŋə] *konj* mentre
Solarium [zo'la:rjum] *n* solario *m*
solche ['zɔlçə] *adj 1.* tale; *pron 2.* tale
Soldat [zɔl'da:t] *m* soldato *m*
Solidarität [zolidari'tɛ:t] *f* solidarietà *f*
Solidaritätszuschlag [zolidari'tɛ:ts-tsu:ʃla:k] *m POL* contributo di solidarietà per i nuovi Länder *m*
solide [zo'li:də] *adj* solido
Soll [zɔl] *n ECO* debito *m;* ◆ *Soll und Haben* dare e avere

sollen ['zɔlən] *v* dovere
◆ *Soll ich das wirklich tun?* Devo farlo davvero?
Was soll das kosten? Quanto costa?
Was soll das? Come sarebbe a dire?
Er soll krank sein. Si dice che sia malato.

somit [zo'mɪt] *konj* quindi
Sommer ['zɔmər] *m* estate *f*
Sommersprosse ['zɔmərʃprɔsə] *f* lentiggine *f*
Sommerzeit ['zɔmərtsaɪt] *f* ora legale *f*
Sonde ['zɔndə] *f TECH* sonda *f*
sonderbar ['zɔndərba:r] *adj* strano; ◆ *Mir ist sonderbar zumute.* Mi sento strano.
Sonderfall ['zɔndərfal] *m* caso particolare *m*
Sonderling ['zɔndərlɪŋ] *m* originale *m*
sondern ['zɔndərn] *v 1.* separare, isolare; *konj 2.* ma; ◆ *nicht nur ... sondern auch ...* non solo ... ma anche ...
sondieren [zɔn'di:rən] *v* sondare
Sonnabend ['zɔna:bənt] *m* sabato *m*
Sonne ['zɔnə] *f* sole *m*
sonnen ['zɔnən] *v sich ~* prendere il sole
Sonnenaufgang ['zɔnənaufgaŋ] *m* sorgere del sole *m*
Sonnenblume ['zɔnənblu:mə] *f BOT* girasole *m*
Sonnenfinsternis ['zɔnənfɪnstərnɪs] *f* eclissi solare *f*
Sonnenschein ['zɔnənʃaɪn] *m* luce solare *f*
Sonnenstich ['zɔnənʃtɪç] *m* insolazione *f*
Sonnenuhr ['zɔnənu:r] *f* meridiana *f*
Sonnenuntergang ['zɔnənuntərgaŋ] *m* tramonto *m*
sonnig ['zɔnɪç] *adj 1.* assolato, soleggiato; ◆ *ein sonniges Zimmer* una stanza soleggiata *f; 2. (fig)* gaio
Sonntag ['zɔnta:k] *m* domenica *f*
sonntags ['zɔnta:ks] *adv* di domenica
sonst [zɔnst] *adv* altrimenti
sonstig ['zɔnstɪç] *adj* altro
sooft [zo'ɔft] *konj* ogniqualvolta
Sorge ['zɔrgə] *f 1. (Kummer)* preoccupazione *f; 2. (Pflege)* cure *f/pl*

sorgen ['zɔrgən] *v 1. sich um etw ~* preoccuparsi per qc; *2. für jdn ~* occuparsi di qd; *3. sich ~ (beunruhigt sein)* preoccuparsi
! *Konjugation mit haben: ich habe gesorgt*

sorgenvoll ['zɔrgənfɔl] *adj* pieno di preoccupazioni
sorgfältig ['zɔrkfɛltɪç] *adj* accurato
sorglos ['zɔrklo:s] *adj* spensierato
sorgsam ['zɔrkza:m] *adj* accurato
Sorte ['zɔrtə] *f* tipo *m,* specie *f*
Sorten ['zɔrtən] *pl FIN* valuta estera *f*
sortieren [zɔr'ti:rən] *v* assortire
Sortiment [zɔrti'mɛnt] *n* assortimento *m*
sosehr [zo'ze:r] *konj 1.* per quanto; *adv 2.* tanto
Soße ['zo:sə] *f GAST* salsa *f*

Souvenir [zuvə'niːr] *n* souvenir *m*
souverän [suvə'rɛːn] *adj* sovrano
Souveränität [suːvərɛːni'tɛːt] *f POL* sovranità *f*
sowie [zo'viː] *konj* appena
sowieso [zovi'zoː] *adv* comunque
Sowjetunion [sɔ'vjɛtunjoːn] *f HIST* Unione Sovietica *f*
sowohl [zo'voːl] *konj ~ ... als auch* sia ... sia
sozial [zo'tsjaːl] *adj* sociale
Sozialamt [zo'tsjaːlamt] *n* ufficio d'assistenza sociale *m*
Sozialarbeiter(in) [zo'tsjaːlarbaɪtər(ɪn)] *m/f* assistente sociale *m/f*
Sozialdemokratie [zo'tsjaːldemokratiː] *f POL* socialdemocrazia *f*
Sozialhilfe [zo'tsjaːlhɪlfə] *f* assistenza sociale *f*
Sozialismus [zo'tsjalɪsmus] *m* socialismo *m*
Sozialist(in) [zo'tsjalɪst(ɪn)] *m/f POL* socialista *m/f*
Sozialpolitik [zo'tsjaːlpolitiːk] *f POL* politica sociale *f*
Sozialprodukt [zo'tsjaːlprɔdukt] *n ECO* prodotto nazionale *m*
Sozialstaat [zo'tsjaːlʃtaːt] *m POL* stato sociale *m*
Soziologe [zotsjo'loːgə] *m* sociologo *m*
Soziologie [zotsjolo'giː] *f* sociologia *f*
sozusagen ['zoːtsuzaːgən] *adv* per così dire
Spalt [ʃpalt] *m* fessura *f*
Spalte ['ʃpaltə] *m 1.* crepa *f; 2. (Zeitungsspalte)* colonna *f*
spalten ['ʃpaltən] *v irr 1.* spaccare; *2. (fig: teilen)* scindere; *3. PHYS* fissionare
Spaltung ['ʃpaltuŋ] *f 1.* frattura *f; 2. (fig: Teilung)* divisione *f; 3. PHYS* fissione *f*
Span [ʃpaːn] *m* scheggia *f,* truciolo *m*
Spange ['ʃpaŋə] *f 1. (Haarspange)* fermaglio *m; 2. (Schließe)* fibbia *f; 3. (Zahnspange)* apparecchio ortodontico *m*
Spanien ['ʃpaːnjən] *n GEO* Spagna *f*
Spanier(in) ['ʃpaːnjər(ɪn)] *m/f* spagnolo/spagnola *m/f*
spanisch ['ʃpaːnɪʃ] *adj* spagnolo; ◆ *Das kommt mir spanisch vor.* Mi sembra strano.
Spanisch ['ʃpaːnɪʃ] *n* spagnolo *m*
Spanne ['ʃpanə] *f 1.* periodo *m; 2. (Unterschied)* divario *m; 3. ECO* margine *m*
spannen ['ʃpanən] *v* tendere
spannend ['ʃpanənt] *adj* emozionante; *ein ~er Film* un film avvincente *m*
Spannung ['ʃpanuŋ] *f 1. TECH* tensione *f; 2. (fig)* tensione *f*
Sparbuch ['ʃpaːrbuːx] *n* libretto di risparmio *m*
Sparbüchse ['ʃpaːrbyksə] *f* salvadanaio *m*
sparen ['ʃpaːrən] *v* risparmiare
Spargel ['ʃpargəl] *m BOT* asparago *m*
spärlich ['ʃpɛːrlɪç] *adj* scarso
sparsam ['ʃpaːrzaːm] *adj 1.* parsimonioso; *adv 2.* parsimoniosamente
Sparsamkeit ['ʃpaːrzaːmkaɪt] *f* parsimonia *f*
Sparte ['ʃpartə] *f 1.* ramo *m,* campo *m; 2. (einer Zeitung)* rubrica *f*

Spaß [ʃpaːs] *m 1. (Witz)* scherzo *m; 2. (Vergnügen)* divertimento *m*
◆ *ein teurer Spaß sein* essere un capriccio costoso
sich einen Spaß daraus machen divertirsi a fare qc
seinen Spaß mit jdm treiben divertirsi alle spalle di qd
Da hört aber der Spaß auf! Questo però è troppo!
! *Plural: Späße*

S

spaßen ['ʃpaːsən] *v* scherzare; ◆ *Mit ihm ist nicht zu spaßen!* Con lui non c'è da scherzare!
spaßig ['ʃpaːsɪç] *adj* divertente, buffo
spät [ʃpɛːt] *adj 1.* tardivo; *adv 2.* tardi
Spaten ['ʃpaːtən] *m* vanga *f*
später ['ʃpɛːtər] *adv* più tardi
spätestens ['ʃpɛːtəstəns] *adv* al più tardi
Spatz [ʃpats] *m ZOOL* passero *m;* ◆ *essen wie ein Spatz* mangiare come un uccellino
spazieren [ʃpa'tsiːrən] *v ~ gehen* passeggiare, andare a passeggio
Spazierfahrt [ʃpa'tsiːrfaːrt] *f* gita *f*
Spaziergang [ʃpa'tsiːrgaŋ] *m* passeggiata *f*
Specht [ʃpɛçt] *m ZOOL* picchio *m*
Speck [ʃpɛk] *m* lardo *m;*
◆ *leben wie die Made im Speck* nuotare nel lardo
Spediteur [ʃpedi'tøːr] *m* spedizioniere *m*
Speer [ʃpeːr] *m* giavellotto *m*
Speiche ['ʃpaɪçə] *f 1. (Radspeiche)* raggio *m; 2. ANAT* radio *m*
Speichel ['ʃpaɪçəl] *m* saliva *f*
Speicher ['ʃpaɪçər] *m 1. (Lager)* deposito *m,* magazzino *m; 2. (Dachboden)* sottotetto *m; 3. INFORM* memoria *f*
speichern ['ʃpaɪçərn] *v 1. (einlagern)* immagazzinare; *2. INFORM* memorizzare, salvare
speien ['ʃpaɪən] *v irr 1. (spucken)* sputare; *2. (erbrechen)* vomitare
Speise ['ʃpaɪzə] *f* vivanda *f,* cibo *m*
Speiseeis ['ʃpaɪzəaɪs] *n* gelato *m*
Speisekammer ['ʃpaɪzəkamər] *f* dispensa *f*
Speisekarte ['ʃpaɪzəkartə] *f* carta *f;* menù *m;* ◆ *nach der Speisekarte essen* mangiare alla carta
speisen ['ʃpaɪzən] *v 1. (essen)* mangiare; *2. (zuführen)* dar da mangiare, alimentare
Speiseröhre ['ʃpaɪzərøːrə] *f ANAT* esofago *m*
Spektrum ['ʃpɛktrum] *n (fig)* spettro *m*
Spekulant [ʃpɛku'lant] *m* speculatore *m*
Spekulation [ʃpɛkula'tsjoːn] *f* speculazione *f*
spekulieren [ʃpɛku'liːrən] *v FIN* speculare
Spende ['ʃpɛndə] *f* offerta *f*
spenden ['ʃpɛndən] *v* offrire, donare
Spender(in) ['ʃpɛndər(ɪn)] *m/f* donatore/donatrice *m/f*
spendieren [ʃpɛn'diːrən] *v* offrire
Sperma ['ʃpɛrma] *n BIO* sperma *m*
Sperrbezirk ['ʃpɛrbətsɪrk] *m* zona vietata *f*
Sperre ['ʃpɛrə] *f 1.* barriera *f; 2. (Verbot)* divieto *m; 3. POL* embargo *m*
sperren ['ʃpɛrən] *v 1.* sbarrare; *2. (verbieten)* bloccare; *3. ECO* sbarrare
Sperrgut ['ʃpɛrguːt] *n* merce ingombrante *f*
Sperrkonto ['ʃpɛrkɔnto] *n* conto vincolato *m*
Sperrmüll ['ʃpɛrmyl] *m* rifiuti ingombranti *m/pl*
Sperrstunde ['ʃpɛrʃtundə] *f* ora di chiusura *f*
Spesen ['ʃpeːzən] *pl* spese *f/pl*
Spesenrechnung ['ʃpeːzənrɛçnuŋ] *f* conto spese *m;* ◆ *auf Spesenrechnung schreiben* scrivere in conto spese
spezial [ʃpe'tsjaːl] *adj* speciale
spezialisieren [ʃpetsjali'ziːrən] *v sich ~* specializzarsi
Spezialist(in) [ʃpetsja'lɪst(ɪn)] *m/f* specialista *m/f*
Spezialität [ʃpetsjali'tɛːt] *f* specialità *f*

S

speziell [ʃpe'tsjɛl] *adj* speciale
spezifisch [ʃpe'tsi:fɪʃ] *adj* specifico
Spezifizierung [ʃpetsifi'tsi:ruŋ] *f* specificazione *f*
Sphäre ['sfɛ:rə] *f* sfera *f*
spicken ['ʃpɪkən] *v 1. (abschreiben)* copiare; *2. GAST* lardellare
Spiegel ['ʃpi:gəl] *m* specchio *m;* ◆ *jdm den Spiegel vorhalten* mettere qd di fronte a se stesso
Spiegelei ['ʃpi:gəlaɪ] *n* uovo al tegamino *m*
spiegeln ['ʃpi:gəln] *v sich ~* specchiarsi
Spiegelung ['ʃpi:gəluŋ] *f* riflesso *m*

Spiel [ʃpi:l] *n 1.* gioco *m; 2. SPORT* partita *f,* gara *f*
◆ *ein Spiel mit dem Feuer (fig)* un gioco pericoloso *m*
mit jdm leichtes Spiel haben avere gioco facile con qd
das Spiel zu weit treiben spingere il gioco troppo in là
etw aufs Spiel setzen mettere in gioco qc
auf dem Spiel stehen stare al gioco
jdn aus dem Spiel lassen lasciare qd fuori dal gioco
etw ins Spiel bringen mettere in gioco qc
mit im Spiel sein essere coinvolto nel gioco

Spielbank ['ʃpi:lbaŋk] *f* casinò *m*
Spieldose ['ʃpi:ldo:zə] *f* carillon *m*
spielen ['ʃpi:lən] *v 1.* giocare; *2. SPORT* giocare; *3. THEAT* recitare; *4. MUS* suonare
Spieler(in) ['ʃpi:lər(ɪn)] *m/f SPORT* giocatore/giocatrice *m/f*
Spielerei [ʃpi:lə'raɪ] *f* passatempo *m*
Spielfilm ['ʃpi:lfɪlm] *m* film *m*
Spielplatz ['ʃpi:lplats] *m* parco giochi *m*
Spielraum ['ʃpi:lraum] *m 1. TECH* gioco *m; 2. (fig)* libertà *f*
Spielverderber(in) ['ʃpi:lfɛrdɛrbər(ɪn)] *m/f* guastafeste *m/f*
Spielzeug ['ʃpi:ltsɔyk] *n* giocattolo *m*
Spieß [ʃpi:s] *m 1. (Speer)* giavellotto *m;* ◆ *den Spieß umdrehen* rendere pan per focaccia; *2. (Bratspieß)* spiedo *m*
spießig ['ʃpi:sɪç] *adj* piccolo borghese
Spikes [ʃpaɪks] *pl 1.* pneumatici chiodati *m/pl; 2. SPORT* scarpette chiodate *f/pl*
Spinat [ʃpi'na:t] *m BOT* spinacio *m*
Spinne ['ʃpɪnə] *f ZOOL* ragno *m*
spinnen ['ʃpɪnən] *v irr 1.* filare; *2. (fig)* essere matto
Spinnennetz ['ʃpɪnənnɛts] *n* ragnatela *f*
Spion(in) [ʃpi'o:n(ɪn)] *m/f* spia *f*
Spionage [ʃpio'na:ʒə] *f* spionaggio *m*
spionieren [ʃpio'ni:rən] *v* spiare
Spirale [ʃpi'ra:lə] *f* spirale *f*
Spirituosen [ʃpiritu'o:zən] *pl GAST* alcolici *m/pl*
Spiritus ['ʃpi:ritus] *m CHEM* spirito *m*
spitz [ʃpɪts] *adj 1.* aguzzo, affilato; *2. (fig)* tagliente; ◆ *Sie hat eine spitze Zunge.* Lei ha una lingua tagliente.
Spitzbube ['ʃpɪtsbu:bə] *m 1. (Gauner)* farabutto *m; 2. (Schelm)* birbante *m*
spitzbübisch ['ʃpɪtsbybɪʃ] *adj 1.* birichino; *adv 2.* maliziosamente

Spitze ['ʃpɪtsə] *f 1.* punta *f; 2. (Bergspitze)* cima *f,* vetta *f; 3. (Stoff)* merletto *m; 4. (fig)* apice *m*
◆ *etw auf die Spitze treiben (fig)* spingere qc fino all'estremo
sich an die Spitze stellen mettersi in cima

Spitzel ['ʃpɪtsəl] *m* spia *f*
spitzen ['ʃpɪtsən] *v* temperare
Spitzenleistung ['ʃpɪtsənlaɪstuŋ] *f* rendimento massimo *m,* record *m*
Spitzer ['ʃpɪtsər] *m* temperamatite *m*

S

spitzfindig [ˈʃpɪtsfɪndɪç] *adj* cavilloso
Spitzname [ˈʃpɪtsnaːmə] *m* soprannome *m*
Splitter [ˈʃplɪtər] *m* scaglia *f*, scheggia *f*
splittern [ˈʃplɪtərn] *v* scheggiare
splitternackt [ˈʃplɪtərnakt] *adj* nudo come un verme
sponsern [ˈʃpɔnzərn] *v* sponsorizzare
Sponsor [ˈʃpɔnzoːr] *m* sponsor *m*
spontan [ʃpɔnˈtaːn] *adj* spontaneo
Spontaneität [ʃpɔntaneiˈtɛːt] *f* spontaneità *f*
sporadisch [ʃpoˈraːdɪʃ] *adj* sporadico
Sport [ʃpɔrt] *m* sport *m*
Sportler(in) [ˈʃpɔrtlər(ɪn)] *m/f* sportivo/sportiva *m/f*
Sportplatz [ˈʃpɔrtplats] *m* campo sportivo *m*, stadio *m*
Sportverein [ˈʃpɔrtfɛraɪn] *m* circolo sportivo *m*
Spott [ʃpɔt] *m* scherno *m*
spotten [ˈʃpɔtən] *v* schernire
Sprachbegabung [ˈʃpraːxbəgaːbuŋ] *f* talento linguistico *m*
Sprache [ˈʃpraːxe] *f* *1.* lingua *f*; ◆ *die Sprache auf etw bringen* portare il discorso su qc; *nicht mit der Sprache herausrücken wollen* non voler aprire bocca; *zur Sprache kommen* entrare nel discorso; *die gleiche Sprache sprechen* parlare la stessa lingua; *eine deutliche Sprache sprechen* parlare chiaro; *Raus mit der Sprache!* Sputa il rospo! *Da verschlug es ihm die Sprache.* È rimasto ammutolito. *2. (Fachsprache)* lingua *f*, idioma *m*
Sprachenschule [ˈʃpraːxənʃuːlə] *f* scuola di lingue *f*
Sprachkenntnisse [ˈʃpraːxkɛntnɪsə] *pl* conoscenze linguistiche *f/pl*
sprachlos [ˈʃpraːxloːs] *adj* senza parole; ◆ *Da bin ich sprachlos.* Sono senza parole.

S

Spray [ˈʃpreɪ] *n* spray *m*, spruzzatore *m*
Sprechanlage [ˈʃprɛçanlaːgə] *f* citofono *m*

> **sprechen** [ˈʃprɛçən] *v irr* parlare
> ◆ *für sich selbst sprechen* parlare da sé
> *auf jdn nicht gut zu sprechen sein* non poter sopportare qd
> *Wir sprechen uns noch!* Ne parleremo ancora!
> *auf dem Stegreif sprechen* parlare all'impronta

Sprecher(in) [ˈʃprɛçər(ɪn)] *m/f* *1. (Ansager(in))* annunciatore/annunciatrice *m/f*; *2. (Wortführer(in))* portavoce *m/f*
Sprechstunde [ˈʃprɛçʃtundə] *f* orario di visita *m*
Sprechzimmer [ˈʃprɛçtsɪmər] *n* ambulatorio *m*, studio *m*
sprengen [ˈʃprɛŋən] *v* far saltare in aria, spezzare; ◆ *die Ketten sprengen* spezzare le catene
Sprengstoff [ˈʃprɛŋʃtɔf] *m* esplosivo *m*
Sprengung [ˈʃprɛŋuŋ] *f* esplosione *f*
Sprichwort [ˈʃprɪçvɔrt] *n* proverbio *m*
sprichwörtlich [ˈʃprɪçvœrtlɪç] *adj* proverbiale
Springbrunnen [ˈʃprɪŋbrunən] *m* fontana *f*
springen [ˈʃprɪŋən] *v irr* *1. (hüpfen)* saltare; *2. (fig: bersten)* spezzarsi
Spritze [ˈʃprɪtsə] *f* *1.* pompetta *f*; *2. MED* siringa *f*
spritzen [ˈʃprɪtsən] *v* *1.* spruzzare, annaffiare; *2. MED* iniettare
spröde [ˈʃprøːdə] *adj* *1. (Material)* fragile; *2. (fig: abweisend)* scostante
Sprossenwand [ˈʃprɔsənvant] *f* spalliera *f*
Sprössling [ˈʃprœslɪŋ] *m* rampollo *m*

Spruch [ʃprux] *m 1. (Wahlspruch)* motto *m; 2. JUR* verdetto *m; 3.* ◆ *große Sprüche klopfen* sputare sentenze
sprudeln ['ʃpru:dəln] *v* zampillare
sprühen ['ʃpry:ən] *v 1.* spruzzare, pioviginare; *2. (fig)* essere brioso
Sprühregen ['ʃpry:re:gən] *m* pioggerella *f*
Sprung [ʃpruŋ] *m 1.* salto *m;* ◆ *ein Sprung ins kalte Wasser* un salto nel vuoto *m; auf dem Sprung sein* essere pronto; *nur auf einen Sprung* solo per un attimo; *keine großen Sprünge machen können* non poter fare il passo più lungo della gamba; *jdm auf die Sprünge helfen* aiutare qd a proseguire; *2. (fig: Riss)* crepa *f;* ◆ *einen Sprung in der Schüssel haben* avere una rotella fuori posto
Sprungbrett ['ʃpruŋbrɛt] *n* trampolino *m*
sprunghaft ['ʃpruŋhaft] *adj* a salti
Spucke ['ʃpukə] *f* saliva *f;* ◆ *Da bleibt einem ja die Spucke weg!* C'è da rimanere a bocca aperta!
spucken ['ʃpukən] *v* sputare; ◆ *jdm auf den Kopf spucken können* essere superiore a qd; *jdm in die Suppe spucken* rompere le uova nel paniere a qd
Spuk [ʃpu:k] *m* visione *f,* fantasma *m*
spuken ['ʃpu:kən] *v* apparire
Spülbecken ['ʃpy:lbɛkən] *n* lavello *m*
Spule ['ʃpu:lə] *f 1.* rocchetto *m,* spola *f; 2. TECH* bobina *f*
spülen ['ʃpy:lən] *v* lavare
Spülmaschine ['ʃpy:lmaʃi:nə] *f* lavastoviglie *f*
Spülmittel ['ʃpy:lmɪtəl] *n* detersivo *m*
Spülung ['ʃpy:luŋ] *f 1.* sciacquone *m; 2. MED* lavaggio *m*

> **Spur** [ʃpu:r] *f 1.* orma *f; eine heiße ~* una pista calda *f; 2. (Fahrspur)* impronta *f; 3. (fig: kleine Menge)* pizzico *m; nicht die ~* neanche l'ombra
> ◆ *jdm auf die Spur kommen* mettersi sulle tracce di qd
> *jdm auf der Spur bleiben* restare sulle tracce di qd
> *in jds Spuren treten* seguire le orme di qd

spürbar ['ʃpy:rba:r] *adj* sensibile
spüren ['ʃpy:rən] *v* provare, sentire
Spürsinn ['ʃpy:rzɪn] *m* fiuto *m*
Staat [ʃta:t] *m* stato *m;* ◆ *keinen Staat machen können* non poter fare sensazione
staatenlos ['ʃta:tənlo:s] *adj* apolide
staatlich ['ʃta:tlɪç] *adj* statale
Staatsangehörigkeit ['ʃta:tsangəhørɪçkaɪt] *f* cittadinanza *f*
Staatsanwalt ['ʃta:tsanvalt] *m JUR* pubblico ministero *m*
Staatsbeamter ['ʃta:tsbəamtər] *m* impiegato statale *m*
Staatsbürger(in) ['ʃta:tsbyrgər(ɪn)] *m/f POL* cittadino/cittadina *m/f*
Staatsgeheimnis ['ʃta:tsgəhaɪmnɪs] *n* segreto di stato *m*
Staatshaushalt ['ʃta:tshaushalt] *m* bilancio pubblico *m*
Staatsoberhaupt ['ʃta:tso:bərhaupt] *n* capo di stato *m*
Stab [ʃta:p] *m 1. (Stock)* bastone *m;* ◆ *über jdm den Stab brechen* condannare qd; *2. (fig: Führungsstab)* gruppo di stato maggiore *m*
Stabhochsprung ['ʃta:pho:xʃpruŋ] *m SPORT* salto con l'asta *m*
stabil [ʃta'bi:l] *adj 1. (robust)* robusto, stabile; *2. (konstant)* solido
Stabilität [ʃtabili'tɛ:t] *f* stabilità *f*
Stachelbeere ['ʃtaxəlbe:rə] *f BOT* ribes spinoso *m*

S

stachelig ['ʃtaxəlɪç] *adj* 1. *(kratzig)* pungente; 2. *(dornig)* spinoso
Stachelschwein ['ʃtaxəlʃvaɪn] *n* porcospino *m*
Stadion ['ʃtaːdjɔn] *n* stadio *m*
Stadium ['ʃtaːdjum] *n* stadio *m*
Stadt [ʃtat] *f* città *f*
Stadtbummel ['ʃtatbuməl] *m* giro in città *m*
städtisch ['ʃtɛtɪʃ] *adj* cittadino
Stadtrand ['ʃtatrant] *m* periferia della città *f*
Stadtrat ['ʃtatraːt] *m* consiglio municipale *m*
Stadtviertel ['ʃtatfɪrtəl] *n* quartiere *m*
Staffelei [ʃtafə'laɪ] *f* cavalletto *m*
Staffellauf ['ʃtafəllauf] *m SPORT* corsa a staffetta *f*
Staffelung ['ʃtafəluŋ] *f* graduazione *f*
Stagnation [ʃtagna'tsjoːn] *f* ristagno *m*
stagnieren [ʃtag'niːrən] *v* ristagnare
Stahl [ʃtaːl] *m* acciaio *m*
Stall [ʃtal] *m* stalla *f*
Stamm [ʃtam] *m* 1. *(Baumstamm)* tronco *m;* 2. *(Volksstamm)* stirpe *f,* tribù *f*
Stammbaum ['ʃtambaum] *m* albero genealogico *m*
Stammbuch ['ʃtambuːx] *n* libro genealogico *m*
stammen ['ʃtamən] *v* derivare, provenire
Stammgast ['ʃtamgast] *m* ospite abituale *m*
stämmig ['ʃtɛmɪç] *adj* robusto
Stammkunde ['ʃtamkundə] *m* cliente abituale *m*

Stand [ʃtant] *m* 1. *(Stehen)* posizione eretta *f,* fermo *m;* 2. *(Messestand)* stand *m;* 3. *(Situation)* stato *m;* 4. *(Rang)* classe *f*

◆ *bei jdm einen guten Stand haben* essere benvisto da qd
im Stand(e) sein essere in grado
Wie ist der Stand der Dinge? Come stanno le cose?
der neueste Stand der Forschung la ricerca più avanzata
etw auf den neuesten Stand bringen aggiornare qc
aus dem Stand su due piedi
! *Plural: Stände*

Standard ['ʃtandart] *m* standard *m*
Standbild ['ʃtantbɪlt] *n* statua *f*
Ständchen ['ʃtɛntçən] *n* serenata *f*
Ständer ['ʃtɛndər] *m* supporto *m*
standesgemäß ['ʃtandəsgəmɛːs] *adj* 1. adeguato al proprio rango; *adv* 2. secondo il proprio rango
standhaft ['ʃtanthaft] *adj* stabile
standhalten ['ʃtanthaltən] *v irr* resistere, reggere; ◆ *der Kritik standhalten* reggere alla critica
ständig ['ʃtɛndɪç] *adj* 1. *(fest)* stabile; 2. *(ununterbrochen)* continuo
Standort ['ʃtantɔrt] *m* posizione *f*
Standuhr ['ʃtantuːr] *f* orologio a pendolo *m*
Stange ['ʃtaŋə] *f* stanga *f,* bacchetta *f;* ◆ *jdn bei Stange halten* tenere sulla corda qd; *bei der Stange bleiben* tener duro; *von der Stange* confezionato; *eine Stange Geld* una barca di soldi *f*
Stängel ['ʃtɛŋəl] *m* stelo *m;* ◆ *fast vom Stängel fallen* essere molto stupito
stanzen ['ʃtantsən] *v (Blech)* tranciare
Stapel ['ʃtaːpəl] *m* catasta *f;* ◆ *vom Stapel laufen* essere varato
stapeln ['ʃtaːpəln] *v* accatastare
Star[1] [ʃtaːr] *m ZOOL* storno *m*
Star[2] [ʃtaːr] *m MED* cateratta *f*
Star[3] [ʃtaːr] *m* stella *f,* star *f*

S

stark [ʃtark] *adj* forte
◆ *Das ist dann noch ein bisschen stark!* Questo è forte!
! *komp: stärker; sup: am stärksten*

Stärke ['ʃtɛrkə] *f* 1. forza *f;* 2. *(Wäschestärke)* amido *m;* 3. *GAST* fecola *f*
stärken ['ʃtɛrkən] *v* 1. rinforzare; 2. *(Wäsche)* inamidare
Stärkung ['ʃtɛrkuŋ] *f* 1. rinforzamento *m;* 2. *(Erfrischung)* ristoro *m*
starr [ʃtar] *adj* 1. rigido; 2. *(Blick)* fisso
starren ['ʃtarən] *v* fissare; ◆ *jdm ins Gesicht starren* fissare qd in faccia
starrköpfig ['ʃtarkœpfɪç] *adj* testardo
Start [ʃtart] *m* 1. partenza *f;* 2. *(eines Flugzeugs)* decollo *m;* 3. *(fig)* inizio *m*
starten ['ʃtartən] *v* 1. partire; 2. *(Auto)* avviare; 3. *(aktivieren)* cominciare
Station [ʃta'tsjoːn] *f* 1. *(Haltestelle)* fermata *f;* ~ *machen* fare sosta; 2. *(Abteilung)* reparto *m*
Statistik [ʃta'tɪstɪk] *f* statistica *f*
Stativ [ʃta'tiːf] *n* treppiede *m*
statt [ʃtat] *prep* invece di
Stätte ['ʃtɛtə] *f* posto *m,* luogo *m*
stattfinden ['ʃtatfɪndən] *v irr* aver luogo
stattlich ['ʃtatlɪç] *adj* 1. imponente, considerevole; 2. *(zahlreich)* numeroso
Statue ['ʃtaːtuə] *f* statua *f*
Statur [ʃta'tuːr] *f* statura *f*
Status ['ʃtaːtus] *m* stato *m*
Statut [ʃta'tuːt] *n* statuto *m*
Stau [ʃtau] *m* ingorgo *m,* ristagno *m*
Staub [ʃtaup] *m* polvere *f;* ◆ *Staub aufwirbeln* sollevare un polverone; *sich aus dem Staub machen* tagliare la corda; *Staub saugen* passare l'aspirapolvere
Staubsauger ['ʃtaupzaugər] *m* aspirapolvere *m*
staunen ['ʃtaunən] *v* stupirsi
Staunen ['ʃtaunən] *n* stupore *m*
Steak [ʃteːk] *n GAST* bistecca *f*
stechen ['ʃtɛçən] *v irr* 1. pungere; 2. *(Messer)* accoltellare; 3. *(fig: Sonne)* picchiare; 4. *(im Kartenspiel)* ammazzare
Steckbrief ['ʃtɛkbriːf] *m* mandato di cattura *m*
Steckdose ['ʃtɛkdoːzə] *f* presa di corrente *f*
stecken ['ʃtɛkən] *v irr* 1. infilare; *jdm etw* ~ appioppare qc a qd; 2. *(an~)* appuntare; 3. ~ *bleiben* fermarsi, rimanere intrappolato
Stecker ['ʃtɛkər] *m* spina *f*
Stecknadel ['ʃtɛknaːdəl] *f* spillo *m;* ◆ *eine Stecknadel im Heuhaufen suchen (fig)* cercare un ago nel pagliaio
Stegreif ['ʃteːkraɪf] *m* staffa *f;* ◆ *aus dem Stegreif machen* improvvisare

stehen ['ʃteːən] *v irr* 1. stare; ~ *bleiben* fermarsi; 2. *(sich befinden)* trovarsi
◆ *nicht auf halbem Weg stehen bleiben* non lasciare le cose a metà
! *Konjugation mit haben: ich habe gestanden*
≠ *stellen v* porre

stehlen ['ʃteːlən] *v irr* rubare
steif [ʃtaɪf] *adj* 1. rigido, freddo; 2. *(fig)* formale
steigen ['ʃtaɪgən] *v irr* salire
steigend ['ʃtaɪgənt] *adj* crescente
Steigerung ['ʃtaɪgəruŋ] *f* 1. *(Erhöhung)* aumento *m;* 2. *GRAMM* comparazione *f*
Steigung ['ʃtaɪguŋ] *f* salita *f*
steil [ʃtaɪl] *adj* ripido
Stein [ʃtaɪn] *m* pietra *f,* sasso *m;* ◆ *der Stein des Anstoßes* la pietra dello scandalo *f;* *den Stein ins Rollen bringen (fig)* mettere in moto le cose; *bei jdm einen Stein im Brett haben* essere nelle grazie di qd; *keinen Stein auf dem anderen las-*

S

sen non lasciare una pietra sopra l'altra; *den ersten Stein auf jdn werfen* lanciare la prima pietra su qd; *jdm Steine in den Weg legen* mettere i bastoni tra le ruote a qd; *Da fällt mir ein Stein vom Herzen!* Mi sono tolto un peso dal cuore!

Steinbock ['ʃtaɪnbɔk] *m* stambecco *m*

steinig ['ʃtaɪnɪç] *adj* sassoso, pietroso

Steißbein ['ʃtaɪsbaɪn] *n* coccige *m*

Stelle ['ʃtɛlə] *f 1.* posto *m;* ◆ *auf der Stelle treten* segnare il passo; *2. (Anstellung)* impiego *m; 3. (Dienststelle)* ufficio *m*

> **stellen** ['ʃtɛlən] *v 1.* mettere, porre; *2. (Dieb)* catturare; *3. (Uhr)* regolare
> ◆ *zur Verfügung stellen* mettere a disposizione
> *sich krank stellen* darsi malato
> *sich gut mit jdm stellen* entrare in buoni rapporti con qd
> *auf sich gestellt sein* dipendere solo da se stesso
> *kalt stellen (fig)* liquidare
> ≠ *stehen v irr* stare

Stellenangebot ['ʃtɛlənangəbo:t] *n* offerta d'impiego *f*

Stellung ['ʃtɛluŋ] *f 1.* posizione *f;* ◆ *zu etw Stellung nehmen* prendere posizione su qc; *die Stellung halten* tenere la posizione; *2. (Anstellung)* posto *m*

S

Stellvertreter(in) ['ʃtɛlfɛrtre:tər(ɪn)] *m/f* sostituto/sostituta *m/f,* supplente *m/f*

Stempel ['ʃtɛmpəl] *m* timbro *m;* ◆ *jdm seinen Stempel aufdrücken* dare la propria impronta a qd; *den Stempel von jdm tragen* portare l'impronta di qd

stempeln ['ʃtɛmpəln] *v* timbrare; ◆ *stempeln gehen* essere disoccupato

Stenografie [ʃtenogra'fi:] *f* stenografia *f*

Steppdecke ['ʃtɛpdɛkə] *f* trapunta *f*

Steppe ['ʃtɛpə] *f GEO* steppa *f*

steppen ['ʃtɛpən] *v* trapuntare; *(tanzen)* clacchettare

Stepptanz ['ʃtɛptants] *m* tip-tap *m*

Sterbefall ['ʃtɛrbəfal] *m* caso di morte *m*

> **sterben** ['ʃtɛrbən] *v irr* morire
> ◆ *für jdn gestorben sein (fig)* essere morto per qd
> *Er liegt im Sterben.* È in fin di vita.

sterblich ['ʃtɛrblɪç] *adj* mortale

Stereoanlage ['ʃtereoanla:gə] *f* impianto stereofonico *m*

stereotyp [ʃtereo'ty:p] *adj* stereotipato

> **Stern** [ʃtɛrn] *m* stella *f*
> ◆ *Sterne sehen (fig)* vedere le stelle
> *für jdn die Sterne vom Himmel holen* offrire la luna a qd
> *nach den Sternen greifen* chiedere la luna
> *in den Sternen geschrieben stehen* essere scritto nelle stelle
> *unter einem denkbar guten Stern* sotto una buona stella

Sternbild ['ʃtɛrnbɪlt] *n* costellazione *f*

sternenklar ['ʃtɛrnənkla:r] *adj* stellato

Sternschnuppe ['ʃtɛrnʃnupə] *f* stella cadente *f*

Sternstunde ['ʃtɛrnʃtundə] *f* ora siderale *f*

stets [ʃte:ts] *adv* sempre

Steuer ['ʃtɔyər] *f 1.* tassa *f; n 2. NAUT* volante *m,* timone *m;* ◆ *Er sitzt am Steuer.* È al volante.

Steuerberater(in) ['ʃtɔyərbəra:tər(ɪn)] *m/f* consulente fiscale *m/f,* commercialista *m/f*

Steuerbescheid [ʃtɔyərbəʃaɪt] *m* cartella delle imposte *f*

Steuererklärung ['ʃtɔyərɛrklɛ:ruŋ] *f* dichiarazione dei redditi *f*

steuerfrei ['ʃtɔyərfraɪ] *adj* esente da tassa
steuerlich ['ʃtɔyərlɪç] *adj 1.* fiscale; *adv 2.* a scopo fiscale
Steuermann ['ʃtɔyərman] *m* pilota *m*
steuern ['ʃtɔyərn] *v 1.* pilotare; *2. (regulieren)* regolare, comandare
Steuernummer ['ʃtɔyərnumər] *f* codice fiscale *m*
steuerpflichtig ['ʃtɔyərpflɪçtɪç] *adj* soggetto ad imposte
Steuerung ['ʃtɔyəruŋ] *f* comando *m*
Steuerzahler(in) ['ʃtɔyərtsa:lər(ɪn)] *m/f* contribuente *m/f*
Steward(ess) ['ʃtju:ərt/'ʃtju:ɑ:rdes] *m/f* assistente di volo *m/f*
Stich [ʃtɪç] *m 1.* puntura *f; 2. (Nähstich)* punto *m;* ◆ *mit kleinen Stichen nähen* cucire a piccoli punti; *3. (Messerstich)* coltellata *f; 4. ART* incisione *f; 5. (fig)* ◆ *jdn im Stich lassen* piantare in asso qd; *einen Stich haben* essere suonato
stichhaltig ['ʃtɪçhaltɪç] *adj* valido
Stichprobe ['ʃtɪçpro:bə] *f* prova *f*
Stichwahl ['ʃtɪçva:l] *f* ballottaggio *m*
Stichwort ['ʃtɪçvɔrt] *n* voce *f,* lemma *m;* ◆ *ein Stichwort nachschlagen* cercare un lemma
sticken ['ʃtɪkən] *v* ricamare
stickig ['ʃtɪkɪç] *adj* soffocante
Stickstoff ['ʃtɪkʃtɔf] *m* azoto *m*
Stiefel ['ʃti:fəl] *m* stivale *m;* ◆ *jdm die Stiefel lecken (fig)* leccare i piedi a qd, lustrare gli stivali a qd; *Das sind zwei Paar Stiefel.* È un altro paio di maniche.
Stiefmutter ['ʃti:fmutər] *f* matrigna *f*
Stiefvater ['ʃti:ffa:tər] *m* patrigno *m*
Stiel [ʃti:l] *m* stelo *m,* gambo *m*
Stier [ʃti:r] *m ZOOL* toro *m;* ◆ *den Stier bei den Hörnern packen* prendere il toro per le corna
Stift¹ [ʃtɪft] *m 1. (Bleistift)* matita *f; 2. (Nagel ohne Kopf)* perno *m*
Stift² [ʃtɪft] *n* opera pia *f,* convento *m*
stiften ['ʃtɪftən] *v 1. (schenken)* donare; ◆ *eine Runde stiften* offrire un giro; *2. (gründen)* fondare; *3. (fig: verursachen)* causare;
◆ *einen Brand stiften* appiccare il fuoco
Stifter(in) ['ʃtɪftər(ɪn)] *m/f* donatore/donatrice *m/f*
Stiftung ['ʃtɪftuŋ] *f 1.* donazione *f; 2. (Gründung)* fondazione *f;* ~ *des öffentlichen Rechts* fondazione pubblica *f*
Stil [ʃti:l] *m* stile *m*

> **still** [ʃtɪl] *adj 1.* silenzioso; *2. (ruhig)* quieto; *3. (friedlich)* pacifico, tranquillo
> ≠ *steil adj* ripido

Stille ['ʃtɪlə] *f 1.* silenzio *m; 2. (Frieden)* pace *f; 3. (Ruhe)* calma *f*
stillen ['ʃtɪlən] *v 1.* placare; ◆ *den Durst stillen* placare la sete; *2. (Kind)* allattare
stilllegen ['ʃtɪlle:gən] *v* chiudere; ◆ *einen Betrieb stilllegen* chiudere un'azienda; *den Verkehr stilllegen* sospendere il traffico
Stillstand ['ʃtɪlʃtant] *m* arresto *m*
stilvoll ['ʃti:lfɔl] *adj 1.* di buon gusto, di classe; *adv 2.* con gusto
Stimme ['ʃtɪmə] *f 1.* voce *f; 2. POL* voto *m;* ◆ *seine Stimme abgeben* dare il proprio voto
stimmen ['ʃtɪmən] *v 1. (wahr sein)* essere giusto; *2. (Instrument)* accordare
Stimmung ['ʃtɪmuŋ] *f* stato d'animo *m*
Stimmzettel ['ʃtɪmtsɛtəl] *m* scheda elettorale *f*
stinken ['ʃtɪŋkən] *v irr* puzzare
Stipendium [ʃtɪ'pɛndjum] *n* borsa di studio *f*

Stirn [ʃtɪrn] *f ANAT* fronte *f*; ◆ *jdm die Stirn bieten* tenere testa a qd; *sich an die Stirn fassen (fig)* mettersi le mani nei capelli; *Es steht ihm auf die Stirn geschrieben.* Ce l'ha scritto in fronte.

> **Stock** [ʃtɔk] *m 1.* bastone *m; 2. (Etage)* piano *m*
> ◆ *am Stock gehen* essere al verde
> *am Stock gehen (fig)* non avere denaro
> *über Stock und Stein* per monti e per valli
> ! *Plural: Stöcke*

Stockwerk ['ʃtɔkvɛrk] *n* piano *m*
Stoff [ʃtɔf] *m 1.* stoffa *f; 2. (Materie)* sostanza *f; 3. (fam: Rauschgift)* droga *f*
Stoffwechsel ['ʃtɔfvɛksəl] *m* metabolismo *m*
stöhnen ['ʃtøːnən] *v* gemere
stolpern ['ʃtɔlpərn] *v* inciampare
stolz [ʃtɔlts] *adj* orgoglioso
Stolz [ʃtɔlts] *m* orgoglio *m*
stopfen ['ʃtɔpfən] *v 1. (füllen)* riempire, imbottire; *2. (flicken)* rammendare; *3. (Essen)* saziare; ◆ *Die Kartoffeln stopfen!* Le patate saziano!
stoppen ['ʃtɔpən] *v 1. (anhalten)* fermare; *2. (messen)* cronometrare
Stoppuhr ['ʃtɔpuːr] *f* cronometro *m*
Stöpsel ['ʃtœpzəl] *m* tappo *m*
Storch [ʃtɔrç] *m ZOOL* cicogna *f*
stören ['ʃtøːrən] *v* disturbare
störend ['ʃtøːrənt] *adj* fastidioso
Störenfried ['ʃtørənfriːt] *m* importuno *m*
stornieren [ʃtɔr'niːrən] *v* stornare
Storno ['ʃtɔrno] *m/n* storno *m*
störrisch ['ʃtœrɪʃ] *adj* ostinato, testardo; ◆ *störrisch wie ein Maulesel* testardo come un mulo
Störung ['ʃtøːruŋ] *f* disturbo *m*

S

Stoß [ʃtoːs] *m 1.* colpo *m,* urto *m; 2. (Haufen)* mucchio *m; 3. (mit dem Fuß)* pedata *f*
stoßen ['ʃtoːsən] *v irr* spingere
Stoßverkehr ['ʃtoːsfɛrkeːr] *m* traffico di punta *m*
stottern ['ʃtɔtərn] *v* balbettare
Strafanzeige ['ʃtraːfantsaɪgə] *f* denuncia *f*
strafbar ['ʃtraːfbaːr] *adj JUR* passibile di pena; ◆ *sich strafbar machen* essere passibile di pena
Strafbefehl ['ʃtraːfbəfeːl] *m JUR* ordinanza penale *f*
Strafe ['ʃtraːfə] *f 1.* punizione *f; 2. JUR* pena *f;* ◆ *eine Strafe verbüßen* scontare una pena
Straferlass ['ʃtraːfɛrlas] *m JUR* condono della pena *m*
straff [ʃtraf] *adj 1. (gespannt)* teso; *2. (streng)* rigido; *3. (kurz)* conciso
Strafgesetzbuch ['ʃtraːfgəzɛtsbuːx] *n JUR* codice penale *m*
Strafporto ['ʃtraːfpɔrto] *n* soprattassa *f*
Strafraum ['ʃtraːfraum] *m* area di rigore *f*
Strafstoß ['ʃtraːfʃtoːs] *m SPORT* calcio di punizione *m*
Straftat ['ʃtraːftaːt] *f JUR* delitto *m*
Strahl [ʃtraːl] *m 1. (Sonnenstrahl)* raggio *m; 2. (Wasserstrahl)* zampillo *m*
strahlen ['ʃtraːlən] *v* emanare raggi
strahlenverseucht ['ʃtraːlənfɛrzɔyçt] *adj* contaminato dalle radiazioni
Strahlung ['ʃtraːluŋ] *f* radiazione *f*
Strand [ʃtrant] *m* spiaggia *f*
stranden ['ʃtrandən] *v* arenarsi
Strang [ʃtraŋ] *m* corda *f,* fune *f;* ◆ *am gleichen Strang ziehen* remare nella stessa direzione; *über die Stränge schlagen* oltrepassare i limiti

Straße ['ʃtraːsə] *f* strada *f*
◆ *jdn auf die Straße werfen* ridurre sul lastrico
auf der Straße liegen essere in mezzo ad una strada
auf die Straße gehen scendere in piazza

Straßenbahn ['ʃtraːsənbaːn] *f* tram *m*
Straßenverhältnisse ['ʃtraːsənfɛrhɛltnɪsə] *pl* condizioni stradali *f/pl*
Strategie [ʃtrate'giː] *f* strategia *f*
sträuben ['ʃtrɔybən] *v sich ~* rizzarsi
Strauch [ʃtraux] *m BOT* arbusto *m*, cespuglio *m*
Strauß[1] [ʃtraus] *m BOT* mazzo *m*
Strauß[2] [ʃtraus] *m ZOOL* struzzo *m*
strebsam ['ʃtreːpzam] *adj* solerte
Strecke ['ʃtrɛkə] *f* percorso *m*, distanza *f*; ◆ *jdn zur Strecke bringen* sopraffare qd
strecken ['ʃtrɛkən] *v* tendere

Streich [ʃtraɪç] *m 1. (Schlag)* colpo *m*; *2. (Schabernack)* burla *f*
◆ *auf einen Streich* di colpo
jdm einen Streich spielen giocare un brutto tiro a qd
≠ *Strich m* tratto

streichen ['ʃtraɪçən] *v irr 1. (berühren)* passare la mano su qc, lisciare; *2. (auf~)* spalmare; *3. (an~)* pitturare; *4. (durch~)* cancellare; ◆ *Nichtzutreffendes streichen* cancellare ciò che non interessa; *5. (annullieren)* annullare
Streichholz ['ʃtraɪçhɔlts] *n* fiammifero *m*
Streife ['ʃtraɪfə] *f* pattuglia *f*
Streifen ['ʃtraɪfən] *m 1. (Band)* striscia *f*, nastro *m*; *2. (Linie)* striscia *f*, riga *f*
Streifzug ['ʃtraɪftsuːk] *m* giro *m*; escursione *f*
Streik [ʃtraɪk] *m* sciopero *m*
streiken ['ʃtraɪkən] *v* scioperare
Streit [ʃtraɪt] *m* litigio *m*, lite *f*
streitbar ['ʃtraɪtbaːr] *adj* bellicoso, combattivo
streiten ['ʃtraɪtən] *v irr* litigare
Streitfrage ['ʃtraɪtfraːgə] *f* controversia *f*
streng [ʃtrɛŋ] *adj 1.* severo; *2. (Vorschrift)* rigoroso
Stress [ʃtrɛs] *m* stress *m*

Strich [ʃtrɪç] *m 1.* tratto *m*, linea *f*; *2. (Pinselstrich)* pennellata *f*; *3. (Prostitution)* passeggio delle prostitute *m*
◆ *einen Strich unter etw ziehen (fig)* mettere una pietra su qc
gegen den Strich gehen non andare a genio
nach Strich und Faden lügen mentire spudoratamente
auf den Strich gehen battere il marciapiede
jdm einen Strich durch die Rechnung machen mandare all'aria i progetti di qd
≠ *Streich m* colpo

Strick [ʃtrɪk] *m* corda *f*, fune *f*; ◆ *wenn alle Stricke reißen* nel peggiore dei casi; *jdm aus etw einen Strick drehen* ritorcere qc contro qd
stricken ['ʃtrɪkən] *v* lavorare a maglia
strikt [ʃtrɪkt] *adj 1.* preciso, esatto; *adv 2.* strettamente
Strohhalm ['ʃtroːhalm] *m* filo di paglia *m*, cannuccia *f*; ◆ *nach dem rettenden Strohhalm greifen* aggrapparsi all'ultima speranza; *sich an einen Strohhalm klammern* aggrapparsi a un filo di speranza
Strom [ʃtroːm] *m 1. (Fluss)* fiume *m*; *2. (elektrischer ~)* corrente *f*; *3. (Strömung)*

S

corrente *f,* flusso *m;* ◆ *mit dem Strom schwimmen* seguire la corrente; *gegen den Strom schwimmen* andare contro corrente
strömen ['ʃtrøːmən] *v* scorrere, fluire
Strömung ['ʃtrøːmuŋ] *f* corrente *f*
Stromverbrauch ['ʃtroːmfɛrbraux] *m* consumo di corrente *m*
Stromzähler ['stroːmtsɛːlər] *m* contatore della luce *m*
Strophe ['ʃtroːfə] *f* strofa *f*
Struktur [ʃtruk'tuːr] *f* struttura *f*
strukturell [ʃtruktu'rɛl] *adj* strutturale
Strumpf [ʃtrumpf] *m* calza *f*
Strumpfband ['ʃtrumpfbant] *n* giarrettiera *f*
Strumpfhose ['ʃtrumpfhoːzə] *f* calzamaglia *f*
struppig ['ʃtrupıç] *adj* ispido
Stube ['ʃtuːbə] *f* camera *f*

Stück [ʃtyk] *n 1.* parte *f; 2. THEAT* opera teatrale *f; 3. (einer Speise)* pezzo *m; 4. (Torte)* fetta *f*
◆ *etw in Stücke reißen* fare a pezzi qc
große Stücke auf jdn halten stimare molto qd

S **stückweise** ['ʃtykvaızə] *adv* a pezzi
Stückzahl ['ʃtyktsaːl] *f* quantità *f*
Student(in) [ʃtu'dɛnt(ın)] *m/f* studente(ssa) *m/f*
Studie ['ʃtuːdjə] *f* studio *m*
studieren [ʃtu'diːrən] *v* studiare
Studio ['ʃtuːdjo] *n* studio *m*
Studium ['ʃtuːdjum] *n* studio *m*
Stufe ['ʃtuːfə] *f 1. (Treppenstufe)* gradino *m; 2. (Phase)* fase *f,* stadio *m*
stufenweise ['ʃtuːfənvaızə] *adv* gradualmente, progressivamente

Stuhl [ʃtuːl] *m* sedia *f*
◆ *fast vom Stuhl fallen* rimanere sbalordito
jdn nicht vom Stuhl reißen non stupire molto qd
zwischen zwei Stühle sitzen tenere il piede in due scarpe
! *Plural: Stühle*

Stuhlgang ['ʃtuːlgaŋ] *m* evacuazione *f*
stumm [ʃtum] *adj* muto
stümperhaft ['ʃtympərhaft] *adj 1.* pasticciato; *adv 2.* da pasticcione
stumpf [ʃtumpf] *adj 1. (nicht scharf)* smussato; *2. (fig: glanzlos)* opaco; *3. (fig: teilnahmslos)* apatico
Stumpfsinn ['ʃtumpfzın] *m* ottusità *f*

Stunde ['ʃtundə] *f* ora *f*
◆ *die Stunde der Wahrheit* l'ora della verità *f*
Seine letzte Stunde hat geschlagen. È arrivata la sua ora.

stunden ['ʃtundən] *v ECO* prorogare
Stundenkilometer ['ʃtundənkiːlomeːtər] *m* chilometro orario *m*
stundenlang ['ʃtundənlaŋ] *adj 1.* di più ore; *adv 2.* per ore e ore
Stundenplan ['ʃtundənplan] *m* orario *m*
stündlich ['ʃtyntlıç] *adj 1.* orario; *adv 2.* all'ora, ogni ora
Stups [ʃtups] *m (fam)* spinta *f*
stur [ʃtuːr] *adj 1.* testardo; *ein ~er Blick* uno sguardo fisso *m; adv 2.* fissamente
Sturm [ʃturm] *m* tempesta *f*
Sturmflut ['ʃturmfluːt] *f* mareggiata *f*
stürmisch ['ʃtyrmıʃ] *adj 1. (Wetter)* burrascoso, tempestoso; *2. (fig)* impetuoso
Sturz [ʃturts] *m* caduta *f,* crollo *m*

stürzen ['ʃtyrtsən] *v* *1.* *(fallen)* cadere; *2.* *POL* rovesciare; *3.* *sich ~* avventarsi
Stütze ['ʃtytsə] *f* *1.* sostegno *m*, supporto *m*; *2.* *(fig)* sostegno *m*
stützen ['ʃtytsən] *v* *1.* *(halten)* mantenere; ◆ *eine Mauer stützen* puntellare un muro; *2.* *(fig: unter~)* sostenere
stutzig ['ʃtutsɪç] *adj* sorpreso, stupito
subjektiv [zupjɛk'ti:f] *adj* soggettivo
Substantiv ['zupstanti:f] *n* sostantivo *m*
Substanz [zup'stants] *f* sostanza *f*
Suche ['zu:xə] *f* ricerca *f*

suchen ['zu:xən] *v* cercare
◆ *Das hat hier nichts zu suchen.* Questo non c'entra niente.

Sucht [zuxt] *f* *MED* mania *f*
süchtig ['zyçtɪç] *adj* *1.* maniaco; *2.* *(drogen~)* tossicomane
Südafrika [zy:t'afrɪka] *n* Sud Africa *m*
Südamerika [zy:ta'me:rɪka] *n* Sudamerica *m*
Süden ['zy:dən] *m* sud *m*
südlich ['zy:dlɪç] *adj* meridionale
Südpol ['zy:tpo:l] *m* *GEO* polo sud *m*
Sühne ['zy:nə] *f* espiazione *f*
Summe ['zumə] *f* somma *f*
summen ['zumən] *v* ronzare, canticchiare; ◆ *Die Bienen summen.* Le api ronzano. *eine Melodie summen* canticchiare una melodia
Sumpf [zumpf] *m* palude *f*
Sünde ['zyndə] *f* peccato *m*
Sündenbock ['zyndənbɔk] *m* capro espiatorio *m*
Sünder ['zyndər] *m* peccatore *m*
sündigen ['zyndɪgən] *v* peccare
Superlativ [zupərla'ti:f] *m* superlativo *m*
Suppe ['zupə] *f* *GAST* zuppa *f*; ◆ *jdm die Suppe versalzen (fig)* intralciare i piani di qd; *sich eine schöne Suppe einbrocken* mettersi in un bel pasticcio; *Du musst die Suppe auslöffeln, die du dir eingebrockt hast.* Chi rompe paga e i cocci sono i suoi.
surfen ['zø:rfən] *v* *1.* *SPORT* praticare il surf; *2.* *~ im Internet* navigare in Internet

süß [zy:s] *adj* *1.* *(Geschmack)* dolce; *2.* *(niedlich)* carino

Süßigkeiten ['zy:sɪçkaɪtən] *pl* dolci *m/pl*
süßsauer [zys'zauər] *adj* agrodolce
Süßspeise ['zy:sʃpaɪzə] *f* dolce *m*
Süßwasser ['sy:svasər] *n* acqua dolce *f*
Symbol [zym'bo:l] *n* simbolo *m*
symmetrisch [zy'me:trɪʃ] *adj* simmetrico
Sympathie [zympa'ti:] *f* simpatia *f*
sympathisch [zym'pa:tɪʃ] *adj* simpatico
Symptom [zymp'to:m] *n* sintomo *m*
System [zys'te:m] *n* sistema *m*
Szene ['stse:nə] *f* scena *f*; ◆ *jdm eine Szene machen* fare una scenata a qd

S

T

Tabak ['tabak] *m* tabacco *m*
Tabakwaren ['tabakva:rən] *pl* tabacchi *m/pl*
Tabelle [ta'bɛlə] *f* tabella *f*
Tablett [ta'blɛt] *n* vassoio *m*
Tablette [ta'blɛtə] *f* *MED* compressa *f*
Tabu [ta'bu:] *n* tabù *m*
Tadel ['ta:dəl] *m* rimprovero *m* ammonimento *m*
tadeln ['ta:dəln] *v* rimproverare, ammonire
Tafel ['ta:fəl] *f* *1.* lavagna *f*; *2. (Schalttafel)* quadro *m*; *3. (gedeckter Tisch)* tavola *f*; *4. (Schokoladentafel)* tavoletta *f*
täfeln ['tɛ:fəln] *v* rivestire di legno

> **Tag** [ta:k] *m* giorno *m*; *bei* ~ di giorno; *unter* ~*e* in sottoterra; *über* ~*e* a cielo aperto; *eines* ~*es* un giorno; *von* ~ *zu* ~ di giorno in giorno; ~ *und Nacht* giorno e notte; *den lieben langen* ~ tutto il santo giorno
> ◆ *Die Tage werden kürzer.* I giorni si accorciano.
> *an den Tag kommen* venire alla luce
> *etw an den Tag legen* mostrare qc
> *in den Tag hineinleben* vivere alla giornata
> *Guten Tag!* Buon giorno!

Tagebuch ['ta:gəbu:x] *n* diario *m*
tagelang ['ta:gəlaŋ] *adj 1.* da parecchi giorni; *adv 2.* per giorni interi
Tagesanbruch ['ta:gəsanbrux] *m* alba *f*
Tageslicht ['ta:gəslıçt] *n* luce del giorno *f*; ◆ *etw ans Tageslicht bringen* portare qc alla luce; *das Tageslicht scheuen* evitare la luce del giorno
Tagesordnung ['ta:gəsɔrdnuŋ] *f* ordine del giorno *m*; ◆ *zur Tagesordnung übergehen* passare all'ordine del giorno
Tageszeitung ['ta:gəstsaıtuŋ] *f* quotidiano *m*
tageweise ['ta:gəvaızə] *adv* a giorni
täglich ['tɛ:klıç] *adj 1.* quotidiano; *adv 2.* giornalmente, quotidianamente
Tagung ['ta:guŋ] *f* seduta *f*
Taille ['taljə] *f* vita *f*
Takt [takt] *m 1.* tatto *m*; *2. MUS* battuta *f*, tempo *m*; ◆ *den Takt angeben* dare il tempo; *aus dem Takt kommen* andare fuori tempo
taktvoll ['taktfɔl] *adj 1.* pieno di tatto; *adv 2.* con tatto, discretamente
Tal [ta:l] *n* valle *f*
Talent [ta'lɛnt] *n* talento *m*
Talisman ['ta:lısman] *m* talismano *m*
Talsohle ['ta:lzo:lə] *f* *1.* fondovalle *m*; *2. (fig)* fondo *m*; ◆ *die Talsohle erreichen* toccare il fondo
Tampon ['tampɔ̃] *m* tampone *m*
Tang [taŋ] *m BOT* fuco *m*
Tank [taŋk] *m* serbatoio *m*
tanken ['taŋkən] *v* fare benzina
Tanker ['taŋkər] *m* petroliera *f*
Tankstelle ['taŋkʃtɛlə] *f* distributore di benzina *m*
Tankwart ['taŋkvart] *m* benzinaio *m*
Tanne ['tanə] *f BOT* abete *m*
Tannenzapfen ['tanəntsapfən] *m* pigna *f*

> **Tante** ['tantə] *f* zia *f*
> ◆ *Sie ist eine alte Tante. (fig)* È una vecchia zitella.

Tantieme [tant'jɛ:mə] *f* percentuale *f*

Tomate [to'maːtə] *f BOT* pomodoro *m;* ◆ *eine treulose Tomate sein (fig)* essere proprio un bel tipo; *Tomaten auf den Augen haben (fig)* avere gli occhi foderati di prosciutto
Tombola ['tɔmbola] *f* tombola *f*
Ton[1] [toːn] *m 1. (Laut)* tono *m,* suono *m; 2. (Umgangston)* tono *m;* ◆ *einen anderen Ton anschlagen* cambiare tono; *den Ton angeben* dominare; *sich im Ton vergreifen* sbagliare tono; *jdn in den höchsten Tönen loben* portare qd alle stelle; *große Töne spucken* darsi delle arie; *3. MUS* tono *m*
Ton[2] [toːn] *m (Lehm)* argilla *f*
Tonband ['toːnbant] *n* nastro magnetico *m*
tönen ['tøːnən] *v 1.* sonare; *2. (färben)* tingere; *3. (fig: prahlen)* darsi delle arie
Tonleiter ['toːnlaɪtər] *f MUS* scala musicale *f*
Tonne ['tɔnə] *f 1. (Maßeinheit)* tonnellata *f; 2. (Gefäß)* botte *f,* barile *m*
Tönung ['tøːnuŋ] *f* tintura *f*

Topf [tɔpf] *m* vaso *m*
◆ *alles in einen Topf werfen (fig)* fare d'ogni erba un fascio
wie Topf und Deckel zusammenpassen essere pappa e ciccia, essere culo e camicia
! *Plural: Töpfe*

Tor [toːr] *n 1. (Tür)* porta *f,* portone *m; 2. SPORT* rete *f;* ◆ *ein Tor schießen* segnare un goal; *3. (Treffer)* centro *m*
Torf [tɔrf] *m* torba *f*
Torheit ['toːrhaɪt] *f* follia *f*
töricht ['tøːrɪçt] *adj* folle
torkeln ['tɔrkəln] *v* barcollare
torpedieren [tɔrpe'diːrən] *v (fig)* silurare; ◆ *die Pläne torpedieren* sventare i piani
Torte ['tɔrtə] *f GAST* torta *f*
Tortur [tɔr'tuːr] *f* tortura *f*
Torwart ['toːrvart] *m* portiere *m*
tot [toːt] *adj* morto; ◆ *mehr tot als lebendig sein* essere più morto che vivo
total [to'taːl] *adj* totale, completo
totalitär [totali'tɛːr] *adj* totalitario
Tote ['toːtə] *m* morto *m*
töten ['tøːtən] *v* uccidere, ammazzare
Totenkopf ['toːtənkɔpf] *m* teschio *m*
Totensonntag ['toːtənzɔntaːk] *m REL* giorno dei morti *m*
Totschlag ['toːtʃlaːk] *m JUR* omicidio volontario *m*
Toupet [tu'peː] *n* toupet *m*
Tour [tuːr] *f 1.* giro *m,* gita *f;* ◆ *jdn auf Touren bringen* portare qd su di giri; *eine krumme Tour* un atto disonesto *m; in einer Tour* in continuazione; *2. (fig)* maniera *f*
Tourismus [tu'rɪsmus] *m* turismo *m*
Tourist [tu'rɪst] *m* turista *m*
Tournee [tur'neː] *f* tournée *f*
Trab [traːp] *m* trotto *m;* ◆ *jdn auf Trab bringen* far trottare qd; *jdn auf Trab halten* tenere ontinuamente impegnato qd
Tracht [traxt] *f* costume *m,* abito *m*
trachten ['traxtən] *v 1. ~ nach* cercare di; ◆ *danach trachten, berühmt zu werden* aspirare a diventare famoso; *2. danach ~, etw zu tun* sforzarsi di fare qc
trächtig ['trɛçtɪç] *adj ZOOL* gravida, pregna
Tradition [tradits'joːn] *f* tradizione *f*
traditionell [traditsjoː'nɛl] *adj* tradizionale
Tragbahre ['traːkbaːrə] *f* barella *f*
tragbar ['traːkbaːr] *adj 1. (Apparat)* portatile, portabile; *2. (Mode)* indossabile; *3. (fig)* sopportabile
träge ['trɛːgə] *adj 1.* lento, tardo; *2. PHYS* inerte; *~ Masse* massa inerte *f*

T

tragen ['traːgən] *v irr 1.* portare; *2. (fig: er~)* sopportare
◆ *für etw Sorge tragen* preoccuparsi di qc
zum Tragen kommen diventare efficace
≠ *trügen v* ingannare

Träger ['trɛːgər] *m 1. (Stütze)* trave *f; 2. (einer Kleidung)* bretella *f,* spallina *f*
Trägheit ['trɛːkhaɪt] *f 1.* lentezza *f,* tardezza *f; 2. PHYS* inerzia *f; ~ der Masse* inerzia della massa *f*
Tragik ['traːgɪk] *f* tragico *m,* tragicità *f*
Tragödie [tra'gøːdjə] *f* tragedia *f*
Tragweite ['traːkvaɪtə] *f* portata *f*
Trainer ['trɛːɪnər] *m* allenatore *m*
trainieren [trɛː'niːrən] *v* allenare
Training ['trɛːɪnɪŋ] *n* allenamento *m; autogenes ~* training autogeno *m*
traktieren [trak'tiːrən] *v* tormentare
Traktor ['traktɔr] *m AGR* trattore *m*
trällern ['trɛlərn] *v* canticchiare
trampeln ['trampəln] *v* pestare i piedi
trampen ['trɛmpən] *v* fare l'autostop
Tramper ['trɛmpər] *m* autostoppista *m*
Tran [traːn] *m* olio di pesce *m;*
◆ *im Tran sein* essere intontito/essere ubriaco
Trance [trɑ̃s] *f* trance *m;* ◆ *in Trance fallen* cadere in trance
tranchieren [trɑ̃n'ʃiːrən] *v* tranciare
T **Träne** ['trɛːnə] *f* lacrima *f*
tränen ['trɛːnən] *v* lacrimare
Tränengas ['trɛːnəngaːs] *n* gas lacrimogeno *m*
tränken ['trɛŋkən] *v 1. (Tiere)* abbeverare; *2. (imprägnieren)* impregnare
Transaktion [tranzakts'joːn] *f* transazione *f*
Transfer [trans'feːr] *m* transfer *m*
Transformator [transfɔr'maːtɔr] *m TECH* trasformatore *m*
Transfusion [transfu'zjoːn] *f* trasfusione *f*
transparent [transpa'rɛnt] *adj* trasparente
Transparent [transpa'rɛnt] *n* trasparente *m*
Transparenz [transpa'rɛnts] *f* trasparenza *f*
Transplantation [transplanta'tsjoːn] *f MED* trapianto *m*
Transport [trans'pɔrt] *m* trasporto *m*
transportieren [transpor'tiːrən] *v* trasportare
Transportmittel [trans'portmɪtəl] *n* mezzo di trasporto *m*
Trapez [tra'peːts] *n* trapezio *m*
Tratsch [traːtʃ] *m* pettegolezzi *m/pl*
Traube ['traubə] *f BOT* grappolo *m*
Traubenzucker ['traubəntsukər] *m* destrosio *m,* zucchero d'uva *m*
trauen ['trauən] *v 1. (verheiraten)* sposare; *2. (ver~)* aver fiducia, fidarsi; *3. sich ~* osare, avere il coraggio
Trauer ['trauər] *f* lutto *m,* tristezza *f*
Trauerfall ['trauərfal] *m* lutto *m*
trauern ['trauərn] *v* essere in lutto; ◆ *um jdn trauern* piangere la morte di qd

Traum [traum] *m* sogno *m*
◆ *nicht im Traum* neanche per sogno
Aus der Traum! Fine del sogno!
! *Plural: Träume*

Trauma ['trauma] *n MED* trauma *m*
träumen ['trɔymən] *v* sognare; ◆ *sich etw nicht träumen lassen* non osare neppure a sognare qc
Träumer(in) ['trɔymər(ɪn)] *m/f* sognatore/sognatrice *m/f*
traumhaft ['traumhaft] *adj 1. (fig)* fantastico; *adv 2. (fig)* da sogno
traurig ['traurɪç] *adj* triste, mesto
Traurigkeit ['traurɪçkaɪt] *f* tristezza *f*

Trauung ['trauuŋ] *f* 1. matrimonio *m;* 2. *(standesamtlich)* matrimonio civile *m*
treffen ['trɛfən] *v irr* 1. colpire; ◆ *Die Kugel traf den Polizisten.* La pallottola colpì il poliziotto. 2. *(begegnen)* incontrare; ◆ *jdn auf der Straße treffen* incontrare qd per strada; 3. *(fig: berühren)* toccare; ◆ *jdn tief treffen* toccare qd profondamente
treffend ['trɛfənt] *adj* indovinato
Treffer ['trɛfər] *m* 1. centro *m,* colpo andato a segno *m;* 2. *(fig)* vincita *f*
treiben ['traɪbən] *v irr* 1. *(be~)* praticare; 2. *(an~)* spingere; ◆ *etw zu weit treiben* spingere qc troppo oltre; 3. *(Sport)* fare; 4. *(Handel)* esercitare
Treibhaus ['traɪphaus] *n* serra *f*
Treibstoff ['traɪpʃtɔf] *m* carburante *m*
Trend [trɛnt] *m* tendenza *f*
trennen ['trɛnən] *v* separare, dividere
Trennung ['trɛnuŋ] *f* separazione *f*
Treppe ['trɛpə] *f* scala *f;* ◆ *die Treppe hinauffallen* fare carriera/fare strada
Treppenhaus ['trɛpənhaus] *n* tromba delle scale *f*
Tresor [tre'zoːr] *m* cassaforte *f*
Tretboot ['treːtboːt] *n* pedalò *m*
treten ['treːtən] *v irr* 1. calpestare; 2. *(Fußtritt geben)* dare un calcio
treu [trɔy] *adj* fedele
Treue ['trɔyə] *f* fedeltà *f*
treuherzig ['trɔyhɛrtsɪç] *adj* innocente
Tribüne [tri'byːnə] *f* tribuna *f*
Trichter ['trɪçtər] *m* imbuto *m;* ◆ *auf den richtigen Trichter kommen* avere l'idea giusta; *jdn auf den richtigen Trichter bringen* portare qd alle giuste conclusioni
Trick [trɪk] *m* trucco *m;* ◆ *Trick siebzehn* trucchi del mestiere
Trieb [triːp] *m* 1. istinto *m,* impulso *m;* 2. *BOT* germoglio *m;* 3. *(Begierde)* desiderio *m,* voglia *f*
triebhaft ['triːphaft] *adj* istintivo
Triebtäter ['triːptɛtər] *m* maniaco sessuale *m*
triefen ['triːfən] *v* grondare
triefig ['trɪftɪç] *adj* gocciolante
Trikot [trɪ'koː] *n* maglia *f*
trinkbar ['trɪŋkbaːr] *adj* potabile
trinken ['trɪŋkən] *v irr* bere; ◆ *einen trinken* bere un bicchierino
Trinker(in) ['trɪŋkər(ɪn)] *m/f* bevitore/bevitrice *m/f*
Trinkgeld ['trɪŋkgɛlt] *n* mancia *f*
Trinkspruch ['trɪŋkʃprux] *m* brindisi *m*
trippeln ['trɪpəln] *v* trotterellare
Tritt [trɪt] *m* 1. passo *m;* 2. *(Spur)* orma *f;* 3. *(Fußtritt)* calcio *m*
Trittbrett ['trɪtbrɛt] *n* pedana *f*
Triumph [tri'umpf] *m* trionfo *m*
triumphieren [trium'fiːrən] *v* trionfare
trocken ['trɔkən] *adj* 1. asciutto; ◆ *auf dem Trockenen sitzen* essere a secco; 2. *(dürr)* arido, secco; 3. *(herb)* secco
Trockenhaube ['trɔkənhaubə] *f* casco asciugacapelli *m*
Trockenheit ['trɔkənhaɪt] *f* aridità *f*
trockenlegen ['trɔkənleːgən] *v* 1. applicare il proibizionismo ad un paese; 2. *(Säugling)* cambiare i pannolini a un neonato; 3. *(Sumpf)* prosciugare, bonificare
trocknen ['trɔknən] *v* asciugare
Trödel ['trøːdəl] *m* ciarpame *m*
trödeln ['trøːdəln] *v* gingillarsi
Trödler ['trøːdlər] *m* 1. *(Händler)* rigattiere *m;* 2. *(fig)* perdigiorno *m*
Trog [troːk] *m* trogiolo *m*
Trommel ['trɔməl] *f MUS* tamburo *m*
Trommelfell ['trɔməlfɛl] *n ANAT* timpano *m*
trommeln ['trɔməln] *v* tambureggiare
Trompete [trɔm'peːtə] *f* tromba *f*
Tropen ['troːpən] *pl GEO* Tropici *m/pl*

T

Tropf [trɔpf] *m* 1. *MED* fleboclisi *f;* 2. *(Dummkopf)* deficiente *m*
tropfen ['trɔpfən] *v* gocciolare

> **Tropfen** ['trɔpfən] *m* goccia *f*
> ◆ *Es fallen dicke Tropfen.* Piove a catinelle.
> *ein Tropfen auf dem heißen Stein sein (fig)* essere una goccia nel mare
> **!** *Plural: Tropfen*
> ≠ *Tropf m* fleboclisi

tropisch ['tro:pɪʃ] *adj* tropico
Trost [tro:st] *m* consolazione *f;* ◆ *nicht ganz bei Trost sein* essere un po' suonato
trösten ['trø:stən] *v* confortare
tröstlich ['trø:stlıç] *adj* consolante
trostlos ['tro:stlo:s] *adj* sconsolato
Trostlosigkeit ['tro:stlo:zıçkaıt] *f* sconforto *m*
Trott [trɔt] *m* 1. trotto; 2. *(fig)* tran tran *m;* ◆ *der tägliche Trott* il solito tran tran
Trottel ['trɔtəl] *m (fam)* stupido *m*
Trottoir [trɔto'a:r] *n* marciapiede *m*
trotz [trɔts] *prep* nonostante, malgrado
Trotz [trɔts] *m* ostinazione *f,* caparbietà *f*

> **trotzdem** ['trɔtsde:m] *konj* 1. anche se; *adv* 2. ciò nonostante
> ◆ *Er hat es trotzdem getan.* Lo ha fatto comunque.

trotzen ['trɔtsən] *v* 1. resistere; 2. *(schmollen)* tenere il broncio
trotzig ['trɔtsıç] *adj* caparbio, testardo; ◆ *Er ist ein trotziges Kind.* E'un bambino testardo.
Trotzkopf ['trɔtskɔpf] *m* capa tosta *f*
trüb [try:p] *adj* 1. torbido; 2. *(matt)* opaco; 3. *(regnerisch)* grigio, coperto
Trubel ['tru:bəl] *m* trambusto *m*
trüben ['try:bən] *v* 1. intorbidire; 2. *(fig: Stimmung, Himmel)* offuscare; ◆ *die Freude trüben* offuscare la gioia
Trübsal ['try:pza:l] *f* afflizione *f;* ◆ *Trübsal blasen* fare il pianto greco
trübselig ['try:pze:lıç] *adj* afflitto
Trüffel ['tryfəl] *m BOT* tartufo *m*
trügen ['try:gən] *v irr* ingannare; ◆ *Der Schein trügt.* L'apparenza inganna.
trügerisch ['try:gərıʃ] *adj* illusorio
Truhe ['tru:ə] *f* cassone *m,* cassapanca *f*
Trümmer ['trymər] *pl* macerie *f/pl,* rovine *f/pl,* frantumi *m/pl;* ◆ *in Trümmer sinken* rompersi in mille pezzi; *in Trümmern liegen* essere ridotto a un cumulo di macerie
Trumpf [trumpf] *m* 1. trionfo *m;* 2. *(fig)* vantaggio *m;* ◆ *alle Trümpfe in der Hand haben* avere tutti i vantaggi dalla propria parte; *einen Trumpf ausspielen* giocare una carta vincente; *die Trümpfe aus der Hand geben* gettare via le carti vincenti; 3. *(Spielkarte)* carta *f;* ◆ *den letzen Trumpf ausspielen* giocare l'ultima carta
Truppe ['trupə] *f* 1. *MIL* truppa *f;* 2. *THEAT* troupe *f*
Truthahn ['tru:tha:n] *m* tacchino *m*
Tschechien ['tʃɛçai] *f GEO* Repubblica ceca *f*
Tschechoslowakei [tʃɛçɔslova'kaı] *f HIST* Cecoslovacchia *f*
tschüss [tʃy:s] *interj* ciao
T-Shirt ['ti:ʃɜ:t] *n* maglietta *f,* T-shirt *f*
Tube ['tu:bə] *f* 1. tubo *m;* ◆ *auf die Tube drücken* andare a tavoletta; 2. *(für Creme)* tubetto *m*
Tuch [tu:x] *n* 1. panno *m;* ◆ *ein rotes Tuch für jdn sein* mandare qd su tutte le furie; 2. *(Stoff)* tessuto *m;* 3. *(Halstuch)* foulard *m*
tüchtig ['tyçtıç] *adj* bravo
Tüchtigkeit ['tyçtıçkaıt] *f* bravura *f*
Tücke ['tykə] *f* malvagità *f*
tückisch ['tykıʃ] *adj* malvagio
Tugend ['tu:gənt] *f* virtù *f*

anz [tants] *m* *1.* danza *f*; *2. (Veranstaltung)* ballo *m*
Plural: Tänze

nzen ['tantsən] *v* ballare, danzare
änzer(in) ['tɛntsər(ɪn)] *m/f* ballerino/ llerina *m/f*
apete [ta'pe:tə] *f* carta da parati *f*; ◆ *e Tapeten wechseln (fig)* cambiare aria
apezieren [tapə'tsi:rən] *v* mettere la rta da parati
apfer ['tapfər] *adj* valoroso, coraggioso
apferkeit ['tapfərkaɪt] *f* valore *m*
arantel [ta'rantəl] *f* tarantola *f*; ◆ *'e von der Tarantel gestochen* come orso dalla tarantola
arif [ta'ri:f] *m* tariffa *f*
ariflohn [ta'ri:flo:n] *m ECO* salario ontrattuale *m*
arnen ['tarnən] *v* mascherare, mimezzare
arnung ['tarnuŋ] *f* mimetizzazione *f*
asche ['taʃə] *f* *1.* borsa *f*, borsetta *f*; *(Aktentasche)* cartella *f*; *3. (einer Kleiung)* tasca *f*; ◆ *jdn in die Tasche stecken* ettere qd nel sacco; *jdm auf der Tasche egen* vivere a spese di qd; *tief in die Tahe greifen müssen* doversi svenare; *etw s eigener Tasche bezahlen* pagare qc di sca propria; *jdm Geld aus der Tasche ehen* sfilare denaro dalla tasca a qd
aschenbuch ['taʃənbu:x] *n* libro tabile *m*
aschendieb ['taʃəndi:p] *m* borsaiolo *m*
aschentuch ['taʃəntu:x] *n* fazzolet- *m*
asse ['tasə] *f* tazza *f*; ◆ *nicht alle Tasen im Schrank haben (fig)* non avere tutte rotelle al loro posto
astatur [tasta'tu:r] *f* tastiera *f*
aste ['tastə] *f* tasto *m*
asten ['tastən] *v* tastare, palpare

Tastenzwang ['tastəntsvaŋ] *m INFORM* costrizione di tasto *f*
Tat [ta:t] *f* *1. (Handlung)* azione *f*, atto *m*; *2. (Straftat)* reato *m*
Tatbestand ['ta:tbəʃtant] *m* stato di fatto *m*, fatti *m/pl*
Tatendrang ['ta:təndraŋ] *m* dinamismo *m*
tatenlos ['ta:tənlo:s] *adv* inattivo
Täter ['tɛ:tər] *m* autore del delitto *m*
tätig ['tɛ:tɪç] *adj* attivo
Tätigkeit ['tɛ:tɪçkaɪt] *f* attività *f*
Tatkraft ['ta:tkraft] *f* energia *f*
tatkräftig ['ta:tkrɛftɪç] *adj* energico
Tatort ['ta:tɔrt] *m* luogo del reato *m*
Tätowierung [tɛ:to'vi:ruŋ] *f* tatuaggio *m*
Tatsache ['ta:tzaxə] *f* fatto *m*; ◆ *jdn vor vollendete Tatsachen stellen* mettere qd davanti al fatto compiuto; *vollendete Tatsachen schaffen* passare dalle parole ai fatti
tatsächlich ['ta:tzɛçlɪç] *adj* *1.* reale; *adv* *2.* effettivamente, infatti
Tau[1] [tau] *m* rugiada *f*
Tau[2] [tau] *n* cavo *m*, cima *f*
taub [taup] *adj* sordo
Taube ['taubə] *f ZOOL* colomba *f*
Taubheit ['tauphaɪt] *f MED* sordità *f*
taubstumm ['taupʃtum] *adj* sordomuto
tauchen ['tauxən] *v* immergere
Taucher(in) ['tauxər(ɪn)] *m/f* sommozzatore/ sommozzatrice *m/f*, sub *m/f*
tauen ['tauən] *v* scongelarsi
Taufe ['taufə] *f REL* battesimo *m*; ◆ *etw aus der Taufe heben* lanciare qc di nuovo
taufen ['taufən] *v REL* battezzare
Taufpate ['taufpa:tə] *m REL* padrino *m*, *(Patentante)* madrina *f*
taugen ['taugən] *v* essere atto; ◆ *Er taugt nicht zum Lehrer.* Non è portato per

T

l'insegnamento. *zu nichts taugen (Person)* non essere buono a nulla, *(Sache)* non valere niente
tauglich ['tauklıç] *adj* buono, utile
taumeln ['tauməln] *v* barcollare
Tausch [tauʃ] *m* cambio *m*
tauschen ['tauʃən] *v* cambiare
täuschen ['tɔyʃən] *v 1. jdn ~* ingannare qd; ◆ *jds Vertrauen täuschen* tradire la fiducia di qd; *2. sich ~* ingannarsi; ◆ *Ich habe mich in ihm getäuscht.* Mi sono sbagliato sul suo conto.
Täuschung ['tɔyʃuŋ] *f* inganno *m*
tausend ['tauzənt] *num* mille
tausendste(r,s) ['tauzəntstə(r,s)] *adj* millesimo/millesima
Tauwetter ['tauvɛtər] *n* disgelo *m*
Taxi ['taksi] *n* tassì *m*
Teamarbeit ['ti:marbaıt] *f* lavoro di squadra *m,* teamwork *m*
Technik ['tɛçnık] *f* tecnica *f*
technisch ['tɛçnıʃ] *adj* tecnico
Technologie [tɛçnolo'gi:] *f* tecnologia *f*
Tee [te:] *m* tè *m*
Teekanne ['te:kanə] *f* teiera *f*
Teer [te:r] *m* catrame *m*
teeren ['te:rən] *v* catramare
Teich [taıç] *m* stagno *m*
Teig [taık] *m* impasto *m,* pasta *f*
Teigwaren ['taıkva:rən] *pl* pasta *f*

> **Teil** [taıl] *m* parte *f; zum ~* in parte; *für meinen ~* per quanto mi riguarda
> ◆ *sich seinen Teil denken* tenersi il giudizio per sé
> *seinen Teil kriegen* beccarsi la propria parte
> *seinen Teil weghaben* avere la propria parte

T

teilbar ['taılba:r] *adj* divisibile
teilen ['taılən] *v 1.* dividere; *2. (fig: gemeinsam haben)* condividere; ◆ *dieselbe Ansicht teilen* condividere la stessa opinione
teilhaben ['taılha:bən] *v irr* partecipare
Teilhaber(in) ['taılha:bər(ın)] *m/f* *ECO* partecipante *m/f*
teilnahmslos ['taılna:mslo:s] *adj* indifferente
teilnehmen ['taılne:mən] *v irr* partecipare
Teilnehmer(in) ['taılne:mər(ın)] *m/f* *1.* partecipante *m/f; 2. TEL* utente *m/f*
Teilung ['taıluŋ] *f* divisione *f*
teilweise ['taılvaızə] *adv* parzialmente
Teint [tɛ̃] *m* colorito *m*
Telefax ['telefaks] *n* telefax *m*

> **Telefon** [tele'fo:n] *n* telefono *m*
> ◆ *ans Telefon gehen* rispondere al telefono

telefonieren [telefo'ni:rən] *v* telefonare
Telefonzelle [tele'fo:ntsɛlə] *f* cabina telefonica *f*
telegrafieren [telegra'fi:rən] *v* telegrafare
Telegramm [tele'gram] *n* telegramma *m*
Teleskop [teles'ko:p] *n* telescopio *m*
Telex ['telɛks] *n* telescrivente *f*
Teller ['tɛlər] *m 1.* piatto *m; 2. (Dessertteller)* piattino *m*
Tempel ['tɛmpəl] *m* tempio *m*
Temperament [tempera'mɛnt] *n* temperamento *m*
temperamentvoll [tempera'mɛntfɔl] *adj* vivace, brioso
Temperatur [tempera'tu:r] *f* temperatura *f*
Tempo ['tɛmpo] *n* tempo *m;* ◆ *Tempo machen* sbrigarsi; *das Tempo erhöhen* accelerare

endenz [tɛn'dɛnts] *f* tendenza *f*
endieren [tɛn'diːrən] *v* tendere
ennis ['tɛnɪs] *n SPORT* tennis *m*
ennisschläger ['tɛnɪsʃlɛːgər] *m* ;*PORT* racchetta da tennis *f*
eppich ['tɛpɪç] *m* tappeto *m;* ◆ *etw nter den Teppich kehren (fig)* occultare c; *auf dem Teppich bleiben* rimanere coi iedi per terra
ermin [tɛr'miːn] *m 1.* data *f; 2. (Frist)* ermine *m; 3. (Verabredung)* appuntamento *m; 4. (Verhandlung) JUR* udienza *f*
erminologie [tɛrmɪnolo'giː] *f* terminologia *f*
erpentin [tɛrpɛn'tiːn] *n* trementina *f*
errasse [tɛ'rasə] *f* terrazza *f*
errine [tɛ'rinə] *f* scodella *f,* terrina *f*
Territorium [tɛri'toːrjum] *n* territorio *m*
Terror ['tɛrɔr] *m* terrore *m*
Terrorist(in) [tɛrɔ'rɪst(ɪn)] *m/f* terrorista *m/f*
Test [tɛst] *m* test *m,* prova *f*
Testament [tɛsta'mɛnt] *n* testamento *m;* ◆ *sein Testament machen* fare testamento
testamentarisch [tɛstamɛn'taːrɪʃ] *adj 1.* testamentario; *adv 2.* per testamento
testen ['tɛstən] *v* sottoporre a un test
Tetanus ['teːtanus] *m MED* tetano *m*

> **teuer** ['tɔyər] *adj* caro
> ◆ *Das wird dich teuer zu stehen kommen!* Questo ti costerà caro!
> *Das Leben wird immer teurer.* La vita diventa sempre più cara.
> **!** *komp: teurer; sup: am teuersten*

Teufel ['tɔyfəl] *m* diavolo *m;* ◆ *den Teufel an die Wand malen* fare l'uccello del malaugurio; *den Teufel im Leib haben* avere il diavolo in corpo; *sich den Teufel um etw scheren* fregarsene di qc; *in Teufels Küche kommen* mettersi nei guai; *auf Teufel komm raus* a più non posso; *jdn zum Teufel schicken* mandare al diavolo qd; *Da ist der Teufel los.* E' un pandemonio. *Scher dich zum Teufel!* Vai al diavolo! *Der Teufel soll dich holen!* Che il diavolo ti porti via! *Pfui Teufel!* Che schifo!
teuflisch ['tɔyflɪʃ] *adj* diabolico
Text [tɛkst] *m* testo *m*
Textverarbeitung ['tɛkstfɛrarbaɪtuŋ] *f INFORM* elaborazione del testo *f*
Thailand ['taɪlant] *n GEO* Tailandia *f*
Theater [te'aːtər] *n 1.* teatro *m; 2. (fig)* casino *m; Was ist das für ein Theater?* Ma che casino è questo! ◆ *~ spielen* recitare, *(fig)* fingere
Theaterstück [te'aːtərʃtyk] *n* lavoro teatrale *m,* opera teatrale *f*
theatralisch [tea'traːlɪʃ] *adj* teatrale
Theke ['teːkə] *f* banco *m*
Thema ['teːma] *n* argomento *m*
Thematik [te'maːtɪk] *f* tematica *f*
Theologe [teo'loːgə] *m* teologo *m*
Theologie [teolo'giː] *f* teologia *f*
theoretisch [teo'reːtɪʃ] *adj* teorico
Theorie [teo'riː] *f* teoria *f*
Therapeut [tera'pɔyt] *m* terapeuta *m*
Therapie [tera'piː] *f* terapia *f*
Thermometer [tɛrmo'meːtər] *n* termometro *m*
Thermosflasche ['tɛrmɔsflaʃə] *f* termos *m*
These ['teːzə] *f* tesi *f*
Thron [troːn] *m* trono *m;* ◆ *von seinem Thron herabsteigen* scendere dal proprio trono; *jdn vom Thron stoßen* detronizzare qd; *Sein Thron wackelt gewaltig.* Il suo trono vacilla pericolosamente.
Thunfisch ['tuːnfɪʃ] *m ZOOL* tonno *m*
Thymian ['tyːmjaːn] *m BOT* timo *m*
ticken ['tɪkən] *v* ticchettare; ◆ *nicht mehr ganz richtig ticken* non essere più tanto normale

tief [tiːf] *adj 1.* profondo; ~ *schürfend (fig)* profondo; *in ~en Gedanken* in pensieri profondi; *2. (Schnee)* alto; *3. (Temperatur)* basso; *4. (Stimme)* profondo; *adv 5. (stark)* profondamente
◆ *bis tief in die Nacht hinein* fino a tarda notte

Tiefe ['tiːfə] *f* profondità *f*
Tiefkühlkost ['tiːfkyːlkɔst] *f* surgelati *m/pl*
Tiefkühltruhe ['tiːfkyːltruːə] *f* congelatore *m*
Tier [tiːr] *n* animale *m;* ◆ *ein hohes Tier sein* essere un pezzo grosso
Tierarzt ['tiːrartst] *m* veterinario *m*
Tiergarten ['tiːrgartən] *m* giardino zoologico *m,* zoo *m*
Tierkreiszeichen ['tiːrkraɪstsaɪçən] *n* segno zodiacale *m*
Tierversuch ['tiːrfɛrzuːx] *m* esperimento sugli animali *m*
Tiger ['tiːgər] *m ZOOL* tigre *f*
tilgen ['tɪlgən] *v ECO* estinguere
Tinte ['tɪntə] *f* inchiostro *m;* ◆ *in der Tinte sitzen* essere nei guai
Tintenfisch ['tɪntənfɪʃ] *m* seppia *f*
tippen ['tɪpən] *v 1. (berühren)* toccare; *2. (Maschine schreiben)* scrivere a macchina; *3. (vermuten)* pronosticare; *4. (wetten)* scommettere

T

Tisch [tɪʃ] *m* tavolo *m*
◆ *jdn über den Tisch ziehen (fig)* menare per il naso qd
am runden Tisch verhandeln fare trattative
unter den Tisch fallen passare inosservato
jdn unter den Tisch trinken reggere l'alcool meglio di qd

Tischdecke ['tɪʃdeːkə] *f* tovaglia *f*
Tischler ['tɪʃlər] *m* falegname *m*
Tischtennis ['tɪʃtɛnɪs] *n* ping-pong *m*
Titel ['tiːtəl] *m 1. (Buchtitel)* titolo *m; 2. (Doktortitel)* titolo *m*
Titelbild ['tiːtəlbɪlt] *n* frontespizio *m*
Toast [toːst] *m 1. (Brot)* toast *m; 2. (Trinkspruch)* brindisi *m;* ◆ *einen Toast auf jdn ausbringen* proporre un brindisi a qd
Toaster ['toːstər] *m* tostapane *m*
toben ['toːbən] *v 1. (tollen)* scatenarsi; *2. (stürmen)* infuriarsi

Tochter ['tɔxtər] *f* figlia *f*
! *Plural: Töchter*

Tod [toːt] *m* morte *f;* ◆ *tausend Tode sterben* morire di paura; *jdn auf den Tod nicht leiden können* non poter proprio soffrire qd; *mit dem Tode ringen* lottare con la morte; *in den Tod gehen* andare incontro alla morte; *zu Tode kommen* perdere la vita
Todesstoß ['toːdəsʃtoːs] *m* colpo mortale *m;* ◆ *jdm den Todesstoß versetzen* dare il colpo di grazia a qd
Todesstrafe ['toːdəsʃtraːfə] *f JUR* pena capitale *f*
tödlich ['tøːtlɪç] *adj 1.* mortale; *adv 2.* mortalmente
Toilette [toa'lɛtə] *f* toilette *f*
Toilettenpapier [toa'lɛtənpapiːər] *n* carta igienica *f*
toi, toi, toi [toitoi'toi] *interj* tocca ferro
tolerant [tɔlə'rant] *adj* tollerante
Toleranz [tɔlə'rants] *f* tolleranza *f*
tolerieren [tɔlə'riːrən] *v* tollerare
toll [tɔl] *adj 1. (verrückt)* pazzo, matto; *2. (fam: super)* formidabile, magnifico
tollen ['tɔlən] *v* scatenarsi
tollkühn ['tɔlkyːn] *adj* temerario
tollpatschig ['tɔlpatʃɪç] *adj* goffo
Tollwut ['tɔlvuːt] *f MED* idrofobia *f*
Tölpel ['tœlpəl] *m* balordo *m*

Tomate [to'maːtə] *f BOT* pomodoro *m;* ◆ *eine treulose Tomate sein (fig)* essere proprio un bel tipo; *Tomaten auf den Augen haben (fig)* avere gli occhi foderati di prosciutto
Tombola ['tɔmbola] *f* tombola *f*
Ton¹ [toːn] *m 1. (Laut)* tono *m,* suono *m; 2. (Umgangston)* tono *m;* ◆ *einen anderen Ton anschlagen* cambiare tono; *den Ton angeben* dominare; *sich im Ton vergreifen* sbagliare tono; *jdn in den höchsten Tönen loben* portare qd alle stelle; *große Töne spucken* darsi delle arie; *3. MUS* tono *m*
Ton² [toːn] *m (Lehm)* argilla *f*
Tonband ['toːnbant] *n* nastro magnetico *m*
tönen ['tøːnən] *v 1.* sonare; *2. (färben)* tingere; *3. (fig: prahlen)* darsi delle arie
Tonleiter ['toːnlaɪtər] *f MUS* scala musicale *f*
Tonne ['tɔnə] *f 1. (Maßeinheit)* tonnellata *f; 2. (Gefäß)* botte *f,* barile *m*
Tönung ['tøːnuŋ] *f* tintura *f*

> **Topf** [tɔpf] *m* vaso *m*
> ◆ *alles in einen Topf werfen (fig)* fare d'ogni erba un fascio
> *wie Topf und Deckel zusammenpassen* essere pappa e ciccia, essere culo e camicia
> **!** *Plural: Töpfe*

Tor [toːr] *n 1. (Tür)* porta *f,* portone *m; 2. SPORT* rete *f;* ◆ *ein Tor schießen* segnare un goal; *3. (Treffer)* centro *m*
Torf [tɔrf] *m* torba *f*
Torheit ['toːrhaɪt] *f* follia *f*
töricht ['tøːrɪçt] *adj* folle
torkeln ['tɔrkəln] *v* barcollare
torpedieren [tɔrpe'diːrən] *v (fig)* silurare; ◆ *die Pläne torpedieren* sventare i piani
Torte ['tɔrtə] *f GAST* torta *f*
Tortur [tɔr'tuːr] *f* tortura *f*
Torwart ['toːrvart] *m* portiere *m*
tot [toːt] *adj* morto; ◆ *mehr tot als lebendig sein* essere più morto che vivo
total [to'taːl] *adj* totale, completo
totalitär [totali'tɛːr] *adj* totalitario
Tote ['toːtə] *m* morto *m*
töten ['tøːtən] *v* uccidere, ammazzare
Totenkopf ['toːtənkɔpf] *m* teschio *m*
Totensonntag ['toːtənzɔntaːk] *m REL* giorno dei morti *m*
Totschlag ['toːtʃlaːk] *m JUR* omicidio volontario *m*
Toupet [tu'peː] *n* toupet *m*
Tour [tuːr] *f 1.* giro *m,* gita *f;* ◆ *jdn auf Touren bringen* portare qd su di giri; *eine krumme Tour* un atto disonesto *m; in einer Tour* in continuazione; *2. (fig)* maniera *f*
Tourismus [tu'rɪsmus] *m* turismo *m*
Tourist [tu'rɪst] *m* turista *m*
Tournee [tur'neː] *f* tournée *f*
Trab [traːp] *m* trotto *m;* ◆ *jdn auf Trab bringen* far trottare qd; *jdn auf Trab halten* tenere ontinuamente impegnato qd
Tracht [traxt] *f* costume *m,* abito *m*
trachten ['traxtən] *v 1. ~ nach* cercare di; ◆ *danach trachten, berühmt zu werden* aspirare a diventare famoso; *2. danach ~, etw zu tun* sforzarsi di fare qc
trächtig ['trɛçtɪç] *adj ZOOL* gravida, pregna
Tradition [tradits'joːn] *f* tradizione *f*
traditionell [traditsjoː'nɛl] *adj* tradizionale
Tragbahre ['traːkbaːrə] *f* barella *f*
tragbar ['traːkbaːr] *adj 1. (Apparat)* portatile, portabile; *2. (Mode)* indossabile; *3. (fig)* sopportabile
träge ['trɛːgə] *adj 1.* lento, tardo; *2. PHYS* inerte; *~ Masse* massa inerte *f*

T

tragen ['tra:gən] *v irr 1.* portare; *2. (fig: er~)* sopportare
◆ *für etw Sorge tragen* preoccuparsi di qc
zum Tragen kommen diventare efficace
≠ *trügen v* ingannare

Träger ['trɛ:gər] *m 1. (Stütze)* trave *f; 2. (einer Kleidung)* bretella *f,* spallina *f*
Trägheit ['trɛ:khaɪt] *f 1.* lentezza *f,* tardezza *f; 2. PHYS* inerzia *f; ~ der Masse* inerzia della massa *f*
Tragik ['tra:gɪk] *f* tragico *m,* tragicità *f*
Tragödie [tra'gø:djə] *f* tragedia *f*
Tragweite ['tra:kvaɪtə] *f* portata *f*
Trainer ['trɛ:ɪnər] *m* allenatore *m*
trainieren [trɛ:'ni:rən] *v* allenare
Training ['trɛ:ɪnɪŋ] *n* allenamento *m; autogenes ~* training autogeno *m*
traktieren [trak'ti:rən] *v* tormentare
Traktor ['traktɔr] *m AGR* trattore *m*
trällern ['trɛlərn] *v* canticchiare
trampeln ['trampəln] *v* pestare i piedi
trampen ['trɛmpən] *v* fare l'autostop
Tramper ['trɛmpər] *m* autostoppista *m*
Tran [tra:n] *m* olio di pesce *m;* ◆ *im Tran sein* essere intontito/essere ubriaco
Trance [trɑ̃s] *f* trance *m;* ◆ *in Trance fallen* cadere in trance
tranchieren [trɑ̃n'ʃi:rən] *v* tranciare
Träne ['trɛ:nə] *f* lacrima *f*
tränen ['trɛ:nən] *v* lacrimare
Tränengas ['trɛ:nənga:s] *n* gas lacrimogeno *m*
tränken ['trɛŋkən] *v 1. (Tiere)* abbeverare; *2. (imprägnieren)* impregnare
Transaktion [tranzakts'jo:n] *f* transazione *f*
Transfer [trans'fe:r] *m* transfer *m*
Transformator [transfɔr'ma:tɔr] *m TECH* trasformatore *m*
Transfusion [transfu'zjo:n] *f* trasfusione *f*
transparent [transpa'rɛnt] *adj* trasparente
Transparent [transpa'rɛnt] *n* trasparente *m*
Transparenz [transpa'rɛnts] *f* trasparenza *f*
Transplantation [transplanta'tsjo:n] *f MED* trapianto *m*
Transport [trans'pɔrt] *m* trasporto *m*
transportieren [transpor'ti:rən] *v* trasportare
Transportmittel [trans'pɔrtmɪtəl] *n* mezzo di trasporto *m*
Trapez [tra'pe:ts] *n* trapezio *m*
Tratsch [tra:tʃ] *m* pettegolezzi *m/pl*
Traube ['traubə] *f BOT* grappolo *m*
Traubenzucker ['traubəntsukər] *m* destrosio *m,* zucchero d'uva *m*
trauen ['trauən] *v 1. (verheiraten)* sposare; *2. (ver~)* aver fiducia, fidarsi; *3. sich ~* osare, avere il coraggio
Trauer ['trauər] *f* lutto *m,* tristezza *f*
Trauerfall ['trauərfal] *m* lutto *m*
trauern ['trauərn] *v* essere in lutto; ◆ *um jdn trauern* piangere la morte di qd

Traum [traum] *m* sogno *m*
◆ *nicht im Traum* neanche per sogno
Aus der Traum! Fine del sogno!
! *Plural: Träume*

Trauma ['trauma] *n MED* trauma *m*
träumen ['trɔymən] *v* sognare; ◆ *sich etw nicht träumen lassen* non osare neppure a sognare qc
Träumer(in) ['trɔymər(ɪn)] *m/f* sognatore/sognatrice *m/f*
traumhaft ['traumhaft] *adj 1. (fig)* fantastico; *adv 2. (fig)* da sogno
traurig ['traurɪç] *adj* triste, mesto
Traurigkeit ['traurɪçkaɪt] *f* tristezza *f*

Trauung ['trauuŋ] *f* *1.* matrimonio *m;* *2. (standesamtlich)* matrimonio civile *m*
treffen ['trɛfən] *v irr* *1.* colpire; ◆ *Die Kugel traf den Polizisten.* La pallottola colpì il poliziotto. *2. (begegnen)* incontrare; ◆ *jdn auf der Straße treffen* incontrare qd per strada; *3. (fig: berühren)* toccare; ◆ *jdn tief treffen* toccare qd profondamente
treffend ['trɛfənt] *adj* indovinato
Treffer ['trɛfər] *m* *1.* centro *m,* colpo andato a segno *m;* *2. (fig)* vincita *f*
treiben ['traɪbən] *v irr* *1. (be~)* praticare; *2. (an~)* spingere; ◆ *etw zu weit treiben* spingere qc troppo oltre; *3. (Sport)* fare; *4. (Handel)* esercitare
Treibhaus ['traɪphaus] *n* serra *f*
Treibstoff ['traɪpʃtɔf] *m* carburante *m*
Trend [trɛnt] *m* tendenza *f*
trennen ['trɛnən] *v* separare, dividere
Trennung ['trɛnuŋ] *f* separazione *f*
Treppe ['trɛpə] *f* scala *f;* ◆ *die Treppe hinauffallen* fare carriera/fare strada
Treppenhaus ['trɛpənhaus] *n* tromba delle scale *f*
Tresor [tre'zoːr] *m* cassaforte *f*
Tretboot ['treːtboːt] *n* pedalò *m*
treten ['treːtən] *v irr* *1.* calpestare; *2. (Fußtritt geben)* dare un calcio
treu [trɔy] *adj* fedele
Treue ['trɔyə] *f* fedeltà *f*
treuherzig ['trɔyhɛrtsɪç] *adj* innocente
Tribüne [tri'byːnə] *f* tribuna *f*
Trichter ['trɪçtər] *m* imbuto *m;* ◆ *auf den richtigen Trichter kommen* avere l'idea giusta; *jdn auf den richtigen Trichter bringen* portare qd alle giuste conclusioni
Trick [trɪk] *m* trucco *m;* ◆ *Trick siebzehn* trucchi del mestiere
Trieb [triːp] *m* *1.* istinto *m,* impulso *m;* *2. BOT* germoglio *m;* *3. (Begierde)* desiderio *m,* voglia *f*
triebhaft ['triːphaft] *adj* istintivo
Triebtäter ['triːptɛtər] *m* maniaco sessuale *m*
triefen ['triːfən] *v* grondare
triefig ['trɪftɪç] *adj* gocciolante
Trikot [trɪ'koː] *n* maglia *f*
trinkbar ['trɪŋkbaːr] *adj* potabile
trinken ['trɪŋkən] *v irr* bere; ◆ *einen trinken* bere un bicchierino
Trinker(in) ['trɪŋkər(ɪn)] *m/f* bevitore/bevitrice *m/f*
Trinkgeld ['trɪŋkgɛlt] *n* mancia *f*
Trinkspruch ['trɪŋkʃprux] *m* brindisi *m*
trippeln ['trɪpəln] *v* trotterellare
Tritt [trɪt] *m* *1.* passo *m;* *2. (Spur)* orma *f;* *3. (Fußtritt)* calcio *m*
Trittbrett ['trɪtbrɛt] *n* pedana *f*
Triumph [tri'umpf] *m* trionfo *m*
triumphieren [trium'fiːrən] *v* trionfare
trocken ['trɔkən] *adj* *1.* asciutto; ◆ *auf dem Trockenen sitzen* essere a secco; *2. (dürr)* arido, secco; *3. (herb)* secco
Trockenhaube ['trɔkənhaubə] *f* casco asciugacapelli *m*
Trockenheit ['trɔkənhaɪt] *f* aridità *f*
trockenlegen ['trɔkənleːgən] *v* *1.* applicare il proibizionismo ad un paese; *2. (Säugling)* cambiare i pannolini a un neonato; *3. (Sumpf)* prosciugare, bonificare
trocknen ['trɔknən] *v* asciugare
Trödel ['trøːdəl] *m* ciarpame *m*
trödeln ['trøːdəln] *v* gingillarsi
Trödler ['trøːdlər] *m* *1. (Händler)* rigattiere *m;* *2. (fig)* perdigiorno *m*
Trog [troːk] *m* trogiolo *m*
Trommel ['trɔməl] *f* *MUS* tamburo *m*
Trommelfell ['trɔməlfɛl] *n* *ANAT* timpano *m*
trommeln ['trɔməln] *v* tambureggiare
Trompete [trɔm'peːtə] *f* tromba *f*
Tropen ['troːpən] *pl* *GEO* Tropici *m/pl*

T

Tropf [trɔpf] *m 1. MED* fleboclisi *f; 2. (Dummkopf)* deficiente *m*
tropfen ['trɔpfən] *v* gocciolare

Tropfen ['trɔpfən] *m* goccia *f*
◆ *Es fallen dicke Tropfen.* Piove a catinelle.
ein Tropfen auf dem heißen Stein sein (fig) essere una goccia nel mare
! *Plural: Tropfen*
≠ *Tropf m* fleboclisi

tropisch ['tro:pɪʃ] *adj* tropico
Trost [tro:st] *m* consolazione *f;* ◆ *nicht ganz bei Trost sein* essere un po' suonato
trösten ['trø:stən] *v* confortare
tröstlich ['trø:stlɪç] *adj* consolante
trostlos ['tro:stlo:s] *adj* sconsolato
Trostlosigkeit ['tro:stlo:zɪçkaɪt] *f* sconforto *m*
Trott [trɔt] *m 1.* trotto; *2. (fig)* tran tran *m;* ◆ *der tägliche Trott* il solito tran tran
Trottel ['trɔtəl] *m (fam)* stupido *m*
Trottoir [trɔto'a:r] *n* marciapiede *m*
trotz [trɔts] *prep* nonostante, malgrado
Trotz [trɔts] *m* ostinazione *f,* caparbietà *f*

trotzdem ['trɔtsde:m] *konj 1.* anche se; *adv 2.* ciò nonostante
◆ *Er hat es trotzdem getan.* Lo ha fatto comunque.

trotzen ['trɔtsən] *v 1.* resistere; *2. (schmollen)* tenere il broncio
T
trotzig ['trɔtsɪç] *adj* caparbio, testardo; ◆ *Er ist ein trotziges Kind.* E'un bambino testardo.
Trotzkopf ['trɔtskɔpf] *m* capa tosta *f*
trüb [try:p] *adj 1.* torbido; *2. (matt)* opaco; *3. (regnerisch)* grigio, coperto
Trubel ['tru:bəl] *m* trambusto *m*
trüben ['try:bən] *v 1.* intorbidire; *2. (fig: Stimmung, Himmel)* offuscare; ◆ *die Freude trüben* offuscare la gioia
Trübsal ['try:pza:l] *f* afflizione *f;* ◆ *Trübsal blasen* fare il pianto greco
trübselig ['try:pze:lɪç] *adj* afflitto
Trüffel ['tryfəl] *m BOT* tartufo *m*
trügen ['try:gən] *v irr* ingannare; ◆ *Der Schein trügt.* L'apparenza inganna.
trügerisch ['try:gərɪʃ] *adj* illusorio
Truhe ['tru:ə] *f* cassone *m,* cassapanca *f*
Trümmer ['trymər] *pl* macerie *f/pl,* rovine *f/pl,* frantumi *m/pl;* ◆ *in Trümmer sinken* rompersi in mille pezzi; *in Trümmern liegen* essere ridotto a un cumulo di macerie
Trumpf [trumpf] *m 1.* trionfo *m; 2. (fig)* vantaggio *m;* ◆ *alle Trümpfe in der Hand haben* avere tutti i vantaggi dalla propria parte; *einen Trumpf ausspielen* giocare una carta vincente; *die Trümpfe aus der Hand geben* gettare via le carti vincenti; *3. (Spielkarte)* carta *f;* ◆ *den letzen Trumpf ausspielen* giocare l'ultima carta
Truppe ['trupə] *f 1. MIL* truppa *f; 2. THEAT* troupe *f*
Truthahn ['tru:tha:n] *m* tacchino *m*
Tschechien ['tʃɛçai] *f GEO* Repubblica ceca *f*
Tschechoslowakei [tʃɛçɔslova'kaɪ] *f HIST* Cecoslovacchia *f*
tschüss [tʃy:s] *interj* ciao
T-Shirt ['ti:ʃɜ:t] *n* maglietta *f,* T-shirt *f*
Tube ['tu:bə] *f 1.* tubo *m;* ◆ *auf die Tube drücken* andare a tavoletta; *2. (für Creme)* tubetto *m*
Tuch [tu:x] *n 1.* panno *m;* ◆ *ein rotes Tuch für jdn sein* mandare qd su tutte le furie; *2. (Stoff)* tessuto *m; 3. (Halstuch)* foulard *m*
tüchtig ['tyçtɪç] *adj* bravo
Tüchtigkeit ['tyçtɪçkaɪt] *f* bravura *f*
Tücke ['tykə] *f* malvagità *f*
tückisch ['tykɪʃ] *adj* malvagio
Tugend ['tu:gənt] *f* virtù *f*

Tüll [tyl] *m* tulle *m*
Tulpe ['tulpə] *f* *BOT* tulipano *m*
Tumor ['tu:mor] *m* *MED* tumore *m*
Tümpel ['tympəl] *m* pozzanghera *f*
Tumult [tu'mult] *m* tumulto *m*

tun [tu:n] *v irr* fare, mettere
◆ *Damit habe ich nichts zu tun.* Io non c'entro.
Das tut nichts zur Sache. Questo non c'entra.
es mit jdm zu tun bekommen avere a che fare con qd
so tun, als ob fare finta di
Damit ist es noch nicht getan! Questo non basta!

Tunke ['tuŋkə] *f* *GAST* salsa *f*
tunken ['tuŋkən] *v* intingere
Tunnel ['tunəl] *m* tunnel *m*, galleria *f*
tupfen ['tupfən] *v* picchiettare
Tupfen ['tupfən] *m* punto *m*, macchia *f*

Tür [ty:r] *f* porta *f*
◆ *offene Türen einrennen* sfondare porte aperte
jdm eine Tür öffnen aprire una porta a qd
jdm die Tür vor der Nase zuschlagen sbattere la porta in faccia a qd
jdn vor die Tür setzen (Arbeit) licenziare qd in tronco, *(Freund)* mettere qd alla porta
einer Sache Tür und Tor öffnen aprire la porta a qc

Turbine [tur'bi:nə] *f* turbina *f*
Türkei [tyr'kaɪ] *f* *GEO* Turchia *f*
türkis [tyr'ki:s] *adj* turchese
türkisch ['tyrkɪʃ] *adj* turco
Türklinke ['ty:rklɪŋkə] *f* maniglia *f*
Turm [turm] *m* *1.* torre *f*; *2. (Kirchturm)* campanile *m*
türmen ['tyrmən] *v* *1.* accatastare; *2. (fig: ausreißen)* tagliare la corda
turnen ['turnən] *v* fare ginnastica
Turnen ['turnən] *n* *SPORT* ginnastica *f*
Turner(in) ['turnər(ɪn)] *m/f* ginnasta *m/f*
Turnhalle ['turnhalə] *f* palestra *f*
Turnier [tur'ni:r] *n* *SPORT* torneo *m*
Türschloss ['ty:rʃlɔs] *n* serratura *f*
turteln ['turtəln] *v* tubare
Tusche ['tuʃə] *f* inchiostro di china *m*
tuscheln ['tuʃəln] *v* confabulare
Tüte ['ty:tə] *f* *1.* busta *f*; *2. (Tragtüte)* sacchetto *m*, busta *f*; *3. (Eistüte)* cono *m*
tuten ['tu:tən] *v* sonare la sirena
Typ [ty:p] *m* tipo *m*
Type ['ty:pə] *f* *1.* carattere *m*; *2. (fam)* tipo buffo *m*, sagoma *f*
Typhus ['ty:fus] *m* *MED* tifo *m*
typisch ['ty:pɪʃ] *adj* tipico
Typologie [typolo'gi:] *f* tipologia *f*
Tyrann [ty'ran] *m* tiranno *m*
tyrannisch [ty'ranɪʃ] *adj* tirannico

U

U-Bahn ['u:ba:n] *f* metropolitana *f*

übel ['y:bəl] *adj 1.* cattivo; *üble Nachrichten* cattive notizie *f/pl; 2. (unangenehm)* spiacevole; *adv 3.* male
◆ *jdm etw übel nehmen* avercela con qd per qc
Mir wird übel. Mi sento male.
Nicht übel! Niente male!

Übelkeit ['y:bəlkaɪt] *f* nausea *f*

üben ['y:bən] *v* esercitarsi; ◆ *Geduld üben* avere pazienza

über ['y:bər] *prep 1. (örtlich)* sopra, su, attraverso; *2. (zur Bedeckung)* su; *3. (in Bezug auf ein Thema)* su, di; *4. (mehr als)* più di; *5. (dar~ hinaus); ~ und ~* dalla testa ai piedi; *Fehler ~ Fehler* errori su errori; *6. (zeitlich)* durante; *die Ferien ~* durante le vacanze; *~ Ostern* sotto Pasqua; *7. (fig: durch)* per, tramite; *8. (fig: via)* per; *9. (fig: von)* di
◆ *Sie wohnt über uns.* Abita sopra di noi.
über der Arbeit einschlafen addormentarsi sul lavoro
Es hat über 100 Euro gekostet. È costato più di 100 Euro.
Ich habe über drei Stunden gebraucht. Mi ci sono volute più di tre ore.
Das geht mir über alles. Mi piace più di ogni altra cosa.
etw über jdn bekommen ricevere qc per mezzo di qd
über Hamburg fahren passare per Amburgo
etw über sich bringen accollarsi qc
! *mit Dativ/Akkusativ*

überall ['y:bəral] *adv* dappertutto

überarbeiten [y:bər'arbaɪtən] *v 1. etw ~* rifare qc; *2. sich ~* strapazzarsi

überaus ['y:bəraus] *adv* oltremodo

überbewerten ['y:bərbəvertən] *v* sopravvalutare

Überblick ['y:bərblɪk] *m 1. (Aussicht)* panorama *m,* vista *f; 2. (Zusammenfassung)* sintesi *f; 3. (fig)* visione generale *f*

überblicken [y:bər'blɪkən] *v 1.* abbracciare con lo sguardo; *2. (fig)* valutare

überbringen [y:bər'brɪŋən] *v irr 1.* consegnare; *2. (ausrichten)* portare

überdenken [y:bər'dɛŋkən] *v irr* riflettere

überdies [y:bər'di:s] *adv* oltre a ciò

übereinander ['y:bəraɪnandər] *adv* l'uno sull'altro; *~ legen* sovrappore

übereinkommen [y:bər'aɪnkɔmən] *v irr* accordarsi

Übereinkommen [y:bər'aɪnkɔmən] *n* accordo *m*

Übereinkunft [y:bər'aɪnkunft] *f* patto *m*

übereinstimmen [y:bər'aɪnʃtɪmən] *v 1. (einig sein)* essere d'accordo; *2. (gleich sein)* concordare

übereinstimmend [y:bər'aɪnʃtɪmənt] *adj* conforme, concorde

Übereinstimmung [y:bər'aɪnʃtɪmuŋ] *f 1. (Einigkeit)* concordanza *f; 2. (Gleichheit)* corrispondenza *f*

überempfindlich ['y:bərɛmpfɪndlɪç] *adj* ipersensibile

überfahren [y:bər'fa:rən] *v irr* oltrepassare, investire; ◆ *eine Ampel überfahren* oltrepassare un semaforo; *eine Katze überfahren* investire un gatto

Überfahrt ['y:bərfa:rt] *f* traversata *f*
Überfall ['y:bərfal] *m* 1. *MIL* attacco *m;* 2. *(Angriff)* aggressione *f;* 3. *(Raub)* rapina *f*
überfallen [y:bər'falən] *v irr* attaccare
überfällig ['y:bərfɛlɪç] *adj* 1. *(zu spät)* in ritardo; 2. *(abgelaufen)* scaduto
überfliegen [y:bər'fli:gən] *v irr* 1. sorvolare; 2. *(fig)* dare una scorsa
Überfluss ['y:bərflus] *m* abbondanza *f;* ◆ *zu allem Überfluss* per colmo di sventura
überflüssig ['y:bərflysɪç] *adj* superfluo
Überflutung [y:bər'flutuŋ] *f* inondazione *f*
überfordern [y:bər'fɔrdərn] *v* esigere troppo
Überforderung [y:bər'fɔrderuŋ] *f* pretesa eccessiva *f*
überführen [y:bər'fy:rən] *v* 1. *(transportieren)* trasportare; 2. *(Schuld nachweisen)* provare la colpevolezza di
Überführung [y:bər'fy:ruŋ] *f* 1. trasporto *m,* trasferimento *m;* 2. *(Schuldnachweis)* dimostrazione della colpevolezza *f*
überfüllt [y:bər'fylt] *adj* strapieno
Übergabe ['y:bərga:bə] *f* consegna *f*
Übergang ['y:bərgaŋ] *m* 1. passaggio *m;* 2. *(fig)* transizione *f*
Übergangszeit ['y:bərgaŋstsaɪt] *f* periodo di transizione *m*
übergeben [y:bər'ge:bən] *v irr* 1. *etw ~* consegnare qc; 2. *sich ~* vomitare
übergeordnet ['y:bərgəɔrdnət] *adj* superiore
Übergewicht ['y:bərgəvɪçt] *n* 1. sovrappeso *m;* 2. *(Wichtigkeit)* prevalenza *f;* 3. *(fig)* preponderanza *f*
Übergriff ['y:bərgrɪf] *m* violazione *f*
überhand [y:bər'hant] *adv ~ nehmen* aumentare
überhäufen [y:bər'hɔyfən] *v* ingombrare
überhaupt [y:bər'haupt] *adv* 1. assolutamente; *~ nicht* assolutamente no; 2. *(im Allgemeinen)* in genere; 3. *(eigentlich)* infine, veramente; ◆ *Hast du überhaupt geschlafen?* Ma hai veramente dormito?
überheblich [y:bər'he:plɪç] *adj* 1. presuntuoso; *adv* 2. con presunzione
Überheblichkeit [y:bər'he:plɪçkaɪt] *f* presunzione *f,* superbia *f*
überholen [y:bər'ho:lən] *v* 1. sorpassare; 2. *(überprüfen)* revisionare
überladen [y:bər'la:dən] *v irr* sovraccaricare
überlassen [y:bər'lasən] *v irr* 1. vendere; 2. *(anvertrauen)* affidare, lasciare; ◆ *Überlassen Sie das mir!* Lasci fare a me! 3. ◆ *jdn seinem Schicksal überlassen* abbandonare qd al suo destino
überlaufen ['y:bərlaufən] *v irr* 1. *(Gefäß)* traboccare; 2. *(fig: zum Gegner)* passare; *adj* 3. *(überfüllt)* sovraffollato
Überläufer ['y:bərlɔyfər] *m* disertore *m*
überleben [y:bər'le:bən] *v* sopravvivere

> **überlegen** [y:bər'le:gən] *v* 1. riflettere; *adj* 2. *~ sein* essere superiore
> ◆ *sich etw zweimal überlegen* pensarci due volte
> *ohne zu überlegen* senza pensarci
> *Das wäre zu überlegen.* È da vedere.

Überlegenheit [y:bər'le:gənhaɪt] *f* superiorità *f*
Überlegung [y:bər'le:guŋ] *f* meditazione *f,* riflessione *f*
überliefern [y:bər'li:fərn] *v* tramandare
Überlieferung [y:bər'li:fəruŋ] *f* trasmissione *f,* tradizione *f*
überlisten [y:bər'lɪstən] *v* ingannare

Übermacht ['y:bərmaxt] *f* superiorità *f*
übermächtig ['y:bərmɛçtɪç] *adj* superiore
Übermaß ['y:bərma:s] *n* eccesso *m*
übermenschlich ['y:bərmɛnʃlɪç] *adj* sovrumano
übermitteln [y:bər'mɪtəln] *v* trasmettere
übermorgen ['y:bərmɔrgən] *adv* dopodomani
Übermut ['y:bərmu:t] *m* baldanza *f*
übernachten [y:bər'naxtən] *v* pernottare
Übernachtung [y:bər'naxtuŋ] *f* pernottamento *m*
Übernahme ['y:bərna:mə] *f* 1. *(Entgegennehmen)* accettazione *f;* 2. *(Amtsübernahme)* assunzione *f*
übernatürlich ['y:bərnaty:rlɪç] *adj* soprannaturale
übernehmen [y:bər'ne:mən] *v irr* 1. *(entgegennehmen)* accettare, prendere in consegna; 2. *(Amt)* assumere; 3. *sich ~* affaticarsi troppo; 4. ◆ *Verantwortung übernehmen* accollarsi la responsabilità; 5. ◆ *Kosten übernehmen* adossarsi le spese
Überproduktion ['y:bərprɔduktsjo:n] *f* sovrapproduzione *f*
überprüfen [y:bər'pry:fən] *v* controllare, verificare, esaminare
Überprüfung [y:bər'pry:fuŋ] *f* verifica *f*
überqueren [y:bər'kve:rən] *v* attraversare
überragen [y:bər'ra:gən] *v* superare
überraschen [y:bər'raʃən] *v* sorprendere

Überraschung [y:bər'raʃuŋ] *f* sorpresa *f*
◆ *jdm eine Überraschung bereiten* preparare una sorpresa a qd

überreden [y:bər're:dən] *v* persuadere
Überredung [y:bər're:duŋ] *f* persuasione *f*
überreichen [y:bər'raɪçən] *v* consegnare
Überrest ['y:bərɛst] *m* 1. resto *m;* 2. *(Rückstand)* avanzo *m*
überschatten [y:bər'ʃatən] *v* *(fig)* mettere in ombra
überschätzen [y:bər'ʃɛtsən] *v* sopravvalutare
überschaubar [y:bər'ʃauba:r] *adj* 1. *(übersichtlich)* di facile orientamento; 2. *(abzuschätzen)* calcolabile
überschlagen [y:bər'ʃla:gən] *v irr* 1. *(Kosten)* fare un calcolo approssimativo; 2. *(Auto)* cappottare; 3. *(Buchseite)* saltare
überschnappen ['y:bərʃnapən] *v* 1. ammattire; 2. *(Stimme)* dare nel falsetto
überschneiden [y:bər'ʃnaɪdən] *v irr* 1. *sich ~ (kreuzen)* incrociarsi; ◆ *Die zwei Unterrichtsstunden überschneiden sich.* Le due lezioni si accavallano. 2. *sich ~ (zusammentreffen)* interferire; 3. *MATH* intersecarsi
Überschneidung [y:bər'ʃnaɪduŋ] *f* 1. incrocio *m;* 2. *(Zusammentreffen)* interferenza *f;* 3. *MATH* intersezione *f*
überschreiben [y:bər'ʃraɪbən] *v irr* 1. *(betiteln)* intitolare; 2. *JUR* intestare
überschreiten [y:bər'ʃraɪtən] *v irr* 1. attraversare; 2. *(fig)* trasgredire; 3. *(fig: Grenze)* oltrepassare
Überschreitung [y:bər'ʃraɪtuŋ] *f* 1. attraversamento *m;* 2. *(fig: Übertretung)* infrazione *f;* 3. *(fig)* superamento *m*
Überschrift ['y:bərʃrɪft] *f* titolo *m*
Überschuss ['y:bərʃus] *m* eccedenza *f*
Überschwang ['y:bərʃvaŋ] *m* esuberanza *f*
Überschwänglichkeit ['y:bərʃvɛŋlɪçkaɪt] *m* trasporto *m*, entusiasmo *m*

überschwemmen [yːbərˈʃvɛmən] *v* inondare
Überschwemmung [yːbərˈʃvɛmuŋ] *f* inondazione *f*
Übersee [ˈyːbərzeː] *f* oltremare *m;* ◆ *nach Übersee gehen* andare oltremare
übersehen [yːbərˈzeːən] *v irr 1. (überschauen)* abbracciare con lo sguardo; *2. (nicht sehen)* non vedere; *3. (ignorieren)* ignorare; *4. (abschätzen)* valutare
übersenden [yːbərˈzɛndən] *v irr* inviare, trasmettere
Übersendung [yːbərˈzɛnduŋ] *f* invio *m,* trasmissione *f*

übersetzen [ˈyːbərzɛtsən] *v 1. (über ein Gewässer)* traghettare; [yːbərˈzɛtsən] *2. (Sprache)* tradurre
◆ *aus dem Stegreif übersetzen* tradurre all'orma
! *Konjugation zu 1.: ich setze über*

Übersetzer(in) [yːbərˈzɛtsər(ɪn)] *m/f* traduttore/traduttrice *m/f*
Übersetzung [yːbərˈzɛtsuŋ] *f 1. (einer Sprache)* traduzione *f; 2. TECH* moltiplicazione *f*
Übersicht [ˈyːbərzɪçt] *f 1.* visione d'insieme *f; 2. (fig)* compendio *m;* ◆ *die Übersicht haben* avere un quadro completo
übersichtlich [ˈyːbərzɪçtlɪç] *adj 1.* ben visibile; *2. (leicht erfassbar)* facilmente comprensibile; *adv 3.* di facile orientamento; *4. (deutlich)* chiaramente
Übersinnliches [ˈyːbərzɪnlɪçəs] *n* soprasensibile *m,* soprannaturale *m*
überspannt [yːbərˈʃpant] *adj (fig)* esagerato, esaltato
überspielen [yːbərˈʃpiːlən] *v 1. (Musik)* registrare; *2. (fig)* passare sopra; ◆ *seine Unsicherheit überspielen* mascherare la sua insicurezza
überspringen [yːbərˈʃprɪŋən] *v irr 1.* saltare sopra; *2. (fig)* passare
überstehen [yːbərˈʃteːən] *v irr 1. (fig)* superare; ◆ *eine Krankheit überstehen* superare una malattia; *2. (aushalten)* sopportare
überstimmen [yːbərˈʃtɪmən] *v* soverchiare; ◆ *in Mehrheit überstimmen* vincere con la maggioranza dei voti
Überstunde [ˈyːbərʃtundə] *f* ora di lavoro straordinario *f*
überstürzen [yːbərˈʃtyrtsən] *v 1. (etw)* precipitare; *2. (sich)* incalzare
übertragbar [yːbərˈtraːkbaːr] *adj 1. (ansteckend) MED* contagioso; *2. (Papiere) ECO* trasferibile
übertragen [yːbərˈtraːgən] *v irr 1. (Auftrag)* affidare; *2. (Vollmacht)* trasferire; *3. (Rundfunk)* trasmettere
Übertragung [yːbərˈtraːguŋ] *f 1. (eines Auftrags)* delegazione *f; 2. (Rundfunkübertragung)* trasmissione *f; 3. MED* trasfusione *f; 4. ECO* trasferimento *m*
übertreffen [yːbərˈtrɛfən] *v irr* superare
übertreiben [yːbərˈtraɪbən] *v irr* esagerare
übertreten [yːbərˈtreːtən] *v irr 1.* straripare; *2. (fig)* infrangere, violare
überwachen [yːbərˈvaxən] *v* monitorare, controllare
Überwachung [yːbərˈvaxuŋ] *f* sorveglianza *f*
überwältigen [yːbərˈvɛltɪgən] *v* sopraffare
überwältigend [yːbərˈvɛltɪgənt] *adj* sconvolgente
überweisen [yːbərˈvaɪzən] *v irr 1. (Patient)* mandare; *2. ECO* trasferire
Überweisung [yːbərˈvaɪzuŋ] *f 1. MED* prescrizione di ricovero *m; 2. ECO*

bonifico bancario *m; 3. FIN* trasferimento *m*
überwiegen [yːbər'viːgən] *v irr* prevalere
überwinden [yːbər'vɪndən] *v irr 1.* superare; *2. sich ~* sforzarsi a
Überzahl ['yːbərtsaːl] *f* sopravanzo *m*
überzeugen [yːbər'tsɔygən] *v* convincere
Überzeugung [yːbər'tsɔyguŋ] *f* convinzione *f*
überziehen ['yːbərtsiːən] *v irr 1. (anziehen)* indossare; ◆ *jdm ein paar überziehen* mollarne un paio a qd/dare due ceffoni a qd; [yːbər'tsiːən] *2. (verkleiden)* rivestire; *3. (Konto) ECO* scoprire
üblich ['yːplɪç] *adj* usuale
üblicherweise [yːplɪçər'vaɪzə] *adv* usualmente
U-Boot ['uːboːt] *n* sommergibile *m*

> **übrig** ['yːbrɪç] *adj* rimanente; *die Übrigen* gli altri; *im Übrigen* per il resto; *~ bleiben* avanzare/restare; *~ lassen* lasciare
> ◆ *Das ist alles, was noch übrig ist.* Questo è tutto ciò che resta.
> *für jdn etw übrig haben (fig)* provare qc per qd

übrigens ['yːbrɪgəns] *adv* del resto
Übung ['yːbuŋ] *f* esercizio *m*
Ufer ['uːfər] *n* riva *f,* sponda *f*
uferlos ['uːfərloːs] *adj* interminabile; ◆ *ins Uferlose gehen* andare all'infinito

> **Uhr** [uːr] *f* orologio *m*
> ◆ *Wie viel Uhr ist es?* Che ora è?
> *Seine Uhr ist abgelaufen. (fig)* La sua ora è suonata.

Uhrmacher ['uːrmaxər] *m* orologiaio *m*
Uhrzeit ['uːrtsaɪt] *f* ora *f*
Uhu ['uːhuː] *m ZOOL* gufo *m*
Ulk [ulk] *m* scherzo *m*
Ultimatum [ulti'maːtum] *n* ultimatum *m*
Ultraschall ['ultraʃal] *m* ultrasuono *m*

> **um** [um] *prep 1. (örtlich)* intorno a; *~ und ~* tutt'intorno; *2. (zeitlich)* a; *3. ~ fünf cm kürzer* di cinque cm più corto; *Auge ~ Auge* occhio per occhio; *~ ... willen* per amor di ... *~ zehn Euro teurer* circa dieci Euro più caro; *konj 4.* per
> ◆ *um sich greifen* espandersi
> *Es geht um Geld.* È questione di soldi.
> *Es steht schlecht um ihn.* Lui sta male.
> **!** *mit Akkusativ*

umarmen [um'armən] *v* abbracciare
Umarmung [um'armuŋ] *f* abbraccio *m*
umbenennen ['umbənɛnən] *v irr etw ~* cambiare nome a qc
umblättern ['umblɛtərn] *v* sfogliare
umbringen ['umbrɪŋən] *v irr* uccidere
Umbruch ['umbrux] *m 1.* impaginazione *f; 2. (fig)* capovolgimento *m*
umbuchen ['umbuːxən] *v 1. ECO* trasferire; *2. (Reservierung)* cambiare prenotazione
Umbuchung ['umbuːxuŋ] *f 1.* trasferimento *m; 2. (einer Reservierung)* cambio di pretrotazione *m*
umdenken ['umdɛŋkən] *v irr* cambiare idea
umdrehen ['umdreːən] *v* voltare
Umdrehung [um'dreːuŋ] *f* giro *m*
umfallen ['umfalən] *v irr* cadere a terra
Umfang ['umfaŋ] *m 1. (Vieleck)* perimetro *m; 2. (Kreis)* circonferenza *f; 3. (Größe)* dimensione *f; 4. (Dicke)* volume *m*
umfangreich ['umfaŋraɪç] *adj 1.* voluminoso; *2. (fig)* ampio; *~e Kenntnisse* vaste conoscenze *f/pl*
umfassen [um'fasən] *v* comprendere

umfassend [um'fasənt] *adj* ampio
Umfeld ['umfɛlt] *n* ambiente *m*
Umfrage ['umfra:gə] *f* inchiesta *f*
Umgang ['umgaŋ] *m* relazione *f,* compagnia *f*
umgänglich ['umgɛŋlɪç] *adj* socievole
Umgangsformen ['umgaŋsfɔrmən] *pl* maniere *f/pl;* ◆ *Er hat gute Umgangsformen.* È beneducato.
Umgangssprache ['umgaŋsʃpra:xə] *f* lingua parlata *f*
umgeben [um'ge:bən] *v irr* circondare
Umgebung [um'ge:buŋ] *f 1. (einer Stadt)* dintorni *m/pl; 2. (eines Menschen)* ambiente *m*
umgehen ['umge:ən] *v irr 1.* circolare, aggirarsi; *2. (behandeln)* trattare; *3.* ◆ *mit Geld sparsam umgehen* usare il denaro con parsimonia; [um'ge:ən] *4. (vermeiden)* scansare; ◆ *eine Gefahr umgehen* evitare un pericolo
umgehend ['umge:ənt] *adj* immediato
umgekehrt ['umgəke:rt] *adj* contrario, inverso; ◆ *im umgekehrten Fall* in caso contrario
Umhang ['umhaŋ] *m* mantello *m*
umher [um'he:r] *adv* intorno
umherirren [um'he:rɪrən] *v* vagare, errare
umhören ['umhø:rən] *v sich ~* sentire in giro
Umhüllung [um'hyluŋ] *f* involucro *m*
Umkehr ['umke:r] *f* inversione *f*
umkehren ['umke:rən] *v 1.* invertire; *2. (auf den Kopf stellen)* capovolgere
umkippen ['umkɪpən] *v 1.* ribaltare; *2. (fig: ohnmächtig werden)* svenire; *3. (Gewässer)* morire per inquinamento; *4. (fig: Meinung ändern)* fare un voltafaccia
umknicken ['umknɪkən] *v 1. (Zweig)* spezzare; *2. (Fuß)* slogarsi; ◆ *sich den Fuß umknicken* slogarsi la caviglia
umkommen ['umkɔmən] *v irr* morire
Umkreis ['umkraɪs] *m* raggio *m*
umladen ['umla:dən] *v irr* trasbordare
Umlage ['umla:gə] *f* quota *f*
Umlauf ['umlauf] *m* circolazione *f;* ◆ *etw in Umlauf bringen* mettere in circolazione qc; *in Umlauf kommen* andare in giro
Umlaut ['umlaut] *m GRAMM* dieresi *f*
umleiten ['umlaɪtən] *v* deviare
Umleitung ['umlaɪtuŋ] *f* deviazione *f*
Umorganisierung ['umɔrganizi:ruŋ] *f* riorganizzazione *f*
Umrahmung [um'ra:muŋ] *f* cornice *f*
umrechnen ['umrɛçnən] *v* convertire, cambiare
umreißen ['umraɪsən] *v irr 1. (niederreißen)* demolire; [um'raɪsən] *2. (fig: kurz schildern)* tratteggiare; *3. (festsetzen)* delineare, definire
Umriss ['umrɪs] *m* contorno *m*
umrühren ['umry:rən] *v* rimestare, mescolare
ums *(= um das) (siehe „um")*
Umsatz ['umzats] *m ECO* fatturato *m;* *~ machen* fare fatturato
umschalten ['umʃaltən] *v 1. TECH* commutare; ◆ *in den zweiten Gang umschalten* innestare la seconda; *2. (fig)* passare; ◆ *auf ein anderes Thema umschalten* passare ad un altro argomento
Umschichtung ['umʃɪçtuŋ] *f* ristrutturazione *f*
Umschlag ['umʃla:k] *m 1. (Schutzhülle)* copertina *f,* involucro *m; 2. (Briefumschlag)* busta *f; 3. MED* impacco *m*
umschlagen ['umʃla:gən] *v irr 1. (umblättern)* voltare pagina; *2. (umladen)* trasbordare; *3. (Ärmel)* rimboccare le maniche; *4. (Gefühle)* trasformarsi
umschmeißen ['umʃmaɪsən] *v irr 1.* rovesciare; *2. einen Plan umschmeißen (fig)* mandare all'aria un piano

umschreiben [um'ʃraɪbən] *v irr 1.* perifrasare; ['umʃraɪbən] *2. JUR* trasferire; *3. (umformulieren)* riscrivere
Umschwung ['umʃvuŋ] *m (fig)* cambiamento *m*
umsehen ['umzeːən] *v irr sich ~* guardarsi intorno, guardare intorno
umsetzen ['umzɛtsən] *v 1. sich ~* cambiare posto; *2. (verwandeln)* trasformare; *3. (verkaufen)* smerciare
Umsicht ['umzɪçt] *f* avvedutezza *f*
umsiedeln ['umziːdəln] *v* trasferire
umso ['umzo] *adv ~ mehr* tanto più; ◆ *je schneller umso besser* più veloce tanto meglio

umsonst [um'zɔnst] *adv 1. (unentgeltlich)* gratis; *2. (vergeblich)* invano, per niente, inutilmente
◆ *sich umsonst plagen* affaticarsi invano

Umstände ['umʃtɛndə] *pl 1.* circostanze *f/pl;* ◆ *keine Umstände machen* non dare disturbo; *unter keinen Umständen* in nessun caso *m; 2. andere ~* stato interessante *m*
umständlich ['umʃtɛndlɪç] *adj 1.* complicato; *2. (unbequem)* scomodo
umstellen ['umʃtɛlən] *v 1. (Möbel)* spostare; *2. (umorganisieren)* riorganizzare; *3. (anpassen)* adattare
Umstellung ['umʃtɛluŋ] *f 1. (Umgewöhnung)* cambiamento *m; 2. (Anpassung)* adattamento *m*
umstimmen ['umʃtɪmən] *v 1. jdn ~ (fig)* far cambiare idea a qd; *2. MUS* accordare
Umsturz ['umʃturts] *m* rivolgimento *m,* rovesciamento *m*
Umtausch ['umtauʃ] *m* cambio *m*
umtauschen ['umtauʃən] *v* cambiare
umwandeln ['umvandəln] *v* trasformare
Umwandlung ['umvandluŋ] *f* trasformazione *f,* conversione *f*
umwechseln ['umvɛksəln] *v (Geld)* cambiare
Umweg ['umveːk] *m* giro lungo *m;* ◆ *einen Umweg machen* fare un lungo giro
Umwelt ['umvɛlt] *f* ambiente *m*
umweltfreundlich ['umvɛltfrɔyndlɪç] *adj* ecologico, non inquinante
Umweltschutz ['umvɛltʃuts] *m* tutela ambientale *f*
Umweltverschmutzung ['umvɛltfɛrʃmutsuŋ] *f* inquinamento ambientale *m*
umwickeln [um'vɪkəln] *v* avvolgere
umzäunen [um'tsɔynən] *v* recintare

umziehen ['umtsiːən] *v irr 1. (Wohnung wechseln)* trasferirsi, traslocare; *2. sich ~ (umkleiden)* cambiare vestito
◆ *Er ist nach Rom umgezogen.* Si è trasferito a Roma.
! *Konjugation zu 1.: ich ziehe um, ich bin umgezogen; zu 2.: ich ziehe mich um, ich habe mich umgezogen*

Umzug ['umtsuːk] *m 1. (Wohnungswechsel)* trasferimento *m,* trasloco *m;* ◆ *nach seinem Umzug nach Florenz* dopo il suo trasferimento a Firenze; *2. (Festzug)* corteo *m*
unabhängig ['unaphɛŋɪç] *adj* indipendente
Unabhängigkeit ['unaphɛŋɪçkaɪt] *f* indipendenza *f,* libertà *f*
unabkömmlich ['unapkœmlɪç] *adj* indispensabile
unabsehbar [unap'zeːbaːr] *adj* imprevedibile
unabsichtlich ['unapzɪçtlɪç] *adj* involontario
unachtsam ['unaxtzaːm] *adj* disattento

U

unanfechtbar [unan'fɛçtba:r] *adj* incontestabile, inoppugnabile
unangebracht ['unangəbraxt] *adj* inopportuno
unangemessen ['unangəmɛsən] *adj* inadeguato
unangenehm ['unangəne:m] *adj* sgradevole, spiacevole, increscioso
unannehmbar ['unanne:mba:r] *adj* inaccettabile
unansehnlich ['unanze:nlıç] *adj* insignificante, modesto
unanständig ['unanʃtɛndıç] *adj* indecente
unantastbar ['unantastba:r] *adj* intangibile, intoccabile
unappetitlich ['unapeti:tlıç] *adj* disgustoso, stomachevole
Unart ['una:rt] *f* maleducazione *f*
unauffällig ['unauffɛlıç] *adj 1.* non appariscente; *adv 2.* senza farsi notare
unaufgefordert ['unaufgəfɔrdərt] *adj 1.* non esortato, non invitato; *adv 2.* spontaneamente, volontariamente
unaufhaltsam ['unaufhaltzam] *adj* inarrestabile, irrefrenabile
unaufmerksam ['unaufmɛrkzam] *adj* disattento
unaufrichtig ['unaufrıçtıç] *adj* falso
unaufschiebbar [unauf'ʃi:pba:r] *adj* improrogabile, inderogabile
unausgeglichen ['unausgəglıçən] *adj* non equilibrato, disarmonico
Unausgeglichenheit ['unausgəglıçənhaıt] *f* squilibrio *m*
unausstehlich ['unausʃte:lıç] *adj* insopportabile
unbändig ['unbɛndıç] *adj* indomabile
Unbarmherzigkeit ['unbarmhɛrtsıçkaıt] *f* spietatezza *f*
unbeabsichtigt ['unbəapzıçtıçt] *adj* involontario
unbeachtet ['unbəaxtət] *adj* inosservato
unbedacht ['unbədaxt] *adj* sconsiderato
unbedenklich ['unbədɛŋklıç] *adj 1.* sicuro; *adv 2.* senza esitazione
unbedeutend ['unbədɔytənt] *adj* irrilevante

> **unbedingt** ['unbədıŋt] *adj* assoluto, incondizionato; *~er Gehorsam* obbedienza assoluta *f*

unbefangen ['unbəfaŋən] *adj* disinvolto
Unbefangenheit ['unbəfaŋənhaıt] *f* disinvoltura *f;* spigliatezza *f*
unbefriedigend ['unbəfri:dıgənt] *adj* insoddisfacente
unbefriedigt ['unbəfri:dıçt] *adj* insoddisfatto
unbefristet ['unbəfrıstət] *adj* illimitato
unbefugt ['unbəfu:kt] *adj* non autorizzato
unbegreiflich ['unbəgraıflıç] *adj* incomprensibile
unbegrenzt ['unbəgrɛntst] *adj* illimitato
unbegründet ['unbəgryndət] *adj* infondato
Unbehagen ['unbəha:gən] *n* disagio *m,* malessere *m*
unbekannt ['unbəkant] *adj* sconosciuto
unbelehrbar ['unbəle:rba:r] *adj* incorreggibile
unbeliebt ['unbəli:pt] *adj* malvisto
Unbeliebtheit ['unbəli:pthaıt] *f* impopolarità *f*
unbemerkt ['unbəmɛrkt] *adj* inosservato
unberechenbar ['unbərɛçənba:r] *adj* incalcolabile

U

unbescheiden ['unbəʃaɪdən] *adj* presuntuoso, non modesto
unbeschränkt ['unbəʃrɛŋkt] *adj* illimitato
unbeschreiblich ['unbəʃraɪplɪç] *adj* indescrivibile
unbeschwert ['unbəʃve:rt] *adj 1.* leggero, libero; *adv 2.* spensieratamente
unbesetzt ['unbəzɛtst] *adj* libero
unbesonnen ['unbəzɔnən] *adj* sconsiderato
unbesorgt ['unbəzɔrgt] *adj* tranquillo
unbeständig ['unbəʃtɛndɪç] *adj 1.* variabile; *2. (wankelmütig)* incostante
unbestechlich ['unbəʃtɛçlɪç] *adj* incorruttibile
unbestimmt ['unbəʃtɪmt] *adj* indeterminato
unbeteiligt ['unbətaɪlɪçt] *adj* non interessato
unbeugsam ['unbɔykza:m] *adj* inflessibile
unbewacht ['unbəvaçt] *adj* incustodito
unbeweglich ['unbəve:klɪç] *adj* immobile
unbewohnt ['unbəvo:nt] *adj* disabitato
unbewusst ['unbəvust] *adj* incosapevole
unbrauchbar ['unbrauxba:r] *adj* inutilizzabile
und [unt] *konj* e
U **undankbar** ['undaŋkba:r] *adj* ingrato
undenkbar [un'dɛŋkba:r] *adj* impensabile
undeutlich ['undɔytlɪç] *adj* poco chiaro; impreciso; *(Photo)* sfocato
undicht ['undɪçt] *adj* permeabile
Unding ['undɪŋ] *n* assurdità *f*
undurchlässig ['undurçlɛsɪç] *adj* impermeabile
undurchsichtig ['undurçzɪçtɪç] *adj 1.* non trasparente; *2. (fig)* impenetrabile
unecht ['unɛçt] *adj* falso
unehelich ['une:əlɪç] *adj* illegittimo
unehrlich ['une:rlɪç] *adj* disonesto
uneingeschränkt ['unaɪngəʃrɛŋkt] *adj* illimitato
Uneinigkeit ['unaɪnɪçkaɪt] *f* discordia *f*
unempfindlich ['unɛmpfɪndlɪç] *adj* insensibile
unendlich ['unɛntlɪç] *adj* infinito
unentbehrlich ['unɛntbe:rlɪç] *adj* indispensabile
unentschieden ['unɛntʃi:dən] *adj 1.* indeciso, in sospeso; *2. SPORT* pari
unentwegt ['unɛntve:kt] *adj* imperterrito
unerfahren ['unɛrfa:rən] *adj* inesperto
unerfreulich ['unɛrfrɔylɪç] *adj* spiacevole
unerhört ['unɛrhø:rt] *adj 1. (fig)* inaudito; *~e Frechheit* sfacciataggine inaudita *f*; *adv 2.* incredibilmente
unerklärlich ['unɛrklɛrlɪç] *adj* inspiegabile
unermesslich ['unɛrmɛslɪç] *adj 1.* smisurato; *adv 2.* smisuratamente
unerträglich ['unɛrtrɛ:klɪç] *adj* insopportabile
unerwartet ['unɛrvartət] *adj* inaspettato
unerwünscht ['unɛrvynʃt] *adj* indesiderato
Unfähigkeit ['unfɛ:ɪçkaɪt] *f* incapacità *f*
unfair ['unfɛ:r] *adj* scorretto

> **Unfall** ['unfal] *m* incidente *m*
> ◆ *einen Unfall haben* avere un incidente
> **!** *Plural: Unfälle*

unfassbar [un'fasba:r] *adj* inconcepibile
unfolgsam ['unfɔlkza:m] *adj* disubbidiente
unfreiwillig ['unfraɪvɪlɪç] *adj* involontario
unfreundlich ['unfrɔyndlɪç] *adj* scortese
unfruchtbar ['unfruxtba:r] *adj* sterile
Unfug ['unfu:k] *m* scemenze *f/pl*
Ungarn ['uŋgarn] *n GEO* Ungheria *f*
ungeachtet ['ungəaxtət] *prep* malgrado
ungebildet ['ungəbɪldət] *adj* incolto
Ungeduld ['ungədult] *f* impazienza *f*
ungeduldig ['ungəduldɪç] *adj* impaziente
ungeeignet ['ungəaɪgnət] *adj* inadatto

> **ungefähr** ['ungəfɛ:r] *adj 1.* approssimativo; *adv 2.* pressappoco
> ◆ *Er kam ungefähr um 18 Uhr.* Venne verso le 18.
> *Es ist nicht von ungefähr.* Non è a caso.

ungefährlich ['ungəfɛ:rlɪç] *adj* innocuo
Ungeheuer ['ungəhɔyər] *n* mostro *m*
ungeklärt ['ungəklɛ:rt] *adj 1.* irrisolto; *2. (nicht gereinigt)* non depurato
ungekündigt ['ungəkyndikt] *adj in ~er Stellung* in servizio attivo
ungelegen ['ungəle:gən] *adj* inopportuno
ungelernt ['ungəlɛrnt] *adj* non qualificato
ungemein ['ungəmaɪn] *adj* immenso
ungemütlich ['ungəmy:tlɪç] *adj* poco accogliente
ungenau ['ungənau] *adj 1.* inesatto; *adv 2.* non esattamente
ungenießbar ['ungəni:sba:r] *adj 1.* immangiabile; *2. (unerträglich)* noioso
ungenügend ['ungənygənt] *adj* insufficiente
ungepflegt ['ungəpfle:kt] *adj* trascurato
ungerade ['ungəra:də] *adj* dispari
ungerecht ['ungərɛçt] *adj* ingiusto
Ungerechtigkeit ['ungərɛçtɪçkaɪt] *f* ingiustizia *f*
ungern ['ungɛrn] *adv* mal volentieri
ungeschickt ['ungəʃɪkt] *adj 1.* inetto; *adv 2.* da incapace
ungeschrieben ['ungəʃrɪbən] *adj* non scritto; ◆ *ein ungeschriebenes Gesetz* consuetudine *f*
ungestört ['ungəʃtø:rt] *adj 1.* indisturbato; *adv 2.* senza essere disturbato
ungesund ['ungəzunt] *adj 1. (nicht gesund)* malsano; *2. (schädlich)* nocivo
Ungewissheit ['ungəvɪshaɪt] *f* incertezza *f*
ungewöhnlich ['ungəvø:nlɪç] *adj* insolito
ungezogen ['ungətso:gən] *adj* maleducato
ungezwungen ['ungətsvuŋən] *adj 1.* spontaneo; *adv 2. (fig)* con disinvoltura
unglaublich ['unglauplɪç] *adj* incredibile
Unglaubwürdigkeit ['unglaupvyrdɪçkaɪt] *f* inattendibilità *f*
ungleichmäßig ['unglaɪçmɛ:sɪç] *adj* irregolare
Unglück ['unglyk] *n 1. (Missgeschick)* disgrazia *f; 2. (Pech)* sfortuna *f;* ◆ *ins Unglück rennen* correre incontro alla sfortuna; *zu allem Unglück* per colmo di sfortuna; *3. (Unfall)* incidente *m*
unglücklich ['unglyklɪç] *adj 1.* infelice; *2. (kein Glück habend)* sfortunato
unglücklicherweise ['unglyklɪçərvaɪzə] *adv* sfortunatamente

U

Ungnade ['ungna:də] *f* disgrazia *f;* ◆ *bei jdm in Ungnade fallen* cadere in disgrazia presso qd
ungültig ['ungyltıç] *adj* non valido; *~er Reisepass* passaporto scaduto *m*
Ungültigkeit ['ungyltıçkaıt] *f* invalidità *f,* nullità *f*
Ungunst ['ungunst] *f* sfavore *f;* ◆ *zu jds Ungunsten* a scapito di qd
ungünstig ['ungynstıç] *adj* sfavorevole
Unheil ['unhaıl] *n* male *m*
unheilbar ['unhaılba:r] *adj* inguaribile
unheimlich ['unhaımlıç] *adj 1.* poco rassicurante; *2. (unbehaglich)* inquietante; *3. (düster)* lugubre; *adv 4. (sehr)* molto
unhöflich ['unhø:flıç] *adj* scortese
Unhöflichkeit ['unhø:flıçkaıt] *f* scortesia *f*
Uniform ['unifɔrm] *f* uniforme
Union [un'jo:n] *f* unione *f; Europäische ~* Unione europea *f*
universal [univɛr'za:l] *adj* universale
Universität [univɛrzi'tɛ:t] *f* università *f*
Universum [uni'vɛrzum] *n* universo *m*
Unkenntnis ['unkɛntnıs] *f* ignoranza *f*
unklar ['unkla:r] *adj 1.* poco chiaro; *adv 2.* oscuramente, confusamente
Unklarheit ['unkla:rhaıt] *f* incertezza *f*
unkompliziert ['unklɔmplitsi:rt] *adj* non complicato
Unkosten ['unkɔstən] *pl* spese *f/pl*
Unkraut ['unkraut] *n* erbacce *f/pl*
U **unleserlich** ['unle:zərlıç] *adj* illeggibile
unlogisch ['unlo:gıʃ] *adj* illogico
unlösbar ['unlø:sba:r] *adj* insolubile
unmäßig ['unmɛ:sıç] *adj* smodato
Unmensch ['unmɛnʃ] *m* mostro *m;* ◆ *kein Unmensch sein* non essere crudele
unmenschlich ['unmɛnʃlıç] *adj* inumano
unmerklich ['unmɛrklıç] *adj* impercettibile
unmissverständlich ['unmısfɛrʃtɛndlıç] *adj* inequivocabile
unmittelbar ['unmıtəlba:r] *adj* immediato
unmöglich [un'mø:klıç] *adj* impossibile
unmoralisch ['unmora:lıʃ] *adj* immorale
unnatürlich ['unnaty:rlıç] *adj* innaturale
unnötig ['unnø:tıç] *adj* inutile
unnütz ['unnyts] *adj* inutile
unnützerweise [unnytsər'vaızə] *adv* inutilmente
unordentlich ['unɔrdəntlıç] *adj* disordinato
Unordnung ['unɔrdnuŋ] *f* disordine *m*
unparteiisch ['unpartaııʃ] *adj* imparziale
unpassend ['unpasənt] *adj* sconveniente
unpersönlich ['unpɛrzø:nlıç] *adj* impersonale
unpraktisch ['unpraktıʃ] *adj 1.* non pratico, inesperto; *2. (Sache)* poco pratico
unpünktlich ['unpyŋktlıç] *adj* non puntuale
unrecht ['unrɛçt] *adj 1.* non giusto; *adv 2.* male
Unrecht ['unrɛçt] *n* ingiustizia *f; zu ~* a torto; ◆ *jdm Unrecht geben* dare torto a qd
unrechtmäßig ['unrɛçtmɛ:sıç] *adj* illegale
unreif ['unraıf] *adj* immaturo
Unreinheit ['unraınhaıt] *f* impurità *f*
Unruhe ['unru:ə] *f 1.* agitazione *f,* disordine *m; 2. (Besorgnis)* inquietudine *f*
unruhig ['unru:ıç] *adj 1.* irrequieto; *2. (besorgt)* inquieto, preoccupato
uns [uns] *pron* noi, a noi; ◆ *unter uns* tra noi

unschädlich ['unʃɛːtlɪç] *adj* innocuo; ◆ *jdn unschädlich machen* rendere qd inoffensivo
unschlüssig ['unʃlysɪç] *adj* indeciso
Unschuld ['unʃult] *f 1.* innocenza *f; 2. (Keuschheit)* verginità *f*
unschuldig ['unʃuldɪç] *adj* innocente
unser(e) ['unzər(ə)] *pron* nostro/nostra
unsicher ['unzɪçər] *adj 1.* insicuro; ◆ *einen Ort unsicher machen* mettere tutto a soqquadro; *2. (zweifelhaft)* incerto
Unsicherheit ['unzɪçərhaɪt] *f 1.* insicurezza *f; 2. (Zweifelhaftigkeit)* incertezza *f*
unsichtbar ['unzɪçtbaːr] *adj* invisibile; ◆ *sich unsichtbar machen* rendersi invisibile
Unsinn ['unzɪn] *m 1.* nonsenso *m; 2. (Dummheiten)* sciocchezze *f/pl*
unsinnig ['unzɪnɪç] *adj* assurdo
Unsitte ['unzɪtə] *f* malcostume *m*
unsterblich ['unʃtɛrplɪç] *adj 1.* immortale; *adv 2. (sehr)* infinitamente
Unstimmigkeit ['unʃtɪmɪçkaɪt] *f* discordia *f*
unsympathisch ['unzympaːtɪʃ] *adj* antipatico
Untat ['untaːt] *f* misfatto *m,* delitto *m*
untauglich ['untauklɪç] *adj 1.* incapace; *2. MIL* inabile

> **unten** ['untən] *adv* sotto; *~ im Haus* di sotto
> ◆ *Er ist bei mir unten durch. (fam)* Con lui ho chiuso.

untendrunter ['untən'druntər] *adv (fam)* di sotto

> **unter** ['untər] *prep 1. (örtlich)* sotto; *~ der Telefonnummer ...* al numero telefonico ... *~ großer Anstrengung* con grande sforzo; *2. (zwischen)* tra; *3. (weniger als)* meno di, al di sotto di
> ◆ *unter einem Thema stehen* rientrare in un argomento
> *Das bleibt unter uns.* Che rimanga tra noi.
> **!** *mit Dativ/Akkusativ*

Unterarm ['untərarm] *m ANAT* avambraccio *m*
unterbewerten ['untərbəvertən] *v* sottovalutare
Unterbewusstsein ['untərbəvustzaɪn] *n* subcosciente *m*
unterbinden [untər'bɪndən] *v irr* impedire
unterbrechen [untər'brɛçən] *v irr* interrompere
unterbreiten [untər'braɪtən] *v* sottoporre
unterdrücken [untər'drykən] *v 1. etw ~* reprimere qc; ◆ *einen Aufstand unterdrücken* reprimere una rivolta; *ein Lächeln unterdrücken* reprimere un sorriso; *2. jdn ~* opprimere qd; ◆ *ein Volk unterdrücken* opprimere un popolo
Unterdrückung [untər'drykuŋ] *f* repressione *f,* oppressione *f*
untere(r,s) ['untərə(r,s)] *adj* inferiore
untereinander ['untəraɪnandər] *adv* uno sotto l'altro
Unterführung [untər'fyːruŋ] *f* sottopassaggio *m*
Untergang ['untərgaŋ] *m 1.* caduta *f; 2. (Sinken)* affondamento *m; 3. (Niedergang)* declino *m; 4. (der Sonne)* tramonto *m*
untergehen ['untərgeːən] *v irr 1. (zusammenbrechen)* cadere, andare in rovina; *2. (sinken)* affondare; *3. (niedergehen)* declinare; *4. (Sonne, Mond)* tramontare
Untergeschoss ['untərgəʃɔs] *n* scantinato
Untergewicht ['untərgəvɪçt] *n* peso insufficiente *m,* sottopeso *m*

U

Untergrund ['untərgrunt] *m* sottosuolo *m,* fondo *m*
unterhalb ['untərhalp] *prep* al di sotto di, sotto
Unterhalt ['untərhalt] *m* mantenimento *m*

unterhalten [untər'haltən] *v irr 1. (versorgen)* mantenere; *2. sich ~ (vergnügen)* intrattenersi; *3. sich ~ (plaudern)* conversare
◆ *Sie unterhält sich mit Freunden.* Lei chiacchiera con gli amici.

Unterhaltung [untər'haltuŋ] *f 1. (Versorgung)* mantenimento *m; 2. (Vergnügen)* divertimento *m; 3. (Plaudern)* intrattenimento *m,* conversazione *f*
Unterhemd ['untərhεmt] *n* canottiera *f*
Unterhose ['untərho:zə] *f* mutande *f/pl*
unterkommen ['untərkɔmən] *v irr 1. (Unterkunft finden)* essere alloggiato; *2. (Stellung finden)* trovare un impiego
Unterkunft ['untərkunft] *f* alloggio *m*
Unterlage ['untərla:gə] *f 1.* base *f; 2. (Dokument)* documento *m*
unterlassen [untər'lasən] *v irr* tralasciare
unterliegen [untər'li:gən] *v irr 1. (besiegt werden)* essere vinto, soccombere; *2. (betroffen sein)* essere soggetto
Untermiete ['untərmi:tə] *f* subaffitto *m*
U **Untermieter(in)** ['untərmi:tər(ın)] *m/f* subaffittuario/subaffittuaria *m/f*
unternehmen [untər'ne:mən] *v irr* intraprendere
Unternehmen [untər'ne:mən] *n 1. (Firma)* impresa *f; 2. (Vorhaben)* iniziativa *f*
Unternehmer(in) [untər'ne:mər(ın)] *m/f* imprenditore/imprenditrice *m/f*
unterordnen ['untərɔrdnən] *v* subordinare
Unterredung [untər're:duŋ] *f* colloquio *m*

Unterricht ['untərrıçt] *m 1. (Lehre)* insegnamento *m; 2. (Lektion)* lezione *f*
◆ *Der Unterricht beginnt um acht Uhr.* La lezione inizia alle otto.

unterrichten [untər'rıçtən] *v 1.* insegnare; *2. (informieren)* informare
untersagen [untər'za:gən] *v* vietare
unterschätzen [untər'ʃεtsən] *v* sottovalutare
unterscheiden [untər'ʃaıdən] *v irr* distinguere
Unterschied ['untərʃi:t] *m* differenza *f;* ◆ *Es besteht ein Unterschied wie Tag und Nacht.* C'è differenza come tra il giorno e la notte.
unterschiedlich ['untərʃi:tlıç] *adj 1.* diverso, differente; *adv 2.* diversamente
unterschlagen [untər'ʃla:gən] *v irr 1.* sottrarre; *2. (verheimlichen)* nascondere
unterschreiben [untər'ʃraıbən] *v irr* firmare
Unterschrift ['untərʃrıft] *f* firma *f*

unterste(r,s) ['untərstə(r,s)] *adj* più basso/più bassa, inferiore
◆ *das Unterste zuoberst kehren* mettere tutto sottosopra

Unterstellung [untər'ʃtεluŋ] *f* subordinazione *f,* insinuazione *f*
unterstreichen [untər'ʃtraıçən] *v* sottolineare
unterstützen [untər'ʃtytsən] *v* sostenere, supportare
untersuchen [untər'zu:xən] *v 1.* esaminare; *2. MED* visitare
Untertasse ['untərtasə] *f* piattino *m*
untertauchen ['untərtauxən] *v 1. (eintauchen)* immergersi; *2. (fig: verschwinden)* scomparire

Unterteil ['untərtaɪl] *n* parte inferiore *f*
unterteilen [untər'taɪlən] *v* suddividere
Untertitel ['untərtɪtəl] *m* sottotitolo *m*
untervermieten ['untərfɛrmiːtən] *v* subaffittare
Unterwäsche ['untərvɛʃə] *f* biancheria intima *f*
unterwegs [untər'veːks] *adv* via, per strada
unterweisen [untər'vaɪzən] *v irr* istruire
unterwerfen [untər'vɛrfən] *v irr* sottomettere
unterzeichnen [untər'tsaɪçnən] *v* firmare
untragbar ['untraːkbaːr] *adj* insopportabile
untreu ['untrɔy] *adj* infedele
Untreue ['untrɔyə] *f* infedeltà *f*
untröstlich ['untrøːstlɪç] *adj* inconsolabile
unübersichtlich ['unyːbərzɪçtlɪç] *adj* *1.* senza visibilità; *2. (verworren)* confuso
unumgänglich ['unumgɛŋlɪç] *adj* indispensabile
ununterbrochen ['ununtərbrɔxən] *adj* ininterrotto
unveränderlich [unfɛr'ɛndərlɪç] *adj* immutabile
unverantwortlich [unfɛr'antvɔrtlɪç] *adj* irresponsabile
unverbindlich ['unfɛrbɪntlɪç] *adj* non impegnativo
unverbleit [unfɛr'blaɪt] *adj (Benzin)* senza piombo, verde
unvereinbar [unfɛr'aɪnbaːr] *adj* inconciliabile
Unvereinbarkeit [unfɛr'aɪnbaːrkaɪt] *f* incopatibilità *f*, inconciliabilità *f*
unvergesslich [unfɛr'gɛslɪç] *adj* indimenticabile
unverheiratet ['unfɛrhaɪraːtət] *adj* celibe, nubile, non sposato
unverhofft ['unfɛrhɔft] *adj* insperato
unverkennbar [unfɛr'kɛnbaːr] *adj* inconfondibile
unvermeidlich ['unfɛrmaɪdlɪç] *adj* inevitabile
unvermutet ['unfɛrmuːtət] *adj* inaspettato
Unvernunft ['unfɛrnunft] *f* mancanza di buon senso *f*
unvernünftig ['unfɛrnynftɪç] *adj* insensato, irragionevole

> **unverschämt** ['unfɛrʃɛːmt] *adj* sfacciato
> ◆ *Er ist ein unverschämter Bengel.* È uno sfacciato.

Unverschämtheit ['unfɛrʃɛːmthaɪt] *f* sfacciataggine *f*, sfrontatezza *f*
unversöhnlich ['unfɛrzøːnlɪç] *adj* inconciliabile
unverständlich ['unfɛrʃtɛntlɪç] *adj* incomprensibile
unverzeihlich ['unfɛrtsaɪlɪç] *adj* imperdonabile
unvollkommen ['unfɔlkɔmən] *adj* imperfetto
unvollständig ['unfɔlʃtɛndɪç] *adj* incompleto
unvoreingenommen ['unfoːraɪngənɔmən] *adj* *1.* non prevenuto; *adv* *2.* senza pregiudizi
unvorhergesehen ['unfoːrheːrgəzeːən] *adj* imprevisto
unvorsichtig ['unfoːrzɪçtɪç] *adj* imprudente
unvorstellbar ['unfoːrʃtɛlbaːr] *adj* inimmaginabile
unvorteilhaft ['unfoːrtaɪlhaft] *adj* svantaggioso
unwahr ['unvaːr] *adj* non vero

U

Unwahrheit ['unva:rhaɪt] *f* falsità *f*
unwahrscheinlich ['unva:rʃaɪnlɪç] *adj* improbabile
Unwesen ['unve:sən] *n* disordine *m;* ◆ *sein Unwesen treiben* imperversare
Unwetter ['unvɛtər] *n* maltempo *m*
unwichtig ['unvɪçtɪç] *adj* insignificante
unwiderstehlich ['unvi:dərʃte:lɪç] *adj* irresistibile
unwillig ['unvɪlɪç] *adj 1.* indignato, risentito; *adv 2.* con ira, controvoglia
unwirksam ['unvɪrkza:m] *adj* inefficace
unwissend ['unvɪsənt] *adj* ignorante, ignaro
Unwissenheit ['unvɪsənhaɪt] *f* ignoranza *f*
unwohl ['unvo:l] *adv* male; ◆ *sich unwohl fühlen* sentirsi male
unwürdig ['unvyrdɪç] *adj* indegno
unzerbrechlich [untsɛr'brɛçlɪç] *adj* infrangibile
unzertrennlich [untsɛr'trɛnlɪç] *adj* inseparabile
unzufrieden ['untsufri:dən] *adj* insoddisfatto
Unzufriedenheit ['untsufri:dənhaɪt] *f* insoddisfazione *f*
unzugänglich ['untsugɛŋlɪç] *adj 1.* inaccessibile; *2. (fig)* chiuso
unzulänglich ['untsulɛŋlɪç] *adj* inadeguato
unzulässig ['untsulɛsɪç] *adj* inammissibile
U **unzumutbar** ['untsumu:tba:r]↓*adj* che non si può pretendere
unzurechnungsfähig ['untsurɛçnuŋsfɛ:ɪç] *adj* incapace d'intendere e di volere
Unzuverlässigkeit ['untsufɛrlɛsɪçkaɪt] *f* inaffidabilità
unzweckmäßig ['untsvɛkmɛ:sɪç] *adj* inadeguato
üppig ['ypɪç] *adj 1.* rigoglioso; *2. (Frau)* formosa; *3. (blühend)* florido; *4. (essen)* abbondante

uralt ['u:ralt] *adj* antichissimo
◆ *uralt sein* essere vecchio come il mondo

Uran [u'ra:n] *m CHEM* uranio *m*
Ureinwohner ['u:raɪnvo:nər] *m* aborigeno *m*
Urenkel ['u:rɛŋkəl] *m* pronipote *m*
Urgroßeltern ['u:rgro:sɛltərn] *f* bisnonni *m/pl,* nonni dei nonni *m/pl*
Urheber(in) ['u:rhe:bər(ɪn)] *m/f* autore/autrice *m/f*
Urin [u'ri:n] *m* urina *f;* ◆ *etw im Urin spüren* sentire qc lontano un miglio
Urkunde ['u:rkundə] *f* documento *m,* atto *m*
urkundlich ['u:rkuntlɪç] *adj 1.* documentario; *adv 2.* con documenti

Urlaub ['u:rlaup] *m 1.* congedo; *2. (Ferien)* vacanza *f*
◆ *Sie ist im Urlaub.* È in vacanza.

Urlauber(in) ['u:rlaubər(ɪn)] *m/f* vacanziere/vacanziera *m/f,* villeggiante *m/f*
Urne ['urnə] *f* urna *f*
Ursache ['u:rzaxə] *f* causa *f*
Ursprung ['u:rʃpruŋ] *m* origine *f*
ursprünglich ['urʃpryŋlɪç] *adj* originario

Urteil ['urtaɪl] *n 1.* giudizio *m; 2. JUR* sentenza *f*
◆ *Bilden Sie sich ein Urteil!* Si faccia un'idea!

urteilen ['urtaɪlən] *v* giudicare
Urteilsvermögen ['urtaɪlsfɛrmø:gən] *n* capacità di giudicare *f,* giudizio *m*
Urwald ['u:rvalt] *m* foresta tropicale *f;* giungla *f*
Utensilien [utɛn'zi:ljən] *pl* utensili *m/pl*
Utopie [uto'pi:] *f* utopia *f*

V

vage ['va:gə] *adj* vago, incerto; ◆ *Sie hat eine vage Idee.* Lei ha una vaga idea.
Vagina [va'gi:na] *f ANAT* vagina *f*
Vakuum ['va:kuum] *n* vuoto *m*
Vampir [vam'pi:r] *m* vampiro *m*
Vandalismus [vanda'lɪsmus] *m* vandalismo *m*
Vanille [va'nɪlə] *f BOT* vaniglia *f*
variabel [vari'a:bəl] *adj* variabile
Variante [vari'antə] *f* variante *f*
variieren [vari'i:rən] *v* variare
Vase ['va:zə] *f* vaso *m*

Vater ['fa:tər] *m* padre *m; ~ Staat* il caro stato *m; der himmlische ~* il Padre Celeste *m*
◆ *zu seinen Vätern heimgehen* tornare alla casa degli avi;
vom Vater auf den Sohn di padre in figlio
! *Plural: Väter*

Vaterland ['fa:tərlant] *n* patria *f*
väterlich ['fɛ:tərlɪç] *adj* paterno
Vaterschaft ['fa:tərʃaft] *f* paternità *f*
Vaterunser [fa:tər'unzər] *n REL* padrenostro *m*
Vatikan [vatɪ'ka:n] *m* Vaticano *m*
Vegetarier(in) [vege'ta:ri:ər(ɪn)] *m/f* vegetariano/vegetariana *m/f*
Vegetation [vegeta'tsjo:n] *f* vegetazione *f*
vehement [vehə'mɛnt] *adj* veemente
Veilchen ['faɪlçən] *n BOT* viola *f*
Velours [ve'lu:r] *n* velluto *m*
Vene ['ve:nə] *f ANAT* vena *f*
Ventil [vɛn'ti:l] *n 1. TECH* valvola *f; 2. (fig)* sfogo *m*
Ventilator [vɛnti'la:tɔr] *m* ventilatore *m*
verabreden [fɛr'apre:dən] *v 1.* concordare; *2. sich ~* darsi appuntamento
Verabredung [fɛr'apre:duŋ] *f 1.* accordo *m; 2. (Treffen)* appuntamento *m*
verabscheuen [fɛr'apʃɔyən] *v* disprezzare
verabschieden [fɛr'apʃi:dən] *v 1.* congedare; *2. (Gesetz)* varare; *3. sich von jdm ~* congedarsi da qd
Verabschiedung [fɛr'apʃi:duŋ] *f 1.* congedo *m; 2. (eines Gesetzes)* varo *m*
verachten [fɛr'axtən] *v* disprezzare
Verachtung [fɛr'axtuŋ] *f* disprezzo *m;* ◆ *jdn mit Verachtung strafen* punire qd col disprezzo
verallgemeinern [fɛralgə'maɪnərn] *v* generalizzare
veraltet [fɛr'altət] *adj* antiquato
Veranda [ve'randa] *fpl* veranda *f*
veränderlich [fɛr'ɛndərlɪç] *adj* mutevole

verändern [fɛr'ɛndərn] *v* cambiare, variare
◆ *Du hast dich in der letzten Zeit sehr verändert.* Negli ultimi tempi sei cambiato molto.

Veränderung [fɛr'ɛndəruŋ] *f* mutamento *m*
verängstigt [fɛr'ɛŋstɪçt] *adj* impaurito
Veranlagung [fɛr'anla:guŋ] *f* disposizione *f*
veranlassen [fɛr'anlasən] *v 1. (bewegen)* indurre; *2. (anordnen)* predisporre; *3. (hervorrufen)* suscitare
Veranlassung [fɛr'anlasuŋ] *f* motivo *m*
veranstalten [fɛr'anʃtaltən] *v* organizzare

Veranstalter(in) [fɛr'anʃtaltər(ɪn)] *m/f* organizzatore/organizzatrice *m/f*
Veranstaltung [fɛr'anʃtaltuŋ] *f* manifestazione *f*
verantworten [fɛr'antvɔrtən] *v* assumere la responsabilità di, rispondere di
verantwortlich [fɛr'antvɔrtlɪç] *adj* responsabile; ◆ *nicht verantwortlich sein* non essere responsabile
Verantwortung [fɛr'antvɔrtuŋ] *f* responsabilità *f;* ◆ *jdn für etw zur Verantwortung ziehen* ritenere qd responsabile di qc
verantwortungslos [fɛr'antvɔrtuŋslo:s] *adj 1.* irresponsabile; *adv 2.* senza responsabilità
veräppeln [fɛr'ɛpəln] *v jdn ~* prendere in giro qd
verarbeiten [fɛr'arbaɪtən] *v 1.* lavorare; *2. (fig)* digerire; *3. INFORM* elaborare
Verarbeitung [fɛr'arbaɪtuŋ] *f 1.* lavorazione *f; 2. INFORM* elaborazione *f*
verärgern [fɛr'ɛrgərn] *v* irritare
Verarmung [fɛr'armuŋ] *f* impoverimento *m*
verausgaben [fɛr'ausga:bən] *v 1. sich ~ (finanziell)* spendere tutto; *2. sich ~ (körperlich)* esaurirsi
Verb [vɛrp] *n GRAMM* verbo *m*
verbal [vɛr'ba:l] *adj* verbale
Verband [fɛr'bant] *m 1. (Vereinigung)* associazione *f; 2. MED* fasciatura *f*
verbannen [fɛr'banən] *v* esiliare
verbeißen [fer'baisən] *v irr 1. sich in etw ~* andare pazzo per qc; *2. sich etw ~* occultare qc/tralasciare qc
verbergen [fɛr'bɛrgən] *v irr* nascondere, celare
verbessern [fɛr'bɛsərn] *v 1.* migliorare; *2. (korrigieren)* correggere
verbeugen [fɛr'bɔygən] *v sich ~* inchinarsi
Verbeugung [fɛr'bɔyguŋ] *f* inchino *m*
verbiegen [fɛr'bi:gən] *v irr 1.* piegare; *2. (verbilden)* deformare

> **verbieten** [fɛr'bi:tən] *v irr* proibire
> ! *Konjugation: ich verbiete, ich verbot, ich habe verboten*

verbinden [fɛr'bɪndən] *v irr 1.* congiungere; *2. TEL* mettere in comunicazione; *3. MED* fasciare
verbindlich [fɛr'bɪntlɪç] *adj 1.* vincolante; *2. (höflich)* cortese
Verbindung [fɛr'bɪnduŋ] *f 1.* congiunzione *f; 2. (Zugverbindung)* coincidenza *f; 3. TEL* comunicazione *f; 4. (Beziehung)* relazione *f;* ◆ *sich mit jdm in Verbindung setzen* mettersi in contatto con qd
verbissen [fɛr'bɪsən] *adj* accanito
verbittert [fɛr'bɪtərt] *adj* amareggiato
verblassen [fɛr'blasən] *v* impallidire
verbleit [fɛr'blaɪt] *adj (Benzin)* con piombo; *(mit Blei überzogen)* piombato
verblendet [fɛr'blɛndət] *adj* abbagliato
verblüffend [fɛr'blyfənt] *adj 1.* sbalorditivo; *adv 2.* in modo sbalorditivo
Verblüffung [fɛr'blyfuŋ] *f* sbalordimento *m*
verblühen [fɛr'bly:ən] *v* appassire
verbluten [fɛr'blu:tən] *v MED* dissanguarsi
Verborgenheit [fɛr'bɔrgənhaɪt] *f* segretezza *f*
Verbot [fɛr'bo:t] *n* divieto *m*

> **verboten** [fɛr'bo:tən] *adj* proibito, vietato
> ◆ *Das sieht einfach verboten aus! (fam)* È semplicemente impossibile!

Verbrauch [fɛr'braux] *m* consumo *m*
verbrauchen [fɛr'brauxən] *v* consumare

Verbraucher(in) [fɛr'brauxər(ɪn)] *m/f* consumatore/consumatrice *m/f*
verbrechen [fɛr'brɛçən] *v irr* commettere un delitto, rendersi colpevole
Verbrechen [fɛr'brɛçən] *n* crimine *m*
Verbrecher(in) [fɛr'brɛçər(ɪn)] *m/f* criminale *m/f*, delinquente *m/f*
verbreiten [fɛr'braɪtən] *v* propagare
verbreitern [fɛr'braɪtərn] *v* allargare
Verbreitung [fɛr'braɪtuŋ] *f* *1.* estensione *f*; *~ finden* diffondersi; *2. (bekannt machen)* diffusione *f*
verbrennen [fɛr'brɛnən] *v irr* bruciare
Verbrennung [fɛr'brɛnuŋ] *f* *1.* incenerimento *m*; *2. (Einäscherung)* cremazione *f*; *3. MED* ustione *f*; *4. TECH* combustione *f*
verbringen [fɛr'brɪŋən] *v irr* trascorrere
verbrühen [fɛr'bry:ən] *v sich ~* scottarsi; ◆ *sich die Hand verbrühen* scottarsi la mano
verbuchen [fɛr'bu:xən] *v* registrare
Verbund [fɛr'bunt] *m* unione *f*
verbünden [fɛr'byndən] *v sich ~* allearsi
Verbündete(r) [fɛr'byndətə(r)] *m/f* alleato/alleata *m/f*
verbürgen [fɛr'byrgən] *v sich ~* imborghesire, imborghesirsi
verbüßen [fɛr'by:sən] *v* espiare

> **Verdacht** [fɛr'daxt] *m* sospetto *m*
> ◆ *über jeden Verdacht erhaben sein* essere al di sopra di ogni sospetto
> *auf Verdacht* a casaccio
> *Verdacht schöpfen* avere sospetti

verdächtig [fɛr'dɛçtɪç] *adj* sospetto
Verdächtige(r) [fɛr'dɛçtɪgə(r)] *m/f* persona sospetta *f*
verdächtigen [fɛr'dɛçtɪgən] *v* sospettare
Verdächtigung [fɛr'dɛçtɪguŋ] *f* sospetto *m*
verdammen [fɛr'damən] *v* dannare
verdampfen [fɛr'dampfən] *v* evaporare
verdanken [fɛr'daŋkən] *v (jdn etw verdanken)* dovere qc a qd; ◆ *Ich verdanke ihm meine Arbeitsstelle.* Devo a lui il mio posto di lavoro.
verdauen [fɛr'dauən] *v* digerire
Verdauung [fɛr'dauuŋ] *f* digestione *f*
Verdeck [fɛr'dɛk] *n* *1.* cappotta *f*; *2. (eines Schiffes)* coperta *f*
verdecken [fɛr'dɛkən] *v* *1.* coprire; *2. (verbergen)* nascondere, mascherare
verderben [fɛr'dɛrbən] *v irr* *1. (zerstören)* rovinare, rompere; ◆ *es sich mit jdm verderben* giocarsi l'amicizia di qd; *2. (schlecht werden)* andare a male, guastarsi; ◆ *Das Fleisch ist verdorben.* La carne è andata a male. *3. (fig: schlecht beeinflussen)* corrompere
Verderben [fɛr'dɛrbən] *n* rovina *f*
verdeutlichen [fɛr'dɔytlɪçən] *v* spiegare
verdichten [fɛr'dɪçtən] *v* *1. TECH* comprimere; *2. (fig)* addensare
verdienen [fɛr'di:nən] *v* *1.* guadagnare; ◆ *Er verdient viel Geld.* Lui guadagna molto denaro. *2. (Lob)* meritare; ◆ *Sie hat sich ein Lob verdient.* Si è meritata un elogio. *es nicht anders verdienen* non meritarsi altro
Verdienst [fɛr'di:nst] *m* *1.* guadagno *m*; *n 2.* merito *m*
verdoppeln [fɛr'dɔpəln] *v* raddoppiare
Verdoppelung [fɛr'dɔpəluŋ] *f* raddoppiamento *m*
verdorben [fɛr'dɔrbən] *adj* *1.* guasto; ◆ *Er hat verdorbenen Fisch gegessen.* Ha mangiato del pesce guasto. *2. (fig)* corrotto; *~e Gesellschaft* società corrotta *f*

verdrängen [fɛr'drɛŋən] *v 1.* spostare; *2. (fig)* reprimere; *3. MED* rimuovere
Verdrängung [fɛr'drɛŋuŋ] *f 1.* spostamento *m; 2. (fig)* repressione *f*
verdrehen [fɛr'dreːən] *v 1.* torcere; *2. (fig)* falsare; ◆ *die Wahrheit verdrehen* distorcere la verità
verdreifachen [fɛr'draɪfaxən] *v* triplicare
verdrießlich [fɛr'driːslɪç] *adj* seccato
Verdruss [fɛr'drus] *m* fastidio *m*
Verdummung [fɛr'dumuŋ] *f* istupidimento *m*
verdunkeln [fɛr'duŋkəln] *v 1.* oscurare; *2. (fig: verschleiern)* mascherare
verdünnen [fɛr'dynən] *v 1. (Flüssigkeit)* allungare; *2. (Farbe)* diluire
Verdünnung [fɛr'dynuŋ] *f* assottigliamento *m*
verdunsten [fɛr'dunstən] *v* evaporare
verdursten [fɛ'durstən] *v* morire di sete
verehren [fɛr'eːrən] *v 1. REL* venerare; *2. (bewundern)* ammirare
Verehrer [fɛr'eːrər] *m* ammiratore *m*
Verehrung [fɛr'eːruŋ] *f* venerazione *f*
vereidigen [fɛr'aɪdɪgən] *v* giurare
Vereidigung [fɛr'aɪdɪguŋ] *f* giuramento *m*
Verein [fɛr'aɪn] *m* associazione *f*

> **vereinbaren** [fɛr'aɪnbaːrən] *v* accordare, concordare
> ◆ *wie vereinbart* come d'accordo

V

Vereinbarung [fɛr'aɪnbaːruŋ] *f* patto *m*
vereinen [fɛr'aɪnən] *v* unire
vereinfachen [fɛr'aɪnfaxən] *v* semplificare
vereinheitlichen [fɛr'aɪnhaɪtlɪçən] *v* unificare
vereinigen [fɛr'aɪnɪgən] *v* riunire
Vereinigte Staaten [fɛr'aɪgnɪçtə 'ʃtaːtən] *pl GEO* Stati Uniti *m/pl*
Vereinigung [fɛr'aɪniguŋ] *f 1.* associazione *f; 2. POL* unione *f*
vereinsamen [fɛr'aɪnzamən] *v* isolarsi
Vereinte Nationen [fɛr'aɪntə nats'joːnən] *pl* Nazioni Unite *f/pl*
vereinzelt [fɛr'aɪntsəlt] *adj 1.* isolato; *adv 2.* sporadicamente, isolatamente
vereiteln [fɛr'aɪtəln] *v* sventare, deludere
vereitert [fɛr'aɪtərt] *adj* pieno di pus, purulento
verenden [fɛr'ɛndən] *v (sterben)* morire, crepare
verengen [fɛr'ɛŋən] *v* restringere
vererben [fɛr'ɛrbən] *v 1. (Güter)* lasciare in eredità; *2. BIO* trasmettersi per eredità
vererblich [fɛr'ɛrplɪç] *adj* ereditario
Vererbung [fɛr'ɛrbuŋ] *f 1. (von Gütern)* trasmissione *f; 2. BIO* ereditarietà *f*
verewigen [fɛr'eːvɪgən] *v* immortalare
verfahren [fɛr'faːrən] *v irr 1. (vorgehen)* procedere; *2. sich ~* smarrirsi, perdersi
Verfahren [fɛr'faːrən] *n 1.* procedimento *m; 2. (Methode)* metodo *m; 3. JUR* procedura *f*
Verfall [fɛr'fal] *m 1.* decadimento *m; 2. (eines Gebäudes)* rovina *f; 3. (Fristablauf)* scadenza *f*
verfallen [fɛr'falən] *v irr 1.* andare in rovina; *2. (ungültig werden)* scadere; *3. (hörig werden)* diventare schiavo
Verfallsdatum [fɛr'falsdaːtum] *n* data di scadenza *f*
verfälschen [fɛr'fɛlʃən] *v* falsificare
Verfälschung [fɛr'fɛlʃuŋ] *f* falsificazione *f*
verfänglich [fɛr'fɛŋlɪç] *adj* insidioso

verfassen [fɛr'fasən] *v* redigere, compilare
Verfasser [fɛr'fasər] *m* autore *m*
Verfassung [fɛr'fasuŋ] *f 1.* redazione *f; 2. (Zustand)* stato *m,* condizioni *f/pl; 3. (Grundgesetz) POL* costituzione *f*
verfassungswidrig [fɛr'fasuŋsvi:drɪç] *adj* anticostituzionale
verfaulen [fɛr'faulən] *v* marcire
verfechten [fɛr'fɛçtən] *v irr* sostenere, propugnare
Verfechter(in) [fɛr'fɛçtər(ɪn)] *m/f* sostenitore/sostenitrice *m/f*
verfehlen [fɛr'fe:lən] *v* sbagliare
Verfehlung [fɛr'fe:luŋ] *f* mancanza *f*
verfeinern [fɛr'faɪnərn] *v* raffinare
Verflechtung [fɛr'flɛçtuŋ] *f* intrecciatura *f,* fusione *f*
verfliegen [fɛr'fli:gən] *v irr 1.* volare; ◆ *Die Zeit verflog im Nu.* Il tempo passò in un baleno. *2. (Duft)* svanire
Verflossene(r) [fɛr'flɔsənə(r)] *f/m* il mio ex *m;* la mia ex *f*
verfluchen [fɛr'flu:xən] *v* maledire
verflüssigen [fɛr'flysɪgən] *v* liquefare

verfolgen [fɛr'fɔlgən] *v* inseguire
◆ *ein Ziel verfolgen* prefiggersi una meta
Er hat diese Geschichte aufmerksam verfolgt. Ha seguito questa storia attentamente.

Verfolgte(r) [fɛr'fɔlktə(r)] *f/m* perseguitato/perseguitata *m/f*
Verfolgung [fɛr'fɔ:lguŋ] *f* persecuzione *f*
verformen [fɛr'fɔrmən] *v* deformare
verfrachten [fɛr'fraxtən] *v* trasportare
verfügbar [fɛr'fy:kba:r] *adj* disponibile
verfügen [fɛr'fy:gən] *v 1. (anordnen)* ordinare; *2. ~ über* disporre di
Verfügung [fɛr'fy:guŋ] *f* disposizione *f;* ◆ *sich zur Verfügung stellen* mettersi a disposizione; *etw zur Verfügung haben* avere qc a disposizione
verführen [fɛr'fy:rən] *v* sedurre
Verführung [fɛr'fy:ruŋ] *f* seduzione *f*
Vergabe [fɛr'ga:bə] *f* aggiudicazione *f*
vergammeln [fɛr'gaməln] *v 1.* cadere in basso; *2. (verschimmeln)* ammuffire
vergangene(r,s) [fɛr'gaŋənə(r,s)] *adj* scorso/scorsa, passato/passata
Vergangenheit [fɛr'gaŋənhaɪt] *f* passato *m*
vergänglich [fɛr'gɛŋglɪç] *adj* fugace
vergeben [fɛr'ge:bən] *v irr 1. (verzeihen)* perdonare; *2. (Auftrag)* passare; *3. (Preis)* conferire
vergeblich [fɛr'ge:blɪç] *adj* inutilmente
Vergebung [fɛr'ge:buŋ] *f 1.* perdono *m; 2. (Verleihung)* conferimento *m*
vergehen [fɛr'ge:ən] *v irr 1. (Zeit)* passare; *2. (Schmerz)* cessare; *3.* ◆ *vor Kummer vergehen* struggersi dal dolore
Vergehen [fɛr'ge:ən] *n* trasgressione *f*

vergessen [fɛr'gɛsən] *v irr* dimenticare
◆ *Das vergesse ich dir nie!* Questo non lo dimenticherò mai!

Vergessenheit [fɛr'gɛsənhaɪt] *f* dimenticanza *f;* ◆ *in Vergessenheit geraten* cadere nell'oblio
vergeuden [fɛr'gɔydən] *v* sprecare
Vergeudung [fɛr'gɔyduŋ] *f* spreco *m*
vergewaltigen [fɛrgə'valtɪgən] *v* violentare
Vergewaltigung [fɛrgə'valtɪguŋ] *f* violenza carnale *f*
vergewissern [fɛrgə'vɪsərn] *v sich ~* accertarsi

vergießen [fɛr'giːsən] *v irr* versare, spargere; ◆ *Blut vergießen* spargere sangue
vergiften [fɛr'gɪftən] *v* avvelenare
Vergiftung [fɛr'gɪftuŋ] *f* avvelenamento *m*
Vergleich [fɛr'glaɪç] *m 1.* paragone *m; 2. JUR* accomodamento *m;* ◆ *im Vergleich zu* in confronto a
vergleichen [fɛr'glaɪçən] *v irr* confrontare, paragonare
Vergleichsjahr [fɛr'glaɪçsjaːr] *n* anno di riferimento *m*
vergleichsweise [fɛr'glaɪçsvaɪzə] *adv* comparativamente
verglühen [fɛr'glyːən] *v* estinguersi
vergnügen [fɛr'gnyːgən] *v sich ~* divertirsi, spassarsela; ◆ *Sie vergnügen sich den ganzen Tag.* Si divertono tutto il giorno.

Vergnügen [fɛr'gnyːgən] *n* divertimento *m*
◆ *ein teures Vergnügen* un lusso
Das ist alles andere als ein Vergnügen. È tutt'altro che un piacere.

vergolden [fɛr'gɔldən] *v* dorare
vergöttern [fɛr'gœtərn] *v* idolatrare
vergraben [fɛr'graːbən] *v irr* sotterrare
vergriffen [fɛr'grɪfən] *adj* esaurito
vergrößern [fɛr'grøːsərn] *v* ingrandire, *(erweitern)* ampliare
Vergünstigung [fɛr'gynstiguŋ] *f* agevolazione *f,* riduzione *f*
vergüten [fɛr'gyːtən] *v* rimborsare
Vergütung [fɛr'gyːtuŋ] *f* rimborso *m*
verhaften [fɛr'haftən] *v* arrestare
Verhaftung [fɛr'haftuŋ] *f* arresto *m*
verhalten [fɛr'haltən] *v irr 1. sich ~* comportarsi; *adj 2.* trattenuto, represso
Verhalten [fɛr'haltən] *n* comportamento *m*
Verhältnis [fɛr'hɛltnɪs] *n 1.* proporzione *f; 2. (Beziehung)* rapporto *m,* relazione *f; 3. (Umstand)* condizione *f;* ◆ *über seine Verhältnisse leben* vivere al di sopra dei propri mezzi
verhandeln [fɛr'handəln] *v* trattare
Verhandlung [fɛr'handluŋ] *f 1.* trattativa *f; 2. JUR* udienza *f*
verhängen [fɛr'hɛŋən] *v 1. (verhüllen)* coprire; *2. (fig: Strafe)* infliggere; *3. (verkünden)* proclamare
Verhängnis [fɛr'hɛŋnɪs] *n* sciagura *f*
verharmlosen [fɛr'harmloːzən] *v* minimizzare
verharren [fɛr'harən] *v* persistere
verhärten [fɛr'hɛrtən] *v* indurire
Verhärtung [fɛr'hɛrtuŋ] *f* indurimento *m*
verhasst [fɛr'hast] *adj* odiato
Verhau [fɛr'hau] *m (fig)* confusione *f*
verheerend [fɛr'heːrənt] *adj* disastroso, catastrofico
Verheerung [fɛr'heːruŋ] *f* devastazione *f*
verhehlen [fɛr'heːlən] *v* dissimulare
verheilen [fɛr'haɪlən] *v* guarire
verheimlichen [fɛr'haɪmlɪçən] *v* nascondere
verheiratet [fɛr'haɪraːtət] *adj* sposato
verheißen [fɛr'haɪsən] *v irr* promettere, predire
verherrlichen [fɛr'hɛrlɪçən] *v* esaltare
verhexen [fɛr'hɛksən] *v* stregare; ◆ *Das ist ja wie verhext.* Questa è una maledizione.
verhindern [fɛr'hɪndərn] *v* impedire
Verhinderung [fɛr'hɪndəruŋ] *f* impedimento *m*
verhöhnen [fɛr'høːnən] *v* deridere
Verhör [fɛr'høːr] *n JUR* interrogatorio *m;* ◆ *jdn ins Verhör nehmen* fare l'interrogatorio a qd

verhören [fɛr'hø:rən] *v* interrogare
verhüllen [fɛr'hylən] *v* velare, coprire
verhungern [fɛr'huŋərn] *v* morire di fame
verhüten [fɛr'hy:tən] *v* prevenire
Verhütung [fɛr'hy:tuŋ] *f* prevenzione *f*
Verhütungsmittel [fɛr'hy:tuŋsmɪtəl] *n MED* metodo anticoncezionale *m*
verirren [fɛr'ɪrən] *v sich ~* smarrirsi; ◆ *Sie hat sich im Wald verirrt.* Si è smarrita nel bosco.
Verirrung [fɛr'ɪruŋ] *f 1.* smarrimento *m; 2. (fig)* traviamento *m*
verjagen [fɛr'ja:gən] *v* scacciare
verjähren [fɛr'jɛ:rən] *v JUR* cadere in prescrizione
verkabeln [fɛr'ka:bəln] *v* cablare
verkalken [fɛr'kalkən] *v* calcificare
Verkalkung [fɛr'kalkuŋ] *f 1. MED* calcificazione *f*; *2. TECH* calcificazione *f*
Verkauf [fɛr'kauf] *m* vendita *f*

verkaufen [fɛr'kaufən] *v* vendere
◆ *jdn für dumm verkaufen* considerare qd un idiota

Verkäufer [fɛr'kɔyfər] *m* venditore *m*, *(angestellt)* commesso/commessa *m/f*
verkäuflich [fɛr'kɔyflɪç] *adj* vendibile

Verkehr [fɛr'ke:r] *m 1.* traffico *m; 2. (Umgang)* frequenza *f; 3. (Geschlechtsverkehr)* rapporto sessuale *m*
◆ *jdn aus dem Verkehr ziehen (fig)* arrestare qd

Verkehrsader [fɛr'ke:rsa:dər] *f* arteria stradale *f*
Verkehrsampel [fɛr'ke:rsampəl] *f* semaforo *m*
Verkehrsmittel [fɛr'ke:rsmɪtəl] *n* mezzo di trasporto *m*
Verkehrspolizei [fɛr'ke:rspolitsaɪ] *f* polizia stradale *f*
Verkehrsregel [fɛr'ke:rsre:gəl] *f* norma di circolazione stradale *f*

verkehrt [fɛr'ke:rt] *adj 1. (~ herum)* invertito; *2. (falsch)* sbagliato
◆ *etw verkehrt auffassen* prendere qc dal lato sbagliato
alles verkehrt machen fare tutto sbagliato

verkennen [fɛr'kɛnən] *v irr* non riconoscere
Verkettung [fɛr'kɛtuŋ] *f* concatenazione *f*
verklagen [fɛr'kla:gən] *v JUR* querelare
verkleben [fɛr'kle:bən] *v* incollare
verkleiden [fɛr'klaɪdən] *v 1. (maskieren)* travestire; *2. (überziehen)* rivestire
Verkleidung [fɛr'klaɪduŋ] *f 1.* travestimento *m; 2. TECH* rivestimento *m*
verkleinern [fɛr'klaɪnərn] *v* rimpicciolire
verklemmt [fɛr'klɛmt] *adj 1.* incastrato; *2. (fig)* bloccato; *3. PSYCH* inhibito
verknacken [fɛr'knakən] *v* condannare
verknacksen [fɛr'knakzən] *v* slogare
verknallen [fɛr'knalən] *v sich ~ (fam)* innammorarsi, prendersi una cotta (fam)
verkneifen [fɛr'knaɪfən] *v irr sich ~* reprimersi; *sich etw ~* trattenersi dal fare qc
verknittern [fɛr'knɪtərn] *v* sgualcire
verknoten [fɛr'kno:tən] *v* annodare
verknüpfen [fɛr'knypfən] *v 1. (verknoten)* annodare; *2. (fig)* collegare
verkocht [fɛr'kɔxt] *adj* scotto
verkohlen [fɛr'ko:lən] *v 1.* carbonizzare; *2. (fig)* canzonare
verkommen [fɛr'kɔmən] *v irr* cadere in basso
verkörpern [fɛr'kœrpərn] *v* personificare

verkraften [fɛr'kraftən] *v* sopportare
verkrampfen [fɛr'krampfən] *v sich ~* contrarsi
verkrüppelt [fɛr'krypəlt] *adj MED* deforme
verkühlen [fɛr'ky:lən] *v sich ~* raffreddarsi
verkümmern [fɛr'kymərn] *v* intristire
verkünden [fɛr'kyndən] *v* annunciare; ◆ *ein Urteil verkünden* pronunciare una sentenza
Verkündigung [fɛr'kyndɪguŋ] *f 1.* annunciazione *f; 2. REL* annunciazione *f*
verkuppeln [fɛr'kupəln] *v* accoppiare
verkürzen [fɛr'kyrtsən] *v* accorciare
Verkürzung [fɛr'kyrtsuŋ] *f* accorciamento *m*
verladen [fɛr'la:dən] *v irr* caricare
Verladung [fɛr'la:duŋ] *f* carico *m*
Verlag [fɛr'la:k] *m* casa editrice *f*
verlagern [fɛr'la:gərn] *v* spostare
Verlagswesen [fɛr'la:ksve:zən] *n* editoria *f*

verlangen [fɛr'laŋən] *v* chiedere, esigere
◆ *viel von jdm verlangen* pretendere molto da qd
Mehr verlange ich gar nicht. Non chiedo niente di più.
Sie werden am Telefon verlangt. La desiderano al telefono.

Verlangen [fɛr'laŋən] *n 1.* richiesta *f; 2. (Wunsch)* desiderio *m; 3. (Begier)* brama *f*
V
verlängern [fɛr'lɛŋərn] *v 1.* allungare; *2. (zeitlich)* prolungare; *3. (verdünnen)* diluire
Verlängerung [fɛr'lɛŋəruŋ] *f 1.* allungamento *m; 2. (zeitlich)* prolungamento *m*
verlangsamen [fɛr'laŋgzamən] *v* rallentare
Verlass [fɛr'las] *m* affidamento *m;* ◆ *Auf ihn ist kein Verlass.* Di lui non ci si può fidare.
verlassen [fɛr'lasən] *v irr 1.* lasciare, abbandonare; *adj 2.* abbandonato
verlässlich [fɛr'lɛslɪç] *adj* fidato
Verlauf [fɛr'lauf] *m 1. (Ablauf)* corso *m; 2. (Entwicklung)* sviluppo *m;* ◆ *einen guten Verlauf nehmen* prendere un corso positivo; *3. (der Zeit)* decorso *m*
verlaufen [fɛr'laufən] *v irr 1. (ablaufen)* svolgersi; *2. (sich entwickeln)* procedere, svilupparsi; *3. sich ~* perdersi
verlauten [fɛr'lautən] *v* comunicare
verleben [fɛr'le:bən] *v* trascorrere
verlegen [fɛr'le:gən] *v 1. (Wohnsitz)* trasferire; *2. (Termin)* spostare; *3. (verlieren)* smarrire; *4. (Buch)* pubblicare; *5. (Kabel) TECH* installare; *adj 6.* imbarazzato ◆ *um etw nie verlegen sein* non essere mai a corto di qc/non essere mai sprovvisto di qc
Verlegenheit [fɛr'le:gənhaɪt] *f* imbarazzo *m*
Verleger(in) [fɛr'le:gər(ɪn)] *m/f* editore/editrice *m/f*
Verlegung [fɛr'le:guŋ] *f 1.* trasferimento *m; 2. (eines Buchs)* pubblicazione *f; 3. (eines Termins)* spostamento *m; 4. (das Verlieren)* smarrimento *m; 5. (eines Kabels) TECH* installazione *f*
Verleih [fɛr'laɪ] *m* prestito *m*
verleihen [fɛr'laɪən] *v irr 1. (borgen)* prestare; *2. (vermieten)* noleggiare; *3. (Preis)* conferire
Verleihung [fɛr'laɪuŋ] *f* conferimento *m*
verleiten [fɛr'laɪtən] *v 1.* indurre; *2. (anleiten)* istigare
verlernen [fɛr'lɛrnən] *v* disimparare
verletzen [fɛr'lɛtsən] *v 1. (verwunden)* ferire; *2. (fig: kränken)* offendere; *3. (fig: übertreten)* violare

Verletzung [fɛr'lɛtsuŋ] *f* *1. (Wunde)* ferita *f; 2. (fig: Kränkung)* offesa *f; 3. (fig: Übertretung)* violazione *f*
verleugnen [fɛr'lɔygnən] *v* rinnegare; ◆ *sich verleugnen lassen* farsi negare
verleumden [fɛr'lɔymdən] *v* calunniare
verlieben [fɛr'li:bən] *v sich ~* innamorarsi
Verliebte(r) [fɛr'li:ptə(r)] *m/f* innamorato/innamorata *m/f*

verlieren [fɛr'li:rən] *v irr* perdere
◆ *nichts zu verlieren haben (fig)* non avere nulla da perdere
das Gesicht verlieren perdere la faccia
den Boden unter den Füßen verlieren sentirsi perdere il terreno sotto i piedi
Noch ist nicht alles verloren. Non è ancora detta l'ultima parola.

Verlierer(in) [fɛr'li:rər(ɪn)] *m/f* perdente *m/f*
verloben [fɛr'lo:bən] *v sich ~* fidanzarsi
Verlobte(r) [fɛr'lo:ptə(r)] *f/m* fidanzato/fidanzata *m/f*
Verlobung [fɛr'lo:buŋ] *f* fidanzamento *m*
verlocken [fɛr'lɔkən] *v* allettare, tentare, sedurre
Verlockung [fɛr'lɔkuŋ] *f* allettamento *m;* tentazione *f*
verlosen [fɛr'lo:zən] *v* sorteggiare
Verlosung [fɛr'lo:zuŋ] *f* sorteggio *m*
Verlust [fɛr'lust] *m* perdita *f*
vermachen [fɛr'maxən] *v* lasciare in eredità
Vermählung [fɛr'mɛ:luŋ] *f* matrimonio *m*
vermarkten [fɛr'marktən] *v* introdurre sul mercato
vermehren [fɛr'me:rən] *v 1.* aumentare; *2. (fortpflanzen)* riprodurre
Vermehrung [fɛr'me:ruŋ] *f 1.* aumento *m; 2. (Fortpflanzung)* riproduzione *f*
vermeiden [fɛr'maɪdən] *v irr* evitare
vermeintlich [fɛr'maɪntlɪç] *adj* supposto
vermengen [fɛr'mɛŋən] *v* mischiare
Vermerk [fɛr'mɛrk] *m* annotazione *f*
vermerken [fɛr'mɛrkən] *v* annotare
vermessen [fɛr'mɛsən] *v irr 1.* misurare; *adj 2.* presuntuoso
Vermessung [fɛr'mɛsuŋ] *f* misurazione *f*
vermieten [fɛr'mi:tən] *v* affittare
Vermieter(in) [fɛr'mi:tər(ɪn)] *m/f* locatore/locatrice *m/f,* noleggiatore/noleggiatrice *m/f*
Vermietung [fɛr'mi:tuŋ] *f* affitto *m*
vermindern [fɛr'mɪndərn] *v* diminuire
Verminderung [fɛr'mɪndəruŋ] *f* diminuzione *f*
vermischen [fɛr'mɪʃən] *v* mischiare

vermissen [fɛr'mɪsən] *v 1. jdn ~* sentire la mancanza di qd; *2. (nicht finden)* non trovare
≠ *vermessen v irr* misurare

vermitteln [fɛr'mɪtəln] *v* procurare
Vermittler [fɛr'mɪtlər] *m* intermediario *m*
Vermittlung [fɛr'mɪtluŋ] *f 1.* mediazione *f; 2. (Telefonvermittlung)* centralino *m; 3. (Stellenvermittlung)* collocamento *m*
Vermögen [fɛr'mø:gən] *n 1.* capacità *f,* facoltà *f; 2. (Besitz)* patrimonio *m;* ◆ *ein Vermögen erben* ereditare un patrimonio
vermögend [fɛr'mø:gənt] *adj* ricco
vermuten [fɛr'mu:tən] *v* presumere, supporre
vermutlich [fɛr'mu:tlɪç] *adj 1.* presunto; *adv 2.* presumibilmente

Vermutung [fɛr'mu:tuŋ] *f* supposizione *f*
vernachlässigen [fɛr'na:xlɛsɪgən] *v* trascurare
Vernachlässigung [fɛr'naxlɛsɪguŋ] *f* incuria *f,* trascuratezza *f*
vernarben [fɛr'narbən] *v MED* cicatrizzarsi
vernehmbar [fɛr'ne:mba:r] *adj* percettibile
vernehmen [fɛr'ne:mən] *v irr 1.* percepire; *2. (verhören) JUR* interrogare
Vernehmen [fɛr'ne:mən] *n dem ~ nach* secondo quanto si dice
Vernehmung [fɛr'ne:muŋ] *f* interrogatorio *m*
verneigen [fɛr'naɪgən] *v sich ~* inchinarsi
Verneigung [fɛr'naɪguŋ] *f* inchino *m*
verneinen [fɛr'naɪnən] *v 1.* negare; *2. (ablehnen)* rifiutare, respingere
Verneinung [fɛr'naɪnuŋ] *f 1. (Neinsagen)* negazione *f; 2. (Ablehnung)* rifiuto *m*
vernetzen [fer'ɛtsən] *v* collegare in rete
vernichten [fɛr'nɪçtən] *v* distruggere
Vernichtung [fɛr'nɪçtuŋ] *f* distruzione *f*
verniedlichen [fɛr'ni:dlɪçən] *v* minimizzare; ◆ *einen Vorfall verniedlichen* minimizzare un avvenimento

> **Vernunft** [fɛr'nunft] *f* ragione *f*
> ◆ *zur Vernunft kommen* mettere giudizio
> *jdn zur Vernunft bringen* ricondurre qd alla ragione

vernünftig [fɛr'nynftɪç] *adj* ragionevole, raziocinante, assennato
veröffentlichen [fɛr'œfəntlɪçən] *v* rendere noto, pubblicare
verordnen [fɛr'ɔrdnən] *v 1. (bestimmen)* ordinare, decretare; *2. MED* prescrivere; ◆ *eine Heilkur verordnen* prescrivere una cura
Verordnung [fɛr'ɔrdnuŋ] *f 1. (Bestimmung)* ordinanza *f,* regolamento *m;* ◆ *eine Verordnung erlassen* emanare un decreto; *2. MED* prescrizione *f*
verpachten [fɛr'paxtən] *v* affittare
Verpächter [fɛr'pɛçtər] *m* locatore *m*
verpacken [fɛr'pakən] *v* impacchettare
verpassen [fɛr'pasən] *v 1. (versäumen)* perdere; ◆ *den Bus verpassen* perdere l'autobus; *Du hast nichts verpasst.* Non ti sei perso niente. *2. (fam: geben)* mollare; ◆ *jdm eine verpassen* mollare un ceffone a qd
verpfänden [fɛr'pfɛndən] *v* impegnare
verpflanzen [fɛr'pflantsən] *v 1.* trapiantare; *2. MED* trapiantare
Verpflegung [fɛr'pfle:guŋ] *f* vitto *m*
verpflichten [fɛr'pflɪçtən] *v* obbligare
Verpflichtung [fɛr'pflɪçtuŋ] *f* obbligazione *f*
verpönen [fɛr'pø:nt] *v (verpönt sein)* essere un tabù, essere malvisto
verprügeln [fɛr'pry:gəln] *v* picchiare
verpulvern [fɛr'pulvərn] *v* scialacquare
Verputz [fɛr'puts] *m* intonaco *m*
verputzen [fɛr'putsən] *v (Mauer)* intonacare; *2. (fam: essen)* divorare
Verrat [fɛr'ra:t] *m* tradimento *m*
verraten [fɛr'ra:tən] *v irr* svelare; ◆ *ein Geheimnis verraten* svelare un segreto; *verraten und verkauft* tradito e beffato; *einen Freund verraten* tradire un amico
Verräter(in) [fɛr'rɛ:tər(ɪn)] *m/f* traditore/traditrice *m/f*
verrechnen [fɛr'rɛçnən] *v 1.* calcolare; *2. ECO* scalare, pareggiare; *3. (gutschreiben)* accreditare

verreisen [fɛr'raɪzən] *v* andare, essere in viaggio
verrenken [fɛr'rɛŋkən] *v 1.* distorcere; *2. MED* slogare
verrichten [fɛr'rɪçtən] *v* eseguire
verriegeln [fɛr'riːgəln] *v* sprangare
verringern [fɛr'rɪŋərn] *v* diminuire
Verringerung [fɛr'rɪŋəruŋ] *f* diminuzione *f*
verrosten [fɛr'rɔstən] *v* arrugginire
verrücken [fɛr'rykən] *v* spostare

> **verrückt** [fɛr'rykt] *adj 1.* pazzo; *adv 2.* come un pazzo, pazzamente; *wie ~* come un pazzo
> ◆ *auf etw verrückt sein* essere pazzo di qc
> *verrückt spielen* fare il pazzo

Verruf [fɛr'ruːf] *m* discredito *m;* ◆ *in Verruf kommen* cadere in discredito; *jdn in Verruf bringen* gettare qd nel discredito
verrufen [fɛr'ruːfən] *adj* malfamato
Vers [fɛrs] *m* verso *m;* ◆ *sich auf etw keinen Vers machen können* non riuscire a farsi una ragione di qc; *Verse schmieden* comporre versi
versagen [fɛr'zaːgən] *v 1. (verweigern)* rifiutare; *2. (scheitern)* fallire; *3. (ablehnen)* rifiutare, respingere
Versagen [fɛr'zaːgən] *n 1.* rifiuto *m; 2. (Scheitern)* fallimento *m; 3. TECH* guasto *m*
Versager(in) [fɛr'zaːgər(ɪn)] *m/f* fallito/fallita *m/f*
versammeln [fɛr'zaməln] *v 1.* riunire; *2. (einberufen)* convocare
Versand [fɛr'zant] *m* spedizione *f*

> **versäumen** [fɛr'zɔymən] *v* perdere
> ◆ *nichts zu versäumen haben* non avere niente da perdere
> *Sie haben nichts versäumt.* Non ha perso niente.

Versäumnis [fɛr'zɔymnɪs] *n 1.* omissione *f; 2. (Verspätung)* ritardo *m*
verschaffen [fɛr'ʃafən] *v* procurare
verschärfen [fɛr'ʃɛrfən] *v* aggravare, intensificare
Verschärfung [fɛr'ʃɛrfuŋ] *f 1.* acutizzazione *f; m 2. (Verschlechterung)* inasprimento *m*
verschätzen [fɛr'ʃɛtsən] *v sich ~* sbagliarsi nel valutare
verschenken [fɛr'ʃɛŋkən] *v* regalare
verscheuchen [fɛr'ʃɔyçən] *v* far scappare
verschicken [fɛr'ʃɪkən] *v* spedire
verschieben [fɛr'ʃiːbən] *v irr 1.* spostare; *2. (aufschieben)* rinviare
verschieden [fɛr'ʃiːdən] *adj* differente
Verschiedenheit [fɛr'ʃiːdənhaɪt] *f* diversità *f,* differenza *f*
verschiffen [fɛr'ʃɪfən] *v* imbarcare
Verschiffung [fɛr'ʃɪfuŋ] *f* imbarco *m*
verschimmeln [fɛr'ʃɪməln] *v* ammuffire
verschlafen [fɛr'ʃlaːfən] *v irr 1.* svegliarsi troppo tardi; *adj 2.* assonnato
Verschlag [fɛr'ʃlaːk] *m* rimessa *f*
Verschlagenheit [fɛr'ʃlaːgənhaɪt] *f* scaltrezza *f,* astuzia *f*
verschlampen [fɛr'ʃlampən] *v (fam)* perdere
verschlechtern [fɛr'ʃlɛçtərn] *v* peggiorare
verschleiern [fɛr'ʃlaɪərn] *v 1.* velare; *2. (fig)* occultare; *3. (fälschen)* camuffare
Verschleiß [fɛr'ʃlaɪs] *m 1.* usura *f; 2. (der Kräfte)* logoramento *m*
verschließen [fɛr'ʃliːsən] *v irr* chiudere a chiave
verschlimmern [fɛr'ʃlɪmərn] *v 1.* peggiorare; ◆ *eine Situation verschlimmern* aggravare una situazione; *2. sich ~* aggravarsi

Verschlimmerung [fɛr'ʃlɪməruŋ] *f* aggravamento *m,* peggioramento *m*
verschlossen [fɛr'ʃlɔsən] *adj (fig)* riservato
verschlucken [fɛr'ʃlukən] *v 1. etw ~* ingoiare qc, inghiottire qc; *2. sich ~* andare di traverso
Verschluss [fɛr'ʃlus] *m* chiusura *f*
verschlüsseln [fɛr'ʃlysəln] *v* cifrare
verschmelzen [fɛr'ʃmɛltsən] *v irr* fondere
verschmutzen [fɛr'ʃmutsən] *v* sporcare, *(Umwelt)* inquinare
Verschmutzung [fɛr'ʃmutsuŋ] *f* inquinamento *m*
verschollen [fɛr'ʃɔlən] *adj* disperso
verschonen [fɛr'ʃoːnən] *v* dispensare
verschönern [fɛr'ʃøːnərn] *v* abbellire
verschreiben [fɛr'ʃraɪbən] *v irr 1. (verordnen)* prescrivere; *2. sich ~* sbagliare scrivendo; *3. sich ~ (widmen)* dedicarsi; ◆ *sich mit Leib und Seele verschreiben* dedicarsi anima e corpo
verschrotten [fɛr'ʃrɔtən] *v* demolire, *(Auto)* rottamare
verschulden [fɛr'ʃuldən] *v 1. (verursachen)* causare; *2. ECO* indebitarsi
Verschulden [fɛr'ʃuldən] *n* colpa *f*
Verschuldung [fɛr'ʃulduŋ] *f* indebitamento *m*
verschütten [fɛr'ʃytən] *v* versare
verschweigen [fɛr'ʃvaɪgən] *v irr* tacere
verschwenden [fɛr'ʃvɛndən] *v* sperperare, sprecare
verschwenderisch [fɛr'ʃvɛndərɪʃ] *adj* dissipato
Verschwendung [fɛr'ʃvɛnduŋ] *f* sperpero *m*
verschwiegen [fɛr'ʃviːgən] *adj* discreto
Verschwiegenheit [fɛr'ʃviːgənhaɪt] *f* discrezione *f,* riservatezza *f*
verschwinden [fɛr'ʃvɪndən] *v irr* sparire
verschwören [fɛr'ʃvøːrən] *v irr sich ~* cospirare, congiurare
Verschwörer(in) [fɛr'ʃvøːrər(ɪn)] *m/f* cospiratore/cospiratrice *m/f*
Verschwörung [fɛr'ʃvøːruŋ] *f* congiura *f,* complotto *m*
Versehen [fɛr'zeːən] *n* sbaglio *m*
versehentlich [fɛr'zeːəntlɪç] *adv* per sbaglio
versenden [fɛr'zɛndən] *v* spedire
versenken [fɛr'zɛŋkən] *v 1.* affondare; *2. sich in etw ~ (fig)* sprofondare in qc
Versenkung [fɛr'zɛŋkuŋ] *f 1.* immersione *f; 2. (fig)* sprofondamento *m;* ◆ *in der Versenkung verschwinden* scomparire nell'anonimato
versessen [fɛr'zɛsən] *adj* avido, assetato

versetzen [fɛr'zɛtsən] *v 1. (Beamten)* trasferire; *2. (Schüler)* promuovere; *3. (verpfänden)* impegnare; *4. jdn ~ (fig)* far aspettare qd inutilmente
◆ *sich in jds Lage versetzen* mettersi nei panni di qd

Versetzung [fɛr'zɛtsuŋ] *f 1.* trasferimento *m; 2. (eines Schülers)* promozione *f; 3. (Verpfändung)* impegnare *m*
verseuchen [fɛr'zɔyçən] *v* infettare
versichern [fɛr'zɪçərn] *v* assicurare
Versicherung [fɛr'zɪçəruŋ] *f* assicurazione *f*
versiegeln [fɛr'ziːgəln] *v* sigillare
versiert [vɛr'ziːrt] *adj* competente
versilbern [fɛr'zɪlbərn] *v* argentare
versinken [fɛr'zɪŋkən] *v irr* affondare
Version [vɛr'zjoːn] *f* versione *f*
versöhnen [fɛr'zøːnən] *v* far pace con qd, riconciliarsi

Versöhnung [fɛr'zøːnuŋ] *f* conciliazione *f*
versorgen [fɛr'zɔrgən] *v 1. (unterhalten)* mantenere; *2. (beschaffen)* provvedere a; *3. (pflegen)* assistere
Versorgung [fɛr'zɔrguŋ] *f 1. (Unterhalt)* mantenimento *m; 2. (Beschaffung)* rifornimento *m; 3. (Pflege)* assistenza *f*
verspäten [fɛr'ʃpɛːtən] *v sich ~* essere in ritardo
Verspätung [fɛr'ʃpɛːtuŋ] *f* ritardo *m*
versperren [fɛr'ʃpɛrən] *v 1.* chiudere, serrare; *2. (Aussicht)* impedire la visuale; *3. (Weg)* sbarrare
verspielen [fɛr'ʃpiːlən] *v* perdere; ◆ *bei jdm verspielt haben* essersi giocato la simpatia di qd
verspotten [fɛr'spɔtən] *v* deridere
versprechen [fɛr'ʃprɛçən] *v irr 1.* promettere; *2. sich ~* impaperarsi
Versprechen [fɛr'ʃprɛçən] *n* promessa *f*

Verstand [fɛr'ʃtant] *m* intelletto *m,* intelligenza *f*
◆ *jdm den Verstand rauben* far perdere la ragione a qd
Da bleibt einem doch der Verstand stehen! C'è da diventare scemi!
Das geht über meinen Verstand! Questo va al di là delle mie capacità mentali.

verständig [fɛr'ʃtɛndɪç] *adj 1.* ragionevole; *2. (einsichtig)* comprensivo
verständigen [fɛr'ʃtɛndɪgən] *v* informare
Verständigung [fɛr'ʃtɛndɪguŋ] *f* informazione *f,* accordo *m*
verständlich [fɛr'ʃtɛntlɪç] *adj* comprensibile
Verständnis [fɛr'ʃtɛntnɪs] *n* comprensione *f*
verständnislos [fɛr'ʃtɛntnɪsloːs] *adj 1.* privo di comprensione; *adv 2.* senza comprendere
verständnisvoll [fɛr'ʃtɛntnɪsfɔl] *adj 1.* comprensivo; *adv 2.* con comprensione
verstärken [fɛr'ʃtɛrkən] *v 1.* rinforzare; *2. (fig)* rafforzare; *3. TECH* amplificare
Verstärker [fɛr'ʃtɛrkər] *m* amplificatore *m*
Verstärkung [fɛr'ʃtɛrkuŋ] *f* rafforzamento *m*
verstauchen [fɛr'ʃtauxən] *v* prendersi una storta
verstauen [fɛr'ʃtauən] *v* stivare
Versteck [fɛr'ʃtɛk] *n* nascondiglio *m;* ◆ *Versteck spielen* giocare a nascondino
verstecken [fɛr'ʃtɛkən] *v* nascondere; ◆ *sich neben jdm verstecken müssen* doversi andare a nascondere davanti a qd; *sich vor niemandem zu verstecken brauchen* non aver bisogno di nascondersi davanti a nessuno

verstehen [fɛr'ʃteːən] *v irr* capire
◆ *jdm etw zu verstehen geben* fare capire qc a qd
nicht die Bohne davon verstehen (fam) non capirci un cavolo
Das versteht sich von selbst. È ovvio.
Ich verstehe nichts. Non capisco niente.
Was verstehen Sie darunter? Cosa intende con ciò?

versteigern [fɛr'ʃtaɪgərn] *v* vendere all'asta
versteinert [fɛr'ʃtaɪnərt] *adj 1.* pietrificato; *2. wie ~ (fig)* impietrito
verstellen [fɛr'ʃtɛlən] *v 1.* spostare; *2. (regulieren)* regolare; *3. sich ~ (fig)* fingere; ◆ *Ich kann mich nicht gut verstellen.* Non so fingere bene. *4. (Stimme)* contraffare

versteuern [fɛr'ʃtɔyərn] *v* tassare
Verstimmung [fɛr'ʃtɪmuŋ] *f* scordatura *f*
verstohlen [fɛr'ʃto:lən] *adj 1.* furtivo, segreto; *adv 2.* furtivamente
Verstopfung [fɛr'ʃtɔpfuŋ] *f 1.* intasamento *m; 2. MED* costipazione *f*
Verstorbene(r) [fɛr'ʃtɔrbənə(r)] *f/m* morto/morta *m/f,* deceduto/deceduta *m/f*
verstoßen [fɛr'ʃto:sən] *v irr 1.* scacciare; *2. (zuwiderhandeln)* infrangere
verstreuen [fɛr'ʃtrɔyən] *v* spargere
verstricken [fɛr'ʃtrɪkən] *v sich ~* impigliarsi; ◆ *sich in ein Lügennetz verstricken* impigliarsi in una rete di bugie
Verstümmelung [fɛr'ʃtyməluŋ] *f* mutilazione *f*
Versuch [fɛr'zu:x] *m 1.* tentativo *m,* prova *f; 2. (Experiment)* esperimento *m*
versuchen [fɛr'zu:xən] *v 1.* tentare, provare; *2. (kosten)* assaggiare, provare
versündigen [fɛr'zyndɪgən] *v sich ~* fare del male, commettere un peccato
versunken [fɛr'zuŋkən] *adj (fig)* immerso
vertagen [fɛr'ta:gən] *v* rinviare; ◆ *eine Sitzung vertagen* aggiornare una seduta
vertauschen [fɛr'tauʃən] *v* scambiare
verteidigen [fɛr'taɪdɪgən] *v* difendere
Verteidiger [fɛr'taɪdɪgər(ɪn)] *m JUR* avvocato difensore *m*
Verteidigung [fɛr'taɪdɪguŋ] *f* difesa *f*
verteilen [fɛr'taɪlən] *v 1.* distribuire; *2. (aufteilen)* dividere, spartire
Verteiler [fɛr'taɪlər] *m 1.* spinterogeno *m; 2. (von Zeitschriften)* distributore *m*
Verteilung [fɛr'taɪluŋ] *f 1.* spartizione *f; 2. (Verteilen)* distribuzione *f*
Verteuerung [fɛr'tɔyəruŋ] *f* rincaro *m*
vertiefen [fɛr'ti:fən] *v 1.* scavare; *2. (Wissen)* approfondire; ◆ *seine Kenntnisse vertiefen* approfondire le proprie cognizioni
vertilgen [fɛr'tɪlgən] *v 1. (vernichten)* distruggere; *2. (fig: essen)* mangiare
Vertrag [fɛr'tra:k] *m 1. ECO* contratto *m; 2. POL* trattato *m*
vertragen [fɛr'tra:gən] *v irr 1.* sopportare; *2. sich ~* andare d'accordo
vertraglich [fɛr'tra:klɪç] *adj 1.* contrattuale; *adv 2.* per contratto
verträglich [fɛr'trɛ:klɪç] *adj 1.* gentile; *2. (bekömmlich)* digeribile
Verträglichkeit [fɛr'trɛ:klɪçkaɪt] *f 1.* gentilezza *f; 2. (Bekömmlichkeit)* digeribilità *f*
vertrauen [fɛr'trauən] *v* fidarsi
Vertrauen [fɛr'trauən] *n* fiducia *f*
vertrauensvoll [fɛr'trauənsfɔl] *adj* pieno di fiducia, fiducioso
vertraulich [fɛr'traulɪç] *adj 1.* confidenziale, riservato; *adv 2.* in confidenza
Vertraulichkeit [fɛr'traulɪçkaɪt] *f* riservatezza *f*
verträumt [fɛr'trɔymt] *adj* trasognato
vertraut [fɛr'traut] *adj* familiare
Vertrautheit [fɛr'trauthaɪt] *f* intimità *f,* familiarità *f*
vertreiben [fɛr'traɪbən] *v irr 1.* cacciare; *2. (Zeit)* ammazzare; *3. ECO* distribuire
vertreten [fɛr'tre:tən] *v irr 1. (repräsentieren)* rappresentare; *2. (ersetzen)* sostituire; *3. (wahrnehmen)* difendere; ◆ *jds Interessen vertreten* difendere gli interessi di qd; *4. (Ansichten)* sostenere
Vertreter(in) [fɛr'tre:tər(ɪn)] *m/f 1.* rappresentante *m/f; 2. (Stellvertreter(in))* sostituto/sostituta *m/f; 3. (Verfechter(in))* sostenitore/sostenitrice *m/f*
Vertretung [fɛr'tre:tuŋ] *f 1. (Repräsentanz)* rappresentanza *f; 2. (Stellvertretung)* sostituzione *f*

V

Vertrieb [fɛr'triːp] *m ECO* vendita *f*
vertrösten [fɛr'trøːstən] *v* consolare
vertuschen [fɛr'tuʃən] *v* nacondere
verübeln [fɛr'yːbəln] *v* prendersela
verüben [fɛr'yːbən] *v* prendersela con
verunglücken [fɛr'unglykən] *v* avere un incidente
Verunglückte(r) [fɛr'unglyktə(r)] *m/f* infortunato/infortunata *m/f,* vittima *f*
verunsichern [fɛr'unzɪçərn] *v* rendere insicuro
Verunsicherung [fɛr'unzɪçəruŋ] *f* disorientamento *m*
verunstalten [fɛr'unʃtaltən] *v* sfigurare, imbruttire
Veruntreuung [fɛr'untrɔyuŋ] *f* sottrazione *f,* appropriazione indebita *f*
verursachen [fɛr'urzaxən] *v* causare
verurteilen [fɛr'urtaɪlən] *v* condannare
Verurteilte(r) [fɛr'urtaɪltə(r)] *f/m JUR* condannato/condannata *m/f*
Verurteilung [fɛr'urtaɪluŋ] *f* condanna *f*
vervielfältigen [fɛr'fiːlfɛltɪgən] *v* moltiplicare, riprodurre
vervollkommnen [fɛr'fɔlkɔmnən] *v* perfezionare
vervollständigen [fɛr'fɔlʃtɛndɪgən] *v* completare
verwahren [fɛr'vaːrən] *v* custodire
verwahrlost [fɛr'vaːrloːst] *adj* abbandonato
Verwahrung [fɛr'vaːruŋ] *f* custodia *f;* ◆ *etw in Verwahrung nehmen* prendere qc in consegna
verwalten [fɛr'valtən] *v* amministrare
Verwalter(in) [fɛr'valtər(ɪn)] *m/f* amministratore/amministratrice *m/f*
Verwaltung [fɛr'valtuŋ] *f* amministrazione *f*
verwandeln [fɛr'vandəln] *v* trasformare
Verwandte(r) [fɛr'vantə(r)] *m/f* parente *m/f,* congiunto/congiunta *m/f*
Verwandtschaft [fɛr'vantʃaft] *f* parentela *f*
verwarnen [fɛr'varnən] *v* avvertire
Verwarnung [fɛr'varnuŋ] *f* avviso *m*
verwechseln [fɛr'vɛksəln] *v* scambiare
Verwechslung [fɛr'vɛksluŋ] *f* scambio *m*
verwegen [fɛr'veːgən] *adj* audace
verwehren [fɛr'veːrən] *v* vietare
verweigern [fɛr'vaɪgərn] *v* rifiutare
Verweigerung [fɛr'vaɪgəruŋ] *f* rifiuto *m*
verweilen [fɛr'vaɪlən] *v* trattenersi
Verweis [fɛr'vaɪs] *m 1. (Rüge)* rimprovero *m; 2. (Hinweis)* rinvio *m,* rimando *m*
verweisen [fɛr'vaɪzən] *v irr 1. (~ auf)* rimandare, rinviare; ◆ *auf einen Artikel verweisen* rimandare a un articolo; *2. (des Landes ~)* bandire; ◆ *jdn des Landes veweisen* bandire qd
verwelken [fɛr'vɛlkən] *v* appassire
verwendbar [fɛr'vɛntbaːr] *adj* utilizzabile
verwenden [fɛr'vɛndən] *v irr* usare
Verwendung [fɛr'vɛnduŋ] *f* uso *m,* impiego *m;* ◆ *für etw Verwendung finden* trovare utilizzo per qc
verwerten [fɛr'veːrtən] *v 1. (benutzen)* utilizzare; *2. (wieder ~)* riutilizzare; *3. (auswerten)* valorizzare
Verwertung [fɛr'veːrtuŋ] *f 1.* utilizzazione *f; 2. (Wiederverwertung)* riutilizzazione *f; 3. (Auswertung)* valorizzazione *f*
verwickeln [fɛr'vɪkəln] *v 1. (fig)* ingarbugliare; *2. (fig: hineinbeziehen)* implicare; ◆ *jdn in einen Skandal verwickeln* coinvolgere qd in uno scandalo
Verwicklung [fɛr'vɪkluŋ] *f* coinvolgimento *m*

verwirklichen [fɛr'vɪrklɪçən] *v* realizzare
Verwirklichung [fɛr'vɪrklɪçuŋ] *f* realizzazione *f*
verwirren [fɛr'vɪrən] *v 1.* scompigliare; *2. (fig)* sconcertare, confondere
verwirrt [fɛr'vɪrt] *adj 1.* ingarbugliato; *2. (fig)* confuso, sconcertato
Verwirrung [fɛr'vɪruŋ] *f* confusione *f*
verwitwet [fɛr'vɪtvət] *adj* vedovo
verwöhnen [fɛr'vøːnən] *v* viziare
verwunden [fɛr'vundən] *v* ferire
verwunderlich [fɛr'vuŋdərlɪç] *adj* sorprendente, straordinario
Verwunderung [fɛr'vundəruŋ] *f* meraviglia *f, (Staunen)* stupore *m*
verwüsten [fɛr'vyːstən] *v* devastare
Verwüstung [fɛr'vyːstuŋ] *f* devastazione *f*
verzagen [fɛr'tsaːgən] *v* perdersi d'animo
verzählen [fɛr'tsɛːlən] *v sich ~* sbagliarsi nel contare
verzaubern [fɛr'tsaubərn] *v* incantare
verzehren [fɛr'tseːrən] *v 1.* mangiare; *2. (aufbrauchen)* consumare; *3. sich ~ (fig)* struggersi; ◆ *Er verzehrt sich vor Schmerz.* Egli si strugge dal dolore.
Verzeichnis [fɛr'tsaɪçnɪs] *n* elenco *m*

verzeihen [fɛr'tsaɪən] *v irr* perdonare ◆ *Das werde ich mir nie verzeihen.* Non me lo perdonerò mai.

Verzeihung [fɛr'tsaɪuŋ] *f 1.* perdono *m; interj 2.* scusi, scusa, pardon
Verzicht [fɛr'tsɪçt] *m* rinuncia *f*
verzichten [fɛr'tsɪçtən] *v* rinunciare
verzieren [fɛr'tsiːrən] *v* ornare
verzinsen [fɛr'tsɪnzən] *v* pagare gli interessi
verzögern [fɛr'tsøːgərn] *v 1.* ritardare; *2. (aufschieben)* procrastinare
verzollen [fɛr'tsɔlən] *v* sdoganare
Verzug [fɛr'tsuːk] *m* ritardo *m;* ◆ *mit etw in Verzug geraten* cadere in mora con qc; *mit etw in Verzug sein* essere in ritardo con qc; *Es ist Gefahr in Verzug.* Ci sono pericoli in vista.
verzweifeln [fɛr'tsvaɪfəln] *v* disperare
Vetter ['fɛtər] *m* cugino *m*
Vibration [vibra'tsjoːn] *f* vibrazione *f*
vibrieren [vi'briːrən] *v* vibrare
Videokassette ['videokasɛtə] *f* videocassetta *f*
Videorekorder ['videorekɔrdər] *m* videoregistratore *m*
Vieh [fiː] *n* bestiame *m,* animali *m/pl*

viel ['fiːl] *adj 1.* molto; *adv 2.* molto, assai; *~ sagend* eloquente; *~ versprechend* promettente ≠ *fiel Präteritum von fallen* (cadere)

vielfach ['fiːlfax] *adj 1.* molteplice, multiplo; *adv 2.* più volte
vielfältig ['fiːlfɛltɪç] *adj* molteplice
vielleicht [fi'laɪçt] *adv* forse
vielmals ['fiːlmaːls] *adv* spesse volte; ◆ *Danke vielmals!* Tante grazie!
vielseitig ['fiːlzaɪtɪç] *adj 1.* multilaterale; *adv 2.* variamente
Vielzahl ['fiːltsaːl] *f* pluralità *f*
vier [fiːr] *num* quattro; ◆ *unter vier Augen* a quattr'occhi; *alle Viere von sich strecken* spaparanzarsi; *auf allen Vieren* andare carponi
vierte(r,s) [fiːrtə(r,s)] *adj* quarto/quarta
Viertel ['fɪrtəl] *n 1.* quarto *m; 2. (Stadtteil)* quartiere *m*
Viertelstunde ['fɪrtəlʃtundə] *f* quarto d'ora *m*
vierzehn ['fɪrtseːn] *num* quattordici

vierzig ['fɪrtsɪç] *num* quaranta
violett [vio'lɛt] *adj* violetto, viola
Violine [vio'li:nə] *f MUS* violino *m*
Virus ['vi:rus] *n MED* virus *m*
Visite [vi'zi:tə] *f* visita *f*
Visum ['vi:zum] *n* visto *m;* ◆ *ein Visum erteilen* rilasciare un visto
vital [vi'ta:l] *adj* vitale
Vitamin [vita'mi:n] *n* vitamina *f*
Vogel ['fo:gəl] *m ZOOL* uccello *m;* ◆ *den Vogel abschießen* fare centro; *einen Vogel haben* essere picchiato in testa; *jdm einen Vogel zeigen* dare del matto a qd
Vokabel [vo'ka:bəl] *f* vocabolo *m*
Vokal [vo'ka:l] *m* vocale *f*
Volk [fɔlk] *n* popolo *m; fahrendes ~* popolo nomade *m*
Völkerkunde ['fœlkərkundə] *f* etnologia *f*
Völkerrecht ['fœlkərrɛçt] *n* diritto internazionale *m*
Volkshochschule ['fɔlksho:xʃu:lə] *f* università popolare *f*
Volkswirtschaft ['fɔlksvɪrtʃaft] *f* economia politica *f*
vollauf ['fɔlauf] *adv ~ genug* di gran lunga

voll [fɔl] *adj 1.* pieno; *2. (Betrag)* completo; *3. (Farbe, Ton)* intenso; *adv 4. ~ und ganz* pienamente
◆ *jdn nicht für voll nehmen* non prendere sul serio qd
aus dem Vollen schöpfen attingere dal mucchio
in die Vollen gehen andare al massimo
eine Hand voll Geld una manciata di denaro
sich den Bauch voll schlagen riempirsi la pancia
voll tanken fare il pieno di benzina
sich voll laufen lassen ubriacarsi

vollbringen [fɔl'brɪŋən] *v irr* compiere
vollenden [fɔl'ɛndən] *v* terminare
völlig ['fœlɪç] *adj* completo, pieno
volljährig ['fɔljɛ:rɪç] *adj* maggiorenne
vollkommen [fɔl'kɔmən] *adj* perfetto
Vollkommenheit [fɔl'kɔmənhaɪt] *f* perfezione *f,* compiutezza *f*
Vollmacht ['fɔlmaxt] *f* delega *f*
Vollmond ['fɔlmo:nt] *m* luna piena *f*
Vollpension ['fɔlpɛnzjo:n] *f* pensione completa *f*
vollständig ['fɔlʃtɛndɪç] *adj* completo
Vollständigkeit ['fɔlʃtɛndɪçkaɪt] *f* completezza *f*
vollstrecken [fɔl'ʃtrɛkən] *v JUR* eseguire; ◆ *ein Urteil vollstrecken* eseguire una sentenza
vollwertig ['fɔlve:rtɪç] *adj* completo, *(Nahrung)* macrobiotico
vollzählig ['fɔltsɛ:lɪç] *adj 1.* completo, plenario; *adv 2.* al completo
vollziehen [fɔl'tsi:ən] *v irr* eseguire
Volontariat [volɔnta'ria:t] *n* volontariato *m*
Volumen [vo'lu:mən] *n* volume *m*
vom *(= von dem) (siehe „von")*

von [fɔn] *prep 1.* da; *Briefe ~ Freunden* lettere di amici; *~ ... an* da ... a; *~ ... bis* da ... a; *ein Freund ~ mir* un mio amico *m; ~ mir aus* per me; *Von wegen!* neanche per sogno! *2. (zeitlich)* da; *~ jeher* da sempre; *3. (Herkunft)* da, di; *4. (über)* di
! *mit Dativ*

vonnöten [fɔn'nø:tən] *adv* necessario

vor [fo:r] *prep 1. (örtlich)* davanti a; *2. (zeitlich)* prima di, avanti; *~ Ostern* prima di Pasqua; *~ einem Monat* un mese fa; *3. (kausal)* per, di, da; *~ Freude weinen* piangere dalla gioia; *4. ~ allen Dingen* prima di tutto

V

◆ *etw vor sich haben* avere qc davanti a sé; *vor kurzem* poco fa
vor und zurück avanti e indietro
! *mit Dativ/Akkusativ*

vorab [foːr'ap] *adv* dapprima
Vorabend ['foːraːbənt] *m* vigilia *f*
Vorahnung ['foːraːnuŋ] *f* presentimento *m*
vorankommen [fo'rankɔmən] *v irr* procedere
voraus ['foraus] *adv 1. (örtlich)* avanti, davanti; *2. (zeitlich)* prima, in anticipo
voraussagen [for'auszaːgən] *v* predire
voraussehen [for'auszeːən] *v irr* prevedere
voraussetzen [for'auszɛtsən] *v* presupporre; ◆ *vorausgesetzt, dass* ammesso che
Voraussetzung [for'auszɛtsuŋ] *f* premessa *f*
Voraussicht [fɔr'ausziçt] *f aller ~ nach* secondo tutte le previsioni
voraussichtlich [for'auszıçtlıç] *adj 1.* prevedibile; *adv 2.* probabilmente
Vorbehalt ['foːrbəhalt] *m* riserva *f*
vorbehalten ['foːrbəhaltən] *v irr* fare delle riserve su, riservarsi
vorbei [for'baı] *adv 1. (örtlich)* davanti; *2. (zeitlich)* passato
vorbeigehen [for'baıgeːən] *v irr 1.* passare davanti; *2. (vergehen)* passare
vorbeikommen [for'baıkɔmən] *v irr* passare
vorbelastet ['foːrbəlastət] *adj* compromesso
vorbereiten ['foːrbəraıtən] *v* preparare
Vorbereitung ['foːrbəraıtuŋ] *f* preparazione *f*
vorbestellen ['foːrbəʃtɛlən] *v* prenotare
Vorbestellung ['foːrbəʃtɛluŋ] *f* prenotazione *f*
Vorbestrafte(r) ['foːrbəʃtraːftə(r)] *m/f JUR* pregiudicato/pregiudicata *m/f*
vorbeugen ['foːrbɔygən] *v 1.* prevenire; *2. sich ~* sporgersi in avanti
vorbeugend ['foːrbɔygənt] *adj* preventivo
Vorbild ['foːrbılt] *n* modello *m*
vorbildlich ['foːrbıltlıç] *adj 1.* esemplare; *adv 2.* in modo esemplare
Vorbote ['foːrboːtə] *m* messaggero *m*
vorbringen ['foːrbrıŋən] *v irr* formulare
vordere(r,s) ['fɔrdərə(r,s)] *adj* anteriore
Vordergrund ['fɔrdərgrunt] *m* parte davanti *f,* primo piano *m;* ◆ *etw in den Vordergrund stellen* mettere qc in primo piano; *jdn in den Vordergrund spielen* portare qd in primo piano
vordergründig ['fɔrdərgryndıç] *adj* evidente
Vorderseite ['fɔrdərzaıtə] *f* parte anteriore *f*
vordrängen ['foːrdrɛŋən] *v sich ~* farsi largo spingendo
vordringen ['foːrdrıŋən] *v irr* inoltrarsi
vordringlich ['foːrdrıŋlıç] *adj* molto urgente, impellente
Vordruck ['foːrdruk] *m* formulario *m*
voreilig ['foːraılıç] *adj* precipitoso
voreingenommen ['foːraıngənɔmən] *adj 1.* prevenuto; *adv 2.* per partito preso
vorerst ['foːr'eːrst] *adv* intanto
Vorfahr ['foːrfaːr] *m* avo *m*
Vorfahrt ['foːrfaːrt] *f* precedenza *f*
Vorfall ['foːrfal] *m* avvenimento *m*
vorfinden ['foːrfındən] *v irr* trovare
vorführen ['foːrfyːrən] *v 1.* presentare; *2. (Angeklagten)* portare, condurre; ◆ *dem*

V

Richter vorführen condurre davanti al giudice; *3. (Film)* proiettare
Vorführung ['fo:rfy:ruŋ] *f 1.* presentazione *f; 2. JUR (eines Angeklagten)* presentazione *f, (Zeugen)* produzione di testimoni; *3. (eines Films)* proiezione *f*
Vorgang ['fo:rgaŋ] *m 1. (Prozess)* procedimento *m; 2. (Geschehen)* avvenimento *m; 3. (Akte)* pratica *f*
Vorgänger ['fo:rgɛŋər] *m* predecessore *m*
vorgeben ['fo:rge:bən] *v irr (fig)* dare ad intendere
vorgehen ['fo:rge:ən] *v irr 1. (handeln)* procedere, agire; *2. (vorausgehen)* andare avanti; *3. (wichtiger sein)* avere la precedenza; *4. (Uhr)* andare avanti
Vorgehen ['fo:rge:ən] *n* procedimento *m*
Vorgesetze(r) ['fo:rgəzɛtsə(r)] *f/m* superiore *m/f*
vorgestern ['fo:rgɛstərn] *adv* l'altro ieri
vorgreifen ['fo:rgraɪfən] *v irr* precorrere
vorhaben ['fo:rha:bən] *v irr* avere in mente
Vorhaben ['fo:rha:bən] *n* intenzione *f*
vorhalten ['fo:rhaltən] *v irr* rinfacciare
Vorhaltung ['fo:rhaltuŋ] *f* rimprovero *m*
vorhanden [for'handən] *adj* esistente
Vorhang ['fo:rhaŋ] *m* tenda *f*
vorher ['fo:rhe:r] *adv* prima
vorhergehend [fo:r'he:rge:ənt] *adj* precedente
vorherig ['fo:rhe:rɪç] *adj* precedente
Vorherrschaft ['fo:rhɛrʃaft] *f 1.* predominio *m; 2. (Oberherrschaft)* supremazia *f*
vorherrschen ['fo:rhɛrʃən] *v* predominare, prevalere
vorhersagen [fo:r'he:rza:gən] *v* predire
vorhersehbar [fo:r'he:rze:ba:r] *adj* prevedibile
vorhin [fo:r'hɪn] *adv* poco fa
vorig ['fo:rɪç] *adj 1.* scorso, passato; *2. (vorhergegangen)* anteriore, precedente
Vorkehrung ['fo:rke:ruŋ] *f* provvedimento *m*
Vorkenntnisse ['fo:rkɛntnɪsə] *pl* nozioni *f/pl*

vorkommen ['fo:rkɔmən] *v irr 1.* comparire; *2. (geschehen)* accadere; *3. (vorhanden sein)* essere presente
◆ *Dass das nicht wieder vorkommt!* Che non succeda mai più!
! *Konjugation: es kommt vor; es kam vor; es ist vorgekommen*

vorladen ['fo:rla:dən] *v irr JUR* citare
Vorlage ['fo:rla:gə] *f 1. (Vorlegen)* presentazione *f; 2. (Muster)* modello *m; 3. (Entwurf)* progetto *m*
Vorläufer(in) ['fo:rlɔyfər(ɪn)] *m/f* precursore/precorritrice *m/f*
vorläufig ['fo:rlɔyfɪç] *adj 1.* provvisorio; *adv 2.* provvisoriamente
vorlaut ['fo:rlaut] *adj* indiscreto
vorlegen ['fo:rle:gən] *v 1.* mettere davanti; *2. (servieren)* ◆ *jdm Fleisch vorlegen* servire carne a qd; *3. (vorzeigen)* esibire; ◆ *den Pass vorlegen* esibire il passaporto; *4.* presentare
vorlesen ['fo:rle:zən] *v irr* leggere ad alta voce
Vorlesung ['fo:rle:zuŋ] *f 1.* lettura *f; 2. (an der Universität)* lezione universitaria *f*
vorletzte(r,s) ['fo:rlɛtstə(r,s)] *adj* penultimo/penultima
Vorliebe ['fo:rli:bə] *f* preferenza *f*

V

vormachen ['fo:rmaxən] *v (fig)* dare ad intendere
◆ *Du kannst mir nichts vormachen!* Tu non me la dai a bere!
jdm ein X für ein U vormachen dare a intendere lucciole per lanterne
! *Konjugation: ich mache vor*

vormerken ['fo:rmɛrkən] *v* annotare
Vormittag ['fo:rmɪta:k] *m* mattina *f*
vormittags ['fo:rmɪta:ks] *adv* di mattina
Vormund ['fo:rmunt] *m* tutore *m*
vorn(e) [fɔrn(ə)] *adv* davanti, innanzi; ◆ *von vorn bis hinten* da cima a fondo; *von vorn (von neuem)* da capo/dall'inizio
Vorname ['fo:rna:mə] *m* nome *m*
vornehm ['fo:rne:m] *adj 1.* distinto; *2. (Character)* nobile; *3. (adelig)* signorile
vornehmen ['fo:rne:mən] *v irr 1. (tun)* fare; *2. sich etw ~* prefiggersi qc; *3. sich jdn ~* dirne quattro a qd
Vorort ['fo:rɔrt] *m* sobborgo *m*
Vorrang ['fo:rraŋ] *m* primato *m*
vorrangig ['fo:rraŋɪç] *adj* prioritario
Vorrat ['fo:rra:t] *m* provvista *f*
Vorrecht ['fo:rrɛçt] *n* privilegio *m*
Vorreiter ['fo:rraɪtər] *m* precursore *m*
Vorrichtung ['fo:rrɪçtuŋ] *f* approntamento *m*
Vorsatz ['fo:rzats] *m* proponimento *m*
vorsätzlich ['fo:rzɛtslɪç] *adj* intenzionale, premeditato
Vorschau ['fo:rʃau] *f* previsioni *f/pl*
Vorschein ['fo:rʃaɪn] *m* ◆ *zum Vorschein kommen* venire alla luce
Vorschlag ['fo:rʃla:k] *m* proposta *f*
vorschlagen ['fo:rʃla:gən] *v irr* proporre
vorschreiben ['fo:rʃraɪbən] *v irr (fig)* prescrivere; ◆ *jdm die Bedingungen vorschreiben* imporre le condizioni a qd
Vorschrift ['fo:rʃrɪft] *f* norma *f*
Vorschule ['fo:rʃu:lə] *f* scuola materna *f*
Vorschuss ['fo:rʃus] *m* anticipo *m*
vorsehen ['fo:rze:ən] *v irr 1.* prevedere; *2. sich ~* cautelarsi
Vorsehung ['fo:rze:uŋ] *f* divina providenza *f*
Vorsicht ['fo:rzɪçt] *f* prudenza *f*
vorsichtig ['fo:rzɪçtɪç] *adj 1.* prudente; *adv 2.* prudentemente
vorsichtshalber ['fo:rzɪçtshalbər] *adv* per precauzione, per prudenza
Vorsitz ['fo:rzɪts] *m* presidenza *f*
Vorsitzende(r) ['fo:rzɪtsəndə(r)] *m/f* presidente *m/f*
Vorsorge ['fo:rzɔrgə] *f* previdenza *f*
vorsorgen ['fo:rzɔrgən] *v* provvedere
vorsorglich ['fo:rzɔrklɪç] *adj 1.* previdente; *adv 2.* previdentemente
Vorspeise ['fo:rʃpaɪzə] *f* antipasto *m*
Vorspiegelung ['fo:rʃpi:gəluŋ] *f* finzione *f*; ◆ *Vorspiegelung falscher Tatsachen* simulazione di realtà inesistenti *f*
Vorsprung ['fo:rʃpruŋ] *m 1. (Felsvorsprung)* sporgenza *f; 2. (Hausvorsprung)* aggetto *m; 3. (fig)* vantaggio *m*
Vorstadt ['fo:rʃtat] *f* periferia *f*
Vorstand ['fo:rʃtant] *m ECO* consiglio di amministrazione *m*
vorstehen ['fo:rʃte:ən] *v irr 1. (vorspringen)* sporgere; *2. (leiten)* dirigere
vorstellen ['fo:rʃtɛlən] *v 1.* presentare; *2. (fig: sich etw ~)* immaginarsi
Vorstellung ['fo:rʃtɛluŋ] *f 1.* presentazione *f; 2. (Gedanke)* concetto *m,* idea *f; 3. THEAT* rappresentazione *f*
Vorstoß ['fo:rʃto:s] *m (fig)* tentativo *m*
Vorstrafe ['fo:rʃtra:fə] *f JUR* precedente *m*

V

Vorstufe ['foːrʃtuːfə] *f* fase iniziale *f*
Vortag ['foːrtaːk] *m* vigilia *f*
vortäuschen ['foːrtɔyʃən] *v* simulare

Vorteil ['foːrtaɪl] *m* vantaggio *m*
◆ *seinen Vorteil wahren* tutelare i propri interessi
auf seinen Vorteil bedacht sein guardare al proprio tornaconto
im Vorteil sein essere in vantaggio
Vorteil aus etw ziehen trarre vantaggio da qc

vorteilhaft ['foːrtaɪlhaft] *adj* vantaggioso, conveniente
Vortrag ['foːrtraːk] *m* conferenza *f*, recitazione *f*
vortragen ['foːrtraːgən] *v irr 1. (fig)* recitare; *2. (einen Vortrag halten)* tenere una conferenza; *3. (darlegen)* esporre
vortreten ['foːrtreːtən] *v irr* avanzare
Vortritt ['foːrtrɪt] *m* precedenza *f;* ◆ *jdm den Vortritt lassen* dare la precedenza a qd
vorüber [fo'ryːbər] *adv 1. (örtlich)* davanti; *2. (zeitlich)* passato
vorübergehen [fo'ryːbərgeːən] *v irr* passare; ◆ *Das Gewitter ist vorübergegangen.* Il temporale è passato.
vorübergehend [fo'ryːbərgeːənt] *adj 1.* temporaneo; *adv 2.* temporaneamente
Vorurteil ['foːrurtaɪl] *n* pregiudizio *m*
Vorverkauf ['foːrfɛrkauf] *m* prevendita *f*
vorverlegen ['foːrfɛrleːgən] *v* anticipare
Vorwahl ['foːrvaːl] *f TEL* prefisso *m*
Vorwand ['foːrvant] *m* pretesto *m*
Vorwarnung ['foːrvarnuŋ] *f* preavviso *m*
vorwärts ['fɔrvɛrts] *adv* avanti, innanzi; ◆ *vorwärts kommen* andare avanti/progredire
vorwegnehmen [for'vɛkneːmən] *v irr* prevenire, precorrere
vorweisen ['foːrvaɪzən] *v irr* presentare
vorwerfen ['foːrvɛrfən] *v irr* rimproverare
vorwiegend ['foːrviːgənt] *adj 1.* prevalente; *adv 2.* prevalentemente
Vorwort ['foːrvɔrt] *n* prefazione *f*

Vorwurf ['foːrvurf] *m* rimprovero *m*
◆ *jdm einen Vorwurf machen* fare un rimprovero a qd
Das soll kein Vorwurf sein. Non voglio farti un rimprovero.
! *Plural: Vorwürfe*

Vorzeichen ['foːrtsaɪçən] *n 1. MATH* segno *m; 2. (fig)* auspicio *m;* ◆ *mit umgekehrten Vorzeichen* con segno opposto
vorzeigen ['foːrtsaɪgən] *v* esibire
vorzeitig ['foːrtsaɪtɪç] *adj 1.* anticipato, prematuro; *adv 2.* prematuramente
vorziehen ['foːrtsiːən] *v irr 1.* tirare avanti qc; *2. (fig)* preferire
Vorzimmer ['foːrtsɪmər] *n* anticamera *f*
Vorzug ['foːrtsuːk] *m 1.* vantaggio *m; 2. (Vorrang)* precedenza *f;* ◆ *jdm den Vorzug geben* dare la preferenza a qd; *3. (gute Eigenschaft)* pregio *m*
vorzüglich [foːr'tsyːklɪç] *adj* eccellente
vorzugsweise ['foːrtsuːksvaɪzə] *adv* preferibilmente
vulgär [vul'gɛːr] *adj* volgare
Vulkan [vul'kaːn] *m GEO* vulcano *m;* ◆ *auf einem Vulkan tanzen (fig)* camminare su un vulcano
Vulkanausbruch [vul'kaːnausbrux] *m* eruzione vulcanica *f*

W

Waage [ˈvaːgə] *f* bilancia *f;* ◆ *sich gegenseitig die Waage halten* bilanciarsi
waagerecht [ˈvaːgerɛçt] *adj* orizzontale
Waagschale [ˈvaːkʃaːlə] *f* piatto della bilancia *m;* ◆ *jedes Wort auf die Waagschale legen (fig)* pesare ogni parola col bilancino
wach [vax] *adj* sveglio, desto; ◆ *wach halten* tenere sveglio; *wach halten (fig)* tenere vivo
Wache [ˈvaxə] *f* guardia *f;* ◆ *Wache stehen* essere di guardia
wachen [ˈvaxən] *v* vegliare
Wachs [vaks] *n* cera *f*
wachsam [ˈvaxzaːm] *adj* vigilante, vigile
Wachsamkeit [ˈvaxzaːmkaɪt] *f* vigilanza *f*
wachsen¹ [ˈvaksən] *v irr 1.* aumentare; *2. BIO* crescere, prosperare
wachsen² [ˈvaksən] *v (polieren)* incerare
Wachstum [ˈvakstuːm] *n* crescita *f*
wackeln [ˈvakəln] *v* traballare, tentennare
Wade [ˈvaːdə] *f ANAT* polpaccio *m*
Waffe [ˈvafə] *f* arma *f;* ◆ *die Waffen strecken* deporre le armi; *jdn zu den Waffen rufen* chiamare qd alle armi
Waffel [ˈvafəl] *f GAST* cialda *f;* ◆ *einen an der Waffel haben (fam)* essere picchiatello
wagemutig [ˈvaːgəmuːtɪç] *adj* temerario
wagen [ˈvaːgən] *v 1. (sich getrauen)* osare, azzardarsi; *2. (riskieren)* rischiare

Wagen [ˈvaːgən] *m 1. (Auto)* automobile *f; 2. (Kinderwagen)* carrozzina *f; 3. (Leiterwagen)* carro a rastrelliera *m* ◆ *sich nicht vor jds Wagen spannen lassen (fig)* non sottostare ai voleri di qd **!** *Plural: Wagen*

Wagenheber [ˈvaːgənheːbər] *m TECH* crick *m*
Waggon [vaˈg ɔː] *m* vagone *m*
Wagnis [ˈvaːknɪs] *n* impresa richiosa *f*
Wahl [vaːl] *f 1. (Auswahl)* scelta *f; erste ~* prima scelta *f; 2. POL* votazione *f*
wählbar [ˈvɛːlbaːr] *adj* eleggibile
wählen [ˈvɛːlən] *v 1.* scegliere; *2. (Nummer)* comporre; *3. POL* votare
Wähler(in) [ˈvɛːlər(ɪn)] *m/f POL* elettore/elettrice *m/f*
wählerisch [ˈvɛːlərɪʃ] *adj 1.* difficile, schizzinoso; *2. (anspruchsvoll)* esigente
wahllos [ˈvaːlloːs] *adj* indiscriminato
Wahlrecht [ˈvaːlrɛçt] *n* diritto di voto *m*
Wahlspruch [ˈvaːlʃprux] *m* motto *m*
wahlweise [ˈvaːlvaɪzə] *adv* a scelta
Wahnsinn [ˈvaːnzɪn] *m* follia *f*
wahnsinnig [ˈvaːnzɪnɪç] *adj 1.* pazzo; *2. (fam: furchtbar)* terribile; *adv 3. (fam: sehr)* enormemente
wahr [vaːr] *adj* vero; ◆ *Das darf doch nicht wahr sein!* Non può essere vero!
wahren [ˈvaːrən] *v 1.* tutelare; *2. (be~)* mantenere
während [ˈvɛːrənt] *prep 1.* durante; *konj 2.* mentre
wahrhaben [ˈwaːrhabən] *v etw nicht ~ wollen* non voler ammettere qc

Wahrheit [ˈvaːrhaɪt] *f* verità *f*; *in ~* in verità; *die nackte ~* la nuda verità *f*
◆ *um die Wahrheit zu sagen* a dire il vero
jdm die Wahrheit ins Gesicht sagen dire la verità in faccia a qd

wahrnehmen [ˈvaːrneːmən] *v irr 1. (bemerken)* percepire; *2. (nutzen)* approfittare; *3. (entdecken)* scorgere
Wahrnehmung [ˈvaːrneːmuŋ] *f* percezione *f*
wahrsagen [ˈvaːrzaːgən] *v* profetizzare
wahrscheinlich [vaːrˈʃaɪnlɪç] *adj 1.* probabile; *adv 2.* probabilmente
Wahrung [ˈvaːruŋ] *f 1. (Schutz)* tutela *f*, difesa *f*; *2. (Bewahrung)* mantenimento *m*
Währung [ˈvɛːruŋ] *f* valuta *f*, moneta *f*
Währungsunion [ˈvɛːruŋsunjoːn] *f* unione monetaria *f*
Wahrzeichen [ˈvaːrtsaɪçən] *n* emblema *m*
Waise [ˈvaɪzə] *f* orfano/orfana *m/f*
Waisenhaus [ˈvaɪzənhaus] *n* orfanotrofio *m*
Wal [vaːl] *m ZOOL* balena *f*
Wald [valt] *m* foresta *f*, bosco *m*; ◆ *den Wald vor lauter Bäumen nicht sehen* guardare l'albero e perdere di vista la foresta
wallend [ˈvalənt] *adj* ribollente
Wallfahrer(in) [ˈvalfaːrər(ɪn)] *m/f REL* pellegrino/pellegrina *m/f*
Wallfahrt [ˈvalfaːrt] *f* pellegrinaggio *m*
Walnuss [ˈvaːlnus] *f BOT* noce *f*
Walross [ˈvaːlrɔs] *n ZOOL* tricheco *m*
Walze [ˈvaltsə] *f TECH* rullo *m*
wälzen [ˈvɛltsən] *v 1.* rotolare; *2. (nachschlagen)* sfogliare; *3. (nachdenken)* rimuginare; *4. sich ~* rotolarsi; ◆ *sich im Schnee wälzen* rotolarsi nella neve; *sich vor Lachen wälzen* sbellicarsi dalle risate
Walzer [ˈvaltsər] *m MUS* walzer *m*

Wand [vant] *f* parete *f*; *die eigenen vier Wände* le preti domestiche *f/pl*
◆ *Da kann man ja die Wände hoch gehen!* C'è da impazzire!
jdn an die Wand drücken (fig) mettere alle strette
gegen die Wand reden parlare al muro
jdn an die Wand spielen superare qd
! *Plural: Wände*

Wandel [ˈvandəl] *m* trasformazione *f*
wandeln [ˈvandəln] *v 1.* trasformare; *2. (gehen)* camminare
Wanderer [ˈvandərər] *m* viandante *m*
wandern [ˈvandərn] *v* camminare
Wandlung [ˈvandluŋ] *f 1.* trasformazione *f*; *2. REL* consacrazione eucaristica *f*; *3. JUR* redibizione *f*
Wange [ˈvaŋə] *f ANAT* guancia *f*
wanken [ˈvaŋkən] *v 1. (taumeln)* barcollare, traballare; *2. (fig)* vacillare;
◆ *jdn ins Wanken bringen* far titubare qd
wann [van] *adv* quando
Wanne [ˈvanə] *f* vasca *f*
Wanze [ˈvantsə] *f ZOOL* cimice *f*
Wappen [ˈvapən] *n* stemma *m*, blasone *m*
wappnen [ˈvapnən] *v sich ~* armarsi; ◆ *sich mit Geduld wappnen* armarsi di pazienza
Ware [ˈvaːrə] *f* merce *f*
warm [varm] *adj 1.* caldo; *2. (fig)* caldo; ◆ *mit jdm warm werden* entrare in confidenza con qd; *sich jdn warm halten* tenersi buono qd
Wärme [ˈvɛrmə] *f* calore *m*, caldo *m*
wärmen [ˈvɛrmən] *v* scaldare, riscaldare

Wärmflasche [ˈvɛrmflaʃə] *f* borsa dell'acqua calda *f*, boule *f*
warmherzig [ˈvarmhɛrtsɪç] *adj* caloroso
warnen [ˈvarnən] *v* mettere in guardia, avvertire
Warnung [ˈvarnuŋ] *f* avvertimento *m*
Warte [ˈvartə] *f* osservatorio *m*; ◆ *von meiner Warte aus* dal mio punto di vista

> **warten** [ˈvartən] *v 1. ~ auf* aspettare; *2. (instand halten)* curare, mantenere
> ◆ *Darauf wartet er nur!* Aspetta solo questo!
> *Das wird nicht lange auf sich warten lassen.* C'è da aspettarselo.

Wärter(in) [ˈvɛrtər(ɪn)] *m/f* guardiano/guardiana *m/f*
Wartung [ˈvartuŋ] *f TECH* manutenzione *f*
warum [vaˈrum] *adv* perché
Warze [ˈvartsə] *f MED* verruca *f*
was [vas] *pron 1. (interr)* che cosa; *2. (rel)* ciò che, che cosa
Waschanlage [ˈvaʃanla:gə] *f* autolavaggio *m*
Waschbecken [ˈvaʃbɛkən] *n* lavandino *m*
Wäsche [ˈvɛʃə] *f 1.* biancheria *f*; ◆ *dumm aus der Wäsche schauen* restare stupito; *2. (Unterwäsche)* biancheria intima *f*; *3. (Waschen)* bucato *m*
waschen [ˈvaʃən] *v irr 1.* lavare; *2. sich ~* lavarsi; ◆ *sich die Hände waschen* lavarsi le mani; *eine Prüfung, die sich gewaschen hat* un esame difficile *m*
Wäscherei [vɛʃəˈraɪ] *f* lavanderia *f*
Waschmaschine [ˈvaʃmaʃi:nə] *f* lavatrice *f*
Waschmittel [ˈvaʃmɪtəl] *n* detersivo *m*

> **Wasser** [ˈvasər] *n* acqua *f*
> ◆ *jdm das Wasser abgraben (fig)* tagliare le gambe a qd
> *ins Wasser fallen* andare a monte
> *nahe am Wasser gebaut haben* avere le lacrime in tasca
> *jdm das Wasser nicht reichen können* non raggiungere il livello di qd
> *mit allen Wassern gewaschen sein* saperne una più del diavolo
> **!** *Plural: Wasser*

wasserdicht [ˈvasərdɪçt] *adj* impermeabile
Wasserfall [ˈvasərfal] *m* cascata *f*
Wasserfarbe [ˈvasərfarbə] *f* acquerello *m*
Wasserhahn [ˈvasərha:n] *m* rubinetto dell'acqua *m*
Wasserleitung [ˈvasərlaɪtuŋ] *f* conduttura dell'acqua *f*
Wassermelone [ˈvasərmelo:nə] *f* cocomero *m*
Wasserski [ˈvasərʃi:] *m* sci acquatico *m*
Wasserstoff [ˈvasərʃtɔf] *m* idrogeno *m*
Watt[1] [vat] *n PHYS* watt *m*
Watt[2] [vat] *n* bassofondo lungo le coste del mare del Nord
Watte [ˈvatə] *f* ovatta *f*
weben [ˈve:bən] *v* tessere; ◆ *Die Spinne webt ihr Netz.* Il ragno tesse la sua tela.
Weberei [ve:bəˈraɪ] *f* tessitura *f*
Website [ˈwebzaɪt] *f INFORM* sito web *m*
Wechsel [ˈvɛksəl] *m 1.* cambiamento *m*; *2. (Geldwechsel) ECO* cambio *m*; *3. (Zahlungsmittel) ECO* cambiale *f*
Wechselbad [ˈvɛksəlba:t] *n* doccia scozzese *f*; *ein ~ der Gefühle* un cambiamento d'umore *m*
Wechselgeld [ˈvɛksəlgɛlt] *n* spiccioli *m/pl*

W

wechselhaft [ˈvɛksəlhaft] *adj* mutevole
Wechselkurs [ˈvɛksəlkurs] *m FIN* cambio *m*
wechseln [ˈvɛksəln] *v* cambiare, mutare
wecken [ˈvɛkən] *v 1. (auf~)* svegliare; *2. (hervorrufen)* destare, risvegliare
Wecker [ˈvɛkər] *m* sveglia *f;* ◆ *jdm auf den Wecker fallen* dare sui nervi a qd
wedeln [ˈveːdəln] *v 1.* scodinzolare; *2. SPORT* fare lo scodinzolo
weder [ˈveːdər] *konj ~ ... noch* né ... né

weg [vɛk] *adv 1. (abwesend)* assente; *2. (~gegangen)* via, partito; *3. (verschwunden)* sparito
◆ *in einem weg* senza soste
hin und weg sein essere entusiasta

Weg [veːk] *m 1.* via *f;* ◆ *sich auf den Weg machen* mettersi in cammino; *den Weg des geringsten Widerstandes gehen* scegliere la strada più facile; *eigene Wege gehen* andare per la propria strada; *einer Sache den Weg ebnen* spianare la strada a una cosa; *jdn aus dem Weg räumen* togliere di mezzo qd; *jdn auf den rechten Weg führen* condurre qd sulla retta via; *jdm etw mit auf den Weg geben* dare qc a qd per il viaggio; *etw in die Wege leiten* avviare qc; *2. (Strecke)* strada *f,* percorso *m,* tragitto *m; 3. (fig: Art und Weise)* modo *m*
wegbleiben [ˈvɛkblaɪbən] *v irr 1.* restare via; *2. (nicht da sein)* essere assente; *3. (ausgelassen werden)* essere tralasciato
wegbringen [ˈvɛkbrɪŋən] *v irr 1.* portare via; *2. (entfernen)* riuscire ad eliminare
wegen [ˈveːgən] *prep* per, a causa di
wegfallen [ˈvɛkfalən] *v irr 1. (ausfallen)* cadere; *2.* essere soppresso
weggehen [ˈvɛkgeːən] *v irr* andarsene
weglassen [ˈvɛklasən] *v irr 1.* omettere; *2. (gehen lassen)* lasciar andare
wegnehmen [ˈvɛkneːmən] *v irr 1.* togliere; *2. (Eigentum)* soffiare, rubare
wegschicken [ˈvɛkʃɪkən] *v 1. (fortschicken)* mandare via; *2. (aufgeben)* spedire, mandare
Wegweiser [ˈveːkvaɪzər] *m* cartello stradale *m,* freccia *f*
wegwerfen [ˈvɛkvɛrfən] *v irr* buttare via
weh [veː] *adj 1.* dolente; *interj 2. wehe* guai
Weh [veː] *n* dolore *m;* ◆ *mit viel Weh und Ach* con molta pena
wehen [ˈveːən] *v 1.* agitare; *2. (Wind)* soffiare; ◆ *Es weht ein kühler Wind.* Soffia un vento freddo. *3. (flattern)* sventolare; ◆ *Die Fahne weht.* La bandiera sventola.
Wehen [ˈveːən] *pl MED* dolori *m/pl,* doglie *f/pl*
Wehmut [ˈveːmuːt] *f* malinconia *f*
wehmütig [ˈveːmyːtɪç] *adj* malinconico
Wehrdienst [ˈveːrdiːnst] *m MIL* servizio militare *m*
wehren [ˈveːrən] *v sich ~* difendersi
wehrlos [ˈveːrloːs] *adj* disarmato, inerme
Weib [vaɪp] *n* donna *f*
weiblich [ˈvaɪplɪç] *adj* femminile
weich [vaɪç] *adj 1.* molle, tenero; *2. (fig)* sensibile
Weiche¹ [ˈvaɪçə] *f 1. (Weichheit)* morbidezza *f; 2. (Körperteil)* inguine *m*
Weiche² [vaɪçə] *f (an Gleisen) TECH* scambio *m;* ◆ *die Weichen für etw stellen* stabilire gli sviluppi di qc
weichen [ˈvaɪçən] *v irr* ritirarsi, cedere

W

Weide [ˈvaɪdə] *f* *1. (Baum) BOT* salice *m; 2. (Wiese) BOT* pascolo *m*
weigern [ˈvaɪgərn] *v sich ~* rifiutarsi
Weigerung [ˈvaɪgəruŋ] *f* rifiuto *f*
weihen [ˈvaɪən] *v REL* consacrare, benedire; ◆ *einen Priester weihen* ordinare qd sacerdote
Weiher [ˈvaɪər] *m* stagno *m*
Weihnachten [ˈvaɪnaxtən] *n* Natale *m*
Weihrauch [ˈvaɪraux] *m* incenso *m*
weil [vaɪl] *konj* perché, poiché
Weile [ˈvaɪlə] *f* momento *m*

> **Wein** [vaɪn] *m 1. GAST* vino *m; 2. BOT* vite *f*
> ◆ *jdm reinen Wein einschenken (fig)* dire la pura verità a qd

Weinberg [ˈvaɪnbɛrk] *m* vigneto *m*
Weinbrand [ˈvaɪnbrant] *m* brandy *m*
weinen [ˈvaɪnən] *v* piangere
Weinlese [ˈvaɪnle:zə] *f* vendemmia *f*
Weintraube [ˈvaɪntraubə] *f* grappolo d'uva *m*
weise [ˈvaɪzə] *adj* saggio, sapiente
Weise [ˈvaɪzə] *f (Art und ~)* modo *m,* maniera *f; in keiner ~* in nessun modo
Weisheit [ˈvaɪshaɪt] *f* saggezza *f,* sapienza *f;* ◆ *der Weisheit letzter Schluss* la migliore delle soluzioni; *mit seiner Weisheit am Ende sein* non sapere più cosa fare
weiß [vaɪs] *adj* bianco
Weißbier [ˈvaɪsbi:r] *n* birra chiara *f*
Weisung [ˈvaɪzuŋ] *f* istruzione *f*

> **weit** [vaɪt] *adj 1. (breit)* largo, ampio; *2. (lang)* lungo; *3. (fern)* lontano; *adv 4. ~ entfernt* lontano; *~ und breit* a perdita d'occhio; *bei ~em nicht* neanche approssimativamente; *~ verbreitet* ampiamente, estesamente; *~ reichend* ampio
> ◆ *das Weite suchen* prendere il largo
> *zu weit gehen* spingersi troppo avanti
> *So weit sind wir noch lange nicht.* Siamo ancora lontani.
> *Du bist bei weitem nicht der Einzige.* Tu non sei l'unico in assoluto.

weitaus [ˈvaɪtaus] *adv* di gran lunga
Weite [ˈvaɪtə] *f 1.* ampiezza *f; 2. (Länge)* lunghezza *f; 3. (Entfernung)* distanza *f*
weiter [ˈvaɪtər] *adj 1.* ulteriore; *adv 2. ~ weg* più lontano; *3. (außerdem)* inoltre
weiterführen [ˈvaɪtərfy:rən] *v* continuare
weitergeben [ˈvaɪtərge:bən] *v irr* passare, dare a un altro
weitergehen [ˈvaɪtərge:ən] *v irr* proseguire
weiterleiten [ˈvaɪtərlaɪtən] *v* trasmettere
weitermachen [ˈvaɪtərmaxən] *v* continuare a fare
weitgehend [ˈvaɪtge:ənt] *adj 1.* grande; *adv 2.* ampiamente
weitläufig [ˈvaɪtlɔyfɪç] *adj 1.* ampio, spazioso; *2. (fig: entfernt)* lontano; ◆ *ein weitläufiger Verwandter* un parente lontano *m; 3. (fig: ausführlich)* dettagliato; *adv 4. (fig: entfernt)* alla lontana
weitsichtig [ˈvaɪtzɪçtɪç] *adj 1. MED* presbite; *2. (fig)* lungimirante
Weizen [ˈvaɪtsən] *m BOT* grano *m*
welch [vɛlç] *pron* quale
welche(r,s) [ˈvɛlçə(r,s)] *pron 1.* che, il quale/la quale; *2. (interr)* quale
welk [vɛlk] *adj 1. (verblüht)* appassito; *2. (schlaff)* vizzo, avvizzito
welken [ˈvɛlkən] *v 1. (verblühen)* appassire; *2. (erschlaffen)* avvizzire
Welle [ˈvɛlə] *f* onda *f*
Wellenlänge [ˈvɛlənlɛŋə] *f PHYS* lunghezza d'onda *f;* ◆ *die gleiche Wellenlänge haben (fig)* essere sulla stessa lunghezza d'onda

W

Welpe [ˈvɛlpə] *m* cucciolo *m*

> **Welt** [vɛlt] *f* mondo *m*
> ◆ *nicht die Welt kosten* non costare un patrimonio
> *nicht das Ende der Welt sein* non essere la fine del mondo
> *etw in die Welt setzen* mettere qc al mondo
> *mit sich und der Welt zufrieden sein* stare in pace con il mondo intero
> *Für sie brach eine Welt zusammen.* Si è sentita crollare il mondo addosso.

Weltall [ˈvɛltal] *n* universo *m*
weltbekannt [ˈvɛltbəkant] *adj* noto in tutto il mondo, di fama mondiale
weltgewandt [ˈvɛltgəvant] *adj* esperto
Weltkrieg [ˈvɛltkriːk] *m HIST* guerra mondiale *f*
weltlich [ˈvɛltlɪç] *adj 1.* terreno; *2. (nicht kirchlich)* profano
Weltmacht [ˈvɛltmaxt] *f* potenza mondiale *f*
Weltraum [ˈvɛltraum] *m* spazio *m*
Weltreise [ˈvɛltraɪzə] *f* giro del mondo *m*
weltweit [ˈvɛltvaɪt] *adj* mondiale
Weltwirtschaft [ˈvɛltvɪrtʃaft] *f ECO* economia mondiale *f*
wem [veːm] *pron* a chi
wen [veːn] *pron* chi
Wendeltreppe [ˈvɛndəltrɛpə] *f* scala a chiocciola *f*
wenden [ˈvɛndən] *v irr 1.* voltare, girare; *2. sich ~ an* rivolgersi a
wendig [ˈvɛndɪç] *adj 1.* maneggevole, manovrabile; *2. (flink)* sveglio, svelto
wenig [ˈveːnɪç] *adj* poco, scarso
wenige [ˈveːnɪgə] *adv 1.* pochi/poche; *2.* alcuni/alcune
weniger [ˈveːnɪgər] *adv* meno, di meno
Wenigkeit [ˈveːniçkaɪt] *f meine ~* la mia modesta persona *f*
wenigstens [ˈveːnɪçstəns] *adv* almeno
wenn [vɛn] *konj 1. (konditional)* se; *auch ~* anche se; ◆ *Und wenn schon!* E anche se fosse! *2. (zeitlich)* quando; *Wenn schon, denn schon!* Accada quel che accada!
wer [veːr] *pron* chi
werben [ˈvɛrbən] *v irr 1.* reclutare; ◆ *Soldaten werben* reclutare soldati; *2. (öffentlich)* fare pubblicità, reclamizzare; *3. um ein Mädchen ~* interessarsi di una ragazza
Werbung [ˈvɛrbuŋ] *f* pubblicità *f*

> **werden** [ˈveːrdən] *v irr 1.* diventare, divenire; *2. (Futur) Ich werde wegfahren.* Andrò via. *3. (Passiv) Wir ~ gerufen.* Siamo chiamati.
> ◆ *Was ist aus der Sache geworden?* Come è andata la cosa?
> *Mir wird kalt.* Comincio ad avere freddo.
> *Sie wird Krankenschwester.* Diventerà infermiera.
> *Ich werde verrückt.* Divento pazza.
> *Es wird dunkel.* Si fa buio.

werfen [ˈvɛrfən] *v irr* gettare, buttare; ◆ *mit etw um sich werfen* fare sfoggio di qd
Werft [vɛrft] *f* cantiere navale *m*
Werk [vɛrk] *n 1. (Fabrik)* fabbrica *f; 2. (Kunstwerk)* opera d'arte *f*
Werkstatt [ˈvɛrkʃtat] *f* officina *f*
Werkstoff [ˈvɛrkʃtɔf] *m* materiale *m*
Werktag [ˈvɛrktaːk] *m* giorno feriale *m*
Werkzeug [ˈvɛrktsɔyk] *n* utensile *m,* attrezzo *m*
wert [veːrt] *adj 1.* che vale; *etw ~ sein* valere qc; *2. (würdig)* degno; *3. (lieb)* caro; ◆ *Er ist mir wert.* Egli mi è caro.
Wert [veːrt] *m* valore *m;* ◆ *Es hat doch keinen Wert.* Ciò non ha alcun peso.

W

werten [ˈveːrtən] *v* valutare
wertlos [ˈveːrtloːs] *adj* senza valore
Wertpapier [ˈvɛrtpapiːr] *n* titolo *m*
Wertschätzung [ˈveːrtʃɛtsuŋ] *f* stima *f*
Wertung [ˈveːrtuŋ] *f* valutazione *f*
wertvoll [ˈveːrtfɔl] *adj* pregiato
Wesen [ˈveːzən] *n 1. (Charakter)* essenza *f; 2. (Lebewesen)* essere *m*
wesentlich [ˈveːzəntlɪç] *adj* essenziale
weshalb [vɛsˈhalp] *adv 1.* perché, per quale ragione; *konj 2.* per cui, perciò
Wespe [ˈvɛspə] *f ZOOL* vespa *f*
wessen [ˈvɛsən] *pron* di chi
Weste [ˈvɛstə] *f* gilè *m*, gilet *m;* ◆ *eine weiße Weste haben (fig)* avere la coscienza pulita
Westen [ˈvɛstən] *m* ovest *m*, occidente *m*
Westeuropa [ˈvɛstɔyroːpa] *n GEO* Europa occidentale *f*
westlich [ˈvɛstlɪç] *adj 1.* occidentale; *adv 2.* a occidente, a ovest, a ponente
Wettbewerb [ˈvɛtbəvɛrp] *m* concorrenza *f, SPORT* gara *f*
Wette [ˈvɛtə] *f* scommessa *f*
wetteifern [ˈvɛtaɪfərn] *v* competere
wetten [ˈvɛtən] *v* scommettere

> **Wetter** [ˈvɛtər] *n* tempo *m*
> ◆ *Wie ist das Wetter heute?* Com'è il tempo oggi?
> **!** *Plural: Wetter*

Wettkampf [ˈvɛtkampf] *m* competizione *f*
wettmachen [ˈvɛtmaxən] *v* compensare
W **Wettstreit** [ˈvɛtʃtraɪt] *m* lotta *f*

> **wichtig** [ˈvɪçtɪç] *adj 1.* importante, rilevante; *adv 2.* con aria di importanza
> ◆ *sich wichtig machen* darsi delle arie
> *Das ist nicht so wichtig!* Non importa!

Wichtigkeit [ˈvɪçtɪçkaɪt] *f* importanza *f*
wickeln [ˈvɪkəln] *v 1.* avvolgere; *2. (Baby)* fasciare
wider [ˈviːdər] *prep* contro
widerfahren [viːdərˈfaːrən] *v irr* accadere
widerlegen [viːdərˈleːgən] *v* confutare
widerlich [ˈviːdərlɪç] *adj* ripugnante
widerrechtlich [ˈviːdərrɛçtlɪç] *adj* illegale
Widerrede [ˈviːdərreːdə] *f* obiezione *f*
widerrufen [viːdərˈruːfən] *v irr 1.* revocare; *2. (dementieren)* ritrattare
widersetzen [viːdərˈzɛtsən] *v 1. sich ~* opporsi; ◆ *sich gegen eine Ungerechtigkeit widersetzen* opporsi ad un'ingiustizia; *2. (sich auflehnen)* ribellarsi
widerspenstig [ˈviːdərʃpɛnstɪç] *adj 1.* ritroso, ricalcitrante; *adv 2.* ritrosamente
widerspiegeln [ˈviːdərʃpiːgəln] *v* riflettere
widersprechen [viːdərˈʃprɛçən] *v irr* opporsi
Widerspruch [ˈviːdərʃprux] *m* obiezione *f, JUR* ricorso *m*
widersprüchlich [ˈviːdərʃpryçlɪç] *adj 1.* contraddittorio; *adv 2.* contraddittoriamente
Widerstand [ˈviːdərʃtant] *m* resistenza *f;* ◆ *jdm Widerstand leisten* opporre resistenza a qd
widerstehen [viːdərˈʃteːən] *v irr* resistere
widerwärtig [ˈviːdərvɛrtɪç] *adj* ripugnante
Widerwille [ˈviːdərvɪlə] *m* avversione *f*
widerwillig [ˈviːdərvɪlɪç] *adj 1.* restio, riluttante; *adv 2.* malvolentieri
widmen [ˈvɪtmən] *v 1.* dedicare; *2. sich einer Sache ~* dedicarsi ad una cosa
wie [viː] *adv 1.* come; ◆ *Wie schön!* Che bello! *Wie bitte?* Come scusi? *Wie*

alt ist er? Quanti anni ha? *wie viel* quanto; *wie viele* quanti; *konj 2.* come
wieder [ˈviːdər] *adv* di nuovo, nuovamente; ~ *aufbereiten* rigenerare; ~ *beleben* rianimare; ~ *erkennen* riconoscere; ~ *finden* ritrovare; ~ *gutmachen* riparare; ~ *sehen* rivedere
Wiederaufbau [viːdərˈaufbau] *m* ricostruzione *f*, riedificazione *f*
Wiederbelebung [ˈviːdərbəleːbuŋ] *f 1. MED* rianimazione *f*; *2. (fig)* ripresa *f*
wiedererlangen [ˈviːdərɛrlaŋən] *v* recuperare
Wiedererstattung [ˈviːdərɛrʃtatuŋ] *f* rimborso *m*, risarcimento *m*
Wiedergabe [ˈviːdərgaːbə] *f 1.* restituzione *f*; *2. (Darstellung)* interpretazione *f*; *3. (Reproduktion)* riproduzione *f*
wiedergeben [ˈviːdərgeːbən] *v irr 1.* restituire; *2. (darstellen)* interpretare
wiederherstellen [viːdərˈherʃtɛlən] *v* ristabilire, ripristinare
wiederholen [viːdərˈhoːlən] *v* ripetere
Wiederholung [viːdərˈhoːluŋ] *f* ripetizione *f*
Wiederhören [ˈviːdərhøːrən] *n Auf ~!* A risentirci!/A risentirla!
wiederkommen [ˈviːdərkɔmən] *v* ritornare
Wiedervereinigung [ˈviːdərfɛraɪnɪguŋ] *f POL* riunificazione *f*
Wiege [ˈviːgə] *f* culla *f*; ◆ *von der Wiege bis zur Bahre* dalla culla alla bara; *Das ist ihm schon in die Wiege gelegt worden.* Lui ha una predisposizione innata per questo.
wiegen[1] [ˈviːgən] *v irr* pesare
wiegen[2] [ˈviːgən] *v 1. (schaukeln)* cullare; *2. GAST* tritare
Wien [viːn] *n GEO* Vienna *f*
Wiese [ˈviːzə] *f* prato *m*
wieso [viˈzoː] *adv* perché, come mai
wild [vɪlt] *adj 1.* selvaggio, selvatico; ◆ *Es ist halb so wild.* Non è cosi grave. *2. (Tiere)* selvaggio; *3. (fig: wütend)* irato
Wild [vɪlt] *n ZOOL* selvaggina *f*
Wildleder [ˈvɪltleːdər] *n* camoscio *m*
Wildnis [ˈvɪltnɪs] *f* regione selvaggia *f*
Wildschwein [ˈvɪltʃvaɪn] *n ZOOL* cinghiale *m*
Wille [ˈvɪlə] *m* volontà *f*
willkommen [vɪlˈkɔmən] *adj* benvenuto
Willkür [ˈvɪlkyːr] *f* arbitrio *m*
willkürlich [ˈvɪlkyːrlɪç] *adj* arbitrario
Wimper [ˈvɪmpər] *f* ciglio *m*; ◆ *ohne mit der Wimper zu zucken* senza batter ciglio
Wimperntusche [ˈvɪmpərntuʃə] *f* rimmel *m*

Wind [vɪnt] *m* vento *m*
◆ *Er weiß, woher der Wind weht. (fig)* Lui sa dove tira il vento.
Wind von etw bekommen avere sentore di qc
in den Wind reden parlare al vento
etw in den Wind schlagen gettare al vento qc
jdm den Wind aus den Segeln nehmen smontare qd
etw in den Wind schlagen non dare retta a qc
Wind machen darsi delle arie
mit dem Wind segeln seguire la corrente

Windel [ˈvɪndəl] *f* pannolino per neonati *m*
Windmühle [ˈvɪntmyːlə] *f* mulino a vento *m*
Windpocken [ˈvɪntpɔkən] *pl* varicella *f*
Windschutzscheibe [ˈvɪntʃutsʃaɪbə] *f (eines Autos)* parabrezza *m*

Wink [vɪŋk] *m 1.* segno *m; 2. (fig)* accenno *m;* ◆ *jdm einen Wink geben* fare un cenno a qd
Winkel [ˈvɪŋkəl] *m 1. MATH* angolo *m; 2. (fig: Plätzchen)* cantuccio *m*
winken [ˈvɪŋkən] *v* chiamare con un cenno
Winter [ˈvɪntər] *m* inverno *m*
winterlich [ˈvɪntərlɪç] *adj* invernale
Winzer [ˈvɪntsər] *m* viticultore *m*
winzig [ˈvɪntsɪç] *adj* minuscolo
Wippe [ˈvɪpə] *f* altalena *f, TECH* bilanciere *m*

wir [viːr] *pron* noi
◆ *Also, gehen wir hin?* Allora, ci andiamo?
! *Genitiv: unser; Dativ: uns; Akkusativ: uns*

Wirbelsäule [ˈvɪrbəlsɔylə] *f ANAT* colonna vertebrale *f,* spina dorsale *f*
wirken [ˈvɪrkən] *v 1.* fare, esercitare; *2. (wirksam sein)* avere effetto; *3. (Eindruck erwecken)* avere effetto, fare impressione
wirklich [ˈvɪrklɪç] *adj 1.* reale; *adv 2.* realmente
Wirklichkeit [ˈvɪrklɪçkaɪt] *f* realtà *f*
wirksam [ˈvɪrkzaːm] *adj 1.* efficace; *adv 2.* efficacemente
Wirksamkeit [ˈvɪrkzaːmkaɪt] *f* efficacia *f*
Wirkung [ˈvɪrkuŋ] *f* effetto *m*
wirkungslos [ˈvɪrkuŋsloːs] *adj* inefficace
wirkungsvoll [ˈvɪrkuŋsfɔl] *adj* efficace
N **Wirt** [vɪrt] *m* oste *m,* albergatore *m*
Wirtschaft [ˈvɪrtʃaft] *f 1. ECO* economia *f; 2. (Gasthaus)* osteria *f,* locanda *f*
wirtschaftlich [ˈvɪrtʃaftlɪç] *adj* economico
Wirtshaus [ˈvɪrtshaus] *n* osteria *f*

wischen [ˈvɪʃən] *v* pulire, passare lo straccio
wispern [ˈvɪspərn] *v* sussurrare

wissen [ˈvɪsən] *v irr* sapere
◆ *von jdm nichts wissen wollen* non voler sapere niente di qd
es wissen wollen volersi mettere alla prova
Nicht dass ich wüsste. Non che io sappia.
Als ob man von nichts wüsste. Come se non si sapesse niente.
Das ist gut zu wissen. Bene a sapersi.

Wissen [ˈvɪsən] *n* sapere *m*
Wissenschaft [ˈvɪsənʃaft] *f* scienza *f*
Wissenschaftler [ˈvɪsənʃaftlər] *m* scienziato *m*
wissentlich [ˈvɪsəntlɪç] *adj* consapevole
wittern [ˈvɪtərn] *v 1.* fiutare; *2. (ahnen)* intuire; ◆ *Gefahr wittern* intuire il pericolo
Witterung [ˈvɪtəruŋ] *f 1. (Wetter)* tempo atmosferico *m; 2. (Wittern)* fiuto *m; eine gute ~ haben* avere buon naso
Witwe [ˈvɪtvə] *f* vedova *f*
Witwer [ˈvɪtvər] *m* vedovo *m*

Witz [vɪts] *m 1. (Geschichte)* barzelletta *f; 2. (Scherz)* scherzo *m; 3. (Esprit)* spirito *m*
◆ *Witze reißen* raccontare barzellette
Mach keine Witze! Non scherzare!

witzig [ˈvɪtsɪç] *adj* spiritoso, arguto, divertente
witzlos [ˈvɪtsloːs] *adj 1. (ohne Witz)* privo di spirito; *2. (zwecklos)* inutile
wo [voː] *adv* dove
woanders [voˈandərs] *adv* altrove
Woche [ˈvɔxə] *f* settimana *f*
Wochenende [ˈvɔxənɛndə] *n* finesettimana *m*

wochenlang [ˈvɔxənlaŋ] *adj 1.* di più settimane; *adv 2.* per settimane
wochentags [ˈvɔxəntaːks] *adv* nei giorni feriali
wöchentlich [ˈvœçəntlıç] *adj* settimanale
wodurch [voˈdurç] *adv* come, per mezzo di che cosa
wofür [voˈfyːr] *adv* per che cosa, per cui
Woge [ˈvoːgə] *f 1. (Welle)* onda *f,* flutto *m; 2. (fig)* ondata *f*
wogegen [voˈgeːgən] *adv* contro che cosa, contro cui
woher [voˈheːr] *pron* di dove, da dove
wohin [voˈhın] *pron* dove

wohl [voːl] *adv 1. (gut)* bene; *~ tuend* benefico; *~ wollend* benevolo; *2. (etwa)* circa; *3. (wahrscheinlich)* probabilmente; *4. (sicher)* certamente
◆ *Er weiß das wohl.* Lo sa benissimo.
sich sehr wohl fühlen sentirsi molto bene
alles wohl bedacht tutto ben disposto

Wohl [voːl] *n* bene *m;* ◆ *Zum Wohl!* Alla salute!
wohlerzogen [ˈvoːlɛrtsoːgən] *adj* beneducato
Wohlfahrt [ˈvoːlfaːrt] *f* prosperità *f*
wohlgemerkt [ˈvoːlgəmɛrkt] *adv* beninteso
Wohlgeruch [ˈvoːlgərux] *m* profumo *m*
wohlhabend [ˈvoːlhaːbənt] *adj* benestante
wohlig [ˈvoːlıç] *adj* piacevole, gradevole
Wohlstand [ˈvoːlʃtant] *m* agiatezza *f*
Wohltat [ˈvoːltaːt] *f* opera di bene *f*
Wohltäter [ˈvoːltɛːtər] *m* benefattore *m*

wohnen [ˈvoːnən] *v* abitare
◆ *Wir wohnen auf dem Land.* Abitiamo in campagna.

Wohngemeinschaft [ˈvoːngəmaınʃaft] *f* comune *f*
wohnhaft [ˈvoːnhaft] *adv* domiciliato
wohnlich [ˈvoːnlıç] *adj* confortevole
Wohnmobil [ˈvoːnmobiːl] *n* camper *m*
Wohnort [ˈvoːnɔrt] *m* domicilio *m*
Wohnung [ˈvoːnuŋ] *f* abitazione *f*
Wohnwagen [ˈvoːnvaːgən] *m* roulotte *f*
Wohnzimmer [ˈvoːntsımər] *n* soggiorno *m*
Wolf [vɔlf] *m 1. ZOOL* lupo *m;* ◆ *unter die Wölfe kommmen* essere assalito dai lupi; *ein Wolf im Schafspelz* un lupo in veste di agnello *m; 2.* ◆ *jdn durch den Wolf drehen* ridurre qd in poltiglia
Wolke [ˈvɔlkə] *f* nuvola *f;* ◆ *aus allen Wolken fallen* cadere dalle nuvole; *über allen Wolken schweben* avere la testa tra le nuvole; *auf Wolke sieben schweben* essere al settimo cielo
Wolkenkratzer [ˈvɔlkənkratsər] *m* grattacielo *m*
wolkenlos [ˈvɔlkənloːs] *adj* sereno
wolkig [ˈvɔlkıç] *adj* nuvoloso
Wolle [ˈvɔlə] *f* lana *f;* ◆ *sich in die Wolle kriegen* prendersi per i capelli
wollen [ˈvɔlən] *v irr* volere
womit [voˈmıt] *adv 1. (interr)* con che cosa; *2. (rel)* con cui
wonach [voˈnaːx] *adv 1. (interr)* di che cosa, a che cosa; *2. (rel)* secondo la qc; *3. (zeitlich)* dopo di che
woran [voˈran] *adv 1. (interr)* a che cosa; *2. (rel)* a cui
worauf [voˈrauf] *adv 1. (interr)* su che cosa; *2. (rel)* su cui
woraus [voˈraus] *adv 1. (interr)* da che cosa; *2. (rel)* da cui
worin [voˈrın] *adv 1. (interr)* in che cosa; *2. (rel)* in cui
World Wide Web [ˈwɜːld waıd web] *n* servizio Web *m*

Wort [vɔrt] *n* parola *f*
◆ *das Wort haben* avere la parola
im wahrsten Sinne des Wortes nel vero senso della parola
das Wort ergreifen prendere la parola
jdm das Wort erteilen dare la parola a qd
jdm das Wort entziehen togliere la parola a qd
jdm das Wort verbieten interdire la parola a qd
für jdm ein gutes Wort einlegen mettere una buona parola per qd
jdm das Wort aus dem Munde nehmen togliere la parola di bocca a qd
jdm das Wort im Munde umdrehen rigirare le parole in bocca a qd
kein Wort über etw verlieren non spendere altre parole su qc
jdm ins Wort fallen troncare la parola in bocca a qd
sich zu Wort melden chiedere la parola
! *Plural:* Wörter/Worte

Wörterbuch [ˈvœrtərbuːx] *n* dizionario *m*
wortkarg [ˈvɔrtkark] *adj* laconico
Wortlaut [ˈvɔrtlaut] *m* contenuto *m*
wörtlich [ˈvœrtlɪç] *adj* letterale
wortlos [ˈvɔrtloːs] *adj 1.* senza parole, muto; *adv 2.* senza parlare
Wortschatz [ˈvɔrtʃats] *m* vocabolario *m*
worüber [voˈryːbər] *adv 1. (interr)* su che cosa; *2. (rel)* su cui
worunter [voˈruntər] *adv 1. (interr)* sotto che cosa; *2. (rel)* sotto cui
wovon [voˈfɔn] *adv 1. (interr)* di che cosa; *2. (rel)* di cui
wovor [voˈfoːr] *adv 1. (interr)* davanti a che cosa; *2. (rel)* davanti a cui
wozu [voˈtsuː] *adv 1. (interr)* a che cosa, per che cosa; *2. (rel)* a cui, per cui
Wrack [vrak] *n* relitto *m*
Wucher [ˈvuːxər] *m* strozzinaggio *m*
Wuchs [vuːks] *m 1. (Wachsen)* crescita *f*; *2. (Körperbau)* corporatura *f*, figura *f*
Wucht [vuxt] *f* violenza *f*, impeto *m*
wühlen [ˈvyːlən] *v 1. (graben)* scavare; *2. (Schwein)* grufolare; *3. (suchen)* frugare
wund [vunt] *adj 1.* ferito; *2. ~es Herz (fig)* cuore ferito
Wunde [ˈvundə] *f* ferita *f*
Wunder [ˈvundər] *n* miracolo *m*; ◆ *sein blaues Wunder erleben* vederne delle belle
wunderbar [ˈvundərbaːr] *adj* meraviglioso
wunderlich [ˈvundərlɪç] *adj* strano
wundern [ˈvundərn] *v sich ~* stupirsi
wundervoll [ˈvundərfɔl] *adj* stupendo
Wunsch [vunʃ] *m 1.* desiderio *m*; *2. (Glückwunsch)* augurio *m*
wünschen [ˈvynʃən] *v* desiderare
Würde [ˈvyrdə] *f* dignità *f*
würdig [ˈvyrdɪç] *adj* degno
würdigen [ˈvyrdɪgən] *v* apprezzare
Würfel [ˈvyrfəl] *m 1.* dado *m*; ◆ *Die Würfel sind gefallen.* Il dado è tratto. *2. MATH* cubo *m*
würgen [ˈvyrgən] *v* strozzare, strangolare
Wurm [vurm] *m ZOOL* verme *m*
Wurst [vurst] *f GAST* salsiccia *f*
Wurzel [ˈvurtsəl] *f* radice *f*
wurzeln [ˈvurtsəln] *v* mettere radici
würzen [ˈvyrtsən] *v* condire, aromatizzare
würzig [ˈvyrtsɪç] *adj* condito, saporito
wüst [vyːst] *adj 1. (öde)* deserto; *2. (ausschweifend)* dissoluto; *3. (wirr)* disordinato
Wüste [ˈvyːstə] *f* deserto *m*
Wut [vuːt] *f* furia *f*, rabbia *f*, ira *f*
wütend [ˈvyːtənt] *adj* arrabiato, infuriato, irato

X/Y/Z

x-Achse ['ɪksaksə] *f MATH* asse X *m*
x-beliebig ['ɪksbəliːbɪç] *adj* qualunque, qualsiasi
Xenophobie [ksenofo'biː] *f* xenofobia *f*
x-fach ['ɪksfax] *adj* molteplice
x-mal [ɪks'maːl] *adv* per l'ennesima volta
X-Strahlen ['ɪksʃtraːlən] *pl PHYS* raggi X *m/pl*
y-Achse ['ypsilɔnaksə] *f* asse Y *m*
Ypsilon ['ypzilɔn] *n* ipsilon *m/f*
Yuppie ['jupiː] *m* yuppie *m*
Zack [tsak] *m* ◆ *auf Zack sein* essere in gamba; *jdn auf Zack bringen* far trottare qd; *etw auf Zack bringen* far funzionare qc
Zacke ['tsakə] *f 1.* punta *f; 2. (Gabelzacke)* rebbio; *3. (Kammzacke)* dente
Zacken ['tsakən] *m* punta *f;* ◆ *sich keinen Zacken aus der Krone brechen* non sprecarsi
zaghaft ['tsaːkhaft] *adj 1.* pauroso; *adv 2.* timidamente
zäh [tsɛː] *adj 1.* tenace, duro; *2. (fig) (schleppend)* stentato
zähflüssig ['tsɛːflysɪç] *adj* viscoso
Zahl [tsaːl] *f* numero *m;* ◆ *rote Zahlen schreiben* segnare perdite; *schwarze Zahlen schreiben* segnare guadagni
zahlbar ['tsaːlbaːr] *adj* pagabile
zahlen ['tsaːlən] *v* pagare

> **zählen** ['tsɛːlən] *v 1.* contare; *2. ~ zu (gehören zu)* appartenere a; *3. ~ auf (sich verlassen auf)* contare su

Zähler ['tsɛːlər] *m 1. MATH* numeratore *m; 2. TECH* contatore *m*
zahlreich ['tsaːlraɪç] *adj 1.* numeroso; *adv 2.* in gran numero, numerosamente
Zahlung ['tsaːluŋ] *f* pagamento *m*
zahm [tsaːm] *adj* docile, mansueto

> **Zahn** [tsaːn] *m ANAT* dente *m*
> ◆ *jdm auf den Zahn fühlen (fig)* mettere alla prova qd
> *jdm den Zahn ziehen* togliere tutte le illusioni a qd
> *einen Zahn zulegen* accelerare
> *sich an etw die Zähne ausbeißen* rompersi il capo su qc
> *bewaffnet bis an die Zähne* armato sino ai denti
> **!** *Plural: Zähne*

Zahnarzt ['tsaːnartst] *m* dentista *m*
Zahnfleisch ['tsaːnflaɪʃ] *n* gengiva *f*
Zahnpasta ['tsaːnpasta] *f* dentifricio *m*
Zahnrad ['tsaːnraːt] *n* ruota dentata *f*
Zange ['tsaŋə] *f* tenaglia *f,* pinza *f;* ◆ *jdn in die Zange nehmen* mettere qd sotto torchio
zanken ['tsaŋkən] *v* bisticciare, litigare
zappeln ['tsapəln] *v 1.* dimenarsi, dibattersi; *2. (strampeln)* sgambettare; ◆ *jdn zappeln lassen* tenere qd sulla corda
zappen ['zɛpən] *v (TV)* passare da un canale all'altro
zart [tsart] *adj* tenero
zärtlich ['tsɛrtlɪç] *adj* tenero
Zärtlichkeit ['tsɛrtlɪçkaɪt] *f* tenerezza *f*
Zauber ['tsaubər] *m 1.* magia *f; fauler ~* imbroglio *m; 2. (fig)* fascino *m*
Zauberer ['tsaubərər] *m* mago *m*
zauberhaft ['tsaubərhaft] *adj* magico
zaubern ['tsaubərn] *v* fare giochi di prestigio, esercitare la magia

zaudern ['tsaudərn] *v* esitare, titubare
Zaum [tsaum] *m* briglia *f;* ◆ *sich im Zaum halten* frenarsi
Zaun [tsaun] *m* recinto *m,* recinzione *f;* ◆ *einen Streit vom Zaun brechen* scatenare una lite immotivata
Zebra ['tseːbra] *n ZOOL* zebra *f*
Zeche ['tsɛçə] *f* conto *m;* ◆ *die Zeche bezahlen müssen* dover pagare lo scotto; *die Zeche prellen* non pagare il conto
Zecke [tsɛkə] *f ZOOL* zecca *f*
Zehe ['tseːə] *f* dito del piede *m*
zehn [tseːn] *num* dieci
zehnte(r,s) [tseːntə(r,s)] *adj* decimo/decima
Zeichen ['tsaɪçən] *n* segno *m;* ◆ *ein Zeichen setzen* lasciare un segno; *ein Zeichen der Zeit* un segno dei tempi *m*
zeichnen ['tsaɪçnən] *v 1.* disegnare; *2. (markieren)* marcare; *3. (unterschreiben)* firmare, sottoscrivere; *4. (fig)* disegnare
Zeichnung ['tsaɪçnuŋ] *f* disegno *m*
Zeigefinger ['tsaɪgəfɪŋər] *m* indice *m*

> **zeigen** ['tsaɪgən] *v* mostrare, indicare
> ◆ *Es wird sich zeigen.* Chi vivrà vedrà.

Zeile ['tsaɪlə] *f* riga *f,* linea *f*
Zeit [tsaɪt] *f 1.* tempo *m;* ◆ *irgendwo die längste Zeit gewesen sein* non voler mai più tornare in un posto; *sich mit etw die Zeit vertreiben* passare il tempo con qc; *die Zeit totschlagen* ammazzare il tempo; *jdm Zeit lassen* lasciare tempo a qd; *sich Zeit lassen* prendersela comoda; *sich für etw Zeit nehmen* prendersi il tempo per qc; *Das hat Zeit.* Non c'è fretta. *Es ist allerhöchste Zeit.* È assolutamente ora. *Ach du liebe Zeit!* Santo Cielo! *2. (Epoche)* epoca *f; 3. (Uhrzeit)* ora *f*
Zeitalter ['tsaɪtaltər] *n* epoca *f*
zeitgenössisch ['tsaɪtgənœsɪʃ] *adj* contemporaneo
zeitig ['tsaɪtɪç] *adj* presto
zeitlich ['tsaɪtlɪç] *adj* temporale; ◆ *das Zeitliche segnen* passare a nuova vita
zeitlos ['tsaɪtloːs] *adj 1. (ewig)* eterno; *2. (klassisch)* classico
Zeitlupe ['tsaɪtluːpə] *f* rallentatore *m*
Zeitpunkt ['tsaɪtpuŋkt] *m* istante *m*
Zeitraum ['tsaɪtraum] *m* periodo *m*
Zeitschrift ['tsaɪtʃrɪft] *f* periodico *m*
Zeitung ['tsaɪtuŋ] *f* giornale *m*
zeitweilig ['tsaɪtvaɪlɪç] *adj 1.* temporaneo, momentaneo; *adv 2.* temporaneamente, momentaneamente
Zelle ['tsɛlə] *f 1. (Gefängniszelle)* cella *f; 2. BIO* cellula *f*

> **Zelt** [tsɛlt] *n 1.* tenda *f; 2. (Bierzelt)* padiglione *m; 3. (Zirkuszelt)* tendone del circo *m*
> ◆ *die Zelte irgendwo aufschlagen* piantare le tende da qualche parte
> *seine Zelte abbrechen (fig)* levare le tende

zelten ['tsɛltən] *v* campeggiare
Zeltplatz ['tsɛltplats] *m* campeggio *m*
Zement [tse'mɛnt] *m* cemento *m*
zensieren [tsɛn'ziːrən] *v 1. (in der Schule)* valutare; *2. POL* censurare
Zensur [tsɛn'zuːr] *f 1.* voto *m; 2. POL* censura *f; politische ~* censura politica *f*
Zentimeter ['tsɛntimeːtər] *m* centimetro *m*
Zentner ['tsɛntnər] *m* mezzo quintale *m*
zentral [tsɛn'traːl] *adj 1.* centrale; *adv 2.* al centro, centralmente
Zentrale [tsɛn'traːlə] *f* centrale *f*
zentrieren [tsɛn'triːrən] *v* centrare
Zentrum ['tsɛntrum] *n* centro *m*
zerbrechen [tsɛr'brɛçən] *v irr 1.* rompere, spezzare; *2. (fig)* infrangersi
zerbrechlich [tsɛr'brɛçlɪç] *adj* fragile
zerdrücken [tsɛr'drykən] *v* schiacciare

Zeremonie [tseremo'niː] *f* cerimonia *f*
Zerfall [tsɛr'fal] *m* crollo *m,* rovina *f*
zerfallen [tsɛr'falən] *v irr* crollare
zergehen [tsɛr'geːən] *v irr* sciogliersi
zerkleinern [tsɛr'klaınərn] *v* spezzettare, sminuzzare
zerknirscht [tsɛr'knırʃt] *adj* contrito
zerknittern [tsɛr'knıtərn] *v* spiegazzare
zerlegen [tsɛr'leːgən] *v* scomporre
zerreiben [tsɛr'raıbən] *v irr 1.* sbriciolare; *2. (fig)* annientare
zerreißen [tsɛr'raısən] *v irr 1.* strappare, spezzare; *2. sich ~* farsi in quattro; *3. (fig)* rompere; ◆ *die Stille zerreißen* rompere il silenzio
zerren ['tsɛrən] *v* tirare con forza
zerrinnen [tsɛr'rınən] *v irr 1.* scorrere via; *2. (schmelzen)* sciogliersi
Zerrissenheit [tsɛr'rısənhaıt] *f 1.* divisione *f; 2. PSYCH* sconcerto *m*
Zerrung ['tsɛruŋ] *f MED* stiramento *m*
zerschellen [tsɛr'ʃɛlən] *v* sfracellarsi
zerschlagen [tsɛr'ʃlaːgən] *v irr 1.* rompere, spaccare; *2. (erschöpft sein)* essere distrutto; *3. sich ~ (Pläne)* andare in fumo; ◆ *Das Projekt hat sich zerschlagen.* Il progetto è andato in fumo.
zerspringen [tsɛr'ʃprıŋən] *v irr* scoppiare
zerstören [tsɛr'ʃtøːrən] *v* distruggere
zerstreuen [tsɛr'ʃtrɔyən] *v 1.* disperdere, sparpagliare; *2. (fig)* dissipare
zerstreut [tsɛr'ʃtrɔyt] *adj 1.* disperso; *2. (fig)* distratto
Zerstreuung [tsɛr'ʃtrɔyuŋ] *f 1.* dispersione *f; 2. (fig)* svago *m*
Zerwürfnis [tsɛr'vyrfnıs] *n* discordia *f*
Zettel ['tsɛtəl] *m* biglietto *m*

Zeug [tsɔyk] *n* cose *f/pl,* roba *f*
◆ *sich ins Zeug legen* darsi da fare
dummes Zeug reden dire cavolate

Zeuge ['tsɔygə] *m* testimone *m*
zeugen ['tsɔygən] *v 1. (aussagen)* testimoniare; *2. (Kind)* generare, procreare
Zeugenaussage ['tsɔygənauszaːgə] *f* deposizione *f*
Zeugin ['tsɔygın] *f* testimone *f*
Zeugnis ['tsɔyknıs] *n 1. (Schulzeugnis)* pagella *f,* diploma *f; 2. (Bescheinigung)* certificato *m; 3 (Bekundung)* testimonianza *f;* ◆ *ein Zeugnis ablegen* rendere testimonianza
Zeugung ['tsɔyguŋ] *f* procreazione *f*
Ziege ['tsiːgə] *f ZOOL* capra *f*
Ziegel ['tsiːgəl] *m 1. (Backstein)* mattone *m; 2. (Dachziegel)* tegola *f*
ziehen ['tsiːən] *v irr 1.* tirare; *2. (hervor~)* estrarre; *3. (züchten)* allevare; *4. (Linie)* tracciare; *5. (um~) ~ nach* trasferirsi a; *6. (fig) nach sich ~* tirarsi indietro; ◆ *Aufmerksamkeit auf sich ziehen* attirare su di sé l'attenzione; *sich in die Länge ziehen* trascinarsi per le lunghe
Ziehharmonika ['tsiːharmoːnıka] *f* fisarmonica *f*
Ziehung ['tsiːuŋ] *f* estrazione *f*
Ziel [tsiːl] *n 1. (örtlich)* destinazione *f,* meta *f;* ◆ *über das Ziel hinausschießen* oltrepassare ogni limite; *2. SPORT* traguardo *m; 3. (fig: Absicht)* scopo *m*
zielbewusst ['tsiːlbəvust] *adj 1.* sicuro di sé; *adv 2.* risolutamente, con decisione
zielen ['tsiːlən] *v* mirare
ziellos ['tsiːlloːs] *adj* senza meta
Zielscheibe ['tsiːlʃaıbə] *f* bersaglio *m*
zielstrebig ['tsiːlʃtreːbıç] *adj* tenace
ziemlich ['tsiːmlıç] *adj 1.* considerevole, notevole; *adv 2.* abbastanza, alquanto

zieren ['tsiːrən] *v 1. (sich schmücken)* ornarsi, adornarsi; *2. (fig)* farsi pregare
zierlich ['tsiːrlɪç] *adj* grazioso, carino
Zierlichkeit ['tsiːrlɪçkaɪt] *f* grazia *f*
Ziffer ['tsɪfər] *f* cifra *f*
zig [tsɪk] *num (fam)* ennesimo
Zigarette [tsiga'rɛtə] *f* sigaretta *f*
Zigarre [tsi'garə] *f* sigaro *m*
Zigeuner(in) [tsi'gɔynər(ɪn)] *m/f* zingaro/zingara *m/f*
zigmal ['tsigmaːl] *adv* ennesima volta
Zimmer ['tsɪmər] *n* stanza *f*, camera *f*
Zimmermädchen ['tsɪmərmɛːtçən] *n* cameriera *f*
Zimmermann ['tsɪmərman] *m* carpentiere *m*
zimperlich ['tsɪmpərlɪç] *adj 1.* delicato; *2. (heikel)* schizzinoso; *adv 3.* delicatamente, da smorfioso
Zimt [tsɪmt] *m* cannella *f*
Zink [tsɪŋk] *m CHEM* zinco *m*
Zinn [tsɪn] *m CHEM* stagno *m*
Zinsen ['tsɪnzən] *pl ECO* interessi *m/pl*
zinslos ['tsɪnsloːs] *adj ECO* senza interessi
Zirkel ['tsɪrkəl] *m 1. (Kreis)* cerchio *m; 2. MATH* compasso *m*
Zirkus ['tsɪrkus] *m* circo *m*
zischen ['tsɪʃən] *v 1.* fischiare, sibilare; *2. (Schlange)* sibilare
Zisterne [tsɪs'tɛrnə] *f* cisterna *f*
Zitat [tsi'taːt] *n* citazione *f*
zitieren [tsi'tiːrən] *v* citare
Zitrone [tsi'troːnə] *f* limone *m;* ◆ *jdn ausquetschen wie eine Zitrone* spremere qd come un limone
Zitronenlimonade [tsi'troːnənlimonaːdə] *f* limonata *f*
Zitrusfrüchte ['tsiːtrusfryçtə] *pl* agrumi *m/pl*

zitterig ['tsɪtərɪç] *adj* tremante

> **zittern** ['tsɪtərn] *v* tremare
> ◆ *zittern wie Espenlaub* tremare come una foglia

zivil [tsi'viːl] *adj* civile, borghese
Zivilisation [tsiviliza'tsjoːn] *f* civiltà *f*, civilizzazione *f*
Zivilrecht [tsi'viːlrɛçt] *n JUR* diritto civile *m*
zögern ['tsøːgərn] *v* temporeggiare
zögernd ['tsøːgərnt] *adj 1.* che temporeggia; *adv 2.* con esitazione
Zölibat [tsøːli'baːt] *m/n* celibato *m*
Zoll[1] [tsɔl] *m 1.* dogana *f; 2. (Gebühr)* dazio *m*
Zoll[2] [tsɔl] *m (Maßeinheit)* pollice *m*
Zollbeamter ['tsɔlbəamtər] *m* doganiere *m*
zollfrei ['tsɔlfraɪ] *adj* esente da dazio
Zollkontrolle ['tsɔlkontrɔlə] *f* controllo doganale *m*
Zone ['tsoːnə] *f* zona *f*, territorio *m*
Zoo [tsoː] *m* zoo *m*
Zopf [tsɔpf] *m* treccia *f*
Zorn [tsɔrn] *m* collera *f*, rabbia *f*
zornig ['tsɔrnɪç] *adj* arrabbiato

> **zu** [tsuː] *prep 1.* a; *~ Tisch* a tavola; *~r Beruhigung* per tranquillità; *~m Glück* per fortuna; *~r Belohnung* come ricompensa; *der Dom ~ Köln* il duomo di Colonia; *~ Wasser und ~ Lande* per mare e per terra; *~ einem Drittel* per un terzo; *~ beiden Seiten* su ambo i lati; *2. (Richtung)* da, a, di; *bis ~* fino a; *adv 3. ~ viel* troppo; *~ wenig* troppo poco; *adj 4. (geschlossen)* chiuso
> ◆ *zum Monatsende kündigen* dare la disdetta per la fine del mese
> *zu Hilfe kommen* venire in aiuto
> *zu etw werden* trasformarsi in qc

X Y Z

zum Vorsitzenden wählen votare come presidente
zu sich kommen tornare in sé
Das Zimmer liegt zur Straße. La camera dà sulla strada.
Tür zu! Chiudere la porta!
! *mit Dativ*

Zubehör ['tsu:bəhø:r] *n* accessori *m/pl*
zubereiten ['tsu:bəraɪtən] *v* preparare
zubilligen ['tsu:bɪlɪgən] *v* concedere
zubinden ['tsu:bɪndən] *v irr* legare
Zucht [tsuxt] *f* 1. *(Tierzucht)* allevamento *m;* 2. *(Pflanzenzucht)* coltivazione *f;* 3. *(Disziplin)* disciplina *f*
züchten ['tsyçtən] *v* 1. *(Tiere)* allevare; 2. *(Pflanzen)* coltivare
Züchter(in) ['tsyçtər(ɪn)] *m/f* 1. *(Tierzüchter(in))* allevatore/allevatrice *m/f;* 2. *(Pflanzenzüchter(in))* coltivatore/coltivatrice *m/f*
zucken ['tsukən] *v* scrollare, scuotere
Zucker ['tsukər] *m* zucchero *m*
Zuckerkrankheit ['tsu:kərkraŋkhaɪt] *f MED* diabete *m*
zuckern ['tsukərn] *v* zuccherare
Zudecke ['tsu:dɛkə] *f* coperta *f*
zudecken ['tsu:dɛkən] *v* coprire
zudem ['tsude:m] *adv* inoltre
zudrehen ['tsu:dre:ən] *v* 1. chiudere; 2. ◆ *jdm den Rücken zudrehen (fig)* voltare le spalle a qd
zudringlich ['tsu:drɪŋlɪç] *adj* importuno, indiscreto
zueinander [tsuaɪn'andər] *adv* uno verso l'altro
zuerkennen ['tsu:ɛrkɛnən] *v* aggiudicare, conferire
zuerst [tsu'erst] *adv* prima
Zufahrt ['tsu:fa:rt] *f* accesso *m*
Zufall ['tsu:fal] *m* caso *m,* sorte *f;* ◆ *ein Spiel des Zufalls* un capriccio della sorte *m*
zufällig ['tsu:fɛlɪç] *adj* 1. accidentale, fortuito, casuale; *adv* 2. per caso
Zuflucht ['tsu:fluxt] *f* rifugio *m*
Zufluss ['tsu:flus] *m* afflusso *m*
zufrieden [tsu'fri:dən] *adj* contento; ◆ *sich zufrieden geben* accontentarsi; *zufrieden stellen* accontentare
Zufriedenheit [tsu'fri:dənhaɪt] *f* contentezza *f,* soddisfazione *f*
zufügen ['tsu:fy:gən] *v* 1. *(hinzugeben)* aggiungere; 2. *(Schaden)* recare
Zufuhr ['tsu:fu:r] *f* afflusso *m*

Zug [tsu:k] *m* 1. *(Eisenbahn)* treno *m,* convoglio *m;* 2. *(Umzug)* corteo *m; ein ~ von Demonstranten* un corteo di dimostranti *m;* 3. *(Luftzug)* corrente d'aria *f;* 4. *(Wesenszug)* lato *m*
◆ *im falschen Zug sitzen (fig)* essere sul binario sbagliato
Der Zug ist abgefahren. Ormai è troppo tardi.
etw in vollen Zügen genießen godere pienamente di qc
zum Zuge kommen entrare in gioco
! *Plural: Züge*

Zugabe ['tsu:ga:bə] *f* 1. aggiunta *f;* 2. *(im Konzert)* pezzo fuori programma *m,* bis *m*
Zugabteil ['tsu:kaptaɪl] *n* scompartimento *m*
Zugang ['tsu:gaŋ] *m* 1. *(Eingang)* entrata *f,* ingresso *m;* 2. *(Zutritt)* accesso *m;* 3. *(Warenzugang) ECO* entrata *f*
zugänglich ['tsu:gɛŋlɪç] *adj* 1. accessibile; 2. *(verfügbar)* disponibile; 3. *(fig)* accessibile
zugeben ['tsu:ge:bən] *v irr* ammettere
zugegen [tsu'ge:gən] *adv ~ sein* essere presente
zugehörig ['tsu:gəhø:rɪç] *adj* appartenente

X Y Z

Zugehörigkeit ['tsu:gəhø:rıçkaıt] *f* appartenenza *f*
Zügel ['tsy:gəl] *m* briglia *f;* ◆ *die Zügel fest in der Hand haben* tenere saldamente le redini in mano; *die Zügel straffer ziehen* tirare le redini; *die Zügel schleifen lassen* allentare le redini
zügellos ['tsy:gəllo:s] *adj (fig)* sfrenato
zügeln ['tsy:gəln] *v 1. (fig)* frenare; ◆ *den Zorn zügeln* frenare l'ira; *2. (Pferd)* tenere le briglia
zugestehen ['tsu:gəʃte:ən] *v irr* concedere
zügig ['tsy:gıç] *adj* rapido; *~er Verkehr* traffico scorrevole *m*
zugleich [tsu'glaıç] *adv* nello stesso tempo
Zugluft ['tsu:kluft] *f* corrente *f*
zugrunde [tsu'grundə] *adv ~ gehen* andare in rovina; *~ legen* porre alla base; *~ liegen* stare alla base; *~ richten* mandare in rovina
zugunsten [tsu'gunstən] *prep* a favore
Zugvogel ['tsu:kfo:gəl] *m ZOOL* uccello migratore *m*
zuhalten ['tsu:haltən] *v irr* tenere chiuso
Zuhälter ['tsu:hɛltər] *m* protettore di prostitute *m,* sfruttatore di donne *m*
Zuhause [tsu'hauzə] *n* casa *f*
zuhören ['tsu:hø:rən] *v* stare a sentire
Zuhörer(in) ['tsu:hø:rər(ın)] *m/f* ascoltatore/ascoltatrice *m/f*
zukleben ['tsu:kle:bən] *v* incollare
zuknöpfen ['tsu:knœpfən] *v* abbottonare

Zukunft ['tsu:kunft] *f 1.* futuro *m; 2. GRAMM* futuro *m*
◆ *die Zukunft vor sich haben* avere tutta una vita davanti

zukünftig ['tsu:kynftıç] *adj 1.* futuro, venturo; *adv 2.* in futuro, in avvenire
Zulage ['tsu:la:gə] *f* supplemento *m*
zulassen ['tsu:lasən] *v irr 1. (geschlossen lassen)* lasciare chiuso; *2. (gestatten)* permettere; *3. zur Prüfung ~* ammettere all'esame; *4. (Auto)* immatricolare
zulässig ['tsu:lɛsıç] *adj* ammesso
Zulässigkeit ['tsu:lɛsıçkaıt] *f* ammissibilità *f*
Zulassung ['tsu:lasuŋ] *f 1.* ammissione *f,* accettazione *f; 2. (Erlaubnis)* permesso *m; 3. (eines Autos)* immatricolazione *f*
Zulauf ['tsu:lauf] *m* afflusso *m*
Zuleitung ['tsu:laıtuŋ] *f* afflusso *m*
zuletzt [tsu'lɛtst] *adv* per ultimo
zuliebe [tsu'li:bə] *adv* per amore
zum *(= zu dem) (siehe „zu")*
zumachen ['tsu:maxən] *v* chiudere
zumal [tsu'ma:l] *adv 1.* principalmente, soprattutto; *konj 2.* tanto più che
zumeist [tsu'maıst] *adv* per lo più
zumindest [tsu'mindəst] *adv* per lo meno
zumuten ['tsu:mu:tən] *v* pretendere
Zumutung ['tsu:mu:tuŋ] *f* pretesa *f*
zunächst [tsu'nɛ:çst] *adv* innanzitutto
Zunahme ['tsu:na:mə] *f* aumento *m*
Zuname ['tsu:na:mə] *m* cognome *m*
zünden ['tsyndən] *v* accendere
Zündholz ['tsynthɔlts] *n* fiammifero *m*
Zündung ['tsynduŋ] *f* accensione *f*
zunehmen ['tsu:ne:mən] *v irr 1.* aumentare; *2. (an Gewicht)* ingrassare
Zuneigung ['tsu:naıguŋ] *f* affetto *m*
Zunge ['tsuŋə] *f ANAT* lingua *f;* ◆ *die Zunge im Zaum halten* tenere a freno la lingua; *jdm die Zunge lösen* sciogliere la lingua a qd; *sich auf die Zunge beißen* mordersi la lingua; *Es liegt mir auf der Zunge.* Ce l'ho sulla punta della lingua. *Das Geheimnis brennt ihm auf der Zunge.* Vuole svelare il segreto a tutti i costi.

zunichte [tsu'nɪçtə] *v* ~ *machen* annientare
zunutze [tsu'nutsə] *adv sich etw ~ machen* trarre vantaggio da qc; ◆ *sich eine Situation zunutze machen* trarre vantaggio da una situazione
zuordnen ['tsuːɔrdnən] *v* attribuire
Zuordnung ['tsuːɔrdnuŋ] *f* attribuzione *f*, coordinamento *m*
zur *(= zu der) (siehe „zu")*
zurechtfinden [tsu'rɛçtfɪndən] *v irr sich ~* raccapezzarsi, orientarsi
zurechtmachen [tsu'rɛçtmaxən] *v* preparare; *sich ~* prepararsi; ◆ *Sie ist sehr zurechtgemacht.* È troppo truccata.
zürnen ['tsyrnən] *v* essere adirato

zurück [tsu'ryk] *adv* indietro ◆ *Ich bin gleich wieder zurück.* Torno subito.

zurückbehalten [tsu'rykbəhaltən] *v irr* trattenere
zurückbezahlen [tsu'rykbətsaːlən] *v* rimborsare
zurückbringen [tsu'rykbrɪŋən] *v irr* riportare
zurückdrängen [tsu'rykdrɛŋən] *v* respingere
zurückerstatten [tsu'rykɛrʃtatən] *v* rimborsare
zurückführen [tsu'rykfyːrən] *v 1.* ricondurre; *2. (fig)* far risalire
zurückgeben [tsu'rykgeːbən] *v irr* restituire
zurückgehen [tsu'rykgeːən] *v irr 1.* ripercorrere; *2. (sinken)* abbassarsi, calare; *3. ~ auf (fig)* risalire su
zurückgezogen [tsu'rykgətsoːgən] *adj 1.* ritirato; *adv 2.* riservatamente
zurückgreifen [tsu'rykgraɪfən] *v irr ~ auf* ricorrere a
zurückhalten [tsu'rykhaltən] *v irr 1. etw ~* trattenere; *2. sich ~* trattenersi
zurückhaltend [tsu'rykhaltənt] *adj* riservato
zurückkommen [tsu'rykkɔmən] *v irr* ritornare, rivenire
zurücklassen [tsu'ryklasən] *v irr* lasciare
zurücklegen [tsu'rykleːgən]*v 1.* rimettere a posto *(Ort)*; *2. (Geld)* mettere da parte; *3. (Weg)* percorrere
zurücknehmen [tsu'rykneːmən] *v irr 1.* riprendere; *2. (widerrufen)* revocare
zurücksenden [tsu'rykzɛndən] *v* rispedire, rimandare
zurückstecken [tsu'rykʃtɛkən] *v* limitare
zurücktreten [tsu'ryktreːtən] *v irr 1.* indietreggiare; *2. (Rücktritt erklären)* dimettersi; *3. (fig: Vertrag)* recedere; ◆ *von einem Vertrag zurücktreten* recedere da un contratto
zurückweisen [tsu'rykvaɪzən] *v irr* respingere, rifiutare
zurückzahlen [tsu'ryktsaːlən] *v* rimborsare
Zurückzahlung [tsu'ryktsaːluŋ] *f* rimborso *m*
zurückziehen [tsu'ryktsiːən] *v 1.* tirare indietro; *2. sich ~* ritirarsi
zurufen ['tsuːruːfən] *v irr* gridare
zurzeit [tsur'tsaɪt] *adv* al momento
Zusage ['tsuːzaːgə] *f* conferma *f*, risposta positiva *f*
zusagen ['tsuːzaːgən] *v 1.* promettere, impegnarsi; *2. (fig: gefallen)* piacere

zusammen [tsu'zamən] *adv 1. (gemeinsam)* insieme, unitamente; *2. (insgesamt)* complessivamente ◆ *Das macht zusammen 40 Euro.* In tutto fa 40 Euro.

X Y Z

zusammenarbeiten [tsu'zamənarbaıtən] *v* collaborare
Zusammenbau [tsu'zamənbau] *m* montaggio *m*
zusammenbrechen [tsu'zamənbrɛçən] *v irr* crollare, rovinare
zusammenfallen [tsu'zamənfalən] *v irr 1.* crollare; *2. (fig: zeitlich)* coincidere
zusammenfassen [tsu'zamənfasən] *v* riassumere, ricapitolare
zusammenfügen [tsu'zamənfy:gən] *v* unire
zusammengesetzt [tsu'zamәngəzɛtst] *adj* composto
Zusammenhalt [tsu'zamənhalt] *m 1.* coesione *f; 2. (fig)* accordo *m*
zusammenhalten [tsu'zamənhaltən] *v irr 1.* tenere unito; *2. (fig)* andare d'accordo
Zusammenhang [tsu'zamənhaŋ] *m* contesto *m*
zusammenhängen [tsu'zamənhɛŋən] *v irr* essere in relazione
zusammenklappbar [tsu'zamənklapba:r] *adj* pieghevole
Zusammenkunft [tsu'zamənkunft] *f 1.* incontro *m; 2. (Versammlung)* riunione *f*
zusammenlegen [tsu'zamənle:gən] *v 1.* riunire; *2. (falten)* ripiegare
zusammennehmen [tsu'zamənne:mən] *v irr sich ~* raccogliersi
zusammenpassen [tsu'zamənpasən] *v* adattarsi, accordarsi
zusammenschließen [tsu'zamənʃli:sən] *v irr sich ~* unirsi, associarsi; ◆ *sich zu einem Gespräch zusammenschließen* unirsi a un discorso
Zusammensetzung [tsu'zamənzɛtsuŋ] *f* composizione *f*, combinazione *f*
zusammenstellen [tsu'zamənʃtɛlən] *v (fig)* comporre
Zusammenstoß [tsu'zamənʃto:s] *m* scontro *m*
zusammenstoßen [tsu'zamənʃto:sən] *v irr* scontrarsi, urtarsi
zusammentreffen [tsu'zaməntrɛfən] *v irr* incontrarsi
zusammenzählen [tsu'zaməntsɛ:lən] *v* addizionare, sommare
zusammenziehen [tsu'zaməntsi:ən] *v irr 1.* contrarre; *2. (zusammenzählen)* sommare
Zusatz ['tsu:zats] *m 1.* aggiunta *f; 2. CHEM* additivo *m*
zusätzlich ['tsu:zɛtslıç] *adj 1.* supplementare; *adv 2.* inoltre
zuschauen ['tsu:ʃauən] *v* guardare
Zuschauer ['tsu:ʃauər] *m* spettatore *m*
Zuschlag ['tsu:ʃla:k] *m* supplemento *m*
zuschließen ['tsu:ʃli:sən] *v irr* chiudere a chiave, serrare
Zuschuss ['tsu:ʃus] *m* sovvenzione *f*
zusehen ['tsu:ze:ən] *v irr 1.* stare a guardare; *2. (fig)* fare in modo che; ◆ *Sieh zu, dass dir nichts passiert!* Bada che non ti succeda niente! *Ich sehe zu, dass es gemacht wird.* Faccio in modo che venga fatto.
zusehends ['tsu:ze:ənts] *adv* a vista d'occhio; ◆ *zusehends wachsen* crescere a vista d'occhio
zusichern ['tsu:zıçərn] *v* assicurare
zuspitzen ['tsu:ʃpıtsən] *v 1.* temperare; *2. sich ~ (fig)* inasprirsi; ◆ *Die Lage hat sich zugespitzt.* La situazione si è inasprita.

Zustand ['tsu:ʃtant] *m* stato *m*
◆ *Zustände kriegen* andare in bestia
! *Plural: Zustände*

Zustandekommen ['tsuʃtandəkɔmən] *n* riuscita *f*, realizzazione *f*
zuständig ['tsu:ʃtɛndıç] *adj* competente

XYZ

Zuständigkeit ['tsu:ʃtɛndɪçkaɪt] *f* competenza *f*, spettanza *f*
zustellen ['tsu:ʃtɛlən] *v* 1. barricare; 2. *(liefern)* consegnare; 3. *(Post)* recapitare
Zustellung ['tsu:ʃtɛluŋ] *f* consegna *f*
zustimmen ['tsu:ʃtɪmən] *v* approvare
zustoßen ['tsu:ʃto:sen] *v irr* 1. chiudere; 2. *(fig: geschehen)* accadere; ◆ *Hoffentlich ist ihm nichts zugestoßen!* Spero che non gli sia successo nulla!
Zustrom ['tsu:ʃtro:m] *m* afflusso *m*
Zutaten ['tsu:ta:tən] *pl* ingredienti *m/pl*
Zuteilung ['tsu:taɪluŋ] *f* assegnazione *f*
zutrauen ['tsu:trauən] *v jdm etw ~* credere qd capace di qc
Zutrauen ['tsu:trauən] *n* fiducia *f*
zutreffen ['tsu:trɛfən] *v irr* 1. risultare; 2. *(entsprechen)* corrispondere
Zutritt ['tsu:trɪt] *m* accesso *m*
zuverlässig ['tsu:fɛrlɛsɪç] *adj* fidato
Zuverlässigkeit ['tsu:fɛrlɛsɪçkaɪt] *f* fidatezza *f*
Zuversicht ['tsu:fɛrzɪçt] *f* fiducia *f*
zuvor [tsu'fo:r] *adv* prima
zuvorkommen [tsu'fo:rkɔmən] *v irr* precedere, prevenire
zuvorkommend [tsu'fo:rkɔmənt] *adj* premuroso, gentile
Zuwachs ['tsu:vaks] *m* 1. *ECO* incremento *m*; 2. *(fam: Baby)* crescita *f*; ◆ *Seine Familie hat Zuwachs bekommen.* La sua famiglia si è allargata.
zuweilen [tsu:'vaɪlən] *adv* qualche volta
zuweisen ['tsu:vaɪzən] *v irr* assegnare
zuwenden ['tsu:vɛndən] *v irr* volgere; ◆ *jmd Aufmerksamkeit zuwenden* rivolgere l'attenzione a qd
Zuwendung ['tsu:vɛnduŋ] *f* 1. sussidio *m*, donazione *f*; 2. *(Gefühl)* affetto *m*
zuwider [tsu'vi:dər] *adv* 1. contrariamente; *prep* 2. contro; ◆ *Das ist ihm zuwider.* Ciò gli da fastidio.
zuzüglich ['tsutsy:klɪç] *prep* compreso
Zwang [tsvaŋ] *m* coercizione *m*, obbligo *m*; ◆ *allen Zwang ablegen* liberarsi di ogni constrizione
zwanglos ['tsvaŋlo:s] *adj* 1. senza costrizione; *adv* 2. senza costrizione
zwangsläufig ['tsvaŋslɔyfɪç] *adj* inevitabile
zwanzig ['tsvantsɪç] *num* venti
zwanzigste(r,s) ['tsvantsɪçstə(r,s)] *adj* ventesimo/ventesima
zwar [tsva:r] *konj* certamente; ◆ *und zwar* e cioè
Zweck [tsvɛk] *m* scopo *m*, fine *m*; ◆ *Der Zweck heiligt die Mittel.* Il fine giustifica i mezzi.
zwecklos ['tsvɛklo:s] *adj* 1. senza scopo; *adv* 2. inutilmente
zweckmäßig ['tsvɛkmɛ:sɪç] *adj* opportuno
zwecks [tsvɛks] *prep* allo scopo di
zwei [tsvaɪ] *num* due
zweideutig ['tsvaɪdɔytɪç] *adj* ambiguo, a doppio senso
zweifach ['tsvaɪfax] *adj* duplice

> **Zweifel** ['tsvaɪfəl] *m* dubbio *m*
> ◆ *ganz ohne jeden Zweifel* senza ombra di dubbio
> *bei jdm Zweifel erwecken* mettere la pulce nell'orecchio a qd
> ! *Plural: Zweifel*

zweifelhaft ['tsvaɪfəlhaft] *adj* dubbioso
zweifellos ['tsvaɪfəllo:s] *adj* senza dubbio
zweifeln ['tsvaɪfəln] *v* dubitare

XYZ

Zweig [tsvaɪk] *m 1. BOT* ramo *m;* ◆ *auf keinen grünen Zweig kommen* non venire a capo di niente; *2. (fig)* ramo *m*
Zweigstelle ['tsvaɪkʃtɛlə] *f* filiale *f*
zweihundert [tsvaɪ'hundərt] *num* duecento
zweimal ['tsvaɪmaːl] *adv* due volte
zweiseitig ['tsvaɪzaɪtɪç] *adj 1.* bilaterale; *adv 2.* su due lati
zweisprachig ['tsvaɪʃpraːxɪç] *adj* bilingue
zweispurig ['tsvaɪʃpuːrɪç] *adj* a due corsie, a due binari
zweite(r,s) ['tsvaɪtə(r,s)] *adj* secondo/seconda
zweitens ['tsvaɪtəns] *adv* in secondo luogo
zweitrangig ['tsvaɪtraŋɪç] *adj* di seconda categoria
Zwerchfell ['tsvɛrçfɛl] *n ANAT* diaframma *m*
Zwerg [tsvɛrk] *m* gnomo *m,* nano *m*
Zwetschge ['tsvɛtʃkə] *f* prugna *f*
zwicken ['tsvɪkən] *v* pizzicare
Zwickmühle ['tsvɪkmyːlə] *f 1. (im Spiel)* mulino doppio *m; 2. (fig)* pasticcio *m;* ◆ *Er befindet sich in einer Zwickmühle.* Si trova in un bel pasticcio.
Zwieback ['tsviːbak] *m* fette biscottate *f/pl*
Zwiebel ['tsviːbəl] *m* cipolla *f*
Zwielicht ['tsviːlɪçt] *n* crepuscolo *m*
zwielichtig ['tsviːlɪçtɪç] *adj* ambiguo, dubbia fama
Zwiespalt ['tsviːʃpalt] *m* conflitto *m*
Zwietracht ['tsviːtraxt] *f* discordia, zizzania *f; ~ säen* seminare zizzania
Zwilling ['tsvɪlɪŋ] *m* gemello *m; eineiige ~e* gemelli omozigoti *m/pl*

> **zwingen** ['tsvɪŋən] *v irr* costringere
> ◆ *jdn zu etw zwingen* costringere qd a fare qc
> *sich zu etw zwingen* imporsi di fare qc
> *Nichts zwingt Sie dazu.* Niente La costringe.

zwinkern ['tsvɪŋkərn] *v* ammiccare
Zwirn [tsvɪrn] *m* filo *m*

> **zwischen** ['tsvɪʃən] *prep* tra, fra
> **!** *mit Dativ/Akkusativ*

zwischendurch [tsvɪʃən'durç] *adv 1.* nel frattempo; *2. (örtlich)* attraverso
Zwischenfall ['tsvɪʃənfal] *m* contrattempo *m*
Zwischenraum ['tsvɪʃənraum] *m* spazio *m*
Zwischenzeit ['tsvɪʃəntsaɪt] *f* intervallo *m, (zeitlich)* intervallo *m*
Zwist [tsvɪst] *m* discordia *f*
zwitschern ['tsvɪtʃərn] *v* cinguettare
zwölf [tsvœlf] *num* dodici
zwölfte(r,s) [tsvœlftə(r,s)] *adj* dodicesimo/dodicesima
Zyklus ['tsyːklus] *m* ciclo *m*
Zylinder [tsy'lɪndər] *m 1.* cilindro *m*
zynisch ['tsyːnɪʃ] *adj* cinico
Zyste ['tsystə] *f MED* cisti *f*